Vahlens Handbücher
der Wirtschafts- und Sozialwissenschaften

Internationales Marketing

von

Univ.-Professor Dr. Dr. h.c. Joachim Zentes

und

Univ.-Professor Dr. Prof. h.c. Bernhard Swoboda

und

Univ.-Professor Dr. Hanna Schramm-Klein

3., überarbeitete Auflage

Verlag Franz Vahlen München

Univ.-Professor Dr. Dr. h.c. Joachim Zentes ist Inhaber des Lehrstuhls für Betriebswirtschaftslehre, insbesondere Außenhandel & Internationales Management, Direktor des Instituts für Handel & Internationales Marketing (H.I.Ma.) und Direktor des Europa-Instituts, Sektion Wirtschaftswissenschaft, der Universität des Saarlandes, Saarbrücken.

Univ.-Professor Dr. Prof. h.c. Bernhard Swoboda ist Inhaber der Professur für Betriebswirtschaftslehre, insbesondere Marketing und Handel, der Universität Trier.

Univ.-Professor Dr. Hanna Schramm-Klein ist Inhaberin des Lehrstuhls für Marketing der Universität Siegen.

ISBN 978 3 8006 4669 2

© 2013 Verlag Franz Vahlen GmbH, Wilhelmstraße 9, 80801 München
Satz: DTP-Vorlagen der Autoren
Druck und Bindung: Beltz Bad Langensalza GmbH,
Neustädter Str. 1–4, 99947 Bad Langensalza
Gedruckt auf säurefreiem, alterungsbeständigem Papier
(hergestellt aus chlorfrei gebleichtem Zellstoff)

Vorwort zur dritten Auflage

Die dritte Auflage ist eine vollständige Überarbeitung, Erweiterung und Aktualisierung der zweiten Auflage aus dem Jahre 2009. Die bewährte Grundkonzeption des Buches wurde jedoch beibehalten. Vertieft wurden die theoretischen Grundlagen des Marktengagements, der Betätigungsformen und der Marktbearbeitung; sie wurden zugleich um aktuelle Literatursynopsen erweitert. Die Fallstudien, so in den Kapiteln 2 bis 5, sowie die zahlreichen Fallbeispiele wurden aktualisiert, z.T. auch ersetzt.

Unser Dank gilt allen Mitarbeitern, die zum Entstehen dieser dritten Auflage wesentlich beigetragen haben, so aus Saarbrücken Frau Tatjana Freer, M. Sc., Frau Victoria Lonnes, Dipl.-Kffr., und Herrn Benjamin Ney, Dipl.-Kfm., aus Trier, Frau Edith Olejnik, Dipl.-Kffr., Frau Julia Weindel, Dipl.-Kffr., und Frau Cathrin Puchert, M. Sc., sowie aus Siegen Frau Kim-Kathrin Kunze, M. Sc., Frau Celina Steffen, Dipl.-Vw., Herrn Gerhard Wagner, Dipl.-Kfm., und Herrn Markus Welzel, Dipl.-Wirt.-Ing.

Wie in der ersten Auflage danken wir den Vertretern der Wirtschaftspraxis, so aus Industrie-, Handels- und Dienstleistungsunternehmen, die mit Beispielen, Meinungen und Stellungnahmen vertreten sind und durch die Bereitstellung der erforderlichen Materialien die Möglichkeit zur Integration von umfassenden Fallstudien geliefert haben.

Nicht zuletzt gilt unser Dank Frau Ute Frantz und Frau Gabriele Thös (Saarbrücken), Frau Ursula Fassbender (Trier) sowie Frau Carmen Richter (Siegen) für die äußerst sorgfältigen Schreibarbeiten. Herrn Benjamin Ney (Saarbrücken) danken wir für die engagierten redaktionellen Abschlussarbeiten.

Bewährt hat sich in den bisherigen Auflagen die durchgängige Verwendung der männlichen Form „Manager" oder „Entscheidungsträger", wohl wissend, dass ein Großteil unserer Leser Frauen sind und auch in der Unternehmenspraxis immer mehr Frauen in Führungspositionen tätig sind. Die männliche Form soll keineswegs eine Diskriminierung sein, sondern eine Kurzform für beide Geschlechter darstellen.

Über jeden inhaltlichen und redaktionellen Hinweis zu diesem Lehrbuch danken wir schon im Voraus. Am einfachsten erreichen Sie uns per E-Mail.

Saarbrücken, Trier und Siegen, im September 2013

Joachim Zentes	Bernhard Swoboda	Hanna Schramm-Klein
(hima@mx.uni-saarland.de)	(b.swoboda@uni-trier.de)	(schramm-klein@marketing.uni-siegen.de)

Vorwort zur zweiten Auflage

Die zweite Auflage ist im Kern eine Überarbeitung und Aktualisierung der ersten Auflage aus dem Jahre 2006. Die Grundkonzeption des Buches wurde beibehalten; sie hat sich – so zahlreiche Rückkopplungen von Lesern – offenbar bewährt. Angepasst bzw. aktualisiert wurden die Fallstudien und zahlreichen Fallbeispiele, z.T. wurden sie auch durch neue ersetzt.

Die Autorenschaft bleibt unverändert. Lehrerfahrungen von Hanna Schramm-Klein, Universität Siegen, Bernhard Swoboda, Universität Trier, und Joachim Zentes, Universität des Saarlandes, Saarbrücken, sowie neuere Forschungsergebnisse der Autoren sind in diese Auflage eingeflossen.

Unser Dank gilt allen Mitarbeitern, die zum Entstehen dieser zweiten Auflage wesentlich beigetragen haben, so aus Siegen Celina Steffen und Gerhard Wagner, aus Trier Karin Pennemann, aus Saarbrücken Stefan Kolb und Fabian Lehnert.

Wie in der ersten Auflage danken wir den Vertretern der Wirtschaftspraxis, so aus Industrie-, Handels- und Dienstleistungsunternehmen, die mit Beispielen, Meinungen und Stellungnahmen vertreten sind und durch die Bereitstellung der erforderlichen Materialien die Möglichkeit zur Integration von umfassenden Fallstudien geliefert haben.

Nicht zuletzt gilt unser Dank Frau Carmen Richter (Siegen) sowie Frau Ute Frantz und Frau Gabriele Thös (Saarbrücken) für die äußerst sorgfältigen Schreibarbeiten. Herrn Fabian Lehnert und Herrn Stefan Kolb (Saarbrücken) danken wir für die engagierten redaktionellen Abschlussarbeiten.

Bewährt hat sich auch die durchgängige Verwendung der männlichen Form „Manager" oder „Entscheidungsträger", wohl wissend, dass ein Großteil unserer Leser Frauen sind und auch in der Unternehmenspraxis immer mehr Frauen in Führungspositionen tätig sind. Die männliche Form soll keineswegs eine Diskriminierung sein, sondern eine Kurzform für beide Geschlechter darstellen.

Über jeden inhaltlichen und redaktionellen Hinweis zu diesem Lehrbuch danken wir schon im Voraus. Am einfachsten erreichen Sie uns per E-Mail.

Saarbrücken, Trier und Siegen, im Dezember 2009

Joachim Zentes Bernhard Swoboda Hanna Schramm-Klein
(hima@mx.uni-saarland.de) (b.swoboda@uni-trier.de) (schramm-klein@marketing.uni-siegen.de)

Vorwort zur ersten Auflage

Mit Blick auf die Vielzahl vorliegender Lehrbücher in deutscher und englischer Sprache zum Themenbereich des Internationalen Marketing stellt sich die Frage, die möglicherweise auch potenzielle Rezensenten bewegen wird, ob es sich um ein weiteres oder ein anderes Lehrbuch handelt. Die Autoren hoffen, dass letzteres der Fall sein möge.

Die angestrebte Charakteristik des Buches soll sich in zwei als wesentlich erachteten Merkmalen manifestieren. So wird erstens versucht, konsequent zwischen Erstentscheidungen und Folgeentscheidungen zu differenzieren, d.h. eine dynamische Perspektive zu beachten, so hinsichtlich des Marktengagements, der Betätigungsformen und der Marktbearbeitung. Zweitens sollen die Interdependenzen dieser Entscheidungsfelder beleuchtet werden. Darüber hinaus werden die sektoralen Besonderheiten des Internationalen Marketing diskutiert. Unterschieden wird dabei zwischen Industriegüterherstellern, Konsumgüterherstellern, Groß- und Einzelhandelsunternehmen und (sonstigen) Dienstleistungsunternehmen wie Banken, Versicherungen, Softwareunternehmen usw.

Das Lehrbuch stellt eine Ergänzung des im selben Verlag erschienenen Lehrbuches „Internationales Wertschöpfungsmanagement" (von Joachim Zentes, Bernhard Swoboda und Dirk Morschett) dar. Herausgegriffen wird der dort unter den Aspekten der Konfiguration, der Transaktionsformen und der Koordination diskutierte Wertschöpfungsprozess „Marketing". Das Lehrbuch ergänzt auch das im selben Verlag erschienene Lehrbuch „Handelsmanagement" (von Hans-Peter Liebmann und Joachim Zentes). Die dort unter wettbewerbsstrategischen Gesichtspunkten diskutierte Internationalisierung der Handelsunternehmen wird hier unter dem Aspekt der sektoralen Besonderheiten aufgegriffen und vertieft; die sektoral-übergreifenden Überlegungen stellen eine Erweiterung der dortigen Ausführungen dar.

Insofern resultiert das Lehrbuch auch aus der Forschungs- und insbesondere Lehrtätigkeit der Autoren an der Universität des Saarlandes bzw. an der Universität Trier. Der hier gewählte Ansatz ist jedoch nicht zugeschnitten auf eine standortspezifische Ausrichtung von Vertiefungsfächern, sondern erhebt einen universellen Anspruch.

Unser Dank gilt zunächst allen Mitarbeitern des Instituts für Handel & Internationales Marketing (H.I.Ma.) an der Universität des Saarlandes sowie der Professur für Marketing und Handel der Universität Trier, so Herrn Peter Domma, Dipl.-Kfm., Herrn Constantin Hilt, Dipl.-Kfm., Herrn Guido Hüffer, Dipl.-Kfm., Herrn Markus Lehnert, Dipl.-Kfm., Frau Sandra Pocsay, Dipl.-Kff., Herrn Lambert Scheer, M.A., (Saarbrücken) sowie Frau Judith Giersch, Dipl.-Kff., Herrn Frank Hälsig, Dipl.-Kfm., Herrn Martin Jager, Dipl.-Kfm., und Frau Sandra Schwarz, Dipl.-Kff., (Trier), die an dem Entstehen dieses Buches aktiv mitgewirkt haben.

Unser Dank gilt zugleich den Unternehmen, die mit Beispielen, Meinungen und Stellungnahmen vertreten sind und die durch die Bereitstellung der erforderlichen Materialien die Möglichkeit zur Integration von umfassenden Fallstudien geliefert haben.

Nicht zuletzt gilt unser Dank Frau Heike Frensch und Frau Gabriele Thös (Saarbrücken) und Frau Ursula Fassbender (Trier) für die äußerst sorgfältigen Schreib- und

Layoutarbeiten. Frau Sandra Pocsay, Dipl.-Kff., und Frau Sabine Herwig, Dipl.-Kff., danken wir für die engagierten redaktionellen Abschlussarbeiten.

Da ein Großteil unserer Leser Frauen sind und auch in der Wirtschaftspraxis immer mehr Frauen tätig sind, wäre es nicht nur ein Gebot der Höflichkeit, stets auch von Managerinnen und Entscheidungsträgerinnen zu sprechen, was die Lesbarkeit des Textes unserer Meinung nach aber stark einschränken würde. Auch die Wortschöpfung „ManagerInnen" gefällt uns weniger. Wenn im vorliegenden Buch also die männliche Form gewählt wird, so soll dies keineswegs eine Diskriminierung, sondern eine Kurzform für beide Geschlechter bedeuten.

Über jeden Hinweis zu diesem Lehrbuch sind wir schon im Voraus dankbar. Richten Sie diese bitte an das Institut für Handel & Internationales Marketing an der Universität des Saarlandes (hima@mx.uni-saarland.de) oder an die Professur für Marketing und Handel der Universität Trier (b.swoboda@uni-trier.de).

Saarbrücken und Trier, im Februar 2006

Joachim Zentes   Bernhard Swoboda   Hanna Schramm-Klein

Einführung und Überblick über das Buch

Ansatzpunkt des vorliegenden Lehrbuches sind die vielfältigen Interdependenzen des komplexen Entscheidungsfeldes des Internationalen Marketing. Damit sind nicht nur die Wechselbeziehungen gemeint, die sich aus der gleichzeitigen Bearbeitung mehrerer ausländischer Märkte – neben dem Heimatmarkt – ergeben, wie dies die Perspektive eines „Being International" treffend zum Ausdruck bringt. Analysiert werden gleichermaßen die Wechselbeziehungen zwischen den kategorialen Entscheidungsfeldern des Internationalen Marketing, so des Marktengagements, der Betätigungsformen und der Marktbearbeitung. Zugleich wird herausgearbeitet, inwiefern die Basisoptionen des Internationalen Marketing nicht nur Auswirkungen auf die Marktbearbeitung haben, sondern mit bestimmten Betätigungsformen einhergehen und gleichermaßen die Wahl bestimmter Ländermärkte determinieren.

Eine zweite Dimension dieses Interdependenzgeflechtes bezieht sich auf Entscheidungssequenzen, d.h. auf dynamische Aspekte des Entscheidungsfeldes. So sind im Zuge des Internationalisierungsprozesses von Unternehmen Erstentscheidungen zu treffen, so hinsichtlich der zu praktizierenden Art der Marktbearbeitung, der Betätigungsform beim Eintritt in einen Markt und bezüglich der Frage des grundsätzlichen Engagements in einem ausländischen Markt. Diese Perspektive des „Going International" wird um die Perspektive der Folgeentscheidungen ergänzt, die Anpassungen der getroffenen Erstentscheidungen im Zeitablauf oder gar einen Strategiewechsel zum Gegenstand haben kann. Dies gilt für die Frage der Marktbearbeitung, der Betätigungsform wie gleichermaßen bezüglich des grundsätzlichen Engagements, bspw. in Form einer Rückzugsentscheidung aus einem ausländischen Markt.

Ebenso wirken sektorale Kontextbedingungen auf die zu treffenden kategorialen Entscheidungen wie auch auf die Entscheidungssequenzen. Daher werden die sektoralen Besonderheiten konsequent in die Analyse einbezogen, so insbesondere anhand von Fallstudien.

Der vorliegende Ansatz strebt zugleich eine Verknüpfung der Outside-Inside-Perspektive und der Inside-Outside-Perspektive an: Neben die Betrachtung der Potenziale der Märkte (market-based view) tritt die Analyse der Ressourcen bzw. Kompetenzen (resource-based view). Der Ressourcenaspekt wird zugleich in einer anderen Facette in die Erörterung integriert. Es werden in die zu treffenden Entscheidungen stets etwaige limitierende Kapazitäten, so bzgl. finanzieller Ressourcen oder des Humankapitals, sowie Kostenaspekte integriert.

Die Erörterungen beschränken sich nicht auf strategische und operative marktorientierte Entscheidungen, sondern schließen auch die Implementierungs- und Führungsperspektive ein. So werden auch die Organisationsstruktur, -prozesse und -systeme sowie ausgewählte Aspekte der Unternehmenskultur im Kontext des Internationalen Marketing diskutiert.

Das Lehrbuch besteht aus insgesamt sechs Kapiteln. Nach der Darstellung der begrifflichen und konzeptionellen Grundlagen sowie der Sichtweisen und Determinanten des Internationalen Marketing werden im Zweiten Kapitel die kategorialen Entscheidungsfelder des Marktengagements, der Betätigungsform und der Marktbearbeitung aufgezeigt, sowohl bezüglich Erst- als auch bezüglich der Folgeentscheidungen. Die Diskussion dieser Entscheidungsfelder und ihrer vielfältigen Interdependenzen ist Gegenstand des Dritten, Vierten und Fünften Kapitels. Fragen der Implementierung und Aspekte der Führung des Internationalen Marketing bilden den Gegenstand des abschließenden Sechsten Kapitels.

Der Aufbau des vorliegenden Lehrbuches orientiert sich an wichtigen „Eckpunkten", die auch den Lehrbüchern „Handelsmanagement" (von Joachim Zentes, Bernhard Swoboda und Thomas Foscht, 3. Aufl.) und „Internationales Wertschöpfungsmanagement" (von Joachim Zentes, Bernhard Swoboda und Dirk Morschett) in der Reihe „Vahlens Handbücher" zu Grunde liegen. So werden Praxisbeispiele und Meinungen bzw. Stellungnahmen von Vertretern der Wirtschaftspraxis integriert, wie gleichermaßen kompakte Fallstudien aus den unterschiedlichen Wirtschaftssektoren. Zugleich wird versucht, den Stoff aus didaktischer Sicht so aufzubereiten, dass er sowohl für eine vertiefte Lektüre geeignet ist, als auch einem „eiligeren Leser" gerecht wird.

Inhaltsverzeichnis

Vorwort zur dritten Auflage V
Vorwort zur zweiten Auflage VI
Vorwort zur ersten Auflage VII
Einführung und Überblick über das Buch IX
Abkürzungsverzeichnis XXVII

Erstes Kapitel:
Grundlagen, theoretische Ansätze und Determinanten
des Internationalen Marketing

A. **Grundlagen** 1
   I. Bedeutung des Internationalen Marketing 1
   II. Der Marketingbegriff als Basis des Internationalen Marketing ... 2
   III. Internationales Marketing als spezifische Marketingdisziplin 5

B. **Theoretische Grundlagen und Perspektiven des Internationalen Marketing** 8
   I. Theorien der Internationalisierung 8
   II. Managementperspektiven im Internationalen Marketing 12

C. **Determinanten des Internationalen Marketing** 15
   I. Einflussfaktoren und ihre Bedeutung 15
   II. Exogene Einflussfaktoren 18
      1. Überblick 18
      2. Generelles Unternehmensumfeld 19
         a) Elemente des Makroumfeldes 19
         b) Politisch-rechtliche Rahmenbedingungen 20
         c) Ökonomisch-infrastrukturelle Rahmenbedingungen ... 23
         d) Geografische Rahmenbedingungen 23
         e) Soziodemografische, sozioökonomische und soziokulturelle Rahmenbedingungen 24
         f) Technologische Rahmenbedingungen 27

3. Spezifisches Unternehmensumfeld 28
   a) Elemente des Mikroumfeldes 28
   b) Branchenstruktur und Wettbewerb 29
   c) Absatzmärkte 30
   d) Beschaffungsmärkte 32

III. Endogene Einflussfaktoren 34

Zweites Kapitel:
Entscheidungsfelder des Internationalen Marketing

A. Gegenstand 39
  I. Perspektiven und Ebenen von Strategien 39
  II. Entscheidungsfelder im Überblick 41

B. Ziele des Internationalen Marketing 43
  I. Internationales Zielsystem 43
  II. Internationalisierungsziele 43
  III. Marketingziele 48

C. Basisoptionen des Internationalen Marketing 49
  I. Überblick 49
  II. Globale Orientierung 51
    1. Merkmale und Abgrenzungen 51
    2. Gestaltungsprinzipien und Entwicklungspfade 55
  III. Multinationale Orientierung 57
    1. Merkmale und Abgrenzungen 57
    2. Gestaltungsprinzipien und Entwicklungspfade 59
  IV. Glokale Orientierung 60
    1. Merkmale und Abgrenzungen 60
    2. Gestaltungsprinzipien und Entwicklungspfade 62
  V. Stammland-Orientierung 62
    1. Merkmale und Abgrenzungen 62
    2. Gestaltungsprinzipien und Entwicklungspfade 63

D. Marktengagement, Betätigungsform und Marktbearbeitung als kategoriale Entscheidungsfelder 65
  I. Überblick 65

II. Entscheidungen bezüglich des Marktengagements 65

    1. Markteintritt und Marktaustritt als Grundsatzentscheidungen 65

    2. Marktexpansion und Marktreduktion, Marktpenetration
und Marktretraktion 66

III. Entscheidungen bezüglich der Betätigungsform 67

IV. Entscheidungen bezüglich der Marktbearbeitung 68

E. **Dynamische Perspektive des Internationalen Marketing** 69

    I. Überblick 69

    II. Arten von Erstentscheidungen 70

    III. Arten von Folgeentscheidungen 71

F. **Interdependenzen der Entscheidungsfelder** 72

    I. Überblick 72

    II. Interdependenzen zwischen den Basisoptionen
und den kategorialen Entscheidungsfeldern 73

    III. Interdependenzen zwischen den kategorialen
Entscheidungsfeldern 74

    IV. Interdependenzen zwischen Ländermärkten 78

Drittes Kapitel:
Optionen des Marktengagements

A. **Gegenstand** 81

    I. Einführung und Überblick 81

    II. Grundlegende Entscheidungsoptionen und -modelle
des Marktengagements 82

B. **Markteintritt und Marktaustritt als Grundsatzentscheidungen** 88

    I. Länderspezifische Entscheidungen 88

        1. Grundlagen des Markteintritts 88

            a) Produkt- und Länderfokus als klassische Basis 88

            b) Auslandsprojekte als Basis 92

            c) Messeauftritte als Basis 93

            d) Follow-the-Customer-Strategie als Basis 94

        2. Länderspezifische Timing-Entscheidungen 99

            a) Grundlegende Optionen und Strategien 99

            b) Determinanten sowie Vor- und Nachteile 101

XIV *Inhaltsverzeichnis*

    3. Besonderheiten des Marktaustritts 104
  II. Länderübergreifende Entscheidungen 113
    1. Grundlagen der Marktexpansion 113
      a) Ländervergleiche und Produkt-Markt-Aktivitäten als Basis 113
      b) Brückenkopfländer und Rückkopplungen 116
    2. Länderübergreifende Timing-Entscheidungen 118
      a) Grundlegende Optionen und Strategien 118
      b) Determinanten sowie Vor- und Nachteile 121
    3. Länderübergreifende Marktreduktion und
       Re-Nationalisierung 126

C. Marktsegmentierung und Marktselektion 128
  I. Überblick 128
  II. Marktbewertung und -segmentierung als Entscheidungsbasis 129
    1. Ansätze der integralen Marktsegmentierung und -selektion 129
    2. Ansätze der internationalen Marktsegmentierung und -selektion 133
      a) Deskriptive Ansätze zur Erklärung unsystematischer
        Entscheidungen 133
      b) Normative Ansätze zur Erklärung systematischer, einstufiger
        Entscheidungen 135
      c) Systematische, mehrstufige Ansätze als State-of-the-Art 139
  III. Marktselektionskriterien und -verfahren 143
    1. Portfolios als Bewertungs- und Selektionsbasis 143
      a) Marktattraktivität-Marktbarrieren-Ansätze 143
      b) Kriterien der Marktattraktivität 146
      c) Kriterien der Marktbarrieren 149
      d) Ansätze unter Betonung der Unternehmenssituation 153
    2. Länderrisiken als spezifische Markteintrittsbarrieren 155
    3. Verfahren und Beurteilungshilfen im Überblick 160

D. Inderdependenzen der Entscheidungsfelder 166
  I. Grundlegende Interdependenzen 166
  II. Stammland-Orientierung und Marktengagement 167
  III. Globale Orientierung und Marktengagement 170
  IV. Multinationale Orientierung und Marktengagement 173

V. Glokale Orientierung und Marktengagement 175
E. **Sektorale Besonderheiten** 177
  I. Industriegüterhersteller 177
    1. Vorüberlegungen 177
    2. Spezifika des Marktengagements der Industriegüterhersteller 179
    3. Fallstudie: Internationales Marktengagement des mittelständischen Global Players HYDAC International GmbH 182
       a) Kurzvorstellung des Unternehmens 182
       b) Länderübergreifende Entwicklung 184
       c) Marktexpansion und -selektion als facettenreicher Prozess 185
          i. Multiple Basis für Markteintritt und -expansion 185
          ii. Klassische und netzwerkartige Ländermarktselektion 186
       d) Ausblick 187
  II. Konsumgüterhersteller 188
    1. Vorüberlegungen 188
    2. Spezifika des Marktengagements der Konsumgüterhersteller 190
    3. Fallstudie: Timing-Strategien im Zeitverlauf bei der internationalen Einführung der Apple iPhones 192
       a) Kurzvorstellung des Unternehmens 192
       b) Timing der Einführung der Apple iPhones 193
          i. Einführung des original iPhone 193
          ii. Einführung des iPhone 3G 194
          iii. Einführung des iPhone 3GS 195
          iv. Einführung des iPhone 4 196
          v. Einführung des iPhone 4S 196
          vi. Einführung des iPhone 5 197
       c) Ausblick 198
  III. Groß- und Einzelhandel 199
    1. Vorüberlegungen 199
    2. Spezifika des Marktengagements des Groß- und Einzelhandels 201
    3. Fallstudie: Internationale Marktselektion bei METRO Cash & Carry 203
       a) Kurzvorstellung der METRO Group 203

b) Länderübergreifendes Marktengagement 204

c) Ländermarktsegmentierung und -selektion 205

    i. Überblick 205

    ii. Länderübergreifende Marktselektion: Trichteransatz 205

    iii. Länderspezifische Marktselektion: Stufen des Feasibility-Study-Prozesses 208

    iv. Weitere länderspezifische Besonderheiten 210

d) Ausblick 210

IV. Dienstleistungsunternehmen 212

    1. Vorüberlegungen 212

    2. Spezifika des Marktengagements von Dienstleistungsunternehmen 214

    3. Fallstudie: Internationales Marktengagement der österreichischen Raiffeisen Bankengruppe in Mittel- und Osteuropa 216

        a) Historische Entwicklung und Struktur der Raiffeisen Bankengruppe 216

        b) Grundorientierung, Umsatzentwicklung und internationale Präsenz 217

        c) Marktengagement von Raiffeisen International in Mittel-/Osteuropa 219

            i. Länderübergreifende Entscheidungen 219

            ii. Länderspezifische Entscheidungen 220

        d) Ausblick 222

**Viertes Kapitel:
Betätigungsformen auf ausländischen Märkten**

A. Gegenstand 225

B. Spektrum der Betätigungsformen 225

    I. Überblick 225

    II. Betätigungsformen mit inländischem Wertschöpfungsschwerpunkt 229

        1. Export als Grundform des Internationalen Marketing 229

            a) Vorüberlegungen und Ausprägungen 229

            b) Direkter und indirekter Export 230

        2. Absatzmittler und Handelsmittler 234

3. Kompensationshandel 237

III. Kontraktuelle Betätigungsformen mit ausländischem
Wertschöpfungsschwerpunkt 242

    1. Lizenzierung 242

        a) Vorüberlegungen 242

        b) Lizenzarten 242

    2. Franchising 247

        a) Merkmale und Bedeutung 247

        b) Internationalisierungsformen des Franchisings 248

    3. Management-Contracting 253

IV. Direktinvestive Betätigungsformen mit ausländischem
Wertschöpfungsschwerpunkt 256

    1. Vorüberlegungen 256

    2. Equity Joint Ventures 256

        a) Varianten und Motive 256

        b) Internationale Equity Joint Ventures 257

    3. Tochtergesellschaften 261

        a) Arten von Tochtergesellschaften 261

        b) Neugründungen 263

        c) Akquisitionen 264

            i. Abgrenzungen 264

            ii. Internationale Akquisitionen 265

        d) Rollen von Tochtergesellschaften 272

C. **Wahl der Betätigungsform** 273

    I. Determinanten der Wahl 273

        1. Vorüberlegungen 273

        2. Gastlandspezifische Faktoren 274

        3. Unternehmensspezifische und heimatmarktspezifische Faktoren 276

        4. Transaktionsspezifische Faktoren 279

    II. Vorgehensweisen und Methoden der Wahl 281

        1. Überblick 281

        2. Institutionalisierte Verfahrensweisen 281

3. Heuristische und analytische Methoden ...283
III. Ausgewählte empirische Befunde ...285
1. Überblick ...285
2. Synopse ausgewählter empirischer Studien ...285
3. Ausgewählte Literatur-Reviews und Meta-Analysen...287

D. Dynamische Aspekte – Anpassung und Umgestaltung der Betätigungsform ...291
I. Auslöser der Anpassung und der Umgestaltung ...291
II. Ausgewählte theoretische Erkenntnisse und empirische Befunde...293
1. Überblick ...293
2. Erkenntnisse der dynamischen Prozess- bzw. Entwicklungsforschung ...293
3. Erkenntnisse der marktorientierten und deterministischen (Wandel-)Forschung ...300
4. Ein konzeptioneller Bezugsrahmen der Wahl und Veränderung der Betätigungsformen ...302
5. Ausgewählte empirische Ergebnisse des Wandels der Betätigungsformen ...302

E. Interdependenzen der Entscheidungsfelder ...309
I. Basisoptionen und Betätigungsformen ...309
1. Stammland-Orientierung und Betätigungsformen ...309
2. Globale Orientierung und Betätigungsformen ...311
3. Multinationale Orientierung und Betätigungsformen ...312
4. Glokale Orientierung und Betätigungsformen ...313
II. Marktengagement und Betätigungsformen ...314

F. Sektorale Besonderheiten ...318
I. Industriegüterhersteller ...318
1. Spezifika der Betätigungsformen der Industriegüterhersteller ...318
2. Fallstudie: BOOT-Konzept der HOCHTIEF Airport GmbH ...320
   a) Unternehmensvorstellung ...320
   b) Tirana International Airport ...323
   c) Die Entwicklung des Tirana International Airport ...325

II. Konsumgüterhersteller 325

    1. Spezifika der Betätigungsformen der Konsumgüterhersteller 325

    2. Fallstudie: Betätigungsformen und Vertriebspolitik
       der Hugo Boss AG 327

       a) Kurzvorstellung des Unternehmens 327

       b) Vertriebspolitik der Hugo Boss AG 328

       c) Diversifikation durch Lizenzvergabe 330

       d) Wahl der Betätigungsform 331

       e) Ausblick 332

III. Groß- und Einzelhandel 332

    1. Spezifika der Betätigungsformen des Groß- und Einzelhandels 332

       a) Betätigungsformen stationärer Handelsunternehmen 332

       b) Betätigungsformen nicht-stationärer Handelsunternehmen 334

    2. Fallstudie: Transgourmet 336

       a) Kurzvorstellung des Unternehmens 336

       b) Internationale Präsenz und Entwicklung
           der Tochtergesellschaften 338

       c) Zukünftige strategische Ausrichtung im Ausland 342

       d) Fazit 343

IV. Dienstleistungsunternehmen 344

    1. Spezifika der Betätigungsformen der Dienstleistungs-
       unternehmen 344

    2. Fallstudie: Internationalisierung der Software AG 345

       a) Profil und Geschäftsbereiche der Software AG 345

       b) Internationalisierungs- und Wachstumsstrategie
           der Software AG 348

       c) Perspektiven und Herausforderungen für die Zukunft 350

**Fünftes Kapitel:
Bearbeitung ausländischer Märkte**

A. **Standardisierung und Differenzierung des
   internationalen Marketing-Mix** 353

    I. Instrumente des internationalen Marketing-Mix 353

   II. Grundsätze der Standardisierung und Differenzierung 354

B. Elemente des internationalen Marketing-Mix ...359
  I. Überblick ...359
  II. Internationale Markenpolitik ...359
  III. Internationale Produktpolitik ...366
    1. Überblick ...366
    2. Internationales Innovationsmanagement ...367
    3. Internationale Leistungsprogrammgestaltung ...369
  IV. Internationale Preis- und Konditionenpolitik ...372
    1. Überblick ...372
    2. Internationale Preispolitik ...373
      a) Entscheidungsbereiche der internationalen Preispolitik ...373
      b) Preisfindung auf internationalen Märkten ...375
        i. Internationale Preisstrategie ...375
        ii. Methoden der Preisfindung auf internationalen Märkten ...378
        iii. Währungsrisiko und internationale Preispolitik ...379
    3. Transferpreise ...380
    4. Internationale Konditionenpolitik ...381
      a) Überblick ...381
      b) Internationale Lieferbedingungen ...381
      c) Internationale Zahlungsbedingungen ...382
      d) Internationale Kreditpolitik ...384
      e) Internationale Rabattpolitik ...385
  V. Internationale Kommunikationspolitik ...386
    1. Überblick ...386
    2. Kommunikation und Kommunikationsprozess im internationalen Kontext ...387
    3. Internationale Corporate-Identity-Politik ...387
    4. Internationaler Kommunikationsmix ...388
      a) Überblick ...388
      b) Internationale Werbung ...391
      c) Persönliche Kommunikation ...398
      d) Internationale Public Relations ...400

      e) Internationale Verkaufsförderung 401

      f) Internationale Messen, Ausstellungen und Events 402

      g) Internationales Sponsoring und internationales
      Product Placement 404

  VI. Internationale Distributionspolitik 406

    1. Überblick 406

    2. Absatzwege, Absatzmittler und Verkaufsorgane 408

    3. Gestaltung der logistischen Systeme 411

  VII. Optimierung des Gesamt-Marketing-Mix 415

C. Ausgestaltung des Marketing-Mix 416

  I. Standardisierung und Differenzierung der Marketinginstrumente 416

  II. Ausgestaltung des internationalen Marketing-Mix bei
    Stammland-Orientierung 418

    1. Bedeutung der Stammland-Orientierung für den
       internationalen Marketing-Mix 418

    2. Internationale Markenpolitik bei Stammland-Orientierung 421

    3. Internationale Produktpolitik bei Stammland-Orientierung 422

    4. Internationale Preis- und Konditionenpolitik
       bei Stammland-Orientierung 423

    5. Internationale Kommunikationspolitik
       bei Stammland-Orientierung 425

    6. Internationale Distributionspolitik bei Stammland-Orientierung 426

  III. Ausgestaltung des internationalen Marketing-Mix
     bei globaler Orientierung 427

    1. Bedeutung der globalen Orientierung für den
       internationalen Marketing-Mix 427

    2. Internationale Markenpolitik bei globaler Orientierung 428

    3. Internationale Produktpolitik bei globaler Orientierung 430

    4. Internationale Preis- und Konditionenpolitik
       bei globaler Orientierung 431

    5. Internationale Kommunikationspolitik bei globaler Orientierung 435

    6. Internationale Distributionspolitik bei globaler Orientierung 436

  IV. Ausgestaltung des internationalen Marketing-Mix
     bei multinationaler Orientierung 437

1. Bedeutung der multinationalen Orientierung für den
   internationalen Marketing-Mix 437
2. Internationale Markenpolitik bei multinationaler Orientierung 438
3. Internationale Produktpolitik bei multinationaler Orientierung 439
4. Internationale Preis- und Konditionenpolitik
   bei multinationaler Orientierung 441
5. Internationale Kommunikationspolitik
   bei multinationaler Orientierung 444
6. Internationale Distributionspolitik
   bei multinationaler Orientierung 447

V. Ausgestaltung des internationalen Marketing-Mix
bei glokaler Orientierung 448

1. Bedeutung der glokalen Orientierung für den
   internationalen Marketing-Mix 448
2. Internationale Markenpolitik bei glokaler Orientierung 449
3. Internationale Produktpolitik bei glokaler Orientierung 452
4. Internationale Preis- und Konditionenpolitik
   bei glokaler Orientierung 454
5. Internationale Kommunikationspolitik bei glokaler Orientierung 455
6. Internationale Distributionspolitik bei glokaler Orientierung 456

D. Dynamische Aspekte 457

I. Anpassung der Instrumentalgestaltung bei Beibehaltung der
Basisoption 457

1. Auslöser von Anpassungen 457
2. Anpassungen der internationalen Produktpolitik 460
3. Anpassungen der internationalen Markenpolitik 462
4. Anpassungen der internationalen Preispolitik 465
5. Anpassungen der internationalen Kommunikationspolitik 467
6. Anpassungen der internationalen Distributionspolitik 469

II. Switch der Basisoption und Umgestaltung des Marketing-Mix 470

1. Basisoptions-Switch und Umgestaltungspfade 470
2. Umgestaltung der internationalen Produktpolitik 471
3. Umgestaltung der internationalen Markenpolitik 472
4. Umgestaltung der internationalen Preispolitik 473

      5. Umgestaltung der internationalen Kommunikationspolitik 475

      6. Umgestaltung der internationalen Distributionspolitik 476

E. **Interdependenzen der Entscheidungsfelder** 477

    I. Marktengagement und Marktbearbeitung 477

    II. Betätigungsformen und Marktbearbeitung 479

F. **Sektorale Besonderheiten** 480

    I. Industriegüterhersteller 480

        1. Vorüberlegungen 480

        2. Spezifika der Marktbearbeitung der Industriegüterhersteller 480

        3. Fallstudie: Globale Marktbearbeitungsstrategie von Airbus 483

            a) Kurzvorstellung des Unternehmens 483

            b) Wettbewerbsumfeld 484

            c) Airbus-Families 485

            d) Produktbegleitende Services 487

            e) Preisentscheidungen 488

            f) Globale Kommunikation und Distribution bei Airbus 489

            g) Fazit 489

    II. Konsumgüterhersteller 489

        1. Vorüberlegungen 489

        2. Handelsgerichtete Maßnahmen und Vertikalisierung der
           internationalen Konsumgüterhersteller 490

        3. Fallstudie: Stammland-Orientierung als Ausgangspunkt
           der Marktbearbeitungsstrategie der Miele & Cie. KG 493

            a) Das Unternehmen 493

            b) Das Wettbewerbsumfeld 493

            c) Die Internationalisierung der Miele & Cie. KG 494

            d) Fazit 499

    III. Groß- und Einzelhandel 499

        1. Vorüberlegungen 499

        2. Formen der internationalen Marktbearbeitung von Handels-
           unternehmen 499

        3. Spezifika der Marktbearbeitung von Handelsunternehmen 502

4. Fallstudie: Internationale Marktbearbeitungsstrategie
   von Auchan 505
   a) Geschichte, Entwicklung und Bedeutung des
      Unternehmens 505
   b) Markenstruktur des Unternehmens 505
   c) Auchans internationale Marktbearbeitung 506
   d) USA und Russland 507
   e) Fazit 509

IV. Dienstleistungsunternehmen 510
   1. Vorüberlegungen 510
   2. Spezifika der Marktbearbeitung von Dienst-
      leistungsunternehmen 511
   3. Fallstudie: Internationale Marktbearbeitung im
      Touristikbereich: Das Beispiel TUI 514
      a) Kurzvorstellung der TUI AG als integrierter
         Touristikkonzern 514
      b) Die Tourismusbranche im Wandel 516
      c) Generelle Herausforderungen im internationalen
         Reisedienstleistungssektor 516
      d) Die Personalpolitik der TUI AG 518
      e) Perspektiven und Herausforderungen der
         internationalen Personalpolitik 520
      f) Kommunikationspolitische Herausforderungen
         im internationalen Umfeld 521
      g) Fazit 522

**Sechstes Kapitel:
Implementierung, Koordination und Führung**

A. Gegenstand 523

B. Organisationsstruktur 526

   I. Überblick 526

   II. Einbindung des Marketing in die Gesamtorganisation und
       strukturelle Organisation der international tätigen Unternehmen 526

   III. Interne Gestaltung des Internationalen Marketing 532
       1. Grundlegende Strukturen 532
       2. Key-Account-Strukturen 536

IV. Zentralisierung versus Dezentralisierung 541
V. Sekundärorganisation und strukturelle Koordinationsmechanismen 543
C. **Organisationsprozesse und -systeme** 547
    I. Überblick 547
    II. Ziele, Strategien und Schnittstellen 549
    III. Allgemeines Planungssystem 552
    IV. Informations- und Kommunikationssysteme 557
    V. Marketing-Controlling-System 562
        1. Besonderheiten des internationalen Controlling 562
        2. Strategisches und operatives Marketing-Controlling 567
        3. Ausgewählte Kennzahlen 571
D. **Unternehmenskultur und Human Resource Management** 574
    I. Überblick 574
    II. Internationale Unternehmenskultur und Marktorientierung
        als Grundsatzherausforderungen 575
    III. Führungskultur, Kulturtransfer und Bedeutung der
        Humanressourcen 580
        1. Grundlagen, Methoden und Systeme des HRM 580
        2. Ausgewählte Aspekte von Führungskultur und
            Kulturtransferstrategien 584
        3. Ausgewählte personelle Koordinationsmechanismen 588
E. **Zusammenhang zwischen Strategien und Integration** 589
    I. SGMG-Führungskonzept im Überblick 589
    II. Strategischer Fit und Erfolg 591

Literaturverzeichnis 599
Stichwortverzeichnis 649

Abkürzungsverzeichnis

A	Österreich
ADA	Airport Development Agreement
ADABAS	Adaptive Database System
AG	Aktiengesellschaft
AGEFI	Agence Economique et Financière
AGMA	Alliance for Gray Market and Counterfeit Agreement
AIO	Activities-Interest-Opinion
AKP	Afrika-Karibik-Pazifik
ARIS	Architektur integrierter Informationssysteme
ASEAN	Association of South East Asian Nations
Attac	Association pour la taxation des transactions financières et pour l'action citoyenne
AU	Australien
B	Belgien
B2B	Business to Business
B2C	Business to Consumer
BD	Bangladesh
BERI	Business Environment Risk Intelligence
BfAi	Bundesstelle für Außenhandelsinformation
BG	Bulgarien
BGB	Bürgerliches Gesetzbuch
BI	Business International
Bill.	Billionen
BIH	Bosnien und Herzegowina
BIP	Bruttoinlandsprodukt
BIS	Bilfinger Industrietechnik Salzburg
BITKOM	Bundesverband Informationswirtschaft, Telekommunikation und neue Medien
BMG	Bertelsmann Music Group

BMW	Bayerische Motorenwerke
BMWI	Bundesministerium für Wirtschaft und Technologie
BR	Brasilien
BRIC	Brasilien, Russland, Indien, China
BRS	Business Risk Service
BSH	Bosch und Siemens Hausgeräte
BSP	Bruttosozialprodukt
C&C	Cash & Carry
CD	Compact Disk
CD-ROM	Compact Disk Read-Only Memory
CDN	Kanada
CEE	Central and Eastern Europe
CEO	Chief Executive Officer
CFCE	Centre Francais du Commerce Extérieur
CH	Schweiz
CHF	Schweizer Franken
CIF	Cost, Insurance and Freight
CIS	Commonwealth of Independent States
CMI	Clerical Medical International
CN	China
CR	Kroatien
CRM	Customer-Relationship-Management
CRP	Continuous Replenishment System
CSSR	Tschechoslowakei
CXD	Charmant Exclusive Division
D	Deutschland
D&G	Dolce & Gabbana
DDR	Deutsche Demokratische Republik
DK	Dänemark
DOS	Directly Operated Stores
DTC	Deloitte Tohmatsu Consulting
DVD	Digital Versatile Disc

EADS	European Aeronautic Defence and Space Company
EBIT	Earnings Before Interest and Taxes
EIU	Economist Intelligence Unit
EJV	Equity Joint Venture
EMEA	Europe, Middle East, Africa
EnBW	Energie Baden-Württemberg
EPG	Ethno-, Poly-, Geozentrisch
EPRG	Ethno-, Poly-, Regio-, Geozentrisch
ERP	Enterprise Resource Planning
ESI	Economic Survey International
EU	Europäische Union
EUR	Euro
EVA	Economic Value Added
EXIM	Export-Import
F	Frankreich
F&E	Forschung und Entwicklung
FAW	First Automotive Works
FDI	Foreign Direct Investment
FEI	Financial Ethics Index
FI	Finnland
FORELEND	Forecast of Country Risk for International Lenders
GAINS	Gestalt-Approach-of-Internationalisation
GAM	Global Account Management
GATT	General Agreement on Tariffs and Trade
GB	Großbritannien
GBP	Great British Pound
GfK	Gesellschaft für Konsumforschung
GLOBE	Global Leadership and Organizational Behavior Effectiveness Research Program
GmbH	Gesellschaft mit beschränkter Haftung
GPA	Government Procurement Agreement
GDP	Gross Domestic Product

GPS	Global Positioning System
GR	Griechenland
GUS	Gemeinschaft Unabhängiger Staaten
H	Ungarn
H&M	Hennes & Mauritz
HGB	Handelsgesetzbuch
HK	Hongkong
HR	Kroatien
HRM	Human Resource Management
HYDAC	Hydraulic Accessory, Hydraulic Accumulator
I	Italien
I/R	Integration-Responsiveness
IAS	International Accounting Standards
IBM	International Business Machines Corporation
ICRG	International Country Risk-Guide
IDS	Integrierte Datenverarbeitungssysteme
ifo	Institut für Wirtschaftsforschung
IFRS	International Financial Reporting Standards
IHK	Industrie- und Handelskammer
INCOTERMS	International Commercial Terms
IND	Indien
IPTV	Internet Protocol Television
IRL	Irland
IT	Informationstechnologie
IuK	Information und Komunikation
J	Japan
JV	Joint Venture
KAM	Key Account Management
KG	Kommanditgesellschaft
KKR	Kohlberg Kravis Roberts
KMU	Kleine und mittlere Unternehmen
KSM	Key Supplier Management
LLC	Limited Liability Company

LS	Länderselektion
Ltd	Limited
LUX	Luxemburg
M&A	Mergers & Acquisitions
MAN	Maschinenfabrik Augsburg-Nürnberg
MBA	Master of Business Administration
MEX	Mexiko
MG	Muttergesellschaft
Mio.	Millionen
MMS	Multimedia Messaging Service
MNC	Multinational Corporation
MNU	Multinationale Unternehmen
MP3	MPEG-1 Audio Layer III
MPEG	Moving Picture Experts Group
Mrd.	Milliarden
MRO	Maintenance Repair Overhaul
MS-DOS	Microsoft Disc Operating System
MTU	Motoren- und Turbinen-Union
NAFTA	North American Free Trade Agreement
NL	Niederlande
NOR	Norwegen
NZ	Neuseeland
OECD	Organization for Economic Cooperation and Development
OEM	Original Equipment Manufacturer
OLI	Ownership-Location-Internalization
ORI	Operation Risk Index
P	Portugal
P&G	Procter & Gamble
PK	Pakistan
PL	Polen
POR	Profit Opportunity Recommendation
PoS	Point of Sale

PR	Public Relations
PRI	Political Risk Index
PRL	Political Risk Letter
PRS	Political Risk Services
PS3	PlayStation 3
PSSI	Political Systems Stability Index
PwC	PricewaterhouseCoopers
QWI	Quality of Workforce Index
R&D	Research and Development
RCL	Chile
RO	Rumänien
ROI	Return on Investment
ROK	Südkorea
RUS	Russland
RWE	Rheinisch-Westfälisches Elektrizitätswerk
S	Schweden
SAP	Systeme, Anwendungen und Produkte in der Datenverarbeitung
SCM	Supply Chain Management
SCP	Structure, Conduct, Performance
SGE	Strategische Geschäftseinheiten
SGF	Strategische Geschäftsfelder
SGP	Singapur
SGMG	Stammland-orientiert, Global, Multinational, Glokal
SMS	Short Message Service
SOA	Service-Oriented Architecture
SP	Spanien
SRI	Stanford Research Institute
STRATOS	Strategic Orientation of Small and Medium Sized Enterprises
TecDAX	Deutscher Aktienindex für Technologiewerte
TG	Tochtergesellschaft
TR	Türkei

Tsd.	Tausend
UA	Ukraine
UdSSR	Union der Sozialistischen Sowjetrepubliken
UK	United Kingdom
UMTS	Universal Mobile Telecommunications System
UNCTAD	United Nations Conference on Trade and Development
UNECE	United Nations Economic Commission for Europe
URL	Uniform Resource Locator
US-GAAP	United States Generally Accepted Accounting Principles
USA	United States of America
USB	Universal Serial Bus
USD	US-Dollar
VALS	Values and Life Styles
VCR	Video Cassette Recording
VTR	Video Tape Recorder
VW	Volkswagen
WPRF	World Political Risk Forecast
WTO	World Trade Organization
www	World Wide Web
YUG	Serbien und Montenegro
ZF	Zahnradfabrik

Erstes Kapitel

Grundlagen, theoretische Ansätze und Determinanten des Internationalen Marketing

A. Grundlagen

I. Bedeutung des Internationalen Marketing

In Marketingwissenschaft und Marketingpraxis wird das Internationale Marketing immer bedeutender. Einen der wesentlichen Gründe für diesen Bedeutungszuwachs bildet die fortschreitende Zunahme der Internationalisierung auf den Absatz- und Beschaffungsmärkten, eine Entwicklung, die meist unter dem Schlagwort der **„Globalisierung"** diskutiert wird.[1] Internationalisierungsanforderungen ergeben sich auf Grund von Marktanforderungen bzw. Marktveränderungen („Outside-in-Perspektive"), so v.a. die mit der Globalisierung einhergehende Intensivierung des weltweiten Wettbewerbs. Darüber hinaus haben sich aber auch die Ressourcenausstattung bzw. -konstellation der Unternehmen („Inside-out-Perspektive") verändert. Die oftmals fortgeschrittene Internationalisierung der Unternehmenstätigkeit, neue Formen der Internationalisierung, wie sie z.B. Born Global Firms realisieren, und die zunehmende internationale Vernetzung führen zu erhöhten und neuen Anforderungen an die Marketingaktivitäten der Unternehmen (Chetty/Campbell-Hunt 2004). Hierzu tragen auch internationale Heterogenitäten, Risiken und die zunehmende Dynamik der Umfeldentwicklungen bei (Zentes/Schramm-Klein/Morschett 2004, S. 5).

Diese Veränderungen haben weit reichende Konsequenzen für die Marketingaktivitäten der Unternehmen. Sie führen dazu, dass neue Marketingansätze erforderlich sind, um den Anforderungen genügen zu können, die sich aus der fortschreitenden Internationalisierung für die Unternehmen ergeben. Dies gilt nicht nur bei einem internationalen Engagement der Unternehmen, sondern es ist auch bei ausschließlich nationalen, aber durch die Internationalisierung beeinflussten Aktivitäten der Unternehmen von Bedeutung.

Bezüglich des Begriffs bzw. der Disziplin des **„Internationalen Marketing"** wird regelmäßig die Diskussion geführt, ob eine eigenständige Behandlung internationaler Fragestellungen sinnvoll bzw. berechtigt ist (Meffert/Bolz 1998). So besteht auf der einen Seite die Meinung, dass hinsichtlich des Internationalen Marketing keine eigenständigen Gestaltungsempfehlungen bzw. kein eigenständiges Methodenspektrum notwendig seien.[2] Gegenüber dem zunächst unspezifizierten allgemeinen Marketingbegriff weist das Internationale Marketing allerdings spezifische Besonderheiten auf. Deshalb wird auf der anderen Seite argumentiert, dass diese Spezifika internationaler Fragestel-

---

[1] Im Kontext von Marketingdiskussionen wird das Begriffsverständnis von „Globalisierung" häufig auf die weltweite Angleichung der Absatzmärkte mit Blick auf die Anforderungen an die Produkte und Leistungen i.S. einer Homogenisierung der Märkte eingeengt (Levitt 1983a; Ohmae 1989).
[2] Vgl. hierzu z.B. bereits Albach 1981 oder die Diskussionen von Douglas 2001 und Czinkota 2000.

lungen im Marketing eine besondere Berücksichtigung erfordern und die Diskussion internationaler Fragestellungen gerade im Kontext des durch die Globalisierung geprägten Umfeldes zunehmend an Bedeutung gewinnt.[1] Die Forderungen bezüglich der besonderen Bedeutung gehen teilweise so weit, dass argumentiert wird, das Internationale Marketing sei eigentlich die den rein national ausgerichteten Ansätzen übergeordnete Disziplin. Bei dieser Position wird die Auffassung vertreten, dass im Internationalen Marketing im Grundsatz alle Einflussfaktoren diskutiert werden, während das „nationale Marketing" den um viele Variablen vereinfachten Spezialfall darstelle (Schoppe 1998, S. 1).

Den dargestellten Extrempositionen kann jeweils nur teilweise gefolgt werden. Im Vordergrund der Ausführungen dieses Lehrbuchs steht die Anerkennung der Besonderheiten, die das Internationale Marketing gegenüber dem nationalen Marketing aufweist. Zwar bestehen bei vielen der im Rahmen des Internationalen Marketing diskutierten Fragestellungen keine prinzipiellen Abweichungen gegenüber einem rein nationalen Marketing, jedoch ist die internationale Tätigkeit nicht lediglich als „graduelle" Veränderung gegenüber einem rein nationalen Engagement zu betrachten. Es treten spezifische und eigenständige Fragestellungen des Internationalen Marketing auf, die im nationalen Kontext nicht von Relevanz sind (z.B. Rückkopplungseffekte zwischen Ländermärkten, Integrations- und Koordinationsanforderungen u.Ä.) und einer besonderen Berücksichtigung bedürfen.[2]

Internationales Marketing kann somit nicht gleichgesetzt werden mit einem **„multiplen nationalen Marketing"**, sondern es existieren originäre Aufgabenbereiche und Fragestellungen (Zentes/Swoboda/Morschett 2004, S. 607), die damit verbunden sind, dass Internationales Marketing nicht „Marketing auf Auslandsmärkten" (Backhaus/Voeth 2010a, S. 41ff.) bedeutet. Internationale Marketingstrategien stellen also nicht lediglich eine Akkumulation isoliert festgelegter Einzelmarktstrategien dar, sondern sie sind als integrierte Marketingstrategien im multinationalen Kontext zu betrachten (Townsend u.a. 2004, S. 6; Zou/Cavusgil 2002).

II. Der Marketingbegriff als Basis des Internationalen Marketing

Zur Abgrenzung des Konzeptes des „Internationalen Marketing" ist es zunächst notwendig, eine Begriffsabgrenzung des „**Marketing**" in allgemeiner Hinsicht vorzunehmen. Dabei existieren unterschiedliche Definitionsrichtungen (Homburg 2012, S. 8f.; Berndt 2005, S. 1f.):

- **Aktivitätsorientierte Definitionen**: Marketing wird in dieser Definition als Bündel der marktgerichteten Aktivitäten der Unternehmen verstanden (z.B. die im Jahre 2007 aktualisierte Definition der American Marketing Association (Gundlach/Wilkie 2009, S. 259ff.)). Die Definitionsansätze beziehen sich v.a. auf die funktionalen Aufgabenbereiche des Marketing (z.B. „Absatz", Raffée 1974, S. 106).
- **Beziehungsorientierte Definitionen**: Sie basieren auf den Überlegungen des Relationship Marketing.[3] Als Hauptziele des Marketing werden dabei der Aufbau, die Erhaltung bzw. die Stärkung von Kundenbeziehungen angesehen. Diskutiert

---

[1] Vgl. hierzu auch das „International Marketing Manifesto" von Czinkota/Ronkainen (2003) sowie die Diskussion der Forderung nach einer eigenständigen Disziplin des Internationalen Marketing; vgl. hierzu auch Deligonul 2003; Katsikeas 2003; Walters 2003; Cavusgil/Deligonul/Yaprak 2005; Criado/Criado 2007; Cayla/Arnould 2008.
[2] Vgl. hierzu z.B. Meffert/Burmann/Becker 2010, S. 29ff., sowie Backhaus/Voeth 2010a, S. 41ff.
[3] Vgl. hierzu z.B. Berry 1983; 1995; Grönroos 1997.

wird diese Auffassung zumeist unter dem Schlagwort des Paradigmenwechsels „vom Transaktions- zum Beziehungsmarketing" (Bruhn 2013b, S. 15f.).

- **Transaktionsorientierte Definitionen**: Bei diesen Definitionen liegt der Fokus auf den Austauschprozessen, die zwischen den Marktakteuren stattfinden. Sie knüpfen an den beziehungsorientierten Definitionen an, indem sie den Aufbau, den Ausbau bzw. die Erhaltung von Austauschprozessen als Hauptaufgaben des Marketing einstufen.[1] Jedoch sind langfristige Austauschbeziehungen nicht notwendigerweise Bestandteil der Definition (Berndt 2005, S. 1f.).
- **Führungsorientierte Definitionen**: Sie basieren auf der Ansicht, dass Marketing eine Führungsaufgabe des Unternehmens ist, bei der die Führung des Unternehmens „vom Markt her" erfolgt. Im Vordergrund stehen die marktorientierte Führung bzw. das marktorientierte Entscheidungsverhalten im Unternehmen, also die Kunden- und Wettbewerbsorientierung.[2] Bei diesem Verständnis ist das Aktionsfeld des Marketing wesentlich weiter gefasst als bei den aktivitätsorientierten Definitionen. Das Marketing als Führungsaufgabe umfasst nicht nur die „eigentliche" Absatzmarktbearbeitung, sondern alle Aktivitäten des Unternehmens und impliziert somit markt- bzw. kundenorientiertes Verhalten in allen Unternehmensbereichen.

Im Folgenden steht die führungsorientierte Perspektive des Marketing im Vordergrund.

> *Marketing „bedeutet [...] die Planung, Koordination und Kontrolle aller auf die aktuellen und potenziellen Märkte ausgerichteten Unternehmensaktivitäten. Durch eine dauerhafte Befriedigung der Kundenbedürfnisse sollen die Unternehmensziele verwirklicht werden" (Meffert 2000, S. 8).*

Der Marketingbegriff bezieht sich üblicherweise auf das Absatzmarketing der Unternehmen (Zentes/Swoboda 2001a). Häufig findet sich jedoch ein deutlich breiteres Begriffsverständnis,[3] das dadurch gekennzeichnet ist, dass der Marketingbegriff auf andere **Wertschöpfungsfunktionen** übertragen wird. In diesem Sinne werden z.B. die lieferantengerichteten Aktivitäten als „Beschaffungsmarketing", die Personalgewinnungsaktivitäten als „Personalmarketing", die mitarbeiterbezogenen Aktivitäten als „internes Marketing" oder die kapitalmarktgerichteten Aktivitäten als „Shareholder-Marketing" bezeichnet (Homburg 2012, S. 10).[4]

Entwicklungsstufen des Marketingverständnisses

Die Auffassungen dessen, was unter Marketing verstanden wird, haben sich im Zeitablauf verändert. Zum einen wurde das Verständnis des Marketingbegriffs im Zeitablauf wesentlich breiter. Weiterhin hat sich das Grundverständnis des Marketing nicht nur hinsichtlich der darunter subsumierten Aufgabenbereiche, sondern auch in inhaltlich-

---

[1] Vgl. hierzu z.B. Berndt 2005; Kotler 2003.
[2] Vgl. hierzu z.B. Meffert/Burmann/Kirchgeorg 2012; Nieschlag/Dichtl/Hörschgen 2002.
[3] Vgl. hierzu z.B. auch die Ansätze der transaktionsorientierten Definitionen des Marketing.
[4] Homburg (2012, S. 10f.) kritisiert dies als „inflationäre Verwendung des Marketingbegriffs" und kennzeichnet diese Ausdehnung des Marketingverständnisses als problematisch. Er fasst lediglich nachfragerfokussierte Aktivitäten unter den Begriff des Marketing, da er eine Übertragung des Marketingverständnisses auf die übrigen Zielgruppen des Unternehmens ablehnt. Dieser grundsätzlichen Ablehnung einer Ausdehnung des Marketingbegriffs wird im Folgenden nicht gefolgt. Wenngleich auch in dem vorliegenden Lehrbuch die inhaltliche Ausrichtung der Ausführungen auf die nachfragerfokussierten Aktivitäten der Unternehmen erfolgt, ist auch ein breiteres Begriffsverständnis denkbar, so insbesondere wenn eine breite Stakeholder-Orientierung eines Unternehmens zu Grunde gelegt wird.

konzeptioneller Hinsicht verändert (Bruhn 2012, S. 15ff.; Homburg 2012, S. 6ff.; Meffert/Burmann/Kirchgeorg 2012; Backhaus 2000).

Es lassen sich in einer groben Unterteilung mehrere grundsätzliche **Entwicklungsstufen** unterscheiden, die v.a. durch den Übergang von Verkäufer- zu Käufermärkten, eine verstärkte Absatzmarkt- bzw. Kundenorientierung und den Bedeutungsgewinn von Relationship-Marketing-Ansätzen gekennzeichnet sind. Nimmt man eine grobe Differenzierung nach Dekaden vor, so ist eine Unterteilung in die folgenden Phasen möglich (Bruhn 2012, S. 15ff.):

- **Phase der Produktionsorientierung (1950er Jahre)**: Nach dem Zweiten Weltkrieg war die Situation durch das Vorliegen eines Verkäufermarktes gekennzeichnet. Es lag ein hoher Nachfrageüberhang vor und auf den Absatzmärkten waren keine Engpässe vorhanden. Die zentrale Aufgabe des Marketing bestand darin, die Nachfrage zu befriedigen, also die Produktion der nachgefragten Güter sicherzustellen.
- **Phase der Verkaufsorientierung (1960er Jahre)**: Das zentrale Kennzeichen dieser Phase liegt in der Verlagerung des Engpasses von der Produktion zum Vertrieb. Die Märkte wandelten sich langsam vom Verkäufer- zum Käufermarkt, sodass zunehmend Konkurrenzbetrachtungen von Relevanz wurden.
- **Phase der Marktorientierung (1970er Jahre)**: Die Transformation der Märkte von Verkäufer- zu Käufermärkten hatte sich in dieser Phase für viele Unternehmen bereits vollzogen. Die Märkte waren durch ein Überangebot an Ware und allgemeine Sättigungserscheinungen gekennzeichnet. Der Schwerpunkt des Marketing lag deshalb darin, durch eine differenzierte Marktbearbeitung die spezifischen Kundenbedürfnisse zu befriedigen.
- **Phase der Wettbewerbsorientierung (1980er Jahre)**: Diese Phase war dadurch gekennzeichnet, dass eine Egalisierung der Marktbearbeitung zu beobachten war, indem zunehmend gleichgerichtete Marketingaktivitäten seitens der Unternehmen eingesetzt wurden, was in vielen Bereichen auch aktuell noch der Fall ist. Als wesentliche Aufgabe des Marketing gilt deshalb die Schaffung strategischer Wettbewerbsvorteile.
- **Phase der Umfeldorientierung (1990er Jahre)**: In dieser Phase haben sich, u.a. bedingt durch fortschreitende Liberalisierung, Deregulierung und Globalisierung der Märkte, neue Konsumentenverhaltenserscheinungen oder gesellschaftliche und politisch-rechtliche Veränderungen, neue Herausforderungen an das Marketing entwickelt. Dies bedingt die zunehmende Fokussierung auf das Umfeld und dessen Veränderungen im Zeitablauf, die im Rahmen des Marketing zu berücksichtigen sind.
- **Phase der Beziehungsorientierung (2000er Jahre)**: Diese Phase ist dadurch gekennzeichnet, dass der Aufbau stabiler Kundenbeziehungen als wesentliche Aufgabe des Marketing identifiziert wurde. In den meisten Branchen ist ein schneller Wandel der Wettbewerbssituation gegeben und eine zunehmende Verschärfung des Wettbewerbs zu beobachten. Weiterhin treten verstärkt vernetzte und multioptionale Erscheinungen im Umfeld auf. Systematisches Beziehungsmarketing bzw. Relationship Marketing wurde somit etabliert, indem Beziehungsführerschaft als wesentliches Marketingziel in den Vordergrund gerückt wurde.
- **Phase der Netzwerkorientierung (2010er Jahre)**: Die aktuelle Situation ist dadurch gekennzeichnet, dass neue Dimensionen der Vernetzung durch die Entwicklungen in den Informations- und Kommunikationstechnologien entstehen. Eine nahezu grenzenlose Informationsverbreitung und neue Kommunikations-

möglichkeiten mit und zwischen den Nachfragern bedingen die neuen Herausforderungen an das Marketing. Die Nachfrager erlangen dadurch eine stärkere Machtposition gegenüber den Unternehmen. In diesem Zusammenhang wird häufig die Entstehung sozialer Netzwerke in den Vordergrund gestellt, die zu neuen Formen des Marketing wie z.B. dem **Social-Media-Marketing** führen.

Mit diesem Bedeutungswandel bzw. Perspektivenwechsel geht die Erweiterung des Marketingverständnisses einher. Das Aufgabenspektrum bzw. die Breite des Marketingverständnisses wurde im Zeitablauf zunehmend erweitert. Trotz der unterschiedlichen Schwerpunkte, die in den jeweiligen Definitionsansätzen des Marketing gesetzt werden, sind für das Marketing im Wesentlichen die folgenden **Merkmale** kennzeichnend (Meffert/Burmann/Kirchgeorg 2012; Nieschlag/Dichtl/Hörschgen 2002; Zentes/Swoboda/Morschett 2004, S. 604f.):

- **Absatz- bzw. Kundenorientierung**: Am Anfang aller Überlegungen steht nicht das Produkt, sondern die Probleme, Wünsche und Bedürfnisse der aktuellen und potenziellen Kunden („Philosophieaspekt").
- **Beobachtung des relevanten Unternehmensumfeldes**: Der jeweilige Unternehmenskontext ist relevant für das Marketing. Insbesondere die verhaltenswissenschaftliche Orientierung erfordert eine interdisziplinäre Ausrichtung des Marketing („Verhaltensaspekt").
- **Systematische Marktsuche und Markterschließung**: Die planvolle Erforschung des Marktes wird als Voraussetzung für kundengerichtetes Verhalten des Unternehmens angesehen („Informationsaspekt").
- **Differenzierte Marktbearbeitung**: Die Anwendung dieses Prinzips, bei dem der Gesamtmarkt in unterschiedliche Marktsegmente zerlegt wird, bedeutet, dass eine segmentspezifische Marktbearbeitung erfolgt („Segmentierungsaspekt").
- **Festlegung marktorientierter Unternehmensziele und Marketingstrategien**: Es erfolgt der Entwurf eines längerfristigen, auf die Marktteilnehmer und das relevante Umfeld abgestimmten Verhaltensplans („Strategieaspekt").
- **Planmäßige Gestaltung des Marktes**: Marketing ist durch den zieladäquaten und harmonischen, also aufeinander abgestimmten, Einsatz aller Instrumente des Marketing-Mix gekennzeichnet („Aktionsaspekt").
- **Organisatorische Verankerung**: Das Marketingkonzept ist durch die organisatorische Verankerung innerhalb der Unternehmensorganisation gekennzeichnet („Integrationsaspekt").

III. Internationales Marketing als spezifische Marketingdisziplin

*Als charakteristisch für das **Internationale Marketing** werden allgemein grenzüberschreitende Aktivitäten und länderspezifisches sowie länderübergreifendes Denken und Handeln angesehen (Zentes 1995, Sp. 1031).*

Legt man ein weites Begriffsverständnis zu Grunde, so existiert Internationales Marketing in der Wirtschaftspraxis bereits seit mehreren Jahrhunderten bzw. Jahrtausenden, so etwa in Form von Exportaktivitäten. Ebenso finden sich bereits frühzeitig direktinvestive Engagements z.B. in Form von Auslandsgesellschaften. Zu nennen sind in diesem Zusammenhang z.B. die Aktivitäten der sog. Fernhandelshäuser (Trading Houses) oder der niederländischen und englischen Handelshäuser bzw. „Handelskompanien", die ein weltweites Netz von Handelsverbindungen unterhielten (Zentes/Swoboda/Foscht 2012, S. 11; Zentes/Swoboda/Morschett 2004, S. 9ff.).

Der historische Überblick über die **Begriffsauffassungen** zum Internationalen Marketing zeigt, dass im Wesentlichen drei Entwicklungsstufen des Internationalen Marketing herauszuheben sind:

1. **Export als wesentliche Form der Internationalisierung**: Die erste Stufe ist dadurch gekennzeichnet, dass die wissenschaftliche Beschäftigung mit Fragen des Exports als wesentliche Form der Internationalisierung im Vordergrund stand. Hierbei handelt es sich um die traditionelle Perspektive der Betriebswirtschaftslehre des Außenhandels, die auf Hellauer (1910) zurückgeht. Andere Vertreter dieser Sichtweise sind Sonndorfer (1910), Oberparleiter (1913) oder Nicklisch (1926).
2. **Exportmarketing als Absatzpolitik im Ausland**: Der traditionelle Export ist dadurch gekennzeichnet, dass ein im Inland produzierender Hersteller an Importeure im Ausland liefert, ohne dass er selbst die eigentliche Vermarktung der Produkte im Ausland vornimmt. Das Exportmarketing hingegen beinhaltet die systematische und aktive Bearbeitung der Auslandsmärkte. Vertreter dieser Entwicklungsstufe des Internationalen Marketing waren u.a. Weinhold (1965) oder Meissner (1981).
3. **Internationales Marketing als Erschließung und Bearbeitung ausländischer Märkte**: Eine Erweiterung der Perspektive des Exportmarketing erfolgte in dieser dritten Stufe. Dabei wird unter Internationalem Marketing die Erschließung und Bearbeitung der Auslandsmärkte unter Einbeziehung kooperativer und integrativer Transaktionsformen verstanden. Diese Aktivitäten gehen somit über den Export hinaus und schließen die Verlagerung von Kapital und Managementleistungen ins Ausland ein. Frühe Vertreter dieser Sichtweise waren z.B. Berekoven (1978), Kulhavy (1981; 1993), Meffert/Althans (1982) sowie Meissner (1987) oder Tietz (1990).

Während die dritte Stufe noch vorwiegend die Diskussion prägt,[1] zeichnet sich aktuell eine vierte Stufe ab. In neueren Ansätzen wird unter Internationalem Marketing nicht nur das Marketing bei internationaler bzw. grenzüberschreitender Unternehmenstätigkeit verstanden, sondern es werden alle solchen Aktivitäten und Bereiche betrachtet, die international beeinflusst sind (Wrona/Schell 2005). Prinzipiell können damit alle Aktivitäten der Unternehmen im Kontext des Internationalen Marketing diskutiert werden.[2]

Ein Überblick über unterschiedliche **Definitionsansätze** des Internationalen Marketing ist in Abbildung 1.1 dargestellt. Dabei werden in den Definitionen unterschiedliche Schwerpunkte herausgestellt, indem zum einen v.a. die grenzüberschreitenden Aktivitäten als zentrales Merkmal betont werden,[3] d.h., der nationale Zusammenhang um grenzüberschreitende Aspekte erweitert wird.[4] Vor allem in neueren Definitionsansätzen werden darüber hinaus Koordinations- bzw. Rückkopplungsaspekte im internationalen Kontext als besonders relevant herausgestellt.[5]

---

[1] Vgl. z.B. die Überblicke über Definitionsansätze des Internationalen Marketing in Backhaus/Voeth 2010a, S. 11ff.; Berndt/Fantapié Altobelli/Sander 2010; Meffert/Burmann/Becker 2010, S. 33f.; Aulakh/Kotabe 1993.
[2] Diese breite Sichtweise diskutieren z.B. Zou/Cavusgil 2002 oder Ryans/Griffith/White 2003.
[3] Vgl. hierzu z.B. Bradley 2005; Zentes 1995.
[4] Vgl. hierzu z.B. Meffert/Burmann/Becker 2010; Wissmeier 1992.
[5] Vgl. hierzu z.B. Backhaus/Voeth 2010a; Doole/Lowe 2008; Terpstra/Foley/Sarathy 2012.

Abbildung 1.1: Definitionen des Begriffs Internationales Marketing

Backhaus/Voeth 2010a, S. 41.	„Vor diesem Hintergrund definieren wir Internationales Marketing als das Management (Analyse, Planung und Kontrolle) marktbezogener Rückkopplungen auf Geschäftsfeldebene, und – sofern signifikante ertragsrelevante marktbezogene Rückkopplungen existieren oder entstehen – die gegenseitige Abstimmung der nationalen Marketingaktivitäten (grenzüberschreitende Probleme beim Eintritt und der anschließenden Bearbeitung), mit dem Ziel der Ertragsoptimierung über alle bearbeiteten Ländermärkte hinweg."
Bradley 2005, S. 3.	"International marketing means identifying needs and wants of customers in different markets and cultures, providing products, services, technologies and ideas to give the firm a competitive marketing advantage, communicating information about these products and services and distribution and exchanging them internationally through one or a combination of foreign market entry modes."
Doole/Lowe 2008, S. 7.	"International marketing, where the marketing activities of an organisation include activities, interests or operations in more than one country and where there is some kind of influence or control of marketing activities from outside the country in which the goods or services will actually be sold. Sometimes markets are typically perceived to be independent and a profit centre in their own right, in which case the term multinational or multidomestic marketing is often used."
Meffert/Burmann/Becker 2010, S. 34.	„Internationales Marketing ist die bewusst markt- und kompetenzorientierte Führung des gesamten Unternehmen in mehr als einem Land zur Steigerung des Unternehmenserfolges über alle Ländermärkte hinweg."
Mühlbacher/Dahringer/Leihs 2006, S. 38.	„International marketing is the application of marketing orientation and marketing techniques to international business."
Terpstra/Sarathy/Russow 2006, S. 3.	"International marketing consists of identifying, understanding, and satisfying global customer needs better than the competition (both domestic and international). It also consists of coordinating marketing activities within the constraints of the global environment."
Wissmeier 1992, S. 49.	„Internationales Marketing ist die Planung, Koordination und Kontrolle aller auf die aktuellen und potenziellen internationalen Märkte bzw. den Weltmarkt ausgerichteten Unternehmensaktivitäten."
Zentes 1995, Sp. 1031.	„Kennzeichnend für das Internationale Marketing [...] sind einerseits grenzüberschreitende Aktivitäten, andererseits länderspezifisches und länderübergreifendes Denken und Handeln."

Basierend auf diesen unterschiedlichen Definitionsansätzen lassen sich als spezifische **Merkmale des Internationalen Marketing** somit zusammenfassen:

Internationales Marketing im hier verwendeten Begriffsverständnis setzt voraus, dass ein Engagement auf mindestens zwei Ländermärkten besteht. Es ist durch eine besonders hohe Komplexität gekennzeichnet. Diese ergibt sich aus der Vielfalt der Absatzalternativen, mit denen die Unternehmen konfrontiert sind, aus der Heterogenität der zu berücksichtigenden Absatzmarktkonstellationen und Umfeldeinflüsse (z.B. Kunden- und Wettbewerbssituation, geografische Distanz, Kultur u.Ä.) sowie aus dem Koordinationsbedarf, der nicht nur zwischen den unterschiedlichen Ländermärkten, sondern auch hinsichtlich der jeweils festzulegenden Entscheidungsfelder des Internationalen Marketing besteht.

Mit dieser erhöhten Komplexität verbunden sind

- *ein erhöhter Informationsbedarf und ggf. Schwierigkeiten in der Informationsbeschaffung,*
- *höhere Risiken der (Auslands-)Marktbearbeitung sowie*
- *daraus resultierend die besondere Bedeutung der Entscheidungsvorbereitung im Internationalen Marketing und erhöhte Managementanforderungen.*

B. Theoretische Grundlagen und Perspektiven des Internationalen Marketing

I. Theorien der Internationalisierung

Die wichtigsten grundsätzlichen **Entscheidungsfelder** im Internationalen Marketing beziehen sich auf die folgenden Fragestellungen:

- Auswahl der für die internationale Tätigkeit geeigneten Objekte (Produkte bzw. Leistungsprogramme) („Was?")
- Auswahl der relevanten Märkte, also Fragen des grundsätzlichen Marktengagements („Wo?")
- Festlegung der Zeitpunkte, der Geschwindigkeit und der Reihenfolge des Marktengagements („Wann und wie schnell?")
- Festlegung der Betätigungsform auf den Märkten („Wie institutionalisieren?")
- Konkretisierung der Marktbearbeitung („Wie bearbeiten?")
- Implementierung von Marketingstrategie und -programmen („Wie durchsetzen und umsetzen?").

An diesen Fragestellungen knüpfen die theoretischen Ansätze des Internationalen Marketing an. Die spezifischen Theorieansätze werden deshalb in diesem Buch im Kontext der Diskussion der jeweiligen Entscheidungsfelder vorgestellt. Diese Entscheidungen sind jedoch in gewisser Hinsicht „nachgelagerter" Art, denn sie setzen voraus, dass die grundsätzliche Entscheidung des Unternehmens getroffen wurde, überhaupt internationale Aktivitäten zu verfolgen. Deshalb ist eine wesentliche Frage die Frage nach dem „Warum" der Internationalisierung.

Die spezifischen Entscheidungsfelder basieren also auf der grundsätzlichen Frage der Bestimmungsfaktoren internationaler Unternehmenstätigkeit. Die Theorien der Internationalisierung bilden deshalb den Ausgangspunkt für die Erklärung der Internationalisierungsformen und -prozesse. Diese Fragestellungen werden häufig im Kontext des Internationalen Managements diskutiert und beziehen sich im Wesentlichen auf Entscheidungen des internationalen Wertschöpfungsmanagements.[1] Diese Ansätze bzw. Theorien der Internationalisierung bilden die Grundlage des Internationalen Marketing.

Die **Theorien der Internationalisierung** sollen Erklärungen dafür liefern, warum Internationalisierungsschritte vollzogen werden (Kausalität), in welcher Form die Internationalisierung realisiert wird (Modalität), wann und wie schnell die Internationalisierung erfolgt (Temporarität) und wohin Internationalisierungsschritte gerichtet werden (Lokalität) (Kutschker/Schmid 2011, S. 379). Es existiert eine Vielzahl von Ansätzen, die zwar vornehmlich aus dem Bereich der internationalen Managementforschung stammen, jedoch auf die Fragestellungen des Internationalen Marketing übertragen werden können. Die internationale Managementforschung ist dadurch geprägt, dass Partialansätze vorherrschen, die jeweils auf spezifische Aspekte fokussieren und auch nicht den Anspruch eines ganzheitlichen Erklärungsansatzes erheben. Bisher existiert keine ganzheitliche, geschlossene Theorie der Internationalisierung (Kutschker/Schmid 2011, S. 473ff.; Zentes/Swoboda/Morschett 2004, S. 38).

Die theoretischen Grundlagen der unterschiedlichen Erklärungsansätze liegen sowohl im volkswirtschaftlichen als auch im betriebswirtschaftlichen Bereich (siehe Abbil-

---

[1] Vgl. hierzu ausführlich Zentes/Swoboda/Morschett 2004.

dung 1.2). Den historischen Ausgangspunkt bilden die Außenhandelstheorien. Dabei stehen gesamtwirtschaftliche Aspekte unter aggregierten Betrachtungen von Volkswirtschaften im Vordergrund. Die internationale Tätigkeit von Einzelunternehmen wird eher implizit betrachtet, indem grundsätzliche Erklärungen für Gründe und Richtungen des internationalen Handels herausgestellt werden. Einen weiteren Schwerpunkt bilden die Ansätze zur Erklärung von Direktinvestitionen, bei denen die Institutionalisierung von Auslandseinheiten im Vordergrund steht.[1] Übergeordnete Ansätze bzw. übergreifende Theorien bilden den dritten Schwerpunkt. Sie beziehen sich auf die generelle Begründung der Internationalisierung bzw. es wird versucht, Begründungen für unterschiedliche Formen der Internationalisierung oder Internationalisierungsprozesse zu geben, ohne dass bestimmte Formen des Marktengagements im Vordergrund stehen (Kutschker/Schmid 2011, S. 379ff.). Hinsichtlich der zeitlichen Entwicklung können diese Ansätze wiederum in klassische, moderne sowie neuere Konzepte eingeteilt werden. Diese Systematisierung ausgewählter Ansätze ist in Abbildung 1.2 dargestellt.[2]

Abbildung 1.2: Ausgewählte theoretische Ansätze zur Erklärung der Internationalisierung

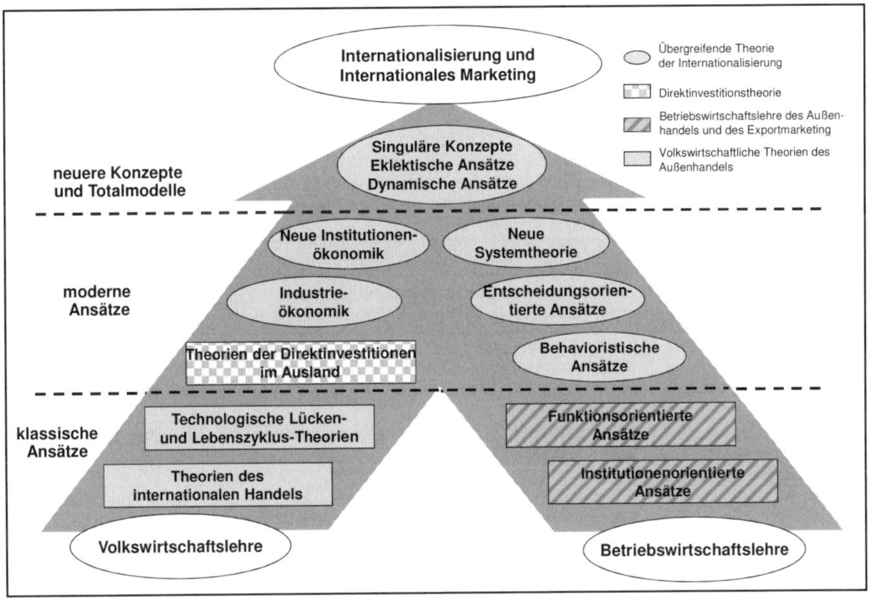

Quelle: in Anlehnung an Zentes/Swoboda/Morschett 2004, S. 39.

Die Konstrukte und Kernaussagen ausgewählter theoretischer Ansätze und Konzepte zur Erklärung der Internationalisierung sind in Abbildung 1.3 dargestellt.

---

[1] Vgl. hierzu Morschett/Swoboda/Schramm-Klein 2008 und Morschett/Schramm-Klein/Swoboda 2010.
[2] Zu unterschiedlichen Systematisierungsansätzen sowie der Darstellung, der Diskussion und der Kritik der jeweiligen Ansätze vgl. z.B. Zentes/Swoboda/Morschett 2004, S. 38ff.; Kutschker/Schmid 2011, S. 379ff.; Swoboda 2002a, S. 33ff.; Welge/Holtbrügge 2010, S. 51ff.; Perlitz 2004, S. 65ff.

Abbildung 1.3: Überblick über die wichtigsten Ansätze zur Erklärung der Internationalisierung

Klassische Ansätze	
Theorien des internationalen Handels (generell)	
Produktivitätsfaktoren; Marktwachstum; Managementeffektivität; Imitation von Wettbewerbern	Das Aufspüren von Wachstumsquellen im Ausland, das effektive Management (im Vergleich zu den dortigen Wettbewerbern) und der Zwang zum Gleichziehen mit internationalisierenden Wettbewerbern führen zu einer Erschließung von ausländischen Märkten.
Technologische Lücken- und Lebenszyklus-Theorien	
Technologievorteile; Komparative Kostenvorteile; Marktgröße	Technologische Vorsprünge bedingen die Aufnahme von Exporten und evozieren Imitations- und Innovationsanstrengungen ausländischer Konkurrenten, was im Falle komparativer Kostenvorteile im Ausland zur Umkehrung der Außenhandelsströme und zu erneuten Innovationsanstrengungen führt (v.a. in Hochlohnländern).
Produktinnovationen; Kostenvorteile; Technologie	Neu entwickelte, wenig standardisierte Produkte werden in Heimatmärkten angeboten und in das Ausland – zunächst in Industrie- und danach auch in Entwicklungsländer – exportiert. Mit einer zunehmenden (Lebenszyklus-)Reife der Produkte erfolgen Produktionsverlagerungen ins Ausland – in Industrie- und Entwicklungsländer –, was schließlich zu Re-Importen ins Ursprungsland führt.
Institutionen- und funktionsorientierte Ansätze	
Institutionen im Ausland; Exportabwicklung	Hier finden sich erste problemorientierte und deskriptive Ansatzpunkte zur Lösung von betrieblichen Außenhandelsproblemen ohne eingehende Reflexion der Entscheidungsstrukturen.
Exportmarketing; Grundlagen des Internationalen Managements	Hier steht die Funktion des Exports im Vordergrund, wenngleich auf dieser Basis die Wurzeln des Internationalen Marketing als grenzüberschreitende Aktivität, anderseits als länderspezifisches und -übergreifendes Denken und Handeln gelegt sind.
Moderne Ansätze	
Theorien der Direktinvestitionen: **Beispiele: Monopol-, Standort- und oligopolistische Parallelverhaltens-Theorie**	
Vorteile bei Kapazitäten; Ressourcenbeschaffung; Finanzkraft, Technologie; Management	Kontrollmotive bilden die Grundlage für das direktinvestive Streben nach Marktbeherrschung, nach Wettbewerbsvorteilen im Ausland und im Einzelnen nach Sicherheit für das eingesetzte Kapital oder nach der Ausschaltung des Wettbewerbs. Weil der Export zu teuer wird, folgen Direktinvestitionen, wobei die Standortwahl multipel zu fundieren ist.
Wettbewerbsvorteile; Wissen; Marktreaktionsverhalten	In einer oligopolistischen Marktsituation führt die Investition eines Unternehmens im Ausland zu Wettbewerbsvorteilen, die das oligopolistische Gleichgewicht im Inland stören und Parallelreaktionen bewirken. Werden Oligopole in Investitionszielländern durch Direktinvestitionen gestört, führt dies zu Cross Investments.
Verhaltenswissenschaftliche (behavioristische) Theorie	
Verhalten der Individuen (Unternehmensmanager); Lernfähigkeit; Idealtypische Phasenentwicklung der Transaktionsformen und der Länderauswahl	Die Internationalisierung erfolgt oftmals auf der Basis (im Ablauf charakteristischer) irrationaler, schwer berechenbarer Entscheidungen, die eine Orientierung an der Anspruchsniveauerfüllung und nicht am Optimum gekennzeichnet sind und stark durch die Attitüden der Manager bedingt werden. Dieses Verhalten prägt den Internationalisierungsprozess (bei gering internationalisierten Unternehmungen), der sich in Phasen eines graduellen, kontinuierlich wachsenden Auslandsengagements vollzieht.
Industrieökonomik (und Wettbewerbstheorie)	
Marktstruktur-Marktverhalten-Marktergebnis-Paradigma	Unternehmen erlangen auf Grund spezifischer Ressourcen dauerhafte Wettbewerbsvorteile. In internationalen Märkten steigt das Gewinnpotenzial in Abhängigkeit von der Internationalisierung, wobei Unternehmen einer Branche, die bestimmten Gruppen zugehören, über spezifische (homogene) Charakteristika des Vorgehens und über Erfolgsfaktoren verfügen.

	Neue Institutionenökonomik Beispiel: Transaktionskostenansatz
Zu bestimmende Transaktionskosten (mit Faktoren wie Spezifität, Unsicherheit, Häufigkeit); Gestaltung von Transaktionsformen	Unternehmen organisieren Aktivitäten auf der Basis von in der Anbahnungs-, Vereinbarungs-, Kontroll- und Anpassungsphase antizipierten Transaktionskosten und bewerten so Organisationsformen. Konzeptionell gilt, dass bei weithin unbekannten Marktbedingungen und unsicherem Marktpartnerverhalten hohe Transaktionskosten des Güteraustauschs anfallen und oft finanzielle Mittel notwendig sind, um eine eigene Organisation aufzubauen.
Opportunistisches Verhalten in Kooperationen bzw. beim Outsourcing	Eine Beziehung, die sich durch Misstrauen auszeichnet, verursacht hohe „agency costs". Das Agency-Problem besteht darin, das Verhalten des Agenten durch vertragliche und organisatorische Regelungen, Informationsbereitstellung, Kontrolle und Anreiz- und Sanktionsmechanismen i.S. derer, die über Eigentumsrechte verfügen, so zu steuern, dass er mit der Erfüllung seines eigenen Interesses auch die Interessen des Principals berücksichtigt.
	Neuere Systemtheorie
Sehr breite Basis, so interne und externe Kontextfaktoren; Strategie, Struktur, Kultur; evolutionäre Dynamik usw.	Interne und externe Kontextfaktoren (v.a. Umweltkomplexität und -dynamik) bestimmen Organisationsformen, wobei der Fit von Organisation mit diesen Kontingenzen Voraussetzung für Effizienz ist. Unternehmen streben nach einer in sich konsistenten (und damit effizienten) Umwelt-Strategie-Struktur-Kultur-Übereinstimmung. Der Wandel von international tätigen Unternehmen vollzieht sich eher radikal, um so lange wie möglich eine interne Konsistenz zu gewährleisten; er erfolgt aber auch evolutionär.
	Neuere Konzepte und Totalmodelle
	EPRG-Konzept und Globalisierungskonzepte von Ohmae und Porter
Länderphilosophie; Strukturierung der internationalen Aktivitäten (keine theoretische Basis)	Unternehmen folgen in internationalen Märkten idealtypischen Entwicklungspfaden, die in Abhängigkeit von der Einstellung des Managements abgrenzbar und durch typische Steuerungsmuster beschreibbar sind. Mit zunehmendem Internationalisierungsgrad von Unternehmen dominiert ein polyzentrisches Steuerungskonzept, und zwar so lange, wie der Expansionsstrategie des Unternehmens kein spürbarer Widerstand entgegentritt.
Ökonomische Theorien; Marktpotenzial; Standardisierung; Gefährdung des Marktzugangs	Um erfolgreich zu internationalisieren, müssen Unternehmen sich einen schnellen Marktzugang, eine starke Präsenz und eine Insiderposition in Ländern verschaffen, die über ein großes Marktpotenzial verfügen und bei denen der Marktzugang begrenzt ist.
Humanressourcen; Infrastruktur; Know-how; Nachfragepotenzial; Wettbewerbsintensität; Langfristige Unternehmenspolitik; Wettbewerbsfähigkeit unterstützender Branchen; Klima; Unternehmertum; Rolle des Staates; IT	Unternehmen müssen die Dimensionen des „Diamanten" permanent entwickeln und in Übereinstimmung bringen, um internationale Wettbewerbsvorteile zu erzielen, die dann vorliegen, wenn im Stammland eine überdurchschnittliche Ausstattung mit Humanressourcen vorliegt, eine förderliche Infrastruktur vorherrscht, relevantes Know-how vorhanden ist, ein großes Nachfragepotenzial besteht, eine starke Rivalität unter den Anbietern existiert, eine langfristig ausgerichtete Unternehmenspolitik und international wettbewerbsfähige unterstützende Branchen vorhanden sind usw. Die internationale Koordination der Unternehmensteile wird durch den Einsatz von grenzüberschreitenden IT-Systemen erleichtert.
	Implementierungsansätze
Fähigkeiten des Managements; ideale Organisation	Für den Aufbau und das Management der transnationalen Unternehmung sind strategische Kompetenzen, organisatorische Merkmale und zu erfüllende Aufgaben des Managements zu gewährleisten.
	Totalmodell von Dunning
Industrieökonomik; Standorttheorie; Transaktionskostentheorie	Unternehmen nehmen Direktinvestitionen vor, wenn sie unternehmensspezifische Wettbewerbsvorteile besitzen („Ownership-specific advantages"), der ausländische Standort standortspezifische Vorteile bietet („Location-specific advantages") und es für das Unternehmen vorteilhaft ist, seine Wettbewerbsvorteile durch eigene Produktion zu nutzen („Internalisation advantages") – OLI-Vorteile.

Dynamische Ansätze – Uppsala-Modell, Helsinki-Modell und GAINS-Ansatz	
Behavioristische Ansätze; empirische Beobachtugen; Wissen; Commitment; Entscheidung	Die Internationalisierung ist ein inkrementaler, gradueller Entwicklungsprozess, in dessen Verlauf die Unternehmung schrittweise ihr Wissen und ihre Marktbindung in ausländischen Märkten steigert und sich dabei immer weiter vom Heimatmarkt entfernt.
Systemtheorie; Wachstumstheorie; Strategic decision-making; Behavioristische Theorie	Die Internationalisierung ist als Entscheidungs- und Lernprozess aufzufassen, in dessen Verlauf Unternehmen schrittweise ihre Aktivitäten erweitern und dabei auf Basis ihres Wissens vertraute Aktivitätsmuster präferieren, während sie neue Alternativen mit einem höheren Risiko, mit Skepsis und mit Rigidität betrachten.
Dynamischer Kontingenz- und Konfigurationsansatz; Strategic decision-making	Unternehmen bilden komplexe Entitäten, die bei der Internationalisierung in ihrer Gesamtheit betroffen sind und ihre Konstellation insgesamt verändern, sodass typische Entwicklungspfade und darin typische (effiziente) Gestalten identifizierbar sind; in der Realität ist nur eine überschaubare Anzahl von Konstellationen effektiv. Die internationale Unternehmensentwicklung vollzieht sich in einem diskontinuierlichen Prozess, in dem lange Phasen relativer Stabilität von kürzeren Phasen revolutionären Wandels abgelöst werden.

Quelle: in Anlehnung an Zentes/Swoboda/Morschett 2004, S. 69ff.; Swoboda 2002a, S. 146ff.

II. Managementperspektiven im Internationalen Marketing

In der Management-Literatur wird häufig die Diskussion der grundlegenden Perspektiven des strategischen Managements geführt. Im Vordergrund stehen dabei die „Outside-Inside-Perspektive" und die „Inside-Outside-Perspektive" sowie deren Verknüpfung. Diese Sichtweisen lassen sich auf das Internationale Marketingmanagement übertragen.

Outside-Inside-Perspektive

Bei der Outside-Inside-Perspektive, die auch als „marktorientierter Ansatz" bzw. als „market-based view" bezeichnet wird, besteht die Grundsatzannahme darin, dass die Einzigartigkeit bzw. der Erfolg von Unternehmen durch ihre Stellung auf dem Absatzmarkt bestimmt wird. Um erfolgreich zu sein, ist es deshalb notwendig, Wettbewerbsvorteile – aus Sicht der Kunden – gegenüber den Konkurrenten zu generieren.

Das zentrale Denkmodell dieser Perspektive ist das **Structure-Conduct-Performance-Paradigma**" der Industrieökonomik (Industrial-Organization-Forschung), das auf Bain (1959) zurückgeht. Dabei wird ein Zusammenhang zwischen den Markt- und Wettbewerbsbedingungen („structure"), dem Verhalten der Wettbewerber („conduct") und den Ergebnissen des Wettbewerbs („performance") beschrieben (siehe Abbildung 1.4). Die Grundaussage dieses Paradigmas ist, dass die Marktstruktur das Verhalten der Wettbewerber determiniert und dieses Wettbewerberverhalten wiederum die Marktergebnisse bestimmt. Wenngleich auch Rückkopplungen zwischen diesen Größen auftreten, ist das Verständnis der Marktstruktur eine wesentliche Voraussetzung für den Unternehmenserfolg (Hungenberg 1999, S. 15; Zentes/Swoboda/Morschett 2004, S. 27; Zentes/Schramm-Klein 2005).

Dieser marktorientierte Ansatz wurde insbesondere von Porter (1980) geprägt, u.a. indem er Instrumentarien zur Analyse der Wettbewerbs- und Branchenstruktur entwickelt hat. Den Ausgangspunkt der strategischen Überlegungen im Rahmen des marktorientierten Ansatzes bilden somit exogene Determinanten. Wettbewerbsvorteile basieren dieser Sichtweise folgend auf der Abstimmung der Wettbewerbsstrategie an die Umfeldbedingungen.

Abbildung 1.4: Marktstruktur-Marktverhalten-Marktergebnis-Paradigma (SCP-Paradigma)

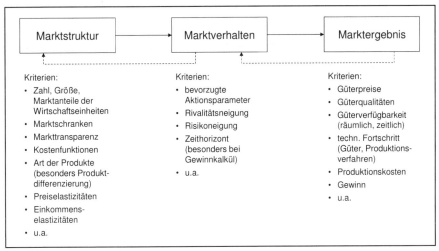

Quelle: in Anlehnung an Bartling 1980, S. 21.

Inside-Outside-Perspektive

Bei dem Ansatz der Inside-Outside-Perspektive („ressourcenbasierter Ansatz", „resource-based view") werden die Ressourcen bzw. Kompetenzen des Unternehmens als Ausgangspunkt zur Erklärung von Wettbewerbsvorteilen angesehen. Es wird damit eine der Sichtweise der Industrieökonomik entgegengesetzte Perspektive der Erzielung von Wettbewerbsvorteilen eingenommen. Den Ausgangspunkt des Aufbaus von Wettbewerbsvorteilen bilden nicht die Anforderungen des Unternehmensumfeldes, sondern die internen Ressourcen der Unternehmen. Die unternehmerischen Erfolgspotenziale werden in dieser Sichtweise durch den Einfluss der Ressourcen auf den Markteintritt, die Branchenstruktur und auf die strategische Mobilität sowie durch die Rolle der internen Ressourcen als Einflussgröße auf die Rentabilität und als Schutzmechanismus von Wettbewerbsvorteilen erklärt (Zentes/Schramm-Klein 2005, S. 283ff.).[1]

Der ressourcenorientierte Ansatz kann auf Selznick (1957) und Penrose (1959) zurückgeführt werden und wurde in der jüngeren Vergangenheit von einer Vielzahl von Autoren aufgegriffen.[2] Die in der industrieökonomischen Sichtweise gültige Structure-Conduct-Performance-Hypothese wird in der Inside-Outside-Perspektive durch die **„Resources-Conduct-Performance-Hypothese"** abgelöst. Im ressourcenbasierten Ansatz stehen die schwer imitierbaren immateriellen Ressourcen der Unternehmen im

---

[1] Vom ressourcenorientierten Ansatz abzugrenzen ist die Ressourcenabhängigkeits-Perspektive (Resource-Dependence-Theorie), die auf Forschungsarbeiten von Pfeffer (1972), Pfeffer/Nowak (1976), Aldrich (1976) sowie Pfeffer/Salancik (1978) zurückgeht. Den Ausgangspunkt dieses Umfeldinteraktionsansatzes bildet die Annahme, dass Organisationen keine autonomen Einheiten darstellen, sondern zur Sicherung ihrer Überlebensfähigkeit knappe Ressourcen (z.B. Kapital, Know-how, Produktionsgüter usw.) benötigen. Zentral ist in diesem Ansatz die Fähigkeit von Unternehmen, ihre Versorgung mit externen Ressourcen zu sichern, so das „Management von Abhängigkeiten", also die Sicherung des Zugangs zu externen Ressourcen, von denen die Unternehmen abhängig sind. Zu einem Überblick vgl. Bartsch 2005, S. 69ff.

[2] Vgl. zu einem Überblick z.B. Welge/Al-Laham 2012, S. 376ff.; Zentes/Swoboda/Morschett 2004, S. 30ff.

Vordergrund. Sie können personenunabhängig (z.B. Marken, Patente, Copyrights, Verträge, Reputation, Routinen u.Ä.) oder personengebunden (Fähigkeiten der Mitarbeiter bzw. des Managements) sein (Welge/Al-Laham 2012, S. 376f.). Diese Denkweise hat grundsätzlich dazu geführt, dass das Produkt-Markt-Denken relativiert worden ist, indem die den Produkten vorgelagerten Größen (Kernkompetenzen bzw. Ressourcen) betrachtet werden (Wolf 2012). In den Mittelpunkt des ressourcenorientierten Ansatzes ist das Konzept der **Kernkompetenzen** gerückt (Prahalad/Hamel 1990; Hamel/Prahalad 2000). Kernkompetenzen sind spezifische Kombinationen von Unternehmensressourcen. Es handelt sich dabei um Kombinationen aus Fähigkeiten, Routinen und immateriellen Aktiva, die einen signifikanten Beitrag zum Kundennutzen stiften, durch ihre Einzigartigkeit zur Differenzierung von der Konkurrenz beitragen und ausbaufähig sind, also auf neue Produkte oder Problemlösungen übertragbar sind (Hamel/Prahalad 1997, S. 309). Zur Generierung von Wettbewerbsvorteilen gilt es für die Unternehmen, sich auf ihre Kernfähigkeiten bzw. -kompetenzen zu konzentrieren und die Erstellung von Leistungen, die das jeweilige Unternehmen nur gleich oder sogar schlechter als der Wettbewerb beherrscht, anderen zu überlassen (Macharzina/Wolf 2012, S. 275ff.).

Integration der Perspektiven

Die Outside-Inside- und die Inside-Outside-Perspektive sind einander in Abbildung 1.5 gegenübergestellt. Auf den ersten Blick scheint der Ansatz des Marketing mit der marktorientierten Perspektive zu korrespondieren, doch die Diskussion der beiden Sichtweisen verdeutlicht, dass eine einseitige Ausrichtung entweder auf die isolierte Betrachtung der externen Determinanten oder auf die Ressourcen der Unternehmen unzulänglich ist. In den dargestellten Konzepten wird dies auch nicht derart „puristisch" gesehen, sondern es wird zunehmend erkannt, dass es nicht ausreicht, attraktive Produkt-/Marktpositionen zum Inhalt einer Strategie zu erheben, wenn unternehmensinterne und kontextspezifische Aktionsparameter außer Acht gelassen werden, die derartige Zielpositionen erst ermöglichen. Umgekehrt bestimmt in letzter Konsequenz der Markt das ökonomische Ergebnis einer durch einzigartige Ressourcenkombinationen hervorgebrachten Innovation. Daher ist die ressourcenorientierte Denkrichtung als komplementäre Ergänzung der industrieökonomischen Ansätze anzusehen (z.B. Grunert/Hildebrandt 2004, S. 461). So wird z.B. in dem Ansatz von Porter, in dem, wie dargestellt, auf industrieökonomische Konzepte zurückgegriffen wird, das Konzept der Wettbewerbsvorteile, die auch in internen Ressourcen begründet sind, integriert (Porter 2000).

Abbildung 1.5: Vergleich markt- und ressourcenorientierter Ansatz

	Marktorientierter Ansatz	Kernkompetenzbezogener ressourcenorientierter Ansatz
Denkfigur	Unternehmung als Portfolio von Geschäften	Unternehmung als Reservoir von Fähigkeiten und Ressourcen
Allgemeine Zielsetzung	Wachstum durch Cash-Flow-Balance im Laufe des SGF-Lebenszyklus	nachhaltiges Wachstum durch Entwicklung, Nutzung und Transfer der Kernkompetenzen
Träger des Wettbewerbs	Geschäftseinheit gegen Geschäftseinheit	Unternehmung gegen Unternehmung
Konkurrenzgrundlage	produktbezogene Kosten- oder Differenzierungsvorteile	Ausnutzung von unternehmungsweiten Kompetenzen
Charakter des strategischen Vorteils	• zeitlich befristet, erodierbar • geschäftsspezifisch • wahrnehmbar	• dauerhaft, schwer angreifbar • transferierbar in andere Geschäfte • verborgen („tacit knowledge")

Strategiefokus	tendenziell defensiv: Ausbau und Verteidigung bestehender Geschäfte; Anpassung der Strategie an die Wettbewerbskräfte	tendenziell offensiv: durch Kompetenztransfer Weiterentwicklung alter und Aufbau neuer Märkte; Beeinflussung der Wettbewerbskräfte
Planungshorizont	eher kurz- und mittelfristig	betont langfristig
Rolle der Geschäftseinheiten	Quasiunternehmung, „Owner" von Personen und Ressourcen (Profit Center)	Speicher von Ressourcen und Fähigkeiten (Center of Competence)
Aufgabe des Top-Managements	Zuweisung von finanziellen Ressourcen an die strategischen Geschäftseinheiten	Integration von Ressourcen und Fähigkeiten auf Basis eines inhaltlichen Gesamtkonzeptes

Quelle: Krüger/Homp 1997, S. 63.

Den Überlegungen zum Internationalen Marketing liegt in diesem Buch diese „kombinative" Betrachtungsweise zu Grunde. Dabei wird eine Synthetisierung der Outside-Inside- und der Inside-Outside-Perspektive vorgenommen. Vernachlässigt man die Wechselbeziehungen, die zwischen den Hauptkategorien Struktur, Ressourcen, Verhalten und Ergebnis auftreten, so kann die Kombination der beiden Perspektiven anhand von Abbildung 1.6 verdeutlicht werden (Zentes/Schramm-Klein 2005; Zentes/Swoboda/Morschett 2004, S. 32ff.).[1]

Verknüpft man die beiden Perspektiven, so wird deutlich, dass als Determinanten des Internationalen Marketing sowohl die Umfeldbedingungen von Relevanz sind als auch die unternehmensinternen Rahmenbedingungen bzw. Ressourcen.

Abbildung 1.6: Kombination der Inside-Outside- und der Outside-Inside-Perspektive

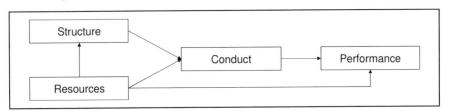

Quelle: in Anlehnung an Zentes/Swoboda/Morschett 2004, S. 33.

C. Determinanten des Internationalen Marketing

I. Einflussfaktoren und ihre Bedeutung

Der „kombinativen" Sichtweise der markt- und ressourcenorientierten Ansätze folgend, lassen sich die Determinanten des Internationalen Marketing in unternehmensexterne und in unternehmensinterne Faktoren unterteilen. Die exogenen Faktoren können wiederum in generelle Umfeldfaktoren, die von allgemeiner Bedeutung für das Internationale Marketing sind, sowie in spezielle Umfelddeterminanten systematisiert werden, die von spezifischer Relevanz für die jeweiligen Unternehmen sind. Neben diesen exogenen Faktoren sind die endogenen, unternehmensspezifischen Determinanten von

---

[1] Zur Integration von Outside-Inside- und Inside-Outside-Perspektive sowie zum Verhältnis von Industrial-Organization-Forschung und ressourcenorientierten Ansätzen vgl. Krüger/Homp 1997; Rasche 1994; Thiele 1997.

Bedeutung für das Internationale Marketing. Hierbei handelt es sich um die materiellen und immateriellen Ressourcen der Unternehmen.

Die Einflussfaktoren, mit denen die Unternehmen im Kontext ihrer Unternehmenstätigkeit konfrontiert sind, lassen sich somit in das generelle Umfeld, das Branchen- und Wettbewerbsumfeld sowie die unternehmensspezifischen Bedingungen systematisieren (siehe Abbildung 1.7).

Abbildung 1.7: Rahmenbedingungen des Internationalen Marketing

Generelle Rahmenbedingungen				
ökonomische Faktoren - Marktgröße / -potenzial - Kostenstrukturen - Zinsentwicklung - Wechselkursentw. - Kaufkraft - Geschäftsklima - ...	polit.-rechtl. Faktoren - Handelshemmnisse - Integrations- abkommen - Rechtsstruktur - politische Stabilität - ...	sozio-kulturelle Faktoren - Sprache - Religion - Werte / Normen - ...	geografische Faktoren - Klima - Topografie - Infrastruktur - ...	technolog. Rahmen - IuK-Technologien - technischer Wandel - IT-Systeme - ...

Internationales Marketing

Branchenstruktur / Wettbewerber - Eintrittsbarrieren - Art, Anzahl, Größe der Konkurrenz - Wettbewerbsintensität - Leistungsprogramme der Konkurrenz - ...	Beschaffungsmärkte - Art, Anzahl, Größe der Lieferanten - Qualität / Leistungsprogramm der Lieferanten - Konzentrationsgrad - ...	Absatzmärkte - Nachfrageverhalten - Bedürfnisstruktur - Beschaffenheit / Größe der Marktsegmente - Distributionsstrukturen - Nachfragemacht - ...	- Unternehmensstrategie - Unternehmensziele - (landes-) spezifische Marktziele - Ressourcenstruktur (Kapital, Personal usw.) - Produkt- / Leistungsprogrammmerkmale - ...
Branchen- / Wettbewerbsbedingungen			Unternehmensspezifische Faktoren

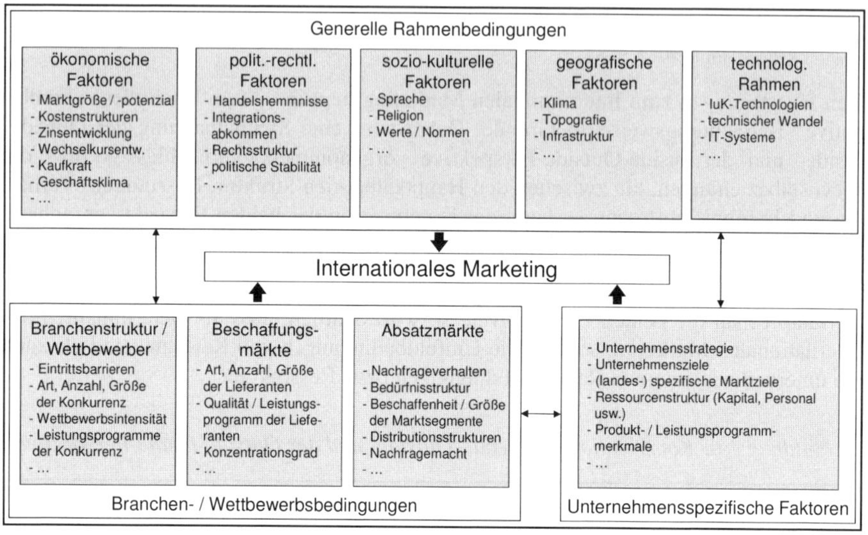

Quelle: in Anlehnung an Berndt/Fantapié Altobelli/Sander 2010, S. 20.

Diese Betrachtung von Einflussfaktoren auf das Internationale Marketing differenziert jedoch noch nicht die Relevanz der jeweiligen Entscheidungsfelder für die Entscheidungen der Unternehmen. Zu beachten ist nämlich, dass diese sich nach dem Verbindlichkeitsgrad unterscheiden, mit dem sich die Unternehmen nach diesen Einflussfaktoren im Rahmen ihrer internationalen Marketingstrategie richten müssen. Folgt man der Institutionentheorie, dann sind Organisationen soziale Akteure, die in ihr Umfeld eingebettet sind. Dieser institutionelle Kontext besteht aus politischen, kognitiven und soziologischen Elementen wie Gesetzen, Regeln, Normen, kulturellen Überzeugungen u.Ä., denen die Unternehmen folgen, um Legitimität zu erlangen (DiMaggio/Powell 1983) – sowohl auf den Heimat- als auch auf den Gastlandsmärkten. Aus diesem Grund beeinflusst er die internationale Marketingstrategie und den Internationalisierungserfolg der Unternehmen (Huang/Sternquist 2007; Brouthers 2013; Holtbrügge/Baron 2011) und nimmt einen wesentlichen Einfluss auf die strategischen und operativen Entscheidungen im Internationalen Marketing – sowohl aus der Makroperspektive des Unternehmensumfelds als auch aus der Mikroperspektive des Unternehmens selbst.

Nach Scott (2008) kann diese institutionelle Umwelt in drei wesentliche Pfeiler systematisiert werden, die ein Kontinuum zwischen bewusst und unbewusst sowie gesetzlich verankert und alltäglich selbstverständlich bilden (Hoffmann 1997, S. 36). Als Säulen werden in der Institutionentheorie regulative, normative und kognitive Strukturen unterschieden (Scott 2008; Lederle 2008, S. 70ff.; siehe Abbildung 1.8):

Regulative Strukturen begrenzen die Handlungsmöglichkeiten international tätiger Unternehmen durch das Setzen, die Überwachung und die Sanktionierung von Regeln. Um Sanktionen zu vermeiden, handeln die Unternehmen in Übereinstimmung mit den gesetzlichen Vorgaben.

Normative Strukturen beziehen sich auf sozial bewertende und verpflichtende Dimensionen. In diesem Kontext sind v.a. die Werte, Standards und Normen für das Verhalten der international tätigen Unternehmen von Bedeutung. Im Vordergrund steht die soziale Verpflichtung, ein bestimmtes Verhalten zu zeigen – mit dem Ziel, gesellschaftliche Akzeptanz zu erreichen, indem den gesellschaftlich akzeptierten Werten und Normen und den damit verbundenen Erwartungen an die Unternehmen entsprochen wird.

Kognitive Strukturen beziehen sich auf die Wahrnehmungsdimension in den Unternehmen, indem aus der Interpretation der institutionellen Gegebenheiten und Bedingungen in den Unternehmen durch Interpretation und Definition der Situation organisationale Formen und Praktiken abgeleitet werden. Die kognitive Säule bildet damit die Basis für die regulative und die normative Säule (Lederle 2008, S. 72). „Cognitive elements are the rules that specify what types of actors are allowed to exist, what structural features they exhibit, what procedures they can follow, and what meanings are associated with these actions" (Ruef/Scott 1998, S. 879).

Die kognitive Dimension ist zudem stark damit verbunden, dass Unternehmen durch organisatorische Gewohnheiten und eine gewisse Trägheit gekennzeichnet sind. Aus diesem Grund spielen auch das Verhalten und die strategischen und operativen Entscheidungen der Vergangenheit eine besondere Rolle. „Firms would rather not change. [...] Past approaches become institutionalized in procedures and management controls" (Porter 1990, S. 580).

Abbildung 1.8: Die drei Säulen von Institutionen

	Regulative	Normative	Cultural-Cognitive
Basis of compliance	Expedience	Social obligation	Taken-for-grantedness, Shared understanding
Basis of order	Regulative rules	Binding expectations	Constitutive schema
Mechanisms	Coercive	Normative	Mimetic
Logic	Instrumentality	Appropriateness	Orthodoxy
Indicators	Rules, laws, sanctions	Certification, accreditation	Common beliefs, shared logics of action, isomorphism
Affect	Fear guilt/innocence	Shame/honor	Certainty/confusion
Basis of legitimacy	Legally sanctioned	Morally governed	Comprehensible, recognizable, culturally supported

Quelle: Scott 2008, S. 51.

Die in Abbildung 1.8 nach ihren wesentlichen Merkmalen charakterisierten Säulen machen deutlich, dass die Intensität, mit der die international tätigen Unternehmen sowohl auf den Heimatmärkten als auch auf den Gastlandsmärkten den institutionellen Gegebenheiten zu entsprechen versuchen, um jeweils Legitimität zu erlangen, je nach Einflussbereich unterschiedlich sind. Insbesondere sind regulative Elemente als formale Vorgaben z.B. in Form von Gesetzen oder politischen Vorgaben, will man Sanktionen und Bestrafungen vermeiden, als „Muss-Faktoren" zu berücksichtigen. Hingegen wirken die normativen Elemente eher als „Kann-Faktoren". Kulturelle Einflussfaktoren haben bspw. zwar eine hohe Bedeutung für die soziale Legitimität und Anerkennung der Unternehmen auf den internationalen Märkten, jedoch weisen sie einen vornehmlich informellen Charakter auf. In Abbildung 1.9 sind die regulativen, normativen und kognitiven Elemente hinsichtlich ihres Verbindlichkeitsgrades für die Umsetzung bzw. Berücksichtigung in der Strategie des Internationalen Marketing dargestellt. Während die regulativen und die normativen Komponenten stark auf das externe Umfeld abzielen, resultiert die Relevanz der kognitiven Komponenten aus der Interpretation von Handlungsfeldern und der Umsetzung innerhalb des Unternehmens und bezieht sich damit insbesondere auf das Mikroumfeld.

Abbildung 1.9: Relevanz der Einflussfaktoren für die internationale Marketingstrategie

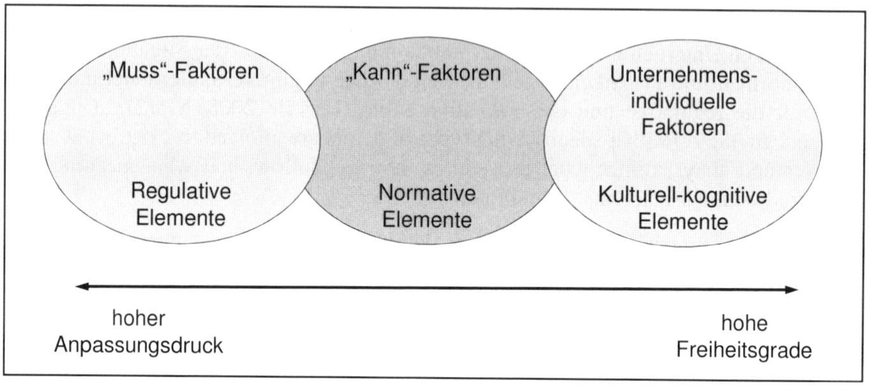

II. Exogene Einflussfaktoren

1. Überblick

Als exogene Rahmenbedingungen des Internationalen Marketing können das Makroumfeld, also das generelle Unternehmensumfeld, und das Mikroumfeld als spezifisches Unternehmensumfeld herausgestellt werden. Die Beziehung zwischen den Umfelddeterminanten kann zunächst anhand des **Schichtenmodells der Umweltdifferenzierung** von Dülfer/Jöstingmeier (2008) verdeutlicht werden. Dabei handelt es sich um ein Systematisierungsmodell der Umwelteinflüsse, die auf das Internationale Marketing einwirken (siehe Abbildung 1.10).

Die Anordnung im Schichtenmodell berücksichtigt, dass die tiefer liegenden die höher liegenden Schichten beeinflussen. Die Basis bilden die natürlichen Gegebenheiten. Die Anpassung an die natürlichen Gegebenheiten hängt von der Fähigkeit ab, die Beschaffenheit, Struktur und Funktionsweise der natürlichen Systeme zu realisieren sowie von dem Stand der technologischen bzw. verfahrenstechnischen Kenntnisse (Stand der Realitätserkenntnis und Technologie). Die nächste Ebene stellen die kulturellen Wertvorstellungen dar. Sie sind wiederum die Voraussetzung für die Herstellung sozialer Beziehungen und Bindungen, die auf der nächsten Ebene, den politisch-rechtlichen Normen, verfestigt werden. Eingepasst in diese Normen steht der Einfluss der Aufgabenumwelt der Unternehmen (Dülfer/Jöstingmeier 2008, S. 249ff.; Zentes/Swoboda/Morschett 2004, S. 75f.).

Abbildung 1.10: Schichtenmodell der Umweltdifferenzierung

[Schichtenmodell-Pyramide mit folgenden Schichten von oben nach unten:
- Unternehmung (M)
- "Aufgabenumwelt"
- rechtlich-politische Normen
- soziale Beziehungen und Bindungen
- kulturell bedingte Wertvorstellungen
- Stand der Realitätserkenntnis und Technologie
- natürliche Gegebenheiten]

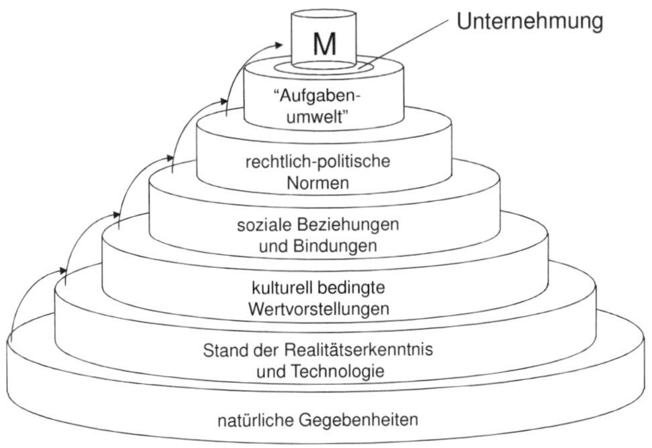

Quelle: Dülfer/Jöstingmeier 2008, S. 250.

Das Schichtenmodell der Umweltdifferenzierung ist v.a. auf die Makroumwelt ausgerichtet. In der „Aufgabenumwelt" kommt die Mikroperspektive zum Ausdruck. Die Makroumwelt wirkt – langfristig – als Einflussfaktor auf die Mikroumwelt der Unternehmen.

2. Generelles Unternehmensumfeld

a) Elemente des Makroumfeldes

Folgt man der Sichtweise des Schichtenmodells, so lassen sich als wesentliche Elemente des generellen externen Unternehmensumfeldes (Makroumfeld) unterscheiden (Berndt/Fantapié Altobelli/Sander 2010, S. 14; Zentes/Swoboda/Morschett 2004, S. 81):

- politisch-rechtliche Faktoren
- ökonomisch-infrastrukturelle Faktoren
- geografische Faktoren
- soziodemografische und soziokulturelle Faktoren
- technologische Faktoren.

Die Relevanz der jeweiligen Elemente des Makroumfeldes ist dabei situativ bedingt. Sie ist u.a. vom Sektor oder von der Branche des Unternehmens abhängig. Die Rahmenbedingungen sind durch eine Vielzahl von Besonderheiten gekennzeichnet, die aus dem Einfluss unterschiedlicher Ländermärkte und -strukturen und der damit verbundenen Heterogenität des Umfeldes resultieren (Mauritz 1996, S. 162ff.). Gerade im Kontext des Internationalen Marketing ist das Umfeld nicht statisch, sondern durch eine besonders hohe und steigende Dynamik gekennzeichnet. Im Folgenden werden die wesentlichen Einflussfaktoren sowie die relevanten Entwicklungstendenzen in den unterschiedlichen Bereichen skizziert.

b) Politisch-rechtliche Rahmenbedingungen

Das politisch-rechtliche Umfeld bezieht sich auf die Rahmenbedingungen, die durch staatliche oder supranationale Organisationen geprägt werden. Die in diesem Zusammenhang relevanten Determinanten beeinflussen das Entscheidungsspektrum der Unternehmen hinsichtlich der Marketingstrategien und -maßnahmen, indem sie als Muss-Faktoren von den Unternehmen bei den Entscheidungen berücksichtigt werden. Im Sinne der regulativen Elemente von Institutionen sowohl im Heimatmarkt als auch auf den Gastlandsmärkten bzw. auf übergeordneter Ebene, ist diese Kategorie von Umfeldfaktoren als notwendige Bedingung einzuhalten, um die internationalen Aktivitäten umsetzen zu können. Die Unternehmen haben – je nach Ausprägung dieser Faktoren – somit in diesem Feld keinen Entscheidungsspielraum in der Berücksichtigung regulativer Elemente in der internationalen Marketingstrategie.

Im Hinblick auf das Internationale Marketing sind neben den grundsätzlichen politischen Rahmenbedingungen, wie z.B. dem jeweiligen politischen System oder der politischen Stabilität, insbesondere Unterschiede in **rechtlichen Bestimmungen** bedeutsam, z.B. wettbewerbsrechtliche Regelungen, Datenschutzbestimmungen, Regelungen der Konditionengewährung oder werberechtliche Aspekte. Sie können dazu führen, dass kein international einheitliches Marketing realisiert werden kann (Thorne LeClair 2000). Dies betrifft z.B. Regelungen bezüglich vergleichender Werbung oder Superlativwerbung (Meffert/Bolz 1998, S. 48), Werbeverbote für bestimmte Produktgruppen wie z.B. Alkohol oder Tabak (Hoek/Sparks 2000) oder Regelungen, welche die Gewährung von Sonderleistungen, den Einsatz bestimmter (moderner) Kommunikationsmittel oder die Durchführung von Gewinnspielen betreffen (Schotthöfer 2001). Aber auch **Handelshemmnisse** tarifärer oder nicht-tarifärer Art, politische Interventionen in die wirtschaftliche Tätigkeit der Unternehmen oder „**Local-Content-Regelungen**" sind von besonderer Bedeutung für das Internationale Marketing.

Local-Content-Regelungen im Kontext erneuerbarer Energien

Grundsätzlich sind verschiedene Instrumente denkbar, um eine Bevorzugung lokaler Wertschöpfung gegenüber ausländischer Wertschöpfung zu bewirken:

1. Bevorzugung lokaler Unternehmen bei Ausschreibungen öffentlicher Auftraggeber:
Eine Bevorzugung im Rahmen von Ausschreibungen öffentlicher Auftraggeber (z.B. eines staatlichen Energieversorgers) kann beispielsweise über Vorgabe eines Mindestanteils lokaler Wertschöpfung oder Einsatz eines „Korrekturfaktors" auf den Angebotspreis erfolgen (Beispiele: Südafrika, China). Derartige Maßnahmen sind nur bei solchen Ländern WTO-rechtlich angreifbar, die dem "Government Procurement Agreement (GPA)" beigetreten sind. Inzwischen hat das GPA-Übereinkommen 41 Mitglieder (u. a. sämtliche EU-Staaten). Die EU setzt sich für den Beitritt weiterer Länder ein. Derzeit sind diesbezüglich Verhandlungen mit mehreren Staaten (u. a. China) im Gange. Selbst das GPA sieht jedoch sog. "Offset-Klauseln" für Entwicklungsländer vor, die dann wiederum eine Bevorzugung lokaler Bieter ermöglichen. Eine Beurteilung entsprechender Regelungen ist daher erst nach eingehender Prüfung des Einzelfalls möglich.

2. Einfuhrzölle:
Zölle sind innerhalb bestimmter Grenzen WTO-rechtlich zulässig. Eindeutige Schlussfolgerungen lassen sich daher auch hier erst nach Prüfung des Einzelfalls ziehen.

3. Local-Content-Regelungen in Verbindung mit Einspeisevergütungssystemen:
Im Rahmen von Einspeisevergütungssystemen erhalten Betreiber von Erneuerbare-Energien-Anlagen für jede Kilowattstunde erzeugten Strom eine gesetzlich festgelegte Mindestvergütung, die in der Regel deutlich über dem Marktpreis liegt. Derartige Fördermodelle können mit "local content"-Regelungen kombiniert werden. In diesem Zusammenhang sind insbesondere zwei Alternativen denkbar:

> Alternative 1: Der Mindestanteil einheimischer Wertschöpfung ist zwingende Voraussetzung für die Vergütung von Strom aus Erneuerbaren Energien oder für die Genehmigung zur Inbetriebnahme einer Anlage.
> Alternative 2: Die grundsätzliche Gewährung einer Einspeisevergütung setzt nicht zwingend einen bestimmten Mindestanteil lokaler Wertschöpfung voraus. Jedoch ist die Höhe der Einspeisevergütung davon abhängig, in welchem Ausmaß die Erzeugungsanlage Komponenten aus lokaler Produktion beinhaltet.
> *Quelle: Bundesministerium für Wirtschaft und Technologie 2013.*

Die jeweiligen rechtlichen Regelungen beeinflussen somit maßgeblich die Entscheidungsfreiheit bzw. das Entscheidungsspektrum im Internationalen Marketing. Aus den unterschiedlichen nationalen Regelungen lassen sich komparative Vorteile für einzelne Länder ableiten („**Rechtsarbitrage**"), die auch als Determinanten von Marktselektionsentscheidungen wirken können (Zentes/Swoboda/Morschett 2004, S. 87).

Tabelle 1.1: Index of Economic Freedom im Jahre 2012

Land	Score 2012	BF	TF	FiF	GS	MF	IF	FF	PR	FfC	LF
Hong Kong	1	1	1	1	1	1	1	1	1	1	1
Singapur	1	1	1	1	1	1	1	2	1	1	1
Australien	1	1	1	3	3	1	1	1	1	1	1
Neuseeland	1	1	1	2	5	1	1	1	1	1	1
Schweiz	1	2	1	3	3	1	1	1	1	1	1
Kanada	2	1	1	2	5	2	2	1	1	1	1
Chile	2	2	1	2	1	1	1	2	1	2	2
Mauritius	2	2	1	1	1	2	1	2	2	4	2
Dänemark	2	1	1	5	5	1	1	1	1	1	1
USA	2	1	1	3	5	2	2	2	1	2	1
Irland	2	1	1	2	5	1	1	2	1	2	2
Bahrain	2	2	1	1	2	2	2	1	4	4	1
Estland	2	2	1	2	4	2	1	1	1	3	4
Großbritannien	2	1	1	4	5	2	1	1	1	2	2
Luxemburg	2	2	1	3	5	2	1	1	1	1	5
Finnland	2	1	1	3	5	2	1	1	1	1	5
Niederlande	2	1	1	4	5	1	1	1	1	1	4
Schweden	2	1	1	5	5	1	1	1	1	1	4
Deutschland	2	1	1	3	5	1	1	2	1	1	5
Taiwan	2	1	1	1	1	1	3	4	2	3	4

BF = Business Freedom
TF = Trade Freedom
FiF = Fiscal Freedom
GS = Government Size
MF = Monetary Freedom
IF = Investment Freedom
FF = Financial Freedom
PR = Property Rights
FfC = Freedom from Corruption
LF = Labor Freedom

1 = free; 5 = repressed

Quelle: www.heritage.org, 06. März 2013.

Das Internationale Marketing wird darüber hinaus auch wesentlich durch fortschreitende Liberalisierungs- und Deregulierungstendenzen geprägt. Bedeutend für das Internationale Marketing sind dabei zum einen die Liberalisierungstendenzen im internationalen Kontext (siehe Tabelle 1.1). Insbesondere die **Liberalisierung** auf der Ebene des Welthandels bzw. der direktinvesitiven Engagements im multilateralen Kontext von GATT bzw. WTO stehen dabei im Vordergrund.

Zugleich sind auch die Bildung bzw. Ausweitung regionaler Integrationsräume sowie die Intensivierung der internen Beziehungen von besonderer Relevanz für das Internationale Marketing (Zentes/Schramm-Klein/Morschett 2004). So bestanden im Jahre 2012 etwa 510 regionale Handelsabkommen.

Weiterhin bedeutend sind die Marktöffnung sowie das fortschreitende Marktwachstum der mittel- und osteuropäischen Länder (mit der im Mai 2004 vollzogenen EU-Ost-Erweiterung) sowie im asiatischen Raum. Diese Märkte werden zunehmend als neue Absatzmärkte relevant (Craig/Douglas 2001). Neben der fortschreitenden Öffnung der Ländermärkte findet im Rahmen der **sektoralen Deregulierung** eine Öffnung bisher abgeschirmter, oftmals monopolistischer oder staatlich reglementierter Branchen statt, wie z.B. in den Bereichen Transport und Logistik, Telekommunikation, Energie oder Gesundheitswesen.[1]

Liberalisierung und Deregulierung sind dadurch gekennzeichnet, dass sie – auf Grund der Öffnung für neuen Wettbewerb – Konsequenzen z.B. im Bereich des Preiswettbewerbs nach sich ziehen. Zudem verbessern sich oftmals die angebotenen Leistungen. Durch die Marktöffnung treten neue Akteure auf, sowohl in nationaler als auch in internationaler Hinsicht. Die Liberalisierungs- und Deregulierungstendenzen führen somit dazu, dass sich neue Felder für das Internationale Marketing öffnen. Insbesondere gewinnen neue Märkte an Relevanz, dies sowohl in geografischer als auch in sektoraler Hinsicht. Auf der anderen Seite sind sie mit einer Intensivierung des Wettbewerbs verbunden, was wiederum einen wesentlichen Einfluss auf die Marketingstrategien und -maßnahmen hat (Zentes/Schramm-Klein/Morschett 2005).

EU will Freihandel mit USA binnen zwei Jahren

US-Präsident Obama und die EU-Kommission wollen möglichst bald gegenseitige Handelshemmnisse abschaffen. Allerdings sieht man US-Agrarprodukte in Europa kritisch.

Europa und die USA wollen möglichst bald die größte Freihandelszone der Welt schaffen und damit die schwache Wirtschaft auf beiden Seiten des Atlantiks anregen. US-Präsident Barack Obama und EU-Kommissionspräsident José Manuel Barroso kündigten Gespräche über einen Pakt zum Abbau von Zöllen und Handelsschranken an. EU-Handelskommissar Karel De Gucht sagte, mit einem Abschluss der Verhandlungen sei Mitte 2015 zu rechnen. Es betreffe alle Wirtschaftssektoren. Die EU erwartet wegen vieler Handelskonflikte in der Vergangenheit allerdings schwierige Gespräche.

In dem Abkommen soll es neben Handelszöllen auch um andere Hindernisse gehen. Technische Standards und Zertifizierungen sollen harmonisiert werden. Als Beispiel nannte De Gucht den Autobau: Hier könnte es sinnvoll sein, dass EU und USA gegenseitig ihre Sicherheitsstandards akzeptierten, um Mehrkosten zu kappen.

Besonders umstritten sind aber die Vorgaben für Lebensmittel und landwirtschaftliche Produkte. Die EU-Restriktionen gegen genetisch veränderte Pflanzen will die EU aus dem Abkommen ausklammern. Auch von ihrem Verbot des Einsatzes von Wachstumshormonen in der Tierzucht will die EU nicht abrücken. Die Amerikanische Handelskammer in

---

[1] Zu den Liberalisierungs- und Deregulierungstendenzen vgl. ausführlich Zentes/Swoboda/Morschett 2004, S. 108ff.

Deutschland riet, den Sektor Landwirtschaft ganz auszunehmen. "Das Thema Agrar würde die Gespräche nur belasten", sagte AmCham-Präsident Fred Irwin.

Die Vorbereitungen zu dem Abkommen sollen umgehend beginnen, der Start konkreter Gespräche sei schon zur Jahresmitte denkbar. Deutschland erwartet durch ein solches Abkommen für beide Seiten auch Schwung für den Arbeitsmarkt und die Einkommen. Die deutschen Exporteure halten Milliarden-Zuwächse für möglich. Die USA und die EU stehen für etwa die Hälfte der weltweiten Wirtschaftsleistung und ein Drittel des Welthandels.

"Wir werden die größte Freihandelszone der Welt ins Leben rufen", sagte Barroso. Das Bruttoinlandsprodukt der EU-Staaten könne durch den Abbau solcher Zölle und Handelshemmnisse bis 2027 um ein halbes Prozent jährlich steigen.

Auch die deutsche Wirtschaft verspricht sich von einem Freihandelsabkommen Impulse in Milliardenhöhe. "Das könnte unsere Exporte in die Vereinigten Staaten um jährlich drei bis fünf Milliarden Euro erhöhen", sagte der Außenhandelschef des Deutschen Industrie- und Handelskammertages, Volker Treier.

Quelle: www.zeit.de, 13. Februar 2013.

c) Ökonomisch-infrastrukturelle Rahmenbedingungen

Im Bereich des ökonomischen Umfeldes steht die allgemeine wirtschaftliche Situation im Vordergrund. Dabei ist neben der grundsätzlichen wirtschaftlichen Entwicklung auch die Entwicklung des allgemeinen Geschäftsklimas von Bedeutung. Die wirtschaftlich-infrastrukturellen Gegebenheiten lassen sich durch eine Vielzahl von Indikatoren charakterisieren, so z.B. Bruttoinlandsprodukt (BIP), BIP-Wachstumsrate, BIP (GDP) per capita, Inflationsrate, Bevölkerungsumfang und -wachstum oder Ressourcenausstattung (z.B. Rohstoffe, Transport- und Kommunikationsnetz u.Ä.) (Zentes/Swoboda/ Morschett 2004, S. 81). Diese ökonomischen Rahmenbedingungen beeinflussen das Marktpotenzial bzw. das Marktvolumen und damit die Marktchancen für die Unternehmen, indem sie sowohl regulative als auch normative Elemente vereinen.

Neben diesen Faktoren sind die Entwicklungen der Zinsen und damit der Kapitalkosten in den jeweiligen Ländern relevant. Dies betrifft u.a. Entscheidungen hinsichtlich des direktinvestiven Engagements der Unternehmen. Auch die Entwicklung der Wechselkurse ist von Bedeutung. Sie beeinflussen z.B. im Rahmen von Exportstrategien die Höhe der Exporterlöse oder bei direktinvestiven Engagements die von ausländischen Tochtergesellschaften an die Muttergesellschaft transferierten Gewinne (Berndt/Fantapié Altobelli/Sander 2010, S. 21f.). Auch die Arbeitskosten sind auf Grund ihres Einflusses auf die Konfigurationsentscheidungen internationaler Unternehmen von Bedeutung für das Internationale Marketing.

d) Geografische Rahmenbedingungen

Als geografische Rahmenbedingungen haben z.B. die klimatischen Bedingungen oder die Topografie der Länder einen Einfluss auf das Internationale Marketing. Sie beeinflussen u.a. die Nachfrage nach bestimmten Produkten oder die Funktionsfähigkeit der Produkte. Auch die Ressourcenausstattung der jeweiligen Länder wird zu den wichtigen Faktoren des natürlichen Umfeldes gezählt. Hier werden insbesondere Vorkommen natürlicher Ressourcen (z.B. Bodenschätze) angeführt. Die Ausstattung der Länder mit natürlichen Ressourcen bzw. das Fehlen bestimmter Ressourcen können zum einen (in direkter und indirekter Form) die Richtung und Ströme des Außenhandels und auf der anderen Seite die Konfiguration der internationalen Wertschöpfung beeinflussen.

Neben dem Einfluss auf Eignung oder Bedarf bestimmter Produkte oder Leistungen bzw. spezifischer Funktionalitäten oder Ausgestaltungsformen haben die geografischen Faktoren auch einen Einfluss auf die Belieferung der Märkte, indem sie die logistische Realisierung der Distribution tangieren.

> **Seltene Erden: Rohstoff für Chip-Produktion in Sachsen entdeckt**
>
> Ein Gutachten bestätigt den Fund Seltener Erden in Storkwitz. Es handelt es sich um die einzige bekannte Lagerstätte in Mitteleuropa. Die Stoffe werden unter anderem für die Produktion von Computern und Handys benötigt.
>
> Ein Gutachten hat ein Vorkommen von Seltenen Erden in Storkwitz in Sachsen bestätigt. Das teilten die Deutsche Rohstoff AG und deren Tochtergesellschaft Seltenerden Storkwitz AG am Donnerstag in Chemnitz mit. Laut dem australischen Gutachten gibt es in dem erkundeten Teil der Lagerstätte insgesamt rund 20.100 Tonnen sogenanntes Seltenerd-Oxid (SEO). Dabei handele es sich um die einzige bekannte Lagerstätte von Seltenen Erden in Mitteleuropa. In tieferen Lagen werden weitere Rohstoffe vermutet. Dazu soll es nach Unternehmensarbeiten nun weitere Erkundungsbohrungen geben.
>
> Als Metalle der Seltenen Erden werden 17 chemische Elemente bezeichnet, die für die Industrie wertvolle Eigenschaften besitzen. Sie werden etwa benötigt, um Computer, Mobiltelefone, Batterien oder Flachbildschirme zu fertigen. Sie kommen auch in Windanlagen, Raketen, Elektroautos und vielen weiteren Gütern zum Einsatz. China ist der weltgrößte Förderer Seltener Erden und deckt rund 97 Prozent des weltweiten Bedarfs.
>
> Das Vorkommen in Storkwitz ist ein Zufallsfund aus DDR-Zeiten. Es war in den 70er Jahren bei Erkundung von Uranvorkommen entdeckt worden.
>
> *Quelle: www.handelsblatt.de, 31. Januar 2013.*

e) Soziodemografische, sozioökonomische und soziokulturelle Rahmenbedingungen

Für die Absatzpotenziale relevante Entwicklungen liegen neben dem – auf die Weltwirtschaft bezogenen – zunehmenden Bevölkerungswachstum in der sich international polarisierenden Entwicklung der Einkommens- und Vermögenssituation der Bevölkerung.

Hier zeigt sich nicht nur im Ländervergleich, sondern auch auf der Ebene der einzelnen Volkswirtschaften, dass die „Schere", die zwischen „Arm" und „Reich" besteht, in fortschreitendem Maße auseinander geht. Dies ist nicht nur in den Entwicklungsländern der Fall, sondern auch in den Industrieländern der „westlichen" Welt (Social Watch 2012). Verbunden mit diesem Phänomen ist die Entwicklung globaler Märkte i.S. länderübergreifender Absatzmarktsegmente für bestimmte Produkte oder Produktbereiche (z.B. im Bereich von High-Tech- oder Luxusgütern) (Zentes/Schramm-Klein/Morschett 2005).

Als wesentlicher Einflussfaktor auf das Internationale Marketing wird in diesem Zusammenhang auch die **Kultur** angeführt, denn sie beeinflusst die Art und Weise, wie auf die Marketingmaßnahmen reagiert wird. Kultur beinhaltet sichtbare Elemente wie spezifische Verhaltensweisen, Sitten und Gebräuche der Mitglieder einer sozialen Gruppe sowie die hinter diesen beobachtbaren Verhaltensmustern stehenden kollektiv geteilten Werte, Einstellungen, Überzeugungen und Motive, die durch ihre Verankerung in Sitten und Gebräuchen über Generationen überliefert werden (Keller 1982, S. 118f.).

> *Die Kultur wird als ein „Hintergrundphänomen" angesehen, welches das Verhalten von Personen prägt, ohne dass man sich dieses Einflusses bewusst ist (Kroeber-Riel/Weinberg/Gröppel-Klein 2009, S. 578).*
>
> *Die wesentlichen Elemente der Kultur sind Werte, Grundannahmen, Normen und Einstellungen. Auch die Sprache sowie die Religion werden oftmals als Kulturelemente angesehen. Als Medien der Kultur dienen v.a. Helden, Symbole, Riten und Rituale (Berndt/Fantapié Altobelli/Sander 2010, S. 33ff.; Czinkota/Ronkainen 2007, S. 51ff.).*

Die Kultur gilt deshalb als wichtiger Einflussfaktor auf das Verhalten der Menschen (siehe Abbildung 1.11), so der Konsumenten im Rahmen ihrer Kaufentscheidungen und der Entscheidungsträger bzw. Akteure in den Unternehmen (Erickson/Johansson/Chao 1984; Kumar 1988; Thomas 2003; Dülfer 1996; Hagemann 2000).

Im Hinblick auf Fragestellungen bzgl. der Bedeutung der Kultur als Einflussfaktor auf das Marketing und die Kundenbeziehungen im internationalen Kontext wurde eine Vielzahl von Untersuchungen durchgeführt, so hinsichtlich Business-to-Business-Beziehungen[1] und bzgl. Business-to-Consumer-Beziehungen.[2] Im Rahmen der Analyse des grenzüberschreitenden Marketing wird dabei insbesondere die Bedeutung der kulturellen Distanz, also des Ausmaßes, zu dem sich die Kulturen von Anbieter und Nachfrager unterscheiden (Ford 1984, S. 102), herausgestellt (Tse u.a. 1988; Feldman/Thompson 1993; Conway/Swift 2000). Oftmals wird dabei unterstellt, dass die kulturellen mit den nationalen Grenzen deckungsgleich sind, sodass eine Kultur auch einer Landeskultur entspricht (Keillor/Hult 1999). In anderen Ansätzen wird davon ausgegangen, dass nationale Grenzen und kulturelle Grenzen nicht notwendigerweise deckungsgleich sein müssen (Donnan 1994; de Mooij 2010).

Abbildung 1.11: Explikativ-deskriptives Kulturmodell

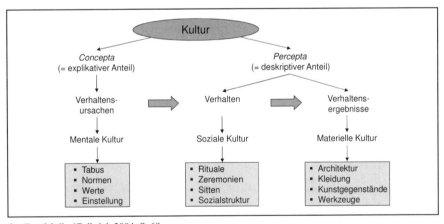

Quelle: Müller/Gelbrich 2004, S. 69.

Neben **Sprachunterschieden**, die im internationalen Kontext auftreten und die v.a. im Rahmen der Kommunikationspolitik von Bedeutung sind, haben auch Unterschiede in den Religionen einen wesentlichen Einfluss auf die Absatzchancen von Produkten oder

---

[1] Vgl. hierzu z.B. Francis 1991; Kanter/Corn 1994; LaBahn/Harich 1997.
[2] Vgl. hierzu z.B. McCracken 1988; Whitelock/Chung 1989; Fam/Merrilees 1988.

die Wahrnehmung von Marketingmaßnahmen. Hiermit verbunden sind die Werte und Normen, die darüber entscheiden, welche Produkte und Leistungen Akzeptanz in den unterschiedlichen Ländern finden und welche abgelehnt werden. In diesem Zusammenhang sind **Country-of-Origin-Effekte** von Bedeutung. Sie können sich bspw. in „Local-Content-Verhaltensweisen" von Konsumenten (z.B. „Buy British") i.S. eines „protektionistischen Verhaltens" äußern (Granzin/Painter 2001) oder auf Grund von „Made-in"-Effekten i.S. einer positiven oder negativen Einstellung gegenüber dem Hersteller bzw. dem Herstellerland die Kaufentscheidungen hinsichtlich ausländischer Produkte wesentlich mitbestimmen.

Von Bedeutung sind auch unterschiedliche **Gepflogenheiten** oder Verwendungsgebräuche, wie z.B. bestimmte Verzehrgewohnheiten bei Lebensmitteln. Sie beeinflussen z.B. den zu kommunizierenden Produktnutzen, denn dieser kann länderspezifisch unterschiedlich sein, sodass unterschiedliche kommunikative Positionierungen notwendig sein können (Berndt/Fantapié Altobelli/Sander 2010, S. 35).

Bezogen auf die Entwicklung des Konsumentenverhaltens werden im internationalen Zusammenhang zwei Entwicklungen gleichzeitig beobachtet, die eigentlich gegensätzlicher Struktur sind. Bezogen auf bestimmte Bereiche ergibt sich eine **Konvergenz**, also eine Annäherung bzw. Angleichung, des Konsumentenverhaltens. Die typischen konvergenten länderübergreifenden Marktsegmente werden dabei als „jünger", „reicher" sowie „urbaner" als die übrige Bevölkerung charakterisiert (Cannon/Yaprak 2002; Keegan/Schlegelmilch 2001, S. 573f.).

Abbildung 1.12: Kulturgebundenheit von Produkten

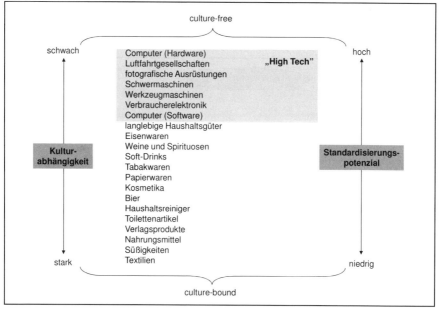

Quelle: in Anlehnung an Müller/Gelbrich 2004, S. 555.

In anderen Bereichen zeigen sich hingegen divergierende Erscheinungen bzw. eine Fragmentierung im Konsumentenverhalten. Die Diskussion um Konvergenz- bzw. **Fragmentierungserscheinungen** des Konsumentenverhaltens im internationalen Kontext knüpft v.a. an der Diskussion um Produkte bzw. Leistungen an, die „culture-free" bzw. „culture-bound" sind (siehe Abbildung 1.12).[1] Sind diese nicht an bestimmte kulturelle Gegebenheiten gebunden, so die Culture-Free-These, kann eine weit gehende internationale Standardisierung bzw. eine internationale Distribution erfolgen. Sind sie hingegen kulturgebunden, ist mindestens eine internationale Differenzierung erforderlich (Müller/Gelbrich 2004, S. 14ff.).

Auf die Marktfragmentierung bzw. die Marktkonvergenz wirken unterschiedliche Einflussfaktoren ein, die in Abbildung 1.13 überblicksartig dargestellt sind. Die Betrachtungen zeigen, dass keine klare Richtung der Entwicklung der Märkte erkennbar ist, sondern sowohl die Konvergenz als auch die Fragmentierung fördernd auf die Marktentwicklungen einwirken.[2]

Abbildung 1.13: Triebkräfte für Marktfragmentierung und -konvergenz

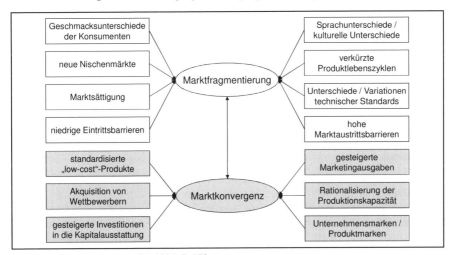

Quelle: in Anlehnung an Bradley 2005, S. 17f.

f) Technologische Rahmenbedingungen

Die Entwicklungen der technologischen Rahmenbedingungen stellen einen wesentlichen Treiber der **Marktdynamik** dar. Insbesondere der Fortschritt im Bereich der Informations- und Kommunikationstechnologien ist dabei für das Internationale Marketing von Bedeutung. In diesem Zusammenhang stehen die Elektronisierung, die Digitalisierung und die Virtualisierung im Vordergrund (Zentes/Swoboda/Morschett 2004, S. 81).

Als wesentliche Veränderungen haben im technologischen Rahmen v.a. neue Kommunikations- und Distributionskanäle eine besondere Bedeutung, wie z.B. Internetbasierte Online-Kanäle oder Kanäle mobiler Kommunikation (Keegan 2004). Im Vordergrund stehen das Internet und damit verbunden die unterschiedlichen Formen

---

[1] Die Diskussion schließt an die „Kulturalismus-/Universalismus-Debatte" an und ist in Verbindung zu sehen mit den kontroversen Diskussionen im Kontext der „Globalisierungsthese" (Müller/Gelbrich 2004, S. 194ff.). Vgl. hierzu auch Abschnitt C.III.1. des Zweiten Kapitels.
[2] Schlegelmilch/Sinkovics (1998) sprechen in diesem Zusammenhang von der „Fragvergenz" des Konsumentenverhaltens.

des E-Commerce und des E-Marketing bzw. des Mobile Commerce (M-Commerce) und mobilen Marketing.[1]

Im Rahmen des Internationalen Marketing ergibt sich ein Trend zu verstärkter **Vernetzung**, denn diese Systeme ermöglichen eine vergleichsweise einfache Ausweitung der Unternehmenstätigkeit und der Kundenansprache auch im internationalen Zusammenhang. Dies äußert sich auch darin, dass die Konsumenten die Möglichkeit haben, über Kanäle des E-Commerce oder M-Commerce auch die Angebote ausländischer Anbieter zu nutzen (Quelch/Klein 1996). In diesem Zusammenhang wird deshalb auch von einer „borderless world" (Ohmae 1989) gesprochen, da bei Einsatz solcher Technologien hinsichtlich der Information und der Kommunikation zwischen den Marktpartnern keine Ländergrenzen mehr existieren. Der Einsatz neuer Technologien erleichtert es dabei den Unternehmen zusätzlich, im internationalen Kontext Informationen über die Kunden zu gewinnen (Palmer 1997). Konzepte wie **Marketing Intelligence** spielen hier eine wichtige Rolle (Hamill 1997).

Eine Problematik des Internationalen Marketing liegt in diesem Zusammenhang darin, dass nicht in jedem Land identische Kommunikationskanäle vorhanden sind oder genutzt werden können. Solche Unterschiede in der Verfügbarkeit bzw. der Nutzung einzelner Kanäle sind für den Aufbau des Kanal-Mix im Rahmen des Internationalen Marketing von Bedeutung. Derartige Verschiedenartigkeiten sind v.a. auf Abweichungen in den wirtschaftlichen Entwicklungsniveaus der Länder sowie auf unterschiedliche Nutzungsgewohnheiten und Affinitäten (z.B. aus kulturellen Gründen) zurückzuführen. So zeigen sich im internationalen Kontext insbesondere Unterschiede in der Nutzung neuer Kommunikationskanäle wie z.B. des Internet oder bezogen auf Medien der mobilen Kommunikation.[2]

Die technologischen Entwicklungen sind zudem dadurch gekennzeichnet, dass die **Innovationszyklen** zunehmend kürzer werden. Dies führt auch dazu, dass die Lebenszyklen der Produkte zunehmend kürzer werden.[3] Diese schnelleren Zyklen bestehen nicht nur auf den einzelnen Länder- bzw. Absatzmärkten, sondern, forciert durch die IuK-Technologie-bedingte Vernetzung der Ländermärkte, liegen die Produktlebenszyklen der einzelnen Absatzmärkte im internationalen Zusammenhang näher zusammen (Zentes/Swoboda/Morschett 2004, S. 99ff.).

3. Spezifisches Unternehmensumfeld

a) Elemente des Mikroumfeldes

Die spezifischen Rahmenbedingungen der Unternehmen ergänzen die generellen Determinanten. In diesem Zusammenhang stehen das spezifische Wettbewerbsumfeld der Branche mit den Beschaffungsbedingungen, der aktuellen und der potenziellen Konkurrenzstruktur sowie den Kundenbeziehungen der jeweiligen Unternehmen als wichtige Einflussfaktoren im Vordergrund.

---

[1] Vgl. zum E-Business im internationalen Kontext detailliert Zentes/Swoboda/Morschett 2004, S. 135ff.
[2] Vgl. hierzu auch Abschnitt B.V.4.b) des Fünften Kapitels.
[3] In diesem Zusammenhang wird oftmals von der „technologischen Diskontinuität" gesprochen. Gekoppelt sind diese Entwicklungen mit einem entsprechend starken Preisverfall („Moore's Law") im Bereich der Technologien (z.B. im Bereich der Kommunikationskosten oder der Computer-Hardware). Vgl. hierzu auch Keegan/Schlegelmilch/Stöttinger 2002, S. 175ff.; Zerdick u.a. 2001, S. 117f.; Zentes/Swoboda/Morschett 2004, S. 131ff.

Das Mikroumfeld wird insbesondere – i.S. des Stakeholder-Ansatzes – durch die Kunden, die Wettbewerber, die Lieferanten, Intermediäre, Kapitalgeber und Versicherungen, die Medien, die (staatliche) Administration, die Mitarbeiter und ihre gewerkschaftliche Vertretung geprägt (Zentes/Swoboda/Morschett 2004, S. 86). In Anlehnung an Porter (1980) können im Rahmen des Mikroumfeldes fünf „**Triebkräfte des Branchenwettbewerbs**" unterschieden werden, die den Stand des Unternehmens im Wettbewerb in einer Branche bestimmen (siehe Abbildung 1.14).

Abbildung 1.14: Triebkräfte des Branchenwettbewerbs

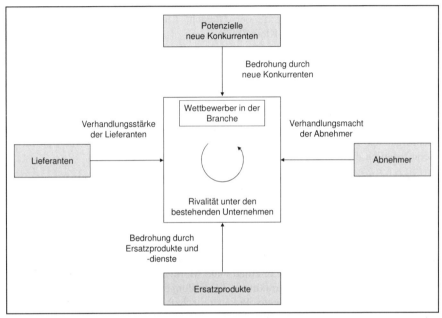

Quelle: Porter 2008, S. 36.

b) Branchenstruktur und Wettbewerb

Die **Branchenstruktur** beschreibt die grundsätzlichen Charakteristika des Sektors, in dem die jeweiligen Unternehmen agieren. Die Marktform (z.B. oligopolistische oder polypolistische Märkte), die Markteintrittsbarrieren und – damit verbunden – die Konkurrenzsituation beeinflussen die Art und Intensität des Wettbewerbs in der Branche.

Als Wettbewerber können einerseits lokale/nationale[1] Konkurrenten auf den einzelnen Ländermärkten relevant sein, auf der anderen Seite kann auch ein Wettbewerb mit international tätigen Unternehmen bestehen. In diesem Zusammenhang wird oftmals die „Globalisierung des Wettbewerbs" angeführt (Bolz 1992, S. 15). Darunter wird die Tendenz der Unternehmen verstanden, ihre Planung zunehmend auf länderübergreifender Ebene vorzunehmen und eine Profilierung gegenüber anderen internationalen Wettbewerbern anzustreben. In diesem Kontext steht die länderübergreifende Planung zur Realisierung eines international optimalen Ergebnisses im Vordergrund. Es kann

---

[1] Im Folgenden wird vereinfachend von „lokal" gesprochen, worunter länder- und regionenspezifische Aspekte (innerhalb der Länder) subsumiert werden.

dabei evtl. bewusst in Kauf genommen werden, dass auf einzelne Ländermärkte bezogen suboptimale Strategien realisiert werden, die aber länderübergreifend i.S. eines internationalen Ländermarktausgleichs von Vorteil sein können.

Als Entwicklungstendenz zeichnet sich ab, dass die internationalen Wettbewerbsbeziehungen durch zunehmende Konzentrationstendenzen geprägt sind. Auch im Kontext des Branchen- bzw. Wettbewerbsumfeldes der Unternehmen sind zudem die Konvergenz- bzw. Fragmentierungserscheinungen der internationalen Märkte von Relevanz (siehe Abbildung 1.13). Die Tendenz zur Zunahme von Kooperationen (sowohl in horizontaler als auch in vertikaler Richtung) wird durch die allgemeine Zunahme des Branchenwettbewerbs forciert. Aber auch das Auftreten neuer Konkurrenten in länderspezifischer- oder länderübergreifender Hinsicht fördert die Bildung kooperativer Engagements (Zentes/Schramm-Klein 2005).

c) Absatzmärkte

In dem Modell der Triebkräfte des Branchenwettbewerbs spielen neben den Konkurrenten die (aktuellen und potenziellen) Abnehmer eine besondere Rolle. Die Absatzmärkte beeinflussen naturgemäß in besonderer Art und Weise das Internationale Marketing. Da die spezifischen Absatzmarktbedingungen und -einflüsse im Rahmen der nachfolgenden Kapitel detailliert analysiert und diskutiert werden, werden an dieser Stelle lediglich die grundsätzlichen Entwicklungsrichtungen dargestellt.

Hinsichtlich der Absatzmärkte sind einerseits die (privaten und gewerblichen) Abnehmer von Bedeutung, auf der anderen Seite sind aber auch die Intermediäre zu beachten. Häufig steht dabei der (Einzel-)Handel im Vordergrund.[1]

Kunden

Betrachtet man zunächst die Kundenseite, so ist eine Vielzahl von Faktoren zu beachten, die von Bedeutung für das Internationale Marketing sind, so z.B. Kaufkriterien, Bedarfshäufigkeiten, Bedürfnisstrukturen, Einstellungen und Präferenzen, Beschaffenheit und Größe der Marktsegmente, Preisbereitschaft oder die jeweiligen Produktlebenszyklen (Berndt/Fantapié Altobelli/Sander 2010, S. 40ff.).[2]

Als übergeordnete Entwicklungstendenz steht die Dynamik der Märkte im Vordergrund (Anand/Ward 2004). In diesem Zusammenhang sind Faktoren wie z.B. gesellschaftlicher **Wertewandel** bzw. Wertedynamik, aber auch die technologischen Entwicklungen von Bedeutung, die zu einer Beschleunigung der Marktentwicklungen – sowohl im Business-to-Consumer- als auch im Business-to-Business-Bereich – beitragen. Gerade im internationalen Kontext sind diese Erscheinungen von besonderer Relevanz, da sie die Absatzpotenziale wesentlich beeinflussen und die Komplexität im internationalen Zusammenhang (z.B. auf Grund unterschiedlicher Entwicklungsstadien der Produktlebenszyklen) weiter erhöhen (Zentes/Swoboda/Morschett 2004, S. 94ff.).

Eine der zentralen Kontroversen im Internationalen Marketing besteht in diesem Zusammenhang in der „**Globalisierungsthese**".[3] Dabei steht die Diskussion von Stan-

---

[1] Im Folgenden wird vorwiegend auf Aspekte der Konsumgüterwirtschaft eingegangen. Zu Aspekten des Investitionsgüter- und Dienstleistungssektors vgl. die sektorspezifischen Ausführungen im Dritten, Vierten und Fünften Kapitel.
[2] Vgl. zur detaillierten Analyse des Kundenverhaltens als Einflussfaktor auf die Auswahl von Absatzmärkten die Ausführungen im Dritten Kapitel dieses Buches.
[3] Vgl. hierzu auch Abschnitt C.II.1. des Zweiten Kapitels.

dardisierungen vs. Differenzierungen von Markteintritts- und insbesondere Marktbearbeitungsstrategien im Vordergrund. Es geht um die Frage, ob standardisierte, also international einheitlich ausgestaltete, Marketingstrategien, oder differenzierte Strategien, also im internationalen Umfeld unterschiedlich ausgestaltete Vorgehensweisen, realisiert werden sollen (Bolz 1992, S. 10ff.). Diese Fragestellung ist deshalb von Relevanz, als zu eruieren ist, ob eine Internationalisierbarkeit von Marketingmaßnahmen möglich ist. In der Literatur zum Internationalen Marketing wird für den Business-to-Business-Bereich häufig angeführt, dass generell eine stärkere Standardisierbarkeit des Marketing gegeben wäre, da häufig unterstellt wird, die Bedürfnisstrukturen von Geschäftskunden wären im internationalen Vergleich homogener als dies bzgl. der Konsumenten der Fall ist (de Mooij 2010, S. 115f.).[1]

Bezogen auf die Konsumgüterwirtschaft steht in der Literatur zum Internationalen Marketing die Diskussion der Frage im Vordergrund, ob die Globalisierung der Weltwirtschaft zu einer Annäherung des Konsumentenverhaltens (Homogenisierung) führt, oder ob regionale Unterschiede bestehen bleiben. Angestoßen wurde diese Diskussion durch die Globalisierungsthese von Levitt (1983a), die auch aktuell noch kontrovers diskutiert wird (z.B. Ryans/Griffith/White 2003; Townsend u.a. 2004; Katsikeas/Samiee/Theodosiou 2006; Merz/He/Alden 2008; de Mooij 2010). Levitt (1983a) geht davon aus, dass sich eine zunehmende Homogenierung der Weltmärkte vollzieht, die mit einer weltweiten Annäherung des Konsumentenverhaltens verbunden ist (Konvergenzthese). In diesem Fall ist der Einsatz einer international standardisierten Marketingstrategie sinnvoll (McCracken 1988), denn durch standardisiertes Vorgehen können Economies of Scale realisiert werden. Weiterhin können ein einheitliches und konsistentes Unternehmensimage sowie eine konsistente Identität im internationalen Kontext umgesetzt werden (Laroche u.a. 2001; Papavassiliou/Stathakopoulus 1997).

Gegner dieser Globalisierungsthese gehen davon aus, dass trotz allgemeiner globaler Entwicklungstendenzen keine generelle Homogenisierung die Folge ist, sondern dass eine regional unterschiedliche Interpretation der globalen Entwicklungstendenzen erfolgt (Czinkota/Ronkainen 2003). Sie ist das Resultat regionaler Unterschiede in den Sichtweisen und im Verständnis der Menschen (Belk 1996). In einer weiteren Sichtweise wird angenommen, dass sich im Rahmen der Globalisierungstendenzen der Weltwirtschaft nicht eine Homogenisierung der Kulturen bzw. des Konsumentenverhaltens ergibt, sondern sich eine Polarisierung der Kulturen auf der Basis materieller bzw. abstrakter kultureller Unterschiede (insbesondere „östliche" vs. „westliche" Kulturen) einstellt (Douglas/Wind 1987; Manrai/Manrai 1996). Gleichermaßen zeigt sich dieses Phänomen dieser Auffassung nach in der Bildung regionaler Blöcke im Rahmen der Weltwirtschaft (insbesondere EU, NAFTA, ASEAN), die durch signifikante Unterschiede in den Kulturen gekennzeichnet sind (Malhotra/Agarwal/Baalbaki 1998). Solche Tendenzen würden ein differenziertes Vorgehen entsprechend der unterschiedlichen Bedürfnisse der Ländermärkte bzw. Regionen erfordern (Kale 1995).

---

[1] Diese Sichtweise ist umstritten. Insbesondere sind unterschiedliche Arten von Industriegütern oder Dienstleistungen dadurch gekennzeichnet, dass z.T. ein sehr hoher Grad an Individualisierung erforderlich ist. Vgl. zur Diskussion dieser Fragestellung z.B. Keegan/Schlegelmilch/Stöttinger 2002, S. 410ff., oder Müller/Gelbrich 2004, S. 555ff., sowie die Ausführungen in Abschnitt F. des Fünften Kapitels.

Handel

Betrachtet man den Bereich der Intermediäre, so steht – nicht nur im Bereich der Konsumgüterwirtschaft[1] – der Handel im Vordergrund. Im internationalen Zusammenhang ist somit die Analyse der jeweiligen Handelsstrukturen bzw. Distributionsstrukturen in den alternativen Ländermärkten erforderlich.

Quantitative und qualitative Veränderungen auf der Handelsebene haben im internationalen Kontext zu einer Veränderung der Marktgleichgewichte zwischen Hersteller- und Handelsunternehmen geführt. Als quantitative Veränderungen sind dabei insbesondere die Reduktion der Anzahl der Entscheidungsstellen infolge der **Konzentration** auf der Handelsebene, so insbesondere auf Grund der internationalen Expansion der Handelsketten sowie der Zunahme horizontaler und vertikaler Kooperationen (z.B. nationale und internationale Einkaufskooperationen und Verbundgruppen), von Relevanz (Zentes/Morschett/Neidhart 2003, S. 34). Der Handel hat sich dadurch aus der Rolle des reinen Absatzmittlers heraus zu einem immer stärker werdenden Marktpartner der Industrie emanzipiert (Zentes/Swoboda/Foscht 2012; Zentes/Schramm-Klein 2004a). Diese Entwicklungen sind eng mit den qualitativen Veränderungen verbunden, so der Tendenz zur **Zentralisierung** des Einkaufs bzw. der „Listung" über regionale, nationale oder europäische Zentralen. Verbunden mit einer zunehmenden Professionalisierung des Handels haben diese Entwicklungen dazu geführt, dass der Handel sich zu dem (vielfach) dominanten Partner entwickelt und somit die Marketingführerschaft übernommen hat.

Auf Grund dieses **Machtgewinns** auf Seiten des Handels ist eine Neuorientierung im Rahmen der Marketingkonzeption der Hersteller erforderlich, die insbesondere im internationalen Kontext von Bedeutung ist. Im Rahmen des Internationalen Marketing ist die Verknüpfung zwischen Absatzmarketing des Handels und dem handelsgerichteten Marketing der Hersteller erforderlich – als Ergänzung der zuvor im Wesentlichen auf die Einkaufsseite des Handels und die Verkaufsseite der Hersteller fokussierten Kommunikation (Zentes/Swoboda/Foscht 2012; Zentes/Schramm-Klein 2004a). In diesem Kontext sind Konzepte des **internationalen Key Account Managements** von besonderer Bedeutung, bei denen eine Ausrichtung des Unternehmens auf internationale Schlüsselkunden und eine länderübergreifende Koordination dieser Kundenbeziehungen erfolgt (Macharzina/Oesterle 1995).[2]

d) Beschaffungsmärkte

Die Bedeutung der Beschaffung ist auf Grund der Tendenzen zur Reduktion der Fertigungstiefe in den letzten Jahren stark gestiegen. Der Bereich der Beschaffung ist von hoher wettbewerbsstrategischer Relevanz, da strategische Aspekte der Versorgung mit Inputfaktoren – auch hinsichtlich der Frage „make or buy" – von besonderer Bedeutung für die Wettbewerbsposition von Unternehmen sind. Diese zentrale Bedeutung der Beschaffung, verbunden mit einer zunehmenden internationalen Orientierung der Beschaffung i.S. eines „**Global Sourcing**" (Koppelmann 2004, S. 223ff.), weist auf die wettbewerbsstrategische Relevanz von Fragestellungen der Auswahl von Beschaffungsmärkten hin (Arnold 1990).

---

[1] Vgl. zu den unterschiedlichen Geschäftstypen im Industriegütermarketing Abschnitt E.I.1. des Dritten Kapitels. Die folgenden Ausführungen beziehen sich jedoch vornehmlich auf die Konsumgüterwirtschaft.

[2] Vgl. hierzu Abschnitt B.III.2. des Sechsten Kapitels.

Nicht nur die Abnehmerseite, sondern gerade auch die internationalen Beschaffungsbeziehungen sind durch eine hohe Komplexität gekennzeichnet. Es existiert eine Vielzahl heterogener Beschaffungsmarktkonstellationen und die Beschaffungsbeziehungen sind höheren Risiken und Unsicherheiten ausgesetzt als dies in nationalen Beschaffungsbeziehungen der Fall ist (Schramm-Klein 2004). Die Unterschiede zwischen nationalen und internationalen **Lieferantenbeziehungen** betreffen v.a. situative Determinanten, wie z.B. die geografische Distanz zwischen den Akteuren, kulturelle Unterschiede oder Wechselkurs- bzw. Währungsumrechnungsproblematiken, die nicht nur die Beschaffungsbedingungen beeinflussen, sondern auch Einfluss auf die Beurteilung der Lieferanten haben (Schramm-Klein 2004; Zentes/Swoboda/Morschett 2004, S. 321ff.).

Die Auswahl eines Beschaffungsmarktes ist abzugrenzen von der Auswahl der Absatzmärkte, jedoch besteht eine wesentliche Beziehung zwischen beiden Entscheidungsfeldern.[1] Relevante Kriterien, die im Rahmen der **Beschaffungsmarktanalyse und -wahl** von Bedeutung sind, sind zunächst Faktoren, die allgemein die relative Attraktivität von Beschaffungsmärkten bestimmen (Levy 1995, S. 343). Als derartige Kriterien sind u.a. Leistungsmerkmale (z.B. Arbeitsproduktivität und -qualität, Kommunikations-, Logistik- und Technologiestandards, Kapitalverfügbarkeit u.Ä.), Kostenmerkmale (Produkt- und Produktionsmittelkosten, z.B. Arbeitskraft-, Logistik-, Kapitalkosten, Steuern, Abgaben u.Ä.) und Risikomerkmale (z.B. politische Risiken, ökonomische Instabilität, Streikgefahr, Ressourcenverfügbarkeit bzw. -zugang, Importabhängigkeit u.Ä.) wichtig.[2] Zudem sind auch die Beschaffungsmarktattraktivität und der relative beschaffungsbezogene Wettbewerbsvorteil von Bedeutung (Piontek 1993, S. 58), wodurch zudem Faktoren wie u.a. die Beschaffungsmarktgröße, die Konkurrenzstrukturen, Versorgungsrisiken sowie relevante Leistungs-, Technologie- und Flexibilitätspotenziale berücksichtigt werden. Auch Zölle oder andere Handelshemmnisse wirken sich auf die Beschaffungskosten sowie die administrative Abwicklung von Beschaffungsbeziehungen aus (Arnold 1990, S. 61). Wirtschaftliche Rahmenbedingungen, wie z.B. Streikproblematiken, politische Gegebenheiten wie Local-Content-Verordnungen, Im- und Exportbestimmungen oder Umweltschutzmaßnahmen beeinflussen die Versorgungssicherheit, die Produktionsbedingungen und die Ausgestaltungsoptionen der Lieferantenbeziehung.

Streiks als Einflussfaktor auf die internationale Wettbewerbsfähigkeit

Streiks bewirken, dass den Unternehmen wichtige Arbeitsleistungen ihrer Mitarbeiter berloren gehen. Im internationalen Kontext unterscheidet sich die Streikneigung deutlich (siehe Abbildung 1.15). Zu unterscheiden sind Länder, die nahezu streikfrei sind, wie beispielsweise Japan oder die Slowakei, von Ländern, in denen eine höhere Neigung zu Arbeitskämpfen besteht, wie z.B. in Spanien, Kanada oder Frankreich.

---

[1] Vgl. hierzu insbesondere Bogaschewsky 2004.
[2] Vgl. hierzu detailliert Koppelmann 2004, S. 211ff.; Zentes/Swoboda/Morschett 2004, S. 321ff. sowie zu weiteren Gliederungssystematiken relevanter Einflussfaktoren im Rahmen internationaler Lieferantenbeziehungen z.B. Swamidass 1993 oder Liu/McGoldrick 1996.

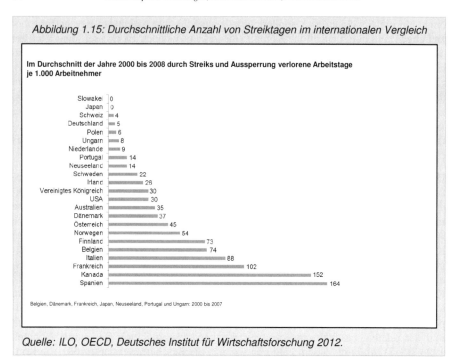

Diese Makrobedingungen betreffen als externe Rahmenbedingungen zunächst vornehmlich die grundsätzliche Konfiguration der Beschaffungsaktivitäten. Bricht man sie auf die Ebene der Lieferanten herunter, so können die Spezifika, welche die Attraktivität der Lieferanten in der Mikrobetrachtung beeinflussen, analog in Leistungskriterien (z.B. Produkt-, Logistikqualität, Flexibilität (z.B. in Produktadaption oder Logistik), Innovationsfähigkeit u.Ä.), Kostenkriterien (z.B. Preise und Konditionen (Höhe und Struktur), Logistikkosten u.Ä.) und Risikokriterien (z.B. Versorgungssicherheit/Kapazität, Störanfälligkeit, Finanzierungsrisiko u.Ä.) eingeteilt werden (Tan/Kannan/Handfield 1998).

III. Endogene Einflussfaktoren

Endogene Einflussfaktoren umfassen die unternehmensspezifischen Kontextfaktoren. Im Sinne der Inside-Outside-Perspektive bilden die Kernkompetenzen der Unternehmen bzw. der jeweiligen Geschäftsfelder und die darin begründeten Wettbewerbsvorteile die Basis der wettbewerbsstrategischen Ausrichtung. Ebenso prägen auch die **Unternehmensphilosophie** bzw. die **Unternehmenskultur** als Regulative des unternehmerischen Handelns das Internationale Marketing (Zentes/Swoboda/Morschett 2004, S. 159).

Die Unternehmensphilosophie prägt wesentlich die generelle Einstellung zu internationalen Aktivitäten und determiniert die grundsätzliche Orientierung im Internationalen Marketing (z.B. globale, multinationale, glokale oder Stammland-Orientierung). Der Handlungsspielraum der Entscheidungen im Rahmen des Internationalen Marketing wird dabei durch die grundlegenden **Unternehmensziele** vorgegeben. Dabei kann es sich einerseits um übergeordnete Unternehmensziele handeln, andererseits sind auch länderspezifische Unternehmens- bzw. Marketingziele sowie Koordinationsaspekte im internationalen Kontext von Bedeutung.[1]

Abbildung 1.16: Systematik unternehmensspezifischer Ressourcen

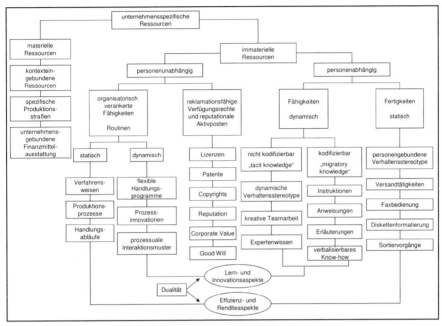

Quelle: in Anlehnung an Hall 1993, S. 609; Knaese 1996, S. 17.

Neben der Organisationskultur spielen die **Organisationsstruktur** und die konkreten Managementsysteme der Unternehmen eine wesentliche Rolle. Als wichtigste Elemente der Managementsysteme können die Informations-, Kontroll- und Kommunikationssysteme sowie Führungssysteme (insbesondere Anreizsysteme) herausgestellt werden (Welge/Al-Laham 2012). Im Internationalen Marketing ist v.a. die strategische Flexibilität eines Unternehmens bzw. einer Organisation für den Erfolg eines Unternehmens entscheidend (Burmann 2002), so bezogen auf neue Produkt- und Dienstleistungsmärkte als auch auf neue Ländermärkte.

Von wesentlicher Bedeutung für das Internationale Marketing ist zudem die spezifische **Ressourcenausstattung** der Unternehmen.[2] Die Ressourcen der Unternehmen können grundsätzlich in tangible (materielle, visible) und intangible (immaterielle, invisible) Aktiva unterschieden werden (siehe Abbildung 1.16).[3]

Ausgewählte tangible Ressourcen

Zu den tangiblen Ressourcen eines Unternehmens zählen u.a. dessen **Kapitalausstattung** bzw. Finanzkraft, so z.B. die Eigenkapitalausstattung, die Höhe der finanziellen Überschüsse oder die Möglichkeiten der Eigen- oder Fremdfinanzierung (Berndt/Fan-

---
[1] Im Detail wird auf diese Fragestellungen im Zweiten Kapitel dieses Buches eingegangen.
[2] Vgl. hierzu die Ausführungen zum ressourcenorientierten Ansatz in Abschnitt B.II. dieses Kapitels.
[3] Zu Systematisierungsansätzen der Unternehmensressourcen vgl. Hall 1993, S. 609; Welge/Al-Laham 2012.

tapié Altobelli/Sander 2010, S. 39). Der finanzielle Spielraum, über den die Unternehmen verfügen, ist wichtig, da er z.B. erforderlich sein kann, um Anfangsinvestitionen oder Anlaufzeiten zu finanzieren oder um ggf. Zahlungsrisiken, die im internationalen Kontext höher sind, zu kompensieren.

Im Kontext der Ressourcenausstattung der Unternehmen sind zudem die Produktionsmittelausstattung (z.B. spezifische Produktionsstraßen) sowie die **Produktionskapazität** der Unternehmen von Bedeutung. Oftmals können z.B. gerade nicht ausgelastete Kapazitäten im Inland erste Anstöße für Auslandsaktivitäten in Form von Exporten geben. Die Produktionskapazitäten sind zudem neben ihrer Wettbewerbsrelevanz i.S. des Einflusses auf die Kostenstrukturen auch im Rahmen der Wahl der Betätigungsformen auf den unterschiedlichen Ländermärkten Einfluss gebend.[1]

Auch die **Personalausstattung** kann als tangible Ressource gesehen werden, wenngleich das Know-how des Personals zu den intangiblen Ressourcen zählt. Die Personalausstattung ist also sowohl in quantitativer als auch in qualitativer Hinsicht entscheidend. Neben der grundsätzlichen Mitarbeiterverfügbarkeit sowohl im Inland als auch auf den Auslandsmärkten sind die Qualifikation und die Auslandserfahrung der Mitarbeiter wesentliche Erfolgsfaktoren. In diesem Zusammenhang sind z.B. Kenntnisse hinsichtlich internationaler Abwicklungstechniken (z.B. internationale Vertragsgestaltung, Versendung, Verzollung u.Ä.) oder konkrete Kenntnisse der Auslandsmärkte (z.B. Distributionswege, Markt- und Konkurrenzverhältnisse) von Bedeutung (Berndt/Fantapié Altobelli/Sander 2010, S. 40).

Ausgewählte intangible Ressourcen

Wesentliche intangible Ressourcen stellen das Wissen bzw. das Know-how des Personals bzw. des gesamten Unternehmens dar. Aufgabe eines international tätigen Unternehmens ist es deshalb, dieses **Wissen** bzw. Know-how grundsätzlich zu identifizieren, zu bewahren, zu nutzen, zu entwickeln bzw. zu erwerben und zu verteilen (Knaese 1996).[2] Das Management von unternehmensspezifischem Wissen stellt somit eine der Kernaufgaben im Internationalen Marketing dar, da – i.S. des „resource-based view" – kein Unternehmen es sich leisten kann, sein Wissen zu verlieren, sei es z.B. durch die Abwanderung von Mitarbeitern, unzureichende Forschungs- & Entwicklungstätigkeiten, unfreiwillige Know-how-Diffusion an Konkurrenten oder im Zuge von Fusionen oder Kooperationen. Weiterhin können unternehmensspezifische **interne Prozesse**, Patente sowie **Marken** als endogene Faktoren gesehen werden, welche die Internationalisierung von Unternehmen ermöglichen bzw. fördern.

Interne Prozesse als Wettbewerbsvorteil von Zara

Die hohen Gewinne der Bekleidungskette Zara lassen Rivalen wie H&M vor Neid erblassen. Der Erfolg der Spanier beruht auf eigentümlichen Management-Methoden in Produktion, Logistik und Vertrieb. Während zahlreiche Mitbewerber im Bekleidungseinzelhandel eifrig outsourcen, fertigt Zara fast die Hälfte seiner Produkte selbst. Statt die Produktionsmenge in den Fabriken zu steigern, lässt das Unternehmen ganz bewusst Kapazitäten ungenutzt; statt Größenvorteilen hinterherzujagen, produziert und vertreibt Zara Produkte in kleinen Partien. Und statt auf externe Partner zu bauen, managt das Unternehmen Design, Lagerung, Vertrieb und Logistik selbst.

---

[1] Vgl. hierzu ausführlich das Vierte Kapitel dieses Buches.
[2] In diesem Zusammenhang ist auf Arbeiten des „Organisationalen Lernens" (z.B. Mildenberger 2002) und des „Wissensmanagements" (z.B. Foss 2005) zu verweisen. Teece (2000, S. 29) spricht in diesem Zusammenhang auch vom „knowlegde-based view".

> Weiterhin pflegt das Unternehmen kurze Kommunikationswege: Designer und Produktionsplaner erfahren schnell, was die Kunden kaufen und wünschen. Zudem erfolgen Warenbestellungen und Auslieferungen nach einem exakten Fahrplan. Zara gelingt es auf diese Weise, sämtliche Läden überall auf der Welt zweimal wöchentlich mit neuer Ware zu beliefern.
>
> *Quelle: Harvard Businessmanager, Nr. 5, 2005, S. 80ff.*

Eng in Verbindung mit den exogenen rechtlichen Rahmenbedingungen stehen im Rahmen der internationalen Aktivitäten die **Patente** (bzw. Copyrights) eines Unternehmens (Hall 1992, S. 137). So waren z.B. die internationalen Aktivitäten deutscher Unternehmen durch den Verlust ihrer internationalen Markenrechte nach den beiden Weltkriegen stark eingeschränkt. Nur mit hohen Ablösezahlungen für die Markenrechte erhielt z.B. Henkel in den 1950er Jahren sukzessive die Markenrechte zurück. Aktuell sind die Aktivitäten dennoch auf Grund der Tatsache, dass Henkel die Markenrechte für Persil in Frankreich und Großbritannien nicht zurückerhielt (diese sind seither im Besitz des Konkurrenten Unilever), nach wie vor eingeschränkt (Swoboda/Meierer/Hälsig 2008, S. 726).

Auf Grund der Tatsache, dass **Produktmarken** bzw. die **Unternehmensmarke** und in diesem Zusammenhang die Reputation eines Unternehmens als eine der bedeutendsten intangiblen Ressourcen gesehen werden, spielt die Markenführung im internationalen Kontext eine entscheidende Rolle (Ailawadi/Keller 2004, S. 331).[1] Auch die **Reputation** (Corporate Reputation) – sowohl gegenüber den Kunden als auch gegenüber den weiteren Stakeholdern – wird als eine der entscheidenden Ressourcen betrachtet, da sie prinzipiell nicht zu imitieren bzw. zu substituieren ist und sich über Jahre gebildet hat (idiosynkratische Historizität) (Giersch 2008; Galbreath 2005, S. 984). Sie ist zumeist personenunabhängig, kann aber auch personenabhängig sein, wenn z.B. in bestimmten Geschäftsbeziehungen die Reputation bzw. das damit verbundene Vertrauen in ein Unternehmen von einzelnen Personen wie z.B. den Außendienstmitarbeitern abhängt. Zur Sicherung eines reputationsbedingten Wettbewerbsvorteils ist es langfristig erforderlich, nicht zu stark von einzelnen Mitarbeitern abhängig zu sein, sondern ein personenunabhängiges, unternehmensbezogenes Vertrauen aufzubauen (Roberts/Dowling 2002, S. 1078ff.).

Bedeutung der Ressourcen für Marktengagement, Betätigungsform und Marktbearbeitung

Neben den genannten Ressourcen ergeben sich einige weitere Ressourcen aus der internationalen Tätigkeit selbst. So zeigt z.B. Collis (1991), dass Unternehmen auch weniger attraktive Märkte wählen, solange diese zu den Ressourcen des Unternehmens passen und dass sog. „administrative Erbschaften" („administrative heritage") zu Aktivitäten führen, die unter dem Gesichtspunkt der Effizienz bzw. der Produktionskosten nicht optimal sein können. Dies verdeutlicht, dass u.U. situationsbedingte Faktoren zu einer dominierenden Rolle der endogenen im Vergleich zu exogenen Einflussfaktoren bei der Marktwahl führen können.[2]

Bei der Betrachtung der Ressourcen ist die gewählte Perspektive äußerst wichtig, d.h., ob von einer unternehmensbezogenen, internen Ressource („resource-based view") oder von einer Abhängigkeit von externen Ressourcen ausgegangen wird (Ressourcen-

---

[1] Vgl. hierzu die Ausführungen in Abschnitt B.II. des Fünften Kapitels.
[2] Vgl. hierzu ausführlich Abschnitt B. des Dritten Kapitels.

abhängigkeitsperspektive) (Knyphausen-Aufseß/Schreyögg 1997).[1] Bei der Betrachtung von **Kooperationen** können z.B. beide Sichtweisen eingenommen werden. Aus der unternehmensspezifischen Sicht werden Kooperationen ebenso wie eine „wertvolle" **Geschäftsbeziehung** als intangible Ressourcen angesehen, die zu Wettbewerbsvorteilen führen (Hall 1992, S. 138). Anderseits können Unternehmen auf externe Ressourcen i.S. der Resource-Dependency-Theorie angewiesen sein. So lassen sich entweder Kompetenz- bzw. Ressourcenlücken in einer Kooperation (wechselseitig) schließen oder neue Kompetenzen gemeinsam aufbauen (Oelsnitz 2005, S. 195).

Auch im Rahmen der **Marktbearbeitung**[2] sind endogene Einflussfaktoren bzw. der Aufbau von wettbewerbsvorteilgenerienden Ressourcen bedeutsam, wie in diesem Abschnitt beispielhaft anhand der Bedeutung von Produkt- bzw. Unternehmensmarken verdeutlicht wurde.

---

[1] Vgl. hierzu Abschnitt B.II. dieses Kapitels.
[2] Vgl. hierzu die Ausführungen des Fünften Kapitels.

Zweites Kapitel

Entscheidungsfelder des Internationalen Marketing

A. Gegenstand

I. Perspektiven und Ebenen von Strategien

Die Entscheidungsfelder des Internationalen Marketing resultieren aus der Vorgabe und Formulierung von grundlegenden Zielen für unternehmerisches Handeln, als zentrale Aufgabe der Unternehmensführung. Dabei lassen sich unterschiedliche Ebenen unterscheiden (vgl. hierzu Zentes/Swoboda/Morschett 2004, S. 730ff. und die dort angegebene Literatur).

> *Grundlegende Unternehmensstrategien („corporate strategies") legen fest, in welchen Geschäftsfeldern – auch als Strategische Geschäftsfelder (SGF) bezeichnet – ein Unternehmen tätig werden will. Oftmals spricht man auch von Produkt-Markt-Strategien.*

Mit den grundlegenden Unternehmensstrategien legt ein Unternehmen auch fest, wie es in die Strategischen Geschäftsfelder eintreten will, so über interne Entwicklung oder Akquisition. Zugleich definiert das Unternehmen hier Breite, Tiefe, z.B. den Grad der Internalisierung und Externalisierung, und die geografische Ausdehnung seiner Aktivitäten. Insofern gehören die Grundsatzfrage der Internationalisierung (**Going International**) und die Art der Internationalisierung, so bezüglich der Struktur der **Cross-Border-Wertschöpfung**, in diesen Kontext.

> *Geschäftsfeldstrategien („business strategies"), als Strategien der zweiten Ebene, beziehen sich auf das wettbewerbsorientierte Leistungsprogramm der einzelnen Geschäftsfelder oder Geschäftseinheiten.*

Grundsätzlich geht es bei der Strategieformulierung auf dieser Ebene darum, **strategische Erfolgspositionen** aufzubauen und die entsprechenden Marktleistungen für die einzelnen Geschäftsfelder zu entwickeln. Eine weitere wichtige Aufgabe von Geschäftsfeldstrategien besteht darin, die Konsequenzen und Maßnahmen zur Umsetzung in den Funktionsbereichen festzulegen und vorzubereiten. Insofern wird mit Geschäftsfeldstrategien auf die Gestaltung der Wertschöpfungskette bzw. die **Wertschöpfungsarchitektur** Bezug genommen.

Innerhalb der Strategischen Geschäftsfelder werden oftmals **Strategische Geschäftseinheiten** (SGE) gebildet.

> *Unter Strategischen Geschäftseinheiten versteht man Planungskonstrukte, die möglichst homogene Produkt-Markt-Kombinationen darstellen, für die weit gehend eigenständige Ziel- und Strategiekonzepte entwickelt werden.*

Dadurch soll ein höheres Maß an Flexibilität ermöglicht werden als durch das Denken in übergeordneten oder Gesamtunternehmensrelationen.

Eine SGE verfügt über eine (eigenständige) klar definierte Marktaufgabe und lässt sich durch folgende Merkmale charakterisieren:

- Sie entsteht durch die Zusammenfassung von Produkt-Markt-Kombinationen zu einer relativ autonomen Einheit mit eigenen Chancen, Bedrohungen und Tendenzen, unter besonderer Orientierung an einem eindeutig definierbaren und dauerhaften Kundenproblem.
- Sie soll eine bestimmte Funktion erfüllen, die sich von den anderen SGE abhebt und zwar in Bezug auf die Kundenbedürfnisse, Marktverhältnisse und Kostenstrukturen.
- Sie muss Wettbewerbsvorteile erzielen können.
- Die Voraussetzungen für strategische Planung und deren Durchführung müssen für jede SGE gegeben sein.

Abzugrenzen sind Strategische Geschäftsfelder und Strategische Geschäftseinheiten von sog. **Business Units** (Unternehmensbereiche), welche die organisatorische Verankerung einer SGE oder eines SGF bilden. Diese sind wiederum nicht zwangsläufig gleichzusetzen mit der formalrechtlichen Institutionalisierung i.S. der **Unternehmensverfassung** (Macharzina/Wolf 2012, S. 128ff.).

Auf der Ebene der Strategischen Geschäftseinheiten – ggf. auch der Strategischen Geschäftsfelder – werden somit die **Wettbewerbsstrategien** („competitive strategies") festgelegt, deren Ziel die Schaffung oder die Verteidigung von Wettbewerbsvorteilen ist. Die Formulierung einer Wettbewerbsstrategie besteht darin, ein Geschäftsfeld oder eine Geschäftseinheit in Bezug zu ihrem Umfeld, so Wettbewerbern, Lieferanten, Abnehmern, zu positionieren, mit dem Ziel, eine gefestigte Stellung zu schaffen (Zentes/Swoboda 2001a, S. 590f.).

Von den vielfältigen Typologien von Wettbewerbsstrategien soll die Konzeption von Porter (1980; 2008) herausgestellt werden:

- Strategie der Qualitätsführerschaft
- Strategie der Kosten-/Preisführerschaft.

Nach dem wettbewerbsstrategischen Konzept der **Qualitätsführerschaft** (Differenzierung) bietet ein Unternehmen ein Produkt oder eine Dienstleistung an, die aus der Sicht der Kunden im Markt einzigartig ist. Die Strategie der **Kosten-/Preisführerschaft** besteht darin, durch konsequentes Kostenmanagement und dadurch erzielte relativ niedrige Preise im Vergleich zur Konkurrenz einen Wettbewerbsvorteil zu erreichen. Die Wettbewerbssituation erfordert jedoch zunehmend eine Kombination dieser strategischen Positionen, d.h. eine Strategie, die sowohl auf Kosten- als auch auf Qualitätsvorteilen aufbaut: „strategy to outpace" (**Outpacing-Strategie**) (vgl. hierzu Zentes/Swoboda/Foscht 2012, S. 134ff.).

Eine weitere Strategieebene bilden **funktionale Strategien** („functional strategies"), die sich z.B. auf Produktion, Finanzen, Marketing oder Personal beziehen. Aufgabe funktionaler Strategien ist die Entwicklung und Nutzung von Ressourcen, wobei sie für eine, für mehrere oder für alle Strategischen Geschäftseinheiten eines Unternehmens formuliert werden können.

Wenngleich es auf den ersten Blick nahe liegend erscheinen könnte, Fragen des Internationalen Marketing aus dem Blickwinkel einer funktionalen Strategie (nämlich der des Marketing) zu betrachten, wird im Folgenden auf die beiden erstgenannten Ebenen abgestellt: Corporate Strategies und insbesondere Business Strategies stehen im Vordergrund. Die Geschäftsfeldstrategien – einschließlich der Strategien der Strategischen Geschäftseinheiten – bilden den Ansatzpunkt der Diskussion der Entscheidungsfelder des Internationalen Marketing.

Diese Perspektive wird hier gewählt, da Unternehmen oftmals in sehr unterschiedlichem Ausmaß bzw. überhaupt mit einzelnen Strategischen Geschäftsfeldern auf internationalen Absatzmärkten tätig sind. Eine ausschließlich funktional-strategische Perspektive würde der Vielfalt parallel realisierter Formen des Internationalen Marketing der einzelnen SGE oder SGF nicht gerecht werden können. Sie ist jedoch innerhalb von SGF oder SGE von Relevanz und bezieht sich dann einengend auf das Entscheidungsfeld der Marktbearbeitung; hierauf wird in Abschnitt D. dieses Kapitels näher eingegangen.

Strategiebildungsprozess

Der Strategiebildungsprozess erfolgt je nach Größe und Organisationstyp des Unternehmens unterschiedlich. Bei stark zentralisierten Unternehmen bildet die Unternehmensstrategie den Ausgangspunkt der weiteren Strategiefestlegung; bei dezentralen Unternehmensstrukturen ist eher die Geschäftsfeldstrategie der Ausgangspunkt für die weitere Strategiefestlegung. Insofern ergeben sich aus Organisationstypen unterschiedliche Anhaltspunkte für die Strategiebildung; andererseits führen strategische (Neu-) Orientierungen zu organisatorischen Anpassungen.

Von Relevanz sind zugleich unterschiedliche Sichtweisen bzw. ein unterschiedliches Verständnis des Strategiebildungsprozesses, auf die insbesondere Mintzberg (1994) aufmerksam gemacht hat. So hat Mintzberg auf der Basis von Langzeitstudien gezeigt, dass in Unternehmen mehrere Strategiekategorien kombiniert auftreten: Ex ante beabsichtigte Strategien, die realisiert werden („**deliberate strategies**"), geplante Strategien, die z.B. wegen unrealistischer Erwartungen oder Veränderungen während der Strategieimplementierung nicht realisiert werden („**unrealized strategies**") und sog. „**emergent strategies**", realisierte Strategien, die nicht beabsichtigt waren. Diese Abgrenzung zeigt, dass das strategische Vorgehen in der Realität durch ein Verhalten überlagert werden kann, das als „**muddling through**" oder „**trial and error**" zu beschreiben ist.

Die folgenden Überlegungen gehen im Grundsatz von einer „deliberate strategy"-Orientierung aus. Dies schließt nicht aus, dass insbesondere in Fallbeispielen und Fallstudien auch „emergente" Strategien aufgezeigt werden.

II. Entscheidungsfelder im Überblick

Ausgangspunkt der folgenden Überlegungen sind Entscheidungskonstellationen in Strategischen Geschäftsfeldern oder Strategischen Geschäftseinheiten, bei denen die Grundsatzentscheidung eines Going International als solche gegeben ist; sie wird als Element der grundlegenden Unternehmensstrategie betrachtet. Ob und in welchem Ausmaß sie wahrgenommen wird, wird als Aufgabe der hier interessierenden Geschäftsfeldstrategie betrachtet. Insofern werden Entscheidungskonstellationen einbezogen, bei denen Unternehmen erstmals vor dieser Aufgabe stehen als auch Unternehmen, in denen diese Entscheidungen – z.B. in einem anderen oder auch demselben Geschäftsfeld – in der Vergangenheit bereits getroffen wurden. Das so strukturierte

Entscheidungsfeld des Internationalen Marketing ist – unabhängig von diesen Konstellationen, in denen Erfahrungs- bzw. **Lerneffekte** unterschiedlich ausgeprägt sind – äußerst komplex:

- Eine erste Entscheidungsebene bezieht sich auf die grundlegende Orientierung des Auftritts in ausländischen Märkten, die hier als **Basisoption** des Internationalen Marketing bezeichnet wird. So kann die im Heimatmarkt bewährte Konzeption weitestgehend unmodifiziert auf die ausländischen Absatzmärkte übertragen werden (Stammland-Orientierung) oder z.B. in den ausländischen Märkten jeweils ein landesspezifischer Marktauftritt gewählt werden (multinationale Orientierung). Diese grundlegenden Orientierungen werden in Abschnitt C. dieses Kapitels erörtert.
- Eine weitere Ebene des Entscheidungsfeldes betrifft die **kategorialen Entscheidungen** des Marktengagements, der Betätigungsform und der Marktbearbeitung. So stellt sich bei einer grundsätzlich positiven Position im Hinblick auf ein Going International in Bezug auf jeden einzelnen ausländischen Markt die Frage eines etwaigen Markteintritts. Gleichermaßen gilt es, die Betätigungsform festzulegen, so zu entscheiden, ob ein ausländischer Markt z.B. über Exporte oder über (produzierende) Tochtergesellschaften „vor Ort" erschlossen werden soll. Die Erschließung eines ausländischen Marktes erfordert zugleich die Gestaltung des Marketing-Mix, d.h. die Festlegung der Art der Marktbearbeitung, so hinsichtlich der Verkaufspreise, der Werbung usw. Diese kategorialen Dimensionen des Entscheidungsfeldes werden in Abschnitt D. dieses Kapitels kurz erörtert; sie bilden zugleich das Gliederungsprinzip des vorliegenden Lehrbuches.
- Eine weitere Perspektive betrifft **dynamische Aspekte** des Entscheidungsfeldes. So sind im Rahmen des Internationalisierungsprozesses Erst- und Folgeentscheidungen zu treffen. Der Entscheidung, in einem ausländischen Markt auf der Basis einer gewählten Betätigungs- und Marktbearbeitungsform zu operieren, folgt in einem dynamischen Umfeld die Frage etwaiger Anpassungen oder gar eines fundamentalen Wechsels im Zeitablauf, d.h. im Prozess des **Being International**. Dies kann die Art der Marktbearbeitung, die Betätigungsform, aber auch das grundsätzliche Engagement in einem Markt betreffen, so hinsichtlich eines etwaigen Marktaustritts. Diese Sichtweise wird in Abschnitt E. dieses Kapitels näher erörtert.
- Das komplexe Entscheidungsfeld des Internationalen Marketing ist zugleich durch vielfältige **Interdependenzen** der hier zunächst isoliert erörterten Ebenen charakterisiert. So gilt es, Wechselbeziehungen zwischen den kategorialen Entscheidungen des Marktengagements, der Betätigungsform und der Marktbearbeitung im Zuge eines **Going International** zu analysieren: Hängt eine Eintrittsentscheidung in einen Markt von den dort möglichen Betätigungsformen ab? In welchem Ausmaß beeinflusst die Betätigungsform die Art der zu praktizierenden Marktbearbeitung?

Gleichermaßen zeigen sich Interdependenzen zwischen den kategorialen Entscheidungsfeldern und den Basisoptionen: Determiniert eine Basisoption, z.B. die Stammland-Orientierung, die Auswahl der zu bearbeitenden ausländischen Märkte? Interdependenzen bestehen auch im Rahmen des Being International in Form sog. **Rückkopplungseffekte**, so Wechselbeziehungen zwischen Märkten, die parallel bearbeitet werden: Sind die erzielbaren Preise in Land A abhängig von der in Land B praktizierten Preispolitik? Interdependenzen resultieren darüber hinaus aus dynamischen Effekten. So kann eine Folgeentscheidung in Form eines etwaigen Austritts aus einem ausländischen Markt auch Auswirkungen auf die Bearbeitung der verbleibenden Märkte haben, z.B. auf die Preise, da Größendegressionseffekte (z.B. in der Produktion bei Export) nicht mehr gegeben sind. Dieses vielfältige und komplexe Interdependenzgeflecht wird in Abschnitt F. dieses Kapitels näher beschrieben und in den nachfolgenden Kapiteln im Einzelnen konkretisiert.

Das Entscheidungsfeld des Internationalen Marketing schließt auch die Art der Implementierung von Strategien und Marketingprogrammen und damit Fragen der Führung ein. So gilt es, mittels geeigneter Strukturen und Prozesse und durch die Unternehmenskultur die möglichst effektive und effiziente Umsetzung der Strategien zu realisieren und auch einen Wandel i.S. einer dynamischen Managementperspektive sicherzustellen. Auf diese Aspekte wird im Sechsten Kapitel eingegangen.

B. Ziele des Internationalen Marketing

I. Internationales Zielsystem

Die hier zu Grunde liegende Entscheidungskonstellation des Internationalen Marketing geht – wie im vorangegangenen Abschnitt herausgestellt – davon aus, dass im Rahmen der Unternehmensgesamtstrategie („corporate strategy") die Grundsatzfrage einer etwaigen Internationalisierung eines Strategischen Geschäftsfeldes oder einer Strategischen Geschäftseinheit positiv beantwortet wurde. Mit Blick auf die gesamtunternehmerischen Zielsetzungen bedeutet dies, dass eine Internationalisierung so eingeschätzt wird, dass sie zur grundsätzlichen Erreichung bzw. zur besseren oder schnelleren Erreichung der Gesamtunternehmensziele beitragen kann. Insofern werden die **Gesamtunternehmensziele** und auch die allgemeinen **Internationalisierungsziele** als „gegeben" betrachtet. Im Mittelpunkt des Internationalen Marketing stehen damit die **Marktziele** bezogen auf die einzelnen Strategischen Geschäftsfelder oder Strategischen Geschäftseinheiten, die von den übergeordneten Zielen i.S. eines internationalen Zielsystems determiniert werden. Da die Trennung zwischen den generellen Internationalisierungszielen und den Marktzielen der Strategischen Geschäftsfelder, die sich auch auf ausländische Märkte erstrecken können, eher unscharf ist, werden jedoch im Folgenden diese Ebenen des Zielsystems gemeinsam erörtert.

Die Marktziele (z.B. eines Strategischen Geschäftsfeldes) sind den **Funktionsbereichszielen** übergeordnet, so den Beschaffungszielen, den Produktionszielen und den Marketingzielen. Diese Betrachtungsweise entspricht der im vorangegangenen Abschnitt vorgenommenen Trennung der Strategieebenen. Die Marketingziele, als Funktionsbereichsziele, werden deshalb im Folgenden separat betrachtet. Sie sind einerseits auf die Entscheidungsebene der Marktbearbeitung ausgerichtet und beziehen sich insofern auf die Teilpolitiken des Marketing-Mix. Andererseits sind sie der Entscheidungsebene der Betätigungsform zuzuordnen und beinhalten z.B. das Ausmaß der Einflussnahme auf die direkten und indirekten Kunden i.S. eines **vertikalen Marketing** (Zentes/Swoboda/Morschett 2013).

II. Internationalisierungsziele

Ziele internationaler Unternehmenstätigkeit werden in der Literatur – meist auf der Grundlage empirischer Untersuchungen – in vielfältiger Form erörtert. Die Systematisierung der Internationalisierungsziele wird dabei anhand unterschiedlicher Kriterien vorgenommen. Macharzina/Wolf (2012, S. 908f.) identifizieren drei grundsätzliche Einteilungsprinzipien, so

- ökonomische und nicht-ökonomische Ziele,
- defensive und offensive Ziele sowie
- ressourcenorientierte, produktionsorientierte und absatzorientierte Ziele.

Als typisches **ökonomisches Ziel** internationaler Geschäftstätigkeit wird das Gewinnstreben bezeichnet, „wobei durch das Auslandsgeschäft insbesondere der Ausgleich negativer Effekte inländischer Konjunkturzyklen angestrebt wird. Weitere ökonomische Ziele sind mit sicherungs- und wachstumsorientierten Zielen gegeben, bei denen die Kompensation eines inländischen Marktanteilsverlusts oder die Teilhabe am dynamischen Wachstum von Auslandsmärkten und damit eine Umsatzorientierung im Vordergrund steht" (Macharzina/Wolf 2012, S. 908). Prestigestreben oder die Verfolgung von Einfluss- und Machtbedürfnissen werden als **nicht-ökonomische Ziele** eingestuft, eine Dichotomisierung, die nicht unproblematisch ist, da derartige Ziele durchaus die Erreichung ökonomischer Ziele verstärken können oder als „Vorsteuerungsgrößen" wirken.

Der aufgezeigte enge Bezug zwischen generellen Internationalisierungszielen und Marktzielen gilt gleichermaßen im Hinblick auf die Differenzierung zwischen defensiven und offensiven Zielen. So wird der Internationalisierung ein **defensiver** Charakter zugeordnet, „wenn ein Unternehmen zur Stabilisierung seiner gefährdeten Marktposition die Auslandsproduktion aufnimmt oder der Konkurrenz ins Ausland folgt, um Wettbewerbsnachteile auszugleichen, wobei bezüglich des letztgenannten Falls [...] vielfach von einem ‚Band-Waggon-Effekt' gesprochen wird. **Offensive** Internationalisierungsziele verfolgen hingegen jene Unternehmen, die Wettbewerbsvorteile, zum Beispiel in Form von Technologievorsprüngen, im internationalen Vergleich nutzen wollen oder die eine Verlängerung der Lebenszyklen ihrer Produkte anstreben" (Macharzina/Wolf 2012, S. 908).

Als Beispiel für ein **ressourcenorientiertes Internationalisierungsziel** ist die Sicherstellung der Versorgung mit Rohstoffen zu nennen; **produktionsorientierte Ziele** führen zu einer Verlagerung der entsprechenden Wertschöpfungsprozesse ins Ausland, um komparative Kostenvorteile ausschöpfen zu können. Als **absatzorientierte Ziele** erwähnen Macharzina/Wolf (2012, S. 908f.) u.a. die Erhaltung oder den Ausbau bestehender Marktpositionen im Ausland (vgl. auch Dülfer/Jöstingmeier 2008, S. 114ff.; Shoham/Rose/Albaum 1995).

Macharzina/Wolf (2012, S. 909) stellen heraus, dass zwar die Einteilungsprinzipien nicht überschneidungsfrei sind und es auch oft schwierig oder gar nicht möglich ist, Ziele den einzelnen Kategorien zuzuordnen, dass aber „absatzorientierten Zielen eine herausragende Bedeutung für die Internationalisierungsentscheidung zukommt" (vgl. auch Meyer-Borchert/Welpe 2009). Beispielhaft zeigen die Tabelle 2.1 und Tabelle 2.2 ausgewählte empirische Befunde zu Internationalisierungszielen, welche die obige Aussage stützen.

Tabelle 2.1: Ausgewählte empirische Befunde zu Internationalisierungszielen: Motive für internationale Produktion/Beschaffung

Anteil der Unternehmen in Prozent, die ein spezifisches Motiv als wichtig einstufen Datenbasis: 2.424 Unternehmen aus der Schweiz					
Motive	Advantage of foreign locations with respect to:	Firm Size			
		Small	Medium	Large	Total
Market-seeking	1. Securing/developing existing markets	54,0	63,5	65,1	61,5

Market-seeking	2. Entering/developing new markets	52,6	60,6	70,0	61,5
Market-seeking	3. Exporting to other countries	37,2	48,1	45,4	44,3
Efficiency-seeking	4. Wage costs	45,3	47,1	37,2	43,3
Market-seeking	5. Presence of main client	36,5	39,9	48,4	40,8
Market-seeking	6. Access to EU market	37,2	39,9	36,1	37,9
Market-seeking	7. First mover advantages	34,4	35,6	38,4	36,2
Efficiency-seeking	8. Supplying the own firm	35,0	36,1	29,1	33,5
Other	9. Trade barriers in general	27,0	31,7	27,3	29,0
Resource-seeking	10. Availability/price of infrastructure	26,3	26,4	25,0	25,9
Market-seeking	11. Presence of competitors	25,6	23,6	22,7	23,8
Other	12. Exchange rate risks	23,4	24,5	20,4	22,8
Policy-related	13. Bureaucracy	21,9	24,0	19,2	21,9
Efficiency-seeking	14. Transport costs	23,4	20,2	21,5	21,5
Policy-related	15. Tax burden, investment subsidies	28,5	20,7	16,9	21,5
Policy-related	16. Labour market regulations	18,3	20,7	16,9	18,8
Resource-seeking	17. Availability of qualified workers	16,8	21,2	4,8	17,8
Resource-seeking	18. Supply of intermediate goods	21,2	16,4	8,7	15,1
Resource-seeking	19. Availability of unqualified workers	8,0	14,9	11,6	12,0
Resource-seeking	20. Availability of natural resources	11,7	13,0	7,6	10,8
Policy-related	21. Environmental regulations	12,4	11,1	4,1	9,1

Quelle: Hollenstein 2005, S. 436f.

Tabelle 2.2: Motive für die Internationalisierung kleiner und mittlerer Unternehmen

Einschätzung der Wichtigkeit des jeweiligen Motivs auf einer Skala von 1 – sehr unwichtig bis 5 – sehr wichtig Datenbasis: 448 Unternehmen				
	Firms' export market expansion strategies			
Motive	market concentration: marketing to a relatively small number of markets (n=319)		market spreading: marketing to as many export markets as possible (n=129)	
	Importance	Rank	Importance	Rank
1. Potential for extra growth	4,31	1	4,01	3
2. Profit advantage	3,81	2	4,07	1
3. Marketing advantage	3,69	3	4,06	2
4. Unique products/brands	3,63	5	3,56	5

5. Economies of scale resulting from serving overseas markets	3,58	6	3,17	6
6. Opportunity to increase the number of country markets and reduce market-related risk	3,64	4	2,93	7
7. Historical customer ties	3,09	9	3,71	4
8. Managerial aspirations	3,37	7	2,92	8
9. Competitive pressures	3,28	8	2,43	15
10. Encouragement by agents/distributors	2,97	10	2,33	17
11. Favorable product regulations in target countries	2,72	12	2,73	11
12. New information about sales opportunities overseas	2,85	11	2,12	20
13. Involvement from contacts in social/nonbusiness networks	2,55	14	2,83	9
14. Unsolicited orders from overseas	2,50	15	2,81	10
15. Saturated domestic market	2,57	13	2,08	21
16. Initiation of overseas business by domestic competitors	2,29	16	2,52	13
17. Reduction in tariffs	2,26	17	2,55	12
18. Exclusive information	2,16	19	2,40	16
19. Favorable currency movements	2,17	18	2,14	19
20. Attractive government incentives	1,87	21	2,49	14
21. Declining domestic sales	1,93	20	2,19	18
22. Overproduction	1,75	23	2,07	22
23. Excess capacity	1,80	22	1,79	23
24. National export promotion programs	1,71	24	1,54	24

Quelle: Crick 2007, S. 14.

Wenngleich die (generellen) Internationalisierungsziele in einem dominanten Ausmaß Marktziele beinhalten, sollen im Folgenden spezifische **Marktziele** herausgestellt werden, die als Geschäftsfeld- oder Geschäftseinheitenziele zu verstehen sind. Als Zielkategorien können dabei zunächst

- Wachstum,
- Konsolidierung und
- Schrumpfung

herausgestellt werden. **Wachstumsziele** einer Strategischen Geschäftseinheit oder eines Strategischen Geschäftsfeldes führen ggf. zu einem Eintritt in neue ausländische Märkte, die i.S. der Ansoff-Matrix (Ansoff 1966; Zentes/Swoboda 2001a, S. 17f.) zu entwickeln sind (Marktentwicklung). **Schrumpfungsziele** können hinsichtlich des Auslandsengagements zu einem Rückzug aus einem oder mehreren ausländischen Märkten, d.h. zu einem Marktaustritt und damit zu einer Reduktion des Engagements (Marktreduktion), führen.

Suzuki zieht sich vom US-Markt zurück

Der japanische Kleinwagenspezialist Suzuki zieht sich vom US-Automarkt zurück. Zugleich kündigte das Unternehmen am Dienstag in Tokio an, für seine US-Sparte Konkursantrag zu stellen. Künftig wolle sich der viertgrößte Autobauer Japans auf den Verkauf von

Motorrädern, Geländefahrzeugen und Außenbord-Bootsmotoren konzentrieren, teilte die American Suzuki Motor Corp. mit. Bis zum 30. September seien im US-Geschäft Verbindlichkeiten in Höhe von 346 Mio. USD aufgelaufen, 173 Mio. davon gegenüber Schwesterfirmen aus der Suzuki-Gruppe.

"Nach gründlicher Überprüfung unserer derzeitigen Situation und der künftigen Möglichkeiten auf dem US-Automobilmarkt haben wir die schwierige, aber notwendige Entscheidung getroffen, zurückzuschrauben und den Neuwagenverkauf in den kontinentalen USA (ohne Hawaii und Alaska) einzustellen", heißt es in einer Erklärung des Autobauers.

Wegen der exportschädlichen Yen-Stärke und der abnehmenden Nachfrage nach den Kleinwagen des Konzerns wird die amerikanische Tochter Gläubigerschutz beantragen, teilte Suzuki mit. Der Konzern hält es angesichts der Wechselkursprobleme und mit der eigenen Modellpalette für unmöglich, im amerikanischen Autogeschäft auf Dauer Gewinn zu machen.

Quelle: www.ftd.de, 06. November 2012.

Spartenverkauf: ThyssenKrupp stellt Edelstahl zur Disposition

Der ThyssenKrupp-Konzern soll erheblich gestrafft werden. Der Essener Werkstoff- und Technologiekonzern will sich innerhalb von 18 Monaten von Tochtergesellschaften mit insgesamt 35.000 Beschäftigten trennen, die für knapp ein Viertel des Weltumsatzes stehen. Im Mittelpunkt der geplanten Konzentration steht der Teilkonzern Edelstahl, wie einer Mitteilung von ThyssenKrupp zu entnehmen ist. Zwar ist die 1912 von Krupp zum Patent angemeldete und später Nirosta benannte Marke das Synonym für Edelstahl schlechthin. Aber im Konzern ist der im Ausbau befindliche Qualitätsstahl wesentlich größer und ertragsstärker.

In der Sparte Edelstahl, also der Stainless Global genannten Unternehmensgruppe, hatte ThyssenKrupp zuletzt mit 11.000 Mitarbeitern fast 6 Mrd. EUR Umsatz. Das sehr volatile Geschäft hat im zurückliegenden Jahrzehnt häufiger Verluste als Gewinne abgeworfen. Der Weltmarkt leidet unter Überkapazitäten. Eine Konsolidierung der vier europäischen Produzenten ist bisher an wettbewerbsrechtlichen Problemen gescheitert. Deshalb hat der Weltstahlmarktführer Arcelor-Mittal erst vor einigen Monaten sein Edelstahlgeschäft verselbständigt und an die Börse gebracht. Dies könnte am Ende auch eine Lösung für die ThyssenKrupp Stainless Global werden.

Quelle: www.faz.net, 06. Mai 2011.

Konsolidierungsziele nehmen eine Zwischenstellung ein. Ein Unternehmen strebt dabei nach einer Festigung der Marktposition seines Strategischen Geschäftsfeldes bzw. seiner Strategischen Geschäftseinheit. Dies kann über die Sicherung der Marktstellung in einem ausländischen Markt (oder mehreren ausländischen Märkten) durch Intensivierung der operativen Marketinganstrengungen sowie einer damit einhergehenden Vergrößerung des Marketingbudgets und somit auf der Ebene der Marktbearbeitung erfolgen oder durch den Wandel einer Betätigungsform, so durch die Errichtung von ausländischen Verkaufsgesellschaften, die z.B. bisher praktizierte Form des indirekten Exports ablösen. Diese Konsolidierung einer Strategischen Geschäftseinheit oder eines Strategischen Geschäftsfeldes kann auch den Austritt aus einem oder aus mehreren ausländischen Märkten zur Folge haben und damit in eine Marktreduktion münden.

Die Marktziele werden im Allgemeinen für die einzelnen Ländermärkte konkretisiert und damit auch differenziert. Sie hängen u.a. auch von der Phase des **Produktlebenszyklus** ab, in der sich die Produkte bzw. Leistungsprogramme in den einzelnen Ländermärkten befinden (vgl. Berndt/Fantapié Altobelli/Sander 2010, S. 103f. und die dort angegebene Literatur). Marktziele drücken auch die Geschwindigkeit des angestrebten Wachstums bzw. der Konsolidierung oder der Schrumpfung aus und bestimmen damit das **Timing** ausländischer Marktoperationen, so z.B. ein rascher Markteintritt in möglichst viele Länder zum selben Zeitpunkt oder innerhalb einer vergleichsweise kurzen Zeitspanne, um schnell eine bedeutende Marktstellung zu erreichen, wie dies bei der sog. **Sprinkler-Strategie** der Fall ist. Auf derartige Überlegungen wird im Einzelnen in Abschnitt B.II. des Dritten Kapitels eingegangen.

Marktziele manifestieren sich auch in weiteren Timing-Aspekten, so in dem richtigen **Zeitpunkt** für einen Markteintritt oder einen Marktaustritt, d.h., es gilt, derartige Entscheidungen bei einem geöffneten „strategischen Fenster" (Abell 1978, S. 21) zu treffen. Dies betrifft bezüglich des Markteintritts die Frage, ob ein Unternehmen einen Auslandsmarkt zuerst betritt („**early mover**"), um etwaige Pioniergewinne („**first mover advantages**") zu realisieren, oder später („**second mover**" oder gar „**late mover**"), um als früher Folger oder später Folger z.B. größere Risiken durch Abwarten zu vermeiden (Zentes/Swoboda/Morschett 2004, S. 966ff.). Diese Überlegungen gelten in analoger Weise auch bezüglich Konsolidierungs- und Schrumpfungsüberlegungen. Auch diese Aspekte werden in Abschnitt B.I. des Dritten Kapitels vertieft.

Der Ebene der Marktziele, die sich – wie bereits erwähnt – auf die Strategischen Geschäftsfelder oder Strategischen Geschäftseinheiten beziehen, werden auch die Festlegung der zu verfolgenden **Basisoptionen** des Internationalen Marketing, so die Stammland-Orientierung, die globale Orientierung, die multinationale Orientierung oder die glokale Orientierung, zugeordnet, da die Basisoptionen die unternehmerischen Wertschöpfungsprozesse in ihrer Gesamtheit tangieren, damit auch Beschaffung, Produktion, Logistik sowie Forschung & Entwicklung.

III. Marketingziele

Marketingziele werden i.S. eines internationalen Zielsystems als den Marktzielen nachgeordnet betrachtet:

> *„Die Realisierung der Marktziele in den einzelnen Ländermarktsegmenten setzt voraus, dass diese auf die Ebene der einzelnen Funktionsbereiche (Beschaffung, Fertigung, Marketing, Finanzen, Personal usw.) ‚heruntergebrochen' werden, wobei zwischen den Zielen der einzelnen Funktionsbereiche zahlreiche Interdependenzen zu beachten sind"* (Berndt/Fantapié Altobelli/Sander 2010, S. 104f.).

Die Marketingziele steuern in erster Linie die Ausgestaltung des Marketing-Mix, d.h. die Ausgestaltung der Instrumente der Produktpolitik, der Preis- und Konditionenpolitik, der Kommunikationspolitik und der Distributionspolitik, auf den ausländischen Märkten. Diese Gestaltungsmöglichkeiten werden maßgeblich von den Basisoptionen des Internationalen Marketing beeinflusst, deren Festlegung als Gegenstand der Geschäftsfeldstrategien bzw. Geschäftseinheitenstrategien betrachtet wird.

Die Ziele der einzelnen Teilpolitiken des Marketing-Mix werden an dieser Stelle nicht näher erläutert; eine ausführliche Erörterung erfolgt im Fünften Kapitel. Nur zur Illustration sei als preispolitisches Ziel die Preisführerschaft – i.S. des günstigsten Preises im Konkurrentenvergleich – erwähnt, um möglichst rasch eine gewünschte Penetration – als Ausdruck eines Marktziels – in einem ausländischen Markt zu erreichen oder um als Pionier schnellstmöglich eine „kritische Masse" zu erzielen, die für etwaige Folger eine **Markteintrittsbarriere** bilden könnte.

Marketingziele sind gleichermaßen auf der Entscheidungsebene der Betätigungsform von Relevanz. Wie bereits erwähnt, drücken sie dort das gewünschte Ausmaß der Einflussnahme auf den privaten oder gewerblichen Endkunden aus und bestimmen somit auch die Gestaltung der Beziehungen zu direkten Kunden wie Absatzmittlern oder generell Intermediären, die zwischen den Endkunden und den betrachteten Unternehmen eingeschaltet sind. Strebt z.B. ein Konsumgüterhersteller danach, die Preispolitik und die Kommunikationspolitik gegenüber Konsumenten zu steuern, so hat dies erhebliche Konsequenzen auf die zu wählende Betätigungsform in einem ausländischen Markt. Konkret kann dies z.B. die Errichtung von eigenen Verkaufsniederlassungen (Filialen) zur Folge haben oder den Aufbau eines Franchise-Systems, wenngleich damit die Einflussnahme auf die Verkaufspreise i.d.R. begrenzt ist.

Das erforderliche Ausmaß der Einflussnahme wird auch – aber nicht immer zwingend – durch die (übergeordneten) Basisoptionen des Internationalen Marketing determiniert. Wird z.B. ein weltweit standardisierter Marktauftritt angestrebt, wie dies bei einer globalen Orientierung im Extremfall gegeben ist, so wird die Ausgestaltung des Marketing-Mix wesentlich durch diese Option geprägt. Wird eine Basisoption, so die der globalen Orientierung, nicht in ihrer extremen Ausprägung verfolgt, so verbleiben – wie im Fünften Kapitel aufgezeigt wird – Freiheitsgrade auf der Ebene der Marktbearbeitung, welche die Verfolgung spezifischer Marketingziele ermöglichen.

Verfolgt andererseits ein Unternehmen die multinationale Basisoption, die darauf ausgerichtet ist, dass jeweils ein landesspezifischer Marktauftritt gewählt wird, dann kann damit eine geringe Einflussnahme auf die Tochtergesellschaften bzw. etwaige eingeschaltete Intermediäre (direkte Kunden) einhergehen. So überlässt das Unternehmen, z.B. ein Konsumgüterhersteller, den Handelspartnern (auf der Stufe des Einzelhandels) weit gehend die Gestaltung ihres Marketing-Mix; der Hersteller selbst steuert seine Marketingaktivitäten gegenüber dem Handel und seine Marketingaktivitäten gegenüber den Konsumenten, so durch die Produktpolitik und die Kommunikationspolitik. Andererseits kann auch bei einer multinationalen Basisoption eine starke Einflussnahme angestrebt werden, um etwaige **Rückkopplungseffekte** zwischen den einzelnen Märkten zu steuern, so unerwünschte Arbitrageeffekte bei unterschiedlichen Endverkaufspreisen in geografisch benachbarten Märkten.

C. Basisoptionen des Internationalen Marketing

I. Überblick

Die Basisoptionen des Internationalen Marketing werden als **Grundorientierungen** verstanden, die den gesamthaften Marktauftritt eines Unternehmens prägen. Sie werden im Folgenden danach systematisiert, ob sie in erster Linie auf die Erzielung von **Globalisierungsvorteilen** – auch als Integrationsvorteile bezeichnet („globalisation advantages") – ausgerichtet sind bzw. aus Globalisierungsnotwendigkeiten („pressures/needs for globalisation") resultieren oder auf **Lokalisierungsvorteile** – auch als Adaptionsvorteile bezeichnet („adaptation advantages") – abzielen bzw. aus Lokalisierungsnotwendigkeiten („pressures/needs for local responsiveness") resultieren (vgl. hierzu Prahalad/Doz 1987; Bartlett/Ghoshal 1987a).

Integration zielt auf Economies of Scale auf Grund der Erreichung einer „kritischen Masse" über eine möglichst weit gehende Standardisierung ab. Diese Effekte können in der Produktion – bei international einheitlichen Produkten oder Produktionsprogrammen –, in der Kommunikation, so bei einheitlicher Werbung, wie auch in anderen Bereichen entstehen, z.B. einheitliche Verträge bei international operierenden Franchising-Systemen. Neben Skaleneffekten und auch Erfahrungskurveneffekten ist die vergleichsweise geringe Komplexität nicht nur des Marktauftritts, sondern des gesamten Wertschöpfungsprozesses herauszustellen, die sich gleichermaßen auf der Kostenseite positiv niederschlägt.

Adaption zielt darauf ab, möglichst große Wirkungsgrade durch weit gehende Anpassung an die nationalen, regionalen oder lokalen Gegebenheiten zu erreichen. Eine derartige Orientierung führt im Extremfall zu einem länderspezifischen Marktauftritt und stellt damit im Ländervergleich eine Differenzierung dar.

Kombiniert man diese beiden Kriterien, die hinsichtlich ihrer Ausprägung der Einfachheit halber dichotomisiert werden, jeweils in „niedrig" und „hoch", so ergeben sich die in Abbildung 2.1 dargestellten Grundtypen, die als Kombinationen der Extremausprägungen der Kriterien zu interpretieren sind (vgl. hierzu auch Zentes/Swoboda/Morschett 2004, S. 609ff. und die dort angegebene Literatur).[1]

Abbildung 2.1: Grundorientierungen des Internationalen Marketing

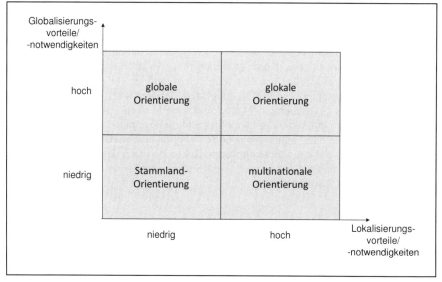

Mit Blick auf die in Abschnitt A.I. dieses Kapitels vorgenommene Unterscheidung in die Gesamtunternehmenssicht und die Sicht der Strategischen Geschäftsfelder – ggf. auch die der Strategischen Geschäftseinheiten – bedeutet dies, dass ein Unternehmen in den einzelnen Strategischen Geschäftsfeldern oder auch Strategischen Geschäftseinheiten durchaus unterschiedliche Optionen verfolgen kann. Auch innerhalb einer Strategischen Geschäftseinheit oder eines Strategischen Geschäftsfeldes kann es regionenspezifische Unterschiede geben. So kann eine Region wie Asien Stammland-orientiert bearbeitet werden, während in einer anderen Region wie Europa die multinationale Option verfolgt wird. Insofern schließen sich die im Folgenden aufgezeigten Optionen

---

[1] Abweichend von dem I/R-Rahmenkonzept (Integration/Responsiveness-Framework) wird hier nicht von „transnational" gesprochen, da damit ein Strategie-Struktur-Typ eines MNU gemeint ist, sondern von „glokal", ein Kunstwort, das die Verknüpfung von „globaler" und „lokaler" Orientierung zum Ausdruck bringen soll.

nicht aus, sondern sind durchaus kombinierbar. Im Einzelnen wird jedoch hierauf nicht näher eingegangen, sondern eher eine Gesamtunternehmenssicht eingenommen.

II. Globale Orientierung

1. Merkmale und Abgrenzungen

> *Eine globale Orientierung des Internationalen Marketing ist Ausdruck einer bewussten Ausrichtung auf den Weltmarkt, der mit einer einheitlichen Konzeption erschlossen werden soll. Insofern zielt diese Orientierung auf die Ausschöpfung der effizienzorientierten Globalisierungsvorteile in größtmöglichem Ausmaß ab.*

Die **Standardisierung** des Marktauftritts, als Kernmerkmal dieser Orientierung, die oftmals auch als **globales Marketing** bezeichnet wird, geht nicht aus der (weitestgehend) unmodifizierten Übertragung der Heimatmarktkonzeption („transference") in ausländische Märkte hervor (siehe Abbildung 2.2), sondern ist ausgerichtet auf die Akzeptanz bei einer möglichst großen Zielgruppe bei weltweiter Betrachtung des Absatzmarktes (vgl. hierzu Griffith 2010 und die dort angegebene Literatur). Aus Effizienzgründen wird auf nationale bzw. lokale Anpassungen verzichtet, die zwar ggf. eine größere Ausschöpfung des Marktes ermöglichen, jedoch zu einem Verzicht auf Skaleneffekte, Lernkurveneffekte u.Ä. sowie zu größerer Komplexität führen würden. Der global einheitliche Auftritt kann auch darin begründet sein, dass keine oder keine wesentlichen national, regional oder lokal unterschiedlichen Präferenzen bestehen, die Präferenzen somit weitestgehend homogen sind. Auch in diesem Falle wären Lokalisierungsvorteile bei einer Anpassung nicht bzw. kaum erzielbar.

Abbildung 2.2: Standardisierung vs. Übertragung

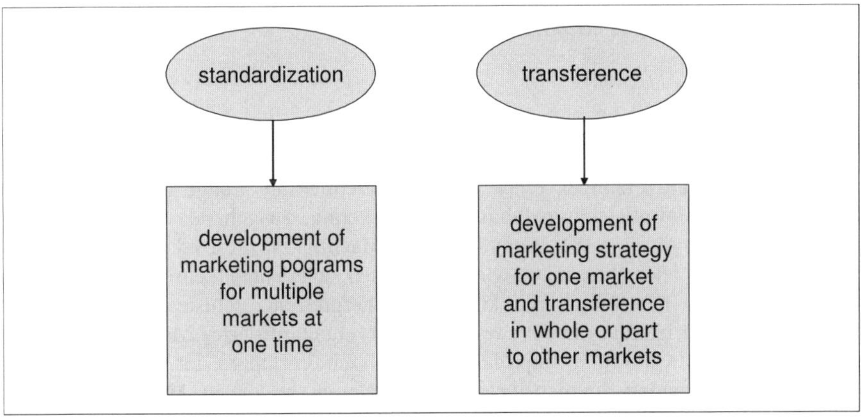

```
   standardization              transference
         |                           |
         v                           v
  development of            development of
  marketing pograms         marketing strategy
  for multiple              for one market
  markets at                and transference
  one time                  in whole or part
                            to other markets
```

Quelle: in Anlehnung an Shoham/Rose/Albaum 1995, S. 15.

Wenngleich hier von einer globalen Orientierung und vom Weltmarkt gesprochen wird, so kann dieser Anspruch dennoch relativiert werden. Eine globale Orientierung in dem hier verstandenen Sinne kann auch dann vorliegen, wenn in maßgeblichen Teilen des Weltmarktes, so in der Triade, oder „nur" in bestimmten großen Wirtschafträumen wie Europa in der genannten Form operiert wird. Relativierend wird bei derartigen Konstellationen oftmals auch von „europäischer Orientierung" oder auch von „**Euro-Marketing**" gesprochen.

Die globale Orientierung ist – wie auch die übrigen Basisoptionen – als eine eher idealtypische Ausprägung des Internationalen Marketing zu verstehen; insofern stellt sie bezüglich der **Standardisierung** einen Extremfall dar. Sicherlich kann auch dann von einer derartigen Orientierung gesprochen werden, wenn die aufgezeigten grundlegenden Merkmale der Standardisierung aus Effizienzgesichtspunkten bei Ausrichtung auf den Weltmarkt dominieren, aber z.B. in den einzelnen Ländermärkten unterschiedliche Betätigungsformen praktiziert werden oder gewisse Unterschiedlichkeiten in der Marktbearbeitung bestehen. Hierauf wird in den Abschnitten E. des Vierten und B. des Fünften Kapitels näher eingegangen. Betrachtet man die realen Ausprägungen der Basisoptionen, so zeigen sich eher fließende Übergänge oder nur unscharfe Trennungen; aus analytischer Perspektive erfolgt hier jedoch eine „puristische" Sichtweise.

Für die globale Orientierung als Basisoption des Internationalen Marketing ist eine spezifische Struktur der Wertschöpfungsprozesse und auch der Führungsstrukturen und -prozesse typisch. Die internationale Wettbewerbsfähigkeit soll „durch globale Integration aller Unternehmensaktivitäten" (Meffert/Burmann/Becker 2010, S. 70) verbessert werden, wie dies unter Bezug auf das I/R-Konzept bei einer **globalen Organisation** gegeben ist (vgl. Zentes/Morschett/Schramm-Klein 2010, S. 32f. und die dort angegebene Literatur). „Dies erfordert die konsequente Ausnutzung von Kostenvorteilen durch standardisiertes Marketing mit der Folge, dass die einzelnen Landesgesellschaften nicht mehr autark operieren, sondern weltweit zur Arbeitsteilung und Spezialisierung verpflichtet sind und zentral gesteuert werden. Unter bewusster Inkaufnahme national suboptimaler Strategien wird versucht, eine weltweit optimale Marketingstrategie zu realisieren" (Meffert/Burmann/Becker 2010, S. 70).

Als **globalisierungstreibende Kräfte** – oder auch als externe Erfolgsfaktoren – können die bereits angesprochene Homogenität der Märkte, so gleichartige Anforderungen der privaten Kunden oder der weltweit tätigen gewerblichen Kunden, so der Industriekunden, sowie einheitliche technische Standards herausgestellt werden, die zur Realisierung der Effizienzvorteile erforderlich sind.

Konvergenzthese von Levitt

Die Existenz von länderübergreifenden Zielgruppen mit übereinstimmenden Präferenzen und Verhaltensweisen, sog. **Cross-Cultural Groups**, ist im Konsumgüterbereich eine der Kernvoraussetzungen einer globalen Orientierung. Lange beherrschte diese Frage die sog. **Globalisierungsdebatte** im Marketing, ausgehend von der **Konvergenzthese** von Levitt (1983b). Wenngleich die Mächtigkeit dieses Trends soziokultureller Konvergenz eher überschätzt wurde, so lassen sich dennoch europaweit und auch weltweit in vielen Konsumgütermärkten länderübergreifende Cluster, so bezogen auf Lebensstile, identifizieren, die ein (weitestgehend) standardisiertes Marketing ermöglichen. Diese Cross-Cultural Groups lassen sich durch Verfahren der Marktsegmentierung, so der **integralen Segmentierung** identifizieren, auf die in Abschnitt C.II. des nachfolgenden Kapitels näher eingegangen wird.

Beispielhaft zeigt Abbildung 2.3 die GfK Roper Consumer Styles der GfK-Lebensstilforschung. In dieser Studie konnten in mehr als 30 Ländern acht Cluster, sog. GfK Roper Consumer Styles, identifiziert werden, die in einem zweidimensionalen Raum positioniert werden. Als Gegenpole beinhaltet die Matrix die Ausprägungen Haben/Sein (vertikal) und Frieden und Sicherheit/Leidenschaften leben (horizontal). Die in den einzelnen Ländern identifizierten Cluster i.S.v. Cross-Cultural Groups unterscheiden sich jedoch in den **relativen Anteilen**, in denen sie in den jeweiligen Ländern auftreten.

Die Existenz länderübergreifender Zielgruppen steht nicht im Widerspruch zu gleichzeitigen **Divergenztendenzen**, die sich z.B. in einer Renaissance nationaler oder gar regionaler Verhaltensweisen niederschlagen und somit eine andere Grundorientierung des Marketing erforderlich machen (vgl. bereits Zentes/Swoboda/Morschett 2004, S. 104; Scholz/Zentes 2005; vgl. mit Blick auf das Handelsmarketing Swoboda/Elsner/Morschett 2012). Insofern kann die Globalisierungsthese relativiert werden, was sich hier in der Diskussion alternativer Basisoptionen des Internationalen Marketing niederschlägt.

Abbildung 2.3: GfK Roper Consumer Styles

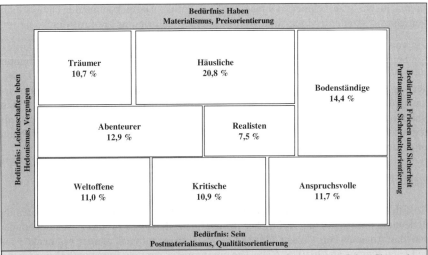

Quelle: GfK 2007, S. 30.

Triade-Konzept von Ohmae

Globale Konzepte wurden neben Levitt insbesondere von Ohmae (1985) propagiert, der seine Überlegungen aus langjährigen Beobachtungen und Erfahrungen ableitete, so bei japanischen Unternehmen, die oftmals als „**Weltmarktpioniere**" agierten. Sein Globalisierungskonzept stellt auf die sog. **Triade-Unternehmen** ab (vgl. auch Zentes/Swoboda/Morschett 2004, S. 62ff.). Darunter versteht er einen grenzüberschreitend agierenden Anbieter, der in den Triade-Ländern (USA, (West-)Europa und Japan) über eine starke Wettbewerbsposition verfügt, in diesen Märkten eine Insiderposition aufgebaut hat und daher diese Märkte genau kennt, bei der Entwicklung der weltweiten Aktivitäten die Konsequenzen geplanter Maßnahmen in diesen Regionen beachtet und mit einer relativ kleinen Hauptverwaltung die weltweiten Aktivitäten unterstützt.

Verstanden als Denkkonzept birgt die grundsätzliche Annahme Ohmaes Schlussfolgerungen für die Gestaltung des Internationalen Marketing. Ohmae empfiehlt einen simultanen Eintritt in die Triaderegionen, ein weit gehend standardisiertes Marktbearbeitungskonzept und ein Führungs- bzw. Organisationsmodell, das der weltmarktbezogenen Gewinnmaximierung und Marktanteilssteigerung verpflichtet ist und sich von der Stammland-Orientierung löst, indem in den jeweiligen Triaderegionen Ländergruppenzentralen errichtet werden. Letztere sollen in enger Abstimmung untereinander und zwischen der Hauptverwaltung einerseits sowie den lokalen Niederlassungen andererseits bestimmte Aufgaben (Entwicklung von Wettbewerbsstrategien, Führungskräftetraining usw.) wahrnehmen (Ohmae 1985, S. 210f.). Darin kommt die Option einer weit gehend standardisierten strategischen Internationalisierung zum Ausdruck.

Die von Ohmae propagierte weltweite Wertschöpfungsstruktur und das damit korrespondierende Führungsmodell können i.S. des EPG-/EPRG-Konzeptes (Perlmutter 1969; Wind/Douglas/Perlmutter 1973) als **geozentrische** bzw. **regiozentrische Orientierung** eingestuft werden.[1] Mit Blick auf das Marketing handelt es sich jedoch um eine standardisierte Vorgehensweise, bei der **transnationale Zielgruppen** mit einem einheitlichen Konzept angesprochen werden. Insofern wird diese Orientierung klar abgegrenzt von der glokalen Orientierung, auf die in einem der nachfolgenden Abschnitte eingegangen wird.

Marketing-strategy/Environment-fit-Konzept von Griffith

Griffith (2010) zeigt auf institutionentheoretischer Basis neben kulturellen Faktoren die Bedeutung politischer und rechtlicher (Konvergenz-)Faktoren für das Zustandekommen und das Ausmaß von Cross-Cultural Groups („cross-national market segments") auf und leitet hieraus ab (2010, S. 62): „The environment-strategy framework theorizes that the coalignment of strategy to environmental factors (i.e. fit) allows firms to operate effectively, thus enhancing performance". Dieser „fit-Ansatz" führt zu einer **Dekomposition** des Standardisierungskonzeptes, so in den Marketing-Mix-Bereichen (Product, Price, Promotion, Place) und weiter gehend auf Instrumentalebene (siehe Abbildung 2.4).

Beispielhaft erwähnt Griffith für das Entstehen von „cross-national market segments" die Konvergenz des Rechtsrahmens im Zuge der EU-Integration.

---

[1] Vgl. Abschnitt B.I. des Ersten Kapitels.

Abbildung 2.4: Cross-Cultural Groups und dekompositorische Standardisierung

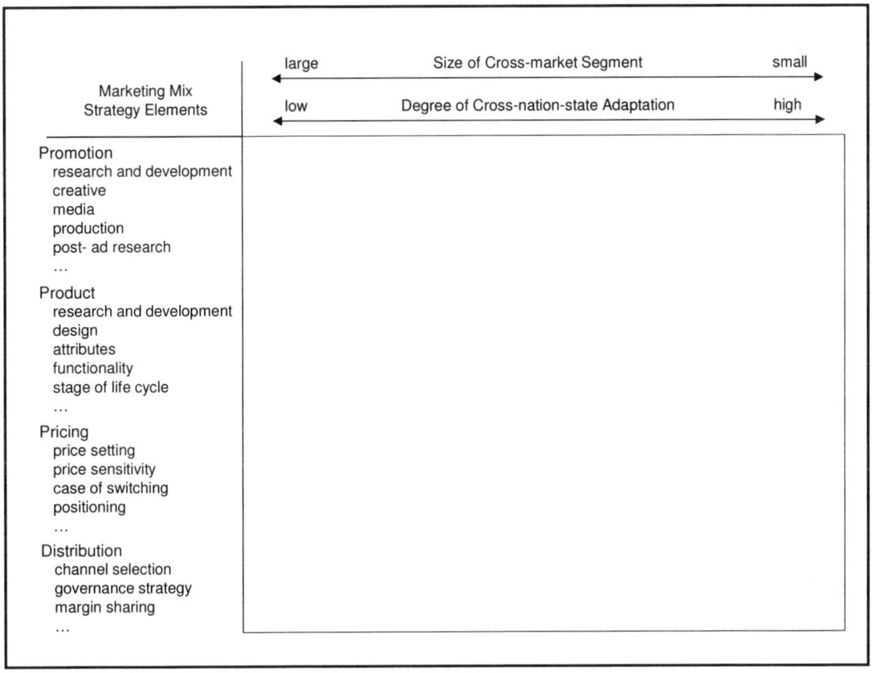

Marketing Mix Strategy Elements	large ⟷ Size of Cross-market Segment ⟷ small
	low ⟷ Degree of Cross-nation-state Adaptation ⟷ high

Promotion
  research and development
  creative
  media
  production
  post- ad research
  ...	

Product
  research and development
  design
  attributes
  functionality
  stage of life cycle
  ...	

Pricing
  price setting
  price sensitivity
  case of switching
  positioning
  ...	

Distribution
  channel selection
  governance strategy
  margin sharing
  ...	

Quelle: Griffith 2010, S. 63.

2. Gestaltungsprinzipien und Entwicklungspfade

Als grundlegende Gestaltungsprinzipien lassen sich die direkte globale Orientierung – oftmals auch als **Globalisierung** bezeichnet – und die sich aus einer Transformation bzw. einem Switch der bisherigen Vorgehensweise ergebende globale Orientierung unterscheiden.

Die direkte globale Orientierung ist typisch für sog. **Born Global Firms**, d.h. Unternehmen, die "unmittelbar mit oder kurz nach ihrer Gründung bereits Exportaktivitäten aufweisen, die nicht selten einen Großteil ihres Umsatzes ausmachen" (Holtbrügge/Enßlinger 2004, S. 371).[1] Eine direkte globale Orientierung ist nicht nur bei Born Global Firms, die oftmals als Industrieunternehmen im High-Tech-Sektor agieren, anzutreffen, sondern auch bei Handelsunternehmen im Non-Food-Sektor, bspw. bei den sog. **Verticals** wie Zara und H&M (vgl. Swoboda/Zentes/Elsner 2009). Dies schließt nicht aus, dass diese Unternehmen in der Startphase zunächst auf ihren Heimatmarkt konzentriert waren, jedoch die globale Perspektive von Anfang an anstrebten.

Eine Transformation oder ein Switch der Basisoption liegt vor, wenn ein Unternehmen auf der Basis der bisher praktizierten Option bereits ein wesentliches Internationalisierungsausmaß erreicht hat – i.S. einer **internationalen Unternehmung** (vgl. Zentes/ Swoboda/Morschett 2004, S. 7 und die dort angegebene Literatur) – und sich für einen abrupten oder abgestuften Wechsel entscheidet. Als typische Entwicklung kann man

---

[1] Vgl. hierzu die Ausführungen in den Abschnitten E.I.2 des Dritten Kapitels.

den Übergang von einer multinationalen Orientierung zu einer globalen Orientierung herausstellen. Ein Wechsel zu einer globalen Orientierung kann jedoch auch aus einer bisherigen Stammland-orientierten Konzeption heraus erfolgen.

Born Global: Microsoft Corporation

Mit insgesamt 97.106 Mitarbeitern, davon 57.325 in den USA und 39.781 im Ausland, und einem Umsatz von 73,72 Milliarden USD im Jahre 2012 ist Microsoft heute der größte Softwarehersteller weltweit. Als das Unternehmen am 04. April 1975 von Bill Gates und Paul Allen in Albuquerque, New Mexico, gegründet wurde, lagen solch beeindruckende Kennzahlen noch in weiter Ferne. Nach anfänglichen Erfolgen mit einem eigenen BASIC-Interpreter namens Microsoft BASIC Ende der 1970er Jahre, stellte man 1981 das im Auftrag von IBM entwickelte Betriebssystem MS-DOS 1.0 vor. In den 1980er Jahren kamen DOS-Betriebssysteme von Microsoft vornehmlich auf IBM-Computern der Serie OS/2 zum Einsatz. Als Microsoft in den 1990er Jahren dann sein grafisches und für damalige Verhältnisse sehr benutzerfreundliches Betriebssystem Windows und die Bürosoftware Office veröffentlichte, konsequent weiterentwickelte und somit nachhaltige Standards setzte, avancierte das Unternehmen zum ungefochtenen Marktführer seiner Branche mit Marktanteilen um die 90%. Einher ging dies mit einem kräftigen Wachstum der eingangs erwähnten Kennzahlen: Erzielte man 1979 mit 28 Mitarbeitern einen noch relativ bescheidenen Umsatz von etwa 2,4 Mio. USD, so erwirtschafteten 1985 bereits 900 Mitarbeiter einen Umsatz von 140 Mio. USD, der sich bis zum Jahre 1996 auf damals schon sehr beeindruckende 9 Mrd. USD mit 20.500 Beschäftigten vervielfältigte.

Parallel zur aufgezeigten Entwicklung realisierte das Unternehmen in nur wenigen Jahren einen Internationalisierungsprozess, wie ihn andere Unternehmen über Jahrzehnte hinweg durchlaufen und der eine Einstufung Microsofts als Born Global rechtfertigt. Bereits 1978 eröffnete Microsoft sein erstes internationales Verkaufsbüro in Japan in Zusammenarbeit mit ASCII Corporation. 1979 erfolgte der erstmalige Markteintritt in Europa, als man in Belgien eine Vertriebspartnerschaft mit Vector International einging. Ab dem Jahre 1982 begann Microsoft mit der Errichtung eigener Landesgesellschaften. Auf die Gründung von Microsoft UK folgte im Jahre 1983 die Erschließung der weiteren, großen europäischen Märkte, als in Deutschland und Frankreich Tochtergesellschaften ins Leben gerufen wurden. In Frankreich gelang es innerhalb nur eines Jahres, Microsoft Multiplan zum bestverkauften Softwareprodukt des Landes zu machen. Auch in Australien legte man im gleichen Jahr mit dem Kauf der Wiser Laboratories Pty, Ltd. of Australia, den Grundstein zum dortigen Markteintritt. Zum Ende des Jahres 1983 verfügte Microsoft bereits über 42 Mitarbeiter außerhalb des nordamerikanischen Heimatmarktes. Ein weiterer Meilenstein auf dem Weg zum global führenden Softwareunternehmen wurde 1985 erzielt, als Microsoft in Irland seine erste außeramerikanische Produktionsstätte erbaute. Nachdem das Unternehmen in Mexiko 1986 als erste US-amerikanische Softwareschmiede überhaupt eine Tochtergesellschaft in Lateinamerika gegründet hatte und der Internationalisierungsprozess 1987 mit der ersten arabischen MS-DOS-Version weiter an Fahrt gewann, konnte das Unternehmen im Jahre 1988 bereits einen Umsatzanteil von 48% im Ausland generieren.

Weitere Jahre der Expansion und des Wachstums folgten, sodass Microsoft zum Jahresende 2012 weltweit über 112 Tochtergesellschaften auf allen Kontinenten verfügte. Auch im Januar 2013 konnte Microsoft mit seinen Windows-Betriebssystemen weltweit einen Marktanteil von etwa 90% erzielen. Bis auf die obligatorischen sprachlichen Anpassungen verfolgt Microsoft dabei eine weltweit standardisierte Produktstrategie.

Quelle: www.microsoft.com, Abrufdatum: 08. April 2013; www.thocp.net, Abrufdatum: 08.April 2013.

III. Multinationale Orientierung

1. Merkmale und Abgrenzungen

> *Wird das Marketing auf die spezifischen Gegebenheiten der einzelnen Ländermärkte, d.h. die des Heimatmarktes und die der Auslandsmärkte, ausgerichtet, d.h., es werden jeweils nationale Marketingstrategien verfolgt, so wird diese Orientierung als eine multinationale Orientierung des Internationalen Marketing bezeichnet.*

Die Fokussierung auf die Gegebenheiten des jeweiligen Ländermarktes ermöglicht eine weit gehende Ausschöpfung des Marktpotenzials, z.B. gemessen am Marktanteil, oder die Erzielung eines Preispremiums, da die Kunden bereit sind, die Berücksichtigung ihrer spezifischen Präferenzen, so in der Produktgestaltung, zu „honorieren". Diesen Lokalisierungsvorteilen stehen geringere Effizienzgrade gegenüber, z.B. durch vergleichsweise kleinere Losgrößen in der Produktion, oftmals gekoppelt mit geografisch breit gestreuten Produktionsstätten. Eine multinationale Orientierung kann auch aus der Notwendigkeit nationaler Anpassung resultieren, so auf Grund vorgegebener weit reichender rechtlicher Normen und Standards oder in Märkten, die auf der Nachfragerseite monopolistisch strukturiert sind, bspw. durch ausschließlich staatliche Abnehmer im Bereich der Rüstungsindustrie, bei staatlichen Eisenbahngesellschaften, Rundfunk- und Fernsehanstalten.

Aus der Perspektive des Internationalen Managements kann auch von einer **polyzentrischen Orientierung** gesprochen werden, die dadurch charakterisiert ist, dass die (nationalen/lokalen) Marketingstrategien von weit gehend autonomen und oftmals auch bezüglich des Wertschöpfungsprozesses weit gehend autarken Tochtergesellschaften entwickelt und praktiziert werden. Bei der polyzentrischen Orientierung dominiert die marktorientierte Sichtweise: Die national unterschiedlichen Marktstrukturen führen zu länderspezifischem Verhalten der weit gehend autonom operierenden Einheiten in Form von Landesgesellschaften, deren Kultur, z.B. Führungsstile, Anreiz- und Sanktionsmechanismen, wesentlich durch landeskulturelle Gegebenheiten geprägt werden. Die Kernkompetenzen so ausgerichteter Unternehmen liegen hier in dem Wissen der marktstrukturellen Unterschiede zwischen den Ländern und der Einsicht in eine differenzierte strategische Vorgehensweise sowie der Fähigkeit zur Koordination der dislozierten unternehmerischen Einheiten.

Eine multinationale Orientierung negiert im Extremfall zwischen Ländermärkten bestehende **Rückkopplungseffekte** und akzeptiert Marktstörungen, die z.B. aus **Preisarbitrage** resultieren können: Bei differenzierten, aber doch vergleichbaren Produkten resultieren aus länderspezifischen Preisstellungen „graue Märkte" durch Reimporte, Parallelimporte u.Ä. Hierauf wird in Abschnitt C.III.4. des Fünften Kapitels näher eingegangen. Diese Überlegungen deuten darauf hin, dass bei der multinationalen Orientierung eine Profilierung gegenüber den stärksten nationalen/lokalen Wettbewerbern durch eine differenzierte Bearbeitung der Auslandsmärkte angestrebt wird. Im Ergebnis führt dies zu einem **multiplen nationalen Marketing** („multi-domestic marketing").

Culture-Bound-These vs. Culture-Free-These

Ausgangspunkt des multinationalen Ansatzes sind die z.T. erheblichen **kulturellen Unterschiede** auf verschiedenen Ländermärkten (vgl. Backhaus/Voeth 2010, S. 14 und die dort angegebene Literatur) und – wie aufgezeigt (vgl. Griffith 2010) – die politisch-rechtlichen Gegebenheiten. Im Sinne des **Culture-Bound-Ansatzes** gilt es, das Marketing den kulturellen Bedingungen anzupassen:[1] Die Kultur wird zur zentralen Einflussgröße; sie wird bewusst bzw. proaktiv in die Konzeption des Marketing einbezogen. Dieser Position der „Kulturisten" stand insbesondere in den 1970er und 1980er Jahren die Meinung der „Universalisten" gegenüber (Konvergenzthese), die in der **Culture-Free-These** ihren Ausdruck fand, wie das im Zusammenhang mit der globalen Orientierung des Internationalen Marketing bereits angesprochen wurde (vgl. hierzu in umfassender Form Müller/Gelbrich 2004, S. 194ff.). In diesem Kontext kann die Stammland-Orientierung, auf die im Folgenden noch eingegangen wird, als **„Kulturimperialismus"** eingestuft werden: „Fremde Märkte und Menschen sollen den eigenen Wertmaßstäben unterworfen werden" (Müller/Gelbrich 2004, S. 195).

Kulturelle Homogenität kann auch länderübergreifend gegeben sein. So können kulturell homogene Länder-Cluster identifiziert werden, die dann weit gehend gleichartig behandelt werden. Schematisiert ist diese Konstellation in Abbildung 2.5 verdeutlicht (I.). Insofern gilt die Kultur auch als Kriterium der **internationalen Marktsegmentierung**, auf die in Abschnitt C. des nachfolgenden Kapitels eingegangen wird. **Kulturelle Heterogenität** kann aber auch innerhalb eines Landes gegeben sein und damit ein Ansatz einer landesbezogenen Differenzierung sein; insofern ist Kultur dann ein Kriterium der **intranationalen Marktsegmentierung**. Beispielhaft ist in Abbildung 2.5 (II.) die Schweiz dargestellt.

Ein **interkultureller Ansatz** des Marketing kann selbst in Ländern wie Deutschland angebracht sein (III.). So zeichnet sich in Deutschland eine zunehmende **kulturelle Pluralität bzw. Diversität** der Wohnbevölkerung ab: „Erfahrungsgemäß assimiliert sich nur ein Teil der ausländischen Mitbürger, während die anderen ‚in der Fremde' ihre kulturellen **Eigenheiten** und **Wertvorstellungen** z.T. sogar noch bewusster bzw. intensiver erleben und ausleben als in ihrem Geburtsland" (Müller/Gelbrich 2004, S. 213). Die spezifische Ansprache dieser Zielgruppen innerhalb eines Landes wird als **Ethno-Marketing** bezeichnet. „Ethno-Marketing bedeutet allerdings mehr, als einheimische Konzepte (z.B. Werbespots, Anzeigen, Gebrauchsanleitungen) in die jeweils andere Sprache zu übersetzen. Vielmehr gilt es, dabei relevante Unterschiede in Werten, Lebensstil und Konsumgewohnheiten zu berücksichtigen" (Müller/Gelbrich 2004, S. 213).

Wesentliche Bedeutung haben in Zusammenhang mit der Culture-Free- vs. Culture-Bound-Diskussion die Arbeiten von Hofstede (1980), insbesondere seine sog. „Ursprungsstudie". Wenngleich diese Studie wie auch die Nachfolgestudien in erster Linie auf **arbeitsbezogene Wertvorstellungen** bezogen sind und daher im Kontext des Internationalen Managements ihre eigentliche Relevanz haben, so haben diese Studien – wie auch Studien anderer Verfasser – maßgeblich die Diskussion des interkulturellen Marketing beeinflusst (vgl. hierzu die ausführliche Diskussion dieser Ansätze in Müller/Gelbrich 2004, S. 107ff. sowie House u.a. 2004).

---

[1] Vgl. hierzu auch Abschnitt C.II.2. des Ersten Kapitels.

Abbildung 2.5: Kulturelle Homogenität und Heterogenität

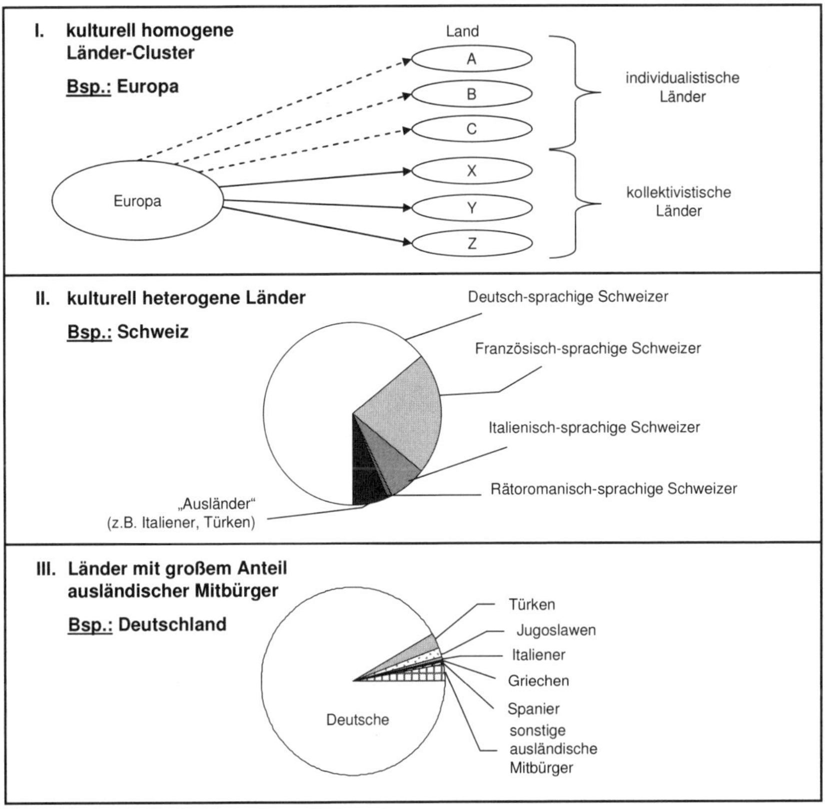

I. kulturell homogene Länder-Cluster

Bsp.: Europa

Land A, B, C: individualistische Länder
Land X, Y, Z: kollektivistische Länder

II. kulturell heterogene Länder

Bsp.: Schweiz

- Deutsch-sprachige Schweizer
- Französisch-sprachige Schweizer
- Italienisch-sprachige Schweizer
- Rätoromanisch-sprachige Schweizer
- „Ausländer" (z.B. Italiener, Türken)

III. Länder mit großem Anteil ausländischer Mitbürger

Bsp.: Deutschland

- Deutsche
- Türken
- Jugoslawen
- Italiener
- Griechen
- Spanier
- sonstige ausländische Mitbürger

Quelle: Müller/Gelbrich 2004, S. 211.

2. Gestaltungsprinzipien und Entwicklungspfade

Sind die Marketingaktivitäten in den einzelnen Ländermärkten völlig unabhängig voneinander planbar und durchführbar, da keine Rückkopplungen zwischen diesen Märkten bestehen, so liegt i.e.S. ein multinationales Marketing vor, d.h. ein „multiples nationales" Marketing. Dieser Extremfall weist letztlich „keine bedeutsamen Unterschiede zu den aus dem nationalen Marketing bekannten Erkenntnissen" (Backhaus/Büschken/Voeth 2010, S. 43) auf; in einem strengen Sinne kann er somit gar nicht dem Internationalen Marketing zugerechnet werden (Backhaus/Büschken/Voeth 2010, S. 43). Liegen jedoch mindestens „schwache Rückkopplungen" vor, so gilt es, diese auch bei einer multinationalen Orientierung zu „managen".

Ein multinationales Marketing, als Ausprägung einer polyzentrischen Grundorientierung, kann unterschiedlichen Entwicklungspfaden folgen: Den Marktoperationen auf dem Heimatmarkt können sich Operationen in einem oder mehreren Auslandsmärkten anschließen, für die jeweils eine spezifische Ausrichtung auf die Landesgegebenheiten charakteristisch ist. Dieser eher typische Entwicklungspfad schließt nicht aus, dass auch ein Switch von einer in einem ausländischen Markt bereits praktizierten Option, so einer Stammland-Orientierung, hin zu einer multinationalen Orientierung erfolgen kann.

> **Multinationale Orientierung: Anheuser-Busch Inbev**
>
> Im März 2004 gaben der belgische Bierkonzern Interbrew und der brasilianische Brauer AmBev ihre Fusionspläne bekannt. Wenig später entstand so unter dem Namen InBev der produktionsstärkste Braukonzern der Welt. Im Juli 2008 schließlich übernahm InBev seinen US-amerikanischen Wettbewerber Anheuser-Busch. Der neue Konzern firmiert seitdem unter der Bezeichnung Anheuser-Busch Inbev. InBev mit Beck's oder Stella Artois und Anheuser-Busch mit Budweiser oder Bud light kamen zum Zeitpunkt der Übernahme zusammen auf einen Umsatz von rund 37 Mrd. USD und eine Produktion von mehr als 400 Millionen Hektolitern. Rund 60% des Umsatzes entfallen auf InBev. Der Konzern beschäftigt in Deutschland etwa 2.800 Mitarbeiter und insgesamt rund 114.000 in 23 Ländern.
>
> Den beiden Braukonzernen gehören inzwischen insgesamt rund 200 Getränkemarken in aller Welt. Alleine in Deutschland verfügt das Unternehmen im Einklang mit seiner lokalen Orientierung über neun Biermarken, darunter neben Beck's auch Diebels, Hasseröder oder Löwenbräu. Der Zusammenschluss von InBev und AB ermöglicht es dem fusionierten Konzern, die globalen Premium-Marken von InBev, Stella Artois und Beck's, im US-Markt zu pushen, während über das größere internationale InBev-Netz die Anheuser-Busch-Marken Budweiser und auch Bud Light vorangetrieben werden. Im besonders umkämpften Biermarkt China steigt der zusammengeführte Marktanteil auf mehr als 20%. Mit den Marken Budweiser, Bud Light etc. hält Anheuser-Busch knapp die Hälfte am US-amerikanischen Biermarkt. An der mexikanischen Grupo Modelo, dem größten Bierbrauer Mexikos und Hersteller der bekannten Biermarke Corona, hält AB-InBev 50% der Anteile. Der Konzern ist mittlerweile auf mehr als 30 Ländermärkten tätig und setzt dabei zumeist auf die je nach Land besonders starke Zugkraft seiner „Local Champions", wie z.B. Labatt (Kanada), Bass (Großbritannien) oder Baisha (China).
>
> Quelle: www.lebensmittelzeitung.net, 22. Januar 2013; www.ab-inbev.com, Abrufdatum: 05. März 2013.

IV. Glokale Orientierung

1. Merkmale und Abgrenzungen

In dem Kunstwort „glokal" („glocal") kommt die angestrebte Verknüpfung einer Erzielung von Globalisierungsvorteilen und Lokalisierungsvorteilen zum Ausdruck.

> *Durch eine glokale Orientierung wird ein Ausgleich zwischen Standardisierung und Differenzierung angestrebt: Effizienzvorteile durch Standardisierung sollen weitgehend ausgeschöpft werden; zugleich gilt es jedoch, die gegebenen Unterschiede, so hinsichtlich der Abnehmerpräferenzen, zu berücksichtigen, was eine differenzierte Vorgehensweise mit sich bringt.*

Diese Marketingorientierung ist für sog. **transnationale Unternehmen** charakteristisch (vgl. hierzu Zentes/Swoboda/Morschett 2004, S. 8 und die dort angegebene Literatur). Man versucht hierbei, die unterschiedlichen Ländermärkte im Rahmen eines globalen Ansatzes zu integrieren. Die Besonderheiten der Ländermärkte sowie die Interdependenzen der einzelnen Tochtergesellschaften untereinander und mit der Muttergesellschaft werden jedoch beachtet. In der Literatur wird auch von „**transnationalem Marketing**" oder „**komplex-globalem Marketing**" gesprochen (vgl. Meffert/Burmann/Becker 2010, S. 71), was eher missverständlich ist, da transnationale Zielgruppen – wie aufgezeigt – der Ansatzpunkt des globalen Marketing sind.

Eine glokale Orientierung des Marketing „bietet aber nicht nur die Chance auf Skaleneffekte und eine gute lokale Wettbewerbsposition, sondern stellt höchste Anforderungen an ein Unternehmen" (Meffert/Burmann/Becker 2010, S. 71). So sind multinationale Flexibilität, weltweite Lernfähigkeit und globale Integrationsfähigkeit gefragt. Gerade dies sind – wie bereits erwähnt – die strategischen Kernkompetenzen **transnationaler Unternehmen** i.S.von Bartlett/Ghoshal (2002).

Mit Blick auf die Inside-Outside- und die Outside-Inside-Perspektive gilt eine gleichgewichtige Betrachtung der Ressourcen und der marktstrukturellen Gegebenheiten, die das strategische Verhalten bestimmen. So werden Kernkompetenzen bzw. Ressourcen nicht auf das Stammland konzentriert, sondern es wird versucht, diese Kompetenzen, so in Forschung & Entwicklung, Produktion u.Ä. durch Integration „lokaler" Fähigkeiten zu verstärken. Zur Effektivitäts- und Effizienzsteigerung des Faktoreinsatzes wird zugleich eine koordinierte Interdependenz der dislozierten Einheiten angestrebt. So konzipierte „Weltunternehmen" wahren jedoch nationale Interessen, z.B. die der (privaten oder gewerblichen) Kunden, d.h., ihr Verhalten ist zugleich geprägt durch die Berücksichtigung der jeweiligen Marktstrukturen.

Think global, act local

Das Schlagwort der „**globalen Lokalisierung**" heißt kurz gefasst, dass ein erfolgreicher globaler „Marketer" die Fähigkeit besitzen muss, „global zu denken und lokal zu agieren" (Keegan/Schlegelmilch/Stöttinger 2002, S. 12). Insofern ist diese Orientierung des Internationalen Marketing zu sehen als eine Kombination von standardisierten Ansätzen (z.B. das eigentliche Produkt) und nicht standardisierten Ansätzen (z.B. die Verpackung oder die Distribution): „Ein ‚globales' Produkt kann auf der gesamten Welt das gleiche und doch ‚verschieden' sein." Dies erfordert von den Unternehmen, „sich im gewissen Sinne global und lokal zur gleichen Zeit zu verhalten, um auf Ähnlichkeiten und Unterschiede der Märkte einzugehen" (Keegan/Schlegelmilch/Stöttinger 2002, S. 13).

Monsanto: Umstrittener Saatgutproduzent eilt von Rekord zu Rekord

Monsanto Company gehört zu den global führenden Agrochemie-Konzernen. Das Unternehmen mit Sitz in St. Louis, Missouri, wurde 1901 ins Leben gerufen, ist seit 1927 börsennotiert. Der stark internationalisierte Konzern ist aktuell in 71 Ländern weltweit vertreten, um den spezifischen Besonderheiten der lokalen Abnehmer und ihres Umfelds bestmöglich gerecht werden zu können. Gesamthaft erzielte Monsanto im Jahre 2011 einen Umsatz von 11,822 Mrd. USD, einen Gewinn von 1,2 Mrd. USD und beschäftigte zum Stichtag 31. August 2012 21.500 Mitarbeiter weltweit in Vollzeit. Monsanto ist vorrangig in den Produktsparten Saatgut und Pflanzenschutz tätig. Seit 1996 hat sich das Unternehmen stark im Bereich Biotechnologie spezialisiert und engagiert. So zählte Monsanto lange Jahre zu den Top Ten der US-Chemiekonzerne, bis man zwischen 1997 und 2002 weit gehende Desinvestitionen in diesem Bereich einleitete und sich gleichzeitig auch mit Hilfe gezielter Zukäufe so auf den Bereich Biotechnologie fokussierte, dass ein Großteil der 14 Mio. Landwirte, die in den USA im Jahre 2010 gentechnisch veränderte Pflanzen anbauten, auf Technologien aus der Produktentwicklung von Monsanto zurückgriffen. Aufgrund des großen wirtschaftlichen Erfolgs auf diesem Gebiet ist Monsanto von dem weiterhin enormen Potenzial der Biotechnologie derart überzeugt, dass diesbezüglich Ausgaben von 1 Mrd. USD jährlich für Forschung und Entwicklung vorgesehen sind.

Doch in Europa gestaltet sich das Geschäft mit gentechnisch verändertem Saatgut grundlegend anders als in den USA, wo der Umgang mit gentechnisch veränderten Pflanzen deutlich unkritischer gesehen wird. Denn in Europa herrschen nicht nur in der Bevölkerung erhebliche Vorbehalte gegen derlei Produkte, auch die EU-Kommission und viele nationale Regierungen erteilen der Biotechnologie zum Teil scharfe Auflagen. Die Interessen der 27 Mitgliedsstaaten der EU sind so unterschiedlich, dass die EU-Kommission plant, den einzelnen Staaten größeren Spielraum für landesspezifische Regelungen auf diesem

> Gebiet einzuräumen. Damit würde die Situation für Unternehmen wie Monsanto, z.B. im Hinblick auf mögliche Anbauverbote, noch unberechenbarer. Exemplarisch für die Vielzahl an Auseinandersetzungen, die Monsanto in Europa seit Jahren führt, steht die von Monsanto entwickelte und in Teilen der EU verwendete Maissorte MON 810, die gegen bestimmte Insekten besonders resistent ist. In Deutschland ist diese Sorte seit 2009 verboten, eine Klage Monsantos gegen das Anbauverbot scheiterte kurz darauf.
>
> Wird Monsanto einerseits gezwungen, auf länderspezifische Gesetze und Ressentiments Rücksicht zu nehmen, so trifft der Konzern die Entscheidung zur Durchführung lokaler Anpassungen andererseits aus eigenem Antrieb. Zwar werden viele Sorten des Saatguts unter den nach Markenname und -logo standardisierten Brandings wie z.B. DEKALB, Seminis oder De Ruiter vertrieben, so bietet doch ein Sortiment von mehr als 4.000 verschiedenen Saatgutsorten aus über 20 Gemüsearten ein ausreichend breites Spektrum, um auf lokale Besonderheiten wie Geschmackspräferenzen und Umstände des Anbaus wie etwa klimatische Bedingungen, Bodenbeschaffenheit oder je nach Anbaugebiet vorkommende Schädlingsarten adäquat reagieren zu können.
>
> *Quelle: www.sueddeutsche.de, 17. Mai 2010; www.handelsblatt.com, 27. Juni 2012; www.monsanto.com, Abrufdatum: 08. April 2013.*

2. Gestaltungsprinzipien und Entwicklungspfade

Wenngleich erhebliche Zweifel an sog. „typischen Internationalisierungsverläufen" angebracht sind (Swoboda 2002a, S. 137), so zeichnet sich eine Tendenz zu transnationalen Unternehmen ab, die auf eine Überlegenheit einer anzustrebenden Kombination von Globalisierungs- und Lokalisierungsvorteilen hindeutet. Bezogen auf das Internationale Marketing signalisiert dies einen Bedeutungszuwachs der glokalen Orientierung international operierender Unternehmen. Eine glokale Orientierung kann als eine Transformation einer ursprünglich globalen Orientierung durch zunehmende Differenzierung bzw. Anpassung oder einer ursprünglich multinationalen Orientierung durch mehr Standardisierung erfolgen.

Wie auch bei anderen Basisoptionen bedeutet diese Orientierung nicht, jeden Markt dieser Erde zu bearbeiten; dies kann jedoch durchaus der Fall sein. Das Prinzip einer glokalen Orientierung ist auch übertragbar auf regionale Operationen. Innerhalb einer Region wird dann ein Ausgleich zwischen Standardisierung und Differenzierung angestrebt. Operiert ein international tätiges Unternehmen nach diesem Konzept in mehreren Regionen, so kann dies zu einer Parallelität mehrerer „glokaler" Orientierungen führen. Zum Beispiel kann dann der Marktauftritt in der Region Europa trotz nationaler Unterschiede weit gehend ähnlich sein, jedoch fundamental unterschiedlich zur Region Amerika oder Asien.

V. Stammland-Orientierung

1. Merkmale und Abgrenzungen

> *Die Stammland-Orientierung ist dadurch charakterisiert, dass die im Heimatmarkt praktizierten (und dort auch bewährten) Marketingkonzepte weitestgehend oder im Extremfall vollständig auf die Auslandsoperationen übertragen werden, d.h., eine Anpassung an nationale oder lokale Gegebenheiten, so an Unterschiede im Kundenverhalten, findet nicht statt; sie erfolgt nur, wenn rechtliche Gegebenheiten (z.B. Gesetze und Verordnungen oder Industriestandards bzw. -normen) dies erforderlich machen.*

Mit Bezug auf das bereits erwähnte EPG- oder auch EPRG-Konzept von Perlmutter kann auch von einem **ethnozentrischen Marketing** oder einer ethnozentrischen Orientierung gesprochen werden. Bei dieser Option werden zwar Effizienzvorteile realisiert, weil das betrachtete Unternehmen mit einem einheitlichen Marketingkonzept operiert, jedoch werden i.d.R. nicht die „kritischen Massen" erreicht, die bei einer **Weltmarktorientierung** möglich sind, d.h. durch eine Gestaltung des Marketingkonzeptes dahingehend, dass dieses Konzept eine möglichst große globale Zielgruppe anspricht. Bei der Stammland-Orientierung beschränkt sich das Unternehmen dagegen darauf, die im Heimatmarkt praktizierte und auf diesen Markt „zugeschnittene" Konzeption in andere Länder zu transferieren. In der Systematik des I/R-Ansatzes entspricht diese Orientierung dem Strategie-Struktur-Typ des Internationalen Unternehmens bzw. der „international organization".

In der (anglo-amerikanischen) Literatur wird in diesem Kontext – wie bereits erwähnt (siehe Abbildung 2.2) – zwischen „standardization" und „transference" unterschieden (vgl. Shoham/Rose/Albaum 1995). „**Transference**" meint hierbei die Übertragung der für die einen Markt (z.B. den Heimatmarkt) entwickelten Konzepte in andere Märkte, während „**standardization**" für die Entwicklung einer einheitlichen Konzeption für viele Märkte steht, die im Voraus („at one time") festgelegt wird.

Die Stammland-Orientierung deutet bezüglich des Entscheidungsfeldes der Marktbearbeitung bereits auf eine weitestgehende Standardisierung hin, zu deren Um- bzw. Durchsetzung bestimmte Betätigungsformen förderlich sind, andere dagegen eher ausscheiden. Mit dieser Basisoption werden implizit auch Aussagen getroffen bzw. Vorgaben fixiert hinsichtlich der Eignung bestimmter Ländermärkte und insofern wird die Marktwahl determiniert.

Die „Nicht-Anpassung" an nationale/lokale Gegebenheiten ist bei der Stammland-Orientierung strategisch intendiert und insofern ein dieser Basisoption des Internationalen Marketing inhärentes Merkmal. Wie im Zusammenhang mit den Strategiebildungsprozessen in Abschnitt A. dieses Kapitels diskutiert, kann gerade diese Vorgehensweise auch das Ergebnis einer **„emergenten" Strategie** sein: Der Transfer der im Heimatland bewährten Konzeption auf einen und dann ggf. weitere ausländische Märkte kann aus dynamischer Sichtweise eher strategisch unreflektiert erfolgen oder auch auf Grund begrenzter Ressourcen die einzig machbare Form gewesen sein. Der zweitgenannte Grund ist oftmals bei kleinen und mittleren Unternehmen (KMU) gegeben; für sie stellt der **Transfer** der Heimatmarktkonzeption ofmals den ersten Schritt ihres Internationalisierungsprozesses dar.

2. Gestaltungsprinzipien und Entwicklungspfade

Der Transfer der Heimatmarkt-Konzeption bzw. die strategische „Nicht-Anpassung" dieser Konzeption kann auch primär marktorientiert erfolgen. So kann die heimatmarktbewährte Vorgehensweise gerade die **Basis der Akzeptanz** in den Auslandsmärkten sein. In diesem Kontext spielt der **Country-of-Origin-Effekt** (z.B. „Made in Germany") eine bedeutende Rolle. Ausländische Kunden präferieren ein Produkt gerade wegen seiner Herkunft, weil das Ursprungsland z.B. mit hoher Qualität und Zuverlässigkeit oder mit anspruchsvollem Design o.Ä. assoziiert wird: Das Länderimage ist in diesem Kontext somit von zentraler Bedeutung; es bildet einen Ausgangspunkt für eine Übertragung eines Marketingkonzeptes.

Beispielhaft zeigt Tabelle 2.3 den Anholt-Gfk Roper Nation Brands Index. Danach nimmt Deutschland den zweiten Platz in einem Ranking von insgesamt 50 Ländern ein.[1]

Tabelle 2.3: Anholt-Gfk Roper Nation Brands Index 2012

2012 NBI Rank	Country	2012 NBI Score	2012/2011 Score Difference
1	United States (1)	69.09	+0.21
2	Germany (2)	67.72	-0.13
3	United Kingdom (3)	67.14	-0.25
4	France (4)	66.58	-0.38
5	Canada (6)	65.90	-0.54
6	Japan (5)	65.87	-0.85
7	Italy (7)	65.08	-0.50
8	Switzerland (9)	64.61	-0.25
9	Australia (8)	64.36	-0.53
10	Sweden (10)	63.49	-0.38

Quelle: Anholt-Gfk Roper Nation Brands Index 2012, www.gfk.com, Press Release, 23. Oktober 2012.

In enger, wechselseitiger Beziehung zu dem Länderimage steht das Firmenimage (**Corporate Image**), welches das Länderimage (mit-)prägt und andererseits vom Länderimage beeinflusst sein kann (**Imagetransfer**) (siehe Abbildung 2.6). Insofern kann auch ein mächtiges und nachhaltiges Firmenimage die Grundlage einer Stammland-Orientierung sein.

Abbildung 2.6: Relevante Imagedimensionen im Internationalen Marketing

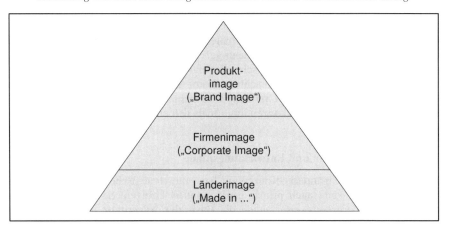

Die Stammland-Orientierung des Internationalen Marketing kann auch aus einer Inside-Outside-Perspektive gesehen werden, d.h., in ihr manifestiert sich eine primär ressourcenorientierte Sichtweise. Die Kompetenzen des Unternehmens, welche die Basis des

---

[1] "The survey results are based on ratings of 50 nations by 20,337 respondents on questions in six categories: Exports, Governance, Culture, People, Tourism and Immigration/Investment. The overall NBI ranking is based on the average of these six scores" (GfK 2012).

inländischen (erfolgreichen) Marktauftritts sind, bilden den Ansatzpunkt eines **Transfers** in die ausländischen Märkte.

Bei einer Stammland-Orientierung ist der nachfolgende Entwicklungspfad nahe liegend: Ausgehend von der im Heimatmarkt praktizierten Konzeption erfolgt der Transfer in einen oder mehrere Auslandsmärkte. In einem evolutorischen Sinne kann die Erschließung der ausländischen Märkte sequenziell oder simultan erfolgen. Denkbar und auch empirisch anzutreffen sind auch schrittweise Vorgehensweisen, bei denen ab einer bestimmten Entwicklungsstufe ein gleichzeitiger Eintritt in mehrere Märkte erfolgt. Bei diesem Fall ist in einem frühen Stadium der Internationalisierung ein schrittweiser Eintritt in ausländische Märkte gegeben, ab einer „kritischen Erfahrungsgrenze" und verfügbaren Ressourcen erfolgt ein breit angelegter „roll-out". Auf diese Überlegungen wird in Abschnitt B. des Dritten Kapitels näher eingegangen.

D. Marktengagement, Betätigungsform und Marktbearbeitung als kategoriale Entscheidungsfelder

I. Überblick

Entscheidungen bezüglich des Marktengagements, der in diesen Märkten zu praktizierenden Betätigungsformen und der Art der Marktbearbeitung können als geradezu klassische Fragestellungen des Internationalen Marketing betrachtet werden (siehe Abbildung 2.7). Sie werden daher nahe liegender Weise in allen Lehrbüchern behandelt und meist auch als Strukturierungskriterien herangezogen.

Abbildung 2.7: Kategoriale Entscheidungsfelder des Internationalen Marketing

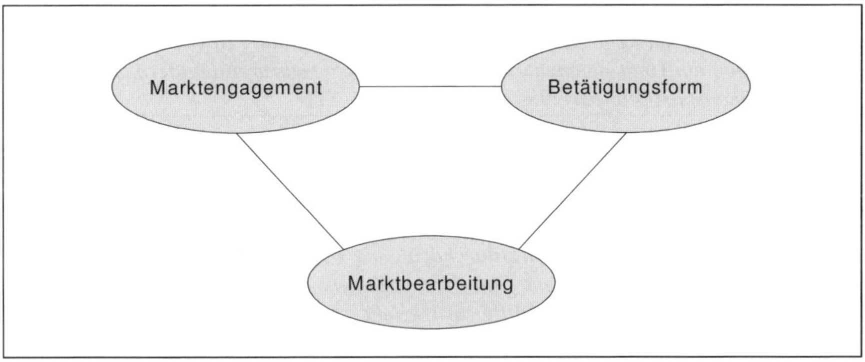

II. Entscheidungen bezüglich des Marktengagements

1. Markteintritt und Marktaustritt als Grundsatzentscheidungen

> *Als Grundsatzentscheidungen bezogen auf einen Ländermarkt können der Markteintritt und der Marktaustritt herausgestellt werden.*

Hierin drückt sich bereits die dynamische Perspektive aus, auf die im nachfolgenden Abschnitt näher eingegangen wird. Insofern ist der Eintritt in einen ausländischen

Markt das Ergebnis einer **Erstentscheidung**, ein späterer Austritt das Ergebnis einer **Folgeentscheidung**.

> Im Kontext der Markteintrittsentscheidungen ist die Marktwahl bzw. die Marktselektion von Relevanz, d.h. die Frage, in welchen Ländermärkten ein Markteintritt erfolgen soll.

Zur Beantwortung dieser Frage kann eine Vielzahl von Kriterien herangezogen werden. Gleichermaßen steht ein breites Spektrum von Methoden bzw. Verfahren der Marktselektion zur Verfügung. Hierauf wird im Dritten Kapitel im Einzelnen eingegangen. Analogerweise gelten diese Überlegungen auch im Hinblick auf einen etwaigen Marktaustritt.

Auch die Entscheidungen bezüglich des **Engagements** in ausländischen Märkten können aus einer Outside-Inside- und einer Inside-Outside-Perspektive erörtert werden. So kann eine primär ressourcenorientierte Sichtweise, die auf gegebenen Kernkompetenzen ausgerichtet ist, dazu führen, dass ein Marktengagement tendenziell eher in Ländern mit einer geringen **geografischen** und/oder **kulturellen Distanz** erfolgt. Eine primär marktorientierte Sichtweise orientiert sich an den Umsatz- oder Gewinnpotenzialen ausländischer Märkte und strebt danach, diese auch bei vergleichsweise großen geografischen und/oder kulturellen Distanzen auszuschöpfen. Diese Aspekte des Marktengagements werden in Abschnitt B. des Dritten Kapitels näher erörtert.

2. Marktexpansion und Marktreduktion, Marktpenetration und Marktretraktion

Wie im Zusammenhang mit der Erörterung der Marktziele bereits erwähnt, kann neben der länderspezifischen Perspektive des Marktengagements auch eine länderübergreifende Perspektive herausgestellt werden.

> Von Marktexpansion kann gesprochen werden, wenn ein Unternehmen sein Auslandsengagement um neue (Länder-)Märkte erweitert. Analog liegt eine Marktreduktion vor, wenn ein Unternehmen sich aus einem oder mehreren Ländern zurückzieht, d.h. sein Länderportfolio bereinigt.

Davon abzugrenzen sind Wachstum und Schrumpfung innerhalb eines (ausländischen) Marktes:

> Verstärkt ein Unternehmen sein Engagement in einem Markt, in dem es bereits operiert, so handelt es sich um Marktdurchdringung oder Marktpenetration. Dagegen liegt Marktretraktion vor, wenn ein Unternehmen in einem bestehenden Markt schrumpft, sich aber nicht vollständig zurückzieht.[1]

Tesco verkauft Japan-Geschäft an Aeon

Neun Jahre nach Eintritt in den japanischen Markt ist Tesco auf dem Rückzug aus Nippon: Wie der britische Händler am Montag mitteilt, wird das seit einem Jahr zum Verkauf stehende Geschäft in zwei Schritten vom asiatischen Einzelhandelsriesen Aeon übernommen.

Im ersten Schritt verkauft Tesco 50% seiner Japan-Sparte zu einem symbolischen Preis an Aeon, heißt es in einer Mitteilung an die Londoner Börse. Zum Betrieb von Tesco Ja-

---

[1] In einem ähnlichen Kontext sprechen Zentes/Schramm-Klein/Neidhart (2005, S. 136ff.) auch von Downsizing, wenngleich diese strategische Ausrichtung sich sowohl auf einen Markt beziehen als auch länderübergreifend verstanden werden kann.

pan gründen beide Partner ein Joint Venture, in das Tesco 40 Mio. GBP zur Finanzierung nötiger Restrukturierungsmaßnahmen investiere. Darüber hinaus müsse Tesco keine weiteren finanziellen Belastungen tragen.

Tesco ist seit 2003 auf dem japanischen Markt präsent, als die Briten C2 Network mit der Vertriebsschiene Tsurakame übernahmen. Aktuell umfasst das Netz 117 kleinere Märkte vor allem im Großraum Tokio, die unter den Bannern Tsurakame, Tesco und Tesco Express laufen. Ende August 2011 gab Tesco bekannt, einen Käufer für sein Japan-Geschäft zu suchen.

Aeon ist Japans größter Einzelhändler mit landesweit über 1.200 Supermärkten. 90% des Konzernumsatzes, der im Geschäftsjahr 2011/12 nach Unternehmensangaben bei umgerechnet rund 52 Mrd. EUR liegt, werden in Japan erlöst.

Quelle: www.lebensmittelzeitung.net, 18. Juni 2012.

III. Entscheidungen bezüglich der Betätigungsform

Ein weiteres kategoriales Entscheidungsfeld des Internationalen Marketing bezieht sich auf die zu wählende Betätigungsform in ausländischen Märkten.

Diese Entscheidungen bzw. ihre Resultate werden in der Literatur – sowohl in der deutschsprachigen als auch in der anglo-amerikanischen – meist verkürzt als „Markteintrittsentscheidungen" bzw. „Markteintrittsstrategien" („market entry strategies") bezeichnet. Vernachlässigt wird bei dieser Sichtweise, dass die praktizierte Betätigungsform auch innerhalb eines ausländischen Marktes angepasst oder gar fundamental verändert werden kann.

So kann die Betätigungsform beim erstmaligen Eintritt in einen ausländischen Markt sich eher „zufällig" bzw. ungeplant ergeben, z.B. in Form eines direkten Exports als Folge eines Verkaufserfolges auf einer inländischen oder ausländischen Messe. Die so zu Stande gekommene Marktoperation kann dann, ebenfalls unreflektiert, zunächst beibehalten werden, später aber im Zuge einer strategischen Ausrichtung einer Penetration, d.h. einer verstärkten Marktdurchdringung, durch andere Formen abgelöst werden, so durch die Errichtung von Tochtergesellschaften mit Vertriebs- und ggf. auch Produktionsfunktionen. Diese Überlegungen weisen darauf hin, dass auch bezüglich der Betätigungsform eine dynamische Sichtweise angebracht ist.

Das breite Spektrum der Betätigungsformen, das von (indirektem) Export bis zu (autarken und autonomen) Tochtergesellschaften im Ausland reicht, wird an dieser Stelle nicht näher erörtert; hierauf wird im Einzelnen im Vierten Kapitel eingegangen.

Markteintritt: Siemens verkauft erstmals zwei Vectron-Lokomotiven nach Italien

Siemens hat vom italienischen Privatbahnbetreiber Fuori Muro einen Auftrag über zwei Lokomotiven vom Typ Vectron DC (Gleichstrom) erhalten. Es ist die erste Vectron-Bestellung aus Italien. Die Fahrzeuge werden im Siemens-Werk in München-Allach gefertigt und im Dezember 2013 an den Kunden ausgeliefert. Der Vectron ist die neue Lokomotiven-Generation von Siemens für den europäischen Markt und wurde erstmals auf der Bahntechnikmesse InnoTrans 2010 präsentiert.

Fuori Muro wird die beiden Loks im Güterverkehr vor allem auf der rund 60 Kilometer langen Strecke zwischen der Hafenstadt Genua und dem Hinterlandterminal Interporto Rivalta Scrivia einsetzen. Mit einer Antriebsleistung von 5,2 Megawatt und einem Gewicht von 80 Tonnen erreicht der Vectron DC eine Höchstgeschwindigkeit von bis zu 160 Kilometer pro Stunde. Die Bestellung von Fuori Muro ist der weltweit erste Auftrag über DC-Lokomotiven aus der Vectron-Familie von Siemens. Der erste Kunde über Vectron-

> Lokomotiven war der Münchner Lokomotivvermieter Railpool, der im Dezember 2010 sechs Fahrzeuge vom Typ Vectron AC (Wechselstrom) kaufte.
>
> Vectron-Lokomotiven sind zu 98 Prozent recyclingfähig. Damit gehört die Vectron-Familie zum Siemens-Umweltportfolio, mit dem das Unternehmen im Geschäftsjahr 2011 einen Umsatz von rund 30 Milliarden Euro erzielte. Das macht Siemens zu einem der weltweit größten Anbieter von umweltfreundlicher Technologie. Kunden haben mit entsprechenden Produkten und Lösungen des Unternehmens im selben Zeitraum fast 320 Millionen Tonnen Kohlendioxid (CO_2) eingespart, das ist so viel wie Berlin, Delhi, Hongkong, Istanbul, London, New York, Singapur und Tokio in Summe an CO_2 jährlich ausstoßen.
>
> *Quelle: Pressemitteilung Siemens, 20. März 2012.*

Der marktorientierte und der ressourcenorientierte Ansatz des Managements insbesondere ihre Verknüpfung bzw. Synthetisierung leisten auch einen Erklärungs- und Gestaltungsbeitrag hinsichtlich der Betätigungsformen. Dies soll zunächst am Beispiel des Einzelhandels verdeutlicht werden. So ist die erfolgreiche Expansion der deutschen Hard Discounter im Lebensmittelsektor wie auch die der französischen Hypermarchés im Wesentlichen darauf zurückzuführen (Zentes 1998, S. 205ff.), dass diese Unternehmen

- über Wettbewerbsvorteile verfügen, wie eine hohe Professionalität hinsichtlich Marketing (so der Marktauftritt, die Preis- und Sortimentspolitik) und Logistik,
- sich im hoch kompetitiven Heimatmarkt bewährt haben und
- mit ihren Betriebstypen oder Formaten in den ausländischen Märkten innovative Konzepte praktizieren.

Die Kernkompetenzen dieser Unternehmen sind der Ausgangspunkt der expansiven Internationalisierung. Bezogen auf die Betätigungsformen drücken sich diese Kernkompetenzen in der **Filialisierung** aus. Die marktorientierte Perspektive zeigt sich in der Akzeptanz bzw. in dem Potenzial eines innovativen Formats.

IV. Entscheidungen bezüglich der Marktbearbeitung

> *Die Entscheidungen der Marktbearbeitung beziehen sich auf die Ausgestaltung des Marketing-Mix in den einzelnen Ländermärkten.*

Die Ausgestaltung des Marketing-Mix richtet sich ganz wesentlich nach den verfolgten Basisoptionen des Internationalen Marketing, so der globalen Orientierung, der multinationalen Orientierung, der glokalen Orientierung oder der Stammland-Orientierung, und bezieht sich damit auf das Ausmaß der Standardisierung oder Differenzierung des Marketing-Mix (Makro-Level) bzw. der Submix-Bereiche und der einzelnen Instrumente (Mikro-Level). Darin drücken sich auch Art und Ausmaß der Berücksichtigung von **Rückkopplungen** zwischen den Ländermärkten aus, auf die im Überblick in Abschnitt F. dieses Kapitels eingegangen wird.

In schematisierter Form verdeutlicht Abbildung 2.8 die Ausgestaltung des Marketing-Mix hinsichtlich der länderübergreifenden Standardisierung oder Differenzierung. Dabei wird bezüglich der globalen, multinationalen und der Stammland-Orientierung die Extremposition visualisiert, d.h. eine vollständige Standardisierung oder Differenzierung der einzelnen Instrumentalbereiche und damit der Submix-Bereiche; die globale Orientierung ist beispielhaft zu interpretieren.

Abbildung 2.8: Standardisierung/Differenzierung des Marketing-Mix und Basisoptionen des Internationalen Marketing

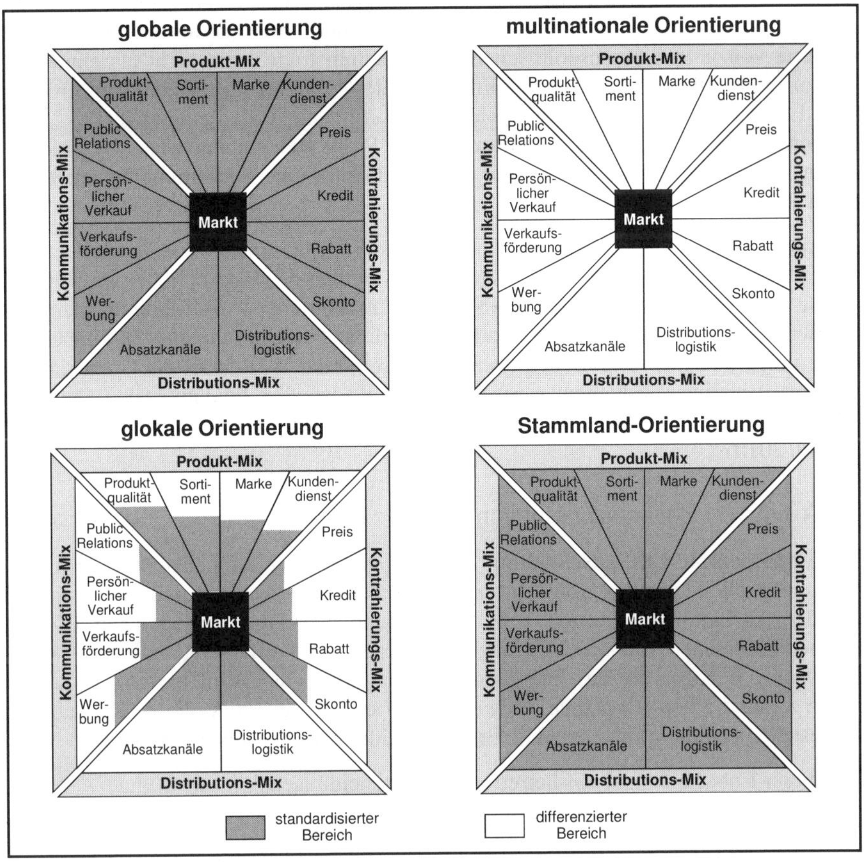

Quelle: in Anlehnung an Meffert 2000, S. 991.

Entscheidungen der Marktbearbeitung sind – wie die Entscheidungen bezüglich des Marktengagements und der Betätigungsformen – gleichermaßen aus einer dynamischen Sichtweise von Relevanz. So beziehen sie sich zunächst auf die Primärgestaltung des Marketing-Mix im Rahmen eines Markteintritts. Als Folgeentscheidungen sind Anpassungen des Instrumentaleinsatzes im Zeitablauf oder gar eine fundamentale Umgestaltung der Marktbearbeitung im Zusammenhang mit einem Wechsel der Basisoption des Internationalen Marketing einzustufen.

E. Dynamische Perspektive des Internationalen Marketing

I. Überblick

Ausgangspunkt der dynamischen Perspektive des Internationalen Marketing ist ein Grundverständnis der Internationalisierung als Entwicklungsprozess; er schließt eine Reihe von Entscheidungsprozessen ein (Swoboda 2002a, S. 8).

In diesem Verständnis findet die Internationalisierung „als Teil der Unternehmensentwicklung [...] über die Zeit statt. Sie ist ein Prozess der zunehmenden Ausweitung oder der rückwärts gerichteten Einschränkung des Auslandsengagements mit entsprechenden Konsequenzen für die Unternehmensstrategie und -struktur. Insofern ist sie auch als Serie von unternehmenspolitischen Entscheidungsfolgen und nicht als einmaliger Akt zu interpretieren" (Macharzina/Engelhard 1984, S. 30). In diesem Sinne werden auch Entscheidungen des Internationalen Marketing nicht als „einmaliger Akt" verstanden, sondern als eine **Entscheidungsfolge**. Diese Betrachtungsweise ist gleichzusetzen mit einem Internationalisierungsverständnis in einem traditionellen evolutorischen Sinne.

Die hier zu Grunde gelegte dynamische Perspektive findet ihren Niederschlag in Erst- und Folgeentscheidungen. Dies gilt sowohl hinsichtlich der Basisoptionen des Internationalen Marketing als auch der kategorialen Entscheidungen des Marktengagements, der Betätigungsformen sowie der Marktbearbeitung. Folgeentscheidungen können aus Anpassungen an Umweltgegebenheiten resultieren, ohne dass dabei die Grundrichtungen der „Vor-Entscheidungen" verlassen werden oder aber fundamentalen Charakter haben, so ein Wechsel der Betätigungsform in einem ausländischen Markt (vgl. auch Griffith 2010).

II. Arten von Erstentscheidungen

Als **fundamentale Erstentscheidung** im Rahmen der Internationalisierung der Unternehmenstätigkeit kann das **Going International** betrachtet werden, unabhängig von der Art der Auslandsaktivität und von den betrieblichen Funktionsbereichen (Zentes/Swoboda/Morschett 2004, S. 5ff.). Legt man diese weite Auffassung zu Grunde, so bedeutet dies, bezogen auf das Internationale Marketing, das erstmalige Engagement in einem ausländischen Absatzmarkt überhaupt. Wie in Abschnitt A. dieses Kapitels herausgestellt, wird diese fundamentale Erstentscheidung als „gegeben" unterstellt.

Auf dieser Entscheidungsbasis betreffen Erstentscheidungen

- die Wahl der Basisoption,
- die Wahl des oder der ausländischen Märkte, die erschlossen werden sollen (Marktengagement),
- die Wahl der in diesen Ländern zu praktizierenden Betätigungsformen und
- die Ausgestaltung des Marketing-Mix (Marktbearbeitung).

Die Erstentscheidungen beziehen sich im Kontext der genannten Entscheidungsfelder gleichermaßen auf die weiteren, dort näher aufgezeigten Aspekte.[1] Beispielhaft kann im Rahmen der Entscheidungen des Marktengagements die Wahl einer „first mover"-Strategie oder einer „follower"-Strategie erwähnt werden oder die Wahl zwischen einer „Sprinkler-Strategie" oder einer „Wasserfall-Strategie".

Wie bereits erwähnt, können diese Entscheidungen strategisch intendiert, planmäßig vorbereitet und realisiert werden („deliberate strategies") oder i.S. von Mintzberg (1994) nicht strategisch getroffen worden sein, weil dies nicht beabsichtigt war, sondern **emergenten Charakter** haben („emergent strategies").

---

[1] Vgl. hierzu die Abschnitte C. und D. dieses Kapitels.

III. Arten von Folgeentscheidungen

Das Spektrum der Folgeentscheidungen ist wesentlich komplexer. So werden im Verlauf eines **Being International**, i.S. von Backhaus/Voeth (2010), Folgeentscheidungen permanent getroffen. Dies gilt insbesondere mit Blick auf die operative Ausgestaltung des Marketing-Mix, d.h. die Marktbearbeitung. Gleichermaßen beziehen sich Folgeentscheidungen auf Anpassungen der Betätigungsformen unter Beibehaltung der strategischen bzw. Grundsatzorientierung. So können z.B. Anpassungen der Lizenz-, Franchise- oder Joint-Venture-Verträge an Umfeldveränderungen, so verstärkte Konkurrenzaktivitäten, neu aufkommende Wettbewerber u.Ä., vorgenommen werden, ohne dass dabei die für einen ausländischen Markt gewählte Betätigungsform grundsätzlich verändert wird. Auch mit Blick auf das Entscheidungsfeld des Marktengagements können Anpassungen nicht grundsätzlicher Art vorgenommen werden. So kann z.B. das angestrebte Ausmaß der Marktpenetration erhöht oder auch reduziert werden, was dann auch Rückwirkungen auf den Marketing-Mix mit sich bringt.

Eine zweite Kategorie von Folgeentscheidungen betrifft grundsätzliche Veränderungen bzw. fundamentale Umgestaltungen:

- So kann die bisherige Basisorientierung des Internationalen Marketing aufgegeben und eine neue Grundrichtung verfolgt werden, so der Wechsel von einer globalen zu einer glokalen Option. Mit diesem Wechsel gehen i.d.R. auch Veränderungen, oftmals auch weit reichende Veränderungen, der übrigen Entscheidungen, so hinsichtlich der Betätigungsform, aber auch des Marktengagements einher.
- Eine fundamentale Umgestaltung kann auch bei Beibehaltung der bisherigen Basisoption des Internationalen Marketing in den Entscheidungsfeldern des Marktengagements, der Betätigungsformen und der Marktbearbeitung stattfinden. Herauszustellen sind der Rückzug aus einem ausländischen Markt (Marktaustritt) oder bezogen auf das gesamte Länderportfolio eine weit reichende Reduktion bis hin zu einer Re-Nationalisierung.
- Ein Wechsel der Betätigungsform in einem oder mehreren ausländischen Märkten ist gleichermaßen dieser Art von Folgeentscheidungen zuzuordnen. Beispielhaft kann die Umstellung eines Filialsystems eines Handelsunternehmen auf ein Franchise-System (Migrations-Franchising) erwähnt werden oder der Übergang von indirektem Export, so durch Einschaltung eines Außenhandelsunternehmens im Inland, zu direktem Export durch Errichtung von Auslandsagenturen.
- Folgeentscheidungen, die zu grundsätzlichen Veränderungen des Marktauftritts führen, werden gleichermaßen bezüglich der Marktbearbeitung getroffen, so das Ausmaß der Standardisierung oder Differenzierung des Marketing-Mix. Diese Entscheidung steht – wie an anderer Stelle bereits erwähnt und im Fünften Kapitel näher ausgeführt – in enger Beziehung zu den gewählten Basisoptionen des Internationalen Marketing.

Abbildung 2.9 verdeutlicht die kategorialen Entscheidungsfelder des Internationalen Marketing unter Einbeziehung der dynamischen Perspektive. Aus darstellungstechnischen Gründen wird dabei die dynamische Perspektive nicht auf die Basisoptionen des Internationalen Marketing übertragen; wie erwähnt, gelten die Überlegungen hinsichtlich der Erst- und Folgeentscheidungen aber auch dort.

In diesem Kontext ist auf das **Three-Es-Modell** von Kutschker (1996) und Kutschker/Bäurle (1997) zu verweisen, das die gesamte Entwicklung von stark internationalisierten Unternehmen abbildet und zwischen internationaler Evolution, die den „**On-**

going-Prozess" der internationalen Entwicklung repräsentiert, internationalen Episoden und internationalen Epochen unterscheidet.

*Abbildung 2.9: Entscheidungsfelder des Internationalen Marketing –
Erst- und Folgeentscheidungen*

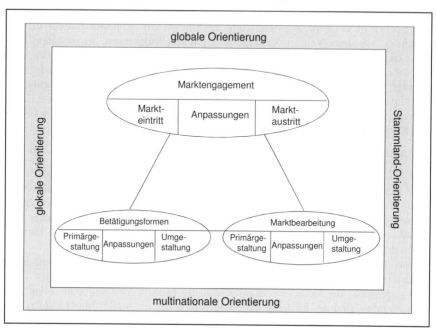

F. Interdependenzen der Entscheidungsfelder

I. Überblick

Die Erörterung der Basisoptionen des Internationalen Marketing, die Diskussion der kategorialen Entscheidungsfelder (Marktengagement, Betätigungsformen, Marktbearbeitung) sowie das Aufzeigen der dynamischen Perspektive des Internationalen Marketing i.S. von Erst- und Folgeentscheidungen verdeutlichen die Interdependenzen der zu treffenden Marketingentscheidungen. Backhaus/Voeth (2010, S. 20f.) stellen unter diesem Aspekt die zahlreichen **Rückkopplungen** zwischen Ländermärkten heraus, auf die nachfolgend ebenfalls eingegangen wird.

Die vielfältigen Interdependenzen werden im Folgenden erörtert. Dabei werden diese Interdependenzen wie folgt systematisiert:

- Interdependenzen zwischen den Basisoptionen auf der einen Seite und dem Marktengagement, den Betätigungsformen sowie der Marktbearbeitung auf der anderen Seite
- Interdependenzen zwischen dem Marktengagement, den Betätigungsformen und der Marktbearbeitung
- Interdependenzen zwischen den Ländermärkten hinsichtlich des Marktengagements, der Betätigungsformen und der Marktbearbeitung.

Dieses Interdependenzgeflecht wird durch Erst- und Folgeentscheidungen geprägt. Die dynamische Perspektive wird innerhalb der einzelnen Interdependenzkategorien erörtert.

II. Interdependenzen zwischen den Basisoptionen und den kategorialen Entscheidungsfeldern

Die Basisoptionen des Internationalen Marketing beeinflussen maßgeblich die Ausgestaltung der kategorialen Dimensionen, so des Marktengagements, der Betätigungsformen und der Marktbearbeitung. Entscheidet sich ein Unternehmen, das bisher ausschließlich in seinem Heimatmarkt operierte, im Rahmen eines marktbezogenen Going International für die Option des globalen Marketing, so prägt diese Option wesentlich die Selektion der zu erschließenden Märkte, da die angestrebte Zielgruppe in einem bestimmten kritischen Ausmaß in diesen Ländern gegeben sein muss, und somit auch das Länderportfolio. Die mit der globalen Option einhergehende (weitestgehend) standardisierte Marktbearbeitung eröffnet diesbezüglich keine bzw. kaum noch Freiheitsgrade. Die Umsetzung bzw. Durchsetzung der globalen Option, die sich in einer standardisierten Marktbearbeitung niederschlägt, erfordert Betätigungsformen, die dem Unternehmen auf den ausländischen Märkten weitestgehende Einflussnahme ermöglicht. Damit wird das Spektrum möglicher Betätigungsformen erheblich eingeengt. Nicht in Frage kommen der indirekte Export, der direkte Export unter Einschaltung (weit gehend) autonomer Intermediäre in den Zielmärkten und „lose" kontraktuelle Kooperationsformen. Dagegen sichern Tochtergesellschaften, Joint Ventures (über die Kapitalbeteiligungsverhältnisse und/oder über vertragliche Regelungen) und „straffe" Formen kontraktueller Kooperation wie Franchising dem betrachteten Unternehmen maßgeblichen Einfluss.

Zugleich ist hier eine zweite Wirkungsrichtung von Relevanz. Strebt ein Unternehmen danach, international tätig zu werden, bietet sich auf Grund begrenzter Ressourcen jedoch nur eine Stammland-Orientierung an, d.h. eine Übertragung der im Heimatmarkt bewährten Konzeption, so kann dies restriktiv auf das erreichbare Länderportfolio wirken, da z.B. nur wenige Länder sich bezüglich der angebotenen Leistungsprogramme als geeignet erweisen. Aber auch rechtliche Gegebenheiten in den anvisierten Ländern können einer angestrebten Basisoption entgegenstehen und somit diesbezüglich die Entscheidung für eine andere Option „erzwingen". Sind die am Beispiel des globalen Marketing aufgezeigten Betätigungsformen rechtlich nicht zulässig, wie dies oftmals in Schwellen- oder Transformationsländern der Fall ist, z.B. bezüglich eines direktinvestiven Engagements (z.B. Tochtergesellschaften oder Mehrheitsbeteiligungen), so ist die angestrebte standardisierte Marktbearbeitung letztlich nicht durchsetzbar.

Think global, act local: Bertelsmann

Im Gegensatz zu anderen Unternehmen der Medienbranche engagierte sich Bertelsmann vergleichsweise früh auf ausländischen Märkten. So wurde 1962 in Barcelona der „Círculo de Lectores" gegründet. Die spanische Buchgemeinschaft erwarb sich rasch einen hervorragenden literarischen Ruf. 1966 beteiligte sich Bertelsmann an der österreichischen Buchgemeinschaft „Donauland". 1970 erschien nach langen Vorbereitungen der erste Katalog des von Bertelsmann und Les Presses de la Cité gemeinsam gegründeten Buch- und Schallplattenclubs France Loisirs. Ferner entstanden in jenen Jahren Buchgemeinschaften unter anderem in Portugal (1970), Großbritannien (1977) und den Niederlanden (1967).

Programmatisch stand Bertelsmann Anfang der 1970er Jahre auf der soliden Basis der Kerngeschäfte: den Buch-, Zeitschriften- und Musikmedien. Für die künftigen Herausforderungen im Buchbereich rüstete sich das Haus mit einem Standortwechsel der deutschen Publikumsverlage nach München, wo sie noch heute angesiedelt sind. In den folgenden Jahren wurde die Internationalisierung der Mediengeschäfte über Europa hinaus vorangetrieben. Von Spanien aus expandierten die Clubs nach Mittel- und Südamerika, das Musikgeschäft bekam mit dem Erwerb des Plattenlabels Arista ein erstes Standbein auf dem US-Markt – ebenso wie die Buchverlage: 1977 erwarb Bertelsmann Teile des angesehenen Verlags Bantam.

Die in den 1970er Jahren begonnene Akquisitionspolitik im Verlagsgeschäft wurde bald auf das europäische Ausland und nach Übersee ausgeweitet. Neben dem spanischen Verlagshaus Plaza y Janes erwarb Bertelsmann die amerikanischen Verlagshäuser Bantam Books (51% 1977, 100% 1980) und Doubleday (1986). Im selben Jahr 1986 kam das Musiklabel RCA zu Bertelsmann. Mit diesen Großakquisitionen war der Durchbruch auf dem amerikanischen Medienmarkt dann endgültig geschafft. Die Bedeutung des US-Marktes für Bertelsmann wurde durch die Einrichtung einer eigenen Hauptverwaltung in New York, Bertelsmann Inc., zum 1. Juli 1987 noch unterstrichen. Auf die Investitionen folgte eine Phase der Konsolidierung: Die amerikanischen Verlage firmierten fortan als Verlagsgruppe Bantam Doubleday Dell, und das weltweite Musikgeschäft wurde 1987 zur Bertelsmann Music Group (BMG) mit Sitz in New York zusammengefasst.

Nach dem Fall der Mauer expandierte Bertelsmann in Ostdeutschland sowie in Mittel- und Osteuropa mit Clubs, Zeitschriften und – in den neuen Bundesländern – mit Druckereien. Das bedeutete auch ein vorübergehend stärkeres Engagement im Tageszeitungsgeschäft: 1991 erwarb Bertelsmann eine Mehrheitsbeteiligung am Dresdner Druck- und Verlagshaus („Sächsische Zeitung"), 1992 wurde der Berliner Verlag („Berliner Zeitung", „Berliner Kurier") übernommen, im Jahr 2000 gemeinsam mit dem britischen Unternehmen Pearson die Tageszeitung „Financial Times Deutschland" gegründet.

Gleichzeitig richtete sich der Blick auch auf die rasant wachsenden Märkte Asiens: Nach jahrelanger Vorarbeit eröffnete Bertelsmann 1997 in Shanghai den ersten Buchclub für China, dem bevölkerungsreichsten Land der Welt. Zwar wurde der Club 2008 liquidiert, dennoch konnte Bertelsmann sein Engagement auf dem chinesischen Markt seither kontinuierlich ausbauen, nicht zuletzt auch mittels der Ende 2006 in Peking errichteten Repräsentanz. Seit 2008 forciert Bertelsmann eine auf organisches Wachstum ausgerichtete Strategie. So ordnete man das Portfolio neu und trennte sich von schrumpfenden Geschäften. Als jüngstes Beispiel ist die im November 2012 bekanntgegebene Einstellung der „Financial Times Deutschland" durch Europas größtes Druck- und Verlagshaus Gruner + Jahr zu nennen, dessen Hauptanteilseigner Bertelsmann ist.

Quelle: www.bertelsmann.de, Abrufdatum: 20. Februar 2013.

Aber auch Restriktionen bezüglich der Marktbearbeitung, so Rechtsvorschriften, Länderusancen, infrastrukturelle Verfügbarkeiten (z.B. hinsichtlich der Distributionskanäle oder der verfügbaren Medien), können z.B. einer standardisierten Marktbearbeitung entgegenstehen bzw. weit gehende Anpassungen erfordern, was letztlich zur Durchsetzung einer glokalen Strategie, aber eben nicht zu einer globalen Strategie führt.

Die aufgezeigten Interdependenzen gelten auch in einem dynamischen Sinne. So können Veränderungen der Gegebenheiten in den Ländermärkten zu Rückkopplungen auf die gewählte Basisoption führen.

III. Interdependenzen zwischen den kategorialen Entscheidungsfeldern

Die traditionellen Ansätze des Internationalen Marketing sind dadurch geprägt, dass sie eine bestimmte **Sequenz** bei der Erschließung ausländischer Absatzmärkte unterstellen: Ausgehend von der Marktwahl werden über die Festlegung der Betätigungsform die Strategien der Marktbearbeitung bestimmt (vgl. z.B. Bradley 2005). In der Praxis wird diese Sequenz jedoch nicht notwendigerweise in dieser Form realisiert. Der Ausgangspunkt kann auch an der Festlegung der Betätigungsform oder der Bestimmung der Marktbearbeitungsstrategien ansetzen (vgl. hierzu Zentes/Schramm-Klein/Morschett 2005).

So kann der Anknüpfungspunkt z.B. zunächst ökonomisch-geografischer Natur sein (z.B. bestimmte Länder oder Regionen, in denen das Unternehmen aktiv werden will); er kann aber auch darin liegen, dass eine bestimmte Betätigungsform (z.B. Franchising) auf Grund der generellen Unternehmensstrategie bzw. des Geschäftsmodells präferiert wird. Weiterhin können bestimmte Bearbeitungsformen der Märkte vorgegeben werden (z.B. standardisierte Produktpolitik), die dann die weiteren strategischen Optionen determinieren. Ausgehend von diesen Basisentscheidungen erfolgt dann die weitere Abstimmung zwischen den einzelnen Entscheidungsfeldern. Von Bedeutung ist dabei, dass eine Abstimmung der strategischen Entscheidungen auf allen Entscheidungsebenen sowie mit den unternehmensinternen und -externen Gegebenheiten realisiert wird.

Als potenziell denkbare **Sequenzen** sind hinsichtlich der kategorialen Entscheidungsfelder Marktengagement (Marktwahl), Betätigungsform und Marktbearbeitung grundsätzlich sechs Varianten denkbar (siehe Abbildung 2.10). Die gegenseitige Abhängigkeit der jeweiligen Entscheidungen lässt sich anhand von Beispielen klar machen. Liegt z.B. der Ausgangspunkt der internationalen Marketingentscheidungen darin, dass angestrebt wird, bestimmte **Märkte** zu bearbeiten, so sind die in den jeweiligen Märkten einsetzbaren Betätigungsformen von der Art dieser Märkte abhängig. Nicht in jedem Land kann z.B. ein Markteintritt in Form von Akquisitionen erfolgen, da nicht überall potenzielle Übernahmekandidaten existieren. Zudem kann – anknüpfend an der Standardisierungs-Differenzierungs-Diskussion – auf Grund von Unterschiedlichkeiten in den Rahmenbedingungen auch nicht in jedem Land der gleiche Marketing-Mix angewandt werden.

Der Ausgangspunkt der Konzeption von internationalen Marketingstrategien kann weiterhin in der Festlegung bestimmter **Betätigungsformen** liegen. Wird z.B. aus unternehmenspolitischen Grundsätzen eine Internationalisierung anhand von Franchising angestrebt, so beinhaltet dies i.d.R. bereits die Festlegung bestimmter marketingpolitischer Vorgaben, die im Rahmen des Franchise-Systems – geregelt im Franchise-Vertrag – „exportiert" werden, und begrenzt somit das weitere Handlungsspektrum. Zudem können aus der Vorgabe solcher Betätigungsformen Begrenzungen der Eignung der alternativen Ländermärkte resultieren, da z.B. die notwendige Bereitschaft der Franchise-Nehmer zur Realisierung der jeweiligen Franchise-Strategie und zur Einordnung in das jeweilige System erforderlich ist sowie die Franchise-Konzepte den jeweiligen rechtlichen Rahmenbedingungen entsprechen müssen.

McDonald's Strategiesequenz

Die Fast-Food-Kette McDonald's ist bekannt als das Unternehmen, das nicht nur Hamburgern und Fast-Food, sondern auch dem Franchise-System zu weltweiter Bekanntheit verhalf. Die über 34.000 Läden in 119 Ländern befinden sich zu etwa 80% im Besitz lokaler Franchise-Nehmer und arbeiten mit lokal erzeugten Produkten. Der stark standardisierte Auftritt der Restaurants in allen Märkten, der oftmals sogar als beispielhaft für die Globalisierung angesehen wird, lässt sich durch das strenge Franchising durchsetzen, bei dem den Franchise-Nehmern ein schlüsselfertiges Restaurant sowie alle Verbrauchsmaterialien zur Verfügung gestellt werden. Die konsequente Umsetzung der Corporate Identity mit den rot-gelben McDonald's-Farben und dem stilisierten „M" sowie die einheitliche Produktpalette mit Hamburger, Cheeseburger, Big Mac und Chicken McNuggets erreichen inzwischen einen Wiedererkennungseffekt fast überall auf der Welt. Auch eine sprachliche Anpassung an die nationalen Bedingungen findet nur in wenigen Fällen statt.

> Mit dem Markteintritt in Kanada 1967 begann McDonald's bereits außerordentlich früh eine Internationalisierung, die bis zum heutigen Tage weiter forciert wird. Die Wahl der neu zu erschließenden Märkte erfolgt dabei in erster Linie anhand des Marktpotenzials, wobei zwar grundsätzlich das Franchise-System beibehalten wird, jedoch die Ausgestaltung in den lokalen Marktbedingungen variiert wird. So wurde vor dem Hintergrund der rechtlichen Einschränkungen für den Markteintritt in China 1992 z.B. ein Joint Venture mit einem chinesischen Partner gegründet.
>
> Obwohl der Franchise-Geber McDonald's üblicherweise auf einer strengen Umsetzung seines Konzeptes besteht, kann auch ein derart globaler Konzern auf gewisse Zugeständnisse an die lokalen Bedingungen nicht verzichten. In muslimischen Ländern, in denen Schweinefleisch aus religiösen Gründen verboten ist, wird z.B. auf Bacon verzichtet, während in Jerusalem und Buenos Aires erste koschere McDonald's-Restaurants eröffnet wurden, die aus Respekt gegenüber den religiösen Traditionen vor Ort am Sabbat geschlossen bleiben. Auch in Indien passt sich McDonald's zumindest ein Stück weit an die lokalen Gegebenheiten an. So gab der Konzern im September 2012 bekannt, in der Nähe beliebter indischer Pilgerstätten erste rein vegetarische Restaurants eröffnen zu wollen.
>
> *Quelle: www.mcdonalds.com, Abrufdatum: 21. Februar 2013.*

Abbildung 2.10: Varianten der Strategiefestlegungssequenz

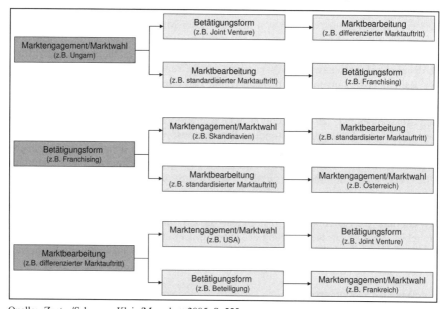

Quelle: Zentes/Schramm-Klein/Morschett 2005, S. 555.

Oftmals liegt der Ausgangspunkt der Internationalisierung auch darin, dass bestimmte Vorgaben zur Ausgestaltung der **Marktbearbeitung** aus der Geschäftsfeldstrategie resultieren. Wird z.B. ein insgesamt standardisierter Marktauftritt angestrebt, ist es – wie bereits erwähnt – erforderlich, Betätigungsformen zu wählen, welche die Durchsetzung eines solchen Vorgehens ermöglichen, wie z.B. Gründung von Tochtergesellschaften oder Franchise-Systeme. Umgekehrt ist es bei der Wahl von Betätigungsformen wie z.B. Joint Ventures, Fusionen oder Beteiligungen wesentlich schwieriger, Standardisierungen zu realisieren, da zunächst Potenzialharmonisierungen stattfinden müssen bzw. interne Widerstände gegenüber Standardisierungs- bzw. Multiplikationsansätzen beste-

F. Interdependenzen der Entscheidungsfelder

hen können (Zentes 1995, Sp. 1038). Auch müssen die Märkte hinsichtlich der Rahmenbedingungen (z.B. der Kundenbedürfnisse, der rechtlichen Rahmenbedingungen oder der Konkurrenzstrukturen) die Realisierung solcher Systeme ermöglichen und entsprechend ausgewählt werden.

Diese Beispiele zeigen einerseits, dass die „klassische" Sequenz der Konzeption der internationalen Marketingstrategie oftmals nicht realisiert wird, sondern der Ausgangspunkt variieren kann. Weiterhin wird deutlich, dass zwar das grundsätzliche Alternativenspektrum eine Vielzahl von Optionen beinhaltet, aber durch Festlegung bestimmter Strategiebausteine der weitere Entscheidungsspielraum eingeschränkt wird.

Auch bezüglich der Interdependenzen zwischen den kategorialen Entscheidungsfeldern lässt sich eine dynamische Perspektive integrieren. Angesprochen werden damit Rückkopplungen, die aus Anpassungen bzw. Revisionen einmal getroffener Erstentscheidungen (oder entsprechender Folgeentscheidungen) resultieren. Dieser Beziehungszusammenhang kann an einem (fiktiven) Beispiel schematisch verdeutlicht werden. Abbildung 2.11 zeigt eine Strategiesequenz, bei der, ausgehend von der Basisoption einer Stammland-Orientierung, die Auswahl der Ländermärkte (z.B. Frankreich, Großbritannien, Österreich, Schweiz) erfolgt, die über die Betätigungsform des direkten Exports erschlossen werden. Eine spätere Ausweitung der Betätigungsformen um Lizenzierung, die in der Folge aus strategischer Sicht getroffen wird, da z.B. in einem Pilotprojekt in einem ausländischen Markt positive Erfahrungen gewonnen wurden, ermöglicht ein Marktengagement auch in Ländern (z.B. Russland, Ukraine), in denen das Unternehmen bisher aus rechtlichen Gründen (Importbarrieren in tarifärer und/oder nicht-tarifärer Form) oder wegen bestehenden kulturellen Distanzen nicht tätig war.

Abbildung 2.11: Auswirkungen einer Ausweitung der Betätigungsformen auf die Marktwahl

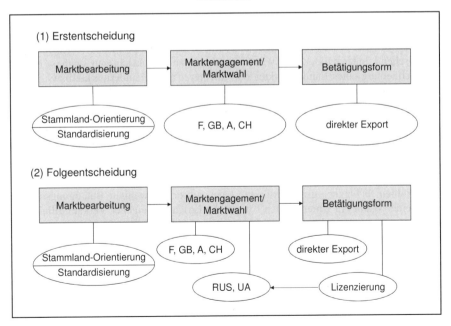

IV. Interdependenzen zwischen Ländermärkten

Eine weitere Interdependenzebene resultiert aus Rückkopplungen zwischen parallel bearbeiteten Ländermärkten. Die länderübergreifende Perspektive betrifft sowohl die Wechselbeziehungen zwischen dem Heimatmarkt und den Auslandsmärkten als auch **Rückkopplungseffekte** zwischen den Auslandsmärkten. Diese Aspekte betonen – wie bereits erwähnt – insbesondere Backhaus/Voeth (2010). Dies gilt in besonderer Weise hinsichtlich der Marktbearbeitung und ist geradezu typisch für das Internationale Marketing, das durch ein **länderspezifisches** und ein **länderübergreifendes Denken und Handeln** charakterisiert ist (Zentes 1995, Sp. 1031).

Marktbezogene Rückkopplungen können nach Backhaus/Voeth (2010) auf verschiedene Ursachen zurückgeführt werden:

- **Anbieterbezogene Rückkopplungen**: „Die Erschließung eines Ländermarktes oder mehrerer neuer Ländermärkte bzw. die Veränderung seiner oder ihrer Bearbeitung verändert die Rahmenbedingungen innerhalb des anbietenden Unternehmens so, dass sich die Freiheitsgrade bei der Marktbearbeitung anderer Ländermärkte verändern. Mithin muss die nationale Marketingpolitik in anderen Ländermärkten angepasst werden."
- **Nachfragerbezogene Rückkopplungen**: „Die Erschließung eines Ländermarktes oder mehrerer neuer Ländermärkte bzw. die Veränderung seiner oder ihrer Bearbeitung beeinflusst in der Folge das Verhalten der Nachfrager in anderen Ländermärkten, sodass auch hier eine Anpassung der Marketingaktivitäten in diesen Ländermärkten erforderlich wird."
- **Konkurrenzbezogene Rückkopplungen**: „Bei der Erschließung eines Ländermarktes oder mehrerer neuer Ländermärkte bzw. bei der Veränderung seiner oder ihrer Bearbeitung haben Unternehmen Konkurrenzreaktionen zu beachten, die mit Auswirkungen auf die relative Wettbewerbssituation des Unternehmens verbunden sind und die das Unternehmen zu Anpassungen des Marktauftritts in anderen Ländermärkten zwingen."
- **Institutionelle Rückkopplungen**: „Rechtliche und/oder politische Verflechtungen zwischen Ländermärkten sind von Unternehmen zu berücksichtigen, da diese bei der Erschließung eines Ländermarktes oder mehrerer neuer Ländermärkte bzw. bei der Veränderung seiner oder ihrer Bearbeitung Unternehmen zu Anpassungen in verflochtenen Ländermärkten veranlassen können."

Beispielhaft können nachfragebezogene Rückkopplungen am Problem der **Preisarbitrage**, verdeutlicht werden, ein Problem, das zwischen zwei Märkten auftreten kann, in denen ein standardisiertes Produkt zu unterschiedlichen Preisen angeboten wird (Zentes/Swoboda 2001a, S. 435f.).

Das Problem etwaiger „grauer Märkte" kann aus den gewählten Betätigungsformen resultieren. Wählt ein Unternehmen sowohl die Errichtung eigener Verkaufsfilialen als Betätigungsform in ausländischen Märkten als auch Franchising in anderen ausländischen Märkten – was empirisch häufig anzutreffen ist, auch innerhalb eines Ländermarktes –, so liegt die Verkaufspreishoheit (in den Staaten der EU) bei dem Franchise-Nehmer. Während bei international einheitlicher Betätigungsform, z.B. ausschließlichem Verkauf über eigene Verkaufsniederlassungen („equity stores") das Aufkommen „grauer Märkte" ausgeschlossen werden kann, ist dies bei **hybriden Betätigungsformen** (der aufgezeigten Art) nicht möglich. Will ein Unternehmen ein derartiges Arbitrageproblem erst gar nicht entstehen lassen, so scheidet die Betätigungsform des

Franchisings mindestens in „benachbarten Märkten" aus, in denen ein etwaiger Preisvorteil nicht durch Transaktionskosten, z.B. Transportkosten, überkompensiert würde. Damit ist zugleich eine Rückkopplung zur Marktwahl gegeben. Eine weitere Rückkopplung ist zum Marktengagement gegeben. Sind in bestimmten Ländern z.B. keine „equity stores" möglich, sondern nur kooperative Formen, so kann dies im Grenzfall den Ausschluss dieses Landes im Prozess der Marktwahl bedeuten.

Verhinderung des Graumarkthandels

Um auch in Zukunft Verlässlichkeit und Sicherheit im Hinblick auf das Geschäftspartnerprogramm zu gewährleisten, hat IBM Mitte vergangenen Jahres konkrete Maßnahmen zur Eindämmung und Bekämpfung von Graumarktaktivitäten auf den Weg gebracht – seit Herbst 2009 ist IBM zudem der Brancheninitiative AGMA (Alliance for Gray Market and Counterfeit Abatement) beigetreten. Um beispielsweise die für einige Handelsunternehmen verlockenden Verdienstmöglichkeiten aus international differierenden Preisen für einzelne Produktgruppen abzubauen, bemüht sich IBM, die Preisgestaltung sukzessive zu harmonisieren – insbesondere im Bereich von Hardware-Optionen wie Speichermodulen oder Festplatten. Die dadurch verringerten regionalen Preisunterschiede sollen helfen, sogenannte Arbitrage-Geschäfte durch den 'Graumarkt' nachhaltig zu reduzieren. Im Zuge der neu strukturierten Multi-Country-Distribution in Europa stellt IBM seinen Großhandelspartnern beispielsweise frei, über welche Länder und Logistikzentren die Waren des Herstellers in die einzelnen Märkte fließen und misst seither auch nur noch den Sale-out der Distribution. Im Gegenzug verlangt IBM jedoch ein tägliches Reporting, das unter anderem auch die Seriennummern sämtlicher Produkte einschließt, um zeitnah und lückenlos den Warenfluss kontrollieren zu können.

Ein selektives Vertriebssystem ist nicht nur ein aus Gründen der Markenpflege häufig eingesetztes Instrument, sondern dient auch als vorbeugendes Abwehrmittel gegen Graumarktgeschäfte. Deshalb beschreitet auch der Herzogenauracher Sportartikelhersteller Adidas ab dem Jahr 2013 einen selektiven Vertriebsweg. So will das Unternehmen europaweit nur noch auf einer kontrollierten Anzahl von Online-Shops präsent sein. Auf Plattformen wie eBay oder Amazon soll es künftig keine Produkte mehr von Adidas oder Reebok geben.

Quellen: www.heise.de, 04. März 2010; www.handelsblatt.com, 20. November 2012.

Zu Fragen der Dynamik und Komplexität der internationalen Marketingentscheidungen bzw. marktorientierten Internationalisierungsprozessen liegt eine Vielzahl von Studien vor, die hier im Einzelnen nicht dargestellt werden können.[1]

---

[1] Vgl. hierzu den Literaturüberblick in Zentes 2012a, S. 8ff.

Drittes Kapitel

Optionen des Marktengagements

A. Gegenstand

I. Einführung und Überblick

Im Rahmen der Optionen des Marktengagements werden Unternehmen erstmals im Ausland absatzseitig aktiv oder sie verändern die Anzahl der bearbeiteten Ländermärkte, worunter zwei Entscheidungsebenen zu subsumieren sind, nämlich

- die Grundsatzentscheidung bezüglich eines Markteintritts, aber auch eines Marktaustritts, worin eine dynamische Perspektive zum Ausdruck kommt,[1] sowie
- die damit zusammenhängenden Entscheidungen bezüglich der Marktsegmentierung und -selektion.[2]

> *Unter Marktengagement wird die aus Unternehmenssicht getroffene Entscheidung bezüglich der Aktivitäten in einem (Länder-)Markt bzw. in mehreren (Länder-)Märkten verstanden, wobei die Entscheidungen sowohl die Marktsegmentierung und -selektion als auch den Markteintritt und -austritt umfassen.*

Die Interdependenz zwischen beiden Entscheidungsebenen ist evident, denn ein Markteintritt oder -austritt kann kaum geplant erfolgen, ohne Märkte vorher bewertet und ausgewählt zu haben. Neben dieser marktorientierten Sicht bilden unternehmerische Vorentscheidungen (z.B. Unternehmensgrundsätze, -strategien) den Ansatzpunkt, etwa für die Auswahl eines Länderselektionsmodells (z.B. die Abfolge von Selektionsschritten, die Selektionskriterien oder die Festlegung, ob ein Marketingkonzept unverändert ins Ausland multipliziert werden soll und daher „passende" Ländermärkte gesucht werden oder ob das Unternehmen ein individuelles Konzept für den attraktivsten Markt plant). Die Interdependenzen sind also komplex, was angesichts der dynamischen Internationalisierung, so der wachsenden multiplen Auslandswertschöpfung (Zentes/Swoboda/Morschett 2004, S. 9ff.), oder angesichts beobachtbarer Erweiterungen bzw. Reorganisationen internationaler Marketingstrategien (Steenkamp/Hofstede 2002) noch zunehmen dürfte.

Da ferner die Ausgestaltung des Engagements von der unternehmensspezifischen Situation abhängt, wird in den Abschnitten D. und E. dieses Kapitels auf die Interdependenzen zur **strategischen Grundorientierung** und auch anhand von Fallstudien auf sektorale Besonderheiten eingegangen. Für das Gesamtverständnis der Ausführungen ist jedoch zunächst ein Blick auf die weiter gehenden, grundlegenden Entscheidungsoptionen bzw. -modelle unerlässlich.

---

[1] Vgl. Abschnitt B. dieses Kapitels.
[2] Vgl. Abschnitt C. dieses Kapitels.

II. Grundlegende Entscheidungsoptionen und -modelle des Marktengagements

Traditionell werden bei internationalen Marktengagements oft Entscheidungsfolgen unterstellt, mit Auswahl von Märkten, Eintrittsstrategien, Bearbeitungsformen usw., und zwar für international geeignete Produkte (Luostarinen/Welch 1990). Ein **Produktfokus** erscheint v.a. zu Beginn der internationalen Engagements sinnvoll, denn hier gehen Unternehmen oftmals mit einem bestimmten Ausschnitt ihres Leistungsprogramms ins Ausland: Sie setzen auf im Heimatmarkt erfolgreiche Produkte, streben nach Multiplikation von Strategien usw. Mit zunehmendem internationalem Engagement sind die Zugänge vielfältiger. In diesem Kapitel wird der Versuch einer alternativen Sicht unternommen, welche diese unterschiedlichen Zugänge zu internationalen Marktengagements erwägen soll. Die Muster internationaler Engagements sind z.B. dann unterschiedlich,

- wenn das Engagement auf der Selektion eines Ländermarktes bzw. der (vorhergehenden) Segmentierung von vielen Märkten basiert,
- wenn das Engagement auf der Suche nach homogenen Kundengruppen in mehreren Märkten bzw. dem Folgen eines Kunden in einen Markt beruht,
- wenn Objekte (Produkte, bzw. differenzierter SGF, SGE) in einen oder in mehrere Märkte gleichzeitig eingeführt werden sollen sowie
- wenn das Engagement in einem Markt auf einer systematischen Bewertung von alternativen Märkten beruht oder möglicherweise eher unsystematisch erfolgt (opportunistisch oder ohne Marktbewertung).

Diese Beispiele wie auch üblicherweise betrachtete Entscheidungsoptionen vernachlässigen – abgesehen von Feedback-Entscheidungsschleifen – jedoch denkbare Marktaustritte bzw. Reduktionen der Auslandsmarktportfolios. Auch dies wird im Folgenden behandelt.

> „Porsche ist heute in über 100 Ländern vertreten. Wir sind weltweit vernetzt und zentral gesteuert. Durch unsere Tochtergesellschaften und andere Porsche Services sind wir weltweit präsent und daher in nahezu jeder Sprache ein Begriff. Porsche ist schon seit jeher ein exportorientiertes Unternehmen."
>
> Porsche Philosophie, www.porsche.com, Abrufdatum: 18. Februar 2013.

Markteintritt und -austritt in länderspezifischer und -übergreifender Perspektive

Prinzipiell erscheint im Hinblick auf die Grundsatzentscheidungen des **Markteintritts und -austritts** eine länderspezifische und -übergreifende Perspektive sinnvoll. Backhaus/Voeth (2010a, S. 63f.) stellen dieses hinsichtlich des Going und Being International mit Blick auf Rückkopplungen zwischen den Ländermärkten heraus: Soll ein Ländermarkt erschlossen werden, dann sind die Rückkopplungen und der daraus resultierende Koordinationsaufwand zwischen diesem Markt und ggf. den bereits bearbeiteten Märkten zu beachten, während beim gleichzeitigen Betreten mehrerer Ländermärkte darüber hinaus ggf. Rückkopplungen zwischen verschiedenen neuen Märkten zu berücksichtigen sind. Analog könnte bezüglich der Marktaustritte argumentiert werden. Verbreitet sind länderspezifische und -übergreifende Timing-Entscheidungen, die angesichts der vorne erwähnten Dynamik über den bloßen Zeitpunkt des Markteintritts hinaus an Bedeutung gewinnen. Schließlich sind länderübergreifende und -spezifische Ansätze der Marktsegmentierung und -selektion zu unterscheiden. Erstere setzen z.B. auf einer Vielzahl von Märkten (im Extremfall der Welt) mit dem Ziel der Gruppierung oder Herausfilterung der optimalen Länder an. Zweitgenannte dienen der Bewertung bzw. Einschätzung einzelner Ländermärkte. Dieses stützt die Wahl der Perspektiven in Abschnitt B. dieses Kapitels:

1. Die **länderspezifische Perspektive** umfasst die Entscheidung über den Markteintritt in einen Ländermarkt, den Zeitpunkt dieses Eintritts sowie die Besonderheiten des Austritts aus einem Ländermarkt und die damit jeweils einhergehenden Herausforderungen.
2. Die **länderübergreifende Perspektive** umfasst die Entscheidungen bezüglich des Markteintritts in und -austritts aus mehreren Ländern, ggf. eine Länderportfoliobereinigung, weshalb von Marktexpansion und -reduktion zu sprechen ist. Hierzu zählt auch die langfristige Entwicklung von Unternehmen im Ausland, so die Abwägung zwischen dem sukzessiven, simultanen oder kombinierten Timing der Expansion.[1]

In beiden Fällen führen unterschiedliche Wege Unternehmen ins Ausland. Eine idealtypische Basis bildet die **systematische Selektion** von Alternativen, z.B. eines Landes oder mehrerer Länder (siehe Abbildung 3.1). Daneben kann ein **unsystematisches (opportunistisches) Verhalten** die Basis für ein Engagement in einem oder in mehreren Auslandsmärkten bilden, z.B. wenn Nachfrage aus dem Ausland vorliegt, wenn am Rande von Reisen eine Grobeinschätzung des Marktpotenzials vorgenommen wird, oder ein Unternehmer Empfehlungen von Geschäftspartnern oder Konkurrenten folgt. In all diesen Fällen bildet nicht die systematische Auswahl, i.S. eines isolierten Entscheidungsproblems der Marktselektion, den Ausgangspunkt für das spätere Auslandsengagement, sondern die Marktwahl ist eine Funktion der unternehmerischen Aktivitäten. Ähnlich zu bewerten ist ein Engagement, das ohne eine **initiale Marktselektion** als Ausgangspunkt zustande kommt, z.B. bei Auslandsprojekten, um die sich ein Unternehmen bewirbt und auf Grund des Zuschlags bei einer Ausschreibung in das entsprechende Land eintritt. Nachfolgend stehen v.a. die systematischen Bewertungen als Basis für das Auslandsengagement im Vordergrund; die anderen Formen werden kürzer behandelt. Zu berücksichtigen ist ferner, dass bspw. im Anschluss an den Zuschlag bei einer Projektausschreibung eine länderspezifische Bewertung sinnvoll ist.

Abbildung 3.1: Identifikation von Auslandsmärkten

Grundlegende Perspektiven	Basis für das Engagement im Ausland		
	Opportunistisch	Ohne initiale Marktselektion	Systematische Selektion
Länder-spezifisch	• Nachfrage aus dem Ausland • Grobeinschätzung von Marktpotenzialen • Empfehlungen durch Dritte, z.B. Partner • Konkurrenzbeobachtung • Teilnahme an Messen	• Auslandsprojekte • Follow-the-Customer • Eintritte aus Nachbarländern	• Bewertung und/oder Auswahl eines Landes
Länder-übergreifend		• Nutzung von Brückenkopfländern	• Ländervergleiche: - stufenweise Elimination - Portfolios • Integrale Kundensegmentierung

Grundsätzliche Marktsegmentierungs- und -selektionsoptionen

Nach dem Konzept der Absatzsegmentierung werden die Kunden bzw. Märkte nach unterschiedlichen Kriterien gruppiert, um Anpassungen unternehmerischer Entscheidungen an diese Segmente zu ermöglichen (Zentes/Swoboda 2001a). Die Marktsegmentierung bildet somit die Voraussetzung für eine Strategie der **differenzierten Marktansprache** und ist damit eng mit den bekannten Grundtypen von Marketingstrategien verbunden, so der Stra-

---

[1] Jedes der Themen wird in Abschnitt B. dieses Kapitels zweistufig behandelt: (1) Gegenstand bzw. Entscheidungsoptionen (z.T. mit Bestandsaufnahme der Literatur) sowie (2) Determinanten, Vor-/Nachteile bzw. Schlussfolgerungen. Ausgeklammert bleibt eine weitere (dynamische) Managementperspektive (vgl. dazu Olejnik/Swoboda 2012; Swoboda/Jager/Dabija 2009; Swoboda/Foscht/Hälsig 2005; Swoboda 2002b, S. 87ff.; Zentes/Swoboda/Morschett 2004, S. 994ff. und die dort angegebene Literatur).

tegie der undifferenzierten Marktbearbeitung, der segmentspezifischen Marktbearbeitung und der Fokussierung. Im Internationalen Marketing liegt (zusätzlich) ein komplexerer Ländermarktfokus vor, weshalb in Abschnitt C. dieses Kapitels die Optionen

- der Marktsegmentierung und -selektion (Bewertung und Wahl) sowie
- die hierbei nutzbaren Kriterien und Verfahren

zu betrachten sind. Dies ist vergleichbar zu Backhaus/Voeth (2010a, S. 66ff.), die – neben der Markterschließung – von der Marktauswahlentscheidung sprechen und zwischen Bewertung und Auswahl (Verfahren) von Ländermärkten differenzieren, nicht aber zu Papadopoulos/Chen/Thomas (2002), welche die „market selection" auf alle Schritte vor einer tiefer gehenden Analyse eingrenzen.[1] Letzteres resultiert u.a. aus einer (normativen) isolierten Sicht der „market selection", in der „optimale" Selektionsmodelle diskutiert werden, ohne diese in die Marketingplanung einzubinden (d.h., z.B. die Ziele oder Anforderungen von Unternehmen zu berücksichtigen, die wieder zu unterschiedlichen Selektionsanforderungen und -modellen führen können) bzw. einem Fokus auf die erste Stufe eines mehrstufigen, multioptionalen Prozesses.

Abbildung 3.2: Zusammenhang zwischen den Formen der Marktsegmentierung im Ausland

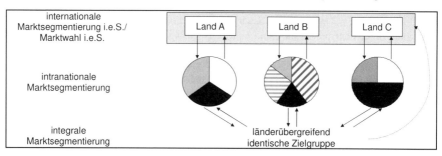

Quelle: in Anlehnung an Kutschker/Schmid 2011, S. 981; Zentes/Swoboda/Morschett 2004, S. 616ff.

Setzt man an der **länderübergreifenden (Weltmarkt-)Segmentierung und Selektion** an, dann sind zwei Optionen (siehe Abbildung 3.2) und als konzeptioneller Bezugsrahmen vier Basisansätze zu unterscheiden (siehe Abbildung 3.3).

- Die **integrale Vorgehensweise** (**Cross-Country-Segmentierung**) setzt an den Kunden an, wobei idealtypisch eine länderübergreifende Klassifikation der Abnehmer erfolgt (Hassan/Katsanis 1991, S. 17). Sie kann im Extremfall auf den Weltmarkt ausgerichtet sein und ermöglicht Unternehmen länderübergreifend ein standardisiertes Auftreten. Kriterien zur Segmentbildung können bei Konsumenten demo-, psychografische oder verhaltensorientierte Kaufverhaltensmerkmale sein, wobei (länder-/kulturgrenzenunabhängige) Lifestyle-Typologien verbreitet sind. Bei gewerblichen Kunden werden zudem dyadische Beziehungen (z.B. im Zuge der Follow-the-Customer-Strategie) betrachtet, mit Kriterien wie z.B. strategische, organisatorische oder prozessuale Partner-Fits.
- Die **internationale Vorgehensweise** zielt auf Länder, mit dem Ziel der Auswahl der geeigneten Ländermärkte aus Sicht des beurteilenden Unternehmens (internationale Marktsegmentierung i.e.S., bzw. Marktwahl) und ggf. einer Kundensegmentierung in

---

[1] Die Autoren verbleiben meist auf der normativen Ebene, d.h., sie betrachten meistens einen formalisierten Entscheidungsprozess, der sich an objektiven Kriterien, Schritten usw. ausrichtet. Eine anschließende, in einzelnen Ländern nötige Analyse der Branchen, Kunden usw. wird ausgeklammert.

den einzelnen Ländern (**intranationale Segmentierung**). Da Gewinne oder ähnliche Größen vor dem Markteintritt nicht unmittelbar erfassbar sind, werden zur Marktwahl Indikatoren als Auswahlkriterien herangezogen, welche die aktuelle und zukünftige Marktbedeutung abbilden. Diese stehen im direkten (z.B. tarifäre Handelshemmnisse) oder indirekten Zusammenhang (z.B. das BIP-Wachstum als Prädiktor für das Branchenwachstum) mit den Erfolgsaussichten in einem Markt. Neben Attraktivitäts-Barrieren-Portfolios, in denen im Extremfall der Weltmarkt in Ländergruppen unterteilt werden kann, filtern Unternehmen einzelne Länder aus oder weisen z.T. nicht-rational systematisierbare Entscheidungsmuster auf. Daher können mit Blick auf die internationale Literatur normative bzw. deskriptive Zugänge gegenübergestellt werden. Den State-of-the-Art bilden kombinierte, mehrstufige Selektionsansätze.[1]

Abbildung 3.3: Charakteristika ausgewählter Basisansätze der internationalen Marktsegmentierung und -selektion

Forschungsansätze zur Analyse der integralen Marktsegmentierung und -selektion		
Merkmale	**Kunden im Massenmarkt**	**Dyadische Kundenbeziehungen**
Entscheidungsproblem	Auswahl von Kundengruppen	Auswahl von Kunden/Partnern
Analyseebene	anbietendes Unternehmen	Dyaden (i.w.S. Netzwerke)
Entscheidungsansatz	meistens deskriptiv	meistens deskriptiv
Entscheidungsmodell	unbestimmt	„bounded rationality"
Marketingparadigma	Transaktionen/Relationships	Relationship Marketing
Zeithorizont	Kurz-/Langfristorientierung	Langfristorientierung
Verbindung zu anderen Entscheidungen	Segmentierung als Basis der Internationalisierung	nicht spezifiziert
Informationssuche	extensiv	limitiert
Informationstypen	Kundengruppen bzw. -cluster	z.B. Organisations-, Prozess-, Kultur-Fits mit (Firmen-)Kunden
Quellen der Information	(oftmals) Primärdaten	Beziehungs-/Erfahrungsdaten
Anzahl Ländermärkte	länderübergreifend	(eher) länderspezifisch
Forschungsansätze zur Analyse der internationalen Marktsegmentierung bzw. -selektion		
Merkmale	**normativ**	**deskriptiv**
Entscheidungsproblem	Länderselektion	Länderselektion
Analyseebene	anbietendes Unternehmen	anbietendes Unternehmen
Entscheidungsansatz	normativ/systematisch	heuristisch/unsystematisch
Entscheidungsmodell	rational	„disjointed incrementalism"
Marketingparadigma	einzelne Transaktionen	einzelne Transaktionen
Zeithorizont	nicht spezifiziert	nicht spezifiziert
Verbindung zu anderen Entscheidungen	Marktwahl (oft) als isoliertes Entscheidungsproblem	Marktwahl als Funktion der unternehmerischen Internationalisierung
Informationssuche	extensiv (hoch)	limitiert (gering)
Informationstypen	Länder-/Marktindikatoren	subjektive Wahrnehmung, z.B. kulturell-psychische Distanz
Quellen der Information	(oftmals) Sekundärdaten	erfahrungsbasiertes Wissen
Anzahl Ländermärkte	länderspezifisch/-übergreifend	länderspezifisch/-übergreifend

Quelle: in Anlehnung an Andersen/Buvik 2002, S. 351ff.; Swoboda u.a. 2009, S. 407.

---

[1] Vgl. Abschnitt C.II.2.c. dieses Kapitels.

Für eine **länderspezifische Perspektive** sprechen zwei Argumente. Zum einen ist eine länderübergreifende Segmentierung i.e.S. dann obsolet, wenn ein Unternehmen nur eine Bewertung singulärer Ländermärkte vornehmen will. Zum anderen ist, gemäß der mehrstufigen State-of-the-Art-Ansätze, nach einer gröberen, länderübergreifenden Segmentierung und Selektion die länderspezifische und detaillierte Analyse unerlässlich.

Integrative Gestaltungsbedingungen von Länderselektionsmodellen

In der Literatur werden selten integrale und internationale Vorgehensweisen gegenübergestellt. Vielmehr stehen Länder im Vordergrund. Geht man also vom Ländermarkteintritt bzw. von Expansion als Unternehmensziel aus, dann kann die konzeptionelle **Konstruktion geeigneter Länderselektionsmodelle** (LS-Modelle) in Praxis und Forschung, wie in Abbildung 3.4 skizziert, erfolgen.

Abbildung 3.4: Entscheidungsprozess bei der Entwicklung von LS-Modellen

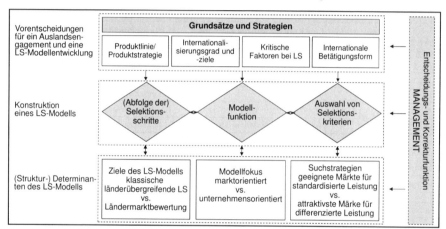

Quelle: in Anlehnung an Schuh/Trefzger 1991, S. 128; Swoboda/Schwarz/Hälsig 2007, S. 262.

Die darin zuerst angedeutete Einbindung in die unternehmerischen oder (enger) internationalen Grundsätze oder Strategien und die Entscheidungs- bzw. Korrekturfunktion des Managements folgen einer integrativen Sicht. Dies bedeutet erstens, dass sie ggf. in die nationalen und internationalen Unternehmensgrundsätze, -planungen und -vorentscheidungen eingebunden ist. Zweitens wird dadurch berücksichtigt, dass Selektionsverfahren im Internationalen Marketing nur Entscheidungshilfen sind, d.h., dass rechnerisch ermittelte Rangfolgen von attraktiven Ländern vom Management bewertet und ggf. in der Rangfolge verändert werden können. Zu den Vorentscheidungen zählen auch vorhandene Produktlinien, Internationalisierungsgrad/-ziele, kritische (KO-)Faktoren im Unternehmen und ggf. Betätigungsformen. Im Zentrum der Überlegungen stehen die Optionen der Konstruktion eines Länderselektionsmodells:

- Die **Funktion eines Selektionsmodells** wird in der Literatur oft mit Fragen der Informationsbeschaffung, der Datenqualität, der Modellgestaltung oder den theoretischen Grundlagen verbunden. Schuh/Trefzger (1991, S. 124f.) sehen die Modellfunktion für Unternehmen pauschal im Leitfadencharakter, welcher die Entscheidungsfindung strukturiert und der von den o.g. Einbindungen abhängt. Soll z.B. ein Modell nur die Lücke im Länderportfolio schließen helfen, ist es nur auf ein Land bezogen und es sind kritische Faktoren relevant. Hat das Modell die „Segmentierung der Welt" und

damit aller Länder zum Ziel, agiert das Management eher risikoavers und strebt eine tiefe Evaluation an. Diese Beispiele deuten unterschiedlich denkbare Modellfunktionen an.
- Die Fragen nach der grundsätzlichen Notwendigkeit und dann der Festlegung von **Selektionsschritten** bilden eine zweite Konstruktionsebene. Bei der Ländersegmentierung ist z.b. die Festlegung einer mehrstufigen Struktur üblich: länderübergreifendes, generelles Screening, länderspezifische, tiefer gehende Evaluation und finale Eintrittsentscheidung. Ein einstufiges oder sogar „Ad-hoc"-Vorgehen ist aber auch denkbar.
- Die Wahl der Kriterien bzw. Kriterienfolgen (makro-/mikroökonomische, sekundäre/primäre) wird von der Funktion eines Selektionsmodells und den Selektionsschritten, aber auch von weiteren Aspekten (z.B. Daten-, Ressourcenverfügbarkeit usw.) bestimmt.

Internationale Marktselektion bei METRO Cash & Carry

Eines der größten Handelsunternehmen der Welt hat ein Modell (siehe Abbildung 3.5) als Leitfaden konstruiert, mit einer allgemeinen länderübergreifenden und einer aufwändigen länderspezifischen Marktselektion unter Zuhilfenahme vielfacher Kriterien.[1]

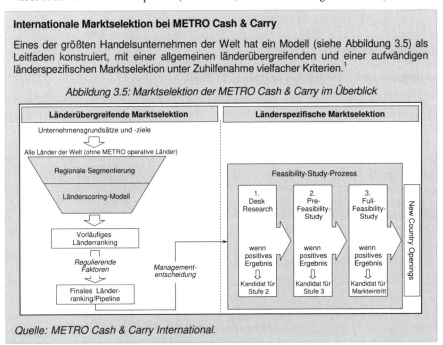

Abbildung 3.5: Marktselektion der METRO Cash & Carry im Überblick

Quelle: METRO Cash & Carry International.

Die (Struktur-)Determinanten der Konstruktion eines Modells zur Internationalen Marktselektion sind zumindest dreigeteilt:

- Das **Ziel des Modells** kann in der klassischen Ländersegmentierung, z.B. der Gruppierung bzw. Rangreihung von Ländermärkten liegen oder in der Ländermarktbewertung. Koch (2001, S. 67) nennt als Optionen „**expansiv**" bzw. „**eingrenzend**" und Root (1998, S. 38ff.) „**bottom-up-selection**" (beginnend bei wenigen Ländern, nach weiteren, ähnlichen Märkten suchend) bzw. „**top-down-selection**" (d.h. die Anzahl in Frage kommender Länder eingrenzen, die bestimmte Kriterien nicht erfüllen).[2]
- Der **Modellfokus** umfasst zwei Festlegungen. Agiert ein Unternehmen eher marktorientiert, d.h. an Kunden und Wettbewerb orientiert, oder bilden eher unternehmerische (Ressourcen-)Überlegungen den Ansatzpunkt des Modells. Letztere sind

---

[1] Vgl. hierzu im Einzelnen die Fallstudie in Abschnitt E.III.3. dieses Kapitels.
[2] Das expansive Vorgehen wird von den o.g. und weiteren Autoren eher in Verbindung mit Unternehmen gebracht, die ihre internationale Ausrichtung auf bestimmte Regionen konzentrieren, und das eingrenzende Vorgehen mit globalen Unternehmen, die im Extremfall alle Länder als Absatzmärkte betrachten.

auch i.S. von Restriktionen denkbar.
- Die sog. **Suchstrategie** umfasst die Optionen eines standardisierten bzw. differenzierten Auslandsengagements. Hieraus resultieren die in der Abbildung 3.4 angedeuteten Vorgaben auch für die Modellkonstruktion.

Nachfolgend wird v.a. auf die Konstruktionsaspekte und die Determinanten wiederholt Bezug genommen.

B. Markteintritt und Marktaustritt als Grundsatzentscheidungen

I. Länderspezifische Entscheidungen

1. Grundlagen des Markteintritts

a) Produkt- und Länderfokus als klassische Basis

Wie angedeutet, wird das Auslandsengagement in der Literatur als Abfolgen oder Zusammenwirken der Entscheidungen bezüglich der Selektion von Auslandsmärkten, der Wahl einer zeitlichen (Timing-) und sachlichen Erschließungsstrategie (Betätigungsform und Marktbearbeitungsstrategie) betrachtet. Da Letztere im Vierten und Fünften Kapitel behandelt werden, sind hier v.a. die in Abbildung 3.6 grau hinterlegten Entscheidungen relevant. Werden also die auf das Engagement in einem Land bezogenen Entscheidungen getrennt nach Markteintritt, Timing sowie Marktaustritt, dann bildet der Markteintritt eine Grundsatzentscheidung, die an den unternehmerischen (Wachstums-)Motiven bzw. Zielen des internationalen Marktengagements anknüpft.[1] Zu fragen ist hier, warum und in welche Märkte die Unternehmen eintreten und welche Rolle dem Management zukommt.

Abbildung 3.6: Entscheidungen im Kontext des Marktengagements

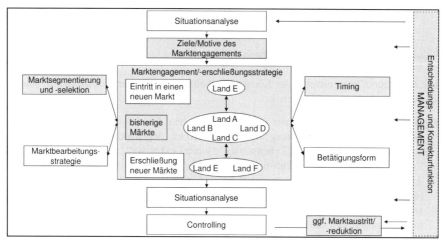

Quelle: in Anlehnung an Müschen 1998, S. 33.

---

[1] Vgl. Abschnitt B. des Zweiten Kapitels. Im Fall länderübergreifender Engagements sind – wie angedeutet – Markterschließung, Timing sowie Marktreduktion zu trennen.

Diese **länderspezifischen Fragen** bilden neben dem vorherrschenden Produktfokus eine klassische Basis des Markteintritts:

- Relativ breit sind die Erkenntnisse zu den ersten Markteintritten von Unternehmen ins Ausland, die eher durch das Verhalten einzelner Manager, oftmals durch Risikoaversion und zugleich pauschale Bewertung geprägt sind, sodass v.a. behavioristische Managementansätze dies zu erklären in der Lage sind.
- Mit voranschreitender Internationalisierung entspringt das „Warum" stärker einer länderspezifischen Sicht und das „Wo" fußt zunehmend auf Überlegungen zur methodisch mehr oder weniger detaillierten Bewertung eines Landes.

Behavioristische Überlegungen als Basis eines ersten Markteintritts

Nachweislich vollziehen (v.a. mittelständische) Unternehmen ihre ersten Engagements im Ausland eher ungeplant, so auf Grund von Nachfragen aus dem Ausland, Kundenempfehlungen usw.[1] Sie weisen ein geringes **Auslandscommitment**, oftmals eine **Risikoaversion** im Hinblick auf Auslandsmärkte auf und treten zunächst in ihre Nachbarländer ein, was v.a. mithilfe des in den ersten Schritten der Internationalisierung relevanten Konzeptes der psychisch-kulturellen Distanz erklärbar ist. Dieses entspringt der Überlegung, wonach einzelne Ländermärkte zwar geografisch nahe liegen können, kulturell jedoch als weiter entfernt wahrgenommen und daher trotz hoher Attraktivität nicht betreten werden.

> **Die mittelständische HYDAC GmbH als weltweit tätiger Hidden Champion mit vielfachen Facetten des Markteintritts**
>
> Die u.a. in der Hydrauliktechnik zu den weltmarktführenden Unternehmen zu zählende HYDAC GmbH weist ein vielfältiges und zugleich auch behavioristisches Muster des Auslandsengagements auf. Die Basis für den Eintritt in neue Länder bilden sowohl die aktive Marktselektion als auch die Follow-the-Customer-Strategie, Projekte, Messeaktivitäten, Weiterempfehlungen anderer Kunden, dezentrale Aktivitäten von Vertriebsmitarbeitern und die unternehmerische Intuition (vgl. im Einzelnen die Fallstudie in Abschnitt E.I.3. dieses Kapitels).

Theoretische Begründungen hierfür finden sich z.B. in der **Standorttheorie**, bei deren internationaler Ausprägung der Distanzfaktor eine Rolle spielt (Perlitz 2004): Je größer der Distanzfaktor, umso kleiner ist der Handel zwischen zwei Ländern. Die Basis betriebswirtschaftlicher Überlegungen bilden **behavioristische Ansätze**,[2] wonach Unternehmen zunächst in vertraute, nahe Märkte eintreten, bevor sie sich in entfernte Regionen wagen. Die Begründung beruht auf Beobachtungen von Aharoni (1966), wonach gering internationalisierte Unternehmen Gefahren im Ausland überbewerten und Chancen unterbewerten, z.B. sich bei objektiv attraktiven, aber subjektiv geografisch-kulturell entfernten Ländermärkten nicht engagieren. In einer länderübergreifenden Betrachtung schreitet das Engagement eher in **konzentrischen Kreisen** um das Heimatland voran, d.h., mit wachsendem Auslandswissen sinkt die subjektiv wahrgenommene Distanz, auch zu entfernten Märkten.[3] Die Relevanz des Konstrukts der sog. **psychisch-kulturellen Distanz** bei der internationalen Marktselektion konnte u.a. bereits von Sullivan/Bauerschmidt (1990,

---

[1] Vgl. dazu Swoboda/Meyer 1999; Swoboda 2002a und die dort angegebene Literatur.
[2] Vgl. hierzu Abschnitt C.II.2.a. dieses Kapitels.
[3] Das Konzept geht auf Bogardus (1924/1925); Beckerman (1956, S. 31ff.) zurück und wurde von Hörnell und Vahlne im Jahre 1973 überprüft. Kriterien der psychischen Distanz sind: wahrgenommene Unterschiede zwischen Heimat- und Auslandsmarkt in der ökonomischen Entwicklung, im Ausbildungsniveau, in der Sprache, der Kultur usw. Das Konzept wurde u.a. von Johnson (1991) genutzt sowie von Nordström (1991) und Vahlne/Nordström (1992) verfeinert (vgl. zu Vergleichen von Messansätzen Müller 1991; Dichtl/Köglmayr/Müller 1990; Müller/Kornmeier 2000, S. 23).

S. 325) nicht bestätigt werden, da es u.a. die Attraktivität bzw. das Potenzial einzelner Ländermärkte weit gehend ausklammert. Im Gegensatz spielen Distanzkonzepte in der Internationalen Managementforschung eine enorme Bedeutung in diversen Entscheidungsbereichen (vgl. dazu Ambos/Ambos 2009; Hakanson/Ambos 2010).

Wachstumsstreben und Marktattraktivität als Basis des Markteintritts

Mit zunehmender Internationalisierung folgt der Markteintritt **geplanten Strategien**, die auf unternehmerischen Zielen (i.d.R. dem Wachstumsstreben auch im Ausland), in Situationsanalysen generierten Informationen (unternehmensintern und -extern), ggf. der Attraktivität sich öffnender Auslandsmärkte, aufbauen. Das heißt, dass unternehmerische Planungsentscheidungen eine aktive Ländermarktsuche auslösen. Den Entscheidungsrahmen bilden indessen neben den Unternehmensgrundsätzen z.B. eine Produktlinie/-strategie und die diesbezüglichen Ziele, unternehmerische Auslandsaktivitäten und die diesbezüglichen Ziele, kritische Faktoren bzw. Ressourcen.[1] Vor diesem Hintergrund kann auf die Fragen „warum" und „wo" eingegangen werden. Über das generelle Wachstumsstreben hinaus sind vielfache **Ziele** für den konkreten Eintritt denkbar. Die Basis kann ein isolierter attraktiver Markt mit entsprechenden Gewinnpotenzialen bilden. Es können einzelne **Auslandsprojekte** oder Kundenwünsche sein, die zu **Follow-the-Customer-Eintritten** führen. Es kann sich ferner um die Schließung von Lücken im vorhandenen **Ländermarktportfolio** handeln oder auch um Märkte, die als Sprungbrett bzw. **Brückenkopf** für weitere, bereits geplante Erschließungen einer Region vorgesehen sind. Die letztgenannten Optionen beinhalten einen länderübergreifenden Fokus. In diesem Abschnitt wird zunächst die Perspektive des Eintritts in einen isolierten Markt betrachtet.

Der große Wettlauf um den wichtigsten Wachstumsmarkt der Welt

Beim Ostasiengipfel in der kambodschanischen Hauptstadt Phnom Penh wurde eine neue Mega-Freihandelszone in Asien beschlossen. Diese umfasst rund 3,4 Mrd. Menschen mit einem BIP von 19.930 Mrd. USD. Das erweiterte ASEAN wird damit zur größten Freihandelszone der Welt noch vor der NAFTA bestehend aus USA, Kanada und Mexiko mit insgesamt 460 Mio. Menschen und 17.969 Mrd. USD sowie der EU 27 mit 501 Mio. Menschen und einem BIP von 17.610 Mrd. USD. In diesem Zusammenhang messen besonders die USA und China ihre Kräfte über die wirtschaftliche Macht und die Attraktivität, die durch die Freihandelszonen wesentlich beeinflusst werden. Die EU und vor allem Deutschland stehen im Abseits und müssen Wege finden ihre globale Wettbewerbsfähigkeit zu sichern.

Quelle: Handelsblatt, 22. November 2012, S. 4f.

Wird von einem isolierten Markt und einem Produkt ausgegangen, dann erfordert die Planung des Markteintritts eine **Informationsbeschaffung**, insbesondere die Auswahl und Bewertung eines Marktes. Zwei o.g. Ausgangspunkte sind zu unterscheiden:

- Eine **klassische Ländermarktselektion** als Grundlage des Markteintritts, die i.d.R. auf einer Segmentierung (aller) denkbaren Märkte beruht.
- Eine **Ländermarktbewertung** als Grundlage des Markteintritts, was oft dann geschieht, wenn ein Ländermarkt besonders attraktiv erscheint.

Im ersten Fall wird der Markteintritt auf Attraktivitäts- und Barrierebetrachtungen oder auf mehreren Stufen (siehe Abbildung 3.7) aufbauend, am Ende zur Detailbetrachtung eines

---

[1] In den o.g. behavioristischen Modellen wird u.a. als Erklärungsgrundlage der Internationalisierung, was auch einzelne Markteintritte einschließt, Bezug genommen auf das Marktwissen, die laufende Geschäftstätigkeit und Marktbindung sowie Bindungsentscheidungen (Johanson/Vahlne 1977, S. 26ff.; Johanson/Vahlne 1992a, S. 3).

Marktes führen. Im zweiten Fall wird der Markteintritt auf den eingeschätzten Chancen bzw. der Attraktivität eines Marktes beruhen, was ebenso Detailbetrachtungen erfordert.[1]

Abbildung 3.7: Selektionskriterien auf Basis länderspezifischer Merkmale

Merkmale	Verhaltensrelevanz	Messbarkeit	Stabilität	Bezug zur Marktbearbeitung
ökonomische Merkmale • Marktvolumen • Konkurrenzsituation	relativ enger Bezug zu den Kaufvoraussetzungen (Einkommensverteilung usw.); Hinweis über eigene Marktchancen	leicht erfassbar durch Länderstatistiken usw.	relativ hoch	gering
natürliche und technische Merkmale • Topografie • Klima • Entwicklungsstand • Infrastruktur • Grad der Verstädterung	relativ gering; natürliche Merkmale beeinflussen das generelle Kaufverhalten (Verstädterung), haben aber keinen Einfluss auf das Bewertungsverhalten	leicht erfassbar; sekundärstatistisches Material	hoch	Kenntnis dieser Merkmale, insbesondere der Infrastruktur, zeigt die Grenzen der Einsatzmöglichkeiten der Marketinginstrumente auf
politisch-rechtliche Merkmale • Unternehmertätigkeit des Staates • Gesellschaftsordnung • politische Stabilität • Wirtschaftspolitik • Außenhandel	relativ enger Bezug zu den Kaufvoraussetzungen (Importbedingungen); pauschale Hinweise auf das Bewertungsverhalten (Gesellschaftsordnung)	rechtliche Aspekte sind problemlos zu erheben	geringe Stabilität der politischen Merkmale möglich; rechtliche Merkmale verfügen i.A. über eine hohe Stabilität	rechtliche Merkmale zeigen die Grenzen der Marktbearbeitungsmaßnahmen auf; politische Merkmale geben Hinweise auf die inhaltliche Gestaltung des Marketing
soziokulturelle Merkmale • Sozialgefüge • Sprache • Bildungssystem • Werte und Einstellungen	Hinweise auf Gebrauchs- und Kaufgewohnheiten unterschiedlicher sozialer und kultureller Gruppen in einem Land; allerdings pauschal	relativ leicht	sehr hohe zeitliche Stabilität	Hinweise auf eine notwendige abnehmerspezifische Marktsegementierung; generelle Hinweise auf die Art der Marktbearbeitung

Quelle: in Anlehnung an Meffert/Burmann/Becker 2010, S. 169f.

Für die Gestaltung des Internationalen Marketing ist ferner die Überlegung essenziell, ob die Planung von **standardisierten oder flexiblen Produkt- bzw. Angebotskonzepten** ausgeht, da hierdurch das gesamte Marketing und auch das „Warum" und das „Wo" länderspezifisch unterschiedlich zu beantworten sind. Im ersten Fall, so bei einer globalen Orientierung, werden eher Eintritte in geeignete, d.h. die standardisierte Konzeption tragende, Ländermärkte erfolgen, was eine klassische Ländermarktsuche nach dem Grundsatz des „looking for similarity" voraussetzt. Beim flexiblen Angebotskonzept, so im Falle einer multinationalen oder glokalen Orientierung, erfolgt die Anpassung an einen attraktiven Markt, der die Basis für die (Wettbewerbs- bzw. Marketing-)Strategie bildet. Ganz ähnlich könnte hinsichtlich der Ressourcenverfügbarkeit argumentiert werden. Sind diese begrenzt, sind auch die Optionen, mehrere Märkte (parallel) zu betreten, eingeschränkt. Der Markteintritt als solcher ist mit vielfachen Aktivitäten zu verbinden. Unterstellt man eine proaktive Vorgehensweise, dann dürften die meisten Unternehmen – v.a. im direktinvestiven Fall – die Strukturen und Prozesse im jeweiligen Markt aufbauen müssen. Marktorientiert gedacht, erfordert dies etwa die Festlegung der angestrebten Positionierung nach dem Markteintritt. Dies ist aus zumindest zwei Gründen an dieser Stelle zu erwähnen. Zum einen bildet diese Überlegung im proaktiven Sinne die Vorgabe für die Marktselektion. Zum anderen aber resultieren aus der geplan-

---

[1] In einigen Lehrbüchern werden in diesem Kontext (wie im klassischen Marketing) die Quellen und Prozesse der Informationsbeschaffung behandelt (Keegan 2002; Mühlbacher/Dahringer/Leihs 2006).

ten Positionierung heraus Vorgaben für alle weiteren Marketingaktivitäten in diesem Markt. Anhaltspunkte für die Suche nach einer geeigneten **Positionierungsidee** sind:

- prägnante Eigenschaften des Angebots
- spezifische Nutzenerfüllung bei den Kunden
- Nutzungssituation
- Eigenschaften der Verwendergruppe
- Konkurrenzangebote
- Abgrenzung gegenüber der Produktklasse insgesamt.

Bei der Positionierung kommt den Fähigkeiten und Ressourcen des Unternehmens, den Konkurrenten und den Kunden ein hoher Stellenwert zu. Situativ können einzelne Aspekte besonders hervorgehoben werden. Zum Beispiel ist die Frage zu stellen, ob es für ein Unternehmen sinnvoller ist, sich an seinen Potenzialen oder aber an den marktlichen Bedingungen zu orientieren. Ferner wäre zu fragen, ob bei der Positionierung beim Markteintritt das Ziel der Abgrenzung gegenüber den Konkurrenten handlungsleitend ist, oder ob die Orientierung an den Kundenbedürfnissen im Vordergrund stehen müsste. Die Handlungsoptionen für ein Unternehmen im Rahmen des Eintritts in einen Ländermarkt sind:

- **Beibehaltung der Positionierung**, was immer dann möglich erscheint, wenn die Zielgruppe und die Wettbewerbsstruktur in den Ländern ähnlich aussehen und die Ressourcen und Fähigkeiten dies zulassen.
- **Um- bzw. Neupositionierung**, was dann auftritt, wenn das Konzept auf Grund lokaler Gegebenheiten nicht übertragbar ist oder wenn das Unternehmen nicht über die Voraussetzungen verfügt, um die Position im Markt glaubwürdig zu vertreten.

Über die Positionierung hinaus betrifft der Markteintritt die unternehmensinternen Strukturen und Prozesse, so in einer neuen Tochtergesellschaft oder zwischen dieser und der Muttergesellschaft. Sicherlich gehört dies nicht zur klassischen Sichtweise des Marketing. Aber Unternehmen, die Strukturen und Prozesse nach dem Markteintritt schneller beherrschen, sind schneller oder besser in der Lage, Wettbewerbsvorteile zu erzielen. Dieser Gedanke wird in der neueren Literatur weiter geführt. Im Blickpunkt stehen die Beziehungen zu vielen (unternehmens-)externen Organisationen. Nach dem **Flagship-Ansatz** (Rugmann/ D'Cruz 2000) sind dies Kunden, Zulieferer, Behörden, Gewerkschaften usw. und ggf. Wettbewerber, mit denen gemeinsam z.B. in einem Land die Infrastruktur aufgebaut wird.[1]

b) Auslandsprojekte als Basis

Internationale Projekte bieten eine verbreitete Option für ein internationales Marktengagement von Unternehmen. Hierbei kann es sich um für spezialisierte Unternehmen immer wiederkehrende Formen des Auslandsmarktengagements handeln, wie im Fall von zeitlich begrenzten Großprojekten etwa im Anlagengeschäft (Kiesel 2004). Wird an einen der Partner bei der Erstellung z.B. eines Staudamms, Zentrallagers usw. kein Betreiber- oder Serviceauftrag erteilt, dann ist das Projekt mit einem klaren Markteintritt und -austritt(szeitpunkt) verbunden. Grenzüberschreitende Projekte können für ein Unternehmen zu einer ersten Präsenz auf dem jeweiligen Zielmarkt führen und somit eine Grundlage für die weitere Erschließung des Marktes bilden (sog. **Referenzprojekte**).

---

[1] Andere Arbeiten werfen die Frage auf, ob der internationale Markteintritt mit dem Aufbau neuer oder der Multiplikation von bestehenden Netzwerken verbunden ist (vgl. dazu Sydow/Windeler/With 2003 in der Medienbranche; Swoboda/Foscht 2005a).

> **Markteintritt in Frankreich – Biotechnologiegroßprojekt erfolgreich abgeschlossen**
>
> Mit Juli 2011 hat die BIS Industrietechnik Salzburg ein Großprojekt für Sanofi-Aventis in Paris termingerecht abgeschlossen. Damit ist der Einstieg in den französischen Markt gelungen. Das Prestigeprojekt im Bereich Biotechnologie hat nicht nur für den Salzburger Anlagenbauer strategische Bedeutung, sondern darüber hinaus für den gesamten Mutterkonzern, die BIS Group mit Sitz in München. [...] Sanofi-Aventis ist der drittgrößte Pharmakonzern der Welt. Der Auftrag an die BIS Industrietechnik Salzburg umfasste die mechanische Installation der gesamten Prozess- und Energieverrohrung, die Lieferung von Rohrleitungs- und Armaturentechnik, die Apparatemontage (darunter Behälter, Pumpen, Wärmetauscher und Filter) sowie die Unterstützung bei der Inbetriebnahme.
>
> *Quelle: www.bis-salzburg.com, Pressemitteilung, 10. August 2011.*

In der Literatur werden **Internationale Projekte** zunehmend betrachtet, was auf deren Bedeutungszuwachs hindeutet. So beschäftigen sich Autoren wie Javernick-Will/Scott (2010) mit der Frage, welches institutionelle Wissen vordringlich ist, um internationale Projekte erfolgreich zu gestalten und Tang/Atkinson/Zou (2012) beschäftigen sich mit den kritischen Erfolgsfaktoren für internationale Projekte. Demgegenüber stellen Chen/Messner (2011) die Identifikation von Heimatmarkt- und Unternehmensfaktoren in den Vordergrund, welche die Wahl des internationalen Projekts als Markengagement begünstigen. Sie vergleichen hierbei die sog. „permanent entry" und „mobile entry decision" und stellen damit eine Schnittstelle zu Eintrittsstrategien dar. Letztere werden ausführlich im Vierten Kapitel behandelt. Die Autoren zeigen, dass vor allem kleinere Unternehmen, solche mit geringer Auslandserfahrung und größerer Risikoorientierung Auslandsprojekte als Form des Engagements im Ausland wählen. Zudem kommen derartige Unternehmen eher aus kleineren Ländern. Die Ausführungen beziehen sich auf produzierende Unternehmen, die Auslandsprojekte durchführen.

c) Messeauftritte als Basis

Messen im Ausland bieten eine zunehmend bedeutende Option für ein internationales Marktengagement von Unternehmen. Obwohl diese als eine opportunistische Möglichkeit für die Identifikation von Auslandsmärkten gelten und zugleich ein wichtiges Marketinginstrument zur Bearbeitung von Auslandsmärkten bilden (vgl. Abschnitt B.V.4 des Fünften Kapitels), werden sie aktiv von Unternehmen zur Vorbereitung von Marktengagements genutzt.

> **Internationale Messeauftritte – Schub für das Auslandsgeschäft**
>
> Wer seine Waren in Schwellenländern präsentiert, muss mehr Aufwand einkalkulieren als im Heimatmarkt. Der höhere Einsatz zahlt sich meist aus.
>
> Deutsche Exporteure versuchen zunehmend Märkte in Schwellenländern über Messeauftritte zu erobern. Laut einer aktuellen Studie des Bundeswirtschaftsministeriums wollen 88% der mittelgroßen Unternehmen, die am Auslandsmesseprogramm teilnehmen, künftig diesen Weg gehen. Vor zwei Jahren lag dieser Wert noch 15% niedriger. Die meisten dieser Aussteller konnten aufgrund der Messeauftritte ihre Expansion verstärken und zugleich ihre Exporte in diese Länder erhöhen. Wer allerdings an den Messen in Schwellenländern teilnimmt, muss rund ein Viertel mehr Aufwand und Vorlaufzeit einkalkulieren im Vergleich zum Heimatmarkt, wobei die lokalen Bestimmungen, die Messespedition und die Kontrolle beim Auf- und Abbau besondere Herausforderungen bedeuten. Neun Monate ist idealtypisch die Vorlaufzeit für Messen in Indien, Nigeria oder Indonesien.
>
> *Quelle: Handelsblatt, 25. Oktober 2012, S. 49.*

d) Follow-the-Customer-Strategie als Basis

Der Markteintritt kann auf der Strategie, dem Kunden ins Ausland zu folgen, basieren.[1] Die Strategie ist lange bekannt (Tschoegl 1987), wobei die **Follow-the-Customer-Hypothese** auf Grubel (1977) zurückgeht, der das Phänomen im Bereich der internationalen Bankwirtschaft und deren Geschäftsbeziehung zu internationalen Kunden identifizierte. Insbesondere in amerikanischen Internationalisierungstheorien (Buckley/Casson 1976; Casson 1990) wird ausgeführt, dass die Strategie nicht nur für „corporate customers", sondern auch für „non-corporate customers", wie ausgewanderte, im Ausland lebende Privatkunden, ggf. ethnische Gruppen usw., relevant ist. Letzteres haben bspw. Esperanca/Gulamhussen (2001) im Hinblick auf die Internationalisierung von Privatbanken bzw. Finanzdienstleistungen empirisch belegt und damit eine Lücke zwischen den theoretischen und empirischen Erkenntnissen geschlossen.

> *Unter der Follow-the-Customer-Strategie wird ein Aktivitätsmuster des internationalen Marktengagements verstanden, bei dem ein Unternehmen den Kunden folgt (idealtypisch mit eigenen Niederlassungen), um mit seinen Leistungen in den Gastländern als Anbieter (so in regionalen „Zuliefernetzen") präsent zu sein (vgl. Gerlach/Brussig 2004, S. 133f.).*

Im Zentrum jüngerer Betrachtungen stehen **Kunden-Lieferanten-Beziehungen**, die zunehmend ins Ausland verlagert werden, was aus Herstellerperspektive als „follow sourcing" und aus Zuliefererperspektive als „following customer" bezeichnet wird (Gerlach/Brussig 2004, S. 99ff.). Unternehmen wie Hersteller oder Händler sind die Kunden und die in der Wertschöpfungskette vorgelagerten Unternehmen wie produktionsorientierte Zulieferer und Dienstleister (Banken, Beratungs-, Logistikunternehmen) die Lieferanten. Da hierbei die Lieferanten oft Direktinvestitionen im Ausland tätigen, sind Marktengagement und Betätigungsform miteinander verwoben.[2]

Antriebskräfte der Bedeutungszunahme des Follow-the-Customer

Zwei grundlegende Antriebskräfte der Entwicklung sind hervorzuheben:

- Die Konzentration auf Kernkompetenzen bzw. die Intensivierung des Outsourcings, wobei Teile der Wertschöpfung den Zulieferanten, Dienstleistern usw. anvertraut werden, woraus neue dyadisch-kooperative oder netzwerkartige Beziehungen resultieren.
- Die grundsätzlich zunehmende Internationalisierung bzw. internationale Konfiguration der Wertschöpfung, so der Absatzaktivitäten in Branchen, die bisher nur national tätig waren (wie dem Einzelhandel), dem Aufbau von Produktionsstandorten im Ausland usw.

Strategische Konzepte wie **Lean Management**, **Reengineering**, **Just-in-time-Belieferung** u.Ä. begünstigen das Outsourcing und führen zunehmend dazu, dass Lieferanten immer größere Teile der Wertschöpfung übertragen werden, z.B. Dienstleistungs-, Entwicklungs- und Logistikaufgaben. Ihre Einbindung in die Wertschöpfungsprozesse des Kunden führt zu einer Konzentration der Direktlieferanten, die „**first tier**" oder „**tier one-supplier**" sind (Santucci 1997, S. 85ff.). Zugleich steigt die Anzahl der Lieferanten auf der zweiten und dritten Ebene („second and third tier-supplier"). So entstehen komplexe **Wertschöpfungsnetzwerke** auf verschiedenen Ebenen, die eine hohe Flexibilität, Kooperationsbereitschaft und den Aufbau spezifischer Kompetenzen induzieren.

---

[1] Diese wird hier erläutert, da eine Follow-the-Customer-Strategie eher mit länderspezifischen Auslandseintritten verbunden ist; länderübergreifende Partnerschaften entsprechen der Netzwerkperspektive.

[2] Vgl. hierzu Abschnitt E. des Vierten Kapitels.

Mit der zunehmenden Verlagerung von Wertschöpfungsaktivitäten ins Ausland müssen, um die hohe Verflechtung und Wettbewerbsabhängigkeit – etwa zwischen Kunden und ihren Schlüssellieferanten – zu gewährleisten, die bestehenden Beziehungen auch in die neuen Länder verlagert werden. Insbesondere für Lieferanten, die bereits im Inland eine enge Kundenanbindung als „first" bzw. „second tier-supplier" erreicht haben, spielt die Verlagerung der Kundenaktivitäten ins Ausland eine strategische Rolle (Gerlach/Brussig 2004, S. 102ff.).

Den Großkunden in neue Märkte folgen – die ZF Friedrichshafen AG

Als Zahnradfabrik wurde das Unternehmen 1915 gegründet, 2012 ist es der drittgrößte Automobilzulieferer Deutschlands, mit 75.000 Mitarbeitern, 17,4 Mrd. EUR Umsatz und 121 Produktionsgesellschaften in 27 Ländern. Zu den wichtigsten Unternehmensfeldern gehören Antriebs-, Lenkungs- und Fahrwerktechnik. Die zunehmende internationale Präsenz resultiert aus einer konsequenten Follow-the-Customer-Strategie. Die Kunden – VW, BMW, Ford, Opel, Daimler – treten in neue Auslandsmärkte ein und nach einiger Zeit folgt ZF mit eigenen Niederlassungen. Die zentrale Herausforderung des internationalen Marktengagements stellt die oberste Priorität, Auslandsinvestitionen in unmittelbar geografischer Nähe zu Schlüsselkunden zu tätigen, dar. In den fünfziger Jahren baute ZF eigene Präsenzen in Brasilien auf, in den 1980er Jahren in den USA und in den 1990er Jahren in China.

Bereits als VW Mitte der 1980er Jahre als erster deutscher Autobauer – faktisch als Pionier – nach China ging, traf die Unternehmensführung von ZF als „tier one-supplier" die strategische Entscheidung, in den dortigen Markt einzutreten. Das ZF-Engagement in Asien ist Folge einer Symbiose zwischen Autoherstellern und Zulieferern mit einem Wertschöpfungsanteil von bis zu 75% bei den Lieferanten, zu denen auch Spezialisten wie Continental, Bosch, Delphi oder Brose gehören. Daher hat die ZF heute 20 eigene Niederlassungen in China in geografischer Nähe von Automobilherstellern, u.a. in Shanghai. Die wichtigsten Motive dafür sind die enge Produktionsverzahnung mit den Schlüsselkunden sowie daraus resultierende Logistik- und Kostengründe. Zudem eröffnet sich die Möglichkeit, mit expandierenden japanischen, koreanischen und chinesischen Autoherstellern ins Geschäft zu kommen, z.B. bereits mit Saic und FAW. Zugleich betont das Unternehmen aber auch, durch die Expansion keinen neuen Wettbewerb entstehen lassen zu wollen.

Aber auch in anderen Regionen der Welt ist ZF aktiv, z.B. in Nordamerika. So investierte das Unternehmen bereits im Jahre 2005 700 Mio. USD im Rahmen seiner Follow-the-Customer-Strategie in den USA, wobei u.a. auch eine Fabrik für Vorder- und Hinterachsensysteme in der Nähe des Ford-Werkes in Chicago entstand. Zudem errichtet und erweitert ZF gerade Standorte in der Nähe der US-Fabriken von BMW und Daimler, in denen der BMW X5 und Z4 sowie die Mercedes M-Klasse gebaut werden. Mit dem im Jahre 2012 eröffneten Werk in Greenville South Carolina, forciert ZF die Kapazitätsausweitungen im Geschäftsfeld Antriebsmodule. Ab dem Jahr 2013 werden dort 8- und 9-Gang-Automatgetriebe für den nordamerikanischen Markt gefertigt. Zu den Kunden gehören neben den deutschen Automobilherstellern vor allem die amerikanischen Autokonzerne General Motors sowie Chrysler.

Quelle: www.zeit.de, 21. April 2005; Handelsblatt, 27. November 2012, S. 18f.

Relevante Entscheidungsparameter

Die Entscheidung des Lieferanten, eine Follow-the-Customer-Strategie zu verfolgen, steht in Abhängigkeit zur Entscheidung des Kunden, in einen bestimmten Auslandsmarkt einzutreten. Die Fragen des Marktengagements und der Standorte werden demzufolge explizit durch den Kunden vorgegeben. Für Lieferanten handelt es sich damit um eine Ja-Nein-Entscheidung. Auch der Markteintrittszeitpunkt, die Betätigungsform und das anzubietende Leistungsspektrum werden durch den Kunden beeinflusst. Dies bedeutet aber nicht, dass der Lieferant in Bezug auf sein Auslandsengagement nicht strategisch planen würde. Für ihn sind jedoch weniger die potenziellen Markteintrittsländer, sondern die

Strategien, Strukturen oder Prozesse seiner Kunden die relevanten Entscheidungsparameter (Gerlach/Brussig 2004, S. 126f.). In diesem Sinne repräsentieren Letztere die Analyse- und Gestaltungsvorlagen für die Lieferanten, deren Identifikation, Prognose und Adaption strategisch relevant für die Follow-the-Customer-Strategie sind.

In diesem Zusammenhang spielt auch das **Timing** (i.S. von schneller Reaktion/Anpassung) eine wichtige Rolle (Frazier/Spekman/O'Neal 1988, S. 52ff.; Harvey u.a. 2003, S. 567). Je frühzeitiger die eigenen Internationalisierungsmöglichkeiten strategisch vorbereitet werden können, desto leichter kann das Problem kurzer Reaktionszeiten auf die Markteintrittsentscheidung des Kunden in einen ausländischen Markt entschärft werden. Diese Form der Reaktion/Anpassung bedeutet Proaktivität und die Implementierung vorausschauender Aktivitäten und Maßnahmen. Sie ist mit der Fähigkeit („capability") eines Unternehmens zur **proaktiven Kundenorientierung** und damit der Schaffung von Kundenwerten verbunden, gerade bei multinationalen Unternehmen. Diese Fähigkeit determiniert den Kundenwert nachhaltiger als andere unternehmerische Fähigkeiten. Gleichwohl hängt das Ausmaß des Zusammenhangs zwischen proaktiver Kundenorientierung und Kundenwert von einigen Rahmenbedingungen ab, bspw. „intense levels of customer value change, a global relationship scope, and a transnational relationship structure" (Blocker u.a. 2011, S. 216). Daher ist aus der Perspektive des Kunden auch die Integration der Kernlieferanten in die eigenen Strategien und Prozesse von hoher Bedeutung (Takeishi 2001, S. 407ff.).[1]

Diese Ausführungen deuten die Bedeutung eines **Key Account Managements** (KAM) aus Lieferantenperspektive bzw. eines **Key Supplier Managements** (KSM) aus Kundenperspektive an, deren gemeinsames Ziel die Schaffung einer Win-Win-Zusammenarbeit darstellt (Belz/Mühlmeyer 2001, S. 33ff.) und die auf internationaler Ebene einen weit höheren strategischen Charakter aufweist.[2] Gleichwohl bestehen Unterschiede zwischen dem KAM und dem KSM, die an dieser Stelle nicht behandelt werden sollen (vgl. hierzu bspw. Pardo u.a. 2011; Ivens u.a. 2009; zum Global Account Management auch Abschnitt B.III.2. des Sechsten Kapitels).

Determinanten einer Follow-the-Customer-Strategie

In Abbildung 3.8 sind spezifische interne und externe Determinanten für eine Follow-the-Customer-Strategie zusammengetragen, die über die Determinanten einer klassischen Markteintrittsentscheidung hinausgehen.

Auf Seiten der internen Anforderung an das Beschaffungsobjekt aus Sicht des Kunden stellt sich bei der Umsetzung von Follow-the-Customer die Frage, inwieweit es sich dabei um einen strategischen Input – eine differenzierte, werttragende bzw. auf die Abnehmerkompetenzen abgestimmte Leistung – handelt. Relevant sind die Kaufhäufigkeit bzw. das Kaufvolumen seitens des Kunden und die Möglichkeiten etwaiger Produktstandardisie-

---

[1] Vgl. hierzu auch Zentes/Swoboda/Morschett 2004, S. 394. Hinzuweisen ist auf KMU, die oft erst unter dem Druck eines Global Sourcing von Kunden oder auf Grund des Eintritts ausländischer Wettbewerber in den Heimatmarkt dazu übergehen, ihre Aktivitäten ins Ausland zu verlagern (Fieten/Friedrich/Lageman 1997, S. 26ff.). Ihre Motive sind somit i.d.R. weniger strategischer Natur, zumal sie oft operative Partner, so Lieferanten im Teile- und Spotgeschäft, und stärker von den Auslandsrisiken betroffen sind. Im Rahmen der Follow-the-Customer-Strategie werden hier Kooperationen diskutiert.

[2] Vgl. Harvey u.a. 2003, S. 564f. Eine strategische Partnerschaft impliziert, dass sich beide langfristig gemeinsam entwickeln, so gemeinsame Geschäftsstrategien/-aktivitäten verfolgen, Innovationen in F&E generieren, neue Finanzierungs-/Gewinnbeteiligungsformen vereinbaren bzw. die Wertkette gemeinsam prozessorientiert gestalten (vgl. dazu Frazier/Spekman/O'Neal 1988; Heide 1994; Schramm-Klein 2004).

rung oder Imitierbarkeit. Je differenzierter und kundenspezifischer das Produkt ist, desto Erfolg versprechender ist die Strategie. Weiterhin sind die Lebenszyklusphase und die Zukunftsfähigkeit bis hin zur Fähigkeit der Just-in-time-Lieferung der angebotenen Leistung als Determinanten anzusehen. Je komplexer die Leistung, desto eher bietet sich i.d.R. diese Option des Marktengagements an, da es sich möglicherweise um spezifisches Know-how handelt, das im Ausland bisher nicht vorhanden war. **Die generelle Neigung** der beteiligten Lieferanten und Kunden (z.B. Risiko- und Beziehungsneigung) kann als eine weitere Determinante angesehen werden. In Bezug auf die innerbetrieblichen Faktoren des Kunden sind die Sourcing-Strategie, das Ausmaß spezifischer Investitionen oder die Organisation des Buying Centers erwähnenswert. Im Bereich zwischenbetrieblicher bzw. -menschlicher Determinanten sei exemplarisch auf den Faktor **Vertrauen** hingewiesen, so das langfristige Commitment, Informationsaustausch, technische Unterstützung, gemeinsame Weiterentwicklung der Leistungen gemäß der Kundenanforderungen usw. (vgl. dazu bspw. Zaheer/McEvily/Perrone 1998, S. 20ff.). Zur Bewältigung der Abstimmungsprozesse sind u.a. das Management von Wissens- und Lernprozessen oder (kontingenztheoretisch) die Fit-Dimensionen in Kooperationen erwähnenswert (Zentes/Swoboda 1999; Swoboda u.a. 2011).

Abbildung 3.8: Determinanten einer Follow-the-Customer-Strategie

	Beschaffungsobjekt	Innerbetriebliche Faktoren
Intern	• strategischer Input: differenzierte, weit tragende, auf Abnehmer abgestimmte Leistung • Kaufvolumen, Kaufhäufigkeit • Grad der Standardisierbarkeit • Grad der Imitierbarkeit • Komplexitätsgrad oder Bedeutung	• Sourcing-Strategie (i.d.R. Single Sourcing) • Ausmaß spezifischer Investitionen • Organisationsstruktur • Selbstverständnis des Sourcing (Key Supplier und Key Account Management)
	Neigungen der beteiligten Unternehmen	**Zwischenbetriebliche/menschliche Faktoren**
	• strategische Neigung • Risikoneigung • Beziehungsneigung	• Vertrauen: langfristiges Commitment, intensiver Informationsaustausch, technische Unterstützung, gemeinsame Weiterentwicklung der Leistungen • ethische Position
	Charakteristika der Branche	**Umweltfaktoren**
Extern	• Verhandlungsmacht der Kunden • Verhandlungsmacht der Lieferanten • Wettbewerbsintensität auf dem Auslandsmarkt • Risiko neuer Wettbewerber • Gefahr von Substitution	• rechtliche Rahmenbedingungen • Länderrisiken • sonstige makro-ökonomische Faktoren, so Wachstum, Inflationsrate, Wechselkurs usw. • gesellschaftliche, soziale Systeme wie Werte, Einstellungen usw.
	Dynamischer Faktor Zeit	

Quelle: in Anlehnung an Boutellier/Wagner 2001, S. 40.

Externe Determinanten beziehen sich auf Charakteristika der Branche und auf Umweltfaktoren. Zu Ersteren gehören das Ausmaß der Verhandlungsmacht der Kunden und Lieferanten, die Wettbewerbsintensität, das Risiko neuer Wettbewerber und die Substitutionsgefahr. Im Bereich der Umweltfaktoren sind u.a. rechtliche Rahmenbedingungen in Bezug auf den Beschaffungsmarkt – etwa Local-Content-Vorschriften – relevant, aber auch Länderrisiken, gesellschaftliche soziale Systeme wie Werte, Einstellungen usw. und Faktoren wie Wachstum, Wechselkurse, Inflation usw.

Wichtig ist die Determinante **Zeit**, da der Lieferant bei dieser Strategie auf Grund der dem Kunden nachgelagerten Aktivität i.d.R. unter hohem Zeit- bzw. Termindruck handelt und sich daraus die Tatsache ergibt, dass er bezüglich der Ressourcenakquisition im Ausland ebenfalls im Hintertreffen ist. Die Gefahr steigt dann, im Ausland als Lieferant substituiert zu werden.

Vor- und Nachteile der Follow-the-Customer-Strategie

Die Follow-the-Customer-Strategie birgt sowohl Vor- und Nachteile bzw. Chancen und Risiken für Zulieferer/Dienstleister wie Kunden.

Grundsätzlich können „first", „second" und „third tier-supplier" ihre Position in der Wertschöpfungskette dadurch sichern, dass sie auf dem Ländermarkt der Kunden präsent sind. **Vorteile für Zulieferer/Dienstleister** liegen im zeitweise garantierten Auftragsvolumen und aus früheren Beziehungen bekannten Rahmenbedingungen (Gerlach/Brussig 2004, S. 105ff.). So kann das Investitionsrisiko gemindert werden. Des Weiteren können mit der Strategie Eintrittsbarrieren für Wettbewerber aufgebaut werden, zumal neue Lieferanten in den Gastländern zukünftig Konkurrenten auf den heimischen Märkten werden und den Status der Beziehung zu einem bestimmten Kunden gefährden könnten. Chancen resultieren aus dem internationalen Engagement selbst. Lieferanten können z.B. frühzeitig Erfahrungen in Wachstumsmärkten sammeln, diese zunehmend erschließen und spezifische Kompetenzen aufbauen, die dann für weitere Internationalisierungsaktivitäten genutzt werden können. Auch um sich von der Gefahr zu großer Abhängigkeit vom Kunden zu lösen, kann der Lieferant den ausländischen Markt weiter erschließen, selbst wenn mit dem Primärkunden das Kerngeschäft abgewickelt wird.

Abhängigkeiten der Zulieferer in der Automobilindustrie

Immer mehr Zulieferer sehen sich einem enormen Kostendruck ihrer Abnehmer gegenüber gestellt. Die Konzentration auf wenige Zulieferer und Dienstleister gehört inzwischen zu den gängigsten Methoden modernen Kostenmanagements von Großunternehmen. Gerade in der Automobilindustrie erhöht sich der Druck auf die Zulieferer, da immer mehr Konzerne Einkaufskooperationen bilden und somit die Macht der Hersteller erhöht wird. So kaufen Daimler und BMW gemeinsam Gurtstraffer und Fensterheber ein. Gerade für Mittelständler, wie den Autozulieferer ElringKlinger, die sich von wenigen Großkonzernen abhängig machen, kann dieser Kostendruck existenzbedrohend sein. Besonders prekär ist diese Situation für Zulieferer, die ihren Abnehmern ins Ausland gefolgt sind. So kann eine Auslistung als Zulieferer bei Großkunden die getätigten Investitionen im Ausland nicht amortisieren. „Kleinere Zulieferer können sich nur als Spezialisten halten, die in ihrer Nische so gut sind, dass die Autokonzerne nicht auf sie verzichten können. Die übrigen hängen am Tropf von zwei, drei Kunden. Wenn sie da einen davon verlieren, gehen leicht die Lichter aus", so Stefan Bratzel, Leiter des Center Automotive Management in Bergisch-Gladbach.

Quelle: Handelsblatt, 3. Januar 2013, S. 4f.

Vorteile der Abnehmer liegen darin, dass sie einen Transaktionskostenvorteil beim Aufbau der Zulieferbeziehung am ausländischen Standort haben und zugleich einen Koordinationsvorteil mit erhöhten Potenzialen zur wechselseitigen Anpassung und Abstimmung, was letztlich die Flexibilität der Zulieferbeziehung erhöht. Cannon/Homburg (2001) haben in einer Studie von rund 500 amerikanischen und deutschen Zulieferunternehmen u.a. belegt, dass geografische Nähe zwischen Lieferant und Kunde signifikant die Zugangs- bzw. Akquisitionskosten des Kunden senkt und Flexibilität des Lieferanten zudem einen signifikanten Faktor für Effizienzsteigerungen im Bereich operativer Kosten auf der Kundenseite darstellt. Diese Aspekte unterstreichen die Bedeutung der Follow-the-Customer-Strategie als Option des Marktengagements und zeigen, dass nicht nur der Lieferant einseitig davon profitiert, sondern reziprok auch der Kunde.

Die **Nachteile der Strategie** sind mit den generellen Risiken eines internationalen Engagements verbunden. Das Management des Internationalisierungsprozesses i.S. eines Follow-the-Customer – mit dem Aufbau und der Organisation eines Netzes von Tochtergesellschaften bzw. Niederlassungen im Ausland – ist ressourcenintensiv und stellt Herausforderungen an die Kompetenzen des Unternehmens und dessen Mitarbeiter. Erwähnenswert sind Risiken durch Investitionen für die Errichtung von Tochtergesellschaften, Kosten der Auslandsmarktbearbeitung, fehlende Erfahrungen auf dem jeweiligen Auslandsmarkt, sprachliche, psychologische Barrieren usw. (Fieten/Friedrich/Lageman 1997, S. 27).

2. Länderspezifische Timing-Entscheidungen

a) Grundlegende Optionen und Strategien

Die Analyse von **Timing-Strategien** hat über den internationalen Bereich hinaus eine generelle Bedeutung, v.a. im Zuge der Neuproduktentwicklung oder allgemeiner der Innovation. Wie auch bei den hier im Vordergrund stehenden länderspezifischen Timing-Strategien wird üblicherweise eine vergleichende Perspektive eingenommen (Nehrt 1996; Bryman 1997).

> *Die länderspezifische Timing-Entscheidung liegt pauschal darin, den Markteintritt zum richtigen Zeitpunkt – nach Abell (1978, S. 21) bei einem geöffneten „strategischen Fenster" – zu realisieren, denn "firms can enter a market too early, or they can enter too late" (Schnaars 1986, S. 28).*

Verbreitet ist eine dichotome Einteilung in die Grundtypen „pioneer" und „follower", d.h. Unternehmen, die einen Auslandsmarkt zuerst betreten, und solche, welche dies später tun. Oft wird die Pionierperspektive im Hinblick auf die ökonomischen Effekte eines frühen bzw. ersten Eintritts in einen neuen Markt eingenommen (Kerin/Varadarajan/Peterson 1992; Lieberman/Montgomery 1988; Luo 1999). Differenzierter ist die Dreiteilung in „**early, second and late mover**". Konzeptionell können diese Grundtypen wie in Abbildung 3.9 dargestellt werden. „Early mover" begründen einen **Lebenszyklus**. Sie haben Pioniervorteile und entsprechend mehr Handlungsoptionen zur Verfügung, allerdings besteht ein höherer Unsicherheitsgrad bezüglich der Marktentwicklung. Für eine dauerhafte Marktführerschaft kommt es aber darauf an, die eigene Marktposition frühzeitig zu festigen und gleichzeitig potenzielle Konkurrenten am Markteintritt zu hindern.

Toyota – First Mover im Hybrid-Sektor

Auf dem Markenabend des VW-Konzerns beim Pariser Autosalon, der normalerweise ein Schaulaufen der PS-Protze ist, verkündete VW-Chef Martin Winterkorn eine Hybrid-Offensive: Sieben Mrd. EUR wolle man in den nächsten Jahren investieren, um neue Plug-In-Hybridmodelle auf den Markt zu bringen. Mit seiner Ankündigung will Winterkorn die Aufholjagd der Wolfsburger auf Toyota einleiten. Bisher hinkt VW noch hinterher.

Während die Wolfsburger sich auf Ankündigungen beschränken müssen, ist Toyota bei der Hybridtechnologie längst gestartet, allerdings Jahre nach der ersten Konzeptvorstellung. Toyota stellte 1997 mit Prius das erste massengefertigte Hybridauto vor und wurde für seine Entwicklung von den deutschen Autobauern belächelt, in Kalifornien bspw. jedoch mit Steuervorteilen gefördert. Inzwischen haben sich zum Prius 19 weitere Modelle gesellt, von denen zwölf in Europa offeriert werden. Und das Toyota/Lexus-Angebot wird schnell weiter wachsen: 18 neue Modelle hat das Unternehmen bis Ende 2015 angekündigt, darunter ein erstes Fahrzeug mit Brennstoffzellen-Antrieb. Während die Wolfsburger sich auf Ankündigungen beschränken müssen, ist Toyota bei der Hybridtechnologie längst gestartet.

Quelle: Handelsblatt, 22. Oktober 2012, S. 42.

Nahe liegender Weise haftet speziell der zweiten Unterteilung insofern eine gewisse Willkür an, weil die Einstufung eines Folgeunternehmens als „late" von der Dynamik und dem Konzentrationsgrad des Eintrittsmarktes abhängt. In reifen Oligopolmärkten kann der dritte Folger bereits als spät bezeichnet werden, in einem jungen Markt mit stark wachsendem Volumen und hoher technologischer Innovationsrate ist dasselbe Unternehmen möglicherweise als „früh" zu klassifizieren. Bemühungen, dieses zu berücksichtigen, rekurrieren auf die Neuartigkeit der Produkt- bzw. auch Verfahrenstechnologie (technologieorientierte Klassifizierung). Demgegenüber stellen marktorientierte Klassifizierungen auf die kundensubjektive Neuartigkeit des Leistungsangebots ab. Ein entsprechend inspirierter Pionierbegriff erfasst folglich auch Angebote, die mit einer althergebrachten Technologie erzeugt oder vom einführenden Unternehmen bereits in anderen Märkten erprobt worden sind. Somit beinhalten die technologieorientierten Ansätze meist einen deutlichen Zeitakzent, während die marktorientierten Klassifizierungen eher auf **wettbewerbliche Kalküle** abstellen.

Abbildung 3.9: Grundlegende Typen der länderspezifischen Timing-Strategie

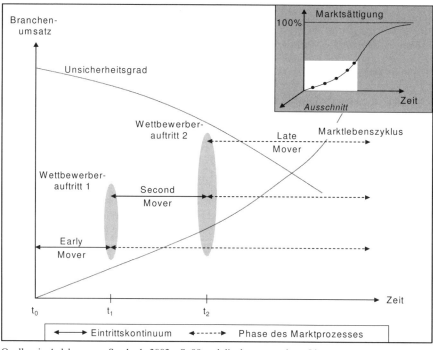

Quelle: in Anlehnung an Swoboda 2002c, S. 89 und die dort angegebene Literatur.

In Anlehnung an die empirischen Ergebnisse zu Timing-Strategien im nationalen Kontext ist für den internationalen Bereich festzuhalten, dass Pioniere tendenziell eher in der Lage sind, **dauerhafte Wettbewerbsvorteile** gegenüber Folgern aufzubauen und langfristig erfolgreicher sind. Dies belegen unterschiedliche Studien.[1] Exemplarisch wird auf **zwei Ergebnisse** von Luo (1999) hingewiesen:

---

[1] Vgl. bereits Studien von Lambkin (1988), Parry/Bass (1990), Lilien/Yoon (1990), Robinson (1988), Robinson/Fornell (1985), Anderson/Engers (1994), Mascarenhas (1992) oder Luo (1998), Luo/Peng (1998).

- In einer ersten Untersuchung wurden sieben, nach der Öffnung Chinas im Jahre 1979 eingetretene Pionierunternehmen mit 24 „late movers" (Eintritt in den Jahren 1989/1990) verglichen. Die Ergebnisse verdeutlichen ein im Durchschnitt stärkeres Umsatzwachstum und einen höheren Gesamtumsatz der Pioniere, zugleich aber auch höhere Risiken und geringere ROIs.
- Eine zweite Untersuchung zeigt auf der Basis einer Stichprobe von 96 Unternehmen einen Einfluss des Timings (hier Eintrittszeitpunkt) auf verschiedene Größen, u.a. auf Eigenkapitalrentabilität, Umsatzwachstum, Gesamtumsatz, Wettbewerbsposition und Grad des operativen Risikos. Luo kommt in den Regressionsanalysen (siehe Tabelle 3.1) nicht ohne Berücksichtigung von Kontrollgrößen aus, so Branche, Unternehmensgröße, Eigenkapitalausstattung und F&E-Aufwendungen. Letztere weisen z.T. stärkere Effekte auf die resultierenden Größen auf als das Timing.

Tabelle 3.1: Ausgewählte Timing-Effekte –
Ergebnisse einer multiplen Regressionsanalyse

	Eigenkapital-rentabilität	Umsatz-wachstum	Gesamt-umsatz	Wettbe-werbs-position	Operatives Risiko
Unabhängige Variable:					
• Timing	-0,43*	-0,26*	-0,34*	-0,24**	-0,28**
Kontrollvariablen:					
• Branche	0,27*	0,31*	0,27*	0,35*	0,20***
• Unternehmensgröße	-0,08	0,05	-0,05	0,03	-0,20
• Eigenkapitalausstattung	0,02	0,11	0,09	0,12	0,13
• F&E-Aufwendungen	0,34*	0,41*	0,43*	0,47*	-0,17
Modell:					
F-Wert	21,60	15,04	20,76	20,66	7,12
p-Wert	0,001	0,001	0,001	0,001	0,001
R^2	0,55	0,46	0,53	0,53	0,36
korrigiertes R^2	0,52	0,42	0,51	0,51	0,32

Signifikanz p < 0,001*, < 0,01**, < 0,05***.
Quelle: Luo 1999, S. 193.

Die Ergebnisse belegen die **Erfolgsrelevanz der länderspezifischen Timing-Strategie**, deuten aber zugleich die Notwendigkeit einer erweiterten, determinierende Faktoren berücksichtigenden Perspektive an. Einen derartigen Bezugsrahmen liefern – wie angedeutet – Luo (1999, S. 187) und Swoboda (2002d). Darin wirken Determinanten des unternehmerischen Umfeldes und der potenziellen Wettbewerber direkt und/oder indirekt auf die Entscheidung (siehe Abbildung 3.10). Es fehlt jedoch bisher eine empirische Überprüfung dieses Bezugsrahmens. Die vorliegenden Untersuchungen nehmen meistens eine Partialbetrachtung vor, die zudem die Eigenart aufweist, dass Vor- bzw. Nachteile einer Timing-Entscheidung mit unterschiedlichen determinierenden Faktoren verwoben werden. Dies erschwert die Abgrenzung der Vor- und Nachteile einer länderspezifischen Timing-Strategie.

b) Determinanten sowie Vor- und Nachteile

In empirischen Arbeiten dominieren auf Seiten der Vorteile von Pionieren Argumente wie Zugang zum lokalen Markt, das Fehlen von Konkurrenten, Markierungsvorteile, Technologieführerschaft, Zugang zu knappen Ressourcen und größere Optionen in der Gestaltung der Strategie (Lambkin 1988, S. 127ff.; Parry/Bass 1990, S. 187ff.; Robinson 1988, S. 87ff.; Urban u.a. 1986, S. 645ff.). Im Wesentlichen handelt es sich hier um marktorientierte Optionen zur frühzeitigen Erreichung einer Marktmacht und zum Aufbau von Eintrittsbarrieren für die Folger, welche die Pioniere als Vorteilsbedingungen nutzen können.

Abbildung 3.10: Bezugsrahmen der Strategieformulierung bei Timing-Entscheidungen – Wettbewerbsorientierte Perspektive

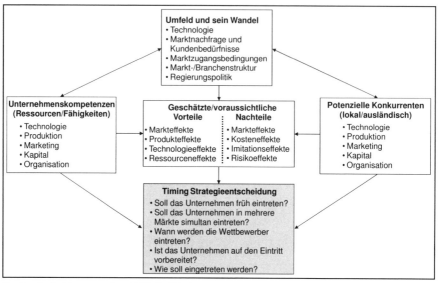

Quelle: in Anlehnung an Luo 1999, S. 186; Swoboda 2002c, S. 90.

Besonders marktorientierte Analysen sehen die Marktmacht verankert im frühen Aufbau von **Kundenpräferenzen** für bestimmte Produkte und Dienstleistungen. Der Pionier kann das Kaufverhalten frühzeitig im Hinblick auf eine langfristige Bindung der Kunden prägen. Dies verspricht dann Vorteile, wenn der Wechsel eines Produktes für die Abnehmer mit einem subjektiv empfundenen Risiko verbunden ist. Letzteres ist sowohl im Systemgeschäft, etwa auf Grund der technischen Beschaffenheit von Systembauteilen, möglich als auch im Konsumgüterbereich z.B. durch den Aufbau starker Marken und eine psychisch zu begründende Markenbindung. Verstärkend wirken die **Komplexität und Erklärungsbedürftigkeit der Produkte**, wenn damit Investitionsbarrieren oder Kaufwiderstände der Kunden verbunden sind, weil etwa die Kunden mit den Produkten nicht vertraut sind. Im Zuge der Öffnung von Schwellen- bzw. Entwicklungsländern gibt es die Möglichkeit zur frühen Unterstützung und Bindung von Absatzmittlern, mit der Folge, später eintretenden Konkurrenten den **Zugang zu Distributionssystemen** zu erschweren. Damit korrespondiert auch die **Bindung von Zulieferern**, d.h. die Option zum Aufbau umfassender Beziehungsnetzwerke, die dann als Eintrittsbarrieren für Folger wirken. Ganz ähnlich beschreiben Lambkin (1988), Parry/Bass (1990) oder Robinson (1988) die, ausgehend von einem relativ kostengünstigen Aufbau von Markenbekanntheit, resultierenden Markteintrittsbarrieren für die Folgerunternehmen. Eine besondere Rolle kommt den **langfristigen Präferenzen der Kunden** für bestimmte Produkte und Dienstleistungen zu.

Parallel zur marktorientierten Perspektive ließe sich die Argumentation aus einer lerntheoretischen Perspektive heraus führen. Der frühe Aufbau von **Markt-Know-how** wäre hier ein zentrales Argument. Entsprechend den Lernkurvenmodellen oder auch den behavioristischen Ansätzen der Internationalisierung bilden vorhandene Informationsdefizite, gepaart mit der grundsätzlichen Risikoneigung des Managements, eine Grundlage für die Timing-Entscheidung von Unternehmen. Ein frühzeitig vorhandenes Knowhow würde entsprechend die frühe Timing-Entscheidung stützen und die Position eines Pioniers stärken. Letztere Argumentation kann auch auf netzwerkorientierte Ansätze i.S. einer starken Position eines Unternehmens in **internationalen Netzwerken** zurückgeführt werden (Sydow 1996).

First-Mover Disadvantage

Consider that most famous industrial success story of a century ago, Henry Ford's mass-produced Model T. By inventing the automated assembly line, he had a first-mover advantage that was so great that he scared England's Charles Stewart Rolls and Sir Frederick Henry Royce, even though their luxury cars were at the other end of the spectrum. But Ford overstayed the Model T. Remember, he insisted that they all be painted black and in the late 1920s lost leadership to more innovative Chevrolet.

In most cases entrepreneurs are better off building the second or third version of the better mousetrap. Visicalc, the first desktop spreadsheet program, faded away as Lotus took over the field with 1-2-3. In time the Lotus software was itself crushed by Microsoft's Excel.

Prodigy Communications was a first mover in online connections. And it had powerful backers at its launch in 1984: IBM for technology, Sears Roebuck for online retail sales and CBS for news and ad sales. Prodigy's focus was on electronic shopping, but two decades too early. Subscribers back then were more interested in chat rooms, e-mail and then Web surfing. The firm was sold in 1996 to an investor group for only 250 million USD.

Dumont led the way in selling TV sets when they were new gadgets, but the company lost out to latecomers like RCA and Motorola. Chux was the leading disposable diaper yet succumbed to Procter & Gamble's Pampers. Ampex had a commanding position in video recorders and tapes for two decades until Sony took over. Rheingold Brewery brought out Gablinger's low-calorie beer in 1967, a cool summer with weak beer sales. So Rheingold lost interest and Miller Lite later mastered the field.

Think twice about being first to invest in a new business, even if it boasts a 100% market share. Often it's better to follow Alexander Pope's advice: „Be not the first by whom the new are tried." For example, Apple didn't invent the personal computer, the mobile phone, not even the iPod for there were MP3 players before that and they certainly didn't invent the tablet computer with the iPad (the Microsoft attempt just celebrated a decade of dismal failure). They did do all of these things vastly better than those who had gone before, very true, but they had the advantage of being able to see how others did and then designing in what people really wanted, as a result of those observations.

Quelle: www.forbes.com, Abrufdaten: 18. Juni 2007; 4. September 2012.

Hinsichtlich der mit einem frühzeitigen Eintritt verbundenen Nachteile – oftmals aus der Perspektive von Risiken betrachtet – findet sich ebenfalls eine Reihe von Argumenten. Relevant sind **situative Determinanten**:

- vorwiegend **Merkmale der Umwelt**, so der weiteren Umwelt (z.B. makroökonomische/politische Einflussnahme, schwache Infrastruktur) oder der näheren Umwelt (Branche, strukturelle Instabilität)
- **unternehmensinterne Merkmale**, wie die sachlichen Ressourcen (z.B. Kapitalausstattung, Technologie, Anti-Imitationskosten) bzw. Strategien und (seltener) Managementmerkmale (Luo 1999, S. 184).

Lieberman/Montgomery (1988, S. 44) folgend, kann die **Attraktivität des Marktes** die Wettbewerbsvorteile der Pioniere relativieren. In Märkten mit einem hohen Potenzial oder

Wachstum bieten sich für die Folger Spielräume, insbesondere dann, wenn die Pioniere nur Segmente des Gesamtmarktes abdecken. Bei instabilen Marktbedingungen relativiert sich die Bedeutung der bestehenden Erfahrungen des Pioniers. Sie verlieren an Wert. In beiden Fällen kann eine Folgerstrategie die Möglichkeit eröffnen, aus den Fehlern der Pioniere zu lernen und entsprechende Fehlinvestitionen zu vermeiden. Golder/Tellis (1993, S. 161f.) zeigen vergleichbare Entwicklungstendenzen im Falle sich ändernder (Kunden-)Präferenzen sowie v.a. bei **Technologiesprüngen** auf. Letztere bieten für Folgerunternehmen die Option für eigene Eintrittsaktivitäten oder zum Erwerb der notwendigen Technologie. Sind Kaufkriterien bei den Abnehmern Schwankungen unterworfen bzw. nicht absehbar und ist die Positionierung erst nach einer gewissen Zeit möglich, kann eine abwartende Haltung vorteilhaft wirken.

Auf Seiten **unternehmensinterner Faktoren** sind Auswirkungen von Unternehmensgröße und Ressourcenausstattung wichtig. Danach versuchen kleinere Unternehmen, Pioniervorteile zu realisieren, während Folger – insbesondere solche mit überlegenen Ressourcen – in der Lage sind, Wettbewerbsvorteile der Pioniere rasch einzuholen. Für größere, finanzstarke Unternehmen besteht daher die Möglichkeit, den Markteintritt hinauszuzögern und spätere Eintritte in einem Gastland über Akquisition zu bewältigen. Andererseits reicht für die im weltweiten Wettbewerb befindlichen Großunternehmen eine Profilierung alleine über die Kosten und die Qualität oft nicht aus. Geboten ist auch für sie eine ausgeprägte Pionierorientierung, wenn das Markt-Know-how und die Kundenbindung Wettbewerbsvorteile bilden. Ferner führt eine nicht hinreichende Wettbewerbspositionierung des Pioniers dazu, dass Wettbewerbsvorteile nicht realisiert werden können (Golder/Tellis 1993, S. 161f.).

Die **Bedeutung von Betätigungsformen**, die Pioniere und Folger bei ihren Markteintritten wählen, thematisieren weitere Studien. Empirische Studien bestätigen, dass Pioniere nahe liegender Weise weniger stark durch Akquisitionen tätig werden. Vielmehr ist diese Vorgehensweise für Folger typisch, weil die **Akquisition** in oligopolistischen Märkten die Möglichkeit eröffnet, einen Pioniervorsprung aufzuholen. Als Argumente gegen Akquisitionen führen sie ungeklärte Eigentumsverhältnisse, unzureichende Möglichkeiten zur Bewertung von Übernahmekandidaten oder Altlastenprobleme an. Nach Pues (1994) sind Pioniere v.a. in Form eigener **Vertriebsgesellschaften** tätig. Auf einer operativen Marktbearbeitungsebene kommen nach einem Eintritt eine ausgeprägte Distributionspolitik und standardisierte Produktprogrammpolitik zum Einsatz. Berichtet wird aber auch von einer Trägheit von Pionieren, notwendige Zusatzinvestitionen durchzuführen, um ihre Marktführerschaft zu behaupten.

Insgesamt sind die Befunde facettenreich. Ihre Zusammenfassung führt zum Überblick über die pauschalen Vor- bzw. Nachteile der „early", „second" und „late mover" in Abbildung 3.11.

3. Besonderheiten des Marktaustritts

Ein Blick in die Unternehmenspraxis zeigt sich häufende **Austritte aus Auslandsmärkten**, was mit zunehmender Internationalisierung der Wirtschaft und der Unternehmen auch zu erwarten ist, aber für einzelne Unternehmen oft unerwartet auftritt. Die Erkenntnisse bezüglich des unternehmerischen Wachstums – zu denken ist hier etwa an Investitions-, Wachstums- oder Eintrittsstrategien – sind enorm, die bezüglich **Desinvestition**, **Schrumpfung** oder **Marktaustritt** hingegen relativ gering.[1] Zudem ist der Wissensbe-

---

[1] Austritte aus Exportmärkten werden in ersten Schritten der Auslandstätigkeit betrachtet (vgl. Abschnitt B.II.3. dieses Kapitels).

darf beachtlich, da nicht nur die Zahl der Marktaustritte steigt, sondern Studien belegen, dass die Mehrzahl aller Marktaustritte reaktiv erfolgt. Dranikoff/Koller/Schneider (2002, S. 77) zeigen, dass bis zu 76% der „divestitures" reaktiv sein können, davon ein Drittel als schnelle Reaktion und zwei Drittel nach langfristiger „**underperformance**".

Abbildung 3.11: Vor- und Nachteile der länderspezifischen Timing-Strategie

	Vorteile	Nachteile
Early Mover	• Möglichkeit der Etablierung eines Markt-/Markenstandards • längere Amortisationsphase im Markt • marktanteilsbedingte Kostenvorteile • Aufbau von Markterfahrung • intensive Kundenbindung • im Idealfall strategische Autonomie und Monopolgewinne	• höhere Kosten für „infrastrukturelle" Markterschließung • höherer Überzeugungsaufwand bei den potenziellen Kunden • höherer F&E-Aufwand • Gefahr von Technologiesprüngen • Unsicherheit über weitere Marktentwicklung
Second Mover	• Partizipation an der Marktaufbauleistung des Pioniers • Risikoreduktion durch Abwarten der Marktentwicklung nach Pioniereintritt • im Vergleich zur „late mover"-Option Beeinflussung von Standards • rechtzeitige Teilnahme am zu erwartenden Marktaufschwung	• geringere strategische Autonomie als der Pionier (Faktenregistrierer) • Kosten- und Erfahrungsnachteile gegenüber dem Pionier • Markteintrittsbarrieren des Pioniers • im Vergleich zu den „late movern" höhere Marktinvestitionen und insgesamt höheres Risiko
Late Mover (Me-too Strategy)	• Kostenreduktion durch geringere F&E-Aufwendungen • Stabilität durch Anlehnung an dominante Gebrauchsstandards • Verfahrensstabilität durch Anwendung bewährter Technologien • Ausnutzung von Standardisierungspotenzialen	• Imagenachteile gegenüber etablierten Angeboten bzw. Marken • höhere Markteintrittsbarrieren, insbesondere bei System- und Verbrauchsgütern • bedrohte Wettbewerbsposition bei Preissenkung der Konkurrenz • vergleichsweise geringere strategische Flexibilität

Nachfolgend sollen drei Aspekte hervorgehoben werden:

1. Da kein Begriffskonsens vorliegt, ist eine Differenzierung der Formen bzw. Entwicklungen von „divestment", „divestiture" und „market exit" erforderlich.
2. Dem folgen ein Blick auf deren interne/externe Determinanten sowie auf Grund der Besonderheiten auf explizit ausgewählte Entscheidungsmodelle und
3. die Folgen sowie die Barrieren eines Marktaustritts.

Abbildung 3.12 vermittelt einen Überblick über ausgewählte, meist sekundärdatenbasierte Studien, gegliedert nach „**divestment**" bzw. „**divestiture**" sowie „**market exit**".[1] Sie verdeutlicht u.a., dass im selten explizit betrachteten internationalen Bereich meist nicht ausschließlich auf den Austritt aus einem Ländermarkt bzw. aus mehreren Ländermärkten (Marktreduktion) fokussiert wird. Zum einen werden Unternehmens- oder Branchenperspektiven eingenommen, so zur Erklärung des Rückzugs aus Produkt-Markt-Bereichen. Zum anderen wird, etwa ausgehend vom Begriff „**de-internationalisation**", eine graduelle Perspektive bei Märkten, Betätigungsformen usw. verfolgt. Dies ist einsichtig, da es empirisch schwer zu bestimmen ist, ob ein Unternehmen den Markt verlassen oder (nur) die Betätigungsform von Niederlassungen auf Export reduziert hat.[2]

---

[1] Theoretische Fundierungen zum Thema zeigen Benito/Welch (1997) und Benito (2005).
[2] Hier wird über die Trennung in länderspezifisch und -übergreifend hinweggesehen.

Abbildung 3.12: Ausgewählte Studien zur „de-internationalisation"[1]

Autor(en)	Gegenstand	Beziehungen/Determinanten	Basis
Divestments und Divestitures im Allgemeinen			
Alexander/ Quinn/Cairns 2005	history and patterns of divestment	(1) Branchenspezifisch: häufigste „divestments" in der Fashion-Branche; im Food-Bereich mehrheitlich nach zehn Jahren der Internationalisierung; (2) keinen Einfluss des Ursprungslandes auf Zeitigkeit der „divestments"; (3) Rahmenbedingungen beeinflussen „divestments"	Sekundärdaten 1987-2003 von 153 divestments
Amir/Lambson 2003	entry and exit	"sunk costs, imperfect competition, equilibrium" als determinierende Variablen	stochastische, spieltheoretische Modelle
Beers/ Sadowski 2003	acquisition, divestitures and innovation	(1) "acquisition and divestitures"; (2) Unternehmen, die (1) intensiver betreiben, sind innovativer	Sekundärdaten 1994-96 von 2.381 holländischen Firmen
Boddewyn 1983	investment and divestment	Differenzen zwischen Ausland und Inland	Tests/Entscheidungsmodell
Borde/Madura/ Akhigbe 1998	foreign divestitures	„valuation effects" (+), Größe der „divested unit" (+), strategische Reorganisation (+), Analogie zu Inlandsbefunden	Sekundärdaten 1979-91 von 189 Firmen
Dranikoff/Koller/Schneider 2002	acquisition and divestiture	(1) durchschnittlich aktives Portfoliomanagement; (2) „divestitures" erfolgen zu 76 % reaktiv usw.	Sekundärdaten 1990-99 von 200 Firmen
Etgar/Rachman-Moore 2007	decision making and failures	(1) Determinanten „market failures": Qualität der strategischen Entscheidungen und der Kooperationen mit lokalen Einheiten; (2) Qualität taktischer Entscheidungen ist weniger wichtig	Primärdaten von 140 Experteninterviews aus dem israelischen Handelssektor
Spezifische Marktaustritte (branchenbezogen, landbezogen oder unternehmensbezogen)			
Belderbos/Zou 2009	foreign affiliate divestments of Japanese firms in Asia	Determinanten: makroökonomische Unsicherheiten in Heim- und Gastmarkt, Korrelationen zwischen Unternehmensportfolios	Sekundärdaten von 1.078 asiatischen Produktionsgesellschaften japanischer MNCs
Doi 1999	exits in Japanese manufacturing	Determinanten: Kapitalintensität (+), Kontraktbeziehungen (+), Profits (-), Branchenwachstum (-), -konzentration (-), F&E-Möglichkeiten (-)	Sekundärdaten 1981-89 von mittelständischen Unternehmen
Dunne/Klimek/ Roberts 2005	exit in US-manufacturing markets	Determinanten: (1) Erfahrung beim Eintritt auf Wahrscheinlichkeit und Form des Austritts (+); (2) Firma, Marktbedingungen, Historie (+)	Sekundärdaten 1963-97 ausgewählter Branchen in den USA
Griffin 2003	subsidiary divestment	Sichtweise der „subsidiary" und nicht des MNC; Bedingungen der Schließung	Fallstudie einer Tochtergesellschaft
Jain/Kini/ Shenoy 2011	vertical divestitures	Determinanten: positive Branchen Nachfrageänderung (+), positive Finanzierungskonditionen (+), Produktivität in Relation zur Muttergesellschaft (+), Risiko für Vertragsprobleme (-)	Sekundärdaten 1986-2005 von 111 Spin-offs und Equity Carve-outs
Lay 2003	entry and exit in Taiwan's manufacturing plants	Determinanten: Barrieren (+), „sunk costs" (-) usw., keine symmetrischen Effekte bei Eintritt und Austritt	Sekundärdaten 1987-1998 von 162.714 Produktionseinheiten in Taiwan
Mata/Portugal 2000	firm closure and capital divestment of foreign firms in Portugal	Determinanten: Organisationsstruktur, Eigentumsform, Eintrittsform, Humankapital usw.	Sekundärdaten 1983-89 von 1.033 ausländischen Unternehmen in Portugal
Matthyssens/ Pauwels 2000; Pauwels/Matthyssens 2004	international market exit process of exporters	bedingt durch Wandel des Commitments, Entscheidungsprozesse und Streben nach strategischer Flexibilität in der exportorientierten Expansion	2 Tiefenfallstudien bzw. 12 Fallstudien

---

[1] Zu weiteren Studien vgl. Kumar (2005, Joint-Venture-Divestment); McNamara u.a. (1997, Effekte der Austrittsankündigung); Huyghebaert/Gucht (2004, Start-Ups-Exit in wettbewerbsintensiven Branchen).

Roberts/ Thompson 2003	entry and exit in transition economies	Muster des Ein- und Austritts in Transition Economies ähnlich zu dem reiferer Märkte	Sekundärdaten 1988-93 von herstellenden Unternehmen in Polen
Tenn/Yun 2011	success of antitrust divestures	(1) Vergleich der Performance von Produktmarken vor und nach der Divestiture; (2) Keine Veränderungen in der Performance	Sekundärdaten der Verkaufszahlen von sechs Produktkategorien
Yamawaki 2004	exit patterns of European and US firms in Japanese manufacturing	(1) japanische Businessstruktur und -praxis als Barriere, aber nur bedingt relevant für „exits" (2) Branchen-, niederlassungsspezifische Faktoren, Konfiguration determiniert „exit pattern"	Sekundärdaten 1973-94 von 366 Tochtergesellschaften

Formen bzw. Entwicklungen eines Marktaustritts

Zwei Zugänge sollen die (begrifflichen) Unterschiede verdeutlichen. Benito/Welch (1997, S. 9) wählen als Ansatzpunkt das Begriffsverständnis der „de-internationalisation" und subsumieren darunter zwei Sachverhalte:

- den Extremfall des vollständigen Rückzugs aus internationalen Märkten, d.h. Re-Nationalisierung[1]
- den häufigeren Fall einer partiellen oder vollständigen De-Internationalisierung bezogen auf einen Ländermarkt mit einer Reihe denkbarer Varianten, z.B.
  - (graduelle) Zurücknahme der Marktbearbeitungsaktivitäten, Restrukturierung bis hin zum Rückzug aus einem bestimmten Markt,
  - Schließung ausländischer Vertriebs- oder Produktionsniederlassungen, Reduzierung der Eigentumsrechte an einer Beteiligung oder grundsätzlicher Wandel zu Betätigungsformen mit einem geringeren Marktcommitment,
  - Rückzug aus einem bestimmten Markt infolge der Übernahme durch Konkurrenten, Enteignung durch eine Auslandsregierung usw.

In neuen Publikationen geht Benito (2005, S. 242) von **„divestments"** aus und subsumiert darunter **„adjustments"**, **„failures"** und **„results of restructuring"**. Burt/Dawson/Sparks (2003) wählen den Misserfolg im Ausland als Ansatzpunkt und damit eine eher reaktive Perspektive, die um eine proaktive Sicht wie folgt zu ergänzen ist (Swoboda/Schwarz 2006; vgl. ergänzend auch Cairns u.a. 2010):

- **Proaktive Entscheidungen** zum Austritt oder zur Reduktion von Aktivitäten fußen auf Bewertungen des externen und/oder internen Umfeldes durch das Management, z.B.:
  - Die zukünftigen externen Marktbedingungen werden verändert eingeschätzt, so bezüglich Kunden, Konkurrenten, Umfeld.
  - Aus interner Sicht ändert sich das relative Gewicht des Ländermarktes, so im Zuge eines Strategiewandels, einer veränderten Ressourcenallokation, Neubewertung bzw. (Re-)Konfiguration von Ländermärkten.
  - Ein neues Management verfolgt neue Visionen oder Ideen.

- **Failure** beschreibt einen (ungeplanten) Misserfolg („**underperformance**"), der sich in operativen Verlusten in einem Land niederschlägt. Aus strategischer Perspektive bestehen für Unternehmen folgende Optionen:
  - die (temporären) Verluste akzeptieren und nichts tun
  - die Investition erweitern
  - operative Veränderungen vornehmen
  - sich aus dem Markt zurückziehen („**divestment**").

---

[1] Vgl. hierzu Abschnitt B.II.3. dieses Kapitels.

- **"Results of restructuring"** meint einen Prozess der Ressourcen-Reallokation bzw. einer Reduktion der Marktpräsenz mit zumindest drei Ausprägungen:
    - Verringerung bzw. Anpassung der Marktpräsenz, so Schließung einzelner Niederlassungen im Markt (**"closure or adjustments"**)
    - organisationale Restrukturierung durch den Wandel von Ressourcen und Aktivitäten auf verschiedenen Niveaus, so Betätigungsform, Marktbearbeitung usw. (**"organisational restructuring"**)
    - Verlassen des Marktes (**"exit"**), d.h. totaler Rückzug mit Aufgabe der Marktpräsenz.

Determinanten und Gründe eines Marktaustritts

Steht nur der vollständige Austritt („exit") im Vordergrund, dann kann dieser auf der Ebene einzelner Branchen beobachtet werden. In Europa betroffene, wenig konkurrenzfähige Branchen (auf Beschaffungs- bzw. Produktionsmärkten) sind bekannt, so Textilindustrie, Unterhaltungselektronik oder Handyproduktion. Wie in Abbildung 3.13 verdeutlicht, bildet der Konsumgüterhandel eine Branche, die in den letzten Jahren enorm und offensichtlich mitunter überstürzt internationalisierte.[1] Die Beispiele der Abbildung 3.13 leiten zugleich zur **Begründung der Marktaustritte** über, d.h. zur Analyse der internen/externen Einflussfaktoren bzw. Entscheidungsdeterminanten. Zum Beispiel ist der Rückzug von Dohle aus Polen als Teil der länderübergreifenden Wachstumsstrategie zu sehen, zumal ein attraktives Übernahmeangebot zum Marktaustritt führte. Bei Marks & Spencer bildeten der ausstrahlende Heimatmarkt und bei Carrefour u.a. neue Vorstände wichtige Haupteinflussfaktoren.[2]

Abbildung 3.13: Ausgewählte Marktaustritte und deren Gründe im Handel[3]

Unternehmen	Land/Jahr	Haupteinflussfaktoren/-gründe aus dem ... Unternehmen
Ahold (NL)	Polen 2007; Argentinien, Belgien, Brasilien 2005; Spanien, Thailand 2004; Chile, Indien, Malaysia, Paraguay, Peru 2003; Marokko 2002; China, Singapur 1999	• finanzielle Unregelmäßigkeiten im Konzern • zunächst Reorganisation der Ressourcen nach Spanien, dann in den Heimatmarkt • Verluste; keine ROI-Perspektive in Auslandsmärkten; Konzentration
Boots (GB)	Niederlande 2000	• Verluste und Umgestaltung des Geschäftsmodells auf weniger kapitalintensive Alternativen
Christ (D)	Schweiz 2001	• schwache Performance • Konzentration auf andere Geschäftsbereiche
Daimaru (J)	Singapur 2003; Australien 2001	• wirtschaftliche Probleme der Gruppe, daher Reorganisation
Douglas Parfümerien (D)	Russland, Slowenien, Dänemark 2010	• andauernder Umsatzrückgang
Guangnan (CN)	Hongkong 2001	• Verluste

---

[1] Vgl. dazu auch die auf Sekundärdatenbasis durchgeführten Studien bei Burt/Dawson/Sparks (2003), Jackson/Meilahi/Sparks (2004) sowie die Fallstudien bei Cairns u.a. 2010 und Alexander/Quinn/Cairns 2005.
[2] Diese wenigen Nennungen deuten an, wie schwierig eine Analyse auf Sekundärdatenbasis ist, während eine Primäranalyse oft daran scheitert, dass die verantwortlichen Manager nicht auskunftsbereit sind.
[3] Ohne Angabe von Gründen: C&A/D (GB, IRL 2000); Gresvig/NOR (DK 2001); Lafayette/F (SGP 1996; USA 1994); La Redoute/F (D 2000); Laura Ashley/UK (A, CH, I 2004; B, D, LUX, NL 2003; USA 1999; J 1998); Macintosh Retail Group/NL (D 2004) Sephora/US (UK 2005; HR 2012).

Jerónimo M. (P)	Brasilien, UK 2002	• finanzielle Probleme
Kingfisher (GB)	Belgien, Brasilien, Kanada, Deutschland 2003; Singapur 2001	• strategische Umgestaltung der Gruppe (hin zu einem dezidierten Baumarkthändler)
KMart (USA)	Mexiko 1997, Tschechien, Slowakei, Singapur 1996	• Refokussierung der Strategie auf die Kerngeschäftsfelder
Marks & Spencer (GB)	USA 2006; Frankreich, Spanien, Belgien, Niederlande, Deutschland, Portugal, Luxemburg 2001	• viele Probleme im Heimatland • Konzentration der Ressourcen auf den Kernmarkt (GB)
Sainsbury (GB)	USA 2004; Ägypten 2001	• Restrukturierung des Unternehmens • Konzentration auf den Heimatmarkt
Seiyu (J)	Thailand 2001	• Verluste • Joint-Venture-Partner abgesprungen
Sephora (F)	GB 2005; Deutschland, Japan 2001	• schwache Marktposition
		... externen Umfeld
Auchan (F)	Dubai 2011; Argentinien 2005; USA 2003; Mexiko 2002; Thailand 2001	• keine Perspektive • keine kritische Masse erreicht • wirtschaftliche Lage
Carrefour (F)	Indonesien, Kolumbien, Singapur, Griechenland 2012; Thailand 2010; Russland 2009; Schweiz 2008; Portugal 2007; Südkorea 2006; Japan, Mexiko, Tschechien, Slowakei 2005; Chile 2004; Hongkong 2000; USA 1993	• starker Wettbewerb (Marktanteil zu niedrig) • schwache Performance • neues Management • wirtschaftliche Lage • Probleme im Heimatmarkt
D&S Group (RCL)	Argentinien 1999	• Verluste im Ausland
Dairy Farm (HK)	Thailand 2007; Neuseeland 2002; Australien 2001; Japan, Spanien 1998	• Konzentration auf Kernkompetenzen • Probleme in der Reorganisation • starker Wettbewerb und Verluste
Delhaize Group (B)	Ungarn 2012; Tschechien 2006; Slowakei 2005; Thailand 2004; Singapur 2003	• Verluste/keine Perspektive (zu viele finanzielle/personelle Ressourcen notwendig, um Gewinne zu erwirtschaften)
Dohle (D)	Polen 2002	• attraktive Verkaufsgelegenheit
Edeka (D)	Frankreich, Polen 2003	• starker Wettbewerb • keine Perspektive
GAP (USA)	Deutschland 2004	• schwache Perspektive im Markt • Konzentration auf Märkte mit höheren Wachstumsraten
The Home Depot (USA)	China 2012; Argentinien, Chile 2001	• begrenzte Marktmöglichkeiten und wirtschaftliche Gründe
Intermarché (F)	Rumänien 2012; Spanien 2009; Deutschland 2006; Italien 2002	• kein Partner für die Zukunft
Reitan (NOR)	Polen 2003; Ungarn 2002	• starker Wettbewerb • schwache Perspektive
Wal-Mart (USA)	Deutschland, Südkorea 2006; Indonesien 1998; Hongkong 1996	• Verluste in den Auslandsmärkten • Probleme mit dem Joint-Venture-Partner

Quelle: in Anlehnung an Swoboda/Schwarz 2006, S. 187.

Die **Gründe für eine Marktreduktion** können – in Analogie zu den Betätigungsformen in Abschnitt D.II.4. des Vierten Kapitels – wie folgt systematisiert werden:[1]

- Wandel bzw. Veränderungen der Einstellungen bzw. des „foreign commitment" des Managements (1)
- Wandel bzw. Veränderungen im Unternehmen, so Strategiewandel (z.B. Produkt-Markt-/Wettbewerbsstrategie) (2), ressourcenbezogene Entscheidungen (3), neues Management, das neue Ideen vertritt (4)
- Wandel bzw. Veränderungen im unternehmensexternen Umfeld, so im Makroumfeld (politisch-rechtliche, sozioökonomische, technische Entwicklung) (5) oder im Wettbewerbsumfeld (Kunden, Konkurrenz usw.) (6)
- Wandel bzw. Veränderungen in der Performance, und zwar im Gastland oder in anderen Märkten (7).

Die Gründe müssen nicht unabhängig voneinander sein, zumal eine Umfeldentwicklung auf die unternehmensinterne Ebene wirken und umgekehrt etwa ein Wechsel des Managements zum Wandel der Strategien, der Bewertung des Wettbewerbsumfeldes usw. führen kann. Sie können aber mit dem Ansatz von Benito/Welch (1997) kombiniert in einen Bezugsrahmen zur Erklärung der De-Internationalisierung überführt werden. In Abbildung 3.14 sind die genannten und bei Swoboda (2002b) sowie Swoboda/Olejnik/Morschett (2011) betrachteten Determinanten sowie die resultierenden Größen des Wandels fett hervorgehoben.

Abbildung 3.14: Bezugsrahmen zur Erklärung der De-Internationalisierung

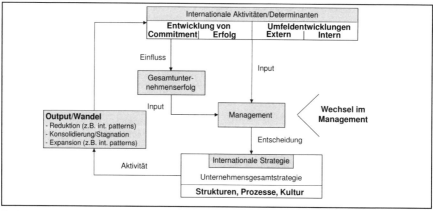

Quelle: in Anlehnung an Benito/Welch 1997, S. 20; Swoboda 2002a, S. 350ff.

Benito/Welch stellen die Bedeutung des Managements ins Zentrum ihrer Überlegungen und differenzieren zwischen Internationalisierunsstrategie/-erfolg und Gesamtstrategie/-erfolg. In Abbildung 3.15 werden hingegen die subjektive Wahrnehmung des Managements und die Bedeutung von sog. **Mediatoren** hervorgehoben.

---

[1] Zu dem hinter dieser Aufzählung stehenden strukturellen Ansatz des dynamischen Wandels von Märkten und Betätigungsformen vgl. Zentes/Swoboda 2001b; Swoboda/Olejnik/Morschett 2011, auf den die Determinanten (Nr. 1-7) zurückgehen (vgl. als Basis Calof/Beamish 1995).

Abbildung 3.15: Internationalisierungs-Entwicklungsprozessmodell

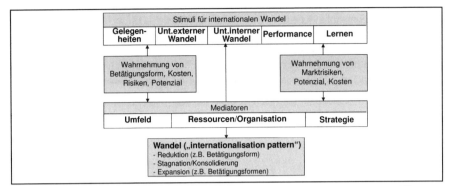

Quelle: in Anlehnung an Calof/Beamish 1995, S. 126; Swoboda/Olejnik/Morschett 2011, S. 578ff.

Unternehmen haben zugleich den Prozess der Desinvestition zu organisieren, um nachfolgend – d.h. nach dem Rückzug – erfolgreich sein zu können (vgl. zur „postdivestment performance" bspw. Sharma/Manikutty 2005), und zwar sowohl in anderen Auslandsmärkten als auch im Heimatmarkt. Einen entsprechenden Prozess skizzieren Cairns u.a. (2008) indem sie vier konsekutive Phasen hervorheben:

- Phase 1 umfasst dabei die Desinvestitionsentscheidung und deren Gründe, wie sie bereits behandelt wurden.
- Phase 2 betrifft die Herausforderung von Unternehmen während des Austrittsprozesses, wozu u.a. die Ankündigungen des Austritts (gegenüber den Mitarbeitern, den Geschäftspartnern und der Öffentlichkeit), die zeitliche Ablaufplanung oder der Umsetzungsprozess i.e.S. gehören.
- Phase 3 beinhaltet die Herausforderung einzuschätzen, inwiefern der Austritt Auswirkungen auf die strategische Ausrichtung des Unternehmens hat.
- Phase 4 umfasst die strategischen Maßnahmen, mit denen das Unternehmen auf die Desinvestition reagiert, im Heimatmarkt (z.B. Neudefinition der Werte, der Kernprodukte oder der Personalführung) oder international (z.B. Restrukturierung der Auslandsorganisationen, der zukünftigen Länderbewertungen oder der Markteintrittsstrategien).

Folgen und Barrieren eines Marktaustritts

Die Folgen eines vollständigen oder partiellen Austritts aus einem Auslandsmarkt können vielfältig sein. Sie können sich intern in ökonomischen Ergebnissen (bezüglich des Marktes und des Gesamtunternehmens), in den Strukturen und Prozessen des Unternehmens usw. auswirken. Externe Effekte können ausstrahlen in Richtung des Ländermarktes, i.S. von Rückkopplungen auf andere Ländermärkte, die Branche, die Stake- und Shareholder usw.[1]
Zu verweisen ist darauf, dass Marktaustritte möglicherweise auch verhindert oder wesentlich beeinträchtigt werden. Drei Gruppen von **Austrittsbarrieren** für Unternehmen nennen Nargundkar/Karakaya/Stahl (1996, S. 242f.):

- **Ökonomische Barrieren** können in „asset durability", in der Kapitalintensität der Engagements in den Märkten, in kontraktmäßigen Bindungen oder in den besonders

---

[1] Die Perspektive gewinnt an Komplexität beim Rückgriff auf die Markteintritts- bzw. -bearbeitungsstrategie, z.B. Gegenüberstellung von einem mit Export und direktinvestiv bearbeiteten Markt. Ferner ist eine Sicht der Mutter- und/oder der Tochtergesellschaft denkbar (vgl. dazu Griffin 2003).

zu beachtenden „sunk costs" liegen.
- **Strategische Barrieren** sind u.a. eine enge vertikale Integration (vorwärts wie rückwärts), eine hohe Kunden- und Lieferantenmacht oder wenn im Anschluss an einen partiellen Austritt ein operativer und marketingorientierter Fit zwischen den verbliebenen Unternehmenseinheiten nicht mehr besteht.
- **Managementorientierte Barrieren** können in einer persönlichen Betroffenheit, in wahrgenommenen negativen Imageeffekten und Entschädigungsansprüchen liegen.

Greift man die bedeutenden „**sunk costs**" exemplarisch auf, dann resultieren diese aus dem Fakt, dass, um auf einem Markt agieren und wettbewerbsfähig bleiben zu können, verschiedene Kosten anfallen. Entscheidet ein Unternehmen nun, aus einem Markt auszutreten, so können bestimmte Investitionen wieder ausgeglichen werden, indem etwa an Konkurrenten veräußert wird, andere wiederum nicht, woraus vielfach ausgeprägte „sunk costs" entstehen (können).

Der aus der Kostentheorie stammende Begriff „sunk costs" („versunkene Kosten") bezeichnet den Teil der Kosten, der sich aus den Istkosten vergangener Perioden zusammensetzt, wie Kosten der Markterschließung oder Produktentwicklung, und der beim Marktaustritt ersichtlich wird (Melachroinos/Spence 1999, S. 844).

Grundsätzlich können tangible und intangible „sunk costs" unterschieden werden (Shaanan 1994), oder auch exogene „sunk costs", die für alle in den Markt eintretenden Unternehmen und endogene „sunk costs", die jeweils spezifisch bei einzelnen Unternehmen bezüglich der Stimulierung der Kundennachfrage anfallen (Sutton 1991). In der Literatur genannt werden u.a. fixes Kapital mit spezifischer Verwendung, Know-how in der Produktion, Marktbedingungen, Beschäftigungsverhältnisse, Ausgaben für Werbung, Marktforschung, Forschung & Entwicklung, Über- und Unterauslastung der Maschinen oder Infrastruktur. Losgelöst von dieser breiten Sicht sind vor allem Abschreibungen in Verbindung mit direktinvestiven Engagements relevant. Da „sunk costs" erst beim Marktaustritt bewusst werden, können sie auch dann erst gemessen werden, sollten aber vorher kalkuliert werden.[1]

Eurohypo treibt Ausverkauf in den USA voran

Nach dem Abwicklungsbeschluss der EU treibt die Commerzbank-Krisentochter Eurohypo ihren Rückzug vom US-Markt voran. Derzeit steht ein 740 Mio. USD schweres Hypothekenportfolio im Schaufenster – das bislang größte, das die Eurohypo in den USA auf den Markt wirft. In den Boomzeiten 2003 bis 2007 war die Eurohypo ein großer Akteur auf dem amerikanischen Immobilienmarkt. Sie finanzierte zahlreiche prestigeträchtige Bauten und verbriefte die Kredite anschließend im großen Stil. Als der Markt zusammenbrach, stürzte auch die Eurohypo in die Krise. Viele Kredite und Verbriefungen fielen aus. Seither läuft der Rückzug auf Raten. Der Staats- und Immobilienfinanzierer, der einst in 29 Ländern unterwegs war, muss nun nicht mehr wie ursprünglich gefordert bis Ende 2014 verkauft werden. Stattdessen darf die Commerzbank die Tochter abwickeln. Der Name wird bald verschwinden.

Quelle: Handelsblatt, 05. April 2012, S. 39.

---

[1] Vgl. hierzu Melachroinos/Spence 1999, S. 844f.; Duxburry 2012, S. 144ff.; Yi/Wang 2012, S. 766ff.

II. Länderübergreifende Entscheidungen

1. Grundlagen der Marktexpansion

a) Ländervergleiche und Produkt-Markt-Aktivitäten als Basis

Die Grundüberlegungen zu länderübergreifenden Entscheidungen entsprechen z.T. den länderspezifischen Entscheidungen.[1] Die Perspektive umfasst nun jedoch mehrere Länder, weshalb von der Marktexpansion, der Wahl einer länderübergreifenden Timing-Strategie sowie der Marktreduktion bis hin zum Extremfall einer vollständigen Re-Nationalisierung zu sprechen ist.

Die Zusammenhänge zwischen bisher bearbeiteten und neuen Ländern werden auf Grund ihrer Bedeutung separat im folgenden Abschnitt aufgegriffen. Die Grundidee der Marktexpansion und die Zusammenhänge zu Timing, länderspezifischer Sicht, unterschiedlichen Motiven der Expansion und der Marktbearbeitung können in fünf Punkten illustriert werden (siehe Abbildung 3.16):

1. Das **Länderranking** zeigt die geplanten Eintritte in einzelne oder mehrere Länder eines (fiktiven) Unternehmens, das sich auf Europa und Asien fokussiert, und in den meisten Ländermärkten Europas sowie darüber hinaus in den größten Ländern Asiens bereits direktinvestiv tätig ist.[2]
2. Die Planung resultiert aus einer länderübergreifenden Länderselektion und zeigt mit der Angabe der Zeitachse eine **sukzessive Timing-Strategie**.
3. Die Vorgehensweise sieht **länderspezifische Machbarkeitsstudien** im Vorfeld des jeweils geplanten Markteintrittszeitpunkts vor. Die Ergebnisse können zur geringfügigen Verschiebung der Eintritte führen (siehe z.B. in Abbildung 3.16 im Falle von Albanien und Bosnien und Herzegowina) oder zur deutlichen zeitlichen Verschiebung (vgl. die erneuten Machbarkeitsstudien, die auf frühere Verschiebungen hindeuten).
4. Aus der Abbildung ersichtlich sind die unterschiedlichen **Motive bzw. Ziele**, die hinter der Expansion stehen können. Es handelt sich hierbei z.B. um die Schließung von Lücken im regionalen Portfolio (d.h. Beseitigung „weißer Flecken" auf der Länderkarte oder Nutzung von Synergien zwischen bearbeiteten Ländern), um eine erstmalige Erschließung einer Region (bei Beachtung der Interdependenz zwischen den Ländern, aber ggf. ohne die Beachtung von Interdependenzen zu den bisherigen Ländern) oder um individuelle (d.h. zunächst isolierte) Expansionen in attraktive neue Länder.
5. Schließlich ist vor dem Hintergrund von Ressourcenverfügbarkeiten in Unternehmen einsichtig, dass bei der Auslandsinvestitionsplanung expansive Engagements in Konkurrenz zur **Penetrationsentscheidung** in bereits bearbeiteten Ländermärkten stehen (können). Im Extremfall ist zu entscheiden, ob in neue oder bestehende Länder investiert werden soll.

---

[1] Dies gilt mit Blick auf die Situationsanalyse, die Ziele/Motive usw.
[2] Vgl. hierzu die Fallstudie der METRO C&C in Abschnitt E.III.3. dieses Kapitels.

Abbildung 3.16: Planungsergebnis von Marktexpansionsüberlegungen

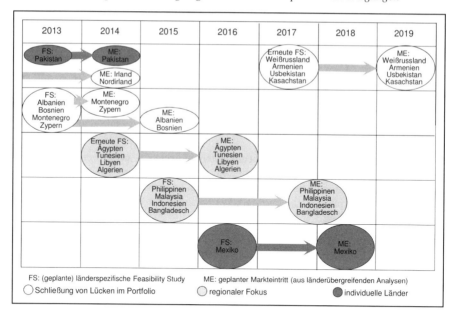

Neben Argumenten wie **Risikostreuung** durch Engagements in vielen Ländern können erneut **(Wachstums-)Motive** bzw. Ziele des international tätigen Unternehmens als Grundlage länderübergreifender Engagements angeführt werden.[1] Allerdings knüpft das „Warum" bei länderübergreifender Marktexpansion stärker an der Gesamtstrategie an und ist im konkreten Länderfall mit unterschiedlichen Motiven verbunden. Bei der Frage nach dem „Wo" der Marktexpansion könnten erneut behavioristische Studien (geografisch-kulturelle Distanz, konzentrische Kreise), Auslandsprojekte oder das Follow-the-Customer in einer länderübergreifenden Netzwerkausprägung angeführt werden. Darüber hinaus gehen zwei Sichtweisen:

- Bedeutend ist eine **integrale Perspektive**, die an der länderübergreifenden Auswahl von Kundengruppen ansetzt und zur Marktexpansion in mehrere Ländermärkte führen kann. Dies wird in Abschnitt C.II.1. dieses Kapitels separat behandelt.
- Bedeutend sind Überlegungen zur komplexen Bewertung von Ländermarktengagements, so auf Basis von vergleichenden Portfolios. Im Extremfall sind alle bearbeiteten und neuen Märkte sowie auch alle SGF, SGE bzw. Produktlinien zu betrachten (**Produkt-Markt-Betrachtung**).[2]

Ländervergleiche und Produkt-Markt-Aktivitäten als Basis einer Marktexpansion

Betrachtet man die bisher genannten Optionen einer klassischen Ländermarktselektion bzw. einer Ländermarktschätzung als Grundlage der Marktexpansion, dann dominiert hier die erstgenannte, d.h., eine länderübergreifende Marktexpansion basiert auf der Bewertung (vieler) denkbarer Märkte, so mittels **Gruppierungs- oder Filterverfahren**.

---

[1] Vgl. Abschnitt B. des Zweiten Kapitels.
[2] Dies hat (i.w.S.) einen Bezug zu Fragen von Konfiguration und Koordination in anderen Wertschöpfungsfunktionen (vgl. Zentes/Swoboda/Morschett 2004, S. 228ff.).

Allerdings sind die Entscheidungen komplex. Anschaulich ist dies bei der Gegenüberstellung der Auswahl neuer Ländermärkte oder der Allokation von Ressourcen in einem bestehenden Länderportfolio. Beides skizziert i.w.S. eine Marktwahlentscheidung; beides erfordert aber unterschiedliche Ansätze, Verfahren und Kriterien, die in entsprechenden empirischen Modell- und Messansätzen zu berücksichtigen sind. Einen pauschalen Ansatz, der die hier eingenommene Denkweise verdeutlicht, zeigt Abbildung 3.17, ausgehend von einem Produkt oder einer Produktlinie als Ansatzpunkt der länderübergreifenden Betrachtung. Die Marktexpansion wird hier auf die **Portfolio-Grunddimensionen** der Attraktivität und Barrieren in verschiedenen Ländern aufgebaut, dargestellt aus Sicht eines in europäischen Ländern tätigen (Handels-)Unternehmens.[1] Schematisch wird hier die länderübergreifende Bewertung bearbeiteter und neuer Länder in einem Portfolio angedeutet. Allerdings – und das soll das Beispiel auch zeigen – ist die Position der Länder im Portfolio nicht einfach nachvollziehbar:

- Dies hängt u.U. von den hinter den Attraktivitäts- und Barrierefaktoren stehenden, unterschiedlich zu gewichtenden Kriterien (wie z.B. Marktvolumen, Wettbewerbsintensität, politische und ökonomische Situation usw.) ab.
- Zu prüfen wäre, inwiefern die beiden Dimensionen Attraktivität und Barrieren unabhängig voneinander sind und v.a., inwiefern sie die geeigneten Bewertungsgrundlagen sind.
- Zu prüfen ist weiterhin, inwiefern der Vergleich zwischen aktuell bearbeiteten und neuen Märkten möglich erscheint.

Abbildung 3.17: Beispiel eines ländervergleichenden Portfolios

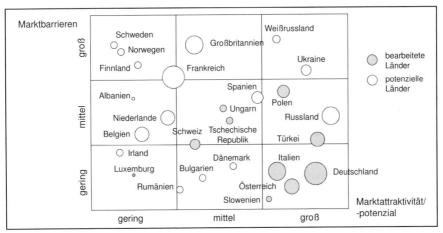

Das Beispiel ist dazu geeignet, den Zusammenhang zwischen **Marktexpansion und -reduktion** anzudeuten. Hier wäre eine Ressourcenallokation mit Aufgabe eines Marktes und Erschließung eines neuen Marktes denkbar. Mit zunehmender Marktabdeckung gewinnt das Ziel der Etablierung bzw. des Ausbaus der Stellung in einem Ländermarkt oder die optimale Ressourcenallokation in einer (Welt-)Region an Bedeutung. Entsprechend verlagert sich auch die Zielsetzung. Bei Unternehmen mit hohem Internationalisierungsgrad wird das bestehende Länderportfolio hinsichtlich der Absatzchancen, im Extremfall

---

[1] Vgl. zu den Portfolio-Ansätzen Abschnitt C.III.1. dieses Kapitels.

i.S. einer marketingzentrierten Führung des Cross-Border-Wertschöpfungsmanagements, betrachtet. Letzteres geht über einzelne Produktlinien hinaus und erfordert den Blick auf die gegenwärtige und erwartete Entwicklung einzelner **Produkt-Markt-Bereiche** (SGF und SGE in den Ländern) (siehe Abbildung 3.18).

Abbildung 3.18: Länderübergreifende Produkt-Markt-Bereiche

b) Brückenkopfländer und Rückkopplungen

Eine Entscheidungsgrundlage und zugleich Verbindung zwischen der länderspezifischen und -übergreifenden Entscheidung bilden **Brückenkopfländer** (i.e.S. auch **Referenzländer** als Muster für die Expansion in neue, ähnliche Länder). Ein Brückenkopfland kann als Grundlage für den Eintritt in einen weiteren Markt oder für die sukzessive Erschließung einer Zielregion dienen. Der erste Fall tritt v.a. dann auf, wenn etwa der weitere Markt klein, weniger attraktiv erscheint und daher vom Brückenkopf aus erschlossen und ggf. bearbeitet wird. Dies ist dann sinnvoll, wenn zusätzlich die Rahmenbedingungen (wirtschaftlich, kulturell usw.) in beiden Ländern vergleichbar sind. Im zweiten Fall nimmt der Brückenkopf für eine Region eine zentrale Position ein.

Ähnlich wie Brückenkopfländer bei länderübergreifenden Marktengagements dient die **Expansion aus Nachbarländern** dem Eintritt in das geografisch und kulturell nahe Nachbarland, z.B. Eintritt in Moldawien durch die rumänische Tochter oder in die Ukraine von Polen aus. Letzteres spiegelt länderspezifische Marktengagements wider und ist zugleich Ausdruck einer schrittweisen Expansion, ganz der Erklärung in behavioristischen Ansätzen entsprechend.

Insofern kann die Brückenkopffunktion dadurch charakterisiert werden, dass Erfahrungen des Brückenkopfmarktes bei der Erschließung weiterer Zielmärkte nutzbar sind und daher wiederholte Probleme dort in geringerem Ausmaß auftreten (Peisert 2004, S. 16). Begründungen hierfür liegen in Synergien und Lerneffekten oder allgemeiner gefasst in der Nutzung positiver Rückkopplungen als Entscheidungsgrundlage. Pauschal wird oftmals Ländern wie Australien, Dubai, Hongkong, Taiwan oder Singapur eine Brückenkopffunktion für den asiatischen Raum, Polen, Ungarn und Tschechien eine Brückenkopffunktion für den osteuropäischen Raum oder den USA und Mexiko eine Brückenkopffunktion für den mittel- und südamerikanischen Raum zugesprochen.

Mexiko als Brückenkopfland für die deutsche Industrie

Mexiko wird als Brückenkopf für deutsche Unternehmen in Nord- und Mittelamerika immer attraktiver. Das zeigt die Erfolgsgeschichte des Verpackungsmaschinenherstellers Multivac aus dem Allgäu. Der Marktführer von Vakuum-Verpackungsmaschinen hatte das Ziel mit eigenen Niederlassungen weltweit zu expandieren und fand in Mexiko seinen wichtigsten Absatzmarkt. Und Mexiko dient Multivac als Brückenkopf für die benachbarten Märkte. Von hier aus expandiert der deutsche Mittelständler nach Zentralamerika und in die Karibik. Aufgrund von positiven Wachstumschancen und Standortbedingungen wird Mexiko immer attraktiver für den deutschen Mittelstand. Das Land dient als Exportplattform für Nordamerika, sowie für Mittelamerika und die Karibik und bietet gleichzeitig einen attraktiven lokalen Markt.

Quelle: Wirtschaftswoche, 12. November 2012, S. 62.

Rückkopplungen zwischen Ländermärkten als Entscheidungsfaktoren

Wie angedeutet, können Marktattraktivität und Marktbarrieren oft nicht unabhängig von anderen, von international tätigen Unternehmen bereits bearbeiteten oder noch zu erschließenden, Ländermärkten ermittelt werden, da **Interdependenzen** zwischen den bestehenden und neuen Ländern zu berücksichtigen sind. Abbildung 3.19 verdeutlicht anhand von Beispielen, dass im Zusammenhang mit der Selektion von Ländermärkten **anbieter-, nachfrager- und konkurrenzbezogene Rückkopplungen** relevant sein können und diese entweder die Marktattraktivität steigern oder Marktbarrieren verstärken können (Backhaus/Voeth 2010a, S. 332ff.).

Abbildung 3.19: Beispiele für den Einfluss von Interdependenzen/Rückkopplungen auf Marktattraktivität und Marktbarrieren

	Steigerung der Marktattraktivität	Verstärkung von Marktbarrieren
Anbieterbezogene Rückkopplung	Die Attraktivität von Ländermärkten kann dadurch anwachsen, dass Mengendegressionseffekte realisiert werden, welche die Marktchancen in anderen Ländermärkten steigern. So kann der Gewinnbeitrag des US-Marktes für ein Unternehmen gering sein, während die dort realisierten Absatzmengen dem Unternehmen in anderen Märkten zu wettbewerbsfähigen Preisen beitragen können, sodass es für das Unternehmen sinnvoll ist, den amerikanischen Markt zu bearbeiten. Neben Kosteneffekten kann das Betreten eines anspruchsvollen Ländermarktes (z.B. Deutschland für Luxusautos) zu einem Know-how-Zuwachs führen, der zu einer länderübergreifenden Verbesserung der Wettbewerbsposition führt.	Ein Unternehmen, das konsequent auf Grund besonderer eigener Fähigkeiten französischsprachige und durch diese Kultur geprägte Ländermärkte erschließt, baut interne Marktbarrieren für Ländermärkte anderer Kulturkreise auf, wenn dadurch das interne Know-how zu stark fokussiert wird. Da die gesamte interne Kommunikation dieses Unternehmens auf die französische Sprache ausgerichtet ist, würde das Engagement in anderen Ländern zumindest eine Veränderung in diesem Teil der Unternehmenskultur voraussetzen.
Nachfragerbezogene Rückkopplung	Ein Land kann attraktiv sein, weil es Unternehmen als Referenzmarkt zur Erschließung anderer Ländermärkte dient. Frankreich gilt z.B. als Referenzmarkt für die französisch sprechenden Länder Nordafrikas und die USA für den südamerikanischen Kontinent. Auch wenn Frankreich und die USA evtl. keine direkten Erfolgspotenziale für Unternehmen bieten, so sind sie doch möglicherweise attraktiv, wenn ein Engagement auf diesen Märkten die Voraussetzung für Aktivitäten in anderen Erfolg versprechenden Ländern ist.	Ein Ländermarkt kann für Unternehmen mit hohen Marktbarrieren versehen sein, weil das Unternehmen darüber hinaus in anderen Märkten präsent ist und das Engagement in diesen Ländermärkten von den Nachfragern des betrachteten Landes negativ gewertet wird. So lehnen einige mexikanische Nachfrager Produkte auch deshalb ab, weil das herstellende Unternehmen in den USA aktiv ist. Auf Grund politischer Konflikte zwischen diesen Ländern in der Vergangenheit wurden amerikanische Produkte oder in Amerika hergestellte Produkte fremder Anbieter zuweilen abgelehnt.

| Konkurrenzbezogene Rückkopplung | Die Entwicklung im Kreditmarkt zeigt, dass Unternehmen Ländermärkte manchmal auf Grund konkurrenzbezogener Rückkopplungen besonders attraktiv einstufen. Die Attraktivität der südeuropäischen Ländermärkte wurde für Eurocard im Wesentlichen dadurch hervorgerufen, dass es sich bei diesen Ländern um Märkte handelte, in denen Visa traditionell über eine starke Marktposition verfügt. Da Visa sich verstärkt in den Ländern engagierte, in denen Eurocard in der Vergangenheit besonders aktiv war, bearbeitete Eurocard folgerichtig die Kernmärkte von Visa in Südeuropa. | Ein Ländermarkt kann für Unternehmen hohe Marktbarrieren aufweisen, wenn bei dessen Erschließung „Vergeltungsaktionen" in anderen, vom betrachteten Unternehmen bearbeiteten Ländermärkten zu erwarten sind. Im links stehenden Beispiel hätte Visa z.B. allein deshalb auf die verstärkte Bearbeitung nordeuropäischer Märkte verzichten sollen, da das Engagement zu einem massiven Angriff von Eurocard auf die Marktpositionen von Visa in den traditionellen Kernmärkten des Unternehmens führte. |

Quelle: in Anlehnung an Backhaus/Voeth 2010a, S. 87.

Zum Beispiel wird anschaulich deutlich, dass die Attraktivität in Ländermärkten anwachsen kann, weil Mengendegressionseffekte realisiert werden können, welche die Marktchancen in anderen Ländermärkten steigern. Relevant sind also die sich aus dem Portfolio von bearbeiteten und zukünftig denkbaren Ländermärkten ergebenden Gesamtchancen bzw. -risiken. Dies bedeutet z.B., dass die zusätzliche Aufnahme eines risikobehafteten Ländermarktes für eine Expansion dann denkbar ist, wenn gleichzeitig eine Veränderung des (gesamten) Portfolios zum Ausgleich dieses (Einzel-)Risikos vorgenommen wird. Der Fokus allein der ländermarktspezifischen Risiken ist nur dann sinnvoll, wenn zwischen den Ländermärkten des Unternehmens keine bzw. keine bedeutenden Interdependenzen bestehen und ein Risikoausgleich nicht möglich ist (Backhaus/Voeth 2010a, S. 88).

2. Länderübergreifende Timing-Entscheidungen

a) Grundlegende Optionen und Strategien

Die Formen länderübergreifender Timing-Strategien werden unter verschiedenen begrifflichen Abgrenzungen diskutiert. Konzeptionell sind als gegensätzliche Optionen sukzessive vs. simultane Strategie (Ohmae 1985, S. 44) und Diversifikations- vs. Konzentrationsstrategie (Marktstreuung vs. Marktkonzentration) (Ayal/Zif 1978, S. 73; Piercy 1982, S. 43ff.) abzugrenzen.

Den Unterschied bildet die räumliche bzw. produktbezogene Grundlage. Im Zuge der erstgenannten Abgrenzung werden einzelne Länder als Bezugsobjekte diskutiert, während in der zweitgenannten Abgrenzung einzelne Marktsegmente in den Ländern im Mittelpunkt stehen. Wie in Abbildung 3.20 gezeigt, werden nachfolgend drei Varianten unterschieden.

B. Markteintritt und Marktaustritt als Grundsatzentscheidungen   119

Abbildung 3.20: Basisformen der länderübergreifenden Timing-Strategie

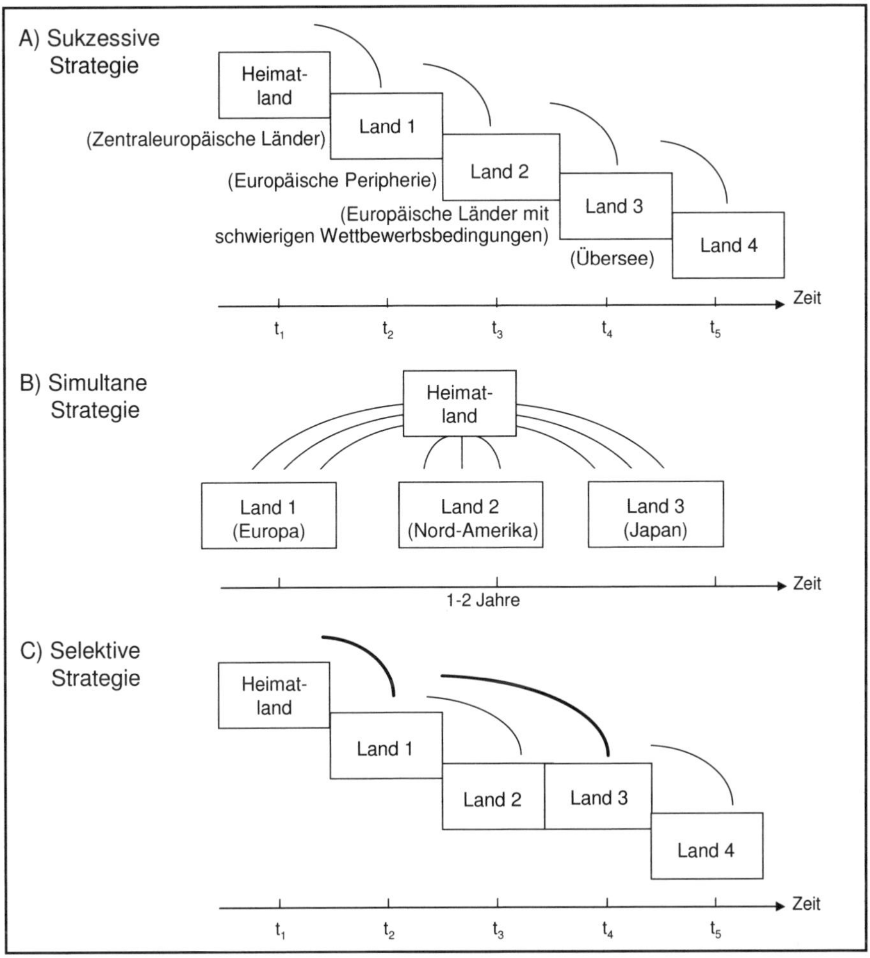

A) Sukzessive Strategie
- Heimatland (Zentraleuropäische Länder)
- Land 1 (Europäische Peripherie)
- Land 2 (Europäische Länder mit schwierigen Wettbewerbsbedingungen)
- Land 3 (Übersee)
- Land 4
- Zeit: t_1, t_2, t_3, t_4, t_5

B) Simultane Strategie
- Heimatland
- Land 1 (Europa), Land 2 (Nord-Amerika), Land 3 (Japan)
- 1-2 Jahre → Zeit

C) Selektive Strategie
- Heimatland
- Land 1
- Land 2, Land 3
- Land 4
- Zeit: t_1, t_2, t_3, t_4, t_5

Quelle: Swoboda/Meyer 1999; Swoboda 2002c, S. 95.

Variante A bildet ein sukzessives Vorgehen bei der Erschließung von Auslandsmärkten ab (Kogut 1993) (**Wasserfall-Strategie**). Nach einer einleitenden Stufe, auf der z.B. im Heimatmarkt Erfahrungen mit einem Produkt (Objekt) gesammelt worden sind, führt das anbietende Unternehmen auf einer zweiten Stufe das Produkt auf ausgewählten Auslandsmärkten ein usw. Mithilfe eines solchen Vorgehens kann das Unternehmen sicherstellen, dass es auf die im jeweiligen Markt gemachten Erfahrungen zurückgreifen kann. Mit einer jeweils weiteren Stufe steigt der Grad der Heterogenität der zusätzlich aufgenommenen Ländermärkte.[1] Dabei sind zwei Vorgehensweisen denkbar:

---

[1] Wie beschrieben, postulieren Johanson/Vahlne (1977; Vahlne/Nordström 1992) eine Ausweitung der Länder entsprechend den konzentrischen Kreisen und der geografisch-kulturellen Distanz. In aktuellen Beiträgen relativieren die Autoren diese These, indem sie u.a. auf die Bedeutung von (länderübergreifenden) Netzwerken und kulturellen Blocks hinweisen (Johanson/Vahlne 2009; 2013).

- Einerseits kann sich das Unternehmen am Ende jeder Einführungsphase überlegen, welche Märkte im Folgenden erschlossen werden sollen, sodass in jeder Planungsstufe eine veränderte Unternehmens- und Umweltsituation antizipiert werden kann (Letzteres im Vorfeld von eingehenden Machbarkeits- bzw. Feasibility-Studien).[1]
- Zweitens ist vorstellbar, wenn auch eher nur bei Unternehmen mit strategischer Marktwahl bzw. v.a. bei **Neuprodukteinführungen** anzutreffen, dass nicht nur das Auslandsengagement in einem Land festlegt wird, sondern auch die späteren Schritte eingehend geplant werden.[2]

Julius Blum erobert die Welt

Die Julius Blum GmbH ist ein international tätiges Unternehmen, das Scharnier-, Klappen- und Auszugsysteme sowie Verarbeitungshilfen dafür herstellt. Gegründet wurde das Familienunternehmen 1952 in Österreich und stellte als erstes Produkt Hufstollen her, eine Art „Spikes" für Pferde. Nach ersten Exportgeschäften innerhalb Europas folgten 1967 schnell erste Auslandsvertretungen in Belgien, Deutschland, Großbritannien, Irland, der Schweiz und Skandinavien. 1977 erfolgte die Gründung der ersten außereuropäischen Tochterfirma in den USA und im Jahr darauf in Kanada. Heute hat Blum weltweit 27 Tochtergesellschaften und vertreibt seine Produkte in über 100 Ländern. Dies zeigt sich auch in den Umsatzzahlen des Unternehmens: 96% des Umsatzes werden im Ausland generiert.

Quelle: www.blum.com, 29. April 2013.

Variante B zeigt einen simultanen Eintritt in mehrere Märkte, bei Ohmae (1985) in die Länder der Triade (Europa, Nord-Amerika und Japan) (**Sprinkler-Strategie**). Sie erweitert die bis dahin dominierende Sichtweise einer sukzessiven Entwicklung von Unternehmen in internationalen Märkten. Begründungen für diese Internationalisierungsschritte lassen sich etwa auf einer theoretischen Ebene in wettbewerbsstrategischen Überlegungen finden. Eine praktische Relevanz hat dieses Vorgehen bei international tätigen Unternehmen, die etwa eine Neuprodukteinführung in bereits erschlossene Märkte planen. Eine Marktneuerschließung nach diesem Muster ist demgegenüber eher auf ausgewählte Länder/Regionen, weniger auf den Weltmarkt, zu beziehen, d.h., bei Marktneuerschließung ist diese Strategie in Reinform mit einer Zeitspanne von bis zu zwei Jahren kaum praxisrelevant. Zunehmend verkürzte Produktlebenszyklen führen zum Bedeutungsgewinn der simultanen Timingstrategie.

Variante C zeigt ein in der Realität häufig zu beobachtendes, selektives Vorgehen (**selektive Strategie**). Dabei wird nicht der Annahme eines ausschließlich sukzessiven oder eines ausschließlich simultanen Vorgehens gefolgt.[3] Die selektive Strategie bzw. die Ad-hoc-Internationalisierung bildet somit eine kombinierte Vorgehensweise ab. Im Rahmen dieses Strategietyps werden die Unternehmensressourcen auf die Erschließung und intensive Bearbeitung einzelner ausländischer Märkte konzentriert, während die weiteren Märkte durchaus situativ simultan oder sukzessive erschlossen und weniger intensiv, z.B. nur mit Exporten, bearbeitet werden. Die Unternehmen konzentrieren ihre Ressourcen auf ausgewählte Märkte, die sie tief bearbeiten. In Abbildung 3.20 ist dies durch dickere Striche gekennzeichnet, wobei dieses als **Strahlen-Strategie** bezeichnet werden kann. Realitätsnah ist dies deshalb, weil in der Reinausprägung der simultanen Strategie Unternehmen nur ein einziges Mal Märkte (der Triade) betreten könnten. Die Folgeentscheidungen würden sich auf eine Adaption der Aktivitäten in diesen Märkten beziehen. Im

---

[1] Vgl. hierzu die Fallstudie von METRO Cash & Carry in Abschnitt E.III.3. dieses Kapitels.
[2] Vgl. hierzu die Fallstudie zur Einführung des iPhone von Apple in Abschnitt E.II.3. dieses Kapitels.
[3] Vgl. hierzu Swoboda/Meyer (1999) und Swoboda/Morschett (2002a; 2002b in einer Fallstudie).

umgekehrten Fall wäre Unternehmen mit einem ersten sukzessiven Engagement der Zugang zur idealtypischen simultanen Strategie verschlossen.

Ähnlich wie im länderspezifischen Fall erscheint die Dreiteilung der Timing-Strategie zunächst willkürlich. In der Forschung werden die Ausgestaltungsformen in einer relativ freien Interpretation übertragen auf die Entscheidungsalternativen **„Eintritt in einen Markt"** vs. **„Eintritt in mehrere Märkte"**. Offen bleibt, wie viele Märkte erschlossen werden „sollen", welche Zeitperioden zwischen den Schritten liegen „dürfen", um als simultan gelten zu können oder ob mit „simultan" ausschließlich der „big bang" im Grenzfall an einem Tag gelten darf. Entgegen den länderspezifischen Entscheidungen beziehen sich die vorliegenden Erkenntnisse meistens auf die Begründung der Wahl einer der genannten Optionen, während die ökonomischen Effekte, z.B. Erfolge, selten betrachtet werden (Green/Baclay/Ryans 1995; Mascarenhas 1992; Mitchell/Shaver/Yeung 1993). Zudem sind die Fälle **„Marktneuerschließung"**, d.h. der erstmalige Eintritt eines Unternehmens in einen Auslandsmarkt, und **„Produktneueinführung"**, d.h. die Neueinführung von Produkten bzw. Technologien in bereits früher erschlossene Märkte (auch im Fall der eingangs genannten kundensubjektiven Neuartigkeit), klar zu unterscheiden. Im zweiten Fall hat das Unternehmen grundsätzliche Marktkenntnisse, ggf. eine bestimmte Infrastruktur usw., auf denen es aufbauen kann, was die Entscheidung bzw. den Eintritt wesentlich erleichtern kann (siehe Abbildung 3.21). Die selektive Vorgehensweise (Variante C), in der die Intensität des Eintritts berücksichtigt wird, könnte hier als eine zusätzliche Dimension abgebildet werden.

Abbildung 3.21: Perspektiven der länderübergreifenden Timing-Strategie

	Simultan/ Weltweit (Triade)	Sukzessive/ Einzelne Länder	Selektiv/ Kombiniert
Marktneuerschließung (neue Technologie)			
Produktneueinführung (u.U. alte Technologie)			

Quelle: in Anlehnung an Zentes/Swoboda/Morschett 2004, S. 980 und die dort angegebene Literatur.

Vor diesem Hintergrund ist ein Timing-Muster zu erwähnen, das in jüngerer Zeit mit der Bezeichnung **„Born Global Firms"** verbunden wird. Es handelt sich hierbei um Unternehmen, die unmittelbar mit oder kurz nach ihrer Gründung stark international tätig sind. Sie bilden eher eine Ausnahmeerscheinung, wenngleich eine interessante, weil normalerweise jungen und dazu kleinen Unternehmen oft Ressourcen, Marktkenntnisse usw. für eine weltweite Marktneuerschließung fehlen.[1]

b) Determinanten sowie Vor- und Nachteile

Die Erkenntnisse zu den Vor- und Nachteilen der unterschiedlichen länderübergreifenden Timing-Strategien stützen sich auf grundsätzliche Überlegungen, weniger auf empirische Befunde.

Aus der Sicht der behavioristischen Ansätze lassen sich als Vorteile einer sukzessiven Vorgehensweise Argumente anführen, dass sich ein Unternehmen in das Auslandsgeschäft hineintasten kann. Es kann die Möglichkeit nutzen, in Bezug auf die Ressourcen

---

[1] Vgl. hierzu Kuivalainen/Saarenketo/Puumalainen 2012; Maekelburger/Schwens/Kabst 2012; Olejnik/Swoboda 2012 und Sui/Yu/Baum 2012.

mit der Größe des Auslandsgeschäftes zu wachsen. Damit korrespondieren lerntheoretische Argumente für eine langsame und ausgiebige **Informationssuche** bei einer Konzentration der Ressourcen auf einzelne Märkte. Unter Koordinationsgesichtspunkten eröffnet sich hier die Möglichkeit zur Anpassung der Aktivitäten an die jeweiligen Marktentwicklungen und damit an tatsächlich stattfindende Austauschprozesse. Koordinationspotenziale und -instrumente müssen nicht unter Zeitdruck aufgebaut werden, sondern lediglich nach Bedarf. Aus der Sicht von Lebenszyklusanalysen ist dabei eine **Verlängerung des Produktlebenszyklus** denkbar, wenn es gelingt, die im Heimatmarkt in der Reifephase befindlichen Produkte auf Auslandsmärkten verzögert zu positionieren (siehe Abbildung 3.22).

Abbildung 3.22: Lebenszyklusspezifische Effekte einer sukzessiven länderübergreifenden Strategie

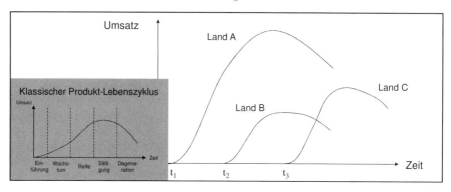

Im Zeitablauf fallende Preisniveaus gepaart mit länderspezifischen Zahlungsbereitschaften können durch Verzögerung des Markteintritts in niedrigpreisige Länder ausgenutzt werden (siehe Abbildung 3.23). Damit wird die zeitliche Abfolge der Marktengagements zu einem Instrument der Preispolitik.[1] Voraussetzung für dieses Vorgehen ist aber die Vermeidung denkbarer Arbitrageeffekte.

---

[1] Vgl. hierzu Abschnitt B.IV. des Fünften Kapitels.

Abbildung 3.23: Eintrittseffekte auf Grund von Preisdifferenzen bei länderübergreifenden Strategien

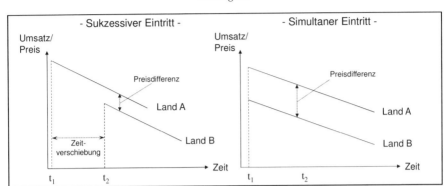

Andererseits sind in vielen Branchen Tendenzen zur **Verkürzung von Produkt- und Technologielebenszyklen** zu beobachten. Hier sind Unternehmen gezwungen, ihre Produkte weit gehend simultan auf mehreren Märkten einzuführen, da die innerhalb kürzester Zeit zu erwartenden Produktfolgegenerationen keine Möglichkeit lassen, Auslandsmärkte sukzessiv zu erschließen. Der Versuch einer schrittweisen Erschließung kann die Gefahr mit sich bringen, dass die nächste technologische Generation eher marktfähig ist und von Konkurrenten bereits angeboten wird, bevor der letzte angestrebte Ländermarkt erschlossen wird. Geht damit eine Verlängerung der Forschungs- & Entwicklungszeiten einher, dann sinkt die Zeit, um Investitionen zu amortisieren. Durch den frühzeitigen Eintritt auf allen Märkten kann es einem Unternehmen ferner – wie im Zusammenhang mit den länderspezifischen Timing-Strategien beschrieben – gelingen, Marktbarrieren für folgende Konkurrenten aufzubauen. Zudem können Economies of Scale realisiert werden (Douglas/Craig 1989, S. 53).

Der sukzessive Eintritt ist zwingend, wenn nachfrageseitig bestimmte Märkte die Funktion von **Referenzmärkten** (**Brückenkopfländer**) für andere Märkte bilden. Dann ist es unabdingbar, diese zuerst zu erschließen. Ferner ist auf die Möglichkeit der simultanen **Verteilung der Markteintrittsrisiken** auf eine Vielzahl von Ländern und die Vermeidung von Abhängigkeiten von einzelnen Märkten bei einer Sprinkler-Strategie zu verweisen. Dagegen argumentieren Hirsch/Ley (1973, S. 81), dass eine sukzessive Vorgehensweise die Vermeidung länderübergreifender Flops gewährleistet, da erst nach Einschätzung des Erfolgs bzw. der Erreichung der Zielvorgaben in einem Land über das weitere Vorgehen entschieden wird. Allerdings ist auch denkbar, dass eine simultane Einführung mit wenig intensiven Engagements, so Exporten, in unterschiedlichen Ländern langfristig zur Selektion ertragreicher Märkte genutzt werden kann, d.h., dass erfolglose Märkte wieder aufgegeben werden.

Nachteile der länderübergreifenden Timing-Strategie werden analog zu der länderspezifischen Strategie oft mit Determinanten, so situativen Bedingungen, verbunden. So ist die Marktumwelt dann relevant, wenn etwa **Handelsbarrieren** der Realisierung einer simultanen Timing-Strategie entgegenstehen. Unter Berücksichtigung der determinierenden Bedeutung von **Wettbewerbsintensität** und **Marktwachstum** könnte man den Schluss ziehen, dass bei einer hohen Wettbewerbsintensität und geringen Wachstumsraten eher sukzessiv vorgegangen wird. Ayal/Zif (1978) empfehlen demgegenüber ein simultanes Vorgehen bei einer hohen Wettbewerbsintensität bzw. einem geringen Marktwachstum in verschiedenen Ziellländern, weil Unternehmen durch ihre Präsenz auf verschiedenen

Märkten insgesamt überdurchschnittliche Wachstumsraten erzielen können. Ein sukzessives Vorgehen empfiehlt sich dann, wenn in den Zielländern unzureichende **Distributionsstrukturen** vorliegen und entsprechende Aufbauleistungen, d.h. Investitionen und Ressourcen, nötig sind. Dies kann auch branchenspezifisch betrachtet werden, denn für viele Unternehmen aus dem Handel oder dem Dienstleistungsbereich kommt auf Grund notwendiger Direktinvestitionen ein simultanes Vorgehen meist kaum in Frage.

Negative Konsequenzen einer verfehlten länderübergreifenden Timing-Strategie bei Sony

Ziel des 1946 gegründeten Elektronik- und Unterhaltungskonzerns Sony ist es, innovative Produkte auf den Weltmarkt zu bringen. Damit verbunden ist bei jeder Neuprodukteinführung eine länderübergreifende Timing-Strategie, die das Unternehmen auf Grund des Konkurrenzdrucks sowie der verkürzten Produktlebenszyklen möglichst mit einer Pionierrolle zu gestalten versucht. Lange Jahre war Sony führend im Bereich der Innovation, z.B. mit dem ersten Trinitron Farb-Fernseher 1968, der Farb-Video-Kassette 1971, dem Betamax VCR 1975, dem Walkman 1979, der 3,5 Micro Floppy Diskette 1989, einer elektronischen Fotokamera 1981, dem ersten CD-Player 1982, dem ersten Camcorder 1983, dem ersten „digital VTR" 1985, und so ging es weiter bis zum Jahre 1995, als die Markteinführung der Spielekonsole PlayStation erfolgte.

Im Geschäftsjahr 2008/09 beschäftigte Sony 171.300 Mitarbeiter und erwirtschaftete mit 1.006 Tochtergesellschaften einen Jahresumsatz von 78 Mrd. USD in fünf Geschäftsfeldern: Electronics, Game, Pictures, Financial Services und „All Other". Das Videospiele- und Spielekonsolengeschäft generierte 12,7% des Konzernumsatzes, beendete das Geschäftsjahr aber mit einem Verlust von 590 Mio. USD. Die Ursache für diese Entwicklung liegt in einer verfehlten Timing-Strategie der marktführenden PlayStation.

Die Einführung der Spielekonsolen erfolgt bei Sony aus länderübergreifender Sichtweise selektiv. Der japanische, der US-amerikanische sowie der europäische Markt werden dabei in kürzester Zeit nacheinander oder simultan betreten, rechtzeitig vor dem wichtigen Weihnachtsgeschäft. Auch die PlayStation 3 (PS3) sollte ursprünglich im März 2006 eingeführt werden. Produktions- und Lieferprobleme der Blu-Ray-Laufwerke verzögerten jedoch den Start um Monate. Am 11. November 2006 war die Konsole in Japan erhältlich, bis sie nach wenigen Stunden ausverkauft war. Auf Grund der Lieferprobleme konnte Sony nur 100.000 Konsolen im Heimatmarkt ausliefern. 200.000 Konsolen stellte man eine Woche später in den USA bereit. Dies bedeutete einen enorm hohen Distributions- und Ressourcenaufwand, der auf Grund der Produktionsverzögerungen die ebenfalls geplante Markteinführung in Europa platzen ließ. Am 23. März 2007 ging die PS3 dann auch in Europa, Australien, Neuseeland, Afrika und im Mittleren Osten an den Start. Das fehlgeschlagene Timing der Konsole in den Triademärkten gewährte den Konkurrenten Nintendo und Microsoft einen Zeitvorsprung zum Ausbau ihrer Marktanteile; beide boten ihre jeweiligen Produkte zudem deutlich unter dem Preis der PS3 an.

Die Entwicklung hatte Auswirkungen auf die Filmindustrie und die Spieleproduzenten. Die zur PS3 passenden Spiele werden nicht nur von Sony Computer Entertainment produziert, sondern auch von Softwareanbietern, wie Activision Blizzard, Electronic Arts oder Konami, die auch Spiele für die Xbox oder die Nintendo Wii fertigen. Activision Blizzard hat bspw. 2009 mit Wii-Spielen doppelt so viel Umsatz gemacht wie mit Spielen der PS3. Electronic Arts hat sogar einige Titel exklusiv für die Wii verkauft, um größere Verluste einzugrenzen und erhöht somit den Druck auf Sony. Auf Grund des sinkenden Marktanteils der PS3 verläuft auch der Spieleverkauf für die Konsole nur schleppend. Trotz folgender Einführungen der Play Station Portable und diverser Neuerungen hat Sony seine marktführende Position nicht wieder erlangt.

Quelle: www.sony.net, Geschäftsbericht 2007, 2008, 2009, Abrufdatum: 30. April 2013.[1]

Auf Seiten der unternehmensinternen Einflussfaktoren spielen v.a. **Ressourcenüberlegungen** eine determinierende Rolle. So sind kleinere Unternehmen oft nicht in der Lage,

---

[1] Vgl. zur länderübergreifenden Einführung des iPhones die Fallstudie in Abschnitt E.II.3. dieses Kapitels.

gleichzeitig mehrere Länder zu erschließen, weil ihnen die Ressourcen hierzu fehlen (Bradley 2005). Sind umfangreiche Investitionen notwendig, dann ist tendenziell eine sukzessive Timing-Strategie vorteilhafter. Ein sukzessiver Eintritt und die damit verbundene ausgiebige Informationssuche ermöglichen die Differenzierung eines nationalen Konzeptes, während eine rasche Vorgehensweise zumindest in der Eintrittsphase das Vorliegen eines standardisierten bzw. standardisierbaren Konzeptes impliziert.[1]

Bezüglich **länderübergreifender Flops** steht eine sukzessive Empfehlung bereits von Hirsch/Ley (1973) der einer breiten Einführung mit späterer Reduktion der Aktivitäten gegenüber. Die Autoren zeigen am Beispiel des Exports auf, dass Unternehmen bei hohen Kosten der Informationsbeschaffung zu einer simultanen Vorgehensweise neigen, da kein Land als besonders aussichtsreich klassifiziert wird. Demgegenüber stehen Arbeiten, die in diesem Fall einen Verzicht auf eine Expansion sehen. Die Relevanz der Risikoneigung des Managements für die Entscheidung weisen bereits Ayal/Zif (1979) nach. Zum Beispiel bedingt das Bestreben nach Risikostreuung die gleichzeitige Erschließung mehrerer Länder und/oder auch die Konzentration der Aktivitäten auf einen Zielmarkt. Bezüglich einzelner **Markteintrittsstrategien** zeigen Ayal/Zif (1978) u.a. auf, dass im Falle von Exporten simultane Aktivitäten wahrscheinlich sind. Pues (1994) sieht hingegen eine simultane Vorgehensweise vornehmlich bei Vertriebsgesellschaften.

Abbildung 3.24 fasst die Vor- und Nachteile der Strategien zusammen.

Abbildung 3.24: Vor- und Nachteile länderübergreifender Timing-Strategien

	Vorteile	Nachteile
Sukzessive Strategie	• Möglichkeit zur schrittweisen Anpassung an unähnliche Ländermärkte • reduzierter Bedarf an Ressourcen • geringeres Risiko • Verlängerung der Produktlebenszyklen • Möglichkeit zur internationalen Preisdifferenzierung	• Gefahr des frühzeitigen Abbruchs der Marktbearbeitung • Vernachlässigung weiterer, attraktiver Märkte • Gefahr der Imitation bei nachahmungsfähigen/-würdigen Produkten • sehr langsame Internationalisierung
Simultane Strategie	• unabdingbar bei kurzen Produkt- und Technologiezyklen/langen F&E-Zeiten • Schaffung von Markteintrittsbarrieren für Konkurrenten • Verteilung von Risiken auf Märkte • simultane Realisierung von Economies of Scale	• hoher/maximaler Koordinationsaufwand • hoher/maximaler Ressourceneinsatz • lediglich standardisierte Vorgehensweise • Überwindungsnotwendigkeit unterschiedlicher Vorschriften der Länder
Selektive Strategie	• realistische, marktchancenspezifische Vorgehensweise • selektive Konzentration auf Märkte • selektive Anpassung an Marktbedingungen • Lerneffekte durch Aktivitäten auf Referenzmärkten	• Wettbewerbsnachteile auf Grund des Verzichts einer simultanen Vorgehensweise • Koordinations- und Führungsnotwendigkeit v.a. für die Kernmärkte • langsame Internationalisierung • Abhängigkeit von Kernmärkten

Neueren Studien zufolge kann dennoch das Vorgehen vieler gering internationalisierter Unternehmen mit der selektiven Strategie beschrieben werden, da die simultane Strategie auf Grund fehlender Ressourcen oft nicht verfolgt werden kann. Swoboda (2000) stellt eine weitere darunter subsumierbare Variante fest. Nicht wenige Unternehmen werden auf Grund persönlicher Kontakte oder auf Grund einer „plötzlichen" Nachfrage von ausländi-

---

[1] Piercy (1981; 1982) sieht in diesem Zusammenhang allerdings keine Unterschiede in der Vorgehensweise exportierender Unternehmen hinsichtlich der Ausgestaltung des Marketing-Mix.

schen Kunden zu internationalen Anbietern. Sie sind in mehreren Ländern tätig, ohne in der Lage zu sein, diese Ländermärkte intensiver zu bearbeiten. Bei dieser Vorgehensweise versickern die ohnehin knappen Ressourcen; man könnte von einer **Zerstäuber-Strategie** sprechen. Demgegenüber bündeln erfolgreiche Unternehmen mit einer längerfristig orientierten Internationalisierungsstrategie ihre Ressourcen, um die attraktivsten Ländermärkte möglichst intensiv, i.S. einer selektiven Strategie oder selektiven **Strahlen-Strategie**, zu bearbeiten. Diese können die Grundlage weiterer Internationalisierungsschritte bilden. Für den Erfolg wichtig ist die Abfolge der Ländermärkte, die Lerneffekte ermöglicht und zu einem Netz aus intensiv und weniger intensiv bearbeiteten Märkten führt.

3. Länderübergreifende Marktreduktion und Re-Nationalisierung

Ähnlich wie bei den behandelten Fällen des länderspezifischen Marktaustritts[1] sind auch die (parallelen) Austritte aus mehreren Ländern bzw. die **Marktreduktion** bis hin zu einer **Re-Nationalisierung**, also einem vollständigen Rückzug aus allen bearbeiteten Auslandsmärkten, relevant. Allerdings sind die empirischen Erkenntnisse hierzu eher gering.

Eine länderübergreifende Betrachtung wird etwa von Benito/Welch (1997) als partielle „**de-internationalisation**" modelliert, und zwar (nur) in Abhängigkeit vom internationalen „**commitment**" (siehe Abbildung 3.25). Obwohl dies eher zu eng ist, kann damit verdeutlicht werden, dass ausgehend von einem „neuen Exporteur" und einem geringen internationalen „commitment", mit steigendem „commitment" die Wahrscheinlichkeit der „de-internationalisation" zunächst sinkt. In den späten Phasen eines hohen Niveaus der Internationalisierung steigt die Wahrscheinlichkeit der „de-internationalisation" deutlich an. Zu begründen sind Rückzüge u.a. mit der zunehmenden Anzahl von **Tochtergesellschaften**, **Niederlassungen** und bearbeiteten Ländern, was die Wahrscheinlichkeit von „**failures**" und zugleich die Flexibilität zur Re-Allokation steigert oder das „commitment" zu einzelnen Niederlassungen sinken lässt.

Abbildung 3.25: „Commitment" und „de-internationalisation"

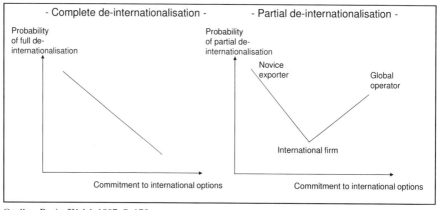

Quelle: Benito/Welch 1997, S. 17f.

---

[1] Vgl. Abschnitt B.I.3. dieses Kapitels.

Grundsätzlich sind die Ausführungen zu den Entwicklungen, Determinanten und Folgeabschätzungen des Marktaustritts[1] partiell für die Marktreduktion nutzbar. Letztere hat allerdings die länderübergreifende Perspektive, insbesondere im Zuge von Länderportfoliobereinigung(en), zum Gegenstand. In absatzseitigen **Portfolio-Betrachtungen** von Produkt-Markt-Bereichen oder nur von Ländern[2] wird selten die hier interessierende internationale Reduktion von Absatzmärkten behandelt. Häufiger liegen Betrachtungen von Reduktionen auf der Ebene von Betätigungsformen oder Bearbeitungsoptionen in einzelnen, weniger attraktiv erscheinenden oder ggf. mit hohen Marktrisiken behafteten Ländern vor. Auch hier könnte wie in Abschnitt B.II.3. eine proaktive, auf Bewertungen des Managements basierende, und eine eher reaktive, so auf „failures" fußende Betrachtung angeführt werden. Des Weiteren erfolgt hier i.d.R. die Einschätzung der gegenwärtigen und erwarteten Entwicklung einzelner Produkt-Markt-Bereiche (d.h. SGF oder SGE in verschiedenen Ländern) im Voraus.

Carrefour als stärkstes internationalisiertes Handelsunternehmen – strategische Markteintritte und -austritte (Länderportfolioentscheidungen)

Carrefour ist das am stärksten internationalisierte Handelsunternehmen: über 15.000 Läden in über 33 Ländern. Carrefour ist in Asien, Südamerika, Nordafrika und natürlich in Europa vertreten. In Frankreich und Belgien ist Carrefour führend mit ca. 20% Marktanteil. Die Expansion erfolgt meistens aus eigener Kraft im Rahmen der Gründung eines neuen Handelsunternehmens. So war Carrefour einer der ersten ausländischen Händler in Brasilien (1975). Der erste Markt in Asien eröffnete 1989 in Taiwan und 1995 war Carrefour Pionier in China, ebenso wie Mitte der neunziger Jahre in Zentraleuropa.

Neben der Expansion in neue Länder und in den bereits besetzten Ländern ist auch eine ständige Bereinigung des Portfolios nötig. Zurückgezogen hat sich Carrefour 2003 aus Chile, 2005 aus Tschechien, Mexiko und Japan, 2006 aus Südkorea, 2007 aus der Schweiz und 2007 aus der Slowakei. Ursprünglich sollte ein Ringtausch mit Tesco stattfinden: Carrefour gibt elf Märkte in Tschechien und vier in der Slowakei im Wert von 189,4 Mio. EUR ab und erhält im Gegenzug sechs Tesco-Märkte in Taiwan (Wert 132 Mio. EUR). Das slowakische Kartellamt erhebt Einspruch auf Grund der abzusehenden Marktstärke Tescos. Im Juni 2007 verkauft Carrefour die verbliebenen vier SB-Warenhäuser an einen Investor. Weitere Rückzüge folgten dann aus Thailand (2010) und im Jahr 2012 aus Griechenland, Kolumbien, Malaysia und Indonesien.

Neben diesen Desinvestitionen betrat Carrefour im Jahr 2006 Zypern, Algerien und Jordanien, im Jahr 2008 Bahrain und Bulgarien, im Jahr 2009 Russland und Indien. Indien und Russland sind nach dem Global Retail Development Index zu urteilen die attraktivsten Märkte. 2011 folgte der Markteintritt in Albanien und im Jahr 2012 der Eintritt im Irak.

Quelle: Frankfurter Allgemeine Zeitung, 16. Juni 2012, S. 15.; www.business-standard.com, Abrufdatum: 16. April 2009; www.lebensmittelzeitung.net, Abrufdatum: 11. März 2013.

Häufiger treten Reduktionsentscheidungen im Kontext mit bestimmten **Wertschöpfungsfunktionen** auf. Es handelt sich dann um eine funktionsübergreifende und nicht nur den Absatzmarkt betreffende Konfigurationsentscheidung. Diese kann im Extremfall parallel zur Reduktion eines Engagements in einem und zum Aufbau in einem anderen Ländermarkt führen.[3] Damit ist eine **Ressourcenallokation** bzw. **Re-Konfiguration** von Wertschöpfungsaktivitäten angesprochen, die durchaus eine gesamte Region betreffen kann.

---

[1] Vgl. Abschnitt B.II.3. dieses Kapitels.
[2] Vgl. Abschnitt C.III.1. dieses Kapitels.
[3] Vgl. zur Konfiguration Zentes/Swoboda/Morschett 2004, S. 228ff.

Vollständige Re-Nationalisierung

Eine vollständige Re-Nationalisierung wird in Abbildung 3.25 v.a. bei einem niedrigen „commitment" gesehen, d.h. in den ersten Phasen der Internationalisierung.[1] Dies ist eine Sichtweise, die in zumindest zwei Ausprägungen betrachtet werden kann, so

- vollständiger Rückzug des Unternehmens (Gesamtunternehmensbetrachtung) oder
- vollständiger Rückzug einzelner SGF bzw. SGE (Teilunternehmensbetrachtung)

aus allen internationalen Märkten, d.h. Konzentration auf den Heimatmarkt. Einzelne Fallstudien unterstützen die Vermutung, dass eine Re-Nationalisierung mit einer späteren kompletten Veräußerung von SGF bzw. einem „divestiture" einhergeht. Ebenso nahe liegt eine eher **revolutionäre Begründung des Wandels**, die etwa bei Handelsunternehmen oft in massiven Problemen im Heimatmarkt begründet liegt und zur weit gehenden Re-Nationalisierung führen kann (vgl. die Beispiele in Abbildung 3.13).

ProSiebenSat1 verkauft Nordeuropa-Geschäft

ProSiebenSat.1 verkauft seine Sender in Skandinavien für rund 1,3 Mrd. EUR an den US-Medienkonzern Discovery. Damit trennt sich die Sendergruppe vom letzen großen TV- und Radio-Geschäft im Ausland. Zugleich stellt der Konzern seinen Aktionären eine Dividende von 1,2 Mrd. EUR in Aussicht, wie der Konzern am Freitag in München mitteilte. Für die beiden Finanzinvestoren KKR und Permira ist der Deal wohl der Einstieg in den Ausstieg bei dem Münchner Medienkonzern.

Quelle: www.handelsblatt.com, Abrufdatum: 14. Dezember 2012.

Bezüglich der Determinanten bzw. Entscheidungsstrukturen der länderübergreifenden bzw. vollständigen Marktaustritte ist an dieser Stelle ein Verweis auf die Ausführungen zum länderspezifischen Timing hinreichend.

Die unternehmensinternen Konsequenzen von länderübergreifenden bzw. vollständigen Marktaustritten deutet Swoboda (2002b, S. 352ff.) bezüglich der Änderungen von **Strukturen**, **Prozessen** und **Kultur** in den Unternehmen an. Hier sind relativ starke Änderungen in Abhängigkeit von den Marktaustritten über die Zeit zu beobachten. Zugleich aber wird auch empirisch deutlich, dass die Prozesse und v.a. die Kultur selbst bei einem vollständigen Rückzug aus Auslandsmärkten nicht vollständig re-nationalisiert werden. Man könnte auch sagen, dass das Commitment des Managements zum Ausland nicht vollständig auf null sinkt.

C. Marktsegmentierung und Marktselektion

I. Überblick

In diesem Abschnitt stehen zunächst die bereits zu Beginn dieses Kapitels genannten grundsätzlichen Optionen einer länderübergreifenden Segmentierung bzw. Selektion im Vordergrund, nämlich die **integrale Segmentbildung** (mit den Zugängen der Segmentierung im Konsumenten- und Business-to-Business-Bereich) und die **internationale Segmentbildung** (mit den Zugängen der Segmentierung und Selektion von Ländermärkten). Beide Fälle orientieren sich an den zu Beginn dieses Kapitels genannten vier Ansätzen.

---

[1] Vgl. zu Exporteuren auch Pauwels/Matthyssens 2004.

Danach wird entsprechend der Literatur zum Internationalen Marketing nur noch die **Ländersegmentierung** betrachtet. Dabei wird nicht wie oft üblich eine methodische Gliederung gewählt, sondern eine an den deskriptiven und normativen Ansätzen ausgerichtete. Die Bestandsaufnahme mehrstufiger Ansätze als State-of-the-Art der internationalen Marktselektion bildet einen weiteren Aspekt in Abschnitt C.II. dieses Kapitels.

Methodische Aspekte werden in Abschnitt C.III. dieses Kapitels diskutiert. Ausgehend von einer Diskussion von Portfolioansätzen wird des Weiteren auf **Länderrisiken** als spezifische Markteintrittsbarrieren eingegangen. Ein letzter Block dieses Abschnitts fasst ausgewählte **operativ-methodische Verfahren und Kriterien der Selektion** im Überblick zusammen.

II. Marktbewertung und -segmentierung als Entscheidungsbasis

1. Ansätze der integralen Marktsegmentierung und -selektion

Unter einer integralen oder Cross-Country-Kundensegmentierung versteht man einen Ansatz, der simultan angelegt ist, indem eine direkte Segmentierung der Kunden über Ländergrenzen hinweg vorgenommen wird.

Im Extremfall erfolgt eine integrale Segmentierung auf der Basis von Kunden im Weltmarkt, abgestufter in einzelnen Regionen. Grundsätzliches Ziel ist es, länderübergreifende Kundensegmente ausfindig zu machen (**Cross-Cultural Groups**), die in sich möglichst homogen (z.B. hinsichtlich der Präferenzen, Verhaltenswirkung auf absatzpolitische Aktivitäten usw.) sind (**Intra-Homogenität**), im Vergleich zu anderen Segmenten hingegen möglichst heterogen sind (**Inter-Heterogenität**). Die Kunden mit gleichem Kauf- und Verwendungsverhalten in unterschiedlichen Ländern (z.B. Heimwerker oder Einkäufer im Industriegüterbereich) bilden dann den Ansatzpunkt der internationalen Aktivitäten. Bestehen nämlich bei grenzüberschreitenden Marktaktivitäten ähnliche oder gleiche Kundensegmente in mehreren Ländern, so bietet dies die Möglichkeit eines länderübergreifend (weit gehend) standardisierten Auftretens. **Homogene Kundensegmente** sind eine Grundlage für den Einsatz regional bzw. global standardisierter Marketingstrategien.[1]

Voraussetzungen jeder Segmentierung, die methodisch den Einsatz multivariater Verfahren erfordert, sind u.a. (Zentes/Swoboda 2001a, S. 372):

- Der Gesamtmarkt muss identifizierbar und definierbar sein.
- Es müssen Kriterien existieren, welche die Zerlegung eines Marktes nach bestimmten Gesichtspunkten (Disaggregation) oder den Aufbau eines Teilmarktes erlauben.
- Die verwendeten Messkriterien müssen zeitlich stabil sein sowie einen Bezug zur Marktbearbeitung aufweisen.
- Es muss möglich sein, die Teilmärkte mit (auch differenziertem) Instrumentaleinsatz (wirtschaftlich) zu bearbeiten.

Gegenüber zu stellen sind Segmentierungsoptionen von Konsumenten in Massen- und von gewerblichen Kunden in Business-to-Business-Märkten.

---

[1] Eine integrale Kundensegmentierung zieht eine Bewertung von Ländern im Vorfeld von Markteintritt bzw. -expansion nach sich (zur Kombination vgl. Abschnitt C.II.2.c) dieses Kapitels).

Integrale Segmentierung im Konsumentenbereich: Konsumentensegmentierung

Eine integrale konsumentenorientierte Segmentierung in den Massenmärkten basiert länderübergreifend auf soziodemografischen, psychografischen oder verhaltensorientierten Kundenmerkmalen. Die Soziodemografie ermöglicht (erste) Einblicke etwa über die Struktur bzw. Segmente der Bevölkerung nach Alter, Haushaltsgröße, Einkommen usw. Den Status quo in Literatur wie Praxis bilden aber mehrdimensionale Ansätze, die auf isolierten Konstrukten geringerer Komplexität wie Wahrnehmungen, Einstellungen oder multiattributiven Konstrukten größerer Komplexität – insbesondere Lifestyles – beruhen.

Im Gegensatz zu eindimensionalen Segmentierungsverfahren werden bei **Lifestyle-Ansätzen** länderübergreifende Zielgruppen anhand von Merkmalskombinationen gebildet, die eine höhere Kaufverhaltensrelevanz aufweisen. Die identifizierten länderübergreifenden Zielgruppen zeigen auf Grund ihrer weit gehend gleichen Werte, Einstellungen und Verhaltensweisen ähnliche Reaktionen auf Marketingmaßnahmen (Berndt/ Fantapié Altobelli/Sander 2010, S. 124ff.). Beispiele derartiger Typologien sind z.B. die **Milieu-Studien** von Sinus Sociovision, **VALS** von SRI (Stanford Research Institute) Consulting Business Intelligence, die **GfK Roper Consumer Styles**[1] von der GfK Roper Consulting (auf Basis von Paneldaten) sowie **Global MOSAIC** von Spatial Insights. Abbildung 3.26 zeigt die Inhalte und Ergebnisse von drei dieser Lifestyle-Studien.

Abbildung 3.26: Überblick über ausgewählte internationale Lifestyle-Studien

Inhalt	Geografische Abdeckung	Ergebnis/Typen
GfK (Gesellschaft für Konsumforschung) mit den GfK Euro-SocioStyles – www.gfk.com		
Identifikation von länderübergreifenden Lebensstilen, den sog. „Euro-Socio Styles", mit den Portfolioachsen Schein vs. Realität und Wandel vs. Beständigkeit.	Gesamteuropäischer Ansatz unter Berücksichtigung nationaler Nuancen	1. Magic World 2. Crafty World 3. Secure World 4. Cosy Tech World 5. Steady World 6. New World 7. Authentic World 8. Standing World
Sinus Sociovision mit den Sinus-Milieus – www.sociovision.de		
Länderspezifische Milieus, die sich nach Ausprägung der sozialen Schicht und der Grundorientierung formieren.	Innerhalb der Sinus-Milieus werden in 18 Ländern länderspezifische Segmente gebildet. Die Sinus-Meta-Milieus erfassen Basis-Zielgruppen im Internationalen Marketing.	1. Performer 2. Hedonistisch 3. Bürgerliche Mitte 4. Prekäre 5. Konservativ etabliert 6. Traditionell 7. Liberal-intellektuell 8. Expeditive 9. Sozioökologisch 10. Adaptiv-pragmatisch
SRI Consulting mit VALS – www.sric-bi.com		
Das „VALS Framework" teilt die Segmente nach zwei Dimensionen ein: „Primary Motivation" und „Resources". VALS verbindet das Konsumentenverhalten mit Persönlichkeitseigenschaften.	VALS nutzt spezifische Instrumente, die auf den jeweiligen Markt abgestimmt sind: US-VALS, Japan-VALS und UK-VALS.	1. Innovators 2. Thinkers 3. Achievers 4. Experiencers 5. Believers 6. Strivers 7. Makers 8. Survivors

---

[1] Vgl. hierzu auch Abschnitt C.II.1 des Zweiten Kapitels.

In den meisten Studien sind die Lebensstile von Länderaspekten unabhängig, es variiert aber die Bedeutung der Segmente in den verschiedenen Ländern. Die GfK sieht die Lifestyles v.a. als Teil der Textilmarktforschung, aber mit vielfachen Schnittstellen zu anderen GfK-Lösungen und daher der Möglichkeit „detaillierter" Zielgruppenanalysen. SRI bietet US-, Japan- und UK-VALS an. Eine „cross-country-segmentation" von städtischen Konsumenten in acht Ländern führten Cleveland/Papadopoulos/Laroche (2011) durch. Die befragten Meinungsführer in Griechenland, Ungarn, Schweden, Mexiko, Chile, Kanada, Südkorea und Indien wurden in Bezug auf die wahrgenommene ethnische Identität und die Weltoffenheit gruppiert. Dabei geht ethnische Identität über die ethnische Herkunft hinaus, da das Konstrukt die Ethnizität in die Selbstwahrnehmung überträgt und damit systematisch die Gedanken und das Verhalten der Konsumenten auf subtile Weise steuert. Im Gegensatz dazu beschreibt Weltoffenheit das Wahrnehmen einer globalen Kultur und wird mit Offenheit gegenüber anderen Kulturen, Fähigkeit zu diversen internationalen Begegnungen und einer internationalen Selbstwahrnehmung erklärt. Gerade dieser scheinbare Gegensatz zwischen ethnischer Identität und Weltoffenheit eröffnet neue Erkenntnisse für das länderübergreifende Konsumentenverhalten und die internationale Marktsegmentierung. So wurden in einem ersten Schritt länderübergreifend Cluster identifiziert (siehe Abbildung 3.27) sowie deren Präsenz – wenngleich in unterschiedlicher Höhe – in den einzelnen Ländern gezeigt.

Abbildung 3.27: Beispiel einer internationalen Konsumentensegmentierung

1. Länderübergreifende ethnische Identität und Weltoffenheit

Ethnische Identität: sehr gering 3 — 4 — 5 — 6 — sehr hoch 7
Weltoffenheit: sehr gering 3, 4, 5, 6, sehr hoch 7

- Cluster 3 Marginals (4,3/4,3)
- Cluster 1 Locals (4,8/6,0)
- Cluster 4 Transnationals (4,3/6,1)
- Cluster 2 Glocals (6,1/6,2)

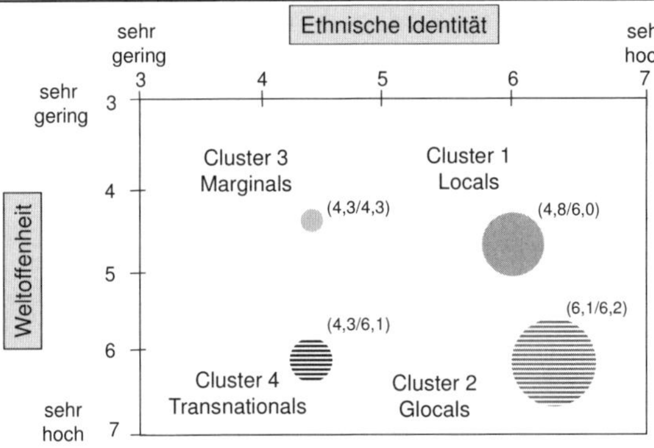

2. Verbreitung der Konsumenten (Angaben in %)

Cluster	Locals	Glocals	Marginals	Transnationals
Insgesamt	33	45	8	15
GR	39	52	2	8
H	34	57	3	6
S	35	43	7	15
MEX	31	60	4	4
RCH	29	63	1	7
CDN	8	12	20	60
ROK	64	15	18	2
IND	31	45	11	14

Quelle: in Anlehnung an Cleveland/Papadopoulos/Laroche 2011, S. 254.

Für Unternehmen kommt es darauf an, individuelle, d.h. auf ihre Situation bezogene, Segmentierungen durchzuführen. In der Literatur finden sich hierzu vielfache, nicht notwendigerweise mit Internationalität verbundene Kriterien. Exemplarisch können die Kriterien von Bock/Uncles (2002, S. 216ff.) genannt werden:[1]

- **Präferenzen** für Produktmerkmale bzw. -vorteile
- **Interaktionseffekte** mit und unter den Konsumenten
- **Entscheidungsbarrieren** (wie Informationslücken)
- **Nachfrage- und Verhandlungsmacht** der Konsumenten
- **Profitabilität** der einzelnen Konsumenten.

In allen Ansätzen könnten die theoretische Fundierung, die Konstruktwahl (z.B. Fehlen von emotionalen Bindungen), die überschneidungsfreie Messung usw. hinterfragt werden. Über die methodische Anlage hinaus erscheint es offen, inwiefern ein universeller, valider und zugleich praktikabler Ansatz entwickelt werden kann, da Unternehmen oftmals ein spezielles Zielgruppenbild haben.

Globale Zielgruppen von Dolce & Gabbana und Joop

Lebensstile spielen für die Kundensegmentierung insbesondere in der Textilbranche eine wichtige Rolle. Zum Beispiel sprechen die beiden Markenhersteller D&G sowie Joop das Lifestyle-Segment „design" an (also nicht Segmente, die sich mit Trend, Modern oder Classic beschreiben lassen). Bei D&G ist es die Subzielgruppe Fashion Design und bei Joop eher Modern Woman Design (siehe Abbildung 3.28). Dies gilt auf Grund einer standardisierten Konzeption weltweit. Zum Teil sind die Kundenbilder/-gewohnheiten usw. in Werbeanzeigen zu erkennen.

Abbildung 3.28: Beispiele für Lifestyle-Segmente in der Fashion-Branche

Quelle: in Anlehnung an Foscht/Swoboda 2011, S. 143.

Integrale Segmentierung im B2B-Bereich: Unternehmenssegmentierung

Eine integrale Segmentierung kann ebenso im **Business-to-Business-Bereich** relevant sein. Pauschal betrachtet erscheint hier die integrale Segmentbildung auf Kundenebene insofern einfacher, als die Anzahl potenzieller Kunden geringer ist. Zudem internationalisieren diese Kunden selbst, was die Analyse in neuen Märkten erleichtert. Ferner können

---

[1] Die Studie von Bock/Uncles (2002) bezieht sich auf die Produkte Zahnpasta, Instantkaffee, Flüge und Genprodukte. Weitere Studien sind z.B.: Bestandsaufnahme wertebasierter Ansätze bei Brangule-Vlagsma/Pieters/Wedel (2002), ein auf Kundenbedürfnissen basierender ganzheitlicher Ansatz bei Datta (1996) oder die Bestandsaufnahme von 25 Studien zur Marktsegmentierung von Steenkamp/ Hofstede (2002, S. 188ff.), von denen rund die Hälfte sehr große Stichproben von Privatpersonen und die meisten anderen viele Länder (oft der Triade) vergleichend zum Gegenstand hat.

diese im Extremfall einer individuelleren Analyse unterzogen und/oder es können im Gegensatz zu Werten, Lebensstilen usw. „härtere" Segmentierungskriterien herangezogen werden, z.B. Beschaffungspotenzial, Marktmacht bis hin zu in Absatzstatistiken enthaltenem Auftragsverhalten. Zumindest drei Varianten sind abzugrenzen:

- Bietet z.B. ein Industrie- oder Konsumgüterhersteller eine standardisierte Produktpalette (im Produktgeschäft) an und ist die Kundengruppe relativ groß, dann kann methodisch vergleichbar zur Konsumentensegmentierung vorgegangen werden.
- Bietet z.B. ein Industrie- oder Konsumgüterhersteller eine eher differenziert-spezialisierte Produktpalette (Technologie) an und sind wenige, potenzielle Kunden (im Extremfall weltweit) bekannt, dann könnte länderübergreifend anhand konkreter Kundenkontakte segmentiert werden.
- Schließlich kann im Falle wenig stabiler Kundenbeziehungen auf eine Segmentierung verzichtet werden. Dies ist z.B. dann der Fall, wenn dyadische Kundenbeziehungen betrachtet werden, mit der Follow-the-Customer-Strategie als Folge.[1]

Langjährige Zusammenarbeit mit Kunden bei der Voith GmbH

Die Voith GmbH (gegründet 1867) ist ein weltweit operierender Technologiekonzern und gehört mit 42.327 Mitarbeitern und ca. 5,7 Mrd. EUR Umsatz zu den großen Familienunternehmen Europas. Das Unternehmen ist weltweit mit Produktionsstätten und Vertriebsniederlassungen vertreten.

Es kombiniert Kunden, Länder und Geschäftsbereiche (Paper, Hydro, Turbo und Industrial Service). Die Internationalisierung wurde besonders vom Konzernbereich Industrial Service vorangetrieben. Mit vielen Partnern wird schon über Generationen zusammengearbeitet, z.B. seit 1897 Zanders, D (Paper); 1906 Duke Power, USA (Hydro); 1914 EnBW, D (Hydro); 1934 Deutsche Bahn, D (Turbo); 1950 Renault, F (Turbo); 1955 MAN, D (Turbo); 1960 Deutsche Steinkohle AG, D (Turbo); 1964 Kässbohrer (Turbo); 1966 General Electric, USA (Turbo); 1969 Siemens, IND (Turbo); 1971 Volvo, S (Turbo); 1981 Mercedes-Benz, D (Turbo); 1983 Voest, D (Turbo).

Quelle: www.voith.de, Abrufdatum: 08. März 2013; www.voith-hydro.com, Abrufdatum: 08. März 2013.

2. Ansätze der internationalen Marktsegmentierung und -selektion

a) Deskriptive Ansätze zur Erklärung unsystematischer Entscheidungen

Wie angedeutet, können im Rahmen der Analyse internationaler Segmentierung und Selektion zunächst deskriptive und normative Ansätze gegenübergestellt werden.

Deskriptive Ansätze beschreiben v.a. wie Unternehmen sich im Internationalisierungsprozess und darin bei der Marktwahl verhalten (Andersen/Buvik 2002, S. 350). Sie basieren u.a. auf empirischen Studien, die zeigen, dass Unternehmen nicht durchgängig rational-logisch anhand quantitativer Segmentierungs- und Selektionsmodelle vorgehen.

Nach Bradley (2005, S. 212) wählen Unternehmen oftmals ein opportunistisches Vorgehen. Erklärt wird dieses unsystematische (opportunistische) Entscheidungsverhalten durch eine nur eingeschränkt verfügbare Informationsverarbeitungskapazität der Entscheider (Piercy 1982), durch eine inkrementelle, rational begrenzte Internationalisierung (Aharoni

---

[1] Vgl. Abschnitt B.I.1.c dieses Kapitels.

1966; Johanson/Vahlne 1990) oder dadurch, dass die Internationalisierung von Unternehmen auch auf einer zufälligen (i.S. von emergenten) Basis abläuft (Bilkey/Tesar 1977; Bilkey 1978; Bradley 2005). Faktoren, die zu einer eher zufälligen Berücksichtigung möglicher Auslandsmärkte führen, sind: Produktnachfrage, zufällige Entdeckung von Marktpotenzialen, Informationen durch Dritte, Handelsvertretungen, Messen usw.

Typischerweise beschreiben deskriptive Ansätze nicht nur die Segmentierung, sondern den gesamten Entscheidungsprozess, den Manager bei der Internationalisierung bzw. speziell bei der Marktselektion durchlaufen und der meist an Produkten und Unternehmensgrundsätzen ansetzt sowie zur Bewertung und Auswahl einzelner Länder führt (Andersen/Buvik 2002, S. 350; Douglas/Craig 2005; Swoboda 2002a). Dabei bildet die Evaluation der Informationsquellen, die zur Entscheidungsfindung eingesetzt werden, einen wichtigen Schwerpunkt, da diese helfen, die Einflussfaktoren auf Unternehmensentscheidungen zu erkennen und zu verstehen, z.B. supranationale Quellen, Handelskammern usw.

Verbreitet ist hierbei das schon mehrfach erwähnte Konzept der **psychischen Distanz** (Johanson/Vahlne 1977) bzw. der **geografisch-kulturellen Distanz** (Müller 1991; Kutschker/Bäurle 1997), ein auf subjektiver Wahrnehmung der Entscheider basierender Multiattributsfaktor, in dem Unterschiede in der Wahrnehmung der sprachlichen, kulturellen Differenzen, der politischen Systeme, des Industrialisierungsgrades usw. einfließen können. Johanson/Vahlne (1990; 1992a) zeigen, dass Unternehmen im Laufe ihrer Internationalisierung sukzessive in Märkte mit größerer psychischer Distanz eintreten, d.h. ex ante keine Länderselektion vornehmen, was Papadopoulos/Denis (1988, S. 44f.) pauschal auf eine vereinfachte Informationsbeschaffung zurückführen und andere Autoren mit dem (Ressourcen-)Commitment verbinden (Randoy/Dibrell 2002, S. 122).

Relevante Distanzmaße als Determinanten unternehmerischer Entscheidungen

In der aktuellen Forschung wird das unternehmerische Entscheidungsverhalten auf unterschiedliche Distanzen zwischen dem Heimat- und dem Auslandsmarkt zurückgeführt. Diese Größen sind essenziell für das Verständnis des Marktengagements, aber auch weiterer Entscheidungen von Unternehmen und deren Managern, so die Wahl der Markteintrittsstrategie oder die der Marktbearbeitung. Folgende Distanzmaße gilt es zu unterscheiden, wobei die psychische Distanz die Übergeordnete darstellt:

- „**Psychic distance**" beschreibt die wahrgenommene Distanz zu einem bestimmten Land. Die psychische Distanz reflektiert das Wissen sowie die Vertrautheit einer Person in Bezug auf ein bestimmtes Land und betont, dass Distanzwahrnehmungen unterschiedlich sein können. Nach dem ursprünglichen Verständnis von Johanson/Wiedersheim-Paul (1975) wird die psychische Distanz definiert als „factors preventing or disturbing the flows of information between firm and market" (S. 307). Entsprechend wurde psychische Distanz durch drei Sets an Variablen gemessen: (1) Charakteristika des Ziellandes, z.B. Bildungsniveau oder Entwicklungsstand, (2) Unterschiede zwischen Heimat- und Zielland in Bezug auf diese Faktoren sowie Sprache und Kultur, (3) Wirtschaftsbeziehungen zwischen den Ländern. Hakanson/Ambos (2010) schlagen eine Messung über die wahrgenommene psychische Distanz als Summe aller Faktoren vor, die den Informationsfluss zwischen zwei Ländern behindern. Die Bedeutung dieses Konzeptes für das Internationale Marketing resultiert aus der Überlegung, dass die durchschnittliche wahrgenommene psychische Distanz das durchschnittliche Managementverhalten zu erklären vermag. So wird davon ausgegangen, dass Manager zunächst in psychisch nahe Länder eintreten und erst mit Aufbau von Wissen in psychisch weiter entfernte Länder bereit sind zu investieren. Der Aufbau von Wissen sowie Wissenstransfer innerhalb des Unternehmens sind Größen, die nicht nur das unternehmerische Handeln, sondern auch den Unternehmenserfolg beeinflussen.

- „**Cultural distance**" ist nach der ursprünglichen Definition der Uppsala Schule nur ein Teil der psychischen Distanz, obwohl in der Literatur vielfach davon ausgegangen wird, dass beide Distanzmaße ähnlich zueinander sind und sich gegenseitig bedingen. So wurde die kulturelle Distanz vielfach als Approximation der psychischen Distanz verwendet. Ein bekanntes Maß der kulturellen Distanz ist der Kogut/Singh-Index, welcher die numerischen Wertunterschiede der Hofstede-Kulturdimensionen verwendet, um den Unterschied zweier Länder auszudrücken. Die Grundannahme der kulturellen Distanz besagt, dass kulturelle Wertunterschiede das Verständnis und die Zusammenarbeit behindern können.

- **Geographic distance** beschreibt die tatsächliche geografische Distanz zwischen dem Heimat- und dem Gastland und wird stets objektiv, meist über die Entfernung zweier Hauptstädte in Kilometern, gemessen. Geografische Nähe reduziert Transport und Kommunikationskosten und vereinfacht die Interaktion, den Informationsaustausch und den Handel.

- **"Governance distance"** wird auch als politische Distanz bezeichnet und beschreibt die administrativen und regulativen Unterschiede zweier Länder, die durch objektive Kennzahlen, z.B. bereitgestellt durch die Weltbank, abgebildet werden können. Unterschiede im regulativen Umfeld erhöhen die Unsicherheit des Unternehmens und das Geschäftsrisiko.

- **"Economic distance"** beschreibt die Unterschiede in Konsumpräferenzen, Kaufkraft sowie Transport und Infrastruktur und kann beispielsweise über das BIP pro Kopf gemessen werden. Geschäftsmodelle lassen sich leichter in Länder mit ähnlicher wirtschaftlicher Entwicklung übertragen und die Geschäftsbeziehungen zwischen Unternehmen werden vereinfacht.

Quelle: Hakanson/Ambos 2010; Hutzschenreuter/Kleindienst/Lange 2013; Ambos/Ambos 2009.

Auch wenn ein opportunistisches, unsystematisches Vorgehen der Entscheider in einzelnen Fällen sich bewähren und zu positiven Ergebnissen führen kann, birgt es **Gefahren einer emergenten (ungeplanten) Selektion**:

- Bradley (2005, S. 213) hebt Kostennachteile opportunistischer Auslandsgeschäfte hervor. Swoboda/Meyer (1999) verweisen auf das „Zerstäuben" der Ressourcen.
- Douglas/Craig (2005) sehen im systematischen Vorgehen eine wesentliche Erfolgskomponente, insbesondere zu Anfang der Internationalisierung und Swoboda (2002b, S. 412ff.) zeigt empirisch, dass Unternehmen, die bereits in frühen Phasen der Internationalität ein Informations- und Planungssystem implementiert haben, erfolgreicher agieren als andere.
- Ayal/Zif (1979) verweisen darauf, dass spätestens die Gründung von Niederlassungen in geeigneten Auslandsmärkten – in Abgrenzung zur Exportstrategie – einen genau zu planenden Kernwettbewerbsfaktor bildet, während Zentes/Swoboda/Morschett (2004, S. 615ff.) hervorheben, dass die ausgewählten Märkte die Koordinationsmöglichkeiten der Auslandsaktivitäten und damit auch die Wettbewerbsvorteile beeinflussen.

b) Normative Ansätze zur Erklärung systematischer, einstufiger Entscheidungen

Als normative Ansätze sollen diejenigen zusammengefasst werden, die systematische Entscheidungsstrukturen bzw. ein logisch-rationales Entscheidungskalkül postulieren und denen nach Andersen/Buvik (2002, S. 348) die Annahmen zu Grunde liegen, dass die von anderen Entscheidungsprozessen isolierbare Marktwahl (immer) strukturierbar, formalisierbar ist und sich nach den Aktivitäten wie Problemdefinition, Identifizierung der Wahlkriterien, ggf. Gewichtung der Kriterien, Berechnung der optimalen Entscheidung usw. richtet.

Damit tragen normative Ansätze dazu bei, komplexe Marktselektions- und -segmentierungsentscheidungen zu systematisieren sowie Entscheidungsmodelle zu liefern. Angesprochen werden sollen hierbei zunächst **einstufige Modelltypen**, die auf die Länderbewertung Bezug nehmen, indem sie i.d.R. eine grobe Screening-Prozedur meist auf Basis von Sekundärdaten inkludieren. Dabei wird meist festgestellt, welche Länder noch tief gehender zu evaluieren sind. Es handelt sich in der Mehrheit um Betrachtungen von Exportaktivitäten, bei denen implizit davon ausgegangen wird, dass die Marktsegmentierung bzw. -selektion durch Unternehmen im Vorfeld einer (direkten) Exportstrategie erfolgt. Einstufige Modelle können, basierend auf dem Ziel der Marktbetrachtung, in marktgruppierende Konzepte und marktschätzende Konzepte unterteilt werden (siehe Abbildung 3.29).

Abbildung 3.29: Ausgewählte einstufige Modelle bzw. Ansätze im Überblick

Marktgruppierung	Makrosegmentierung	Bartels 1963; Liander u.a. 1967; Litvak/Banting 1968; Sethi 1971; Sethi/Curry 1973; Sheth/Lutz 1973; Ramond 1974; Doyle/Gidengil 1977
	Mikrosegmentierung	Hodgson/Uyterhoeven 1962; Wind/Douglas 1972; Douglas/Craig 2005; Papadopoulos 1983
Marktschätzung	Importnachfragepotenzial	multiple criteria (UNCTAD/GATT 1968; CFCE 1979) econometric methods (Alexandrides 1973; Alexandrides/Moschis 1977)
	Gesamtnachfragepotenzial	econometric methods (Moyer 1968; Armstrong 1970; Singh/Kumar 1971; Ferguson 1979; Lindberg 1982) multiple factor indices (Micro: Douglas/Craig/Keegan 1982; Douglas/Craig 2005); (Macro: Conners 1960; Dickensheets 1963; Liander u.a. 1967; Beckerman 1966; Moyer 1968; Samli 1977; Helsen/Jedidi/DeSarbo 1993)

Quelle: in Anlehnung an Papadopoulos/Denis 1988, S. 40; Papadopoulos/Chen/Thomas 2002, S. 166ff.

Marktgruppierende Konzepte bündeln Länder auf Basis ihrer Ähnlichkeit. Hierzu werden unterschiedlichste Indikatoren vorgeschlagen:

- **Makrosegmentierende Verfahren** zielen darauf ab, anhand von politischen, sozialen, ökonomischen Makroindikatoren, wie der industriellen Entwicklung, Ländergruppen zu bilden. Mittels geeigneter Verfahren werden die Länder mit ähnlichem Entwicklungsstand zu Gruppen gebündelt. Verfahren, die explizit eine Vielzahl an Makroindikatoren auf wenige reduzieren, erlauben entsprechend die Berücksichtigung mehrerer Indikatoren.
- **Mikrosegmentierende Verfahren** gehen vergleichbar vor, berücksichtigen aber zusätzlich situationsspezifische Variablen. Dies können Kundenmerkmale sein, aber auch qualitative Kriterien wie z.B. rechtliche Aspekte, mit dem Zweck, die Basis der Bündelung zu verfeinern.

Marktschätzende Konzepte haben zum Ziel, Märkte auf Basis ihres erwarteten Potenzials zu bewerten. Hierzu werden unterschiedliche Faktoren wie z.B. Größe, Wachstum, Wettbewerb oder Zugangsmöglichkeiten herangezogen, wobei das Importpotenzial oder das Gesamtpotenzial der Märkte im Vordergrund steht. Das heißt, hier werden Länder nach einem bzw. mehreren Kriterien bewertet und das oder diejenigen mit der größten Attraktivität ausgewählt.

- Marktschätzende Verfahren, die auf das **Importnachfragepotenzial** fokussieren, bewerten Auslandsmärkte anhand von Daten, die zumeist aus Handelsstatistiken generiert werden.
  - Die **Multiple-Kriterien-Methode** verwendet Marktindikatoren wie Höhe und Wachstum der Importe oder der Marktausschöpfung von Im- und Exporten. Jedem Indikator werden ggf. Akzeptanz- und Ablehnungsniveaus (auf Basis von Experteneinschätzungen) zugewiesen und so ein Ranking vorgenommen.
  - **Ökonometrische Methoden** gehen produktspezifisch vor, indem sie aus Handelsstatistiken die (produkt-)relevanten Importnachfragedaten auswählen. Da sie von einer direkten Beziehung zwischen der Importnachfrage und der Nachfrage nach

einem Produkt ausgehen, wird ein mathematisches Modell entwickelt, das aus den ausgewählten Daten die produktspezifische Nachfrage schätzt.

- Die auf das **Gesamtnachfragepotenzial** fokussierenden, marktschätzenden Verfahren bewerten Auslandsmärkte anhand von Gesamtnachfrageindikatoren.
  - Bei **ökonometrischen Methoden** wird mittels Regressionsanalysen die Gesamtnachfrage geschätzt, indem als abhängige Variable z.B. die Marktsättigung für ein Produkt und als unabhängige Variable die persönlichen Konsumausgaben für ein solches Produkt betrachtet werden.
  - Die vielfältigen **Multiple-Faktoren-Indizes** messen das Marktpotenzial indirekt, durch Zuweisung relativer Werte zu „Subindikatoren", die aus Statistiken, Erfahrung usw. gewonnen werden. Exemplarisch sind hier Kaufkraft-, Marktqualitätsindizes usw. zu nennen. Zum Beispiel hat bereits Samli (1977) zur Ermittlung eines Marktqualitätsindex Durchschnittswerte von Makroindikatoren wie nationales Einkommen, Elektrizitätsverbrauch usw. gebildet und diese in Relation zu Werten wie Bevölkerungszahlen, Größe des Marktes usw. gesetzt. Vergleichbar können Indizes auf Basis unterschiedlicher Mikrokriterien und alternativer Methoden gebildet werden.

Die Ansätze verdeutlichen die Vielfalt der Entscheidungssituationen und -faktoren sowie gleichsam die Bandbreite der Literatur zu diesem Thema. Sie weisen jeweils spezifische Vor- und Nachteile auf, die an dieser Stelle nur kursorisch erwähnt werden können. So charakterisieren makrosegmentierende Verfahren zur Marktgruppierung zwar das gesamte Umfeld, ihnen fehlt aber der Produkt-/Branchenbezug. Dies berücksichtigen mikrosegmentierende Verfahren; sie erfordern aber spezifische Daten, die meist nicht als Sekundärdaten vorliegen, d.h. jeweils neu erhoben werden müssen. Marktschätzende Ansätze, die auf der Importnachfrage basieren, teilen die Problematik, dass die relevanten Daten oft mit Zeitverzug publiziert werden. Den Multiple-Kriterien-Methoden fehlt oft der Produkt- bzw. Branchenbezug. Hauptherausforderungen der Multiple-Faktoren-Indizes bei Gesamtnachfragemodellierungen sind die Redundanz und Kollinearität zwischen den verwendeten Indikatoren bzw. Faktoren, was oft in den frühen Publikationen zu bemängeln war. Die ökonometrischen Verfahren, deren Datenbasis gut zugänglich ist, sind stark methodengebunden und eignen sich im Wesentlichen nur für stabile Produkt- bzw. Marktsituationen.

Ein exemplarisches Beurteilungsmodell als State-of-the-Art

Unter Abwägung der Vor- und Nachteile der traditionellen Modellierungen entwickeln Papadopoulos/Chen/Thomas (2002) ein den Status der Forschung widerspiegelndes Modell, das den Anspruch auf Generalisierbarkeit über Branchengrenzen hinweg erhebt. Bei der Entwicklung wurde versucht, nur solche theoretisch gestützten Kriterien einzubeziehen, die auch in der Anwendung getestet werden können. Im Kern stellt das Entscheidungsmodell das Nachfragepotenzial eines ausgewählten Landes den dort herrschenden Handelsbarrieren gegenüber. Des Weiteren wird davon ausgegangen, dass die Abwägung zwischen Marktpotenzial und -barrieren von der strategischen Orientierung eines Unternehmens abhängt, insbesondere der Wichtigkeitsgrad, der dem jeweiligen Kriterium beigemessen wird. Insgesamt wird die Marktwahl in diesem Modell als Ergebnis der Abwägung zwischen dem Nachfragepotenzial und den Handelsbarrieren eines potenziellen Marktes im Kontext der Unternehmensstrategie begriffen. Die Anzahl der Variablen zur Konstruktoperationalisierung soll effizient und überschaubar bleiben sowie theoretisch gestützt sein. Das Nachfragepotenzial wird gemessen durch:

- den realen Konsum (Inlandsproduktion plus Importe minus Exporte)
- Importpenetration (prozentualer Importanteil am realen Konsum)
- Herkunftslandvorteil (Anteil des Herkunftslandes an Importen des Ziellandes)

- die Ähnlichkeit der Märkte (Gesamtsumme der vier gewichteten Indikatoren Lebenserwartung, Bruttosozialprodukt pro Kopf, Elektrizitätsproduktion und dem Verhältnis der Importe zum Bruttoinlandsprodukt).

Die Handelsbarrieren werden operationalisiert durch:

- Zollbarrieren (der gewichtete durchschnittliche jährliche Zollsatz)
- nicht-tarifäre Barrieren (ein quantitativer Index aus 20 Einzelbarrieren)
- geografische Distanz (Entfernung zwischen Herkunfts- und Zielland)
- Wechselkurs (prozentuale Veränderung des Wechselkurses gegenüber dem Vorjahr).

Das Konstrukt der strategischen Orientierung wird dichotom gefasst. Eine offensive Strategie liegt vor, wenn Unternehmen auf Kosten der Konkurrenten wachsen und sich bietende Gelegenheiten höher schätzen als Risiken, während defensiv orientierte Unternehmen vorwiegend zu verhindern versuchen, dass Wettbewerber Marktanteile gewinnen. Dieser Aspekt wird an dieser Stelle aus Platzgründen ausgeklammert.

Die Datenbasis bilden Sekundärquellen aus 17 OECD-Ländern zu Industriegütern sowie kurz- und langlebigen Konsumgütern. Zur Verrechnung der Daten wird ein Scoringmodell angewandt, indem bei jeder Variable zunächst der niedrigste Wert vom höchsten subtrahiert wird. Die Division dieser Differenz durch zehn ergibt eine zehnstufige Intervallskala, sodass jedem Land ein Wert zwischen null und zehn, basierend auf dem absoluten Wert, zugeordnet werden kann. Indem zu jedem Land der Durchschnitt aller zugeordneten Variablenwerte gebildet wird, ergeben sich die Gesamtwerte für alle Potenzial- und Barrieredimensionen (hohe Werte entsprechen einem hohen Potenzial bzw. niedrigen Barrieren). Mittels einer Clusteranalyse erfolgt die Ländereinordnung in eine Matrix. Ein Ergebnis ist in Abbildung 3.30 dargestellt. Hier wird deutlich, dass die Auslandsmarktattraktivität unterschiedlich ausfällt für Unternehmen, die zwar aus dem gleichen Herkunftsland stammen, aber in unterschiedlichen Branchen tätig sind, und auch für Unternehmen der gleichen Branche, die aber aus anderen Herkunftsländern stammen.

Abbildung 3.30: Zweidimensional gebildete Ländercluster

Branchen		Exportmärkte für Kanada		Exportmärkte für China	
		hohe Barrieren	niedrige Barrieren	hohe Barrieren	niedrige Barrieren
Getränke	hohes Potenzial	F, NL	USA	B, NL, P, UK	J, USA
Möbel		-	D, DK, F, NL, NOR, S, USA	B, P, USA	NL, NOR
Flugzeuge		D, DK, I, NL	AU, A, FI, NOR, SP, USA	B, D, DK, NL, P, USA	A, NZ, SP
Getränke	niedriges Potenzial	B, DK, I, SP, UK	AU, A, D, FI, J, NZ, S	D, F, DK, I, SP	AU, A, FI, NZ, NOR, S
Möbel		AU, A, FI, NZ, P	B, I, J, SP, UK	AU, A, FI, F, I, NZ	D, DK, J, SP, S, UK
Flugzeuge		B, F, J, NZ, P, UK	S	F, I, UK	AU, FI; J, NOR, S

Quelle: in Anlehnung an Papadopoulos/Chen/Thomas 2002, S. 174ff.

Kritisch anzumerken ist, dass es auf Basis dieses Modells den Autoren gelingt, zahlreiche Länder auf Branchenebene und auf multiattributiver Basis zu vergleichen und solche Länder zu identifizieren, die näher betrachtet werden sollten. Die Anwendung des Modells ist dennoch eingeschränkt. Zum Beispiel ist der reale Konsum für Unternehmen, die als Pionier in einen Markt eintreten wollen, keine geeignete Beurteilungsgröße. Für Unternehmen, die in Branchensegmenten tätig sind, reicht die Produktspezifität des Modells nicht aus, da die Branchendaten den tatsächlich relevanten Markt des Unternehmens nur unzureichend abbilden. Wie für alle Modelle, die Sekundärdaten heranziehen, besteht auch die Abhängigkeit von deren Verfügbarkeit und Qualität sowie die Problematik der Verwendung verschiedener Klassifikationssysteme in Statistiken. Ein klassisches Beispiel für derartige Problematiken ist etwa das wenig aussage-

> kräftige Pro-Kopf-Einkommen in Mittel- und Osteuropa, da es hier „üblich" ist, mehrere Jobs zu haben. Die Unternehmen müssen zudem die Ressourcen aufbringen, um die erforderlichen Daten zu erlangen. Ferner ist es nur auf Exportaktivitäten begrenzt.

c) Systematische, mehrstufige Entscheidungen als State-of-the-Art

Mehrstufige Ansätze streben neben einer grundsätzlichen Länderbewertung eine differenzierte Analyse der Entscheidungsprozesse bis zur Selektion und Eintritt bzw. Expansion an. Sie folgen der Sichtweise, dass auf Grund der vielfach denkbaren Bezugsebenen (z.B. Länder, Kundengruppen) bzw. der Optionen bei der Entwicklung von Länderselektionsmodellen[1] es zweckmäßig ist, die Marktsegmentierung und -selektion als hierarchisches Konzept aufzufassen (Schuh/Trefzger 1991, S. 114). Seit den 1980er Jahren wurden diese weiterhin normativen Entscheidungsmodelle in der Literatur diskutiert, die aber nach stärkerer Einbindung der Unternehmenspraxis streben. Die Bestandsaufnahme in Abbildung 3.31 soll zeigen, dass die unterschiedlichen Ansätze einen graduellen und sequenziellen Ablauf vorgeben. Die Übersicht verdeutlicht die Vielfalt denkbarer Einzelschritte, die genutzten Verfahren/Beurteilungshilfen, die Anwendungsfelder und den Status der empirischen Prüfung. Zumindest pauschal soll im Folgenden – losgelöst von der konkreten Phasenanzahl oder denkbaren Rückkopplungen zwischen den Phasen – auf zwei grundsätzliche Perspektiven verwiesen werden: die Outside-Inside- und die Inside-Outside-Perspektive.

Abbildung 3.31: Synopse der mehrstufigen Marktselektionsmodelle

Autor(en)	Entscheidungsstufen	Methoden/Beurteilungshilfen	Anwendung/ emp. Prüfung
Stahr 1980	1. Unternehmensanalyse: Voraussetzungen 2. Formulierung der Marktwahl-Zielsetzungen 3. Marktselektion i.e.S.: a) Vorauswahl: Umfeld- und Umweltanalyse b) Vorprüfung: Risiken, Absatzchancen c) Hauptanalyse: Erlös-/Kostenschätzung	Checklistenverfahren (1), Punktbewertungsverfahren (2), analytische Verfahren (3)	direkter Export /nein
Berekoven 1985	1. Grobauswahl a) Unternehmensziele, -philosophie b) Voraussetzungen für Absatz, Lieferung 2. Feinauswahl: unternehmens- und entscheidungsspezifische Kriterien	Checklisten-, Punktbewertungsverfahren, Clusteranalysen (1), Portfolioanalyse, analytische Verfahren (2)	universell/ nein
Schneider 1985	1. Grobselektion a) strategisch: Unternehmensrestriktionen b) Entwicklungstendenzen: Marktvolumen, Konkurrenz, Länderrisiken 2. Feinauswahl: detail. Kriterienanalyse aus 1	Checklistenverfahren (1a), Punktbewertungsverfahren (1b), Länder-Portfolioanalyse (2)	universell/ Praxisbeobachtungen
Kumar/Stam/ Joachimsthaler 1994	1. Screening: macro level indicators (political stability, socio-cultural factors) 2. Identification: industry-specific information such as market potential/barriers 3. Selection: firm-specific primary data	Elimination meth. (min. Requirements) (1); Decision process: ranking, weighting (2/3)	universally/ experiment with MBA-students and managers
Root 1998	1. Preliminary screening: (direct/indirect criteria) 2. Estimating industry market potentials 3. Estimating company sales potentials	Elimination method (1); Portfolio analysis (2); Rating (3)	exports, but universally applicable/no

---

[1] Vgl. Abschnitt A.II. dieses Kapitels.

Hoffman 1997	1. Country selection: critical market characteristics 　a) general environment (technological, political, economic, physical, social factors) 　b) task environment (projected customer base, market growth, untapped demand, prices) 2. Test market evaluation (demographic characteristics, distribution elements etc.)	possibly regression for choice of variables, ranking of variables, country weightings, country rankings/test markets (1/2)	product introduction (no incorporation of risk dimension)/ secondary data
Koch 2001	1. Decision criteria (global corporate objectives) 2. Global market situation and trends 3. Review of individual markets 4. Elimination of unfeasible markets 5. Feasible market-/market entry-options 6. Evaluation of feasible market-/entry-options 7. Multi-criteria: comparison of anticipated pay-offs for various market-/entry-options 8. Would all or any of the market-/entry-modes constitute a good global strategic fit? 9. Selection of the optimal market-/entry-mode	not specified, „manager decision"/interdependency with market entry mode strategy	universally (comb. with market entry options)/no
Brewer 2001	1. Establish a country market set (corporate policy, practical considerations) 2. Identify a country (sources of information) 3. Evaluate a country: attractiveness, competition 4. Select market: assessments of profitability	Elimination method (1/2); Ranking (2); Personal judgments (1/3/4)	exports/ six cases
Andersen/ Buvik 2002	1. Awareness: identification of potential partners (assessment about objective skills) 2. Exploration (attraction): initial negotiations 3. Choice: selection of exchange partner(s), based on goal compatibility, trust and performance	Seq. search process (1); Trial purchases, goals, incentives (2); Elimination method, ranking (3)	universally; industry goods with high resource commit., uncertainty/no
Rahman 2003	1. First step of screening process: market size attractiveness (macro-, micro economic indicators, firms' own capabilities) 2. Second step of screening process: market structural attractiveness (cost/structural compatibility indicators, firm policy guidelines)	Elimination method (minimum requirements) (1/2); no weighted criteria	universally/ twelve Australian firms and government organizations
Bradley 2005	1. Macro criteria: preliminary screening 2. Industry criteria: industry sales potential 3. Micro criteria: company sales potential 4. Decision: market opportunities identified (markets tested and selected)	Rank order technique (depending on the level of the criteria's effective amount) (1/2/3/4)	
Sakarya/Eckman/Hyllegard 2007	1. Long-term market potential 2. Cultural distance 3. Competitive strength of the industry 4. Customer receptiveness	Rank order technique	Emerging markets/ 500 US apparel specialty retailers
Johansson 2009	1. Identification of country markets: macro-segmenting variables 2. Preliminary screening: macro-level indicators 3. In-depth screening 4. Final selection	Personal judgments of data (1/2); Rating (3/4) with weights (general proposal) in (4)	universally/ case study
Gaston-Breton/ Martín 2011	1. Macro-segmentation screening based on market attractiveness 2. Micro-segmentation process to identify similar groups of people across countries in terms of social and personal values	(1) Clusteranalyse, (2) Faktoranalyse/ Clusteranalyse	European Union member states/based on secondary data

Quelle: in Anlehnung an Swoboda u.a. 2009, S. 409ff.

Modelle, die eher einer **Outside-Inside-Perspektive** verhaftet sind, setzen an der Marktbetrachtung an bzw. verbleiben z.T. auf dieser Ebene (z.B. Kumar/Stam/Joachimsthaler 1994; Hoffman 1997; Brewer 2001; Johansson 2009) und unterscheiden im Wesentlichen die folgenden Phasen:

- **Generelles Screening der Ländermärkte**: In der ersten Phase dominieren makroökonomische Kriterien, wobei es nach Kumar/Stam/Joachimsthaler (1994, S. 33) die politische Stabilität, soziokulturelle Faktoren und die Distanz sein können, auf deren Basis Auslandsmärkte (im Extremfall die Welt) ausgeschlossen, selektiert oder gerankt werden (können). Johansson (2009, S. 382ff.) zeigt eine Makrosegmentierung, die zur Bildung von Länderclustern führt, auf Basis von Bevölkerungs-, Nachfragestruktur-, politischen und wirtschaftlichen Daten. In Unternehmen werden in dieser ersten Phase eher standardisiert verfügbare Sekundärdaten passiv genutzt.[1]

- Identifikation geeigneter Märkte mit **tiefer gehendem Screening**: Die zweite Phase der Identifikation einer Gruppe potenzieller Länder erfordert die Gewinnung genauerer, branchenspezifischer Informationen bzw. von unternehmensspezifischen Marktdaten und eine Wettbewerbsanalyse. In Unternehmen findet im zweiten Schritt ein Übergang zu einem eigenen, aktiven Desk Research statt, an dessen Ende oft eine Gruppierung oder ein Ranking von Ländern steht.
- **Abschließende Auswahl**: Hier erfolgt die Marktselektion anhand unternehmensspezifischer Faktoren wie der Profitabilität und Kompatibilität der neuen Länder zum bisherigen Länder- oder Produktportfolio oder auch nur schlicht der Attraktivität der Länder im Hinblick auf eine Marktbearbeitung. Spätestens dies erfolgt durch Primärdaten, „feasibility studies" usw.

Entscheidungsansätze, die eher einer **Inside-Outside-Perspektive** zugeordnet werden können, setzen an unternehmerischen Zielen, Strategien, Ressourcen an und analysieren dann Märkte (z.B. Koch 2001; Rahman 2003). Indessen ist das Gewicht der Unternehmensperspektive unterschiedlich. Während Stahr (1980) die Marktwahl in die Unternehmensplanung einbindet (d.h. eher Vorentscheidungen stark betont), integriert Schneider (1985) die Unternehmensrestriktionen in die Grobselektion. Koch (2001, S. 67) stellt heraus, dass die Beurteilung der Branchenattraktivität (zweite Phase) eng mit den Ziel- und Ressourcenrestriktionen sowie der Expansionsstrategie des Unternehmens zusammenhängt und typischerweise auf Marktgröße und -wachstum, Wettbewerbsintensität, Eintrittsbarrieren und Marktsegmenten basiert. Kumar/Stam/Joachimsthaler (1994, S. 34) bemerken nur, dass Unternehmensziele, Strategien und Ressourcen die marktorientierte Vorgehensweise einschränken, ohne dies weiter zu betrachten.

Wie eingangs hervorgehoben, kommt in Unternehmen praktisch auf allen Stufen die korrigierende oder entscheidende Rolle des Managements zum Tragen. Das Management kann die Ergebnisse aus bestimmten Gründen sogar gänzlich umdrehen und etwa für die abschließende Selektion und zum Eintritt andere – z.B. weiter hinten gerankte – Ländermärkte vorziehen, etwa aus Überlegungen zum Timing (First-Mover-Vorteile), Rückkopplungen bzw. Synergien usw. heraus. An dieser Stelle informiert die Abbildung 3.32 (auf prä-empirischer Basis) über denkbare Kriterien für die einzelnen Stufen.

Abbildung 3.32: Ausgewählte Kriterien für eine Marktselektion

General criteria	Selected sub criteria (examples)
Macro criteria	• General: political, legal, socio-economic, infrastructural aspects
Political/legal aspects	• Political: situation/stability; capital/investment requirements/risks • Legal: conditions of foreign trade policy; political country risks
Economic/infra-structural aspects	• Market growth: GNP; GDP; income development; economic stability/policy; inflation • Entry conditions: possibilities for market entry; investment incentives; concessions for foreign firms

---

[1] Vergleichbar hierzu wäre das oben als State-of-the-Art beschriebene Modell von Papadopoulos/Chen/Thomas (2002), ohne Branchenbezug.

Special: Prospects of transformation (e.g. in Middle/Eastern Europe)	• Speed of market economy reforms; degree of decentralisation and deregulation; conformity of economic legislation with the standards of Western countries; degree of equality of foreign to domestic business firms; possibilities of buying real estate etc.
Micro (industry and firm oriented) criteria	• General: sales market potentials; overall attractiveness; market/competitive/structural environment; customer potentials; market proximity/distance; firm-specific factors
Sales potential/ attractiveness	• Market capacity/volume: population figures; private household incomes/expenditures/equipment; sales volume per industry; customer behaviour; relation to home/other market • Market structure/processes: forms and intensity of (foreign/domestic) competition; supplier etc.; availability/efficiency of marketing channels; logistic infrastructure
Market proximity/ distance	• Distance: affinity to culture/mentality/language; physical market proximity; market knowledge • Other barriers; utilisation, credit history, financial strength of customers etc.
Firm-specific factors	• Corporate: business mission/philosophy; (portfolio) strategy; managerial principles/rules etc. • Competitive: strategic advantages; resources; adoptive management; foreign experience etc. • Behaviouristic: perception of markets (countries, customers etc.); (contract, buyer, payment, credit, distribution, price) risks; managerial attitudes to internationalisation etc.

Quelle: in Anlehnung an Swoboda/Schwarz 2006, S. 174; Swoboda u.a. 2009, S. 409ff.

Die Umsetzung von Entscheidungsmodellen wird anhand einer Studie von Textilproduzenten im Folgenden untersucht (Swoboda u.a. 2009), wobei auch die Ergebnisse vorgestellt werden. Darüber hinaus wurden die Unternehmen offen nach der Rangfolge der zur Marktbewertung herangezogenen Kriterien gefragt. Im ersten, zweiten und dritten Schritt wird eine Fülle von Kriterien herangezogen, die sich konzeptionell ordnen lassen. Auf der Absatz- wie auch auf der Beschaffungsseite dominieren dabei marktorientierte und nicht makroökonomische Aspekte (siehe Tabelle 3.2).

Tabelle 3.2: Kriterien, die zur Bewertung von Beschaffungs- und Absatzmärkten sequenziell herangezogen werden – offene Nennungen

Beurteilungsschritt			Absatzmärkte	Beschaffungsmärkte	Beurteilungsschritt		
1	2	3			1	2	3
9	12	8	**Politische/rechtliche Aspekte**		4	7	6
5	3	3	politische Stabilität/Lage	politische Stabilität/Lage	3	3	5
2	3	2	Zahlungsbedingungen/-risiken	Außenhandelsbedingungen	1	3	1
1	4	2	Außenhandelsbedingungen	EU/Länderrisiken	-	1	-
1	2	1	EU/Länderrisiken				
9	8	8	**Ökonomische/infrastrukturelle Aspekte**		5	4	10
4	2	1	generelle Kaufkraft	wirtschaftliche Stabilität	3	2	4
2	1	5	wirtschaftliche Stabilität	Wirtschaftspolitik	2	1	5
2	3	1	Konjunktur/Wachstum	Infrastruktur	-	1	1
1	2	1	Wirtschaftspolitik				
42	19	13	**Marktorientierte Aspekte**		45	32	15
23	6	1	Umsatz-/Absatzpotenziale	Produktions-/Beschaffungskosten	11	5	4
6	2	2	generelle Attraktivität	Lohnkosten/-niveau	10	4	1
4	2	1	Kundenpotenziale	günstige Preise	9	10	2
4	3	6	Markt-/Konkurrenzumfeld	Logistikkosten	6	1	4

4	5	3	Distributionsstrukturen/-partner	Produktivität	2	2	1
1	1	-	Marktsättigung	Qualität (Arbeit/Produkte)	7	10	3
13	**18**	**19**	**Kulturelle, qualitative und Übereinstimmungs-Aspekte**		**13**	**14**	**19**
3	3	2	Bonität der Kunden	Kompatibilität/Zuverlässigkeit	4	3	3
2	5	8	Nähe/Kultur/Mentalität/Sprache	Lieferfähigkeit/-treue	3	4	3
1	2	2	physische Marktnähe	Marktentfernung/Schnelligkeit	3	2	6
2	4	4	Kompatibilität der Konzeption	Know-how/Wissen/Technologie	2	3	4
5	4	3	Wissen über Markt	Nähe/Kultur/Mentalität/Sprache	1	2	3
1	1	5	sonstiges: Barrieren/Auslastung/Finanzlage	sonstiges: Flexibilität/langfristige Perspektive/Ethik	2	2	6

Quelle: in Anlehnung an Swoboda u.a. 2009, S. 419.

Dies stützt nicht die Sicht normativer Stufenmodelle, die von einer eher auf Makrokriterien basierenden Grobevaluation und einer auf markt- und unternehmensspezifischen Kriterien beruhenden, vertiefenden Selektion ausgehen. Allerdings wurden hier Unternehmen ex post gebeten, die Kriterien anzugeben, was nicht ausschließt, dass in der konkreten Entscheidungssituation andere Rangfolgen gewählt wurden. Ferner sind offensichtlich andere Zugänge zur Marktselektion – so unter Berücksichtigung der markt- bzw. wettbewerbsorientierten Aspekte[1] – und weitere Marktselektionskriterien und -verfahren relevant.

III. Marktselektionskriterien und -verfahren

1. Portfolios als Bewertungs- und Selektionsbasis

a) Marktattraktivität-Marktbarrieren-Ansätze

In heuristischen Konzepten (v.a. in der deutschen Literatur) wird die Bewertung von Ländermärkten in erster Linie vor dem Hintergrund von Chancen- und/oder Risiko-Betrachtungen diskutiert, wobei als Indikatoren hierfür

- die Marktattraktivität und
- die Marktbarrieren

(seltener die Wettbewerbsintensität) herangezogen werden. Die Begriffspaare **Chancen/Risiko** und **Attraktivität/Barrieren** sind dabei insofern ähnlich, als Märkte, die der Planung zufolge gute Erfolgschancen bieten, für die Unternehmen attraktiv sind und Risiken bei der Länderbearbeitung i.d.R. wie Marktbarrieren wirken. Da sich andererseits nicht jede Marktbarriere auf Risikoüberlegungen zurückführen lässt und zugleich die Marktattraktivität über die alleinige Analyse von Erfolgspotenzialen hinausgeht, stellen die Abgrenzungsdeterminanten Marktattraktivität/Marktbarrieren den umfassenderen Ansatz dar (Backhaus/Voeth 2010a, S. 70). Beide Dimensionen können in eine Portfolio-Darstellung überführt werden – eine Systematik, anhand derer ein Unternehmen die bearbeiteten oder potenziell zu bearbeitenden Ländermärkte untersuchen und in eine systematische Struktur bringen kann (siehe Abbildung 3.33). Grundsätzliches Ziel ist die Abgrenzung von Ländermärkten im Hinblick auf diese Kriterien, um damit letztendlich die Identifikation der Ländermärkte vorzunehmen, die generell (**Kernmärkte**), zukünftig

---

[1] Vgl. dazu Yip/Hult 2012, S. 74f. und S. 100f.

(**Hoffnungsmärkte**) oder gelegentlich (**Gelegenheitsmärkte**) bearbeitet werden sollen, und solcher, die grundsätzlich nicht bearbeitet werden sollen (**Abstinenzmärkte**).

Abbildung 3.33: Marktattraktivität-Marktbarrieren-Ländermarkttypologie

	niedrig	hoch
hoch	Abstinenzmärkte	Hoffnungsmärkte
niedrig	Peripher-/ Gelegenheitsmärkte	Kernmärkte

(Marktbarrieren / Marktattraktivität)

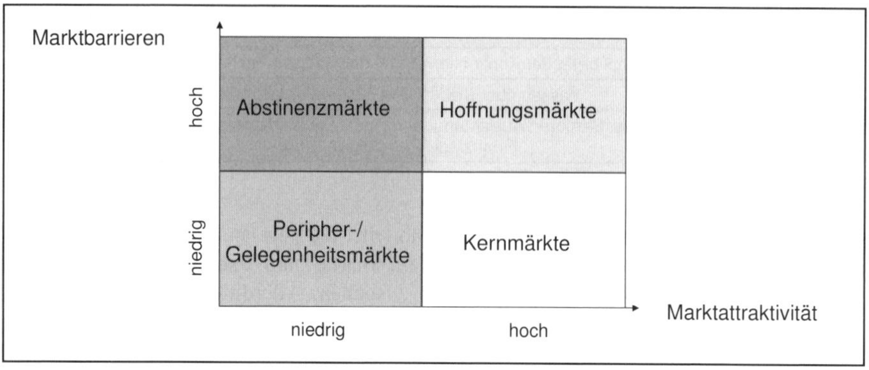

Eine derartige Ländermarkttypologie kann als Grundlage für die Formulierung von Internationalisierungsstrategien eingesetzt werden (Welge/Holtbrügge 2010, S. 100f.), zumindest jedoch für eine differenzierte Bearbeitung einzelner Ländermärkte in einem bestehenden Portfolio. Einige methodische Aspekte sind aber zu beachten.

Erstens dürfte sich die Zuordnung der Ländermärkte im Zeitablauf wandeln, sodass die Matrix – idealtypisch – periodisch und prognostisch zu erstellen ist, denn in der Logik des Entscheidungsablaufs ist ein Marktengagement erst in Zukunft zu realisieren.

Zweitens besteht ein Kernproblem in der Kriterienwahl. Wood/Robertson (2000, S. 35) stellen z.B. in einer empirischen Untersuchung mehr als 200 Einzelkriterien fest, anhand derer ein Markt beurteilt werden kann. Sie folgern, dass diese je nach Anwendungsfall in Attraktivitäts- oder Barrierefaktoren zu überführen sind. Im Vorgriff auf die folgenden Abschnitte ist herauszustellen:[1]

- Zur Beurteilung der **Marktattraktivität** können idealtypisch Indikatoren von Marktgröße und -wachstum herangezogen werden. Marktgröße kann über die Höhe der lokalen Produktion, über die Differenz aus Ex- und Importen gemessen werden oder indirekt über das Pro-Kopf-Einkommen (Kumar/Stam/Joachimsthaler 1994, S. 37). Rahman (2003, S. 123) identifiziert acht Indikatoren – BSP, Wachstumsrate des BSP, Inflationsrate, Bevölkerungsgröße, Größe der Mittelschicht, Bildungsniveau, Währungsreserven und Wechselkursstabilität – die von allen zur Beurteilung von Marktgröße und -wachstum herangezogen werden und in ähnlicher Form bei Root (1998, S. 35ff.) vorzufinden sind. Neben diesen makroökonomischen Daten belegen Studien – insbesondere beim Export – die Bedeutung des Country-of-Origin-Effekts und die Einstellungen der Kunden gegenüber ausländischen Produkten (Okechuku/Onyemah 1999, S. 619f.). Praktisch ist eine unternehmensindividuelle Sicht unerlässlich.

---

[1] Einen Überblick über Dimensionen der Marktattraktivität bieten Gaston-Brenton/Martin (2011) und Asiedu (2006), die hierzu Folgendes zählen: "large natural resources, large markets, lower inflation, good infrastructure, educated population, openness to foreign direct investments, less corruption, political stability, reliable legal system." Analog bietet Pehrsson (2009) einen Literaturüberblick zu den Marktbarrieren und deren vielfaches Verständnis.

- **Marktbarrieren** werden in wesentlich vielfältigerer Form unterschieden. Länderrisikobeurteilungskonzepte bilden einen Ansatzpunkt hierfür.[1] Minifie/West (1998, S. 452ff.) betrachten die politische Stabilität, die Kontrolle durch die Regierung sowie kulturelle Unterschiede als Hauptgruppen der Eintrittsbarrieren von mittelgroßen Unternehmen. Kumar/Stam/Joachimsthaler (1994, S. 38) beschränken sich auf die leicht messbaren Steuern, Zölle und Kontingente. Abbildung 3.34 visualisiert die Bereiche, in denen Barrieren liegen können.

Abbildung 3.34: Mögliche Bereiche von Marktbarrieren

Politik	Wirtschaft	Gesetze
Stabilität diplomatische Beziehungen interne politische Taktiken	Entwicklung und Leistung Produktionsstärke Konsum	Zolltarife/Steuern nicht-tarifäre Vorschriften weitere Gesetze
Marktpotenzial	**Infrastruktur**	**Kultur**
allgemeine Nachfrage Anpassungskosten Wettbewerb	distributionsbezogen kommunikationsbezogen geografisch	kulturelle Einheit kulturelle Unterschiede

Quelle: in Anlehnung an Wood/Robertson 2000, S. 37ff.

Drittens ist im jeweiligen Kontext zu beurteilen, inwiefern Attraktivität und Barrieren unabhängige Dimensionen bilden. Anders als oft angenommen, ist vielfach nicht davon auszugehen. Vielmehr liegt die Vermutung nahe, dass Märkte, denen eine hohe Marktattraktivität zuzuordnen ist, auch durch hohe Marktbarrieren gekennzeichnet sind und vice versa. Wettbewerber werden z.B. vor allem auf attraktiven Märkten bemüht sein, anderen Unternehmen den Markteinstieg durch entsprechende Barrieren zu erschweren.

Schließlich ist hervorzuheben, dass bei der Beurteilung von bestehenden Auslandsengagements Marktattraktivität-Marktbarrieren-Portfolios dann nicht ausreichen, wenn weitere Aspekte bedeutend sind, so die Situation des Unternehmens (z.B. die Markt- und Wettbewerbsposition). Dies wird in Abschnitt C.III.1.d. thematisiert.

> **Entwicklung der asiatischen Märkte für Pkw**
>
> Abbildung 3.35 zeigt, wie sich die Pkw-Neuzulassungen sowie die Attraktivität und die Marktbarrieren asiatischer Pkw-Märkte vom Jahre 2000 bis 2011 im Vergleich zu Deutschland entwickelt haben. Projiziert man die Entwicklung, dann ist von sinkenden Marktbarrieren für Importe auf nahezu allen Märkten in den kommenden Jahren auszugehen. Der asiatische Automarkt wächst, während der Automobilmarkt in Deutschland stagniert.

---

[1] Vgl. Abschnitt C.III.2. dieses Kapitels.

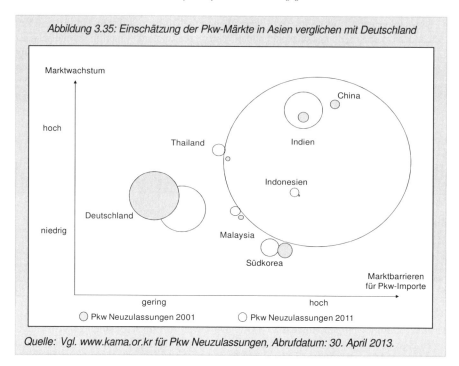

Abbildung 3.35: Einschätzung der Pkw-Märkte in Asien verglichen mit Deutschland

Quelle: Vgl. www.kama.or.kr für Pkw Neuzulassungen, Abrufdatum: 30. April 2013.

b) Kriterien der Marktattraktivität

Die Attraktivität von Ländermärkten beschreibt die auf diesen Märkten möglichen Ertragschancen, wobei diese im Marketing v.a. auf die subjektiv beurteilten Absatzchancen – und weniger auf die o.g. objektiven Kriterien – zu beziehen sind. In diesem Zusammenhang werden Motive/Ziele des Eintritts als Attraktivitätsindikatoren diskutiert und es gelingt Müschen (1998, S. 281) einen Katalog mit 15 Motiven/Zielen zu vier Faktoren der Marktattraktivität osteuropäischer Märkte zu bündeln:

- **Produktionskostenvorteile** (wie geringere Arbeitskosten, längere Maschinenlaufzeiten, Produktionsvorteile)
- **Umsatzattraktivität** (wie Wachstum des Auslandsmarktes, Markterschließung, Sicherung künftiger Märkte, Umsatzausweitung)
- **unternehmenseigene Wettbewerbsvorteile** (wie technologische Überlegenheit, Kundendienst, Infrastruktur)
- **Internalisierung** (wie Transportkosten und Angebot an Fachkräften).

Allerdings verschwimmen hier die Grenzen von alleinigen Absatzaktivitäten und solchen in Kombination mit Produktion oder Beschaffung.

In der bereits erwähnten Studie von Swoboda u.a. (2009) bei Unternehmen in der Textilbranche standen die Entscheidungsdimensionen bei der Beurteilung von Produktions-/Beschaffungs- und Absatzmärkten im Vordergrund. Unter anderem wurden jeweils neun Einzelkriterien den Unternehmen mit der Bitte zur Beurteilung von deren Wichtigkeit bei der Auswahl eines Auslandsmarktes vorgelegt. Tabelle 3.3 zeigt die Mittelwerte.

Tabelle 3.3: Bedeutung von Bewertungskriterien für Auslandsmärkte

Beschaffungsmärkte/ Produktionsstandorte	Mittelwert	Absatzmärkte	Mittelwert
geringe Lohnkosten/Einkommen	1,71	Absatzpotenzial im Gastmarkt	1,95
Produktionskostenvorteile	1,78	Sättigung im Heimatmarkt	2,22
geringe Produkt-/Materialpreise	2,01	Marktwissen	2,71
geringe Kapital-/Investitionskosten	2,04	Wettbewerbsumfeld	2,76
Qualität der Produkte/Arbeit	2,46	physische Marktnähe	2,80
höhere Produktivität	2,68	Schärfen des eigenen Profils	2,84
Sicherung künftiger Märkte	2,89	Wettbewerb zuvorkommen	2,87
vorhandener Technologiestand	2,96	Affinität zur Kultur/Mentalität	2,96
hohes (Produkt-)Wissen	2,95	Kostenvorteile	3,20

Anmerkung: 1 = sehr wichtig; 3 = weder/noch; 5 = überhaupt nicht wichtig.
Quelle: in Anlehnung an Swoboda u.a. 2009, S. 420.

Auf der Beschaffungsseite ist die Wichtigkeit v.a. bei den vier Items am stärksten ausgeprägt, die ausnahmslos für „Kostenvorteile" stehen („geringe Lohnkosten/Einkommen", „Produktionskostenvorteile", „geringe Produkt-/Materialpreise", „geringe Kapital-/Investitionskosten"). Mit Abstand folgen Kriterien wie „Qualität der Produkte/Arbeit" und „höhere Produktivität". Auf der Absatzseite ist „Absatzpotenzial" deutlich am wichtigsten. Dem folgen die „Sättigung im Heimatmarkt", Marketingaspekte („Wettbewerbsumfeld", „Schärfen des eigenen Profils") und Aspekte der geografisch-kulturellen Distanz („Marktwissen", „physische Marktnähe", „Affinität zur Kultur/Mentalität"). Hervorzuheben ist ferner, dass der Wichtigkeit von Kostenvorteilen in Absatzmärkten eine untergeordnete Bedeutung zukommt.

Faktorenanalysen (siehe Tabelle 3.4) führen zu zufriedenstellenden Ergebnissen und zwar sowohl auf der Basis der gemeinsamen Berechnung über alle Items als auch der isolierten Berechnung für Beschaffungs- und Absatzmärkte. Bei isolierter Betrachtung bilden zwei Faktoren die Lösung auf der Beschaffungsseite. Wie sich bereits bei den Mittelwertvergleichen andeutete, orientieren sich Unternehmen vor allem an den **Kostenvorteilen** (Faktor 1) und den **Produktivitäts-/Qualitätsvorteilen** (Faktor 2). Die Faktorladungen sind in beiden Fällen annähernd gleich hoch. Auf der Absatzseite können drei Faktoren abgegrenzt werden. Dominierend ist dabei Faktor 1, der die qualitativen Kriterien **wahrgenommene Marktnähe bzw. -distanz** umfasst. Die Aspekte des Faktors 2 spiegeln eindeutig **Absatzpotenzial/-marktattraktivität** von Auslandsmärkten wider. Faktor 3 schließlich vereinigt mit den „Kostenvorteilen", „eigenes Profil schärfen" und „Wettbewerbssituation" sog. **unternehmensspezifische Aspekte**.

Bemerkenswert sind die in Abbildung 3.36 dargestellten Ergebnisse, so v.a., weil auch auf einer integrierten Ebene weit gehend identisch die vorstehenden fünf Faktoren abgegrenzt werden können, d.h., für Beschaffungs- und Absatzmärkte resultieren fünf Faktoren: Kostenvorteile, Produktivitäts-/Qualitätsvorteile, Absatzpotenzial/Marktattraktivität, wahrgenommene Marktnähe bzw. -distanz und unternehmensspezifische Aspekte. Dies spricht aus Sicht der befragten Unternehmen für eine Orientierung an fünf unterschiedlich bedeutenden Faktoren und für eine Trennung zwischen beschaffungs- und absatzseitigen Marktselektionsentscheidungen.

*Tabelle 3.4: Zentrale Dimensionen der internationalen Marktselektion:
Separierte Lösung auf der Beschaffungsseite und der Absatzseite*

Beschaffungs-/ Produktionsmärkte	Faktor 1	Faktor 2	Absatzmärkte	Faktor 1	Faktor 2	Faktor 3
geringe Lohnkosten/Einkommen	0,781	-0,054	Affinität zur Kultur/Mentalität	0,789	0,042	0,064
Produktionskostenvorteile	0,883	0,008	Sättigung im Heimatmarkt	-0,304	0,675	0,072
geringe Produkt-/Materialpreise	0,886	0,002	physische Marktnähe	0,908	0,007	0,150
geringe Kapital-/Investitionskosten	0,848	0,101	Kostenvorteile	-0,126	-0,191	0,807
höhere Produktivität	0,201	0,712	Schärfen des eigenen Profils	0,298	0,222	0,637
hohes (Produkt-)Wissen	-0,039	0,838	Wettbewerbsumfeld	0,471	0,330	0,554
Qualität der Produkte/Arbeit	-0,064	0,767	Wettbewerb zuvorkommen	0,239	0,613	0,212
vorhandener Technologiestand	-0,033	0,908	Marktwissen	0,858	0,002	0,226
Sicherung künftiger Märkte	0,160	0,494	Absatzpotenzial im Gastmarkt	0,009	0,736	0,010
Faktorladungen	2,96	2,85	Faktorladungen	3,11	1,49	1,14

Anmerkung: Varimax rotierte Faktorladung; kumulierte Varianzen: 64,6% und 63,8%.
Quelle: in Anlehnung an Swoboda u.a. 2009, S. 420.

*Abbildung 3.36: Zentrale Dimensionen der internationalen Marktselektion:
Integrierte Lösung auf der Beschaffungs- und der Absatzseite*

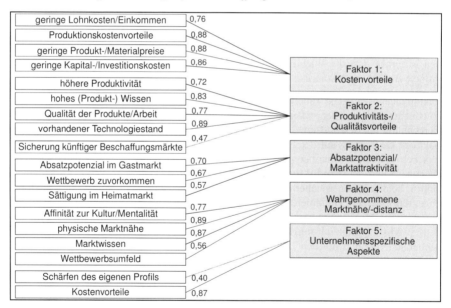

Quelle: in Anlehnung an Swoboda u.a. 2009, S. 421.

Die Bedeutung der Faktoren hängt von der Branche und Unternehmenssituation ab. Swoboda u.a. (2009, S. 421) zeigen empirisch, dass in Abhängigkeit vom Grad der Beschaffungs- und Absatzvolumen im Ausland und in Abhängigkeit von der Wettbewerbsstrategie unterschiedliche Kriterien bzw. Faktoren bedeutend sind. Auf der Absatzseite sehen preisorientierte im Vergleich zu qualitätsorientierten Unternehmen z.B. die Dimensionen der Faktoren „wahrgenommene Marktnähe bzw. -distanz" und „Wettbewerbsumfeld" als wichtiger an.

c) Kriterien der Marktbarrieren

Wesentlich umfassender sind die Ausführungen in der Literatur zu möglichen **Markteintrittsbarrieren**. Es handelt sich hierbei um alle Erfordernisse und Bedingungen, deren Erfüllung zur bedarfsgerechten Marktbearbeitung notwendig ist, die sich aber für das betrachtete Unternehmen als eintrittshemmend erweisen. Sie können unterteilt werden in protektionistische, verhaltensbedingte und ökonomische Markteintrittsbarrieren (Simon 1989, S. 1441):

- Als **protektionistische** (institutionelle) **Markteintrittsbarrieren** sind v.a. die tarifären und die nicht-tarifären Handelshemmnisse zu nennen. Im weiteren Sinne sind hierzu die **politischen Risiken** bzw. **Länderrisiken** zu zählen, die auf Grund ihrer Bedeutung im Internationalen Marketing gesondert in Abschnitt C.III.2. dieses Kapitels behandelt werden. Auch bestehende Strukturen, z.B. bestehende Distributionskanäle, die in der Hand von Wettbewerbern liegen, können diesen Barrieren zugerechnet werden.
- Die **verhaltensbedingten Markteintrittsbarrieren** ergeben sich einerseits aus dem faktischen Verhalten von Kunden, Unternehmen und anderen Interessengruppen. Sie beruhen u.a. auf Wahrnehmungen, Präferenzen und Gewohnheiten und sind in vielen ausländischen Märkten wichtiger als die institutionellen Barrieren, so in Asien. Andererseits können Markteintrittsbarrieren im eigenen Unternehmen in der Person des Managers verankert sein. Hier sind Unzulänglichkeiten in der Information über ausländische Märkte zu nennen, aber auch psychische Barrieren, wie die wahrgenommene kulturell-psychische Distanz zu den Auslandsmärkten sowie fehlende Auslandserfahrung, Risikoaversion oder Wachstumsstreben usw. des Managements.
- Als Beispiele für **ökonomische Eintrittsbarrieren** nennt Porter (2008, S. 39ff.) Betriebskostenvorteile (Economies of Scale) etablierter Wettbewerber, Kapitalerfordernisse beim Markteinstieg oder „switching costs" bei den Nachfragern. Sind Betriebsgrößenersparnisse zu erzielen, dann haben bereits vorhandene Wettbewerber einen Vorteil, da potenzielle neue Konkurrenten entweder höhere Kosten in Kauf nehmen müssen oder sofort mit hohen Ausbringungsmengen arbeiten müssen, was ihr Eintrittsrisiko erhöht. Die Eintrittsbarrieren in einen Markt sind umso höher, je höher der Kapitalbedarf (z.B. für Produktionsanlagen) ist oder je höhere Kosten die Abnehmer eines Produktes aufwenden, wenn sie auf die Systeme neuer Anbieter umstellen. Weitere Barrieren sind die Produktdifferenzierung bereits etablierter Anbieter, die eine höhere Käuferloyalität fördert, Zugang zu den Vertriebskanälen, größenunabhängige Kostennachteile (z.B. Besitz von bestimmten Technologien, der Zugang zu Ressourcen, die Besetzung der günstigen Standorte und das Voranschreiten auf der Erfahrungskurve) oder erwartete Vergeltung durch bestehende Konkurrenten. Unternehmensindividuelle Grundsätze können ebenso Barrieren i.S. von KO-Kriterien bilden, so der Konzentrationsgrad der Top-Anbieter.

Barrieren i.S. von KO-Kriterien einer Ländermarktbetrachtung

Empirisch kann gezeigt werden, dass Unternehmen in offenen Befragungen in der Mehrzahl politische/rechtliche Barrieren beachten, gefolgt von kulturellen, ökonomischen/ infrastrukturellen und letztlich markt-/wettbewerbsorientierten Barrieren (siehe Tabelle 3.5). Die Textilunternehmen wurden in jeweils zwei offenen Fragen gebeten anzugeben, welche Kriterien sie als zentrale Barrieren (i.S. von KO-Kriterien) bei der Wahl eines Auslandsmarktes auf der Beschaffungs- und Absatzseite sehen. Es geht damit um Kriterien, die wenn sie nicht erfüllt sind, zu keiner weiteren Betrachtung des Marktes führen.

Tabelle 3.5: Zentrale Barrieren i.S. von KO-Kriterien – offene Nennungen

Absatzmärkte			Beschaffungsmärkte
35	**Politische/rechtliche Aspekte**		**34**
14	politische Stabilität/Lage	politische Stabilität/Lage	14
6	Zahlungs-/Währungsrisiken	Außenhandelsbedingungen	4
4	Außenhandelsrisiken	Länderrisiken	3
11	Handelshemmnisse	Zahlungs-/Währungsrisiken	3
		Handelshemmnisse	10
14	**Ökonomische/infrastrukturelle Aspekte**		**12**
6	generelle Kaufkraft	wirtschaftliche Stabilität	6
5	wirtschaftliche Stabilität	Monopolstellungen Lieferanten	4
3	Konjunktur/Wachstum	Konjunktur/Wachstum	2
12	**Marktorientierte Aspekte**		**22**
1	fehlende Attraktivität	Produktions-/Beschaffungskosten	4
3	fehlende Kundenpotenziale	Logistikprobleme/-kosten	4
5	Markt-/Konkurrenzumfeld	niedrige Produktivität	1
3	Kompatibilität der Konzeption	mangelnde Qualität(sstandards)	13
24	**Kulturelle, qualitative und Übereinstimmungs-Aspekte**		**12**
3	Bonität der Kunden	Kompatibilität/Zuverlässigkeit	2
9	Nähe/Kultur/Mentalität/Sprache	Lieferfähigkeit/-treue	2
6	Kosten/fehlende Strukturen	Marktentfernung/Schnelligkeit	6
6	sonstige	Nähe/Kultur/Mentalität/Sprache	2

Quelle: in Anlehnung an Swoboda u.a. 2009, S. 419.

Außenhandelsrisiken als Determinanten der Entscheidung

Grundsätzlich entstehen **Außenhandelsrisiken** bei international tätigen Unternehmen auf Grund der (erhöhten) Wahrscheinlichkeit des Eintretens von Instabilitäten, Krisen, Turbulenzen, Diskontinuitäten usw. im internationalen Geschäft. In der Regel sind Risiken als mögliche (unerwünschte) Abweichungen von Zielvorstellungen zu begreifen. Einige Risiken (z.B. Währungsrisiken) können durchaus im positiven Sinne ausgenutzt werden und die Gewinnchance erhöhen. In Anlehnung an die Systematisierung der Versicherungsgesellschaften, i.e.S. der Exportkreditversicherung, kann unterschieden werden in:

- **politische Risiken**, die z.B. die Gefahr umfassen, dass Zahlungen von ausländischen Schuldnern aus politischen Gründen eines Staates nicht geleistet werden, obwohl der Schuldner zahlungsfähig wäre[1]
- **ökonomische Risiken**, die auf unternehmerischen Fehleinschätzungen beruhen oder ihre Ursache in den kommerziellen Verhältnissen der ausländischen Geschäftspartner haben.

Länderrisiken am Beispiel China

Handelsbarrieren: China ist die größte Volkswirtschaft der Welt. Der chinesische Außenhandel hat sich in den letzten 11 Jahren verzehnfacht. Das gesamte Exportvolumen 2012 betrug 2,1 Bill. USD. Die USA ist Chinas größter Abnehmer mit 17,2% der Exporte, gefolgt von der EU mit 16,3%. Der Import erreichte ein Volumen von 1,82 Bill. USD. Die EU (11,7%) bleibt vor Ja-

---

[1] Vgl. zu diesen Länderrisiken Abschnitt C.III.2. dieses Kapitels.

pan (9,8%) größter Lieferant. Der Beitritt des Landes zur Welthandelsorganisation (WTO) Ende 2001 stellte ein Zeichen der Öffnung des Landes dar. Nach wie vor stehen aber eine Vielzahl von Wirtschaftsbereichen weiterhin unter starker staatlicher Kontrolle und es weisen sich teilweise deutliche Marktzugangsprobleme auf. So ist China bspw. noch nicht dem WTO-Abkommen über das öffentliche Beschaffungswesen beigetreten.

Ökonomische Risiken: Im März 2013 hat die 5. Führungsgeneration in der Volksrepublik die Regierungsgeschäfte übernommen. Die Führung hat erkannt, dass die nächste Entwicklungsphase schwieriger verlaufen dürfte. Schlüsselthemen sind dabei die Stabilisierung des Wachstums und soziale Gerechtigkeit. Die Lohnkosten haben sich in China zwischen 2006 und 2010 verdoppelt und steigen weiter an. Um wettbewerbsfähig zu bleiben, muss sich die Wirtschaft weiter modernisieren. Das chinesische Bankensystem befindet sich noch in der Entwicklungsphase. Die Staatsbanken verbuchen hohe Gewinne; ihre Hauptkreditnehmer sind die großen Staatsunternehmen. Für kleinere und mittlere Unternehmen bleibt die Finanzierung der Ausweitung ihrer Geschäfte durch Bankkredite weiterhin schwierig.

Politische Risiken: Vorrangiges Ziel der Regierung ist die Wahrung der politischen Stabilität durch den Machterhalt der Kommunistischen Partei Chinas. Aktuelle innenpolitische Prioritäten sind der Kampf gegen die Korruption, der Abbau des zunehmenden Wohlstandsgefälles, die Schaffung eines nachhaltigen Wachstums, die verstärkte Förderung der Landbevölkerung, der Ausbau des Bildungs- und des Gesundheitswesens, die Bekämpfung der Arbeitslosigkeit und insbesondere der Umweltschutz und die Nahrungsmittelsicherheit. Die starke Urbanisierung ist und bleibt Wachstumsmotor, bringt aber gleichzeitig neue soziale Anforderungen und Problemlagen mit sich. Auch die stärkere Entwicklung des ländlichen Raums gewinnt angesichts des wachsenden Wohlstandsgefälles zwischen Stadt und Land zusehends an Dringlichkeit. Die Kommunistische Partei erhebt den Anspruch auf ungeteilte Macht. Gewaltenteilung und Mehrparteiendemokratie werden ausdrücklich abgelehnt. Von der Verwirklichung rechtsstaatlicher Normen ist China noch weit entfernt.

Kulturelle bzw. verhaltensbedingte Risiken: Die chinesische Gesellschaft hat durch die soziale Dynamik ausgelöst durch die wirtschaftlichen Reformen in den letzten drei Jahrzehnten an Offenheit gewonnen. Seitdem haben sich die Lebensbedingungen für die Mehrheit der Bevölkerung deutlich verbessert und erlauben ein deutlich höheres Maß persönlicher Freiheit. Viele Chinesen sind dennoch weiterhin mit Willkür und Rechtlosigkeit konfrontiert, neben sozialer Not eine der Hauptquellen der Unzufriedenheit in der chinesischen Gesellschaft. Meinungsfreiheit im privaten Rahmen ist weit gehend gewährleistet, öffentliche Presse- und Informationsfreiheit existiert aber weiterhin nur sehr eingeschränkt. Bei sensiblen politischen Themen ist die Berichterstattung eng begrenzt. China ist das Land mit der weltweit größten Zahl von Personen, die wegen ihrer Veröffentlichungen inhaftiert sind. Auch der Empfang ausländischer Medien ist nicht unbeschränkt möglich. Obwohl der chinesische Staat laut Verfassung fünf Religionen anerkennt (Buddhismus, Daoismus, Islam sowie protestantisches und katholisches Christentum) und formal Glaubensfreiheit garantiert, bleiben strukturelle Behinderungen des tibetischen Buddhismus (u.a. Beschränkung der Anzahl der Mönche) bestehen.

Quelle: www.auswaertiges-amt.de, Abrufdatum: 25. April 2013.

Bei näherer Betrachtung der ökonomischen Risiken lassen sich folgende Risikoarten differenzieren (Jahrmann 2010, S. 199f.; Zentes/Swoboda 2001a, S. 33ff.):

1. **Marktrisiko** (Geschäftsrisiko): Marktrisiko ist eine Grundrisikoart jeglicher unternehmerischer Tätigkeit und resultiert z.B. aus einer falschen Einschätzung der Auslandsmärkte. Es lässt sich durch Marktforschung im Vorfeld der Marktauswahl reduzieren.
2. **Preisrisiko**: Dieses Risiko bezieht sich auf die Gefahr von Preisveränderungen, die dann relevant sind, wenn sich die Transaktion über einen längeren Zeitraum erstreckt und es während der Leistungserstellung zu Preisveränderungen bei Rohstoffen, Löhnen usw. kommt. Absicherungsmöglichkeiten sind z.B. Preisgleitklauseln und Sicherungsgeschäfte an Warenbörsen.

3. **Kreditrisiko**: Dieses Risiko bezieht sich auf die Zahlungsunwilligkeit, Zahlungsunfähigkeit oder den Zahlungsverzug eines Vertragspartners. Diesem Risiko kommt im Außenhandel – so auf Grund unterschiedlicher Rechtssysteme – eine hohe Bedeutung zu. Zur Risikoabsicherung bestehen u.a. die Möglichkeiten der Vorauszahlung, der Kreditsicherheiten, der Exportkreditversicherung und des Forderungsverkaufs.
4. **Lieferungs- und Annahmerisiko**: Lieferungsrisiko aus der Sicht des Abnehmers bedeutet, dass ein Exporteur eine vorgegebene und vereinbarte Lieferfrist, Lieferqualität und/oder -menge nicht einhält. Annahmerisiko bedeutet, dass ein Importeur Ware nicht annimmt bzw. sie annimmt, aber zugleich möglicherweise unberechtigte Mängel anmeldet. Als Risikoabsicherungsmöglichkeiten kommen im Vorfeld der geschäftlichen Beziehungen Auskünfte von gewerblichen Quellen, Konsulaten, Handelskammern oder Banken in Frage. Finanzwirtschaftliche Absicherungen sind insbesondere die Kaufvertragsgestaltung mit Gewährleistungsgarantien und Dokumentenakkreditive.
5. **Transportrisiko**: Das Transportrisiko umfasst die Gefahr der Beschädigung oder des Verlusts der Ware auf dem Transport ins Ausland. Auf Grund der größeren Entfernung hat dieses auch im Inland (Binnenhandel) relevante Risiko eine größere Bedeutung im Außenhandel. Absicherungsmöglichkeiten bestehen insbesondere durch den Abschluss einer Transportversicherung oder durch die Gestaltung der Lieferbedingungen.
6. **Kursrisiko**: Es bezieht sich auf mögliche Veränderungen von Austauschrelationen zwischen verschiedenen Währungen im Zeitraum zwischen Vertragsabschluss und Zahlungseingang, insbesondere zwischen der fakturierten Währung gemäß Kaufvertrag und der Landeswährung. Zur Absicherung von Wechselkursrisiken steht eine Vielzahl von Instrumenten der Kurssicherung zur Verfügung.
7. **Standortrisiko**: Durch eine falsche Standortwahl besteht das Risiko von zu hohen Kosten (z.B. Lohn- und Transportkosten, Steuern usw.) bzw. zu geringer Export- und Importfähigkeit im Vergleich zur Konkurrenz.

Neben diesen Risiken existieren bei internationalen Transaktionen bzw. im Rahmen des Internationalen Marketing weitere Risikoarten. Hierzu zählen – wie angedeutet – vor allem Risiken, die in den soziokulturellen Rahmenbedingungen eines fremden Landes, der Sprache, Mentalität, Kultur, den Sitten und Gebräuchen begründet sind. Hervorzuheben sind zudem administrative Probleme (Verfahren und Verfahrensvorschriften), rechtliche Probleme (z.B. der Produkthaftung) sowie geschäftliche Gepflogenheiten.

Die Außenhandelsrisiken gelten in erster Linie für den Export; z.T. sind sie aber auch bezüglich anderer Betätigungsformen relevant. So gelten das Kreditrisiko und das Kursrisiko auch für kooperative Betätigungsformen wie Lizenzierung und Franchising. Für Franchising ist i.d.R. auch das Transportrisiko von Relevanz. Das Kreditrisiko und das Annahmerisiko treten bei direktinvestiven Betätigungsformen als „inländische" Risikoarten in den ausländischen Märkten auf. Standortrisiken können bei allen Betätigungsformen mit ausländischem Wertschöpfungsschwerpunkt von Bedeutung sein. Das Marktrisiko sowie das Preisrisiko sind Risikoarten, die für alle Betätigungsformen gelten.

Dauerzustand Krise in Pakistan

Islamisten legen die Axt an die Wurzel des Staates, die Wirtschaft ist marode, die Menschen sind desillusioniert. Doch trotz aller Probleme bleibt das dringend erforderliche Zusammenspiel der Institutionen in Pakistan aus. Zu verhärtet sind die Fronten. Die Dauerkrise ist und bleibt der Dauerzustand. Die Justiz nimmt die zivile Regierung regelrecht auseinander. Das Oberste Gericht hat den Premierminister disqualifiziert, sein Amt weiter auszuüben. Das fragile demokratische System gerät weiter in Misskredit.

Die politische Instabilität, die angespannte Sicherheitslage und die schlechte Regierungsführung beeinträchtigen auch das Wirtschafts- und Investitionsklima in besonderem Maße. Die ausländischen Direktinvestitionen sind weiterhin rückläufig: im Haushaltsjahr 2012 lagen sie nur noch bei ca. 700 Mio. USD, ein Rückgang gegenüber dem Vorjahr von fast 35%. Im Korruptionsindex von Transparency International 2012 ist Pakistan vom 134. Rang im Vorjahr auf den 139. Rang zurückgefallen. Im „Doing Business 2012"-Ranking der Weltbank ist Pakistan um neun Positionen auf nunmehr Rang 105 von 183 Ländern abgefallen. Auch der „Global Competitiveness Report" des Weltwirtschaftsforums konnte Pakistan in 2011/12 nur auf Rang 118 von insgesamt 143 Ländern einstufen.

Quelle: Süddeutsche Zeitung, 20. Juni 2012, S. 4; www.auswaertiges-amt.de, Abrufdatum: 26. April 2013.

d) Ansätze unter Betonung der Unternehmenssituation

Für die Beurteilung der Auslandsengagements sind Marktattraktivität-/Marktbarrieren-Portfolios dann nicht hinreichend, wenn weitere situative Merkmale eine hohe Bedeutung haben, z.B. die Unternehmensstrategie, die Wettbewerbsintensität, das Timing usw.

Abbildung 3.37: Länder-Grundportfolios zur Diskussion von Selektionsentscheidungen und Strategieansätzen

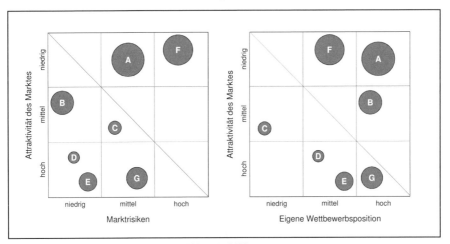

Quelle: in Anlehnung an Kutschker/Schmid 2011, S. 969f.

Verbreitet sind Betrachtungen, welche die **Markt- und Wettbewerbsposition** der Unternehmen berücksichtigen. Hier wird also eine Strategiekomponente integriert. Unterschieden wird dabei bei der Portfolioentwicklung zwischen den Kategorien „Marktattraktivität", „Marktrisiken" und „Eigene Wettbewerbsposition", die wiederum anhand zahlreicher Subkategorien charakterisiert werden können. In Abbildung 3.37 sind exemplarisch entsprechende Grundportfolios abgebildet, die Folgendes leisten können:

- Sie berücksichtigen die Wettbewerbsposition und damit mittelbar die auf den Markt transferierbaren Ressourcen eines Unternehmens, was v.a. für mittelständische Anbieter von herausragender Bedeutung ist.
- Die Kreisgröße kann als Indikator für das Marktpotenzial eines Landes herangezogen werden (Bruttoinlandsprodukt u.Ä.).

- Auf Grund der Einordnung der Länder in das Portfolio können Strategien abgeleitet werden. So kommt ein Markteintritt v.a. für Länder oberhalb der Diagonalen in Frage, während man von einer Bearbeitung der Länder unterhalb der Diagonalen absehen sollte. Länder, die in den Feldern auf der Diagonalen liegen, sollten vor einer finalen Entscheidung anhand weiterer Kriterien zusätzlich evaluiert werden (vgl. auch Berndt/Fantapié Altobelli/Sander 2010, S. 120f.).

> **Procter & Gamble schlägt zurück**
>
> Besonders Unternehmen aus sehr großen Märkten, die dort eine marktführende Position besitzen, verhindern den Markteintritt von Konkurrenten nahezu mit allen – auch (kurzfristig) nicht wirtschaftlich erscheinenden – Mitteln. Zum Beispiel hat Procter & Gamble – Marktführer u.a. im Körperpflegemarkt der USA – stets dann konkurrentengerichtete Maßnahmen ergriffen, wenn europäische Unternehmen zwar die technologisch überlegenen und innovativeren Produkte/Marken auf dem US-Markt einführten, hier aber eine bestimmte Marktanteilsgrenze (z.B. von 3%) überschritten. Zu diesem Zeitpunkt begann Procter & Gamble seine Marktmacht zu nutzen und läutete eine massive Verdrängungsstrategie ein. Manchmal führte diese zum Verlassen des Marktes durch die Konkurrenz.
>
> *Quelle: Corporate Communications der Henkel-Gruppe.*

Vergleichbar argumentieren Yip/Hult (2012, S. 80f.), die mit der **Wettbewerbsintensität im Zielland** und der **strategischen Bedeutung des Ziellandes** andere dichotome Dimensionen wählen. Die Berücksichtigung dieser Faktoren ist etwa beim Betreten wettbewerbsintensiver Märkte relevant (siehe Abbildung 3.38).

Abbildung 3.38: Strategische Bedeutung-Wettbewerbsintensitäts-Portfolio

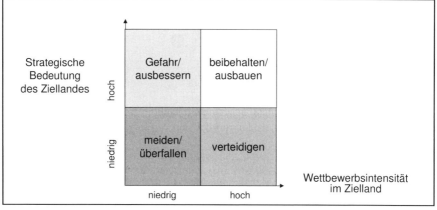

Quelle: in Anlehnung an Yip/Hult 2012, S. 81.

Auf diese Art können unternehmerische Belange und auch Rückkopplungen zwischen Märkten berücksichtigt werden, wenngleich Backhaus/Voeth (2010a, S. 88ff.) dies problematisieren und sich auch mit den Vor- und Nachteilen von Portfolios ausführlich auseinander setzen. Abschließend ist darauf zu verweisen, dass es in manchen Branchen sinnvoll erscheint, neben den Risiken auch eine Kombination von Kriterien zu berücksichtigen. Dies ist mit der Attraktivität, der Marktsättigung und dem Timing z.B. im internationalen Handel der Fall (siehe Abbildung 3.39).

Abbildung 3.39: Länderpotenzial-Länderrisiko-Portfolio im Handel

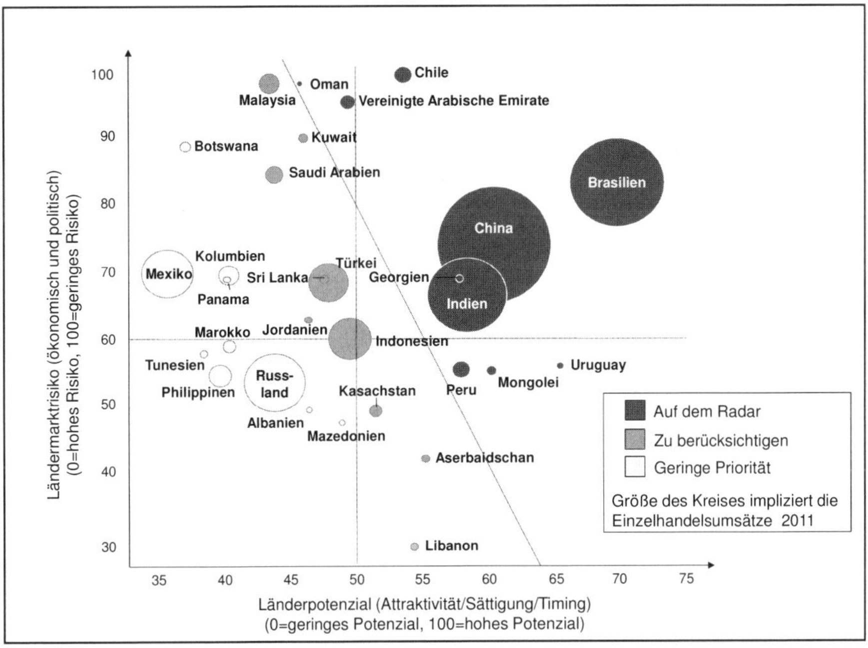

Quelle: in Anlehnung an A.T. Kearney 2012, S. 4.

2. Länderrisiken als spezifische Markteintrittsbarrieren

Eine besonders relevante Gruppe von Markteintrittsbarrieren bilden – wie bereits erwähnt – die Länderrisiken. Der Begriff der **Länderrisiken** (politische Risiken i.w.S.) wird uneinheitlich verwendet. Im Gegensatz zu den genannten ökonomischen, in Unternehmen begründeten Risiken, resultieren Länderrisiken aus der Situation des Gastlandes. Es handelt sich um Verlustgefahren, die einem Unternehmen aus der gesamtwirtschaftlichen, politischen und soziokulturellen Situation eines Landes entstehen können (Meyer 1987, S. 16). Manche Autoren differenzieren zwischen politischen und wirtschaftspolitischen Risiken während andere differenzieren nach politischen Risiken (i.e.S.), Zahlungsverbots- und Moratoriumsrisiken, Transfer- und Konvertierungsrisiken (Jahrmann 2010, S. 202f., die er gesamthaft als **politische Risiken i.w.S.** bezeichnet):

1. Zu den **politischen Risiken (i.e.S.)** zählen Schäden, die als Folge von kriegerischen Ereignissen, politischen Instabilitäten (Regierungswechsel), Blockaden oder Boykottmaßnahmen auftreten, sodass die Ware nicht vertragsgemäß geliefert werden kann bzw. darf. Hierzu zählen auch Schäden als Folgeerscheinungen von innenpolitischen Entwicklungen im Schuldnerland, wie Bürgerkriege und Unruhen. Diese Ereignisse schlagen sich in der Beschlagnahmung, im Verlust, in der Beschädigung der Ware, in der Nicht-Realisierung einer Liefertransaktion oder in Enteignung nieder.
2. Im Falle der **Zahlungsverbots- und Moratoriumsrisiken** werden durch staatliche Maßnahmen, z.B. im Schuldnerland, zahlungswillige und zahlungsfähige Schuldner an der Zahlung ihrer Verbindlichkeiten gehindert. Gründe für derartige Zahlungsverbote können zwischenstaatliche Konflikte, aber auch Zahlungsbilanzprobleme sein. Bei

einem Moratorium (Zahlungsaufschub) wird nur eine teilweise Zahlung erlaubt oder die Überweisung über einen längeren Zeitraum gestreckt.
3. Das **Konvertierungsrisiko** liegt vor, wenn der Umtausch der Währung des Schuldners – auf Grund eines staatlichen Umtauschverbots – nicht möglich ist. **Transferrisiken** bestehen, wenn die Währung des Schuldners nicht überwiesen werden kann, da der Staat des Schuldners den „Geldexport" nicht erlaubt. Dies kann politische oder währungspolitische Gründe haben.

Über die politischen Risiken i.w.S. hinausgehend, nennt Jahrmann (2010, S. 202) das **rechtliche Risiko** i.S. einer Änderung relevanter Rahmenbedingungen der Rechts- und Wirtschaftsordnung sowie die in der Gesellschaftsstruktur eines Landes begründeten soziokulturellen Risiken.

Länderrisikobeurteilungskonzepte im Überblick

Da die Länderrisiken in einem geringeren Maße als die ökonomischen Risiken durch vertragliche Gestaltungen von den international tätigen Unternehmen abgesichert werden können, kommt der Bewertung von Länderrisiken eine besondere Bedeutung zu. Sie übernehmen oftmals die Rolle von KO-Kriterien. Entsprechend liegt eine kaum überschaubare Anzahl von **Konzepten zur Beurteilung von Länderrisiken** vor, deren Ziel es ist, Entscheidungshilfen für die Selektion von Auslandsmärkten zu liefern. Klassische risikobezogene Länderanalysen umfassen neben politischen und wirtschaftlichen (ökonomischen) Aspekten auch gesellschaftliche (soziokulturelle) Rahmenbedingungen bzw. Einflussfaktoren.

Abbildung 3.40: Systematisierung von Länderrisikobeurteilungskonzepten

	Qualitative Konzepte (rein beschreibend)		• Länderberichte (der WTO, der BfAi, der Banken usw.), PRL, AGEFI-Country Index
Quantitative Konzepte	objektiv (kardinal)	Statistische Kennzahlen	• Schuldenquoten, Schuldendienstquoten, Nettokreditbedarf, Importdeckung
		Ökonometrische Modelle	• Two-Gap-Modell der Weltbank, US-EXIM-Bank-Modell
	subjektiv (intervallskaliert)	Eindimensionale Punktbewertungsmodelle	• Investitionsklima (politisch/ökonomisch): Ifo Economic Survey International (ESI), Country Risk Service (EIU) • firmen-/branchenspezifische Länderrisiken: Institutional Investor (II)-Index • politische (In-)Stabilität: Coplin-O'Leary System, Political Systems Stability Index (PSSI), World Political Risk Forecast (WPRF)
		Mehrdimensionale Punktbewertungsmodelle	• Investitionsklima (politisch/ökonomisch): BERI-Informationssystem, BI-Country Ratings • firmen-/branchenspezifische Länderrisiken: FORELEND-Informationssystem, Euro-Money-Index, International Country Risk Guide

Quelle: in Anlehnung an Backhaus/Voeth 2010a, S. 87.

Grundsätzlich können die Länderrisikobeurteilungskonzepte in Partialansätze und Totalansätze eingeteilt werden. Bei den **Partialansätzen der Länderrisikoanalyse** werden aus der Komplexität des Entscheidungsfeldes jeweils nur Ausschnitte der relevanten Risikoursachenbereiche in Betracht gezogen. Das Ziel der Totalansätze besteht darin, die Umweltkomponenten möglichst vollständig zu erfassen. Darüber hinaus können quantitative und qualitative Verfahren der Bewertung von Länderrisiken unterschieden werden (siehe Abbildung 3.40):

- Unter **qualitativen Verfahren** sind Konzepte zu subsumieren, die keine zahlenmäßige Bewertung verwenden, sondern versuchen, ein ganzheitliches Bild der Situation des entsprechenden Landes wiederzugeben. Hierzu zählen u.a. Expertisen, Szenarien, Checklisten und Risikoprofile. Sie bieten die Möglichkeit, die speziellen Stärken und Schwächen eines Landes zu bewerten.
- Unter **quantitativen Verfahren** werden Konzepte verstanden, die unter Zuhilfenahme von zahlenmäßigen Bewertungen das Länderrisiko als kardinale bzw. ordinale Maßzahl darstellen. Die Mehrzahl der Verfahren basiert auf Punktbewertungsmodellen, stellt das Länderrisiko eindimensional als Zahlenwert dar und verwendet diesen Wert als Grundlage für ein Länderrating.

Betrachtet man derartige „**country-ratings**", dann handelt es sich um Früherkennungssysteme für Chancen und Risiken in Auslandsmärkten, die auf Grund politischer Ereignisse sowie sozialer, ökonomischer und rechtlicher Entwicklungen zu erwarten sind. Methodisch betrachtet sind es quantitative **Konzepte der Länderrisikoanalyse**. Dabei werden Kriterien und Risikoindikatoren (etwa von Experten subjektiv) bewertet und durch Gewichtung miteinander in einem Scoring-Modell verbunden, um einen Kennwert zu ermitteln. Dadurch können sowohl verschiedene Länder miteinander verglichen als auch frühere Bewertungen gleicher Länder im Hinblick auf Veränderungen untersucht werden. Neben der in der Abbildung 3.40 dargestellten methodischen Systematik können inhaltlich drei Ausprägungen von Länderratings unterschieden werden, die sich durch die Träger und Anwender der Ergebnisse, durch die Zahl der befragten Experten, die Anzahl der Wiederholungen der Befragung pro Jahr sowie v.a. den Fokus der Analyse differenzieren lassen:

1. Indikatormodelle der **politischen (In-)Stabilität**: Bei dieser Form der Länderratings, wie dem **Coplin-O'Leary System**, bei dem eine Evaluierung der Regimestabilität eines Landes sowie der Gefahr von Unruhen erfolgt, dem PSSI (**Political Systems Stability Index**) sowie dem WPRF (**World Political Risk Forecast**) wird versucht, die politische Umwelt eines Landes anhand geeigneter Indikatoren zu erfassen. Diesen Modellen ist gemeinsam, dass das Länderrisiko für die Beurteilung eines Auslandsmarktes nur durch Einschätzung der politischen Lage in einem Land bestimmt wird. Sie lassen offen, ob aus politischen Instabilitäten Risiken für ausländische Unternehmen resultieren können und in welcher Weise dies geschieht.
2. Umfassende Indikator-Modelle zur Bestimmung der **Investitionsrisiken** bzw. des **Investitionsklimas**: Hier steht nicht die politische Situation eines Landes allein als vielmehr die Indikatoren zur Bestimmung des Investitionsklimas bzw. der Investitionsrisiken im Mittelpunkt der Betrachtung. International bekannt ist der **BERI-Index**. Eine ähnliche Konstruktion hat auch der International Country Risk Guide (**ICRG**). Beide werden im Folgenden exemplarisch und ausführlicher behandelt. Der **Ifo Economic Survey International** (ESI) folgt einer anderen Methodik. Hier werden zweimal jährlich Expertenbefragungen in Bezug auf acht Kriterien durchgeführt, wobei keine Gesamtbeurteilung pro Land erfolgt, sondern eine Aggregation auf Ebene der untersuchten Kriterien. Das Rating der Economist Intelligence Unit (EIU) beurteilt alle zwei Jahre makroökonomische Risiken, die international investierende, kreditgebende und finanzierende Unternehmen betreffen können. Dabei werden politische und ökonomische Risiken sowie Kreditrisiken bewertet, gewichtet und zu einem Gesamtrating, das in dem Country Risk Service publiziert wird, verdichtet.
3. Die Gruppe der Länderratings zur **Erfassung von firmen- und branchenspezifischen Länderrisiken** basiert ebenfalls auf umfassenden Indikatormodellen, die allerdings

firmen- bzw. branchenspezifische Faktoren in den Mittelpunkt ihrer Betrachtung stellen. Ein Beispiel ist der **Institutional Investor (II)-Index**, der vom amerikanischen Wirtschaftsmagazin „Institutional Investor" zweimal jährlich publiziert wird und die Beurteilung der Kreditwürdigkeit von 100-120 Ländern durch 75-100 Experten führender internationaler Banken wiedergibt. Ein anderes Beispiel ist der **Euromoney-Index**, der jährlich das Länderrisiko mithilfe der Zugangsmöglichkeiten eines Landes zu den internationalen Kapitalmärkten beurteilt. Dies geschieht, indem aus den Konditionen der Kreditvergabe an dieses Land auf das jeweilige Kreditrisiko geschlossen wird. Ein weiterer Index stellt **FORELEND** dar, der Auskunft über die Bonität von 50 Ländern gibt und speziell auf international tätige Banken zugeschnitten ist.

Als wesentliche Kritikpunkte an den Länderratings werden deren Subjektivität, Theorielosigkeit, Nichtberücksichtigung länderspezifischer Besonderheiten sowie Probleme hinsichtlich der Datenverfügbarkeit und -qualität angeführt. Dennoch zeigen derartige Länderratings wesentliche Vorteile auf, wie insbesondere eine hohe Preiselastizität, Übersichtlichkeit und eine systematische Vorgehensweise. Aus diesem Grund werden die wichtigsten drei Länderratings näher diskutiert.

Ägypten – erhöhtes Investitionsrisiko

Die Agentur Standard & Poor's setzt ihr Rating für das Land Ägypten und dessen langfristige Schulden herab. Grund hierfür ist die politische Instabilität des Landes infolge der Wahl von Präsident Mohammad Morsi. Der Politiker der Muslimbruderschaft bildet eine neue Regierung, welche die bisherige Militärregierung ablösen wird. Dennoch wird die Regierung Morsis von vielen Bevölkerungsschichten abgelehnt und es wird mit weiteren Protesten auf dem Tahrir Platz in Kairo gerechnet. Aufgrund der unsicheren Lage des Landes setzte Standard & Poor's sein Rating für Ägypten auf B- herab. Diese Einstufung gilt für Länder deren finanzielle Situation als wechselhaft gesehen wird und somit ein risikoreiches Investment für Anleger darstellt.

Quelle: www.handelsblatt.com, 24. Dezember 2012; www.standardandpoors.com, Abrufdatum: 25. April 2013.

Business Environment Risk Index (BERI-Index)

Der BERI-Index ist ein Indikatormodell zur Ermittlung des Risikowertes eines Landes, der seit 1966 vierteljährlich über 50 Länder erstellt wird (BERI 2013). Das BERI-Institut der University of Delaware bietet drei verschiedene Informationsdienste an:

- den BERI-Index (**Business Risk Service**, BRS), der den an Auslandsgeschäften interessierten Unternehmen, insbesondere Investoren, als Instrument zur Beurteilung des Investitionsklimas in einem Land dient
- das FORELEND-Rating (**Forecast of Country Risks for International Lenders**) mit speziellen Länderrisikoprognosen für Kapitalgeber
- den QWI und den FEI (**Quality of Workforce Index und Financial Ethics Index**), die als Instrumente zur Beurteilung der Arbeitsbedingungen und der Einhaltung von Kreditverpflichtungen herangezogen werden können.

Der BERI-Index besteht aus drei Subindizes, dem **Operation Risk Index** (ORI – Geschäftsklima), dem **Political Risk Index** (PRI – Politische Stabilität) und dem **Remittance- und Repatriation Factor** (R-Faktor – Rückzahlungsfaktor). Jeder Subindex umfasst wiederum zahlreiche Kriterien. Abschließend werden die Subindizes in einem allumfassenden Kriterium, dem **Profit Opportunity Recommendation** (POR) verdichtet. Die Ermittlung des ORI und PRI basiert auf einem internationalen Expertenpanel von rund 100 Führungskräften aus Industrieunternehmen, Regierungsbehörden, Banken und Wirtschaftsinstituten, die ihnen bekannte Länder anhand von 15 Kriterien bewerten. Jeder Beteiligte gibt eine Einschätzung des wirtschaftlichen Risikos für 5 bis 15 Staaten über einen Zeitraum von sechs bis zwölf Monaten ab. Die Kriterien werden subjektiv mit Punktzahlen zwischen 0 (nicht akzeptabel) und 4 (außerordentlich günstig) auf einer zehntelpunktgenauen Skala bewertet. Da es sich um ein Scoring-Modell handelt, werden im nächsten Schritt die arithmetischen Mittel jeweils gewichtet und anschließend zu einem Gesamtpunktwert aufaddiert, der die Risikoklasse eines Landes angibt. Ein Punktwert von 100 spiegelt ein hervorragendes Geschäftsklima wider, während ein Wert unter 40 Punkten ein nicht mehr akzeptables Risiko darstellt (siehe Abbildung 3.41).

Abbildung 3.41: Struktur, Gewichtungsschema und zeitliche Entwicklung der Operation Risk Indizes am Beispiel der Türkei (Stand: Dezember 2012)

Kriterien (i = 1, 2, ..., 15)	(a_i)	(g_i)	$(a_i \cdot g_i)$	ORI-Entwicklung	
				Jahr	ORI
1. politische Stabilität	2,3	3,0	6,90	2000	46
2. Einstellung gegenüber ausl. Investit.	2,1	1,5	3,15	2001	37
3. Expropriation	1,8	1,5	2,70	2002	37
4. Inflation	1,3	1,5	1,95	2003	38
5. Zahlungsbilanz	1,1	1,5	1,65	2004	37
6. bürokratische Hemmnisse	1,6	1,0	1,60	2005	42
7. Wirtschaftswachstum	2,0	2,5	5,00	2006	42
8. Währungskonvertibilität	1,6	2,5	4,00	2007	43
9. Durchsetzbarkeit von Verträgen	1,7	1,5	2,55	2008	42
10. Lohnkosten/Produktivität	1,8	2,0	3,60	2009	37
11. Verfügbarkeit örtl. Fachleute/Liefer.	1,6	0,5	0,80	2010	38
12. Nachrichten/Transport	1,7	1,0	1,70	2011	41
13. örtl. Management und Partner	1,8	1,0	1,80	2012	44
14. Verfügbarkeit kurzfristiger Kredite	1,7	2,0	3,40	2013*	48
15. Verfügbarkeit langfristiger Kredite	1,8	2,0	3,60	2015*	52
				*Prognose	
max. → 25 · 4 = 100 Punkte		15 $\sum_{i=1}^{15} g_i = 25$	15 $\sum_{i=1}^{15} a_i \cdot g_i = 44{,}4$		
a_i: gemittelte Merkmalsausprägung von 0,0 (= nicht akzeptabel) bis 4,0 (= außerordentlich günstig) g_i: Merkmalsgewichtung					
Einstufung der Länder:					
über 70 Punkte:	Typische Situation eines insgesamt stabilen Industrielandes.				
55-70 Punkte:	Länder mit mäßigem Risiko und gewissen Erschwernissen im täglichen Betrieb.				
40-55 Punkte:	Hohes Risiko und schlechtes Geschäftsklima für ausländische Unternehmen.				
unter 40 Punkte:	Für ausländische Investitionen nicht akzeptabel.				

Quelle: BERI 2012.

Der R-Faktor misst die Evaluierung der Zahlungsfähigkeit eines Landes und verweist auf das Risiko internationaler Unternehmen, die ihre Erträge und ihr investiertes Kapital nicht mehr re-transferieren können. Bei diesem Modell werden quantitative Daten verwendet. Die Ergebnisse der drei Indizes werden zum Zwecke der Investitionsempfehlung im gleichen Verhältnis additiv zusammengefasst. Entsprechend der errechneten POR-Werte werden die Länder abschließend einer von vier Gesamtrisikoklassen zugeordnet. Die Relevanz des BERI-Index zeigt sich im hohen Bekanntheitsgrad und der Bedeutung, den er bei Banken, Versicherungen und staatlichen Institutionen erlangt hat. Schätzungen zufolge nutzen 50% der japanischen, amerikanischen und deutschen Industriefirmen den

BERI-Index als eine Grundlage für ihre Direktinvestitionen. Indessen lässt er eine branchenspezifische Differenzierung vermissen und ist mit seinen auf bis zu fünf Jahren gerichteten Prognosen nicht in der Lage, Wirtschaftsturbulenzen abzubilden; er ersetzt keine vertiefenden Analysen.[1]

Forecast of Country Risk for International Lenders (FORELEND)

FORELEND ist ein branchenspezifisches Länderrisikokonzept (Bankenindikator), das seit 1978 dreimal jährlich vom BERI-Institut angeboten wird. Es ist speziell auf die Kreditrisikoprüfung der Banken zugeschnitten, denen so wichtige Auskünfte über die Bonität von rund 50 Ländern gegeben werden. Das Modell baut zum großen Teil auf den Kriterien und der Methodik des BERI-Index auf. Der Gesamtindex, bezeichnet als **Recommended Lender Action** (Kreditempfehlung), setzt sich aus drei Subindizes zusammen:

- LRquant (quantitativer Index)
- LRqual (qualitativer Index)
- LRenvir (sozialer Index).

Im Subindex LRquant dienen aktuelle statistische Kennzahlen zur Einschätzung der Fähigkeit eines Landes, Devisen zu erwirtschaften, ausreichend hohe Währungsreserven zu unterhalten, seine Auslandsverschuldung zu begrenzen und den Staatshaushalt auszugleichen. Der Subindex LRqual verwendet qualitative Kriterien zur Beurteilung der Zahlungsfähigkeit. Der LRenvir-Index erfasst auf der Grundlage qualitativer Einzelkriterien die Auswirkungen der politischen, sozialen und wirtschaftlichen Bedingungen auf die Kreditwürdigkeit. Die Ergebnisse der drei Komponenten werden für eine Kreditempfehlung zum Recommended Lender Action zusammengefasst, wobei der LRquant mit 50% und der LRqual und der LRenvir jeweils mit 25% in den Gesamtindex eingehen. Die Gewichtung der drei Teilindikatoren verdeutlicht, dass die Kreditempfehlung am stärksten von der Bedeutung der Zahlungsfähigkeit eines Landes beeinflusst wird (BERI 2013). Abschließend werden die Gesamtpunktwerte in acht Kreditwürdigkeitsklassen eingestuft, die dem Kreditgeber Handlungsempfehlungen geben. Wie der BERI-Index beurteilt auch FORELEND die gegenwärtige und auch die zukünftige Situation.

International Country Risk Guide (ICRG)

Der ICRG wird seit 1984 durch das US-Consultingunternehmen PRS Group für 140 Länder erstellt. Aus insgesamt 22 Variablen werden zunächst Teilindizes für drei Risikounterkategorien gebildet, in denen max. 50 bzw. 100 Punkte erreicht werden können:

- finanzielles Risiko (50 Punkte)
- ökonomisches Risiko (50 Punkte)
- politisches Risiko (100 Punkte).

Die Summe der drei Teilindizes dividiert durch zwei ergibt letztendlich die Gesamtbewertung eines Landes. Die Skala reicht von 0 „sehr hohes Risiko" bis 100 „sehr niedriges Risiko".

3. Verfahren und Beurteilungshilfen im Überblick

Eine Reihe von methodischen Ansätzen der Segmentierung bzw. Selektion sowie relevante Kriterien wurden bereits genannt, sodass diesem Abschnitt ein zusammenfassender und

---

[1] Vgl. zur Würdigung Backhaus/Voeth 2010a, S. 80ff.; Hake 2004.

zugleich erweiternder Überblick vorbehalten ist. Nahe liegend ist dabei ein methodischer Zugang als Systematisierungsgrundlage, wenngleich eine Einbindung in die **Länderselektionsmodellierung** sinnvoll erscheint.[1]

Systematik von Beurteilungsverfahren

Wie zu Beginn des Kapitels ausgeführt, kann das Ziel eines LS-Modells in der klassischen (ländermarktübergreifenden) Segmentierung oder in der (ländermarktspezifischen) Bewertung liegen. Letztere kann u.a. die eingehende Analyse vor einem konkreten Eintritt umfassen und ist damit mit traditionellen, national ausgerichteten Beurteilungsverfahren vergleichbar. Dieses Vorgehen ist für die Unternehmen sinnvoll, die sich auf einzelne und/ oder heterogene Märkte konzentrieren oder gering internationalisiert sind. Wie ebenfalls ausgeführt, kann die Ländermarktsegmentierung „expansiv" bzw. „eingrenzend" oder „bottom-up" (beginnend bei wenigen Ländern, nach weiteren, ähnlichen Märkten suchend) bzw. „top-down" (die Anzahl in Frage kommender Länder eingrenzend) erfolgen (Koch 2001, S. 67; Root 1998, S. 39f.). Alternativ wird von **marktgruppierenden Verfahren** und **Filterverfahren** gesprochen. Im Rahmen der normativen Ansätze wurden ferner **marktschätzende Konzepte bzw. Verfahren** genannt. Deren Funktion liegt z.B. in der multiattributiven Bewertung des Marktpotenzials, um auf dieser Basis ein Ranking der Länder zu erstellen. Dies geschieht im Vorfeld einer tiefer gehenden Selektions- bzw. Bewertungsstufe.

Im gleichen Rahmen erfolgte ein Blick auf **marktgruppierende Verfahren**, wenngleich exemplarisch auf den Export und eine sekundärbasierte Evaluation begrenzt. Grundsätzlich sind Gruppierungsverfahren, bei denen alle relevanten Ländermärkte zunächst nach Ähnlichkeiten im Hinblick auf die herangezogenen Kriterien gruppiert werden, universeller zu sehen. Ein Verfahren zur Gruppierung bilden die **Länderportfolios**, deren Anwendung die Kombination unterschiedlicher Beurteilungsgrundlagen (subjektive vs. objektive, sekundäre- vs. primäre Daten) ermöglicht. Diese „Flexibilität" wird aber mit einer hohen Abhängigkeit vom beurteilenden Entscheider, der heuristischen Anlage und der Problematik „erkauft", sodass in Attraktivitäts-Barrieren-Betrachtungen Rückkopplungen zwischen den Ländern nicht ohne Weiteres zu berücksichtigen sind. Eine darüber hinausgehende Marktgruppierung bedingt indessen eine **Kombination mehrerer Ablaufschritte** und auch Verfahren. Ein dreistufiges Beispiel hierzu ist:

1. Nach Bestimmung geeigneter Kriterien wird in einem Radarchart anhand von bipolar gefassten branchenspezifischen Kriterien (z.B. Kulturkreis, Marktattraktivität, Know-how-Verfügbarkeit und politische Stabilität) die **Positionierung der relevanten Länder** vorgenommen.
2. Im zweiten Schritt erfolgt die **Gruppierung derselben Länder** nach ihrer Ähnlichkeit, um hieraus Kombinationen von Ländermärkten als Zielmärkte auszuwählen, so mithilfe multivariater Verfahren.
3. Schließlich wird in einem letzten Schritt – oft auf Basis von Plausibilitätsüberlegungen – die eigentliche **Gruppenauswahl** getroffen, so etwa anhand des Vergleichs der Marktanforderungen mit dem Stärken-Schwächen-Profil eines Unternehmens.

Die Vorteile dieses Vorgehens liegen in der hohen Genauigkeit, infolge der Berücksichtigung und gleichzeitigen, nicht-kompensatorischen Verwendung aller relevant erscheinenden und daher auch Ländermarktinterdependenzen abbildenden Kriterien. Dem stehen

---

[1] Aus Unternehmenssicht ist hier auf die in Abschnitt A.II. dieses Kapitels genannte Konstruktionsebene (d.h. die Modellfunktion, die Selektionsschritte, die Kriterien) sowie die Determinanten eines Selektionsmodells hinzuweisen.

enorme Anwendungsbarrieren gegenüber: methodisch in der fehlenden Aussage zu den zu wählenden Ländersegmenten, in den hohen Anforderungen an die Verfügbarkeit der quantitativen und qualitativen Datenbasis sowie generell der hohen Durchführungsanforderungen, so im Hinblick auf die Unternehmensressourcen (insbesondere Kosten und Zeit).

Eine weitere Methode der Marktgruppierung stellen **sukzessive Verfahren** dar. Ein solches Verfahren kommt bei der Siemens AG im Sektor Industry, Bereich Gebäudeautomatisierungstechnik, zum Einsatz (siehe Abbildung 3.42):

1. In der ersten Stufe werden zunächst die relevanten Märkte definiert und anhand ihres jeweiligen Entwicklungsstands gruppiert. Durch dieses Verfahren entstehen drei **Ländergruppen**: „Entwickelte Märkte", „BRIC und Mittlerer Osten" sowie „Weitere Schwellenländer".
2. In der zweiten Stufe folgt dann die eigentliche Marktsegmentierung. Als Segmentierungsvariable wurde hier der Preis herangezogen und so können letztendlich drei **Marktsegmente** definiert werden: Hochpreis-, Mittelpreis- und Niedrigpreissegment. Während der Anteil des Hochpreissegments in den entwickelten Ländern überwiegt, so ist er in den Schwellenländern nur als sehr gering zu beziffern.

Abbildung 3.42: Ländergruppenspezifische Marktsegmente

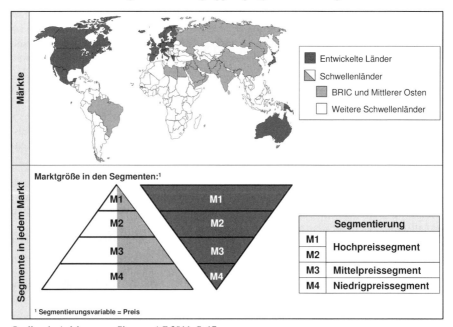

Quelle: in Anlehnung an Siemens AG 2011, S. 17.

Bei **Filterverfahren** werden auf der Basis bestimmter Kriterien sukzessive Länder als Zielmärkte ausgeschieden, bis schließlich nur noch eine „Restgruppe" der zu bearbeitenden Märkte übrig bleibt, d.h., hier kommen meistens KO-Kriterien zum Einsatz, deren Nicht-Erfüllung zum Ausscheiden eines Ländermarktes aus dem Auswahlprozess führt. Abbildung 3.43 zeigt ein derartiges Filterverfahren.

Abbildung 3.43: Stufenweises Vorgehen im Rahmen der Marktselektion

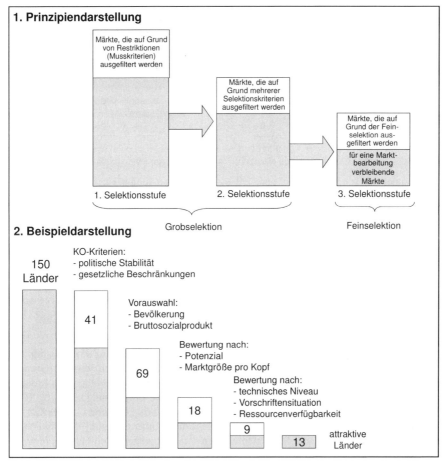

Eher allgemein zugängliche Kriterien bilden die Grundlage für eine **Grobselektion** (durchaus vergleichbar zu den marktschätzenden, normativen Ansätzen). Insofern liegt ein zentraler Vorteil in der Stützung auf leicht zugängliche Sekundärinformationen, d.h. der fehlenden Notwendigkeit zur Beschaffung von Primärinformationen, in den ersten Selektionsstufen. Demgegenüber liegen die methodischen Nachteile in der verfahrensbedingten Subjektivität (so der Abhängigkeit von der Einschätzung der Analysten). In diesem Sinne werden auch die Rückkopplungen und Interdependenzen zwischen Kriterien nur heuristisch berücksichtigt. Insofern kann es vorkommen, dass ein Rekurs auf KO-Kriterien erfolgt, die zum Ausschluss eines Ländermarktes führen können, obwohl eine Marktbearbeitung – über alle Kriterien betrachtet – von Vorteil wäre (Backhaus/Voeth 2010a, S. 72ff). Für die letzte Stufe der **Feinselektion** kommen schließlich komplexere individuell entwickelte Beurteilungshilfen und Informationsquellen zum Einsatz.

Mehrstufige Informationsgruppen/-quellen bei Boehringer Ingelheim

Boehringer Ingelheim ist das zweitgrößte Pharmaunternehmen Deutschlands und gehört weltweit zu den 20 größten Unternehmen der Pharmabranche. Das Familienunternehmen gehört zu den forschungsintensivsten Unternehmen und beschäftigt 44.094 Mitarbeiter. 2011

> erzielte das Unternehmen einen Umsatz von rund 13,17 Mrd. EUR, wovon rund 2,5 Mrd. EUR in die Forschung & Entwicklung investiert wurden.
>
> Branchenspezifisch sind die mehrstufigen Informationsquellen bzw. -gruppen, die im Vorfeld eines Marktengagements herangezogen werden. Diese variieren bei Boehringer in Abhängigkeit vom jeweiligen Produkt und v.a. vom Ländermarkt.
>
> Das Marketing in der Pharmabranche ist grundsätzlich mehrstufig angelegt, d.h., bereits im Vorfeld eines Marktengagements ist eine Reihe von Institutionen involviert. Ausgehend von einer markt- bzw. bedarfsorientierten Forschung bei Boehringer werden bereits früh Meinungsführer (i.d.R. führende Professoren), Testinstitute, Zulassungs- und Patentbehörden in persönlichen Kontakten bezüglich eines neuen Wirkstoffes kontaktiert. Es folgen vor Produktfertigstellung die Gesundheitskassen. Die Masse der Ärzte, Apotheker, Absatzmittler wird nach dem Engagement persönlich angesprochen, so durch Vertriebsmitarbeiter, während die Konsumenten bzw. Patienten und sonstige Interessengruppen massenmedial involviert sind. Letztere bilden zugleich eine zentrale Grundlage der Marktselektion.
>
> Betrachtet man vor diesem Hintergrund z.B. die Einführung des Atemwegsmedikaments Spiriva (der das Potenzial zum „block buster" mit 1 Mrd. EUR Umsatz hat) im Jahre 2007, dann erfolgt die Einführung in den Kernmärkten Europas unter Berücksichtigung jeweils der genannten Informations- bzw. Zielquellen. Im riesigen US-Markt wurde das Produkt allerdings auf Grund der Ressourcenrestriktionen von Boehringer in einer Vertriebskooperation und im Co-Branding mit Pfizer eingeführt. Hier wurden die Zulassungsbehörden und die Meinungsführer von Boehringer betrachtet. Man stützte sich auf das Markt-Know-how von Pfizer. Vier Jahre später zeigt sich, dass die Markteinführung erfolgreich war. 2011 erzielte Boehringer Ingelheim mit Spiriva einen Umsatz von 3,2 Mrd. EUR (plus 12,6% gegenüber dem Vorjahr).
>
> *Quelle: Boehringer Unternehmensprofil Deutschland 2012; www.boehringer-ingelheim.de, Abrufdatum: 29. April 2013; Handelsblatt, 07. April 2009, S. 17; Handelsblatt, 25. April 2012, S. 20.*

Vor dem Hintergrund der methodischen Vor- und Nachteile wäre eine Kombination von Filterverfahren (in den ersten Schritten der Bewertung und Selektion) und der Gruppierungsverfahren in einer Feinselektion nahe liegend, auch aus Plausibilitäts- und Ressourceneinsatzüberlegungen. Allerdings erscheint eine generelle Empfehlung schwierig. Zwar werden die genannten Verfahren in der Unternehmenspraxis kombiniert eingesetzt; wie zu Beginn des Kapitels gezeigt, wirkt aber die Unternehmenssituation determinierend. Unternehmensgrundsätze und Strategien können – neben weiteren Vorentscheidungen – (als KO-Kriterien) die Anzahl der zu betrachtenden Länder reduzieren. Auf allen Stufen kommt dem Management eine Entscheidungs- und Korrekturfunktion zu.

Systematik von Beurteilungshilfen

Beurteilungshilfen werden in der Literatur relativ pauschal diskutiert. Mehrfach erwähnt wurden etwa die mit verschiedenen Kriterien nutzbaren **Scoring-Modelle** oder **Ratings**; die **Profilmethode** ist ebenso bekannt (siehe Abbildung 3.44). Bei diesen handelt es sich um Beurteilungshilfen, oft für die ersten Phasen der Grobselektion. Während bei Scoring-Modellen eine gewichtete Summe der Einzelbewertungen der Kriterien errechnet wird, können durch die Darstellung der Einzelergebnisse mithilfe der Profilmethode zulässige Grenzwerte für die jeweiligen Kriterien mit den jeweiligen Bewertungen vergleichen werden.

Abbildung 3.44: Zwei Beurteilungshilfen im Rahmen der Marktselektion

1. Punktbewertungsverfahren

Kriterien \ Länder	Länderrisiko Gewicht (G) = 25		Rechtliche Bedingungen (G) = 22		Marktvolumen (G) = 17		Infrastruktur (G) = 16		Konkurrenzsituation (G) = 15		Strategische Wichtigkeit (G) = 5		Summe Max. 400 P.	Rang
	Bewertung (B)	G X B	(B)	G X B	(B)	G X B	(B)	G X B	(B)	G X B	(B)	G X B		
Dänemark	3,5	87,5	3,5	77	1,5	25,5	3,5	56	0,5	7,5	2,0	10	263,5	3
Schweden	3,0	75	2,5	55	3,5	59,5	2,5	40	2,0	30	4,0	10	269,5	2
Norwegen	2,5	62,5	3,5	77	2,0	34	3,5	56	1,0	15	3,0	15	259,5	4
Finnland	2,0	50	3,0	66	3,5	59,5	3,0	48	4,0	60	4,0	20	303,5	1

Bewertung (B): 0 = sehr schlechte Bedingungen   1 = schlechte Bedingungen   2 = annehmbare Bedingungen
3 = günstige Bedingungen   4 = sehr günstige Bedingungen

2. Profilmethode

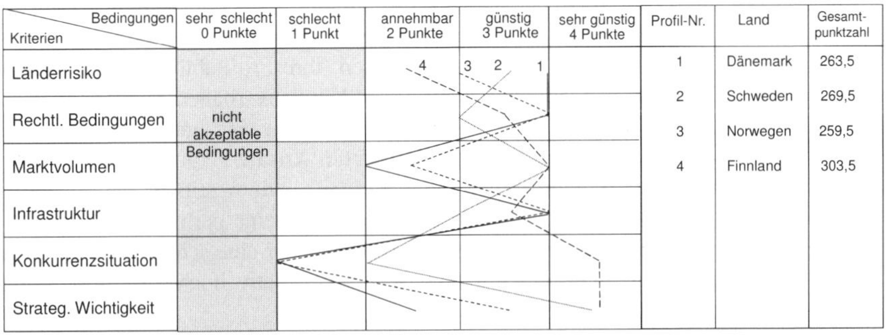

Kriterien \ Bedingungen	sehr schlecht 0 Punkte	schlecht 1 Punkt	annehmbar 2 Punkte	günstig 3 Punkte	sehr günstig 4 Punkte		Profil-Nr.	Land	Gesamtpunktzahl
Länderrisiko							1	Dänemark	263,5
Rechtl. Bedingungen	nicht akzeptable Bedingungen						2	Schweden	269,5
Marktvolumen							3	Norwegen	259,5
Infrastruktur							4	Finnland	303,5
Konkurrenzsituation									
Strateg. Wichtigkeit									

Wie im Rahmen der mehrstufigen Modelle im Abschnitt C.II.2.c.) dieses Kapitels gezeigt, sind hier phasenspezifisch unterschiedliche Beurteilungshilfen bzw. Methoden denkbar. Gutberlet/Knobloch (2002, S. 329) schlagen pragmatisch folgende Selektionsverfahren für zwei Stufen der Länderauswahl und eine länderbezogene Detailuntersuchung vor:[1]

- **Grobauswahl** (mit z.B. Nachfragevoraussetzungen, Risikosituation): heuristische Verfahren wie Checklisten-Methode, Country-Ratings, Scoring-Modelle, Profilmethoden
- **Feinauswahl** (mit z.B. länderspezifischen Erfolgschancen, -voraussetzungen): analytische Verfahren wie investitionstheoretische Methoden, Entscheidungsbaumanalyse, klassische Entscheidungsregeln
- **länderbezogene Detailuntersuchungen** (mit z.B. segmentspezifischen Erfolgschancen und -voraussetzungen): analytische Verfahren der Marktforschung.

---

[1] Vgl. zu einzelnen Verfahren auch Zentes/Swoboda 2001a.

D. Interdependenzen der Entscheidungsfelder

I. Grundlegende Interdependenzen

Nachfolgend werden die Interdependenzen zwischen den Basisoptionen des Internationalen Marketing[1] und den Optionen des Marktengagements (sukzessiv entsprechend der gewählten Gliederungssystematik) beleuchtet. Davor soll der bisher fallweise eingestreute Einfluss ausgewählter unternehmerischer Vorentscheidungen bzw. Determinanten hervorgehoben werden.

Interdependenzen von markt- und ressourcenorientierten Perspektiven sowie die Rolle der Produktstrategie

Vor allem die Bedeutung der Produktlinie bzw. -strategie wurde oft als Basis der Entscheidungen erwähnt. Dies trägt der Tatsache Rechnung, dass eine alleinige Outside-Inside-Perspektive nicht zielführend ist. Unternehmen orientieren sich neben ihrem Leistungsprogramm generell an den Unternehmensstärken. Ihre Profitabilität resultiert nicht nur aus den nationalen Rahmenbedingungen und dem Kundenverhalten, sondern auch aus den mit der Marktbearbeitung verbundenen **Kosten**. Insofern sind unternehmensspezifische Einflussfaktoren – aus dem **ressourcenorientierten Ansatz** heraus – zu berücksichtigen (Rahman 2003, S. 120). Zum Beispiel bevorzugen – wie bereits erwähnt – gering internationalisierte Unternehmen Eintritte in die Märkte, die eine geringe psychologisch-kulturelle Distanz aufweisen, nehmen länderübergreifend eher eine schrittweise Entwicklung und die Wahrscheinlichkeit eines Marktaustritts ist relativ hoch. Die Begründung hierfür resultiert aus (Schuh/Trefzger 1991, S. 123f.):

- **Datenqualität**: schwierige Beschaffung selbst von Sekundärdaten und vielfach fehlende Aktualität und Vergleichbarkeit der Daten
- **Modellkonstruktion**: Fehlen von Regeln für die Konstruktion, sodass sie nur produkt- und unternehmensabhängig Näherungslösungen bilden
- **Unsicherheit**: Die Unkenntnis über die Entwicklung von politischen, sozialen, wirtschaftlichen Systemen bewirkt Unsicherheit in der Entscheidungssituation auch dann, wenn hochwertige Daten vorliegen.

Einige dieser Gründe ließen sich in eine ressourcenorientierte Sicht überführen. Zweifellos führt dies in der Praxis zu Kompromissen und macht die pragmatische Vorgehensweise, wie sie v.a. in behavioristischen Ansätzen behandelt wird, in gewisser Weise sinnvoll. Letztendlich ist auch ohne eine strenge Orientierung am ressourcenbasierten Ansatz die determinierende Rolle der unternehmerischen Ziele und Strategien insbesondere für die Marktselektion einsichtig.

Interdependenzen von Marktengagement und Internationalisierungsgrad bzw. -zielen

Die Marktselektion wird – wie mehrfach herausgestellt – vom **Internationalisierungsgrad** eines Unternehmens beeinflusst, so durch Hinzugewinnen von allgemeinem und landesspezifischem Wissen im Zuge einer evolutionären (bzw. revolutionären) Ausdehnung des Auslandsengagements. Dies reduziert die wahrgenommene Unsicherheit der Entscheider und geht mit dem Aufbau (in-)formaler Strukturen im Internationalisierungsprozess einher.

---

[1] Vgl. Abschnitt F. des Zweiten Kapitels.

Mit zunehmender Marktabdeckung gewinnt das Ziel der Etablierung bzw. des Ausbaus der Stellung in einem Ländermarkt oder die optimale Ressourcenallokation in einer (Welt-)Region an Bedeutung. Entsprechend verlagert sich auch die Zielsetzung in der Marktselektion. Bei Unternehmen mit hohem Internationalisierungsgrad wird das bestehende Länderportfolio hinsichtlich der Absatzchancen z.B. für Programm- bzw. Sortimentsausweitungen geprüft. Hier bilden nicht mehr nur **Sekundärquellen und -daten** die Basis, sondern die Analyse beruht oft auf **internen Informationsquellen** (z.B. Marketing-/Vertriebsorganisation) und auf absatzspezifischen Inhalten (z.B. Umsatzstatistiken). Eine ähnliche Aufwertung unternehmensorientierter Kriterien vollzieht sich mit einer Schwerpunktverlagerung in Richtung eines Cross-Border-Wertschöpfungsmanagements (vgl. dazu Zentes/Swoboda/Morschett 2004).

Interdependenzen von Marktengagement und kritischen Faktoren

Mehrfach wurde die Rolle der kritischen unternehmerischen Faktoren angedeutet. Hervorzuheben sind hier – neben der zentralen Rolle des Managements – Grundsatzentscheidungen des Unternehmens (z.B. bestimmte Märkte nicht zu betrachten) oder länderspezifische KO-Kriterien für die Marktselektion (z.B. politisch-ökonomischer Rahmen bzw. Stabilität).

Zum Beispiel kann die Konkurrenzsituation ein wichtiges Kriterium bezüglich der Anzahl der Märkte für eine Marktselektion bilden. Zugleich kann etwa in oligopolistischen Märkten auf Grund der Einschätzung „der Konkurrenz folgen zu müssen" eine Marktselektion i.e.S. entfallen, wenn das „schnelle Timing" dominiert. Hier liegen also viele denkbare Interdependenzen vor.

Interdependenzen von Engagement und Betätigungsform bzw. Marktbearbeitung

Die Wahl der **Betätigungsform** erfolgt nach Koch (2001, S. 73) in gleicher Logik wie die Marktselektion bzw. -wahl, sodass beide als zwei Aspekte des gleichen Entscheidungsprozesses angesehen werden können.[1] Hier soll nur hervorgehoben werden, dass die Ausgangspunkte für die Länderselektion bei Exporten (mit Indikatoren wie Importquote, Handelsbarrieren usw.) andere als bei Direktinvestitionen (mit Indikatoren wie Investitionsklima, Enteignungsrisiko usw.) sind und wiederum andere als bei kooperativen Strategien.

Wie mehrfach angedeutet, werden sich Unternehmen, die eine (weit gehend) standardisierte **Marktbearbeitung** anstreben, bei der Marktselektion eher auf solche Länder beschränken, die ein entsprechendes Potenzial für diese Leistung bieten. Differenziert vorgehende Unternehmen können unterschiedliche Marktsegmente mit einem angepassten Marketing bearbeiten.

II. Stammland-Orientierung und Marktengagement

Eine Stammland-Orientierung liegt dann vor, wenn Unternehmen sich in der internationalen Marketingkonzeption im Wesentlichen auf die Bearbeitung des jeweiligen Heimatmarktes konzentrieren und von dieser Position aus Gebrauch von den sich auf Auslandsmärkten ergebenden Marktchancen machen, im Extremfall nur beim Auftreten entsprechender (isolierter) Gelegenheiten.[2] Die Orientierung am Heimatmarkt resultiert

---

[1] Vgl. hierzu die Ausführungen des Vierten Kapitels.
[2] Vgl. im Einzelnen Abschnitt C.V. des Zweiten Kapitels.

aus einer intendierten Strategie oder (häufiger) einer evolutorischen Entwicklung, in deren Rahmen Unternehmen mit geringen internationalen Aktivitäten, spezifischen Produkten, Verfahrenstechnologien bzw. Dienstleistungen im Extremfall nur diese Option haben. Die Internationalisierung basiert auf der Nutzung der auf dem Heimatmarkt erworbenen marktlichen, technischen, personellen Ressourcenvorteile zur größtmöglichen Wahrnehmung der Gelegenheiten im Ausland, ohne jedoch im Extremfall ein ausgeprägtes „commitment" bzw. ein zum Heimatmarkt vergleichbares Wissen über den jeweiligen Auslandsmarkt zu haben. Die Zielmärkte sind die, auf denen diese Ressourcenvorteile relevant sind. Dies ist dann anzunehmen, wenn eine hohe Ähnlichkeit vom Heimatmarkt und Auslandsmarkt gegeben ist, d.h., es dominiert das Prinzip des „looking for similarity".

> *„Made in Germany wurde von unseren Vätern bzw. Großvätern zu einem Qualitätsbegriff in der ganzen Welt gemacht. Es wäre schade, wenn wir bei aller Internationalisierung die Chance, dieses Gütesiegel zu nutzen, sträflich vergeben würden."*
>
> *(Wolfgang Grupp, Geschäftsführer, TRIGEMA GmbH & Co. KG)*

Markteintritt und Marktaustritt als Grundsatzentscheidungen

Da die Unternehmen im Extremfall auf einzelnen Märkten sich bietende Gelegenheiten bevorzugen, ist bezüglich der Markteintrittsentscheidungen eher von einer Dominanz einer länderspezifischen Perspektive auszugehen.

Ausgangspunkte der **länderspezifischen Eintrittsüberlegungen** bilden ein einheitliches Marketingkonzept und die Eignung eines Auslandsmarktes für dieses. In diesem Rahmen wird somit meistens eine Einschätzung der Potenziale eines Ländermarktes bzw. von Kunden in einem Auslandsmarkt für die Konzeption vorgenommen. Wenn ein Stammland-orientiertes Unternehmen geringe internationale Erfahrungen aufweist, dann dominieren dort eher pragmatische Überlegungen und erneut behavioristische Erklärungselemente die Markteintrittsentscheidungen. Wahrscheinlich erscheint ferner die Wahl von Auslandsprojekten bzw. einer Follow-the-Customer-Strategie als Basis des Markteintritts dann, wenn diese auf ähnlichen Bedingungen wie im Heimatmarkt beruhen.

Das **länderspezifische Timing** spielt in den Überlegungen eine eher nachgeordnete Rolle, da diese Unternehmen im Heimatmarkt, aber weniger im Ausland Wert darauf legen, durch Pioniervorteile möglichst einen hohen Anteil am Branchenumsatz zu realisieren. Sie dürften insofern v.a. die Rolle der Second Mover einnehmen, da sie dann zwar Erfahrungsnachteile ggf. auch Kostennachteile gegenüber den Pionieren haben, zugleich aber im Vergleich zu Late Movern die Beeinflussung des Marktes vornehmen und an seinem Aufschwung teilhaben können. Vorstellbar ist allerdings auch eine Late-Mover-Position, wenn nämlich die vorhandenen Standards ins Ausland übertragen und i.S. von Wettbewerbsvorteilen genutzt werden. Allerdings scheint dies branchenabhängig zu sein und insbesondere bei Systemgütern eher schwierig in der Realisierung.

Marktaustritte werden von Stammland-orientierten Unternehmen mit einer höheren Wahrscheinlichkeit realisiert, da grundsätzlich ein länderspezifisch eher geringes Commitment vorliegt. Entsprechend dürften Ländermärkte bzw. -engagements (auch Betätigungsformen) mit geringen Austrittsbarrieren für diese Unternehmen eine hohe Präferenz haben. Grundsätzlich sind somit Marktaustritte bei einer Stammland-Orientierung tendenziell wahrscheinlicher und zugleich mit relativ geringen Konsequenzen verbunden als bei allen anderen Grundorientierungen. Zu denken ist hier v.a. an isolierte, kleinere Märkte, die vielleicht nur über Export bearbeitet wurden. Die Austrittsbarrieren erscheinen hier zumeist relativ gering.

Länderübergreifende Entwicklungspläne stehen dann nicht im Vordergrund der unternehmerischen Internationalisierung, wenn der Heimatmarkt die längerfristige Perspektive und Planung bestimmt. Allerdings ist vom Stammland aus die Planung zukünftiger **Expansionsschritte** in geeignete (gleiche) Märkte nahe liegend. Ländervergleiche unterliegen – wie bereits erwähnt – dem Prinzip des „looking for similarity".

Im **länderübergreifenden Timing** ist v.a. die sequenzielle, seltener hingegen die simultane Ländermarkterschließung denkbar. Letztere erfordert neben den standardisierten Konzepten auch ein spezifisches, bei der Stammland-Orientierung jedoch meist relativ geringes internationales Know-how. Wahrscheinlich ist eine selektive Strategie des länderübergreifenden Timings dann, wenn einzelne Auslandsmärkte stärker bzw. intensiver bearbeitet werden als andere. Dies setzt vom Stammland aus eine strategische Abstufung der Relevanz einzelner Länder voraus.

Wie beim Marktaustritt ist auch eine **Marktreduktion**, bis hin zu Re-Nationalisierung denkbar, so auf Grund des geringen Commitments in einzelnen Märkten und der Dominanz des Heimatmarktes. Letzteres wurde anhand von Einzelhandelsunternehmen verdeutlicht, bei denen eine negative Heimatmarkt- oder Gesamtunternehmensentwicklung zuallererst zu Lasten von Auslandsmärkten und letztendlich zu Marktreduktionen (sogar zu Re-Nationalisierung) führte.

Renationalisierung des Finanzgeschäfts

Die Schuldenkrise in der Europäischen Währungsunion hat eine Verringerung der grenzüberschreitenden Finanzgeschäfte und damit eine teilweise Renationalisierung des Finanzgeschäfts zur Folge. Darauf weist eine Untersuchung aus dem Institut der deutschen Wirtschaft in Köln hin. Von dieser Tendenz sind nicht nur die Krisenländer in der Peripherie betroffen, sondern auch die stabileren Länder im Kern der Währungsunion. In den ersten Jahren nach der Einführung des Euro war es in der Währungsunion zu einer starken Ausweitung der grenzüberschreitenden Finanzgeschäfte gekommen. Dieser Trend hat sich mit Ausbruch der Finanzkrise im Jahre 2008 umgekehrt.

Wie weit die Renationalisierung an Europas Finanzmärkten inzwischen fortgeschritten ist, zeigen Berechnungen der Notenbanken. Danach ist der Anteil heimischer Staatsanleihen an allen Staatsanleihen, die Banken in ihrem Heimatland halten, von Mai 2010 bis September 2012 in Deutschland von 63,3 auf 72,7% gestiegen und in Frankreich von 45 auf 69% gesprungen. In den südeuropäischen Krisenländern liegt dieser Anteil sogar bei rund 99% in Italien, 97% in Griechenland, 94% in Spanien und 90% in Portugal.

Quelle: Frankfurter Allgemeine Sonntagszeitung, 25. November 2012, S. 25; Frankfurter Allgemeine Zeitung, 12. Dezember 2012, S. 18.

Marktsegmentierung und Marktselektion

Bezüglich der **Segmentierung bzw. Selektion** durch Stammland-orientierte Unternehmen sind relativ einfache Perspektiven und Ansätze nahe liegend, da das im Heimatmarkt erfolgreiche Marketing den Ausgangspunkt aller Überlegungen bildet.

Märkte werden nach ihrer Ähnlichkeit (mit dem Heimatmarkt) im Hinblick auf die wirtschaftlichen Rahmenbedingungen, das Kauf- und Verwendungsverhalten der Kunden zusammengefasst. Als Ergebnis können Ländercluster entstehen, die im Hinblick auf die Marketingaufgaben vergleichbar sind und solche, die es nicht sind. Entsprechend sind die Segmentierungskriterien zu wählen. Ein Bezug zu marktbearbeitungsrelevanten Kriterien liegt nahe, z.B. Marken- oder Made-in-Präferenzen in der Produktpolitik, Preisdifferenzierung nach Kaufkraftniveaus für die Preispolitik usw.

Tendenziell werden Auslandsmärkte dann in die Marktbearbeitung aufgenommen, wenn ihre Attraktivität die Barrieren kurzfristig übersteigt. Vor allem bei einer solchermaßen (sporadischen) Auslandsaktivität sind die Unternehmen i.d.R. bemüht, nur solche Ländermärkte zu selektieren, bei denen – neben den geringen Austrittsbarrieren und der Möglichkeit zur Beendigung des Engagements – Chancen-Risiko-Konstellationen relativ gut überschaubar und zugleich auch vorab möglichst einschätzbar sind. Da diese zugleich am Heimatmarkt gespiegelt werden, ist neben einer Gruppierung von einer Marktschätzung auszugehen.

Des Weiteren darf auch angenommen werden, dass behavioristische Entscheidungselemente bei der Selektion eine Rolle spielen. Zum einen folgen die Unternehmen sich bietenden Gelegenheiten, die durchaus überraschend auftauchen können und eine entsprechende Flexibilität der Managemententscheidung erfordern. Zum anderen ist die auslandsgerichtete Investitions- und Ressourcenorientierung (in Relation zum dominanten Heimatmarkt) eher limitiert, was einer eingehenden, etwa mehrstufigen Länderbewertung und dem Einsatz detaillierter Evaluationsverfahren – insbesondere bei der Feinanalyse – entgegenstehen kann. Die Wahl relevanter Bewertungskriterien orientiert sich somit am Marketingkonzept – bei dem u.a. KO-Länderrisiken ansetzen – und andererseits an den marktbezogenen Konstellationen (z.B. Vorliegen geeigneter Distributionssysteme).

III. Globale Orientierung und Marktengagement

Bei globaler Marktausrichtung werden einzelne Ländermärkte aus Sicht des Anbieters als ein einheitlicher Markt betrachtet (Weltmarktorientierung oder Regional-, z.B. Europa-Orientierung), der mit standardisierten Angebotsleistungen – im Extremfall ohne jegliche Berücksichtigung nationaler, auch heimatmarktspezifischer Bedürfnisse – bedient wird.[1] Alle Marketingaktivitäten sind in ein Gesamtsystem integriert, um die internationale Wettbewerbsfähigkeit durch die Erzielung von Economies of Scale und Economies of Scope zu sichern. Insofern werden primär standardisierte Leistungen angeboten, die einerseits die konsequente Ausnutzung von Kosten- und Preisvorteilen auf der Grundlage großer Absatzmengen ermöglichen oder andererseits durch eine bestimmte Technologie, eine modische Kollektion usw. geprägt sind. Insgesamt stehen globale Wettbewerbsvorteile im Vordergrund, wobei zwischen den bearbeiteten Ländermärkten bewusst – zumindest anbieter-, oft auch nachfrager- und konkurrenzbezogene – Rückkopplungen aufgebaut werden (Backhaus/Voeth 2010a, S. 86ff.).

Markteintritt und Marktaustritt als Grundsatzentscheidungen

Da die Unternehmen in ihrem internationalen Engagement von einer Gesamtkonzeption ausgehen, ist bezüglich der Markteintrittsentscheidungen eine Dominanz einer **länderübergreifenden Perspektive** anzunehmen, was jedoch länderspezifische Betrachtungen nicht ausschließt.

Das Streben nach Größenvorteilen grenzt die für einen Markteintritt in Frage kommenden Länder auf diejenigen ein, in denen eine attraktiv erscheinende Nachfragegruppe für die vom Unternehmen angebotenen standardisierten Leistungen besteht und/oder in denen die Präferenzen der Kunden weit gehend homogen sind, d.h., dem Unternehmen eine Differenzierung keine Vorteile bringt. Insofern konzentriert es sich auf Länder mit relativ ähnlichen Kundenpräferenzen und ggf. Konkurrenzverhältnissen und bindet diese in die

---

[1] Vgl. im Einzelnen Abschnitt C.II. des Zweiten Kapitels.

Gesamtkonzeption ein. Auslandsprojekte und die Follow-the-Customer-Strategie sind eher unwahrscheinlich, wenn die Kunden Anpassungen der Leistungen verlangen.

Auf Grund der engen Orientierung an Konzept, Kundengruppe und Wettbewerb sind im Rahmen des **länderspezifischen Timings** First-Mover-Wettbewerbsvorteile wichtig. Dies ermöglicht die Etablierung eines Markt- und Marketingstandards, verspricht hohe Marktanteile, marktanteilsbedingte Kostenvorteile und im Idealfall (temporäre) Monopolgewinne. Demgegenüber sind die Nachteile von Early Movern wie etwa höherer F&E-Aufwand oder Unsicherheit über die weitere Marktentwicklung auf Grund der multiplizierten Angebotsleistung vergleichsweise von nachgeordneter Bedeutung. Grundsätzlich sind auch Second-Mover-Eintritte denkbar.

Global standardisiertes Angebot der Weber-Stephen Products LLC

Das amerikanische Unternehmen Weber-Stephen Products LLC mit Firmensitz in Illinois (USA) ist der weltweit führende Hersteller von Holzkohle-, Gas- und Elektrogrills sowie von entsprechendem Zubehör. 1952 erfand George Stephen den Weber Kugelgrill und revolutionierte damit die Ära des Grillens. 60 Jahre später ist das familiengeführte Unternehmen mit seiner global standardisierten Produktpalette, die selbst zu einheitlichen Preisen in einzelnen Regionen (z.B. in ganz Europa) agieren, Marktführer und setzt immer wieder neue Maßstäbe für das high-end Gourmetgrillen. Edle Grill-Accessoires und Outdoor-Zubehör sowie hochwertige Holzkohle runden die Produktpalette rund um die Profi-Grills ab. Als führende Marke ist Weber mit seinen Produkten in über 30 Ländern in ausgewählten Fachgeschäften, Einrichtungshäusern, Baumärkten und Kaufhäusern vertreten.

Quelle: www.weber.com, Abrufdatum: 25. April 2013; Süddeutsche Zeitung, 29. August 2012, S. 18.

Die genannten Interdependenzen wirken bei **Marktaustritten** aus einzelnen Ländern als Austrittsbarrieren. Marktaustritte sind dann wahrscheinlich, wenn der Ländermarkt bzw. seine Kundengruppe nicht mehr ins Gesamtkonzept passen oder wenn das Ländermarktengagement defizitär ist.

Im **länderübergreifenden Sinne** werden sich global orientierte Unternehmen an Kundengruppen – etwa im Massenmarkt – orientieren können, was eine integrale Marktselektion nahe legt. Je mehr die homogene Gruppe selbst internationalisiert, desto vorteilhafter ist dies für das Unternehmen. Eine einheitliche Kundenstruktur in unterschiedlichen Ländern ermöglicht die vergleichende Bewertung der Performance des standardisiert und länderübergreifend eingesetzten Konzeptes. Länderübergreifende Rückkopplungen und auch die Rolle von Brückenkopfländern (von denen aus weitere, u.U. potenzialschwächere Länder erschlossen werden) sind als hoch zu bewerten. Die Rückkopplungen erschweren hingegen die Beurteilung der Ländermarktattraktivität.

Bezüglich des **länderübergreifenden Timings** ist eine sprinklerartige Vorgehensweise nahe liegend und zwar bei neuen Produkten, nicht jedoch bei der vollständigen Auslandsmarktneuerschließung. Insofern erscheint eine hybride Strategie vom Typ C – mit Schwerpunkten in einzelnen Regionen – wahrscheinlich. Die Entscheidung wird von der Ressourcenverfügbarkeit des Unternehmens determiniert.

Die hohe Interdependenz zwischen den Auslandsaktivitäten strahlt auf **Reduktionsüberlegungen** aus und erhöht die Austrittsbarrieren. Auf Grund der guten Vergleichbarkeit von standardisierten Auslandsengagements sind länderübergreifende Performance-Vergleiche oftmals die Basis für Reduktionsüberlegungen im Gesamtportfolio. Wenn eine vollständige Re-Nationalisierung auftritt, dann ist sie mit dem gesamten Produkt-Markt-Bereich verbunden.

Marktsegmentierung und Marktselektion

Im Rahmen der **Marktsegmentierungs- und -selektionsprozesse** wählen die global orientierten Unternehmen – neben dem integralen Ansatz – deutlich mehr Märkte als Heimatmarkt-orientierte Unternehmen und zugleich tendenziell mehr Ländermärkte als multinationale Unternehmen zur Marktbearbeitung aus.

Da, wie angedeutet, Unternehmen mit standardisierten Leistungsprogrammen in erster Linie an einer Marktausweitung auf Länder mit gleichen oder ähnlichen Markt- und Branchenstrukturen interessiert sind, dominiert dies die Segmentierung und Selektion. Bei der Segmentierung werden eher das Gesamtnachfragepotenzial für die angebotene Konzeption sowie die konzeptionsspezifischen, politischen, ökonomischen Barrieren akzentuiert. Märkte werden nach ihrer Ähnlichkeit im Hinblick auf die wirtschaftlichen Rahmenbedingungen oder das Kauf- und Verwendungsverhalten der Kunden zusammengefasst, sodass als Ergebnis entweder Länder- oder Kundencluster entstehen, die im Hinblick auf die Marketingaufgaben gleichartig bearbeitet werden können.

Ausgangspunkt für die Länderselektion sind jene Kriterien, welche die marktbezogenen Erfolgskonstellationen für das Unternehmen abbilden (z.B. Vorliegen einer genügend großen, homogenen Abnehmergruppe, geeignete Distributionssysteme). Die allgemeinen Länderindikatoren werden dabei hinsichtlich ihrer Standardisierungsrelevanz ausgewählt bzw. werden als Restriktionen wirksam (z.B. politische, ökonomische Mindest- oder Höchstanforderungen bei Länderrisikowerten). Auf Grund der Rückkopplungen bzw. Interdependenzen dürften die Risikobeurteilungskonzepte eine vordringliche Relevanz im Rahmen einer Marktsegmentierung spielen, denn ein negatives Ereignis in einem Markt kann auf alle Aktivitäten ausstrahlen. Mit ähnlicher Begründung sind mehrstufige, auf Ressourcenüberlegungen basierende Analysen anzunehmen.

Globale Unternehmensaktivitäten bei Red Bull

Der innovative Energy Drink Red Bull wurde in den letzten 20 Jahren zu einer weltweit vertriebenen Marke. Im Jahr 2011 wurden weltweit 4,631 Mrd. Dosen Red Bull verkauft. Dies bedeutet eine Zunahme von 11,4% im Vergleich zum Vorjahr und die jährlichen Wachstumszahlen sind seit Dekaden konstant hoch. Der Firmenumsatz stieg um 12,4% von 3,785 Mrd. EUR auf 4,253 Mrd. EUR. Die Hauptgründe für diese positiven Zahlen liegen in Verkäufen in den Red Bull-Schlüsselmärkten wie den USA (+11%) und Deutschland (+10%), aber auch der Türkei (+86%), Japan (+62%), Frankreich (+35%) oder Skandinavien (+34%) in Kombination mit effizientem Kostenmanagement und kontinuierlichen Investitionen in die Marke.

Ende 2011 beschäftigte Red Bull 8.294 Mitarbeiter in 164 Ländern. Es wird ein durch „Konzentration" geprägtes Geschäftsmodell angeboten, d.h. in einer weit gehenden länderübergreifenden Standardisierung: Eine bestimmte Zielgruppe, eine einzige Marke, ein einziges Produkt (z.B. eine Geschmacksrichtung, eine Verpackung), eine gleiche Kommunikation und variierende Preise – aber nur im Konsumentenbereich in den einzelnen Ländern, denn für die Absatzmittler in den Ländermärkten gibt es identische Konditionen. Eingetreten wurde in über 100 Absatzländern nach dem Grundsatz der Machbarkeit (Zulässigkeit des taurinhaltigen Getränks) und einer selektiven Vorgehensweise. Regional existieren unterschiedliche Distributionswege, so v.a. Gaststätten und Clubs in Amerika und zusätzlich der Einzelhandel in Europa.

Quelle: Foscht u.a. 2008, S. 134; www.redbull.de, Abrufdatum: 19. Februar 2013.

IV. Multinationale Orientierung und Marktengagement

Bei multinationaler Orientierung stehen lokale Wettbewerbsvorteile im Vordergrund der internationalen Marketingaktivitäten. Entsprechende Unternehmen decken individuelle Auslandsmärkte ab, in denen sie – im Gegensatz zur Stammland-Orientierung und globalen Orientierung – auf die spezifischen Marktbesonderheiten eingehen und landesspezifische Strategiefestsetzungen und -umsetzungen durchführen. Autonome Tochtergesellschaften, oft mit einer großen Entscheidungsfreiheit bezüglich der verfolgten Strategie und der anzuwendenden Marketingmaßnahmen, sind als organisatorische Verankerung typisch. Sie agieren auf den einzelnen Auslandsmärkten quasi wie nationale Unternehmen und weisen i.d.R. untereinander keine und zur Muttergesellschaft geringe Rückkopplungen auf.[1]

Das gesamte Marktengagement ist geprägt durch **Differenzierungsstreben**, Selektion von attraktiven bzw. attraktivsten Märkten (ggf. inklusive intranationaler Kundensegmente) sowie weit gehend „nationale Marketingstrategien". Dies kann auf der strategischen Grundorientierung beruhen oder auf der Notwendigkeit zu nationalen Anpassungen (z.B. auf Grund rechtlicher Normen und Standards, was aber faktisch keine strategische Wahl ermöglicht). Die multinationalen Unternehmen wählen tendenziell mehr Ländermärkte als Heimatmarkt-orientierte Unternehmen und tendenziell weniger als global orientierte Unternehmen und bearbeiten diese intensiver.

Markteintritt und Marktaustritt als Grundsatzentscheidungen

Auf Grund dieser Orientierung ist bezüglich der Markteintritts- und Austrittsentscheidungen von einer eindeutigen Dominanz einer länderspezifischen Perspektive auszugehen, wobei die länderübergreifende Betrachtung auf Grund des weit gehenden Fehlens von Rückkopplungen zwischen den Ländermärkten sich eher auf die Festlegung der Abfolge der zu betretenden Märkte erstreckt.

Das relativ intensive Eingehen auf **ländermarktspezifische Bedingungen** mit dem Ziel der Realisierung von Lokalisierungsvorteilen macht eine länderspezifische Betrachtung zwingend. Ist ein Unternehmen bereit und fähig, sein Leistungsprogramm an die Marktbedingungen anzupassen, dann zielt der Eintritt auf attraktive und nachfragestarke Märkte ab, die ein hinreichend großes Potenzial für ein erstes differenziertes Engagement und auch für eine entsprechende Penetration bieten. Im Extremfall wird auf große bzw. voluminöse Märkte abgezielt, da diese ein größeres Marktpotenzial aufweisen und tendenziell eine intranationale Segmentierung erleichtern. In den jeweiligen Märkten betreibt das multinational orientierte Unternehmen ein nationales Marketing. Gleiches gilt für die individuelle Erfüllung von Kundenbedürfnissen im Zuge einer Follow-the-Customer-Strategie. Das länder- bzw. kundespezifische Commitment ist hoch.

Im Rahmen der **Timing-Entscheidung** versucht ein multinational orientiertes Unternehmen ggf. Pioniervorteile zu realisieren, die mit „early mover advantages" verbunden werden, insbesondere mit dem Aufbau und Ausbau von Markterfahrung und meist der erstmaligen Ansprache von Kundensegmenten. Demgegenüber stehen höhere Kosten der Markterschließung und Unsicherheiten über die zukünftige Marktentwicklung.

Die notwendigen, relativ hohen Investitionen lassen die Wahrscheinlichkeit eines vollständigen **Marktaustritts** – abgesehen von „failures" – gering erscheinen. Auch „failures" erscheinen idealtypisch auf Grund der weit gehenden Kundenorientierung relativ

---
[1] Vgl. im Einzelnen Abschnitt C.III. des Zweiten Kapitels.

unwahrscheinlich. Wahrscheinlicher sind andere Optionen der „divestments" mit denen die Präsenz im Markt aufrechterhalten wird. Die enorm hohen Barrieren eines Marktaustritts liegen sowohl im ökonomischen Bereich (so der Kapitalintensität des Engagements, „sunk costs") als auch im Managementbereich (z.B. persönliche Betroffenheit der Manager im Markt).

Länderübergreifende Überlegungen zur Marktexpansion sind limitiert, da hier nicht wie bei anderen Strategien bekannte und im Heimatmarkt oder auf anderen Märkten erfolgreiche Konzepte auf neue Ländermärkte übertragen werden können, sondern eben die Anpassung an länderspezifische Präferenzen den Wettbewerbsvorteil bildet. Somit sind Vergleiche der einzelnen Länder und ihrer jeweiligen Performance erschwert.

Auf Grund der fehlenden Interdependenz zwischen den Märkten ist eine wasserfallartige oder wahrscheinlicher eine selektive **länderübergreifende Timing-Strategie** nahe liegend. Die länderübergreifende Expansion erfolgt eher langsam, da Anpassungen an die spezifischen Länderbesonderheiten notwendig sind und Ressourcen binden. Insofern determiniert die Ressourcenverfügbarkeit auch hier die Geschwindigkeit der Expansion.

Mit ähnlichen Begründungen wie bei den Marktaustritten erscheinen **Marktreduktionen** eher selten oder mit schwerwiegenden „failures" verbunden. Im Falle einer Re-Nationalisierung ist der gesamte Produkt-Markt-Bereich, ggf. das gesamte Unternehmen, betroffen.

Marktsegmentierung und Marktselektion

Die Segmentierung und Selektion von Märkten orientiert sich primär an marktorientierten Faktoren wie der grundlegenden Attraktivität der Ländermärkte oder Kundensegmente. Andererseits sollten dem auf Grund der länderspezifisch hohen Investitionen i.d.R. Ressourcenüberlegungen gegenüber stehen.

Die Wahl eines Selektionsmodells bzw. der Kriterien wird insofern von marktpolitischen Aspekten bestimmt, weil die Auswahl der Märkte, welche die höchste Attraktivität aus Sicht des beurteilenden Unternehmens haben, das vorrangige Ziel bildet. Da multinationale Unternehmen sich im hohen Maße auf länderspezifische Besonderheiten einstellen, kommen für sie alle Märkte für eine Marktbearbeitung in Frage, in denen Nachfrage für die vom Unternehmen angebotenen Leistungen besteht, d.h., dass letztendlich die Attraktivität des Marktes bzw. die Kundenbedürfnisse entscheidend sind. Dies setzt eine detaillierte Analyse voraus. Ausgehend vom groben Screening sind insbesondere Feinanalysen der Kunden- und Wettbewerbsbesonderheiten im Markt erforderlich. Die Anwendung aufwändiger statistischer Verfahren und beachtliche Ressourcenaufwendungen für die Informationsbeschaffung bereits im Vorfeld des Eintritts erscheinen unerlässlich.

Hinsichtlich geeigneter Kriterien ist festzuhalten, dass Auslandsmärkte dann in die Marktbearbeitung aufgenommen werden, wenn auf diesen die Attraktivität die Barrieren langfristig übersteigt. Insofern liegt die Anforderung darin, dass Chancen-Risiko-Konstellationen langfristig überschaubar und vorab einschätzbar sind. Entsprechend sind die Kriterien zu wählen. Insgesamt erfordert die **Dominanz der Marktorientierung** eine Betrachtung der verfügbaren Ressourcen, so des Kapitalbedarfs, der notwendigen personellen (auch lokal verfügbaren) und technologischen Ressourcen zur Realisierung ländermarktspezifischer Leistungen. Neben der Evaluation ist dies auch für die dauerhafte Befriedigung der länderspezifischen Kundenbedürfnisse bedeutend.

V. Glokale Orientierung und Marktengagement

Bei glokaler Grundorientierung streben die Unternehmen sowohl Globalisierungs- als auch Lokalisierungsvorteile an. Insofern verhalten sie sich im Hinblick auf die Absatzmärkte wie ein globales Unternehmen (mit vollständiger Standardisierung, Nutzung von Kostenvorteilen, Nicht-Beachtung lokaler Erfordernisse und straffer Organisation sowie Prozesse) und zugleich wie ein multinationales Unternehmen (mit vollständiger Differenzierung, Nutzung von Lokalisierungsvorteilen, Orientierung an länderspezifischen Kunden- und Wettbewerbsbedingungen und autonomen Landesgesellschaften).

Diese hier bewusst konträr formulierten Extrempositionen geben für das Marketing eher eine Orientierung vor und sind ohne Blick auf verschiedene Geschäftsfelder bzw. -einheiten, Wertaktivitäten, Prozesse (Welge 2005, S. 989f.; Welge/Holtbrügge 2010, S. 132ff.) sowie verschiedene Ländermärkte bzw. Regionen und die (netzwerkartige) Konfiguration der Aktivitäten kaum in dieser Reinform realisierbar. In der Unternehmenspraxis geben daher relativ viele Unternehmen diese Strategie als Ziel ihrer internationalen Unternehmensaktivitäten bzw. -grundsätze an. Als Managementkonzept ist die **transnationale Orientierung** bedeutend, wenn nämlich auf Basis weltweit oder regional konzipierter Rahmenstrategien (im sog. strategischen Korridor) eine nationale bzw. lokale Anpassung der Konzepte erfolgt und zwar mit den Zielen der globalen Wettbewerbsfähigkeit, der multinationalen Flexibilität und der weltweiten Lernfähigkeit.[1]

Markteintritt und Marktaustritt als Grundsatzentscheidungen

Zwar spricht die Grundorientierung bezüglich der Markteintritts- und Austrittsentscheidungen für keine Dominanz der länderspezifischen oder -übergreifenden Perspektive. Andererseits steht – in Abgrenzung zu den anderen Grundorientierungen – mehr eine gesamtunternehmerische Strategie im Vordergrund, was eine länderübergreifende Perspektive nahe legt. Wählt man die o.g. weltweiten Rahmenstrategien als Ausgangspunkt, dann bestimmt die Weite des **strategischen Korridors** die Entscheidungen des glokal orientierten Unternehmens.

Ist diese Weite eher an einer globalen Grundorientierung ausgerichtet, dann bilden Ländermärkte, so der Weltmarkt oder Regionen wie Europa, den Ansatzpunkt einer strategischen **Markteintrittsüberlegung**. Die Anpassung bzw. Differenzierung in einzelnen Ländern oder Regionen ist eine nachgelagerte, aber gleichzeitig angestrebte Option. Letzteres erfolgt entweder im Zuge der Penetration oder im Zuge einer Marktexpansion, so von einem Ländermarkt (ggf. einem Brückenkopf) in Richtung eines neuen Marktes. Liegt hingegen eher eine multinationale Grundorientierung vor, dann bilden einzelne Ländermärkte den Ansatzpunkt einer strategischen Markteintrittsüberlegung. Die Standardisierung über einzelne Länder oder Regionen bildet eine nachgelagerte, aber gleichzeitig angestrebte Option. In diesem Fall wird eine Standardisierung über Ländergrenzen hinweg angestrebt oder es werden im Zuge einer Marktexpansion nur solche Ländermärkte bzw. Aktivitäten in das Portfolio aufgenommen, die Globalisierungsvorteile fördern. Die Optionen können für die Welt oder einzelne Regionen (z.B. Westeuropa, kleinere Länderbündel) durchgespielt werden. Das Follow-the-Customer-Prinzip ist eine gängige Option.

---

[1] Vgl. im Einzelnen Abschnitt C.IV. des Zweiten Kapitels. Mehr noch als bei den anderen Grundorientierungen liegen kaum empirisch gesicherte Befunde zu glokal orientierten Markteintritten und -austritten vor, sodass die Optionen an dieser Stelle eher konzeptionell zu diskutieren sind.

Die Überlegungen können bei der **länderspezifischen Timing-Entscheidung** fortgeführt werden. Aus der Natur der Grundorientierung heraus wird ein glokal orientiertes Unternehmen je nach Zielsetzung sowohl Pioniervorteile als auch Vorteile aus einer Folger- oder Me-too-Strategie generieren können. Letztendlich sind fallweise Entscheidungen zu treffen.

Henkel Gruppe – Aktivitäten eines glokalen Konzerns

Mit rund 15 Mrd. EUR Umsatz, 47.265 Mitarbeitern, 80 Landesgesellschaften und einem stetigen Wachstum zählt das Traditionsunternehmen zu den internationalsten deutschen Firmen. Henkel folgt dem Grundsatz, dass nur Geschäftsfelder – Wasch-/Reinigungsmittel (27% des Konzernumsatzes), Kosmetik/Körperpflege (22%), Adhesive Technologies (50%) – bearbeitet werden, in denen eine führende Position erreichbar ist. Top-Technische-Produkte und -Brands kennzeichnen die Angebotspalette. Unter dem Leitsatz „Henkel – A Brand like a Friend" bezeichnet sich das Unternehmen seit Ende der 1990er Jahre als „glocal". Der neue Slogan lautet: „Excellence is our passion."

Dieses führt zur konzentrierten Führung der verteilten Absatzaktivitäten, um einerseits Kulturunterschieden und differenten Kundenpräferenzen in den Märkten Rechnung zu tragen und andererseits einen „weltweiten Durchgriff" auf die zuständigen Einheiten (bei weit gehender Autonomie) und Economies of Scale zu haben. So entwickelt Henkel im Konsumgüterbereich neben gewachsenen lokalen Marken zunehmend Euro-Brands, bietet jedoch unterschiedliche Produktvarianten je nach Kundenpräferenzen an (z.B. neueste in West- und ältere in Osteuropa). Im Bereich Technologien ist eine globale Ausrichtung notwendig, da die Kunden im Zuge des Follow-the-Customer selbst weltweit Standards wünschen. Auch hier werden Kundenwünsche erfüllt. Bei den Markteintritten werden (wie bei der Marktwahl) drei Kriterien betrachtet: v.a. das Marktpotenzial (allerdings verbunden mit der Frage nach Partnern oder Übernahmekandidaten), die Wettbewerbssituation und generelle Länderrisiken (als KO-Kriterien).

Quelle: Swoboda/Giersch/Primosch 2007, S.17ff.; Swoboda/Meierer/Hälsig 2008, S. 725ff.; www.henkel.de, Abrufdatum: 19. Februar 2013.

Auf Grund der Selektivität der Aktivitäten gehören **Marktaustritte** (zumindest auf der Ebene von SGE) ebenso zum „Tagesgeschäft" wie Überlegungen zu den Markteintritten. Neben Austritten aus z.B. politisch problematischen Ländern sind länderübergreifende Portfolio- und Ressourcenallokationsüberlegungen wichtig.

Die grundsätzlichen Optionen für die länderübergreifende **Marktexpansion** entsprechen den Überlegungen zur Weite des strategischen Korridors. Hier hat das Unternehmen z.B. zu entscheiden, in welche Länder expandiert werden soll, um eine Lücke im Portfolio zu schließen, um einen regionalen Fokus zu setzen oder um die isolierte Attraktivität eines Marktes zu nutzen. Entsprechende Rollen haben hierbei Brückenköpfe und Rückkopplungen.

Bezüglich der **länderübergreifenden Timing-Entscheidungen** verhalten sich glokal orientierte Unternehmen je nach Zielsetzung ausgesprochen selektiv. Sie können zwar fallweise sowohl eine sukzessive Strategie (z.B. bei der Erschließung großer, attraktiver Märkte) als auch eine simultane Strategie (z.B. bei der Einführung neuer Innovationen) verfolgen. Grundlegend ist gerade für glokale Unternehmen eine selektive Strategie, indem einzelne Ländermärkte intensiver, differenzierter bearbeitet und zu unterschiedlichen Zeitpunkten betreten werden.

Länderübergreifende **Marktreduktionen** fußen v.a. auf Betrachtungen der gegenwärtigen Aktivitäten. Für ihr Auftreten können vielfache Gründe angeführt werden, wobei die bei den „divestments" genannten auch hier angeführt werden könnten. Wahrscheinlich ist eine Marktreduktion, wenn einzelne Länder oder Produkt-Markt-Kombinationen nicht "performen" oder das Management proaktiv andere Produkt-Markt-Schwerpunkte setzt oder Ressourcenreallokationen anstrebt. Die Re-Nationalisierung erscheint eher unwahrscheinlich.

Marktsegmentierung und Marktselektion

Auch bei der Segmentierung und Selektion wird ein glokal orientiertes Unternehmen selektiv vorgehen, d.h., bei der Entscheidung einerseits Lokalisierungvorteile übergewichten und andererseits Globalisierungsvorteile in den Vordergrund stellen. Insofern müsste das Unternehmen prinzipiell das Know-how über (im Extremfall) alle denkbaren Varianten der Segmentierung und Selektion aufbauen. Sowohl die Basisansätze (Kundensegmentierung im Massenmarkt, dyadische Kundenbeziehungen, normative und deskriptive Ansätze) als auch die Varianten einer Modellkonstruktion wären situativ zu beleuchten. Portfolio-Überlegungen dürfte eine hohe Relevanz zukommen.

Selbst bezüglich der **Selektionskriterien** ist eine Festlegung schwierig. Festgehalten werden kann allenfalls, dass im Gegensatz zu den anderen Grundorientierungen hier grundsätzliche Barrieren einzelner Märkte, so die rechtlichen Vorschriften zur Realisierung einer Differenzierung, eine nachgeordnete Rolle spielen, da die gesamtunternehmerische Strategie im Vordergrund steht.

E. Sektorale Besonderheiten

I. Industriegüterhersteller

1. Vorüberlegungen

Wie bereits angedeutet, handelt es sich bei den einzelnen Wirtschaftssektoren nicht um homogene Bereiche, sondern zu jedem Sektor gehört eine Vielfalt von Unternehmen. Dennoch wird versucht, einige bezüglich der jeweils interessierenden Fragestellung typische gemeinsame Merkmale und Spezifika herauszustellen sowie jeweils anhand einer Fallstudie zu illustrieren.

Bezüglich der Industriegüterhersteller ist das Spektrum der hierzu gehörenden Unternehmen besonders breit, betrachtet man die produzierten und vertriebenen Produkte und Dienstleistungen. Dennoch lassen sich auch in diesem Sektor Gemeinsamkeiten herausarbeiten:

> *Als Industriegüter werden Leistungen bezeichnet, die von Organisationen beschafft werden, um weitere Leistungen zu erstellen, die nicht in der Distribution an Konsumenten bestehen (Engelhardt/Günter 1981, S. 24). Entsprechend sind Industriegüterhersteller Unternehmen, die sich im Wesentlichen dem Angebot dieser Güter widmen.*

Gemeinsamkeiten liegen zunächst in der Struktur der Nachfragerseite.[1] Industriegütermarketing ist dadurch charakterisiert, dass hier die Nachfrager Organisationen (**Business-to-Business**) wie Industrieunternehmen, öffentliche Verwaltungen usw. sind. Die Vermarktung kann dabei direkt oder indirekt über Absatzmittler (**Produktionsverbindungshandel**) erfolgen. Neben weiteren Besonderheiten auf der Nachfragerseite wie **Multipersonalität** und **Multiorganisationalität** können Spezifika auf der Anbieterseite

---

[1] Vgl. zu den Besonderheiten des Industriegütermarketing Backhaus/Voeth 2010b, S. 7ff.

herausgestellt werden, so oftmals (projektspezifische) **Anbietergemeinschaften** auf Grund der Komplexität der Produkte, die auch internationale Anbieter einschließen. Charakteristisch ist weiterhin die Tatsache, dass sich die Marktbearbeitung oftmals nicht an einen anonymen Markt, sondern an einzelne Kunden richtet. Dieser Umstand bringt es mit sich, dass die Vermarktung interaktiv erfolgt und **Geschäftsbeziehungen** in den Vordergrund treten, die über einzelne Transaktionsprozesse hinausgehen. Mit Blick auf die „Produkte" stehen oftmals eher komplexe Problemlösungen im Vordergrund, sodass **Dienstleistungen** eine wichtige Rolle zukommt.

Hinsichtlich der Internationalität haben selbst traditionell sehr stark technologieorientierte Industriegüterhersteller erkannt, dass sie vor dem Hintergrund schneller und diskontinuierlicher Marktveränderungen – wie sie auf Industriegütermärkten typisch sind – konsequent in Kundennutzen-Kategorien denken müssen (Backhaus/Voeth 2010b, S. 16f.). Dabei präsentiert sich der Industriegütersektor sehr heterogen: von KMU mit regionalem Fokus bis hin zu großen Global Playern. Zur Typologisierung von Industriegütern im Industriegütermarketing bietet sich eine Differenzierung nach Geschäftstypen an (Backhaus/Voeth 2010b, S. 204ff.) (siehe Abbildung 3.45):[1]

- Im **Produktgeschäft** werden vorgefertigte und in Mehrfachfertigung erstellte Leistungen vermarktet, die sich an einen anonymen Markt richten und vom Nachfrager zum isolierten Einsatz nachgefragt werden. Es weist einen geringen Spezifitätsgrad auf.
- Beim **Anlagengeschäft** handelt es sich um komplexe Projekte, bei denen der Absatz dem Fertigungsprozess vorläuft und bei denen i.d.R. die kundenindividuell erstellten Leistungen beim Nachfrager zu einem funktionsfähigen Angebotsbündel zusammengefügt werden (hoher Spezifitätsgrad).
- Im **Systemgeschäft** werden Produkte vermarktet, die für einen anonymen Markt bzw. ein bestimmtes Marktsegment konzipiert sind, wobei in Abgrenzung zum Anlagengeschäft eine sukzessive Abfolge nacheinander geschalteter Kaufprozesse besteht, die eine innere Verbindung aufweisen. Die Produkte werden als einzelne Technologien in einer sukzessiven Beschaffungsreihenfolge gekauft.
- Das **Zuliefergeschäft** ist dadurch gekennzeichnet, dass i.d.R. spezifische Programme für einzelne Kunden mit dem Ziel einer längerfristigen Geschäftsbeziehung entwickelt werden.

Bezüglich der räumlichen Dimension des für Industriegüterunternehmen relevanten Marktes konstatieren Backhaus/Voeth (2010b, S. 128) eine zunehmend **internationale Arealstrategie**, da Industriegüter teilweise weltweit, teilweise aber auch nur regional begrenzt vermarktet werden. Hayes/Jenster/Aaby (1996, S. 5f.) weisen darauf hin, dass gerade in den letzten drei Jahrzehnten Industriegüterhersteller die Bedeutung und das Potenzial eines internationalen Marktengagements – das im industriellen Sektor historisch gewachsen ist und i.d.R. eine größere Rolle spielt als in anderen Sektoren – zunehmend als zentrale Herausforderung und Wettbewerbschance neben ihren Heimatmarktaktivitäten einschätzen.

---

[1] Vgl. zu weiteren Kategorisierungen Backhaus/Voeth 2010b, S. 185ff.

Abbildung 3.45: Abgrenzung von Geschäftstypen im Industriegütermarketing

```
Fokus Kaufverbund ↑
                    | Zuliefer-  | System-  |
                    | geschäft   | geschäft |
                    |------------|----------|
                    | Anlagen-   | Produkt- |
                    | geschäft   | geschäft |
Fokus Einzeltransaktion
                      Fokus        Fokus anonymer
                      Einzelkunde  Markt, Marktsegment
```

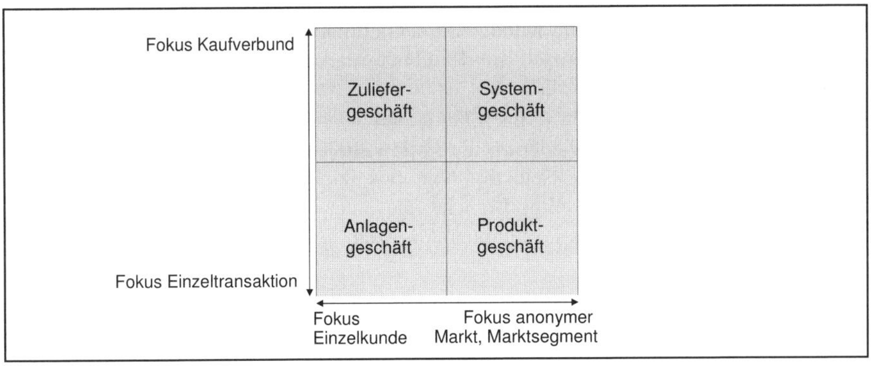

Quelle: in Anlehnung an Backhaus/Voeth 2010b, S. 206.

Hinsichtlich der internationalen **Betätigungsform** finden sich im Industriegüterbereich weit gehend alle denkbaren Strategien. Die Besonderheiten der internationalen **Marktbearbeitung** resultieren daraus, dass die Kunden dieser Leistungen Organisationen sind und diese eine hohe und weiter zunehmende Bedeutung der international orientierten strategischen Beschaffung i.S. eines „global sourcing" aufweisen. Zudem sind die Beziehungen im Rahmen des Industriegütermarketing nicht nur auf kurzfristige oder einmalige Transaktionen ausgelegt, sondern es besteht oft eine ausgeprägte Beziehungsorientierung, weshalb dem **internationalen Beziehungsmarketing** eine besondere Bedeutung zukommt (Ambler/Styles 2000). Zugleich ist der Beziehungsaufbau im internationalen Kontext schwieriger, da er durch eine größere geografische Distanz, Sprach- und Kulturunterschiede und unterschiedliche Verhaltensnormen und -praktiken gekennzeichnet ist. Deshalb sind Konflikte wahrscheinlicher und ebenso ein Abbruch der Geschäftsbeziehungen (Dominguez/Zinn 1994, S. 65f.). Bezüglich der Standardisierungs- vs. Differenzierungsdebatte ist festzuhalten, dass für das internationale Anlagengeschäft oder das internationale Zulieferergeschäft die angebotenen Leistungen im hohen Maße für die Kunden individualisiert werden.

2. Spezifika des Marktengagements der Industriegüterhersteller

Im internationalen Industriegütermarketing finden sich nahezu alle Facetten der behandelten Marktengagements – ebenso wie der Betätigungsformen. Der Versuch, mutmaßliche Schlussfolgerungen für das Marktengagement von Industriegüterherstellern auf Grund der Systematik und der jeweiligen Charakteristik der Geschäftstypen zu ziehen, führt zu differenzierten Einschätzungen:

- Beim **Produktgeschäft** mit standardisierter Leistung ist die klassische Ländermarktselektion kombiniert mit klassischen Exportstrategien auf anonymisierten Märkten Erfolg versprechend. Die zu bearbeitenden Märkte richten sich sowohl nach den Standorten von zu bedienenden Kunden als auch nach aktiver Auswahl von attraktiven Märkten.
- Beim projektdominierten **Anlagengeschäft** dürfte die Option des Marktengagements v.a. auf Referenzprojekten beruhen, ggf. auf Brückenköpfen, auf deren Basis Kunden und Ländermärkte weiter erschließbar sind. Je nach Komplexität und Größe des Anlagengeschäftes wäre auch eine Follow-the-Customer-Strategie denkbar, da die Leistungen direkt vor Ort zusammengefügt werden (müssen).

- Auf Grund der Charakteristik nacheinander geschalteter Kaufprozesse können beim **Systemgeschäft** tendenziell die für Industriegüterhersteller ohnehin zentrale Follow-the-Customer-Strategie sowie Kundensegmentierungen eine Rolle spielen. Die Marktexpansion dürfte hier tendenziell mit der Ländermarktauswahl des jeweiligen Kunden zusammen hängen.
- Im **Zuliefergeschäft** spielen je nach Fokus auf wichtige Kunden oder ein generelles Marktpotenzial entweder wiederum die Follow-the-Customer-Strategie eine wichtige Rolle oder aber die aktive Selektion von potenziellen Wachstumsmärkten anhand geeigneter bzw. für die jeweilige Branche relevanter Kriterien. In der Regel wird hier den dyadischen Kunden-Lieferanten-Ansätzen eine vordringliche Bedeutung zukommen.

Spezifika der Marktexpansion, die charakteristisch für den industriellen Sektor sind, liegen u.a. in der hohen Bedeutung mittelständischer Unternehmen und sog. **Born Global Firms**. Während erstere hier nur mit einem Beispiel angesprochen werden, wird die Expansion der Born Globals, d.h. Unternehmen, die mit ihrer Gründung oder relativ kurz danach bereits einen hohen Auslandsumsatzanteil aufweisen, herausgegriffen. Ihr frühzeitiges Streben nach Auslandsumsätzen steht im Gegensatz zu den Engagements typischer, sich international langsam entwickelnder Unternehmen.

Die Diskussion wurde – wie bereits erwähnt – von McKinsey (1993) angestoßen, die auf dem „Australian Manufacturing Council" eine Befragung von 300 Unternehmen präsentierten, von denen 25% als Global Borns bezeichnet wurden, da sie bereits zwei Jahre nach ihrer Gründung im Durchschnitt 75% der Umsätze im Ausland erzielten.

Charakteristisch für das Marktengagement der Born Globals ist, neben der frühen Internationalisierung nach der Firmengründung, die Gründung durch engagierte Unternehmer, das Aufsetzen des Geschäftes auf einem signifikanten technologischen Durchbruch und Verwirklichung neuer Produktideen (meist für industrielle Zwecke) mithilfe neuester Technologien. Dabei wird besonders die anspruchsvolle und ausgereifte Wissensbasis der Unternehmen betont (Weerawardena u.a. 2007). Ferner können erste Zielmärkte bereits psychisch weit vom Heimatmarkt entfernt sein (Knight/Madsen/Servais 2004; Knight/Cavusgil 2005), sodass die Erklärung durch traditionelle Modelle der länderübergreifenden oder -spezifischen Marktwahl hier nicht greift. Die geografische Verbreitung der Aktivitäten von Born Globals ist vielmehr von der früheren internationalen Erfahrung des Gründers und dessen Partnern geprägt (Acedo/Jones 2007; Andersson/Wictor 2003). Die Internationalisierung verläuft über persönliche Netzwerke und Kontakte; auch neue Netzwerke werden geschaffen. Neben dieser netzwerkgetriebenen Vorgehensweise sind im Rahmen der Marktwahl auch ein Fokus auf sog. „**lead markets**" und eine Follow-the-Customer-Vorgehensweise relevant (Bell u.a. 2003). Spezifisch ist auch die Art bzw. Intensität des Marktengagements. So werden Ressourcen i.d.R. auf viele Märkte verteilt, selektierte Kernmärkte aber intensiver bearbeitet. Bei wichtigen Kunden im Ausland wird statt Exporten eher ein direktinvestives Engagement gewählt (Crick/Jones 2000).

Marktexpansion der Mittelständler KBE und HeiQ Materials über die Zeit

Ein selektives Muster der Ländermarktexpansion zeigt das Unternehmen KBE. KBE war ein mittelständisch geprägtes Unternehmen, das 1980 als Kunststoffproduktion für Bau- und Elektrotechnik gegründet wurde, zwischenzeitlich aber an einen Konzern angebunden wurde. Der Schwerpunkt liegt, auch nach Zusammenschluss mit weiteren Unternehmen zur HT Troplast AG im Jahre 1999 und dem Verkauf des Unternehmens im Jahre 2007 an die Arcapita Investment Bank, in der Kunststoff-Fenstersystem-Produktion. Wie Abbildung 3.46 zeigt, wechseln sich – in den Jahren der internationalen Unternehmensgeschichte – Phasen der sukzessiven Eintritte in einzelne Länder mit solchen des parallelen Eintritts in mehrere Länder und solchen ohne weitere internationale Aktivität ab. Ein klares Muster der Marktexpansion kann ohne dezidierten Blick auf jede einzelne Länderentscheidung kaum eindeutig erkannt werden. Feststellbar ist jedoch eine stetige Vertiefung des Marktengagements.

Abbildung 3.46: Entwicklung des internationalen Engagements der KBE GmbH

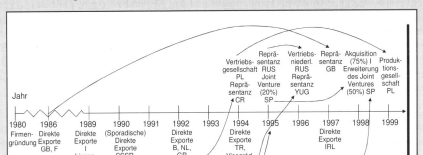

Kontrastierend lässt sich diesem Verlauf der internationalen Expansion die radikale Internationalisierung von der HeiQ Materials AG, einem typischen Born Global, gegenüberstellen. HeiQ ist ein Schweizer High-Tech-Unternehmen, das sich auf die Herstellung von hochleistungsfähiger Textilbeschichtung fokussiert. Wie Abbildung 3.47 verdeutlicht, hat HeiQ vier Jahre nach der Unternehmensgründung ein Vertriebsnetzwerk in vielen europäischen Staaten sowie in Asien aufgebaut. In Frankreich, Portugal, Schweiz und Österreich hat HeiQ eigene Vertriebsmitarbeiter, in den anderen Ländern arbeitet das Unternehmen i.d.R. mit lokalen Agenten und Distributoren. Nur ein Jahr später betrat das Unternehmen Nord- und Südamerika und eröffnete nur sieben Jahre nach der Gründung eine erste Auslandsgesellschaft in Singapur.

Abbildung 3.47: Entwicklung des internationalen Engagements der HeiQ Materials AG

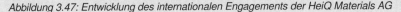

Quelle: Swoboda/Morschett 2002a, S. 418; www.heiq.com, Abrufdatum: 26. April 2013.

Dennoch stellen Crick/Jones (2000) fest, dass gewisse **Kriterien der Marktwahl** Anwendung finden. So geben die Born Globals in der Mehrheit an, dass solche Märkte ausgewählt werden, welche die höchsten Wachstumsraten in ihrer Nische versprechen. Bei der Festlegung der Reihenfolge der Markteintritte treten im Wesentlichen zwei Varianten auf: ein Teil der Firmen orientiert sich hierbei an den vorangehenden Erfahrungen und an **bestehenden Netzwerken**; der andere Teil gibt an, sich auf Marktforschung zu stützen.

Die Internationalisierung der Born Globals verläuft nicht schrittweise, sodass traditionelle Internationalisierungsmodelle wie z.B. das inkrementelle Uppsala-Modell nicht zur Erklärung hinreichend sind (Andersson/Wictor 2003). Das Vorgehen steht somit in Widerspruch zu den Stufenmodellen oder auch der sukzessiven Wasserfall-Strategie des länderübergreifenden Timings. Bell u.a. (2003) konstatieren eine **simultane Markterschließung**. Freeman/Hutchings/Chetty (2012) stellen allerdings heraus, dass viele Born Globals rapide in Märkte expandieren, die bereit sind, ihre Technologie anzunehmen. Dabei werden größere entwickelte Länder präferiert, da Born Globals bestrebt sind, schnell zu wachsen. Das selektive Vorgehen ist somit durch eine gleichzeitige, verschieden intensive Expansion gekennzeichnet, im Heimatmarkt und den Auslandsmärkten. Ziele des Vorgehens sind insbesondere die Erlangung von Wettbewerbsvorteilen, zudem eine schnelle Erschließung globaler Nischen/Segmente sowie der Schutz bzw. die Ausnutzung von proprietärem Wissen. Da viele der Born Globals kleine, hoch spezialisierte Nischenanbieter sind, bietet diese Vorgehensweise die Chance, im Wettbewerb zu bestehen. Getragen wird dies von einem Management, das die gesamte Welt als Markt betrachtet und die Auslandsmärkte nicht nur als bloße Beigabe zum Heimatmarkt begreift.

Überraschenderweise wird auch hervorgehoben, dass die schnelle Internationalisierung von Born Globals strukturierter und mehr an Expansionsplänen orientiert ist als bei „traditionellen" internationalen Unternehmen. Letztere verfolgen vielfach eine opportunistische, pragmatische Ad-hoc-Vorgehensweise (Bell u.a. 2003; Crick/Jones 2000). Weiterhin wird zwischen Born Globals und sog. **Born-again Globals** differenziert (Bell/Naughton/Young 2001). Dies sind Unternehmen, die nach langer Zeit im Heimatmarkt plötzlich radikal dem Muster der Born Globals folgend internationalisieren. Ausgelöst wird die intensive Internationalisierung durch kritische Vorfälle, die zusätzliche Ressourcen verschaffen (Bell u.a. 2003). Empirische Studien zeigen, dass sich die Internationalisierungmuster der traditionell internationalisierenden Unternehmen von denen der BornGlobals und Born-again Globals in vielfacher Hinsicht unterscheiden (Olejnik/ Swoboda 2012; Kuivalainen/Saarenketo/Puumalainen 2012; Tuppura u.a. 2008).

Die folgende Fallstudie eines der deutschen global agierenden **Hidden Champions** – sog. kleine Weltmarktführer, d.h. eher mittelständische und sehr spezialisierte Unternehmen, die zugleich eine weltweit führende Position in Ihrer Nische haben – stützt die These einer facettenreichen Basis für Markteintritt und -selektion.

3. Fallstudie: Internationales Marktengagement des mittelständischen Global Players HYDAC International GmbH[1]

a) Kurzvorstellung des Unternehmens

Die HYDAC International GmbH ist ein mittelständischer Ausrüster mit Komponenten und Systemen der Hydraulik und Fluidtechnik, Elektronik, Engineering und Dienstleistung für den stationären und mobilen Maschinenbau. Im Jahre 1963 startete Otmar Schön, Geschäftsführender Gesellschafter, das Unternehmen in einer 200 m^2 großen Wellblechhalle in Saarbrücken. Bereits bei der Gründung spielten internationale Beziehungen eine zentrale Rolle. Der **Start-up** basierte auf der Idee, als Full-Liner dem internationalen Markt im Bereich der Fluidtechnik und Hydraulik ein umfassendes Programm an Produkten und Systemen und mit applikationsorientiertem Engineering komplexe, innovative Lösungen anzubieten. Im Startprogramm dominierten Hydrospeicher aus einer US-amerikanischen Lizenz, die wiederum auf Patenten eines französischen Erfinders beruhte, und Systeme für die Industrie. Als Firmenname wählte man den Namen HYDAC. Für die Kunden weckt dieser Name – als Akronym für **Hydraulic Accessory** und **Hydraulic**

---

[1] Die Fallstudie basiert auf Unternehmensinformationen. Besonderer Dank gilt Herrn Otmar Schön, Geschäftsführender Gesellschafter der HYDAC International GmbH, Sulzbach.

Accumulator – produktnahe Assoziationen zu Angeboten aus dem Hydraulikbereich, die für die erfolgreiche Realisierung der Internationalisierungsstrategie früher wie heute wesentliche Voraussetzungen darstellen, zumal er international aussprechbar ist.

Die Unternehmensphilosophie ist wie folgt definiert: Alle Unternehmensbereiche richten sich an den Anforderungen des Weltmarktes aus. „Die Anforderungen des Marktes (in Bezug auf Qualität, wettbewerbsfähige Preise, Liefertermine, Service, Kundenberatung, Innovation, Technologieorientierung, Kundennähe), deren schnelle Umsetzung und anwendungsorientierte Lösungen für die Industrie sind die Basis unserer unternehmerischen Tätigkeit und wirken in das Tätigkeitsfeld jedes Mitarbeiters hinein. Eine produkt- und ergebnisorientierte Unternehmensstruktur mit Gliederung in Divisionen bei hoher Verantwortungsdelegation schafft die organisatorischen und sachlichen Voraussetzungen, mit denen unsere Mitarbeiter die Herausforderungen des Marktes umfassend erkennen und gewonnene Erkenntnisse mit gutem Wirkungsgrad auf kürzestem Weg in marktfähige Produkte umsetzen können. Diese Organisationsform garantiert die kürzeste Verbindung zwischen Markt und Produkt."

Abbildung 3.48: Produktbereiche und pauschale Umsatzanteile nach Branchen (Stand: Dezember 2012)

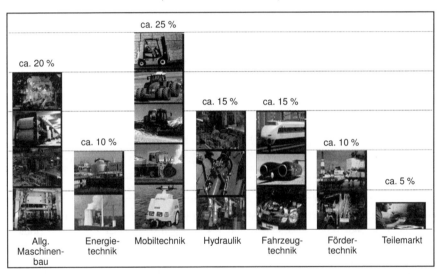

Die Produktpalette von HYDAC ist in annähernd allen Industriebranchen zu finden, so im Maschinenbau, in der Verfahrenstechnik, Energietechnik, im Mobil- und Automobilbereich, in der Automatisierungstechnik bis hin zum Offshore-Bereich, der Luft- und Raumfahrt sowie der Umwelttechnik. Das Lieferprogramm umfasst Komponenten, Sub-Systeme und komplette Systeme für die Hydraulik, Schmierung, Öl-Reinheit, Verfahrens- und Umwelttechnik (siehe Abbildung 3.48). Durch die zunehmende Verzahnung der einzelnen Branchenbereiche mit der gesamten Produktpalette unterscheidet das Unternehmen heute nur noch nach mobilem Maschinenbau, das sind ca. 55% des Produktprogramms, und stationärem Maschinenbau, ca. 40% des Produktprogramms.

b) Länderübergreifende Entwicklung

In der Vision der HYDAC („The [global] customer is our focus. The solution to his problems is our objective.") ist bereits die Basis für die internationale Entwicklung des Unternehmens angelegt. Dabei ist bezüglich der internationalen Kundenstruktur zwischen OEM (Original Equipment Manufacturer) und industriellen technischen „consumers", MRO (Maintenance Repair Overhaul), zu unterscheiden.

Abbildung 3.49: Historische Entwicklung der weltweiten Präsenz von HYDAC (Stand: Dezember 2012)

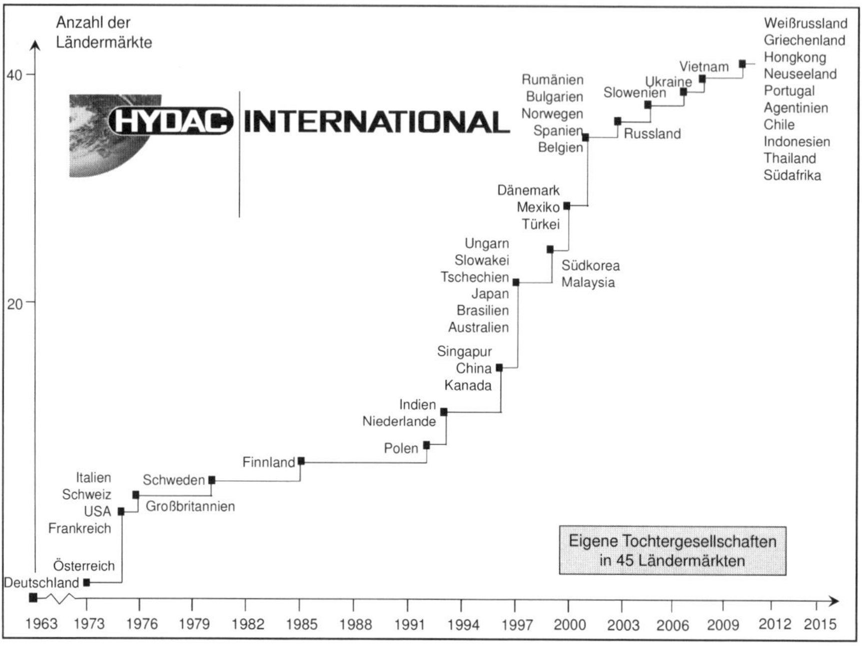

Ihre Kundennähe realisiert die HYDAC durch ein weltweites Netz aus eigenen (vorwiegend produzierenden) Niederlassungen und Vertretungen sowie über Vertragsdistributeure. Das Unternehmen verfügt über elf Vertriebsbüros in Deutschland, 45 Auslandsniederlassungen und über 500 Vertriebs- und Servicepartner. Charakteristisch und von entscheidender Bedeutung für die globale Präsenz ist ein weltweit engmaschiges Netz von Partnern, so in Nord- und Südamerika, Europa, Asien, Südafrika und Australien. In allen wichtigen Märkten finden sich eigene Auslandsniederlassungen, welche die strategisch wichtige Kundennähe realisieren, aber auch für die aktive Erschließung weiterer Märkte in der Region wichtig sind. Deren länderübergreifende Entwicklung und Bedeutung wird in Abbildung 3.49 veranschaulicht. Distributeure ergänzen die Präsenz in den nationalen Märkten. Sie bilden einen wesentlichen Bestandteil des weltweiten Vertriebs- und Servicenetzes. Zudem betreibt HYDAC ein eigenes Forschungs- und Entwicklungszentrum für Fluidtechnik (Fluid Care Center) auf 2.400 m² Fläche. Die Entwicklung innovativer Produkte steht neben der Optimierung der Produktionstechnologien im Vordergrund. Die unternehmenseigene F&E wird ergänzt durch den Technologie-Transfer mit Instituten und Hochschulen.

Bei der HYDAC sind weltweit rund 7.000 Mitarbeiter beschäftigt, rund 40% im Ausland. Die Angebotspalette wird aus Produktbestandteilen mit verschiedenster internationaler Herkunft generiert, wobei der deutsche Produktanteil im Durchschnitt bei etwa 50% liegt. Dies lässt sich insofern begründen, als dass die HYDAC – um weltweite Wettbewerbsfähigkeit zu garantieren – ihre Produkte zu einem Weltmarktpreis anbietet und eine rein deutsche Produktion nicht immer wettbewerbsfähig ist. Entsprechend erfolgt die internationale Markierung immer i.S. von „Made in Germany" und „Made by HYDAC". Der Umsatz der HYDAC-Gruppe im Jahre 2012 setzte sich zu 62% aus Europa, 20% Amerika und 18% Asien zusammen. Grundsätzlich operiert das Unternehmen nach der Maxime: Je mehr die Märkte wachsen, desto mehr Support gibt es von HYDAC.

c) Marktexpansion und -selektion als facettenreicher Prozess

i. Multiple Basis für Markteintritt und -expansion

Ausgehend von der Absicherung des europäischen Heimatmarktes verfolgt die HYDAC das Ziel, bedarfsadäquat verschiedene Kundensegmente – Industriebranchen – und internationale Regionen zielgenau anzusprechen. Es existiert nicht nur eine Basis für Markteintritt und -expansion, sondern viele.

Eine wichtige Grundlage stellt die **Follow-the-Customer-Strategie** dar. Ein Beispiel für eine klassische Follow-the-Customer-Strategie stellt der Bau eines großen Stahlwerks in China dar. Die SMG (ein US-Kunde von HYDAC) hat vor knapp zwei Jahren einen Großauftrag in der Anhui Province erhalten, wobei im Lieferumfang ein neues Walzwerk mit Hochgeschwindigkeits-Auflaufsystem für eine neue Stabstahlstraße sowie ein Elektrik- und Automatisierungssystem enthalten waren. Die HYDAC als strategischer Partner auf dem europäischen Markt folgte der SMG dabei an den neuen Standort. Man versorgte als Ausrüster die SMG mit Walzwerksausrüstung, hydraulischen Bestandteilen und einem aktiven, individuellen Service in eigener Produktion vor Ort. Ein eher indirekter Follow-the-Customer-Markteintritt der HYDAC erfolgte in Russland. Der Neukundenkontakt kam auf Empfehlung eines anderen ausländischen Großkunden der HYDAC zu Stande. Die kulturell-geografisch nächste Niederlassung in Polen bediente die Anfragen des neuen Kunden. Die Follow-the-Customer-Strategie spielt für die HYDAC, insbesondere ausgehend von den zentralen Märkten bzw. Kunden, eine wichtige Rolle. Für das Unternehmen steht die Frage im Vordergrund, in welche Märkte die OEM und die Konkurrenz eintreten. Zum Beispiel finden sich im Zentrum der amerikanischen Kfz-Industrie zahlreiche wichtige HYDAC-Kunden: die Automobilzulieferindustrie, die i.d.R. just-in-time liefert und dies wiederum von ihren Zulieferern – wie der HYDAC – erwartet. Daher ist eine unmittelbare Nähe zum Kunden essenziell. Obwohl der Markteintritt in den USA bereits 1975 erfolgte, versucht HYDAC bis heute in diesem Markt selbst und von dort aus die Follow-the-Customer-Strategie konsequent und sukzessive zu realisieren. Umgekehrt hat sich der japanische Autohersteller Hyundai in Osteuropa in der Nähe der HYDAC und anderer Zulieferer platziert, was man als Follow-the-Supplier bezeichnen könnte.

Den Weltmarkt nur als Exporteur zu bedienen, war für die HYDAC keine echte Option. Je nach geostrategischer Bedeutung wird an Erfolg versprechenden Standorten eine Niederlassung mit lokaler Produktion bzw. zumindest Montage errichtet. Länderübergreifend wird auch über **strategische Brückenköpfe** expandiert. Diese hat die HYDAC auf der ganzen Welt. So wurde der südosteuropäische Markt – insbesondere Ungarn, Bulgarien und die Balkanregion – von Österreich aus erschlossen und wird von dort aus bedient, Russland und die baltischen Staaten von Polen aus, der südostasiatische Raum von Singapur und Hongkong aus, Argentinien von Brasilien aus und Paraguay bzw. Peru von

Chile aus. Diese Funktion der strategischen Brückenköpfe, sei es in Form von Niederlassungen oder (seltener) Vertretungen, bleiben solange bestehen, bis sich auf Grund der jeweiligen Marktattraktivität ein direktinvestiver Eintritt in die Märkte lohnt. Die Koordination obliegt Regionalmanagern in regionalen Headquartern.

Industriemessen wie die Hannover Industrie Messe und etwa 40 weitere internationale Spezialmessen sind nicht nur für die HYDAC, sondern für den Industriegütersektor generell, von hoher Bedeutung. Sie dienen der HYDAC als Testfläche und als Möglichkeit, neue Kontakte zu knüpfen bzw. Neukunden zu akquirieren, Innovationen zu präsentieren, individuelle Kundenbedürfnisse zu erkennen und von Wettbewerbern zu lernen. Nicht selten resultieren daraus erste Geschäftsbeziehungen, die im Endeffekt zu einem direktinvestiven Markteintritt führen können.

„Internationale Industriemessen sind für die HYDAC wie für die gesamte Industriebranche von herausragender Bedeutung. Sie dienen als bedeutender Kommunikator und zugleich Integrator."

(Otmar Schön, Geschäftsführender Gesellschafter, HYDAC International GmbH)

Der Markteintritt wird zudem über **internationale Projekte** realisiert. Als global agierender industrieller Ausrüster nutzt die HYDAC spezifische Referenzprojekte, um neue Kunden bzw. Zulieferer zu akquirieren und den Markt weiter zu erschließen. So trat das Unternehmen über das schon erwähnte Projekt in den russischen Markt ein, bei dem im Bereich Umwelttechnik die Abwasseraufbereitung und ein systematisches Filtersystem für einen großen Kunden konzipiert wurden. Projekte dienen auch dazu, spezifisches Know-how über die jeweiligen Marktbedingungen zu sammeln, auch als Grundlage für ein späteres Engagement mit eigenen Tochtergesellschaften.

ii. Klassische und netzwerkartige Ländermarktselektion

Bei der **aktiven Ländermarktselektion** verfolgt die HYDAC mehrere Ansatzpunkte. So werden oft in ersten Schritten Länder der Welt nach „weißen Flecken", v.a. auf Basis des weltweiten Firmengeflechtes, betrachtet. Diese „Rasterfahndung" kann bereits aktuelle und potenzielle Kunden zum Gegenstand haben. Andererseits wird das Entwicklungspotenzial der Länder nach makro- und mikroökonomischen Kriterien bewertet. Zu ersteren gehören u.a. das Bruttosozialprodukt, die politische Stabilität und die volkswirtschaftliche Ausrichtung, d.h., inwiefern etwa der Schwerpunkt in der Land- bzw. Agrarwirtschaft liegt, wie die Local-Content-Vorschriften aussehen, welche Rolle Bewässerung, Windkraft und Umwelt spielen oder wie weit die technologische und infrastrukturelle Entwicklung vorangeschritten ist. Zum Beispiel ist die HYDAC aus diesen Gründen auf dem afrikanischen Kontinent direktinvestiv lediglich in Südafrika präsent, da der „Rest" (bis heute) einzelne makroökonomische KO-Kriterien nicht erfüllt. Informationsquellen sind supranationale Organisationen (IHK, Außenhandelskammer), das Internet und andere Medien. Zentrale mikroökonomische Kriterien erfassen v.a. die Marktattraktivität, und zwar vor dem Hintergrund der Präsenz einzelner Industriebranchen in einem Land. Relativ konkrete Vorgaben für diese Auswahlstufe sind u.a.:

- Umsatzpotenzial und Marktwachstumsrate von mindestens 10% in industrialisierten bzw. sich industrialisierenden Ländern und von mindestens 20% in Entwicklungsländern
- potenzielle Ertragsrate und Rentabilität des im Raster befindlichen Ländermarktes sowie die Beobachtung der Entwicklung von industriellen Kunden und Konkurrenten in den relevanten Branchen im Zielmarkt

- Ressourcenvorgaben bzw. finanzielle Markteintrittsrisiken.

Eine zentrale Frage ist oft, wohin die Kunden der HYDAC gehen. Danach richtet sich oft auch maßgeblich die Entscheidung der zu bearbeitenden Ländermärkte. **Informationen zur Länderbewertung** und Basis einer möglichen Markteintrittsentscheidung bilden dabei weltweit mehr als 3.000 Informationsträger, die sich aus dem engmaschigen Informationsgeflecht der eigenen Mitarbeiter und wichtigen Kunden sowie Lieferanten konstituieren. Die konkrete Markteintrittsentscheidung soll letztlich flexibel gehandhabt und zügig in die Marktbearbeitung überführt werden. Wie angedeutet, setzt das Unternehmen entweder auf eine erste Vertriebsvertretung im Markt, um entsprechendes Know-how zu generieren, oder Brückenköpfe bedienen die neue Region bzw. es werden selbstständige Distributeure eingesetzt. Die Betätigungsform variiert in Abhängigkeit von der Wichtigkeit, dem Potenzial und der Entfernung zum jeweiligen Markt.

Insgesamt basieren die Entscheidungen der HYDAC auf Informationen aus einem weltweiten Netz interner und externer Informationslieferanten.

Die bereits in der Firmenphilosophie der HYDAC angelegte hohe Verantwortung der Vertriebseinheiten – seien es Auslands- oder Vertriebsniederlassungen – stellt die interne Basis für das weltweite Informationsgeflecht der HYDAC dar. Dezentral werden die Marktaktivitäten in Ländermärkten oder in Regionen analysiert; regelmäßige Entwicklungsberichte werden erstellt. Die integrative organisatorische Klammer bilden Landes- und Regionalbeauftragte mit hoher dezentraler Verantwortung für die Geschäftstätigkeit. Auf dieser Basis, i.S. einer **marktnahen Plattform**, kann das Headquarter der HYDAC seine internationalen Managemententscheidungen treffen. Den Auslandsniederlassungen kommt hierbei ein hoher Stellenwert zu.

Externe Partner, die OEM, die technischen „consumer" und die in der Wertschöpfung vorgelagerten Lieferanten der HYDAC liefern i.S. eines externen Netzwerkes ständig Inputs für die (Weiter-)Entwicklung der internationalen Engagements. Charakteristisch ist etwa der stufenweise Netzwerkaufbau zu neuen Kunden. Zum Beispiel führt eine Kundenanfrage oder eine aktive Kundenansprache zur Frage: Welches Produkt hat der Kunde, und inwiefern können Problemlösungen der HYDAC angeboten oder entwickelt werden? Oftmals wird eine grundlegende Problemlösung angeboten, die als Türöffner dient, d.h., etwa die Grundlage für eine Präsentation über das Gesamtangebot der HYDAC bildet. Hierdurch sollen eine gewisse Vertrauensbasis geschaffen und die Serviceorientierung der HYDAC dokumentiert werden. Auf dieser Basis strebt die HYDAC den Besuch der Werke von Kunden an, um sich ein Bild über weitere Bedürfnisse machen zu können. Vor diesem Hintergrund wiederum können weitere individuelle Angebote entwickelt und entsprechend die Expansion vorangetrieben werden. Im Hinblick auf zukünftige internationale Engagements hat diese Strategie insofern eine entscheidende Bedeutung, als dass solche Referenzen das Netzwerk erweitern, so auch im Hinblick auf die Expansion in neue Märkte.

d) Ausblick

Die HYDAC International wurde als mittelständischer Ausrüster mit einer breiten Produktpalette innovativer, intelligenter Lösungen für den industriellen Sektor zu einem großen und erfolgreichen Global Player, und das mit dem Grundsatz: Einzig und allein der Kunde entscheidet über den Erfolg eines Unternehmens. Entsprechend sind die Kunden in den vielen Ländern dieser Welt der Maßstab aller Dinge. Vor allem die Bereitstellung einer qualitativ hochwertigen und zugleich Zufriedenheit erzeugenden Problemlösung setzt Kundennähe voraus, auch um deren Wünsche und Bedürfnisse besser kennen zu lernen. Diese Kundennähe als zentralen Erfolgsfaktor im produzierenden Gewerbe realisiert die HYDAC über die **Präsenz** auf den wichtigsten Märkten der Welt, so über ein engmaschiges Geflecht an eigenen Niederlassungen, Vertretungen und Distributionspartnern. Durch dieses **global strukturierte Netz** – zu dem ebenso Kunden und Lieferanten zählen – generiert das Unternehmen Schlüsselinformationen, um die internationale Expansion weiter zu forcieren und zugleich die globale Wettbewerbsposition zu sichern.

Die zukünftigen, internationalen Entwicklungsmöglichkeiten der HYDAC sind unmittelbar mit der Frage nach potenziellen, zentralen Zukunftsmärkten aus Sicht des Unternehmens verbunden. Dabei analysiert bzw. bewertet die HYDAC die Ländermärkte mit eigenen **Auslandsniederlassungen** und teilt sie nach ihrer **strategischen Bedeutung** absteigend in die vier Cluster AAA, AA, A und „Sonstige" ein:

- AAA: USA, Indien, China, Russland, Korea, Japan, Südamerika, Australien, Skandinavien
- AA: Italien, Frankreich, Schweden, Finnland, Polen
- A: Schweiz, Österreich, Großbritannien, Niederlande, Singapur, Kanada, Tschechien, Türkei, Dänemark, Belgien, Norwegen
- Sonstige: Ungarn, Slowakei, Malaysia, Mexiko, Rumänien, Bulgarien, Slowenien.

II. Konsumgüterhersteller

1. Vorüberlegungen

Konsumgüter oder Konsumtivgüter sind Wirtschaftsgüter, die von privaten Haushalten gebraucht oder verbraucht werden. Im engeren Sinne werden nur materielle Wirtschaftsgüter hierzu gerechnet, nicht dagegen immaterielle Güter wie Dienstleistungen. Entsprechend sind Konsumgüterhersteller Unternehmen, die sich im Wesentlichen dem Angebot dieser Güter widmen.

Zur **Typologisierung von Konsumgütern** bietet sich eine Differenzierung nach dem Verwendungszweck in **Verbrauchsgüter** (für die einmalige Verwendung bestimmte Güter, z.B. des täglichen Bedarfs wie Lebensmittel) und **Gebrauchsgüter** (für eine längerfristige Verwendung bestimmt, z.B. Möbel) an.[1] Das entsprechend breite Spektrum der Konsumgüterindustrie, das von Verbrauchsgüterherstellern, so Unternehmen der Nahrungsmittelindustrie, bis zu Gebrauchsgüterherstellern, so Unternehmen der Möbelindustrie oder der Automobilindustrie, reicht, ist hinsichtlich des hier interessierenden Internationalen Marketing durch einige wesentliche Merkmale gekennzeichnet.

Das Marketing hat seinen institutionellen Ursprung in der Konsumgüterindustrie.[2] Unter Konsumgütermarketing versteht man dabei das Absatzmarketing der Hersteller von Konsumgütern in Abgrenzung zu den Marketingaktivitäten der meist zwischen Hersteller und Konsument eingeschalteten Institutionen des Handels oder in Abgrenzung zum Industriegütermarketing. Die wichtigen Besonderheiten des i.d.R. zunächst auf Massenmärkte ausgerichteten Marketing der Konsumgüterhersteller sind ausgebaute Strategien der

---

[1] Alternative Typologien basieren auf den Kriterien Budgetanteil und Kaufrisiko, woraus dann die Unterscheidung von Convenience, Shopping und Specialty Goods resultiert (vgl. dazu Zentes/Swoboda 2001a, S. 293ff. und die dort angegebene Literatur).

[2] Vgl. Zentes 2005, S. 316 und die dort angegebene Literatur.

Marktsegmentierung und der **Markenpolitik**.[1] Damit geht einher ein tendenziell hoher Bekanntheitsgrad der Unternehmen bzw. der von ihnen produzierten und vertriebenen Produkte als Ausdruck einer gezielten Markenstrategie (**Branding**).

Gleichermaßen sind die Unternehmen der Markenartikelindustrie, die nicht mit der Konsumgüterindustrie gleichzusetzen ist, seit vielen Jahren oder gar Jahrzehnten international tätig. Viele Unternehmen haben ihre grundsätzlichen Entscheidungen eines **Engagements in ausländischen Märkten** wie auch Entscheidungen über die Betätigungsform und die Form der Marktbearbeitung bereits vor langer Zeit getroffen. Dennoch stellt sich für viele Hersteller die Entscheidung eines etwaigen Going International auf Grund der veränderten Rahmenbedingungen erstmals. Andererseits eröffnen die im Ersten Kapitel aufgezeigten politisch-rechtlichen Veränderungen auch neue Potenziale für bereits international operierende Hersteller, so i.S. eines etwaigen Going East. Darüber hinaus sind länderspezifische Erweiterungen der Engagements für bereits international tätige Unternehmen so mit Blick auf Marktpenetration, Anpassung der Betätigungsform und Marktbearbeitung von Bedeutung.

Ferner sind aus der Sicht der Konsumgüterhersteller neben den konsumentengerichteten Marketingaktivitäten die handelsgerichteten Marketingaktivitäten von Bedeutung (i.S. eines **Trade Marketing**), da die Hersteller meist nur über kommunikative Absatzinstrumente direkten Kontakt zu Konsumenten haben. Direkter Marktpartner ist meist der Handel, der mit eigenen Zielen Handelsmarketing betreibt.[2] Kennzeichnend für Konsumgüterhersteller – i.e.S. für die Markenartikelindustrie – ist somit ein **vertikales Marketing**, mit den Konsumenten als „finalen" Kunden und den **direkten Kunden**, so dazwischen geschaltete **Absatzmittler**, d.h. Unternehmen des Groß- und Einzelhandels, die den Weiterverkauf an die Konsumenten (**indirekte Kunden**) realisieren. Insofern praktizieren die Hersteller i.d.R. sowohl ein **Business-to-Business-** als auch ein **Business-to-Consumer-Marketing**. Da beides letztendlich mit Blick auf die Konsumenten geschieht, kann in vertikaler Sicht integrativ vom konsumorientierten Business-to-Consumer-Marketing gesprochen werden. Darüber hinaus sind die Konsumgüterhersteller daran interessiert, möglichst Einfluss zu nehmen auf die Marketingaktivitäten ihrer Handelspartner. Diese Konstellation hat somit erhebliche Auswirkungen auf die Distributionspolitik der Hersteller im Rahmen des Marketing-Mix.[3]

Abbildung 3.50 deutet die Perspektiven exemplarisch am Beispiel der unterschiedlichen Kundenbindungskonzepte an. Hierbei kann der Hauptfokus der Konsumgüterhersteller in der Etablierung ihrer Produkte als Marke gesehen werden, während der Fokus der Handelsunternehmen in der Bindung an die Einkaufsstätte liegt, in der ein direkter Kontakt zu den Konsumenten besteht. Hierin liegt die häufig stärkere Bindung der Konsumenten an den Handel begründet, denn dieser stellt im Gegensatz zu dem Konsumgüterhersteller den „lokalen Partner" der Konsumenten dar. Der Handel fokussiert somit darauf, die Kunden an seine Einkaufsstätten zu binden, wobei hierfür die Sortimente und weniger einzelne Herstellermarken bedeutend sind. Ein Zielkonflikt erscheint damit evident und erfordert Überlegungen bezüglich der Handelspartnerbindung und/oder eines integrierten **Customer Relationship Managements**. Letzteres ist oft mit dem Supply Chain Management

---

[1] Das Konsumgütermarketing gilt als das klassische Arbeitsfeld des Marketing, wobei es unzulässigerweise allgemein mit Marketing gleichgesetzt wird. Allerdings sind zahlreiche Lehrbücher des Marketing implizit auf Konsumgüterhersteller ausgerichtet.
[2] Vgl. hierzu Zentes/Swoboda/Morschett 2013.
[3] Vgl. hierzu die Ausführungen des Fünften Kapitels.

verbunden. Die Komplexität dieser Beziehung und die Machtkonstellationen verschärfen sich dabei im Rahmen der internationalen Tätigkeit der Akteure.[1]

Insgesamt kann vor diesem Hintergrund im Hinblick auf das internationale Engagement Folgendes festgehalten werden:

- Unter den Konsumgüterherstellern finden sich internationale Großkonzerne (oft aus dem Verbrauchsgüterbereich), die i.d.R. die o.g. Besonderheiten weltweit aufweisen. In ihrem Marketing sind die **Segmentierung** und das **Branding** dominant. Von geringerer internationaler Bedeutung sind hingegen mittelständische Anbieter oder etwa familiengeführte Unternehmen.
- In der traditionellen Sicht des Massenmarketing und auf Grund der Dominanz oligopolistischer Marktstrukturen agieren Konsumgüterhersteller i.d.R. marktorientiert. Sie orientieren sich i.d.R. an der **Marktposition**, insbesondere an den **Konsumentenbedürfnissen** sowie dem **Wettbewerberverhalten**.
- Hinsichtlich der Marktengagements sind Konsumgüterhersteller i.d.R. sowohl an der Ansprache ihrer **mittelbaren Kunden** (Konsumenten) als auch an der zunehmenden Internationalität ihrer **unmittelbaren Kunden** (d.h. des Handels) interessiert. Letztere bestimmen v.a. die Distributionsoptionen der Konsumgüterhersteller, aber auch die Timing-Optionen.

Abbildung 3.50: Perspektiven des Konsumgütermarketing – Kundenbindung im vertikalen Marketing

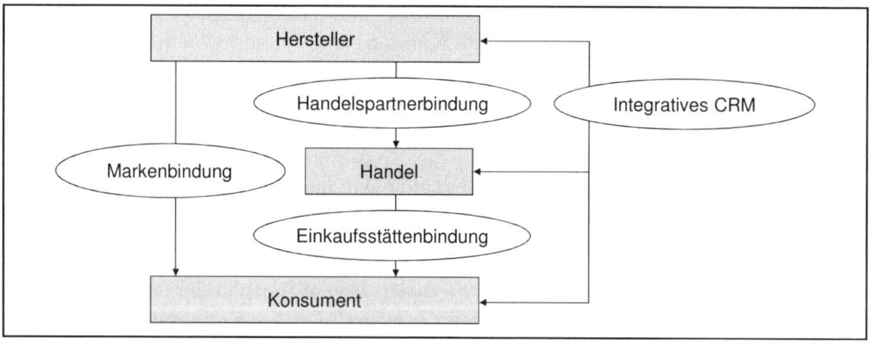

Quelle: in Anlehnung an Zentes/Swoboda/Morschett 2013.

2. Spezifika des Marktengagements der Konsumgüterhersteller

Als Spezifika des Marktengagements von Konsumgüterherstellern sollen hier nicht – wie ebenso denkbar – einzelne Konsumgütertypen (so die Gegenüberstellung von Eintritten bzw. Marktselektionen in einzelnen Konsumgüterbranchen) oder die vertikale Sicht (so die Betrachtung von Handelskunden bzw. Preferred-Supplier-Rollen) behandelt werden, sondern fünf isolierte Charakteristika.

Wie hervorgehoben, erhalten viele seit langer Zeit international tätige Konsumgüterhersteller **neue Expansionsimpulse** im Zuge der Öffnung neuer Märkte. Hier sind also zunächst Markteintritte z.B. i.S. eines **Going East** angesprochen und somit auch Fragen der Betätigungsformen und Marktbearbeitung. Im Fokus stehen neue osteuropäische

---

[1] Vgl. hierzu auch Zentes/Schramm-Klein 2004b.

Märkte, wie das bevölkerungsreiche Russland, und große Volumenmärkte in Asien, wie die „global hot spots" China und Indien. Neben den Markteintrittsentscheidungen kommt hier zunehmend Fragen des **Being East**, so der länderspezifischen Marktpenetration, eine vordringliche Bedeutung zu.

> **Schwellenländer treiben Unilever-Geschäft**
>
> Der Lebensmittel- und Konsumgüterkonzern Unilever erntet die Früchte von seiner ausgebauten Präsenz in Schwellenländern: Trotz der flauen Nachfrage in Europa erzielte der Hersteller von Knorr-Suppen und Dove-Körperpflege im abgelaufenen Jahr ein unerwartet deutliches Umsatzplus von 6,9%. Während US-Rivale Procter & Gamble Stellen kürzt und die Rezession in Europa auch den französischen Joghurthersteller Danone zum Rotstift greifen lässt, meldet Unilever einen Umsatz von 51,3 Mrd. EUR und ein Gewinn-Plus von 7% auf knapp 5 Mrd. EUR. In Schwellenländern, wo der britisch-niederländische Konzern inzwischen mehr als die Hälfte seiner Geschäfte macht, stieg der Umsatz um 11,4%.
>
> *Quelle: Frankfurter Allgemeine Zeitung, 27. April 2012, S. 16.*

Bei der **Ländermarktselektion** orientieren sich Konsumgüterhersteller – politische und ökonomische Stabilität der Volkswirtschaft vorausgesetzt – oft unmittelbar an den relevanten betriebswirtschaftlichen Marketinggrößen. Hierzu zählen absatzpotenzialorientierte Aspekte, so Marktkapazität und -volumen (z.B. Bevölkerungszahl, Entwicklung von BIP und Einkommen, Kaufkraft und Nachfrageverhalten), die Marktstruktur (z.B. Formen und Intensität des ausländischen und inländischen Wettbewerbers, Lieferanten) und die Markteintrittsbedingungen (z.B. Investitionsanreize, Handelspolitik). Relativ am Anfang der Betrachtung stehen die Konsumenten. Die unmittelbaren Kunden, also der Handel, werden oft aus der Perspektive von indirekten Distributionsoptionen betrachtet. Da zunehmend viele Handelsunternehmen selbst international tätig sind, liegt zukünftig eine zweistufige Kundenbetrachtung nahe.

Zugleich sind Ansätze der integralen Marktsegmentierung und -selektion typisch für Konsumgüterhersteller. Hierbei kommt zudem den kulturellen Kaufverhaltensbesonderheiten eine hohe Bedeutung auf mehreren Ebenen zu. Eine primäre, in Abschnitt C.II.1. dieses Kapitels behandelte Ebene betrifft die integrale Marktsegmentierung als Grundlage des internationalen Marktengagements. Darüber hinaus ist das Anwendungsfeld breiter, denn die internationale Kundensegmentierung hat eine enge Verbindung zu den Marktbearbeitungsstrategien.[1] Erstens kommt einer kulturvergleichenden Marketingperspektive im Hinblick auf die Bündelung kulturell affiner Länder bzw. länderübergreifend ähnlicher Konsumenten eine hohe Bedeutung für das gesamte Marketing zu (Müller/Gelbrich 2004, S. 490ff.). Zweitens sind länderspezifische bzw. länderübergreifende Kulturaspekte im Hinblick auf die Gestaltung der einzelnen Marketinginstrumente relevant. So ist es z.B. lohnenswert, die Kommunikations- bzw. Mediennutzungsgewohnheiten in einzelnen Ländern bzw. Kulturen zu kennen. Allerdings, und hier liegt eine Grenze eines kulturspezifischen Marketingansatzes begründet, gehört die Kultur nur zu den weiteren psychischen Determinanten des Konsumentenverhaltens. Sie wirkt jedoch – gemäß klassischer Konsumentenverhaltensmodelle – nur indirekt auf das Verhalten bzw. zunächst nur auf näher am Verhalten liegende kognitive und affektive psychische Erklärungsdeterminanten (Foscht/Swoboda 2011, S. 37ff.). Eine zweite Grenze liegt darin, dass für die o.g. Grundorientierungen eines Unternehmens die länderübergreifenden Interdependenzen überhaupt bedeutend sein müssen. Bei einer multinationalen Grundorientierung ist im Extremfall ein

---

[1] Vgl. hierzu Gröppel-Klein 2004, S. 311ff. und die Ausführungen des Fünften Kapitels.

nationales Marketing hinreichend, was losgelöst von interkulturellen Fragen gestaltet werden kann.

Trotz aller Marktorientierungen können auch bei Konsumgüterherstellern **Marktaustritte** bzw. „**failures**" auf Grund von Fehleinschätzungen des Managements festgestellt werden, wie etwa die folgende Fallstudie verdeutlicht.

Für die bereits weltweit tätigen Konsumgüterhersteller sind Strategien des Timings vordringlich, insbesondere dann, wenn innovative Produkte auf den Weltmarkt bzw. gleichzeitig in viele Regionen oder Ländermärkte eingeführt werden sollen. Die folgende Fallstudie greift daher das **länderübergreifende Timing** bei der internationalen Einführung innovativer Produkte auf.

3. Fallstudie: Timing-Strategien im Zeitverlauf bei der internationalen Einführung der Apple iPhones[1]

a) Kurzvorstellung des Unternehmens

Diese Fallstudie behandelt das länderübergreifende Timing bei der Einführung der einzelnen Modelle des iPhone, beginnend mit dem Jahr 2007 (original iPhone) bis zum Jahre 2012 (iPhone 5). Es steht die Frage im Vordergrund, ob Apple die Abfolge der Länder, in denen das jeweilige iPhone Modell (original iPhone, iPhone 3G, 3GS, 4, 4S und 5) eingeführt wurde, im Zeitverlauf veränderte. Herausgestellt wird, welche Strategie Apple bei der Einführung verwendet – i.S.v. welche Länder werden zuerst betreten und welche später – und es wird die Fragestellung thematisiert, wie sich diese Prozesse und die Entscheidungen im Lauf der Zeit verändern.

Gegründet wurde Apple am 1. April 1976 von Steve Jobs, Steve Wozniak und Ronald Wayne. Bereits bei der Gründung wurde der Apple I vorgestellt, ein Rechner mit 1,023 MHz und einem Arbeitsspeicher von 4 kByte. Der Apple I war wirtschaftlich kein Erfolg, vor allem auf Grund niedriger Stückzahlen und der umständlichen Bedienbarkeit. 1977 folgte der Apple II, der ein mäßiger Erfolg wurde, dessen Produktion sich jedoch bis zum Jahre 1993 erstreckte und die Basis für den Börsengang des Unternehmens im Jahre 1980 bildete. Durch den erfolgreichen Aktiengang erhielt Steve Jobs Zutritt zu dem berühmten Xerox Palo Alto Research Center. Innerhalb dieser Kooperation entstand die typische grafische Benutzeroberfläche, die Apple bis heute prägt. Zudem war der Apple II ein Vorläufer der sehr erfolgreichen Macintosh Serie, die ab dem Jahre 1984 angeboten wurde. 1985 wurde Steve Jobs zum Verlassen von Apple aufgefordert, woraufhin sich einige Misserfolge einstellten, z.B. der erste tragbare Computer (1989), der erste Personal Digital Assistant, ein Vorläufer der heutigen Smartphones (1993), oder die vergeblichen Bemühungen zur Modernisierung des Betriebssystems. Erst als 1996 Apple beschloss, das neue Unternehmen von Steve Jobs für 430 Mio. USD aufzukaufen und dessen System NeXT als Grundlage für zukünftige Apple Betriebssysteme zu verwenden, wandelte sich das Blatt. 1997 wurde Steve Jobs erneut als CEO von Apple eingesetzt. Er veränderte das Unternehmen grundlegend, durch Managementwechsel, eine neue, stark reduzierte Produktpalette, neue Lizenzverträge und schließlich durch die Wiederbelebung eines alten Projektes, dem iMac, der mit neuem Design und leistungsstarker Rechenleistung Apple 1998 in die Gewinnzone führte. Im Jahre 2000 wurde ein weiteres wichtiges Ziel erreicht: Das firmeneigene Betriebssystem Mac OS X, das auf Bestandteilen des Betriebssystems von Steve Jobs Firma aufbaute, war voll funk-

---

[1] Die Fallstudie basiert auf Unternehmensinformationen, so den Geschäftsberichten 2007-2012, Pressemitteilungen und www.apple.com.

tionsfähig. In den darauf folgenden Jahren wurden weitere Erfolgsprodukte präsentiert:

- 2001 der iPod, ein tragbarer Musikspieler mit einer integrierten Festplatte und einer innovativen Bedienung durch eine kreisrunde Bedienoberfläche
- 2001 der erste Offline-Apple-Store und 2003 die erste Online-Verkaufsplattform für Musik, Spielfilme und Unterhaltungsserien (iTunes-Store)
- 2006 das MacBook und der Desktopcomputer MacPro, die auf einem Intel-Prozessor basierten und im neuen elektronischen Store angeboten wurden
- 2007 ein revolutionäres Mobiltelefon, das iPhone und einen iPod, beide mit berührungssensitiven Bedienungssystemen
- 2010 das iPad, ein Tablet-PC, das in der Diagonalen 25 Zentimeter misst und über eine ähnliche Bedienart wie das iPhone verfügt.

Im Jahre 2007 – das als Startpunkt für diese Fallstudie dient – führte Apple ein revolutionäres Mobiltelefon ein, von dem bis zum Jahr 2012 320.000.000 Stück verkauft wurden (siehe Tabelle 3.6). Der Umsatz von Apple stieg von 19,315 Mrd. USD im Jahre 2006 auf 156,508 Mrd. USD im Jahr 2012; der Nettogewinn stieg von 1,989 Mrd. USD auf 41,733 Mrd. USD. Die Umsätze verteilen sich heute zu 46,6% auf iPhones, zu 26,2% auf iPads, zu 15,9% auf Macs und zu 3,0% auf iPods. Die Regionen der Welt sind wie folgt beteiligt: Americas 36,7%, Europa 23,2%, Asien-Pazifik 21,3%, Japan 6,8% und „Retail" 12,0%.

Tabelle 3.6: Kennzahlen von Apple Inc. und zum iPhone (Stand: Ende 2012)

Jahr[1]	Umsatz (Mrd. USD)	Nettogewinn (Mrd. USD)	Eingeführte Generation	Verkaufszahlen
2006	19,32	1,99	--	--
2007	24,58	3,50	Original iPhone	1.389.000
2008	37,49	6,12	iPhone 3G	11.625.000
2009	42,91	8,24	iPhone 3GS	20.731.000
2010	65,23	14,01	iPhone 4	39.987.000
2011	108,25	25,92	iPhone 4S	72.300.000
2012	156,51	41,73	iPhone 5	125.046.000

[1] Geschäftsjahr Oktober bis September. Das erste Quartal umfasst die Monate Oktober bis Dezember und das wichtige Weihnachtsgeschäft; im vierten Quartal wird üblicherweise die jeweils neueste iPhone-Version vorgestellt.

b) Timing der Einführung der Apple iPhones

i. Einführung des original iPhone

Am 9. Januar 2007 hielt Steve Jobs eine Rede auf der unternehmenseigenen „Macworld Conference & Expo", in der er ein bahnbrechendes Mobiltelefon versprach und es als drei Geräte vereint in nur einem vorstellte: ein MP3-Player mit berührungssensitivem Display, ein revolutionäres Mobiltelefon, das darüber hinaus über eine revolutionär schnelle Internetverbindung verfügen sollte. Sechs Monate später, in denen viele Gerüchte die Vorfreude der Apple Fans auf und die Erwartungen von Experten an das iPhone steigen ließen, wurde am 29. Juni 2007 das erste iPhone (auch das original iPhone, iPhone 2G oder iPhone EDGE genannt) in den USA eingeführt. Apple hatte zu dem Zeitpunkt einen Exklusivvertrag mit dem Telekommunikationsunternehmen AT&T, vor dessen Filialen manche Kunden bereits Tage vor Einführung campierten. Der Preis des iPhone betrug 499 bzw. 599 USD, je nach Größe des Speichers. In den ersten zwei Tagen wurden über 270.000 Exemplare verkauft. Am 5. September 2007 verkündete Apple eine Preissenkung um 100 USD (bei beiden Varianten).

Am 08. November 2007 erfolgte die Einführung in Deutschland (mit dem exklusiven Vertriebspartner T-Mobile). Der Preis betrug 399 EUR gekoppelt mit einem Zweijahresvertrag; unter Berücksichtigung der Folgekosten deutlich höher im Vergleich zu den USA. Einen Tag später erfolgte die Einführung in Großbritannien (mit O2 als Exklusivpartner) und zu einem Preis von 269 Pfund (ca. 390 EUR). Drei weitere Wochen später war das Produkt in Frankreich zu haben, zu einem Preis von 399 EUR mit France-Télécom-Tochter Orange als Exklusivpartner (siehe Abbildung 3.51). Bis Ende Dezember 2007, hatte Apple bereits über 2,3 Mio. Exemplare des neuen Mobiltelefons verkauft.[1] Mit zeitlicher Verzögerung folgten weitere Ländermärkte, z.B. am 14. März 2008 Österreich und Irland (Preis 399 EUR), wobei das Folgeprodukt, das iPhone 3G, in den USA bereits am 9. Juni 2008 vorgestellt wurde.

Abbildung 3.51: Einführung des original iPhone

```
9.1.2007: Öffentliche Präsentation des iPhone (San Francisco)
            ↓
29.7.2007: Einführung in den USA
            ↓
8./9.11.2007: Einführung in Deutschland und Großbritannien
            ↓
28.11.2007: Einführung in Frankreich
            ↓
Frühling 2008: Einführung in Irland und Österreich
```

Beim ersten iPhone verwendet Apple eine eher sukzessive Timing-Strategie. Apple startet vorsichtig im Heimatland und betritt schrittweise größere Länder in Westeuropa. Danach werden kleinere Märkte erschlossen (insgesamt acht Länder, inkl. Spanien und Portugal).

ii. Einführung des iPhone 3G

Nach dem Erfolg des original iPhones ließ Apple seine Kunden nicht lange warten. Steve Jobs kündigte den Nachfolger, das iPhone 3G, an. Das neue Mobiltelefon wurde mit vielen technischen Neuerungen, wie bspw. einer eingebauten GPS-Funktion und der Fähigkeit zur schnelleren 3G-Internetverbindung, vorgestellt. Wie beim Vorgänger hatte Apple in allen Ländern, in denen das iPhone ab dem 11. Juli 2008 verfügbar war, einen oder mehrere exklusive Vertriebspartner (siehe Abbildung 3.52). Darüber hinaus eröffnete Apple am 11. Juli 2008 den App Store, in dem bis heute auch Programme Dritter zum kostenpflichtigen Download angeboten werden. Die Einführung in eine Vielzahl von Ländern führte zur Vereinheitlichung der Preispolitik, die sich am Gerätegrundpreis in den USA orientierte (199 bzw. 299 USD in Verbindung mit einem Vertrag). Zudem änderte Apple die Timing-Strategie. Der Verkauf des iPhone 3G begann am 11. Juli 2008 parallel in 21 Ländern: Australien, Österreich, Belgien, Kanada, Dänemark, Finnland, Frankreich, Deutschland, Hongkong, Irland, Italien, Japan, Mexiko, den Niederlanden, Neuseeland, Norwegen, Portugal, Spanien, Schweden, der Schweiz, Großbritannien und den USA. Unter diesen Märkten befanden sich viele Länder, die schon relativ schnell nach Einführung des ersten iPhones im Länderportfolio ergänzt wurden, wie Deutschland und Großbritannien. Zusätzlich wurde

---

[1] In einer Keynote Speech vom 22. Januar 2008 wird das zurückliegende Quartal als das beste Quartal der Firmengeschichte bezeichnet. Die anderen Produkte des Unternehmens haben ihren Anteil am Erfolg, jedoch ist das iPhone ausschlaggebend. (vgl. www.apple.com/pr/library/2008/01/22Apple-Reports-First-Quarter-Results, 30. April 2013).

das iPhone 3G auch in Nord- und Südeuropa eingeführt. Mit dem japanischen Markt sicherte sich Apple einen ersten Absatzmarkt in Asien. Bis Ende August 2008 war das iPhone 3G in 44 Ländern, auf allen Kontinenten erhältlich. Auf Grund des französischen Verbraucherrechts war Apple gezwungen, das iPhone 3G, wie schon das original iPhone, auch ohne Vertrag und Simlock anzubieten. Im Vergleich zur Einführung des original iPhones wurde viel geändert. Die vorsichtige Wasserfallstrategie wurde ausgetauscht gegen eine sehr offensive Sprinkler-Strategie. Die Einführung fand zeitgleich in 21 Ländern statt. Apple trennte die Länder strategisch nach deren geografischer Lage. Zum Beispiel wurde West- und Nordeuropa fast komplett einbezogen, Osteuropa dagegen überhaupt nicht. Auch nach der Einführung hielt Apple an der offensiven Strategie fest. Bis zum 22. August 2008 drang Apple auch in den afrikanischen und den südamerikanischen Markt vor. Das iPhone war zwei Monate nach Ersteinführung in 42 Ländern verfügbar.

Abbildung 3.52: Einführung des iPhone 3G

```
9.6.2008: Öffentliche Präsentation des iPhone 3G (San Francisco)
                        ↓
        11.7.2008: Einführung in 21 Ländern
                        ↓
        17.7.2008: Einführung in Frankreich
                        ↓
        22.8.2008: Einführung in 20 Ländern
```

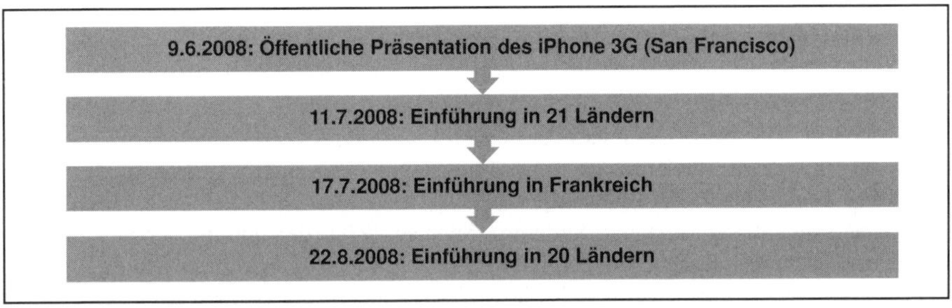

iii. Einführung des iPhone 3GS

Am 8. Juni 2009 wurde das iPhone 3 GS vorgestellt. Am Preis wurde wenig geändert: in Verbindung mit einem Zweijahresvertrag des Netzanbieters AT&T kostete das iPhone 3GS 199 bzw. 299 USD. Die Einführung am 19. Juni 2009 erfolgte wie auch schon bei dem Vorgängermodell in mehreren Ländern gleichzeitig. Jedoch war deren Anzahl nun geringer. Die betretenen Länder waren ähnlich denen des iPhone 3G: USA, Deutschland und Großbritannien wurden in der ersten Verkaufswoche ins Länderportfolio aufgenommen; gleichzeitig mit Kanada, Frankreich, Italien und Spanien. Zusätzlich wurde die Schweiz als einziges Novum in der ersten Verkaufswoche aufgenommen. Asien wurde eine Woche später betreten. Darüber hinaus wurde zur zweiten Verkaufswoche in weitere europäische Märkte eingetreten, ebenso in Australien. Im Gegensatz zum Vorgänger wurden aber nicht die Länder in Nordeuropa betreten, wohl aber die Niederlande, Belgien, Österreich und Irland. Innerhalb des ersten Verkaufsmonats war das iPhone 3GS in 14 Märkten auf vier Kontinenten erhältlich. Innerhalb des zweiten Verkaufsmonats wurden 34 weitere Märkte bearbeitet (siehe Abbildung 3.53). Unter diesen befanden sich viele „neue" Länder, z.B. Hongkong und Mexiko als Verbindung zwischen Nord- und Südamerika. Neue Länder in Afrika und Südamerika kamen hinzu. Zusätzlich wurden die Lücken in Nordeuropa geschlossen. Ende Juli 2009 war das iPhone 3GS in 48 Ländern erhältlich. Im August 2009 wurden weitere Märkte betreten, die bisher weniger beachtet wurden. Das Portfolio mit Verfügbarkeit des iPhone 3GS erstreckte sich rund zwei Monate nach dessen Einführung auf alle Kontinente und insgesamt 80 Ländermärkte.

Abbildung 3.53: Einführung des iPhone 3GS

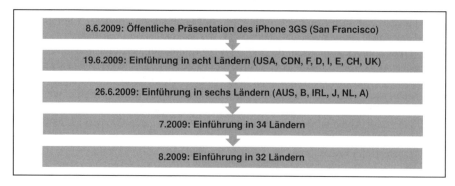

iv. Einführung des iPhone 4

Als Nachfolger des iPhone 3GS wurde am 7. Juni 2010, auf der jährlichen "World Wide Developers Conference", das iPhone 4 vorgestellt. Ab dem 24. Juni 2010 war es in fünf Ländern verfügbar (siehe Abbildung 3.54). Der japanische Markt wurde, im Gegensatz zur Strategie zum 3GS Modell, bereits in der ersten Einführungswoche betreten. Bis Ende Juli 2010 wurden weitere Ländermärkte in das Portfolio aufgenommen: Australien, Österreich, Belgien, Kanada, Dänemark, Finnland, Hongkong, Irland, Italien, Luxemburg, Niederlande, Norwegen, Neuseeland, Singapur, Südkorea, Spanien, Schweden und die Schweiz. Bis Ende September 2010 war das iPhone 4 in 88 Ländern käuflich zu erwerben. Die Preise lagen auf dem Niveau des Vorgängermodells. In wenigen Ländern war es darüber hinaus möglich das Mobiltelefon auch ohne Vertragsbindung zu erwerben. Im französischen Direktverkauf von Apple kostete die 16 Gigabyte Version 629 EUR und die größere 32 Gigabyte Version 739 EUR. In Großbritannien wurden die Preise ähnlich angesetzt. Darüber hinaus startete zum 16. Oktober 2010 der Verkauf über den firmeneigenen Online-Store. Des Weiteren wurde für Mitte des Jahres eine Erweiterung der farblichen Auswahlmöglichkeiten angekündigt, deren Einführung sich aber verschob, ohne den Absatz des klassischen, schwarzen Modells zu behindern. Das iPhone 4 wurde in einem offenen Brief vom 2. Juli 2010 von Apple als die erfolgreichste Produkteinführung der Firmengeschichte bezeichnet.

Abbildung 3.54: Einführung des iPhone 4

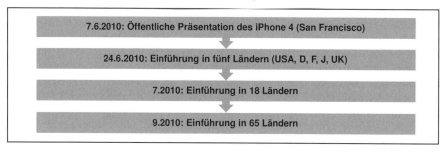

v. Einführung des iPhone 4S

Das fünfte Modell der iPhone-Serie wurde am 4. Oktober 2011 von Phil Schiller vorgestellt. Bereits am 7. Oktober 2011 bestand die Möglichkeit, das neue iPhone über den Apple Store vorzubestellen; drei Tage später gab Apple bekannt, dass die Vorbestellungen die Marke von einer Mio. Stück überschritten hatten. Am 14. Oktober 2011 begann der Verkauf parallel in sieben Ländern: USA, Australien, Frankreich, Kanada, Deutschland, Japan und Großbritannien. Preislich orientierte sich das iPhone 4S wieder am Vorgänger (199, 299 bzw. 399 USD). Die Preise waren, wie bei den Vorgängermodellen, nur gültig mit Zweijahresvertrag mit einem der landesspezifischen lizenzierten Mobilfunkanbieter. Das Gerät war allerdings auch über die unternehmenseigene Online-Plattform und hier auch ohne Vertrag erhältlich (639 oder 849 EUR im deutschen Online-Shop). Bis Ende Oktober 2011 war das iPhone 4S in 22 weiteren Märkten verfügbar. Bemerkenswert war dabei, dass bis auf Mexiko und Singapur alle der 22 Staaten in Europa lagen (siehe Abbildung 3.55). Am 11. November 2011 wurde das iPhone in 12 weiteren Ländern eingeführt. Neu betreten wurden Albanien, Armenien, Bulgarien, El Salvador, Griechenland, Guatemala, Hongkong, Malta, Montenegro, Neuseeland, Panama, Polen, Portugal, Rumänien und Südkorea. Zum 13. Januar 2012 wurde das Produkt schließlich in 22 weiteren Ländern eingeführt, u.a. in China, das erst mit diesem Modell zum Länderportfolio hinzugefügt wurde. Auch zwischen den großen Wellen wurden immer wieder einzelne Ländermärkte betreten und somit war das iPhone 4S bereits nach drei Monaten in fast 90 Staaten verfügbar. Apple gab bekannt, dass zum Start des iPhone 4S die schnellste Markteinführung in der Geschichte des Unternehmens stattfand.

Abbildung 3.55: Einführung des iPhone 4S

- 4.11.2011: Öffentliche Präsentation des iPhone 4S (Cupertino, California)
- 14.10.2011: Einführung in sieben Ländern (USA, AUS, D, F, J, UK, CDN)
- 10.2011: Einführung in 22 Ländern
- 12.11.2011: Einführung in 11 Ländern
- 13.1.2012: Einführung in 22 Ländern

vi. Einführung des iPhone 5

Bis zur Einführung des iPhone 5 wurden weltweit über 98 Mio. Geräte verkauft. Die erste öffentliche Vorstellung des neuen Modells fand wie bei den Vorgängern in der zweiten Hälfte des Jahres, am 12. September 2012, statt. Verbrauchern wurde ab dem 14. September die Möglichkeit geboten, das iPhone 5 vorzubestellen. Innerhalb der ersten 24 Stunden wurden über zwei Mio. Stück vorbestellt.

Am 21. September begann der Verkauf zeitgleich in neun Ländern (siehe Abbildung 3.56). Bereits am 24. September 2012 belief sich der Absatz des neuen iPhones auf über 5 Mio. Stück. In der ersten Pressemitteilung zur Einführung des iPhone 5 kündigte Apple an, das iPhone 5 kurz nach Einführung in 22 weiteren Märkten verfügbar zu machen. Bis auf Neuseeland befanden sich alle Märkte der zweiten Einführungswelle in Europa: Belgien, Dänemark, Estland, Finnland, die Niederlande, Irland, Italien, Liechtenstein, Litauen, Luxemburg, Norwegen, Österreich, Polen, Portugal, Schweden, die Schweiz, Slowenien, Slowakei, Spanien, Tschechien und Ungarn. Es wurde avisiert mit dem iPhone 5 über 100 Länder zu betreten. Am 7. Dezember 2012 begann der Verkauf in Südkorea und China. Allein am ersten Verkaufswochenende wurden in China über zwei Mio. Stück verkauft. Zu diesem Zeitpunkt war das iPhone 5 bereits in 47 Ländern erhältlich. Eine Woche später folgten weitere 34 Märkte; wie bei den Vorgängern werden in der dritten Einführungswelle überwiegend asiatische, afrikanische und südamerikanische Märkte betreten: Albanien, Antigua und Barbuda, Armenien, Bahamas, Bahrain, Bolivien, Brasilien, Chile, Costa Rica, Ecuador, Grenada, Indonesien, Israel, Jamaika, Jordanien, Katar, Kuwait, Mazedonien, Malaysia, Moldawien, Montenegro, Panama, Paraguay, Philippinen, Russland, Saudi Arabien, Südafrika, Taiwan, Türkei, Venezuela, Vereinigte Arabische Emirate und Zypern. Zum 21. Dezember folgten weitere 21 Märkte in einer vierten Welle: Ägypten, Barbados, Botswana, die Elfenbeinküste, Guinea, Kamerun, Kenia, Madagaskar, Mali, Marokko, Mauritius, Niger, Senegal, St. Kitts, St. Lucia, St. Vincent und die Grenadinen, Tunesien, Uganda, Vietnam und die Zentralafrikanische Republik. Das iPhone 5 war damit etwa drei Monate nach der ersten Vorstellung bereits in über 100 Ländern verfügbar. In diesem Quartal des Geschäftsjahrs setzte Apple über 26 Mio. Stück ab.

Abbildung 3.56: Einführung des iPhone 5

- 12.9.2012: Öffentliche Präsentation des iPhone 5 (San Francisco)
- 21.9.2012: Einführung in neun Ländern (USA, AUS, D, F, J, UK, CDN, HK, SGP)
- 29.9.2012: Einführung in 22 Ländern
- 7.12.2012: Einführung in China und Südkorea
- 14.12.2012: Einführung in 34 Ländern
- 21.12.2012: Einführung in 21 Ländern

c) Ausblick

Insgesamt zeigt Apple einen Wandel der länderübergreifenden Timing-Strategie. Beim ersten Modell dauerte es relativ lange, bevor eine überschaubare Anzahl von Ländern betreten wurde. Dies war bereits bei dem iPhone 3G anders, denn hier erfolgte der Eintritt in 21 Länder simultan. Dennoch variierten die Eintrittsstrategien und die Länderabfolge bei den folgenden Modellen und die Anzahl der bearbeiteten Länder nahm kontinuierlich zu. Dennoch sind bestimmte Wellenbewegungen in der Einführung der iPhone-Modelle über die Zeit identifizierbar, die verschiedene Gründe haben können. Beim iPhone 5 sind etwa drei Monate nach Einführung bereits über 100 Märkte betreten worden. Durch das strategische Vorgehen sichert sich Apple die Vorteile einer sukzessiven und simultanen Strategie.

Für Mitte des Jahres 2013 wird die Ankündigung neuer Modelle des Mobiltelefons erwartet. Inzwischen erzielt Apple fast 50% des gesamten Unternehmensumsatzes allein durch das iPhone.

III. Groß- und Einzelhandel

1. Vorüberlegungen

> „Unter funktionellem Gesichtspunkt wird Handel als die wirtschaftliche Tätigkeit der Beschaffung und des Absatzes von Gütern i.d.R. ohne wesentliche Be- und Verarbeitung verstanden. Handel im institutionellen Sinne – auch als Handelsunternehmen, Handelsbetrieb oder Handlung bezeichnet – umfasst die Institutionen, deren Tätigkeit ausschließlich oder überwiegend dem Handel im funktionellen Sinne zuzurechnen ist" (Zentes/Swoboda 2001a, S. 192 und die dort angegebene Literatur).

Im weiteren Sinne wird unter **Handelsmarketing** eine Unternehmenspolitik der Handelsbetriebe unter dem Primat der Marktorientierung verstanden. Internationales Handelsmarketing wird bisher eher selten beachtet.[1] Indessen ist der Handel seit Jahrzehnten, ja Jahrhunderten international tätig, z.B. in Form von Handelsgesellschaften des Altertums bis hin zum Beginn der Industrialisierung. Es handelte sich hierbei allerdings um eher Großhandelsaktivitäten, die beschaffungsorientiert auf Naturstoffe (z.B. Rohstoffe, Gewürze, Seide) und auf Know-how-Erwerb ausgerichtet waren.

Auch der moderne Handel ist traditionell beschaffungsseitig international tätig. Absatzseitig erfolgt das Engagement seit den 1970er und mit der **Öffnung neuer Märkte** in den 1990er Jahren. Der Wirtschaftssektor Groß- und Einzelhandel ist durch ein breites Spektrum von Betriebs- und Vertriebstypen gekennzeichnet und kann hier daher nur grob skizziert werden.[2] Gerade mit Bezug zur Internationalisierung ist zwischen **Groß- und Einzelhandel** zu trennen:[3]

- Der in Europa mittelständisch geprägte **Großhandel** ist in Relation zu der hohen Gesamtzahl von Unternehmen auf der Absatzseite relativ gering internationalisiert. Vielmehr dominiert hier der regionale bzw. lokale Fokus. Demgegenüber sind viele Großhandelsunternehmen seit langem im Außenhandel involviert und auf diesen spezialisiert.[4] Zu erwähnen sind die als Großhändler operierenden **Außenhandelsunternehmen**, die als Absatzmittler auf Export- und/oder Importtransaktionen (einschließlich Transithandel, Kompensationshandel u.Ä.) ausgerichtet sind.[5]
- Der zunehmend durch **filialisierte Unternehmen** geprägte **Einzelhandel** war bis in die 1990er Jahre relativ gering internationalisiert. Noch im Jahre 1992 wiesen die meisten der 30 größten Handelsunternehmen der Welt Aktivitäten in allenfalls einer Handvoll Ländern auf. Heute hingegen erwirtschaften immerhin zehn dieser weltgrößten Unternehmen mehr als 30% ihrer Umsätze im Ausland und einige haben die Grenze von 30 Ländermärkten überschritten (vgl. zu der Entwicklung Swoboda/Schwarz 2006, S. 161). Obwohl die Internationalisierung des Handels im Vergleich zu anderen Wirtschaftssektoren, so den Konsumgüter- und den Industriegüterherstellern, erst am Anfang steht, zeigt Abbildung 3.57 ausgewählte Auslandsanteile der 15 größten Einzelhändler der Welt bezogen auf ihren Nettoumsatz. Die zu den Top 30 gehörenden amerikanischen Einzelhandelsunternehmen Target, Kroger und CVS erwirtschaften

---

[1] Vgl. dazu Swoboda u.a. 2007; Zentes/Swoboda/Foscht 2012, S. 11ff.
[2] Vgl. zu den vielfältigen Betriebs- und Vertriebstypen des Handels Zentes/Swoboda/Foscht 2012, S. 323ff.
[3] Ausgeklammert bleibt hier die Internationalisierung der Verbundgruppen des Handels, so der Einkaufsgemeinschaften, Freiwilligen Ketten u.Ä. (vgl. hierzu Zentes/Scheer/Lehnert 2007).
[4] Vgl. zu den Optionen der Internationalisierung bereits Swoboda 2002b, S. 149ff.
[5] Vgl. Abschnitt B.II. des Vierten Kapitels.

dabei, ebenso wie das deutsche Handelsunternehmen Edeka, keinen relevanten Umsatz im Ausland.

Abbildung 3.57: Konsolidierter Umsatz und Auslandsanteile der 15 größten Einzelhändler der Welt im Jahre 2012

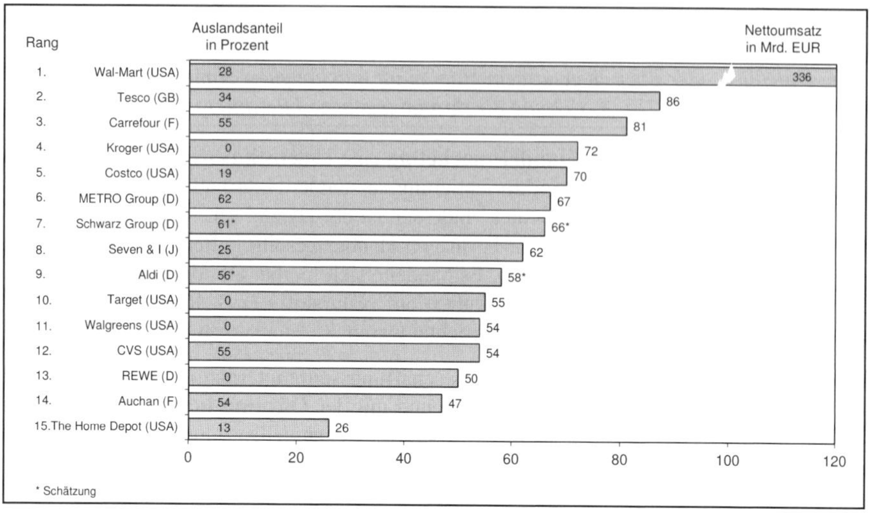

Rang		Auslandsanteil in Prozent	Nettoumsatz in Mrd. EUR
1.	Wal-Mart (USA)	28	336
2.	Tesco (GB)	34	86
3.	Carrefour (F)	55	81
4.	Kroger (USA)	0	72
5.	Costco (USA)	19	70
6.	METRO Group (D)	62	67
7.	Schwarz Group (D)	61*	66*
8.	Seven & I (J)	25	62
9.	Aldi (D)	56*	58*
10.	Target (USA)	0	55
11.	Walgreens (USA)	0	54
12.	CVS (USA)	55	54
13.	REWE (D)	0	50
14.	Auchan (F)	54	47
15.	The Home Depot (USA)	13	26

* Schätzung

Quelle: in Anlehnung an Deloitte 2012, Geschäftsberichte und Presseinformationen der Unternehmen.

Stationäre Groß- und insbesondere **Einzelhandelsunternehmen** sind i.d.R. durch ein mehr oder weniger großes Netz von **Outlets**, z.B. Verkaufsfilialen, charakterisiert, die „vor Ort", d.h. in einem lokalen oder regionalen Markt, agieren. Dabei existiert ein breites und sich dynamisch entwickelndes Spektrum von **Betriebstypen**, so Discounter, Fachgeschäfte, Warenhäuser u.Ä., auf der Einzelhandelsebene; dies gilt in analoger Weise auf der Großhandelsebene.

In Relation zu anderen Sektoren war das Internationalisierungsstreben v.a. des Einzelhandels bis Mitte der 1990er Jahre eher durch **reaktive Expansionsmotive** geprägt, so durch die Marktsättigung im Inland und durch neue Wachstumspotenziale im Ausland (insbesondere Mittel-/Osteuropa). Die Engagements waren eher durch eine relativ geringe strategische Stützung und durch behavioristische Einzelentscheidungen geprägt. Dies korreliert mit den Besonderheiten des internationalen Handelsmanagements, das durch geringe Auslandsaktivitätsniveaus, lokale/Heimatmarkt-Orientierung, dezentrale Entscheidungsstrukturen usw. geprägt war.[1] Dies unterliegt bei Großkonzernen in den einzelnen Branchen des Handels einer rapiden Änderung, wenngleich insgesamt noch die Heimatmärkte eine hohe Bedeutung für die Auslandsengagements haben. Letzteres meint weniger die Umsatzanteile, sondern die Tatsache, dass viele Unternehmen sich primär um den Heimatmarkt kümmern, wenn dieser in eine Schieflage gelangt, obwohl der Heimatmarkt nicht mehr der dominante Markt ist.

Die Internationalisierung ist durch eine hohe Verflechtung von Marktengagement und **Betätigungsform** (i.d.R. Franchising, Akquisitionen, Auslandsgesellschaften und Joint

---

[1] Vgl. zu internationalen Handelsunternehmen Swoboda/Foscht/Pennemann 2009; Swoboda/Zentes/Elsner 2009; Swoboda/Elsner/Morschett 2012; Swoboda/Pennemann/Taube 2012; Swoboda/Elsner 2013.

Ventures) geprägt. Von der Mehrheit der Unternehmen werden nur bis zu zwei Betätigungsformen für die Internationalisierung gewählt.[1]

Die **Marktbearbeitung** des Handels ist im Vergleich zu anderen Sektoren dadurch gekennzeichnet, dass sie stark lokal geprägt ist (Hofstede/Wedel/Steenkamp 2002). Dennoch können auch hier solche Unternehmen gegenübergestellt werden, die ihre Betriebstypen- und Sortimentspolitik fast unverändert auf andere Länder übertragen, und solche, die eine relativ starke Anpassung an die jeweiligen länderspezifischen Verhältnisse vornehmen (Goldman 2001). Dies gilt vor allem im Vergleich von Non-Food- und Food-Handelsunternehmen.

Inditex profitiert von Expansion in Schwellenländer

Der Zara-Mutterkonzern und H&M-Konkurrent Inditex profitiert von der Expansion in Schwellenländern und dem Ausbau seines Onlinegeschäfts. Im Geschäftsjahr 2012/2013 kletterte der Überschuss um 22% auf 2,36 Mrd. EUR, teilte der Konzern am Mittwoch mit. Der Umsatz der weltgrößten Textilkette stieg um 16% auf 15,95 Mrd. EUR. Das spanische Unternehmen baut vor allem das Geschäft in China aus, um das Wachstumstempo trotz der Probleme im heimischen Markt und anderen europäischen Euro-Krisenländern zu halten.

Der Krise auf dem Heimatmarkt Spanien, aus dem noch gut 20% des Umsatzes stammen, kann sich auch Inditex nicht entziehen. Deshalb sucht der Konzern nach Möglichkeiten für Wachstum außerhalb Europas. Vor allem in China wird das Geschäft derzeit kräftig ausgebaut. Im vergangenen Jahr startete Zara den Internetverkauf des Sortiments in China und Polen. Zuletzt kam Kanada dazu, pünktlich zum Start der Herbstsaison in diesem Jahr soll Russland folgen.

Quelle: Handelsblatt, 14. März 2013, S. 16.

Auf der Ebene von Intensivfallstudien können bezüglich der Marktengagements, der Betätigungsformen und der Marktbearbeitung beachtliche Unterschiede in der Internationalisierung der größten vier Handelsunternehmen der Welt herausgearbeitet werden, so Wal-Mart, Carrefour, METRO Group und Tesco (Swoboda/Foscht/Schwarz 2005).

2. Spezifika des Marktengagements des Groß- und Einzelhandels

Bezüglich des Marktengagements des Handels liegen einige Erkenntnisse vor, die aber eher den gesamten Entscheidungsprozess zum Gegenstand haben. Nur selten wird isoliert die internationale **Marktselektion** des (Einzel-)Handels betrachtet. Es überrascht auf Grund der relativ geringen internationalen Orientierung bis in die 1990er Jahre hinein nicht, dass westeuropäische Handelsunternehmen v.a. europäische Märkte als attraktiv einschätzen (Myers/Alexander 1996). Auch Vida (2000) stützt die Ergebnisse behavioristischer/deskriptiver Studien, wonach die Marktselektion eine Funktion der geografischen Nähe und der psychisch-kulturellen Distanz ist. Sie zeigt, dass geografisch-kulturell nahe Märkte (in ihrem Fall von US-Händlern Kanada) als attraktiv beurteilt werden, während europäische Märkte als kulturell vergleichbar, aber geografisch entfernt wahrgenommen werden. Praktische Portfolios belegen, dass heute Mittel-/Osteuropa sowie Asien die attraktivsten Regionen für europäische Händler sind (A.T. Kearney 2012).

Vereinzelt werden unternehmensspezifische Faktoren als **Determinanten der Marktselektion** betrachtet, so „country of origin" (Myers/Alexander 1996; 1997). Empirisch belegt ist, dass z.B. preisaggressive Unternehmen Märkte mit der höchsten Attraktivität für die standardisierten Konzepte wählen (Colla 2003). Demgegenüber orientieren sich

---

[1] Vgl. hierzu Zentes 1998; Swoboda/Schwarz 2006 und die dort angegebene Literatur.

qualitätsorientierte Unternehmen an den individuellen Marktanforderungen und beide eng am Konsumentenverhalten. Eine Gesamtbetrachtung insbesondere der Marktselektion fehlt bisher, weshalb die folgende Fallstudie über die internationalen Engagements, insbesondere die mehrstufige Marktselektion von METRO Cash & Carry, Neuland betritt.

Einen Überblick über den Status und die Sichtweisen der Internationalisierung des stationären (Einzel-)Handels geben, mit Bezug zu der größten Branche, dem Lebensmitteleinzelhandel, Swoboda/Schwarz (2006). Als spezifisch für den modernen Handel sollen hier die Marktengagements von nicht-stationären Formen skizziert werden. Es handelt sich hierbei um Erscheinungsformen des Handels, die in Abgrenzung zu den stationären Formen meist als **Vertriebstypen** bezeichnet werden. Hierzu zählen u.a. der (klassische) **Versandhandel** wie gleichermaßen der **Internet-Handel** – oftmals auch als **E-Commerce** bezeichnet.[1] Auch diese Vertriebstypen finden sich sowohl auf der Ebene des Großhandels als auch der des Einzelhandels. Gerade die elektronischen Formen des Versandhandels gewinnen Marktanteile. Dieses Wachstum geht primär zu Lasten des klassischen Versandhandels, eröffnet zugleich im nicht-stationären Bereich Optionen zur internationalen Expansion für mittelständische Unternehmen. Daher sind zumindest zwei spezifische Unterscheidungsmerkmale hervorzuheben, nämlich

- Aspekte des Marktengagements **traditioneller Versandhandelsunternehmen**, die z.T. zunehmend auf E-Commerce setzen, und
- Aspekte des Marktengagements mittelständischer, bisher nur regional tätiger **Nischenanbieter** im E-Commerce.[2]

Blue Tomato als internationaler Snowboard-Szene-Anbieter

Vor 19 Jahren vom Snowboard-Europameister Gerfried Schuller in Schladming in einem 70 m² großen Geschäft gegründet, zählt Blue Tomato heute zu einem der führenden Versender für Snowboard-Produkte in Europa. Man bedient die spezifischen Bedürfnisse der Snowboard-Szene in über 65 Ländern – Bestellungen kommen aber auch aus Ländern wie Hawaii und Hong Kong. Daneben werden in 8 stationären Läden in Österreich und Deutschland die Produkte vertrieben.

Quelle: Foscht/Swoboda/Morschett 2006, S. 560ff.; www.blue-tomato.at, Abrufdatum: 19. Februar 2013.

Die Marktengagements **traditioneller Universal- oder Spezialversender** sind in Relation zum stationären Handel weniger geprägt durch die Öffnung neuer Märkte. Zum Beispiel ist das Pro-Kopf-Versandhandelsvolumen im internationalen Vergleich in Deutschland mit am höchsten. In Mittel-/Osteuropa gewinnt der Versandhandel nur langsam an Bedeutung, während er in Asien (insbesondere in China) noch von geringer Relevanz ist. Hier ist die Infrastruktur für ein klassisches Versandgeschäft (i.S. von **Direktmarketing**) noch nicht vorhanden (z.B. fehlen Adressdateien, Zustelldienste), während der aus Kundensicht attraktivere E-Commerce enorm wächst. Des Weiteren ist eine enge Verknüpfung zwischen Marktengagement und Betätigungsform zu konstatieren. Es besteht die Option eines langsamen, schrittweisen Markteintritts, mit Testmails, einer Distribution, die in Form des Exports aus in anderen Ländern gelegenen Distributionszentren erfolgen kann usw. Eine Direktinvestition ist spezifisch im Versandhandel nicht notwendig und Brückenkopfländer haben eine andere Ausprägung. Erfolgt der Eintritt mittels Tochterge-

---

[1] Vgl. hierzu Swoboda/Foscht 2005a; Schramm-Klein/Morschett/Swoboda 2007.
[2] Vgl. zu Nischenanbietern im E-Commerce Foscht/Swoboda/Morschett 2006; Rudolph 2008.

sellschaften oder sogar mittels Akquisitionen (in eher gesättigten Märkten), dann werden länderspezifisch die Supply Chain und die Netzwerke zu den Stakeholdern gestaltet.

Das internationale Marktengagement von i.d.R. mittelständischen **Nischenspezialisten** erfolgt schrittweise und auf Basis neuer technischer Möglichkeiten. Es wird z.B. eine Homepage in der Muttersprache oder in ersten Übersetzungen für Auslandskunden freigeschaltet. Die Marktwahl erschöpft sich oft nur in einer bonitätsorientierten Einschätzung der Kunden in den neuen Märkten. Internationale (Supply-Chain-)Prozesse und Strukturen stehen zu Beginn nicht im Fokus, sondern werden sukzessive aufgebaut (Foscht/Swoboda/Morschett 2006).

3. Fallstudie: Internationale Marktselektion bei METRO Cash & Carry[1]

a) Kurzvorstellung der METRO Group

Die METRO Group ist mit einem Umsatz von rund 68 Mrd. EUR im Jahre 2012 und rund 280.000 Mitarbeitern einer der größten Handelskonzerne der Welt. Mit 33 Ländern und einem Auslandsumsatzanteil von 61% gehört METRO unter den „top 30 retailern" zu den am stärksten internationalisierten.

Abbildung 3.58: METRO Group Expansion – Markteintritte und -austritte (Stand: Dezember 2012)

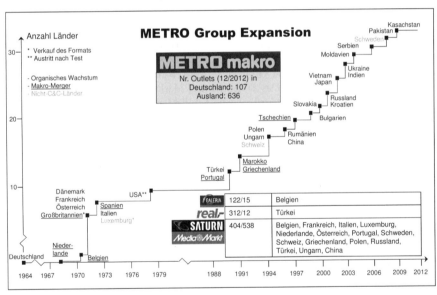

1964 gilt als Geburtsjahr des METRO Konzerns: Otto Beisheim eröffnete den ersten METRO **Cash & Carry**-Markt (MCC), einen Abholmarkt für Gewerbetreibende. Die Wurzeln der Unternehmen, die heute zur METRO Group gehören, reichen jedoch bis ins 19. Jahrhundert zurück: Die Unternehmensgeschichte der Kaufhof AG begann im Jahre

---

[1] Die Fallstudie basiert auf Unternehmensinformationen. Besonderer Dank gilt Herrn Gerd Becker sowie Herrn Dominik Goerts, METRO Cash & Carry International, Düsseldorf (aktualisiert nach eigener Recherche unter www.metrogroup.de).

1879, als Leonhard Tietz in Stralsund ein Kurz-, Weiß- und Wollwarengeschäft eröffnete. Die Asko Deutsche Kaufhaus AG, die gemeinsam mit anderen Unternehmen 1996 zur METRO AG verschmolz, wurde im Jahre 1880 als Eisenbahn-Konsumverein gegründet. Aus dieser Verschmelzung im Jahre 1996 ist die heutige METRO Group entstanden, an deren Spitze eine strategische Management-Holding steht und die operativ – nach Portfoliobereinigungen – mit Vertriebslinien in vier Geschäftsfeldern, so MCC (mit den Retail Brands METRO und MAKRO), Lebensmitteleinzelhandel (Real), Non-Food-Fachmärkte (Media Markt, Saturn) und Warenhäuser (Galeria Kaufhof), tätig ist (siehe Abbildung 3.58). Die **Vertriebsmarken** sind selbstständig am Markt tätig, unterstützt von Querschnittsgesellschaften, die konzernweit Dienstleistungen wie Beschaffung, Logistik, Informatik, Werbung, Finanzierung, Versicherung oder Gastronomie übernehmen. Die vertriebslinienübergreifende Konzernstrategie beruht auf drei Säulen: Internationalisierung (die auf einen weiteren Ausbau der Auslandsumsatzanteile zielt), Portfoliooptimierung (der Vertriebslinien hinsichtlich ihres EVA) und Optimierung der Formate (Weiterentwicklung der Retail Brands).

Gegenstand der Fallstudie bilden die Marktexpansion und i.e.S. der **Marktselektionsprozess** sowie die dabei genutzten **Selektionskriterien** bei MCC, der bezüglich der Internationalisierung generell eine Vorreiterrolle im Konzern einnimmt.

b) Länderübergreifendes Marktengagement

Mit den C&C-Märkten, die unter den Brands METRO und MAKRO (historisch in einigen Auslandsmärkten gewachsen) geführt werden, ist die METRO Group Weltmarktführer im **Selbstbedienungs-Großhandel**. Über 100.000 Menschen arbeiten bei MCC, fast 50% des Konzernumsatzes werden in diesem Bereich erwirtschaftet, davon weit über drei Viertel in den Auslandsmärkten. Das C&C-Prinzip bedeutet, dass die gewerblichen Kunden, anders als im traditionellen Großhandel, ihre Waren selbst zusammenstellen, bar bezahlen und abtransportieren. Das Sortiment der Märkte umfasst bis zu 20.000 Food-Artikel sowie 30.000 Non-Food-Artikel. Die MCC-Märkte operieren in drei Formaten, die sich in Fläche, Sortimentsumfang und -schwerpunkt unterscheiden: Classic, Junior und ECO. Die beiden letztgenannten haben kleinere Verkaufsflächen und einen höheren bzw. fast ausschließlichen Anteil an (frischen) Lebensmitteln.

Die **Internationalisierungsstrategie** umfasst zwei Säulen. In bereits bearbeiteten Ländermärkten bildet eine stärkere Durchdringung (Penetration) mit Outlets das Ziel, indem erstens das Potenzial in großen Ländern ausgeschöpft und zweitens eine konsolidierte Durchdringung in anderen Ländern angestrebt wird. Die Erschließung neuer Ländermärkte als zweite Säule hat erstens neue Länder und zweitens sich bietende individuelle Gelegenheiten in einzelnen Ländern zum Ziel. Den Rahmen der Marktexpansion und -selektion bilden **Unternehmensgrundsätze und -strategien**:

- Das internationale Engagement basiert im Grundsatz auf organischem **Wachstum** – manchmal auch mit Joint-Venture-Partnern, z.B. in China und Japan. Dies bedeutet für die Marktselektion, dass z.B. Länder mit hoher Wettbewerbsintensität, die nur über Akquisitionen zu betreten wären, aus der Betrachtung ausscheiden.
- Der **Regionalfokus** der METRO liegt auf Europa, Asien und abgestuft Nordafrika; Nord- und Südamerika sowie Ozeanien bleiben (auf Grund geringer Attraktivität bzw. hoher Barrieren) unbeachtet.
- Die **Ressourcenverfügbarkeit** für das Auslandsengagement ist limitiert.

- Das **Potenzial zur Erreichung einer Top-3-Position** im jeweiligen Markt muss gegeben sein und das MCC-Format muss ein neues, innovatives Konzept in einem neuen Ländermarkt darstellen.

Ein wichtiger Konzerngrundsatz liegt darin, dass MCC i.d.R. als erste Vertriebslinie des Konzerns in neue Märkte eintritt, d.h., die Basis für die Expansion der weiteren Vertriebslinien bildet. Diese Vorreiterrolle der MCC im Rahmen der Internationalisierung des Konzerns beruht v.a. darauf, dass das C&C-Konzept relativ früh in sich transformierende oder öffnende Länder eingeführt werden kann, da z.B. erste marktwirtschaftliche Strukturen zunächst ein Potenzial im Großhandel bieten. Neu entstehende, kleine Privatunternehmen bilden die Kernzielgruppe von MCC. Demgegenüber verfügen die Konsumenten zu diesem Zeitpunkt meist noch nicht über ein entsprechendes Konsumausgabepotenzial. Daher tritt MCC früher ein und die Einzelhandelsformate des Konzerns folgen ggf. dann, wenn u.a. die konsumrelevanten Einkommensanteile der Konsumenten gestiegen sind.

c) Ländermarktsegmentierung und -selektion

i. Überblick

Die erfolgreiche Internationalisierung in viele Länder – bei nur wenigen Rückzügen (z.B. aus den USA nach einem Test oder aus Marokko) – erfolgte lange Zeit eher erfahrungsbasiert. Seit dem Jahre 2003 liegt ein Konzept bzw. Modell zur Marktselektion vor. Es weist eine Doppelstruktur auf (siehe auch bereits Abbildung 3.4):

- Den **länderübergreifenden Ansatzpunkt** bilden alle Länder der Welt, die nach Regionen und mit KO-Kriterien bewertet werden. Es schließt sich ein „country scoring" mit einem Länderranking (das Länder und denkbare Eintrittstermine umfasst) als Ergebnis an. Das errechnete Ranking wird mit Unternehmensgrundsätzen, strategischen Überlegungen, situativen Chanceneinschätzungen als sog. „regulierende Faktoren" kontrastiert.
- Jedes auf dem Ranking (sog. Pipeline) angeordnete Land durchläuft, wenn gemäß der Pipeline der geplante Eintrittszeitpunkt naht, einen länderspezifischen dreistufigen **Feasibility-Study-Prozess**. Ergeben alle Stufen positive Befunde für das Land, wird der Markteintritt als Projekt angegangen.

Im Folgenden werden beide Marktselektionsprozesse vertiefend dargestellt.

ii. Länderübergreifende Marktselektion: Trichteransatz

Ziel des mehrstufigen, länderübergreifenden Marktselektionsprozesses ist es, am Ende eine Pipeline von Ländern vorliegen zu haben, die potenzielle Eintrittsländer für die MCC darstellen. „**Pipeline**" bedeutet, dass diese Länder auf einem Zeitstrahl angeordnet werden, d.h., jedem relevanten Land ist ein geplanter Eintrittszeitpunkt/-jahr zugeordnet.

Ausgangspunkt der Marktselektion sind alle Länder der Welt, ohne diejenigen, in denen MCC bereits tätig ist. Auf diese Länder wird eine sog. **regionale Segmentierung** angewendet, indem wirtschaftliche und geschäftsfeldspezifische Betrachtungen mit dem strategischen Fokus der METRO kombiniert werden. Konkret werden zwei Faktoren geprüft: Zunächst wird evaluiert, ob Potenzial für das Geschäftsfeld der MCC, also Selbstabholer-Großmärkte, vorhanden ist; im positiven Fall folgt die Evaluation der Wettbewerbsintensität. Aus der Höhe der Wettbewerbsintensität kann nämlich geschlossen werden, ob der Unternehmensgrundsatz – organisches Wachstum im Ausland – in den Ländern durchführbar ist. Wenn ferner die Top 3- bis 5-Handelsunternehmen mehr als 40% des Food-

Einzelhandelsvolumens auf sich vereinen, ist ein Einstieg von MCC unwahrscheinlich. Dies trifft z.B. in Australien zu, wo ein niedriges Marktpotenzial bei einer gleichzeitig hohen Wettbewerbsintensität vorliegt. Diese Länder werden aus der weiteren Evaluation ausgeschlossen. Mittels Sekundärmarktforschung werden gesetzliche, steuerliche und finanzielle Daten erhoben, die ebenfalls als kritische Abbruchfaktoren fungieren. Beispiele solcher **KO-Kriterien** sind gesetzliche Unsicherheiten wie Rechtsunsicherheit, Beschränkung des Großhandels auf nationale Unternehmen, Einschränkungen des Währungsumtausches. Trifft eines der Kriterien auf ein Land zu, scheidet es ebenfalls aus.

Länderscoring und vorläufiges Länderranking

Die verbleibenden Länder werden mit einem **Scoringmodell** bewertet. In einem Bottom-up-Ansatz wird im Modell aus einem Set an Faktoren, wie makroökonomische, politische, wettbewerbsbezogene und administrative Faktoren, ein jeweiliger Landesscore ermittelt. Jeder dieser vier Faktoren wird wiederum aus unterschiedlichen Kriterien gebildet (siehe Abbildung 3.59):

- Die Kriterien Bevölkerungsgröße, natürliche Ressourcen, Bruttoinlandsprodukt pro Kopf, Inflationsrate, Höhe des privaten Konsums, Kfz-Dichte, Armutsgrenze, Anteil der städtischen Bevölkerung und Anzahl an Städten über 500.000 Einwohner fließen in den Faktor „**Makroökonomie**" ein, der einem Anteil von 40% am Landesscore entspricht.
- Im Rahmen des Faktors „**Politik**", der zu 20% in den Landesscore eingeht, werden die Kriterien ethnische Konflikte, Machtgrundlage der Regierung und die Außenwirtschaftsbeziehungen evaluiert.
- Im Rahmen des mit 30% in den Landesscore einfließenden Faktors „**Wettbewerb**" werden die nationalen und internationalen Handelsunternehmen, die im jeweiligen Land tätig sind, analysiert.
- Importbeschränkungen, Unternehmenssteuergesetzgebung, Zollabwicklung, Grundbesitzverhältnisse usw. sind Kriterien, die in den Faktor „**Administration**" mit einem Gewicht von 10% einfließen.

Abbildung 3.59: Internationale Marktselektion – Vorläufige Länder-Pipeline

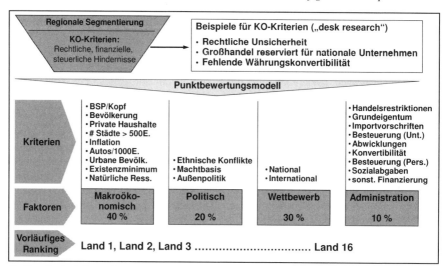

Quelle: Swoboda/Foscht/Pennemann 2009, S. 96.

Sind diese Kriterien für jedes Land erhoben, die Faktoren berechnet und zum jeweiligen Landesscore verrechnet, erhält man als Ergebnis dieses Trichteransatzes ein **vorläufiges Länderranking**. Dies besteht aus einer Liste der bis dahin verbliebenen Länder, die nach ihrem Landesscore absteigend sortiert sind. Entsprechend ist das Potenzial eines Eintritts für die vorne stehenden Länder größer. Abbildung 3.59 zeigt die Erstellung eines vorläufigen Länder-Rankings als auch die Erstellung einer finalen Länder-Ranking-Pipeline. Erfüllen demnach ausgesuchte Länder die KO-Kriterien, wird auf Basis eines Scoringmodells das vorläufige Länder-Ranking erstellt. In der anschließenden Justierung erfolgt eine detaillierte Wettbewerbsanalyse, woraus sich letztlich das finale Länder-Ranking ergibt.

Regulierende Faktoren und Managemententscheidungen

Allerdings wirken auf dieses vorläufige Länderranking im nächsten Schritt **regulierende Faktoren**, die u.a. strategische Überlegungen und weiche Faktoren umfassen und aus vier Bereichen entstammen.

Zunächst wird die Frage gestellt, ob **Lücken im bestehenden Länderportfolio** zu schließen sind. Das heißt, wenn ein bestimmtes Land, das auch als potenzielles Eintrittsland eingestuft ist, aus benachbarten Ländern erschlossen sowie v.a. bearbeitet werden kann und somit günstige Erfolgsaussichten bestehen, bewirkt dies z.B., dass das Land im Ranking weiter oben positioniert wird.

Einen zweiten regulierenden Faktor bilden **Vorteile aus Synergien**. Wenn – ähnlich dem ersten Punkt – ein Ländermarkt aus benachbarten Ländern (in denen MCC bereits tätig ist) heraus bearbeitet wird und so größere Synergien im Einkauf, in der Logistik oder der Verwaltung erzielt werden, kann dies ebenfalls zu einer Höherstufung des Landes führen. Dieser Fall traf z.B. für Moldawien zu, das als kleines Land im Ranking ursprünglich weiter hinten lag: Es bestanden Transitabkommen mit Nachbarländern und durch die Nähe zu Rumänien – MCC ist hier bereits seit 1994 tätig – versprach man sich Synergien in der Bearbeitung dieses Landes aus Rumänien heraus. Zudem bot die Regierung infrastrukturelle Hilfen an, was Moldawien im Ranking nach vorne brachte und in einen vorgezogenen Markteintritt im Jahre 2004 mündete.

Zum Dritten werden sog. **Trade-off-Betrachtungen** durchgeführt. Da das verfügbare Investitionskapital für Auslandsexpansionen limitiert ist, muss bei jeder Höherstufung eines Landes berücksichtigt werden, welcher Ländermarkt dafür herabgestuft und somit erst später betreten werden kann. Hier muss also z.B. entschieden werden, ob die Eröffnung eines weiteren Outlets in Russland wichtiger ist als die Eröffnung des ersten in Tallinn. Dabei ist zu beachten, dass durch die Zurückstufung eines Landes ein späterer Eintritt in dieses ggf. nicht mehr möglich sein wird, wenn nämlich in der Zwischenzeit die Wettbewerbsintensität steigt und ein organischer Eintritt nicht mehr möglich ist.

Als vierter Bereich werden sog. **„schwelende" KO-Kriterien** beleuchtet, wie z.B. politische Instabilität, wirtschaftliche Probleme u.ä., die zu einem Aufschieben des Markteintritts führen können (siehe Abbildung 3.60).

Finales Länderranking und zeitunterlegte Pipeline

Nachdem das vorläufige Ranking bewertet und angepasst wurde, liegt im Ergebnis das **endgültige Länderranking** vor. In diesem sind die Länder einer Zeitachse zugeordnet, d.h., als Planungsbasis zeigt das Ranking, in welchem Jahr welche Markteintritte vorzubereiten bzw. zu vollziehen sind. Die MCC verfügt dadurch über eine Pipeline an potenziellen neuen Ländermärkten. Um einen Markteintritt tatsächlich zu vollziehen, sind aber weitere Analysen und Planungen notwendig; detaillierte Daten zu jedem Land sind zu erheben. Die länderübergreifende Marktselektion ist jedoch an dieser Stelle beendet und der Entscheidungsprozess geht in die länderspezifische Betrachtung über.

Abbildung 3.60: Internationale Marktselektion – Finale Länder-Pipeline

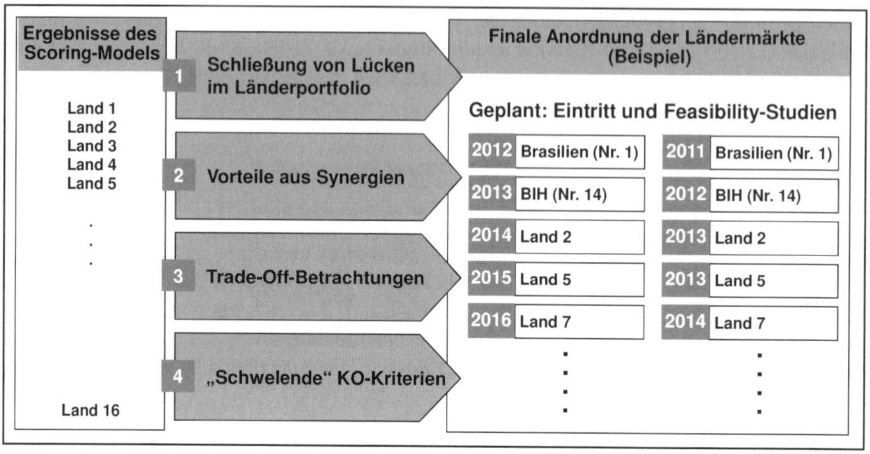

Ergebnisse des Scoring-Models		Finale Anordnung der Ländermärkte (Beispiel)	
Land 1 Land 2 Land 3 Land 4 Land 5 . . . Land 16	1 Schließung von Lücken im Länderportfolio	Geplant: Eintritt und Feasibility-Studien	
	2 Vorteile aus Synergien	2012 Brasilien (Nr. 1)	2011 Brasilien (Nr. 1)
		2013 BIH (Nr. 14)	2012 BIH (Nr. 14)
		2014 Land 2	2013 Land 2
	3 Trade-Off-Betrachtungen	2015 Land 5	2013 Land 5
		2016 Land 7	2014 Land 7
	4 „Schwelende" KO-Kriterien	.	.

Quelle: in Anlehnung an Swoboda/Foscht/Pennemann 2009, S. 96.

iii. Länderspezifische Marktselektion: Stufen des Feasibility-Study-Prozesses

Naht gemäß der Pipeline ein Markteintritt in ein Land, setzt vorher ein **dreistufiger Feasibility-Study-Prozess** ein, der, nach positiven Zwischenergebnissen, in einen Business-Plan mündet und zum Markteintritt führt. Zeigen die detaillierten Daten im Laufe des Feasibility-Study-Prozesses dagegen, dass ein Markteintritt doch (noch) nicht ratsam oder sogar nicht möglich ist (z.B. auf Grund zuvor nicht bekannter gesetzlicher Restriktionen), so kann der Prozess gestoppt oder zu einem späteren Zeitpunkt noch mal gestartet werden. Auch an dieser Stelle bewahrt sich die MCC Flexibilität und strategische Reaktionsmöglichkeiten anstelle einer strikten Planverfolgung.

Desk Research als erste Stufe

Die erste Stufe des Feasibility-Study-Prozesses besteht aus dem Desk Research. Im Headquarter wird durch Datenbankrecherchen, über spezialisierte Informationsagenturen (wie Planet Retail, Feri, EIU), über die Botschaften, Industrie- und Handelskammern, statistische Ämter u.Ä., ein genaues Landesprofil erstellt. Makroökonomische, wettbewerbsbezogene, politische und verwaltungsrechtliche Daten werden hier, sehr viel detaillierter als im vorausgehenden Trichteransatz, als Informationsbasis aufbereitet. Zu klärende Kernfragen betreffen z.B. das geografische und makroökonomische Profil und Potenzial des Landes, die Analyse der Key Player im Markt, den Marktsättigungsgrad, die politische Situation und Eignung für ein Investment durch die MCC sowie das rechtliche, steuerliche und finanzielle Umfeld. Zum Beispiel ergab sich im Laufe des Desk Research für die Vereinigten Arabischen Emirate, dass diese und andere Ländermärkte dieser Region einzeln nicht über ein ausreichendes Marktpotenzial verfügen. Ein Markteintritt bliebe nur interessant, wenn er auf die gesamte Golfregion ausgedehnt würde und durch Synergien zwischen den Ländern ein ausreichendes Marktpotenzial entstünde. Der Markteintritt in die Vereinigten Arabischen Emirate wurde daher verschoben, der Feasibility-Study-

Prozess an dieser Stelle abgebrochen, aber zu einer erneuten Prüfung der gesamten Golfregion auf einen festen Termin in der nahen Zukunft angesetzt. Sprechen hingegen die Daten des Desk Research weiterhin für einen Markteintritt, geht man in die nächste Stufe über.

Pre-Feasibility Study als zweite Stufe

Diese zweite Stufe, die Pre-Feasibility-Study, impliziert v.a. einen ersten Besuch im betreffenden Land. Ein kleines Team aus ca. drei Personen (ein oder zwei Personen aus der Abteilung Corporate Development sowie ein oder zwei Experten z.B. aus einem Nachbarland, die dort eher operative Aufgaben wahrnehmen) reist für ca. eine Woche dorthin. Dies dient zur Erfüllung der Hauptaufgaben der Pre-Feasibility-Study, nämlich die Daten des vorangegangenen Desk Research vor Ort zu verifizieren und einen ersten „Touch Down" im Markt zu erzielen, d.h., das Marktpotenzial, die Möglichkeiten usw. auch optisch in Augenschein zu nehmen und zwar auf Basis der langjährigen Erfahrung der Beteiligten im C&C-Geschäft. Insbesondere Daten wie Einkommenshöhe, Arbeitslosenquote u.Ä. weichen oft von den offiziellen Angaben ab und können vor Ort überprüft werden. Offen gebliebene Fragen des Desk Research, z.B. zu speziellen Steuern oder der steuerlichen Behandlung von Betriebs- und Geschäftsausstattung, können ggf. geklärt und die Kooperationsbereitschaft der Ämter und Regierungen erfahren werden. Eine Begutachtung der bestehenden Handelslandschaft ermöglicht zudem eine bessere Einschätzung des Fits zwischen dem MCC-Format und dem Auslandsmarkt. So können das tatsächliche Marktpotenzial genauer eingeschätzt und eventuelle Hindernisse eines Eintritts der MCC aufgedeckt werden. Auf dieser Stufe zu klärende Kernfragen umfassen den Absatz (insbesondere Anzahl potenzieller MCC-Kunden pro Kundenkategorie und insgesamt), den Gewinn (insbesondere durchschnittliche Margen in Food und Non-Food), die Kosten (insbesondere Existenz überdurchschnittlich hoher oder niedriger Kostenfaktoren), den Markt (insbesondere Wettbewerbsintensität im C&C- und Hypermarktbereich), KO-Kriterien (insbesondere ob noch andere, bisher nicht beachtete Abbruchfaktoren vorliegen) und das allgemeine Gefallen (insbesondere die Attraktivität des MCC Geschäftskonzeptes für den Markt).

Full-Feasibility Study als finale Stufe

Spricht die Analyse der zweiten Stufe weiterhin für einen potenziell geeigneten Markt, folgt eine Entscheidung in Richtung der dritten Stufe, der Full-Feasibility Study. In deren Rahmen geht ein ca. zehnköpfiges Expertenteam, zusammengesetzt aus allen involvierten Unternehmensbereichen (z.B. Vertrieb, Einkauf, Finanzen, Steuern, Personal usw.), vor Ort und arbeitet ein **Feasibility-Handbuch** ab. Dieses enthält u.a. Checklisten und Fragebögen, um so dezidierte Kundenpotenzial- und Ausgabepotenzialeinschätzungen, das ausgaberelevante Einkommen und die Anzahl langfristig möglicher MCC-Outlets im Land zu evaluieren. Diese werden aus den verfügbaren Daten und aus Schätzungen extrapoliert bzw. selbst eingeschätzt – insbesondere Margen und Personalkosten müssen meist geschätzt werden. Kernfragen betreffen erneut den Absatzbereich (insbesondere Anzahl von MCC-Kunden pro Kundenkategorie, erzielbare Umsätze, Anzahl an Outlets), den Profit (insbesondere Spannen und Volumen pro Category unter Beachtung der Marktstruktur, des Kundenverhaltens, der Wettbewerbssituation), die Kosten bzw. Investitionen (insbesondere Betriebskosten und Gesamtinvestment), den Business-Plan (insbesondere Anzahl und Sequenz der Filialexpansion, Art/Höhe der Investition, EVA), den Markt (insbesondere Charakteristika und Positionierung der Wettbewerber, gegenwärtig und zukünftig), die Human Resources (insbesondere Mitarbeiterbedarf, Weisungs-, Aufgabenstrukturen), das finale Hinterfragen und Überprüfen von KO-Kriterien (insbesondere ob andere, bisher nicht beachtete Abbruchfaktoren vorliegen bis hin zu einer denkbaren „foreign investment list"). Endergebnis dieses Prozesses ist ein **Business Case**, aus dem genau hervorgeht, wie viel investiert werden kann, über welchen Zeitraum und mit welchem Return-on-Investment.

Fällt schließlich die Managemententscheidung zum Markteintritt, so reist oftmals eine Delegation unter der Leitung des Vorstandsvorsitzenden der METRO AG als „Besiegeler" des Investments in das Land. Zusammen mit einem Regierungssprecher wird z.B. eine entsprechende Verlautbarung gemacht, die den formalen Akt des Eintritts besiegelt.

iv. Weitere länderspezifische Besonderheiten

Der länderübergreifende Internationalisierungsprozess von MCC ist eher als **selektiv** zu charakterisieren, zu Beginn eher wasserfallartig, sukzessive und mit der Expansion in den 1990er Jahren verstärkt simultan und durch parallelen Einstieg unter Nutzung von Synergien zwischen den Märkten geprägt. Die zukünftige Situation (so in Mittel-/Osteuropa mit einer hohen Präsenz internationaler Handelsunternehmen) dürfte nun wieder zu einer langsameren, schrittweisen Erschließung der noch nicht bearbeiteten Länder führen. Dies ermöglicht auch eine Allokation der Ressourcen in Richtung einer Durchdringung großer Märkte wie Russland in Europa oder China und Indien in Asien.

In China hat man bewusst auf die Nutzung von Synergien durch die Entscheidung gegen eine parallele Erschließung vieler asiatischer Länder verzichtet. China alleine birgt ein solches Marktpotenzial, dass eine intensive Filialisierung das gesamte verfügbare Internationalisierungskapital (und darüber hinaus) beanspruchen könnte. Eine „Full-Power-Erschließung" ist hier auf Grund finanzieller Restriktionen nicht möglich. So ist METRO der erste westliche Händler in China, der Mitte November 2005 die Erlaubnis zur Erweiterung der Joint-Venture-Beteiligung auf 90% nutzte. Weiterhin bergen die asiatischen Länder hohe wirtschaftliche Risiken, sodass eine Ressourcenkonzentration auf diese im Falle einer Wirtschaftskrise zu finanziellen Problemen führen könnte.

Eine weitere Ausnahme in der Expansionspipeline stellt Japan dar. Bereits die dort vorherrschende Wettbewerbsintensität wäre ein KO-Kriterium im Marktselektionsprozess gewesen. Dennoch ist MCC dort im Jahre 2002 eingetreten. Dies geschah vor dem Hintergrund, dass man sich mit dem Nischenkonzept ECO, dessen Sortiment in Japan fast nur Frische umfasst, einen erfolgreichen Marktanteil zu erlangen versprach. Dies sollte getestet werden, auch um die Gewissheit zu erlangen, dass man in solchen Märkten erfolgreich operieren kann. Nach anfänglichen Schwierigkeiten verläuft die Entwicklung heute positiv.

d) Ausblick

MCC arbeitet so international wie keine andere Vertriebslinie der METRO GROUP. Sie ist in vielen Ländern auf drei Kontinenten präsent. Während in westeuropäischen Märkten die Handelsstrukturen bereits vollständig ausgebaut sind, befinden sich die osteuropäischen, asiatischen und afrikanischen Länder in unterschiedlichen Entwicklungsstadien.

Um wirtschaftliche Herausforderungen in den Regionen schneller annehmen und Marktchancen besser nutzen zu können, hat MCC im April 2012 die Managementstrukturen angepasst und das Geschäft der acht Kernländer (China, Deutschland, Frankreich, Italien, Polen, Russland, Spanien und Türkei) in die direkte Verantwortung des CEO gelegt. Die neue Struktur ermöglicht der Vertriebslinie größere Markt- beziehungsweise Kundennähe und trägt zur schnelleren Umsetzung von Wachstumsmaßnahmen bei. MCC setzt die Expansion weiter fort. Der internationale Anteil am Umsatz stieg von 83,5% auf 84,3% in 2012. Den geplanten Markteintritt von MCC in Indonesien verfolgt das Unternehmen allerdings nicht weiter. Hintergrund ist die strategische Entscheidung, sich zunächst in den vorhandenen Märkten auf Umsatzsteigerungen auf vergleichbarer Fläche zu konzentrieren und die Expansion in ausgewählten bestehenden Ländern zu beschleunigen. So wurde auch das Großhandelsgeschäft von MAKRO Cash & Carry in Großbritannien an die Booker Group PLC veräußert. Wie Abbildung 3.61 zeigt, liegen die Schwerpunkte der Expansion grundsätzlich in den Wachstumsregionen Osteuropa und Asien, im Besonderen in den Ländern China, Russland und Türkei.

Abbildung 3.61: Auf Osteuropa und Asien fokussierte strategische Expansion

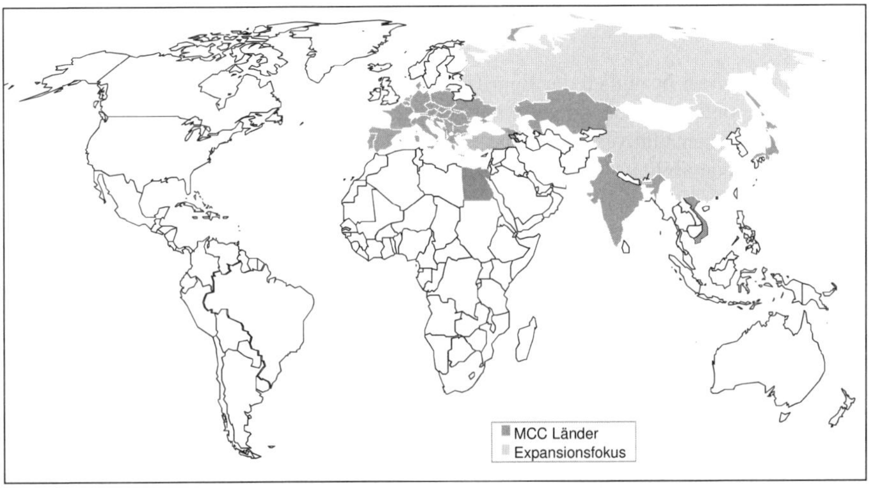

Die weiteren Expansionsaktivitäten werden aus MCC demnach keinen weltweit tätigen Player machen, der in sämtlichen Ländern vertreten ist. Hier liegt der Fokus auf einer stärkeren Penetration der bestehenden Märkte und dem Ausbau einer **regionalen Identität**. Die MCC-Verantwortlichen sehen keine Notwendigkeit zu einer stringenten Grundorientierung in Richtung globaler oder multinationaler oder lokaler Wettbewerbsvorteile. Lange Zeit waren zum Beispiel Standardisierungen in relativ homogenen Ländermärkten (etwa Westeuropas) und/oder parallel Differenzierungen in neueren Märkten (etwa Japan oder z.T. Mittel-/Osteuropas) zu erkennen. Durch die verstärkte Anpassung der Formate, Dienstleistungen und Absatzwege sowie die fokussierte Kundenorientierung scheint die Tendenz in jüngerer Zeit in Richtung Dezentralisierung und stärkere lokale Anpassung zu gehen.

IV. Dienstleistungsunternehmen

1. Vorüberlegungen

Kein Wirtschaftssektor weist eine so ausgedehnte Spannbreite an Branchen auf wie der sog. **tertiäre Sektor**. Diese enorme Vielfalt bringt es mit sich, dass es nur schwer möglich ist, Gemeinsamkeiten dieses Sektors herauszuarbeiten. Wird dies dennoch versucht, dann ist zunächst festzuhalten, dass in den meisten westlichen Ländern Dienstleistungen in den letzten Jahren kontinuierlich an gesamtwirtschaftlicher Bedeutung zugenommen haben. Ihr Anteil liegt hier bei über 70% des BIP (Eurostat 2012). Parallel hierzu haben sich **Dienstleistungsmarketing und -management** auch im wissenschaftlichen Bereich als Fachgebiete etabliert. Haben z.B. Berry/Parasuraman (1993) noch von „building a new academic field" gesprochen, findet man heute nahezu eine unüberschaubare Anzahl von wissenschaftlichen Abhandlungen zu Dienstleistungen und Dienstleistungsunternehmen.

Kein Konsens liegt bezüglich der Begriffsfassung vor. Bereits Corsten (1985, S. 173) hat drei Ansätze unterschieden, so enumerative Definition, Negativdefinition zu Sachgütern oder Nennung konstitutiver Merkmale.[1] Letztere finden sich etwa bei Homburg (2012, S. 949) mit Intangibilität, Verderblichkeit (Nicht-Lagerbarkeit), Integration des externen Faktors (Kunden im Erstellungsprozess), höheres wahrgenommenes Kaufrisiko oder höhere Individualität.[2] Als Gemeinsamkeiten i.S. von konstitutiven Merkmalen können nach Meffert/Bruhn (2012, S. 17) herausgestellt werden:

> *„Dienstleistungen sind selbstständige, marktfähige Leistungen, die mit der Bereitstellung (z.B. Versicherungsleistungen) und/oder dem Einsatz von Leistungsfähigkeiten (z.B. Friseurleistungen) verbunden sind (Potenzialorientierung). Interne (z.B. Geschäftsräume, Personal, Ausstattung) und externe Faktoren (also solche, die nicht im Einflussbereich des Dienstleisters liegen) werden im Rahmen des Erstellungsprozesses kombiniert (Prozessorientierung). Die Faktorenkombination des Dienstleistungsanbieters wird mit dem Ziel eingesetzt, an den externen Faktoren, an Menschen (z.B. Kunden) und deren Objekten (z.B. Auto des Kunden) nutzenstiftende Wirkungen (z.B. Inspektion beim Auto) zu erzielen (Ergebnisorientierung)."*

Bezüglich des hier relevanten institutionellen Dienstleistungsbegriffs kann die Orientierung an den Kernaufgaben eines Unternehmens erfolgen. Pauschal könnte auch die zwölfteilige **„Services Sectoral Classification List"** der World Trade Organization (WTO) zu Grunde gelegt werden.[3] Insbesondere Autoren aus dem Investitionsgüterbereich wählen selektive Merkmale, um die Vielfalt von Dienstleistungen – auch industriellen – aufzuzeigen. Wenngleich in der Literatur auch kritisiert, so kann dennoch die in Abbildung 3.62 dargestellte Leistungstypologie als Strukturierungshilfe herausgestellt werden. Die **ergebnisbezogene** Perspektive orientiert sich dabei an der Materialität bzw. Immaterialität der Leistung, die **prozessbezogene** an der Frage, ob externe Faktoren in die Leistungserstellung einbezogen werden (Kleinaltenkamp 2001, S. 38).

---

[1] Vgl. auch Zeithaml/Parasuraman/Berry 1985.

[2] Daneben wird der Dienstleistungsbegriff mit dem im Englischen und Französischen gängigen Begriff „Service" gleichgesetzt (Kleinaltenkamp 2001, S. 29).

[3] Die „Services Sectors" der WTO sind: Business Services, Communication Services, Construction and Related Engineering Services, Distribution Services, Educational Services, Environmental Services, Financial Services, Health Related and Social Services, Tourism and Travel Services, Recreational, Cultural and Sports Services, Transportation Services, Other Services not included elsewhere.

E. Sektorale Besonderheiten

Bei dieser Typologie können die Extremfälle nach Kleinaltenkamp (2001, S. 39) wie folgt charakterisiert werden:

- „Problemlösungen, die ausschließlich bzw. in hohem Maße immaterielle Leistungsergebniskomponenten beinhalten und die vom Anbieter unter weit gehender Mitwirkung externer Faktoren erstellt werden (z.B. Unternehmensberatungsleistungen),
- Problemlösungen, die ausschließlich bzw. in hohem Maße materielle Leistungsergebnisbestandteile beinhalten und die vom Anbieter unter weit gehender Mitwirkung externer Faktoren erstellt werden (z.B. Sondermaschinen),
- Problemlösungen, die ausschließlich bzw. in hohem Maße materielle Leistungsergebnisbestandteile beinhalten und die vom Anbieter weit gehend autonom erstellt werden (z.B. vorproduzierte Teile),
- Problemlösungen, die ausschließlich bzw. in hohem Maße immaterielle Leistungsergebniskomponenten beinhalten und die vom Anbieter weit gehend autonom erstellt werden (z.B. Datenbankdienste)."

Abbildung 3.62: Typologie von ausgewählten Dienstleistungen

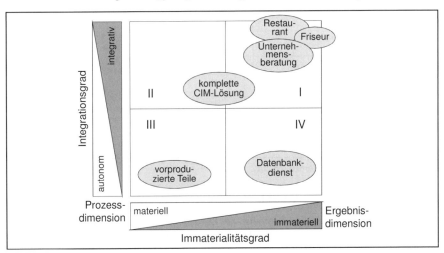

Quelle: in Anlehnung an Engelhardt/Kleinaltenkamp/Reckenfelderbäumer 1993, S. 417, zit. nach Kleinaltenkamp 2001, S. 9.

Alternative Unterscheidungen fokussieren etwa auf den Grad der Beteiligung von Kunde und Anbieter bei der Dienstleistungserstellung. Im Ergebnis können einzelne Dienstleistungen – analog zu Produktion im Industriebereich – auf einer **Isoleistungslinie** angeordnet werden (siehe Abbildung 3.63).

Entscheidend für die Zwecke dieses Buches erscheint erstens, dass Dienstleistungsunternehmen – unabhängig von ihrer trennscharfen Abgrenzung – sehr vielfältige Formen aufweisen. Zweitens wird die Internationalisierung von Dienstleistungsunternehmen – im Vergleich etwa zu Industriegüterproduzenten – in der Literatur relativ selten betrachtet (vgl. bspw. Swoboda/Foscht 2005b). Auch hier werden Typologien vorgestellt, so anhand der Merkmale der Anbieter- und der Nachfragermobilität in der nach den Autoren als

„**Sampson-Snape-Box**" bezeichneten Typologie.[1] Schließlich erscheint bei vielen Dienstleistungsunternehmen der Zusammenhang zwischen Marktengagement, Betätigungsform und Marktbearbeitung relativ eng zu sein und zwar in Bezug auf die spezifischen Merkmale von Dienstleistungsunternehmen. Diese Merkmale führen dazu, dass v.a. vertrauensbildende Maßnahmen im **internationalen Dienstleistungsmarketing** von hoher Bedeutung sind, denn die Leistung ist durch die Kunden oft erst im Prozess der Dienstleistungserbringung zu beurteilen (Gerpott/Jakobin 2005). Analog werden hier die Vorteile und Nachteile standardisierter Strategien im internationalen Dienstleistungsmarketing diskutiert (Meffert/Bruhn 2012, S. 459ff.).

Abbildung 3.63: Interaktion zwischen Anbieter und Nachfrager – Isoleistungslinie

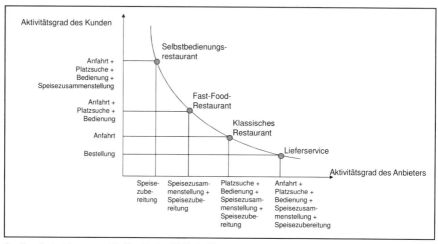

Quelle: in Anlehnung an Meffert/Bruhn 2012, S. 32.

2. Spezifika des Marktengagements von Dienstleistungsunternehmen

Konzeptionell werden in der Literatur zu Dienstleistungsunternehmen bezüglich des Marktengagements und insbesondere der Marktselektion oft keine Unterschiede gemacht zu den i.d.R. für die Industrie bekannten Ausführungen. Letzteres erfolgt sicherlich v.a. aus Sicht der investitionsgüterorientierten Dienstleistungen. Des Weiteren wird einerseits die Meinung vertreten, dass Dienstleistungsunternehmen eher in geografisch nahe Länder expandieren, wobei diese Sichtweise angesichts sich schnell entwickelnder Telekommunikations-, Bank-, Versicherungs-, Beratungsunternehmen usw. zu relativieren ist (Bruhn 2005, S. 17). Andererseits erschließt insbesondere die Nutzung der neuen Medien neue Möglichkeiten für die Internationalisierung mancher Dienstleistungsanbieter, wie z.B. virtuelle Reisebüros oder Online-Broker (Meffert/Bruhn 2012, S. 446f.), Bruhn (2005, S. 17) geht sogar so weit, dass er keine Grenzen der Marktwahlentscheidung sieht. Angesichts der Vielfalt der „Services Sectors" erscheinen alle im Zuge des Marktengagements aufgegriffenen Aspekte zunächst prinzipiell bedeutend. Für weiter gehende Spezifizierungen wäre eine branchenspezifische Differenzierung unerlässlich.

Grundsätzlich erscheint die Marktselektion auf Grund der dienstleistungstypischen Charakteristika eng verbunden mit den **Betätigungsformen** zu sein. Der Markteintritt ist

---

[1] Vgl. hierzu Abschnitt F.IV.1. des Vierten Kapitels.

selten exportorientiert möglich, z.B. bei Unternehmensberatungen, bei denen der Kundenkontakt in einem Land nur selten auftritt, sondern mit Präsenz im Ausland verbunden ist, ähnlich wie beim Handel. Dies ist angeraten, wenn eine Dienstleistung wie folgt gekennzeichnet ist: intensive und dauerhafte Kundenbeziehungen, hohe Anzahl an Kunden, intensiver Kontakt zu lokalen Märkten, hohe Priorität des Kontakts zu staatlichen Stellen, starke Präsenz der Wettbewerber im Auslandsmarkt usw.

Die **Marktselektion** orientiert sich übergreifend auch an den klassischen Entscheidungskriterien wie dem Marktpotenzial, den rechtlichen Rahmenbedingungen oder den kulturellen Besonderheiten des betreffenden Landes (Meffert/Bruhn 2012, S. 452f.). Verbindungen zu einzelnen Dienstleistungsbranchen werden selten erwähnt. Zur Bewertung unterschiedlicher Alternativen werden Checklisten, Scoringmodelle oder Portfolioanalysen herangezogen, die gemäß des jeweiligen Dienstleistungstyps entsprechend zu gewichten sind. Zum Beispiel sind interkulturelle Besonderheiten bei hochgradig interaktiven Dienstleistungen in stärkerem Ausmaß zu berücksichtigen. Dementsprechend expandieren Dienstleister tendenziell in kulturell ähnliche Länder (Westhead u.a. 2001, S. 26).

Alternativ ist ein ausländischer Markt dahingehend zu analysieren, in welchem Maße **adäquates Personal** (für den direkten Kundenkontakt) zur Verfügung steht. Hiervon sind aber nur Dienstleistungen betroffen, bei denen die Leistungserstellung im Ausland erfolgt.

Hin und weg mit Hermes

Kartons, Kartons und noch mal Kartons. Im Versandzentrum von Haldensleben in Sachsen-Anhalt docken täglich mindestens 40 Lkw an, bis unters Dach beladen mit Kartons. Nach der Eingangskontrolle gelangen die über unzählige Roll- und Fließbänder in die beiden 90 Meter langen Hochregale. Dort jagen Roboter in schmalen Gassen 24 Stunden am Tag hin und her, immer beladen mit Kartons.

Um die Auslastung muss sich der Logistiker Hermes derzeit nicht sorgen. Im Geschäftsjahr 2011 wurden die weltweiten Umsätze der Hermes Gruppe im Vergleich zum Vorjahr um knapp fünf Prozent auf 1,8 Mrd. EUR gesteigert. Und Fulfilment sei dabei einer der wichtigsten Wachstumsträger gewesen, sagt Urbanke, Geschäftsführer der Hermes Fulfilment. Für Modeunternehmen wie Tom Tailor, Wolford oder Seidensticker, den TV-Shoppingsender HSE24 und den Elektronikkonzern Fujitsu wickelt Hermes Fulfilment schon jetzt den Versand von Waren ab, die über die jeweiligen Webshops der Unternehmen per Internet oder Telefon bestellt worden sind. „Der E-Commerce bringt uns den größten Schub", sagt Urbanke.

Und anders als der Katalog kennt E-Commerce keine Grenzen. Gerade Modehändler und -marken stellen sich mit ihren Webshops international auf. Fulfilment wolle sie bei ihrer Expansion ins Ausland unterstützen, sagt Urbanke. „Darum haben wir auch 2011 unsere Kooperation mit dem amerikanischen Logistikdienstleister Kenco Logistic Services weiter ausgebaut." Ziel ist es, europäischen Internet-Händlern, die in den USA Fuß fassen wollen, und US-Firmen, die in das europäische Online-Geschäft einsteigen möchten, auf beiden Seiten des Atlantiks den Service zu bieten, den sie von ihren jeweiligen Heimatmärkten bereits kennen. Für die amerikanischen Händler, so Urbanke, werde dabei Haldensleben zum Dreh- und Angelpunkt. Viel Arbeit für das Versandzentrum, das zu den größten seiner Art in Europa gehört.

Quelle: Süddeutsche Zeitung, 29. Mai 2012, S. 20.

Weiterhin ist bei gewissen Dienstleistungen, die durch intensive und dauerhafte Kundenbeziehungen gekennzeichnet sind, für die Präsenz in ausländischen Märkten die Bedeutung bzw. die Größe bestehender und potenzieller Kunden in den jeweiligen Märkten ausschlaggebend. So wird in diesen Fällen eine **Follow-the-Customer-Strategie** verfolgt, um strategisch wichtigen Kunden auch in ausländischen Märkten adäquate Leistungen bieten zu können.

Aussagen bezüglich Timing und Marktaustritt bzw. Marktreduktion können vor dem Hintergrund der vorliegenden Erkenntnisse kaum allgemeingültig, d.h. branchenübergreifend und jenseits von Fallstudien, abgeleitet werden. In der folgenden Fallstudie wird mit **Banken** eine traditionelle Dienstleistungsbranche und mit einer **Genossenschaft** die „Urform" von Kooperationen aufgegriffen.[1]

3. Fallstudie: Internationales Marktengagement der österreichischen Raiffeisen Bankengruppe in Mittel- und Osteuropa[2]

a) Historische Entwicklung und Struktur der Raiffeisen Bankengruppe

Der Sozialreformer F.W. Raiffeisen dachte im 19. Jahrhundert, bei Entwicklung des Genossenschaftsmodells, nicht an die Dimensionen, in denen sich dieses entwickeln sollte. Er folgte dem Ziel, die wirtschaftliche Not der Bevölkerung zu lindern, indem er die Spareinlagen der Mitglieder anlegte und als günstige Darlehen weitergab. Raiffeisen schuf 1862 einen Darlehenskassen-Verein und legte den Grundstein für die Organisation der Raiffeisengenossenschaften. Die **Genossenschaftsidee** basiert bis heute auf folgenden Prinzipien:

- Selbsthilfe: Es besteht die Bereitschaft zur gegenseitigen Hilfe.
- Selbstverwaltung: Im Rahmen der demokratischen Grundsätze entscheiden die Mitglieder selbst über ihre Genossenschaft.
- Solidarische Wirtschaftsgesinnung: Ein gemeinsames wirtschaftliches Ziel auf der Basis des „Füreinandereinstehens" (=Haftung) wird verfolgt.
- Nachhaltigkeit genossenschaftlichen Erfolgs: Das Ziel ist eine dauerhafte wirtschaftliche Verbesserung. Tageserfolge dienen dem nicht immer.
- Subsidiarität: Die Kraft der Genossenschaft wird nur dort eingesetzt, wo die Kraft des Einzelnen nicht ausreicht und er daher Hilfe benötigt.
- Identitätsprinzip: Mitglieder (Mitunternehmer) und Kunden sind identisch.

Auch in Österreich wurde nach deutschem Vorbild ein Zentralverband der Genossenschaften gegründet und 1886 die erste Raiffeisenbank eröffnet. Zehn Jahre später gab es 600 Spar- und Darlehenskassen nach dem System Raiffeisens. Dem Beispiel folgend, schufen die Einzelgenossenschaften (ab dem Jahre 1894) regional tätige Landeszentralen. Auf Bundesebene wurde im Jahre 1898 in Wien der gemeinsame Österreichische Raiffeisenverband gegründet. Die Raiffeisen Zentralbank Österreich AG wurde 1927 als Girozentrale der österreichischen Genossenschaften gegründet (mit der Funktion einer Liquiditätsausgleichsstelle für landwirtschaftliche und kommerzielle Kooperative) und erhielt 1989 ihren heutigen Namen Raiffeisen Zentralbank (RZB). Der Konzern beruht in Österreich auf drei Säulen (siehe Abbildung 3.64): 513 selbstständige und lokal tätige Raiffeisenbanken mit über 1.500 Zweigstellen bilden die erste Säule. Die Raiffeisenbanken eines Bundeslandes sind Eigentümer ihrer jeweiligen Raiffeisen Landeszentrale. Die acht Landeszentralen bilden die zweite Säule. Diese übernehmen den Liquiditätsausgleich und weitere zentrale Dienstleistungen für die Raiffeisenbanken ihres Wirkungsbereichs und agieren darüber hinaus als selbstständige Universalbanken. Die RZB Österreich AG ist das Spitzeninstitut der Bankengruppe und bildet in dieser Funktion mit zentralen Serviceaufgaben die dritte Säule. Auf den Aktivitäten der RZB (i.e.S. der Raiffeisen Bank Inter-

---

[1] Vgl. dazu Peemöller 2005, S. 405ff.
[2] Die Fallstudie basiert auf Unternehmensinformationen. Besonderer Dank gilt Herrn Dr. Herbert Stepic, Vorstandsvorsitzender der RBI.

national AG, RBI) liegt der Fokus der Fallstudie, da die RBI sich v.a. in Zentral- und Osteuropa positiv entwickelt hat und zu den Top-Playern zählt. Die RZB hält 78,5% der Aktien an der RBI im Jahre 2011 (21,5% sind im Streubesitz). Die RBI betrachtet Zentral- und Osteuropa (inklusive Österreich) als Heimmarkt.

b) Grundorientierung, Umsatzentwicklung und internationale Präsenz

Die in englischer Sprache formulierten Grundsätze deuten als Eckpfeiler auf die strategischen Stoßrichtungen der RZB. Die **Vision** lautet: "RZB is the leading banking group in Central and Eastern Europe and Austria." Die **Mission** lautet:

- We seek long-term customer relationships.
- In Austria and Central and Eastern Europe, we provide a full range of highest quality financial services.
- In the world's financial centres and Asia, we are an important niche player.
- As the central institution of the Raiffeisen Banking Group in Austria we offer specific services to our owners.
- We achieve sustainable and above-average return on equity.
- We empower our employees to be entrepreneurial and to show initiative and we foster their development.

Abbildung 3.64: Struktur der österreichischen Raiffeisen Bankengruppe

Der verankerten Ausrichtung nach Zentral- und Osteuropa wird unternehmensintern entsprochen: Im Jahre 1973 wurde die GZB Abteilung Außenhandelsservice und mit wachsender Bedeutung Zentral- und Osteuropas im Jahre 1991 die Raiffeisen International Beteiligungs AG zwecks Bündelung der Netzwerk- bzw. Auslandsbanken in Zentral- und Osteuropa gegründet. Im April 2004 folgte der Börsengang von RBI, der mit einem Volumen von 1,11 Mrd. EUR die größte Emission in der Geschichte der Wiener Börse bis dahin war. Auf Grund der strategischen Auslandsorientierung und durch Marktanteilsgewinne in Österreich erreichte die Bilanzsumme der RZB im Jahre 2008 rund 157 Mrd. EUR. Zu der damaligen Zeit waren die Auslandsaktivitäten in der Raiffeisen Bank International gebündelt, wobei die Bilanzsumme der ausländischen Netzwerkbanken im Jahre 2004 27,3 Mrd. EUR betrug (inklusive der Raiffeisen Leasing International 28,9 Mrd. EUR) und im Jahre 2008 84,6 bzw. 85,4 Mrd. EUR (siehe Abbildung 3.65).

Nach dem Krisenjahr erfolgte eine Reorganisation des Konzerns, in deren Zuge eine integrierte Organisationsstruktur gebildet wurde. Das Firmenkundengeschäft, die Produktbereiche und das Investmentbanking wurden in die RBI eingebracht, welche die Aktivitäten im Ausland und in Österreich verantwortet.

Bevor nachfolgend das Engagement von RBI in Zentral- und Osteuropa beleuchtet wird – hier konzentriert sich das Unternehmen auf vier Regionen (Zentraleuropa, Südosteuropa, Russland, GUS Sonstige), ist das internationale Engagement der RZB anzusprechen.

Die RBI verfügt heute in Zentral- und Osteuropa (CEE) über ein engmaschiges Netzwerk an Tochterbanken, Leasinggesellschaften und zahlreichen spezialisierten Finanzdienstleistungsunternehmen in 17 Märkten und ist als Universalbank tätig. Rund 56.000 Mitarbeiter betreuen in CEE etwa 13,8 Mio. Kunden in rund 2.900 Geschäftsstellen. In Österreich ist die RBI eine der führenden Kommerz- und Investmentbanken. Ebenso ist sie in den Weltfinanzzentren sowie mit Filialen und Repräsentanzen in Asien vertreten. Insgesamt beschäftigt die RBI rund 59.000 Mitarbeiter und verfügt über eine Bilanzsumme von rund 158 Mrd. EUR. Darüber hinaus sieht die RZB Asien als die zweite Schwerpunktregion im internationalen Geschäft, wo es sich ebenfalls als Spezialist für diese Wachstumsmärkte betrachtet. In China ist die RZB die einzige österreichische Bank. Die Filiale in Singapur sowie Repräsentanzen in Hongkong, Harbin, Zhuhai, Seoul, Mumbai (Indien) und Ho Chi Minh City (Vietnam) sollen ihren Kunden vor Ort Unterstützung und lokales Know-how bei der Realisierung von Auslandsgeschäften bieten. Weiterhin sieht sich die RZB mit Geschäftsstellen in New York und London, mit einer Bank auf Malta sowie Vertretungen in Paris, Brüssel, Mailand, Frankfurt, Stockholm, Madrid, Chicago, Los Angeles und Houston auch in internationalen Finanzzentren gut positioniert. Sie versteht sich in der Funktion einer Ost-West-Drehscheibe.

Abbildung 3.65: Bilanzsummenentwicklung des RZB Konzerns

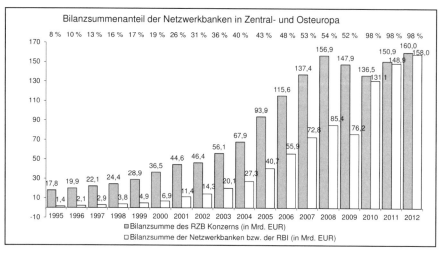

c) Marktengagement der Raiffeisen Bank International in Mittel-/Osteuropa

i. Länderübergreifende Entscheidungen

Das starke Engagement in Zentral- und Osteuropa, das damit zusammenhängende Wachstum und der überdurchschnittlich starke Kundenzuspruch machte die RZB zum Top-Player in dieser Region. Bei der Expansion hat die Bank tendenziell ein länderübergreifendes Timing, i.e.S. eine **wasserfallartige Strategie**, auf den Märkten Zentral- und Osteuropas verfolgt.[1]

Das Engagement begann 1986 mit der Gründung der ersten Tochter in Ungarn (siehe Tabelle 3.7). Dieses Engagement noch in Zeiten des Kalten Krieges begründet sich in der geschichtlichen Bindung beider Länder und der Tatsache, dass Österreich als neutrales Land galt und somit vom kommunistischen Regime toleriert wurde. So war die RZB eine der ersten westlichen Banken, die vor Ort präsent war. Nach Ungarn folgten weitere Länder Zentraleuropas wie die Slowakei, Polen und die Tschechische Republik. In weiteren Schritten folgten die Staaten Südosteuropas und einige Staaten der ehemaligen Sowjetunion. Einige Beispiele verdeutlichen die Gegebenheiten der Eintritte:

- Raiffeisen Bank Polska S.A., Warschau: Die RZB war eine der ersten westlichen Banken mit einer Tochterbank in Polen. Sie wurde zu einer der am stärksten wachsenden lokalen Banken in Polen mit Filialen in den wichtigsten Städten und sogar seit 2002 einer Repräsentanz in Vilnius (Litauen).
- Raiffeisenbank a.s., Prag: Die Bank wurde 1993 gegründet und entwickelte sich zu einer der führenden Banken des Landes. Sie betreut lokale und internationale Großunternehmen, Klein- und Mittelbetriebe sowie Privatkunden und bietet die gesamte Bandbreite moderner Bankprodukte an.
- Raiffeisenbank (Bulgaria) A.D., Sofia: Sie nahm 1994 als erste vollständig im Eigentum befindliche Tochter einer westlichen Bank den Betrieb auf und besitzt heute Filialen in allen wichtigen Städten des Landes.
- Raiffeisenbank Ukraine: Sie nahm 1998 ihre Geschäftstätigkeit auf, nachdem die RZB bereits seit 1994 mit einer Repräsentanz im Land vertreten war. Mit dem Privatkundengeschäft wurde erst in der zweiten Jahreshälfte 2003 begonnen, jedoch entwickelt es sich seitdem sehr positiv.
- Raiffeisen Bank d.d. Bosna i Hercegovina, Sarajewo: Sie nahm im Jahr 2000 ihre Geschäftstätigkeit auf und entwickelte sich rasch zu einer der führenden Banken des Landes. Im Geschäftsjahr 2011 nahm sie gemessen an der Bilanzsumme den zweiten Platz unter den lokalen Banken ein. Außerdem hat sie als erste und einzige Bank im Land die „e-pay"-Dienstleistungen, die es den Kunden ermöglichen online Käufe zu tätigen, eingeführt.
- Raiffeisen Bank Kosovo J.S.C., Pristina: Im Jahr 2001 wurde seitens der RZB die „American Bank of Kosovo" gegründet, zwei Jahre später war die vollständige Übernahme und Umbenennung der Bank abgeschlossen. Nach Angaben der lokalen Bankaufsichtsbehörden war die Raiffeisen Bank Kosovo die zweitgrößte Bank des Landes im Jahre 2011.

---

[1] Bereits in den 1970er Jahren begann die Bank das Netzwerk der Korrespondenzbanken zu erweitern und erwarb Anteile an ausländischen Banken (z.B. Internationale Bank für Außenhandel AG, BHF-Bank-DG-International, London & Continental Bankers Ltd., Bank Europäischer Genossenschaftsbanken AG).

*Tabelle 3.7: Das zentral- und osteuropäische Netzwerk der RBI, Ende 2011
(in Klammern Veränderung auf Basis des Jahres 2004)*

Tochterbanken der Raiffeisen International Bank (lokales Ranking nach Bilanzsumme)	Operativ tätig seit (Übernahme)	Bilanzsumme in Mio. EUR	Geschäftsstellen	Mitarbeiter
Raiffeisen Bank, Budapest (3)	1987	7.320 (+69%)	134 (+89%)	2.977 (+1%)
Raiffeisen Bank Polska, Warschau (5)	1991	7.368 (+174%)	116 (+66%)	3.169 (+15%)
Tatra banka, Bratislava (2)	1991	9.682 (+124%)	156 (+41%)	3.805 (+238%)
Raiffeisenbank, Prag (4)	1993	8.789 (+323%)	129 (+163%)	3.012 (+59%)
Raiffeisenbank Bulgaria, Sofia (9)	1994	3.681 (+259%)	187 (+260%)	3.271 (+216%)
Raiffeisenbank Austria, Zagreb (8)	1994	5.465 (+71%)	81 (+138%)	2.083 (+28%)
Raiffeisenbank Austria, Moskau (1)	1997	14.218 (+578%)	191 (n. A.)	8.475 (n. A.)
Raiffeisenbank Ukraine, Kiew (7)	1998	5.467 (+772%)	909 (+6392%)	15.267 (n. A.)
Raiffeisen Bank, Bukarest[1] (6)	1894 (1998)	6.359 (+205%)	551 (+168%)	6.030 (+78%)
Raiffeisenbank, Sarajewo (11)	1992 (2000)	2.170 (+106%)	98 (+58%)	1.569 (+34%)
Raiffeisenbank, Belgrad (10)	2001	2.207 (+152%)	85 (+215%)	1.765 (+24%)
Raiffeisen Krekova banka, Maribor (14)	1992 (2002)	1.732 (+159%)	17 (+31%)	323 (+689%)
Raiffeisen Bank Kosovo, Pristina (15)	2001 (2002)	680 (+353%)	54 (+145%)	720 (+38%)
Priorbank, Minsk (13)	1989 (2003)	1.223 (+155%)	101 (+135%)	15.267 (+4939%)
Raiffeisen Bank, Tirana (12)	1992 (2004)	2.330 (+41%)	105 (+25%)	1.427 (+157%)
Raiffeisen Bank, Almaty (16)	2008 (2009)	72 (-)	1 (-)	11 (-)
Summe (inklusive Sonstige/Konsolidierung)		146.985 (+408%)	2.928 (+241%)	63.376 (+215%)

[1] inklusive Moldau.

Letzteres kann für annähernd alle Länder konstatiert werden, gemessen an den hohen Wachstumszahlen bis heute. Ende Dezember 2011 umfasste das Netzwerk 15 Banken und weitere Finanzdienstleistungsgesellschaften, etwa Leasingunternehmen, in 17 Märkten Zentral- und Osteuropas. Es handelt sich um ein einzigartiges Netzwerk in Zentral- und Osteuropa. Dort ist die RBI die Bank mit dem weit gehend höchsten Flächendeckungsgrad. Sie verfolgte von Beginn an das Ziel, westliche Kunden nach Zentral- und Osteuropa zu begleiten und ihnen vor Ort einen äquivalenten und umfassenden Service nach westlichen Standards zu bieten. Parallel dazu wurden lokale Unternehmen als Kunden gewonnen und auch Privatkunden angesprochen. Die Tochterbanken, die in der RBI gebündelt sind, zählen überwiegend zu den Top-Playern der jeweiligen lokalen Bankwirtschaft. Sie bieten seit jeher führenden westeuropäischen Banken, die nicht über eigene Niederlassungen in Zentral- und Osteuropa verfügen, im Rahmen von Kooperationen Dienstleistungen für deren (vor allem Corporate) Kunden an.

ii. Länderspezifische Entscheidungen

Seit Beginn der Expansion in Zentral- und Osteuropa (Zentral- und Osteuropa wird vom Unternehmen als sein „Heimmarkt" bezeichnet), hat die RZB eine konsistente und klare Strategie verfolgt: Neue Märkte werden früh, in den meisten Fällen vor der Konkurrenz, besetzt, und die lokale Expansion erfolgt im Gleichschritt mit dem Wachstum des Marktes und den Kundenbedürfnissen. Dadurch wurde organisches Wachstum sowohl regional als auch lokal zu vertretbarem Risiko erzielt, ohne Kapitalkraft, Human Resources und Organisationsstrukturen zu überfordern. Bis zur **Akquisition** der Banca Agricolă in Rumänien im Jahre 1998 und dann der Market banka in Bosnien und Herzegowina im Jahre 2000 wurde die regionale Verbreiterung des Konzerns ausschließlich auf dem Wege eines **organischen Wachstums** durch die Gründung neuer Banken erzielt. Dadurch wurden die mit dem Kauf einer Bank verbundenen Risiken und Unabwägbarkeiten vermieden und gleichzeitig die damit verbundenen Vorteile ausgenutzt: Eine moderne Bankinfrastruktur mit entsprechenden Produkten konnte von Anfang an eingesetzt und qualifizierte Fachkräfte engagiert und weiter ausgebildet werden. Die organische Strategie wurde erst ab dem Jahre 2000 durch die Akquisition weiterer 11 Banken erweitert. Die letzte erfolgte im Jahre 2011 mit dem Kauf der polnischen Polbank. Jeder einzelne Übernahmekandidat wurde auf die wirtschaftliche Sinnhaftigkeit und Kompatibilität mit der Konzernstrategie geprüft. Durch die Übernahmen der Banken in Zentral- und Osteuropa konnte die RBI nicht nur ein nahezu flächendeckendes Filialnetz erwerben, sondern auch einen Pool von Millionen Retail- und Firmenkunden.

Eine zentrale Maßnahme zur Stärkung der Position in diesen sog. Mid Markets ist das Vertriebssteuerungskonzept „Formula Uno". Ausgehend von einer eingehenden Marktanalyse wurden dazu für jedes Land anhand eines Marktmodells Entwicklungsprognosen der einzelnen Industriesektoren dargestellt. Auf ihrer Grundlage wurden sodann mithilfe einer internen Kundenportfolio- und Produktbedarfsanalyse die individuellen Akquisitions- und Cross-Selling-Ziele für jeden Kundenbetreuer festgelegt. Diverse Customer Relationship-Management-Tools unterstützen die Firmenkundenbetreuer in der Kundenanalyse und der Aktivitätenplanung.

Das Vertrauen von Kunden und Geschäftspartnern stieg insbesondere deshalb, weil der einzigartige Zusammenhalt und die Sicherheit der Raiffeisen Bank über einen Zeitraum von mehr als 100 Jahren der Öffentlichkeit erfolgreich vermittelt wurden. Entsprechend des Raiffeisenprinzips der **Kundennähe** werden mit nur wenigen Ausnahmen ausschließlich lokale Angestellte und Führungskräfte eingestellt. Nur 0,5% der Beschäftigten sind im Heimatland Österreich beschäftigt. Mit einem Durchschnittsalter von 36 Jahren (bei einem Akademiker- und Frauenanteil von jeweils über 70%) gilt die RBI als „junge Bank". Die Konzentration auf **Locals** schloss allerdings einen befristeten Einsatz von Expatriates für einen Know-how-Transfer zu Anfang eines Engagements nicht aus.

Um das regionale und lokale Wachstum des Bankennetzwerks zu beschleunigen und den Eintritt in neue Geschäftssegmente wie Retail Banking zu erleichtern, wurden führende Banken in Rumänien, Bosnien und Herzegowina, Slowenien, Kosovo, Weisrussland und Albanien akquiriert. Generell sind hauptsächlich das Potenzial zur Profitabilitätssteigerung und die Kompatibilität mit dem bestehenden Netzwerk Grundvoraussetzungen für den Erwerb. Ferner investiert die RBI nur in Unternehmen, in denen sie als Gesellschafterin willkommen ist, womit feindliche Übernahmen ausgeschlossen sind.

Bezüglich der Geschäftssegmente begannen die **Netzwerkbanken** der RBI regelmäßig mit dem Kommerzkundengeschäft. Das war und ist neben dem Investment Banking die Kernkompetenz der RZB. Damit wurden Unternehmen angesprochen, Zentral- und Osteuropa als einen viel versprechenden Markt für Investitionen und Handel zu sehen. Im Gegensatz zur internationalen Konkurrenz bedienten die Netzwerkbanken jedoch nicht ausschließlich internationale Kommerzkunden, sondern auch lokale Unternehmen. Der Geschäftsbereich Investment Banking wurde entsprechend der jeweiligen Marktnachfrage bzw. -entwicklung aufgebaut. Im Jahre 1999 begann der Aufbau des Retailkundengeschäfts auf regionaler Ebene. Derzeit werden mehr als 14,7 Mio. Retailkunden (Klein- und Mittelbetriebe sowie Privatpersonen) von den Netzwerkbanken der RBI betreut (im Jahre 2004 waren es noch weniger als 6 Mio.). Den Kunden stehen dabei die über 3.000

Filialen des größten Banknetzes in Zentral- und Osteuropa, über 10.000 Bankomaten und mehr als 60 Hypothekenzentralen sowie über 20.000 Berater bei ihren täglichen Bank- und Finanzgeschäften zur Verfügung. Zudem bot die RBI ihren Kunden die Möglichkeit, Finanzierungen auch bei Autohäusern und Einzelhandelsgeschäften abzuschließen. Dies unterscheidet die RBI z.B. von deutschen Bankinstituten, die sich in Osteuropa lange nur auf das Firmenkundengeschäft und Investment-Banking konzentrierten und das Retailkundengeschäft ausklammerten. Sie verfolgten lange im Ausland eine ähnliche Strategie wie im Inland. Das Geschäft mit Privatkunden vernachlässigten sie, auch im Ausland. Dabei ließen sich hier die größten Gewinne erzielen. Denn gerade in Osteuropa zeichnet sich das Privatkundengeschäft durch große Wachstumsmöglichkeiten und große Margen aus. Mit einfachen Bankprodukten ließen sich mehr als doppelt so hohe Gewinnspannen erzielen wie in Westeuropa.

Die RBI legt ein besonderes Augenmerk auf die Wachstumspotenziale im **Retailkundengeschäft**, wobei jedes einzelne Land einer singulären Betrachtung bedarf. So sind die Märkte in Zentral- und Osteuropa nach Einschätzung des Vorstandsvorsitzenden, der die Ostexpansion der Bankengruppe von der ersten Stunde an vorangetrieben hat, sehr unterschiedlich: „Den Osten gäbe es nicht". Während etwa der Bankensektor in den neuen EU-Ländern bereits dicht besetzt ist, hat RBI im Jahre 2004 in Albanien durch den Erwerb der dortigen Sparkasse „Banka e Kursimeve e Shqiperise" einen Marktanteil von 53% erreicht. Die Anzahl der westlichen Unternehmen in Albanien hält sich bisher in Grenzen, doch dies werde sich mit der Anwesenheit einer großen westlichen Bank ändern, glaubt der Vorstandsvorsitzende. Vorerst gelte es in Albanien jedenfalls „das Geld aus den Matratzen und von der Straße zu holen." In einem Markt mit einer Schattenwirtschaft, die mehr als die Hälfte des Sozialproduktes darstellt, gebe es auf jeden Fall Potenzial, Geld in die offizielle Wirtschaft zurückzuführen. Die Aufbauarbeit bestehe z.B. darin, ein vorher praktisch nicht vorhandenes Kreditgeschäft zu etablieren oder Geldautomaten aufzustellen und die Kunden mit deren Gebrauch vertraut zu machen. Dahingegen könnten die Menschen in anderen Ländern, wie etwa Ungarn, bereits mit deutlich mehr Bankprodukten umgehen. Dennoch bestehe auch dort nach wie vor „gigantischer Aufholbedarf". Dieser werde sicher noch eine Generation andauern.

d) Ausblick

Die Entwicklung der RBI ist positiv zu bewerten, trotz der Belastung durch die internationalen Finanzmärkte seit dem Jahre 2008. Wie schon früher wurde die RBI auch im Jahre 2012 für ihre führende Rolle in Zentral- und Osteuropa und ihren nachhaltigen Erfolg von Finanzmagazinen wie Global Finance, EMEA Finance, The Banker und Euromoney zur „Best Bank in Central and Eastern Europe, Best Bank in CEE & CIS, Bank des Jahres in Zentral- und Osteuropa bzw. Beste Bank in Zentral- und Osteuropa" gekürt. Zur „Bank des Jahres" wurden auch die vier RBI-Töchter, die Raiffeisen Bank in Albanien, die Priorbank in Belarus, die Raiffeisen Bank in Bosnien und Herzegowina sowie die Raiffeisen Bank in Rumänien gewählt.

Mit der im Jahre 2011 getätigten Akquisition der Polbank sieht der Vorstandsvorsitzende Herbert Stepic die RBI in allen großen Märkten in CEE gut positioniert. In den kommenden Jahren sind jedoch die Zukäufe von kleineren Kundenportfolios beim Rückzug eines Konkurrenten aus einem Markt denkbar, was die Internationalität weiter ausbauen soll. Neben der Penetration bestehender Länder, so mittels zunehmender Filialisierung und den Bemühungen um Kundeneinlagen, schaut sich Raiffeisen „laufend" etwaige Kaufobjekte in den ehemaligen GUS-Staaten an, in denen das Institut bereits präsent ist. Hieraus resultierte bereits der Markteintritt in Kasachstan. In den kommenden Jahren sind Markteintritte in Aserbaidschan, Georgien usw. denkbar. Dahingegen ist die Situation von Banken, die sich im Osten noch nicht stark engagiert haben, schwierig zu sehen. „Die Aufholjagd wird sehr schwierig", meinen auch Branchenanalysten. Durch organisches Wachstum lasse sich der Rückstand kaum aufholen. Vor allem, um in das Geschäft mit Privatkunden einzusteigen, blieben nur Übernahmen – vorwiegend im Zuge von Privatisierungen. Die sind mittlerweile aber teuer. Hinzu kommt: In den meisten Ländern sind die Märkte bereits verteilt.

Viertes Kapitel

Betätigungsformen auf ausländischen Märkten

A. Gegenstand

Zu den kategorialen Fragestellungen des Internationalen Marketing gehören, wie im Zweiten Kapitel dargestellt, neben den Entscheidungen bezüglich des Engagements auf den ausländischen Märkten die Wahl der zu praktizierenden Betätigungsformen sowie die Festlegung der Marktbearbeitung. Wenngleich die Strategiefestlegungssequenz nicht dieser Abfolge entsprechen muss, so orientiert sich die Grundgliederung dieses Buches dennoch an diesem Muster. Insofern werden in diesem Kapitel – im Anschluss an die Diskussion des Marktengagements im Dritten Kapitel – die Betätigungsformen auf den ausländischen Märkten behandelt.

Dem Grundansatz dieses Buches folgend, werden nach der Erörterung der vielfältigen Alternativen sowohl die Eignung bzw. Zweckmäßigkeit der einzelnen Formen im Zuge des (erstmaligen) Eintritts in einen Markt als auch Anpassungen bzw. ein Wechsel der praktizierten Betätigungsform im Zeitablauf diskutiert. Unter dem Aspekt der Wechselbeziehungen zwischen den Entscheidungsfeldern werden die Zusammenhänge zwischen den Basisoptionen und den Betätigungsformen sowie die Zusammenhänge zwischen dem Marktengagement und den Betätigungsformen thematisiert.

Analog zur bisherigen Vorgehensweise erfolgt eine Diskussion der sektoralen Besonderheiten dieses Entscheidungsfeldes. Neben einer Erörterung der sektoralen Kontextbedingungen mit Blick auf die Betätigungsformen werden – wie auch im vorangegangenen und im nachfolgenden Kapitel – Fallstudien aus unterschiedlichen Wirtschaftssektoren vorgestellt.

B. Spektrum der Betätigungsformen

I. Überblick

Unternehmen steht ein breites Spektrum an möglichen Betätigungsformen zur Verfügung, deren Vielgestaltigkeit gerade in den 1980er und 1990er Jahren unter dem Aspekt der (damals) „**neuen Formen der Internationalisierung**" erheblich erweitert wurde (vgl. Zentes 1992a, S. 18ff. und die dort angegebene Literatur). Die Alternativen können nach unterschiedlichen Kriterien gegliedert werden. Ein erstes Kriterium bezieht sich auf den **Schwerpunkt der Wertschöpfung** aus einer geografischen Perspektive; dabei stehen Fragen der **Konfiguration** der Wertschöpfung im Vordergrund:[1] Konfigurationsentscheidungen beziehen sich auf die geografische Verteilung der Wertschöpfungsaktivitäten auf unterschiedliche Regionen oder Länder; sie betreffen somit die geografische Streubreite.

---

[1] Vgl. zu den Optionen des Wertschöpfungsmanagements Zentes/Swoboda/Morschett 2004, S. 217ff.

> *Mit Bezug auf die Betätigungsformen bedeutet dies zunächst die Differenzierung in*
> - *Betätigungsformen mit Wertschöpfungsschwerpunkt im Inland und*
> - *Betätigungsformen mit Wertschöpfungsschwerpunkt im Ausland.*

Die zweitgenannte Kategorie der Betätigungsformen („Wertschöpfungsschwerpunkt im Ausland") kann nach dem Kriterium des **Kapitaltransfers** weiter differenziert werden in

- Betätigungsformen ohne Kapitaltransfer und
- Betätigungsformen mit Kapitaltransfer.

Den so gebildeten Klassen lassen sich z.b. zuordnen (siehe Abbildung 4.1):

- Export als Betätigungsform, die durch einen **inländischen Wertschöpfungsschwerpunkt** gekennzeichnet ist
- Lizenzierung, Management Contracting, Franchising als Betätigungsformen, die durch einen **ausländischen Wertschöpfungsschwerpunkt** gekennzeichnet sind, bei denen (i.d.R.) kein Kapitaltransfer erforderlich ist[1]
- Equity Joint Ventures, Errichtung von Tochtergesellschaften, Akquisitionen, die (i.d.R.) ebenfalls durch einen ausländischen Wertschöpfungsschwerpunkt gekennzeichnet sind, bei denen jedoch **direktinvestive Engagements** im Ausland erfolgen (vgl. Zentes/Swoboda/Morschett 2004, S. 636ff. und die dort angegebene Literatur).[2]

Die Kriterien Kapitaltransfer ins Ausland und Ausmaß an Managementleistungen im Stammland und im Ausland, die in enger Beziehung zu dem direktinvestiven Engagement im Ausland stehen, bilden eine „klassische" Differenzierung der Betätigungsformen bei Meissner (1995, S. 51). Diese werden dort als **Internationalisierungsgrade** bezeichnet.

Bradley (2005, S. 291f.) differenziert die Betätigungsformen („international market entry strategies") nach den Kriterien **Risiko** („risk"), **Steuerbarkeit** der ausländischen Operationen („control") und **Ressourceneinsatz** („resources") (siehe Abbildung 4.2): „In making a foreign market entry decision the firm must, therefore, consider the risk that can be tolerated and the control desired and the resources required to manage the balance between the two [...]. In situations of low risk and low control, exporting, which requires a commitment of fewer resources, would seem appropriate. Strategic al liances are used where the risk is greater and require considerably more resources. With strategic alliances, however, there is the possibility of greater control. For high risk markets greater control through heavy investment in new ventures or acquisitions may be required."

---

[1] Innerhalb des Franchisings sind auch Varianten möglich, bei denen ein Kapitaltransfer erfolgt, so die Gründung von Tochtergesellschaften oder Equity Joint Ventures im Ausland, die dann in diesen Ländern als Franchise-Geber agieren; hierauf wird in Abschnitt B.III.2. dieses Kapitels näher eingegangen.
[2] Tochtergesellschaften, die ausschließlich als Vertriebsgesellschaften operieren, zeichnen sich gleichermaßen durch einen inländischen Wertschöpfungsschwerpunkt aus; vgl. hierzu die Ausführungen in Abschnitt B.IV.3. dieses Kapitels.

Abbildung 4.1: Systematik der Betätigungsformen nach dem Wertschöpfungsschwerpunkt und dem Kapitaltransfer

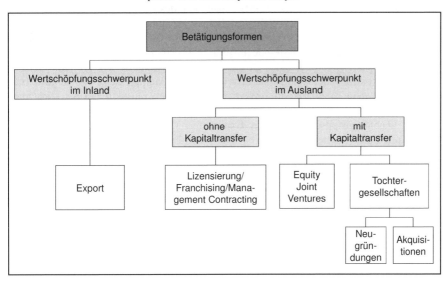

Abbildung 4.2: Systematik der Betätigungsformen nach dem Risiko, der Steuerbarkeit und dem Ressourceneinsatz

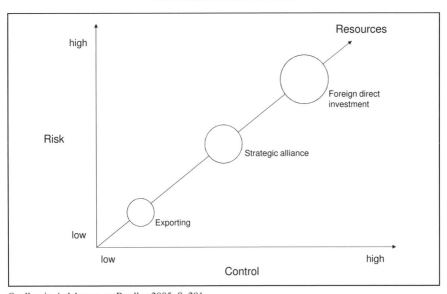

Quelle: in Anlehnung an Bradley 2005, S. 291.

In der Marketingforschung wie auch in der unternehmerischen Praxis finden sich weitere Systematisierungskriterien (vgl. hierzu Backhaus/Voeth 2010, S. 194), z.B. die Kosten aus internationalen Transaktionen. So differenziert u.a. Helm (1997) nach den **Transaktionskosten** bei der Wahl einer der Alternativen. Ausgangspunkt ist dabei die Annahme, dass die unterschiedlichen Betätigungsformen Transaktionskosten, so Kosten zur Anbahnung, Absicherung und Kontrolle der Transaktionen, verursachen: „Eine Unternehmung hat dabei die Wahl zwischen unterschiedlichen Erschließungsdesigns, die sich hinsichtlich des Eigentumsanteils oder auch des Integrationsgrades unterscheiden. Während es auf der einen Seite möglich ist, Märkte vollständig über unternehmenseigene Institutionen (Integration) zu erschließen, können auf der anderen Seite diese auch über unternehmensfremde Institutionen bedient werden (externer Partner). Es wird nun das Erschließungsdesign gewählt, das die Summe aus Produktions- und Transaktionskosten (alle Kosten zur Erreichung der Marktpräsenz des angestrebten Produktes auf dem Zielmarkt) minimiert. Können diese Transaktionen bei konstanten Produktionskosten intern ‚billiger' vollzogen werden als über den Markt, so wird internalisiert (Tochtergesellschaft, direkter Export über Generalvertretung oder Repräsentanz). Anderenfalls bietet sich der Weg über einen Partner (indirekter Export oder Lizenzvergabe) an. Zwischenformen sind ebenfalls möglich, bei denen nur eine teilweise Integration der Transaktionen vorgenommen wird. Beispielhaft sei hier das Joint Venture genannt, das aufgrund der Kapitalbeteiligung Elemente sowohl des internationalisierenden Unternehmens als auch des externen Partners in sich vereinigt" (Backhaus/Voeth 2010, S. 194f.).

Diese Überlegungen leiten über zu einer Verknüpfung der Transaktionskosten-Perspektive bzw. **institutionenökonomischen Perspektive** mit den in Abbildung 4.1 herangezogenen Kriterien Wertschöpfungsschwerpunkt und Kapitaltransfer. Die Transaktionsformen **Markt** und **Integration** sind als Pole eines Kontinuums zu betrachten, zwischen denen vielfältige Formen **kooperativer Transaktionen** bzw. kooperativer Operationen liegen. Abbildung 4.3 zeigt ein „**Transaktionsformen-Band**", das von links nach rechts einen zunehmenden Internalisierungsgrad bzw. von rechts nach links einen zunehmenden Externalisierungsgrad aufweist (vgl. Zentes/Swoboda/Morschett 2004, S. 241ff. und die dort angegebene Literatur, insbesondere Weder 1989).

Abbildung 4.3: Transaktionsformen-Band

Externalisierung		Internalisierung
Markt	Kooperation	Integration (Hierarchie)

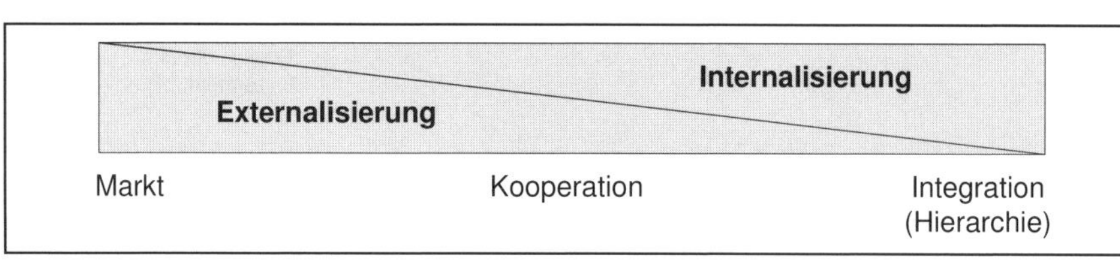

Legt man dieses Typenband als Systematisierungsansatz der Betätigungsformen zu Grunde, so lassen sich z.B. die Errichtung von Tochtergesellschaften und die Akquisition als integrative bzw. hierarchische Formen einstufen. Diese direktinvestiven Engagements ermöglichen dem Unternehmen den größtmöglichen Einfluss auf die Steuerung der Aktivitäten in den ausländischen Märkten; sie sind jedoch mit entsprechenden Risiken verbunden, so Kapitalrisiken.

Equity Joint Ventures, Lizenzierung, Management Contracting und Franchising stellen kooperative Formen der Marktoperationen dar. Während Equity Joint Ventures stets mit Kapitaltransfer, in Abhängigkeit von dem Ausmaß der Beteiligung an dem neu zu errichtenden Unternehmen im Ausland, verbunden sind, handelt es sich bei den anderen, hier beispielhaft erwähnten, Varianten um **kontraktuelle Arrangements** (auch als **Joint Ventures** bezeichnet). Den Vorteilen dieser Betätigungsformen in ausländischen Märkten, die wesentlich in den geringen Risiken begründet sind, da gerade kein Kapitaltransfer stattfindet, sind – wie im Folgenden noch zu zeigen ist – die Transaktionskosten gegenüberzustellen, die insbesondere aus der Koordination der Vertragspartner resultieren.

Als **marktliche Transaktionsform** im institutionenökonomischen Sinne kann der Export eingestuft werden, so bei **indirektem Export**, bei dem im Stammland (Inland) eine Einschaltung von Absatzmittlern in Form von Außenhandelsunternehmen erfolgt, aber auch bei direktem Export, sofern in den ausländischen Märkten Absatzmittler eingeschaltet werden, welche die Marktbearbeitung in diesen Märkten (weit gehend autonom) realisieren. Insofern handelt es sich hierbei um eine Betätigungsform, bei der die Marktbearbeitung externalisiert wird. Dieser Fall zeigt zugleich eine enge Wechselbeziehung zwischen den Betätigungsformen und den **Freiheitsgraden** der Marktbearbeitung. Aus institutionenökonomischer Betrachtungsweise ist der Export dann als eine integrative Betätigungsform einzustufen, wenn die Bearbeitung der ausländischen Märkte – unabhängig von der inhaltlichen Ausgestaltung – vom Stammland aus erfolgt. Dies kann als eine Vorstufe von Repräsentanzen (im Ausland) oder vertriebsorientierten Tochtergesellschaften betrachtet werden.

II. Betätigungsformen mit inländischem Wertschöpfungsschwerpunkt

1. Export als Grundform des Internationalen Marketing

a) Vorüberlegungen und Ausprägungen

Export, meist auch als eine **Grundform des Außenhandels** (neben Import und Transithandel) bezeichnet (Jahrmann 2010, S. 21), ist die traditionelle Ausprägung einer absatzmarktorientierten Internationalisierung von Unternehmen[1]:

> *Export (Ausfuhr) bezeichnet die grenzüberschreitende Bereitstellung von wirtschaftlichen Leistungen (Waren- und Dienstleistungen) an das Ausland. „Der Export von Dienstleistungen wird auch als aktiver Dienstleistungsverkehr bezeichnet" (Jahrmann 2010, S. 21).*

Die zunehmende Bedeutung der Exporte für die Weltwirtschaft verdeutlicht Tabelle 4.1. Dieser Bedeutungsanstieg ist wesentlich zurückzuführen auf die erfolgreichen Liberalisierungsbemühungen, so der **World Trade Organization** (WTO) auf globaler Ebene und bspw. der **Europäischen Union** (EU) auf regionaler Ebene (vgl. Morschett/Schramm-Klein/Zentes 2010, S. 95ff.).

Tabelle 4.1: Entwicklung der Weltexporte (Warenhandel) von 1980 bis 2011 (in Mrd. USD)

Jahr	Welt	Europa	Asien	Afrika
1983	1.838	800	351	83
1993	3.676	1.669	959	92
2003	7.377	3.386	1.933	177
2011	17.816	6.610	5.541	588

Quelle: WTO International Trade Statistics 2012.

---

[1] Vgl. zu einem historischen Abriss Zentes/Swoboda/Morschett 2004, S. 9ff. und die dort angegebene Literatur.

Zugleich ist (siehe Abbildung 4.4) ein wesentlich stärkeres Wachstum des Welthandels im Vergleich zur Weltproduktion festzustellen, was auf die zunehmende **Cross-Border-Wertschöpfung** international operierender Unternehmen zurückzuführen ist (vgl. Zentes/Swoboda/Morschett 2004, S. 3ff.).

Abbildung 4.4: Entwicklung des Welthandels (Exporte) im Vergleich zur Weltproduktion seit 1981 (Wachstum in Prozent)

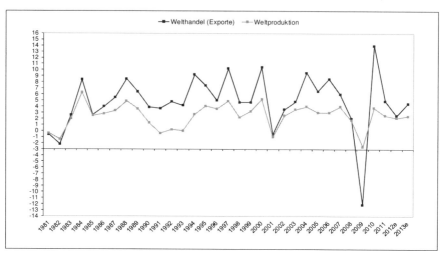

Quelle: WTO International Trade Statistics 2012.

Aus der Perspektive der Betätigungsformen ist die Unterscheidung in **direkten Export** und **indirekten Export** von zentraler Bedeutung, auf die im nachfolgenden Abschnitt näher eingegangen wird. Der **Transithandel**, bei dem grenzüberschreitende wirtschaftliche Leistungen (meist begrenzt auf den Warenhandel) durch einen ausführenden Transithändler erfolgen, der seinen Sitz weder im Exportland noch im Importland hat (Jahrmann 2010, S. 21), wird im Zusammenhang mit **Außenhandelsunternehmen** angesprochen.

Von Relevanz sind neben den Grundformen des Exports, im Sinne von direktem und indirektem Export, **Kompensationsgeschäfte** bzw. Gegengeschäfte (Countertrade), „bei denen sich zwei oder mehrere Geschäftspartner verpflichten, Waren oder Dienstleistungen ganz oder teilweise gegen Waren oder Dienstleistungen auszutauschen bzw. wechselseitig Waren oder Dienstleistungen abzunehmen oder für ihre Abnahme zu sorgen" (Fantapié Altobelli 2004, S. 85). Auf diese Formen des „**internationalen Tauschhandels**" wird ebenfalls im Folgenden näher eingegangen, da sie z.B. für Exporttransaktionen von High-Tech-Produkten in Entwicklungsländer, welche diese mit Rohstoffen oder Naturprodukten „bezahlen", relevant sind.

b) Direkter und indirekter Export

Die Grundformen des direkten und des indirekten Exports unterscheiden sich dadurch, ob die Einschaltung eines Absatzmittlers (**Zwischenhändlers**) im Inland erfolgt oder nicht:

> *Beim direkten Export ist im Inland kein Zwischenhändler eingeschaltet, d.h., ein Unternehmen verkauft unmittelbar ins Ausland. Beim indirekten Export wird dagegen ein Zwischenhändler im Inland eingeschaltet.*

Indirekter Export

Die beiden genannten Betätigungsformen unterscheiden sich in den betrieblichen Operationen fundamental. So tätigt im Falle des ausschließlichen indirekten Exports ein Unternehmen letztlich nur **Inlandstransaktionen**; die eigentliche Exportaktivität, so bezüglich administrativer, zoll-, versicherungs- und währungstechnischer Fragen u.Ä., sowie die Bearbeitung der ausländischen Märkte wird „outgesourct". Insofern handelt es sich um eine marktliche Transaktionsform im institutionenökonomischen Sinne (siehe Abbildung 4.5).

Abbildung 4.5: Struktur des indirekten Exports

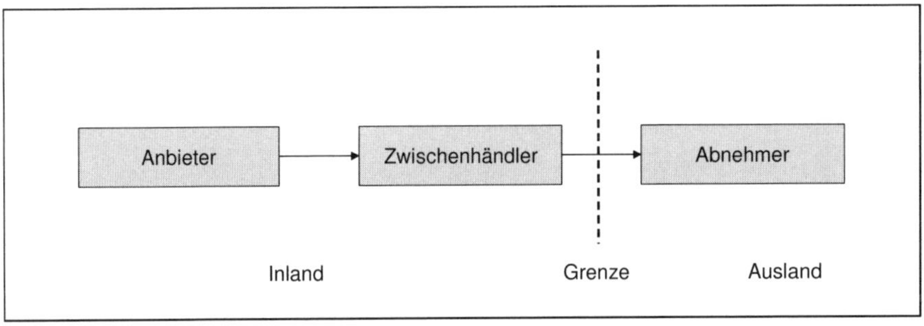

```
┌─────────────────────────────────────────────────────────────┐
│                                  ¦                          │
│   ┌──────────┐    ┌──────────────┐¦   ┌──────────┐          │
│   │ Anbieter │───▶│Zwischenhändler│──▶│ Abnehmer │          │
│   └──────────┘    └──────────────┘¦   └──────────┘          │
│                                  ¦                          │
│       Inland              Grenze            Ausland         │
└─────────────────────────────────────────────────────────────┘
```

Quelle: in Anlehnung an Jahrmann 2010, S. 53.

Der inländische Zwischenhändler (Intermediär) kann dabei in zahlreichen Erscheinungsformen auftreten, so als inländisches Exporthandelsunternehmen oder als eine Niederlassung eines internationalen Handelshauses (z.B. eines **Generalhandelshauses**). Charakteristisch für diese Betätigungsform ist der Aspekt der Marktkenntnis des Handelspartners: „Häufig zeichnen sich diese Handelsunternehmen durch eine spezielle Markt- oder Branchenkenntnis aus. Dadurch wird gewährleistet, dass das Unternehmen mit Berücksichtigung der örtlichen juristischen, wirtschaftlichen und kulturellen Gegebenheiten bei geringem finanziellen Engagement einen schnellen Zugang zum Zielmarkt findet" (Helm 2004, S. 54). Der Aspekt der Marktkenntnis ist zugleich Ausdruck der Wahl einer Betätigungsform auf ausländischen Märkten, die aus einer ressourcenorientierten Betrachtungsweise (Inside-Outside-Perspektive) resultiert: Nicht oder nur begrenzt vorhandene Kompetenzen legen eine derartige Option nahe.

Ist die Einschaltung eines Zwischenhändlers nicht auf eine einzelne Transaktion ausgerichtet, sondern eher langfristig angelegt, was in derartigen Fällen meist der Fall ist, dann kann diese Form auch als eine „**vertikale Unternehmenskooperation**" bezeichnet werden (Helm 2004, S. 54). Dies zeigt auch den eher fließenden Übergang zwischen marktlichen und kooperativen Transaktionsformen.

Exportgemeinschaften

Als horizontale Formen einer exportorientierten Unternehmenskooperation (**Exportkooperation**) können Exportgemeinschaften betrachtet werden, auch als Exportkartelle, -konsortien oder -syndikate bezeichnet (Zentes/Swoboda/Morschett 2004, S. 643ff.).

Sie werden hier im Rahmen des indirekten Exports betrachtet; es existieren jedoch auch Exportgemeinschaften, die ausschließlich in einem Zielmarkt oder in den Zielmärkten aktiv sind, so zur Geschäftsanbahnung, aber auch zum Exportabschluss, bei denen jedoch die eigentlichen grenzüberschreitenden Aktivitäten des Exports bei den Unternehmen aus dem Herkunftsland verbleiben, d.h., die insofern direkten Export praktizieren.[1]

Der Umfang der Leistungen der Exportgemeinschaften reicht von einzelnen bis hin zu allen Exportaktivitäten für die kooperierenden Unternehmen; sie können im eigenen Namen (der Exportgemeinschaft) oder in dem des jeweiligen Mitglieds erfolgen (Albaum/Duerr 2011, S. 459f.). Unternehmen gehen diese Kooperationen ein, um die mit Exporten verbundenen Kosten und Risiken zu reduzieren und Markteintrittsbarrieren im Ausland zu überwinden (Belew 2000, S. 171). Hier arbeiten oft mehrere Hersteller mit absatzmäßig komplementären Produkten zur Durchführung des Exports in bestimmte Länder über ein gemeinschaftlich getragenes **Exportbüro** zusammen. Die Möglichkeit der Gründung von Exportgemeinschaften mit anderen am Export interessierten Herstellern eignet sich insbesondere für Unternehmen, die sich teure eigene Exportorganisationen „nicht leisten" können (z.B. mittelständische Unternehmen) oder wollen, weil sie nur sporadisch exportieren (Mahefa 1998, S. 531).

Die Exportkooperationen lassen sich – wie in Abbildung 4.6 dargestellt – gliedern; dies gilt analogerweise für Importkooperationen.

Abbildung 4.6: Intensitätsstufen der Export- und Importkooperationen

Exportkooperationsformen	Importkooperationsformen
• Exportgemeinschaft einfacher Stufe: Einzelne Exportaufgaben werden in Zusammenarbeit wahrgenommen. • Exportgemeinschaft höherer Stufe: Sowohl die Akquisition als auch die Abwicklung von Exportgeschäften werden in Kooperation wahrgenommen. • Exportkartell: Vereinbarung zwischen Unternehmen, um einen Wettbewerbsvorteil zu erreichen.	• Import/Einkaufskooperationen: Sie bestehen häufig in Form einer Einkaufsgenossenschaft bzw. Einkaufsverbundgruppe. Die Organisation und Bezahlung der Einkäufe wird von der Kooperationszentrale wahrgenommen (Zentralregulierung). • Import-/Einkaufskartell: Grundlage ist eine Vereinbarung über den gemeinsamen Einkauf von Waren. Meist besteht eine Verpflichtung zum Warenbezug (Kartellzwang).

Quelle: Büter 2010, S. 111.

Direkter Export

Der direkte Export ist durch eine unmittelbar grenzüberschreitende Tätigkeit eines Unternehmens gekennzeichnet. Bezüglich der Distribution in dem ausländischen Markt – und damit auch weiter gehend der Marktbearbeitung – kann weiterhin danach differenziert werden, ob diese über eigene Organe oder durch Einschaltung fremder Organe erfolgt. Schematisch ist die Struktur des direkten Exports in Abbildung 4.7 dargestellt.

---

[1] Zur Vermeidung von Wiederholungen werden Exportgemeinschaften jedoch nur an dieser Stelle erörtert.

Abbildung 4.7: Struktur des direkten Exports

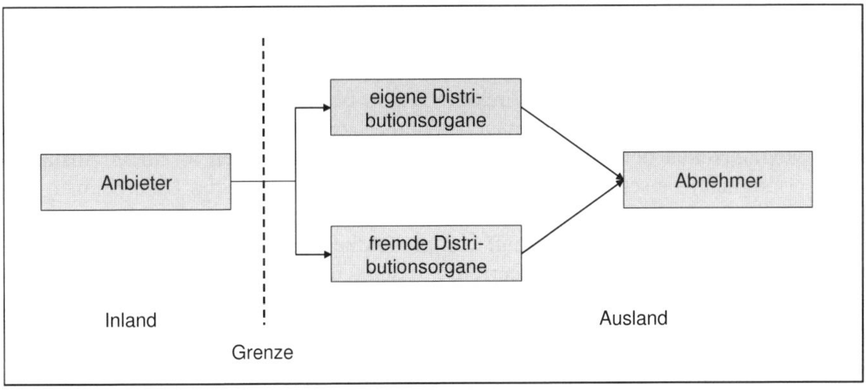

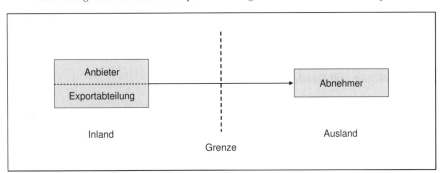

Quelle: in Anlehnung an Jahrmann 2010, S. 51.

Das Spektrum der möglichen eigenen und fremden Distributions- bzw. Verkaufsorgane ist breit. Es reicht mit Bezug auf die eigenen Organe von fest angestellten Auslandsreisenden bis zu (stationären) Verkaufsrepräsentanzen oder Exportniederlassungen bzw. Vertriebsgesellschaften.[1] Wie bereits erwähnt, ist gleichermaßen eine im Inland ansässige Exportabteilung, von der aus die Bearbeitung (einschließlich der distributiven Versorgung) der ausländischen Märkte erfolgt, als eine Form des direkten Exports einzustufen, da die grenzüberschreitenden Aktivitäten, die für die Zuordnung zum direkten Export konstitutiv sind, von dem betrachteten Unternehmen realisiert werden (siehe Abbildung 4.8).

Die fremden Distributions- bzw. Verkaufsorgane umfassen im Ausland ansässige Großhändler (z.B. in Form von Importhändlern, Niederlassungen internationaler Handelshäuser), Importgemeinschaften wie gleichermaßen die **Handelsmittler**, auf die an späterer Stelle näher eingegangen wird.

Abbildung 4.8: Inländische Exportabteilung als Basis des direkten Exports

Die Einschaltung eines ausländischen Handelshauses, dem die Marktbearbeitung vollständig übertragen wird, stellt gleichermaßen ein Outsourcing dar; bei dem betrachteten Exporteur verbleiben dann nur die administrativ-technischen Aufgaben der grenzüber-

---

[1] Exportniederlassungen können auch als integrative Betätigungsform eingestuft werden, so bei rechtlich selbstständigen Tochter- bzw. Vertriebsgesellschaften, die mit Kapitaltransfer verbunden sind.

schreitenden Tätigkeiten. Insofern kann diese Form des direkten Exports auch als eine marktliche Transaktion eingestuft werden (Zentes/Swoboda/Morschett 2004, S. 639).

Vergleich der Exportformen

Im Vergleich von indirektem und direktem Export besteht der Hauptunterschied darin, dass die direkte Variante – bei eigenen Verkaufs- bzw. Distributionsorganen – weitaus mehr Möglichkeiten der Einflussnahme auf das Marktgeschehen in einem Auslandsmarkt ermöglicht; sie setzt aber zugleich Ressourcen voraus, die das Unternehmen aufbringen muss, und vorhandene Kompetenzen. Die Auswahl zwischen diesen beiden Formen des Exports hängt gesamthaft von produktbezogenen Faktoren (z.B. Problemlosigkeit (Seriengüter) und Serviceerfordernissen), unternehmensbezogenen Faktoren (z.B. Kapitalausstattung, Auslands-Know-how) und auslandsmarktbezogenen Faktoren (z.B. Konkurrenzsituation, Distributionswege) ab.

Einen Vergleich der Exportformen zeigt Abbildung 4.9 (vgl. auch Jahrmann 2010, S. 55 und Benkenstein/Stephan 2004, S. 364).[1]

Abbildung 4.9: Vergleich der Exportformen direkter und indirekter Export nach Helm

Vor- bzw. Nachteile der Marktschließung durch die Strategie:	Direkter Export	Indirekter Export
Exogene Faktoren:		
Schneller Markteintritt	+	+
Schnelle Multiplikation von Produkterfolgen	-	+
Gezielte Aufwertung des Absatzprogramms	-	o
Gute Abschöpfung des Marktvolumens	-	+
Endogene Faktoren:		
Höhere Koordinationskosten im Zeitablauf	-	+
Hohe Kontrolle und Einflussmöglichkeiten	+	-
Gefahr des Kompetenzverlustes bei Wettbewerbsvorteilen	-	+
Internalisierung der Erträge	+	-
Verminderter personeller Ressourceneinsatz	-	+
Einhaltung der strategischen Flexibilität	+	+
+ : gegeben; - : nicht gegeben; o : keine Aussage möglich		

Quelle: in Anlehnung an Helm 2004, S. 55.

2. Absatzmittler und Handelsmittler

Die Unterscheidung zwischen direktem und indirektem Export verdeutlicht bereits die Stellung, die Absatzmittler im Außenhandel einnehmen. Sie stellen wirtschaftlich und rechtlich **selbstständige Organe** dar, im Regelfall auf der Großhandelsebene. So war es der **Exporthandel**, „der im 19. Jahrhundert der Industrie den Weg auf die Märkte der Welt ebnete. Noch heutzutage führen die Händler mehr als 28% der Exporte für die Industrie durch. Aber auch diese amtlichen Zahlen stellen das Licht der Ausfuhrhäuser noch unter den Scheffel. Die genannte Zahl enthält nämlich nicht die Umsätze, die der Exporthändler nicht als Eigenhändler, sondern als Vertreter deutscher Industrieunternehmen bewirkt. Auch die Geschäfte, die von den im Ausland selbstständig operieren-

---

[1] Auf die Determinanten der Wahl der Betätigungsform wird in Abschnitt C. dieses Kapitels näher eingegangen.

den Tochterfirmen direkt mit der deutschen Industrie getätigt werden [...], sind darin nicht enthalten" (Müller/Nagel 2004, S. 103f.).

Damit wird zugleich die Abgrenzung zu **Handelsmittlern** angesprochen, die keine selbstständige Handelsstufe („im eigenen Namen und für eigene Rechnung") darstellen. Im Außenhandel sind dies (Jahrmann 2010, S. 83ff.):

- der Auslandsagent oder CIF-Agent
- der Handelsmakler
- der Einkaufs- und der Verkaufskommissionär.

General- oder Universalhandelshäuser

Die Außenhandelsunternehmen in Form der hier im Vordergrund stehenden Exporthandelshäuser sind in den ausländischen Absatzmärkten umfänglich vertreten. „Hierbei stützen sie sich auf über Jahrzehnte aufgebaute, weit gespannte Vertriebsnetze vor Ort. [...] Die Absatz- und Kundendienstorganisation auf ausländischen Märkten wird für eine große Zahl von namhaften deutschen Industrieunternehmen nicht direkt, sondern durch den Exporthändler wahrgenommen. Der Exporthandel erspart so der Industrie nicht nur eigene lückenlose Absatz- und Kundendienstorganisationen auf den Auslandsmärkten, sondern er übernimmt darüber hinaus Risiken sowie fixe Kosten, beteiligt sich an bestimmten Projekten auch mit eigenem Kapital und stellt Fachkräfte für den After-Sales-Service im Zielmarkt" (Müller/Nagel 2004, S. 104f.).

Die Exporthändler sind auch maßgeblich in die Finanzierung von Exportgeschäften eingeschaltet (Müller/Nagel 2004, S. 107): „Die Fähigkeit, dem Kunden die jeweilig ortsüblichen Zahlungsziele einzuräumen und Finanzierungsmöglichkeiten anbieten zu können, wird von vielen Exporthändlern als unabdingbare Voraussetzung für den geschäftlichen Erfolg auf den Auslandsmärkten angesehen. Das spezielle Know-how, das nötig ist, um eine Finanzierung gerade auch auf schwierigen Absatzmärkten zu realisieren, wird von den Exporteuren denjenigen Herstellern zur Verfügung gestellt, die selbst nicht über die nötige Erfahrung oder die nötigen Finanzmittel zur eigenständigen Export-Durchführung verfügen". Eine weitere Aufgabe, die i.d.R. auch mit Finanzarrangements verbunden ist, stellt die Federführung in einem Lieferkonsortium (**Konsortialführer**) bzw. die Funktion als „**general contractor**" dar, so die Zusammenfassung mehrerer Lieferanten zur Erstellung einer kompletten Anlage (Müller/Nagel 2004, S. 108).

Neben diesen Basisdienstleistungen im Bereich des Handels haben insbesondere die japanischen (**Sogo Shosha**) und die koreanischen Generalhandelshäuser (**Chaebol**) weiter gehende Funktionen übernommen, so im Bereich der Ressourcenerschließung, des Technologietransfers usw.; sie haben sich zu komplexen **Konglomeraten** entwickelt (vgl. hierzu Eli 1988; Dolles/Hilpert 2002). Abbildung 4.10 zeigt bedeutende japanische und koreanische Handelshäuser.

Abbildung 4.10: Bedeutende japanische (Sogo Shosha) und koreanische (Chaebol) Handelshäuser

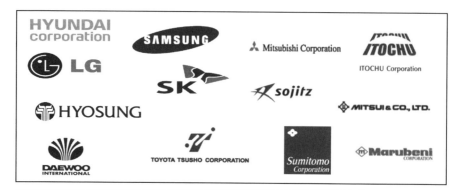

Sogo Shosha: Mitsubishi

Die Mitsubishi Corporation ist mit mehr als 200 Büros in Tochtergesellschaften in etwa 90 Ländern das größte der japanischen Generalhandelshäuser (Sogo Shosha) und zugleich ein Teil des Mitsubishi-Keiretsu. In einem Verbund von über 500 Konzerngesellschaften beschäftigt die Mitsubishi Corporation weltweit knapp 60.000 Mitarbeiter.

Gestützt auf ein weltweites Netz an Tochtergesellschaften und Beteiligungen beschränkt sich die Geschäftätigkeit des Konzerns nicht auf reine Handelsaktivitäten in diversen Branchen, sondern es wird darüber hinaus eine Vielzahl an unterstützenden und beratenden Dienstleistungen angeboten. Die Mitsubishi Corporation ist in acht Geschäftsfelder gegliedert, die in ihrem jeweiligen Bereich in Unternehmen und Projekte investieren und mithilfe des in langjähriger Erfahrung aufgebauten Know-hows und der starken finanziellen Basis Dienstleistungen wie Informations-, Finanz- oder Logistik-Leistungen zur Verfügung stellen (siehe Abbildung 4.11). Zudem unterstützt die Corporate Staff Section alle Geschäftsfelder durch Management-Leistungen.

Abbildung 4.11: Geschäftsfelder der Mitsubishi Corporation

Industrial Finance, Logistics & Development Group	• Asset Finance & Business Development Division • Real Estate Development & Construction Division • Logistics Division
Energy Business Group	• Natural Gas Business Division A • Natural Gas Business Division B • Petroleum Business Division • Carbon & LPG Business Division
Metals Group	• Steel Business Division • Ferrous Raw Materials Division • Non-Ferrous Metals Division
Machinery Group	• Plant & Engineering Business Division • Industrial Machinery Business Division • Ship & Aerospace Division • Motor Vehicle Business Division • Isuzu Business Division
Chemicals Group	• Commodity Chemicals Division A • Commodity Chemicals Division B • Functional Chemicals Division • Life Sciences Division

Living Essentials Group	• Retail & Healthcare Division • Foods (Commodity) Division • Foods (Products) Division • Textiles Division • General Merchandise Division
Business Service Group	• IT Service Business Division
Global Environment & Infrastructure Business Development Group	• New Energy & Power Generation Division • Environment & Infrastructure Business Division

Quelle: www.mitsubishicorp.com, Abrufdatum: 03. März 2013.

Auslandsagenten

Von den vielfältigen Erscheinungsformen der Handelsmittler im Außenhandel soll beispielhaft der Auslandsagent bzw. **Außenhandelsvertreter** kurz charakterisiert werden, da er insbesondere im direkten Export eine wichtige Stellung einnimmt, so als (fremdes) Distributionsorgan im Auslandsmarkt. Der Auslandsagent wird „in fremdem Namen und für fremde Rechnung" tätig; es handelt sich um einen Gewerbetreibenden oder um eine juristische Person, der/die ständig für ein anderes Unternehmen Geschäfte vermittelt oder abschließt. Im ersten Fall wird der Außenhandelsvertreter nur als **Vermittlungsagent** tätig, sodass das Geschäft erst mit der Zustimmung des Exporteurs rechtswirksam wird; im zweiten Fall dagegen ist er ein **Abschlussagent**, sodass der Geschäftsabschluss sofort bindend wird (Jahrmann 2010, S. 84). Die Vertragsstruktur bei Einschaltung eines Auslandsagenten zeigt schematisch Abbildung 4.12.

Abbildung 4.12: Vertragsstruktur bei Einschaltung eines Auslandsagenten

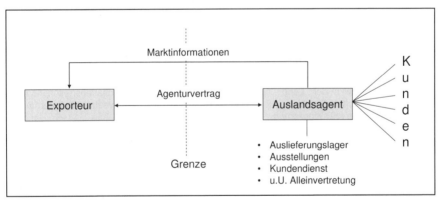

Quelle: Jahrmann 2010, S. 84.

3. Kompensationshandel

Kompensationsgeschäfte spielen im Welthandel nach wie vor eine bedeutende Rolle. Trotz divergierender Schätzungen bezüglich des wertmäßigen Anteils, die im Wesentlichen auf unterschiedliche Abgrenzungen zurückzuführen sind, wird mittlerweile von einem Anteil von 20 bis 25% ausgegangen. „In den vergangenen 20 Jahren konnte eine kontinuierliche Steigerung des Kompensationshandels verzeichnet werden. Als Hauptgründe sind insbesondere die internationale Verschuldungskrise wie auch die politische und wirtschaftliche Umwälzung in den osteuropäischen Staaten zu nennen" (Fantapié Altobelli 2004, S. 85).

Die Ziele von Kompensationsgeschäften können finanzpolitischer, beschaffungspolitischer, absatzpolitischer und wirtschaftspolitischer Natur sein. Von den vielfältigen Erscheinungsformen zeigt Abbildung 4.13 die wichtigsten Merkmale der sog. **Handelskompensationen.**

Abbildung 4.13: Merkmale der Handelskompensationen

Formen	Gestaltungsmerkmale	Besonderheiten
Barter-Geschäft	• ein einziger Vertrag für beide Teilgeschäfte • zeitgleiche Abwicklung von Kauf und Gegenkauf • reiner Gütertausch ohne Zahlungsströme • Vollkompensation • keine Einschaltung von Dritten	• keine Euler-Hermes-Absicherung möglich[1]
Kompensationsgeschäft i.e.S.	• ein einziger Vertrag für beide Teilgeschäfte • Fakturierung in einer vereinbarten Währung • getrennte Güter- und Zahlungsströme • Voll-, Teil- oder Überkompensation • Einschaltung von Dritten möglich	• keine Euler-Hermes-Absicherung möglich; u.U. Kreditversicherung oder Finanzierung durch Banken, da Geldforderungen vorliegen
Parallelgeschäft	• zwei getrennte Verträge • Fakturierung in einer vereinbarten Währung • getrennte Güter- und Zahlungsströme • Voll-, Teil- oder Überkompensation • zeitgleiche Abwicklung oder nachgelagerter Gegenkauf • Einschaltung von Dritten möglich	• Euler-Hermes-Absicherung möglich • einfachere Abwicklung durch Unabhängigkeit der Verträge
Junktimgeschäft	• wie Parallelgeschäfte, mit dem Unterschied, dass der Gegenkauf zeitlich vorgezogen wird	• Versorgung des Geschäftspartners mit den erforderlichen Devisen

[1] Vgl. hierzu im Einzelnen www.agaportal.de.
Quelle: in Anlehnung an Fantapié Altobelli 2004, S. 93.

Kompensationsgeschäft: MAN Ferrostaal investiert in Südafrika

Die Essener MAN Ferrostaal baut am Kap Werften für Förderplattformen für Öl und Gas, die ersten ihrer Art in dem Land. Die Projekte sind Teil eines Kompensationsgeschäfts mit der südafrikanischen Regierung. Experten rechnen mit Milliardeninvestitionen internationaler Konzerne in die Ölforderung.

Wenn es nach Klaus Lesker geht, wird die afrikanische Ölindustrie in Kürze ein neues Servicezentrum haben: Südafrika. Lesker sitzt im Vorstand der Essener MAN Ferrostaal, einem Anbieter von Industriedienstleistungen. Kürzlich gab er den Startschuss für zwei Großprojekte in Kapstadt und an der südafrikanischen Westküste. MAN Ferrostaal wird dort die ersten Werften des Landes zur Montage und Reparatur von Öl- und Erdgas-Förderplattformen errichten. „Das Projekt gibt der südafrikanischen Wirtschaft die Möglichkeit, sich in der expandieren Öl- und Gas-Industrie in Afrika zu engagieren", sagt Lesker.

Die Öllagerstätten in Afrika machen bis zu zehn Prozent der weltweit bekannten Vorkommen aus. Branchenschätzungen zufolge werden internationale Konzerne in den nächsten fünf Jahren bis zu 100 Mrd. Dollar in die Förderung vor der Küste Westafrikas stecken. Die USA wollen künftig mehr Öl und Gas aus dieser Region beziehen, um weniger abhängig vom Nahen Osten zu sein.

Die beiden Projekte der MAN Ferrostaal am Kap sind Teil eines so genannten Kompensationsgeschäfts mit der südafrikanischen Regierung. Als Mitglied des deutschen U-Boot-Konsortiums, zu dem auch die Howaldtswerke Deutsche Werft AG und die Nordseewerke gehörten, hatte MAN Ferrostaal 2000 drei U-Boote vom Typ U 209 nach Südafrika geliefert. Den Steuerzahlern der Kaprepublik hatte die Regierung die immerhin rund 800 Mio. Euro teure Anschaffung mit einer speziellen Vertragsklausel schmackhaft gemacht: Das

B. Spektrum der Betätigungsformen 239

> Konsortium musste sich verpflichten, dieselbe Summe, die es für die U-Boote erhält, in die südafrikanische Wirtschaft zu investieren. MAN Ferrostaal hatte es übernommen, diese Verpflichtung für die liefernden Unternehmen zu erfüllen. Seitdem hat das Unternehmen seine Vertragsauflagen mit verschiedenen kleineren Projekten abgestottert. So sanierte es in Südafrika mehrere Teeplantagen und errichtete eine Recyclinganlage sowie ein Call-Center. Die beiden Werft-Projekte sind das bislang umfangreichste Kompensationsgeschäft für MAN Ferrostaal.
>
> Zunächst errichtet das Unternehmen auf einem rund 220.000 Quadratmeter großen Gelände in Saldanha Bay, rund 100 Kilometer nördlich von Kapstadt, eine Werft zur Montage neuer Offshore-Plattformen. Der Hafen dient bislang vor allem der Verschiffung von Eisenerz aus der Kalahariwüste. Die neue Werft wird MAN Ferrostaal nach Fertigstellung an einen südafrikanischen Projektpartner übergeben, der sich um den Betrieb kümmert.
>
> In einem zweiten Projekt will MAN Ferrostaal außerdem eine Wartungs- und Servicestation für Öl- und Gasplattformen im Hafen von Kapstadt errichten. Beide Projekte zusammen werden rund 30 Mio. EUR kosten. Nach Angaben des Konzerns gibt es in Afrika bislang keine vergleichbaren Werften zur Neuproduktion von Plattformen – die Geräte dafür müssen aus Werften in Asien, Nordamerika und Europa an ihren Einsatzort geschleppt werden. Und selbst die sind angesichts der weltweit steigenden Nachfrage nach Öl und Gas auf Jahre ausgebucht.
>
> Bei der Infrastruktur für Wartung und Umrüstung sieht es nicht besser aus: In die Werkstatt kommen die afrikanischen Plattformen meist in Europa, den USA, Dubai oder Singapur. Und jeder Tag, an dem eine Plattform auf dem Meer unterwegs ist, statt zu fördern, kostet die Eigentümer bis zu 500.000 Dollar.
>
> *Quelle: www.handelsblatt.com, 11. Juni 2007.*

Abbildung 4.14 stellt die formale Struktur eines Parallelgeschäftes dar, bei dem ein Handelsunternehmen (ggf. in einem Drittland) eingeschaltet ist, das die Kompensationsware (sog. „Weichware") abnimmt und veräußert.

Abbildung 4.14: Struktur eines Parallelgeschäftes bei Einschaltung eines Handelshauses

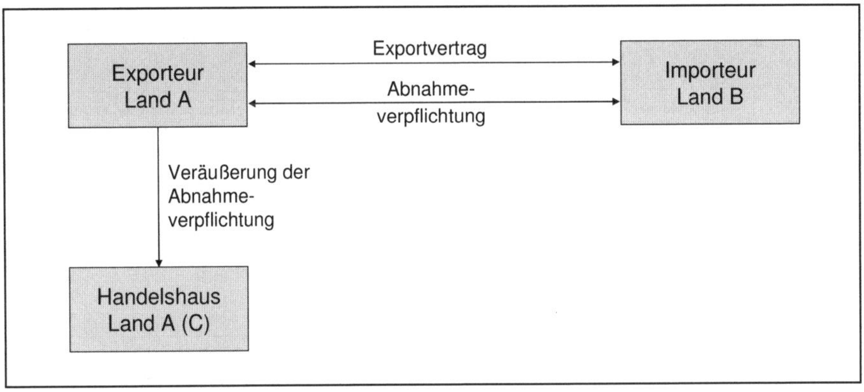

```
┌─────────────────────────────────────────────────────────────┐
│                         Exportvertrag                        │
│   ┌──────────┐ ◄───────────────────────────► ┌──────────┐   │
│   │ Exporteur│         Abnahme-              │ Importeur│   │
│   │ Land A   │ ◄───────verpflichtung────────►│ Land B   │   │
│   └────┬─────┘                               └──────────┘   │
│        │ Veräußerung der                                    │
│        │ Abnahme-                                           │
│        │ verpflichtung                                      │
│        ▼                                                    │
│   ┌──────────┐                                              │
│   │Handelshaus│                                             │
│   │Land A (C) │                                             │
│   └──────────┘                                              │
└─────────────────────────────────────────────────────────────┘
```

Quelle: in Anlehnung an Jahrmann 2010, S. 78.

In Abbildung 4.14 drückt sich (implizit) die absatzpolitisch motivierte Struktur dieses Kompensationsgeschäftes aus. Der Exporteur, z.B. ein Maschinenbauhersteller, ist am Zustandekommen des Grundgeschäftes interessiert, das er in Form eines direkten Exports abwickelt. Die Bezahlung erfolgt durch Kompensationsware, die letztlich ein Kompensationshändler abnimmt, dessen Kernkompetenz in der Vermarktung derartiger

Produkte weltweit liegt. Seine Einschaltung ist erforderlich, da der Exporteur z.B. nicht über derartige Möglichkeiten verfügt.[1]

Abbildung 4.15 zeigt abschließend die Bedeutung des Exports als Aktivitätsform deutscher Unternehmen im Ausland.[2] Abbildung 4.16 gibt einen Überblick über neuere Studien zu den Erfolgsfaktoren exportierender Unternehmen.

Abbildung 4.15: Aktivitätsformen deutscher Unternehmen im Ausland

Aktivitätsform	2012	2011	2010
Export von Deutschland	92,4 %	91,2 %	90,7 %
Import nach Deutschland	50,6 %	51,3 %	51,7 %
Selbstständiger Kooperationspartner	37,9 %	37,3 %	40,6 %
Sourcing/Einkauf für Deutschland	35,1 %	31,3 %	39,9 %
Repräsentanz/Vertriebsbüro	25,2 %	29,2 %	33,1 %
Tochterunternehmen/Niederlassung	28,8 %	28 %	29,6 %
Forschung & Entwicklung	17,2 %	17,3 %	15,6 %
Joint Venture/Allianz	13,3 %	14,4 %	12,4 %
E-Commerce	10,9 %	10,1 %	9,7 %
Einkaufsbüro	10,8 %	9,7 %	13,2 %

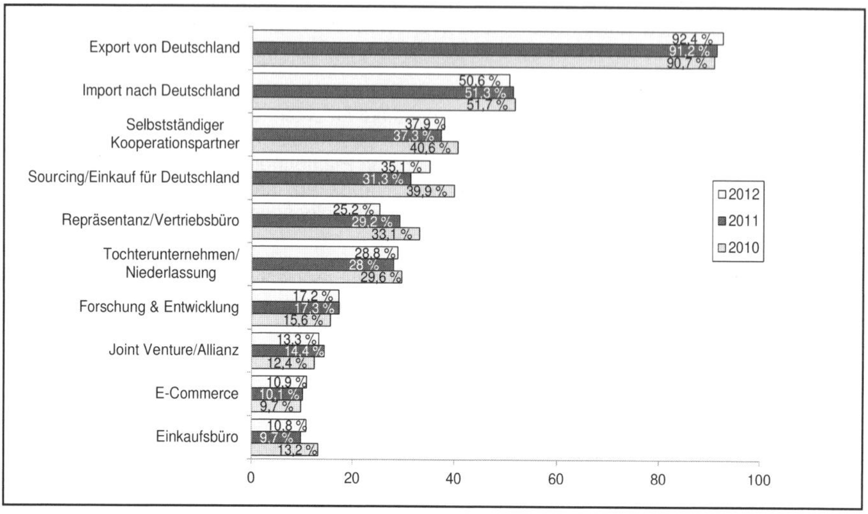

Quelle: DIHK 2013, S. 15.

Abbildung 4.16: Ausgewählte Studien zu Erfolgsfaktoren exportierender Unternehmen

Autor(en)	Empirische Basis/Datenerhebung/-auswertung	Erfolgsvariablen	Externe Faktoren	Unternehmensfaktoren	Entscheiderfaktoren	Marketingfaktoren
Brouthers/ Nakos/ Hadjimarcou/ Brouthers (2009)	119 griechische und 83 karibische, kleine Unternehmen aus verschiedenen Branchen (<100 Mitarbeiter)/ Fragebogen/ Faktorenanalyse/ Regressionsanalyse	Umsatz und Beitrag zum Gewinn der Exporte im Vergleich zum Geschäft auf dem Heimatmarkt		Exporterfahrung; geografische Distanz	Forschung & Entwicklung; Anzahl der Exportziele	Werbeausgaben
Hortinha/ Lages/ Lages (2011)	193 portugiesische Hersteller aus nach Eurostat mittel- bis hochtechnologisierten Sekto-	Exportperformance (Profit, Umsatzvolumen, Wachstum)		Innovationsfähigkeiten (explorativ und exploitativ); Return on Assets in der	Strategische Orientierung (Kundenorientierung; Technologieorientie-	

---

[1] Kompensationshandel ist – wie auch Transithandel – oftmals ein Geschäftsfeld von Außenhandelsunternehmen, so der Universalhandelshäuser.
[2] Die Datenbasis bilden 2.500 auslandsaktive Unternehmen mit Sitz in Deutschland.

	ren/ Fragebogen/ Strukturgleichungsmodellierung			Vergangenheit (Aufbau von „Organisational Slack"); Unternehmensgröße; Anzahl der Exportziele; Exportbeitrag zum Umsatz	rung)		
Leonidou/ Palihawadana/ Theodosiou (2011)	223 britische Hersteller aus unterschiedlichen Branchen/ Fragebogen/ Strukturgleichungsmodellierung	Marktperformance auf den Exportmärkten (Kundenzufriedenheit, Kundenbindung, Kundengewinnung); Finanzielle Performance	Art der nationalen Exportförderung (Information; Weiterbildung; Unterstützung beim Aufbau von spezifischem Marktwissen; finanzielle Unterstützung)	Organisationale Ressourcen für Export; Organisationale Fähigkeiten und Wissen in Bezug auf Export; Unternehmensgröße; Exporterfahrung; Wettbewerbsvorteile			Marketingstrategie
Murray/ Yong Gao/ Kotabe (2011)	240 chinesische und 251 nichtchinesische Unternehmen mit Exportaktivitäten aus China/ Fragebogen/ Strukturgleichungsmodellierung	Finanzielle Performance; Strategische Performance; Produktperformance (im Vergleich zu drei wichtigen Wettbewerbern)	Marktturbulenzen und Wettbewerbsintensität auf dem Exportmarkt	Marketingfähigkeiten (Price, Place, Product, Promotion); Wettbewerbsvorteile; Exporterfahrung; Psychic Distance; Mitarbeiterzahl	Marktorientierung; Koordinationsmechanismus; Anzahl der Exportziele		Marketingstrategie (insb. Kostenführerschaft)
Ganotakis/ Love (2012)	412 britische, aus verschiedenen Branchen stammende Unternehmen aus dem High-Tech-Sektor, welche jeweils nicht älter als 25 Jahre sein durften/ Fragebogen/ Regressionsanalyse, Maximum-Likelihood-Methode, Ordinary Least Squares	Exportneigung; Exportintensität		Produktivität; Mitarbeiterzahl und Mitarbeiterausbildung; Unternehmensalter; F&E-Ausgaben; Standort in einem Science Park; Unternehmenskollaborationen; Anzahl der Gründungsmitglieder; Anteil des E-Commerce am Gesamtumsatz	Exporterfahrung des Entrepreneurial Founding Team (EFT): allgemein, technisch, geschäftlich, ökonomisch, branchenabhängig, innerbetrieblich; Ausbildungsniveau des EFT: allgemein, technisch, ökonomisch		Marketingstrategie (Nischenstrategie, Grad der Abhängigkeit von den zwei Hauptabnehmern)
Morgan/ Katsikeas/ Vorhies (2012)	219 britische Hersteller aus unterschiedlichen Branchen mit Exportaktivitäten seit mindestens fünf Jahren/ Experteninterviews/ Fragebogen/	Marktperformance auf den Exportmärkten (Kundengewinnungsrate, Umsatzwachstum, Marktanteil) und finanzielle Performance (Profit, Margen, ROI)	Wettbewerbsintensität auf dem Exportmarkt	Architektonische und fachkundige Marketingfähigkeiten	Ressourceneinsatz zur Umsetzung der Marketingstrategie auf dem Exportmarkt		Synergienutzung innerhalb des Marketing

	Strukturgleichungsmodellierung				
Serra/ Pointon/ Abdou (2012)	167 portugiesische und 165 britische Textilhersteller mit jeweiligen Mitarbeiterzahlen zwischen 20 und 250/ Fragebogen/ Multiple Regressionsanalyse/ Varianzanalyse	Exportneigung (Veränderung der Exportintensität in den vergangenen fünf Jahren)		Mitarbeiterzahl; Wettbewerbsvorteile	Technologieorientierung; Managereigenschaften (Alter, Bildungsniveau, Sprachkenntnisse, Risikoneigung, Kostenbewusstsein, Gewinnerwartungen aus Exportgeschäft, Neigung zu Beharrlichkeit)

III. Kontraktuelle Betätigungsformen mit ausländischem Wertschöpfungsschwerpunkt

1. Lizenzierung

a) Vorüberlegungen

Gemeinsam ist den im Folgenden dargestellten Betätigungsformen, dass der Wertschöpfungsschwerpunkt im Ausland stattfindet und dass die Operationen in den ausländischen Märkten in kooperativer Form erfolgen. Dabei werden nur die kontraktuellen Kooperationsformen (**Kontraktkooperation**) betrachtet; diese werden von **Equity-Kooperationen** abgegrenzt, bei denen ein Kapitaltransfer ins Ausland stattfindet (Zentes/Swoboda/Morschett 2004, S. 256ff.).

b) Lizenzarten

Eine Lizenz ist das Nutzungsrecht an einer rechtlich geschützten oder ungeschützten Erfindung bzw. Technologie, das einem Unternehmen vertraglich gegen Entgelt oder andere Kompensationsleistungen gewährt wird. Lizenzverhältnisse stellen dabei meist enge, längerfristige Kooperationen dar und unterscheiden sich gerade dadurch vom reinen Technologieverkauf.

Grundsätzlich wird mittels einer Lizenz einem Vertragspartner die Möglichkeit eingeräumt, an einer Erfindung bzw. einem Wissensvorsprung zu partizipieren. Diese Lizenzierung kann sich sowohl auf nationale als auch auf internationale Partnerunternehmen beziehen (vgl. zur Lizenzierung als internationale Betätigungsform Contractor 1981). Lizenzen kann man u.a. differenzieren nach (Contractor/Lorange 1988, S. 6f.; Berndt/Sander 2002, S. 607ff.)

- dem **Lizenzgegenstand**, so Kennzeichnungen, ästhetische Schöpfungen und technische Erfindungen,

- dem Ausmaß der **Lizenzbeschränkung**, so räumliche, sachliche und zeitliche Restriktionen,
- der Art der **lizenzierten Rechte**, z.B. Patentlizenzen, Know-how-Lizenzen und Markenlizenzen und
- der **Gegenleistung**, so Pauschalgebühren („lump sum"), laufende Gebühren („royalties"), Lizenzaustausch („cross licensing"), Rücklieferungen.

Abbildung 4.17 zeigt eine Systematisierung der wesentlichen Lizenzarten (vgl. auch Burr 2005). Dabei wird einerseits nach den rechtlichen Schutzmöglichkeiten (Patentlizenzen, Know-how-Lizenzen) und andererseits hinsichtlich der Vermarktungsalternativen unterschieden.

Abbildung 4.17: Lizenzarten

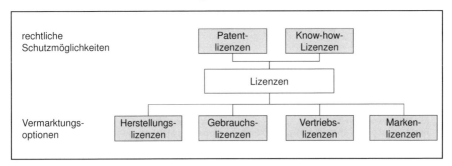

Bei der **Herstellungslizenz** erstreckt sich die Berechtigung auf die Produktion; den Vertrieb übernimmt häufig der Lizenzgeber. Mit **Gebrauchslizenzen** wird dem Lizenznehmer etwa der Einbau eines Teilaggregats in ein größeres System oder die Nutzung einer Produktionstechnik erlaubt. Die **Vertriebslizenz** ermöglicht den Vertrieb eines Produktes oder des Know-hows. Die **Warenzeichen-** oder **Ausstattungslizenz** (auch **Markenlizenz**) gestattet den Lizenznehmern die Benutzung eines Warenzeichens oder einer bestimmten Ausstattung.

Lizenzpakete umfassen Elemente wie:
- Patente, Designs, Marken, Urheberrechte
- Produkt- und Fertigungsspezifikationen
- Qualitätskontrollverfahren
- Produktionszeichnungen und Betriebsanleitungen
- Modalitäten der Auftragsvergabe zur Erreichung einer Leistungsgarantie
- technische und kaufmännische Schulungsprogramme
- Produktbeschreibungen und andere vertriebsunterstützende Unterlagen.

Art und Umfang der Lizenzierung, das Lizenzgebiet sowie Art und Höhe der vom Lizenznehmer („licensee") an den Lizenzgeber („licensor") zu entrichtenden Lizenzgebühren werden im **Lizenzvertrag** geregelt.

Zu den Vorteilen einer Lizenzvergabe zählen die Erschließung neuer oder regulativ blockierter Auslandsmärkte, die Einsparung von Management- und Kapitalressourcen, die Vertrautheit des Lizenznehmers mit den lokalen Gegebenheiten oder eine Begünstigung durch ausländische Regierungen, geringere politische Risiken usw. (Schanz 1995, S. 34ff.). Aus Sicht des Lizenznehmers kann die Vergrößerung des Leistungsangebots, um so etwa eine komplette Leistungspalette anbieten zu können, ebenso genannt werden wie die Partizipation am Image des Lizenzgebers. Als Nachteile der Lizenzvergabe sind die Gefahren zu nennen, dass die Kontrolle verloren geht und sich so die Wettbewerbssituation verstärken kann, sowie dass durch schlechte Qualität und Serviceleistungen des Lizenznehmers das Image das Lizenzgebers beeinträchtigt werden kann (siehe Abbildung 4.18). Für die Vergabe einer Lizenz spielen sowohl unternehmensinterne Faktoren, wie das Vorhandensein leistungsfähiger Produkte, bestehende Marken, geringe Kapitalausstattung und mangelnde Kenntnis über ausländische Märkte, als auch unternehmensexterne Faktoren eine Rolle. Letztere sind z.B. das Marktpotenzial des Gastlandes und die Wettbewerbssituation sowie wettbewerbsrechtliche Regelungen wie etwa Kartell- und Wettbewerbsrecht oder gewerblicher Rechtsschutz (Lutz 1997, S. 40ff.).

Abbildung 4.18: Vor- und Nachteile der Lizenzierung

Vorteile	Nachteile
• Zugang zu schwierigen Märkten, z.B. Umgehung von tarifären und nicht-tarifären Handelshemmnissen im jeweiligen Ländermarkt • schnelle, kostengünstige Einführung des Lizenzproduktes, z.B. aufgrund der Kenntnisse des Lizenznehmers hinsichtlich Land, Marktnähe und Kundenbeziehungen • Beschränkung des Auslandsmarktrisikos hauptsächlich zur Übertragung von Risiken, die in Verbindung mit Zahlungen und Dienstleistungen auftreten • bessere Nutzung von F&E-Investitionen • profitable Erschließung selbst kleinerer Marktbereiche • kostengünstige Informationen zu Produktleistungen und Aktivitäten der Wettbewerber in verschiedenen Märkten	• Förderung des eigenen Wettbewerbs des Lizenzgebers durch Know-how-Transfer, erwarteter Wettbewerb auf Drittmärkten (schafft mögliche künftige Wettbewerber) • geringe Wertschöpfung des Lizenzgebers • geringe Einfluss-/Kontrollmöglichkeiten der Geschäftspolitik des Lizenznehmers • passive Marktinteraktion • möglicher Ausschluss einiger Exportmärkte

Quelle: in Anlehnung an Bradley 2005, S. 244.

Aus der Perspektive des „resource-based view"[1] wird Lizenzierung vor allem dann gewählt, wenn das Unternehmen vorhandene Kernkompetenzen ohne Verlust an Wettbewerbsfähigkeit verwerten will. „Lizenzvergabe ist daher vor allem bei Kernkompetenzen mit mittlerer bis hoher Eigenkompetenz des Lizenzgebers und nur noch niedriger bis mittlerer strategischer Relevanz der Kernkompetenz (z.B. wenn es sich um eine ausgereifte Technologie handelt, die in absehbarer Zeit durch technischen Fortschritt obsolet oder teilweise entwertet wird) vorzuziehen" (Burr 2005, S. 571f.; vgl. auch die dort angegebene Literatur).

Im Marketing spielen **Markenlizenzen** eine besondere Rolle. Sie können einerseits mit einer Herstellungs- oder Gebrauchslizenz und/oder einer Vertriebslizenz gekoppelt sein; andererseits kann die Markenlizenz völlig losgelöst von den vorgenannten Berechtigungen vergeben werden. In diesen Fällen wird einem Unternehmen die Benutzung einer Marke oder bestimmter Ausstattungsmerkmale (z.B. Figuren) für völlig andere Produkte oder Dienstleistungen ermöglicht. Diese Form der Markenlizenz basiert auf einem **Imagetransfer**; es handelt sich nicht um eine Betätigungsform in dem hier interessierenden Sinne. Positive Effekte resultieren für den Lizenzgeber neben

---

[1] Vgl. hierzu Abschnitt B.II. des Ersten Kapitels.

den Lizenzeinnahmen aus der Verstärkung der Markenbekanntheit; dies gilt selbstverständlich auch im internationalen Kontext.

Agfa Photo setzt Lizenzen mit dem roten Punkt neu in Szene

Der 1968 eingeführte rote Sensor-Punkt auf den Auslösern von Agfa-Kameras kann bis heute als geniale Designidee gelten: Verhalf er doch Generationen von Fotoamateuren zu guten Fotos. Im Logo der Agfa Photo Holding GmbH lebt der rote Punkt weiter – und steht hier für die Fortsetzung einer großen Tradition. Wie man mit modernen Produkten und einem sorgfältig gepflegten alten Markenimage Erfolge in einem wettbewerbsintensiven Umfeld wie dem Fotomarkt erzielt, erklärt Andreas Selmeczi, Geschäftsführer der Agfa Photo Holding, im Interview.

„Die stringente, einheitliche Verwendung der Marke durch unsere Lizenznehmer ist eminent wichtig," sagt Selmeczi. „Daher sichern wir uns in unseren Lizenzverträgen Spielraum, auch bei der Produkt- und Distributionspolitik unserer Lizenzpartner mitgestalten zu können. Nur so können wir mittels Marketing-Mix gewährleisten, dass die Wahrnehmung und das Erscheinungsbild unserer Marke durch das Lizenzgeschäft gestärkt und nicht negativ beeinflusst werden." Hierzulande profitieren die Lizenznehmer von der hohen, gestützten Bekanntheit der Marke Agfa, die bei 80 Prozent liegt. Aber auch im entfernten Ausland kommt der rote Punkt gut an: „Wir sind im März dieses Jahres mit Digitalkameras in den philippinischen Markt eingetreten. Unmittelbar danach weist die Gesellschaft für Konsumforschung (GfK) Agfa Photo als die im dortigen Markt am schnellsten wachsende Marke aus."

Quelle: www.absatzwirtschaft.de, 13. Juli 2011.

Abbildung 4.19 zeigt ausgewählte neuere Studien zu den Erfolgsfaktoren der Lizenzierung als Betätigungsform.

Abbildung 4.19: Ausgewählte Studien zu Erfolgsfaktoren der Lizenzierung

Autor(en)	Empirische Basis/Datenerhebung/-auswertung	Erfolgsvariablen	Externe Faktoren/ Partnerspezifische Faktoren	Unternehmensfaktoren	Entscheiderfaktoren	Marketingfaktoren
Colucci/ Montaguti/ Lago (2008)	75 Lizenzvergaben der Marken von 17 italienischen Unternehmen aus der High-End-Fashion-Industrie/ Fragebogen/ Binäres Logit-Modell	Neigung zur zukünftigen Markenlizenzvergabe („Make-or-License-Entscheidung")	Höhe der notwendigen, produktkategoriespezifischen Investitionssummen des Lizenznehmers	Effektivität der vorhandenen Instrumente zur Messung des Erfolgs der Lizenzvergabe	Beurteilung der Ähnlichkeit zwischen Kernprodukt und Produkt des Lizenznehmers, an den die Markenrechte lizenziert werden	Einschätzung des Risikos eines möglichen Reputationsschadens der Marke
Kim (2009)	Sekundärdaten der Securities Data Company zu 335 US-Unternehmen aus der Biotechnologiebranche/ Probit Model	Neigung zur zukünftigen Lizenzvergabe (Minimierung der Transaktionskosten)	Grad der Anstrengungen zum Schutz des geistigen Eigentums im Land des Lizenznehmers; Ähnlichkeit der Geschäftsmodelle von Lizenzgeber und -nehmer; Tarifäre und	Frühere Geschäftsbeziehungen mit dem Lizenznehmer; Jahresumsatz des Lizenzgebers; frühere Erfahrungen des Lizenzgebers mit Technologieverkauf;	Entscheidung für eine Vereinbarung zur gemeinschaftlichen Produktion und/oder F&E-Anstrengungen zwischen Lizenzgeber	Vorliegen einer Vereinbarung zum gemeinschaftlichen Marketing zwischen Lizenzgeber und -nehmer

			nicht-tarifäre Handelshemmnisse im Land des Lizenznehmers; frühere Erfahrungen des Lizenznehmers mit Technologiezukauf	Unterscheidung zwischen öffentlichen und privaten Lizenzgebern	und -nehmer	
Aulakh/ Jiang/ Pan (2010)	Durchführung zweier Studien zur Sicherstellung erhöhter Robustheit; Studie 1: 110 lizenzgebende, vergleichsweise große US-Unternehmen; Fragebogen; Studie 2: 137 lizenzgebende, kleine und mittlere Unternehmen aus 16 Ländern; Fragebogen; Binomiale logistische Regression	Erfolgsaussichten der Wahl zwischen exklusiver Lizenzvergabe an nur einen Lizenznehmer oder nicht-exklusiver Lizenzvergabe an mehrere Lizenznehmer	Grad der Anstrengungen zum Schutz des geistigen Eigentums im Land des Lizenznehmers; Bedrohung durch substitutive Technologien auf dem Markt des Lizenznehmers; Notwendigkeit von technologiespezifischen Investitionen auf Seiten des Lizenznehmers; Kulturelle Distanz zwischen dem Land des Lizenzgebers und dem Land des Lizenznehmers; Marktvolumen im Land des Lizenznehmers; Geschwindigkeit des technologischen Wandels	Internationale Erfahrung des Lizenzgebers; Geografische Streuung der Aktivitäten als Lizenzgeber		Potenzial der lizenzierten Technologie zur differenzierten Nutzung, d.h. zur Herstellung erkennbar unterschiedlicher Produktvarianten; Innovationskraft der lizenzierten Technologie (inkrementell oder radikal)
Boyd/ Brown (2012)	Sekundärdaten der Datenbank Factiva zu 129 Lizenzverträgen der Pharmaindustrie zwischen 1996 und 2005/ Logistische Regression		Erfahrung des Lizenznehmers aus früheren Lizenzgeschäften; Erfahrung des Lizenznehmers auf dem Gebiet der Markenführung; Erfahrung des Lizenznehmers bzgl. direkter Kundenansprache, -akquise und -pflege; Unternehmensgröße des Lizenznehmers; Unsicherheit des Marktumfelds	Präsenz eines Chief Marketing Officers (CMO) beim Lizenzgeber; Unternehmensgröße des Lizenzgebers; Frühere Geschäftsbeziehungen mit dem Lizenznehmer	Dauer der Amtszeit des aktuellen CEO des Lizenzgebers; Grad der Arbeitsauslastung des Top-Managements beim Lizenzgeber („Stresslevel")	Grad der Vergabe von Marketingkontrollrechten an den Lizenznehmer (stellt in diesem Paper die abhängige Variable dar)

| Kani/ Motohashi (2012) | Sekundärdaten zu 636 japanischen Technologieunternehmen aus unterschiedlichen Branchen und aus drei unabhängigen Datenquellen/ Double-hurdle Model und Probit Model | Neigung zur zukünftigen Lizenzvergabe | Anteil der freigegebenen Patente, für die bereits ein Lizenznehmer gefunden werden konnte; Grad der Durchsetzung des Patentrechts; Schwierigkeiten der Lizenzvergabe (Partnersuche und Vertragsgestaltung); Grad der Informationsasymmetrie zwischen Lizenzgeber und Lizenznehmer; Wettbewerbsintensität; Potenzielle Nachfrage nach der Technologie | Gesamtheit der im Unternehmen vorhandenen Patente; Erfahrung in der Ausgestaltung von Lizenzverträgen; Unternehmensgröße; F&E-Ausgaben; Grad des Cross-Licensing; Branche | Anteil des Patentportfolios, der für die Lizenzvergabe freigegeben bzw. nicht freigegeben wurde | |

2. Franchising

a) Merkmale und Bedeutung

Analog zur Lizenzierung wird Franchising hier als eine Betätigungsform auf ausländischen Absatzmärkten verstanden (**internationales Franchising**), wenngleich dieses kontraktuelle Arrangement gleichermaßen in inländischen Märkten anzutreffen ist. Beispielhaft verdeutlicht Tabelle 4.2 das europaweite Ausmaß des Franchisings. Als Indikatoren werden dabei die Anzahl der Franchise-Geber (Franchise-Marken) und der Outlets herangezogen.

Tabelle 4.2: Bedeutung des Franchising in ausgewählten europäischen Ländern

Land	Anzahl Franchise-Marken	Anteil einheimischer Marken in %	Anzahl Outlets
Deutschland	990	80	66.900
Finnland	270	74	4.500
Frankreich	1.596	85	62.041
Italien	885	85	54.096
Kroatien	175	30	1.000
Niederlande	739	85	29.781
Polen	746	74	42.522
Portugal	578	62	11.760
Schweden	700	80	26.000
Spanien	947	81	58.279

Quelle: European Franchise Federation 2012.

Franchising zeichnet sich durch folgende Merkmale aus (vgl. Adams/Mendelsohn 1986; Brandenburg 1986; Ayling 1987; Tietz 1991):

- Es wird eine vertraglich geregelte, auf Dauer angelegte Zusammenarbeit zwischen rechtlich selbstständig bleibenden Unternehmen vereinbart.
- Der Franchise-Nehmer („franchisee") erhält das Recht, gegen Zahlung einmaliger oder laufender Beträge, unter genau festgelegten Bedingungen über bestimmte Rechte des anderen Unternehmens, des Franchise-Gebers („franchisor"), zu verfügen.
- Die Rechte, die Gegenstand des Vertrages sind, umfassen u.a. die Benutzung einer Marke oder des Firmennamens, die Erzeugung und/oder den Vertrieb einer Leistung sowie die Nutzung eines bestimmten Absatzprogramms.
- Der Franchise-Geber unterstützt den Franchise-Nehmer beim Aufbau und der Errichtung sowie der laufenden Führung des Betriebs.

Diese Merkmale lassen sich in der folgenden Definition zusammenfassen:

> *„Franchising ist ein vertikal-kooperativ organisiertes Absatzsystem rechtlich selbstständiger Unternehmen auf der Basis eines vertraglichen Dauerschuldverhältnisses. Dieses System tritt am Markt einheitlich auf und wird geprägt durch das arbeitsteilige Leistungsprogramm der Systempartner sowie durch ein Weisungs- und Kontrollsystem eines systemkonformen Verhaltens"* (Skaupy 1995, S. 6).

Franchising und Lizenzierung weisen nicht nur Parallelen auf; Franchise-Verträge umfassen i.d.R. auch Lizenzvereinbarungen, so im Hinblick auf die Nutzung einer eingeführten und im Markt etablierten Marke.

b) Internationalisierungsformen des Franchisings

Franchising als eine Betätigungsform in ausländischen Märkten (internationales Franchising) kann in unterschiedlichen Varianten realisiert werden (siehe Abbildung 4.20). Zunächst ist zwischen direktem und indirektem Auslandsfranchising zu unterscheiden. Beim **direkten Auslandsfranchising** ist der Franchise-Geber im Inland mit den Franchise-Nehmern im Ausland unmittelbar vertraglich verbunden, während beim **indirekten Auslandsfranchising** eine Institution im Land des Franchise-Nehmers zwischen den Franchise-Geber und Franchise-Nehmer geschaltet ist, welche die Franchise-Verträge abschließt und die Operationen „vor Ort" steuert. Diese Institution kann ein Vertragspartner als **Master-Franchise-Nehmer** sein, ein Equity Joint Venture mit einem lokalen Unternehmen oder eine Tochtergesellschaft. Die beiden letztgenannten Formen erfordern einen Kapitaltransfer und sind insofern direktinvestiver Natur. Direktes Auslandsfranchising und Master-Franchising sind dagegen Betätigungsformen ohne Kapitaltransfer. Der Einfachheit halber werden die Internationalisierungsformen des Franchisings jedoch zusammenfassend an dieser Stelle erörtert.

Abbildung 4.20: Internationalisierungsformen des Franchisings

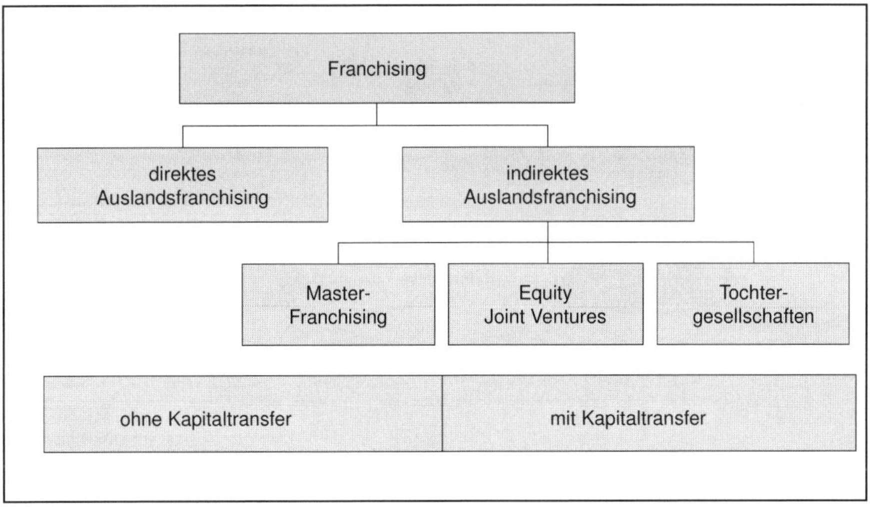

```
                        Franchising
                   ┌────────┴────────┐
            direktes            indirektes
        Auslandsfranchising  Auslandsfranchising
                        ┌──────────┼──────────┐
                    Master-      Equity      Tochter-
                   Franchising  Joint       gesellschaften
                                Ventures

        ohne Kapitaltransfer    │    mit Kapitaltransfer
```

Gemeinsam sind diesen Varianten die in Abbildung 4.21 dargestellten Vor- und Nachteile.

Abbildung 4.21: Vor- und Nachteile des internationalen Franchisings

Vorteile	Nachteile
allgemein: • rasche Expansion über größere Gebiete kann relativ schnell erreicht werden • niedrige Fixkosten • klare Management-Vorgaben für die Franchise-Nehmer **für den Franchise-Nehmer:** • Nutzung der Marke des Franchise-Gebers • umfassender Support durch den Franchise-Geber **für den Franchise-Geber:** • Unternehmertum der Franchise-Nehmer • Vermeidung der Auseinandersetzung mit dem Tagesgeschäft • Nutzung der Kompetenzen von Partnern mit lokalen Kenntnissen	**allgemein:** • Risiko, die Qualität des Markennamens zu reduzieren • Fehlen einer direkten Kontrolle über die Aktivitäten des Franchise-Nehmers • passive Marktinteraktion **für den Franchise-Nehmer:** • Restrisiko der lokalen Aktivitäten • Wachstumsbeschränkungen **für den Franchise-Geber:** • Einfluss des Franchise-Nehmers auf das Markenimage • Notwendigkeit eines strengen Kontrollsystems

Quelle: in Anlehnung an Bradley 2005, S. 247f.

Die Vertragsstrukturen dieser Varianten des Franchisings sind in Abbildung 4.22 aus formaler Sicht dargestellt.

Abbildung 4.22: Vertragsstrukturen des internationalen Franchisings

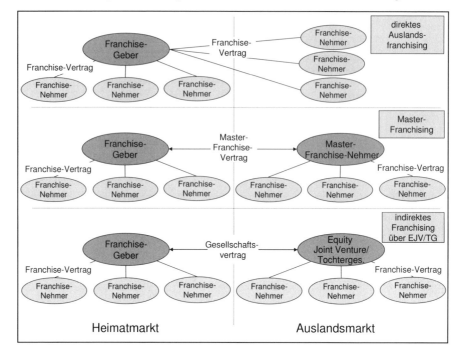

Aus rechtlicher Perspektive ist in der EU die Gruppenfreistellungsverordnung für vertikale Vereinbarungen relevant (Verordnung Nr. 330/2010 über die Anwendung von Artikel 101 Absatz 3 des Vertrages auf Gruppen von vertikalen Vereinbarungen und aufeinander abgestimmte Verhaltensweisen), die zum 1. Juni 2010 in Kraft getreten ist und bis zum 31. Mai 2022 gilt. Sie ermöglicht einem Franchise-Geber EU-weit mit einem einheitlichen Vertrag zu operieren; dies gilt unabhängig von der praktizierten Internationalisierungsvariante des Franchisings. Mit dieser Verordnung werden die Bemühungen der alten Verordnung Nr. 2790/1999 fortgesetzt, die Vorschriftenlast für Unternehmen mit geringer Marktmacht, insbesondere kleiner und mittlerer Unternehmen, weiter zu verringern. Zudem erlässt die neue Verordnung ein Verbot jeglicher Beschränkung des Online-Handels, was die Durchsetzung räumlich begrenzter Vertriebslizenzen in der Praxis erschweren dürfte. Alles in allem hat sich die bisherige Verordnung aus Sicht der Europäischen Kommission durchaus bewährt, weshalb die neue Verordnung den eingeschlagenen Weg konsequent fortführt.

In der Tabelle 4.3 sind ausgewählte international operierende Franchise-Systeme dargestellt. Charakteristisch für die meisten Franchise-Systeme ist eine **hybride Struktur**. So praktizieren viele Systeme eine Mischstruktur aus Niederlassungen/Filialen (Equity) und Betrieben/Outlets der Franchise-Nehmer.[1] Eine hybride Struktur ist auch mit Blick auf die praktizierten Internationalisierungsformen anzutreffen, so Master-Franchising in einzelnen Ländern und Equity Joint Ventures in anderen Ländern, bspw. aufgrund regulativer Vorgaben.

---

[1] Vgl. zu den Vor- und Nachteilen hybrider Strukturen umfassend Tietz 1991, S. 47ff.

Hybride Franchisestrukturen: Burger King

Seit Unternehmensgründung mit einem einzelnen Restaurant in Miami, Florida, im Jahr 1954 ist Burger King zur nach Anzahl Filialen zweitgrößten Fast-Food-Kette mit einem Fokus auf Hamburger aufgestiegen. Zum 30. September 2012 bestand Burger King aus 12.667 Restaurants in über 80 Ländern der Welt. Davon waren 5.214 oder 41% außerhalb des nordamerikanischen Heimatmarktes angesiedelt. Burger King weist ähnlich wie viele Wettbewerber eine hybride Struktur auf. So wurden zum genannten Stichtag 12.072 oder gut 95% der Restaurants von Franchisepartnern betrieben, während sich 595 Filialen im Eigenbesitz der Kette befanden.

Demzufolge stützt sich der Umsatz des Unternehmens auf zwei Säulen. Einerseits sind das Verkäufe in den unternehmenseigenen Restaurants, andererseits tragen die Erlöse aus dem Franchise-Geschäft den überwiegenden Großteil zum Unternehmensergebnis bei. Letztere ergeben sich aus den von den Franchisenehmern zu zahlenden Abgaben und Gebühren. Insbesondere sind hier die fixen Lizenzgebühren zur Nutzung der Burger King-Markenrechte, eine in Abhängigkeit der Umsatzerlöse fällige Abgabe und Einnahmen aus der Verpachtung von unternehmenseigenen Räumlichkeiten an Franchisenehmer zu nennen. Mit den bereits genannten 95% von Franchisepartnern betriebenen Restaurants liegt dieser Anteil im Vergleich zu den stärksten Wettbewerbern über dem Durchschnitt. Burger King verspricht sich von dieser Struktur einen wichtigen Wettbewerbsvorteil, da auf diese Weise das benötigte Kapital für Wachstum und Aufrechterhaltung des Systems möglichst gering gehalten werden kann. Die notwendigen Investitionssummen und das damit verbundene Risiko werden somit primär von den Franchisenehmern getragen.

Quelle: www.bk.com, Abrufdatum: 07. Februar 2013.

Tabelle 4.3: Führende in Europa operierende Franchising-Unternehmen

Nr.	Name	Branche	Zahl der Outlets weltweit	Umsatz weltweit 2011 (in Mio. USD)	Zahl der Länder	Prozentsatz der Outlets in Unternehmensbesitz
1	7-Eleven	Lebensmittelhandel	48.097	76.600	16	1
2	Subway	Gastronomie	37.199	16.600	95	0
3	McDonald's	Gastronomie	33.735	27.006	119	19,2
4	Kumon Institute of Education	Lerncenter	25.431	832	47	0
5	KFC	Gastronomie	17.401	*	115	25,1
6	Pizza Hut	Gastronomie	13.747	*	97	13,3
7	Burger King	Gastronomie	12.667	2.336	81	4,7
8	Dunkin' Donuts	Gastronomie	10.200	628	32	0
9	Domino's Pizza	Gastronomie	9.742	1.652	76	4
10	Century 21	Immobilien	7.490	Keine Angabe	73	0

* KFC und Pizza Hut gehören neben weiteren Franchise-Systemen zum Portfolio von Yum! Brands. Ein separater Ausweis der weltweiten Franchise-Umsätze erfolgt nicht. Gesamthaft konnte Yum! Brands 2011 einen Umsatz von 12,626 Mrd. USD erzielen.

Abbildung 4.23 zeigt ausgewählte neuere Studien zu den Erfolgsfaktoren des Franchisings.

Abbildung 4.23: Ausgewählte Studien zu Erfolgsfaktoren des Franchisings

Autor(en)	Empirische Basis/Datenerhebung/-auswertung	Erfolgsvariablen	Externe Faktoren/ Partnerspezifische Faktoren	Unternehmensfaktoren	Entscheiderfaktoren	Marketingfaktoren
Barthélemy (2008)	119 französische Franchise-Geber aus unterschiedlichen Branchen/ Fragebogen/ Regressionsanalysen (Ordinary Least Squares und Tobit)	Finanzielle Performance (Return on Sales und Return on Assets)		Wert des Markennamens des Franchise-Gebers; Branche des Franchise-Gebers (Dienstleistung/Service oder Retailer); Vergangene Zeit seit Beginn der Franchise-Aktivitäten; Gesamtzahl der Unternehmensfilialen; Finanzielle Ressourcen zum Aufbau und Betrieb eigener Filialen	Grad an implizitem, d.h. nicht-artikuliertem und somit schwierig an den Franchise-Nehmer zu vermittelndem Know-how des Franchise-Gebers; Ausbildungsniveau; Grad an spezifischem Marktwissen	Anteil der von Franchise-Nehmern betriebenen Filialen an der Gesamtheit der Unternehmensfilialen
Doherty (2009)	6 britische Fashion Retailer mit internationalen Franchise-Aktivitäten/Case Study Research (Interviews, Unternehmensinformationen, Beobachtung)	Erfolgversprechende, internationale Markt- und Partnerselektion durch den Franchise-Geber	Demografische Merkmale des Zielmarktes; Ökonomische Merkmale des Zielmarktes; Marktsituation vor Ort; Merkmale des Franchise-Nehmers (Finanzen, Know-how, Verständnis für die Marke, „Chemie")	Erfahrungen des Franchise-Gebers mit Franchise-Aktivitäten		Ausrichtung der Marke (v.a. Entscheidung zwischen Massenmarktansprache oder Premiumanspruch)
Davies/ Lassar/ Manolis/ Prince/ Winsor (2011)	135 Franchise-Nehmer einer US-Franchise-Kette aus dem Bereich Autoreparaturservice/ Fragebogen/ Strukturgleichungsmodellierung	Compliance/ Regeltreue der Franchise-Nehmer (Anreizkompatibilität); Vertrauen der Franchise-Nehmer (in Kompetenz und Integrität des Franchise-Gebers)	Zufriedenheit des Franchise-Nehmers (ökonomisch und nicht-ökonomisch); Konfliktpotenzial zwischen Franchise-Geber und -Nehmer			
Hachemi Aliouche/ Schlentrich (2011)	143 potenzielle Zielländer für US-amerikanische Franchise-Geber/ Verwendung	Erfolg versprechende, internationale Marktselektion	Marktrisiken (politisch, ökonomisch, regulatorisch, rechtlich); Marktchancen	Erfahrungen des Franchise-Gebers mit Franchise-Aktivitäten		

	von gewichteten Indizes/Ranking der Zielländer/ Fragebogen unter 104 US-Franchise-Gebern aus unterschiedlichen Branchen		(Einwohner, Kaufkraft); Distanz zum potenziellen Zielland (kulturell und geografisch)				
Meek/ Davis-Sramek/ Baucus/ Germain (2011)	200 US-amerikanische Franchise-Geber aus unterschiedlichen Branchen/ Fragebogen/ Strukturgleichungsmodellierung	Minimierung des Risikos der Abwanderung bzw. Geschäftsaufgabe der Franchise-Nehmer; Commitment der Franchise-Nehmer („affective, normative, continuance")	Unsicherheit der ökonomischen Umwelt auf dem Zielmarkt; Technologische Dynamik in der bearbeiteten Branche	Größe der einzelnen Franchise-Filialen gemessen in full time equivalents; Anzahl der betriebenen Franchise-Filialen	Kommunikation mit den Franchise-Nehmern (Häufigkeit, Form, Sachlichkeit, Gegenseitigkeit)		
Mellewigt/ Ehrmann/ Decker (2011)	147 Franchise-Nehmer und 187 unternehmenseigene Filialleiter des größten deutschen Franchise-Gebers, tätig in der Tourismusbranche/ Fragebogen/ Faktorenanlyse/ lineare Regressionsanalysen	Zufriedenheit des Franchise-Nehmers; Zufriedenheit des direkt beim Franchise-Geber beschäftigten Leiters einer Company-Filiale	Erfahrung und Tendenz zur Unsicherheitsvermeidung jeweils des Franchise-Nehmers und des direkt beim Franchise-Geber beschäftigten Leiters einer Company-Filiale	Größe der Filialen; Beschäftigtenzahl in den Filialen; Spezifität der vom Franchise-Nehmer zu leistenden Investitionen	Agency-Problematik: Präferenz in Richtung Ergebniskontrolle oder Verhaltenskontrolle	Art der Marktbearbeitung: Verhältnis Company-Filialen zu Franchising	
Gonzalez-Diaz/ Solis-Rodriguez (2012)	1.152 spanische Franchise-Ketten/ Paneldaten/ Generalisierte Momentenmethode	Grad der Expansion durch Franchising im Vergleich zu direktinvestiven Betätigungsformen	Höhe der Kosten der direkten Überwachung; Höhe der Kapitalkosten für Fremd- und Eigenkapital; Höhe der vom Franchise-Nehmer zu leistenden Anfangsinvestition; Bevölkerungszahl im Zielland/in der Zielregion	Vorhandensein von Finanzinvestoren unter den Shareholdern; Erfahrung des Franchise-Gebers; Anzahl der Franchise-Nehmer im Ausland; Return on Assets			

3. Management Contracting

Bei einem **Management-Vertragssystem**, das – wie Lizenzierung und Franchising – auch als eine inländische Betätigungsform betrachtet werden kann, verpflichtet sich ein Vertragspartner (Manager oder Management-Geber, „contracting firm"), das Unternehmen des anderen Vertragspartners (Management-Nehmer, „managed firm") auf dessen Rechnung und Risiko im eigenen oder im fremden Namen gegen Entgelt zu führen (vgl. Gabriel 1967; Ellison 1976; Chathoth/Olsen 2003). Dabei stellt der Management-Geber sein unternehmerisches Wissen, seine Erfahrung und seine wirtschaftlichen

Beziehungen zur Verfügung und verbindet diese immateriellen Werte mit den sachlichen, finanziellen und personellen Produktionsfaktoren des Unternehmens (Martinek 1992, S. 276).

Für die „managed firm" stellt der Management-Vertrag eine Form zur Erlangung von Know-how dar, für den Management-Geber bzw. das Management-Unternehmen kann ein solcher Vertrag neben einer Einnahmequelle auch eine Möglichkeit sein, einen fremden Markt zu erkunden. Im internationalen Wirtschaftsverkehr dient der Management-Vertrag vor allem in der Beziehung zu Entwicklungsländern (oder Schwellenländern) häufig auch als Alternative zu einer direktinvestiven Operation, da auf diese Art und Weise die Unabhängigkeit der Unternehmen in den Entwicklungsländern eher gewahrt bleiben kann (Martinek 1992, S. 283).

Die Struktur eines Management-Vertragssystems, deren Ursprünge sich bis zum Beginn des Industriezeitalters zurückverfolgen lassen (vgl. hierzu Foscht/Podmenik 2005, S. 580), verdeutlicht Abbildung 4.24 am Beispiel der internationalen Hotellerie. Danach besteht zwischen einer internationalen Hotel-Unternehmung mit Sitz in Land X und dem Eigentümer eines Hotels im Land Y, der selbst seinen Sitz in diesem Land oder in einem Drittland haben kann, ein Management-Vertrag, auf dessen Grundlage die international operierende Hotel-Unternehmung das Hotel führt. In diesem Fall liegt eine rein vertragliche Form der Zusammenarbeit vor; es erfolgt keine kapitalmäßige Beteiligung des „Management-Gebers". Seine Tätigkeit wird vom Eigentümer (des Hotels) vergütet, z.B. in Form eines Fixums und/oder einer Erfolgsbeteiligung.[1] Neben der Hotelbranche findet man Management-Verträge in weiteren Dienstleistungsbranchen, so bei Flug- und Seehäfen, und im Gesundheitsbereich (Welch/Pacifico 1990, S. 64; Renard/Motley 2003, S. 58ff.).

Bedeutung für das Internationale Marketing erhalten Management-Verträge dadurch, dass sie z.B. einen Einstieg in ein risikoreiches Land ermöglichen.

Auch bei Management-Verträgen spielen Lizenzvereinbarungen eine Rolle. So kann ein Management-Vertrag mit einer Markenlizenzierung gekoppelt sein. In dem skizzierten Hotelbeispiel würde dies mit sich bringen, dass das Hotel in Land Y unter der Marke der internationalen Hotel-Unternehmung am Markt auftritt, von diesem Unternehmen jedoch ausschließlich betrieben wird. Dies bringt den Vorteil mit sich, dass die Marke der „contracting firm" in diesem Land bekannt wird, was ggf. einen späteren direktinvestiven Einstieg in dieses Land erleichtert.

---

[1] Vgl. zu den Management-Gebühren Foscht/Podmenik 2005, S. 586 und die dort angegebene Literatur.

Abbildung 4.24: Struktur von Management-Vertragssystemen

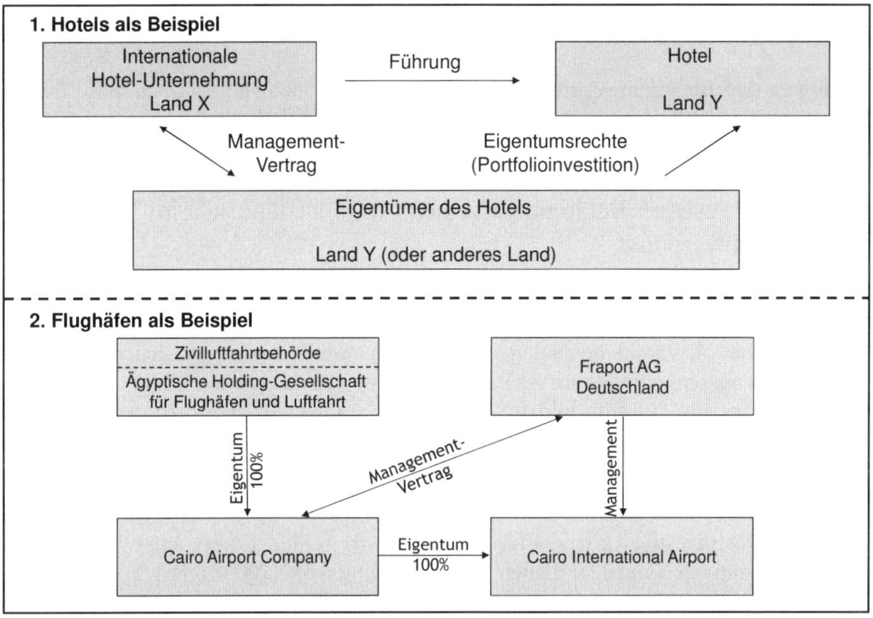

1. Hotels als Beispiel

```
Internationale                Führung              Hotel
Hotel-Unternehmung   ─────────────────────▶       Land Y
Land X
           ◀──── Management-        Eigentumsrechte ────▶
                 Vertrag            (Portfolioinvestition)

              Eigentümer des Hotels
              Land Y (oder anderes Land)
```

2. Flughäfen als Beispiel

```
Zivilluftfahrtbehörde
─────────────────────────                    Fraport AG
Ägyptische Holding-Gesellschaft              Deutschland
für Flughäfen und Luftfahrt

      Eigentum                                 Management
      100%         Management-Vertrag
                   
Cairo Airport Company ──Eigentum──▶  Cairo International Airport
                        100%
```

Management von Hotels: Kempinski

Heute betreibt Kempinski Hotels insgesamt 73 Fünf-Sterne-Hotels in 31 Ländern. Dieses Angebot wird kontinuierlich durch neue Hotels erweitert, ohne jedoch den Anspruch auf Exklusivität und Individualität aus den Augen zu verlieren. Darin zeigt sich die Expansionsstärke des Unternehmens. Zum Portfolio zählen historische Grandhotels, ausgezeichnete Stadthotels, herausragende Resorts und edle Residenzen sowie berühmte Namen wie das Hotel Adlon Kempinski in Berlin, das Emirates Palace in Abu Dhabi, das Hotel Taschenbergpalais Kempinski in Dresden oder das Çirağan Palace Kempinski in Istanbul. Daneben ist Kempinski Gründungsmitglied des weltweit tätigen Hotelnetzwerkes Global Hotel Alliance (GHA).

Mit Ausnahme des Hotel Vier Jahreszeiten Kempinski in München, das sich im Besitz der Gruppe befindet, sowie zwei Häusern mit Leasing-Verträgen (das Hotel Adlon Kempinski in Berlin und das Kempinski Grand Hotel des Bains in St. Moritz) liegt das Hauptaugenmerk von Kempinski Hotels heute auf dem Management von Luxushotels. Ziel des Unternehmens war und ist es, die Marke Kempinski zu einem Synonym für individuellen Luxus zu machen. Dies erreicht Kempinski durch ein Portfolio aus weltweit unverwechselbaren, historisch einzigartigen und modernen Häusern, die entweder Marktführer in ihrer Destination oder Wahrzeichen ihres jeweiligen Standortes sind. Dabei ist Kempinski Hotels permanent darauf bedacht, ein geografisch ausgeglichenes Portfolio - bestehend aus Stadt- und Freizeitdestinationen - mit einzigartigem Service auf individuellem Niveau zu erhalten. Das Unternehmen vertritt die Auffassung, dass das Kempinski Markenversprechen einer luxuriösen Gastlichkeit mit europäischem Flair am besten durch einen dezentralen Ansatz in die Tat umgesetzt werden kann. Das Vertrauen in die Mitarbeiter in den Regionalbüros, und deren damit verbundenes, eigenverantwortliches Handeln, erlaubt es Kempinski, das Markenversprechen unter Berücksichtigung der regions-, länder- und hotelspezifischen Kulturen zu erfüllen.

Durch selektives Wachstum verfolgt man das Ziel, eine der weltweit beliebtesten und luxuriösesten Hotelgruppen zu werden. Jedes einzelne Hotel muss dabei durch seine Einzigartigkeit bestechen oder Marktführer sein. Die Entwicklungstätigkeiten des Unternehmens konzentrieren sich vor allem auf exklusive europäische Destinationen. Das Portefeuille

> dehnt sich aber auch auf China, den Nahen Osten und Afrika aus – Regionen, in denen Kempinski oft Pionierarbeit leistete.
>
> *Quelle: www.kempinski.com, Abrufdatum: 08. Februar 2013.*

Analog zu den Betätigungsformen Lizenzierung und Franchising ist auch diese Betätigungsform auf ausländischen Märkten primär durch eine ressourcen- bzw. kompetenzorientierte Vorgehensweise geprägt.

IV. Direktinvestive Betätigungsformen mit ausländischem Wertschöpfungsschwerpunkt

1. Vorüberlegungen

Die in diesem Abschnitt behandelten Betätigungsformen zeichnen sich durch einen Wertschöpfungsschwerpunkt im Ausland bzw. in den ausländischen Märkten und durch Kapitaltransfer aus; insofern bilden sie ein gemeinsames „Risiko-Ressourcen-Cluster" im Sinne der Abbildung 4.2. Zu differenzieren sind die Betätigungsformen danach, ob sie kooperativer oder integrativer Natur sind, d.h., sie unterscheiden sich nach dem Ausmaß der Steuerbarkeit („control").

Als eine direktinvestive, kooperative Betätigungsform sind Equity Joint Ventures zu sehen; integrativen Charakter haben die Errichtung von (100%-igen) Tochtergesellschaften und die (vollständige) Akquisition bestehender Unternehmen (mit oder ohne anschließender Fusion). Als kooperative Arrangements können auch Beteiligungen an bestehenden ausländischen Unternehmen betrachtet werden. Die Grenzziehung zwischen kooperativen (direktinvestiven) und integrativen Betätigungsformen ist fließend; sie wird wesentlich bestimmt durch die Beteiligungsverhältnisse, so Majoritäts-, Paritäts- und Minoritätsbeteiligungen (an bestehenden Unternehmen oder neu zu errichtenden Gemeinschaftsunternehmen).

Aus pragmatischer Sicht werden die Beteiligungen an bestehenden Unternehmen nicht näher betrachtet, da die betriebswirtschaftlichen Fragestellungen im Wesentlichen denen von Equity Joint Ventures entsprechen.

2. Equity Joint Ventures

a) Varianten und Motive

Während in Kontraktkooperationen die Zusammenarbeit der Partner auf einem Vertrag beruht, der den Leistungsumfang, das Risiko, Umsätze/Kosten bzw. den Gewinn aus dem gemeinsamen Vorhaben auf die Partner aufteilt, ohne dass es dabei zu einer organisatorischen Verselbstständigung der gemeinsamen Betätigung kommt, basieren **Equity-Kooperationen** auf kapital- bzw. finanzwirtschaftlicher Grundlage (Zentes/ Swoboda/Morschett 2004, S. 257):

> *In Equity-Kooperationen wird die Zusammenarbeit in einer rechtlich selbstständigen Einheit (Organisation) institutionalisiert, an der die Allianzpartner (Parentalpartner) beteiligt sind und sowohl das Risiko als auch die Führungsverantwortung gemeinsam tragen.*

Derartige Gemeinschaftsunternehmen werden als Equity Joint Ventures bezeichnet, oftmals auch verkürzt als Joint Ventures. Equity-Kooperationen sind meist auf Dauer angelegt und beziehen sich daher i.d.R. auf eine große Zahl von Geschäftsvorfällen; sie können jedoch auch ausschließlich zu einem bestimmten Zweck mit einer zeitlichen Befristung geschaffen werden.

In der Literatur zu **Unternehmenskooperationen** sind (Equity) Joint Ventures die wohl am häufigsten analysierte Form (Zentes/Swoboda/Morschett 2005a). Die vielfältigen Ausprägungen bzw. Varianten von Equity Joint Ventures zeigt Abbildung 4.25 (vgl. auch Voeth/Rabe 2005, S. 653).

Abbildung 4.25: Varianten von Equity Joint Ventures

Differenzierungskriterien	Ausprägungsformen
Zahl der Kooperationspartner	• Joint Venture mit einem Partner • Joint Venture mit mehreren Partnern
Sachlicher Kooperationsbereich	• Joint Venture in einer Wertschöpfungsaktivität • Joint Ventures in mehreren Wertschöpfungsaktivitäten • gesamtunternehmerisches, funktionsübergreifendes Joint Venture
Standort	• Joint Venture mit Sitz im Stammland eines Kooperationspartners • Joint Venture in einem Drittland
Geografischer Kooperationsbereich	• lokales Joint Venture für ein bestimmtes Gastland • Joint Venture für eine bestimmte Region oder den Weltmarkt
Kooperationsrichtung	• horizontales Joint Venture • vertikales Joint Venture • konzentrisches Joint Venture • konglomerates Joint Venture
Kapitalbeteiligung/ Stimmrechtsbeteiligung	• gleiche Anteile der Partner • ungleiche Anteile der Partner
Zeitlicher Horizont der Kooperation	• Joint Venture auf Zeit • Joint Venture ohne zeitliche Befristung

Quelle: Kutschker/Schmid 2011, S. 889.

Equity Joint Ventures werden in allen betrieblichen Wertschöpfungsbereichen eingegangen; vorherrschend sind der Produktionsbereich und der Absatzbereich oder beide Bereiche gleichzeitig. Eine Trennung ist oftmals schwierig; dennoch erfolgt hier die Betrachtung primär aus der Absatzperspektive. Die Bedeutung der Equity Joint Ventures im Internationalisierungsprozess von Unternehmen ist in der Literatur unbestritten (vgl. Beamish 1985; Beamish/Banks 1987; Beamish/Inkpen 1995; Beamish/Berdrow 2003; Luo/Park 2004), wenngleich nur wenige zuverlässige statistische Daten über das Ausmaß derartiger Aktivitäten vorliegen (vgl. hierzu bereits Voeth/Rabe 2005, S. 649).

b) Internationale Equity Joint Ventures

Im Vordergrund stehen im Folgenden Equity Joint Ventures mit Partnern aus unterschiedlichen Ländern; diese Gemeinschaftsunternehmen sind zugleich dadurch charakterisiert, dass sie ihren Sitz in einem Land haben, das für einen (oder mehrere) Partner ein absatzmarktorientiertes Zielland darstellt.

Ein wichtiger Grund für die große Zahl von Markterschließungen und (abgestufter) Marktbearbeitungen durch Equity Joint Ventures im internationalen Bereich ist darin zu sehen, dass viele Länder die Präsenz von Auslandsfirmen nur dann tolerieren und unterstützen, wenn dies in Form von Joint Ventures erfolgt. Joint Ventures entstehen jedoch nicht nur reaktiv, so aufgrund regulativer Gegebenheiten, sondern werden meist aus strategischer Sicht eingegangen, so um gemeinsam einen Markt zu erschließen.

Dies gilt speziell für Märkte mit großen Wachstumchancen und/oder Risiken, wobei durch Joint Ventures mit lokalen Partnern auch Importverbote umgangen und Forderungen nach nationalen Fertigungsteilen (**Local-Content-Politik**) erfüllt werden können.

Zusammenfassend sind die Vor- und Nachteile von Equity Joint Ventures, die als Determinanten der Wahl dieser Betätigungsform betrachtet werden können, in Abbildung 4.26 dargestellt (vgl. auch Voeth/Rabe 2005, S. 652). Wie bereits erwähnt, gelten diese Vor- und Nachteile z.T. auch für Equity Joint Ventures, die primär aus Produktions- oder aus anderen Wertschöpfungsüberlegungen errichtet werden.

Abbildung 4.26: Vor- und Nachteile von Equity Joint Ventures

Vorteile	Nachteile
• geringerer Kapitalaufwand und geringeres Risiko als beim Alleingang • Umgehung von Local-Content-Vorschriften u.a. Handelshemmnissen • Zugang zu regionalen Ressourcen • Umgehung von Regelungen, die im Gastland die Gründung von Tochtergesellschaften oder den Kauf inländischer Unternehmen untersagen • Schaffung oder Veränderung von Marktbarrieren • Imagevorteile („lokales Unternehmen") • Inanspruchnahme von Förderprogrammen oder Subventionen im Gastland	• hohe Kontroll- und Steuerungsaufwendungen • potenzielle Zielkonflikte • Konflikte bei der Marketingstrategie oder der Gewinnverwendung • soziokulturelle Differenzen • Verlust von Einfluss- und Kontrollmöglichkeiten • langsame Anpassung des Joint Ventures an marktliche, politische oder rechtliche Veränderungen

Quelle: in Anlehnung an Scherm/Süß 2001, S. 139f.; Belew 2000, S. 256ff.

Häufig entstehen Joint Ventures i.S. des Resource-Dependence-Ansatzes (Pfeffer/ Salancik 1978; vgl. Zentes/ Swoboda 1999) durch eine **Potenzialinkongruenz** zwischen den Partnern im Rahmen von X-Allianzen, d.h. Allianzen, in denen sich die beteiligten Unternehmen die Durchführung der Wertschöpfungsaktivitäten auf der Grundlage ihrer Kernkompetenzen aufteilen.[1] Aus diesem Grund ist die langfristige Beibehaltung dieser Potenzialinkongruenz eine Voraussetzung für die dauerhafte Existenz des Joint Ventures, wozu z.B. die Zuständigkeiten eindeutig abgegrenzt werden müssen (Zentes 1992b). Trotzdem ist diese Form der Joint Ventures durch eine systemimmanente Instabilität gekennzeichnet. Ein Grund hierfür kann bereits in der strategischen Zielsetzung bei der Gründung der Joint Ventures gesehen werden, wobei verschiedene Strategien hervorzuheben sind (vgl. Bradley 2005, S. 248f.):

- **Spinnennetz-Strategie**: Etablierung eines Joint Ventures mit einem großen Wettbewerber und Vermeidung einer Übernahme durch den Partner durch Bildung von Joint Ventures mit anderen. Das so entstehende Netzwerk „immunisiert" den „kleineren Partner" gegen eine etwaige Übernahme durch den „größeren Partner".
- **„Erst Zusammenschluss, dann Aufspaltung"-Strategie:** Kooperation über längere Zeit mit nachfolgender Aufspaltung. Diese Form wird oftmals bei Projekten gewählt; nach Abschluss des Projektes löst sich das Joint Venture (vereinbarungsgemäß) auf.
- **Sukzessive Integrations-Strategie**: Das Joint Venture startet mit schwachen Verbindungen zwischen den Unternehmen, entwickelt sich hin zu Interdependenzen und endet mit Übernahme.

---

[1] Vgl. im Einzelnen Zentes/Swoboda/Morschett 2004, S. 258f. und die dort angegebene Literatur.

Die Erfolgsbedingungen (**Fit-Dimensionen**) von Joint Ventures werden in der Literatur sehr umfänglich diskutiert.[1] Als Grundlage für eine erfolgreiche Allianz, d.h. für das Zustandekommen (**Konstitutivbedingungen**) und die Aufrechterhaltung (**Stabilitätsbedingungen**) eines Equity Joint Ventures, können – folgt man einem kontingenztheoretischen Ansatz – drei Ebenen von Fits unterschieden werden (Zentes 1992b):

- der unternehmenspolitische Fit
- der unternehmenskulturelle Fit
- der systemisch-infrastrukturelle Fit.

Der Erstgenannte bezieht sich auf die Übereinstimmung von Zielen (Zielkongruenz) und Strategien, Leistungsfähigkeiten und damit Verhandlungspositionen der Partner. Der Zweitgenannte betrifft die eher „weichen" Dimensionen der Werte, der Normen und der Führungsstile der betroffenen Unternehmen. In diesem Kontext spielt die sozio-kulturelle Distanz zwischen den Kooperationspartnern eine wesentliche Rolle (Barkema/Vermeulen 1997; Li/Lam/Qian 2001). Der systemisch-infrastrukturelle Fit bezieht sich auf die Übereinstimmung, mindestens jedoch die Kompatibilität, der organisatorisch-technischen Strukturen, der Systeme des Rechnungswesens/Controlling usw.

In ähnlicher Form unterscheiden Voeth/Rabe (2005, S. 659ff.) zwischen

- strukturellen Einflussfaktoren
- prozessualen Einflussfaktoren
- partnerspezifischen Einflussfaktoren
- länderspezifischen Einflussfaktoren.

Strukturelle Einflussfaktoren beziehen sich dabei auf die innere Struktur eines Joint Ventures und betreffen vorrangig die Verteilung der **Managementkontrolle**. Aus prozessualer Sicht werden hier Merkmale der Zusammenarbeit betrachtet, so **Vertrauen** und **Commitment** zwischen den Partnern, aber auch dynamische Aspekte wie Wissenstransfer bzw. **organisationales Lernen**. Partnerspezifische Faktoren betreffen die Zielkongruenz und die Ähnlichkeit der Unternehmenskultur. Länderspezifische Einflussfaktoren betreffen einerseits regulative Gegebenheiten, so den Zugang zu Märkten, aber auch steuerliche und sonstige ökonomische Anreize, andererseits die politische Stabilität, bspw. in Schwellen- und Transformationsländern. Diese Überlegungen deuten zusammenfassend darauf hin, dass der **Partnerwahl** somit eine zentrale Rolle zukommt (vgl. bereits Glaister/Buckley 1999).

Das Zustandekommen und die Stabilität von Equity Joint Ventures können – basierend auf den obigen Überlegungen – auch aus Sicht der Transaktionskostentheorie betrachtet werden. So entstehen mit der Anbahnung und der laufenden Abwicklung bzw. Koordination von Joint-Venture-Aktivitäten Kosten, die den Vorteilen (Nutzen) der Joint Ventures gegenüber zu stellen sind.

BASF und Markor planen zwei Joint Ventures für Butandiol und Polytetrahydrofuran in China

BASF und Xinjiang Markor Chemical Industry Co., Ltd. (Markor) planen die Gründung von zwei Joint Ventures für die Herstellung von Butandiol (BDO) sowie Polytetrahydrofuran (PolyTHF) in Korla, in der im Nordwesten Chinas gelegenen autonomen uigurischen Re-

---

[1] Vgl. Geringer/Hebert 1991; Kabst 2000; Zentes/Swoboda/Morschett 2004, S. 263ff.; Voeth/Rabe 2005, S. 659ff.

> gion Xinjiang. Die Verträge der Gemeinschaftsunternehmen sind bereits unterzeichnet, stehen aber noch unter dem Vorbehalt weiterer Bedingungen für den Abschluss der Transaktionen und behördlicher Genehmigungen.
>
> Die Gemeinschaftsunternehmen beabsichtigen den Bau einer Anlage zur Herstellung von BDO sowie einer Anlage für PolyTHF, die beide im Jahr 2015 in Betrieb gehen sollen. Die Produktionskapazitäten der Anlagen in Korla werden bei 100.000 Jahrestonnen BDO und 50.000 Jahrestonnen PolyTHF liegen.
>
> „Mit unserer weltweit führenden PolyTHF-Technologie und der starken Marktpräsenz von Markor in China wollen wir unsere Produktionskapazität vor Ort ausbauen, um unsere Kunden im chinesischen Markt mit hochwertigen Produkten zu unterstützen", sagte Dr. Guido Voit, Senior Vice President, verantwortlich für die Region Asien-Pazifik im Unternehmensbereich Intermediates der BASF.
>
> „Wir freuen uns über die Partnerschaft mit BASF, die ihre hochmoderne PolyTHF-Technologie in die Joint Ventures einbringt. Mit unserer integrierten Wertschöpfungskette können wir hohe Synergieeffekte erzielen und so unsere Kunden noch besser bedienen. Wir freuen uns darauf, zusammen mit BASF unser gemeinsames Geschäft in China weiter auszubauen", so He Xiaorong, Vice President der Markor-Gruppe.
>
> BASF produziert PolyTHF derzeit an den Standorten in Geismar/Louisiana/USA, Ludwigshafen/Deutschland, Ulsan/Korea sowie Shanghai/Caojing/China mit einer Gesamtkapazität von 250.000 Jahrestonnen. BDO stellt BASF mit einer Gesamtkapazität von 535.000 Jahrestonnen an ihren Standorten in Geismar, Ludwigshafen, Caojing, Chiba/Japan und Kuantan/Malaysia her.
>
> Mit einer BDO-Kapazität von 160.000 Jahrestonnen ist Markor der größte Hersteller von BDO in China. Xinjiang Markor Chemical Industry Co., Ltd. ist eine 2004 gegründete Tochtergesellschaft der Markor Investment Group Co., Ltd. mit Sitz im Markor Chemical Park in der Wirtschafts- und Technologie-Entwicklungszone Korla, Provinz Xinjiang/China. Das Unternehmen hat bis heute 5 Milliarden RMB (etwa 600 Millionen EUR) in den Markor Chemical Park investiert. Die BDO-Produktion von Markor nutzt die Vorteile der vor Ort in Korla vorhandenen Erdgasvorkommen und hat deshalb bei Energieersparnis und Umweltschutz große Erfolge vorzuweisen. Im BDO-Folgemarkt ist Markor einer der führenden Hersteller und erreicht eine hohe Produktqualität und einen exzellenten Kundenservice.
>
> *Quelle: Gemeinsame Presseinformation von BASF und Markor, 05. März 2013.*

Die Messung des **Joint-Venture-Erfolgs** bzw. die Erfolgsbewertung von Joint Ventures stellt wegen der **Zielpluralität** ein komplexes Problem dar (vgl. bereits Oesterle 1995). So sind neben der Erreichung der Ziele des Gemeinschaftsunternehmens auch die monistischen Ziele der Kooperationspartner zu betrachten (Voeth/Rabe 2005, S. 657f.).

Isidor/Schwens/Kabst (2012) unterscheiden in Anlehnung an Ren/Gray/Kim (2009) zwischen finanziellen, stabilitätsorientierten und multidimensionalen Erfolgsmaßen, zeigen deren Vor- und Nachteile auf sowie die Problematik der Aggregation der verschiedenen Performancemaße (siehe Abbildung 4.27).

Abbildung 4.27: Vor- und Nachteile der verschiedenen Erfolgsmaße in der Joint-Venture-Forschung

Form der Erfolgsbewertung	Vorteile	Nachteile
Finanzielle Erfolgsmaße		
ROE, ROI, Marktwachstum, Umsatz	• unterliegt keiner subjektiven Verzerrung	• Beitrag des Joint Ventures auf den finanziellen Erfolg ist schwer zu beziffern • nicht-finanzielle Ziele werden

			nicht erfasst • erst durch Kombination mit subjektiven Erfolgsmaßen valide
Stabilitätsorientierte Erfolgsmaße			
Stabilität und Bestehensdauer		• unterliegt keiner subjektiven Verzerrung	• erlaubt keinen Vergleich mit anderen Joint Ventures • Grund für die Auflösung muss bekannt sein • geringe Inhaltsvalidität
Multidimensionale Erfolgsmaße			
Zielerreichung		• misst die Erreichung der gemeinsamen und privaten Initialziele	• Joint-Venture-Partner können unterschiedliche oder andere Gewichtung der Ziele aufweisen • die Bedeutung des Joint Ventures kann bei den Partnern unterschiedlich sein • Erreichung emergenter Ziele wird nicht erfasst
Zufriedenheit		• höchste Inhaltsvalidität • ergebnis- und prozessbezogene Bewertung • misst die Erreichung der gemeinsamen und privaten Initial- sowie emergente Ziele	• Common-methods-Verzerrungen • Ergebnis abhängig davon, welcher Partner befragt wird

Quelle: Isidor/Schwens/Kabst 2012, S. 197 (in Anlehnung an Ren/Gray/Kim 2009, S. 809).

3. Tochtergesellschaften

a) Arten von Tochtergesellschaften

Unter Tochtergesellschaften werden rechtlich verselbstständigte Engagements von Unternehmen im Ausland verstanden; hinsichtlich des Eigentums wird der Begriff auf vollbeherrschte ausländische Einheiten, d.h. 100% des Kapitals (oder der Stimmrechte), eingeengt.[1]

Charakteristisch für Tochtergesellschaften („wholly-owned subsidiaries") ist somit auch die Haftung mit dem im Ausland investierten Kapital. Als rechtlich unselbstständige Engagements im Ausland sind u.a. Repräsentanzen oder Stützpunkte zu erwähnen, deren Aufgabe meist darin besteht, Geschäfte anzubahnen und Kontakte mit ausländischen Stakeholdern (z.B. Kunden, Lieferanten, Banken, staatlichen Institutionen) zu pflegen (vgl. Kutschker/Schmid 2011, S. 905f.).

Hinsichtlich der Wertschöpfungsaktivitäten können Tochtergesellschaften – wie auch Equity Joint Ventures – mit spezifischer Wertschöpfung (z.B. Produktions-, Vertriebs-, Forschungs- & Entwicklungsgesellschaften) oder mit (weitestgehend) vollständiger Wertschöpfung unterschieden werden. Mit Blick auf die hier im Vordergrund stehenden Fragen des Internationalen Marketing interessieren in erster Linie Vertriebsgesellschaften und Tochtergesellschaften mit vollständiger Wertkette.

Eine wesentliche Unterscheidung bezieht sich auf die Art der Errichtung der Tochtergesellschaften. Danach lassen sich **Neugründungen** von Tochtergesellschaften – auch als Greenfield Investments oder „new foreign ventures" bezeichnet – und Übernahmen bzw. Akquisitionen bestehender ausländischer Unternehmen – auch als Brownfield In-

---

[1] Sind die Eigentumsverhältnisse kleiner als 100%, wird – wie bereits erwähnt – von Beteiligungen gesprochen, z.B. Minderheits-, Paritäts- oder Mehrheitsbeteiligungen.

vestments bezeichnet – unterscheiden.[1] Eine weitere Differenzierung betrifft die Aufgaben und Rollen der Tochtergesellschaften.

Vor- und Nachteile von Tochtergesellschaften

Der grundsätzliche Vorteil von Tochtergesellschaften – in Abgrenzung zu Kooperationen – liegt primär darin, dass die Durchsetzung von eigenen Qualitäten, Kompetenzen und Know-how sowie die Kontrolle der Marketingaktivitäten dem Unternehmen selbst obliegt, d.h., keine Abstimmung mit externen Partnern notwendig ist und daher auch keine Gefahr des Aufbaus von Konkurrenten besteht. Dem gegenüber finden sich auf der Vorteilsseite von Kooperationen – wie aufgezeigt – Aspekte wie Risiko- und Kapitalteilung, Zugang zu Ressourcen, Markt-Know-how und Kompetenzen oder Aufbau von Marktzugangsbarrieren.

Zusammenfassend zeigt Abbildung 4.28 die Vor- und Nachteile von Tochtergesellschaften, sowohl von Neugründungen als auch von Akquisitionen.

Abbildung 4.28: Vor- und Nachteile von Tochtergesellschaften

Vorteile	Nachteile
• unmittelbare und eigenständige Präsenz • Unabhängigkeit in der Marktbearbeitung • Durchsetzung der eigenen Strategien • einheitliches Auftreten • Einfluss- und Kontrollmöglichkeiten • Bündelung und Schutz des Wissens im Unternehmen • Erhöhung der Marktmacht gegenüber Abnehmern, Lieferanten und Wettbewerbern • häufige Förderung der Ansiedlung durch Gastländer	• Investitionshemmungen • enorme Risiken, v.a. in instabilen Ländern • Verfügbarkeit umfangreicher Ressourcen • Risiken und Ressourcen können nicht mit einem Partner geteilt werden • Entscheidung ist im deutlich geringeren Maße reversibel als bei anderen Betätigungsformen

Quelle: in Anlehnung an Kutschker/Schmid 2011, S. 908f.

Die Motive für den Aufbau eigener Tochtergesellschaften im Absatzbereich liegen vorrangig in der unmittelbaren und eigenständigen **Präsenz**, welche die Unabhängigkeit in der Marktbearbeitung, die Durchsetzung der eigenen Strategie oder einen einheitlichen Marktauftritt (Image) sichert. Eine Untersuchung der Europäischen Kommission (2000, S. 17f.) zeigt folgende Motive für die Gründung von Tochtergesellschaften von EU-Unternehmen im Absatzbereich, wobei die Reihung der ersten fünf Gründe weit gehend unverändert für Engagements in Entwicklungs-, Schwellen- und Industrieländern gilt:

- Ausdehnung der Auslandsaktivitäten in neue Märkte
- Ausdehnungsabsicherung in einem bestehenden Markt
- Marktabsicherung und -kontrolle in dem Land
- politische Stabilität im Gastland
- Exportbasis für Produkte der Muttergesellschaft
- Überwindung von Handels- und Exportbarrieren
- hoher ROI
- Lieferant für andere Firmen im Gastland
- niedrige Löhne
- Leistungsabsicherung für die Muttergesellschaft.

---

[1] In der Literatur wird der Begriff Tochtergesellschaften oftmals auf Neugründungen eingeengt und damit von Akquisitionen abgegrenzt.

Eine Studie der EU aus dem Jahre 2007, die auf kleinere und mittlere Unternehmens fokussiert, identifiziert die Nähe zu den Endkunden („proximity to final customers") und die Nähe zu den Industriekunden (aus Sicht der Zulieferer: „proximity as a supplier to a global enterprise") als die wichtigsten Gründe der Errichtung von ausländischen Tochtergesellschaften.[1]

b) Neugründungen

Betrachtet man die Vor- und Nachteile von Tochtergesellschaften in Form von Neugründungen, dann resultieren die Vorteile in erster Linie aus dem **organischen** bzw. **internen Wachstum** (vgl. Kutschker/Schmid 2011, S. 911f.): Die Unternehmensstrategie kann problemloser als bei Akquisitionen umgesetzt werden, die Tochtergesellschaft lässt sich einfacher in bestehende Strukturen und Systeme integrieren; gleichermaßen sind Neugründungen aus kultureller Sicht einfacher zu gestalten. Neugründungen können auch dann realisiert werden, wenn keine geeigneten Akquisitionsobjekte vorhanden sind, z.B. in Entwicklungs- und Schwellenländern. Darüber hinaus stehen Neugründungen meist keine wettbewerbs- bzw. kartellrechtlichen Barrieren entgegen. Oftmals wird auch die Errichtung von Tochtergesellschaften von den Gastländern durch steuerliche oder sonstige ökonomische Anreize gefördert (Cavusgil/Knight/Riesenberger 2011, S. 408f.). Wie bei den generellen Vorteilen bereits erwähnt, ist weiterhin der Schutz des eigenen Wissens bzw. Know-hows herauszustellen (Hill 2009, S. 505).

Die Errichtung von Tochtergesellschaften setzt jedoch entsprechende Kompetenzen und Ressourcen, insbesondere Managementressourcen, voraus: Das Unternehmen muss die Fähigkeit besitzen oder rasch entwickeln, ausländische Märkte über diese Betätigungsform zu erschließen. Zugleich ist die Neugründung zeitintensiver, Economies of Scale und Bündelungseffekte entwickeln sich i.d.R. erst im Laufe der Zeit. Aus wettbewerblicher Sicht ist die Erhöhung der Rivalität herauszustellen, da sich durch Neugründungen die Zahl der Akteure in der ausländischen Wettbewerbsarena erhöht.

Neugründungen: PUMA Israel

Das Sportlifestyle-Unternehmen PUMA gibt heute die Gründung einer 100-prozentigen Tochtergesellschaft in Israel bekannt und übernimmt damit die operative Verantwortung in dem Land. PUMA Israel nimmt seine Geschäftätigkeit am 1. Januar 2013 auf und wird von Guy Daneman als Geschäftsführer geleitet. PUMAs Sportlifestyle-Produkte werden noch bis 31. Dezember 2012 vom derzeitigen Lizenznehmer Grundman Sports Co. vertrieben.

Mit der neuen Tochtergesellschaft stärkt das Sportlifestyle-Unternehmen seine Position in der Region EMEA, um PUMAs Markenpotenzial auf dem israelischen Markt konsequent auszuschöpfen. Ab 2013 plant PUMA die Eröffnung von eigenen Einzelhandels-Geschäften an strategisch günstigen Standorten und übernimmt damit die operative Verantwortung, um im Rahmen seines Fünf-Jahres-Plans "Back on the Attack" die Wachstumsmöglichkeiten in Israel bestmöglich zu nutzen.

Quelle: Pressemitteilung Puma, 16. Mai 2012.

Wie bereits erwähnt, spielen in der Erschließung und Bearbeitung ausländischer Absatzmärkte auch Repräsentanzen bzw. Stützpunkte eine Rolle, so in Kombination mit Export als Betätigungsform. Hierbei handelt es sich zwar um eigene Distributionsorgane im Sinne der Abbildung 4.7, jedoch nicht um eine rechtlich-selbstständige Auslandseinheit.

---

[1] Tochtergesellschaften und Equity Joint Ventures wurden in dieser Untersuchung zusammengefasst.

> **Ausländische Repräsentanzen: MTU Aero Engines**
>
> Die MTU Aero Engines ist der führende deutsche Triebwerkshersteller und weltweit eine feste Größe. Das Unternehmen entwickelt, fertigt, vertreibt und betreut zivile und militärische Luftfahrtantriebe aller Schub- und Leistungsklassen sowie stationäre Industriegasturbinen. Der deutsche Branchenprimus beschäftigt rund 7.900 Mitarbeiter und ist mit Tochtergesellschaften in allen wichtigen Regionen und Märkten präsent. In den nächsten Jahren will sich das Unternehmen auf das Kerngeschäft konzentrieren, sich an neuen Triebwerksprogrammen beteiligen und sein Dienstleistungsportfolio erweitern.
>
> Die MTU ist mit ihren Produkten, ihrer Technologie- und Entwicklungskompetenz sowie ihren Instandhaltungsdienstleistungen, Partner für Kunden rund um den Globus. Im Rahmen des Ausbaus dieser globalen Kooperations- und Service-Strategie setzt die MTU Aero Engines, zusätzlich zu ihren Standorten und Joint Ventures, auch auf Büros und Repräsentanzen in wichtigen Absatzmärkten.
>
> So ist das Unternehmen seit Februar 2010 mit einer Repräsentanz in Shanghai vertreten. Ziel ist es, die vielfältigen Aktivitäten als Deutschlands führender Triebwerkshersteller in China zu koordinieren und an der vielversprechenden Entwicklung der Luftfahrt in China teilzuhaben. Die Eröffnung dieses Büros kann als folgerichtiger Schritt der eingeschlagenen Strategie in China eingestuft werden. Denn fest etabliert hat sich MTU im Reich der Mitte seit 2002, als die MTU Maintenance Zhuhai in der Sonderwirtschaftszone Zhuhai ihre Arbeit aufnahm. Das Gemeinschaftsunternehmen der MTU mit China Southern Airlines, einer der größten Fluglinien Chinas, arbeitet sehr erfolgreich und hat sich zum größten zivilen Triebwerksinstandhalter in China entwickelt. Demzufolge verspricht man sich mit der 2010 eröffneten Repräsentanz eine noch bessere Kundenbetreuung direkt vor Ort leisten zu können und gleichzeitig wertvolles, marktspezifisches Know-how für eine erfolgreiche Zukunft in China sammeln zu können.
>
> *Quelle: www.mtu.de, Abrufdatum: 21. Februar 2013.*

c) Akquisitionen

i. Abgrenzungen

> *Unter Akquisitionen („acquisitions") kann grundsätzlich jede Form der Beteiligung eines Unternehmens an einem anderen verstanden werden; hier wird der Begriff auf die vollständige Übernahme eingeengt. Im Gegensatz zu Fusionen oder Verschmelzungen („mergers") verliert bei Akquisitionen nicht zwingend eines der beteiligten Unternehmen seine rechtliche Selbstständigkeit.*

Mergers & Acquisitions (M&A) werden auch als Formen des **externen Wachstums** eingestuft, da sie auf den Erwerb von externen Ressourcen fokussieren. Akquisitionen und Fusionen können in unterschiedlichen Erscheinungsformen auftreten (vgl. Glaum/Hutzschenreuter 2010, S. 19ff.). Ihnen können zugleich unterschiedliche Motivationen zu Grunde liegen, so absatzmarktorientierte, die im Folgenden im Vordergrund stehen.

M&A können sowohl national als auch international ausgerichtet sein; hier interessiert die internationale Perspektive. Akquisitionen als Eintrittsform in bzw. Betätigungsform auf ausländischen Märkten, auf die sich die folgenden Ausführungen beziehen, haben nicht nur große empirische Relevanz, sondern sie stellen auch ein breites Forschungsfeld im Rahmen des Internationalen Managements dar (vgl. Kutschker/Schmid 2011, S. 914 und die dort angegebene Literatur). Ausgeklammert bleiben hier die in der Literatur breit diskutierten Fragen der **Übernahmestrategien** und der **Abwehrstrategien** sowie der Akquisitionsphasen.[1]

ii. Internationale Akquisitionen

Mit der Akquisition als Betätigungsform wird meist eine schnelle Erschließung eines Marktes bzw. eine rasche internationale Erweiterung des Absatzgebietes angestrebt (vgl. auch Sudarsanam 2010, S. 126ff.). Sie kann aber auch Ausdruck der „Überwindung von Schwächen" sein, z.B. durch die Übernahme von Unternehmen/Partnern, die den ausländischen Markt kennen und/oder dort bereits eine gute Position haben. Akquisitionen können auch erfolgen mit dem Ziel der nationalen oder regionalen Marktführerschaft, so durch die Übernahme unmittelbarer Konkurrenten.

Die Akquisition ist dann sinnvoll, wenn

- der Weg über externes Wachstum schneller, kostengünstiger und/oder risikoärmer zum Ziel führt,
- die Leistungen intern nicht erzeugt werden können,
- sie hinsichtlich des Erfolges aus Synergiegründen mehr erreicht als ein Alleingang und wenn
- Eintrittsbarrieren eines Marktes nur über eine Akquisition überwunden werden können (Zentes/Swoboda 1997, S. 226f.).

Die Vor- und Nachteile internationaler Akquisitionen, die auch als Determinanten der Wahl dieser Betätigungsform eingestuft werden können, sind in Abbildung 4.29 im Überblick dargestellt. Die dort diskutierten „Pros" und „Cons" gelten nicht nur für absatzmarktorientierte Akquisitionen, sondern sind eher allgemeiner Natur.

Abbildung 4.29: Vor- und Nachteile internationaler Akquisitionen

Vorteile	Nachteile
• Schnelligkeit (Economies of Speed) und Synergien (Economies of Scope) • Skaleneffekte (Economies of Scale) • Zugang zu Märkten, Ressourcen, insbesondere Humankapital • Erwerb von Marktpositionen, Image („nationales Unternehmen") • Vermeidung erhöhter Rivalität durch zusätzliche Wettbewerber	• hohe Kapitalverfügbarkeit • hohe Informations- und Suchkosten • Notwendigkeit der Koordination differenter Strukturen, Systeme und Kulturen • Vorbehalte des Managements • Überfremdungsängste und Aversionen gegen ausländische Investoren • Unsicherheitsgefühle der Mitarbeiter gegenüber ausländischen Investoren

Quelle: in Anlehnung an Scherm/Süß 2001, S. 140f.; Kutschker/Schmid 2011, S. 918ff.

Während Equity Joint Ventures letztlich Ausdruck einer ausgewogenen Inside-Outside- und einer Outside-Inside-Sicht sind – Marktpotenziale sollen unter Zuhilfenahme komplementärer Ressourcen von Partnern erschlossen werden –, dominiert bei Akquisitionen (und Fusionen) die marktorientierte Sichtweise: Attraktive ausländische Märkte sollen auch dann erschlossen werden, wenn die eigenen Fähigkeiten oder Kapazitäten dafür nicht oder nicht in ausreichendem Maße gegeben sind, jedoch ausreichend Kapital zur Verfügung steht.

Für Akquisitionen ist die Beibehaltung der rechtlichen Selbstständigkeit des erworbenen Unternehmens typisch. Dies bedeutet aus Marketingsicht i.d.R., dass auch der bis-

---

[1] Vgl. hierzu Zentes/Swoboda/Morschett 2004, S. 251ff. und die dort angegebene Literatur.

herige Marktauftritt, d.h. die praktizierte Form der Marktbearbeitung, beibehalten wird. Oftmals erfolgt auch gerade deswegen die Akquisition, so zum Erwerb einer (oder mehrerer) Marke(n) auf der Produktebene oder der Unternehmensebene (**Corporate Brand**). Die Akquisition kann aber auch in eine Fusion münden, bei der meist das akquirierte Unternehmen nicht nur seine rechtliche Selbstständigkeit, sondern auch seinen spezifischen bzw. individuellen Marktauftritt verliert. Denkbar – und auch vereinzelt anzutreffen – sind weiterhin folgende Fälle:

- Das akquirierende Unternehmen verliert seine rechtliche Selbstständigkeit. Dies ist z.B. aus Marketingsicht dann der Fall, wenn das akquirierte Unternehmen über einen größeren Bekanntheitsgrad oder über eine größere Reputation verfügt.
- Das akquirierende und das akquirierte Unternehmen verschmelzen in einer neuen Unternehmung mit einem neuen (zu schaffenden) Marktauftritt.

Fusion von Ciba-Geigy und Sandoz zu Novartis

Der heutige Pharma- und Life-Sciences-Konzern Novartis entstand im Jahre 1996 aus einer Fusion der beiden Basler Chemieunternehmen Ciba-Geigy und Sandoz. Dabei handelte es sich um die bis zum damaligen Zeitpunkt größte Firmenfusion der Welt, die nicht nur von den jeweiligen Aktionären, sondern auch durch die EU und die US Federal Trade Commission bewilligt werden musste, bis die neue Firma am 20. Dezember 1996 ins Handelsregister des Kantons Basel-Stadt eingetragen werden konnte. Gemessen am 2011 erzielten Jahresumsatz von 58,6 Mrd. US-Dollar ist Novartis mittlerweile das zweitgrößte Pharmaunternehmen der Welt.

Die Namen der beiden fusionierenden Unternehmen wurden im Zuge der Fusion vollständig aufgegeben und durch den neuen Namen „Novartis" ersetzt, der zugleich die Einführung eines gänzlich neuen, einheitlichen Marktauftritts bedeutete. Die Bezeichnung „Novartis" entstand in Anlehnung an den lateinischen Ausdruck „novae artes", welcher „neue Künste" bedeutet.

Quelle: www.novartis.com, Abrufdatum: 22. Februar 2013.

Unabhängig von diesen Varianten können im Zuge der Akquisition erworbene Produktmarken und/oder Dachmarken weiterhin am Markt bestehen bleiben, auch dann, wenn Unternehmen ihre rechtliche Selbstständigkeit verlieren und in einem anderen Unternehmen „aufgehen". Diese Überlegungen deuten ebenfalls auf eine enge Wechselbeziehung zwischen Aspekten der Betätigungsform und der Marktbearbeitung hin, die in den nachfolgenden Ausführungen näher diskutiert wird.[1]

Abbildung 4.30 vermittelt einen Überblick über neuere Studien zu den Erfolgsfaktoren von Equity Joint Ventures, Abbildung 4.31 zu den Erfolgsfaktoren von Tochtergesellschaften. Die in Abbildung 4.32 wiedergegebenen Studien beziehen sich auf den Vergleich zwischen Kooperationen und Tochtergesellschaften als Betätigungsformen.

---

[1] Auf die spezifischen Vor- und Nachteile, Motive und Probleme von Fusionen wird hier nicht näher eingegangen; vgl. hierzu Kutschker/Schmid 2011, S. 925ff.

Abbildung 4.30: Ausgewählte Studien zu Erfolgsfaktoren von Equity Joint Ventures

Autor(en)	Empirische Basis/Datenerhebung/-auswertung	Erfolgsvariablen	Externe Faktoren/ JV- bzw. partnerspezifische Faktoren	Unternehmensfaktoren	Entscheiderfaktoren	Marketingfaktoren
Acquaah (2009)	76 Joint Ventures aus unterschiedlichen Branchen zwischen internationalen Unternehmen und Partnerfirmen in Ghana/ Fragebogen/ Ordinary Least Squares und logistische Regression	Performance des Joint Ventures (Wachstum von Produktivität, Umsatz und Profit sowie RoA und RoS des internationalen Joint Ventures)	Einteilung der Gastländer in zwei Kategorien: Industrieländer und Entwicklungsländer; Alter, Größe, Branche des Joint Ventures; JV-spezifische Erfahrungen des Partners im Gastland; Wettbewerbsintensität im Gastland			Wettbewerbsstrategien nach Porter: Differenzierung (u.a. Produktvariation und -innovation, Kundenservice, ausgewählte Distributionskanäle) oder Kostenführerschaft (u.a. Effizienzsteigerung, Preiskompetenz, breites Produktangebot, Prozess- und Servicekompetenz)
Li/ Zhou/ Zajac (2009)	Langzeitbetrachtung von 5.192 Joint Ventures aus unterschiedlichen Branchen in China zwischen 1999 und 2003/ Paneldaten/ Hausman-Taylor-Modell	Produktivität des Joint Ventures	Akzeptanz gegenüber ausländischen Direktinvestitionen von wichtigen Akteuren im Gastland (z.B. Regierung, Zulieferer, Gewerkschaften...); Wettbewerbsintensität im Gastland; Standort des chinesischen Partners und somit regionale ökonomische Entwicklung (in Küstennähe oder im Inland); Alter und Größe des JV; Kapitalintensität im Vergleich zur Beschäftigung beim JV; Qualifikationsanforderungen an die Mitarbeiter des JV; Branchendynamik	Besitzanteil des internationalen Unternehmens am Joint Venture; Technologievorsprung des internationalen Unternehmens gegenüber dem lokalen Partner		

Isidor/ Schwens/ Kabst/ Hornung (2012)	Meta-Analyse von 106 Primärstudien mit insgesamt 32.318 Unternehmen	Erfolgsmaße des internationalen Joint Ventures (finanziell, stabilitätsorientiert, multidimensional)	Kultureller Fit zwischen den Herkunftsländern der JV-Partner; Fähigkeit zu organisationalem Lernen des lokalen JV-Partners; Branche des Joint Ventures; Geografische Distanz der Herkunftsländer der beiden JV-Partner	Operationaler Fit mit dem JV-Partner sowie mit dem internationalen JV (Verwandtschaft der Geschäftsfelder, Funktionsbereiche, Branchen); Kultureller Fit zwischen den JV-Partnern (Organisationskultur); Dauer der internationalen Geschäftstätigkeit; Symmetrische Interdependenz mit dem Partner; Fähigkeit zu organisationalem Lernen des internationalen Unternehmens	Fit der strategischen Zielsetzungen der JV-Partner; Frühere Geschäftsbeziehungen mit JV-Partnern; Commitment und Vertrauen unter Partnern; Subjektiv empfundene Kontrolle, die vom Partner auf das JV ausgeübt wird; Konflikte und Konfliktmanagement zwischen den Partnern	
Merchant (2012)	Knapp 1.100 neu gegründete Joint Ventures aus unterschiedlichen Branchen zwischen einem US-amerikanischen und einem nicht-amerikanischen Partner im Zeitraum von 1986-1999 in 69 Gastländern weltweit/ Event study technique/ Multivariate Varianzanalyse	Performance des Joint Ventures/ Shareholder-Value-Creation (Outperformance auf dem Finanzmarkt)	Einteilung der Gastländer in drei Kategorien: Industrieländer/ Schwellenländer/ Entwicklungsländer anhand der Kriterien Investitionsklima, Bürokratie, Bildungsniveau, Bürgerrechte, Wachstumsrate sowie derzeitiger Stand des BIP; Politisches Risiko im Gastland; Funktion des Joint Ventures: F&E, Produktion, Marketing; Art des ausländischen JV-Partners: staatlich oder privat; Eigentumsstruktur und Aufteilung der Entscheidungsbefugnisse im neuen JV	Verwandtschaft der Geschäftsfelder zwischen dem amerikanischen Partner und dem Joint Venture; Umsatz und relative Wettbewerbsposition des amerikanischen Partners; bisherige Erfahrung des amerikanischen Partners mit Joint Ventures; kulturelle Distanz zwischen den JV-Partnern; Wachstum und Größe der Branche des amerikanischen Partners	Motive für die Gründung des Joint Ventures, jeweils auf Seiten beider Partner: Efficiency-seeking, Market-seeking, Resource-seeking, Strategic asset-seeking	

| Yao/ Yang/ Fisher/ Ma/ Fang (2013) | 119 Joint Ventures aus unterschiedlichen Branchen zwischen internationalen Unternehmen und lokalen Partnern in China/ Fragebogen/ Strukturgleichungsmodellierung | Erfolg von Neuprodukteinführungen des Joint Ventures | Effektivität des Wissensaufnahmeprozesses auf Seiten des Joint Ventures; Anzahl der Abteilungen in der Organisationsstruktur des Joint Ventures; Mitarbeiterzahl und Alter des Joint Ventures; Marktdynamik im Gastland | Wissenskomplementarität zwischen den Joint-Venture-Partnern; Kulturelle Distanz zwischen dem Herkunftsland des internationalen Partners und China | Betrachten der gegenseitigen Verpflichtung zu organisationalem Lernen als Grundlage für den Erfolg des JV auf Seiten beider Partner | |

Abbildung 4.31: Ausgewählte Studien zu Erfolgsfaktoren von Tochtergesellschaften

Autor(en)	Empirische Basis/Datenerhebung/ -auswertung	Erfolgsvariablen	Externe Faktoren/ TG-spezifische Faktoren	Unternehmensfaktoren	Entscheiderfaktoren	Marketingfaktoren
Cui/ Jiang (2009)	138 chinesische Unternehmen, die seit 1992 mindestens eine ausländische Direktinvestition getätigt hatten und diese noch andauert/ Fragebogen/ Logistische Regression	Entscheidung für eine eigene Tochtergesellschaft als Markteintrittsform	Wettbewerbsintensität und Wachstumsrate auf dem potenziellen Zielmarkt; Politische und ökonomische Risiken auf dem potenziellen Zielmarkt; Kulturelle Barrieren	Unternehmensgröße (Umsatzvolumen); Chinesischer Staat als Haupteigner; Branche des Unternehmens	Streben nach Aneignung von strategischen Ressourcen auf dem potenziellen Zielmarkt; Streben nach Aufstieg zum „Global Player" statt multinationaler Orientierung; Aufbau einer TG durch Neugründung oder Akquisition	
Fang/ Jiang/ Makino/ Beamish (2010)	Paneldaten zu 1.660 ausländischen Tochtergesellschaften von 582 japanischen Unternehmen über einen Beobachtungszeitraum von 15 Jahren/ Logistische Regression	Kurz- und langfristige Performance der Tochtergesellschaft	Faktoren auf Seite der Tochtergesellschaft: Gründungsjahr, Mitarbeiterzahl, Branche, Gastland (kulturelle Distanz nach Hofstede)	Faktoren auf Seite der Muttergesellschaft: Technologisches Know-how (F&E-Ausgaben), Mitarbeiterzahl, Return on Sales	Anzahl an Expatriates in den Tochtergesellschaften; Finanzielle Investitionen in die Tochtergesellschaft; Branchen- und gastlandspezifische Erfahrung	Marketing-Know-how der Muttergesellschaft (Werbeausgaben der Muttergesellschaft)

Scott/ Gibbons/ Coughlan (2010)	264 in Irland ansässige Tochtergesellschaften von Muttergesellschaften aus unterschiedlichen Ländern und Branchen/ Fragebogen/ Strukturgleichungsmodellierung	Eigenschaften und Fähigkeiten der Tochtergesellschaft (Unternehmerische Orientierung; Strategische Kompetenz; „Innovativeness"); Finanzielle Performance	Umfeldbedingungen der Tochtergesellschaft; Externe Netzwerkverbindungen der Tochtergesellschaft; Mitarbeiterzahl der Tochtergesellschaft	Strategisch (statt rein monetär) ausgerichtetes Bonussystem; Alter der Muttergesellschaft; Branche	Zugeständnis von Autonomie an die Tochtergesellschaften	
Gammelgaard/ McDonald/ Stephan/ Tüselmann/ Dörrenbächer (2012)	350 ausländische Tochtergesellschaften, ansässig in Dänemark, Großbritannien und Deutschland/ Fragebogen/ Strukturgleichungsmodellierung	Performance der Tochtergesellschaft im Vergleich zu den Wettbewerbern (Selbstauskunft bezüglich Umsatzwachstum, Produktivität, Kundenzufriedenheit und Marktanteil)	Gastland der Tochtergesellschaft; Mitarbeiterzahl der Tochtergesellschaft; Externe und interne Netzwerkverbindungen der Tochtergesellschaft (jeweils beurteilt anhand Anzahl und Frequenz)	Heimatland der Muttergesellschaft; Branche	Zugeständnis von Autonomie an die Tochtergesellschaften (strategische und operative Entscheidungsbefugnisse); Markteintritt über Neugründung oder Akquisition	
Park (2012)	184 in Korea angesiedelte Tochtergesellschaften international tätiger Unternehmen/ Fragebogen/ Regressionsanalyse (Ordinary Least Squares)	Erfolgreicher technologischer (Wissens-)Transfer von der Muttergesellschaft hin zur Tochtergesellschaft	Lernbereitschaft der Tochtergesellschaft; Relevantes Vorwissen der Tochtergesellschaft; Investitionsrichtung (aus Industrieland in Entwicklungsland oder umgekehrt)	Effektivität der Kommunikationskanäle zwischen Mutter- und Tochtergesellschaft; internationale Erfahrung der MG; kulturelle Distanz zwischen MG und TG; Alter und Größe der MG	Anzahl an Expatriates in den Tochtergesellschaften; Bereitstellung von Trainingsprogrammen für die TGs; Aufbau einer TG durch Neugründung oder Akquisition	
Fang/ Wade/ Delios/ Beamish (2013)	4.485 Beobachtungen von 1.640 Tochtergesellschaften von 572 japanischen Muttergesellschaften im Zeitraum zwischen 1992 und 2003 über 47 Länder hinweg/ Logistische Regression	Performance der Tochtergesellschaften (Selbstauskunft)	Marktverwandtschaft zwischen Heimatmarkt und bearbeitetem Zielmarkt der ausländischen Tochtergesellschaft (kulturell, politisch, ökonomisch); Größe und Alter der Tochtergesellschaften	Technologische Kompetenz des Mutterunternehmens (F&E-Ausgaben der letzten fünf Jahre); Technologieverwandtschaft zwischen Mutter- und Tochtergesellschaft; Größe der Muttergesellschaft; Erfahrung im Gastland; Branchenerfahrung	Anzahl an Expatriates in den Tochtergesellschaften	Marketingkompetenz des Mutterunternehmens (Werbeintensität)

Abbildung 4.32: Ausgewählte Studien zur Wahl zwischen Kooperationen (insb. Equity Joint Ventures) und Tochtergesellschaften als Betätigungsform

Autor(en)	Empirische Basis/Datenerhebung/-auswertung	Erfolgsvariablen	Externe Faktoren/ partner- bzw. TG-spezifische Faktoren	Unternehmensfaktoren	Entscheiderfaktoren	Marketingfaktoren
Morschett/ Swoboda/ Schramm-Klein (2008)	Meta-analytische Betrachtung 61 empirischer Untersuchungen zum Thema/ Fixed-effects-Modell und – wenn nötig – Random-effects-Modell	Treffen der erfolgversprechendsten Wahl zwischen Kooperation und Tochtergesellschaft als Markteintrittsform	Marktwachstum und -größe; Ressourcenintensität der Auslandseinheit; Staatliche Restriktionen im Gastland; Länderrisiko	Mitarbeiterzahl; ziellandspezifische internationale Erfahrung; Exportintensität	Machtabstandstoleranz im Stammland	Werbeintensität; Internationale Produktdiversifikation
Slangen/ van Tulder (2009)	248 direktinvestive Aktivitäten in diversen Ländern in den Jahren 1996 bis 2003, ausgeführt von 159 niederländischen Unternehmen aus unterschiedlichen Branchen/ Fragebogen/ Logistische Regression	Treffen der erfolgversprechendsten Wahl zwischen Equity Joint Venture und Tochtergesellschaft als Markteintrittsform	Qualität der Regierung in den potenziellen Zielländern (Wahlrecht und Transparenz, politische Stabilität, Effektivität der Regierung, Regulierung, Korruption); Kulturelle Distanz (nach Hofstede); Höhe der benötigten Anfangsinvestition	Grad an implizitem, d.h. nicht-artikuliertem und somit schwierig zu vermittelndem Know-how des investierenden Unternehmens; F&E-Ausgaben; Internationale Erfahrung allgemein sowie auf dem bearbeiteten Einzelmarkt; Unternehmenstyp	Präferenz des Aufbaus einer Tochtergesellschaft durch Neugründung oder Akquisition	Marketingkompetenz (Anteil der Werbeausgaben am Gesamtumsatz); Verwandtschaftsgrad der Investition zum Kerngeschäft
Nielsen/ Nielsen (2011)	Datenauswertung von 165 Schweizer Unternehmen, welche sich im Zeitraum zwischen 2001 und 2007 in 190 Joint Ventures engagierten, 450 Akquisitionen tätigten, 419 Neugründungen vornahmen und dabei in 88 Ländern vertreten waren/ Bernoulli-Prozess	Treffen der erfolgversprechendsten Wahl zwischen Equity Joint Venture und Tochtergesellschaft als Markteintrittsform	Branchendynamik; Qualität der Regierung im Gastland (u.a. politische Stabilität, Rechtssicherheit, Korruption)	Unternehmensgröße gemessen am Unternehmensumsatz; Internationalisierungsgrad; Kulturelle Distanz nach Hofstede zwischen der Schweiz und dem jeweiligen Gastland	Internationale Erfahrung und Branchenerfahrung des Top-Management Teams (TMT): Kulturelle Vielfalt, durchschnittliche Amtsdauer, Bildungsunterschiede und funktionelle Unterschiede innerhalb des TMT; Mitgliederzahl des TMT	

López-Duarte/ Vidal-Suárez (2012)	Auswertung von 302 Markteintrittsentscheidungen mittels EJV oder WOS in diversen Ländern in den Jahren 1989 bis 2003, ausgeführt von 63 spanischen Unternehmen aus unterschiedlichen Branchen/ Logistische Regression	Treffen der erfolgversprechendsten Wahl zwischen Equity Joint Venture und Tochtergesellschaft als Markteintrittsform	Kulturelle (nach Hofstede/ Schwartz/ GLOBE), ökonomische, sprachliche und geografische Distanz zwischen Spanien und den jeweiligen Gastländern; Politisches Risiko im Gastland	Größe (Marktkapitalisierung) und gastlandspezifische Erfahrung der Muttergesellschaft/ Branche der Muttergesellschaft		

d) Rollen von Tochtergesellschaften

In der Literatur existieren zahlreiche Arbeiten, die sich mit den unterschiedlichen Rollen beschäftigen, die ausländische Tochtergesellschaften einnehmen können (vgl. hierzu Morschett/Schramm-Klein/Zentes 2010, S. 51ff.). Nachfolgend wird die **Rollentypologie** von Bartlett/Ghoshal (1986a; 1986b) als eine der bekanntesten Typologien kurz vorgestellt. Ausgangspunkte sind dabei die strategische Bedeutung, die der jeweilige Markt für das betrachtete Unternehmen hat („strategic importance of local environment") und die Fähigkeiten bzw. Kompetenzen der Tochtergesellschaften („competence of local organization"). Die Verknüpfung dieser beiden Dimensionen führt zu der in Abbildung 4.33 dargestellten Matrix.

Abbildung 4.33: Rollentypologie von Bartlett/Ghoshal

	low Strategic Importance of Local Environment	high
high Competence of Local Organization	Contributor	Strategic Leader
low	Implementer	Black Hole

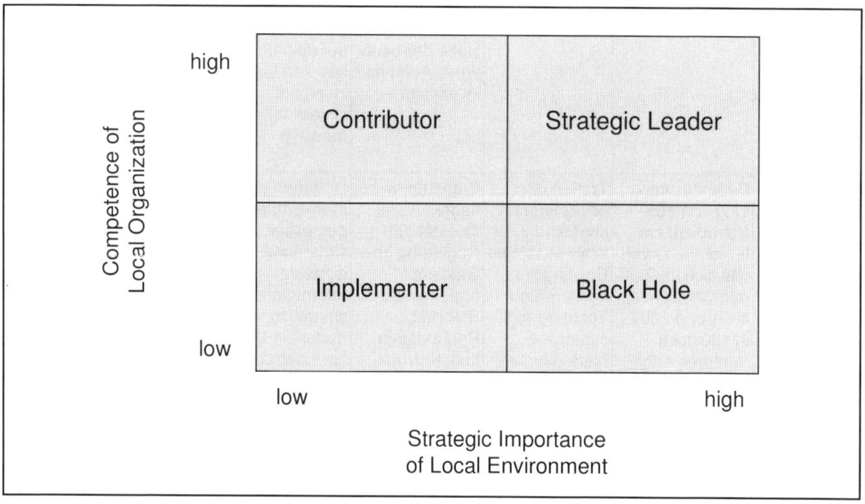

Quelle: Bartlett/Ghoshal 1986b, S. 90.

Ein **Strategic Leader** operiert in einem strategisch bedeutsamen Markt und übernimmt in seinem Kompetenzbereich Führungsaufgaben für das Gesamtunternehmen. Der **Contributor** verfügt über spezifische Fähigkeiten, operiert aber in einem strategisch unbedeutenden Markt. Seine Fähigkeiten und Kompetenzen werden nicht nur für lokale Aufgaben, sondern unternehmensweit bzw. weltweit genutzt. Ein **Implementer** operiert in einem strategisch nicht wichtigen Markt und verfügt über keine besonderen Fähigkeiten. Diese Tochtergesellschaften bearbeiten „lediglich" den lokalen Markt und setzen dabei die vorgegebenen Strategien um. Als **Black Hole** werden Tochtergesellschaften bezeichnet, die gleichermaßen über keine besonderen Fähigkeiten verfügen, jedoch in einem strategisch wichtigen Markt tätig sind.

Mit Blick auf das Internationale Marketing ist in erster Linie der Strategic Leader von Interesse, abgestuft auch der Implementer. Strategic Leader operieren als „lead country subsidiary", „key market subsidiary", „global marketing mandate" oder als „center of excellence" (vgl. Kutschker/Schmid 2011, S. 346ff.). Ihre Führungsrolle besteht dabei nicht nur in der Entwicklung von Strategien, z.B. bezüglich eines Produkt-Markt-Bereichs oder einer Region, sondern auch in der Umsetzung; dies setzt entsprechende formale Kompetenzen im Sinne von Weisungsbefugnissen gegenüber anderen Tochtergesellschaften voraus.[1]

C. Wahl der Betätigungsform

I. Determinanten der Wahl

1. Vorüberlegungen

Die Wahl der für einen ausländischen Markt geeigneten Betätigungsform stellt ein äußerst bedeutsames und zugleich komplexes Entscheidungsproblem dar, das durch eine Vielzahl von zu berücksichtigenden Kriterien charakterisiert ist. So stellen Benito/Petersen/Welch (2009, S. 1455) zu Recht fest: „How do companies operate in foreign markets? That question has been at the centre of international business research for four decades." In ähnlicher Form argumentieren Morschett/Schramm-Klein/Swoboda (2010, S. 60) mit Blick auf Markteintrittsstrategien: „Since the beginning of IB research, the choice of a market entry mode has been considered one of the most important decisions in the internationalization process."

Die Komplexität der Wahl geeigneter Betätigungsformen resultiert aus mehreren Gegebenheiten, d.h., es ist eine mehrdimensionale Betrachtungsweise erforderlich. So sind die marktorientierten Betätigungsformen in internationalen Wertschöpfungsnetzwerken auch abhängig von den Aufgaben und Rollen der ausländischen Operationen. Betreibt ein Unternehmen z.B. primär aus Effizienzgründen („efficiency seeking") eine Produktionsstätte in einem Land und verkauft die Endprodukte nicht nur in diesem Markt, sondern auch in geografisch benachbarten Märkten (im Sinne eines „Brückenkopfes") wie auch im Heimatmarkt, so liegt in dem betrachteten Land eine integrative Betätigungsform vor (produktions- und vertriebsorientierte Tochtergesellschaft), in den übrigen Zielmärkten ist das Unternehmen exportorientiert tätig, aber ausgehend von der ausländischen Tochtergesellschaft, der eine wesentliche Rolle zukommt, nicht von der Muttergesellschaft aus, die selbst Produkte importiert.

Zugleich zeigt sich sowohl bei einer länderspezifischen als auch bei einer länderübergreifenden Perspektive, dass Unternehmen verschiedene Betätigungsformen parallel einsetzen, so hinsichtlich unterschiedlicher oder auch derselben Strategischen Geschäftsfelder oder Produkt-Markt-Bereiche. Benito/Petersen/Welch (2009, S. 1457)

---

[1] Diese Struktur ist typisch für transnationale Unternehmen; vgl. hierzu Morschett/Schramm-Klein/Zentes 2010, S. 32ff.

sprechen in diesem Zusammenhang von „combinations or packages of modes". Die realen Betätigungsformen sind oft weniger trennscharf und variantenreicher als die in der Literatur vorgenommenen Klassifizierungen. Statt klar spezifizierter, diskreter Alternativen setzen Unternehmen Kombinationen von Betätigungsformen ein: Auslandsmärkte werden z.B. über lokale Produktionsstätten und Exporte parallel bedient.

In der Literatur existieren zahlreiche theoretische Modelle und konzeptionelle Bezugsrahmen, um die geeignete Betätigungsform zu identifizieren. Gleichermaßen versucht eine fast unüberschaubare Anzahl von z.T. widersprüchlichen Studien zu erklären, welche Determinanten bei dieser Auswahlentscheidung von Bedeutung sind und unter welchen Gegebenheiten welche Betätigungsform bzw. -formen geeignet sind.

In diesem Abschnitt wird die Komplexität dieses kategorialen Entscheidungsfeldes des Internationalen Marketing behandelt. Dabei werden auch zeitbezogene Aspekte integriert, so die Abhängigkeit von Eintrittsentscheidungen von früheren Entscheidungen bzw. Erfahrungen. Im Sinne eines **organisationalen Lernens** werden Entscheidungen von Vergangenheitserfahrungen beeinflusst („mode learning"; vgl. Benito/Petersen/Welch 2009, S. 1464). Anpassungen und Umgestaltungen der Betätigungsformen, d.h. dynamische Aspekte i.e.S., werden im nachfolgenden Abschnitt diskutiert.[1]

Eine heute in der Literatur häufig anzutreffende Systematisierung der Determinanten unterscheidet zwischen (vgl. Morschett/Schramm-Klein/Swoboda 2010 und die dort angegebene Literatur)[2]

- gastlandspezifischen Faktoren,
- heimatmarktspezifischen Faktoren,
- unternehmensspezifischen Faktoren und
- transaktionsspezifischen Faktoren.

2. Gastlandspezifische Faktoren

Gastlandspezifische Faktoren („host country-specific variables") stellen eine bedeutende Gruppe der Determinanten dar. Zu diesen externen oder exogenen Faktoren, auch im Sinne einer Outside-Inside-Perspektive, zählen insbesondere:

- die politisch-rechtlichen, so regulatorischen Gegebenheiten
- das Risiko bzw. die Unsicherheit des Umfeldes
- die Marktattraktivität
- die Wettbewerbsintensität
- die kulturelle Distanz zum Heimatmarkt.

Basierend auf der **Institutionentheorie** lassen sich die politisch-rechtlichen Gegebenheiten als ein wesentlicher Faktor herausstellen. Die gesetzlichen Regulierungen determinieren die Zulässigkeit bestimmter Betätigungsformen, so die Errichtung von Tochtergesellschaften oder die Übernahme von bestehenden Unternehmen; oftmals erzwingen sie – so in Entwicklungs- und Transformationsländern – Equity Joint Ventures. Andererseits können hohe Handelsbarrieren in Form von Importzöllen oder

---

[1] Vgl. zur Komplexität und Dynamik von Betätigungsformen, i.e.S. Markteintrittsstrategien, die Beiträge in Zentes 2012a.
[2] Eine „klassische" Unterscheidung in der deutschsprachigen Literatur ist die von Kutschker (1992), der zwischen unternehmensbezogenen, markt- sowie produktbezogenen Faktoren unterscheidet.

-kontingenten direktinvestive Engagements oder kontraktuelle Arrangements, z.B. Lizenzen, in den Ziellländern auslösen.

Die rechtlichen Gegebenheiten weisen einen engen Bezug zum Risiko des politischen Umfeldes auf: Wächst das Netz der institutionellen Regulierungen, so reduziert dies zunächst das Risiko in einem Gastland. Huang/Sternquist (2007) zeigen am Beispiel der Internationalisierung des Handels einen umgekehrt U-förmigen Zusammenhang zwischen der Strenge der gesetzlichen Regelungen und dem ressourcenbezogen Engagement auf (siehe Abbildung 4.34). So führen eher unzureichende rechtliche Regelungen, die als risikoreich wahrgenommen werden, zu kontraktuellen Betätigungsformen wie Franchising. Überschreitet andererseits die Regulierungsdichte ein bestimmtes Maß, so sind wiederum kontraktuelle Betätigungsformen zweckmäßig. Als Beispiel erwähnen Huang/Sternquist die Ladenschlussregelungen in Deutschland, die Franchise-Systemen, bei denen Unternehmer „vor Ort" agieren, flexiblere Anpassungen als Filialunternehmen ermöglichen.

Abbildung 4.34: Zusammenhang zwischen Regulierungsdichte und Betätigungsformen

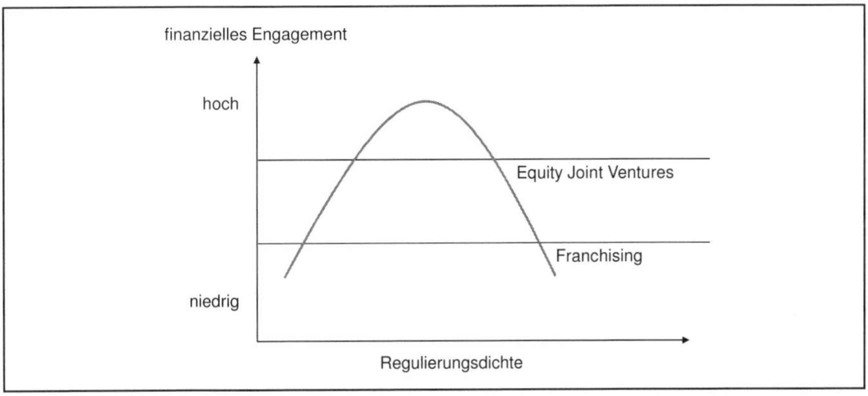

Quelle: in Anlehnung an Huang/Sternquist 2007, S. 618.

Die Marktattraktivität (Marktpotenzial, Marktwachstum) ist eine weitere wesentliche Determinante. Tendenziell nimmt mit zunehmender Marktattraktivität das Interesse der Unternehmen zu, sich direktinvestiv mit Tochtergesellschaften oder durch Akquisitionen im Ausland zu engagieren. Stehen diesen Betätigungsformen jedoch – wie aufgezeigt – rechtliche Barrieren entgegen, so kommen direktinvestive, aber kooperative Betätigungsformen, so Equity Joint Ventures, zum Einsatz (siehe Abbildung 4.35).

Die **Wettbewerbsintensität** kann mit Blick auf das Marktengagement ein KO-Kriterium darstellen (Hollensen 2011, S. 325): „When the intensity of competition is high in a host market firms will do well to avoid internationalization, as such markets tend to be less profitable and therefore do not justify heavy resource commitments." Betätigen sich Unternehmen trotz hoher Wettbewerbsintensität in ausländischen Märkten, so spricht dies tendenziell für exportorientierte Formen, die mit einem geringen Ressourcenengagement verbunden sind (Hollensen 2011, S. 325).

Die **kulturelle Distanz** zwischen Heimatmarkt und Gastland ist – wie zahlreiche Studien belegen – eine wesentliche Determinante der Wahl der Betätigungsform. Die vorliegenden Befunde sind jedoch kontrovers. So sprechen aus der Perspektive des „resource-based view", i.e.S. der „organizational capabilities perspective", eher Gründe für eine Tendenz zu kooperativen Betätigungsformen bei zunehmender kultureller Distanz: „Transferring company's capabilities to a culturally dissimilar host country is difficult and it is linked to high learning costs in the unfamiliar environment. Consequently, companies might prefer a cooperative strategy in order to access a partner's capabilities and cultural knowledge" (Morschett/Schramm-Klein/Swoboda 2010, S. 61). Andererseits deuten institutionenökonomische, insbesondere transaktionskostentheoretische, Überlegungen eher auf integrierte Betätigungsformen hin: "From a transaction cost perspective, cultural distance increases information asymmetry and consequently leads to increased monitoring costs. Accordingly, internalized foreign activities would be more efficient" (Morschett/Schramm-Klein/Swoboda 2010, S. 62).

Abbildung 4.35: Marktattraktivität/Marktbarrieren und Betätigungsformen

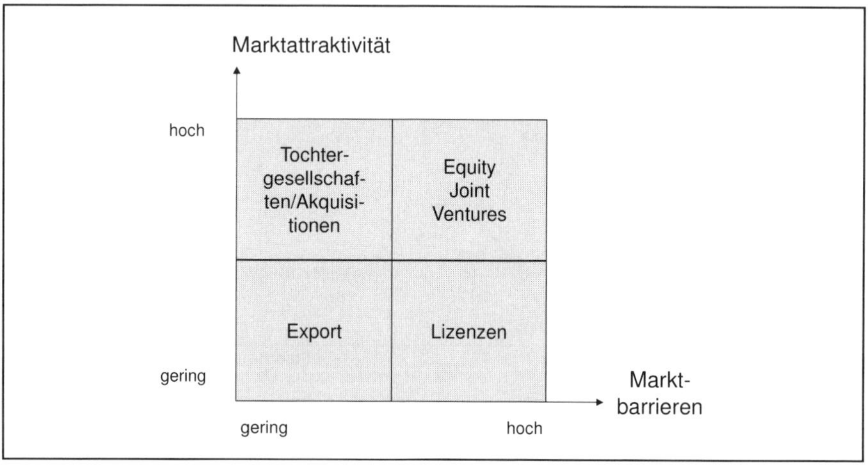

Marktattraktivität	gering Marktbarrieren	hoch Marktbarrieren
hoch	Tochtergesellschaften/Akquisitionen	Equity Joint Ventures
gering	Export	Lizenzen

Quelle: in Anlehnung an Zentes 1993a, S. 70.

3. Unternehmensspezifische und heimatmarktspezifische Faktoren

Die unternehmensspezifischen Faktoren umfassen ein Bündel von Determinanten, so

- die Unternehmensgröße,
- die Risikoneigung,
- die Wettbewerbsstärke,
- die internationale Erfahrung,
- den Unternehmensführungsstil.

Die **Unternehmensgröße** ist ein Indikator der Ressourcenverfügbarkeit: Eine hohe Ressourcenausstattung ermöglicht nicht nur eine rasche internationale Expansion, sondern auch ein direktinvestives Engagement in den Zielmärkten. Andererseits limitiert eine mangelnde Ressourcenausstattung das Spektrum der Betätigungsformen. Oftmals ist dies auf exportorientierte Formen begrenzt, so bei kleineren und mittleren Unternehmen (KMU) (Hollensen 2011, S. 322f.). Das Ressourcencommitment bzw. -engagement in einem ausländischen Markt weist zugleich enge Beziehungen zur diesbezüglichen **Flexibilität** auf. So erlauben kontraktuelle Arrangements eine vergleichsweise schnelle Anpassung an marktliche und/oder politisch-rechtliche Gegebenheiten.

Direktinvestive Engagements sind dagegen in einem wesentlich geringeren Ausmaß reversibel (Hollensen 2011, S. 326).

Die **Risikoneigung** des Unternehmens – oftmals gekoppelt an die Ressourcenverfügbarkeit – geht tendenziell mit bestimmten Betätigungsformen einher: So nehmen mit zunehmender Risikoneigung der Unternehmen tendenziell direktinvestive und insbesondere integrative Betätigungsformen zu. Risikoaverse Unternehmen präferieren dagegen eher exportorientierte oder kontraktuelle Formen, die nur ein geringes Ressourcencommitment erfordern. Die Risikoneigung ist nicht nur auf einer aggregierten Ebene, d.h. der Unternehmensebene, von Bedeutung, sondern gleichermaßen – wie auch andere persönlichkeitsbezogene Einflussfaktoren – auf der individuellen Ebene der Entscheidungsträger. So sind neben der Risikoneigung weitere persönlichkeitsbezogene Determinanten relevant. Hierzu zählen z.B. (Kutschker/Schmid 2011, S. 937):

- persönliche Ziele, Charaktereigenschaften und Vorlieben der Entscheidungsträger, z.B. ausgeprägtes Machtstreben oder geringe Kooperationsfähigkeit
- Wissen der Entscheidungsträger
- Motivation der Entscheidungsträger
- Innovationsbereitschaft der Entscheidungsträger
- Auslandsorientierung der Entscheidungsträger
- Erfahrung der Entscheidungsträger
- Unternehmertums- bzw. Entrepreneurship-Orientierung der Entscheidungsträger
- Engagement und Commitment der Entscheidungsträger
- Laientheorien der Entscheidungsträger über die Erfolgswirksamkeit einzelner Betätigungsformen.

Die **Wettbewerbsstärke**, eine Facette der Inside-Outside-Perspektive bzw. des „resource-based view", drückt die Fähigkeiten, Kompetenzen und das Know-how der Unternehmen aus. Mit Blick auf die Betätigungsformen auf ausländischen Märkten erfordern die Errichtung und das Betreiben von Tochtergesellschaften weit reichende „organizational capabilities", indirekter Export dagegen fast keine. Bei Equity Joint Ventures werden – wie bereits erwähnt – Kompetenzen des Kooperationspartners aus dem Gastland genutzt. Dabei hängt die Lernfähigkeit („absorptive capacity") bzw. Aufnahmefähigkeit von der kulturellen Distanz ab. Ist diese gering, so beschleunigt dies den organisationalen Lernprozess.

Verknüpft man die Faktoren Marktattraktivität (gastlandspezifischer Faktor) mit der Wettbewerbsstärke (unternehmensspezifischer Faktor), so lassen sich – bei grober Vereinfachung – die Betätigungsformen den Attraktivitäts-Wettbewerbsstärke-Konstellationen, wie in Abbildung 4.36 aufgezeigt, zuordnen.

Eng verknüpft mit der Wettbewerbsstärke ist die **internationale Erfahrung** des Unternehmens. Dieser Faktor drückt die Vertrautheit eines Unternehmens mit Betätigungsformen aus früheren (Markteintritt-)Entscheidungen aus sowie die Kenntnis der daraus resultierenden Ergebnisse. Im Sinne eines dynamischen „organizational behaviour" beeinflussen vorangegangene Entscheidungen die Alternativenwahl (Chang/Rosenzweig 2001, S. 753): "The static models assume that the probability of choosing a specific entry mode is independent of the similar choices in the past. On the other hand, dynamic models incorporate that the conditional probability of a choice is a function of past choices." In diesem Sinne wird auch von "cognitive inertia" oder "organizational imprinting" gesprochen (Huang/Sternquist 2007). Swoboda/Elsner (2012) stellen in diesem Zusammenhang „**institutionalisierte Markteintrittsstrategien**" heraus, auf die im Folgenden noch näher eingegangen wird.

Beispielhaft kann ein Befund von Westney (1988 (zit. nach Chang/Rosenzweig 2001, S. 752) herausgestellt werden: „The choice of entry mode in subsequent investments may be affected by experience with a particular entry mode. This notion, often referred to as path dependency, suggests that once a firm undertakes a successful acquisition, or greenfield entry, it may, all else being equal, prefer to continue with the same mode of entry. Studies have found that prior entries and know-how transfer through a partner increased the probability of subsequent transfer through similar mechanisms."

Abbildung 4.36: Marktattraktivität/Wettbewerbsstärke und Betätigungsformen

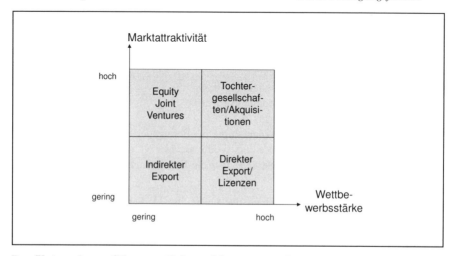

Der **Unternehmensführungsstil** bzw. Managementstil oder – weiter gefasst –, die Governance-Orientierung eines Unternehmens beeinflusst gleichermaßen die Wahl der ausländischen Betätigungsformen. So gehen mit den Betätigungsformen (siehe Abbildung 4.2) in sehr unterschiedlichem Ausmaß Kontroll- bzw. Steuerungsmöglichkeiten einher. Sie reichen von äußerst geringen Einwirkungsmöglichkeiten, so bei indirektem Export, bis zur vollständigen Einflussnahme bei integrativen Betätigungsformen. Strebt das Unternehmen – als Ausdruck seines Selbstverständnisses, aber auch im Hinblick auf generelle Governance-Strukturen, so zur vollständigen Kontrolle und Überwachung aller Aktivitäten und damit zur Gewährleistung der Compliance – nach einer weitestgehenden Einflussnahme, spricht dies eher für integrative Betätigungsformen.

Dieser Aspekt weist auch einen Bezug zu heimatmarktspezifischen Faktoren auf, bspw. zur Landeskultur. So können Morschett/Schramm-Klein/Swoboda (2010) in einer Meta-Analyse einen Einfluss der Machtunterschiedstoleranz bzw. Machtunterschiedsakzeptanz („power distance acceptance")[1] auf die präferierte Wahl von Tochtergesellschaften („wholly owned subsidiaries") im Vergleich zu kooperativen Arrangements belegen: Unternehmen aus Ländern mit hoher „power distance acceptance" neigen zur Zentralisierung bzw. zu zentralen Entscheidungsstrukturen, was tendenziell mit der Wahl von integrativen Betätigungsformen einhergeht.

---

[1] Vgl. zu den Begriffen Machtunterschiedstoleranz bzw. -akzeptanz Kutschker/Schmid 2011, S. 720f.

Die bereits diskutierte Risikoneigung des Unternehmens kann ebenfalls als ein Element des Unternehmensführungsstils interpretiert werden; sie wird hier jedoch als ein separater Faktor betrachtet.

4. Transaktionsspezifische Faktoren

Die Wahl der Betätigungsform kann gleichermaßen aus institutionenökonomischer, i.e.S. transaktionskostentheoretischer, Sicht betrachtet werden. Aus dieser Perspektive beeinflussen u.a. Faktoren wie **opportunistisches Verhalten** etwaiger Kooperationspartner oder unternehmensspezifisches „verborgenes" oder „implizites" Wissen oder Know-how („tacit knowledge") die Wahl der Betätigungsform.

Die Höhe der Transaktionskosten einer Betätigungsform wird beeinflusst durch Größen wie

- Faktorspezifität der Investition,
- Häufigkeit der Transaktionen,
- Unsicherheit,
- Verhaltensrisiko und
- Komplementarität der Fähigkeiten.

In Abbildung 4.37 sind die nach dem Transaktionskostenansatz jeweils vorteilhaften Betätigungsformen (näherungsweise) dargestellt.[1]

Abbildung 4.37: Transaktionskostenspezifische Vorteilsanalyse der Betätigungsformen

... vorteilhaft wenn	Tochtergesellschaft	Equity Joint Venture	Markt
Faktorspezifität der Investition	hoch	hoch	gering
Häufigkeit	hoch	niedrig	hoch
Unsicherheit (Umwelt, Rechtsrahmen)	hoch	mittel	gering
Verhaltensrisiko	kaum beherrschbar	beherrschbar	unproblematisch
Komplementarität der Fähigkeiten	einseitige Abhängigkeit	wechselseitige Abhängigkeit	

Quelle: in Anlehnung an Kutschker 1992, S. 512.

Abbildung 4.38 zeigt die Kategorien und die einzelnen Einflussfaktoren auf die Wahl der Betätigungsform im Überblick (vgl. Schramm-Klein 2012). Abbildung 4.39 nimmt darüber hinaus eine grobe Zuordnung vor: So deutet ein positives Vorzeichen tendenziell auf eine zunehmende Internalisierung (integrative oder hierarchische Betätigungsformen) hin, ein negatives Vorzeichen auf eine abnehmende Internalisierung (exportorientierte Betätigungsformen). Eine Zwischenstellung nehmen kontraktuelle Arrangements („intermediate modes") ein. Detailliertere Befunde zu den Antezedenzien der Wahl der Betätigungsformen werden in Abschnitt C.III. dieses Kapitels vorgestellt.

---

[1] Vgl. zu einer empirischen Überprüfung dieses Ansatzes Hildebrand/Weiss 1997.

Abbildung 4.38: Einflussfaktoren auf die Wahl von Betätigungsformen

Gastlandspezifische Faktoren	Stammlandspezifische Faktoren	Unternehmensspezifische Faktoren	Transaktionsspezifische Faktoren
• kulturelle Distanz • Länderrisiko • Einkommensniveau • Marktgröße • Marktwachstum • Wettbewerbssituation (z.B. Anzahl und Wettbewerbsstärke der Konkurrenten) • Marktstruktur • Substitutionsgüte • Restriktionen/ staatlicher Einfluss (z.B. Local Content, Steuern, Ex-/Importbeschränkungen) • Art, Anzahl und Struktur der Absatzmittler • Nachfragerverhalten (z.B. Preiselastizitäten) • Markttransparenz	• Stammlandkultur (z.B. Machtabstandstoleranz, Unsicherheitsvermeidung) • Marktvolumen • Marktstruktur • Wettbewerbssituation	• Gesamtunternehmensstrategie • Unternehmensgröße • Internationalisierungsstrategie • (Internationalisierungs-)Erfahrung • Wettbewerbsstrategie • Marktstellung • Diversifikation • Kostensituation (z.B. Technologie, Standorte, Faktorkosten, Produktivität, Kapazitätsauslastung)	• internationale Produktdiversifikation • Faktorspezifität • Phase im internationalen (Produkt-)Lebenszyklus • Werbeintensität • F&E-Intensität • Kapitalintensität • Ressourcenintensität • Größe der Auslandseinheit

Quelle: in Anlehnung an Morschett/Schramm-Klein 2008, S. 513ff.

Abbildung 4.39: Tendenzieller Zusammenhang zwischen Einflussfaktoren und der Wahl der Betätigungsformen

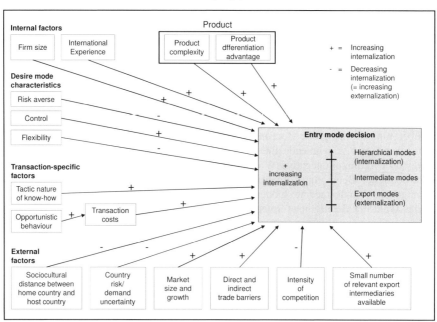

Quelle: Hollensen 2011, S. 322.

II. Vorgehensweisen und Methoden der Wahl

1. Überblick

Die Diskussion der vielfältigen Kriterien, welche die Wahl der Betätigungsformen beeinflussen, und ihre Wechselbeziehungen verdeutlichen die äußerst komplexe Entscheidungssituation. Wie bereits erwähnt und in Abschnitt C.III. dieses Kapitels noch empirisch „erhärtet" wird, spielen bisherige Erfahrungen mit Betätigungsformen auf ausländischen Märkten im Sinne eines organisationalen Lernens bzw. „organizational behaviour" eine wesentliche Rolle.

Methodische Ansätze, im Sinne einer rational-ökonomischen Vorgehensweise, üben eine unterstützende Rolle bei der Wahlentscheidung aus. Sie bieten Hilfestellung in der Evaluierung der Determinanten, um die bestmögliche Wettbewerbsfähigkeit, Effizienz und Kontrolle über marktorientierte Auslandsaktivitäten zu erlangen (vgl. Swoboda/Elsner 2012). Diese Ansätze können in heuristische und analytische Ansätze unterschieden werden. Im Folgenden werden diese methodischen Ansätze kurz vorgestellt; zunächst werden institutionalisierte Strategien im Sinne gelernter Routinen skizziert.

2. Institutionalisierte Verfahrensweisen

Institutionalisierte Vorgehensweisen bei der Wahl einer Betätigungsform drücken eine Abhängigkeit einer Wahlentscheidung von früheren Entscheidungen aus. Das Entscheidungsverhalten entspricht einem **„intraorganisationalen Imprinting"**.

Organizational Imprinting: Metro Group

Mit der Eröffnung des ersten Großmarktes 1964 in Mülheim an der Ruhr startete METRO Cash & Carry seine beispiellose Erfolgsgeschichte: Schnell stieß die Idee des Selbstbedienungsgroßhandels international auf Interesse – und bereits 1968 expandierte das Unternehmen ins europäische Ausland. Heute ist Metro Cash & Carry an 720 Standorten weltweit vertreten und die bedeutendste Vertriebslinie der Metro Group.

Bei genauer Betrachtung der Expansionsbestrebungen der vergangenen Jahrzehnte lässt sich erahnen, dass die Metro Group dabei einer institutionalisierten Strategie folgt, die sich im Unternehmen im Laufe der Zeit eingeprägt hat: „Unsere Expansion folgt demselben grundlegenden Konzept in allen Ländern und unsere Grundsätze sind u.a. der bevorzugte Eintritt in Schwellenländer, Pioniervorteile, organisches Wachstum sowie ein spezifischer Betriebstyp". So avancierte Metro Cash & Carry innerhalb der vergangenen knapp 50 Jahre vom zunächst auf Westeuropa fokussierten Großhandelsunternehmen zum führenden Global Player. Besonderes Augenmerk richtet das Unternehmen dabei auf die Wachstumsmärkte in Asien und Osteuropa. Seit 2007 erfolgten Markteintritte in der Türkei, in Pakistan, per Joint Venture mit Foxconn in China, in Ägypten und als erstes internationales Großhandelsunternehmen auch in Kasachstan.

"Unternehmerische Weitsicht, eine einzigartige Erfahrung und Kompetenz in der Internationalisierung sowie Pioniergeist haben METRO Cash & Carry zur internationalen Nummer 1 in der Branche gemacht", betont Frans Muller, Mitglied des Vorstands der METRO AG und CEO Metro Cash & Carry. Allerdings befindet sich das Unternehmen aktuell in einer schwierigen Situation, wodurch die Expansionsbemühungen deutlich ins Stocken geraten sind. Ein schwaches operatives Ergebnis im Jahre 2012 zwingt den seit 2011 im Amt befindlichen Konzernchef Olaf Koch zu weit gehenden Restrukturierungsmaßnahmen. Im Zuge dessen wurde der bereits geplante Markteintritt in Indonesien abgesagt, Real Osteuropa und somit das operative Geschäft in den Ländern Polen, Rumänien, Russland und der Ukraine verkauft und auch die so hoffnungsvoll gestartete Expansion der Elektroniktochter Media-Saturn in China konnte die hoch gesteckten Ziele nicht erfüllen und steht bereits auf dem Prüfstand. Folglich rücken derzeit die Konsolidierung und die Konzentrati-

> on auf bereits bestehende Aktivitäten deutlich stärker in den Fokus als eine mögliche weitere Expansion.
>
> Quelle: www.lebensmittelzeitung.net, 03. Dezember 2012; www.handelsblatt.com, 16. Januar 2013; www.metrogroup.de, Abrufdatum: 06. Februar 2013.

Einen derartigen **institutionellen Isomorphismus** konnten Swoboda/Elsner in einer neueren empirischen Untersuchung zu den Markteintrittsstrategien von Handelsunternehmen bestätigen (vgl. hierzu Swoboda/Elsner 2012 und die dort angegebene Literatur). Beispielhaft ist der konzeptionelle Bezugsrahmen dieser Untersuchung in Abbildung 4.40 dargestellt. Neben dem Haupteffekt (Hypothese H1) werden moderierende Effekte beachtet, so die Durchdringung des Gastlandes mit FDI („foreign direct investment") (H2), die Marktattraktivität (H3), die internationale Erfahrung (H4) sowie die Internationalisierungsgeschwindigkeit (H5).

Abbildung 4.40: Konzeptioneller Bezugsrahmen der Untersuchung von Swoboda/Elsner

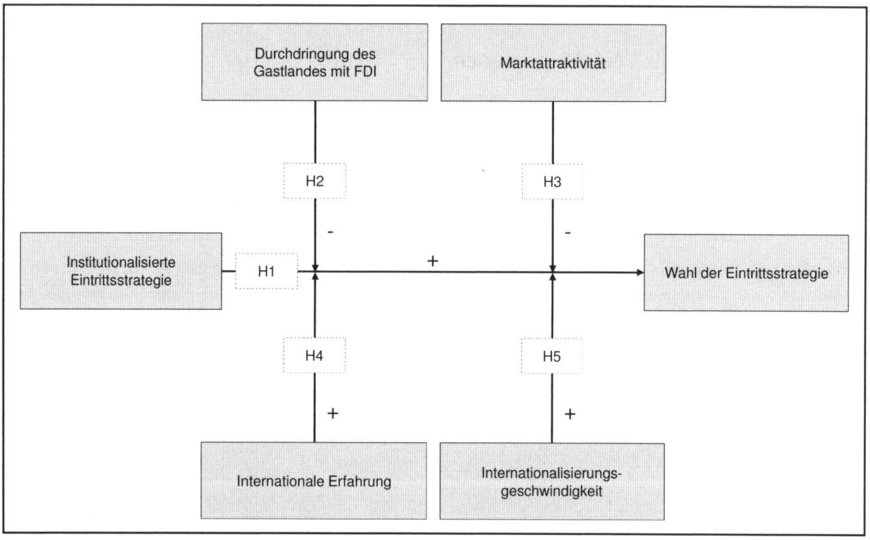

Quelle: Swoboda/Elsner 2012, S. 104.

Wie bereits erwähnt, bildet die **internationale Erfahrung** (siehe auch H4 in Abbildung 4.40) eine der wichtigsten Quellen des organisationalen Lernens im Kontext von Betätigungsformen auf ausländischen Märkten. Vorangegangene Investitionen und Routinen eines Unternehmens bestimmen das nachfolgende Entscheidungsverhalten. Dieses **„mode learning"** (Benito/Petersen/Welch 2009) führt zu einer Reduktion von Unsicherheit und erhöht somit Präferenzen für eine institutionalisierte Vorgehensweise.

„Mode learning" kann auch aus Internationalisierungsaktivitäten in anderen Wertschöpfungsfeldern resultieren. Beispielhaft führen Benito/Petersen/Welch (2009, S. 1464f.) an: „Mode experience may be acquired first through international inward operations, for example when a company accesses foreign technology via a licensing-in arrangement and subsequently uses that experience for outward foreign licensing deals". Werden derartige institutionalisierte Strategien – weit gehend unreflektiert – perpetuiert, kann von einer „strategischen Trägheit" („mode inertia"; vgl. Benito/Petersen/Welch

2009, S. 1465) gesprochen werden, die letztlich die internationale Expansion und damit auch den Unternehmenserfolg begrenzen kann: „Obviously, mode inertia is a constraining factor in the evolution of firm strategies"[1].

3. Heuristische und analytische Methoden

Die Erörterung der Evaluationskriterien im vorangegangenen Abschnitt deutete bereits auf verfahrenstechnische Aspekte der Wahl geeigneter Betätigungsformen hin. Die dort z.T. bereits erwähnten Ansätze können als heuristische Methoden bzw. heuristische Verfahren eingestuft werden, so die in den Abbildung 4.35 und Abbildung 4.36 dargestellten Portfolios. Sie können als Ergebnis einer sog. **Misfit-Analyse** interpretiert werden, bei der überprüft wird, „ob eine der unterschiedlichen Gestaltungsformen für Auslandsaktivitäten mit der Umwelt in Einklang zu bringen ist" (Perlitz 2004, S. 187). Daneben existieren in der Literatur analytische Verfahren, z.B. die auf investitionsrechnerischen Ansätzen basierenden Verfahren.

Heuristische Methoden

Als ein heuristisches Verfahren kann ein **sequenzieller Auswahlprozess** – in Analogie zu den Filterverfahren zur Auswahl der Ländermärkte – herausgestellt werden. Dabei können die in Abbildung 4.38 dargestellten Evaluationskriterien als Elemente einer **Checkliste** herangezogen werden. In einem stufenweisen Prozess kristallisieren sich dann geeignete oder günstigstenfalls die geeigneteste Betätigungsform heraus.

Eine „quantitative Heuristik" setzt an den aufgezeigten Evaluationskriterien an und verknüpft diese in **Punktbewertungsmodellen** oder **Scoring-Modellen**. Auch diese methodische Vorgehensweise entspricht Ansätzen zur Selektion der Ländermärkte, die im Dritten Kapitel diskutiert wurden. Beispielhaft zeigt Tabelle 4.4 ein derartiges Scoring-Modell. In diesem Beispiel werden die einzelnen Evaluationskriterien unterschiedlich gewichtet.

Tabelle 4.4: Gewichtetes Scoring-Modell zur Auswahl einer Betätigungsform

Bewertungskriterien	Gewich-tung	Mögliche Betätigungsformen			
		Export	Tochter-gesellsch.	Franchising	Joint Venture
Personalbedarf	0,1	4	1	5	2
Kapitalbedarf	0,1	4	1	5	1
Einfluss auf den lokalen Markt	0,05	2	5	2	5
Zugang zu Marktinformationen	0,05	3	4	3	5
Kundenserviceniveau	0,05	2	4	3	5
Wettbewerbsintensität	0,15	1	2	3	4
Marktvolumen	0,1	5	3	4	2
Kapitalrisiko	0,2	4	1	5	1
Distributionssystem	0,18	2	3	4	5
Handelsbeschränkungen	0,02	3	4	4	5
Gesamtpunktzahl		3,02	2,27	4,05	3,05
1 = sehr schlecht 3 = befriedigend 5 = sehr gut					

Quelle: in Anlehnung an Mühlbacher/Leihs/Dahringer 2006, S. 435.

---

[1] Vgl. auch den dort angegebenen Beitrag von Lovas/Ghoshal 2000.

Analytische Methoden

Als analytische Methode zur Wahl alternativer Betätigungsformen kann die (detaillierte) **Wirtschaftlichkeitsanalyse** i.S. investitionsrechnerischer Kalküle herausgestellt werden, worauf Perlitz (2004, S. 189ff.) in umfassender Form eingeht. So kann ein Unternehmen z.B. mithilfe der **Kapitalwertmethode** analysieren, ob eine bestimmte Betätigungsform wirtschaftlich ist.

Für die unterschiedlichen Betätigungsformen (i = 1, 2,..., n) lassen sich die Kapitalwerte grundsätzlich wie folgt ermitteln (vgl. hierzu Perlitz 2004, S. 190):

$$(4.1) \quad C_i = -\sum_{t=0}^{T} A_{it}(1+r)^{-t} + \sum_{t=0}^{T} E_{it}(1+r)^{-t} + L_i(1+r)^{-T}$$

Dabei bedeuten:

C_i = Kapitalwert der Betätigungsform *i*

A_{it} = notwendige Investition für die Betätigungsform *i* zum Zeitpunkt *t*

E_{it} = Einzahlungsüberschuss im Jahre *t* für die Betätigungsform *i*

T = Planungshorizont

L_i = Liquidationserlös am Ende des Planungshorizontes T

r = Kalkulationszinsfuß.

Soll nur eine Alternative (Betätigungsform) realisiert werden, ist diejenige mit dem höchsten Kapitalwert am vorteilhaftesten. Am Beispiel des Exports kann diese Wirtschaftlichkeitsanalyse konkretisiert werden. Dabei wird aus Vereinfachungsgründen unterstellt, dass für die Produktion der Exporterzeugnisse im Inland freie Kapazitäten vorhanden sind (Unterbeschäftigung im Inland). Unterstellt man – ebenfalls aus Vereinfachungsgründen –, dass der Export im gleichen Jahr zu Einzahlungen führt, dass die mit dem Export verbundenen Auszahlungen gleich den variablen Kosten sind und dass Rabatte, Skonti, sonstige Erlösschmälerungen, Zölle und Abgaben in den Nettopreisen berücksichtigt sind, dann ist der Kapitalwert für den Export (C_{EX}):

$$(4.2) \quad C_{EX} = \sum_{j=1}^{m} \sum_{t=1}^{T} \frac{(w_t p_{tj}^A - k_{vtj}^H)x_{tj}^A}{(1+r)^t}(1 - S_{EXt})$$

Dabei bedeuten:

w_t = Wechselkurs zum Zeitpunkt *t*

p_{tj}^A = Nettopreis des Erzeugnisses im Ausland zum Zeitpunkt *t* für Güterart *j*

k_{vtj}^H = variable Kosten im Inland zum Zeitpunkt *t* für Güterart *j*

x_{tj}^A = Exportmenge ins Ausland zum Zeitpunkt *t* für Güterart *j*

S_{EXt} = ertragsabhängiger Steuersatz zum Zeitpunkt *t*

j = Güterart des Exports (j = 1, 2, ..., m)

T = Planungszeitraum

H = Inland.

Die Verfahren der Wirtschaftlichkeitsanalyse weisen zwar den Vorteil der Exaktheit auf, ihre Anwendung setzt jedoch bekanntlich die Verfügbarkeit der erforderlichen Daten voraus, was in aller Regel in der Unternehmenspraxis nicht oder nur bedingt gegeben ist. Die **empirische Relevanz** dieser Verfahren ist daher begrenzt. Dies schließt jedoch nicht aus, dass oftmals versucht wird, diese Verfahren „näherungsweise" einzusetzen, so im Zusammenhang mit der Erstellung von Geschäftsplänen für ausländische Tochtergesellschaften oder Akquisitionen.[1]

III. Ausgewählte empirische Befunde

1. Überblick

In der Literatur existiert – wie bereits erwähnt – eine fast unüberschaubare Zahl empirischer Studien, die Erfolgsfaktoren von auf internationalen Absatzmärkten tätigen Unternehmen oder die Erfolgsfaktoren einzelner Betätigungsformen oder Markteintrittsstrategien identifizieren. Neben eher deskriptiven Ansätzen sind dabei vielfältige konfirmatorische Analysen herauszustellen, die versuchen, theoretische Konzepte zur Internationalisierung bzw. zu Betätigungsformen auf internationalen Märkten empirisch zu überprüfen.

Im Folgenden wird zunächst ein Überblick über Studien gegeben, die sich mit dem Einfluss der alternativen Faktoren auf die Wahl von Betätigungsformen, i.e.S. Markteintrittsstrategien, beschäftigen. Hieran schließen sich die Ergebnisse einer bibliografischen Analyse und von zwei Meta-Analysen an.

2. Synopse ausgewählter empirischer Studien

Abbildung 4.41 zeigt eine Synopse empirischer Studien, die sich mit Entscheidungen im Rahmen der Wahl von Institutionalisierungsformen beschäftigt (vgl. Schramm-Klein 2012).

Abbildung 4.41: Synopse empirischer Untersuchungen zur Wahl von Betätigungsformen/Markteintrittsstrategien

Entscheidung	Quellen
Export (inkl. eigene Sales Force) vs. Intermediäre im Gastland	Anderson/Coughlan 1987; Anderson/Schmittlein 1984; Klein/Frazier/Roth 1990; Klein/Roth 1989; Ramaseshan/Patton 1994; Burgel/Murray 2000; McNaughton 1996; Klein 1989
Export vs. Wertschöpfungs-schwerp. im Ausland	Martin/Salomon 2003
keine Marktbearbeitung vs. Direktinvestition	Björkman/Eklund 1996
Export vs. TG vs. Mischformen	Davis/Desai/Francis 2000
Export vs. Kontraktuelle Koop. vs. Direktinvestition	Driscoll/Paliwoda 1997
Export vs. Kontrakt. Koop.	Pan/Tse 2000

---

[1] Im Kontext „ökonomischer" Verfahren ist auf den Realoptionsansatz hinzuweisen, der hier jedoch nur erwähnt werden soll (vgl. Fisch 2006; Macharzina 2003, S. 35 und die dort angegebene Literatur; vgl. auch bereits Hommel/Ludwig 2000).

Export vs. Direktinvestition	Kwon/Konopa 1993; Cardone-Riportella u.a. 2003; Agarwal/Ramaswami 1992; Sleuwaegen 1985
Export vs. TG	Meyer 2001; Pan/Tse 2000; Pla-Barber 2001
Export vs. Joint Venture	Pan/Tse 2000
Export vs. Verkaufs-TG vs. Produktions-TG	Pla-Barber 2001
Tochtergesellschaft vs. Kooperation (im Ausland)	Kogut/Zander 1993; Hildebrandt/Weiss 1997; Yiu/Makino 2002; Brouthers 1995; Brouthers 2002; Benito 1996; Gatignon/Andersen 1988; Erramilli/Rao 1993; Erramilli/Agarwal/Kim 1997; Hennart 1991a; Kogut/Singh 1988; Meyer 2001; Weinstein 1974; Gomes-Casseres 1989; Hennart/Reddy 1997; Gomes-Casseres 1990; Chang/Rosenzweig 2001; Brouthers/Brouthers/Werner 2003; Agarwal/Ramaswami 1992; Pan/Tese 2000; Singh/Kogut 1989; Pak/Park 2004; Agarwal 1994; Hennart/Larimo 1998; Morschett/Schramm-Klein 2004; Elango/Sambharya 2004; Palenzuela/Bobillo 1999; Brouthers/Brouthers 2003; Mayrhofer 2004; Brouthers/Brouthers/Werner 2000; Shi/Ho/Siu 2001; Barkema/Vermeulen 1998; Padmanabhan/Cho 1999; Taylor/Zou/Osland 1998; Herrmann/Datta 2002; Ekeledo/Sivakumar 2004; Walsh u.a. 1999; El Said/McDonald 2002; Young Baek 2003; Madhok 1998; Chen/Hu 2002; Tatoglu/Glaister 1998; Lu 2002; Cleeve 1997; Makino/Neupert 2000
Mehrheits-JV (inkl. 100%) vs. Minderheits-JV	Gatignon/Andersen 1988; Contractor 1990b; Pan 1996; Erramilli 1996; Tatoglu/Glaister/Erdal 2003; Chen/Hu/Hu 2002
Beteiligungsquote an Auslandsgesellschaft	Delios/Beamish 1999; Randøy/Dibrell 2002; Sun 1999; Shan 1991; Tatoglu/Glaister/Erdal 2003; Lecraw 1984; Delios/Henisz 2000; Chen/Hu/Hu 2002; Mjoen/Tallman 1997
TG vs. Lizenzierung	Kim/Hwang 1992; Davidson/McFetridge 1985; Davidson/ McFetridge 1984; Shane 1992; Shane 1994
TG vs. Franchising	Contractor/Kundu 1998; Fladmoe-Lindquist/Jacque 1995
TG vs. JV vs. Managementvertrag vs.Franchising	Contractor/Kundu 1998b
High-control vs. Low-control (teilweise inkl. Export)	Bradley/Gannon 2000 (Export=low); Domke-Damonte 2000 (Export=low); Erramilli 1991 (Export=low); Pan/Tse 2000 (Export=low); Pan/Tse 1996 (Export=high); Brouthers/Nakos 2004 (Export=low); Nakos/Brouthers 2002 (Export=low); Shrader 2001 (Export=high)
Direktinvestive vs. nicht-direktinv. Form (ohne Export)	Hildebrandt/Weiss 1997; Erramilli/D'Souza 1993; Erramilli/D'Souza 1995; Contractor 1984; Pak 2002
Neugründung vs. Akquisition	Harzing 2002; Weinstein 1974; Chang/Rosenzweig 2001; Elango/Sambharya 2004; Padmanabhan/Cho 1999; Tatoglu/Glaister 1998; Shaver 1998; Chen/Zeng 2004; Andersson/Arvidsson/ Svensson 1992; Andersson/Svensson 1994; Brouthers/Brouthers 2000; Cho/Padmanabhan 1995; Padmanabhan/Cho 1995; Hennart/Park 1993; Hennart/Larimo/Chen 1995; Larimo 1996; Caves/ Mehra 1986; Larimo 1998; Kogut/Singh 1988; Wilson 1980; Zejan 1990; Larimo 1993; Barkema/Vermeulen 1998; Forsgren 1984
Kontraktuelle Kooperation vs. Equity-Kooperation	Kim/Hwang 1992; Pan/Tse 2000; Hagedoorn/Narula 1996; Osborn/Baughn 1990
Franchising vs. Managementverträge	Erramilli/Agarwal/Dev 2002
TG vs. JV vs. Kontraktuelle Kooperation	Brouthers/Brouthers/Werner 2000; Kim/Hwang 1992; Taylor/Zou/ Osland 2000; Tylor/Zou/Osland 1998
TG vs. JV vs. Lizenzierung/Franchising vs. Export	Brouthers/Brouthers/Werner 1999
Auswahlprozess für Institutionalisierungsform	Li/Li/Dalgic 2004; Calof 1993
Entscheidung für oder gegen internationale Tätigkeit	O'Farrell/Wood/Zheng 1996; Westhead u.a. 2001; Holmlund/Kock 1998
Motive für Wahl einer Institutionalisierungsform	O'Farrell/Wood/Zheng 1996; O'Farrell/Wood/Zheng 1998; Erramilli 1989; Westhead u.a. 2001; Edwards/Buckley 1998; Hellman 1996
Institutionalisierungsform nach	Erramilli 1989; Goodnow/Hansz 1972; Tse/Pan/Au 1997; Pan/Tse

Ländern, Branchen o.Ä. (deskriptiv)	1996; Buckley/Mirza/Sparkes 1985; Agarwal 1994; Sun 1999; Hagedoorn/Narula 1996; Erramilli 1996; Glaister/Thwaites 1994; Cieslik/Ryan 2002; Deng 2003; Tatoglu/Glaister 1998
Mode-Kontinuum (verschiedene Firmen, ordinal oder relational gesehen)	Stray/Bridgewater/Murray 2001; Tse/Pan/Au 1997; Rhoades/ Rechner 2001; Rhoades/Rechner 1997; Tan/Erramilli/Liang 2001
Wahl eines (spezifischen) Auslandsmarktes (i.d.R. für Direktinvestitionen)	O'Farrell/Wood/Zheng 1996; Bell 1995; O'Farrell/Wood/Zheng 1998; Erramilli 1991; Erramilli/D'Souza 1993; Li 1994; Li/Guisinger 1992; Kobrin 1976; Chang/Rosenzweig 1998; Cardone-Riportella u.a. 2003; Agarwal/Ramaswami 1992; Terpstra/Yu 1989; Anand/ Kogut 1997; Erdal/Tatoglu 2002; Gilmore/O'Donnell/Cummins 2003
Sequenzen/Stages von oder Wechsel zwischen Institutionalisierungsformen	Bell 1995; Fina/Rugman 1996; Johanson/Wiedersheim-Paul 1975 (Fallstudien); Mahnke/Venzin 2003; Chang/Rosenzweig 2001; Chang/Rosenzweig 1998; Hyuk Rhee/Cheng 2002; Roberts 1999; Stray/Bridgewater/Murray 2001; Boter/Holmquist 1996 (Fallstudien); Okoroafo 1997; Burgel/Murray 2000; Björkman/Eklund 1996; Penner-Hahn 1998; Lau 1992 (Fallstudien); Edwards/Buckley 1998; Kouvelis/Axarloglu/Sinha 2001; Pedersen/Petersen/Benito 2002; Steensma 2004; Benito/Gripsrud 1992
Performance verschiedener Institutionalisierungsformen	Brouthers 2002; Lu/Beamish 2001; Brouthers/Brouthers/Werner 2003; Nitsch/Beamish/Makino 1995; Woodcock/Beamish/Makino 1994; Makino/Beamish 1998; Gielens/Dekimpe 2001; Delios/Bea-mish 2004; Beamish/Nitsch 1999; Morschett/Schramm-Klein 2004; Brouthers/Brouthers/Werner 2000; Brouthers/Nakos 2004; Shrader 2001; Shaker/Ireland/Hitt 2000; Brouthers/Brouthers/Werner 1999; Barkema/Bell/Pennings 1996; Li 1995; Herrmann/Datta 2002; Choo/Mazzarol 2001; Chen/Hu 2002; Busija/O'Neil/Zeithaml 1997; Mjoen/Tallman 1997; Makino/Beamish 1998; Shaver 1998
TG: Tochtergesellschaft; JV: Joint Venture; GL: Gastland	

Quelle: in Anlehnung an Morschett 2007, S. 102f.

3. Ausgewählte Literatur-Reviews und Meta-Analysen

Die bereits mehrfach herausgestellte Vielzahl empirischer Untersuchungen zu den Einflussfaktoren der Betätigungsformen auf internationalen Absatzmärkten und ihren Erfolgswirkungen erschwert es nicht nur, die publizierten wissenschaftlichen Ergebnisse zu überblicken, die z.T. gravierend widersprüchlichen Ergebnisse führen darüber hinaus nicht nur bei Unternehmensvertretern zur Konfusion. Hilfestellung zur besseren Durchdringung dieser komplexen Materie bieten einerseits **Literatur-Reviews** und insbesondere **Meta-Analysen**. Diese wissenschaftlichen Vorgehensweisen werden im Folgenden exemplarisch vorgestellt.

Literatur-Reviews

Traditionelle Literatur-Reviews fokussieren im Wesentlichen auf die inhaltlichen Schwerpunkte der einzelnen analysierten Artikel und systematisieren bzw. gruppieren diese Beiträge auf dieser Basis. Im Sinne einer Längsschnittanalyse zeigen sie zugleich evolutorische Entwicklungen auf. Dies kann sich auch auf methodische Aspekte der analysierten Untersuchungen beziehen.

Beispielhaft zeigt Abbildung 4.42 die wissenschaftlichen Fragestellungen der im Zeitraum 1960-2007 untersuchten Artikel zur Exportforschung.

Abbildung 4.42: Forschungsthemen der exportorientierten Beiträge im Zeitraum 1960 bis 2007

Thematic areas	Major issues addressed
Export engagement and development	
Export intention/propensity	pre-export activity-export adoption as an innovative process-future export intention
Export attitude/behavior	domestic vs. export perceptions-aggressive vs. passive exporters-export commitment
Stimuli to exporting	proactive vs. reactive stimulation
Barriers to exporting	perception of barriers by exporters vs. non-exporters-non-tariff barriers-export controls
Export development process/involvement	stages of export development-inward vs. outward internationalization-network approach to internationalization-extra-regional expansion-export withdrawal
Internal/external determinants of exporting	
Environmental determinants of exporting	impact of domestic economic recession-regulatory environment-host country political risk
Organizational effects on exporting	firm size-company age/experience-product characteristics-international market experience-functional characteristics
Managerial effects on exporting	foreign orientation-objective characteristics-subjective characteristics-decision-making styles
Identification and evaluation of export markets	
Export information/research	information sources-types of information-export information needs-nature of information-export market research process-environmental scanning
Export market targeting/selection	identification of export markets-foreign market attractiveness-psychological distance
Export market entry modes	export intermediaries-export management companies-export trading houses
Export market expansion	market concentration vs. spreading
Strategic aspects of exporting	
Export strategy	adaptation versus standardization-sources of competitive advantage
Export products/services	product adaptation-new product development-branding strategy-product elimination
Export pricing/financing	price adjustments-export pricing methods-export financing constraints
Export distribution/logistics	channel adaptation-types of export channels-selection of export middlemen-freight forwarding
Export advertising/promotion	advertising adaptation
Export performance	performance as an outcome variable-measurement of export performance-multidimensionality of export performance
Special issues relating to exporting	
Planning/control of export activities	export marketing control-export planning activities
Behavioral aspects of exporter-importer relations	power-conflict-dependence-satisfaction-commitment-opportunism-communication-distance-trust
Government export promotion/assistance	awareness/usage/effectiveness of export promotion programs-trade shows and trade missions-export promotion organizations
Analysis of exports at the country level	exports from emerging economies-agricultural exports-Japanese exports-international product life-cycle
Miscellaneous	entrepreneurialism-export market orientation-use of internet in exporting-organizational learning-export sales forecasting-parallel importing

Quelle: Leonidou/Katsikeas/Coudounaris 2010, S. 86.

Meta-Analysen

Meta-Analysen, im Sinne quantitativer Analysen, bieten im Vergleich zu traditionellen Literatur-Reviews wesentliche Vorteile (vgl. hierzu u.a. Eisend 2004).

Bei Meta-Analysen handelt es sich um Analysen, deren Untersuchungsobjekte nicht einzelne Unternehmen, ausländische Organisationseinheiten o.Ä. sind, sondern Studien, deren Ergebnisse (d.h. Effektgrößen) als Manifestation einer Zufallsvariablen betrachtet werden. Eine meta-analytische Synthese der Literatur kombiniert Ergebnisse früherer Studien, um die Größe und Signifikanz eines Wirkungszusammenhangs zu evaluieren. Durch die Integration entstehen große Stichproben, die es z.B. erlauben, statistische Fehler zu reduzieren (Fricke/Treinies 1985, S. 15ff.). Derartige Meta-Analysen sind in der betriebswirtschaftlichen Forschung im Allgemeinen und im Internationalen Marketing im Besonderen bisher leider nur vereinzelt anzutreffen. In den letzten Jahren ist jedoch ein Anstieg festzustellen.

Für die zentrale Entscheidung zwischen Tochtergesellschaften und Kooperationen für die Betätigung in ausländischen Märkten hat Morschett (2007, S. 117ff.) eine Meta-Analyse durchgeführt, in der die Untersuchungsergebnisse von insgesamt 61 unabhängigen Studien daraufhin analysiert wurden, bezüglich welcher Variablen die Gesamtheit der vorliegenden Ergebnisse einen Einfluss auf die genannte Entscheidung bestätigt. Insgesamt wurden 26 Variablen untersucht, für die sich jeweils in mindestens fünf Primäruntersuchungen Effektgrößen fanden.

Als Untersuchungsmethode in den Primäruntersuchungen war die binäre logistische Regression, in der Beziehungen zwischen jeweils einer oder mehreren unabhängigen Variablen und der Entscheidung „kooperative Betätigungsform" (=0) oder „Tochtergesellschaft" (=1) analysiert wurden, vorherrschend. Das Modell der binären logistischen Regression untersucht in diesem Kontext den Einfluss der unabhängigen Größen auf die Wahrscheinlichkeit, dass ein Unternehmen eine integrative Betätigungsform gegenüber einer kooperativen Betätigungsform im Ausland wählt. Damit ergibt sich als Effektgröße der vorliegenden Studien ein Regressionskoeffizient, der einen „log odds ratio" darstellt. Der Antilogarithmus ergibt in diesem Fall einen Odds-Ratio (also das Verhältnis der Wahrscheinlichkeit des Eintretens eines Falls zum Eintreten des alternativen Falls) (vgl. hierzu ausführlich Morschett 2007, S. 122f.). Ein positiver Regressionskoeffizient deutet im vorliegenden Fall also an, dass die entsprechende Variable die Wahrscheinlichkeit für eine Tochtergesellschaft relativ zu einer Kooperation erhöht.

Für die 20 Variablen, für welche die verfügbaren Informationen aus den Primäruntersuchungen eine Kombination der Effektgrößen erlaubte, sind in Abbildung 4.43 die kombinierten Effektgrößen sowie die 95%-Konfidenzintervalle dargestellt. Wenn das 95%-Konfidenzintervall null nicht abdeckt, ist der kombinierte Effekt (der auf jeweils mehreren Primärstudien basiert) signifikant.

Als Kernergebnisse der Studie sind festzuhalten: Einen gesamthaft positiven, signifikanten Einfluss auf die Entscheidung, eine Tochtergesellschaft im Ausland einer Kooperation vorzuziehen, haben folgende Variablen (Reihenfolge entsprechend absoluter kombinierter Effektgröße) (siehe Abbildung 4.43):

1. Größe des Unternehmens (Mitarbeiterzahl)
2. Machtabstandstoleranz im Stammland (Power Distance Index)
3. landesspezifische internationale Erfahrung des international tätigen Unternehmens
4. Werbeintensität des international tätigen Unternehmens
5. Auslandsumsatz des international tätigen Unternehmens

Abbildung 4.43: Kombinierte standardisierte Effektgrößen und 95%-Konfidenzintervalle für die betrachteten Variablen

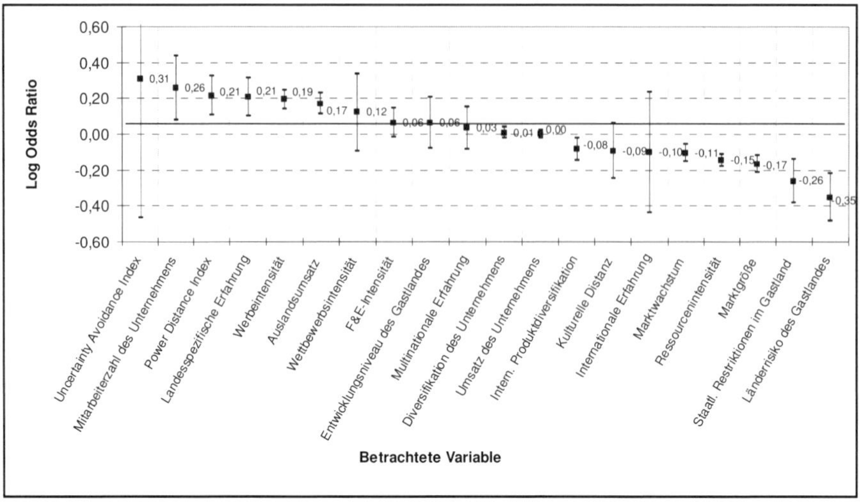

Anmerkung: Positive Werte deuten eine Erhöhung der Wahrscheinlichkeit für die Wahl einer Tochtergesellschaft an.

Quelle: Morschett 2007, S. 149.

Einen gesamthaft negativen Einfluss auf die Neigung zu Tochtergesellschaften entfalten die folgenden Variablen (Reihenfolge entsprechend absoluter kombinierter Effektgröße):

1. Länderrisiko des Gastlandes
2. staatliche Restriktionen im Gastland
3. Marktgröße
4. Ressourcenintensität der Auslandsaktivität
5. Marktwachstum
6. internationale Produktdiversifikation.

Eine Meta-Analyse zur Wahl zwischen Tochtergesellschaften („wholly owned subsidiaries") und kooperativen Betätigungsformen, die insbesondere auf die externen Antezedenzien der Wahlentscheidung fokussiert, führten Morschett/Schramm-Klein/Swoboda (2010) durch; sie analysierten die Ergebnisse von 72 Einzelstudien. Als wesentliche Befunde können herausgestellt werden:

- eine stark positive Beziehung zwischen Machtunterschiedsakzeptanz als kulturelles Merkmal und der Neigung Tochtergesellschaften zu etablieren
- eine negative Beziehung zwischen dem Risiko des Gastlandes, rechtlichen Restriktionen, dem Marktwachstum, Marktvolumen und der Präferenz für Tochtergesellschaften.

Darüber hinaus werden moderierende Effekte analysiert, so branchen- bzw. sektorale Unterschiede.

D. Dynamische Aspekte – Anpassung und Umgestaltung der Betätigungsform

I. Auslöser der Anpassung und der Umgestaltung

Wie im Zweiten Kapitel herausgearbeitet, werden unter den dynamischen Aspekten des Internationalen Marketing, d.h. dem komplexen Gefüge aus Erst- und Folgeentscheidungen, sowohl (graduelle) **Anpassungen** – hier bezogen auf die Betätigungsformen – als auch **Umgestaltungen** bzw. Wechsel der bisher praktizierten Betätigungsformen im Ausland diskutiert. Benito/Petersen/Welch (2009) sprechen in diesem Kontext von „within-mode changes" bzw. „within-mode adjustments" und von „mode changes" bzw. „**mode switches**".[1] Beides ist Ausdruck eines vertieften oder verringerten Markt-Commitments, d.h., es tritt in einer länderspezifischen Perspektive nach einem Markteintritt, während des Being International, auf. Zum Beispiel ist der Wechsel von bisher exportorientierten Aktivitäten zu (vertriebsorientierten) Tochtergesellschaften Ausdruck von mehr Marktnähe bzw. **Vertiefung des Markt-Commitments**. Analog kann der Wechsel von (produktionsorientierten) Tochtergesellschaften zu Lizenzen als eine **Verringerung des Markt-Commitments** interpretiert werden.

Als **Auslöser einer Anpassung** können Veränderungen betrachtet werden, so in den

- Internationalisierungs-, Markt- und/oder Marketingzielen,
- Basisoptionen des Internationalen Marketing,
- kategorialen Entscheidungen von Marktengagement und -bearbeitung,
- Ländermärkten und Rückkopplungen zwischen den Ländermärkten sowie
- technologischen Gegebenheiten.

Zum Beispiel kann als **technologischer Auslöser** das Aufkommen „virtueller Betätigungsformen" eingestuft werden, z.B. die Einrichtung eines Internet-Portals, das neben die oder an die Stelle der bisherigen Direktexport-Praxis, z.B. über Export-Verkäufer, Beschickung in- und ausländischer Messen u.Ä., tritt. Veränderungen in den jeweiligen Ländermärkten können sich z.B. auf die **Steigerung ihrer Attraktivität** beziehen, so ein stärkeres Marktwachstum als ursprünglich erwartet, oder auf den Abbau von Marktbarrieren i.S. von rechtlichen Restriktionen. Eine mögliche Anpassung kann dann der Übergang von der Betätigungsform des indirekten Exports zum direkten Export, verbunden mit einer eigenen Auslandsniederlassung bilden. Eine Anpassung der Betätigungsform als Folge **veränderter Marktziele** kann ebenfalls zu einem Übergang von indirektem Export zu direktem Export führen. Will ein Unternehmen z.B. seine Marktdurchdringung steigern, so kann die geplante höhere Penetration stärkere Präsenz „vor Ort" erforderlich machen. Im umgekehrten Sinne kann ein (ländermarktbezogenes) Retraktionsziel zu einem Übergang von dem bisher praktizierten direkten Export zu indirektem Export führen. Des Weiteren können als Auslöser Faktoren betrachtet werden, die der **Inside-Outside-Perspektive** zuzuordnen sind, so Ressourcen- und Effizienzüberlegungen, Aufbau von Wissen u.Ä.

Für eine **Umgestaltung der Betätigungsform** können die gleichen Auslöser gelten. Für einen Wechsel sind jedoch „stärkere" oder gar fundamentale Veränderungen des Umfelds, der unternehmerischen Zielsetzungen und/oder der bisher praktizierten Basisoption des Internationalen Marketing maßgeblich.

---

[1] Zusammenfassend sprechen die Autoren von „mode dynamics".

Versucht man sowohl die **Vertiefung** als auch die **Verringerung** des Markt-Commitments, und zwar sowohl bei einer Anpassung als auch einem Wechsel der Betätigungsform, zu erklären, dann bietet sich hierfür die bereits im Zuge der Diskussion der Marktaustritte[1] genannte, empirisch abgesicherte Systematik der **Gründe für eine Veränderung** an. Hierauf wird nachfolgend näher eingegangen.[2]

Abschließend ist festzuhalten, dass die Grenzziehung zwischen Anpassung und Umgestaltung insofern unscharf ist, als sie von der Definition bzw. Operationalisierung einzelner Betätigungsformen abhängt.[3] Empirisch kann gezeigt werden, dass sich international sehr expansiv entwickelnde Unternehmen, sei es bei unterschiedlichen Exportstufen, Kooperationsformen und Tochtergesellschaften, hinsichtlich der Erfolgsbedingungen und der Gestaltung von Strukturen, Prozessen und der Kultur signifikant unterscheiden (vgl. hierzu Swoboda 2002a und die dort angegebene Literatur).

Airbus baut neues US-Werk

Der europäische Flugzeugbauer Airbus startet mit dem Bau seines ersten Werkes in den USA einen Frontalangriff auf den Erzrivalen Boeing. Die Europäer setzen für 600 Millionen Dollar oder umgerechnet 475 Millionen Euro sieben große Hallen auf die grüne Wiese samt nötiger Startbahn. Schon in drei Jahren sollen in der Hafenstadt Mobile im Bundesstaat Alabama die ersten Maschinen der Serie A320 montiert werden. Es ist eine Kampfansage an Boeing.

„Wir müssen in den USA sichtbar sein", sagte der neue Airbus-Chef Fabrice Brégier bei der Vorstellung der Pläne vor Ort. In keinem anderen Land der Erde werden mehr Flugzeuge verkauft als in den Vereinigten Staaten. Bislang sind die USA aber die Schwachstelle der Europäer, die sich weltweit mit dem Titel des größten Flugzeugbauers schmücken. „Wir sind der Überzeugung, dass wir einen größeren Anteil am Markt bekommen können", sagte Brégier.

In den USA beherrscht das Boeing-Konkurrenzmodell B737 die Lüfte. Die Maschinen mittlerer Reichweite mit ihren 100 bis 200 Sitzen sind ideal, um die Städte in dem weiten Land miteinander zu verbinden. Airbus' Hoffnung ist, dass eine Fertigung vor Ort das Eis bei den US-Fluggesellschaften bricht. Die Chefs mehrerer Airlines äußerten sich bereits positiv. Überdies fällt das Wechselkursrisiko durch die US-Produktion weg. Flugzeuge werden weltweit in Dollar gehandelt.

Mit dem Bau des Werks soll im Sommer 2013 begonnen werden, die Montage soll 2015 beginnen und die erste Auslieferung wird für 2016 erwartet. Wenn das Werk auf vollen Touren läuft, sollen 40 bis 50 Flugzeuge jedes Jahr die Hallen verlassen. Gemessen an den heutigen Produktionsraten würde das neue Werk damit rund ein Zehntel der jährlichen A320-Produktion liefern. Eine spätere Ausweitung der Fertigung wäre möglich, sagte Airbus-Strategiechef Christian Scherer.

In Mobile werden alle Varianten der A320-Modellfamilie gebaut mit Ausnahme des kleinsten Vertreters A318. Es ist das vierte Werk für den Bestseller. Bislang werden die Flieger am Stammsitz in Toulouse montiert, bei der deutschen Airbus-Tochter in Hamburg-Finkenwerder sowie seit 2008 auch in der chinesischen Hafenstadt Tianjin.

Quelle: www.handelsblatt.com, 02. Juli 2012.

---

[1] Vgl. Abschnitt B.I.3. des Dritten Kapitels.
[2] Vgl. hierzu auch die Fallstudienanalyse von Benito/Petersen/Welch 2009.
[3] So kann der Übergang von indirektem zu direktem Export als Anpassung innerhalb der Betätigungsform Export eingestuft werden. Stuft man diese beiden Exportvarianten als eigenständige Betätigungsformen ein, so liegt im Falle des Übergangs ein Wechsel vor.

II. Ausgewählte theoretische Erkenntnisse und empirische Befunde

1. Überblick

Für das Verständnis des Verlaufs und der Gründe eines Wandels der Betätigungsform, i.S. einer Anpassung und v.a. einer Umgestaltung, in Auslandsmärkten können unterschiedliche theoretische Ansätze und empirische Studien herangezogen werden. Ihr Erklärungsbeitrag ist so facettenreich, dass hier nur eine grundlegende Darstellung möglich ist.[1] Im Einzelnen werden kurz vorgestellt:

- Ansätze, die sich den dynamischen Entwicklungsprozessen von Unternehmen in internationalen Märkten und/oder insbesondere den Betätigungsformen widmen (dynamische Prozess- bzw. Entwicklungsforschung)
- Ansätze, die Begründungen für die Wahl einer Betätigungsform und den Wechsel von Betätigungsformen zum Gegenstand haben, so die marktorientierte bzw. deterministische (Wandel-)Forschung
- ein konzeptioneller Bezugsrahmen der Wahl und Veränderung der Betätigungsformen
- ausgewählte empirische Ergebnisse zu den Umgestaltungen.

2. Erkenntnisse der dynamischen Prozess- bzw. Entwicklungsforschung

Wie im Ersten Kapitel angedeutet, liegen die Wurzeln erster Ansätze, die sich der Dynamik der Internationalisierung von Unternehmen widmen, im volkswirtschaftlichen Bereich, so in den Theorien des internationalen Handels, der Produktlebenszyklustheorie, den Theorien der Direktinvestitionen oder in Ansätzen der Wettbewerbstheorie und der Industrieökonomik, die in einem unterschiedlichen Maße in ebenso unterschiedlich zu bewertende betriebswirtschaftliche Konzepte einfließen. „Patterns of Internationalization" werden v.a. seit den **behavioristischen Arbeiten** (Aharoni 1966) vielfach diskutiert und bilden – verschiedentlich auf diffusions-, wachstums-, system- oder entscheidungstheoretischen Überlegungen basierend – die Grundlage der in der Diskussion seit Jahren dominierenden betriebswirtschaftlichen Ansätze zu diesem Thema, so

- den diffusionstheoretisch begründeten (Export-)Stufenmodellen (der Wisconsin-Schule um Bilkey/Tesar 1977 und Cavusgil/Bilkey/Tesar 1979) sowie
- den inkrementellen Modellen der Uppsala-Schule um Johanson/Vahlne/Mattson/ Anderson/Nordström (vgl. z.B. Johanson/Vahlne 1977; 1990; 1992b; Andersen 1993; Hadjikhani 1997; Johanson/Vahlne 2003; 2006).

Diese Ansätze unterstellen eine **stufenweise Entwicklung** der Unternehmen in internationalen Märkten.[2]

Stufenmodelle der Exportforschung

Die Exportforschung stellt kein geschlossenes Theoriegebäude dar, sondern besteht vielmehr aus einer Reihe von mehr oder weniger theoretisch fundierten Ansätzen. Im Folgenden werden „traditionelle" Modelle dargestellt, deren Phasenschemata auf behavioristischen und diffusionstheoretischen Annahmen basieren und die psychologische Konstrukte wie „involvement", „commitment" oder „interest" als Erklärungsgrundlage

---

[1] Vgl. hierzu insbesondere Swoboda 2002a und die dort angegebene Literatur.
[2] Diese Studien haben eine ganze Reihe weiter gehender bzw. alternativer Betrachtungen nach sich gezogen (vgl. im Überblick u.a. Macharzina/Engelhard 1991; Swoboda 2002a; Li/Li/Dalgic 2004).

verwenden. Diese Ansätze gehen von einem aufeinander folgenden Ablauf der Stufen aus.

Die Wurzeln eines näher zu betrachtenden Ansatzes, der im Wesentlichen an der Universität Wisconsin entwickelt wurde, finden sich in der **Diffusionsforschung**, insbesondere im Modell von Rogers, der den Diffusionsprozess von Innovationen aus einer soziologischen Perspektive untersuchte (vgl. hierzu Swoboda 2002a, S. 75). Bekannt wurde z.B. das Modell von Cavusgil (1980), das sich auch in adaptierter Form in der amtlichen Statistik (so der OECD) durchsetzte und das in vielfältigen Untersuchungen aufgegriffen, empirisch getestet, verfeinert und/oder erweitert wurde. Cavusgil unterscheidet fünf Stufen, die in Abbildung 4.44 dargestellt sind.

Abbildung 4.44: Stufen im Internationalisierungsprozess von Unternehmen

These internal and external variables help explain a firm may engage in ...	Critical activity which is unique to various ...	Stages
inhibiting firm characteristics	preoccupation with the home market	DOMESTIC MARKETING
external stimuli: • unsolicite orders • change agents internal stimuli: • differential advantages and conductive characteristics • decision-maker characteristics • international orientation	deliberate search for information and preliminary evaluation of the feasibility of undertaking international marketing activity	PRE-EXPORT STAGE
perceptions regarding attractiveness of international marketing activity	initiation of limited international marketing activity	EXPERIMENTAL INVOLVEMENT
experience-based expectations availability of key resources willingness to commit resources	systematic exploration of expanding international marketing activity	ACTIVE INVOLVEMENT
marketing performance	resource allocation based on international opportunities	COMMITTED INVOLVEMENT

Quelle: Cavusgil 1980, S. 275.

Vergleichbar hierzu untersuchten Bamberger/Evers (1993) die fünf Phasen des Prozesses auf Basis des Datensatzes der europäischen STRATOS-Untersuchung, die länderübergreifend mittelständische Unternehmen zum Gegenstand hatte (siehe Abbildung 4.45).

Abbildung 4.45: Das Modell der Internationalisierungsstufen

Beschreibung	Typ	Charakterisierung
Phase des „no involvement"	Heimatmarkt-orientierte Nicht-Exporteure	kein Export und keine Bereitschaft zu zukünftigen Exporten; Operationalisierung: Exportquote = 0%
Phase des „pre-involvement"	am Auslandsmarkt interessierte Nicht-Exporteure	kein Export, aber Bereitschaft zur Aufnahme von Exportaktivitäten in der nahen Zukunft; Operationalisierung: Exportquote = 0%, aber Exportaufnahme innerhalb der nächsten drei Jahre vorgesehen
Phase des „reactive involvement"	reaktive oder experimentierende Exporteure mit entsprechendem Exportpotenzial	Produkte werden in erster Linie am Heimatmarkt angeboten; es werden nur einige (psychologisch nahe) Märkte bearbeitet und nur wenige Internationalisierungsformen praktiziert Operationalisierung: Exportquote = 1-9%

Phase des „active involvement"	aktive Exporteure	es werden zunehmend mehr ausländische Märkte mit verschiedenen Internationalisierungsformen bearbeitet; Operationalisierung: Exportquote = 10-39%
Phase des „committed involvement"	(stark) engagierte Exporteure	viele Märkte werden einbezogen; Praktizierung von alternativen Internationalisierungsformen gehören zum normalen Geschäft; Operationalisierung: Exportquote = 40-100%

Quelle: Bamberger/Evers 1993, S. 10.

Wenngleich beide Ansätze eine hohe Plausibilität aufweisen, zeigt u.a. Swoboda (2002b, S. 80ff.) eine Reihe von Problemen auf.[1] So sind diese Ansätze eher deskriptiver Natur und die Internationalisierungsentscheidungen werden primär auf das subjektive Verhalten der Entscheidungsträger zurückgeführt. Ferner unterstellen sie einen stufenweisen Internationalisierungsprozess; das Überspringen einzelner Stufen bleibt unbeachtet. Schließlich wird postuliert, dass der Export per se wünschenswert ist, ohne auf seinen Beitrag im Hinblick auf die Unternehmensziele oder den Erfolg zu rekurrieren. Schließlich fehlen Überlegungen zur Verbindung zu weiteren Betätigungsformen, d.h., die Stufen werden nur anhand von Auslandsumsatzanteilen bestimmt.

Entscheidungsmodelle der Uppsala-Schule

Das Internationalisierungsprozess-Modell der schwedischen Forschungsgruppe um Johanson/Vahlne (1977; 1990), nach deren Heimatuniversität als **Uppsala-Modell** benannt, zählt zu den in der Literatur mit Abstand am häufigsten aufgegriffenen Prozessansätzen. Ausgangspunkt der (ursprünglichen) Überlegungen bilden die in verschiedenen empirischen Analysen, insbesondere in vier Fallstudien, gewonnenen Beobachtungen, dass der Internationalisierungsprozess der schwedischen Unternehmen oftmals ein gradueller Prozess ist, im Laufe dessen die Unternehmen schrittweise ihr **Commitment** in ausländischen Märkten erhöhen und sich dabei immer weiter vom Heimatmarkt entfernen.

Dieser dynamische Ansatz basiert auf einem Interdependenzprozess von vier Konstrukten:[2] „market knowledge", „market commitment", „commitment decisions" und „current activities". Die **inkrementelle Internationalisierung** wird als ein, auf organisationalem Lernen und Adaption basierender, Zyklus verstanden, die, einmal angestoßen, sich selbst verstärkend fortsetzt. Wie Abbildung 4.46 zeigt, werden die vier Konstrukte in Zustands- und Entwicklungsgrößen („state and change aspects") unterteilt. Mit zunehmender Internationalisierung steigen der Einsatz von Ressourcen und zugleich die Auslandserfahrung.

---

[1] Vgl. zu „export research reviews" Leonidou/Katsikeas 1996; Peng/Ilinitch 1998; eine breite bibliografische Analyse zur Exportforschung führten Leonidou/Katsikeas/Coudounaris 2010 durch; siehe auch Abbildung 4.42.

[2] Die theoretische Basis des Modells bilden u.a. die behavioristischen Theorien von Cyert/March (1995) und Aharoni (1966) sowie die Theorie des Unternehmenswachstums von Penrose (1995).

Abbildung 4.46: Theoretisches Modell der Uppsala-Schule

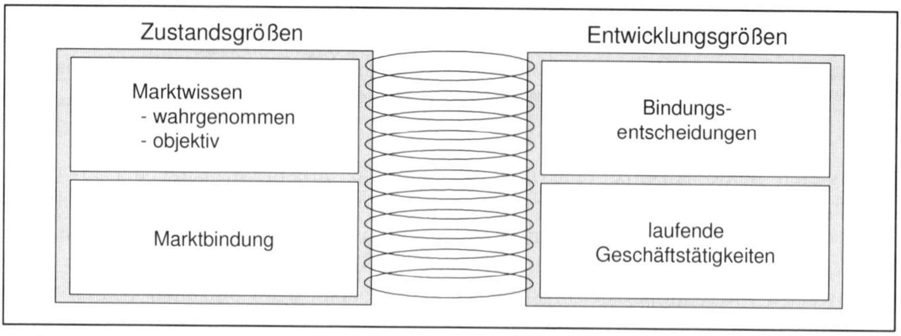

Zustandsgrößen	Entwicklungsgrößen
Marktwissen - wahrgenommen - objektiv	Bindungs- entscheidungen
Marktbindung	laufende Geschäftstätigkeiten

Quelle: in Anlehnung an Johanson/Vahlne 1977, S. 26ff.; Johanson/Vahlne 1992a, S. 3.

Auf dieser Basis werden zwei Arten bzw. Muster einer inkrementellen, d.h. stufenweisen und sich selbst verstärkenden, Internationalisierung unterschieden, die von Johanson/Vahlne als Beispiele verstanden werden sollen und sich auf die Erkenntnisse von Johanson/Wiedersheim-Paul (1975) beziehen:

- Das erste Muster betrifft die Internationalisierung innerhalb eines bestimmten Zielmarktes. Sie erfolgt, so die Annahme, schrittweise entlang der **„establishment chain"** und zwar mithilfe folgender Betätigungsformen: keine regulären Exportaktivitäten, Export über einen unabhängigen Vertreter, Verkaufsniederlassung und Produktion im Ausland.
- Das zweite Internationalisierungsmuster bezieht sich auf die Reihenfolge der bearbeiteten Ländermärkte, wobei hier auf das, auf konzentrischen Kreisen um den Heimatmarkt basierende, **Konzept der psychischen Distanz** rekurriert wird.[1]

Das „Ursprungsmodell" wurde nicht nur vielfach empirisch getestet, sondern weiterentwickelt, modifiziert und um weitere internationalisierungsrelevante Aspekte ergänzt, so durch Nordström, der den Wettbewerb in das Modell einbrachte, durch Johanson/Mattson, die den **Netzwerkgedanken** in die Diskussion integrierten, und darüber hinaus das Modell – wie auch Vahlne/Nordström – um Internationalisierungssituationen erweiterten.[2] Wenngleich diese Erweiterungen interessante Aspekte in die Betrachtung einbringen, so sind dennoch Bedenken gegeben; dies betrifft „die auf das theoretische Modell empirisch ‚aufgesetzten' Muster der Ländersequenzen und der Establishment Chain. Letztere ist so grob gehalten, dass ein Forscher kaum umhin kommt, sie zumindest in der Tendenz zu bestätigen" (Swoboda 2002a, S. 87). Dennoch bilden die Stufenmodelle, auch auf Grund ihrer intuitiven Logik, die Grundlage von Untersuchungen in vielen Ländern (vgl. dazu Lam/White 1999), wobei sich die großzahligen Untersuchungen i.d.R. auf die Establishment Chain beziehen. Die Bedeutung der vier erklärenden Konstrukte ist hingegen seltener Gegenstand von großzahligen Studien, sodass weniger Arbeiten kritisch auf das Modell eingehen. Johanson/Vahlne (1990; 1992a; 2003; 2006 und Vahlne/Nordström/Torbacke 1993; Hadjikhani 1997) schränken den Erklärungshorizont des Modells selbst ein. Sie bemerken u.a., dass Internationalisierungsprozesse durch Sprünge in der Establishment Chain gekennzeichnet sein können, aber eher bei Unternehmen, die ressourcenstark sind, Erfahrungen auf Märkten mit ähnlichen Bedingungen haben usw. Calof/Beamish (1995) zeigen aber, dass auch bei

---

[1] Vgl. hierzu die Ausführungen in den Abschnitten B.I. und C.II. des Dritten Kapitels.
[2] Vgl. hierzu umfassend Swoboda 2002a, S. 96ff. und die dort angegebene Literatur.

eher ressourcenschwachen, mittelständischen Unternehmen unterschiedliche Gründe und verschiedene Wechsel vorliegen.

Neuere Ansätze der Internationalisierungsprozessforschung

Die zentrale Herausforderung an traditionelle Ansätze stellt die ausdrückliche Annahme einer radikalen, nicht-inkrementellen Internationalisierung von Unternehmen dar, wie sie neuere Ansätze der Born-Global-Forschung postulieren (vgl. dazu etwa Knight/Cavusgil 1996; Knight/Madsen/Servais 2004; vgl. auch Meyer-Borchert/Welpe 2009). Dabei gründet sich diese Forschungsperspektive maßgeblich auf ein empirisch beobachtetes Phänomen, wonach Unternehmen bereits kurz nach Gründung international bzw. global tätig werden. Letzteres geht insbesondere auf Rennie (1993) zurück, der Internationalisierungsmuster australischer Exportunternehmen kontrastierend gegenüberstellt. Dabei betrachtet er eine Gruppe langsam internationalisierender kleiner und mittlerer Unternehmen (KMU), deren Entwicklung mit traditionellen Ansätzen der Internationalisierungsprozessforschung erklärbar ist, und eine Gruppe von KMUs, die faktisch bereits unmittelbar nach Gründung erfolgreich global tätig sind – sog. **Born Globals** bzw. **International New Ventures**.

Die wesentliche Basis einer wissenschaftlichen Auseinandersetzung mit dem neuen Phänomen der Internationalisierungsmuster von Born Globals legen erstmals Oviatt/McDougall (1994) in einem vielbeachteten Grundlagenbeitrag sowie ergänzend Knight/Cavusgil (1996) vor. Dabei handelt es sich jeweils in erster Linie um die Identifikation dieses neuen Phänomens. So definieren Oviatt/McDougall (1994) „an International New Venture (Born Global Firm) as a business organization that, from inception, seeks to derive significant competitive advantage from the use of resources and the sale of outputs in multiple countries". Zugleich wurde in der Folge die definitorische Fassung kontinuierlich erweitert, ohne dies an dieser Stelle detailliert aufgreifen zu wollen, zumal es bis heute offensichtlich an einer vollkommen einheitlichen Definition mangelt (vgl. dazu etwa Oviatt/McDougall 2005; weiterführend Knight/Cavusgil 2004 sowie Kuivalainen/Sundqvist/Servais 2007).

Einige Autoren kommen auf Basis ihrer Fallstudienbetrachtungen zu dem Schluss, dass gerade in den ersten Internationalisierungsstufen traditionelle Internationalisierungsmuster teils nach wie vor sowohl praktische als auch theoretische Relevanz haben (vgl. Madsen/Servais 1997; Sharma/Blomstermo 2003; Chetty/Campbell-Hunt 2004; Rialp u.a. 2005). So identifizieren Bell/McNaughton/Young (2001) ein „hybrides" Internationalisierungsmuster sog. Born-Again Globals. Das Konzept von **Born-Again Globals** besagt, dass solche Unternehmen recht lange Zeit (meist Jahrzehnte) nur im Heimatmarkt aktiv sind, bevor sie ein radikales Internationalisierungsmuster i.S.d. Born-Global-Ansätze einschlagen. Solch alternative Internationalisierungsmuster zwischen traditioneller und radikaler Internationalisierung erhalten in der jüngeren wissenschaftlichen Diskussion ein steigendes Forschungsinteresse. Insgesamt zeigt sich, dass Born-Global-Ansätzen bisher kein einheitliches Theoriegebäude zu Grunde liegt, jedoch eine lerntheoretische Prägung augenscheinlich ist. Ausgewählte neuere Ansätze der Born-Global-Forschung zeigt Abbildung 4.47.

Abbildung 4.47: Ausgewählte Studien zu Erfolgsfaktoren der Born Globals

Autor(en)	Empirische Basis/ Datenerhebung/ -auswertung	Inhalt und wichtige Ergebnisse
Gabrielsson/ Kirpalani/ Dimitratos Solberg/ Zucchella (2008)	Multiple Case Study Approach basierend auf jeweils zwei Born Globals aus Griechenland, Norwegen, Finnland und Italien	Die Autoren verdeutlichen anhand empirischer Beweise, dass Born Globals im Erfolgsfall drei Phasen mit unterschiedlichen Bedingungen und Handlungsmöglichkeiten durchlaufen: (1) Einführung und Initiation • Die Suche nach dem individuell richtigen Weg des schnellen Wachstums (Export, Lizenzvergabe, Kooperationen, Internet...) ist wichtig. Bei der Auswahl sind spezifische Charakteristika des Unternehmens, des Produkts und möglicher Partner zu berücksichtigen. • Je aggressiver die globale Expansionsstrategie ist, desto globaler sollte die Finanzierung aufgestellt sein. • Eine Integration von operativer und Marktstrategie führen zu erhöhter Mitarbeitermotivation und beschleunigter Expansion. • Die aktive Förderung von organisationalem Lernen hat hohe Priorität. (2) Wachstum und Ressourcenakkumulation • Die Akkumulation von organisationalem Wissen und Ressourcen, inklusive finanziellen Mitteln, geschieht durch eigenes Wachstum. (3) „Break-Out" und benötigte Strategien • Treffen einer Entscheidung: Begibt sich das Born Global in die Abhängigkeit eines großen Partners oder verfolgt es Eigenständigkeit und entwickelt sich zu einem „normalen" MNU? • Erfolgreiche Born Globals verfolgen eine globale Vision und betreiben effektives Commitment, um Eintritt und Penetration auf globalen Märkten schnellstmöglich zu realisieren.
Hashai (2011)	144 israelische kleine und mittelgroße Unternehmen aus High-Tech-Branchen/ Fragebogen/ Two-Stage Least-Squares Regression (2SLS)	Born Globals internationalisieren sehr schnell nach Gründung. Eine schnelle Expansion kann anhand zweier Wege erreicht werden: (1) geographische Reichweite, gemessen anhand der Anzahl der bearbeiteten Auslandsmärkte und (2) Ausmaß der internationalen Aktivitäten, gemessen anhand des Commitments gegenüber den Auslandsmärkten in Bezug auf Value-Chain-Aktivitäten. Der Autor belegt empirisch seine These, dass Born Globals strikt einem der beiden Internationalisierungspfade über mehrere Perioden hinweg folgen, indem drei Mechanismen zur Anwendung kommen: • Konzentration von Schlüsselressourcen zur schnellen Expansion entlang des ausgewählten Pfads • Reduzierung des Internationalisierungsrisikos durch die Auswahl nur eines Pfades sowie Entwicklung von pfadspezifischen Fähigkeiten zur Steigerung der Kosteneffizienz • Wechsel zum alternativen Internationalisierungspfad erst nachdem die schnellen Expansionsmöglichkeiten auf dem anfänglichen Pfad erschöpft sind.
Kim/ Basu/ Naidu/ Cavusgil (2011)	154 indische Born Globals aus High-Tech-Branchen/ Fragebogen/ Strukturgleichungsmodellierung	Die Autoren verdeutlichen, dass ein hohes Maß an „Innovativeness" eines Born Globals eine Grundvoraussetzung für finanziellen Erfolg darstellt. Diese Studie untersucht, inwiefern eine strikte strategische Ausrichtung des Born Globals entlang individueller Kundenbedürfnisse die Innovationsfähigkeit begünstigt. Dabei werden folgende Mediatorvariablen sowie ihre Einflussstärken und Wechselwirkungen identifiziert: (1) Aufbau und Pflege langfristiger Kundenbeziehungen im Sinne von Vertrauen, gegenseitigen Verpflichtungen und Zufriedenheit sind zwar wichtig für eine fruchtbare Zusammenarbeit zwischen dem Born Global als Anbieter und seinen Kunden, aber diese Beziehungen dienen nicht dem Ausbau der Innovationsfähigkeit. (2) Investitionen in Technologien für ein effektives Customer Relationship Management stellen notwendige Werkzeuge zur Verfügung, um wichtige Informationen von den Kunden akquirieren und nutzen zu können. Folglich unterstützen diesbezügliche Maßnahmen ein hohes Level an „Innovativeness". Zugleich schlägt sich dies auch in verbesserten langfristigen Beziehungen zu den Kunden nieder.

		(3) Ein aktives und durch eine entsprechende Unternehmenskultur gefördertes, Management von externen Kundeninformationen fördert die Innovationsfähigkeit eines Born Global. Darunter fallen Anstrengungen zur Suche, Integration und Nutzung von Kundeninformationen aus externen Quellen wie z.B. Marktforschungsunternehmen.
Efrat/ Shoham (2012)	103 israelische Unternehmen aus High-Tech-Branchen, gegründet zwischen 1999 und 2003/ Fragebogen/ Multiple Regressionsanalyse und multiple Diskriminanzanalyse	Die Autoren plädieren für eine Zweiteilung der Bewertung der internationalen Performance von Born Globals und identifizieren dabei auf empirischer Basis folgende Erfolgsfaktoren: (1) Faktoren, die kurzfristiges, schnelles Wachstum auf den Auslandsmärkten begünstigen • Marktpotenzial/Marktwachstum • hohe technologische Dynamik • möglichst geringes Länderrisiko • Marktwissen (2) Faktoren, die mittel- bis langfristiges Überleben im Sinne von eigenständigem Fortbestehen der Born Globals sichern. • möglichst geringes Länderrisiko • technologische Kompetenz sowie F&E-Anstrengungen • Effektivität der Marketingaktivitäten • Managementkompetenz sowie Fähigkeit zum Aufbau und Erhalt von Netzwerkverbindungen
Freeman/ Hutchings/ Chetty (2012)	Multiple Case Study Approach mit 20 australischen Unternehmen, jeweils zur Hälfte eingestuft als Born Globals bzw. als ältere, inkrementell internationalisierende Unternehmen	Diese Studie verfolgt das Ziel, einen zweigeteilten Vergleich zwischen Born Globals und älteren, zumeist inkrementell internationalisierenden Unternehmen anzustellen. (1) Vergleich, inwiefern Faktoren wie kulturelle Nähe/Distanz, internationale Erfahrung und technologisches Know-how wichtiger für den Internationalisierungsprozess von Born Globals oder älteren Unternehmen sind →u.a. wird festgestellt, dass Born Globals aufgrund technologischem Vorsprung, weit ausgebauten Netzwerken, dem Zwang möglichst schneller Investitionsrückflüsse und trotz internationaler Unerfahrenheit schneller den Sprung von kulturell nahen in kulturell entfernte Ländermärkte wagen. Zugleich ist das Risiko des frühen Markteintritts in einen kulturell distanzierten Markt für Born Globals geringer, da sie bedeutend einfacher zwischen Aktivitäten in kulturell nahen und kulturell entfernten Ländern wechseln können. (2) Vergleich, inwiefern die beiden Unternehmenstypen eher proaktiv oder reaktiv bei der Entscheidung zum Markteintritt in kulturell entfernte Länder vorgehen →u.a. wird gezeigt, dass beide Unternehmenstypen sich nicht auf einen der beiden Internationalisierungspfade beschränken, sondern zugleich proaktives als auch reaktives Verhalten aufweisen. Dennoch agieren Born Globals verstärkt proaktiv, v.a. da ihre Entscheidungsträger einerseits die Bereitschaft zeigen, trotz anfangs unterdurchschnittlicher Performance große Internationalisierungssprünge zu wagen und andererseits die Fähigkeiten besitzen, durch schnelles Lernen und das Ausnutzen sich bietender Gelegenheiten zum Ausbau des technologischen Vorsprungs schon nach kurzer Zeit überdurchschnittliche Performancesteigerungen zu erzielen.
Olejnik/ Swoboda (2012)	674 deutsche, kleine und mittlere Unternehmen (KMU) mit höchstens 500 Mitarbeitern aus 4 verschiedenen, stark international ausgerichteten Branchen/ Fragebogen/ Explorative und konfirmatorische Faktorenanalyse/ Multinomiale logistische Regression/	Die Autoren setzen sich zum Ziel, die verschiedenen Internationalisierungsmuster von KMU mithilfe eines quantitativen Forschungsansatzes nachzuweisen und voneinander abzugrenzen. Die Ergebnisse offenbaren drei Internationalisierungsmuster mit verschiedenen Bestimmungsfaktoren. Gleichzeitig wird festgestellt, dass sich das Internationalisierungsmuster eines Unternehmens im Laufe der Zeit ändern kann. (1) Traditionelle Internationalisierer: Diese Gruppe folgt dem klassischen Weg der Internationalisierung, wie ihn z.B. das Uppsala-Modell beschreibt. Diese Unternehmen verfügen über besonders effektive, interne Kommunikationsmechanismen. Sie setzen verstärkt auf Exportaktivitäten, erzielen einen soliden, aber keinen allzu großen Anteil der Umsätze im Ausland und sind oftmals nur in den angrenzenden Ländern oder in Europa tätig. (2) Born Globals: Von den Autoren auch als „early committed inter-

	Latente Klassenanalyse	nationalisers" bezeichnet, sind Born Globals relativ jung, internationalisieren sehr schnell nach Gründung und generieren einen besonders hohen Anteil der Umsätze im Ausland. Sie sind größer, verfügen über mehr internationale Erfahrung und agieren in mehr als 80% der Fälle weltweit. Aufgrund der jungen Firmengeschichte verfügen Born Globals zumeist über etwas geringere Ressourcen als Born-again Globals, weshalb der Fokus der internationalen Aktivitäten etwas stärker auf dem Export als auf FDI liegt. Ebenfalls charakteristisch ist ein hohes Maß an Standardisierung des Marketing-Mix. (3) Born-again Globals: Von den Autoren auch als „late committed internationalisers" bezeichnet, beginnen Born-again Globals ihre internationalen Aktivitäten erst viele Jahre nach Gründung. Oftmals ausgelöst durch einen Wechsel des Eigentümers oder des Managements vollzieht sich die Internationalisierung dann aber besonders schnell, weltweit und ressourcenintensiv, zumeist mittels FDI. Born-again Globals verfügen über ein hohes Maß an Wachstumsorientierung sowie über ausgeprägte Fähigkeiten zur Generierung von wertvollen Informationen über Kunden, internationale Märkte und internationale Aktivitäten.

3. Erkenntnisse der marktorientierten und deterministischen (Wandel-)Forschung

Eine weitere Gruppe von Arbeiten beschäftigt sich im Rahmen einer systematischen Planungsperspektive (i.S. von Marktauswahl, -eintritt und -bearbeitung), einer kontingenztheoretischen Perspektive oder hybriden Modellierungen (vgl. dazu Buckley/Casson 1998; Pan/Li/Tse 1999; Pan/Tse 2000; Li/Li/Dalgic 2004; Swoboda/Foscht 2005b) auch mit Wahlentscheidungen bezüglich der Betätigungsform. In diesem Kontext liegen viele Analysen vor, die aber i.d.R. nicht explizit die Frage behandeln, warum Unternehmen ihr Verhalten in einem Markt ändern, oder warum eine bestimmte neue Betätigungsform gewählt wird. Wechsel werden in dieser Perspektive allenfalls als eine Form der Penetration bzw. Vertiefung eines vorher erschlossenen Marktes oder als Produkt-Markt-Strategien gesehen und selten mit der Verringerung oder gar mit „divestments" verbunden. Insofern geben nur vereinzelt Arbeiten Ansatzpunkte für die Erklärung des Wandels der Betätigungsformen.[1]

Eine wichtige Gruppe von Arbeiten kann der marktorientierten bzw. deterministischen Forschungsrichtung zugeordnet werden, da sie den Wandel (Anpassung bzw. Wechsel) von marktorientierten Betätigungsformen in Auslandsmärkten zum Gegenstand hat und auf die Erklärung der Zusammenhänge zwischen der Wahl einer bestimmten Betätigungsform und der sie determinierenden Faktoren abzielt. Oft stehen ein **Wandel in einem Auslandsmarkt** und der **grundsätzliche, länderübergreifende Wandel** von einer Betätigungsform in eine andere im Vordergrund.

Zum Beispiel schlägt Gommes-Casseres (1987) für das Verständnis des von Joint Ventures ausgehenden Wandels zwei Erklärungsfaktoren vor, nämlich die **stärkere Adaption an den Markt** zur Ausschöpfung von sich ergebenden Potenzialen und die **Veränderung aus Gründen der Unzufriedenheit** mit der bisherigen Betätigungsform. Buckley/Pass/Prescott (1991) analysierten ausländische Betätigungsformen von Unternehmen u.a. in den USA, Japan, Europa und heben heraus, dass einige Unternehmen den indirekten Export über Agenten als ineffizient ansahen und daher zu alternativen Betätigungsformen wechselten, wobei Lizenzen generell gemieden und Vertriebsge-

---

[1] Ausgeklammert werden an dieser Stelle eher konzeptionelle Arbeiten, welche die Transaktionskostentheorie, die eklektische OLI-Theorie von Dunning oder industrieökonomische Ansätze als konzeptionelle Basis wählen.

sellschaften dann bevorzugt werden, wenn eine Produktion im Ausland nicht in Frage kommt.

> **Continental erwirbt restliche Anteile seines Reifen-Joint-Venture in Malaysia**
>
> Continental, einer der international führenden Automobilzulieferer und der weltweit viertgrößte Reifenhersteller, hat die 30% Restanteile der Continental Sime Tyre Sdn. Bhd. von seinem Joint-Venture-Partner Sime Darby erworben. Continental Sime Tyre Sdn. Bhd. ist damit zu einem 100%-igen Tochterunternehmen von Continental geworden und wird in Continental Tyre Malaysia Sdn. Bhd. umbenannt werden. Der Kauf unterstreicht das langfristig angelegte Interesse und Engagement von Continental im ASEAN-Raum und der Region Asien-Pazifik.
>
> Continental betreibt in Malaysia zwei Reifenwerke. In Petaling Jaya werden Gürtelreifen für Lkws und Busse sowie OTR-Reifen für den Einsatz in der Landwirtschaft und der Industrie hergestellt. In Alor Star produziert das Unternehmen mehrere Marken von Gürtelreifen für Pkws und Kleinlastkraftwagen sowie Motorradreifen. Die Reifen-Division beschäftigt in Malaysia rund 2.500 Mitarbeiter.
>
> Continental betreibt Malaysias größtes Reifen-Vertriebsnetz, darunter mehr als 1.200 Reifen-Outlets, die Autofahrern im ganzen Land ein breites Sortiment an Reifen und Dienstleistungen anbieten. In Petaling Jaya unterhält das Unternehmen darüber hinaus ein Technologiezentrum, das die neueste Reifentechnologie von Continental an die Werke in Alor Star und Petaling Jaya weitergibt.
>
> *Quelle: Pressemitteilung Continental AG, 14. Mai 2012.*

Weitere Studien liefern Erklärungen für einen bestimmten Strategiewandel, z.B. den Übergang von Export zu eigenen Verkaufsniederlassungen (Millington/Bayliss 1990) oder den Wandel innerhalb der Exporttätigkeit. Rosson (1987) befragte kanadische Unternehmen danach, warum sie ihre Vertriebspartner in Großbritannien wechselten. Die Unzufriedenheit mit den Partnern, der Wandel in Unternehmen und im Unternehmensumfeld bildeten die zentralen Begründungen in dieser Studie. Ford/Rosson (1990) untersuchten den Wandel von Export zu Vertriebsniederlassungen bzw. -gesellschaften. Auch sie benannten als Gründe des Strategiewandels die Unzufriedenheit mit den bestehenden Agentenbeziehungen, die Erwartung einer größeren Effektivität der Marktbearbeitung und die Änderungen des unternehmerischen Umfelds. Darüber hinaus wurde die Entscheidung zum Wandel der Bearbeitungsform auf individuelle Managementmerkmale, u.a. auf intuitive Erwartungen, dass die Zeit für den Wandel „richtig wäre", zurückgeführt. Pedersen/Petersen/Benito (2002) untersuchten ebenfalls, welche Faktoren (dieses Mal aber dänische) Exporteure dazu motivieren, unabhängige Distributeure durch eine eigene Vertriebsorganisation zu ersetzen und welche Faktoren einen Wechsel nahe legen. Sie fanden die **Wechselkosten** von hoher Bedeutung in der Erklärung derartiger Veränderungen.

Swoboda/Olejnik/Morschett (2011) analysierten in einer neueren Studie bei internationalen Produktionsunternehmen die Gründe für Änderungen der Internationalisierungsformen. Sie identifizierten vielfältige Gründe für „mode changes", insbesondere aber Unterschiede hinsichtlich der Bedeutung und der Art der Einflussfaktoren bei der Steigerung und der Reduzierung des ausländischen Commitments.[1]

---

[1] Vgl. auch die dort angegebene Literatur zu „mode changes".

4. Ein konzeptioneller Bezugsrahmen der Wahl und Veränderung der Betätigungsformen

Basierend auf behavioristischen Überlegungen („behavioral theory of the firm") entwickelten Benito/Petersen/Welch (2009) einen konzeptionellen Bezugsrahmen der Wahl und der Veränderung der Betätigungsformen auf ausländischen Märkten. Ausgangspunkt ist dabei, dass die Wahl- bzw. Veränderungsentscheidungen wesentlich durch Vergangenheitserfahrungen („past experiences") und gegenwärtige Praxis („current operations") beeinflusst werden. Diese Faktoren determinieren das relevante Alternativenspektrum („consideration set"), aus dem in eher emergenter oder in geplanter oder wohl überlegter Form („deliberate") die Konfiguration der Betätigungsformen („mode configuration") hervorgeht. Abbildung 4.48 zeigt diesen konzeptionellen Bezugsrahmen in schematisierter Form.

Abbildung 4.48: Bezugsrahmen der Wahl der Betätigungsformen

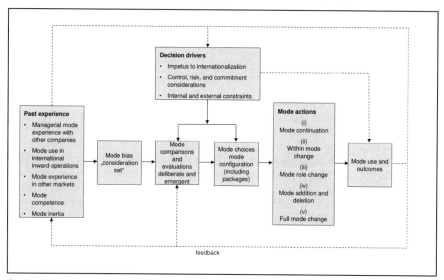

Quelle: Benito/Petersen/Welch 2009, S. 1465.

5. Ausgewählte empirische Ergebnisse des Wandels der Betätigungsformen

Beispielhaft werden im Folgenden die Ergebnisse einer Studie von Zentes/Swoboda (2001b) dargestellt, die den Wandel der Betätigungsform in Ländermärkten in Anlehnung an eine fallstudienbasierte Untersuchung von Calof/Beamish (1995) analysierten.[1] Grundlegend sind dabei zwei Thesen, dass nämlich

- erstens, wie von Calof/Beamish für nordamerikanische Unternehmen aufgezeigt, die Wechsel („mode changes") nicht nur inkrementellen Stufen („stages") folgen (i.S. eines sich selbst verstärkenden Wachstumsprozesses) und
- zweitens die Vielzahl der Gründe für eine Veränderung strukturierbar ist sowie die Gründe für die Zurücknahme des Engagements – hier bezogen auf die jeweilige Betätigungsform – andere sind als für die Erweiterung.

---

[1] Vgl. dazu auch Swoboda 2002a; Swoboda/Foscht/Hälsig 2005.

Vor allem die These bezüglich der Ausprägung und Bedeutung von Gründen bzw. deren subjektiv unterschiedliche Bewertung durch Unternehmen erweitert die bisherigen Perspektiven. Zu vermuten ist z.b. eine höhere Relevanz der Veränderung in der Unternehmensumwelt (i.S. überraschender Entwicklungen) bei einer Verringerung als bei einer Vertiefung des Engagements.

Tabelle 4.5 zeigt die Arten und die Richtungen des Wandels der Betätigungsform in der empirischen Studie, in der 271 vollzogene Veränderungen der Betätigungsform in persönlichen Interviews und schriftlich erhoben wurden. Danach umfasst die Mehrzahl der von den Unternehmen beschriebenen Veränderungen Bewegungen zu direktinvestiven Betätigungsformen: 8,4 bzw. 25,1% zu eigenen Repräsentanzen bzw. Vertriebsniederlassungen, 22,9% zu einer eigenen Produktionsgesellschaft und 7,1% zu Joint Ventures. Trotz der relativen Breite der zu Grunde gelegten „establishment chain" ist, wie bei vielen Untersuchungen, ein grober **Mainstream** der Entwicklung zu erkennen:

- Bei der Vertiefung wechselten 11,4% (31 Unternehmen) vom indirekten Export zum direkten Export.
- 16% (43 Unternehmen) wechselten vom direkten Export aus zu Vertriebsgesellschaften.
- 3,7 % (10 Unternehmen) wechselten von Vertriebsgesellschaften zu Produktionsgesellschaften.

Tabelle 4.5: Arten und Richtungen des Wandels der Betätigungsform in einem Ländermarkt (Angaben in Prozent)

Alte Form \ Neue Form	Indirekter Export (n = 28)	Direkter Export (o. eig. Repräs.) (n = 71)	Direkter Export (m. eig. Repräs.) (n = 23)	Vertriebsgesellschaft (n = 19)	Joint Venture (n = 19)	Produktionsgesellschaft (n= 62)	Summe
Indirekter Export (n = 58)	--	11,4	1,5	4,4	1,1	3,0	21,4
Direkter Export[1] (o. eig. Repräs.) (n = 105)	5,9	--	2,2	16,0	3,3	11,4	38,9
Direkter Export (m. eig. Repräs.) (n = 36)	1,1	5,9	--	2,9	1,8	1,5	13,2
Vertriebsgesellschaft[2] (n = 36)	2,2	5,5	1,8	--	--	3,7	13,2
Joint Venture (n = 24)	1,1	1,5	2,9	--	--	3,3	8,8
Produktionsgesellschaft (n = 12)	--	1,8	--	1,8	0,8	--	4,5
Summe (n = 271)	10,3	26,2	8,4	25,1	7,1	22,9	100

[1] Zwei bzw. [2] vier Unternehmen zogen sich aus dem Markt völlig zurück.
Quelle: Zentes/Swoboda 2001b, S. 242.

Auch in der umgekehrten Richtung kann ein grober Mainstream, ausgehend von den eigenen Produktionsgesellschaften, festgestellt werden.

Weiterhin ist festzuhalten, dass die Mehrzahl der erfassten Veränderungen einer (inkrementellen) Stufenvariation entspricht, d.h., es handelt sich um einen einstufigen Wandel. Bei einer sehr moderaten Stufenabgrenzung, die sich an die Schritte „increase" und „de-investment" von Calof/Beamish anlehnt, entfallen 41,3% der Änderungen auf einstufige Vertiefungen und 24,7% auf einstufige Verringerungen des Engagements (siehe Tabelle 4.6). Annähernd 8% aller Änderungen umfassen eine mehrstufige Verringerung und gut 26% umfassen eine mehrstufige Vertiefung, z.B. von den nicht direktinvestiven Formen (indirekte oder direkte Exporte ohne Repräsentanz) unmittelbar zur Auslandsproduktion. Insofern kann die „establishment-chain", wie sie im Uppsala-Modell postuliert wird, in der Hälfte der Fälle nicht bestätigt werden, was allerdings mit Calof/Beamish u.a. Autoren, die hier von „leap-frogging" sprechen, übereinstimmt.[1]

Tabelle 4.6: Beobachtete Pfade des Wandels der Betätigungsform in einem Ländermarkt (Angaben in Prozent)

Alte Form[1]	Stufenweise		Nicht stufenweise		
	Einstufige Vertiefung (n = 112)	Einstufige Verringerung (n = 67)	Zwei-Stufen-Verringerung (n = 21)	Zwei-Stufen-Vertiefung (n = 71)	Total nicht stufenweise (n = 92)
Indirekter Export (n = 58)	53,4	--	--	46,6	46,6
Direkter Export (ohne eig. Repräs.) (n = 105)	46,7	15,2	--	38,1	38,1
Direkter Export (mit eig. Repräs.) (n = 36)	36,1	44,5	8,3	11,1	19,4
Vertriebsgesellschaft (n = 36)	27,8	55,6	16,6	--	16,6
Joint Venture (n = 24)	37,5	33,3	29,2	--	29,2
Produktionsgesellschaft (n = 12)	--	58,3	41,7	--	41,7
Total (n = 271)	41,3	24,7	7,8	26,2	34,0

[1] Angegeben ist der prozentuale Anteil des Wandels nach Stufen, ausgehend von der ursprünglichen Betätigungsform.

Quelle: Zentes/Swoboda 2001b, S. 243.

Die **Gründe für den Wandel** wurden den von Calof/Beamish in qualitativen Interviews ermittelten und o.g. Kategorien „Einstellung", „unternehmensinterne Faktoren", „unternehmensexterne Faktoren" und „Performance" zugeordnet. Alle Kategorien haben eine Bedeutung für den Wandel. Nicht unerwartet nennen die Unternehmen primär unternehmensinterne Gründe für ihre Entscheidung. In dieser Kategorie haben strategische Entscheidungen eine herausragende Bedeutung, gefolgt von den Ressourcen. Eine relativ geringe Bedeutung haben der bisherige Erfolg und die unternehmensexternen Faktoren.

Einen Überblick über konzeptionelle und empirische Studien zum Wechsel der Betätigungsformen („mode switch research") vermittelt Abbildung 4.49.

---

[1] Vgl. zur Gegenüberstellung der „leap-froggers" vs. „non-leap-froggers" Blörkmann/Eklund 2001 und „incremental" vs. „non-incremental" Okoroafo 1997.

Abbildung 4.49: Ausgewählte Studien zur Veränderung der Betätigungsformen

Author(s)	Main research question	Methodology/Data content	Assumptions/Statements
Weiss/ Anderson 1992	Main focus: future behaviour when and why to switch, based on one sales district in USA for semiconductor industry – the role of perceived switching cost	258 manufacturers (district sales managers) with independent sales agents were interviewed (questionnaire) Switch from independent sales agent to own sales force was examined	1. Managers avoid switching from representatives to a direct sales force when they perceive high overall switching costs 2. Dissatisfied manufacturers are more likely to choose direct export than satisfied ones 3. Switching costs force managers to live with sub-optimal arrangements 4. Sense of switching costs is influenced more by setting up the new system (e.g. structure of new own sales force) than the obstacles to dismantling the old system (e.g. terminating contracts, negative reaction from rep network)
Calof 1993	How do firms go about making mode-change and mode-choice decisions? How does this process affect mode performance?	38 Canadian-owned (Ontario-based), medium-sized companies with activities in developed countries between 1980 and 1990, 100 mode selection- and switch decisions between 1980-1990 Switches between Export, Sales Subsidiary, Joint Venture, Wholly Owned Product Subsidiary	Mode decisions depend on "good feeling" (39%). Executives indicated that most mode choices arose because managers had an a priori belief about what mode was most appropriate for the market in question. Assessment was based on perceptions of the market's sales potential (benefit) and of various modes' sales potential costs, subject to environmental and resource constraints. Increasing knowledge and experience over time influences mode decisions
Benito/ Welch 1994	Depiction and explanation of the choice of foreign market servicing modes	Conceptual paper on foreign operation mode choices Mode change in general, mode combination	Concept of mode package (mode combination) is developed Calling for exploratory research and in-depth longitudinal studies ("in-process investigation") "Mode decisions are made in package context"
Calof/ Beamish 1995	Why modes are changed? What explains the pattern of mode change?	38 Canadian-owned (Ontario-based), medium-sized companies with mode changes in foreign countries between 1980 and 1990. In total, 76 executives were interviewed about 139 mode changes. Switches between Export, Sales Subsidiary, Joint Venture, Wholly Owned Product Subsidiary	Stimuli for mode change; Internationalisation pattern (One-Step, Multi-Step-Investment, De-Internationalisation) 1. The right attitude/mindset is the major determinant of the internationalisation path 2. Not only the strategy or the product must be appropriate, but also the attitudes of the firm's executives. Attitudes influence perception of benefit, costs and risk.

Clark u.a. 1997	Understanding mode of operating in specific foreign market under consideration of corporate level	In-depth interviews with senior management of 25 UK-based firms about what and how those companies switched

203 switches after market entry were reported; between-mode: 129 to FDI, 5 retrenchment; within-mode: 34; mixed-mode: 36

Switches between Export, Licensing, FDI (subsidiary, production, JV) | It is not the market per se which determines the institutional form of market operation. Rather, as firms operate they develop both knowledge of the process of internationalization in addition to network arrangements.

Past experiences resulting from entry into other markets, feeds into current decisions relating to the form of foreign market servicing adopted in individual markets.

Developed the concept of between mode shifts and within mode shifts |
| Petersen u.a. 2000a | Understanding the different options for international operations for and after market entry | 3 short-cases and further company examples are used to explain the different options for international operations for and after market entry | Development of a four-field matrix as concept for foreign operation mode decisions: 1. Conceal – terminate, 2. Conceal – integrate, 3. Reveal – terminate, 4. Reveal – integrate

Strategic flexibility (ability and preparedness to change international operations) as important factor to make international business operation mode decisions, so that the entrant firm is in a position to switch modes more readily to meet changing circumstances. |
| Petersen u.a. 2000b | What factors impel exporters to replace a foreign intermediary and what factors impede such actions? | Data collection at two points in time: 1992 (questionnaire) and 1997 (telephone interview) with 273 Danish exporters

74 had changed their foreign market servicing since 1992 (36 to an own sales organization and 38 to a different intermediary) | Switching costs are an important barrier to the replacement of foreign sales agent/distributor.

Dissatisfaction with local intermediary does not appear as a determinant of replacement.

Old relationship does not safeguard intermediaries against replacement. |
| McNaughton 2001 | Main focus: decision making at market entry vs. subsequent mode switches (type of decision process, decision period, use of formal study, external advice, alternative modes) | 120 Canadian software exporters completed questionnaire

29 fast-growing firms had switched modes since market entry | The pattern of subsequent channel change is evidence of experimental learning.

In accordance with stage models: movement between stages is a result of increased knowledge, as well as increased financial and other resources. |
| Pedersen u.a. 2002 | Main question: what and why the companies change foreign mode

Focus on impetus for and motivation of single mode switch | 276 Danish exporters, later reduced to 214. Out of these: 182 without a switch, 36 with a complete switch of operation mode, mainly from agent/distributor to companies' own sales forces/subsidiary

Data collection at two points: 1992 and 1997 | Switching costs as explanation for changing/not changing foreign management operations.

Switching cost might be reduced through careful planning.

The longer the exporters have been in the market, the more the propensity to switch increases (which is the opposite of Transaction cost approach – the longer a relationship lasts, the more assets the parties will develop) |

Author/Year	Research Question	Method/Data	Key Findings
Petersen/ Welch 2002	Examination of the issue of mode combination	Conceptual paper on mode classification	Mode combinations are not part of International Business literature yet, only limited knowledge exists on the subject.

Foreign operation mode combination: Unrelated modes, Segmented modes, Mode complementarity, Mode competition.

An intra-mode switch or the addition of a new strategy to the existing mode may be a more effective way of responding to changes in the market environment than the adoption of a completely new mode.

Change within a mode or adding a new operation to existing mode may be a more effective way of responding to a change in market environment than a completely new mode switch. |
| Benito u.a. 2005 | What are the effects of switch motivation/deterrents (e.g. contractual restriction, loss of sales revenue) on the choice of distribution channel? | 260 Danish exporters in 1992 and 1997: 182 did not change foreign distribution, 42 replaced intermediary, 36 switches to in-house operation | The results suggest that the decision to carry out within-mode shifts (i.e. to replace an existing intermediary) is driven by a different set of factors than the decision to switch to another foreign operation mode (i.e. to in-house operations). |
| Fryges 2005 | What triggers mode switch?

How to predict mode switching? | Comparing sales mode for market entry, 1997 and 2003 for Germany and UK for software/ services, ICT-hardware engineering, health/life sciences, other high-tech manufacturer

1997/1998: 362 completed questionnaires for UK, 232 questionnaires for Germany; 2003: 200 technology oriented firms; Total: 523 modes | Development of a model to predict mode switching.

Ownership advantages (e.g., the firm's physical, financial, and intangible assets) and internalization advantages (e.g. transaction-specific assets like the requirement of intense product customization) are decisive for selecting the optimal sales mode, especially for predicting a sales mode change from exporting via an intermediary to direct exports. |
| Petersen u.a. 2006 | Focus: performance of intermediary and development of incentives to address termination dilemma | 258 Danish exporters: 183 had no major change, 40 replaced intermediary, 35 switched to in-house operation | Study examines incentives for stimulating foreign intermediaries and ensuring that foreign intermediaries are willing to commit resources.

Results: both low and high performance increases the risk of contract termination for the foreign intermediary (termination dilemma in foreign distribution).

Recommendation on management export personal: Behavior based compensation: own sales force; outcome-based compensation: agents/importer. |

Kaufmann/ Jentsch 2006	1. Which internationalization strategies? 2. Through which internationalization modes do companies realize strategies? 3. Which evolution paths can be observed? 4. Which parameters influence suppliers' choice of strategies and modes?	15 cases from automotive supply industry in China Mode time: Current mode and year when the new mode was established; intended mode in five years.	Comparable research approach in respect to how to analyze decision-making behavior after market entry. Identification of four main evolution pathways over a certain period of time in China (for automotive sector): 1. Risk-averse early entrant, 2. Equity Joint Venture with non-Chinese partners or Chinese original equipment manufacturer, 3. Equity Joint Venture with Chinese suppliers, 4. Late-following wholly own foreign owned enterprise. Characterizing and describing reasons of each pathway behavior.
Chetty/ Agndal 2007	Influence of relationship related change scenarios on internationalization process Main focus on what kind of mode change and why the mode changed	20 SMEs, 50 respondents interviewed, 53 mode switches identified (increased control mode: 34 cases; decreased control mode: 19 cases) Mainly Sweden and New Zealand	Identification of three groups with influence of social capital ("acquire resources from business network"): 1. Efficacy role, 2. Serendipity role, 3. Liability role and act as a trigger and enabler for mode change in internationalization process. Social capital helps reduce transaction costs, such as relational and opportunity costs, develops knowledge and provides opportunities for change.
Asmussen u.a. 2009	Main focus: better understanding and explanation of foreign mode decisions What are interdependencies between foreign operation mode decisions across countries and over time? What might be managerial capacity to make these decisions?	Conceptual paper Descriptive model of foreign operation mode Discussion of dynamic configuration of foreign mode	Proposing a framework on how to configurate foreign operation modes. Looking at firm's foreign operation diversity, i.e. country-by-country variations of mode portfolio and foreign operation fluctuation, i.e. tendency to change mode over time.
Benito u.a. 2009	Main focus: What are foreign operation modes? What influences mode choice and the evolution of operation modes	Conceptual paper on mode choice and change Descriptive model of foreign operation mode Case example: Kone in Japan	Proposing a framework on how to choose and change modes. Past experience creates mode bias (mode inertia: tendency to use an existing mode). Asking for in-depth and longitudinal qualitative studies.
Swoboda/ Olejnik/ Morschett 2011	Main focus: Which factors are perceived by executives to be important within the context of mode increases and mode reductions? How do decision-makers perceive those factors in terms of their magnitude?	265 German small to medium-sized companies (500 employees at maximum) reported 320 switches: 210 mode increases and 110 reductions The firms represent mostly four industries: mechanical engineering, electronics, chemicals and textiles/clothing	The results of Calof/Beamish (1995) are largely sustained, which is remarkable in light of the different contexts, points in time and research designs. Regarding the importance of stimulating factors for mode change, the authors find different stimuli as important factors for increases and reductions.

	And more specifically, what determines the likelihood of a mode increase relative to a reduction? Comparison of these results with the observations of Calof/ Beamish (1995)		Internal environment dominates mode increases, closely followed by attitudes. Within mode reductions performance is followed by external and internal environment. In addition, external environment is significantly linked to radical mode changes (two-step increase and two-step reduction). Nevertheless, the majority of movements are incremental. Referring to the most important reasons, strategic stimuli were named most often in terms of increases, while resources were perceived more important for reductions.

Quelle: in Anlehnung an Sachse 2012, S. 44ff.; Swoboda/Olejnik/Morschett 2011, S. 578ff.

E. Interdependenzen der Entscheidungsfelder

I. Basisoptionen und Betätigungsformen

1. Stammland-Orientierung und Betätigungsformen

Die Wahl der Betätigungsform – wie auch ein etwaiger Wandel im Zeitablauf – sind von einer Vielzahl situativer Faktoren abhängig, so insbesondere von Faktoren des Auslandsmarktes und des Unternehmens. Mit Blick auf die unternehmensbezogenen Determinanten stehen im Folgenden die Wechselbeziehungen zwischen den Basisoptionen des Internationalen Marketing und den Betätigungsformen im Vordergrund.

Die Stammland-Orientierung ist – wie im Zweiten Kapitel dargestellt – durch eine im Grenzfall unmodifizierte Übernahme der im Heimatmarkt praktizierten Marketingkonzeption charakterisiert. Maßgeblich ist somit für die weiteren Überlegungen die Art bzw. die Ausprägung der **Marketingkonzeption im Heimatmarkt** (Stammland). Dabei steht weniger die instrumentelle Ausgestaltung des Marketing-Mix im Vordergrund als vielmehr das **Ausmaß der Einflussnahme** auf die Instrumente der Marktbearbeitung. So ist es wesentlich, ob ein Anbieter die „Marketinghoheit" anstrebt (und praktiziert) oder nur einzelne Instrumentalbereiche „dominiert". Damit rücken Fragen der Distributionspolitik bzw. der Vertriebspolitik ins Zentrum der folgenden Überlegungen.

Praktiziert z.B. ein Konsumgüterhersteller im Inland eine Marketingkonzeption dergestalt, dass seine Marketingaktivitäten sich i.S. einer Pull-Strategie in erster Linie auf die Produktpolitik und die Kommunikationspolitik gegenüber Konsumenten konzentrieren, die Distribution über Absatzmittler, z.B. Einzelhandelsunternehmen, in breiter (ubiquitärer) Form erfolgt, so ist die Eignung der einzelnen Betätigungsformen auf den ausländischen Märkten anders einzuschätzen als bei einem Konsumgüterhersteller, der i.S. einer vertikalisierten Distributionsstrategie ausschließlich über eigene Outlets („equity stores") und/oder über Franchise-Partner seine Produkte vertreibt.

Dies gilt in analoger Weise für Industriegüterhersteller. Man denke etwa an einen Hersteller, der seine Produkte im Heimatmarkt über eine eigene Außendienstorganisation in Form von Reisenden an seine gewerblichen Kunden, so Industrie- oder Handwerksunternehmen, vertreibt und somit die gesamte Marktbearbeitung vollständig steuert.

Die Übertragung dieser Konzeption in ausländische Märkte legt andere Betätigungsformen nahe als z.b. bei einem Industriegüterhersteller, der im Inland ausschließlich über den Großhandel (i.s. des Produktionsverbindungshandels) distribuiert und keine kommunikativen, logistischen oder vertraglichen Beziehungen mit den gewerblichen Endkunden (indirekten Kunden) hat.

Die am Beispiel der Konsumgüter- und der Industriegüterhersteller aufgezeigte Fragestellung gilt gleichermaßen für Dienstleistungsunternehmen. So bieten sich für ein Versicherungsunternehmen, das im Heimatmarkt ausschließlich über ein Netz von Agenturen operiert und somit alle Marketinginstrumente steuern kann und diese Form der Marketingkonzeption in ausländische Märkte übertragen will, nur ausgewählte Betätigungsformen an.

Die Eignung der Betätigungsformen im Hinblick auf die Stammland-Orientierung als eine Basisoption des Internationalen Marketing wird daher mit Blick auf das jeweils angestrebte Ausmaß der Einflussnahme auf die Marktbearbeitung gegenüber den (privaten oder gewerblichen) Endkunden diskutiert, die aus Sicht des Anbieters direkte oder indirekte Kunden sein können.

Betätigungsformen bei starker Einflussnahme

Ist der angestrebte – und im Stammland auch praktizierte – Einfluss auf die Marktbearbeitung stark, so ist in dieser Hinsicht der indirekte Export nicht geeignet, da im Inland ansässige Absatzmittler letztlich in „Eigenregie" die Marktbearbeitung in den ausländischen Märkten übernehmen. Der direkte Export ist dann geeignet, wenn z.B. eine inländische Exportabteilung die Marketingaktivitäten steuert (siehe Abbildung 4.8) oder wenn in den ausländischen Märkten Repräsentanzen oder vertriebsorientierte Tochtergesellschaften bestehen, die in unmittelbarem (Verkaufs-)Kontakt mit den Endkunden stehen. Wird die Betätigungsform des direkten Exports mit der Einschaltung von z.B. Auslandsagenten gekoppelt (siehe Abbildung 4.12), so gilt dies gleichermaßen. Schaltet jedoch ein direkt exportierender Anbieter, z.B. ein Industriegüterhersteller, im Ausland selbstständige Absatzmittler (ohne kontraktuelle Bindungen) ein, z.B. technische Großhändler, so verbleibt ihm meist nur eine geringe Einflussnahme.

Kontraktuelle Betätigungsformen wie Franchising und in abgeschwächter Form Lizenzierung ermöglichen auch bei Einschaltung rechtlich selbstständiger Unternehmen (Kontraktpartner) eine weitestgehende Einflussnahme. Im obigen Beispiel des Industriegüterherstellers könnte dies bei Einschaltung von Großhändlern als Franchise-Partnern die Vorgabe der Sortimente, des administrativen und logistischen Serviceniveaus, der zu bearbeitenden Kundengruppen, die Kommunikation und die Vorgabe von Preisleitlinien bzw. Preisempfehlungen bedeuten.

Akquisitionen ausländischer Unternehmen sichern eine vollständige Einflussnahme, Equity Joint Ventures in Abhängigkeit von der kapitalmäßigen Beteiligung und/oder vertraglichen Regelungen eine weitestgehende Einflussnahme. So kann z.B. ein Industriegüterhersteller ein vertriebsorientiertes Joint Venture mit ausländischen Partnern eingehen, um den ausländischen Markt direkt zu bearbeiten. Der gleiche Zweck kann mit der Akquisition einer Vertriebsgesellschaft, z.B. eines Großhandelsunternehmens, verfolgt werden. Dies gilt analoger Weise bei produktions- und vertriebsorientierten Akquisitionen oder Joint Ventures.

Betätigungsformen bei geringer Einflussnahme

Ist die gewünschte Einflussnahme auf die Marktbearbeitung gegenüber Endkunden gering, so bieten sich der indirekte Export, der direkte Export bei gleichzeitiger Einschaltung selbstständiger Absatzmittler im Ausland oder die Lizenzierung, z.B. in Form einer Herstellungslizenz gekoppelt mit einer Vertriebslizenz, an, die dann den ausländischen Lizenznehmern große Freiheitsgrade lässt. In derartigen Fällen enthält i.d.R. das „Lizenzpaket" keine Markenlizenz.

Da sich ggf. mehrere Betätigungsformen als geeignet oder bedingt geeignet charakterisieren lassen, wird die Wahl letztlich – wie in Abschnitt C. dieses Kapitels aufgezeigt – durch weitere Faktoren bestimmt, so durch unternehmensbezogene Determinanten wie die verfügbaren Ressourcen. Zum Beispiel kann die Stammland-Orientierung bei mangelnden Finanzressourcen zu einer Entscheidung für Auslandsfranchising unter Einschaltung (ausländischer) Master-Franchise-Nehmer führen, da der Aufbau eines Netzes eigener Verkaufsniederlassungen nicht realisierbar ist.

Das Beziehungsgefüge zwischen den Betätigungsformen und den Basisoptionen kann auch in „umgekehrter" Richtung diskutiert werden bzw. relevant sein. Dies soll an einem Beispiel verdeutlicht werden. So kann die Errichtung von Tochtergesellschaften oder die Akquisition von Unternehmen, die zu Produktionszwecken (mit anschließendem Export ins Stammland) erfolgten, zu einem späteren Zeitpunkt die Basis zur Erschließung des ausländischen Absatzmarktes auf der Grundlage der im Stammland praktizierten Marketingkonzeption sein. Dies kann in analoger Weise bei Equity Joint Ventures wie auch bei Beteiligungen der Fall sein.

2. Globale Orientierung und Betätigungsformen

Die globale Orientierung als Basisoption des Internationalen Marketing zeichnet sich durch eine weit gehende Standardisierung der Marketingprogramme aus; sie ist zugleich auf den Weltmarkt ausgerichtet. Eine effektive Implementierung globaler Marketingstrategien erfordert daher ein hohes Maß an Koordination und damit verbunden effiziente Koordinations- und Steuerungselemente. Für eine standardisierte Bearbeitung des Weltmarktes bzw. der als relevant erachteten Regionen sind daher Betätigungsformen erforderlich, die eine **straffe und zentrale Koordination** aller Marketingaktivitäten ermöglichen. Die im vorangegangenen Abschnitt diskutierten Überlegungen zur Eignung der Betätigungsformen bei einer Stammland-Orientierung und einer zugleich angestrebten starken Einflussnahme gelten daher auch hier.

Die Errichtung von Tochtergesellschaften – gekoppelt mit einer „kontrollierten" Distributionspolitik – und Franchising, z.B. in Form des Master-Franchisings, bieten grundsätzlich eine starke Einflussnahme und somit hohe **Standardisierungspotenziale**. Dies gilt – in Analogie zu den Überlegungen hinsichtlich der Stammland-Orientierung – auch für den direkten Export, sofern die Distributionspolitik in den Auslandsmärkten weit gehend gesteuert werden kann, wie dies bei Controlled Distribution und Secured Distribution der Fall ist.[1]

Die Errichtung von Equity Joint Ventures kann dazu führen, dass der Multiplikation der eigenen Konzeption interne Widerstände entgegentreten, z.B. wenn der ausländische **Parentalpartner** die Durchsetzung eigener Vorstellungen des Marktauftritts verfolgt.

---

[1] Vgl. hierzu die Ausführungen in Abschnitt C.III.6 des Fünften Kapitels; vgl. auch Zentes/Neidhart/Scheer 2006 sowie Zentes/Swoboda/Morschett 2005b.

Dies gilt auch bei einer Betrachtung im Zeitablauf. So kann es durch Verschiebungen von Interessen und Erfahrungen der Partner zu Zielkonflikten kommen (Zentes 1992b).

Der indirekte Export weist bezüglich der globalen Orientierung den geringsten Eignungsgrad auf, da hierbei die Erschließung und Bearbeitung der ausländischen Märkte weitestgehend im Einflussbereich der Absatzmittler, so der eingeschalteten Außenhandelsunternehmen, liegt. Lizenzierung, so in Form einer Herstellungs- und Vertriebslizenz, erweist sich als nur bedingt geeignet, da die Marktbearbeitung dabei weitestgehend den Lizenzpartnern obliegt. Steuerungsmöglichkeiten des Lizenzgebers erstrecken sich i.d.R. nur auf die Produktpolitik und die Abgrenzung der Marktgebiete. Beinhaltet dagegen das Lizenzpaket auch eine Markenlizenz, so behält sich der Lizenzgeber i.d.R. weit reichenden Einfluss auf die übrigen Instrumente des Marketing-Mix vor.

3. Multinationale Orientierung und Betätigungsformen

Die bezüglich des Marktauftritts durch **Differenzierung** geprägte multinationale Orientierung weist hinsichtlich der Betätigungsformen die größten Freiheitsgrade auf. Grundsätzlich lässt sich das Basisziel dieser Option durch alle verfügbaren Betätigungsformen realisieren. So kann auch über indirekten Export eine Anpassung an die ländermarktspezifischen Gegebenheiten erfolgen, die aus der jeweiligen Marktbearbeitung der eingeschalteten Absatzmittler, so der Handelshäuser, resultiert: Indirekter Export führt dann zu einer „**indirekten" multinationalen Orientierung**. Dies setzt jedoch voraus, dass die im Stammland hergestellten Produkte auf ggf. unterschiedliche Bedürfnisse, Normen u.Ä. ausgerichtet werden.

Bei direktem Export muss dies gleichermaßen gegeben sein. Wird direkter Export über eigene Repräsentanzen oder Verkaufsniederlassungen praktiziert, so kann „vor Ort" eine weit gehende Anpassung der Marktbearbeitung an die jeweiligen Gegebenheiten erfolgen. Wie bereits erwähnt, ist die Durchsetzung der Basisoption an die Art der Distribution in den ausländischen Märkten gekoppelt. Im Falle direkter Distribution hat das betrachtete Unternehmen („der Exporteur") weitestgehenden Einfluss, einschließlich der Preis- und Konditionenpolitik. Werden in den ausländischen Märkten indirekte Vertriebsformen praktiziert, so kann es gleichermaßen über die eingeschalteten Absatzmittler in den Zielmärkten zu einer Anpassung an die Gegebenheiten dieser Märkte kommen. Auch in diesem Fall kann von einer „indirekten" multinationalen Orientierung gesprochen werden.

Eine strukturell ähnliche Konstellation ist bei Lizenzierung i.S. einer Herstellungs- und Vertriebslizenz gegeben. Die Ausrichtung auf die Marktgegebenheiten erfolgt dann durch die Lizenznehmer. Im Extremfall bedeutet dies auch vertraglich festgelegte Freiheitsgrade der Lizenznehmer hinsichtlich der Produktpolitik im Rahmen der Lizenzen.

Als geeignet ist auch Franchising einzustufen. Bei direktem Auslandsfranchising steuert der Franchise-Geber im Stammland die differenzierten Marktoperationen in den ausländischen Absatzmärkten; bei indirektem Auslandsfranchising ist dies Aufgabe der im Ausland zwischengeschalteten Institutionen, so der Master-Franchise-Nehmer oder der Equity Joint Ventures bzw. Tochtergesellschaften, die als Franchise-Geber in den jeweiligen Absatzmärkten tätig sind.

Equity Joint Ventures und Akquisitionen stellen Betätigungsformen dar, denen ein **Anpassungspotenzial** und damit Differenzierungspotenzial inhärent ist. So besteht oftmals der zentrale Vorteil eines Joint Ventures gerade darin, das lokale Marktwissen, den Zugang zu den Distributionskanälen u.Ä. des ausländischen Parentalpartners in das gemeinsam errichtete Unternehmen einzubringen. Diese Vorteile sind gleichermaßen bei Akquisitionen gegeben, bei denen das akquirierte Unternehmen mit seinem bisherigen (eigenständigen) Marktauftritt erhalten bleibt und diesbezüglich nicht in dem akquirierenden Unternehmen aufgeht.

Tochtergesellschaften, die neben der Verkaufs- bzw. Vertriebsfunktion weiter gehende Wertschöpfungsfunktionen übernehmen, so Forschung & Entwicklung und Produktion, sind – wie dies üblicherweise bei multinational-orientierten Unternehmen der Fall ist – meist Ausdruck der hier im Vordergrund stehenden Basisoption. Ihre Aufgabe ist dann im Rahmen einer **polyzentrischen Gesamtunternehmenskonzeption** die Anpassung an die nationalen Marktgegebenheiten. Im Grenzfall resultiert hieraus ein Gebilde weitestgehend autarker und autonomer organisatorischer Auslandseinheiten. Auch bei dieser Konstellation ist jedoch herauszustellen, dass das Ausmaß des Einflusses auf die Marktbearbeitung wesentlich von den Distributionsformen in den Ländermärkten abhängt.

4. Glokale Orientierung und Betätigungsformen

Die glokale Orientierung ist – wie im Zweiten Kapitel herausgestellt – für transnationale Unternehmen typisch. Diese eher komplexe Ausrichtung deutet bereits auf die Eignung bzw. Einsatzmöglichkeiten bestimmter Betätigungsformen hin. So ermöglichen in erster Linie Tochtergesellschaften, die untereinander und mit dem Stammhaus vernetzt sind, die Realisierung des Leitprinzips „think global, act local". Grundsätzlich setzt diese Betätigungsform – wie auch bei globaler Orientierung – eine hohe **Kontroll- und Steuerungsfähigkeit** voraus.

Kooperative Betätigungsformen, so Equity Joint Ventures, erweisen sich dann als geeignet, wenn die Kontroll- bzw. Steuerungsfähigkeit des betrachteten Unternehmens erhalten bleibt, so über Kapitalbeteiligungsquoten oder vertragliche Regelungen. Andererseits können auch lokale Partner die Anpassung i.S. eines „act local" fördern. Akquisitionen sind in diesem Kontext als eine Vorstufe von Tochtergesellschaften einzustufen: Die akquirierten Unternehmen werden i.d.R. in den **Netzwerkverbund** integriert (Brownfield Investments).

Indirekter und direkter Export sind als alleinige Betätigungsformen eher nicht geeignet, eine glokale Strategie zu realisieren. Dennoch können auch bei der Verfolgung glokaler Strategien einzelne Ländermärkte über Exporte erschlossen werden, so durch Errichtung von vertriebsorientierten Tochtergesellschaften oder Repräsentanzen in den Ländern, in denen keine weiter gehenden Wertschöpfungsaktivitäten wie z.B. Produktion realisiert werden.[1]

Lizenzen sind im Kontext einer glokalen Orientierung ebenfalls eher ungeeignet, da – wie bereits erwähnt – die Steuerungs- und Kontrollfähigkeit nur bedingt gegeben ist. Dagegen ist Franchising eine kooperative Betätigungsform, die auch eine Umsetzung einer glokalen Strategie ermöglicht, da ein Netz von Franchise-Nehmern auch die Realisierung von globalen Effizienzvorteilen, gekoppelt mit lokalen Effektivitätsvorteilen ermöglicht.

---

[1] Vgl. hierzu auch die Überlegungen zu den Rollen von Tochtergesellschaften in Abschnitt B.IV.3. dieses Kapitels.

II. Marktengagement und Betätigungsformen

Die Entscheidung, sich in einem ausländischen Markt zu engagieren, ist stets gekoppelt mit der Wahl einer bestimmten Betätigungsform. Wie aufgezeigt, kann auch die Intensivierung des Engagements in einem Auslandsmarkt, so eine verstärkte Penetration, eine Anpassung oder gar einen Wandel der bisher praktizierten Betätigungsform mit sich bringen. Auf diese Überlegungen wurde in den Abschnitten C. und D. dieses Kapitels eingegangen.

Im Folgenden sollen unter dem Aspekt der Interdependenz der Entscheidungsfelder Optionen des Marktengagements und Wahl der Betätigungsform

- die Beziehungen zwischen den Betätigungsformen und den Marktaustrittskosten sowie
- die Beziehungen zwischen den Betätigungsformen und dem Timing des Marktengagements

diskutiert werden.

Marktaustrittskosten und Betätigungsformen

Das in Abschnitt B. dieses Kapitels präsentierte Spektrum der Betätigungsformen (siehe Abbildung 4.1) orientiert sich an dem Ausmaß des direktinvestiven Engagements im Ausland und damit auch an **Markteintrittskosten**. Im Folgenden wird die Frage diskutiert, in welchem Maße die in Auslandsmärkten praktizierten Betätigungsformen in Beziehung stehen zu Retraktions- und Marktaustrittsentscheidungen, so im Rahmen einer Marktreduktion. Im Mittelpunkt stehen daher die **Marktaustrittskosten**.[1]

Marktaustrittskosten können auch als Determinanten der Wahl einer Betätigungsform betrachtet werden, die in Abschnitt C. dieses Kapitels behandelt wurden; sie werden hier jedoch besonders herausgestellt. Tendenziell gilt ein positiver Zusammenhang zwischen Markteintritts- und Marktaustrittskosten: Je höher das direktinvestive Engagement in einem ausländischen Markt ist, umso höher sind etwaige Marktaustrittskosten. Entscheidet sich ein Unternehmen für indirekten Export über inländische Absatzmittler (Handelshäuser), so kann diese Entscheidung grundsätzlich zu jedem beliebigen Zeitpunkt im Grenzfall ohne Marktaustrittskosten rückgängig gemacht werden. Bestehen langfristige Kontrakte mit Handelshäusern, so gilt dies nach Ablauf der Vertragslaufzeit – oder aber es fallen ggf. Entschädigungszahlungen (in Form von Ausgleichszahlungen o.Ä.) an. Dies gilt in analoger Form bei direktem Export unter Einschaltung von Handelsmittlern (z.B. Auslandsagenten) in den Auslandsmärkten.

Auch bei kontraktuellen Kooperationsformen (ohne Kapitaltransfer), so bei Lizenzierung und Franchising, ist die Situation strukturell vergleichbar. Bei Equity Joint Ventures ist zu differenzieren, ob diese Kooperationen zeitlich befristet sind oder nicht. Wurde ein temporäres Joint Venture vereinbart und ist die Kontraktdauer abgelaufen, so fallen zwar keine Ausgleichszahlungen o.Ä. an die übrigen Parentalpartner an; eine Auflösung kann dennoch mit erheblichen Austrittskosten verbunden sein, so

- beim Verkauf des Unternehmens oder Teilen davon (z.B. Immobilien, Anlagen) sowie
- durch Sozialpläne, Abfindungen usw. im Rahmen von Entlassungen.

---

[1] Vgl. hierzu auch die Ausführungen in Abschnitt B. des Dritten Kapitels.

Diese Marktaustrittskosten entstehen gleichermaßen bei integrativen Betätigungsformen wie Akquisitionen oder Neugründungen.

Neben den Kosten, die aus gesetzlichen Verpflichtungen resultieren, so gegenüber Arbeitnehmern oder Vertragspartnern (z.B. im Vertrieb), können Rückzahlungen etwaiger ausländischer Subventionen im Rahmen von **Investitionszusagen** herausgestellt werden (Simon/Homburg 1995).

Ergänzend zu den aufgezeigten Marktaustrittskosten, die als **direkte Marktaustrittskosten** bezeichnet werden können, sind indirekte Kosten herauszustellen. Sie resultieren u.a. aus

- einer Reduzierung von Größenvorteilen („negative" Economies of Scale), z.B. bei inländischer Produktion und/oder Beschaffung für die Auslandsmärkte,
- etwaigen (nur schwer kalkulierbaren) Imageverlusten in den Märkten, in denen weiterhin operiert wird.

Die Marktaustrittskosten können ggf. als **Marktaustrittsbarrieren** wirken und zu einem Verbleib in einem Markt führen, wenngleich ein Rückzug bevorzugt würde.

Verkauf von T-Mobile USA an AT&T gescheitert

Schwerer Rückschlag für Telekom-Chef René Obermann: Der Verkauf der ungeliebten US-Mobilfunktochter an den Konkurrenten AT&T ist endgültig gescheitert. Damit entgehen dem Bonner Konzern zweistellige Milliardensummen, die Obermann zum Schuldenabbau und zum Ausbau der Infrastruktur in Europa verwenden wollte. Telekom und AT&T mussten sich nach zähem Ringen dem erbitterten Widerstand der US-Wettbewerbsbehörden beugen und beerdigten den Anfang des Jahres 2011 vereinbarten 39-Milliarden-Dollar-Deal. Obermann sagte, die Konzerne hätten zuletzt Zugeständnisse angeboten, die an die Grenzen des betriebswirtschaftlich Möglichen gegangen seien. Doch habe es bei den US-Behörden keine Bereitschaft zu einem Kompromiss gegeben.

Der Bonner Konzern hatte gehofft, durch den Verkauf des Sorgenkindes nicht nur eine aufwendige Aufholjagd gegen die zuletzt übermächtige Konkurrenz vermeiden zu können, sondern auch noch Milliarden für den Schuldenabbau und Investitionen in Europa freizusetzen. Die Geldspritze hätte Obermann zufolge „mit einem Schlag" vieles leichter gemacht. „Aber es geht auch so", sagte Obermann. Ein weiteres Sparprogramm in Deutschland wegen des Scheiterns des US-Deals sei nicht erforderlich. Doch muss der Konzern nun rasch eine neue Strategie für den amerikanischen Markt finden. Als kleinster der vier überregionalen Mobilfunkanbieter hat T-Mobile USA im Wettbewerb mit den Rivalen Verizon, AT&T und Sprint einen schweren Stand.

Erleichtert wird dies Obermann zufolge durch Ausfallzahlungen von AT&T, die im Vertrag für den Fall eines Scheiterns vereinbart waren. Neben einer Barzahlung in Höhe von drei Milliarden US-Dollar erhält der Konzern von AT&T ein umfangreiches Paket aus Mobilfunk-Frequenzen sowie eine siebenjährige Vereinbarung über UMTS-Roaming innerhalb der USA. Der Wert dieses Paketes wird auf weitere drei Milliarden Dollar geschätzt. Insgesamt handele es sich um „die höchste je ausgehandelte Ausfallsumme", sagte Obermann. „Das ist mehr als ein Trostpflaster, das ist schon eine erhebliche Erleichterung." Die neuen Frequenzen und das Roaming-Abkommen erlauben es T-Mobile USA nach Angaben des Managers, große neue Kundengruppen anzusprechen. Die Zahl potenzieller Kunden steige damit von 230 auf 280 Millionen. Der Telekom-Chef räumte aber auch ein, dass die grundlegenden Probleme der US-Tochter damit nicht gelöst seien.

Quelle: Focus Online, 20. Dezember 2011.

T-Mobile USA: Behörden genehmigen Fusion mit MetroPCS

Die Deutsche Telekom kommt einer Lösung ihrer Probleme im amerikanischen Mobilfunkmarkt näher: US-Behörden haben die Fusion mit dem Rivalen MetroPCS erlaubt. Noch-Konzernchef

> Obermann soll im neuen Unternehmen Aufseher werden. Allerdings sperren sich noch zwei Großaktionäre gegen den Deal.
>
> Die zuständigen US-Behörden haben keine Einwände gegen eine Verschmelzung von T-Mobile USA mit dem Rivalen MetroPCS. Der Netzregulierer FCC sowie die Wettbewerbshüter des amerikanischen Justizministeriums segneten den Zusammenschluss am Dienstag ab. Nun sind die Aktionäre von MetroPCS am Zug - zwei große Anteilseigner sperren sich allerdings gegen das Geschäft. Kommt die Fusion dennoch zustande, soll Informationen des manager magazin zufolge Noch-Telekom-Chef René Obermann in den Aufsichtsrat einziehen, auch wenn er den Posten an der Konzernspitze spätestens zum Jahresende verlassen wird.
>
> T-Mobile USA ist die Nummer 4 unter den US-Mobilfunkern, MetroPCS ist die Nummer 5. Beide sind für ihre vergleichsweise günstigen Angebote bekannt. Das US-Justizministerium erklärte, es sei unwahrscheinlich, dass die Verbraucher durch den Zusammenschluss Nachteile erleiden würden. Im Gegenteil, die Fusion könnte den Wettbewerb sogar beleben. FCC-Chef Julius Genachowski sieht es ähnlich, denn das Duo würde ein stärkeres Gegengewicht zu den zumeist recht teuren Marktführern Verizon, AT&T sowie Sprint bilden. "Mit der heutigen Genehmigung wird der amerikanische Mobilfunkmarkt weiter gestärkt", sagte Genachowski.
>
> Noch im Sommer 2011 war die Telekom mit ihren Plänen für den US-Markt an den Wettbewerbshütern gescheitert. Damals hatten die FCC und das Justizministerium die Übernahme von T-Mobile USA durch den wesentlich größeren Rivalen AT&T abgelehnt. Sie hatten befürchtet, die US-Mobilfunkkunden müssten dann mehr zahlen. In der Folge suchte die Deutsche Telekom nach einem neuen Partner für ihre US-Tochter und entschied sich im vergangenen Herbst für MetroPCS. Die Telekom soll 74 Prozent am neuen Unternehmen halten.
>
> Am 12. April sollen die Anteilseigner von MetroPCS über die Fusion abstimmen. Das Management von MetroPCS kämpft für den Zusammenschluss, zwei Großaktionäre sind jedoch dagegen: Hedgefonds-Mogul John Paulson, der mit knapp zehn Prozent den größten Anteil hält, sowie die US-Anlagefirma P. Schoenfeld Asset Management. Beide verlangen bessere Bedingungen. Paulson kritisiert zudem, die neue Firma würde zu viele Schulden haben.
>
> Erst Ende Februar hatte die Deutsche Telekom einen Jahresverlust von 5,3 Milliarden Euro bekanntgegeben. Ursache war vor allem das angeschlagene US-Geschäft. Im vergangenen Oktober musste der Konzern eine Wertminderung bei T-Mobile USA in Höhe von 7,4 Milliarden Euro vornehmen.
>
> *Quelle: Spiegel Online, 13. März 2013.*

Kapitalanlagebesicherung

Direktinvestitionen, z.B. deutscher Unternehmen im Ausland, können gegen politische Risiken, jedoch nicht gegen wirtschaftliche Risiken abgesichert werden. Auf der Grundlage von **Investitionsförderungs- und Investitionsschutzverträgen**, welche die Bundesrepublik Deutschland mit 131 Ländern ratifiziert und mit 8 weiteren bereits abgeschlossen, aber noch nicht in Kraft gesetzt hat (Stand: Januar 2013), gewährt sie deutschen Unternehmen Absicherungsmöglichkeiten ausländischer Investitionen gegen Verstaatlichung oder Enteignung und freien Transfer von Kapital und Erträgen (Zentes/ Swoboda/Morschett 2004, S. 92f.). Die Kapitalanlagebesicherung schaltet damit wesentliche Risiken aus und reduziert somit Kosten eines „**Zwangs-Marktaustritts**". Dies gilt insbesondere mit Blick auf Entwicklungs-, Schwellen- und Transformationsländer, die andererseits oftmals äußerst attraktive „emerging markets" sein können.

Timing des Marktengagements und Betätigungsformen

Im Rahmen der Diskussion der vielfältigen Betätigungsformen wurde bereits deutlich, dass bestimmte Formen einen raschen Markteintritt ermöglichen, andere dagegen eine längere Aufbauphase mit sich bringen. So weist die Akquisition bestehender Unternehmen den zentralen Vorteil einer unmittelbaren **Marktpräsenz** auf, die Neuerrichtung von Tochtergesellschaften (für z.B. Produktion und Vertrieb) bringt ein eher schrittweises Durchdringen des ausländischen Marktes mit sich. Im Folgenden werden die Beziehungen zwischen den Betätigungsformen und

- den länderspezifischen Timing-Strategien wie „early mover"-, „second mover"- und „late mover"-Strategien sowie
- den länderübergreifenden Timing-Strategien wie sukzessive Strategie, simultane Strategie und selektive Strategie

diskutiert.[1]

Der Faktor Zeit charakterisiert die strategische Ausrichtung eines Unternehmens im Hinblick auf einen etwaigen **Pionierstatus** in einem ausländischen Markt. Die Rolle eines „early mover" bedeutet, der erste in einem ausländischen Markt zu sein. Dies erfordert i.d.R. einen möglichst raschen Markteintritt.

Streben viele Unternehmen auf einen „emerging market", so bieten Equity Joint Ventures komparative Vorteile, da Markt-Know-how, Zugangsmöglichkeiten zu Beschaffungs- und insbesondere Absatzkanälen der Partner in den Zielmärkten genutzt werden können. Akquisitionen scheiden in diesen Märkten aus, da meist keine derartigen Kaufobjekte zur Verfügung stehen.

Eine „early mover"-Position kann in sich öffnenden Märkten auch durch Errichtung von Tochtergesellschaften mit anschließendem Aufbau eines (inländischen) Vertriebsnetzes erreicht werden, wenngleich diese Betätigungsform in aller Regel eine längere Aufbauzeit benötigt. Dies ist z.B. dann gegeben, wenn auf Grund hoher Risiken, z.B. politischer Risiken, keine anderen ausländischen Unternehmen auf diesen Markt drängen. Die Schaffung einer „early mover"-Position kann auch über die Betätigungsform Management Contracting erfolgen. So ermöglicht Management Contracting (gekoppelt mit einer Markenlizenz) die Präsenz „vor Ort" und damit auch den Aufbau von Bekanntheit, selbst in Ländern, in denen andere Betätigungsformen, z.B. direktinvestive, rechtlich nicht zulässig sind. Öffnet sich ein derartiger Markt, wie z.B. in der Vergangenheit osteuropäische oder asiatische Länder, so sind die bereits gegebene (Marken-) Bekanntheit und die Erfahrungen in diesem Markt die Grundlage auch anderer, z.B. direktinvestiver Betätigungsformen.

„Late mover" treffen in den Zielländern i.d.R. auf eine intensive Wettbewerbssituation, in Bezug auf das politische und das sozial-ökonomische Risiko dagegen meist auf „gefestigte" Situationen. Mit Blick auf die Betätigungsformen eröffnen sich für sie auch Optionen wie Akquisitionen, die ggf. aus dem Marktaustritt nicht erfolgreicher „early mover" resultieren.

Bei einer länderübergreifenden Ausrichtung der Timing-Strategie i.S. eines sukzessiven Markteintritts nach dem **Wasserfall-Modell** stellt sich für die Unternehmen das breite Spektrum der Betätigungsformen. Wie im Zusammenhang mit den dynamischen Aspekten in Abschnitt D. dieses Kapitels aufgezeigt, können durch Erfahrungs- bzw. Lerneffekte im Zeitablauf für neu zu erschließende Märkte andere Betätigungsformen gewählt werden als bei den ersten Schritten eines Going International.

Ein simultaner Eintritt in eine Vielzahl ausländischer Märkte – ggf. in den Weltmarkt – nach dem **Sprinkler-Modell** engt dagegen das verfügbare Entscheidungsfeld ein. Auch bezüglich dieser Strategie können Akquisitionen bestehender Unternehmen geeignet

---

[1] Vgl. hierzu die Ausführungen in den Abschnitten B.I.2. und B.II.2. des Dritten Kapitels.

sein. Steht einem Unternehmen eine ausreichend lange „Vorbereitungszeit" zur Verfügung, eine Marktsituation, die heute eher selten gegeben ist, so kann diese Strategie auch über den Aufbau von Tochtergesellschaften (für Produktion und/oder Vertrieb), den Aufbau eines Franchise-Systems oder das Eingehen von Equity Joint Ventures realisiert werden.

Denkbar ist auch der direkte Export unter Einschaltung von ausländischen Handelsmittlern, wenngleich diese Alternative (ohne eigene Vertriebsniederlassungen im Ausland) eher seltener anzutreffen sein dürfte, da der Aufbau eines derartigen, im Grenzfall globalen, Vertriebsnetzes aus dem Stammland heraus kaum machbar ist. Eine Sprinkler-Strategie ist in Ausnahmefällen über die Betätigungsform des indirekten Exports zu realisieren, so durch die Einschaltung von Universal- bzw. Generalhandelshäusern, die weltweit über Vertriebsnetze verfügen.[1] Eine Sprinkler-Strategie lässt sich auch durch **virtuelle Vertriebsformen**, so über eine Internet-Plattform realisieren. Diese ermöglicht eine technologisch bedingte „born global"-Option.[2]

Wie im Dritten Kapitel aufgezeigt, bildet eine **selektive Strategie** eine kombinierte Vorgehensweise ab, bei der die Unternehmensressourcen auf die Erschließung und Bearbeitung einzelner ausländischer Märkte konzentriert werden, während die weiteren Märkte durchaus simultan oder sukzessiv erschlossen werden. In diesen Fällen bieten sich die Betätigungsformen des indirekten und/oder des direkten Exports für diese Märkte an, während die Kernmärkte, auf die sich das Unternehmen konzentriert, z.B. mit direktinvestiven oder kontraktuellen Betätigungsformen erschlossen werden.[3]

Mit Blick auf die länderspezifischen und länderübergreifenden Timing-Strategien lassen sich gleichermaßen Wechselbeziehungen mit den Betätigungsformen aufzeigen. So kann die Fixierung auf eine bestimmte Betätigungsform den Handlungsspielraum eines Unternehmens bezüglich der aufgezeigten Timing-Strategien des Marktengagements limitieren.

F. Sektorale Besonderheiten

I. Industriegüterhersteller

1. Spezifika der Betätigungsformen der Industriegüterhersteller

Mit Blick auf die Besonderheiten der Betätigungsformen im internationalen Industriegütermarketing werden im Folgenden das **Anlagengeschäft** und das **Systemgeschäft** herausgegriffen.[4]

Betätigungsformen im Anlagengeschäft

Die spezifischen Betätigungsformen des Anlagengeschäftes werden im Zusammenhang mit dem **internationalen Projektmanagement** betrachtet (vgl. hierzu auch Perlitz/Seger 2003 und die dort angegebene Literatur). Sie zeichnen sich im Unterschied zu den bisher diskutierten Betätigungsformen durch einen „Einmalcharakter" bzw.

---

[1] Vgl. hierzu die Ausführungen zu den Generalhandelshäusern in Abschnitt B.II.2. dieses Kapitels.
[2] Vgl. zu dem Timing-Muster der Born Global Firms die Ausführungen in Abschnitt E.I.2. des Dritten Kapitels und in Abschnitt D.II.2. dieses Kapitels.
[3] Vgl. hierzu auch die Ausführungen in Abschnitt C.I. dieses Kapitels.
[4] Vgl. hierzu die Ausführungen in Abschnitt E.I. des Dritten Kapitels.

temporären Charakter aus. Zu erwähnen sind beispielhaft der Bau von Industrieanlagen (z.B. Walzwerk), der Bau eines Flughafens, der Bau eines Staudamms u.Ä.

Derartige Projekte, die i.d.R. über **internationale Ausschreibungen** vergeben werden, werden oftmals über internationale Kooperationen in Form einer **Generalunternehmerschaft** oder einer **Konsortialstruktur** durchgeführt.

> *„Ein Generalunternehmer bestimmt alle unternehmerischen Aktivitäten, auch bezüglich der Zusammenarbeit der Partner untereinander und haftet eigenverantwortlich gegenüber dem Auftraggeber. Im Bereich des Anlagenbaus handelt es sich hierbei oft um [...] ‚Turnkey-Projekte', bei denen der Generalunternehmer die Anlage in schlüsselfertigem Zustand übergibt. Bei einer Konsortialstruktur arbeiten alle Partner eigenverantwortlich unter der Federführung eines Konsortialführers zusammen. Dieser hat zwar einen höheren Koordinierungsaufwand als der Generalunternehmer, haftet aber nur für die selbst erbrachte Leistung"* (Perlitz/Seger 2003, S. 530).

In die kooperativen Arrangements müssen oftmals auch Anbieter aus dem Auftraggeberland im Rahmen von **„local content"**-Vorschriften einbezogen werden.

Ordnet man diese Formen des internationalen Projektmanagements in die Systematik der Abbildung 4.1 ein, so handelt es sich um eine Betätigungsform, deren Wertschöpfungsschwerpunkt im ausländischen Markt liegt. Die aufgezeigten Formen der Generalunternehmerschaft und des Anbieterkonsortiums sind zugleich als (kooperative) Betätigungsformen einzustufen, bei denen kein Kapitaltransfer erfolgt. Ein **Betreiberkonsortium** kann jedoch auch ein zeitlich befristetes Equity Joint Venture in Form einer sog. **Auslandsprojektgesellschaft** bilden. Diese wirtschaftlich und rechtlich selbstständige Einheit im Ausland plant und realisiert das Projekt. In diesem Falle liegt auch ein direktinvestives Engagement vor.

Weiter gehende Arrangements, die meist ebenfalls in kooperativer Form erfolgen, stellen **Betreibermodelle** dar. Die Grundform des Betreibermodells ist das sog. **Build-Operate-Transfer-Modell** (BOT-Modell). Bei diesem Modell errichtet ein Unternehmen für ein anderes Unternehmen oder eine staatliche Institution eine Anlage („build"), betreibt diese („operate") und überträgt sie nach einer bestimmten Laufzeit an den Kunden („transfer") (Kutschker/Schmid 2011, S. 930).

Betreibermodelle können neben der Grundform des **BOT-Modells** auch in weiteren Erscheinungsformen auftreten, die in Abbildung 4.50 dargestellt sind.

Abbildung 4.50: Varianten von Betreibermodellen

BLOT	build, lease, operate, transfer	BRT	build, rent, transfer
BOD	build, operate, deliver	BOT	build, operate, transfer
BOL	build, own, lease	DBOM	design, build, operate, maintain
BOO	build, own, operate	DBOT	design, build, operate, transfer
BOOST	build, own, operate, subsidize, transfer	FBOOT	finance, build, own, operate, transfer

Quelle: Corsten/Corsten/Gössinger 2008, S. 90.

Betreibermodelle, mit denen Anlagen oder Infrastrukturprojekte für öffentliche Institutionen errichtet, finanziert und betrieben (und schließlich übertragen) werden, können auch als eine Form der **Private Public Partnership** eingestuft werden (Poungias 2000, S. 14).

Betätigungsformen im Systemgeschäft

Das Systemgeschäft ist – wie im Dritten Kapitel aufgezeigt – neben der Ausrichtung auf einen anonymen Markt durch den **zeitlichen Kaufverbund** gekennzeichnet, der „von Nachfragern bei der sukzessiven Beschaffung von Leistungen wahrgenommen wird und bereits die erste Beschaffungsentscheidung und Vermarktungsaktivität des Anbieters beeinflusst" (Backhaus/Voeth 2010, S. 419). Sie sind im Wesentlichen im sog. **Systembindungseffekt** gegeben. „Im Ergebnis macht die Systembindung den Nachfrager – je nach Offenheitsgrad des Systems – mehr oder weniger stark von dem einmal gewählten System abhängig. Die Systembindung eines Systems kann in unterschiedlichem Ausmaß bestehen" (Backhaus/Voeth 2010, S. 426).

In den Vermarktungsprozessen spielen daher Instrumente eine Rolle, die bei den Nachfragern eine **Reduktion der Unsicherheit** bewirken. In diesem Kontext kann **Leasing** als ein vertragliches Instrument zur Senkung der Einstiegsinvestitionskosten betrachtet werden. Internationale Leasing-Verträge, auch als **Cross-Border Leasing** bezeichnet, können i.w.S. als eine Betätigungsform auf ausländischen Märkten eingestuft werden:

> *Internationale Leasing-Verträge regeln „die zeitlich begrenzte Nutzungsüberlassung eines Investitionsobjektes gegen Entgeltzahlung (Leasingraten) durch einen außenstehenden Finanzier und Eigentümer (Leasinggeber) mit der Wirkung, dass der Leasingnehmer die Anschaffungskosten des Investitionsobjektes nicht aus eigenen Mitteln aufbringen muss" (Perlitz/Seger 2003, S. 525).*

Unterschieden wird weiterhin zwischen **direktem Leasing** und **indirektem Leasing**. Beim direkten Leasing ist der Hersteller zugleich der Leasinggeber; bei indirektem Leasing besteht neben dem Hersteller ein Leasinggeber, z.B. in Form einer Leasinggesellschaft, im Inland oder im Ausland.

2. Fallstudie: BOOT-Konzept der HOCHTIEF AirPort GmbH[1]

a) Unternehmensvorstellung

Das im Jahre 1874 unter dem Namen „Gebr. Helfmann" gegründete Baugeschäft entwickelte sich im Laufe der Zeit zu einem heute weltweit führenden Baudienstleister, der HOCHTIEF AG. Dabei konzentrierte sich das Unternehmen seit Anbeginn sowohl auf den Hoch- als auch auf den Tiefbau und erweiterte dieses Angebotsspektrum im Laufe der Jahre kontinuierlich. Mit Konzerngründung Mitte der 1960er Jahre ergänzte die HOCHTIEF AG erstmals offiziell ihr Angebotsspektrum um weiterführende Dienstleistungen. Damit gehörte neben dem schlüsselfertigen Bauen (Bau, Ausbau und technische Gebäudeausrüstung) auch die Planung solcher Bauprojekte zum neuen Leistungsspektrum, das allgemein als Generalführerschaft bezeichnet wird. Mit der Aufnahme des Betriebs und der Finanzierung von Infrastrukturprojekten, Immobilien und Anlagen erweiterte die HOCHTIEF AG in den 1990er Jahren abermals ihr Leistungsspektrum, womit sie zum Systemführer avancierte. Auslöser dieser Entwicklung waren das zunehmende Auslandsgeschäft, die Stagnation des deutschen Baumarktes sowie der progressive Margenverfall. Veranschaulicht wird diese Entwicklung durch Abbildung

---

[1] Die Fallstudie basiert auf Unternehmensinformationen, so www.hochtief.de, www.hochtief-airport.de, www.tirana-airport.com und der HOCHTIEF-Chronik.

4.51. Zusätzlich zeigt sie, dass im Jahre 2010 eine Integration des Moduls „Dienstleistung" in die Module „Bau" und „Betrieb" stattfand.

Abbildung 4.51: Entwicklung des Angebotsspektrums der HOCHTIEF AG

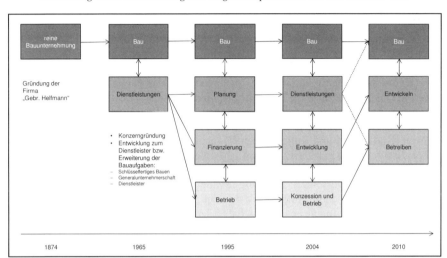

Neben der Ausweitung des Angebots richtete sich die HOCHTIEF AG zunehmend international aus, sodass sie unterhalb der Konzernzentrale drei regionale Divisionen aufweist (siehe Abbildung 4.52). Unterschieden werden hierbei die Division HOCHTIEF Americas, HOCHTIEF Asia Pacific und HOCHTIEF Europe mit ihren jeweiligen operativen Einheiten. Zusammengenommen arbeiten in den drei Bereichen ca. 80.000 Mitarbeiter, die im Jahre 2012 einen Umsatz von ca. 25,5 Mrd. EUR erwirtschafteten (Umsatzanteile: ca. 60% Asia Pacific, ca. 30% Americas und ca. 10% Europe). Neben den drei Divisionen war die HOCHTIEF Airport, wie aus der Abbildung 4.52 hervorgeht, letztendlich extern dem Bereich Europe zugeordnet. Grund hierfür war die bereits damals beabsichtigte Veräußerung durch die Muttergesellschaft an eine Tochtergesellschaft des Public Sector Pension Investment Boards Kanada. Die Transaktion erfolgte mit wirtschaftlicher Wirkung zum 01. Januar 2013.

Abbildung 4.52: Konzernstruktur der HOCHTIEF AG

HOCHTIEF Aktiengesellschaft		
Konzernzentrale		
HOCHTIEF Americas	HOCHTIEF Asia Pacific	HOCHTIEF Europe
Turner Flatiron E.E. Cruz Clark Builders	Leighton Holding Leighton Contractors Thiess John Holland Group Leighton Properties Leighton Asia Habtoor Leighton Group	HOCHTIEF Solutions HOCHTIEF ViCon Streif Baulogistik HOCHTIEF Property Management Aurelis Real Estate HOCHTIEF Energy Management HOCHTIEF PPP Solutions
		HOCHTIEF AirPort

Ein relevantes Ereignis für den Konzern ergab sich im Geschäftsjahr 2011 in Form der feindlichen Übernahme der HOCHTIEF AG durch den spanischen Konzern ACS. Dieser erhöhte seine Aktien-Anteile von vormals 27,25% im Jahre 2010 mit dem Übernahmeangebot auf mittlerweile 49,9% im Jahre 2012.

Die HOCHTIEF AirPort GmbH

Die Tochtergesellschaft HOCHTIEF AirPort ist die operative Einheit, die im Rahmen des HOCHTIEF Konzerns ein internationales Flughafenportfolio managt. Weltweit stellt sie einer der führenden privaten industriellen Flughafeninvestoren und -manager dar. Gegründet wurde sie im Jahre 1997 während der Bearbeitung des Athener Flughafen-Projektes. Der Gründung vorausgegangen waren die erfolgreich abgewickelten Flughafen-Bau-Projekte Jeddah und Warschau, damals noch durch die HOCHTIEF AG. Bei diesen Projekten gewann die Muttergesellschaft bereits grundlegende Ressourcen (Know-how) und Kompetenzen (Finanzierung solcher Projekte) für den neuen Geschäftsbereich HOCHTIEF AirPort. Insgesamt beteiligte sich die HOCHTIEF AirPort GmbH finanziell in den Jahren von 1997 bis 2006 an sechs verschiedenen Flughäfen (Athen, Düsseldorf, Hamburg, Sydney, Tirana und Budapest), bei denen sie je nach Flughafen weitere Aufgaben wahrnahm. Abbildung 4.53 zeigt die verschiedenen kapitalmäßigen Anteile an den Flughäfen der HOCHTIEF Airport GmbH.

Das Angebotsspektrum orientiert sich, an den drei Säulen des Geschäftsmodells der Akquisition, dem Asset Management und dem Consulting. Als Flughafeninvestor akquiriert die HOCHTIEF Airport GmbH vornehmlich solche Flughäfen, die ihr Potenzial sowohl im Aviation- als auch im Non-Aviation-Geschäft noch nicht vollends ausgeschöpft haben, übernimmt Konzessionen bzw. arbeitet im Rahmen dieser **Public-Private-Partnership-Projekte** mit der öffentlichen Hand zusammen. Neben der Akquisition beinhaltet das Asset Management ein aktives Beteiligungsmanagement am Flughafengeschäft, die Unterstützung des lokalen Flughafenmanagements, Gremienarbeit in Aufsichtsräten, Boards und Ausschüssen sowie die Vertretung von Eigentümerinteressen vor Ort. Im Consultingbereich werden hingegen den Flughäfen und flughafenverwandten Kunden umfassende Beratungsleistungen angeboten.

Anzumerken bleibt (siehe Abbildung 4.53), dass die HOCHTIEF AirPort GmbH aufgrund ihrer Erfahrungen und Kompetenzen neben ihrem Kerngeschäft eine Verwaltungseinheit, die sog. HOCHTIEF AirPort Capital (HTAC) hält, die das Flughafeninvestitionsportfolio der Investitionspartner sowie institutionellen Anleger „Caisse de dépôt et placement de Québec", „Hastings Funds Management Ltd." und „KfW IPEX-Bank GmbH" betreut.

Abbildung 4.53: Anteilsstruktur der HOCHTIEF Airport GmbH und der HOCHTIEF Airport Capital

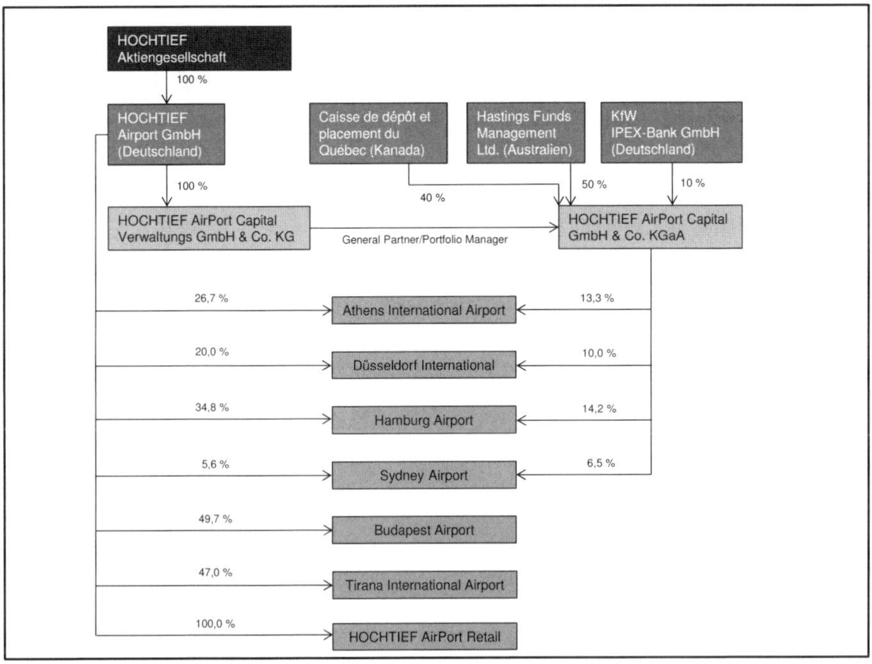

b) Tirana International Airport

Der Tirana International Airport Nënë Tereza (früher Rinas Airport) liegt ca. 17 Kilometer nordwestlich von Tirana und wurde zwischen 1955 und 1957 erbaut. Als einziger internationaler Flughafen Albaniens stellt er eine wichtige Verkehrsdrehscheibe in diesem Land dar. Bereits anfänglich minimal ausgelastet bzgl. Passagierzahlen und Anflugrouten, trug die politische Ausrichtung Albaniens Mitte der 1970er Jahre noch zu einer Verschlechterung dieser Ausgangslage bei. Erst mit politischen und sozialen Transformationen in den 1990er Jahren entwickelten sich die oben genannten Kennzahlen zunehmend positiver. Auf Grund der zunehmenden Flugfrequenz wurden die Modernisierungen und der Ausbau bestimmter Anlagen unumgänglich, wobei sich die albanische Regierung, mangels Kapital für eine öffentliche Ausschreibung entschied. Das Ausschreibungsverfahren endete im Jahre 2003 und die Vertragsunterzeichnung über die Konzession zwischen der albanischen Regierung und unter anderem der HOCHTIEF AirPort GmbH folgte im Jahre 2004. Am 23. April 2005 nahm das Konsortium Tirana International Airport offiziell seine Arbeiten auf, wobei das Konzessionsmodell als Pilotprojekt für die anstehenden Privatisierungen in Südosteuropa galt.

Das Betreibermodell

Grundlage des albanischen Ausschreibungsverfahrens war die sog. **BOOT-Flughafen-Konzession** (Build-Own-Operate-Transfer-Konzession), bei der ein Unternehmen Bau-, Besitz- und Betriebsrechte entsprechend vertraglich festgelegten Zeiträumen erhält und am Ende der Laufzeit rücküberträgen muss. Im Rahmen dieser 20-jährigen BOOT-Flughafen-Konzession erhält das Konsortium die Einnahmen aus dem laufenden Fluggeschäft und verpflichtet sich gleichzeitig weit reichende Modernisierungen durchzuführen sowie eine jährliche Konzessionsgebühr an den albanischen Staat zu entrichten. Für die effiziente Umsetzung des BOOT-Projektes wurde die Flughafengesellschaft Tirana International Airport SHPK (TIA) gegründet und mit folgenden Aufgaben betraut: den Betrieb des Flughafens neu zu strukturieren, dessen Abläufe zu optimieren, die Sicherheits- und Servicestandards zu erhöhen und die gesamten Anlagen auszubauen. Wie Abbildung 4.54 zeigt, ist die HOCHTIEF AirPort GmbH mit 47% am höchsten an der Tirana International Airport SHPK beteiligt. Zusätzlich halten die Deutsche Investitions- und Entwicklungsgesellschaft 31,7% und der Albanian-American Enterprise Fund 21,3% des Unternehmens. Insgesamt umfasste das Projektvolumen der HOCHTIEF AG ca. 47,0 Mio. EUR, wobei die HOCHTIEF AG 4,4 Mio. EUR Kapital einbrachte.

Abbildung 4.54: Anteilsstruktur an der Tirana International Airport

Sowohl die DEG als auch die AAEF konnten bei Gründung der Tirana International Airport SHPK bereits auf Projekterfahrung in Albanien bzw. dem südosteuropäischen Raum zurückgreifen. Die HOCHTIEF Airport GmbH hält nicht nur den Vorsitz bzw. die Führung innerhalb dieser Partnerschaft, sondern ist ebenfalls für das gesamte Projektmanagement verantwortlich.

Modernisierung des Flughafens

Schon kurz nach der Übernahme des BOOT-Projektes zeigten sich erste Umsetzungen des neuen Modernisierungs- und Erweiterungsprogramms. So wurden u.a. Maßnahmen im Baubereich ergriffen und der Grundstein für einen neuen Passagierterminal, mit einer möglichen Kapazität von einer Million Passagieren pro Jahr, gelegt. Zusätzlich fand eine Modernisierung der Terminal-Infrastruktur und die Errichtung neuer Parkplätze sowie eines Cargo-Terminals statt. Die finale Eröffnung des Terminals erfolgte im Jahre 2007, wobei die HOCHTIEF Airport GmbH sowohl für die Konstruktion, das Management, die Planung und die Realisierung des Terminals zuständig war. Auf Grund oben aufgezeigter Projekte wurden bereits in der ersten Etappe knapp 50 Mio. EUR investiert. Zusätzlich übernahm die HOCHTIEF AirPort GmbH im Rahmen des Tirana International Airports erstmals exklusiv die Verantwortung für das Retail-Geschäft, entwickelte und optimierte den Aus- bzw. Aufbau des Duty-Free-Geschäfts, des Einzelhandels und des Gastronomiebereichs. Schon Ende des Jahres 2005 waren Veränderungen in Form von neuen Cafés, Shops und einer Business Lounge erkennbar. Im September 2009 wurde eine Erweiterung des Terminals initiiert, um die Kapazitäten auf 1,8 Mio. Passagiere pro Jahr zu erhöhen.

c) Die Entwicklung des Tirana International Airport

Seit der Übernahme der BOOT-Flughafen-Konzession durch die Flughafengesellschaft Tirana International Airport SHPK stiegen die Passagierzahlen stetig. Bereits im Jahre 2011 wurden mehr als 1,8 Mio. Passagiere befördert, was im Vergleich zum Jahre 2010 einer Passagier-Wachstumsrate von 18,2% entspricht (siehe Tabelle 4.7). Ausgelöst wurde dieser positive Trend u.a. durch politische Entwicklungen im Hinblick auf die Europäische Union (Visaliberalisierung/erleichterte Einreise in die Schengen-Staaten). Mit den zunehmenden Passagierzahlen stieg ebenfalls die Anzahl der Flugziele, von vormals 28 im Jahre 2006 auf derzeit 32 Flughäfen.

Tabelle 4.7: Entwicklung des Tirana International Airports 2006-2012

Flugdaten	2006	2007	2008	2009	2010	2011	2012
Passagiere in Mio.	0,9	1,1	1,3	1,4	1,5	1,8	1,7
Passagierwachstum in %	15,0	22,0	15,0	10,1	10,2	18,2	-8,4
Flugbewegungen	15.856	18.258	19.194	20.064	20.768	22.988	20.528
Cargo in t	2.435	3.832	2.497	2.265	2.355	2.656	1.875
Umsatz in Mio. EUR	19,6	23,8	26,3	28,9	30,0	33,9	n.a.

In Zusammenhang mit dem Masterplan von 2005 und den aufgezeigten sowie zukünftig erwarteten Entwicklungen hat die HOCHTIEF AirPort GmbH innerhalb ihres Beratungsauftrages die Pläne aktualisiert und die noch geplanten Ausbaustufen bis 2025 erneuert. Die bisherige Erweiterung des Terminals auf 1,8 Mio. Passagiere vollzog sich bereits in den Phasen A und B, sodass in der nächsten Ausbaustufe der Ausbau bzw. die Verlängerung der Außenfläche des Ankunftsbereichs vorgesehen ist. Damit erhöhen sich die Warteflächen sowohl für Passagiere als auch für Besucher. Ebenso wird zukünftig die Abfertigung größerer Fluggeräte angestrebt, wobei eine Erweiterung der Rollfelder notwendig würde.

Im Rahmen des Athens International Airport übernahm die HOCHTIEF Airport GmbH erstmals weltweit ein BOOT-Projekt im Flughafenbereich sowie überhaupt das erste derartige Projekt in der Unternehmensgeschichte. Der Tirana International Airport reiht sich somit in eine Vielzahl solcher Projekte innerhalb der HOCHTIEF AG ein. Heutzutage ist primär die HOCHTIEF Solutions innerhalb des HOCHTIEF Konzerns für die Entwicklung und Realisierung derartiger Konzessions- und Betreiberprojekte verantwortlich, wobei derzeit weltweit 31 PPP-Projekte mit einem Investitionsvolumen von mehr als 7 Mrd. EUR betreut werden. Dazu gehören Projekte im Bereich der sozialen Infrastruktur wie bspw. Schulen, im Bereich Straßen und im Bereich Flughäfen.

II. Konsumgüterhersteller

1. Spezifika der Betätigungsformen der Konsumgüterhersteller

Den Konsumgüterherstellern, so der Markenartikelindustrie, steht das breite Spektrum der Betätigungsformen zur Verfügung. Dies reicht von Export über kontraktuelle Arrangements wie Lizenzierung und Franchising bis zu ausländischen Tochtergesellschaften, die alle Wertschöpfungsbereiche umfassen, so Forschung & Entwicklung,

Produktion und Marketing.[1] Diese Alternativen sind aus der Perspektive einer beabsichtigten Einflussnahme auf die Konsumenten, um eine ganzheitliche Marketingkonzeption umsetzen zu können, jedoch äußerst differenziert zu betrachten.

Die größten Einflussnahmemöglichkeiten sind bei integrativen Betätigungsformen gegeben, so der Errichtung von (vertriebsorientierten) Tochtergesellschaften in Form von Verkaufsniederlassungen („equity stores"). Diese Betätigungsform ist zugleich Ausdruck einer **Vertikalisierung** in der Ausprägung der **Secured Distribution** (vgl. Zentes/Neidhart/Scheer 2006, S. 23; Zentes/Swoboda/Foscht 2012, S. 10f.). Mit dieser Betätigungsform entscheidet ein Konsumgüterhersteller zugleich über einen wichtigen Aspekt der Distributionspolitik im Rahmen des Marketing-Mix.

Eine ähnlich große Einflussnahme ermöglichen kooperative, direktinvestive Betätigungsformen, so Equity Joint Ventures und Beteiligungen an bestehenden Unternehmen, welche die Distributionsaktivitäten steuern. Das Ausmaß der Einflussnahme ist dabei abhängig von den Kapitalbeteiligungsverhältnissen und/oder gesellschaftsvertraglich abgesicherten „Durchgriffsrechten".

Franchising als kontraktuelle Kooperationsform sichert den Markenartikelherstellern – hier in der Rolle des Franchise-Gebers – einen weit gehenden Einfluss auf die Marktbearbeitung und damit gegenüber den Konsumenten. Wie bereits in Abschnitt B.III.2. dieses Kapitels erwähnt, hat der Konsumgüterhersteller bei dieser Betätigungsform, die zugleich eine Distributionsform in der Ausprägung der **Controlled Distribution** darstellt, keinen Einfluss auf die Preispolitik seiner Franchise-Partner, so in der EU.

Lizenzierung, hier i.S. einer Produktions-, Vertriebs- und Markenlizenzierung, bedeutet im Vergleich zu Franchising eine geringere Einflussnahmemöglichkeit, da die operative Ausgestaltung des Marketing-Mix weit gehend in der Hoheit der Lizenznehmer liegt. Vergleichsweise enger Spielraum der Lizenznehmer ist i.d.R. in der Produktpolitik gegeben, die durch die Produktionslizenz vorgegeben ist.

Indirekter Export wie auch direkter Export mit Einschaltung von Absatzmittlern, z.B. Einzelhandelsunternehmen, in den ausländischen Märkten, eine Form des **indirekten Vertriebs**, bedeutet nur eine begrenzte Einflussnahme. Meist verbleiben den Markenartikelherstellern nur kommunikative Instrumente gegenüber den Konsumenten i.S. einer **Pull-Strategie** (Zentes/Swoboda 2001a, S. 463). Direkter Export mit Einschaltung von Handelsmittlern, z.B. Agenten bzw. Agenturen, ermöglicht eine größere Steuerungsmöglichkeit der Distribution auf den ausländischen Märkten, so durch Vorgabe von Selektionskriterien bezüglich der Auswahl der Wiederverkäufer (Absatzmittler). In diesem Kontext wird auch von **Channel Branding** gesprochen (Neidhart 2007).

Als direkte Distributionsform kann auch der (direkte) Export an Konsumenten herausgestellt werden, so im Wege des **E-Commerce**. Bei dieser Variante einer exportorientierten Betätigungsform besteht eine direkte (kauf-)vertragliche Beziehung zwischen den Konsumgüterherstellern und den ausländischen privaten Kunden; dies ist auch bei traditionellen Formen des von Herstellern betriebenen **Versandhandels** gegeben.

---

[1] Insofern werden in diesem Abschnitt die spezifischen Ausprägungen der in Abschnitt B. dieses Kapitels erörterten Betätigungsformen aus Sicht der Konsumgüterhersteller, nicht dagegen spezifische Betätigungsformen – wie im vorangegangenen Abschnitt – diskutiert.

2. Fallstudie: Betätigungsformen und Vertriebspolitik der Hugo Boss AG[1]

a) Kurzvorstellung des Unternehmens

Das deutsche Textil- und Modeunternehmen Hugo Boss wurde im Jahre 1923 gegründet und hat seinen Stammsitz in Metzingen. Hugo Boss hat sich seitdem zu einem weltweit agierenden **Mode- und Lifestyle-Konzern** entwickelt, der Damen- und Herrenmode im Premium- und Luxussegment entwickelt und vertreibt. Darüber hinaus ist Hugo Boss im Markt für mode- und bekleidungsnahe Accessoires und Lizenzprodukte tätig. Diese Accessoires in den Bereichen Düfte, Kosmetik, Uhren, Brillen, Kindermode, Motorradhelme, Mobiltelefone, Mobile Accessoires sowie Textilien für den Home-Bereich werden von Lizenznehmern hergestellt und vertrieben. Für Schuhe, Lederwaren und Wäsche (Socken, Bodywear und Strickwaren) wurden ursprünglich auch Lizenzen vergeben, mittlerweile fand jedoch eine Integration dieser Produktgruppen in das Konzerngeschäft statt, da diese als besonders stilbildende, die Identität der Marke festigende Bereiche identifiziert wurden, die zudem eine hohe Affinität zum textilen Kerngeschäft des Unternehmens aufweisen. Im Jahre 2006 hat sich Hugo Boss von der Marke Baldessarini getrennt und ist seither mit den zwei Lifestylemarken BOSS und HUGO aufgestellt. Mitte 2007 wurde Hugo Boss über die Muttergesellschaft Valentino Fashion Group indirekt von der britischen Private-Equity-Gesellschaft Permira übernommen.

Hugo Boss ist in 129 Ländern an über 6.800 Standorten, sogenannten Verkaufspunkten, vertreten. Davon betreibt Hugo Boss 23 Showrooms, in denen die Ware Großhandelspartnern präsentiert wird. Neben diesen Showrooms existieren weitere 840 konzerneigene Einzelhandelsgeschäfte und ca. 1.200 Franchisegeschäfte. Der Markenumsatz, der mit Hugo Boss Produkten weltweit erzielt wurde, lag im Jahre 2012 bei 5.077 Mio. EUR und steigerte sich damit deutlich zum Vorjahr (2011: 4.506 Mio. EUR). Dieser Wert ergibt sich aus dem Konzernumsatz abzüglich der Lizenzerträge und zuzüglich der Umsätze der Hugo Boss Lizenznehmer auf Retailebene.

Hugo Boss ist seit Jahren einer der Weltmarktführer für gehobene Bekleidung und mit seinen 11.300 Mitarbeitern einer der profitabelsten Bekleidungshersteller weltweit. Im Geschäftsjahr 2012 wurden ein Konzernumsatz von 2,35 Mrd. EUR (14%-iges Umsatzwachstum gegenüber dem Vorjahr) und ein EBIT von 433,2 Mio. EUR erzielt. Abbildung 4.55 zeigt die Umsatzentwicklung der Hugo Boss AG seit dem Jahre 1991.

Hugo Boss verfolgt eine **Mehrmarkenstrategie** und ist mit den zwei Lifestylemarken BOSS und HUGO am Modemarkt präsent. Zur Kernmarke BOSS gehören die Kollektionen von BOSS Black (Damenkollektion, Herrenkollektion mit Business-Outfits, Freizeit- und Abendgarderobe sowie Accessoires, Parfüms, Kindermode und Home-Kollektion), BOSS Selection (Herrenkollektion und Accessoires; Premium-Level unter Verwendung besonders edler Stoffe und exzellenter Verarbeitung), BOSS Orange (Damenkollektion, Herrenkollektion und Accessoires; Freizeitmode für Männer und Frauen, mit ungewöhnlichen Stoffen, kräftigen Farben und aufwendigen Details) und BOSS Green (Damenkollektion, Herrenkollektion und Sport-Accessoires; modeorientierte Kollektion, die sowohl technisch als auch modisch eine optimale Performance garantiert).

---

[1] Die Fallstudie basiert auf Unternehmensinformationen sowie auf Presseberichten und Darstellungen in der Literatur, so www.hugoboss.com; Hirn 2002, S. 100ff.; Gussmann 2005, S. 48ff.; o.V. 2005, S. 18; Sälzer 2002, S. 36ff.; 2004, S. 2039ff.

Abbildung 4.55: Umsatzentwicklung Hugo Boss AG (in Mio. EUR)

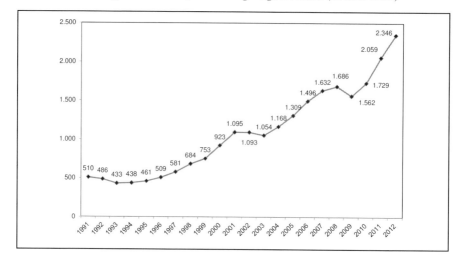

Die Trendmarke HUGO ist eine selbstbewusste Damen- und Herrenkollektion, die Kreativität und Individualität einer unkonventionellen und progressiven Mode verbindet.

Mit der Kernmarke BOSS wurden im Jahre 2012 rund 91% des Umsatzes generiert, 9% entfielen auf die Trendmarke HUGO. Abbildung 4.56 zeigt die weitere Unterteilung der Umsatzanteile der Kernmarke BOSS und des Gesamtkonzerns im Jahre 2012.

Abbildung 4.56: Umsatzverteilung des Gesamtkonzerns Hugo Boss im Jahre 2012 (in Prozent)

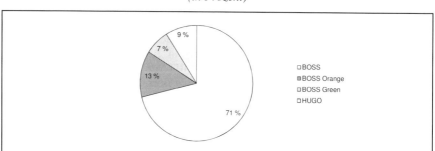

b) Vertriebspolitik der Hugo Boss AG

Im Rahmen ihrer vielfältigen Vertriebsaktivitäten distribuiert die Hugo Boss AG ihre Waren einerseits weltweit an ausgewählte Partner im gehobenen **Facheinzelhandel,** andererseits erfolgt der Vertrieb in zunehmendem Maße auch über Boss-Stores (**Monomarken-Vertriebsformate),** die entweder im Franchise-System oder von Hugo Boss selbst (**Directly Operated Stores**, DOS) betrieben werden. Auch der Internet-Handel wurde von Hugo Boss aufgegriffen. In Deutschland, den Niederlanden, Frankreich, Großbritannien, Österreich, Schweiz und USA wurden **Online-Stores** geschaffen.

In den Kernregionen (Europa inklusive Naher Osten/Afrika, Amerika und Asien/Pazifik) ist Hugo Boss durch 33 eigene vertriebsorientierte Tochtergesellschaften vertreten. Das Unternehmen sichert sich dadurch einen direkten Einfluss auf die nahe am Konsumenten liegenden Wertschöpfungsprozesse, baut Einzelhandelskompetenz auf und vermindert die Reaktionszeit auf aktuelle Marktentwicklungen.

Monomarkenshops

Hugo Boss betreibt in über 80 Ländern mehr als 2.000 Boss-Stores und hat somit ein breites eigenständiges Auftreten im **Retailgeschäft**. 840 dieser über 2.000 Monomarkenshops wurden im Jahre 2012 als sog. Directly Operated Stores, also in **Eigenregie**, betrieben, davon 412 als Shop-in-Shops und 428 als freistehende Stores inklusive Outlets. Die Boss-Stores eignen sich im Besonderen, um die Markenwelt von Hugo Boss zu visualisieren, da unterschiedliche Warengruppen nicht getrennt, sondern konzentriert präsentiert werden. Sie sind, neben der konzentrierten Warenpräsentation, durch eine einheitliche Schaufenstergestaltung sowie eine zentral gesteuerte Mitarbeiterschulung charakterisiert. Die weltweit standardisierte Shopgestaltung, die sich an den Vorgaben der Corporate Identity des Unternehmens orientiert, wird durch spezielle Architekten- und Merchandising-Teams gewährleistet.

Directly Operated Stores

Die DOS-Umsätze stiegen im Geschäftsjahr 2012 um 23% auf 758 Mio. EUR (618 Mio. EUR in 2011) und trugen 32% zum Konzernumsatz bei. Die Gesamtanzahl der DOS hat sich in den letzten fünf Jahren mehr als verdoppelt, wie Abbildung 4.57 zeigt. Dabei umfassen die Daten ab 2007 ebenfalls die Vertriebstypen Online-Store und Outlet in entsprechenden Factory bzw. Designer Outlet Centern. Das neueste Outlet des Modelabels wurde im August 2013 im Outlet-Center Ingolstadt Village eröffnet. Bevorzugte Regionen für den Aufbau sowohl von Directly Operated Stores als auch Franchise-Stores sind diejenigen geografischen Gebiete, in denen das Unternehmen noch nicht so stark vertreten ist, wie z.B. in Osteuropa und im Asien-Pazifik-Raum.

Abbildung 4.57: Wachstum der Directly Operated Stores (1995-2012)

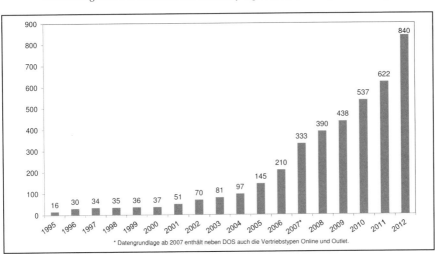

* Datengrundlage ab 2007 enthält neben DOS auch die Vertriebstypen Online und Outlet.

Flagship Stores

Die DOS umfassen auch die für das globale Image besonders wichtigen Flagship Stores in den Metropolen der westlichen Welt. So wurden auf internationaler Ebene Flagship Stores auf den Champs-Elysées in Paris und auf der Fifth Avenue in New York eröffnet. Im Inland wurden Flagship Stores z.B. auf der Friedrichstraße in Berlin, am Neuen Wall in Hamburg und auf der Königstraße in Stuttgart eröffnet. Die kürzlich neu eröffneten Flagship Stores befinden sich u.a. in Amsterdam, Shanghai, Hongkong und Tokio.

c) Diversifikation durch Lizenzvergabe

Zur Ausweitung des Produktprogramms bzw. des Sortiments kooperiert Hugo Boss mit Unternehmen, die in ihren (Produkt-)Märkten führend sind und erfolgreich mit starken Marken zusammenarbeiten. So werden seit dem Jahre 1984 Lizenzen zur Produktion und zum Vertrieb von Düften unter der Marke HUGO an die Firma Procter & Gamble Prestige Beauté vergeben. Die Parfums mit den verschiedenen Herren- und Damendüften in den BOSS-Kollektionen BOSS Black und BOSS Orange sowie der Marke HUGO gehören in allen wesentlichen Märkten zu den Marktführern im gehobenen Duftsegment. Im Jahre 2004 wurde der bestehende Lizenzvertrag bis zum Jahre 2020 verlängert.

Im Jahre 2005 trennte sich Hugo Boss von dem japanischen Brillenspezialisten Charmant, Inc. und vergab für die Fertigung von Brillen der Marken BOSS und HUGO weltweite Lizenzen an den italienischen Premium-Brillenhersteller, die SAFILO Group. Im Jahre 2012 verlängerte Hugo Boss die Zusammenarbeit nochmal bis zum Jahre 2020. SAFILO designt, produziert und vertreibt weltweit Kollektionen für Brillen und Sonnenbrillen der Marken BOSS Black, BOSS Orange und HUGO, die sowohl in den internationalen HUGO Shops als auch bei Premium-Optikern in Europa und Nordamerika den Kunden offeriert werden.

Im Bereich der seit 1996 in Lizenz vergebenen Uhrenfertigung hat Hugo Boss im ersten Quartal 2005 den Lizenznehmer gewechselt und einen langfristigen Lizenzvertrag für die Herstellung und den Vertrieb von Damen- und Herrenuhren der Marken BOSS und BOSS Orange an die MGI Luxury Group S.A. vergeben. MGI ist eine schweizerische Tochtergesellschaft der Movado Group, Inc., die im Luxusuhrenmarkt bereits mit den Marken Movado, Concord und Ebel vertreten ist und für die Einführung der Marken Coach und Tommy Hilfiger verantwortlich war.

Seit Ende 2008 sind, in Kooperation mit Samsung Electronics, auch ein HUGO BOSS Mobilfunktelefon und dazugehörige Accessoires erhältlich. Daneben werden die HUGO BOSS Produkte um eine neue Kindermodekollektion ergänzt, die seit Frühjahr 2009 erstmals im Einzelhandel erhältlich ist. Sie wird unter der Linie BOSS Black angeboten und durch den Lizenzpartner C.W.F. (Children Worldwide Fashion SAS) produziert sowie vertrieben. Diese Initiativen sind ein wichtiger Schritt zur Abrundung des Produktangebots, das modische Vielfalt mit hoher Qualität verbindet. Neu seit dem Jahre 2010 ist die Erweiterung des Lizenzgeschäfts um Motorradhelme, die gemeinsam mit dem Lizenzpartner NexxPro vertrieben werden. Die jüngste Lizenz vergab Hugo Boss im Jahre 2011 im Heimtextil-Bereich für die Marke BOSS Home, mithilfe derer das Unternehmen dem Kunden ein umfassendes Lifestyle-Angebot bieten möchte.

Bodywear-Produkte wurden früher in Lizenz zunächst an die Gibor Textilvertrieb GmbH, dann an die Schiesser AG vergeben, im Jahre 2003 aber genauso wie Socken und Strickwaren in das Eigengeschäft übernommen. Dieser Wechsel wurde realisiert, um getreu der **Secured-Distribution-Strategie** mehr Kontrolle über die gesamte textile Wertschöpfungskette zu erlangen. Die Integration des Schuh- und Lederwarengeschäftes in das Eigengeschäft im Folgejahr, bei der der bisherige Lizenznehmer, die M.H. shoes & accessories AG, übernommen und in Hugo Boss Shoes & Accessories AG umbenannt wurde, ist Ausdruck der weiteren Vertikalisierungsbestrebungen des Unternehmens.

Die Lizenzerträge des Hugo-Boss-Konzerns stiegen im Jahre 2012 um 15% auf 56,5 Mio. EUR. Es konnten vor allem die Umsätze in den länger vorhandenen Bereichen Düfte, Uhren, aber auch in den neueren Bereichen Kindermode, Textilien im Home-Bereich und Mobiltelefone gesteigert werden.

Die Entscheidung für Eigenproduktion oder Lizenzvergabe hängt in erster Linie von der Affinität der Produktgruppe zu dem von Hugo Boss identifizierten Kernkompetenzbereich, dem Textilsektor, ab. So erklärt sich die Lizenzvergabe in den nichttextilaffinen Produktgruppen Düfte, Brillen und Uhren sowie die Integration der textilaffinen Produktgruppen Bodywear, Socken, Strickwaren, Schuhe und Lederwaren.

d) Wahl der Betätigungsform

Hugo Boss praktiziert in den bearbeiteten Ländermärkten mehrere Betätigungsformen, oftmals auch parallel in einem Land. So exportiert das Unternehmen (direkter Export) und vertreibt seine Marken über Facheinzelhandelspartner. Weitere Betätigungsformen sind Franchising und die Errichtung von eigenen Outlets (Monomarkenshops), i. S. von Filialen ausländischer Tochtergesellschaften. Ob die Monomarkenshops im Franchising oder als DOS geführt werden, hängt jedoch im Wesentlichen von der strategischen Bedeutung der Ländermärkte ab, wobei eine höhere strategische Bedeutung mit der Errichtung von DOS einhergeht. Strategisch bedeutsam sind dabei sowohl die zuvor als Kernmärkte identifizierten Länder als auch die osteuropäischen und ostasiatischen Zukunftsmärkte. Der Anzahl der neu zu errichtenden und zu betreibenden DOS sind allerdings auf Grund der hohen Kapitalintensität Grenzen gesetzt, sodass die einfacher zu realisierende **Franchise-Variante** nach wie vor häufig zum Einsatz kommen wird. Die Eröffnung der besonders kapitalintensiven Flagship Stores als exklusivste Form der DOS ist lediglich einer Auswahl an Städten vorbehalten.

Hugo Boss identifizierte im weltweit am schnellsten wachsenden Gesamtmarkt China ein besonderes Bewusstsein für internationale Luxusmarken und damit ein enormes Wachstumspotenzial für die konzerneigenen Produkte. Als eines der ersten internationalen Modeunternehmen engagierte sich Hugo Boss durch die Eröffnung eines Retail Outlets in Shanghai im Jahre 1994 in China. Hugo Boss investiert insbesondere in seine Markenwahrnehmung und veranstaltete im vergangenen Jahr 2012 in Peking die bis dahin größte unternehmensinterne Fashion Show in Asien. Insbesondere die Eröffnung von Flagship Stores in Metropolen wie Shanghai und Hongkong sowie die 2013 geplante Fashion Show in Shanghai unterstreichen diese Investitionen. Die Region erwirtschaftete im Jahre 2012 knapp 352,7 Mio. EUR und trug mit 15% zum Konzernumsatz bei. In den kommenden 20 Jahren sollen rund 20 neue Standorte im chinesischen Markt eröffnet werden, wobei Hugo Boss bereits mit über 115 Standorten in China und in der gesamten Asien/Pazifik Region mit 224 DOS und 200 Franchisegeschäften präsent ist.

e) Ausblick

Die international agierende und als Global Player zu bezeichnende Hugo Boss AG ist mit kooperativen (Franchising) sowie integrativen Betätigungsformen (DOS) auf den weltweit größten Ländermärkten aktiv. Insbesondere die DOS werden im Rahmen der zunehmenden Vertikalisierung des Konzerns in den kommenden Jahren an Bedeutung gewinnen und somit mehrfach einen Wechsel in der Betätigungsform herbeiführen, so von Franchising oder Exportaktivitäten zu eigenen Outlets. Zudem sollen die Umsätze der Damenmode und der Accessoires weiter überdurchschnittlich zulegen.

III. Groß- und Einzelhandel

1. Spezifika der Betätigungsformen des Groß- und Einzelhandels

a) Betätigungsformen stationärer Handelsunternehmen

Wie in Abschnitt E.III. des Dritten Kapitels aufgezeigt, kann im Groß- und Einzelhandel zwischen stationären Formen, z.B. Verkaufsfilialen (Outlets), und nicht-stationären Formen, z.B. Versandhandel oder Internet-Handel, unterschieden werden. Diese Differenzierung ist hinsichtlich der Betätigungsformen auf ausländischen Märkten das relevante Unterscheidungsmerkmal. Daher wird in den folgenden Ausführungen hierauf Bezug genommen.

Für stationär tätige (Groß- und Einzel-)Handelsunternehmen scheidet die traditionelle Betätigungsform des Exports grundsätzlich aus. Dies schließt nicht aus, dass es in Regionen entlang der Staatsgrenzen zu oftmals beachtlichen Formen des „**Einkaufstourismus**" kommen kann. So kaufen z.B. Konsumenten im benachbarten Ausland zur Abschöpfung von Preisdifferenzen (**Preisarbitrage**) oder Differenzen der Verbrauchs- und/oder Mehrwertsteuer ein. Diese Umsätze werden i.d.R. jedoch als jeweilige Inlandstransaktionen (im Land des Einkaufs) statistisch erfasst. Business-to-Business-Transaktionen können dagegen als Exporte betrachtet werden, sofern sie bezüglich der steuerlichen und administrativen Behandlung entsprechend abgewickelt werden. Da derartigen Transaktionen jedoch insgesamt kein besonderes Gewicht zukommt, werden sie hier nur kurz erwähnt.

Betrachtet man die „verbleibenden" Betätigungsformen, so lassen sich diese im Wesentlichen wie folgt gruppieren (vgl. hierzu auch Lingenfelder 1998; Zentes/Ferring 1995; Zentes/Morschett/Schramm-Klein 2011):

- Errichtung von Tochtergesellschaften mit angeschlossenen Verkaufsniederlassungen/Filialen (in der Handelspraxis meist als Filialisierungsstrategie bezeichnet)
- Akquisition bestehender Handelsunternehmen (Akquisitionsstrategie)
- Kooperation mit Handelsunternehmen (Kooperationsstrategie).

Filialisierungsstrategie

Die Errichtung von Tochtergesellschaften im Ausland, die ein (inländisches) Netz von Verkaufsniederlassungen bzw. Filialen steuern, ist die empirisch am häufigsten anzutreffende und auch erfolgreichste Betätigungsform (vgl. bereits Kreke 1998).[1] Hinsichtlich der Basisoptionen des Internationalen Marketing kann sie sowohl mit einer Stamm-

---

[1] Vgl. hierzu auch Swoboda/Elsner 2013.

land-Orientierung, einer globalen Orientierung, einer multinationalen Orientierung als auch mit einer glokalen Orientierung einhergehen.

Bei der Stammland-Orientierung bedeutet dies, dass das inländische Format und das inländische Sortiment – dies gilt auch für die übrigen Instrumente des Marketing – ins Ausland übertragen werden. Dieser Transfer ermöglicht die Multiplikation eines bewährten Geschäftsmodells und damit die Erzielung von Economies of Scale. Größendegressionseffekte lassen sich gleichermaßen im Falle einer globalen Orientierung als Basisoption erreichen: Ein standardisiertes Format und ein standardisiertes Sortiment werden weltweit „ausgerollt".[1]

Eine glokale Basisoption wird über eine Filialisierungsstrategie realisiert, indem das Handelsunternehmen in den ausländischen Märkten mit einem weitestgehend einheitlichen Format operiert, die Sortimente jedoch an die nationalen oder gar lokalen Gegebenheiten anpasst. Im Falle einer multinationalen Basisorientierung kann ein Handelsunternehmen in den ausländischen Märkten sowohl mit unterschiedlichen Formaten als auch mit unterschiedlichen Sortimenten operieren. Dies bedeutet in der Folge auch eine nationale/lokale Ausrichtung der übrigen Handelsmarketinginstrumente.

Akquisitionsstrategie

Die Akquisition bestehender ausländischer Handelsunternehmen – hier i.S. von **Filialnetzen**[2] – kann Ausdruck unterschiedlicher Orientierungen hinsichtlich der letztlich beabsichtigten Marktbearbeitung sein. So ist sie z.B. dann erforderlich, wenn ein Unternehmen eine Multiplikation bewährter Konzepte anstrebt, auf einem ausländischen Markt der Aufbau eines Filialnetzes wegen rechtlicher, z.B. baurechtlicher, Gegebenheiten nicht möglich ist oder aber zu lange Zeit in Anspruch nehmen würde. Die Akquisition ist dann die **Vorstufe**. Nach erfolgter Akquisition wird das erworbene Unternehmen, d.h. seine Filialen, z.B. nach dem Stammland-Konzept oder i.S. einer globalen Orientierung „transformiert".

Die Akquisition kann andererseits Ausdruck einer multinationalen Orientierung sein, indem das erworbene Unternehmen unter Beibehaltung seiner bisherigen Corporate Identity, so bezüglich des Marktauftritts, und der Art der Marktbearbeitung weiterhin operiert.

Kooperationsstrategie

Aus der Gruppe der kooperativen Betätigungsformen sind für den (stationären) Handel in erster Linie Equity Joint Ventures und Franchising relevant. **Equity Joint Ventures** werden meist dann eingegangen, wenn aus rechtlichen Gründen, z.B. in Entwicklungsländern oder Transformationsländern, keine 100%-igen Tochtergesellschaften zulässig sind, oder wenn ein lokaler Partner einen schnelleren oder besseren Zugang zu Beschaffungsmärkten und/oder einen schnelleren Aufbau eines Filialnetzes ermöglicht. Aus dynamischer Perspektive erfolgt häufig ein späterer Wechsel, in dem die Kapitalanteile des Lokalpartners erworben werden: Das Equity Joint Venture wird dann zu einer Tochtergesellschaft. Anzutreffen ist auch ein späterer Rückzug aus dem ausländischen Markt durch Verkauf der Anteile an den lokalen Partner (oder an Dritte).

---

[1] Auch in diesem Fall gilt dieser Standardisierungsansatz für das übrige Instrumentarium des Handelsmarketing; vgl. hierzu die Ausführungen in Abschnitt F.III. des Fünften Kapitels.
[2] Dies schließt nicht aus, dass im Ausland auch ein einzelnes Geschäft erworben werden kann, was aber eher die Ausnahme darstellt.

Wird Franchising als Betätigungsform gewählt, dann steht die Multiplikation eines Konzeptes im Vordergrund. Bei dieser Betätigungsform betreiben (rechtlich) selbstständige Handelsunternehmen „vor Ort" die Outlets auf der Basis eines Franchise-Vertrages, der u.a. auch das Ausmaß der standardisierten Marktbearbeitung festlegt. Wie in Abschnitt B.III. dieses Kapitels aufgezeigt, kann Auslandsfranchising in unterschiedlichen Varianten betrieben werden, so als **direktes** oder **indirektes Auslandsfranchising**.

7-Eleven: Ein internationales Franchise-System

Die Ursprünge des Unternehmens datieren zurück bis ins Jahr 1927, als ein Mitarbeiter der Southland Ice Company in Dallas, Texas begann, Milch, Brot und Eier an einem improvisierten Stand vor dem unternehmenseigenen Kühlhaus zu verkaufen. Joe C. Thompson Jr., einer der Gründer und später Präsident und Vorsitzender der Southland Corporation, nahm sich der Idee an und förderte deren Einführung und Ausbau zu Convenience Shops an anderen Unternehmensstandorten. Der anfangs verwendete Name Tote'm wurde 1946 in 7-Eleven geändert, um die zum damaligen Zeitpunkt beispiellos langen Öffnungszeiten von 7 bis 23 Uhr zu betonen. Der jahrzehntelange Erfolg von 7-Eleven geht nicht bloß auf eingangs beschriebene Idee zurück. Vielmehr kennzeichnen eine Reihe von Errungenschaften und Meilensteinen die lange Unternehmensgeschichte. Unter anderem schaltete 7-Eleven als erstes Unternehmen der Convenience-Branche TV-Werbung, öffnete als Erster seine Läden rund um die Uhr, verkaufte als Erster frisch gebrühten Kaffee zum Mitnehmen und führte „monster-sized" Softdrinks ein.

In den 1980er Jahren geriet das Unternehmen dennoch in finanzielle Schieflage und musste von der japanischen Firma Ito-Yokado, dem zum damaligen Zeitpunkt wichtigsten Franchise-Nehmer von 7-Eleven, vor dem Konkurs gerettet werden. 1991 erlangte Ito-Yokado die Mehrheit an 7-Eleven und formte die Seven & I Holdings Co., deren Tochterunternehmen 7-Eleven seit dem Jahre 2005 ist. Heute ist 7-Eleven die größte Convenience-Store-Kette der Welt und mit mehr als 48.000 Filialen in 16 Ländern zugleich das nach Verkaufsstellen größte Franchise-System. Nur etwa ein Prozent der Filialen befindet sich in Unternehmensbesitz.

In vielen Märkten macht sich 7-Eleven die Möglichkeit der Internationalisierung mittels Master-Franchising zunutze und profitiert dabei vom im Vergleich zum direkten Auslandsfranchising geringeren Investitionsaufwand. Gleichzeitig lassen sich durch die Kooperation mit regionalen Master-Franchise-Nehmern in Ländern wie China, wo 7-Eleven mit diversen Partnern zusammen arbeitet, lokale Handelsrestriktionen umgehen. Darüber hinaus betreibt 7-Eleven auf Basis von Master-Franchise-Verträgen tausende von Filialen in den skandinavischen Ländern, in Taiwan, Thailand, Südkorea, Malaysia, Singapur, Australien, Indonesien und auf den Philippinen. Aktuell ist das Unternehmen auf der Suche nach einem geeigneten Master-Franchise-Nehmer in Myanmar, um möglichst bald auf dem dortigen Markt aktiv zu werden. Bezüglich etwaigen Plänen für den Ausbau der bislang noch vergleichsweise schwachen Präsenz auf den europäischen Märkten hält sich 7-Eleven weitestgehend bedeckt. Allerdings wurde 2011 bekannt, dass das Unternehmen in Zusammenarbeit mit der Universität St. Gallen die Chancen und Risiken eines möglichen Markteintritts in Deutschland evaluiert.

Quelle: Lebensmittel Zeitung, 01. April 2011; www.7-eleven.com, Abrufdatum: 12. März 2013.

---

b) Betätigungsformen nicht-stationärer Handelsunternehmen

Nicht-stationär tätigen Handelsunternehmen, die als „reine" Internet-Händler, sog. „**pure player**", oder als **Multi Channel Retailer** agieren, steht neben den im vorangegangenen Abschnitt skizzierten Betätigungsformen auch der Export als Option offen. So können traditionelle Versandhandelsunternehmen oder Internet-Anbieter aus ihrem Stammland heraus global tätig werden. Gerade die „pure player", von denen nach einer

Phase der Euphorie in den 1990er Jahren viele wieder vom Markt verschwunden sind, lassen sich – wie bereits an anderer Stelle erwähnt – in einem weiteren Sinne der Kategorie der **Born Global Firms** zuordnen.

Versandhandelsunternehmen und Internet-Händler können jedoch auch über die Errichtung von Tochtergesellschaften, die Akquisition bestehender Unternehmen oder die Errichtung von Equity Joint Ventures in den ausländischen Märkten tätig werden. Kontraktuelle Arrangements wie Franchising und Lizenzierung treten empirisch kaum in Erscheinung.

Wie Ebay jetzt Amazon Konkurrenz macht

Ebay als Internet-Auktionshaus für gebrauchte Waren? Das war einmal. Heute verdient das Portal sein Geld etwa mit neuer Markenware zum Festpreis. Wer aktuell auf der Seite des Online-Auktionshauses nach Markenware sucht, wird schnell feststellen: Die Gattungsbezeichnung "Online-Auktionshaus" trifft auf den US-E-Commerce-Riesen längst nicht mehr zu: Gebrauchte Ware ist inzwischen in der Minderzahl aller Angebote, Privatauktionen ebenfalls. Stattdessen dominieren Markenstores professioneller Händler die Verkaufsplattform, sogar Hersteller selbst betreiben Ebay-Auftritte.

Konzernchef John Donahoe hat erstmals in der 17-jährigen Firmengeschichte ein komplettes Neudesign des Online-Auftritts angestoßen, das Ergebnis steht seit dem Oktober online. Nun müssen die Kunden auf Ebay nicht mehr selber suchen, sondern bekommen Vorschläge aufgrund ihrer bisher getätigten Käufe – wem das Verkaufskonzept vom Konkurrenten Amazon bekannt vorkommt, der liegt nicht falsch. Auch wenn Donahoe der Name des Konkurrenten nicht über die Lippen kommt, ist deutlich: Ebays neues Ziel ist die Dominanz im lohnenden Online-Geschäft mit Neuware zu Festpreisen.

Wie gut Ebays neues Design bei den Kunden ankommt, bewies die Plattform am vergangenen Wochenende: Die Tage rund um das US-Thanksgiving-Wochenende sind als "Black Friday" und "Cyber Monday" der Start in die Weihnachtssaison des US-Einzelhandels. Denn in diesem Jahr konnte vor allem Ebay vom Kaufrausch profitieren: 71 Prozent der Käufer gaben in Umfragen an, dass sie online die besseren Schnäppchen erwarten. Im Vergleich zum Vorjahr konnte Ebay am Thanksgiving-Wochenende 2012 mehr als fünfmal so viel Umsatz verbuchen wie noch 2011, analysierten die US-E-Commerce-Spezialisten von Channel Advisor. "Ebay partizipiert im Weihnachtsgeschäft 2012 anders, und vor allem viel mehr als im Vorjahr", kommentierte Channel-Advisor-Chef Scot Wingo in seiner Analyse des Wochenendes. Die Ebay-Aktie notierte am Dienstag prompt auf einem Acht-Jahres-Hoch von über 51 Dollar.

Auch die jüngsten Quartalszahlen übertrafen die Erwartungen der Analysten, Ebay konnte zuletzt um seinen Gewinn um 22 Prozent steigern, und zeigt sich damit deutlich dynamischer als Konkurrent Amazon. Vor allem auf Mobilgeräten können die Kalifornier massiv zulegen: Mehr als 30 Prozent der Umsätze des Rekord-Wochenendes kommen von Smartphones und Tablets. Dieser fatale Trend für den Einzelhandel heißt "Showrooming": Die Kunden kommen in den Laden, suchen sich ihr Produkt aus - und greifen dann zum Smartphone, um online die Preise zu vergleichen. Manch Einzelhändler geht schon dazu über, die Codes auf den Produkten abzukleben, um die Smartphone-Schnäppchenjäger fernzuhalten.

Quelle: www.welt.de, 29. November 2012.

2. Fallstudie: Transgourmet[1]

a) Kurzvorstellung des Unternehmens

Die in der Schweiz ansässige Transgourmet Holding gehört seit ihren Anfängen im Jahre 2005 zu den führenden Unternehmen im europäischen Abhol- und Belieferungsgroßhandel für Lebensmittel und konnte sich auch 2012 europaweit den zweiten Platz hinter dem Hauptkonkurrenten Metro sichern.

Ausgangspunkt der heutigen Transgourmet Holding ist die im Jahre 2005 von der deutschen Rewe Group und der schweizerischen Coop Genossenschaft als Joint Venture gegründete transGourmet Schweiz AG. Die Zusammenarbeit wurde im Jahre 2008 erweitert und mündete in der Transgourmet Holding S.E., die ursprünglich die internationalen Aktivitäten der beiden Unternehmensgruppen im Abhol- und Belieferungs- bzw. Zustellgroßhandel zusammenfasste. Zweck dieses Joint Ventures war die Förderung der Expansion beider Gruppen in Mittel- und Osteuropa.

Unter paritätischer Beteiligung bestand die Vision, einen internationalen Gastroverbund mit führender Position in den bearbeiteten Ländermärkten zu schaffen. Dabei definierte man die Perspektive als visionäre, langfristig erfolgreiche Lösung für den Gastronomiebereich mit Spitzenpositionen in der Schweiz sowie in Frankreich. Die Coop sah in diesem Joint Venture die Möglichkeit, ein neues, aber zugleich nah verwandtes Geschäftsfeld aufzubauen, da man sich im schweizerischen Detailhandelsmarkt einer weit gehenden Marktsättigung gegenübersah. Durch die Beteiligung sollten erhebliche Wachstumschancen genutzt und eine ausbaufähige Vertiefung der Zusammenarbeit mit der Rewe geschaffen werden. Die Forcierung des Geschäfts mit gewerblichen Kunden sowie eine differenziertere Anpassung bezüglich lokaler Bedürfnisse, die im Kompetenzportfolio der Coop enthalten ist, stellten Motive für das Eingehen des Joint Ventures aus Sicht der Rewe dar. Darüber hinaus sollten die Sortimentskompetenz im Belieferungsgroßhandel ausgeweitet und die Marktführerschaft im Abholgroßhandel weiter ausgebaut werden.

Zum Gründungszeitpunkt brachte die Rewe Group die Unternehmen Prodega, Growa, Howeg sowie Aldis Service Plus ein. Die Coop beteiligte sich mit dem Bell Gastro Service, einem Spezialisten für Fleisch, Charcuterie sowie Convenience-Produkte, der mit seinem breiten Frischesortiment eine Position als Full-Service-Supplier inne hatte. Noch im Gründungsjahr übernahm die transGourmet Schweiz AG die Unternehmen Prodirest S.N.C. (Belieferungsgroßhandel mit Lebensmitteln und Hygienebedarf in Frankreich), SA Discol (Beteiligungsgesellschaft in der Nahrungsmittelbranche) sowie Goninet S.N.C. (Lebensmittel- und Drogerieartikeleinzelhandel). Im Zuge der Erweiterung der Zusammenarbeit im Jahre 2008 erfolgte eine Ausweitung des Portfolios. Die transGourmet Schweiz AG wurde samt ihren Tochtergesellschaften zu einem Bestandteil der neu gegründeten Transgourmet Holding S.E., welche die Unternehmen Fegro/Selgros sowie die Rewe Großverbraucherservice/Stöver (heute: Rewe Foodservice) akquirierte. Darüber hinaus ging die Transgourmet France, die nach der Fusion von Aldis Service Plus und Prodirest im Jahre 2008 entstand, in das neu gegründete Joint Venture ein. Im Jahre 2011 wurden die bisher paritätisch gehaltenen Anteile an der Transgourmet Holding vollständig durch die Coop übernommen, wodurch diese zur größten schweizerischen Handelsgruppe avancierte. Durch zahlreiche Kooperationen und

---

[1] Die Fallstudie basiert auf Unternehmensinformationen, so www.transgourmet.com, und auf Darstellungen in der Literatur, so www.lebensmittelpraxis.de; www.lebensmittelzeitung.net; www.nzz.ch; www.handelszeitung.ch.

Akquisitionen entstand eine fast vollständig veränderte Unternehmensstruktur (siehe Abbildung 4.58).

Abbildung 4.58: Struktur der Transgourmet-Gruppe 2005 und 2012

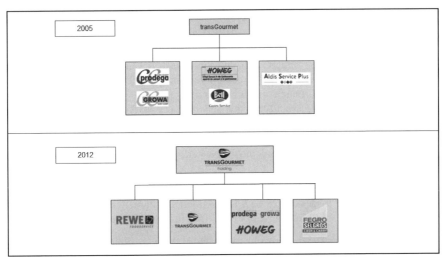

Im Jahre 2012 erzielte die Transgourmet-Gruppe mit insgesamt knapp 23.000 Mitarbeitern einen Gesamtumsatz von 8,27 Mrd. CHF, was einer Steigerung von 0,4% zum Vorjahr entspricht. Der Schwerpunkt der in die Divisionen Cash & Carry und Food-Service unterteilten Geschäftstätigkeit lag dabei im Abholgroßhandel. In diesem Segment wurden 61,7% der Nettoerlöse, d.h. rd. 5,1 Mrd. CHF, erzielt. Mit dem Belieferungsgroßhandel wurden 3,17 Mrd. CHF umgesetzt.

Die, relativ betrachtet, geringe Umsatzsteigerung ist zurückzuführen auf die Komplexität des Großhandelsmarktes sowie währungsbedingte Entwicklungen. Der Abhol- und Belieferungsgroßhandel ist geprägt durch unterschiedliche nachfrageseitige Anforderungen, die mit einem stark heterogenen Kundenportfolio der Großhandelsunternehmen einhergehen. So müssen zum einen Bedürfnisse von kleinen und mittleren Unternehmen, wie bspw. Individualgastronomen, Kiosken oder Bäckerei- und Patisseriegeschäften, abgedeckt werden und zum anderen auch Ansprüche größerer Abnehmer, bspw. Hotels oder Gemeinschaftsverpfleger, berücksichtigt werden. In den letzten Jahren ist zudem vermehrt eine Verlagerung von konventionellen Abholgroßhandelskonzepten hin zu neueren Angebotsformen wie dem Zustellgroßhandel erkennbar, die eine grundsätzlich veränderte Konzeptstruktur erfordert und somit die Unternehmen des Großhandelssegments vor große Aufgaben stellt.

Neben diese allgemeinen Marktanforderungen treten für die Transgourmet-Gruppe weitere, auf währungsbedingten Schwankungen basierende Herausforderungen, die einen großen Einfluss auf das Ergebnis der Geschäftstätigkeit entfalten. So wirkten sich bspw. im Jahre 2012 zum einen der starke Schweizer Franken und zum anderen der daraus resultierende Einkaufstourismus der Schweizer in die umliegenden europäischen Länder nicht nur im B2C-Geschäft des Mutterunternehmens Coop negativ aus, sondern auch in den, die Transgourmet Schweiz betreffenden Divisionen Cash & Carry und Food-Service.

Die hohe Internationalität der Transgourmet-Gruppe wird im nachfolgenden Abschnitt ersichtlich, in dem das Auslandsgeschäft bzw. -engagement der Holding, vorrangig im osteuropäischen Raum, aufgezeigt und die Dynamik der Betätigungsformen im Rahmen der Entstehungsgeschichte der einzelnen Tochtergesellschaften beleuchtet wird. Im Anschluss daran wird die strategische Ausrichtung der Gruppe bei der weiteren Internationalisierung dargestellt.

b) Internationale Präsenz und Entwicklung der Tochtergesellschaften

Die Transgourmet Holding zählt sowohl mit ihren Cash & Carry-Märkten als auch im Food-Service-Bereich international zu den führenden Unternehmen. Sie ist mit ihren unterschiedlichen B2B-Formaten in sechs Ländern aktiv, so in Deutschland, Frankreich, Rumänien, Polen, Russland und der Schweiz. Die starke internationale Ausprägung der Gruppe wird dadurch ersichtlich, dass 2012 lediglich rd. 19,2% des Großhandelsumsatzes im heimischen schweizerischen Markt generiert wurden, während der Großteil der Erlöse von 80,8% aus dem europäischen Auslandsgeschäft stammte.

In der Schweiz beschäftigt die Transgourmet-Gruppe über 1.700 Mitarbeiter, was einem prozentualen Anteil von 8% aller Transgourmet-Mitarbeiter im Jahre 2012 entspricht. Rd. 35% der insgesamt 22.652 Transgourmet-Mitarbeiter sind in Deutschland tätig, jeweils ca. 18% in Rumänien und Polen, 16% in Frankreich und 5% in Russland.

Nicht jeder Ländermarkt wird sowohl mit Abhol- als auch Belieferungsgroßhandelsformaten bearbeitet. Die Cash & Carry-Aktivitäten der Transgourmet-Gruppe erstrecken sich über fünf Länder, in denen insgesamt 111 Abholgroßmärkte geführt werden (siehe Tabelle 4.8). Mit 44 C&C-Märkten und einem Umsatzanteil von rd. 21,8% stellt Deutschland den größten Absatzmarkt der Transgourmet Holding im Bereich des Abholgroßhandels dar. Es folgen die Schweiz (27 Märkte, 14,4% Umsatzanteil), Rumänien (19 Märkte, 11,2% Umsatzanteil), Polen (15 Märkte, 10,5% Umsatzanteil) und Russland (6 Märkte, 3,8% Umsatzanteil). In Frankreich beschränkte sich die Transgourmet auf den Bereich des Zustellgroßhandels, sodass keinerlei Umsätze im C&C-Segment erzielt wurden.[1] Die gesamte Verkaufsfläche aller C&C-Märkte betrug 2012 rd. 910.000 qm, wobei die 15 polnischen Abholgroßhandelsmärkte mit ca. 10.000 qm die größte durchschnittliche Verkaufsfläche verzeichneten.

Tabelle 4.8: Cash & Carry-Aktivitäten der Transgourmet-Gruppe

Land	Format	Anzahl der Filialen	Umsatzanteil
Schweiz (Heimatmarkt)	Prodega Growa	20 8	14,4%
Deutschland	Fegro/Selgros	44	21,8%
Polen	Selgros	15	10,5%
Rumänien	Selgros	19	11,2%
Russland	Selgros	6	3,8%

Mit ihren Food-Service-Formaten ist die Transgourmet-Gruppe zwar in weitaus weniger Ländermärkten aktiv, in diesen nimmt sie allerdings führende Positionen ein. So

---

[1] Seit 2012 hält die Transgourmet France das Unternehmen Eurocash in ihrem Portfolio, das im Abholgroßhandel tätig ist.

stellt Rewe Foodservice eines der erfolgreichsten Unternehmen in diesem Segment in Deutschland dar, während die Transgourmet France den zweiten Platz im französischen Zustellgroßhandel einnimmt und Howeg als ein führendes Unternehmen im Belieferungsgroßhandel auf dem schweizerischen Markt agiert. Auf Grund zahlreicher Faktoren, wie bspw. den unterschiedlichen Kaufgewohnheiten in den einzelnen Ländermärkten, ist die Ausweitung des Belieferungskonzeptes nicht immer Erfolg versprechend, sodass dessen flächendeckende Einführung nicht angestrebt wird. Allerdings gibt es Bestrebungen seitens der Transgourmet-Gruppe, dieses Konzept auch im osteuropäischen Bereich weiter auszurollen.

Operationen in der Schweiz

Die führenden Unternehmen des schweizerischen Abhol- und Belieferungsgroßhandels sind die der Transgourmet Holding angehörenden Unternehmen Prodega/Growa sowie Howeg. Prodega bildet mit seinen 20 Standorten zusammen mit den 8 Growa Märkten den Marktleader im Abholgroßhandel der Schweiz. Prodega, als Abkürzung für Pro Detailhandel und Gastronomie, versorgt mit seinen rd. 1.350 Mitarbeitern und einem hochspezialisierten Vollsortiment von über 30.000 Artikeln über 60.000 Kunden aus den Bereichen Gastronomie, Detailhandel und Großverbraucher, wie bspw. Kantinen.

Nach Gründung des Unternehmens Prodega im Jahre 1964 erfolgte 1989 die Erweiterung der Geschäftstätigkeit durch die Akquisition der Growa CC-Gruppe mit ihren drei schweizerischen Standorten in Bellach, Emmenmatt und Langenthal. Heute umfasst das Standort-Portfolio der beiden Schwesterunternehmen 20 Prodega- und 8 Growa C&C-Märkte.

Eng mit diesen Unternehmen verbunden ist das im schweizerischen Winterthur ansässige Unternehmen Howeg, das auf die Belieferung von u.a. Hotellerie, Gastronomie, Krankenhäusern und Schulen spezialisiert ist. Mithilfe einer Fahrzeugflotte von 115 Fahrzeugen und über 350 Mitarbeitern versorgt es seine Kunden auf Grundlage eines Vollsortiments mit ca. 9.000 Artikeln, die auf einer Fläche von 24.000 qm gelagert werden. Zur Ergänzung des Sortiments bietet das Unternehmen zahlreiche Dienstleistungen an, so bspw. das Easy-Scan Online, ein elektronisches Bestell- und Inventursystem, das es ermöglicht, Bestellungen zeit- und ortsungebunden über das Internet abzugeben.

Das 1931 als Genossenschaft gegründete Unternehmen Howeg übernahm rd. 60 Jahre später die Aux Planteurs Réunis AG. Wenig später folgte 1995 die Fusion mit derselbigen zur Howeg Planteurs Réunis AG. Als Teil der Prodega-Gruppe erfuhr Howeg eine Umwandlung in die „Bon appétit" Holding und mündete schließlich in der rechtlichen Fusion mit den Unternehmen Growa, fresh&net und Prodega.

Die Rewe Group übernahm die Aktienmehrheit an der Bon appétit Group und brachte deren Gastronomieteil in das Joint Venture transGourmet Schweiz AG ein. Nach der vollständigen Übernahme der Gesellschaftsanteile durch die schweizerische Coop wurde zunächst in einer halbjährigen Pilotphase die Synergienutzung innerhalb der Transgourmet-Gruppe getestet. Dabei bot Howeg ein Zusatzsortiment von 5.000 Artikeln der Prodega an. Auch künftig sollen, unter Weiterführung aller drei Marken, Synergiepotenziale in den Bereichen Logistik, Verwaltung und Marketing genutzt werden, die bereits durch einen gemeinsamen Einkauf angestrebt und genutzt werden.

Operationen in Deutschland und in Osteuropa

Die seit dem Jahre 2008 zur Transgourmet Holding gehörende Fegro/Selgros ist mit ihren Cash & Carry-Märkten in vier europäischen Ländern aktiv, so Deutschland, Polen, Rumänien und Russland. Auf einer Verkaufsfläche von bis zu 11.000 qm werden knapp 53.000 Artikel aus dem Food- und Non-Food-Bereich angeboten, mit denen über 3 Mio. Kunden versorgt werden. Zum Kundenkreis des in Neu-Isenburg ansässigen Unternehmens gehören u.a. Gastronomen, Kioske sowie Einzelhändler.

Bereits Ende der 1950er Jahre eröffnete der erste Selgros-Markt, dessen Name sich aus den Begriffen „Selbstbedienung" und „Großhandel" zusammensetzt. Dessen Sortiment umfasste damals lediglich Artikel aus dem Food-Bereich. Die Anfänge der Fegro gehen zurück auf das Jahr 1966, in dem der erste Markt für Food- und Non-Food-Artikel in Eschborn gegründet wurde. Ende der 1980er Jahre wurden die Cash & Carry-Aktivitäten der zehn Fegro- und sechs Selgros-Märkte in einem Joint Venture zusammengeführt. Paritätisch beteiligte Unternehmen waren zum einen die Otto Group, die bereits 1979 Gesellschaftsanteile an Fegro erwarb, zum anderen die Rewe Group, die Anfang 2008 alle Anteile an diesem Joint Venture übernahm und sie schließlich im Oktober desselben Jahres in die Transgourmet Holding einbrachte.

Bei ihrer selektiven Auslandsexpansion legte Fegro/Selgros bereits früh ihren Fokus auf die dynamisch wachsenden Märkte Osteuropas. Die Ländermarktselektion basierte dabei im Wesentlichen auf der Notwendigkeit einer großen Urbanisierung, des Vorhandenseins von Agglomerationen sowie eines bestimmten Entwicklungsstands des jeweiligen Landes. Der erste Schritt erfolgte im Jahre 1997, in dem die Fegro/Selgros mit ihrer Auslandstätigkeit in Polen begann. Es folgte die Erschließung des rumänischen (2001) und russischen Marktes (2007). Der Markteintritt erfolgte in keinem der drei Ländermärkte als „first mover". Vielmehr trat man als „fast follower" in den Markt ein, der bereits von Mitbewerbern erschlossen war. Dennoch konnte in allen erwähnten Ländern die Position als Branchenzweiter erreicht werden. Heute führt das Unternehmen 44 Cash & Carry-Märkte in Deutschland, 15 in Polen und 19 in Rumänien. Die sechs russischen Abholgroßhandelsmärkte stellen ein hybrides C&C-Modell dar, da diese nicht nur gewerblichen Kunden, sondern auch Privatpersonen den Bezug von Waren ermöglichen. Auf Grund u.a. politischer bzw. administrativer Hürden ist eine Erweiterung des Engagements nicht in angestrebtem Maße möglich, sodass eine wesentlich größere Anzahl geplanter Stores bisher nicht realisiert werden konnte. Jedoch sind weitere C&C-Märkte in allen Ländermärkten in Planung und auch Markteintritte in noch nicht bearbeitete Gebiete anberaumt.

Ein weiteres Unternehmen der Transgourmet-Gruppe ist die Rewe Foodservice, die vorrangig im Belieferungsgroßhandel tätig ist. Das Kundenportfolio des GV-Spezialisten besteht aus Betriebskantinen, Krankenhäusern und sozialen Einrichtungen sowie Hotels und gastronomischen Betrieben. Aus 15 Lagerstandorten heraus können diese mit über 15.000 Artikeln versorgt werden, wobei zahlreiche Eigenmarken, auch im Premiumbereich, das Sortiment prägen. Die Warenbelieferung sowie die Zentralregulierung werden, trotz der vollständigen Übernahme der Rewe Foodservice durch die Coop im Jahre 2011, für den deutschen Markt immer noch von der Rewe Group durchgeführt. Die Kooperation der beiden Unternehmensgruppen bleibt damit sehr eng.

Die Ursprünge der Rewe Foodservice liegen im inhabergeführten Mainzer Unternehmen Vogler. Ihre Unternehmenstätigkeit wurde mit der Übernahme der Franke+Panzer-Betriebe von der Spar AG Hamburg im Jahre 1995 erweitert. Das Unternehmen ist geprägt durch zahlreiche Akquisitionen, mithilfe derer die heutige erfolgreiche Marktstellung erreicht werden konnte. So sicherte sich das in Deutschland operierende Unternehmen die Position als national größter GV-Zustellspezialist durch die Übernahme der BLV-Betriebe von der Metro AG Düsseldorf im Jahre 1997. Es folgten weitere Akquisitionen im Bereich Großverbraucher-Services. Neben der SANCO-Großverbraucher-Service GmbH & Co. KG wurden u.a. die FZ-Süd, die Großhandelsaktivitäten des Unternehmens A. Hinsch & Co. sowie des Hamburger Käselagers in das Portfolio integriert. 2003 wurde sodann die Umfirmierung in die Rewe-Großverbraucher-Service Nord beschlossen. Mit der Übernahme des Zustellgroßhandels der Frische-Zentrum Nordwest GmbH (FZNW) sowie des Stöver Frischdienstes im Jahre 2006 folgte ein großer Meilenstein in der Unternehmensgeschichte. Der Stöver Frischdienst verfügte zu dieser Zeit über 28 Niederlassungen mit mehr als 600 Mitarbeitern, die mit rd. 5.000 Artikeln 25.000 Kunden versorgten. Ziel der Akquise des auf Frisch- und Tiefkühlprodukte spezialisierten Zustelldienstes war es, das Know-how und die daran anknüpfenden Kompetenzen der Rewe-Großverbraucher-Service Nordwest im Bereich der Trocken- und Tiefkühllogistik auszubauen.

Die auf den Belieferungsgroßhandel spezialisierte Rewe-Großverbraucher-Service Nordwest erweiterte ihr Portfolio im Abholgroßhandel durch die Übernahme des C&C-Marktes „C+C SLS" in Saarlouis von der Distributa Unternehmensgruppe im Jahre 2007. Bereits seit den 1980er Jahren führte das Unternehmen drei Cash & Carry-Märkte in Bremen, Koblenz und Mainz unter dem Namen „C-Gro", die nun um einen weiteren Standort ergänzt wurden. Auf über 4.000 qm Verkaufsfläche bieten diese Cash & Carry-Märkte ein Sortiment aus dem Food- und Non-Food-Bereich, wobei der Fokus auf dem Frischesortiment liegt. Als Verschmelzung zur Kernkompetenz können Kunden bei diesen im Umkreis von 30 km einen Lieferservice in Anspruch nehmen.

2010 erfolgte ein weiteres Umbranding. Aus Rewe-Großverbraucher-Service wurde die Rewe Foodservice. 2011 ereignete sich die vorerst letzte Akquisition. Durch die Übernahme der Vreriksen Food-Service GmbH & Co. KG mit Sitz in Dortmund wurde das Unternehmen um einen Spezialisten für die Belieferung der Gastronomie erweitert, der heute einen von 15 Lagerstandorten bildet. Durch diese Akquisition wurde die Unternehmensstrategie weiter verfolgt, der Gastronomielieferant mit dem höchsten Kundennutzen zu sein. Auf der Ebene der Transgourmet-Gruppe wurde durch den Kauf der Vreriksen Food-Service GmbH die strategische Bedeutung des Geschäftsfelds der Gastronomie für die Transgourmet Holding in Deutschland unterstrichen.

2008 eröffnete die Rewe Foodservice ein Logistikzentrum für Fisch und Seafood im Fischereihafen Bremerhavens. Zwei Jahre später wurde dieses ausgegliedert und operiert seitdem als Fischgroßhändler und Seafood-Anbieter unter dem Namen Transgourmet Seafood. Als Tochterunternehmen der Rewe Foodservice gehört es zur Transgourmet Holding. Die Transgourmet Seafood betreibt keine eigene Produktion, sondern pflegt enge Beziehungen zu zahlreichen Lieferanten und Produktionsbetrieben in Bremerhaven und Cuxhaven. Auf Grund der Auftragsproduktion wird nur bestellte Ware beschafft, sodass größere Abschriften vermieden werden können. Durch die enge Bindung an die Muttergesellschaft Rewe Foodservice kann bei Streckengeschäften deren professionelle Logistik genutzt werden.

Zu den Kunden der Transgourmet Seafood gehören diverse Einzelhandelsunternehmen. Jedoch werden auch weitere Kunden, so Cash & Carry-Märkte, der Fischfachhandel, die Gastronomie oder GV-Betriebe mit einem Sortiment von ca. 1.500 Produkten beliefert. Dabei ist das Liefergebiet nicht auf Deutschland beschränkt, sondern erstreckt sich auch über die Schweiz, Österreich und Dänemark.

Operationen in Frankreich

Durch die Fusion von Aldis Service Plus und Prodirest, zweier seit dem Gründungszeitpunkt beteiligter Unternehmen, entstand die Transgourmet France, die heute die Nummer 2 unter den französischen Belieferungsgroßhändlern ist. Das Unternehmen mit Sitz in Paris-Orly beliefert über 60.000 Kunden, darunter Gastronomiebetriebe, soziale Einrichtungen, Bäckereien und Patisseriegeschäfte. Die Transgourmet France besteht aus drei Unternehmen, so Transgourmet Opérations, All Fresh Logistique und Pro Hygiène Service. Transgourmet Opérations als Lebensmittellieferant für soziale Einrichtungen, Gastronomiebetriebe, Bäckereien und Patisseriegeschäfte beschäftigt rd. 3.000 Mitarbeiter. Aus 16 Standorten in ganz Frankreich beliefert sie 60.000 Kunden.

Ebenfalls Teil der Transgourmet France ist seit Mai 2008 das Unternehmen All Fresh Logistique. Dieser Belieferungsgroßhändler ist auf die Zustellung von Früchten, Gemüse sowie Fisch und Meeresfrüchten im Großraum Paris spezialisiert. Die Vorbereitung, Filetierung und der Vertrieb von Meeresfrüchten wird dabei von dessen Tochtergesellschaften Neva Food und L'Océanic übernommen. Zu den 5.000 Kunden der All Fresh Logistique, die von 370 Mitarbeitern betreut werden, gehören neben Großhändlern, Obst- und Gemüsehändlern u.a. auch Unternehmen aus dem Bereich der Außer-Haus-Verpflegung.

Das dritte Unternehmen der Transgourmet France ist die Pro Hygiene Service, die eine nationale Marke für den Vertrieb von Hygiene- und Reinigungsprodukten sowie -materialien darstellt. Rund 300 Mitarbeiter versorgen 30.000 Reinigungs-, Freizeit-, Gesundheits- und Industrieunternehmen sowie Hotels, Restaurants und Gebietskörperschaften.

Im Juli 2012 übernahm die Transgourmet France das im elsässischen Schiltigheim ansässige Unternehmen Eurocash von der Coop Alsace und setzte so ihre Ausbaustrategie fort. Eurocash, ein Familienunternehmen mit 170 Mitarbeitern, führt rd. 20.000 Artikel im Food- und Non-Food-Bereich auf einer Verkaufsfläche von 7.500 qm. Das Sortiment setzt sich dabei auch aus einer großen Bandbreite regionaler Produkte zusammen. Durch eine derartige Ausgestaltung des Produktportfolios können zum einen Bedürfnisse von Gastronomieunternehmen abgedeckt und zum anderen attraktive Produkte für Bäckereien und Patisseriegeschäfte angeboten werden. Eine Fahrzeugflotte von 20 LKWs stellt die Belieferung der Kunden in den Departements Bas-Rhin und Haut-Rhin sicher. Durch diese Akquisition verspricht sich die Transgourmet France die Marktanteile im Vertrieb von Lebensmitteln an ihre elsässischen Kunden zu erhöhen. Darüber hinaus wird die Chance gesehen, sowohl das Vertriebsnetz als auch die Dienstleistungen im Belieferungs- und Abholgroßhandel zu festigen, um so Optimierungen im Kundenservice zu erreichen.

c) Zukünftige strategische Ausrichtung im Ausland

Das Unternehmen strebt eine Ausweitung seines Engagements an, sowohl in Form der Marktexpansion, d.h. durch Erweiterung des Auslandsengagements um neue Märkte, als auch der Marktpenetration, d.h. durch Verstärkung des Engagements in den einzelnen, bereits bearbeiteten Ländermärkten. Dabei werden internationale Expansionsziele insbesondere im osteuropäischen Raum verfolgt. Die Erweiterung wird dabei, in Analogie zur bisherigen Vorgehensweise, sowohl auf einer Akquisitions- als auch Filialisierungsstrategie basieren. Durch den geplanten Ausbau der Geschäftstätigkeit ist mit einer weiteren Zunahme des Internationalisierungsgrades zu rechnen, sodass die Position der Transgourmet-Gruppe als Nummer 2 im europäischen Lebensmittelgroßhandel voraussichtlich zumindest gehalten werden kann.

Die Internationalisierung innerhalb des Unternehmens beschränkt sich nicht nur auf Betätigungsformen auf ausländischen Märkten, sondern erstreckt sich auch auf die Eigenmarkenstrategie des Unternehmens. Wurden bisher die Eigenmarken an das jeweilige Land adaptiert, sodass in den verschiedenen Ländermärkten differenzierte Eigenmarken in den unterschiedlichen Preiskategorien vorherrschten, so erfolgt künftig eine Umstrukturierung hin zur Standardisierung dieser im Rahmen einer Dachmarkenstrategie. In Anlehnung an den heimischen Detailhandel plant das Coop Tochterunternehmen auch im Großhandelsmarkt auf internationaler Ebene eine auf drei Preissegmenten basierende Eigenmarkenstrategie. So soll mit den Produkten einerseits auf die Premiumbedürfnisse der Kunden eingegangen werden, andererseits wird angestrebt, auch das Mittel- und Niedrigpreissegment international standardisiert abzudecken (siehe Abbildung 4.59).

Abbildung 4.59: Eigenmarkenportfolio der Transgourmet-Gruppe

Preislage	International
Obere Preislage	PREMIUM
Mittlere Preislage	Quality
Untere Preislage	economy

d) Fazit

Am Beispiel der Transgourmet-Gruppe wird ersichtlich, dass bei der Wahl der Betätigungsform nicht zwingend nur eine Strategie verfolgt werden muss. Vielmehr ist es Unternehmen möglich, eine Kombination aus Filialisierungs-, Akquisitions- und Kooperationsstrategie zu realisieren, die situationsbedingt abgestimmt werden kann, da die Art der Betätigung in einem (Länder-)Markt von einer starken Dynamik geprägt ist.

Die Transgourmet-Gruppe ist im Rahmen einer Kooperationsstrategie zunächst das Joint Venture mit Rewe eingegangen. Die Marktbearbeitung durch die einzelnen Tochtergesellschaften erfolgte sowohl durch Filialisierung als auch durch Akquisition von Unternehmen, die das Portfolio ergänzten. Basierend auf diesem Strategiemix wurde die Ausweitung der Geschäftstätigkeit vorrangig im osteuropäischen Raum gefördert. Unter Beibehaltung dieser Vorgehensweise werden auch weiterhin neue Ländermärkte erschlossen und bestehende ausgeweitet. Dabei liegt das Interesse an der geografischen Ausweitung der Transgourmet-Gruppe weiterhin in Osteuropa.

Die Vielzahl der Märkte sowie die Abdeckung unterschiedlicher Preislagen bewegten das Unternehmen dazu, eine Standardisierung der Eigenmarken zu initiieren. In der nahen Zukunft wird die Transgourmet-Gruppe diesen Weg auch weiter beschreiten und die Integration der Dachmarkenstrategie vorantreiben.

IV. Dienstleistungsunternehmen

1. Spezifika der Betätigungsformen der Dienstleistungsunternehmen

Im Hinblick auf die Internationalisierung von Dienstleistungen erweist sich eine Typologisierung als zweckmäßig, die als Merkmale der Typenbildung die Anbieter- und die Nachfragermobilität verwendet und vier Typen unterscheidet. Diese nach den Autoren Sampson/Snape auch als „**Sampson-Snape-Box**" bezeichnete Typologie ist in Abbildung 4.60 dargestellt.

Mit Blick auf diese Matrix ergeben sich die folgenden Felder (Hermanns/Wissmeier 2001, S. 535):

- **Across-the-border-trade** bezieht sich auf Dienstleistungen, bei denen Anbieter und Nachfrager immobil sind.
- **Foreign-earnings-trade** liegt vor, wenn ein mobiler Anbieter eine Dienstleistung bei einem immobilen Kunden erbringt.
- Um **Domestic-establishment-trade** handelt es sich bei mobilen Kunden, denen gegenüber immobile Anbieter ihre Leistung erbringen.
- **Third-country-trade** ist eher seltener gegeben; hier sind sowohl die Anbieter als auch die Kunden mobil.

Im Folgenden werden die Betätigungsformen im Rahmen der Internationalisierung von Dienstleistungen auf der Grundlage der Sampson-Snape-Box erörtert. Die Absatzobjekte i.S. von **Leistungsbündeln** werden dabei zugleich der in Abbildung 3.62 dargestellten Typologie zugeordnet (vgl. hierzu auch Morschett 2004, S. 445ff.).

Abbildung 4.60: Sampson-Snape-Box zur Typologisierung internationaler Dienstleistungen

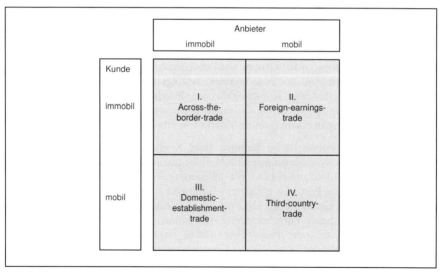

Quelle: Hermanns/Wissmeier 2001, S. 534.

Die Kombination „immobil/immobil" der Sampson-Snape-Box stellt eine Form des **Dienstleistungshandels** dar, die dem Warenexport weitestgehend entspricht. Der Wertschöpfungsschwerpunkt liegt im Inland. Das vermarktete Leistungsbündel beinhaltet bei **Across-the-border-trade** in hohem Maße oder gar ausschließlich immaterielle Komponenten, die vom Anbieter weit gehend autonom erstellt werden. Dies ist z.b. bei Datenbankdiensten gegeben.

Die Kombination der beiden Typen „mobil/immobil" (i.S. der Abbildung 4.60) und „immateriell/integrativ" (i.S. der Abbildung 3.62) ist z.b. bei Unternehmensberatungen, Softwareunternehmen u.ä. Dienstleistern gegeben. Sie liegt z.b. dann vor, wenn eine „mobile" Unternehmensberatung ihre Consulting-Leistung unter weit gehender Mitwirkung des Kunden in dessen Land erbringt. Diese Konstellation wird als **Foreign-earnings-trade** bezeichnet. Es handelt sich dabei um eine spezifische Form des **Dienstleistungshandels** in Form des Exports, bei der jedoch – anders als in der Grundtypologie der Abbildung 4.1 – der Wertschöpfungsschwerpunkt im Ausland liegt. Die Wertschöpfung, d.h. die Erstellung der Leistung, erfolgt in enger Zusammenarbeit mit dem Kunden; es erfolgt jedoch kein Kapitaltransfer ins Ausland. Zugleich ist diese Betätigungsform projektbezogen ausgerichtet und damit temporärer Natur. Insofern weist sie Parallelen zu projektbezogenen Betätigungsformen auf, die im Zusammenhang mit Industriegüterherstellern in Abschnitt F.I. dieses Kapitels erörtert wurden. Aus dynamischer Perspektive kann diese Betätigungsform dennoch dauerhaften Charakter gewinnen. So können sich **Folgeprojekte** in den betreffenden Ländern ergeben. Dem Dienstleistungshandel in Form des Foreign-earnings-trade folgen häufig andere Betätigungsformen, so die Gründung einer Tochtergesellschaft im Ausland oder die Akquisition eines bestehenden Unternehmens.[1]

Der Fall des **Domestic-establishment-trade** ist durch einen inländischen Wertschöpfungsschwerpunkt gekennzeichnet: Die Leistungsbündel werden im Inland im Zusammenwirken mit dem ausländischen (mobilen) Kunden erstellt. Dieser Fall ist für die Tourismusbranche typisch, so ausländische Touristen (als mobile Kunden) in deutschen Hotels (i.S. „immobiler Anbieter"). Mit Blick auf die Leistungstypologie der Abbildung 3.62 wird der Quadrant I angesprochen („immateriell/integrativ").

Die Konstellation „mobil/mobil" der Sampson-Snape-Box (**Third-country-trade**) ist eher seltener gegeben. Als Beispiel können Weiterbildungsveranstaltungen erwähnt werden, die ein amerikanischer Anbieter (z.B. eine MBA-School) in der Schweiz für „Nicht-Schweizer" Manager anbietet. Analog zu Foreign-earnings-trade handelt es sich dabei um eine Variante des Exports, bei der wiederum der Wertschöpfungsschwerpunkt im Ausland liegt. Die Leistungserstellung erfolgt unter Einbeziehung der Kunden in einem auch für den Kunden ausländischen Standort.

2. Fallstudie: Internationalisierung der Software AG[2]

a) Profil und Geschäftsbereiche der Software AG

Die Software AG zählt heute zu den weltweit führenden Anbietern im Bereich Business Process Excellence und bietet in erster Linie Software und Beratung für branchenunabhängige IT-Integration und Prozessautomatisierung. Das Unternehmen gilt als besonders innovationsstark. Allein 2011 erschienen 15 unabhängige Marktstudien, die der Software AG die Rolle des weltweiten Technologieführers zuwiesen. Zudem unterhält

---

[1] Vgl. hierzu auch die Überlegungen von Kutschker/Schmid 2011, S. 929f. im Zusammenhang mit Generalunternehmerschaft und Konsortien.
[2] Die Fallstudie basiert auf Unternehmensinformationen, so www.softwareag.de. Besonderer Dank gilt Herrn Jürgen Powik, Leiter University Relations, Software AG, Darmstadt.

der Softwareanbieter im Rahmen des University Relations Programms derzeit Kooperationsprojekte mit 712 Universitäten weltweit, um sich einerseits stets am Puls der Forschung zu bewegen und andererseits bereits frühzeitig ein für hochqualifizierte Absolventen attraktives Arbeitgeberimage aufzubauen bzw. die Kunden der Zukunft schon während ihrer Ausbildung für das eigene Produktportfolio zu begeistern.

Seit mittlerweile mehr als 40 Jahren liefert die Software AG kundenorientierte Innovationen – angefangen bei ADABAS (adaptable database system), der ersten transaktionalen Hochleistungsdatenbank, über webMethods, der ersten SOA-basierten Integrationsplattform („service-oriented architecture") zur Modellierung von Geschäftsprozessen und Übertragung der selbigen in technische Prozesse, bis hin zu ARIS (Architektur integrierter Informationssysteme), der ersten Plattform zur Analyse von Geschäftsprozessen. Die Kombination der Produkte ARIS und webMethods verschafft der Software AG einen wichtigen Wettbewerbsvorteil. Dieser versetzt das Unternehmen in die Lage, als erster Anbieter vollständig integrierte Lösungen für ein unternehmensweites Geschäftsprozessmanagement, das die gesamte Wertschöpfungskette abdeckt, zu offerieren. Insbesondere legt das Unternehmen großen Wert darauf, für seine Kunden einen möglichst einfachen Betrieb der Lösungen bei zugleich im Branchenvergleich herausragend günstigen Gesamtbetriebskosten zu gewährleisten.

Im Laufe der Jahrzehnte generierte die Software AG einen überaus breiten und loyalen Kundenstamm, zu dem tausende von großen Unternehmen aus allen Branchen der Privatwirtschaft und dem öffentlichen Sektor gehören. Als umsatzträchtigste Kundengruppe erweist sich dabei die Finanzbranche mit einem Umsatzbeitrag von 21%, dicht gefolgt von Abnehmern der öffentlichen Hand, die einen Anteil am Gesamtumsatz von 20% generieren. Im Einzelnen zählen weltweit agierende Unternehmen und Organisationen wie bspw. BMW, die Deutsche Post, RWE, Coca-Cola, HSBC, Staples, Pfizer, Ebay oder die U.S. Navy zu den Kunden der Software AG. Zudem besteht seit 2007 ein neues Programm für den Aufbau und die Pflege strategischer Allianzen und Partnerschaften, in dessen Mittelpunkt sowohl große Systemintegratoren als auch kleinere, lokale Dienstleister mit industriespezifischem Wissen stehen. Ein Beispiel einer solchen Allianz ist das Projekt Allianz Digitaler Warenfluss (ADiWa) zur Entwicklung von Anwendungen, die komplexe Geschäftsprozesse dynamisch planen, steuern und ausführen können. Zu den Partnern des Projekts ADiWa zählen neben der Software AG unter anderem SAP, DB Schenker, Globus, die Technische Universität Darmstadt sowie das Fraunhofer Institut. Ebenso unterhält die Software AG partnerschaftliche Verbindungen zur SAP. Zwar wurde die 1997 im Zuge der Gründung einer gemeinsamen Tochtergesellschaft zur Einführung des SAP-Anwendungssystems R/3 begonnene, intensive Zusammenarbeit durch die von SAP forcierte, vollständige Übernahme der Tochtergesellschaft im Jahre 2004 wieder etwas zurückgefahren. Dennoch distribuiert SAP weiterhin ARIS über ihre Vertriebskanäle. Zugleich verfügt die Software AG seit der Akquisition der IDS Scheer über SAP-Beratungskompetenz für eine Vielzahl unterschiedlicher Branchen und profitiert somit von den von SAP an IDS Scheer im Rahmen des Special Expertise Programme verliehenen Auszeichnungen in nahezu allen SAP-Lösungskategorien, von Customer Relationship Management (SAP CRM) über Supply Chain Management (SAP SCM) bis hin zu Financials (SAP FI/CO).

Die Softwareprodukt- und Beratungsangebote der Software AG erstrecken sich vom bloßen Entwurf bis zur Implementierung und Überwachung von kompletten unternehmensweiten Prozessketten. Der erzielte Gesamtumsatz lässt sich den drei Geschäftsbereichen des Unternehmens mit den Erlösarten Lizenzgeschäft, Wartung sowie Dienstleistungen zuordnen. Das traditionelle Kerngeschäft Enterprise Transaction Systems

(ETS), wie es seit 1970 besteht, generiert mit seinen beiden wichtigsten Umsatztreibern ADABAS für das Datenmanagement und NATURAL für die Anwendungsentwicklung nur noch 35,8% des Gesamtumsatzes. Mit einem Umsatzbeitrag von 52,2% fällt aktuell der Bereich Business Process Excellence (BPE) mit den Produktfamilien webMethods und ARIS als Instrumente des Geschäftsprozessmanagements stark ins Gewicht. Das Geschäftsfeld BPE besteht in der heutigen Form erst seit dem Jahre 2004. Seitdem ist es gelungen, den Umsatz in dieser Sparte auf im Jahre 2012 erreichte 547 Mio. EUR mehr als zu vervierfachen. Schließlich leistet das seit 2009 in den Konzern integrierte Geschäftsfeld IDS Scheer Consulting (IDSC) mit einem Schwerpunkt auf SAP-Beratung und einem Anteil am Gesamtumsatz von knapp 12% den im Vergleich geringsten Beitrag, was in erster Linie der 2012 weiter vorangetriebenen Neuausrichtung dieses Geschäftsbereichs geschuldet ist. Den Schwerpunkt bildeten hier der Rückzug aus unprofitablen Märkten sowie die Fokussierung auf Prozessberatungen im Umfeld von SAP-Anwendungen mit Fokus auf den deutschsprachigen Raum.

Trotz der weltweiten Finanz- und Wirtschaftskrise konnte das Unternehmen auch während der jüngsten Rezession ein kontinuierliches Plus hinsichtlich Wachstum und finanzieller Kennzahlen verzeichnen. Der EBIT erreichte im Jahre 2011 mit 269,2 Mio. EUR ein neues Rekordniveau, auch die zugehörige EBIT-Marge konnte mit 24,5% auf einem vergleichsweise hohen Level etabliert werden. Nach vielen Jahren des stetigen Umsatzwachstums war im Geschäftsjahr 2012 erstmals eine Konsolidierung auf hohem Niveau zu verzeichnen. So ging der Gesamtumsatz im Jahre 2012 im Vergleich zum Vorjahresergebnis von knapp 1,1 Mrd. EUR auf rund 1,05 Mrd. EUR zurück, als Ergebnis vor Zinsen und Steuern konnten noch 248,3 Mio. EUR verbucht werden und die zugehörige EBIT-Marge sank leicht auf 23,7%. Einen Überblick der Entwicklung in den einzelnen Geschäftsfeldern seit 2003 liefert Abbildung 4.61.

Abbildung 4.61: Umsatzentwicklung der Software AG nach Geschäftsfeldern seit 2003

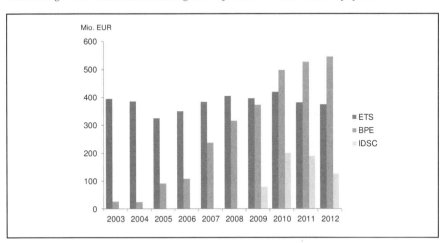

Der Börsengang des Unternehmens erfolgte im Jahre 1999 als logische Folge der erfolgreichen Entwicklung und stellte bis zum damaligen Zeitpunkt die weltweit größte Erstplatzierung in der Softwarebranche dar. Derzeit ist die Software AG im deutschen TecDAX gelistet und verfügt über eine Marktkapitalisierung von mehr als 2 Mrd. EUR. Damit ist die Software AG nach SAP das zweitgrößte Softwarehaus Deutschlands und zugleich das viertgrößte Europas.

b) Internationalisierungs- und Wachstumsstrategie der Software AG

Die Anfänge des Unternehmens gestalteten sich dagegen wie bei so vielen heutigen „Big Playern" der IT-Branche bescheiden. So wurde die Software AG 1969 von sechs jungen Mitarbeitern des Beratungshauses AIV (Institut für angewandte Informationsverarbeitung) in Darmstadt als erstes international agierendes Sofwareunternehmen Europas gegründet. Schon drei Jahre nach Gründung wagte das Unternehmen den Schritt nach Nordamerika und wurde belohnt. Zu den ersten Kunden der 1972 in Reston, Virginia, ins Leben gerufenen Software AG of North America zählten u.a. die Stadtverwaltung von New York, die Massachusetts Mutual Versicherung sowie Consumer Gas in Toronto, Kanada.

Gemessen am Umsatzanteil ist die Software AG inzwischen als sehr stark internationalisiert einzuschätzen. Aktuell erwirtschaftet das Unternehmen ca. 87% seines Umsatzes außerhalb Deutschlands, wobei sich die Geschäfte auf den nordamerikanischen Märkten mit einem Anteil von 45% am Gesamtumsatz als besonders tragende Stütze präsentieren. Dies ist das Ergebnis der seit Gründung nachhaltig verfolgten, mittel- bis langfristig angelegten internationalen Wachstumsstrategie. Der Fokus lag zunächst auf einer Expansion mittels organischen Wachstums. Nachdem der Eintritt in den nordamerikanischen Markt geglückt war, folgte in den Jahren ab 1974 der Auf- und Ausbau eines internationalen Netzwerks von Filialen und Tochtergesellschaften. Dabei wurde nach Möglichkeit die Strategie verfolgt, auf den internationalen Märkten vorrangig durch eigene Landesgesellschaften tätig zu werden. So erarbeitete sich das Unternehmen direkten und indirekten Zugang in chronologischer Reihenfolge zu den Märkten u.a. in Japan, Großbritannien, Frankreich, der Schweiz, Österreich, Belgien, Italien, Mexiko, dem mittleren Osten, Taiwan und nach Öffnung des Eisernen Vorhangs auch in Osteuropa. Ende der 1980er Jahre, die von starkem Wachstum dominiert wurden, wies die Software AG einen Umsatz von 170 Mio. DM aus und war bereits zum damaligen Zeitpunkt mit zwölf Landesgesellschaften in Europa und Niederlassungen in mehr als 50 Ländern der Welt auf allen relevanten Märkten vertreten. Zu Beginn des neuen Jahrtausends und nach „Platzen" der sogenannten Dotcom-Blase hatte die Software AG allerdings mit schwindenden Umsätzen im Zuge der sich rapide verschlechternden Marktsituation, die von extremer Investitionszurückhaltung in Soft- und Hardware geprägt war, zu kämpfen und musste folglich die Mitarbeiterzahl stark reduzieren. Mit einer im Jahre 2003 postulierten und besonders stark auf die Kundenbedürfnisse fokussierten Zehn-Jahres-Strategie sollte der Turnaround gelingen. Fortan verfolgte man eine auf den drei Säulen organisches Wachstum, gezielte Zukäufe und Innovation basierende Strategie mit dem Ziel, zum weltweit größten Anbieter von unabhängiger Infrastruktursoftware zu avancieren.

Inzwischen ist die Software AG in 70 Ländern vertreten und beschäftigte Ende Dezember 2012 weltweit 5.419 Mitarbeiter. Die meisten Mitarbeiter sind derzeit an den Standorten Darmstadt und Saarbrücken (Deutschland), Reston (USA), Madrid (Spanien), Bracknell (UK), Sydney (Australien), Bangalore (Indien) und Sao Paolo (Brasilien) beschäftigt.

Abbildung 4.62: Weltweite Präsenz der Software AG

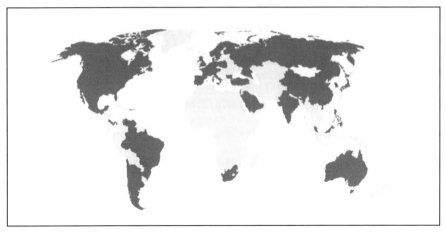

Die in den letzten Jahren sehr stark angestiegenen Umsatz- und Mitarbeiterzahlen sind insbesondere auf die zweite Säule der Wachstumsstrategie des Unternehmens, den gezielten Zukauf von Technologien und Firmen, zurückzuführen. Diese sollen das Produktportfolio ergänzen und komplettieren, die Marktposition stärken und zugleich den im Vergleich zur Eigenentwicklung beschleunigten Zugang zu neuen Märkten, Geschäftsfeldern und Kundengruppen eröffnen. Zwischen 2007 und 2010 akquirierte die Software AG zwölf Firmen mit einem Transaktionsvolumen von über 1,3 Mrd. USD, darunter mit webMethods eines der weltweit führenden Unternehmen für Integrationstechnologie sowie den Marktführer in Prozessmodellierung IDS Scheer zu einem Preis von 445 Mio. EUR. Die Produkte und Dienstleistungen dieser beider Akquisitionsobjekte werden im Hinblick auf ihre sehr gute Marktstellung auch in Zukunft unter den ursprünglichen Markennamen und mit dem weitestgehend gleichen Personal weiterentwickelt und fortgeführt. Auch in den Jahren 2011 und 2012 wurde die eingeschlagene Strategie mit weiteren strategischen Akquisitionen fortgesetzt. Insbesondere vom 2003 in San Francisco gegründeten Unternehmen Terracotta verspricht man sich hohe Wachstumsraten und sieht sich mit dieser 2011 getätigten Akquisition für das immer wichtiger werdende Management von großen Datenmengen („Big Data") bestens aufgestellt. Als Folge der gezielten Zukäufe geht damit ein organisationaler Lernprozess einher, der sich in einem stetig verbesserten Integrationsmanagement äußert.

Gleichzeitig begegnet die Software AG mit dieser Strategie dem in jüngster Vergangenheit in der IT-Branche zu beobachtenden Trend der zunehmenden Marktkonsolidierung, um nicht selbst das Ziel eines Übernahmeversuchs durch einen Konkurrenten zu werden. Neben den aufgezeigten ökonomischen Aspekten ist das Unternehmen gegen einen etwaigen Übernahmeversuch auch durch die Software AG Stiftung als Ankerinvestor abgesichert, die über knapp 30% des gezeichneten Kapitals verfügt.

Ein Blick auf den regionalen Umsatzsplit des Unternehmens verdeutlicht die exorbitant wichtige Rolle des nordamerikanischen Marktes, auf dem die Software AG derzeit knapp 45% ihres Gesamtumsatzes erzielt. Um diesem Umstand Rechnung zu tragen, wurde der Leiter des Nordamerika-Geschäftes im Februar 2012 zum Mitglied des Group Executive Boards berufen, in dem neben dem Vorstand die operativen Managementbereiche mit Betriebsvorständen an der Konzernspitze zusammengefasst sind. Primäres Ziel dieser Maßnahme ist es, die Wettbewerbsfähigkeit gegenüber US-

Konkurrenten auch auf deren Heimatmarkt zu verteidigen und auszubauen. Neben den USA und dem Heimatmarkt Deutschland sind Großbritannien und Brasilien weitere wichtige Einzelmärkte. In letzterem Markt war die Software AG mehr als drei Jahrzehnte lang über einen Distributor vertreten. Um den Bedürfnissen der breiten Kundenbasis vor Ort noch besser gerecht werden zu können und um die eigenen Kontrollmöglichkeiten zu verstärken, wurde mit Beginn des Jahres 2008 der Direktvertrieb in dem südamerikanischen Land übernommen, nicht zuletzt auch deshalb, weil der lokale Vertragspartner vor Ort die von der Software AG gestellten Qualitätsstandards nicht mehr gewährleisten konnte. Auch in Japan handelte man im Geschäftsjahr 2007/08 aus ganz ähnlich gelagerten Gründen wie in Brasilien und forcierte mit Nachdruck den direkten Marktzugang mittels Errichtung einer eigenen Landesorganisation. Als weiteres Beispiel für das Streben der Software AG nach einem unmittelbaren Marktzugang kann Israel angeführt werden. Dort übernahm man im Jahre 2007 den langjährigen Vertriebspartner per Akquisition.

Von der sich in jüngster Vergangenheit zunehmend verschärfenden europäischen Staatsschuldenkrise und der damit einhergehenden schlechten wirtschaftlichen Situation, insbesondere in den südeuropäischen Ländern, ist die Software AG nur wenig betroffen, da der Umsatzbeitrag der sogenannten PIIGS-Staaten (Portugal, Italien, Irland, Griechenland, Spanien) mit weniger als vier Prozent im dritten Quartal 2012 vergleichsweise gering ausfällt. Der hohe Internationalisierungsgrad der Software AG bürdet dem Unternehmen naturgemäß ein erhöhtes Wechselkursrisiko auf. So werden nur 37% des Umsatzes in Euro erwirtschaftet, 63% fallen dagegen in Fremdwährungen an.

c) Perspektiven und Herausforderungen für die Zukunft

Zwar versprechen aufstrebende Nationen wie allen voran China, Indien oder Brasilien auch für die Software AG in der Zukunft ein außerordentliches Wachstums- und Ertragspotenzial, dennoch wird Nordamerika kurz- bis mittelfristig nach wie vor der wichtigste Markt für das Unternehmen bleiben, zumal das Softwarehaus trotz der aufgezeigten Erfolge nicht aus so reichhaltigen Ressourcen wie etwa IBM oder Microsoft schöpfen kann und das Expansionstempo somit insbesondere auf kulturell fremden Ländermärkten begrenzt ist. Vor diesem Hintergrund ergeben bereits angestoßene und geplante Maßnahmen wie z. B. eine Vertriebs- und Marketinginitiative auf dem US-Markt, die Verstärkung der Präsenz im kalifornischen Silicon Valley – u.a. mit der dortigen Ansiedlung eines eigenen M&A-Beauftragten zur frühzeitigen Erkennung von Trends sowie der Aufbau einer „Federal Unit", um als ein aus dem Ausland stammendes Unternehmen die eigene Attraktivität für öffentliche Auftraggeber zu steigern, absolut Sinn. Weiterhin geht das Unternehmen davon aus, dass das Geschäftsfeld Business Process Excellence (BPE) auch in den kommenden Jahren überdurchschnittlich stark wachsen wird. So wird in diesem Bereich bis zum Jahre 2018 ein Beitrag zum Gesamtumsatz von etwa einer Milliarde EUR und somit bis zu 80% erwartet, während die Software AG davon ausgeht, dass den Geschäftsfeldern Enterprise Transaction Systems (ETS) und IDS Scheer Consulting nur noch ein Umsatzanteil von etwa 20% zuzurechnen sein wird. Eine vorübergehende Phase der Konsolidierung im Zuge dieser Verschiebung des Geschäftsschwerpunkts nimmt das Unternehmen dabei laut dem Finanzvorstand Arnd Zinnhardt bewusst in Kauf: „Wir haben uns den unbequemeren, schwierigeren, aber am Ende des Tages erfolgreicheren Weg ausgesucht."

Auf den ersten Blick scheint diese wachsende Abhängigkeit von einem einzelnen Geschäftsbereich zusätzliche Gefahren mit sich zu bringen. Nach Ansicht der Software AG ist dieses Risiko aber als kaum bedenklich einzuschätzen, da man über einen breit diversifizierten Kundenstamm aus sehr unterschiedlichen Branchen verfügt. Des Weiteren plant das Unternehmen, an der bislang erfolgreich verfolgten Wachstumsstrategie festzuhalten und weiterhin verstärkt in die eigene Innovationskraft zu investieren, organisches Wachstum zu fördern sowie zugleich stets nach vielversprechenden Akquisitionsobjekten Ausschau zu halten. Dazu passt, dass bereits aktuell etwa 15% des Produktumsatzes in die hausinterne Forschung & Entwicklung fließen. Im wichtigsten Geschäftsbereich BPE liegt diese Quote sogar bei über 20%. Auch ist bereits in der Unternehmensstrategie das Ziel verankert, alle zwei bis vier Jahre eine überdurchschnittlich große Akquisition tätigen zu wollen. Finanzvorstand Arnd Zinnhardt untermauerte dies im November 2012 noch einmal mit Nachdruck: „Wir sind operativ und von der Bilanzstruktur so gut aufgestellt, dass wir theoretisch auch größere Übernahmen bis zu einer Milliarde Euro stemmen könnten." Angesichts einer Eigenkapitalquote von rund 60% sieht sich die Software AG somit gut gerüstet, um von den aktuellen und sich abzeichnenden Megatrends in der IT-Branche profitieren zu können, die insbesondere auf ein erhöhtes Datenvolumen und einen beschleunigten Datenzugriff abzielen. Denn das Produktportfolio des wichtigsten Geschäftsfelds BPE wurde im Hinblick auf das Jahr 2013 daran ausgerichtet, den neuen und gestiegenen Anforderungen der IT-Trends in den rasant wachsenden Softwaresegmenten Mobile BPM, Social Media, Cloud Computing und Big Data gerecht zu werden. Hinsichtlich der EBIT-Marge hat sich die Software AG zudem das ehrgeizige Ziel gesteckt, bis zum Jahre 2015 eine Quote von 30% zu erreichen.

Fünftes Kapitel

Bearbeitung ausländischer Märkte

A. Standardisierung und Differenzierung des internationalen Marketing-Mix

I. Instrumente des internationalen Marketing-Mix

Die Marktbearbeitung beinhaltet den Einsatz des Marketinginstrumentariums in den unterschiedlichen Ländermärkten. Die Planung und die Gestaltung der Marktbearbeitung weisen grundsätzliche Analogien zum nationalen Marketing auf. Kennzeichnend ist jedoch das Erfordernis der Berücksichtigung länderspezifischer Gegebenheiten wie z.B. technischer oder rechtlicher Restriktionen oder kultureller Unterschiede. Zudem sind Interdependenzen zwischen den Ländermärkten zu beachten und Abstimmungen mit den jeweiligen Betätigungsformen auf den Märkten erforderlich (Xu/Cavusgil/White 2006; Özsomer/Prussia 2000).

Die Instrumente des Internationalen Marketing dienen dabei – abstrakt formuliert – der Beeinflussung der Marktakteure, um Austauschprozesse bzw. Geschäftsbeziehungen zwischen den Akteuren zu fördern.

Marketinginstrumente im Internationalen Marketing können nicht isoliert und voneinander losgelöst eingesetzt werden. Es ist deshalb festzulegen, welche Marketinginstrumente eingesetzt werden sollen, wie sie auszugestalten sind und mit welcher Intensität sie genutzt werden sollen.

> *Die Gesamtheit der von einem Unternehmen eingesetzten Marketingmaßnahmen wird als Marketing-Mix bezeichnet (Meffert/Burmann/Kirchgeorg 2012, S. 786).*

Diese Bezeichnung wurde von Culliton (1948) eingeführt und von Borden (1964) aufgegriffen, der Marketingmanager als „Mixer of Ingredients" bezeichnet und betont, dass ihre Aufgabe darin besteht, die Marketinginstrumente im Rahmen dieses „Mix" bestmöglich aufeinander abzustimmen.

Die Instrumente des Marketing-Mix können in unterschiedlicher Weise systematisiert werden. Den am weitesten verbreiteten Systematisierungsansatz, der auf McCarthy (1960) zurückgeht, stellen die **„4 P"** dar (Kotler/Keller 2012, S. 47ff.; Homburg 2012, S. 13ff.):[1]

- **„Product" (Produktpolitik)**: Die Produktpolitik umfasst alle Entscheidungen, die im Hinblick auf die an den Kundenbedürfnissen orientierte Gestaltung der Produkte

---

[1] Der hier vorgestellte Systematisierungsansatz bezieht sich vornehmlich auf die Konsumgüterwirtschaft. In anderen Branchen, so z.B. im Dienstleistungsbereich oder im Handel, sind andere oder zusätzliche Marketinginstrumente von Bedeutung. Die spezifischen Marketinginstrumente und sektoralen Konzepte des Marketing-Mix werden in Abschnitt E. dieses Kapitels vorgestellt.

und Leistungen und aller damit im Zusammenhang stehenden Fragestellungen getroffen werden.
- **„Price" (Preis- und Konditionenpolitik)**: Die Preispolitik beinhaltet Entscheidungen der Entgeltgestaltung (Preise und Konditionen).
- **„Promotion" (Kommunikationspolitik)**: Unter Kommunikationspolitik werden alle Entscheidungen subsumiert, die im Hinblick auf die Kommunikation des Unternehmens mit dem Markt getroffen werden, wie z.B. die Gestaltung der Kommunikationsbotschaften oder die Auswahl der Kommunikationsmittel.
- **„Place" (Distributions- bzw. Vertriebspolitik)**: Die Distributionspolitik umfasst marktgerichtete akquisitorische und vertriebslogistische Aktivitäten. Wesentliche Entscheidungsfelder der Distributionspolitik liegen in der Gestaltung des Distributionssystems und der Verkaufsbeziehungen und -aktivitäten sowie in der Sicherstellung der physischen Verfügbarkeit der Produkte bei den Kunden.[1]

Traditionellerweise wurde die Markenpolitik als Teil der Produktpolitik betrachtet (z.B. Homburg 2012, S. 609ff.). Marken fungieren jedoch als zentrale Bezugsobjekte der Nachfrager und übernehmen eine übergeordnete und integrierende Funktion im internationalen Marketing-Mix (Meffert/Burmann/Becker 2010, S. 72). Markenpolitik bzw. Marken allgemein sind zudem nicht auf Produktmarken begrenzt, sondern reichen von der Markierung von Unternehmen als Gesamtheit bis hin zu Dienstleistungsmarken, Handelsmarken, Non-Profit-Marken oder Personenmarken (vgl. hierzu z.B. Esch 2011). Aus diesem Grund erfolgt im Weiteren eine gesonderte Betrachtung der internationalen Markenpolitik.

II. Grundsätze der Standardisierung und Differenzierung

Im Internationalen Marketing beziehen sich die Entscheidungen der Marktbearbeitung, wie dargestellt, auf die Art und Ausgestaltung der auf den Ländermärkten bzw. übergreifend einzusetzenden **Marketinginstrumente**. Neben der Auswahl, welche Instrumente grundsätzlich zum Einsatz kommen sollen, steht jedoch v.a. die Frage im Vordergrund, ob sie international standardisiert oder differenziert eigesetzt und ausgestaltet werden sollen.

Neben der Festlegung der Aktionsschwerpunkte ist es also erforderlich, die Grundsatzentscheidung darüber zu treffen, in welcher Form die Marketinginstrumente (Produkt-, Preis-, Kommunikations- und Distributionspolitik) in den Ländermärkten eingesetzt werden sollen. Diese Frage wurde in einer Vielzahl von empirischen Untersuchungen analysiert. In Abbildung 5.1 ist ein Überblick über neuere Forschungsarbeiten dargestellt.

---

[1] An dieser Einteilung der Marketinginstrumente in die dargestellten vier Kategorien wurde in vielfältiger Art und Weise Kritik geübt. So wurde z.B. angeführt, dass dieser Katalog der aufgeführten Marketinginstrumente nicht vollzählig ist, dass er nicht in allen Branchen einsetzbar ist oder dass Interdependenzen zwischen den jeweils dargestellten Kategorien bestehen. Dabei ist zu beachten, dass bei der Konzeption der Marketing-Mix-Kategorisierung kein Allgemeingültigkeitsanspruch angestrebt wurde. Zu der Kritik am Marketing-Mix vgl. insbesondere Grönroos 1997; van Waterschoot/Bulte 1992.

Abbildung 5.1: Ausgewählte Studien zur Standardisierung bzw. Differenzierung des internationalen Marketing-Mix-Instrumentariums

Autor (Jahr)	Forschungsgegenstand	Problemstellung
Zou/Cavusgil 2002	Globale Marketingstrategien	Zusammenhang zwischen globaler Marketingstrategie und Unternehmenserfolg
Katsikeas/ Samiee/ Theodosiou 2006	Internationale Marketingstrategie	Effizenz von Standardisierung/ Adaption der internationalen Marketingstrategie
Cheon/Cho/Sutherland 2007	Internationale Marketing- und Werbestrategien	Determinanten der Standardisierung bzw. Lokalisierung internationaler Marketing- und Werbestrategien
Shoham u.a. 2008	Managementeigenschaften internationaler Distributionskanäle	Standardisierung/Adaptierung von Prozessen und Managementeigenschaften internationaler Distributionskanäle
Kumar/Fan/Gulati/Venkat 2009	Wertzuwachs aufgrund des Marketing-Mix	Marketing-Mix-Analyse von P&G Asien
Cavusgil/Cavusgil 2012	Ausgestaltung internationaler Marketingstrategien	Konzeptionelle Analyse von Einflussfaktoren auf die Gestaltung internationaler Marketingstrategien und deren Implementierung
Ko u.a. 2012	Kaufentscheidungen im Sportbekleidungssektor	Identifizierung gemeinsamer Verhaltensmuster, die eine Segmentierung über Landesgrenzen hinaus als psychologische Einheit ermöglichen
Kraft/Dowling/Helm 2012	Ausgestaltung des internationalen Marketing-Mix	Der Anpassungsgrad des internationalen Marketing-Mix hat einen Einfluss auf die Effizenz des Unternehmens in ausländischen Märkten
Yeu u.a. 2012	Vergleich des Marketing-Mix von McDonald's in zwei unterschiedlich wichtigen Märkten	Inwieweit werden die 4Ps angepasst, um sich den lokalen Begebenheiten anzugleichen
Basil/Etuk/Ebitu 2013	Determinanten des Marketing-Mix	Einfluss einzelner Faktoren des Marketing-Mix auf die Konsumentenentscheidung unter Berücksichtigung des Country-of-Origin-Effektes
Swoboda/Elsner 2013	Internationale Standardisierung von Marketingprozessen und Marketingprogrammen	Einfluss des Standardisierungsgrades von Marketingprozessen, Supply-Chain-Prozessen auf die Standardisierung des Marketing-Mix und die Performance auf Gastlandsmärkten am Beispiel von Handelsunternehmen

Auf die spezifische Ausgestaltung des **internationalen Marketing-Mix** haben die Einflussfaktoren des Umfeldes der Unternehmen sowohl des Stamm- als auch der Gastländer und unternehmensspezifische, interne Faktoren Auswirkungen.[1] Im Vordergrund steht dabei die strategische Grundorientierung der Unternehmen – als Basisoption –, jedoch können die Entscheidungen nicht losgelöst von den Rahmenbedingungen der jeweiligen Ländermärkte bzw. -kulturen getroffen werden.

Legt man die institutionentheoretischen Überlegungen zugrunde, so müssen die Unternehmen sich hier an die institutionellen Umfeldentwicklungen anpassen. Hierbei ist zu beachten, dass Unternehmen mit ihrer internationalen Marketingstrategie nicht nur auf

---

[1] Vgl. hierzu auch die Ausführungen in Kapitel 1.

einer Ebene – dem jeweiligen Land (Stamm- und/oder Gastland) – agieren, sondern in ein System mehrerer **institutioneller Ebenen** eingebunden sind (siehe Abbildung 5.2).

Abbildung 5.2: System institutioneller Ebenen im Internationalen Marketing

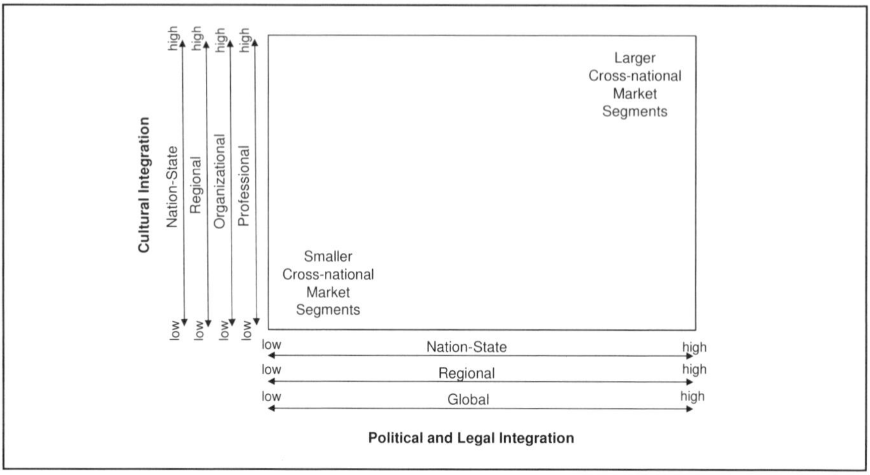

Quelle: Griffith 2010, S. 62.

Die unterschiedlichen Kategorien **institutioneller Einflussfaktoren**, also normative, rechtliche bzw. kulturell-kognitive Einflussfaktoren, haben einen differenzierten Charakter im Hinblick auf die Standardisierungs- und Differenzierungsentscheidungen im Internationalen Marketing. Während politisch-rechtliche Faktoren **Anpassungsdruck** erzeugen, lassen die normativen Elemente Raum für strategische Entscheidungsspielräume. Rechtliche Faktoren führen sowohl auf der jeweiligen Landesebene, aber auch auf übergeordneten Ebenen (z.B. im Kontext von übergeordneten Integrationsräumen wie der Europäischen Union) zu tendenziell ähnlicheren Entscheidungen der Adaption an rechtliche Regelungen. Bei normativen Faktoren wie z.B. Einflüssen der Landeskultur werden hingegen die Entscheidungen, ob und wie adaptiert wird, wesentlich stärker **strategisch gesteuert**, und die Interpretation und Umsetzung durch die Unternehmen hinsichtlich Standardisierungs- bzw. Differenzierungsgrad und -form kann deutlich unterschiedlicher ausfallen.

Im Kern hängt die spezifische Ausgestaltung des internationalen Marketing-Mix jedoch von der **Basisoption** des Unternehmens ab. Ausgehend von dieser grundsätzlichen Ausrichtung wird die „Hauptfrage" hinsichtlich der Instrumentalgestaltung (i.d.R. auf der Ebene der Strategischen Geschäftseinheiten oder der Strategischen Geschäftsfelder) festgelegt, nämlich inwiefern die Instrumente den länderspezifischen Besonderheiten neuer Märkte angepasst werden sollen und inwieweit eine ähnliche oder gar identische Ausgestaltung auf den bearbeiteten Märkten erfolgen soll. Das Unternehmen hat also – abgestimmt auf die jeweilige Basisoption – in allen Instrumentalbereichen das Differenzierungs- bzw. Standardisierungsausmaß festzulegen (siehe Abbildung 5.3).

Dabei stellen die vollständige Standardisierung bzw. die vollständige Differenzierung die Endpunkte eines Kontinuums dar (Özsomer/Simonin 2004; Cavusgil/Zou 1994; Ryans/Griffith/White 2003; Szymanski/Bharadwaj/Varadarajan 1993).

Abbildung 5.3: Standardisierung und Differenzierung des Marketing-Mix im Kontext der Basisoptionen der Unternehmen

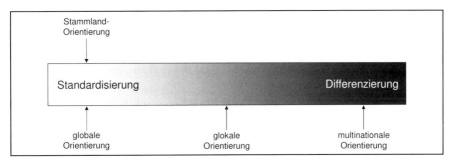

Die **Stammland-Orientierung** und die **globale Orientierung** sind jeweils durch ein hohes Ausmaß an Standardisierung der Marketinginstrumente gekennzeichnet. Während bei der Stammland-Orientierung der Heimatmarkt den Ausgangspunkt dieser Standardisierung bildet, indem die dort gewählten Konzepte auf die Auslandsmärkte in weitestgehend unveränderter Form übertragen werden, ist bei der globalen Orientierung der Weltmarkt der Ausgangspunkt (Zou/Cavusgil 2002). Bei der Entwicklung dieser weitestgehend einheitlichen Konzeption erfolgt die Orientierung an länderübergreifenden Gemeinsamkeiten des Weltmarktes. Während die Stammland-Orientierung somit im Ausgangspunkt stark „national" orientiert ist, ist die globale Orientierung stark „international" geprägt. Die **multinationale Orientierung** ist im Gegensatz dazu mit einem hohen Ausmaß an Differenzierung des Marketing-Mix verbunden. Sie beinhaltet die Entwicklung nationaler Marketingstrategien, indem eine Ausrichtung an den jeweils spezifischen Gegebenheiten der einzelnen Länder erfolgt. Die **glokale Orientierung** führt durch die Verknüpfung von Globalisierung und Lokalisierung zu einer Strategie, die durch die Mischung aus standardisierten und differenzierten Elementen der Marktbearbeitung gekennzeichnet ist. Sie ist an dem Grundsatz „so viel Standardisierung wie möglich, so viel Differenzierung wie nötig" ausgerichtet.

Bei der Frage nach der Standardisierung bzw. Differenzierung der Marketinginstrumente handelt es sich um eine mehrdimensionale Problematik, denn diese Frage stellt sich für jedes einzelne Marketinginstrument. Zum Beispiel kann die Produktpolitik weltweit standardisiert werden, während eine Anpassung der Preis-, Kommunikations- oder Distributionspolitik an die unterschiedlichen Länder vorzunehmen ist. Im Extremfall kann ausgehend von einheitlichen Produkten die Frage nach einer unveränderten, nach einer variierten oder nach einer vollständig neuen Marketingkonzeption gestellt werden.

Betrachtet man allgemein – losgelöst von Überlegungen hinsichtlich der Basisoption der Unternehmen – die **Ziele der Standardisierung**, so liegen sie v.a. in einer Harmonisierung des Marktauftritts, in der Erleichterung der länderübergreifenden Planung oder in der Nutzung von Synergien. Demgegenüber liegen die **Ziele der Differenzierung** v.a. in einer Erhöhung der Kommunikationseffektivität, in der Profilierung im Wettbewerb oder in der Ausschöpfung des Marktvolumens. Als **Vorteile der Standardisierung** werden z.B. die schnellere Erreichbarkeit der kritischen Masse, Economies of Scale oder Erfahrungs- und Lernkurveneffekte angeführt. Zudem ermöglicht die Standardisierung die Etablierung eines weltweit einheitlichen attraktiven und starken Images. Es stehen somit kosten- bzw. effizienzfokussierte Ziele im Vordergrund. Demgegenüber werden die **Vorteile einer Differenzierung** v.a. in der besseren Zielgruppenadäquanz gesehen. Sie ermöglicht die Berücksichtigung länderspezifischer Marktanforderungen und steht deshalb häufig in Verbindung mit einer besseren Ausschöpfung der Marktsegmente und einer verbesserten Fähigkeit zur Anpassung an Marktänderungen (höhere Reagibilität).[1] In Abbildung 5.4 sind die Vorteile von Standardisierung versus Differenzierung im Kontext der „internationalen Standardisierungs-Differenzierungs-Debatte" einander gegenübergestellt.[2]

Die Frage nach der Standardisierung bzw. Differenzierung hängt eng mit der **wettbewerbsstrategischen Ausrichtung** der Unternehmen zusammen. So wird eine standardisierte Vorgehensweise häufig mit der Strategie der Kosten- bzw. Preisführerschaft in Verbindung gebracht, da sie tendenziell die Realisierung von Kostenvorteilen ermöglicht, während die differenzierte Vorgehensweise mit der Strategie der Qualitätsführerschaft korrespondiert, da die Berücksichtigung lokaler Bedingungen tendenziell mit Lokalisierungsvorteilen verbunden ist.[3] Jedoch ist zu beachten, dass standardisierte Ansätze nicht mit kostenorientierten Ansätzen gleichgesetzt werden können. Beispielsweise steht im Bereich von Luxusgütern gerade die standardisierte Etablierung von einheitlichen, dabei hohen Qualitätsniveaus sowie die Umsetzung einheitlicher globaler Marken im Vordergrund. Dies erfolgt dabei weit gehend ohne Kostenmotive in den Vordergrund zu stellen, sondern die Fokussierung liegt auf Qualitäts- und Imageaspekten.

Abbildung 5.4: Thesen der S/D-Diskussion im Überblick

	Standardisierung	Differenzierung
Notwendige Bedingung	• Angleichung der Bedürfnisse und Verhaltensweisen der Konsumenten (Konvergenzthese) • Existenz hinreichend großer transnationaler Marktsegmente	• externe Faktoren wie z.B. kulturell bedingte Unterschiede in Bedürfnissen und Verhaltensweisen der Konsumenten oder rechtlichen Rahmenbedingungen führen zu Divergenz • geeignete interne Organisationsstrukturen
Förderliche Bedingung	• verbesserte Transport- und Kommunikationsmöglichkeiten • internationale Mobilität	• Mass Customization (z.B. mithilfe flexibler Produktionssysteme) • nachteilige Effekte der Standardisierung (z.B. fehlende „Unique Selling Proposition")
Erhoffte Konsequenz	• Kostenersparnisse z.B. durch Synergieeffekte, Volumeneffekte, Spezialisierungseffekte, Lernkurven- bzw. Erfahrungseffekte • Beschleunigung der Einführung neuer Produkte auf internationalen Märkten • effizientere Steuerung der internationalen Geschäftstätigkeit (z.B. durch Erleichterung der Koordination zwischen den Unternehmenseinheiten) • Erhöhung der Umschlagsmenge • internationaler Know-how-Transfer • Förderung eines international einheitlichen Erscheinungsbildes/Harmonisie-	• erhöhte Marktanteile auf den jeweiligen lokalen Märkten • verstärkte Motivation lokaler Mitarbeiter • verbesserte Fähigkeit, auf unvorgesehene Veränderungen auf den lokalen Märkten zu reagieren (erhöhte Reagibilität) • Umgehung von Kompatibilitätsproblemen kultureller, rechtlicher oder technologischer Art

---

[1] Zur Diskussion der Wirkung von Standardisierung bzw. Differenzierung auf den Unternehmenserfolg vgl. zu einem Überblick über empirische Untersuchungen in unterschiedlichen Sektoren z.B. Douglas/Craig 2011; Gerpott/Jakobin 2005; Schwarz-Musch 2005; Zou/Cavusgil 2002; Ryans/Griffith/White 2003; Theodosiou/Leonidou 2003; Theodosiou/Katsikeas 2001.

[2] Vgl. hierzu auch Abschnitt C.III. des Zweiten Kapitels sowie Meffert/Bolz 1998, S. 173ff.; Kotabe/Helsen 2011, S. 334ff.; Berndt/Fantapié Altobelli/Sander 2010, S. 180ff.

[3] Vgl. zur Bedeutung der wettbewerbsstrategischen Ausrichtung Abschnitt A.I. des Zweiten Kapitels.

| | rung des Marktauftritts
• erhöhter Kundennutzen durch international einheitliche Standards (z.B. Computerindustrie) | |

Quelle: in Anlehnung an Müller/Gelbrich 2004, S. 472.

B. Elemente des internationalen Marketing-Mix

I. Überblick

Den Kern der Überlegungen bei der internationalen Marktbearbeitung bilden drei Perspektiven:

- **Marketing-Mix-Perspektive**: Festlegung der relevanten Subinstrumente im Hinblick darauf, welche Instrumente eingesetzt werden sollen und wie sie im Marketing-Mix integriert werden sollen
- **Länderspezifische Perspektive**: Länderspezifischer Einsatz und Ausgestaltung der Marketing-Mix-Instrumente im Hinblick auf die jeweiligen Auslandsmärkte in Form einer isolierten Ländermarktfokussierung mit Blick auf Eignung, Umsetzungsmöglichkeiten, spezifische Restriktionen oder Marktbedingungen
- **Länderübergreifende Perspektive**: Festlegung des Grades der Standardisierung bzw. lokalen Adaption der Marktbearbeitung im Sinne einer Optimierung des internationalen Einsatzes der Marketing-Mix-Instrumente.

Vor dem Hintergrund dieser Perspektiven werden im Folgenden die einzelnen Marketing-Mix-Instrumente mit Blick auf ihre Grundprinzipien, die wesentlichen Inhalte und Ausgestaltungsmöglichkeiten vorgestellt. Für jedes dieser Instrumente und für das Zusammenspiel der Instrumente im internationalen Marketing-Mix ist eine integrierte Betrachtung der Marketing-Mix-, der länderspezifischen und der länderübergreifenden Perspektive vorzunehmen, um die optimale Gestaltung des Gesamt-Marketing-Mix vornehmen zu können.

II. Internationale Markenpolitik

Als zentrales Entscheidungsfeld im Rahmen des Internationalen Marketing steht die internationale Markenpolitik als „Dach" über den Elementen des internationalen Marketing-Mix.

Bei der Abgrenzung des Markenbegriffs lassen sich mehrere Perspektiven unterscheiden. Bei der formalen Betrachtungsweise wird die **Marke** als Name, Ausdruck, Zeichen, Symbol, Design oder Kombination dieser Elemente verstanden, anhand derer die Produkte bzw. Leistungen eines Anbieters identifiziert werden können und die der Profilierung bzw. Differenzierung gegenüber dem Wettbewerb dienen (Aaker 1992). Die Marke wird dabei nicht mit dem markierten Produkt bzw. der markierten Leistung gleichgesetzt, sondern bezieht sich lediglich auf dessen Kennzeichnung. In den objektbezogenen Definitionsansätzen wird explizit das markierte Produkt als Marke aufgefasst. Eine Trennung in die formale Kennzeichnung und das markierte Produkt erweist sich als problematisch, weil schwierig zu differenzieren ist, welcher Teil der Wirkung einer Marke auf die Markierung und welcher Teil auf das Produkt selbst zurückzuführen ist.

An dieser Denkweise setzen auch die wirkungsbezogenen Markendefinitionen an. Dabei wird die Marke aus Sicht der Kunden bestimmt, indem nur das als Marke definiert wird, was die Kunden als solche ansehen (Berekoven 1978). Hieran knüpft der identitätsorientierte Ansatz des Markenverständnisses an. Diesem folgend, wird Marken eine solche Relevanz bei den Kunden zugesprochen, dass sie zur Identifikation der Kunden beitragen. Einen weiteren wichtigen Ansatz stellt zudem der managementorientierte Markenansatz dar. Dieser ist v.a. durch den systematischen Einsatz des Marketing-Mix-Instrumentariums zum Aufbau von Präferenzen und Loyalität bei den Kunden, also zum Aufbau von **Markenstärke**, gekennzeichnet (Homburg 2012, S. 612ff.).[1]

Marken erfüllen in der internationalen Markenpolitik unterschiedliche Funktionen, die sich nach der Perspektive des betrachteten Akteurs in der Wertschöpfungskette unterscheiden.[2] Die alternativen Sichtweisen von Marken führenden Unternehmen, Absatzmittlern sowie den Nachfragern sind in Abbildung 5.5 einander gegenübergestellt.

Abbildung 5.5: Funktionen von Marken im internationalen Kontext

Funktionen aus Sicht des ...		
... Markenführers	... Absatzmittlers	... Nachfragers
• Differenzierung vom Wettbewerb und Qualitätssignal • Präferenzbildung bei den Kunden und Schaffung von Kundenloyalität • Schaffung von Markteintrittsbarrieren für Wettbewerber • Generierung eines Preispremiums • Schaffung einer Plattform für neue Produkte (Einführung unter etablierter Marke)	• Minderung des eigenen Absatzrisikos • Imagetransfer (vom Markenführer auf den Absatzmittler) • Begrenzung der eigenen Beratungsaktivitäten	• Orientierungshilfe und Erleichterung der Informationsaufnahme und -verarbeitung • Qualitätssignal und Risikoreduktion • Vermittlung eines Erlebniswertes • Selbstdarstellung (des individuellen Geschmacks, der Gruppenzugehörigkeit oder des sozialen Status)

Quelle: Homburg 2012, S. 611.

Die wesentlichen Entscheidungsfelder der internationalen Markenpolitik sind die Festlegung der Markenreichweite, der Markenpositionierung sowie der Markenarchitektur. Zentral ist zudem das Branding i.e.S. Im Vordergrund der internationalen Markenpolitik steht die langfristige, widerspruchsfreie, logische, ganzheitliche und aufeinander abgestimmte Gestaltung aller Markenelemente im internationalen Kontext (Linxweiler 2004a, S. 1271). Abbildung 5.6 vermittelt einen Überblick über neuere empirische Studien zur internationalen Markenpolitik.

Abbildung 5.6: Ausgewählte Studien zur internationalen Markenpolitik

Autor (Jahr)	Forschungsgegenstand	Problemstellung
Lam 2007	Einfluss der Kultur auf die Markenloyalität	Einfluss kultureller Werte auf Loyalität zu einer Marke auf Basis von Hofstedes Kulturdimensionen
Thomas 2008	Relevanz des Internetmarketing im Rahmen einer internationalen Markt-	Bedeutung von Internetmarketing im Rahmen der internationalen Marke-

---

[1] Zu einem Überblick über die unterschiedlichen Definitionsansätze des Markenbegriffs vgl. z.B. Burmann/Meffert/Koers 2005; Bruhn 2004; Esch 2012, S. 18ff. oder Köhler 2004.
[2] Vgl. hierzu auch Burmann/Meffert/Koers 2005, S. 10ff.

		bearbeitung	tingstrategie eines Unternehmens; Einfluss auf Markenbekanntheit und Markenimage
Guzmán/Paswan 2009		Markenimage kulturell geprägter Marken	Vergleich des Markenimages kulturell geprägter Marken auf dem Heimatmarkt mit dem auf fremden Ländermärkten
Backhaus/Steiner/Lügger 2011		Globale Markennamen im B2B-Sektor	Bestimmung der wichtigsten Faktoren zur Markenwertbildung
Strizhakova/Coulter/Price 2011		Konsumentenverhalten im Hinblick auf Markenimage bei internationalen Marken	Zusammenhang von globalem Denken und Markenimage
Torres/Tribo 2011		Interaktion zwischen Kundenzufriedenheit und Markenwert	Prüfung des Zusammenhangs von Shareholder Value und Kundenzufriedenheit als mögliche Einflussfaktoren auf den Markenwert basierend auf Daten aus elf Ländermärkten
Swoboda/Pennemann 2012		Wahrgenommene Globalität und wahrgenommene Lokalität von Marken	Einfluss der wahrgenommenen Globalität bzw. Lokalität von Marken auf das Kaufverhalten chinesischer Konsumenten am Beispiel von Handelsunternehmen
Yoo/Lee 2012		Luxuskleidermarken auf dem globalen Markt	Einfluss von gefälschten Markenprodukten auf Markenname und Umsatz

Markenreichweite

Entscheidungen über die Markenreichweite beziehen sich darauf, welchen Anwendungs- und Geltungsbereich die Marke in geografischer Hinsicht einnehmen soll.[1] Bei der geografischen Reichweite unterscheidet man, ob eine Marke lediglich auf bestimmte Teilgebiete eines Landes (**regionale Marke**), auf einen bestimmten Ländermarkt (**nationale Marke**) oder auf mehrere Ländermärkte (**internationale Marke**) ausgerichtet ist. Erfolgt die Ausrichtung auf den Weltmarkt oder auf große Teile des Weltmarktes, spricht man häufig auch von **globalen Marken** (Schuiling/Kapferer 2004).[2]

Markenpositionierung

Unter Positionierung versteht man die Stellung einer Marke im relevanten Markt. Im Vordergrund steht dabei die Wahrnehmung durch die Konsumenten (Esch 2012, S. 157ff.). Ansatzpunkte der Markenpositionierung können sachliche bzw. funktionale Eigenschaften (z.B. Haltbarkeit, Funktionalität usw.) oder emotionale Eigenschaften (z.B. Exklusivität, Spaß usw.) sein. Als grundsätzliche Arten der Positionierungsentscheidungen unterscheidet man die Positionierung neuer Marken (**Neupositionierung**) sowie die Veränderung der Position bereits bestehender Marken (**Umpositionierung**).

Bei der Markenpositionierung steht die Festlegung des spezifischen Nutzenversprechens der Marke an die Nachfrager im Vordergrund, in dem bestimmte Nutzendimen-

---

[1] Im Kontext der Markenreichweite werden oftmals auch Fragestellungen diskutiert, die sich auf den Anwendungsbereich von Marken in vertikaler Hinsicht (bezogen auf die Stufen in der Wertschöpfungskette) beziehen. Dabei werden Fragestellungen wie z.B. Ingredient Branding (vgl. hierzu Havenstein 2004; Kotler/Keller 2012, S. 367) oder Verarbeitungsmarken diskutiert. Weiterhin können auch im Kontext der Markenführung Kooperationsstrategien verfolgt werden, so z.B. in Form des Dual-Branding bzw. Co-Branding. Vgl. zu diesen Fragestellungen z.B. Kotabe/Helsen 2011, S. 371; Hollensen 2011, S. 486.

[2] Diese Unterteilung ist in enger Beziehung zu den grundsätzlichen Entscheidungsoptionen im Rahmen des Internationalen Marketing zu sehen, wenngleich in diesem Kontext lediglich die geografische Ausrichtung im Vordergrund steht.

sionen in der Wahrnehmung der Nachfrager verankert werden sollen. Zu unterscheiden ist die vom Anbieter angestrebte „Soll-Positionierung" von der durch die Nachfrager tatsächlich wahrgenommen „Ist-Positionierung" (Esch 2012, S. 159). Im internationalen Kontext können die auf alternativen Ländermärkten realisierten Positionierungen wesentlich voneinander abweichen. Dies kann vom Anbieter erwünscht bzw. angestrebt sein, es kann sich jedoch auch auf Grund der international unterschiedlichen Wahrnehmung bzw. Wirkung von Marketinginstrumenten ergeben.

Positionierung impliziert nicht nur eine bestimmte Wahrnehmung durch die Nachfrager, sondern ist immer mit einer bestimmten Stellung im Wettbewerb verbunden. Zu unterscheiden sind zwei Grundtypen der Positionierung. Bei der **Points-of-Difference-Positionierung** (Differenzierungs-Positionierung) steht die Differenzierung vom Wettbewerb im Vordergrund, also die Abhebung bzw. Abgrenzung bezüglich wesentlicher Dimensionen der Marke. Bei der zweiten Form, der **Points-of-Parity-Positionierung** (Ähnlichkeits-Positionierung) ist es hingegen das Ziel, die gleiche oder eine ähnliche Ausprägung wie die relevanten Wettbewerbsmarken zu erreichen. Auf diese Weise kann z.B. angestrebt werden, von Ausstrahlungseffekten besonders starker Marken zu profitieren (Keller 2013, S. 83f.; Esch 2012, S. 160). Diese Positionierungsalternativen gelten nicht nur für den jeweiligen nationalen Markt, sondern die Beziehungen und Interdependenzen zwischen unterschiedlichen Ländermärkten und alternativen Produkten müssen berücksichtigt werden. Bei der internationalen Markenpositionierung können zwischen den Ländermärkten differenzierte oder ähnliche (standardisierte) Positionierungen der Marke im Ländervergleich angestrebt werden.

Gerade die Heterogenität der internationalen Wettbewerbsbeziehungen und -strukturen sowie die je nach Ländermarkt häufig unterschiedlich positionierten Wettbewerber und landes- bzw. kulturspezifischen Besonderheiten, v.a. aber gesetzlichen Unterschiede führen oft dazu, dass eine differenzierte Positionierung die Folge ist (Meffert/Burmann/Becker 2010, S. 138).

Internationale Markenarchitektur

Bei der Gestaltung der internationalen Markenarchitektur werden die Rollen der Marken international tätiger Unternehmen sowie ihre Beziehungen zueinander festgelegt (Aaker/Joachimsthaler 2000). Es sind Strukturentscheidungen hinsichtlich des Markenspektrums eines international tätigen Unternehmens zu treffen, dabei v.a. die Frage, ob eine oder mehrere Produktkategorien unter einer oder mehreren Marken geführt werden sollen. Man unterscheidet dementsprechend vier grundsätzliche Strategien als „klassische" Markenstrategien (Douglas/Craig/Nijssen 2001; Meffert/Burmann/Kirchgeorg 2012, S. 367ff.):

- **Einzelmarkenstrategie**: Bei der Einzelmarkenstrategie erfolgt für jeden Produktbereich die Konzeption einer eigenständigen Marke. Diese besetzt somit international jeweils ein spezifisches Marktsegment (z.B. Rocher, duplo und Raffaello von Ferrero). Der Firmenname des Unternehmens tritt dabei in den Hintergrund.
- **Mehrmarkenstrategie** (Parallelmarkenstrategie, Multi-Branding): Die Mehrmarkenstrategie ist dadurch gekennzeichnet, dass in einem Produktbereich mehrere Marken parallel geführt werden, die auf den Gesamtmarkt ausgerichtet sind, also nicht jeweils ein spezifisches Marktsegment ansprechen (z.B. Persil, Spee und Weißer Riese von Henkel sowie Dash und Ariel von Procter & Gamble im Waschmittelbereich oder in der Automobilindustrie Volkswagen mit u.a. Seat und Skoda).

- **Dachmarkenstrategie** (Corporate Branding, Umbrella Branding): Die Dachmarkenstrategie ist dadurch gekennzeichnet, dass alle Produkte eines Unternehmens unter einer Marke zusammengefasst werden (z.B. BMW, Microsoft). Eine etablierte Dachmarke nimmt auf Grund ihres Markengoodwills eine Supportfunktion für die darunter geführten Produkte ein.[1]
- **Markenfamilienstrategie** (Product Line Branding; Range Branding): Bei dieser Strategieoption werden mehrere Produktlinien unter jeweils einer einheitlichen Marke geführt (z.B. Nivea, Dove). Es handelt sich somit um eine „Mischform" zwischen Einzel- und Dachmarkenstrategie.

Die Vor- und Nachteile dieser Strategieoptionen im Internationalen Marketing sind in Abbildung 5.7 dargestellt.

Abbildung 5.7: Vor- und Nachteile internationaler Markenstrategien

	Vorteile	Nachteile
Einzelmarkenstrategie	• spezifische Positionierung • Potenzial für eine globale/regionale Marke • wenig Ausstrahlungseffekte auf andere Marken • geringer Koordinationsbedarf zwischen Marken • Marktanteils- und Kostendegressionseffekte	• Markenkosten trägt ein Produkt • hoher Abstimmungsbedarf zwischen Ländern • geringe Flexibilität bei länderspezifisch verschiedenen Produktlebenszyklen • Amortisationsproblematik bei kurzen Lebenszyklen
Mehrmarkenstrategie	• hohe Marktausschöpfung • Halten von Markenwechslern • breite Regalplatzabdeckung • geringe negative Ausstrahlungseffekte • Möglichkeiten der länderübergreifenden Differenzierung • Schutz der übrigen Produkte durch Einführung von „Kampfmarken"	• Gefahr der Übersegmentierung • Kannibalisierungseffekte • geringe Marktanteils- und Kostendegressionseffekte
Dachmarkenstrategie	• Ansprache neuer Zielgruppen durch Marktausweitung • Möglichkeiten der länderspezifischen Differenzierung durch unterschiedliche „Markentiefe" • Verringerung des Floprisikos • hohe Akzeptanz im Handel • Produkte tragen Markenaufwand gemeinsam	• eindeutige Markenprofilierung wird erschwert • negative Ausstrahlungseffekte zwischen Marken/Ländermärkten • hoher länderspezifischer Koordinationsbedarf • Gefahr von Substitutionsbeziehungen • Gefahr der länderübergreifenden „Aufblähung" des Dachmarkensortiments
Markenfamilienstrategie	• hohe Markenausschöpfung • Verringerung des Floprisikos • hohe Handelsakzeptanz • Goodwill-Übertragung • vgl. auch Vorteile Dachmarkenstrategie	• Gefahr negativer Ausstrahlungseffekte bei unterschiedlichen Marketing-Mix-Strategien • hoher Abstimmungsbedarf • vgl. auch Nachteile Dachmarkenstrategie

Quelle: in Anlehnung an Meffert/Bolz 1998, S. 180f.

Häufig dominieren bei international tätigen Unternehmen jedoch nicht diese noch vergleichsweise einfach strukturieren Markenarchitekturen, sondern oft werden weitere Architekturtypen realisiert wie z.B. Markenallianzen oder komplexe **Markenarchitekturen,** bei denen mehrere Marken miteinander kombiniert werden, die sich auf unterschiedlichen Hierarchieebenen (z.B. Unternehmensmarke, Produktmarke) befinden. So

---

[1] Vgl. zum internationalen Corporate Branding ausführlich Giersch 2008.

führt z.B. Unilever auf der der Unternehmensmarke nächstuntergeordneten Hierarchieebene die sog. „Heartbrand" mit international unterschiedlichen Markennamen (z.B. „Langnese" in Deutschland, „Frigo" in Spanien, „Kwality Wall's" in Indien oder „Streets" in Australien), die wiederum als hierarchisch untergeordnete Marke u.a. die Marke „Magnum" im Programm haben. Zwischen diesen Marken herrschen klare Über- und Unterordnungsverhältnisse (Backhaus/Voeth 2010a, S. 145f.; Esch/Bräutigam 2005; Esch u.a. 2004; Bräutigam 2004).

Branding

Bezüglich dessen, was unter Branding verstanden wird, existieren unterschiedliche Definitionsansätze. In sehr engen Definitionsansätzen wird das Begriffsverständnis auf die Namensgebung reduziert (z.B. Gotta 2004, S. 1161f.), in einer sehr breiten Begriffsauffassung wird darunter die gesamte Gestaltung des Marketing-Mix im Hinblick auf die Marke verstanden (z.B. Kotler/Keller 2012, S. 265; Chernatony/McDonald 2003; Hankinson/Cowking 1993).

Unter Branding werden alle Maßnahmen verstanden, die dazu dienen, ein Angebot aus der Masse gleichartiger Angebote hervorzuheben und die Zuordnung des Angebots zu einer konkreten Marke zu ermöglichen. Fragestellungen des Branding beziehen sich somit darauf, wie die Marke konkret ausgestaltet wird bzw. wie sie erscheinen soll. Der Begriff des Branding wird häufig synonym zum Begriff der **Markierung** verwendet (Homburg 2012, S. 625f.). Die wichtigsten Elemente sind dabei neben der Produktgestaltung die Gestaltung des Markennamens und des Markenzeichens.

Anhand der Festlegung des Markennamens und des Markenzeichens werden verbale und visuelle Elemente bestimmt, welche die Wiedererkennbarkeit der Marken fördern sollen. Der **Markenname** entspricht dem sprachlichen Synonym von Marken. Gerade beim internationalen Branding ist die Namensgebung besonders komplex, denn z.B. auf Grund von Kultur- und Sprachunterschieden kann es zu Unterschieden in dem Verständnis bzw. der Interpretation von Markennamen kommen, da sich die Sprachen z.B. hinsichtlich ihrer Phonetik, Semantik oder Morphologie unterscheiden (siehe Abbildung 5.8).[1]

Mit dem Markennamen eng verbunden ist das **Markenzeichen**. Hierunter wird die typografische (schriftgestalterische) Gestaltung („**Logo**") und/oder bildliche Gestaltung („**Signet**") des Markennamens verstanden (siehe Abbildung 5.9; Linxweiler 2004a, S. 1287f.; Linxweiler 2004b, S. 215ff.; Keller 2013, S. 155f.). Auch hier sind Länder- bzw. Kulturunterschiede zu berücksichtigen, so z.B. hinsichtlich der Bedeutung von Farben oder Symbolen.

Neben solchen sprachlichen oder gestalterischen Aspekten sind auch markenrechtliche Aspekte wie insbesondere die Schützbarkeit in den anvisierten Auslandsmärkten von Bedeutung (Berndt/Fantapié Altobelli/Sander 1997, S. 136). Zum Beispiel haben unmittelbar beschreibende Markennamen den Vorteil, dass sie präziser auf produktbezogene Sachverhalte Bezug nehmen und damit i.d.R. verständlicher sind. Dies ist für die kommunikative Wirkung von Vorteil. Jedoch sind solche Markennamen oft eng an die jeweilige Sprache bzw. den Sprachgebrauch gebunden. Ein Nachteil direkt sachbezogener Markennamen besteht in vielen Ländern zudem hinsichtlich der gesetzlichen Schützbarkeit solcher Namen, da Markennamen mit zu enger Produktbeschreibung

---

[1] Dies ist v.a. auf der Ebene der Produktmarken relevant. Vgl. hierzu ausführlich de Mooij 2011, S. 211ff.; Li/Shooshtari 2003; Rosecky/Smith/Ying 2003 oder Eckhardt/Houston 2002.

oftmals nicht ohne Weiteres schutzfähig sind. Im internationalen Kontext ist deshalb die länderübergreifende Nutzung solcher Markennamen schwierig.

Abbildung 5.8: Möglichkeiten der Wahl von Markennamen

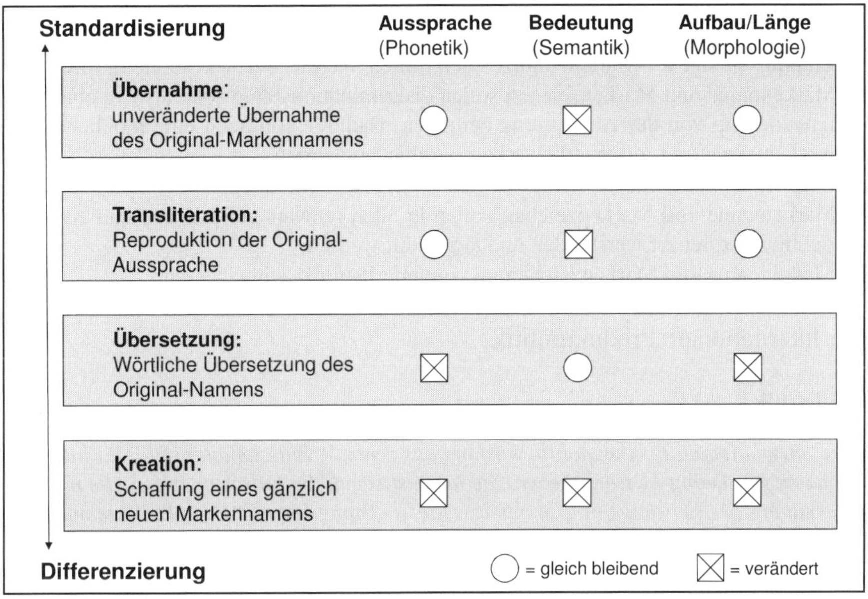

Standardisierung	Aussprache (Phonetik)	Bedeutung (Semantik)	Aufbau/Länge (Morphologie)
Übernahme: unveränderte Übernahme des Original-Markennamens	○	⊠	○
Transliteration: Reproduktion der Original-Aussprache	○	⊠	○
Übersetzung: Wörtliche Übersetzung des Original-Namens	⊠	○	⊠
Kreation: Schaffung eines gänzlich neuen Markennamens	⊠	⊠	⊠
Differenzierung	○ = gleich bleibend	⊠ = verändert	

Quelle: in Anlehnung an Müller/Gelbrich 2004, S. 607.

Abbildung 5.9: Systematik von Markenzeichen

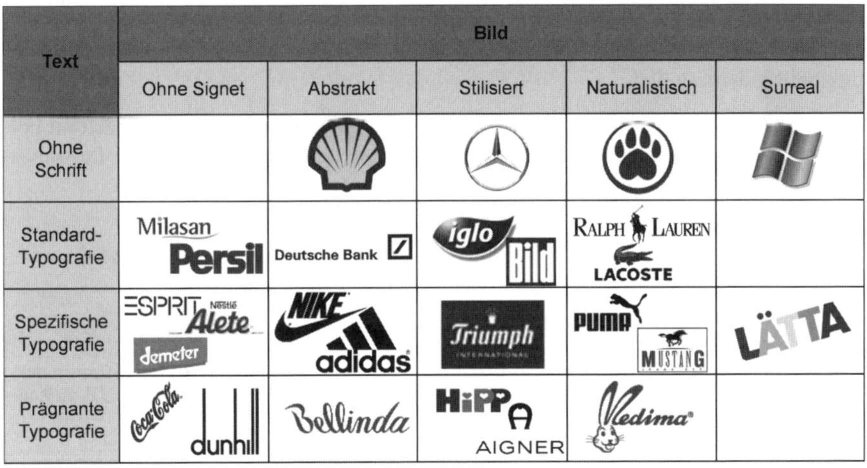

Text	Bild				
	Ohne Signet	Abstrakt	Stilisiert	Naturalistisch	Surreal
Ohne Schrift		Shell	Mercedes	Pfote	Windows
Standard-Typografie	Milasan, Persil	Deutsche Bank	iglo, Bild	Ralph Lauren, Lacoste	
Spezifische Typografie	ESPRIT Nestlé, Alete, demeter	NIKE, adidas	Triumph	PUMA, MUSTANG	LÄTTA
Prägnante Typografie	Coca-Cola, dunhill		Bellinda	HiPP, AIGNER	Vedima

Quelle: in Anlehnung an Linxweiler 2004a, S. 1287.

Das internationale Branding stellt die Basis für das Markenimage und damit auch für die Durchsetzungsfähigkeit der Marke auf den jeweiligen Märkten dar. Als wesentliche

Anforderungen an das internationale Branding sind somit zusammenfassend v.a. die folgenden Aspekte zu berücksichtigen:[1]

- Die Markierung soll dazu beitragen, die angestrebte Positionierung sowohl länderübergreifend als auch bezogen auf die einzelnen Ländermärkte zu realisieren.
- Der Markenname und das Markenzeichen sollten prägnant gestaltet werden, sich also durch Einfachheit und Kontraststärke auszeichnen. Dies soll zu einer leichten Einprägsamkeit der Markenkennzeichen führen und die Wiedererkennung fördern.
- Markenname und Markenzeichen sollen diskriminationsfähig sein, also zu einer Differenzierung von der Konkurrenz beitragen. Dadurch soll auch eine mögliche Verwechslungsgefahr mit Wettbewerbern vermieden werden.
- Der Markenname soll in den jeweiligen Sprachen leicht aussprechbar sein.
- Markenname und Markenzeichen sollen in allen relevanten Sprachen und Kulturen richtig interpretiert, verstanden und akzeptiert werden.
- Markenname und Markenzeichen müssen international schützbar sein.

III. Internationale Produktpolitik

1. Überblick

Die internationale Produktpolitik wird als das zentrale Entscheidungsfeld des internationalen Marketing-Mix angesehen. Sie umfasst sämtliche Entscheidungen, die mit der Gestaltung des Leistungsprogramms bzw. des Leistungsangebots der Unternehmen im Zusammenhang stehen (Bruhn 2012, S. 123).

Es bestehen unterschiedliche Auffassungen bezüglich des Inhalts des Begriffs **„Produkt"**. Im Folgenden wird der generische Produktbegriff zu Grunde gelegt.[2] Damit werden alle Formen von Sachgütern und Dienstleistungen als „Produkte" der Unternehmen betrachtet. Da Produkte durch ein Bündel unterschiedlicher materieller und immaterieller Eigenschaften gekennzeichnet sind, wird im Kontext der Produktpolitik auch oftmals von der „Leistungsprogrammpolitik" gesprochen. In Abbildung 5.10 ist ein Überblick über neuere Forschungsarbeiten zum Bereich der internationalen Produktpolitik dargestellt.

Als wesentliche Entscheidungsfelder der internationalen Produktpolitik werden im Folgenden das internationale Innovationsmanagement und die internationale Leistungsprogrammgestaltung betrachtet.

Abbildung 5.10: Ausgewählte Studien zur internationalen Produktpolitik

Autor (Jahr)	Forschungsgegenstand	Problemstellung
Hamzaoui/Merunka 2006	Relevanz des Country-of-Origin-Effektes für die Wahrnehmung der Qualität von Produkten	Einfluss des Country-of-Design und Country-of-Manufacture auf die Konsumentenbewertung von binationalen Produkten
Chuang/Yen 2007	Country-of-Origin-Effekt als wahrge-	Einfluss der Wertigkeit des Country-

---

[1] Vgl. hierzu u.a. Backhaus/Voeth 2010a, S. 119ff.; Homburg 2012, S. 625f.; Doole/Lowe 2012, S. 267ff.; Berndt/Fantapié Altobelli/Sander 2010, S. 246; Linxweiler 2004a, S. 1288f.

[2] Zu einem Überblick über die unterschiedlichen Auffassungen des Produktbegriffs vgl. Homburg 2012, S. 544f.; Meffert/Burmann/Kirchgeorg 2012, S. 385f.

	nommene Produktinformation	of-Origin auf das Ausmaß des Compromise-Effekts und des Attraktionseffekts
Ahmed/d'Astous 2008	Determinanten und Dimensionen des Country-of-Origin-Effektes	Analyse der Country-of-Origin-Wahrnehmung von Konsumenten im internationalen Rahmen
Chandrasekaran/Tellis 2008	Marktdurchdringung von neuen Produkten	Internationaler Vergleich und Analyse von verschiedenen Ländern und dem jeweiligen Erfolg diverser Produkte
Lee/Tai 2009	Wahrnehmung der Produktqualität im Zusammenhang mit einzelnen Attributen	Wirkungen der Standardisierung von globalen Produkten und der Kommunikation in Schwellenländern; Zusammenhang zwischen verschiedenen Produktattributen und der wahrgenommenen Produktqualität
Tellis/Prabhu/Chandy 2009	Innovation und Unternehmenskultur in unterschiedlichen Ländermärkten	Zusammenhang zwischen Unternehmenskultur und Innovationen in Unternehmen auf internationaler Ebene sowie Einfluss der Innovation auf den Unternehmenserfolg
Steenkamp/de Jong 2010	Unterschiede von lokalen und globalen Produkten	Untersuchung der Produktwahrnehmung von lokalen und globalen Produkten und mögliche Schlussfolgerungen für die Produktpolitik
Töpfer/Duchmann 2011	Einfluss der Landeskultur auf die Qualitätsorientierung der Mitarbeiter	Wettbewerbsvorteile der internationalen Produktpolitik
Engelen/Bretter/Wiest 2012	Zusammenhang von nationaler Kultur und Unternehmenskultur	Einfluss von Landes- und Unternehmenskultur auf Produktentwicklung
Munksgaard/Clarke/Erichsen 2012	Strategien und Konflikte bei der Produktentwicklung	Produktentwicklung mit mehreren internationalen Partnern

2. Internationales Innovationsmanagement

Im Vordergrund des (internationalen) Innovationsmanagements steht die Entwicklung und Einführung von Produktinnovationen. Neben der grundsätzlichen **Neukonzeption** von Produkten umfasst es auch die Markteinführung neuer Produkte (Nippa/Rosenberger 2007). Im Rahmen der internationalen Produktpolitik nimmt das Innovationsmanagement eine zentrale Stellung ein, da es wesentlich zur Steigerung des Wachstums und der Verbesserung der Wettbewerbsposition der Unternehmen beiträgt. Oftmals stellt es überhaupt erst die Voraussetzung für eine erfolgreiche Positionierung bzw. Etablierung auf den Auslandsmärkten dar.

Der Begriff der Innovation beinhaltet einen gewissen Neuigkeitsgrad der Produkte, der einerseits aus Sicht des jeweiligen Anbieters („**Unternehmensneuheit**") gegeben sein kann, sich aber auch auf die jeweiligen Abnehmer bzw. Ländermärkte („**Marktneuheit**") beziehen kann (siehe Abbildung 5.11). Hinsichtlich der Intensität bzw. des Umfangs der Innovation („**Innovationshöhe**") kann sich die Innovation auf einzelne oder auf alle Eigenschaften des Produktes beziehen.

Produktinnovationen können marktinduziert (ausgehend von Kundenbedürfnissen) oder technologieinduziert (ausgehend von technologischen Entwicklungen) sein. Entscheidend für den internationalen Markterfolg ist die Fähigkeit, anhand der Innovationen die

Bedürfnisse der (international evtl. unterschiedlichen) Kundenbedürfnisse zu erfüllen (Backhaus/Voeth 2010a, S. 334ff.; Kotabe/Helsen 2011, S. 334f.).[1]

Abbildung 5.11: Kategorisierung von Innovationen anhand ihrer Neuigkeit für das Unternehmen und den Ländermarkt

Neuigkeitsgrad für den Anbieter		Neuigkeitsgrad für den Abnehmer		
		niedrig	mittel	hoch
	hoch	Produkte, die neu für den Anbieter sind, aber auf dem Markt schon existieren	Neueinführung von Produkten in auf dem Markt bereits existierenden Produktlinien	„Weltneuheit"
	mittel	Produktverbesserungen	Ausweitung existierender Produktlinien	länderspezifische Adaption und Neueinführungen von Produkten, die in anderen Ländern etabliert sind
	niedrig	Produktadaptionen (z.B. Kostenreduktion) bei existierenden Produkten	Repositionierung existierender Produkte	Produkteinführungen von Produkten, die auf anderen Ländermärkten bereits etabliert sind

Quelle: in Anlehnung an Homburg 2012, S 552.

Bei der internationalen Neuprodukteinführung kann im Grundsatz – analog der unterschiedlichen Timing-Strategien im Kontext der internationalen Marktselektion[2] – zwischen der Sprinkler- und der Wasserfall-Strategie unterschieden werden (Kalish/Mahajan/Muller 1995; Stremersch/Tellis 2004). Die **Sprinkler-Strategie** impliziert die gleichzeitige Einführung neuer Produkte auf allen Märkten, während bei der **Wasserfall-Strategie** eine sukzessive, zeitlich gestaffelte Neuprodukteinführung auf den Auslandsmärkten realisiert wird.[3] Die Wasserfall-Strategie der Markteinführung neuer Produkte knüpft an dem Konzept des **internationalen Produktlebenszyklus** an.[4] Bei diesem Konzept wird ausgehend von Entwicklungsniveauunterschieden der Ländermärkte eine zeitlich gestaffelte Neuprodukteinführung als sinnvoll angesehen (Meffert/Burmann/Becker 2010, S. 193ff.).

Neben der Frage, wann welches Produkt auf welchem Ländermarkt eingeführt werden soll, stellt sich auch die Frage des länderspezifischen Timings der Neuprodukteinführung. Festzulegen ist, ob das Unternehmen auf den jeweiligen Ländermärkten anstrebt,

---

[1] Vgl. zum internationalen Innovationsmanagement ausführlich Boutellier/Gassmann/Zedtwitz 2008 bzw. zu operativen Instrumenten der Neuproduktentwicklung den Überblick in Homburg 2012, S. 550ff.
[2] Vgl. hierzu Abschnitt B.II.2.a) des Dritten Kapitels.
[3] Zu den jeweiligen Konzepten, den Vor- bzw. Nachteilen und Gründen für die Wahl der unterschiedlichen Strategieoptionen vgl. Abschnitt B. des Dritten Kapitels.
[4] Vgl. hierzu insbesondere Vernon 1966; 1979; 1986 sowie Ghadar/Adler 1989 oder Onkvist/Shaw 1983.

als erstes Unternehmen eine Produktinnovation auf dem Markt zu platzieren (**Pionierstrategie**) oder ob es erst zu einem späteren Zeitpunkt in den Markt eintreten will, wenn bereits Wettbewerber mit ähnlichen Produkten auf dem Ländermarkt präsent sind (**Folgerstrategie**) (Murray/Ju/Gao 2012; Mady 2011; Szymanski/Troy/Bharadwaj 1995).[1] Die Gestaltung des Innovationsprozesses bzw. die Dauer der Neuproduktentwicklung bis zur Markteinführung kann Einfluss darauf haben, ob das Unternehmen auf dem betrachteten Ländermarkt als Pionier oder als Follower eintreten kann.

3. Internationale Leistungsprogrammgestaltung

Die Gesamtheit aller Produktlinien und Produkte des Unternehmens, die auf den unterschiedlichen Ländermärkten angeboten werden, bilden das internationale Leistungsprogramm.

> *Die internationale Leistungsprogrammgestaltung beinhaltet Entscheidungen hinsichtlich der Gesamtheit der angebotenen Waren und Dienstleistungen sowie bezüglich der Länder, Regionen oder Zielgruppen, (in) denen diese Produkte angeboten werden sollen.*

In Abhängigkeit von der Breite (Anzahl der Produktlinien bzw. Produktgruppen oder -kategorien) und Tiefe (Anzahl der Produkte innerhalb der Produktlinien) des auf den jeweiligen Ländermärkten angebotenen Leistungsprogramms können als Strategieoptionen gewählt werden (Terpstra/Sarathy/Russow 2006, S. 253ff.):

- **Leistungsprogrammübertragung**: unveränderte Übertragung des Leistungsprogramms eines Landes auf die weiteren Ländermärkte
- **Leistungsprogrammkürzung**: Angebot eines im Vergleich zum Ausgangsland reduzierten Leistungsprogramms auf den Auslandsmärkten
- **Leistungsprogrammerweiterung**: Angebot eines gegenüber dem Ausgangsland erweiterten Leistungsprogramms auf den Auslandsmärkten.

Einen Kernbereich der internationalen Leistungsprogrammgestaltung bildet die Gestaltung der (einzelnen) Produkte. Gegenstandsbereiche der **Produktgestaltung** sind die Gestaltung des Produktkerns (Qualitätspolitik), der Verpackung sowie der produktbezogenen Dienstleistungen (Kundendienstleistungen).

Der **Produktkern** verkörpert den originären Produktnutzen. Im Rahmen der internationalen Produktpolitik sind die physischen Eigenschaften der Produkte zu gestalten. Hierbei sind technisch-physikalische Merkmale festzulegen und die Standardisierung der Ausführungen und der Qualität durch Normung, Gütezeichen oder staatliche Prüf- und Gewährzeichen spielen eine besondere Rolle. Unter diesen Qualitätsmerkmalen wird die Produktbeschaffenheit subsumiert. Sie hat v.a. im Zusammenhang mit Fragen der (internationalen) Produkthaftung eine große Bedeutung.

Als Alternativen der internationalen Produktgestaltung können vollständig standardisierte bzw. vollständig differenzierte Ausgestaltungsformen des Produktkerns realisiert werden. Dazwischen liegen Optionen flexibler bzw. modularer Gestaltungsformen (siehe Abbildung 5.12).

---

[1] Vgl. hierzu die Ausführungen in Abschnitt B. des Dritten Kapitels.

Abbildung 5.12: Kontinuum produktpolitischer Alternativen

standardisierter Produktkern	Built-in-Flexibility	Modular Design	differenzierter Produktkern

Built-in-Flexibility

Im Markt für Unterhaltungselektronik, Mobiltelefone, Notebooks u.Ä. weisen die Produkte häufig einen weit gehenden Standardisierungsgrad auf, können häufig aber auf Grund technischer Restriktionen nicht weltweit standardisiert angeboten werden. Anbieter wie Apple, Asus und andere Hersteller bieten deshalb standardisierte Anschlüsse für Notebookladegeräte auf die ein jeweils länderspezifischer Adapter aufgesetzt werden kann. Im Markt für Mobiltelefone werden Geräte mit einer Built-in-Flexibility entwickelt, die durch einfaches Umschalten in der Lage sind, unterschiedliche Frequenzbereiche der Netze, z.B. in den USA und Europa, abzudecken. Abgesehen von den Vorteilen einer nun umfassend möglichen Produktstandardisierung bieten sie damit auch ihren Kunden einen erheblichen Mehrwert, da diese auf den unterschiedlichen Kontinenten nun mit dem gleichen Handy telefonieren können.

Ähnlich gehen die Hersteller im Bereich von Videokameras und TV-Geräten vor. Neue Generationen von digitalen Videokameras und TV-Geräten können beispielsweise sowohl in NTSC als auch PAL aufnehmen. Die Produkte werden mit einer Built-in-Flexibility produziert und die Nutzer können über die integrierte Software die passende Einstellung wählen. Genutzt wird dieses vor allem von kleineren Herstellern, die keine eigenen Auslands-Produktionsstätten aufbauen wollen, ihre Produkte aber dennoch international vermarkten. Große Unternehmen wie z.B. Panasonic hingegen produzieren häufig Modelle explizit für den europäischen oder amerikanischen Markt, entsprechend der unterschiedlichen technischen Standards.

Neben der reinen Funktionserfüllung i.S. des „Grundnutzens" sind Produkte wesentlich durch den Zusatznutzen gekennzeichnet, den sie generieren. Dieser resultiert aus den ergänzenden Attributen der Produkte wie z.B. der Qualität, der Marke, der Verpackung, dem Design oder Nebenleistungen.

Der **Verpackung** kommen unterschiedliche Funktionen zu, die sich z.B. hinsichtlich der Produktion (z.B. Erleichterung von Produktions- oder Umschlagsvorgängen), des Marketing (z.B. Verpackung als Werbeträger oder Funktionen der Verpackung im Rahmen der Verkaufsförderung) oder der Verwendung der Produkte (z.B. Wiederverwendung oder Transporterleichterung) unterscheiden. Nahe liegender Weise spielen im internationalen Bereich eine Reihe von Verpackungsfragen eine wichtige Rolle. Entsprechend ergeben sich unterschiedliche Einflussfaktoren, die auf die Gestaltung der Verpackungen einwirken (siehe Abbildung 5.13).

Dabei sind neben „betriebswirtschaftlichen" Fragestellungen auch die unterschiedlichen länderspezifischen gesetzlichen Vorgaben, Kundenbedürfnisse oder ökologische Gesichtspunkte zu berücksichtigen (Hertel/Zentes/Schramm-Klein 2011, S.202ff.; Rosecky/Smith/Ying 2003). Beim Internationalen Marketing stehen v.a. die kommunikativen bzw. Verkaufsförderungsfunktionen der Verpackung im Vordergrund. Jedoch sind auch, z.B. auf Grund unterschiedlicher Transportwege bzw. -formen oder unterschiedlicher klimatischer Bedingungen, die Transport-, Lager- und Schutzfunktionen der Verpackung, die z.B. zur Sicherung der Haltbarkeit oder zum Qualitätsschutz beitragen, zu beachten (Backhaus/Voeth 2010a, S. 126ff.).

Abbildung 5.13: Einflussfaktoren auf die Verpackungsgestaltung

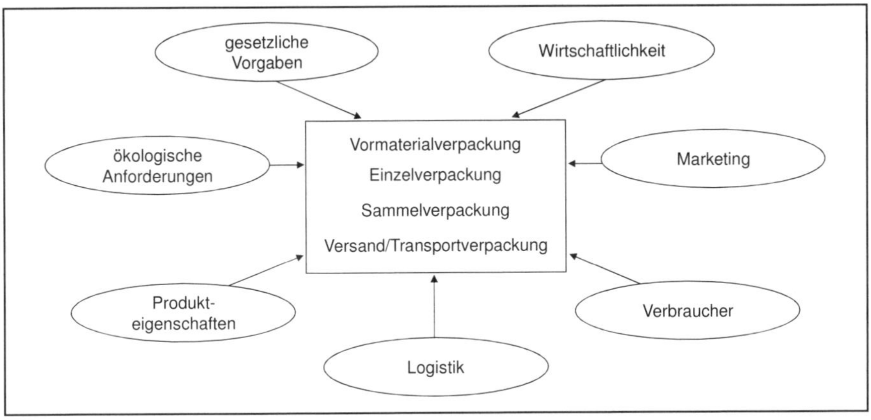
gesetzliche Vorgaben
Wirtschaftlichkeit
ökologische Anforderungen
Vormaterialverpackung
Einzelverpackung
Sammelverpackung
Versand/Transportverpackung
Marketing
Produkt-eigenschaften
Verbraucher
Logistik

Quelle: Pfohl 2010, S. 139.

Nivea: Weltweit neues Design

Seit 1925 hat die legendäre blaue Dose die Markenwerte von Nivea gehütet. Sie ist das „Gesicht" der Marke und Verbraucher weltweit assoziieren „Vertrauen", „Nähe" und „Pflegekompetenz" mit dieser Ikone. Jetzt hat die Beiersdorf AG eine neue, globale Designsprache entwickelt, die sich bewusst an der berühmten blauen Dose orientiert. Das neue Design soll die Markenidentität in ein Produkt übersetzen, das die erfolgreichen Kernwerte von Nivea für Verbraucher erlebbar macht und alle Produkte in allen Kategorien mit einem hohen Wiedererkennungswert ausstattet, heißt es aus Hamburg. Die schrittweise Einführung des neuen Designs für das gesamte Nivea Haut- und Körperpflege-Portfolio startete im Januar 2013 in über 200 Ländern.

Abbildung 5.14: Verpackungsdesign bei Nivea

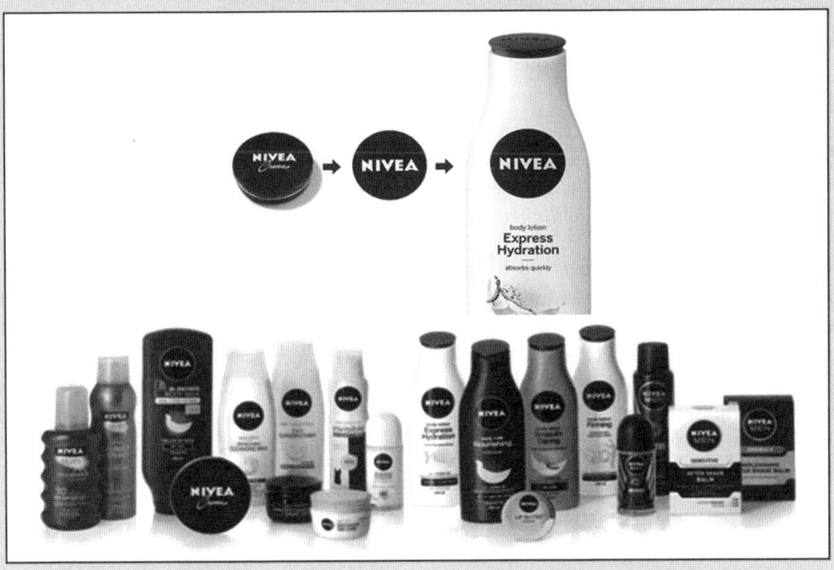
NIVEA
NIVEA
NIVEA
Express Hydration

Quelle: Beiersdorf AG.

> „Nivea, das bedeutet 'Kompetenz in der Hautpflege', 'Vertrauen' und 'Qualität'. Diese Werte werden weltweit von allen Verbrauchern geschätzt. Wir müssen sicherstellen, dass die Markenidentität alle diese Werte widerspiegelt, auch im Verpackungsdesign", sagt Ralph Gusko, Markenvorstand der Beiersdorf AG. „Zwei Drittel aller Kaufentscheidungen werden am Regal getroffen. Die konsistente Design-Sprache über alle Kanäle hinweg – von der Verpackung bis hin zu Kommunikationsmaßnahmen im Handel – stärkt die Verbraucher-Identifikation und stimuliert Testkäufe in anderen Produktkategorien des Marken-Portfolios", so Gusko weiter.
>
> Der international renommierte Industrie-Designer Yves Béhar hat in Zusammenarbeit mit dem BDF Design Management eine neue Design-Sprache entwickelt, die die wichtigsten Markenwerte intuitiv erlebbar machen soll. Das internationale Team ließ sich von der Magie der blauen Dose inspirieren. Dieses zentrale Design-Element wird als Logo eingesetzt und spiegelt sich in den sanft abgerundeten Körpern der neuen Verpackung und dem Einsatz reduzierter weißer und blauer Elemente wider. Der runde Deckel mit geprägtem Logo, der sich dem Betrachter entgegenneigt, lässt sofort Assoziationen zur blauen Dose aufkommen und soll bei dem Verbraucher für ein vertrautes Markenerlebnis am Regal sorgen. Erste Verbrauchertests haben laut BDF gezeigt, dass die Anstrengungen des Design-Teams zielführend waren. Insbesondere Konsumenten in den Wachstumsmärkten wie Asien und Südamerika bewerteten den neuen Auftritt "äußerst positiv".
>
> *Quelle: Verpackungsrundschau, 15. Januar 2013; www.beiersdorf.de, Abrufdatum: 30. Mai 2013.*

Zusätzlich zu den tangiblen Produktmerkmalen sind (Kunden-)**Dienstleistungen** ein weiterer Produktbestandteil. Solche Zusatzleistungen können in allen Phasen des Kaufprozesses der Nachfrager angeboten werden (z.B. Beratung vor dem Kauf, Installation oder Montage während der Kaufphase und Kundendienst oder Ersatzteilservices in der After-Sales-Phase). Zu unterscheiden sind direkt auf das jeweilige Produkt bezogene Dienstleistungen, wie z.B. Produktdemonstrationen oder spezifische Beratung, sowie Dienstleistungen, die keinen direkten Bezug zu dem Produkt haben, wie z.B. Kundenclubs oder Serviceleistungen am PoS (Backhaus/Voeth 2010a, S. 146f.).

IV. Internationale Preis- und Konditionenpolitik

1. Überblick

> *Die internationale Preis- und Konditionenpolitik (internationale Kontrahierungspolitik) beinhaltet im Wesentlichen die Festlegung der für die Leistungen des Unternehmens zu erbringenden entgeltlichen Gegenleistungen.*

Bei der internationalen Preis- und Konditionenpolitik besteht die Komplexität darin, die Preise bzw. Konditionen länderübergreifend zu koordinieren, denn sie umfasst nicht nur die Preis- und Konditionenfixierung für einen Ländermarkt, sondern auch die länderübergreifende Festlegung der Preise und Konditionen. Sie wird von spezifischen Faktoren beeinflusst, die über die bereits im Ersten Kapitel dargestellten Rahmenbedingungen hinausgehen. Als Bestimmungsfaktoren sind insbesondere zu berücksichtigen (Meffert/Burmann/Becker 2010, S. 221ff.; Simon/Faßnacht 2009, S. 538; Theodosiou/Katsikeas 2001; Samli/Jacobs 1993):[1]

---

[1] Vgl. hierzu auch z.B. Backhaus/Voeth 2010a, S. 148ff.; Terpstra/Sarathy/Russow 2006, S. 523ff.; Doole/Lowe 2012, S. 358f.

- **Spezifische Determinanten des Makroumfelds**
  - **Wirtschaftliche Entwicklung/Kaufkraft**: Diese Determinanten sind z.B. im Hinblick auf die Erreichung einer kritischen Masse oder einer weit gehenden Abdeckung bestimmter Märkte relevant, was oftmals nur mit niedrigeren Preisen realisiert werden kann.
  - **Politische Risiken/Währungsrisiken/Inflationsraten**: Sie können zu unterschiedlichen Preisen (v.a. in Hochinflationsländern) führen und die (kosten- und preismäßige) Absicherung der Risiken erfordern.
  - **Rechtsrahmen/staatliche Einflüsse**: Sie determinieren die Optionen der Wahl der Preisstrategie (z.B. staatlich fixierte Höchst-, Mindest- oder Festpreise, Möglichkeiten der vertikalen Preisbindung, Verbrauchs- bzw. Mehrwertsteuersätze usw.).
- **Spezifische Determinanten des Mikroumfelds**
  - **Abnehmerstruktur**: Der Konzentrationsgrad der Abnehmer auf den jeweiligen Märkten stellt einen wesentlichen Einflussfaktor auf die Preispolitik dar. So erfordern z.B. atomistisch strukturierte Märkte andere Strategien als Märkte, die durch hoch konzentrierte Strukturen gekennzeichnet sind. In diesem Zusammenhang ist auch die Struktur der Distributionssysteme in den jeweiligen Ländern von Bedeutung.
  - **Kauf- und Konsumgewohnheiten**: Auf Grund unterschiedlicher Wertigkeiten, Kauf- oder Konsumgewohnheiten sowie Präferenzstrukturen kann die Preisbereitschaft in unterschiedlichen Ländermärkten divergieren.
  - **Kostenstruktur**: Die Kostensituation stellt einen wichtigen Einflussfaktor auf die internationale Preis- und Konditionenpolitik dar. Hierbei sind nicht nur direkte Produktionskosten, sondern z.B. auch Transportkosten zu beachten, die im Rahmen der Preisfestlegung zu berücksichtigen sind.
  - **Konkurrenzstruktur/-intensität**: Von besonderer Bedeutung für die Preispolitik ist die Wettbewerbsstruktur. Diese kann bedingen, dass das Preisniveau zwischen unterschiedlichen Ländern erheblich variiert.
- **Ressourcenausstattung der Unternehmen**: Sie beeinflusst die Preis- und Konditionenpolitik u.a. über ihren Zusammenhang zur Kostenstruktur der Unternehmen. Zudem beeinflusst sie z.B. die Innovationskraft bzw. das Innovationspotenzial der Unternehmen und damit z.B. auch die Möglichkeit, höhere Preise für Innovationen in der Pionierphase zu realisieren.

2. Internationale Preispolitik

a) Entscheidungsbereiche der internationalen Preispolitik

> *Im Bereich der internationalen Preispolitik sind Entscheidungen darüber zu treffen, wie die Preise der Produkte in den jeweiligen Ländern gesetzt werden sollen. Dabei ist es auch erforderlich zu bestimmen, in welchem Verhältnis die Preise auf den Ländermärkten zueinander stehen sollen.*

In Abbildung 5.15 ist ein Überblick über neuere Forschungsarbeiten zum Bereich der internationalen Preis- und Konditionenpolitik dargestellt.

Abbildung 5.15: Ausgewählte Studien zur internationalen Preis- und Konditionenpolitik

Autor (Jahr)	Forschungsgegenstand	Problemstellung
Solberg/Stöttinger/Yaprak 2006	Exportpreispolitik	Preispolitik von exportierenden Unternehmen
Jo/Sarigollu 2007	Preisbildung und Preisstrategie	länderspezifische Wirkung von Preisen auf die wahrgenommene Qualität; internationale Preisbildung und Preisstrategie
Persson 2010	B2B-Image und Preispremium	Identifikation von den entscheidenden Markenfaktoren, die zum Kauf einer Marke führen können
Yin/Ray/Gurnani/Animesh 2010	Produkte in mehreren Gebrauchtmärkten	Auswirkungen auf Produktverbesserungen und Preisimplikationen
Lowe/Barnes/Rugimbana 2012	Konsumentenverhalten bei Preisänderungen in Abhängigkeit kultureller Einflüsse	Eine Discount-Preisstrategie kann aufgrund kulturell bedingter Einstellungen zu Preisen unterschiedlich wirken
Roine/Sainio/Saarenketo 2012	Preisentscheidungen bei Exportkanälen	Entwicklung einer optimalen Preisfestlegungsstrategie bei Export von Produkten in unterschiedliche internationale Märkte

Im Rahmen der internationalen Preispolitik steht zumeist der Preis als monetäre Gegenleistung („**Entgelt**") im Vordergrund. Bei preispolitischen Überlegungen sind jedoch nicht nur die rein auf das Entgelt bezogenen Aspekte wichtig, sondern Fragen des Preis-Leistungs-Verhältnisses sind von besonderer Bedeutung. Den Hintergrund dieses Verständnisses bildet die Denkweise, dass Preise nicht nur einen „Preiszähler" (= Entgelt) besitzen, sondern auch einen „Preisnenner", der durch den Leistungsumfang repräsentiert wird (Diller 2008, S. 31). Dabei wird einerseits berücksichtigt, dass eine grundsätzliche Interdependenz zwischen dem Leistungsumfang und dem zugehörigen Entgelt (über die mit der Leistungserbringung verbundenen Kosten) besteht. Zudem besteht grundsätzlich eine Antinomie zwischen den Anbieterinteressen, die einen möglichst hohen Preisquotienten anstreben, und den Nachfragerinteressen, die einen möglichst niedrigen Preisquotienten wünschen (Diller 2008, S. 31).

Eine Reduktion der Betrachtungen rein auf das direkte Entgelt ist i.d.R. nicht ausreichend, da die Kaufentscheidungen durch weit mehr preisbezogene Faktoren beeinflusst werden. In einer weiten Definition wird deshalb unter dem Preis nicht nur das Entgelt verstanden, sondern darunter werden alle Ausgaben subsumiert, die mit dem Kauf von Produkten verbunden sind. Hierzu zählen neben dem rein monetären Entgelt alle mittelbar und unmittelbar mit dem Kauf verbundenen Ausgaben (Diller 2008, S. 32; siehe Abbildung 5.16).

Im Wesentlichen sind im Rahmen der internationalen Preispolitik zwei Entscheidungsbereiche zu berücksichtigen:

- Marktpreisbildung gegenüber privaten oder gewerblichen Endabnehmern
- Marktpreisbildung gegenüber Absatzmittlern (keine finalen Abnehmer).

Während die Preise gegenüber den Endabnehmern i.d.R. mehr oder weniger autonom festgelegt werden können, sind im Fall der Preisbildung gegenüber Absatzmittlern Fragen von Bedeutung, die sich darauf beziehen, inwieweit der Hersteller die Preisfestlegung gegenüber den „indirekten" Kunden beeinflussen kann. Die Preisbildung durchläuft in diesem Fall einen mehrstufigen Prozess, bei dem einerseits die Festlegung der Preise gegenüber den direkten Kunden erfolgt und weiterhin die Festlegung der Endabnehmerpreise angestrebt wird. Diese kann entweder autonom auf den alternativen Handelsstufen in den unterschiedlichen Ländern durchgeführt werden oder es kann eine Einflussnahme durch den Hersteller über die Absatzkanäle vorgenommen werden (zweistufige Preispolitik). Dabei ist zu beachten, dass sowohl die Endabnehmer als auch die Akteure, die als Absatzmittler agieren, in mehreren Ländern aktiv sein können (**„multinational customers"**).

Abbildung 5.16: Preisbestandteile eines Gebrauchsguts aus Kundensicht

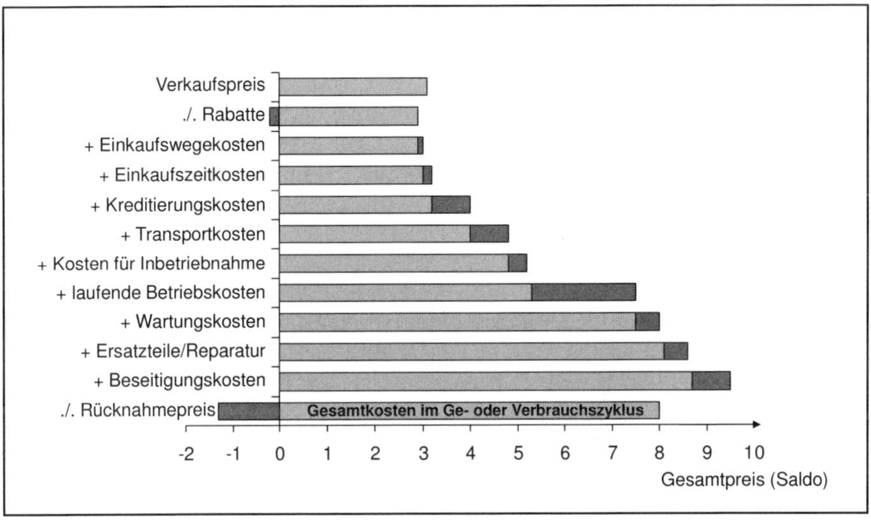

Quelle: Diller 2008, S. 32.

b) Preisfindung auf internationalen Märkten

i. Internationale Preisstrategie

Fragen der Preisfindung auf internationalen Märkten stellen sich insbesondere bei der Produktneueinführung. Sie stellen sich aber auch bei der Einführung von Produkten auf neuen Märkten, die in anderen Ländern bereits etabliert sind. Die Preisfestlegung kann sich auf einzelne Produkte oder auf das Produktprogramm beziehen.[1]

Den Ausgangspunkt der konkreten Preisentscheidungen bildet die grundsätzliche internationale Preisstrategie. Sie beinhaltet die Festlegung der generellen **Preislage** auf den jeweiligen Ländermärkten und die Bestimmung des preislichen Abstands, der bei Unternehmen mit mehreren Produktlinien zwischen den Produktlinien liegen soll. Zudem ist festzulegen, wie das **Preisgefüge** innerhalb einer Produktlinie zwischen den unterschiedlichen Produkten bzw. -varianten ausgestaltet werden soll (Homburg 2012, S. 654). Hiermit verbunden stellt die angestrebte **Preispositionierung** auf den jeweiligen Ländermärkten ein wesentliches Entscheidungsfeld dar, da sie grundsätzliche Vorgaben für die konkrete Preisfestsetzung gibt. Im Vordergrund stehen zumeist Preis-Leistungs-Überlegungen. Bei der Produkt-Preis-Positionierung werden die Preise zu

---

[1] Zum Prozess des internationalen Preismanagements vgl. Sander 1997, S. 74ff.

den Leistungen in Relation gesetzt. Sowohl die preisliche als auch die Leistungskomponente werden im Verhältnis zum Wettbewerb betrachtet (siehe Abbildung 5.17).

Abbildung 5.17: Preis-Leistungs-Positionierung

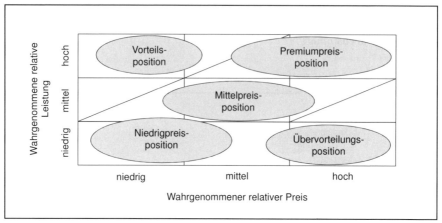

Quelle: Simon/Faßnacht 2009, S. 34.

Die Positionen im Diagonalbereich dieser Matrix werden als konsistente Positionierung bezeichnet, da sich der relative Preis und die relative Leistung entsprechen. Sie werden in der Unternehmenspraxis deshalb häufig gewählt. Die **Premiumpreis-Position** entspricht der Präferenzstrategie, bei der die hochwertige Leistung im Vordergrund steht, während bei der **Niedrigpreisposition** niedrige Preise realisiert werden. Diese Positionierung korrespondiert häufig mit der Strategie der Kostenführerschaft.

Von Bedeutung ist jedoch nicht nur die Positionierung des jeweiligen Produktes gegenüber der Konkurrenz, sondern auch der Bezug zu den weiteren Produkten im Rahmen des Produktprogramms des Unternehmens. Zu beachten ist, dass nicht nur bezogen auf den internationalen Zusammenhang **Verbundeffekte** auftreten können, sondern dass gerade auch hinsichtlich des Produktprogramms des Unternehmens die einzelnen Produkte nicht isoliert voneinander betrachtet werden können. Verbund- oder Ausstrahlungseffekte im Sortiment bedeuten, dass sich die Preisbestimmung für ein Produkt auf den Absatz der weiteren Produkte des Unternehmens (positiv oder negativ) auswirken kann. Fragestellungen, die sich auf die Preisbestimmung für das Produkt- bzw. Leistungsprogramm beziehen, werden auch als **Preislinienpolitik** bezeichnet (Diller 2008, S. 275ff.).

Im internationalen Kontext gilt es, das Preisgefüge i.S. der jeweils angestrebten Positionierung für die alternativen Ländermärkte zu bestimmen. Je nach strategischer Grundorientierung des Unternehmens kann eine einheitliche Positionierung angestrebt werden oder es sind unterschiedliche Positionierungen denkbar. Hinsichtlich des Länderzusammenhangs sind die angesprochenen Verbundeffekte bzw. Rückkopplungen zu beachten, die – bei transparenten Märkten – gerade hinsichtlich des Preises bedeutsam sind und zu Verhaltenskonsequenzen bei den Nachfragern (z.B. in Form von Arbitrageprozessen, grauen Märkten u.Ä.) führen können. Die grundsätzlichen Entscheidungsfelder bei der internationalen Preisfindung sind in Abbildung 5.18 zusammengefasst.

Abbildung 5.18: Entscheidungsfelder der internationalen Preisfindung

	Preislage und Preisgefüge	**Strategische Mischkalkulation**	**Dynamische Mischkalkulation**
Strategisch	• Preislagenbesetzung in den jeweiligen Ländern bzw. länderübergreifend • Ober-/Untergrenze in den jeweiligen Ländern bzw. länderübergreifend • Anzahl und Breite der in den jeweiligen Ländern angebotenen Produkte (Preislücken)	• Ausmaß der Quersubvention im jeweiligen Produktprogramm	• Ausmaß der Subventionierung von Markteintritten • Ausmaß der Subventionierung von Erstgeschäften • Ausmaß der Subventionierung von Preiskomponenten (z.B. Produkt vs. Ersatzteile, Service) in den jeweiligen Ländern bzw. länderübergreifend
Operativ-taktisch	• Preiskoordination innerhalb der Preislagen (länderbezogen und länderübergreifend) • Produktvarianten • Packungsgrößen	• programmübergreifende Preiskalkulation („Sortimentsausgleich") • Preisbündelung	• übergreifende Preiskalkulation über Kundenlebenszyklus oder Preiskomponenten („Sukzessivausgleich")

Anmerkung: Diller 2008; 2000 nutzt hierfür den Begriff Preisstrukturpolitik.
Quelle: in Anlehnung an Diller 2000, S. 265.

Von hoher Bedeutung und im internationalen Preismanagement von besonderer Komplexität sind die Konzepte der **Mischkalkulation**. Hierbei handelt es sich um ein strategisches Kalkül, bei dem unzureichende Gewinne oder evtl. sogar Verluste bei bestimmten Produkten bewusst in Kauf genommen werden, um deren Absatz sowie ggf. den Absatz anderer Produkte des Unternehmens zu forcieren und diese Verluste durch Gewinnerzielung bei anderen Produkten auszugleichen. Auf diese Weise können Markteintritte oder die Präsenz auf strategisch wichtigen Märkten „finanziert" und die Stellung des Unternehmens im internationalen Wettbewerb gefördert werden.[1]

Mischkalkulation

Beispiele für die Anwendung von Verfahren der Mischkalkulation bilden Spiele-Konsolen wie die Playstation (Sony) oder die Xbox (Microsoft). Die Konsolen werden zu vergleichsweise günstigen Preisen verkauft, die teilweise nahe oder sogar in der Verlustzone liegen. Das Ziel liegt darin, die Konsolen möglichst weit zu verbreiten und den Absatz der Spiele-Software, die konsolenspezifisch ist, zu fördern. Die eigentlichen „Gewinne" werden mit der Spiele-Software realisiert.

Ähnliche Vorgehensweisen werden bei Kaffeeautomaten (z.B. Senseo oder Nespresso) gewählt, bei denen die Maschinen zu subventionierten Preisen verkauft werden, um den Umsatz mit den komplementären Produkten, nämlich den geräte- bzw. systemspezifischen Kaffee-Pads, zu fördern.

Auch im Bereich der Mobiltelefonie werden derartige Strategien verfolgt, indem bei Abschluss oder Verlängerung von Mobiltelefon-Verträgen die Handys kostenlos oder zu subventionierten Preisen abgegeben werden.

In den letzten Jahren lässt sich dieser Trend auch bei dem Verkauf von Druckern beobachten. Markenhersteller wie Hewlett-Packard oder Canon bieten ihre aktuellen Tintenstrahl- und Laserdrucker zu sehr niedrigen Preisen an. Die dazugehörigen Druckerpatro-

---

[1] Vgl. zu den unterschiedlichen Formen der strategischen und dynamischen Mischkalkulation detailliert Diller 2008, S. 279ff.

nen sind in der gleichen Zeit aber im Preis gestiegen und teilweise sogar teurer als der eigentliche Drucker. Durch diese Mischkalkulation können die Unternehmen die eventuell beim Verkauf des Druckers entstehenden Verluste kompensieren.

ii. Methoden der Preisfindung auf internationalen Märkten

Bei der internationalen Preispolitik kann grundsätzlich auf die gleichen Methoden zurückgegriffen werden wie im nationalen Kontext. Die internationale Preisfindung ist jedoch dadurch gekennzeichnet, dass im internationalen Geschäft (insbesondere im Exportgeschäft) zusätzliche Kosten anfallen und zusätzliche Risiken zu berücksichtigen sind, die bei rein nationaler Tätigkeit nicht auftreten (Becker 2001, S. 1247; Diller 2008, S. 354):

- Es entstehen bei der Überwindung von Außenhandelsbarrieren Zusatzkosten auf der Beschaffungs- und auf der Absatzseite, z.B. für Ausfuhrlizenzen, länderspezifische Qualitätsvorschriften, Begleitpapiere im Export u.Ä.
- Die Auftragsbearbeitung und -abwicklung von Auslandsgeschäften ist i.d.R. mit erhöhten Kosten verbunden (z.B. für qualifizierte Mitarbeiter, die über Erfahrungen im Auslandsgeschäft verfügen).
- Zusatzkosten können durch spezifische logistische oder vertragliche Erfordernisse (z.B. Verkehrsmittel, Verpackungen o.Ä.) sowie durch spezielle Haftungs- und Gewährleistungsansprüche entstehen.
- Weitere Zusatzkosten können aus erforderlichen Produktmodifikationen u.Ä. resultieren.
- Spezifische Außenhandelsrisiken bzw. deren Absicherung (z.B. Transport- oder Lagerversicherungen) können zusätzliche Kostenfaktoren darstellen.
- Weitere Kosten können aus Wechselkursänderungen oder durch erforderliche Kurssicherungsaktivitäten entstehen. Ebenso führen hohe Inflationsraten zu Risiken im internationalen Kontext.

Auf der operativen Ebene lassen sich die Ansätze zur internationalen Preisfindung in kostenorientierte, nachfrageorientierte und konkurrenzorientierte Methoden der Preisfindung unterteilen:[1]

- Im Rahmen der **kostenorientierten Preisfindung** wird die Festlegung der Preise anhand von Informationen aus der Kostenrechnung vorgenommen. Solche Kalkulationsverfahren werden v.a. zur Bestimmung von Preisuntergrenzen genutzt (Zentes 2002). Vor allem im Exportgeschäft kommen diese Verfahren auf Grund der Einfachheit ihrer Anwendung zum Einsatz, denn es sind keine differenzierten Informationen über die Umfeldbedingungen in den einzelnen Ländern erforderlich, sodass im Grundsatz keine umfangreichen Marktforschungsaktivitäten in den jeweiligen Ländern durchgeführt werden müssen. Das Verfahren ist dadurch relativ günstig.
- Bei der **nachfrageorientierten Preisfindung** erfolgt die Preisfindung auf der Grundlage kundenbezogener Betrachtungen. Zumeist wird von der Fragestellung ausgegangen, welchen Preis die Käufer in den jeweiligen Ländern bereit wären zu zahlen („**what the traffic will bear**"-Politik). Die wichtigsten Modelle sind der

---

[1] Zu einem detaillierten Überblick über die unterschiedlichen Verfahren der Preisfindung im Internationalen Marketing vgl. u.a. Sander 1997, S. 100ff.; Berndt/Fantapié Altobelli/Sander 1997, S. 173ff.; Diller 2008, S. 309ff.

Preisschwellenansatz von Jacob (1971), der Preiskorridoransatz von Simon/Faßnacht (2009) sowie der mikroökonomische Ansatz von Sander (1997).[1]

- Die **konkurrenzorientierte Preisfindung** ist dadurch gekennzeichnet, dass die Preisfindung im Wesentlichen auf dem Preisverhalten der Wettbewerber basiert. Preisentscheidungen werden v.a. vor dem Hintergrund der länderspezifischen Konkurrenzsituation bzw. eines länderübergreifenden Wettbewerbskalküls getroffen. Entweder kann eine bewusste Anpassung an das Konkurrenzverhalten angestrebt werden (z.b. im Rahmen von defensiven Preisstrategien), es kann aber auch eine bewusste Abkopplung erfolgen (z.b. im Rahmen aggressiver Markterschließungsstrategien, bei denen ein deutliches Unterbieten der Konkurrenzpreise erfolgt).

iii. Währungsrisiko und internationale Preispolitik

Eine wesentliche Einflussgröße auf die internationale Preispolitik ist das Währungsrisiko. Zum einen sind grenzüberschreitende Transaktionen (so im Exportgeschäft) bei Wechselkursänderungen dem Währungsrisiko ausgesetzt und weiterhin sind auch Transaktionen auf Auslandsmärkten bei Produktion im Ausland vom Währungsrisiko betroffen, wenn eine Konvertierung z.b. bei Gewinntransfers im Rahmen eines internationalen Konzerns in die Währung des Mutterlandes erfolgt.

Bei grenzüberschreitenden Transaktionen ist festzulegen, in welcher Währung die Transaktion vorgenommen werden soll. Dies ist grundsätzlich im Rahmen der Vertragsgestaltung verhandelbar. Wird vereinbart, dass die Zahlung in der Währung des Auslandes erfolgt, was v.a. der Fall ist, wenn bei kundenorientierten Strategien auf Währungswünsche der Abnehmer eingegangen wird, so entsteht dem Anbieter bei Auseinanderfallen vom Zeitpunkt des Vertragsabschlusses und dem Zahlungszeitpunkt ein Wechselkursrisiko. Dieses kann anhand unterschiedlicher Kurssicherungsmaßnahmen abgesichert werden (z.B. Termin- oder Optionsgeschäfte, Kurssicherungsklauseln in Verträgen o.Ä.).

Wechselkursänderungen haben zudem auch über den Einfluss auf die Beschaffungsmärkte der Unternehmen Folgen für die Kostenentwicklung der Inputfaktoren. Auf diese ist ggf. preislich zu reagieren (Simon/Faßnacht 2009, S. 542ff.; Samiee/Anckar 1998). Die Preis- und Gewinnwirkungen von Wechselkursschwankungen sind in Abbildung 5.19 dargestellt.

---

[1] Vgl. hierzu ausführlich Sander 1997, S. 114ff.; Berndt/Fantapié Altobelli/Sander 1997, S. 182ff.; Backhaus/Voeth 2010a, S. 176ff.

Abbildung 5.19: Preis- und Gewinnwirkungen von Wechselkursänderungen

	Verkauf des Produktes im Ausland durch Export		Verkauf des Produktes im Ausland durch dort ansässige Tochtergesellschaften
	Fakturierung in Inlandswährung	Fakturierung in Auslandswährung	Fakturierung in Auslandswährung
Abwertung der Auslandswährung	Gewinn (in Inlandswährung) bleibt konstant, Preis steigt aus Sicht des ausländischen Abnehmers	Gewinn (in Inlandswährung) sinkt, Preis aus Sicht des ausländischen Abnehmers bleibt konstant	Gewinn in Auslandswährung bleibt konstant, Gewinn in Inlandswährung sinkt, Preis aus Sicht des ausländischen Abnehmers bleibt konstant
Aufwertung der Auslandswährung	Gewinn (in Inlandswährung) bleibt konstant, Preis sinkt aus Sicht des ausländischen Abnehmers	Gewinn (in Inlandswährung) steigt, Preis aus Sicht des ausländischen Abnehmers bleibt konstant	Gewinn in Auslandswährung bleibt konstant, Gewinn in Inlandswährung steigt, Preis aus Sicht des ausländischen Abnehmers bleibt konstant

Quelle: Sander 1997, S. 52.

3. Transferpreise

Transfer- bzw. Verrechnungspreise sind v.a. beim Leistungsaustausch zwischen verbundenen in- und ausländischen Unternehmen oder organisatorischen Einheiten eines Unternehmens von Bedeutung. Wenngleich sich die Transferpreispolitik vornehmlich an Fragen des Internationalen Managements orientiert, hat sie auf die internationale Preis- und Konditionenpolitik einen wesentlichen Einfluss. Dies liegt darin begründet, dass sie Kostencharakter für die empfangenden Unternehmenseinheiten besitzt (Pausenberger 1992, S. 781).

Bei Transferpreisen kann es sich einerseits um klassische **Verrechnungspreise** handeln, also z.B. darum, zu welchen Preisen die Muttergesellschaft Produkte, Systeme, Faktoren o.Ä. an die Tochtergesellschaften verkauft. Auf der anderen Seite kann es sich auch um Preise zwischen Landesgesellschaften handeln, sodass hierdurch aktiv Einfluss auf den Endkundenpreis genommen werden kann. Zum Beispiel kann es um die Frage gehen, zu welchen Preisen eine Landesgesellschaft in Land A Produkte einer in einem anderen Land (Land B) ansässigen Landesgesellschaft erwirbt, die in Land A verkauft werden. Die Transferpreisbildung kann unterschiedlichen Zielsetzungen unterliegen. Im Vordergrund stehen dabei:[1]

- Gewinnverlagerung/Steuerminimierung
- Zollminimierung/Maximierung von Exportprämien
- Umgehung von Außenhandelsrestriktionen
- Kapitalrückfluss/-verlagerung
- Allokation der Ressourcen.

Zur Ermittlung von Transferpreisen können unterschiedliche Methoden eingesetzt werden, z.B. Transferpreise auf der Basis von marktorientierten Listenpreisen, Vollkosten, ausgehandelten Preisen oder Wiederverkaufspreisen.[2] Die Transferpreisbildung kann jedoch nicht vollständig frei getroffen werden, sondern ist neben den ökonomischen

---

[1] Vgl. hierzu Pausenberger 1992; Drumm 1989; Sander 1997, S. 66f.; Emmanuel 1999, S. 419; Fraedrich/Bateman 1996.

[2] Zu einem Überblick über die unterschiedlichen Methoden der Transferpreisermittlung vgl. Pausenberger 1992, S. 778f.; Drumm 1989, Sp. 2079f.; Sander 1997, S. 68.

Problemen[1] der Transferpreisbildung dadurch gekennzeichnet, dass eine Reihe gesetzlicher Regelungen zu berücksichtigen ist (Diller 2008, S. 305f.; Lakhal/H'Mida/Venkatadri 2005). Im Vordergrund steht dabei das Prinzip des „**Dealing-at-arm's-length**". Dieses besagt, dass der Preis für unternehmensinterne Lieferungen und Leistungen an den Preisen ausgerichtet werden soll, die zwischen unabhängigen Unternehmen festgelegt werden würden. In diesem Zusammenhang ist die Empfehlung des Committee on Fiscal Affairs der OECD hervorzuheben. Die darin vorgeschriebenen „angemessenen" Transferpreise sollen die Gewinnverlagerung in Niedrigsteuerländer verhindern. Die Angemessenheit unterliegt dem sog. **Fremdvergleich**, wobei i.d.R. eine Orientierung am Markt- oder Börsenpreis erfolgt (Drumm 1989, Sp. 2080).

4. Internationale Konditionenpolitik

a) Überblick

Die internationale Konditionenpolitik bezieht sich auf über den Preis hinausgehende Regelungen beim Abschluss von Verträgen, so insbesondere Liefer- und Zahlungsbedingungen oder Kredit- und Rabattgewährung. Die Konditionenpolitik korrespondiert i.d.R. mit der Preispolitik, weil sich günstigere Konditionen (z.B. günstige Kreditbedingungen) tendenziell preiserhöhend auswirken (Berndt/Fantapié Altobelli/Sander 1997, S. 223).

b) Internationale Lieferbedingungen

In den Lieferbedingungen werden Parameter wie die Lieferzeit, die Lieferhäufigkeit, der Lieferort, die Liefermenge, die Lieferart, die Lieferkosten u.Ä. geregelt. Vor allem mit Blick auf die Ausgestaltung von Lieferzeit und Lieferhäufigkeit gilt, dass hiervon eine besonders hohe akquisitorische Wirkung ausgehen kann, da häufig sowohl eine kurzfristige als auch eine flexible Lieferung von den Abnehmern gewünscht wird. Insbesondere im Konsumentenbereich steht oft die unmittelbare Ge- und Verbrauchsmöglichkeit der Produkte im Interessenfokus. Zudem spielen Faktoren wie Pünktlichkeit und Zuverlässigkeit der Lieferanten eine besondere Rolle, da z.B. im gewerblichen Bereich Lieferausfälle oder Verspätungen mit Produktionsausfällen oder -stillständen verbunden sein können (Schramm-Klein 2004). Eine hohe Lieferflexibilität und -zuverlässigkeit oder kurze Lieferzeiten können deshalb als wesentliche Wettbewerbsvorteile wirken.

Mit der zeitlichen Dimension hängen die Festlegung des Lieferortes (z.B. Lager, Produktionsstätte o.Ä.) sowie die Lieferart, also die Wahl des Transportmittels, eng zusammen. Diese steht in einer Wechselwirkung zu Fragen der Verpackung und Kennzeichnung, aber auch zu Fragen der Liefermengen, da z.B. Gebindegrößen oder zulässige Mengentoleranzen in diesem Zusammenhang zu beachten sind (Jahrmann 2010, S. 197ff.).

Im Zusammenhang mit den Lieferbedingungen ist v.a. die Aufteilung von Lieferkosten und Lieferrisiken zwischen den Vertragspartnern wichtig. Im Internationalen Marketing stehen als Lieferklauseln die **INCOTERMS** (International Commercial Terms, Internationale Handelsklauseln) im Vordergrund. Sie regeln im Wesentlichen (Bredow/Seiffert 2000, S. 6f.; Zentes/Neidhart 2004, S. 848f.; Hollensen 2011, S. 537f.):

---

[1] Vgl. hierzu ausführlich Pausenberger 1992; Drumm 1989.

- die Lieferung und Abnahme der Ware
- die Zahlung des Kaufpreises
- die Beschaffung von Lizenzen und Genehmigungen
- die Erledigung von Formalitäten
- die Verantwortung für den Abschluss von Beförderungs- und Versicherungsverträgen
- den Übergang der Gefahren
- die Kostentragung
- die Besorgung von Liefernachweisen und Transportdokumenten
- die Prüfung und Verpackung der Ware.

Die INCOTERMS, die 1936 von der International Chamber of Commerce veröffentlicht und seitdem sechs Mal überarbeitet wurden, haben keinen Gesetzescharakter. Es handelt sich um vorformulierte Klauseln, die häufig von den Vertragspartnern akzeptiert werden. In Abbildung 5.20 sind die INCOTERMS in der aktuell gültigen Fassung aus dem Jahre 2010 dargestellt.

Abbildung 5.20: INCOTERMS 2010

Gruppe E Kosten- und Gefahrenübergang: Werk	EXW	Ex Works ... (named place) Ab Werk ... (benannter Ort)
Gruppe F Kosten- und Gefahrenübergang: Lieferort	FCA	Free Carrier ... (named place) Frei Frachtführer ... (benannter Ort)
	FAS	Free Alongside Ship ... (named port of shipment) Frei Längsseite Seeschiff ...(benannter Verschiffungshafen)
	FOB	Free On Board ... (named port of shipment) Frei an Bord ... (benannter Verschiffungshafen)
Gruppe C Gefahrenübergang: Lieferort Kostenübergang: Bestimmungsort	CFR	Cost and Freight ... (named port of destination) Kosten und Fracht ... (benannter Bestimmungshafen)
	CIF	Cost, Insurance and Freight ... (named port of destination) Kosten, Versicherung und Fracht ... (benannter Bestimmungshafen)
	CPT	Carriage Paid To ... (named place of destination) Frachtfrei ... (benannter Bestimmungsort)
	CIP	Carriage and Insurance Paid to ... (named place of destination) Frachtfrei versichert ... (benannter Bestimmungsort)
Gruppe D Kosten- und Gefahrenübergang: Bestimmungsort = Lieferort	DAP	Delivered at Point Geliefert ... (benannter Ort)
	DAT	Delivered at Terminal Geliefert Terminal ... (benanntes Terminal am Bestimmungsort)
	DDP	Delivered Duty Paid ... (named place) Geliefert verzollt ... (benannter Ort)

Quelle: International Chamber of Commerce, www.icc-deutschland.de, Abrufdatum: 30. Mai 2013.

c) Internationale Zahlungsbedingungen

Anhand der Zahlungsbedingungen werden die Zahlungsverpflichtungen der Abnehmer sowie die Modalitäten der Zahlungserfüllung geregelt. Zielsetzung der Ausgestaltung der Zahlungsbedingungen ist es, das Zahlungseingangsrisiko des Verkäufers und das Liefereingangsrisiko des Käufers zu minimieren. Dabei besteht ein Interessenkonflikt zwischen den Transaktionspartnern, der sich darin äußert, dass der Käufer das Interesse hat, erst möglichst spät eine Zahlung zu leisten, während der Verkäufer die Zahlung möglichst früh erhalten möchte. Anhand der Zahlungsbedingungen wird die Verteilung der Kredit- und Zahlungskosten vorgenommen. Insbesondere im Außenhandel können sich die Transaktionspartner im Gegensatz zum nationalen Handel häufig bei Zahlungsverzug nicht auf ein gesichertes Rechtssystem verlassen. Deshalb kommt der Ausgestaltung der Zahlungsbedingungen in diesem Kontext eine besonders hohe Bedeutung zu (Diller 2008, S. 239; Zentes/Neidhart 2004, S. 851f.). Verbreitete **Zahlungsformen** sind dabei:

- Vorauszahlung („cash before delivery" bzw. „advance payment")
- Anzahlung („down payment")
- Abschlagszahlungen/Pro-Rata-Zahlung („progress payment")
- Zahlung bei Lieferung/Zahlung durch Nachnahme („cash on delivery")
- Zahlung gegen einfache Rechnung („clean payment").

In Abbildung 5.21 sind unterschiedliche Zahlungsformen im Außenhandel dargestellt. In Abhängigkeit von dem Zahlungszeitpunkt variiert das Risiko von Käufer und Verkäufer.

Neben diesen nicht-dokumentären Zahlungsmodalitäten werden im Außenhandel auch dokumentäre Zahlungsformen wie Dokumenteninkasso oder Dokumentenakkreditiv eingesetzt. Bei diesen Zahlungsformen erfolgt die Zahlung gegen Aushändigung der Dokumente, mit denen der Käufer die Verfügungsgewalt über die Ware erhält.[1]

Abbildung 5.21: Zahlungszeitpunkte im Außenhandel

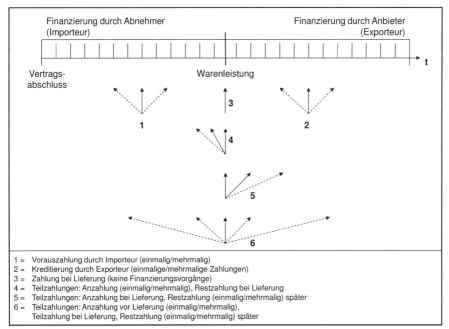

Quelle: Hünerberg 1994, S. 213.

---

[1] Vgl. zu den dokumentären Zahlungsformen ausführlich Jahrmann 2010, S. 390ff. und Altmann 2001, S. 256ff.

d) Internationale Kreditpolitik

Eng mit den Zahlungsbedingungen hängt die internationale Kreditpolitik zusammen, denn je nach Ausgestaltung beinhalten die jeweiligen Zahlungsformen z.T. auch Kreditfunktionen. Zum Beispiel bedeuten Vorauszahlungen oder Anzahlungen des Abnehmers eine Kreditgewährung an den Anbieter während Zahlungen gegen Rechnung mit einer Kreditgewährung des Anbieters an den Nachfrager verbunden sind (siehe Abbildung 5.21).

Bei der Kreditpolitik steht die **Finanzierung** der Waren und Dienstleistungen im Vordergrund. Gerade im Industriegütergeschäft und dabei v.a. bei Großprojekten stellen Zahlungen bei Auftragsabschluss auf Grund des Volumens sowie der zeitlichen Dimensionen z.B. bei Anlagenprojekten eher die Ausnahme dar. Das Instrument der Finanzierung ist deshalb in diesem Bereich als Marketinginstrument von besonderer Bedeutung (Backhaus/Voeth 2010b, S. 375ff.). Aber auch bei Transaktionen mit Konsumenten spielen Finanzierungsinstrumente eine wichtige Rolle. So können z.B. durch zinsgünstige Finanzierungsangebote oder verlängerte Zahlungsfristen („kauf heute – bezahl in zwei Monaten") die aktuellen Belastungen für die Kunden reduziert und dadurch der Absatz stimuliert werden. Insbesondere im Handel und dort auf Grund der Anonymität der Kunden v.a. im Versandhandel sind solche **Konsumentenkredite** ein wichtiges Marketinginstrument.

Abbildung 5.22: Finanzierungsarten im Außenhandel

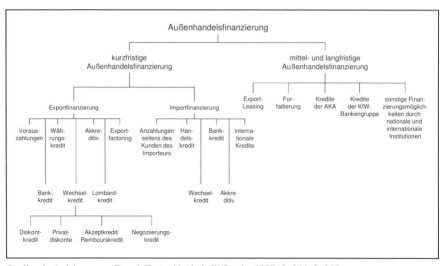

Quelle: in Anlehnung an Berndt/Fantapié Altobelli/Sander 1997, S. 244, S. 255.

Neben nationalen Transaktionen auf den jeweiligen Auslandsmärkten ist auch die Außenhandelsfinanzierung, also die Finanzierung von Exporten oder Importen, von besonderer Bedeutung. Unterschiedliche **Finanzierungsarten** im Außenhandel sind in Abbildung 5.22 dargestellt.[1] Im Vordergrund steht für beide Transaktionspartner jeweils die Minimierung der Finanzierungskosten, jedoch werden auch risikopolitische

---

[1] Vgl. zu den unterschiedlichen Finanzierungsformen ausführlich Berndt/Fantapié Altobelli/Sander 1997, S. 241ff.

B. Elemente des internationalen Marketing-Mix

Überlegungen bei der Formulierung kreditpolitischer Ziele berücksichtigt (Berndt/Fantapié Altobelli/Sander 1997, S. 241).

e) Internationale Rabattpolitik

Rabatte sind Preisnachlässe, die – i.d.R. als individuelle Preisnachlässe – im Vergleich zum Normal- oder Listenpreis gewährt werden (Diller 2008, S. 236). Die internationale Rabattpolitik bezieht sich vorwiegend auf die Ausgestaltung der Rabattpolitik in den jeweiligen Ländern bzw. der länderübergreifenden Ausgestaltung des Rabattsystems. Dabei können unterschiedliche Formen von Rabatten eingesetzt werden. In Abbildung 5.23 ist eine Systematisierung der alternativen Rabattarten dargestellt.

Rabatte werden aus unterschiedlichen Zielsetzungen heraus gegeben. Im Vordergrund steht der psychologische Effekt von Rabatten, der sich darin äußert, dass sich Kunden, in erster Linie private Kunden, denen solche Preisnachlässe gewährt werden, besser behandelt fühlen als andere Marktteilnehmer (Lichtenstein/Netemeyer/Burton 1995).[1] Angestrebt werden spezifische **rabattpolitische Ziele** wie z.B. Umsatzziele, Kundenbindung, Imageziele oder zeitliche Auftragslenkungen (z.B. zur Produktionsglättung). Zusätzlich zu diesen Effekten auf der individuellen Ebene kann anhand von Rabatten eine Preisdifferenzierung zwischen unterschiedlichen Abnehmergruppen oder Ländermärkten erreicht werden, ohne dass diese in großem Ausmaß bekannt wird, da der Basispreis nicht verändert werden muss (Berndt/Fantapié Altobelli/Sander 2010, S. 307). Dadurch können Problematiken wie z.B. Glaubwürdigkeitsprobleme oder Arbitrage vermindert oder vermieden werden.

Abbildung 5.23: Formen von Rabatten

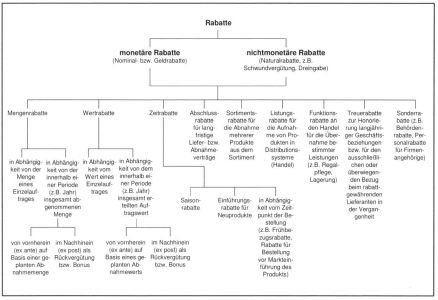

Quelle: Berndt/Fantapié Altobelli/Sander 1997, S. 259.

---

[1] Zu Problemen der Rabattgewährung wie z.B. drohende Glaubwürdigkeitsverluste vgl. Diller 2008, S. 236f.

Zu berücksichtigen ist, dass die Rabattpolitik unterschiedlichen länderspezifischen rechtlichen Regelungen unterliegen kann. Ebenso variieren im Ländervergleich auch die Usancen der Rabattgewährung bzw. der Konditionenverhandlung. Dies kann sich grundsätzlich darauf beziehen, ob Rabattgewährungen üblich sind; weiterhin variieren im internationalen Kontext der Einsatz der alternativen Rabattarten und die (üblichen) Rabatthöhen, die den Kunden gewährt werden.

V. Internationale Kommunikationspolitik

1. Überblick

Die Hauptzielsetzung der internationalen Kommunikationspolitik besteht darin, das Wissen, die Einstellungen, die Erwartungen und damit in der Konsequenz die Verhaltensweisen der Adressaten i.S. der Unternehmensziele zu beeinflussen. Als **Adressaten** der Marketingkommunikation stehen die aktuellen und potenziellen Kunden der Unternehmen im Vordergrund, ebenso sind jedoch alle Personen oder Organisationen, die Einfluss auf die Kaufprozesse nehmen können, relevant (z.B. die (öffentlichen) Medien, Multiplikatoren, Promotoren, Meinungsführer) (de Mooij 2011, S. 187ff.).

Der Einsatz der kommunikationspolitischen Instrumente dient im Internationalen Marketing vornehmlich der Realisierung ökonomischer und psychologischer Ziele. Die ökonomischen Ziele sind unmittelbar auf den Markterfolg ausgerichtet und beinhalten Dimensionen wie z.B. Marktanteils-, Umsatz-, Absatz-, Gewinn- oder Rentabilitätsziele. Psychologische Ziele – als vorökonomische Größen – fokussieren auf Größen wie z.B. Bekanntheit, Image, Einstellungen, Kaufabsicht u.Ä. Diese Ziele der internationalen Kommunikationspolitik können sowohl auf bestimmte Märkte bzw. Länder ausgerichtet (länderspezifische Ziele) als auch länderübergreifend definiert werden.

2. Kommunikation und Kommunikationsprozess im internationalen Kontext

Unter Kommunikation wird allgemein der Austausch von Informationen verstanden (Kroeber-Riel/Weinberg/Gröppel-Klein 2009, S. 533). Vereinfacht lässt sich der Kommunikationsprozess durch die Frage ("**Lasswell-Formel**") ausdrücken: „Wer sagt was über welchen Kommunikationskanal zu wem mit welcher Wirkung unter welchen Bedingungen?" Schematisch ist der Kommunikationsprozess in Abbildung 5.24 am Beispiel der Werbung dargestellt.

Kommunikation zielt darauf ab, die Kongruenz des Verständnisses des Kommunikationsinhalts bei Sender und Rezipienten der Information zu erreichen.[1] Gerade bei internationaler Kommunikation können jedoch Störungen auftreten, die dazu führen, dass diese Übereinstimmung gefährdet sein kann. Kritisch sind bei der Kommunikation im internationalen Kontext oft v.a. die eingesetzten Zeichen und Symbole. Länder- oder kulturbedingte Unterschiede hinsichtlich der drei Dimensionen (Syntaktik, Semantik und Pragmatik) der im Rahmen der Kommunikationspolitik eingesetzten Zeichen können zu Verständnis- bzw. Interpretationsunterschieden im Kommunikationsprozess führen, die verhindern, dass das angestrebte Kommunikationsziel (z.B. eine bestimmte Werbewirkung, ein bestimmtes Kaufverhalten) erreicht wird (de Mooij 2011, S. 228ff.). Probleme können v.a. dann auftreten, wenn das Unternehmen und die Adressaten der Kommunikationspolitik aus unterschiedlichen Ländern stammen (z.B.

---

[1] Zu einem Überblick über unterschiedliche Wirkungsmodelle kommunikativer Maßnahmen (z.B. AIDA, DAGMAR) vgl. Schweiger/Schrattenecker 2013, S. 205.

schlicht durch Sprachunterschiede) oder einen unterschiedlichen kulturellen Hintergrund haben bzw. wenn unterschiedliche Adressaten mit einem voneinander abweichenden Hintergrund (z.B. Zielgruppen oder Ländermärkte) angesprochen werden.

Abbildung 5.24: Kommunikationsprozess

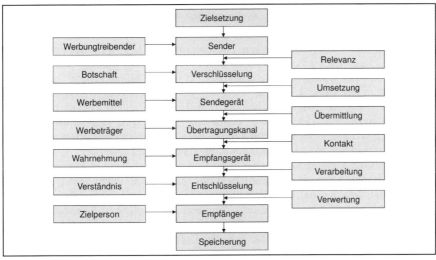

Quelle: Pepels 2001, S. 13.

3. Internationale Corporate-Identity-Politik

Eine wesentliche Anforderung an die internationale Kommunikationspolitik besteht darin, dass die unterschiedlichen Elemente bzw. Instrumente der internationalen Kommunikationspolitik aufeinander abzustimmen sind. In diesem Zusammenhang wird häufig das Konzept der **integrierten Kommunikation** in den Vordergrund gestellt.[1] Das Ziel besteht dabei darin, alle Quellen bzw. Bereiche der (internationalen) Kommunikation von Unternehmen aufeinander abzustimmen und daraus eine Einheit herzustellen. Auf diese Weise soll den Zielgruppen des Unternehmens ein einheitliches und konsistentes Erscheinungsbild vermittelt werden (Bruhn 2013a, S. 91). Dieses Konzept ist eng mit der Corporate Identity der Unternehmen verbunden (Schwarz-Musch 2005). Die Corporate-Identity-Politik wird deshalb als übergeordnete Dimension der internationalen Kommunikationspolitik angesehen.

Die **Corporate Identity** (Unternehmensidentität) stellt ein ganzheitliches Strategiekonzept dar, das alle nach innen bzw. nach außen gerichteten Interaktionsprozesse steuert. Unter der Corporate Identity als einheitlichem „Dach" werden alle Kommunikationsbeziehungen, -strategien und -aktionen des Unternehmens integriert (Meffert/Burmann/Kirchgeorg 2012, S. 246; Berndt 2005, S. 266; Schneider 1991). Sie bildet als „Unternehmenspersönlichkeit" ein langfristig stabil zu haltendes Set typischer Verhaltens-, Kommunikations- und Designmerkmale eines Unternehmens (Simoes/Dibb/Fisk 2005; Melewar/Saunders 2000). Die internationale Corporate-Identity-Politik umfasst die fol-

---

[1] Vgl. zum Konzept der integrierten Kommunikation und zu einem Literaturüberblick ausführlich Esch 2011; Schultz/Kitchen 2000; Kliatchko 2005; 2002.

genden Instrumente bzw. Dimensionen (Berndt/Fantapié Altobelli/Sander 2010, S. 327; Birkigt/Stadler 2000, S. 23f.):

- **Internationale Corporate Mission**: Den Ausgangspunkt der Corporate-Identity-Politik bildet die Corporate Mission. Hierbei handelt es sich um die Unternehmensgrundsätze bzw. Werte und das Normengefüge des Unternehmens. Einen besonderen Einfluss hat hierbei die strategische Grundorientierung der Unternehmen, die nicht nur den gesamthaften Marktauftritt eines Unternehmens prägt, sondern auch die Verhaltensweisen der Unternehmensmitarbeiter.[1]
- **Internationales Corporate Design**: Das internationale Corporate Design beinhaltet die optische Umsetzung der Corporate Identity. Im Vordergrund stehen dabei visuelle Elemente der Unternehmenserscheinung, so z.B. die Marke (Logo, Signet), Verpackungen, grafische Umsetzungen (z.B. bei Drucksachen, Büromaterial oder Kleidung), Gebäude oder der Fuhrpark (z.B. Lieferfahrzeuge). Gerade hinsichtlich der Umsetzung von Design- bzw. Gestaltungselementen ist zu beachten, dass bedingt durch Länder- bzw. Kulturunterschiede unterschiedliche Bedeutungen bzw. Assoziationen auftreten können. Dies kann dann problematisch sein, wenn ein unternehmensweit international einheitliches Corporate Design angestrebt wird.
- **Internationale Corporate Communications**: Aufgabe der internationalen Corporate Communications ist die Unterstützung der angestrebten Unternehmensidentität anhand geeigneter Kommunikationsinstrumente (unternehmensintern und unternehmensextern). Dabei steht die unternehmensweite Abstimmung der Kommunikationsinstrumente für Marken, Produkte bzw. das Unternehmen als Ganzes im internationalen Kontext im Vordergrund.
- **Internationales Corporate Behavior**: Dieser Bereich bezieht sich auf Verhaltensweisen der Mitarbeiter des Unternehmens sowohl im Stammland als auch in den jeweiligen Gastländern. Der Verhaltensstil ist sowohl im Innen- als auch im Außenverhältnis schlüssig und widerspruchsfrei zu gestalten.

4. Internationaler Kommunikationsmix

a) Überblick

Die Instrumente, die im Rahmen der internationalen Kommunikationspolitik eingesetzt werden können, entsprechen im Wesentlichen denjenigen, die im Rahmen nationaler Ansätze der Kommunikationspolitik herangezogen werden. Die wichtigsten Kommunikationsinstrumente sind in Abbildung 5.25 zusammengefasst.[2]

---

[1] Vgl. hierzu Abschnitt C. des Zweiten Kapitels.
[2] Es existieren unterschiedliche Systematisierungsansätze der Kommunikationsinstrumente (z.B. Meffert/Burmann/Kirchgeorg 2012, S. 621ff.; Berndt 2005, S. 265ff.; Homburg 2012, S. 777ff.; Sander 2011, S. 554).

Abbildung 5.25: Instrumente der internationalen Kommunikationspolitik

Direkt („Face-to-Face")		Indirekt (medial)	
einseitig	zweiseitig	einseitig	zweiseitig
• Direktwerbung • Verkaufsförderung • PoS-/Point-of-Purchase-Werbung • Public Relations (z.B. Vorträge von Unternehmensvertretern)	• persönliche Kommunikation • Event-Marketing • Messen/Ausstellungen • Verkaufsförderung • Public Relations (z.B. Pressekonferenzen)	• klassische mediale Werbung (z.B. TV, Print, Kino, Radio, Zeitungen, Zeitschriften) • Public Relations (z.B. Pressemitteilungen) • Sponsoring • Product Placement • Kioskterminals • Kundenzeitschriften • Werbung mit neuen Medien (z.B. Online-Werbung) • Push-Werbung mit mobilen Medien	• Public Relations (z.B. Multimediapräsentationen, Homepages, Online-Kommunikation) • Call Center • Direct-Response-Maßnahmen • Coupons in Printmedien, Online- und mobilen Medien • Web 2.0 (z.B. Social Networks, Twitter, Youtube, (Brand) Communities) • Location-based Marketing mit mobilen Medien

Quelle: in Anlehnung an Bruhn 2011, S. 225.

Häufig werden die Maßnahmen der Marketingkommunikation auch in „**Above-the-Line-Maßnahmen**", worunter man klassische Kommunikationsinstrumente versteht, die auf die undifferenzierte Ansprache über Massenkommunikationsmedien ausgerichtet sind, und „**Below-the-Line-Aktivitäten**", bei denen es sich um Instrumente zur individuellen Ansprache der Zielgruppen über neuartige, „nicht-klassische" Instrumente handelt, unterteilt. Als Verbindung dieser beiden Formen wird die „Through-the-Line-Kommunikation" eingeordnet. Dabei erfolgt eine Integration von Massenmarketing und individueller Ansprache, in meist unkonventionellen und innovativen Kommunikationsmaßnahmen. Im (Internationalen) Marketing zeigt sich, dass verstärkt Budgets für Below-the-Line- und Through-the-Line-Aktivitäten eingesetzt werden, da ihnen das Potenzial zugesprochen wird, Probleme wie z.B. die zunehmende Informationsüberlastung der Konsumenten[1] zu überwinden und einen höheren Aufmerksamkeitsgrad der Konsumenten in Bezug auf die Kommunikationsbotschaft zu generieren. In dem sich sehr dynamisch entwickelnden Bereich der Below-the-Line- und Through-the-Line-Aktivitäten kommen laufend neue Kommunikationsformen hinzu, wie z.B. Soziale Netzwerke, Online-Communities, Werbung in Computerspielen, Adgames, Mobile Marketing u.Ä. In Abbildung 5.26 sind neuere Forschungsarbeiten zur internationalen Kommunikationspolitik im Überblick dargestellt.

Abbildung 5.26: Ausgewählte Studien zur internationalen Kommunikationspolitik

Autor (Jahr)	Forschungsgegenstand	Problemstellung
Garcia/Yang 2006	Interkulturelles Konsumentenverhalten	Einfluss sexuell aufgeladener Werbebotschaften auf das Konsumentenverhalten bei unterschiedlichen kulturellen Werten

---

[1] Vgl. hierzu z.B. Esch 2012, S. 28f.

Okazakia/Taylor/Doh 2007	Politische Werberestriktionen durch EU Richtlinien	Untersuchung der Marktkonvergenz und Standardisierung von Werbung EU-intern
Orth/Koenig/Firbasova 2007	Wirkung von Werbebotschaften	Länderübergreifende Unterschiede des Anspracheverhaltens von Konsumenten auf positiv/negativ formulierte Werbebotschaften
Noriega/Blair 2008	Auswahl der Werbesprache bei bilingualen Konsumenten	Einflüsse der gewählten Sprache auf die Werbebotschaft
Baldauf/Cravens/Diamantopoulos/Zeugner-Roth 2009	Einfluss von Product-Country-Image und damit verbundener Marketingkommunikation auf den von Kunden wahrgenommenen Markenwert	Die Kombination der Faktoren ist wenig erforscht worden und bietet im internationalen Kontext Möglichkeiten, den Profit zu steigern
Mikhailitchenko u.a. 2009	Markenvertrautheit, Markenimage	Einfluss unterschiedlicher kultureller Umgebungen auf Markenvertrautheit, Erinnerbarkeit des Markenslogans und bildliche Vorstellungen
Van Ittersum/Wong 2010	Kommunikation in Bezug auf Landeskultur	Mögliche Probleme bei der Einstellung auf globale Kommunikationsziele durch Vernachlässigung lokaler Kulturen
Wu 2011	Global agierende High-Tech-Firmen	Mögliche Zusammenhänge von Marketingstrategie und internationaler Erfahrung auf die Kommunikationsstrategie
Melnyk/Klein/Völckner 2012	Ausnutzung des Country-of-Origin-Effektes durch ausländische Markennamen	Einflüsse ausländischer Markennamen auf den Produktverkauf
Riefler 2012	Markenwahrnehmung von globalen und lokalen Marken	Einblick in die Rolle von Globalisierungseinstellung und Markenherkunft auf die Markenkommunikation
Strizhakova/Coulter/Price 2012	Markenwahrnehmung junger Konsumenten in Schwellenländern	Anpassung der Kommunikationspolitik um ideale Markenpräsentation in junger Zielgruppe zu erreichen
Yang/Su/Fam 2012	Internationale Marketingkanäle	Ausnutzung von Marketingkanälen in fremden Kulturen, um soziale Akzeptanz zu erlangen
Haverila 2013	Marketingkonzepte von Softwarefirmen bei Markteintritt mit neuen Technologieprodukten	Identifikation der Unterschiede zwischen lokalem und internationalem Markteintritt im Hinblick auf die Kommunikationspolitik
La Ferle/Kuber/Edwards 2013	Vergleich der Konsumentenauffassung in den USA und Indien	Internationale Werbekampagnen erzielen verschiedene Ergebnisse, basierend auf Markenherkunft und anderen Einflussgrößen
Pauwels/Erguncu/Yildirim 2013	Einflussfaktoren bei der Kaufentscheidung	Kommunikationsmittel als entscheidender Einflussfaktor auf die unterschiedlichen Kulturen und die Kaufentscheidung

b) Internationale Werbung

Das in der Literatur am stärksten betrachtete Instrument der internationalen Kommunikationspolitik ist die internationale Werbung (Terpstra/Sarathy/Russow 2006, S. 478; Backhaus/Voeth 2010a, S. 184ff.).[1]

> *Unter Werbung versteht man allgemein Beeinflussungsprozesse im Rahmen der Kommunikationspolitik, bei denen der Einsatz von Massenkommunikationsmedien erfolgt, mit dem Ziel, die marktrelevanten Einstellungen und Verhaltensweisen der Adressaten i.S. der Unternehmensziele zu beeinflussen (Schweiger/Schrattenecker 2013, S. 6ff.). Die Hauptaufgaben der Werbung liegen in der Information, Überzeugung, Veranlassung und Unterhaltung.*

Neben den Werbezielen und dem Timing der Werbung betreffen weitere Entscheidungselemente in der internationalen Werbung vor allem die Gestaltung der Werbebotschaft, die Wahl der Werbemittel und die Auswahl der Werbeträger.

Werbebotschaft

Die Gestaltung der **Werbebotschaft** beinhaltet neben der inhaltlichen Konkretisierung der zu übermittelnden Kommunikationsbotschaft auch die „technische" Umsetzung dieser Botschaft. Dabei stehen die Tonalität, Bilder, Farben, Musik sowie Werbetexte im Vordergrund. In diesem Zusammenhang sind u.a. die **Werte**, die in den Werbebotschaften thematisiert werden, der Informationsgehalt der Werbebotschaften sowie die Symbole, die bei der Vermittlung der Werbebotschaften eingesetzt werden, von Bedeutung, da sie im internationalen Kontext z.B. in unterschiedlichen Kulturen oder Ländern unterschiedlich wahrgenommen werden bzw. unterschiedliche Wirkungen erzielen können (Müller/Gelbrich 2004, S. 651). Vor allem Merkmale des jeweiligen Marktes, so z.B. Traditionen, Einstellungen, Religionen usw., sind dabei zu berücksichtigen, denn es ist das zentrale Anliegen des Großteils der Werbekampagnen, die Werbeobjekte mit positiven Werten in Verbindung zu bringen. Bei der Gestaltung der Werbebotschaften wird deshalb versucht, auf Attribute zurückzugreifen, die als „wünschenswert" gelten. Was wiederum wünschenswerte Dimensionen sind, kann im internationalen Kontext unterschiedlich sein (de Mooij 2010).

Im Länder- bzw. Kulturvergleich bestehen zudem Wirkungsunterschiede bezüglich der Komponente „**Informationsgehalt**", z.B. hinsichtlich des Grades an Informationen, die anhand von Werbebotschaften vermittelt werden, oder hinsichtlich der Sachverhalte (z.B. Qualität, Preis, Aussehen, Zusammensetzung/Inhaltsstoffe der Werbeobjekte), auf die der Fokus bei der Informationsvermittlung gelegt wird (Müller/Gelbrich 2004, S. 659).[2]

Einen Schwerpunkt der Diskussion über die Gestaltung von Werbebotschaften im Internationalen Marketing bildet die Frage nach dem Einsatz unterschiedlicher **Symbole** bzw. deren unterschiedliche Wirkung im Kontext eines internationalen Umfelds. Besonders stark wird der Einsatz von Bild- und Textelementen im Rahmen der Werbung

---

[1] So bezieht sich ein großer Teil der internationalen bzw. interkulturellen Marketing- bzw. Kommunikationsforschung auf Aspekte der internationalen Werbung, vgl. z.B. Kotabe/Helsen 2011; Kotler/Keller 2012; de Mooij 2011; Taylor 2005; Shao/Bao/Gray 2004.

[2] Allgemein wird davon ausgegangen, dass informative Werbung international an Bedeutung verliert, da den Produkten und Dienstleistungen hinsichtlich ihrer „technischen" Funktionalität allgemein zunehmend eine Austauschbarkeit attestiert wird, die durch emotionale Elemente in der Kommunikationspolitik überwunden werden soll („Emotionalisierung der Produkte").

diskutiert. Einen weiteren Diskussionsschwerpunkt bildet zudem die international unterschiedliche Wirkung von Farben (siehe Abbildung 5.27), von Sprache bzw. sprachlichen Elementen oder von Formen.[1]

Abbildung 5.27: Kulturspezifische Bedeutung von Farben

	Schwarz	Weiß	Rot	Grün	Blau	Gelb
Deutschland/ Österreich	Tod Trauer	Unschuld Reinheit Tugend	Ärger Liebe Feuer Gefahr	Hoffnung Sicherheit Neid	Treue Männlichkeit Kälte Autorität	Eifersucht Vorsicht Feigheit
Dänemark	Sorge Trauer	Unschuld Reinheit	Liebe Feuer Gefahr	Hoffnung Langeweile Gesundheit	Qualität	Gefahr Falschheit Neid
Finnland	Sorge Eifersucht	Unschuld Sauberkeit	Ärger Liebe Leidenschaft	Hoffnung Neid	Kälte ohne Geld unschuldig	kein besonderer Ausdruck
Frankreich	Sorge Trunkenheit Eifersucht Pessimismus	Reinheit jung	Ärger Hitze Vergnügen Schüchternheit	jugendlich Furcht	Ärger Furcht	Krankheit
Italien	Depression	Unschuld Furcht erfolglos Liebesaffäre	Ärger Gefahr Feuer	Neid Jugend Geldknappheit	Furcht	Ärger
Portugal	Trauer Sorge Hunger	Friede Unschuld Reinheit	Krieg Blut Leidenschaft Feuer	Hoffnung Neid	Eifersucht	Verzweiflung Plage
Russland	k.A.	k.A.	wertvoll teuer	k.A.	k.A.	k.A.
Schweden	Depression Sorge	Güte	Ärger Wut Feuer	Neid unerfahren Güte	blauäugig leichtgläubig	ohne Geld
Schweiz	Pessimismus illegal	Reinheit Unschuld	Ärger Feuer	unwohl unreif	Wut Ärger Romanze	Neid
China	Macht Geld Nachdenken	Trauer Tod	Freude Glück Ruhm Kraft Reichtum festliche Stimmung	Ruhe Hoffnung Frische	Sorgfalt Umsicht auch Glaube und Treue	Toleranz Geduld Weisheit
Japan	k.A.	Trauer Tod	Aggression Gefahr Farbe der Frauen	Zukunft Jugend Energie	k.A.	Würde Adel
Pakistan	Trauer Hilflosigkeit	Trauer Nüchternheit Eleganz	Ärger Heiratszusage (Frauen)	Glück ewiges Leben	k.A.	Jungfräulichkeit Schwäche
Arabische Länder	k.A.	k.A.	k.A.	Fruchtbarkeit Stärke	Tugend Vertrauen Wahrheit	Glück Wohlstand

---

[1] Vgl. hierzu ausführlich Müller/Gelbrich 2004, S. 341ff.

Brasilien	Trauer	Friede	Wärme	Hoffnung	Ruhe	Freude
	Tod	Sauberkeit	Hass	Freiheit	Kälte	Sonne
	Geheimnis	Reinheit	Leidenschaft	unreif	Gleichgültig-	Glück
			Feuer	Krankheit	keit	Neid
			Ärger			Krankheit
			Gewalt			

Quelle: www.farbenundleben.de, Abrufdatum: 30. Mai 2013.

Von Bedeutung ist im internationalen Kontext naturgemäß auch, dass auf Grund unterschiedlicher Sprachen Werbetexte bzw. -slogans ggf. international nicht einheitlich verwendbar sind. Zudem sind auch die Aussagen in inhaltlicher Hinsicht auf Grund unterschiedlicher Assoziationen bzw. Interpretationen international nicht eindeutig belegt, sondern es bestehen Verständnis- und Wahrnehmungsunterschiede (de Mooij 2011, S. 219ff.). Nicht nur hinsichtlich der Bedeutung von Farben und Text- bzw. Sprachelementen, sondern auch bezogen auf die Anordnung von Elementen bei der Gestaltung der Werbung bestehen Unterschiede im internationalen Kontext, so z.B. hinsichtlich des „Rechts-Links-Schemas".

Türken halten Star-Wars-Bausatz von Lego für volksverhetzend

Die Türkische Kulturgemeinde in Österreich erwägt rechtliche Schritte gegen den dänischen Spielzeughersteller Lego wegen Volksverhetzung. Im Bausatz "Star Wars 9516 - Jabba's Palace" zum Preis von rund 140 Euro gebe es einige "pädagogisch verwerfliche" Elemente, erklärt die Gemeinde auf ihrer Internetseite. Geprüft werde jetzt eine Klage gegen Lego in Österreich, Deutschland und der Türkei.

Zur Begründung heißt es, dass dem "Jabba's Palace" aus den "Star Wars"-Filmen von George Lucas nachgebildete Lego-Gebäude ähnele der Hagia-Sophia-Moschee in Istanbul, der Turm einem Minarett. In Verbindung mit den Spielfiguren und ihren Waffen (Raketen, Kanonen, Laserpistolen, Gewehre und Samuraischwerter), könne bei Kindern der Eindruck entstehen, der Islam sei eine gewalttätige Religion. Zumal es sich bei dem Wasserpfeife rauchenden Jabba um den Oberbösewicht aus den Lucas-Filmen handele.

Quelle: www.derwesten.de, 25. Januar 2013.

Werbemittel

Die Auswahl und Gestaltung der Werbemittel stehen in enger Verbindung zur **Werbeträgerwahl**, da die unterschiedlichen Werbemittel i.d.R. mit dem Einsatz bestimmter Medien korrespondieren. Typischerweise werden z.B. Spots in Medien wie TV oder Kino eingesetzt, Anzeigen werden i.d.R. in Printmedien geschaltet oder Bannerwerbung erfolgt im Internet. Mit der steigenden Bedeutung von Online- bzw. mobilen elektronischen Medien werden auch immer häufiger Werbemittel eingesetzt, deren Herkunft aus anderen Medien stammt, aber auch in neuen Medien wie z.B. dem Internet genutzt werden können. So gibt es auch hier Formen von Anzeigen, es werden Werbespots auf den Internet-Seiten zum Download bereitgestellt („Streaming Video Ads") oder „E-Mercials" als spezifische Werbespots im Internet eingesetzt. Ein Überblick über Beispiele von Werbemitteln, die in Verbindung mit unterschiedlichen Medien genutzt werden können, ist in Abbildung 5.28 dargestellt.

Die **Werbemittelauswahl** – in Verbindung mit der Medienwahl – ist wiederum stark durch kulturelle bzw. landes- oder regionenspezifische Unterschiede geprägt. Diese beziehen sich einerseits auf die Wahrnehmung und die Interpretation der Merkmale bzw. Gestaltungselemente von Werbemitteln durch die Zielgruppen in unterschiedlichen Ländern. Vor allem die unterschiedliche Wahrnehmung von Bildkommunikation oder textorientierter Werbung wird dabei häufig angeführt.[1] Andererseits begrenzen z.B. rechtliche Einschränkungen den Einsatz bestimmter Werbemittel bzw. bestimmter Werbeträger (Harker 1998; Taylor/Raymond 2000; Czinkota/Ronkainen 2013, S. 429). In diesem Zusammenhang stehen v.a. Verbote für die Werbeträgernutzung bei bestimmten Produktgruppen wie z.B. Tabakwaren oder Alkohol.

Abbildung 5.28: Werbemittel nach Werbeträgern – Beispiele

Klassische Werbeträger				Neue Medien	
Werbemittel in Printmedien	Werbemittel im Kino	Werbemittel im Fernsehen	Werbemittel im Radio/Hörfunk	Werbemittel in Online-Medien	Werbemittel in mobilen Medien
• Anzeigen • Inserate • Beilagen • Beihefter-kleber • Warenproben	• Spots • Dias • Placements	• Spots • Placements • Split-Screens • Dauerwerbe-sendungen/ Infomercials	• Spots • Placements • Dauerwerbe-sendungen	• Banner • Buttons • Textlinks • Placements • Pop-ups • Interstitials • Sticky-Ads • Spiele • E-Mercials • Streaming Video Ads • Superstitials • Newsletter • Flash Layers • DHTML • Wallpapers • Microsites • Widgets/ Gadgets • RSS-Feeds/ Podcasts	• SMS • MMS • Spiele • Mobile Portale • Applikationen • Banner • Pop-ups • Streaming Video Ads

Tabakwerbung: Großbritannien erzwingt Schockverpackung für Zigaretten

Großbritannien will die weltweit härtesten Auflagen gegen Tabakwerbung übernehmen: Wie in Australien bereits Gesetz, sollen Zigaretten im Königreich künftig nur noch in olivfarbenen Einheitsschachteln verkauft werden - mit Markennamen im Miniformat und riesigen Schreckensbildern.

Großbritannien gehört traditionell zu den Befürwortern härterer Gesetze im Kampf gegen das Rauchen - nun plant das Land offenbar, dem Beispiel Australiens zu folgen und die Markenwerbung für Zigaretten drastisch zu beschränken. Die schärferen Gesetze sollen von Queen Elizabeth II. bereits bei der Parlamentseröffnung im Mai angekündigt werden, berichtet der "Guardian" unter Berufung auf einen Insider in der Londoner Regierung.

Setzt die britische Regierung die australischen Gesetze tatsächlich eins zu eins um, drohen der Tabakindustrie massive Einschnitte: Glimmstängel dürften künftig nur noch in olivgrünen Einheitsschachteln verkauft werden. Markennamen sind auf den Packungen nur noch in einheitlicher und sehr kleiner Schrift erlaubt. Umso größer müssen Horrorfotos zu den gesundheitlichen Gefahren des Rauchens aufgedruckt werden. Zudem soll Rauchen in Autos verboten werden, wenn unter 16-Jährige mitfahren.

Hauptgrund für die Entschlossenheit der britischen Regierung ist dem Bericht zufolge offenbar das Ergebnis einer Studie des medizinischen Fachmagazins "Lancet". Demnach ist Großbritannien in den vergangenen zwei Jahrzehnten im Vergleich zum Rest der EU, aber auch Ländern wie Norwegen, Kanada, Australien und den USA zurückgefallen, was

---

[1] Vgl. hierzu z.B. Müller/Gelbrich 2004, S. 663ff. oder Müller 1997, S. 66ff.

Lebenserwartung und öffentliche Gesundheit betrifft. Maßgeblich verantwortlich dafür seien Ess- und Trinkgewohnheiten der Briten sowie der hohe Drogenkonsum.

Bereits jetzt gelten in Großbritannien schärfere Gesetze gegen das Rauchen als etwa in der Bundesrepublik. Zigarettenwerbung ist ohne jede Ausnahme verboten, zudem dürfen seit vergangenem April Tabakprodukte nicht mehr offen in Supermärkten ausliegen. Ab April 2015 werden sie auch in allen anderen Läden nur noch unter der Theke erhältlich sein.

Quelle: www.spiegelonline.de, 06. März 2013.

Werbeträger

Auswahl, Art und Möglichkeiten des Einsatzes von Werbeträgern steigen international kontinuierlich an. Die Entscheidungen bezüglich der international einzusetzenden Werbeträger beziehen sich deshalb auf die Auswahl der geeigneten Medien, über welche die Werbung verbreitet werden soll.[1] Bei der **klassischen Werbung** stehen „herkömmliche" Medien im Vordergrund. Besondere Relevanz haben dabei:

- Zeitungen: z.B. Tages-, Wochenzeitungen; allgemeine bzw. Fachzeitungen
- Publikumszeitschriften: z.B. für breite Lesergruppen oder Special-Interest-Zeitschriften
- Fachzeitschriften: z.B. fachliche Informationen, produktgruppenspezifische Informationen, Aus- bzw. Weiterbildung
- Außenwerbung: z.B. Plakate, City-Lights, elektronische Videoboards, Verkehrsmittel (z.B. Taxi, Busse, Straßenbahnen)
- Elektronische Medien: z.B. Fernsehwerbung, Radiowerbung, Kinowerbung.

Besonders dynamisch und volatil ist die Entwicklung der neuen Medien. Ihre Bedeutung als Werbeträger steigt international kontinuierlich an. Wichtige Medien, die im Rahmen dieser sog. Multimediakommunikation genutzt werden können, sind z.B. (Bruhn 2009, S. 454ff.):

- Online-Systeme (z.B. Internet)
- Mobile Speichermedien (z.B. CD-ROMs, USB-Sticks)
- Kiosk-Systeme: Hierbei handelt es sich um computergestützte Terminals, die von dem Unternehmen z.B. zur Information („Point-of-Information-Terminals"), zur Transaktion („PoS-Terminals") oder zur Unterhaltung („Point-of-Fun-Terminals") bereitgestellt werden.[2]
- Mobile Kommunikationsmedien: Die wichtigsten Beispiele hierfür sind Smartphones und Tablets, aber auch Notebooks, Netbooks oder mobile Spielekonsolen.

Nutzung von Social Communities im Internationalen Marketing: Das Beispiel „Samsung Galaxy S4"

Zum Launch des Samsung Galaxy S4 wurde eine umfassende virale Kampagne eingesetzt, die schon Wochen vor der eigentlichen Veröffentlichung große Wellen schlug. Durch regelmäßige Tweets von verdunkelten Produktfotos auf Twitter und Facebook konnte schnell die Aufmerksamkeit der potenziellen Kunden gewonnen werden.

---

[1] Zu den Vor- und Nachteilen bzw. der Eignung der unterschiedlichen klassischen und neuen Kommunikationsmedien im Rahmen der internationalen Werbung vgl. z.B. Homburg 2012, S. 777ff.; Nysveen/Breivik 2005.
[2] Vgl. hierzu ausführlich Swoboda 1996.

Unter dem Motto „Be Ready 4 the next Galaxy" wurden zudem mehrere YouTube Videos veröffentlicht, die zwar nie das eigentliche Produkt zeigten, aber den Hype um das neue Smartphone weiter verstärkten.

Nach der offiziellen Produktvorstellung am 14. März 2013 wurden anschließend plattformübergreifend die spezifischen Produktdetails veröffentlicht und der Nutzer erneut über Social Communities wie Facebook oder YouTube mit den passenden Informationen versorgt.

Abbildung 5.29: Social-Media-Aktivitäten von Samsung

Quelle: www.samsung.com, Abrufdatum: 25. Mai 2013.

In der internationalen Multimediakommunikation steht v.a. die Interaktivität im Vordergrund. Mit den dort eingesetzten Medien können vielfältige Werbeformen eingesetzt werden, die sich dynamisch fortentwickeln. Zu den bereits eher klassischen Werbeformen zählen dabei z.B. Werbeformen auf Internet-Websites (Werbe- oder informative Websites), Werbung per E-Mail (z.B. Newsletter oder Direktkommunikation), Werbung durch eigens gestaltete Softwareprogramme (z.B. Lernprogramme, Spiele) u.Ä., ebenso wie Formen der „Insertionswerbung", bspw. durch die Integration von Werbung auf Internetseiten[1] (z.B. in Form von Bannern, Pop-up-Fenstern oder sonstigen Formen von Hyperlinks oder Widgets) oder durch die Integration von Werbeelementen in Softwareprodukte anderer Unternehmen o.Ä.[2] Vor allem ermöglicht die Multimediakommunikation aber den Dialog und die Interaktion der Unternehmen mit ihren internationalen Kunden, aber auch den Dialog und die Interaktion zwischen (internationalen) Kunden der Unternehmen. Immer wichtiger wird deshalb das sog. Web 2.0, z.B. in Form einer Präsenz von Unternehmen in Online-Portalen oder Social Networks wie z.B. Facebook, Google+, Instagram, Youtube, Twitter, flickr oder MySpace. Auch der Aufbau internationaler virtueller Markencommunities spielt eine immer größere Rolle im Rahmen der Online-Kommunikation. Dieser Bereich ist auf Grund der Vielfalt technischer Neuentwicklungen sehr dynamisch. Im Bereich der Werbemittel und -träger kommen dadurch ständig neue Formen hinzu.

Bei der Auswahl der geeigneten **Werbeträger** ist zu beachten, dass die Qualität der Kontakte mit den Zielgruppen je nach Medientypus unterschiedlich ist. Die unterschiedlichen Formen klassischer und neuer Medien sind dadurch gekennzeichnet, dass sie z.B. unterschiedliche Darstellungsformen ermöglichen (z.B. Text, Bild, Ton, Farbe), unterschiedliche Kontaktmöglichkeiten bieten (z.B. ständiger Zugang, begrenzter Zugang) oder in unterschiedlichen Situationen genutzt werden können (z.B. zu Hause, in der Öffentlichkeit, am Arbeitsplatz). Zudem sind Dialogmöglichkeiten von besonderer

---

[1] Hierzu zählen z.B. auch die sog. „Affiliate-Programme", bei denen Elemente der eigenen Website im Rahmen von Kooperationsprogrammen in Websites anderer Anbieter integriert (z.B. „Shop-in-Shop"-Systeme in Internet-Shops) werden.
[2] Zur Wirkung neuer Medien vgl. z.B. Yoon/Kim 2005; Boluminski/Karlein/Nätscher 2009.

Bedeutung. Interkulturell unterscheidet sich deshalb auch die Nutzung z.T. sehr deutlich.

In Tabelle 5.1 ist die Verteilung der Werbeinvestitionen auf die unterschiedlichen Medien im internationalen Vergleich dargestellt. Die international bedeutendsten **Werbeformen** sind (immer noch) der klassischen Kommunikation zuzuordnen. So stehen die Werbung in Zeitungen und Zeitschriften und die TV-Werbung im Vordergrund. Jedoch haben neue Werbeformen, insbesondere die Werbung in Online-Medien und mobilen Medien, die größten Wachstumsraten.

Tabelle 5.1: Verteilung der Werbeinvestitionen auf die unterschiedlichen Medien (2012 in %)

	USA	Deutschland	Weltweit
TV	38,8	43,3	43,4
Zeitungen	11,4	19,2	17,2
Zeitschriften	9,2	15,3	8,6
Radio	9,6	5,9	6,6
Kino	k.A.	1,2	0,6
Außenwerbung	4,1	4,1	7,0
Internet	22,5	11,0	16,6
Verzeichnismedien	4,4	k.A.	k.A.

Quelle: Nielsen, PwC, Carat, Statista 2013.

Wenngleich die grundsätzliche Bedeutung der unterschiedlichen Werbeformen im internationalen Kontext ähnliche Relationen aufweist, zeigen sich Unterschiede in der Nutzung der alternativen Medien zu Werbezwecken. Diese sind v.a. auf das im internationalen Kontext unterschiedliche Mediennutzungsverhalten zurückzuführen (siehe Tabelle 5.2).

Das **Mediennutzungsverhalten** weicht zwischen den Ländern bzw. Kulturen aus unterschiedlichen Gründen ab. Dies ist zum einen auf die Verfügbarkeit bzw. die Infrastrukturausstattung hinsichtlich der jeweils betrachteten Medien zurückzuführen; ein weiterer wesentlicher Grund für unterschiedliches Nutzungsverhalten liegt darin, dass die Wahrnehmung der alternativen Medien z.B. hinsichtlich ihrer Glaubwürdigkeit, ihres Images, ihrer Sicherheit, also der mit den Medien verbundenen Assoziationen, zwischen den Kulturen voneinander abweicht (Yoon/Kim 2005; de Mooij 2010, S. 193ff.; Kotabe/Helsen 2011, S. 123ff.).[1]

---

[1] Vgl. hierzu ausführlich de Mooij 2011, S. 284ff.

Tabelle 5.2: Nutzung von Informations- und Kommunikationstechnologien im Jahre 2012 im internationalen Vergleich

	Breitbandabonnenten je 100 Einwohner	Haushalte, die einen PC besitzen	Aktive Nutzer des mobilen Internets je 100 Einwohner	Anteil der Internetnutzer in %
Dänemark	38,2	89	80,2	90
Deutschland	32,5	69	34,8	83
Finnland	29,5	77	87,1	89,4
Frankreich	36,1	75	44	79,6
Großbritannien	32,7	76	62,3	82
Italien	22,8	60	31,3	56,8
Japan	27,4	k.A.	93,7	79,5
Norwegen	36,5	k.A.	24,4	94
Schweden	31,8	91	91,5	91
Schweiz	39,2	k.A.	36,1	85,2
Spanien	23,5	58	40,9	67,6
USA	28,7	k.A.	65,5	77,9

Quelle: Broadbandcommission 2012; Europäische Kommission 2012.

Smartphones ade

Sie hängt an einem schmalen Brillenbügel, hat aber keine Gläser: Auf der Technologie-Messe Next wurde die Datenbrille Google Glass vorgestellt – jüngstes und zugleich umstrittenes Produkt des Konzerns. Die Datenbrille macht Handys überflüssig und heimliches Fotografieren noch einfacher.

Google Glass ist das jüngste Produkt von Google, und vielleicht wird es das umstrittenste sein, das es jemals gab. Es bringt viele der Funktionen, die heute komplexere Handys wie das iPhone bieten, in einen Minibildschirm, der direkt am Auge sitzt.

Wer die Brille trägt, und sei es nur für ein, zwei Minuten, bemerkt schnell das Potenzial der Erfindung. Der Miniprojektor vermittelt das Gefühl, im rechten oberen Blickfeld einen circa 20 Zentimeter großen Bildschirm zu sehen. Die Brille reagiert auf Sprache und Kopfbewegungen. Entwicklungsunterlagen von Google deuten darauf hin, dass sie irgendwann auch mit Augenbewegungen gesteuert werden könnte. Sie ist die meiste Zeit ausgeschaltet, meldet sich nur, wenn zum Beispiel eine E-Mail eingeht. Die kann man dann direkt lesen. Man kann der Brille auch befehlen, ein Video oder Foto zu schießen, oder sie fragen, wo der nächste Coffeeshop ist. Das Gerät blendet dann eine Karte ein und weist je nach Blickrichtung des Trägers den Weg.

Die Brille befreit von der Notwendigkeit, ständig das Handy zu zücken. Der Umgang mit der digitalen Welt wird effizienter. Durch die vollständige Verschmelzung von nicht-digitaler und digitaler Realität kommt es auch zu neuen Problemen, vor allem im Hinblick auf die Privatsphäre. Filmen und fotografieren geht mit der Brille noch unbemerkter.

Quelle: www.sueddeutsche.de, 27. April 2013.

c) Persönliche Kommunikation

Die absatzmarktgerichtete persönliche Kommunikation beinhaltet den persönlichen Kontakt mit den (aktuellen und potenziellen) Kunden. Gerade auf Grund der international zunehmenden „Anonymisierung" der Gesellschaft und zunehmenden Sättigungs- und Egalisierungstendenzen auf den Absatzmärkten wird dieser Form der Kommunikation eine zunehmende Bedeutung im Rahmen der Differenzierung von der Konkurrenz zugesprochen (Bruhn 2013a, S. 453f.) und sie stellt v.a. im Industriegüterbereich den

Kern des Vertriebs dar. Persönliche Kommunikation kann in direkter oder in indirekter Form erfolgen. Beispielhaft sind in Abbildung 5.30 unterschiedliche Maßnahmen der persönlichen Kommunikation dargestellt.

Abbildung 5.30: Maßnahmen der persönlichen Kommunikation

Art der persönlichen Kommunikation	Interaktionspartner der persönlichen Kommunikation	
	Mitarbeiter und Kunde bzw. Vermittler des Kunden	Management und Kunde bzw. Vermittler des Kunden
Direkte persönliche Kommunikation	• Kontakt-/Verkaufsgespräche • Verkaufsförderungsprogramme vor Ort • Nachkaufberatung • Beschwerdestellen • Customer Relations Desks • Kundenclubsysteme • Mitarbeitervorträge • Messen/Ausstellungen • Partysysteme • usw.	• Vorträge der Führungskräfte • Tag der offenen Tür • Behandlung von Kundenbeschwerden durch das Management • Kundenbeiräte • usw.
Indirekte persönliche Kommunikation	• Gespräche des Kontaktpersonals mit Referenzkunden • Messen/Ausstellungen • Verkaufsförderungsprogramme vor Ort • Diskussionen mit vertrauenswürdigen Schlüsselkunden über Neuentwicklungen • Austausch mit User Groups (Berater, Bekannte, Firmen) • usw.	• Gespräche der Unternehmensleitung mit Referenzkunden • Verhandlungen der Führungskräfte von Hersteller- und Handelsunternehmen • Pressekonferenzen • Diskussionen mit Werbeagenturen • Informationsaustausch mit Politikern • usw.

Quelle: Bruhn 2013a, S. 454.

Persönliche Kommunikation erfordert i.d.R. eine Ausrichtung auf die lokale Ebene, da die Interaktion mit den Zielgruppen die Ausrichtung auf die persönlichen bzw. situativen Gegebenheiten notwendig macht. Auch persönliche bzw. kulturell geprägte Kommunikationsstile sind dabei relevant, um z.B. kulturbedingte Missverständnisse oder „Fehltritte" zu vermeiden.[1]

Besonders bedeutend ist die persönliche Kommunikation im Verkauf bzw. im Außendienst. Im Internationalen Marketing stammen Anbieter und Nachfrager häufig aus unterschiedlichen Kulturkreisen, so z.B. im Rahmen von Exportaktivitäten. Deshalb ist es erforderlich, dass das Verkaufspersonal (bzw. der Außendienst) mit den jeweiligen Handelsusancen und den Gepflogenheiten im Rahmen von Verkaufssituationen vertraut ist. Dies kann erfordern, dass länderspezifisch unterschiedliche Fähigkeiten beim Verkaufspersonal (bzw. Außendienst) notwendig sind. In diesem Zusammenhang stellt sich auch die Frage, welche Nationalität das Verkaufs- bzw. Außendienstpersonal haben soll.

SAP mit kundenorientierter Webseite

Business Innovation from SAP, a content site meant to appeal to buyers early in the purchase cycle by focusing on business innovation rather than deep technical knowledge. Established in late March 2012, the site focuses on business topics such as analytics, big data, cloud computing and mobile. The articles are appealing and far from the typical B2B

---

[1] Vgl. hierzu ausführlich Müller/Gelbrich 2004, S. 367ff.

> tech company's yawning self-promotion. About 75 percent of the content is curated from external services and an average of eight articles a day are published. The site so far has attracted 236,000 unique visitors, and according to SAP, is drawing visitors and generating leads and deals it would have never seen without this.
>
> Quelle: www.fastcompany.com, 25. September 2012.

d) Internationale Public Relations

In Erweiterung der Kommunikationsinstrumente der Unternehmen, die in erster Linie der Absatzförderung dienen, ist es Ziel der **Public Relations** (PR, Öffentlichkeitsarbeit), für das Unternehmen als Ganzes zu werben (Werbung um öffentliches Vertrauen).

> *Mit Öffentlichkeitsarbeit sollen die Beziehungen zwischen dem Unternehmen und den Stakeholdern des Unternehmens, also den relevanten Gruppen der Öffentlichkeit (z.B. Aktionäre, aktuelle und potenzielle Kunden, Lieferanten, Mitarbeiter, Kirchen, Verbände, Gewerkschaften, Staat, Gesellschaft usw.) verbessert und Sympathie für das Unternehmen als Ganzes aufgebaut werden.*

Dieser Teilbereich der internationalen Kommunikationspolitik hat in den letzten Jahren erheblich an Bedeutung gewonnen. Ein wichtiges Ziel der internationalen Öffentlichkeitsarbeit besteht darin, Konfliktpotenziale zwischen dem Unternehmen und den Gastländern zu minimieren. Während die Werbung vornehmlich zur Imagegestaltung von Produkten, Produktgruppen bzw. Dienstleistungen eingesetzt wird, prägen Public Relations (Corporate Communications) vornehmlich das Unternehmensimage. Das Ergebnis der Public-Relations-Arbeit findet seinen Niederschlag im **Goodwill**. Als spezifische Ziele der Öffentlichkeitsarbeit internationaler Unternehmen werden u.a. herausgestellt (Perlitz 2004, S. 315):

- Identifikation mit den Interessen des Gastlandes
- Herstellung guter Kontakte zu den Regierungsstellen
- Respektierung kultureller und sozialer Eigenheiten
- Beitrag zur Entwicklung des Gastlandes
- Selbstdarstellung des Unternehmens
- Unterstreichung der Unabhängigkeit der Auslandsniederlassungen von der Zentrale.

Instrumente der Öffentlichkeitsarbeit sind vom Unternehmen selbst gestaltete Informationsträger wie z.B. Broschüren, Flyer, Newsletter, Internetseiten, Fan-Pages in sozialen Netzwerken, Youtube-Kanäle, Tweets auf Twitter oder auch Briefe oder E-Mails. Von besonderer Bedeutung sind aber gerade externe Kanäle wie z.B. Zeitungen, Zeitschriften, TV und Hörfunk und das Internet, über die (unabhängige) Medienvertreter Informationen von dem bzw. über das Unternehmen im Rahmen ihrer Informationsaufgabe verbreiten. Im Vordergrund stehen dabei redaktionelle Beiträge. Da diese seitens der Medienvertreter (i.d.R.) ohne ein wirtschaftliches Interesse verfasst werden, ist die Glaubwürdigkeit solcher Informationen besonders hoch.

Ziel der Public Relations ist es, eine möglichst positive Berichterstattung zu realisieren. Jedoch ist es durchaus möglich, dass im Rahmen redaktioneller Berichterstattungen oder in sozialen Netzwerken in Form von sog. „Shitstorms", an denen sich innerhalb kurzer Zeit eine hohe Zahl von Personen auf unsachliche und kritische Weise an der Kommunikation beteiligen und die Informationen verbreiten, auch negative Informationen über die Unternehmen oder ihre Marken bzw. Produkte thematisiert werden. Die

Aufgabe der PR-Abteilungen liegt dann darin, auf diese Berichterstattung zu reagieren und im Rahmen von „Schadensvermeidungsstrategien" negativen Folgen entgegenzuwirken (Freimüller/Schober 2001, S. 1443; Grube 2011, S. 36).

> **Billy-Allianz – Ikea-Mitarbeiter aller Länder vereinigen sich**
>
> Billy sieht überall gleich aus, die Arbeitsbedingungen beim Hersteller Ikea dagegen nicht. Deswegen wollen sich Mitarbeiter des Möbel-Multis nun international verbünden. Dazu fand am heutigen Donnerstag ein Treffen von 20 Gewerkschaften aus 14 Ländern in Istanbul statt.
>
> Der Anlass war national: Mit dem Treffen wollten die Gewerkschafter ihre Solidarität mit den türkischen Kollegen bei der Arbeitnehmervertretung Koop-Is zeigen. Dort versucht man bereits seit 2010, einen Tarifvertrag für alle türkischen Ikea-Angestellten abzuschließen. Das Management verhindere dies mit allen Mitteln, klagt Koop-Is. In einem Fall habe die Leitung eines türkischen Ikea-Möbelhauses versucht, mutmaßliche Gewerkschaftsmitglieder unter den Angestellten ausfindig zu machen, sagt Metin Guney, der Generalsekretär der Gewerkschaft. Einige sollen daraufhin entlassen worden sein.
>
> Auch in Frankreich hatte es kürzlich einen Skandal um das blau-gelbe Einrichtungshaus gegeben: Daten von Kunden und Mitarbeitern sollen ausspioniert und gespeichert worden sein, sogar Informationen zu Liebesbeziehungen sollen archiviert worden sein.
>
> Zusammen wollen die Arbeitnehmer und Vertreter von 20 Gewerkschaften aus 14 Staaten nun bessere Arbeitsbedingungen einfordern - unter dem Dach der internationalen Gewerkschaftsorganisation Uni Global Union. "Ein globales Unternehmen wie Ikea sollte die gleichen guten Standards für seine Beschäftigten in der ganzen Welt haben", sagt die Uni-Vertreterin Alke Boessinger.
>
> Die Ikea-Kollegen diskutierten auf dem Treffen die tatsächlichen Arbeitsbedingungen vor Ort. Sie sammelten gute und schlechte Beispiele für den Schutz der Rechte von Arbeitnehmern. Dabei wurde deutlich: Die Bedingungen für die insgesamt 100.000 Beschäftigten in 41 Staaten sind sehr unterschiedlich. Während Ikea vor allem in den nördlichen Ländern für hohe Sicherheit und Zufriedenheit stehe, berichteten Mitarbeiter aus anderen Ländern über Repressalien gegenüber Gewerkschaftern, über die Verletzung von Gesundheitsschutz- und Sicherheitsregeln. Nun will man auch in diesen Ländern zur Mitgliedschaft in der Gewerkschaft stehen und ins Gespräch mit der Geschäftsführung kommen. Therese Möller, eine schwedische Gewerkschafterin und Ikea-Mitarbeiterin, sagte: "Wenn wir es in Schweden machen können, muss es auch anderswo möglich sein". Ein erster Erfolg konnte bereits verbucht werden: Nach Angaben der neuen Ikea-Allianz hat sich der Konzern schon zum Dialog bereit erklärt.
>
> Quelle: www.spiegelonline.de, 08. März 2012.

Ebenso wie auch hinsichtlich der Werbung ist die PR-Arbeit der Unternehmen abhängig von der Medienverbreitung bzw. -verfügbarkeit in den unterschiedlichen Ländern. Im Internationalen Marketing ist zudem zu beachten, dass die Rolle der Medien und die **Glaubwürdigkeit** der Medien im internationalen Kontext unterschiedlich sind und PR-Aktivitäten häufig global umgesetzt werden (müssen).

e) Internationale Verkaufsförderung

> *Das Ziel der Verkaufsförderung oder Sales Promotion besteht in der unterstützenden, motivierenden und absatzfördernden Wirkung. Der Fokus liegt dabei auf der kurzfristigen Förderung des Verkaufs von Waren bzw. Dienstleistungen.*

Verkaufsförderungsmaßnahmen sind zum einen kurzfristig und zeitlich begrenzt und weiterhin oftmals eher lokal ausgerichtet sind. Hierzu zählen u.a. (Gedenk 2001, S. 1756ff.):

- **direkte Verkaufshilfen**: z.B. Verkaufshandbücher, Computer-Aided-Selling-Systeme, Prospekte, Kataloge und Informationshilfen wie Schulung und Verkaufstraining, Fachliteratur
- **persönliche Anreizsysteme**: z.B. Verkaufswettbewerbe
- **individuelle Kontaktpflege**: z.B. Produktvorführung, Kontaktbesuche, Geschenke.

Diese Maßnahmen können nach der Stufe (Intermediäre oder Endkunden) differenziert werden, auf die sie ausgerichtet sind. Man unterscheidet z.B. in der Konsumgüterbranche die handelsorientierte (**Trade Promotions**) und die konsumentenorientierte Verkaufsförderung (**Consumer Promotions**) (Gedenk 2002, S. 16ff.; Gedenk 2001, S. 1756ff.; Bruhn 2012, S. 228; Bruhn 2011, S. 555ff.). In Abbildung 5.31 sind beispielhaft unterschiedliche Instrumente der Verkaufsförderung für die jeweiligen Stufen dargestellt.

Herausforderungen an die Verkaufsförderung im internationalen Kontext ergeben sich v.a. aus länderspezifisch unterschiedlichen rechtlichen Restriktionen für Verkaufsförderungsaktivitäten oder den jeweiligen Einstellungen der Intermediäre (z.B. des Handels) zur kooperativen Förderung des Abverkaufs, aber auch der Kunden zu Verkaufsförderungsaktionen. Auf Grund des kurzfristigen Charakters der Verkaufsförderungsmaßnahmen ist eine Standardisierung im Rahmen des Internationalen Marketing am ehesten bei Unternehmen mit einem eigenen, vollständig kontrollierbaren Distributionssystem denkbar (Meffert/Bolz 1998, S. 206ff.; Berndt/Fantapié Altobelli/Sander 2010, S. 375f.).

Abbildung 5.31: Instrumente der Verkaufsförderung – Beispiele

Ausrichtung auf Kunden	Ausrichtung auf Intermediäre
• **Preis-Promotions** (z.B. Sonderangebote, Sonderpackungen, Treuerabatte, Coupons, Rückerstattungen) • **Nicht-Preis-Promotions** (z.B. Promotionwerbung (Handzettel/Beilagen, Inserate, PoS-Werbung), Displays/Zweitplatzierungen, PoS-Materialien, Aktionsverpackungen, Warenproben, Produktzugaben, Gewinnspiele)	• **Rabatte** (z.B. Aktionsvergütungen, Sonderangebotsvergütungen, Werbekostenzuschüsse oder Zweitplatzierungsvergütungen im Handel) • **Verkaufshilfen** (z.B. Displays, Materialien für Promotionwerbung, Computer-Aided-Selling-Systeme für Außendienstmitarbeiter) • **Incentives** für Mitarbeiter (z.B. Verkaufswettbewerbe, Außendienst-Wettbewerbe, Händlerwettbewerbe)

Quelle: in Anlehnung an Gedenk 2002, S. 16, 19; Backhaus/Voeth 2010b, S. 306f.

f) Internationale Messen, Ausstellungen und Events

Messen sind überbetriebliche, periodisch innerhalb eines Jahres oder mehrerer Jahre i.d.R. am selben Ort wiederkehrende Veranstaltungen, die im Gegensatz zum Trade-Mart zeitlich begrenzt sind (Jahrmann 2010, S. 279).

Auf solchen Messen präsentieren die Aussteller eines Wirtschaftszweiges (Fachmesse) oder mehrerer Wirtschaftszweige (Universalmesse) ihre Waren bzw. Dienstleistungen. Messen werden von **Ausstellungen** dadurch abgegrenzt, dass auf Messen der Verkauf an Konsumenten zeitlichen Restriktionen unterliegt, während auf Ausstellungen ein solcher unbegrenzt erfolgen kann. Wichtige Ziele der Teilnahme von Unternehmen an (internationalen) Messen und Ausstellungen sind u.a. (Zentes/Swoboda 2001a, S. 382f.; Bruhn 2011, S. 935ff.):[1]

- Produktpräsentation und Information gegenüber Fachpublikum bzw. sonstigen Interessenten
- Selbstdarstellung
- mittelbare Verkaufsgespräche sowie Einholung von Aufträgen
- Konkurrenzanalyse
- allgemeiner Erfahrungsaustausch mit Interessenten, Kunden
- Repräsentation und Profilierung des Unternehmens im Markt
- Kommunikation mit Fachleuten und Geschäftspartnern sowie Anbahnung neuer geschäftlicher Kontakte.

Messen bzw. Ausstellungen sind häufig überregional ausgerichtet und können über die genannten Zielsetzungen hinaus auch dazu dienen, auf Auslandsmärkten Kontakte mit Repräsentanten der Ländermärkte (z.B. aus Politik oder Öffentlichkeit) anzubahnen bzw. zu pflegen (Seringhaus/Rosson 1998; Homburg 2012, S. 341).

Während Messen und Ausstellungen zeitlich und räumlich festgelegt sind, zumeist durch unabhängige Veranstalter durchgeführt werden und i.d.R. durch die Teilnahme einer Vielzahl von Anbietern gekennzeichnet sind, handelt es sich bei **Events** um Veranstaltungen mit einem „besonderen" bzw. „speziellen" und insbesondere erlebnisorientiertem Charakter sowohl für die Veranstalter als auch für die Besucher. Events sind durch die folgenden Merkmale gekennzeichnet (Bruhn 2013a, S. 463f.):

- Events sind Veranstaltungen mit erlebnisorientiertem Charakter.
- Events sind für die Teilnehmer etwas Besonderes und häufig etwas Einmaliges.
- Events bieten die Möglichkeit eines „Vor-Ort-Erlebnisses", was mit Authentizität und Exklusivität verbunden ist.
- Events sind zumeist auf ein spezifisches Zielpublikum ausgerichtet.
- Events sind i.d.R. auf den persönlichen Dialog ausgerichtet.

Das Ziel der Durchführung von Events liegt in der Aktivierung der Teilnehmer. Man unterscheidet dabei unternehmensinterne und unternehmensexterne Events (siehe Abbildung 5.32). Das Interesse für Events bzw. deren Wahrnehmung kann international stark variieren. Aus diesem Grund sind Events i.d.R. nicht generell in gleicher Form bzw. zum gleichen Thema einsetzbar.

---

[1] Zur Bedeutung und den Zielen von internationalen Messen und Ausstellungen vgl. Meffert/Burmann/Kirchgeorg 2012, S 694; Homburg 2012, S. 815ff.; Bruhn 2013a, S. 192ff.; Hansen 1996; Esch 2012, S. 335;Seringhaus/Rosson 2001 oder Seringhaus/Rosson 2004.

Abbildung 5.32: Formen des Event-Marketing

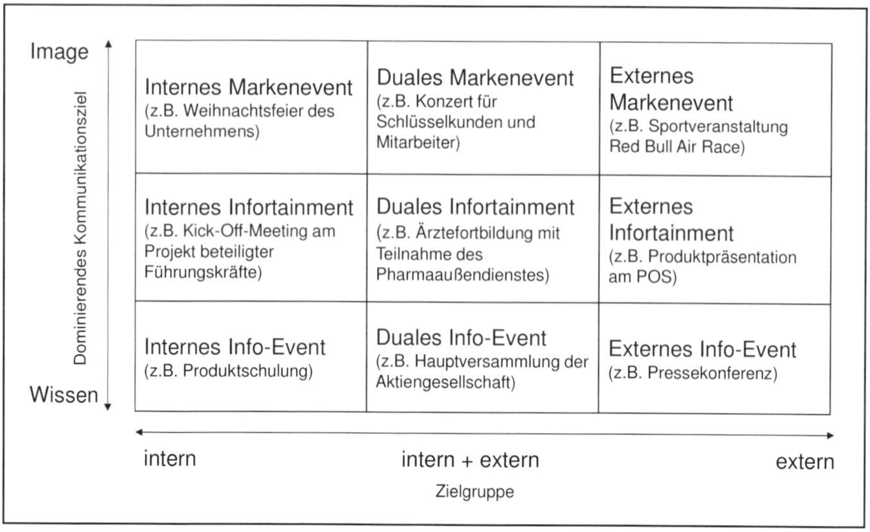

	intern	intern + extern	extern
Image	Internes Markenevent (z.B. Weihnachtsfeier des Unternehmens)	Duales Markenevent (z.B. Konzert für Schlüsselkunden und Mitarbeiter)	Externes Markenevent (z.B. Sportveranstaltung Red Bull Air Race)
	Internes Infotainment (z.B. Kick-Off-Meeting am Projekt beteiligter Führungskräfte)	Duales Infotainment (z.B. Ärztefortbildung mit Teilnahme des Pharmaaußendienstes)	Externes Infotainment (z.B. Produktpräsentation am POS)
Wissen	Internes Info-Event (z.B. Produktschulung)	Duales Info-Event (z.B. Hauptversammlung der Aktiengesellschaft)	Externes Info-Event (z.B. Pressekonferenz)

(Dominierendes Kommunikationsziel / Zielgruppe)

Quelle: Meffert/Burmann/Kirchgeorg 2012, S. 700.

g) Internationales Sponsoring und internationales Product Placement

> *Unter Sponsoring versteht man die Bereitstellung von Finanzmitteln, Sachmitteln, Dienstleistungen oder Know-how durch den Sponsor zur Förderung von Personen oder Organisationen, z.B. in den Bereichen Sport (Förderung von Sportlern, Mannschaften, Sportveranstaltungen), Kultur (Förderung von Künstlern, künstlerischen Ereignissen) und im gesellschaftspolitischen Bereich (Förderung sozialer und ökologischer Aufgabenstellungen) (Bruhn 2013a, S. 431).*

Der Sponsor erhält für sein Engagement eine vorher definierte Gegenleistung, die direkt oder indirekt der Erreichung der Marketingziele des Unternehmens förderlich sein soll. Aus diesem Grund sind im internationalen Bereich die Sponsoringaktivitäten sehr stark von der Zielgruppe (national, regional oder global) und dem Produkt abhängig. Im Rahmen des internationalen Sponsoring werden nicht nur länderbezogene Sponsoringaktivitäten herangezogen, sondern häufig länderübergreifende Veranstaltungen gesponsert, so z.B. Sportveranstaltungen (z.B. Formel 1, Champions League, Fußball-Weltmeisterschaft, Olympiade) oder Kulturveranstaltungen (z.B. Musicals oder internationale Tournee-Veranstaltungen von bekannten Musikern).

Beim Sponsoring ist der „Fit" zwischen dem Sponsor und dem/den Gesponserten von besonderer Bedeutung und weiterhin sind die Glaubwürdigkeit einerseits des Gesponserten und andererseits der Sponsoringaktivität selbst (z.B. Glaubwürdigkeit eines Kultur- oder Umweltengagements des betrachteten Unternehmens) von Relevanz. Diesbezüglich können Unterschiede in der Wahrnehmung der Sponsoringaktivitäten in den unterschiedlichen Ländern auftreten. Auch die Zielgruppenrelevanz der Sponsoringobjekte ist zu beachten. Deshalb kann es sinnvoll sein, sich in unterschiedlichen Ländern auf unterschiedliche Sponsoringobjekte bzw. -bereiche zu fokussieren. Zudem kann das Sponsoring – ebenso wie z.B. die internationale Werbung – von gesetzlichen Restriktionen betroffen sein. Relevant sind dabei zum einen länderbezogene Restriktionen, aber auch internationale Bestimmungen können als Herausforderung auf die Werbe- und Sponsoringpolitik bzw. -möglichkeiten einwirken.

Vom Sponsoring abzugrenzen ist das **Product Placement**.

Hierunter versteht man die gezielte Platzierung von Produkten oder Markennamen als „reale Requisiten" in den Medien, z.B. in der Handlung von Spielfilmen, Fernsehsendungen, Videoclips, in Printmedien o.Ä.

Das Produkt bzw. die Marke ist dabei für den Betrachter deutlich erkennbar und das Placement ist grundsätzlich mit einer Gegenleistung verbunden (Sander 2011, S. 638).[1]

Eine solche Platzierung kann in visueller oder verbaler Form erfolgen. Nach der Intensität des Product Placement unterscheidet man die reine Zurverfügungstellung von Produkten ohne weitere Auflagen, das On-Set Placement, bei dem keine wesentliche Verknüpfung des platzierten Produktes z.B. mit der Handlung eines Spielfilms erfolgt, das Creative Placement, bei dem die Handlung z.B. eines Spielfilms auf den platzierten Markenartikel abgestimmt wird, und als weitere Form, die jedoch kaum realisierbar ist, wäre auch die uneingeschränkte Einflussnahme des Markenartikelherstellers auf das Drehbuch eines Films denkbar (Sander 2011, S. 641). In Abbildung 5.33 sind Beispiele für internationales Product Placement dargestellt.

Abbildung 5.33: Beispiele für Product Placement in Kino-Filmen

Film	Unternehmen/Marke
„007" (diverse)	z.B. Omega, BMW, Aston Martin, Jaguar, Louis Vuitton, Cartier, Montblanc, Smirnoff, Finlandia Vodka
„Skyfall"	Heineken kaufte sich für 45 Mio. Dollar ein, damit James Bond Heineken Bier trinkt.
„Transformers: Dark of the Moon"	z.B. 7-Eleven, Adidas, Apple, Cadillac, Canon, Chevrolet, Corvette, Gillette, Lenovo
„Die Schlümpfe"	z.B. Google, M&M's, Blue Man Group, Blu-Ray, Bluetooth
„Jack and Jill"	z.B. Dunkin Donuts, Royal Carribean Cruises
„Ocean's Thirteen"	z.B. Adidas, Apple, Bose, Maxim, Zippo, Swarovski, TAG Heuer
„The Help"	z.B. Coca Cola, Crisco
„Hangover 2"	z.B. Louis Vuitton, Adidas, Fanta, Skype, Toyota, Starbucks
„Men in Black 3"	z.B. Coca Cola, Ford, Dunkin Donuts, John Deere, Louis Vuitton, Viagra
„Green Lantern"	z.B. Apple, Chevrolet, Dell, Hot Wheels, Panasonic, Puma
„The Expendables 2"	z.B. Pepsi, Chupa Chups, Mentos
„The Grey"	z.B. Carhartt, Discovery Channel, Jack Daniel's

Mit Product Placement können relativ hohe Reichweiten realisiert werden, weil z.B. **Zapping-Aktivitäten** von Zuschauern (z.B. bei Werbeblöcken) umgangen werden. Herausforderungen im internationalen Kontext ergeben sich wiederum aus landesspezifisch bzw. kulturell bedingten Unterschieden. So bestehen z.B. Unterschiede in den rechtlichen Bestimmungen hinsichtlich der Zulässigkeit des Product Placements (z.B. rechtliche Begrenzungen beim öffentlich-rechtlichen Fernsehen in Deutschland), die

---

[1] Vgl. zu unterschiedlichen Formen des Product Placement sowie zu Wirkungszusammenhängen und -unterschieden auch Meffert/Burmann/Kirchgeorg 2012, S. 708ff.; Bruhn 2013a, S. 372; Russell 1998 oder Tiwsakul/Hackley/Szmigin 2005.

Filme oder Sendungen, in denen ein Placement erfolgt, können im internationalen Kontext unterschiedliche Akzeptanz erfahren (Craig/Green/Douglas 2005) oder kulturelle Unterschiede können z.B. zu Reaktanz bei den Zuschauern führen, wenn diese das Product Placement „erkennen".[1]

VI. Internationale Distributionspolitik

1. Überblick

Die Distributionspolitik als Teilbereich des Marketing-Mix umfasst alle Entscheidungen und Maßnahmen, die im Zusammenhang mit dem Weg der Produkte zum Endabnehmer stehen.[2] Die wesentlichen Entscheidungstatbestände der Distributionspolitik beziehen sich auf die folgenden Bereiche (Ahlert 1996, S. 15ff.; Meffert/Burmann/Becker 2010, S. 209ff.):

- **Absatzwege, Absatzmittler, Verkaufsorgane**: Dieser Bereich beinhaltet die Auswahl und Strukturierung der Distributionswege, -mittler und Verkaufsorgane inklusive der Gestaltung der vertraglichen Beziehungen.
- **Logistische Systeme (Distributionslogistik)**: Dieser Teilbereich der Distributionspolitik beinhaltet die Planung, Steuerung und Kontrolle der physischen Übermittlung, d.h. Transport bzw. Lagerung von Gütern einschließlich der Liefer- und Zahlungsbedingungen.[3]

Im Vordergrund der internationalen Distributionspolitik stehen vor allem die Entscheidungen zur Bestimmung und Gestaltung der Absatz- bzw. Vertriebskanäle in den bearbeiteten Ländermärkten. Die wesentlichen Ziele, die mit der internationalen Distributionspolitik im Zusammenhang stehen, lassen sich in ökonomisch-orientierte, psychologisch-orientierte und versorgungsorientierte Ziele unterteilen. In Abbildung 5.34 sind wesentliche dieser spezifischen Ziele im Überblick dargestellt.

Die internationale Distributionspolitik steht in enger Verbindung zur Gestaltung der Betätigungsformen auf Auslandsmärkten. Die Wahl unterschiedlicher Betätigungsformen wie z.B. Export, Lizenzen, Franchising oder direktinvestives Engagement bedeutet häufig, dass die Entscheidungen hinsichtlich der Distributionspolitik hierdurch determiniert werden.[4] In Abbildung 5.35 sind neuere Forschungsarbeiten zur internationalen Distributionspolitik im Überblick dargestellt.

---

[1] Zu solchen Reaktanzerscheinungen gegenüber dem Product Placement vgl. z.B. Karrh 1998; Gupta/Balasubramanian/Klassen 2000; Keegan/Green 2013, S. 459.
[2] Der Begriff Distribution wird im Folgenden synonym zu dem Begriff Vertrieb verwendet.
[3] Vgl hierzu die Ausführungen zur Preis- und Konditionenpolitik in Abschnitt A.III. dieses Kapitels.
[4] Vgl. hierzu die Ausführungen des Vierten Kapitels.

Abbildung 5.34: Ziele der Distributionspolitik

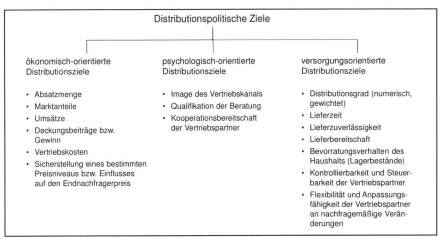

Quelle: in Anlehnung an Sander 2011, S. 667.

Abbildung 5.35: Ausgewählte Studien zur internationalen Distributionspolitik

Autor (Jahr)	Forschungsgegenstand	Problemstellung
Wu u.a. 2007	Ausländische Vertriebspartner	Beziehung zwischen Herstellern und ausländischen Vertriebspartnern; opportunistisches Verhalten ausländischer Vertriebspartner; Zusammenhang zwischen dem Resource-based View und der Unternehmensführung bei dem Management von Exportkanälen
Shoham u.a. 2008	Internationale Distributionskanäle	Standardisierung internationaler Distributionskanäle und deren Erfolgswirkungen; Beziehungseigenschaften der Unternehmen zu den ausländischen Vertretern und ihre Verhaltens- und Erfolgswirkungen
Frazier/Maltz/Anita/Rindfleisch 2009	Austausch von strategischen Daten mit Zulieferern	Effekte auf die Distribution bei übergreifender Analyse mehrerer Industrien
Serra/Pointon/Abdou 2012	Export von Textilwaren am Beispiel von Firmen in England und Portugal	Aufzeigen möglicher Unterscheidungsmerkmale der verschiedenen Märkte
Yang/Su/Fam 2012	Ausgestaltung der Distributionskanäle in ausländischen Märkten	In ausländischen Märkten sehen sich Unternehmen der Herausforderung gestellt, mit unterschiedlichen institutionellen Partnern operieren zu müssen
Swoboda/Elsner 2013	Internationaler Transfer von Handelsformaten	Händler, die in internationale Märkte expandieren, können ihr Handelsformat standardisiert übernehmen oder Anpassungen vornehmen

2. Absatzwege, Absatzmittler und Verkaufsorgane

Wie bei den anderen Marketinginstrumenten sind auch bei der Distributionspolitik die Gestaltungsoptionen bei international tätigen Unternehmen im Vergleich zu nationalen Unternehmen wesentlich differenzierter und komplexer. Bei der Gestaltung der Absatzwege sind v.a. die folgenden Aufgabenbereiche wichtig (Zentes/Neidhart 2006, S. 284f.; Bruhn 2012, S. 246ff.; siehe auch Abbildung 5.36):

- **Auswahl der in einem Distributionskanal einzuschaltenden Absatzorgane:** unternehmenszugehörige oder -fremde Absatzorgane (**vertikaler Selektionsentscheid**)
- **Auswahl der Distributionskanäle:** Einweg- oder Mehrwegvertrieb (Multi-Channel-Distribution)
- **horizontaler Selektionsentscheid:** Festlegung der Anzahl und Art der auf den einzelnen Wirtschaftsstufen bzw. Handelsstufen einzuschaltenden Absatzorgane
- **kontraktuelle Arrangements:** Festlegung der Ausgestaltung bzw. Intensität der Zusammenarbeit mit den einzuschaltenden Absatzorganen.

Folgt man der klassischen distributionspolitischen Differenzierung, so sind direkte und indirekte Absatzwege (**Absatzkanäle**) bzw. direkte und indirekte Vertriebsformen (**Vertriebssysteme**) zu unterscheiden. Bei den direkten Formen der Distribution stehen Hersteller in unmittelbaren Transaktionsbeziehungen mit den (privaten oder gewerblichen) Endabnehmern (Tietz/Mathieu 1979; Zentes/Swoboda/Foscht 2012, S. 347f.). Wesentlich ist hierbei, dass die Herstellerstufe den Einsatz des Marketinginstrumentariums auf den jeweiligen Ländermärkten bis zum Endabnehmer steuern und kontrollieren kann. Dabei werden (vornehmlich) **unternehmenseigene Absatzorgane** eingesetzt wie z.B. Verkaufspersonen (z.B. die Geschäftsleitung, der Außendienst („Reisende")) bzw. Vertriebsabteilungen oder Vertriebsniederlassungen. Indirekte Formen der Distribution sind hingegen durch die Einschaltung von selbstständig agierenden Absatzmittlern oder Handelsmittlern charakterisiert. **Unternehmensfremde Absatzorgane** sind der Groß- und Einzelhandel oder das Handwerk sowie Handelsvertreter, Makler oder Kommissionäre. Diese stehen ihrerseits wiederum überwiegend in unmittelbaren **Transaktionsbeziehungen** mit den Endabnehmern (Günther 1995; Park/Keh 2003). Diese indirekten Formen schließen allerdings nicht aus, dass die Hersteller direkte kommunikative Beziehungen zu den Endabnehmern aufbauen können (z.B. in Form von Direct-Marketing-Maßnahmen) (Zentes/Swoboda/Morschett 2005b).

Bei der Auswahl der Distributionskanäle stellt sich die Frage, ob anhand einer „eingleisigen" Distributionsstrategie, bei der nur ein Distributionskanal genutzt wird, vorgegangen werden soll, oder ob ein **Mehrkanalsystem** eingerichtet werden soll, bei dem mehrere Distributionskanäle parallel eingesetzt werden (Schramm-Klein 2003, S. 16ff.). Gerade im Rahmen internationaler Distributionssysteme kann ein solches Vorgehen auf Grund unterschiedlicher Länder- und Regionengegebenheiten erforderlich sein (Bradley 2005, S. 301ff.), da es die differenzierte Behandlung unterschiedlicher Segmente bzw. Zielgruppen ermöglicht. Jedoch können **Multi-Channel-Strategien** auch mit Kanalkonflikten verbunden sein, wenn die Absatzkanäle zueinander in Konkurrenz stehen. Diese Entscheidungen stehen im Zusammenhang mit Entscheidungen hinsichtlich universeller, selektiver bzw. exklusiver Distributionssysteme.

Bei indirekten Distributionssystemen wird häufig die Frage gestellt, wer im vertikalen System die **Systemführerschaft** hat und damit die Wertschöpfungskette bzw. das Distributionssystem steuert. Dies kann potenziell durch jeden der Wertschöpfungspartner erfolgen (Hertel/Zentes/Schramm-Klein 2011, S. 87f.). In diesem Zusammenhang sind auch die Diskussionen um „Machtaspekte" in Vertriebssystemen zu sehen.[1]

Abbildung 5.36: Formen der Zusammenarbeit in Distributionskanälen

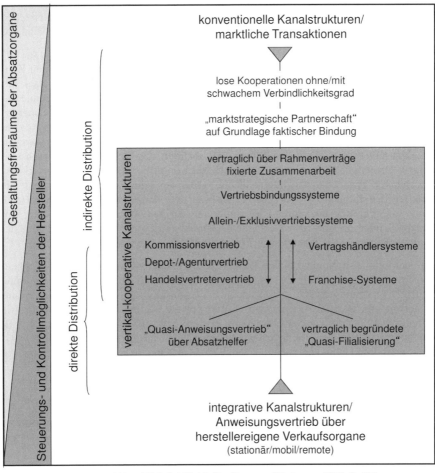

Quelle: in Anlehnung an Ahlert 1996, S. 165; Meffert/Burmann/Kirchgeorg 2012, S. 565.

Die distributionspolitischen Basisoptionen lassen sich dem institutionenökonomischen Typenband „Markt, Kooperation, Integration bzw. Hierarchie" zuordnen (siehe Abbildung 4.3).[2] Bei direkten Distributionsformen handelt es sich um **integrative Transaktionsformen** (**Direktvertrieb**, gesicherte Distribution bzw. **Secured Distribution**). Indirekte Distributionssysteme, bei denen rechtlich und wirtschaftlich selbstständige Absatzmittler eingeschaltet werden, sind als **marktliche Transaktionsformen** einzustufen, sofern die Absatzmittler keine über den Kaufvertrag hinausgehenden Kontrakte

---

[1] Vgl. hierzu z.B. Kadiyali/Chintagunta/Vilcassim 2000; Bruhn 2012, S. 277; Zentes/Swoboda/Foscht 2012, S. 248ff.; Berndt/Fantapié Altobelli/Sander 1997, S. 368ff.; Keh/Park 2005; Messinger/Narasimhan 1995.

[2] Vgl. hierzu Abschnitt B.I. des Vierten Kapitels.

bzw. vertraglichen Beziehungen mit der Herstellerstufe unterhalten. Zwischen diesen beiden Polen des Transaktionsformentypenbands existiert ein breites Spektrum vertikal-kooperativer Distributionsformen (kontrollierte Distribution bzw. **Controlled Distribution**) (Zentes 2012b, S. 89ff.; Zentes/Swoboda/Foscht 2012, S. 9).

Die integrativen Distributionsformen beinhalten eine weit gehende **Vertikalisierung** (i.S. der absatzmarktorientierten Ausdehnung der Wertschöpfungstiefe) der Hersteller, indem sie nicht nur in kommunikativer, sondern auch in distributiver Hinsicht im unmittelbaren Kontakt mit den Endabnehmern stehen.

Die Vorteile der integrativen Distributionsformen ergeben sich aus dem direkten Kontakt zwischen Unternehmen und Kunden. Im internationalen Kontext kann dies z.B. dann vorteilhaft sein, wenn ein bestimmtes (z.b. einheitliches) Image im Ausland garantiert werden soll, eine hohe Erklärungsbedürftigkeit der Produkte oder Leistungen besteht, Know-how-Abflüsse verhindert werden sollen oder ein bestimmter Service vor Ort realisiert werden soll. Im Gegensatz dazu können indirekte Vertriebsformen zwar zunächst Kostenvorteile mit sich bringen (z.B. dadurch, dass kein eigenes Vertriebssystem vor Ort aufgebaut werden muss), jedoch mit Kontrollverlusten und Abhängigkeitsbeziehungen gegenüber den Intermediären verbunden sein. Darüber hinaus fehlt die Nähe zu den Kunden vor Ort. Dies ist insbesondere dann problematisch, wenn eine große (geografische oder kulturelle) Entfernung zu den Absatzmärkten besteht. Ein Überblick über die Vor- bzw. Nachteile des Direktvertriebs im Rahmen internationaler Vertriebssysteme ist in Abbildung 5.37 dargestellt.[1]

Im internationalen Kontext bieten **kooperative Vertriebsstrategien** die Möglichkeit, verstärkten Einfluss auf die Endabnehmer zu gewinnen und gleichzeitig Kostenvorteile in den Distributionskanälen zu realisieren. In diesem Zusammenhang steht die Zusammenarbeit von Herstellern und Vertriebspartnern im Vordergrund, bei der Ziele wie z.B. die Stärkung der Geschäftsbeziehung, kosten- bzw. effizienzorientierte Ziele (z.B. durch Synergieeffekte in Bereichen wie Supply Chain Management oder Marktbearbeitung) oder Kundenbindungsziele auf den einzelnen Ländermärkten (z.B. Stärkung der eigenen Marken vor Ort) verfolgt werden.[2]

Abbildung 5.37: Vor- und Nachteile des internationalen Direktvertriebs

Vorteile	Nachteile
• unabhängige Steuerung aller Akquisitionsaktivitäten • Kontrollmöglichkeiten der Mitarbeiter • schnelle Reaktionsmöglichkeiten auf Marktveränderungen • keine Entscheidungsrechtfertigung/Verhandlungsprozesse (z.B. über Preis, Sortiment, Liefer- und Zahlungsbedingungen o.Ä.) • direkter Imagetransfer (z.B. Unternehmens- oder Landesimage) • größere Marktnähe (evtl. direkter Kontakt zu den Endabnehmern) • Einsparung Spanne/Kosten der Fremddistribution	• ggf. hoher Aufwand eines eigenen Distributionssystems • kulturelle Anpassungsprobleme möglich • ggf. Probleme beim Einsatz inländischer Mitarbeiter im Ausland • Abhängigkeit von lokalen/entsandten Mitarbeitern vor Ort • Auftritt als Auslandsunternehmen (ggf. negativer Country-of-Origin-Effekt) • häufig hohe Markteintrittsbarrieren • hohe Verlustrisiken bei Misserfolg • keine/geringfügige Partizipation am Know-how ausländischer Absatzmittler vor Ort

Quelle: in Anlehnung an Berndt/Fantapié Altobelli/Sander 1997, S. 350; Hünerberg 1994, S. 298.

---

[1] Vgl. hierzu auch die Ausführungen des Vierten Kapitels.
[2] Vgl. hierzu mit Fokus auf Kooperationen zwischen Industrie und Handel Zentes/Swoboda/Morschett 2005b sowie Hertel/Zentes/Schramm-Klein 2011, S. 22ff.

3. Gestaltung der logistischen Systeme

Die Distributionslogistik[1] hat die Aufgabe, die physische Distribution der Produkte sicherzustellen.[2] In diesem Kontext ist das Konzept der „4 r" von besonderer Bedeutung: Das Distributionssystem hat demnach dafür zu sorgen, dass an allen Empfangspunkten im Verlauf der Wertschöpfungskette und schließlich am PoS die richtigen Produkte (in Menge und Sorte) im richtigen Zustand zur richtigen Zeit am richtigen Ort zu minimalen Kosten zur Verfügung stehen (Pfohl 2010, S. 12; Hertel/Zentes/Schramm-Klein 2011, S. 3). Die Distributionslogistik beinhaltet alle logistischen Aktivitäten, die im Zusammenhang mit der Verteilung der Ware an den Kunden stehen. Hierzu zählen z.B. (Hertel/Zentes/Schramm-Klein 2011, S. 155):

- Standortwahl der Distributionsläger
- Planung der Transportverfahren
- Bestandsmanagement in den Lägern
- Kommissionierung
- Verpackung
- Tourenplanung, Transportmitteleinsatz, Anlieferungsterminplanung
- Kundenauftragsabwicklung
- Kooperation mit Logistikdienstleistern.

Die distributionslogistischen Entscheidungen sind im internationalen Kontext wesentlich komplexer als dies im rein nationalen Kontext der Fall ist, da i.d.R. unterschiedliche Produktionsstätten im internationalen Rahmen existieren. Zu entscheiden ist, in welchen Ländern, Regionen bzw. an welchen Standorten Läger aufgebaut werden müssen und in welcher Form die Transporte zwischen Produktionsstätten, Lägern und letztlich dem PoS in bzw. zwischen den einzelnen Ländermärkten ablaufen sollen.

Die Gestaltung der Logistiksysteme, also z.B. die Wahl der Transportmittel, der Transportwege, der Lagerhaltung usw. wird wesentlich durch die Konfiguration der Wertschöpfungsaktivitäten der Unternehmen bestimmt,[3] aber auch Spezifika der Produkte sind wichtige Einflussfaktoren (Hertel/Zentes/Schramm-Klein 2011, S. 124). Für die internationale Distributionslogistik gilt, dass die Grundprobleme, die bei der internationalen Logistikkonzeption zu lösen sind, denjenigen des nationalen Kontextes im Wesentlichen entsprechen (Corsten 2002, S. 957). Dies ist deshalb der Fall, weil implizit „internationale Aspekte" bereits dadurch berücksichtigt werden, dass Fragen der räumlichen Dislozierung von Unternehmensaktivitäten des betrachteten Unternehmens bzw. grundsätzlich aller Supply-Chain-Partner bei der Konzeption von Logistiksystemen einbezogen werden.[4] Vor allem bestehen Besonderheiten der internationalen Distributionslogistik darin, dass die Güterbewegungen häufig über nationale Grenzen hinweg

---

[1] Die Distributionslogistik ist ein Teilbereich des logistischen Systems von international tätigen Unternehmen. Sie stellt neben der Beschaffungs- und Produktionslogistik eines der logistischen Subsysteme dar (vgl. hierzu Ihde 2001, S. 49) und steht im Folgenden im Vordergrund der Betrachtungen.

[2] Die physische Distribution wird unterstützt durch damit zusammenhängende Ströme, so z.B. von Informationen und finanziellen Mitteln (vgl. hierzu ausführlich Bowersox/Morash 1989, Hertel/Zentes/Schramm-Klein 2011, S. 124ff.). Von diesen weiteren Prozessen wird im Folgenden abstrahiert, indem die Warenströme in den Vordergrund der Betrachtungen gestellt werden.

[3] Vgl. hierzu ausführlich Zentes/Swoboda/Morschett 2004, S. 490.

[4] Dies hat dazu geführt, dass Themen der internationalen Logistik in der Literatur meist nur „am Rande" diskutiert werden. Vgl. hierzu z.B. Skjoett-Larsen u.a. 2007, S. 280 oder Zentes/Swoboda/Morschett 2004, S. 466.

erfolgen sowie wesentlich komplexere Entscheidungsprobleme hinsichtlich der Wahl von Lagerstandorten, Umschlagspunkten, Transportmitteln u.Ä. zu lösen sind.

Ausgehend von Begrenzungen, die sich aus den Produktspezifika ergeben (z.B. Transport- und Lagerfähigkeit, Erklärungsbedürftigkeit oder Bedarfshäufigkeit), lassen sich aus der Vielzahl der relevanten **Einflussfaktoren** die folgenden Bereiche herausheben (Zentes/Swoboda/Morschett 2004, S. 466ff.; Bowersox/Closs 1996, S. 159ff.; Corsten 2002, S. 958ff.):

- **Distanz**: Die Transportentfernung und die Zeitdauer logistischer Leistungszyklen sind häufig (aber nicht immer) größer als bei rein nationalen Betrachtungen. Zudem sind grenzüberschreitende Logistiksysteme neben dieser räumlichen und zeitlichen Distanz häufig mit zunehmenden kulturellen Distanzen verbunden, was evtl. erschwerende Wirkungen im Hinblick auf die Abstimmung des Supply-Chain-Management-Systems mit sich bringen kann. Je größer die Distanz ist, über welche die Produkte transportiert werden müssen, umso höher sind zudem die damit verbundenen Umweltbelastungen wie z.B. CO_2-Emissionen.
- **Beschränkung des Warenverkehrs**: Durch tarifäre und nicht-tarifäre Handelshemmnisse kann der Güterverkehr erschwert werden. Sie können zu Kostenerhöhungen oder zu Zeitverzögerungen und einem hohen Verwaltungsaufwand führen.
- **Versorgungssicherheit, Verfügbarkeit der Infrastruktur, Geografie und Klima**: Transport- und Lagerstrukturen haben die Zugänglichkeit zu den jeweiligen Waren oder Input-Faktoren zu sichern. Die jeweilige Infrastruktur (z.B. Straßennetz, Schienennetz, Flughäfen, Seehäfen usw.) sowie die Verfügbarkeit von Logistikunternehmen beeinflussen die Gestaltbarkeit und die Leistungsfähigkeit der internationalen Distributionslogistik. Die Zugänglichkeit bestimmter Regionen wird zudem durch geografische (z.B. Gebirgs- oder Wüstenregionen) und klimatische Bedingungen (z.B. Kälteregionen) beeinflusst.
- **Nachhaltigkeitsaspekte**: Transport- und Lagerentscheidungen sind vor dem Hintergrund der Auswirkungen auf das Ökosystem, insbesondere mit Blick auf Fragen des Klimaschutzes zu beurteilen. Hier spielt häufig der sog. „CO_2-Footprint", also der im Rahmen von Transport (und ggf. Lagerung) verursachte CO_2-Ausstoß, eine Rolle bei der Entscheidung.
- **Informations- und Kommunikationssysteme**: Die IuK-Systeme unterscheiden sich im internationalen Kontext häufig deutlich (z.B. hinsichtlich verfügbarer Technologien oder Standards).
- **Politisch-rechtliche Einflussnahme**: Hinsichtlich logistisch relevanter Fragestellungen bestehen im internationalen Kontext z.T. Einschränkungen, z.B. in Form von Kontingentierung oder Regulierung.
- **Risiko**: Größere Distanzen sowie die Überschreitung nationaler Grenzen sind mit erhöhten Risiken verbunden. Insbesondere erhöhen die Distanzen Prognoseunsicherheiten. Relevante Risikoformen sind z.B. natürliche Risiken (Unwetter, Erdbeben), politische Risiken (Krieg, politische Instabilitäten), gesellschaftliche Risiken (Streiks, Blockaden) oder soziokulturelle Risiken (Mentalitäten).

Entsprechend der Aufgaben der internationalen Distributionslogistik stellen Lagerung und Transport die Kernbestandteile dar. Bei der Frage der Lagerung steht v.a. die internationale Lagerstrukturgestaltung im Vordergrund. Die wesentlichen Entscheidungen der internationalen Lagerstrukturgestaltung beziehen sich auf die vertikale Lagerstruktur, d.h. die Anzahl der Lagerstufen, sowie auf die horizontale Lagerstruktur, d.h. die Anzahl der Läger auf den jeweiligen Stufen. Dabei sind auch Entscheidungen hinsichtlich der Standorte der Läger sowie der räumlichen Zuordnung der Läger zu Beschaffungs- bzw. Absatzgebieten erforderlich (Zentes/Swoboda/Morschett 2004, S. 482).

Bei der vertikalen **Lagerstruktur** wird nach der Stellung in der Wertschöpfungskette zwischen Fertigwarenlagern in der Produktionsstätte, ausgegliederten zentralen, regionalen oder lokalen Auslieferungslägern des Herstellers, regionalen oder zentralen Lägern von Groß- und Einzelhandelsunternehmen (inklusive der Filialen des Handels) oder Logistikdienstleistern (Speditionslager, Lagerhausbetriebe) unterschieden (Wittig/Zentes 2002, S. 354ff.). Bei der horizontalen Lagerstruktur spielen neben Fragen der Anzahl der Läger auf den jeweiligen Stufen auch Fragen der Zuordnung der Läger zu den Absatzgebieten bzw. Ländermärkten eine besondere Rolle. Die Anzahl der Läger auf der obersten Stufe (Werksläger) entspricht i.d.R. der Anzahl der Produktionsstätten, da zumeist eine geografische Angliederung erfolgt. Die Anzahl von Zentrallägern ist i.d.R. vergleichsweise gering, um Zentralisierungseffekte ausnutzen zu können. Die Anzahl der Auslieferungsläger hängt v.a. von der Anzahl der Kunden in einem bestimmten Gebiet, der geografischen Verteilung der Kunden und dem angestrebten Lieferservicegrad ab (Zentes/Swoboda/Morschett 2004, S. 484; Piontek 1994, S. 157).

Bei der **Standortwahl** der Läger ist es meist das Ziel, die Summe der Kosten zu minimieren, unter der Nebenbedingung, dass ein bestimmter Servicegrad eingehalten wird. Relevante Kosten in diesem Zusammenhang sind v.a. die Kosten der Errichtung und des Betriebs eines Lagers (z.B. Grundstückskosten, Personalkosten, Steuern und Abgaben) sowie die Transportkosten. Die Einrichtung von Lägern ist mit Kapitalbindungs- und Fixkosten verbunden. In der Gesamtbetrachtung der Lagerstruktur hängt die Kostenentwicklung dabei von der Abnehmerstruktur ab. Ist die Anzahl der Kunden des Unternehmens begrenzt und werden jeweils große Mengen bestellt, so ist tendenziell eine zentralisierte Lagerhaltung günstiger. Sind hingegen kleinere Aufträge an einen geografisch breit gestreuten Abnehmerkreis in unterschiedlichen Ländern die Regel, so kann die Zwischenschaltung weiterer Lagerstufen sinnvoll sein. Die Transportkostenentwicklung verläuft im Vergleich zu den Lagerkosten in weiten Teilen entgegengesetzt, denn eine Ausweitung der Anzahl der Auslieferungsläger führt tendenziell zu einer Senkung der Transportkosten, da eine größere räumliche Nähe zu den Abnehmern realisiert wird. Auf der anderen Seite steigen aber gleichzeitig die Transportkosten der Lagerbelieferung (Zentes/Swoboda/Morschett 2004, S. 488ff.). Das Ziel bei der internationalen Lagerstrukturgestaltung besteht darin, die Logistikkosten in ihrer Gesamtheit, die wesentlich durch die Lager- und Transportkosten bestimmt werden, zu minimieren.

Transport

Im Rahmen der internationalen Distributionspolitik ist der Transport einer der kritischsten Bereiche. Die Entscheidungen in diesem Zusammenhang beziehen sich insbesondere auf die Auswahl der Transportmittel sowie die Festlegung der Transportprozesse (insbesondere der Transportwege).

Als relevante **Transportmittel** stehen Straßenverkehr, Schienenverkehr, Schiffsverkehr und Luftverkehr im Vordergrund. Die Auswahl der Transportmittel erfolgt nach Kostenkriterien (z.B. Transportkosten, Auswirkungen auf sonstige Bereiche der Distributionslogistik wie z.B. die Lagerhaltung) und nach Leistungskriterien (z.B. Transportzeit, -frequenz, Eignung der Transportmittel für die Produkte, Flexibilität und Elastizität der Transportvarianten u.Ä.) oder nach ökologischen Kriterien (z.B. im Hinblick auf die mit dem Transport verbundenen Umweltbelastungen wie z.B. CO_2-Emission) (Hertel/Zentes/Schramm-Klein 2011, S. 195). Bei der Festlegung der **Transportprozesse** steht v.a. die Bestimmung der Transportstrecken im Vordergrund. Wichtige Einflussfaktoren auf die Tourenplanung sind dabei z.B. Strecke und Fahrzeit, die Auslastung der Transportfahrzeuge, vorgegebene Lieferfenster, Transportkapazitäten u.Ä.

Im internationalen Kontext implizieren größere Entfernungen oftmals den Einsatz anderer Transportmittel. Bei kürzeren Relationen wird z.b. häufiger der Straßenverkehr (LKW) genutzt, da er flexibler ist, bei größeren Entfernungen kommen zumeist andere Verkehrsträger wie z.B. Schienen-, Luft- oder Seeverkehr zum Einsatz. Häufig werden im internationalen Kontext **multimodale Transportsysteme** eingesetzt, bei denen im Rahmen des Transportprozesses ein Wechsel des Transportmittels stattfindet.

Tesco drops carbon-label pledge

Tesco has dropped its plan to label all its products with their carbon footprint, blaming the amount of work involved and other supermarkets for failing to follow its lead.

In January 2007, Tesco's chief executive, Sir Terry Leahy, promised "a revolution in green consumption" as the company pledged to put carbon labels on all 70,000 products. Orange juice, toilet roll and milk were among the products to have the emissions from their production catalogued. But on the eve of a major report on high street retailers' green programmes, the supermarket has said it is ditching the scheme. "We expected that other retailers would move quickly to do it as well, giving it critical mass, but that hasn't happened," Tesco's climate change director, Helen Fleming, told trade magazine The Grocer.

Tesco also blamed "a minimum of several months' work" to calculate the footprint of each product. The Guardian has previously reported that it would take Tesco centuries to fulfil its pledge, as the supermarket was only adding labels at the rate of 125 products a year.

A Tesco spokeswoman said the supermarket was phasing out the labels, but it still wanted to provide carbon information on products, though she did not specify how. "We are fully committed to carbon footprinting and helping our customers make greener choices. No final decision has yet been made, and we are always on the lookout to find even better ways to communicate the carbon impact of products in a way that informs and empowers customers."

"In the meantime we are continuing to use the Carbon Trust label on a wide range of approved products and will keep asking our customers what information they would find most useful."

The ditching of the labels will come as a blow for the Carbon Trust, the previously government-funded body that created the label and advises businesses on cutting emissions. From April, the Trust will no longer receive government funding as part of the coalition government's cuts, and will rely solely on private funding from its work with businesses.

A Carbon Trust spokeswoman said the body was "clearly disappointed" at the move. "The annual sales value of goods carrying the label is some £3bn. We are clearly disappointed that Tesco has decided to phase out over time the use of the label on cost grounds. We know that Tesco is reviewing future options and we will be actively supporting them in that review. We are confident that our existing label customers and new customers will see the value of an internationally recognised carbon label backed by expert independent certification."

PepsiCo, which has footprinted packets of its Walkers crisps and Tropicana orange juice through the scheme, said it would continue with the carbon footprint labels. Martyn Seal, European director for sustainability at PepsiCo, said: "Although we've not seen the take-up we would like, we still support carbon labelling as a way of helping consumers and businesses understand and reduce emissions."

Dyson, Kingsmill and Morphy Richards are the other three brands that work with the label. On Tuesday, the British Retail Consortium, the trade body representing the UK's biggest

> retailers, will publish a report on the environmental progress of the supermarkets and high street's biggest names.
>
> Quelle: www.guardian.co.uk, 30. Januar 2012.

VII. Optimierung des Gesamt-Marketing-Mix

Die Bezeichnung Marketing-Mix impliziert, dass im Rahmen des Internationalen Marketing alle absatzpolitischen Instrumente (und Sub-Instrumente) aufeinander abgestimmt und zu einer optimalen „Mischung" zusammengefügt werden müssen. Jedes Instrument muss also unter Berücksichtigung sowie im Hinblick auf die weiteren Instrumente optimiert werden. Im Vordergrund steht dabei die optimale **Allokation des Marketingbudgets** im Hinblick auf alle Marketinginstrumente. Im internationalen Marketing-Mix bestehen Wirkungsinterdependenzen zwischen den Marketinginstrumenten und Rückkopplungseffekte zwischen den Ländermärkten. Aus diesem Grund können die Instrumente nicht sukzessive „Instrument für Instrument" bzw. „Land für Land" optimiert werden, sondern die Gesamtoptimierung erfordert eine simultane Vorgehensweise. Als **Wirkungsinterdependenzen** unterscheidet man dabei (Sander 2011, S. 736ff.; Meffert 2000, S. 973ff.):

- **Funktionale Interdependenzen** (Interaktionseffekte): Hierbei handelt es sich um sachliche bzw. inhaltliche Wirkungszusammenhänge, die vorliegen, wenn der Einsatz eines Instrumentes von dem Einsatz anderer Instrumente abhängt. Dabei unterscheidet man substitutionale, komplementäre oder konkurrierende Wirkungszusammenhänge.
- **Zeitliche Interdependenzen**: Zeitliche Abhängigkeiten liegen vor, wenn die Wirkung eines Instruments auch noch in nachfolgenden Perioden anhält (Carry-over-Effekt) oder erst mit zeitlicher Verzögerung eintritt (Time-lag). Treten funktionale Interdependenzen zwischen den Marketinginstrumenten auf, können unterschiedliche zeitliche Einsatzmuster der Marketinginstrumente gewählt werden, so der parallele, sukzessive, intermittierende oder ablösende Einsatz der Instrumente.
- **Hierarchische Interdependenzen**: Sie kennzeichnen die Existenz bestimmter Rangordnungen zwischen den Marketinginstrumenten. Man unterscheidet dabei dominante, komplementäre, Standard- und marginale Instrumente.

Die Analyse von Interaktionseffekten zwischen den Marketinginstrumenten bzw. Ausstrahlungseffekten zwischen Ländermärkten, Strategischen Geschäftseinheiten oder Produkten/Marken der Unternehmen kann anhand von sog. **Response-Modellen** (bzw. Reaktionsfunktionen) vorgenommen werden.[1] Sie bilden den Hintergrund für die Optimierung des Marketing-Mix.

Die Optimierungsaufgabe des Gesamt-Marketing-Mix ist im internationalen Kontext noch wesentlich komplexer als im rein nationalen Umfeld. Es existiert nicht nur eine Vielzahl potenzieller Kombinationsmöglichkeiten der Marketinginstrumente, sondern es ist auch zu berücksichtigen, dass Marketing-Mix-Entscheidungen für einzelne Strategische Geschäftseinheiten oder Produkte vor dem Hintergrund des Gesamtunternehmenszusammenhangs zu treffen sind. Dabei können z.B. die angesprochenen Wirkungsinterdependenzen bzw. Spillover-Effekte auf übergeordneter Ebene zwischen den

---

[1] Zu unterschiedlichen Response-Modellen vgl. z.B. Homburg 2012, S. 910ff.; Meffert/Burmann/Kirchgeorg 2012, S. 614ff.

unterschiedlichen Teilbereichen (z.B. Produkten) oder den Ländermärkten auftreten, die bei der Optimierung zu berücksichtigen sind (Sander 2011, S. 738).

Die Optimierung des Marketing-Mix kann z.b. anhand analytischer oder heuristischer Verfahren erfolgen. **Analytische Verfahren** basieren auf quantitativ formulierten Modellen und sind durch eindeutige Lösungsvorschriften (Optimierungsalgorithmen) gekennzeichnet. Eines der ersten Modelle, das entwickelt wurde, um den optimalen Marketing-Mix zu ermitteln, ist der Ansatz von Dorfman und Steiner (Dorfman/Steiner 1954). Die Problematik analytischer Verfahren liegt jedoch darin, dass sie zu komplex werden, wenn sämtliche Einflüsse internationaler Märkte in ein Optimierungsmodell einbezogen werden sollen. Zudem sind die Modelle mit einem erheblichen Datenbeschaffungs- und -verarbeitungsaufwand verbunden. Diese Problematik wird versucht, z.B. durch Entscheidungsunterstützungssysteme, Expertensysteme oder Systeme auf der Basis Künstlicher Intelligenz zumindest teilweise aufzulösen (Zentes 2005, S. 71ff.). In der Unternehmenspraxis dominieren jedoch pragmatische Entscheidungsmethoden, d.h. **heuristische Ansätze**. Sie sind dadurch gekennzeichnet, dass die Entscheidungsbildung auf der Basis von „Faustregeln" erfolgt, die sich in der Praxis bewährt haben, denen es aber an einer theoretischen Fundierung mangelt. Heuristische Modelle geben sich bewusst mit „befriedigenden" Lösungen zufrieden.[1]

C. Ausgestaltung des Marketing-Mix

I. Standardisierung und Differenzierung der Marketinginstrumente

Hinsichtlich des Ausmaßes der Standardisierung von Marketinginstrumenten existiert eine Vielzahl empirischer Untersuchungen. Die Ergebnisse der Untersuchungen sind dabei sehr heterogen (z.B. bedingt durch unterschiedliche Untersuchungsobjekte und Operationalisierungen).[2] Tendenziell zeigt sich jedoch das höchste Ausmaß an Standardisierung bei der Produktpolitik (siehe Tabelle 5.3).

Ein ganz wesentlicher Faktor, der ebenfalls auf die Standardisierungs- bzw. Differenzierungspotenziale einwirkt, besteht in Wechselbeziehungen, die zwischen den Ländermärkten auftreten, in denen die Unternehmen aktiv sind. Der Einsatz des Marketing-Mix-Instrumentariums in den jeweiligen Ländern ist durch **Rückkopplungseffekte** mit den übrigen Ländermärkten verbunden, auf denen das jeweilige Unternehmen – sowohl absatz- als auch beschaffungsseitig – aktiv ist. Diese gegenseitigen Abhängigkeiten zwischen den unterschiedlichen Ländermärkten erfordern die Koordination der internationalen Aktivitäten der Unternehmen (Zentes/Schramm-Klein 2004b; Meffert/Burmann/Becker 2010, S. 29f.). Im Kontext der länderübergreifenden Koordination des Internationalen Marketing sind die im Zweiten Kapitel bereits vorgestellten vier Ebenen der Rückkopplungen zwischen den Ländermärkten zu beachten.

---

[1] Vgl. zu unterschiedlichen Entscheidungsheuristiken, die im Rahmen der Marketing-Mix-Optimierung herangezogen werden können z.B. Zentes 2005, S. 79ff.; Meffert/Burmann/Kirchgeorg 2012, S. 736; Kotler u.a. 2008, S. 711ff.

[2] Vgl. hierzu z.B. Richter 2002, S. 19ff.; 2012.

Tabelle 5.3: Ausmaß an Standardisierung des Marketing-Mix-Instrumentariums

Produktpolitik	Mittelwert* UK	Mittelwert* D	Kommunikationspolitik	Mittelwert* UK	Mittelwert* D
Qualität von Produkt/Service	1,80	2,01	Verteilung kostenloser Produktproben	2,63	2,40
Markenname	1,90	2,15	Einsatz von Displays	2,50	2,51
Design	1,92	2,17	Hörfunkwerbung	3,25	2,56
Merkmale von Produkt/Service	1,90	2,19	Fernsehwerbung	3,69	2,57
Verpackung	2,09	2,28	Events und Sponsoring	3,06	2,58
Etikettierung	2,31	2,31	Public Relations	2,63	2,58
Image von Produkt/Service	2,08	2,31	Kundenschulung	2,68	2,59
After-Sales-Service	2,51	2,50	Sales Promotions	2,71	2,59
Garantie	2,21	2,53	persönlicher Verkauf	2,35	2,63
			Printwerbung	3,00	2,64
			Werbebotschaft	2,44	2,67
			Einsatz von Internet-/Mobile-Marketing	2,79	2,69
			allgemeine Rolle der Werbung	2,39	2,73
			Allokation des Werbebudgets	3,22	2,77
			herangezogene Werbeagentur	3,45	3,00
Preis- und Konditionenpolitik	**Mittelwert* UK**	**Mittelwert* D**	**Distributionspolitik**	**Mittelwert* UK**	**Mittelwert* D**
Methode zur Bestimmung des Endverbraucherpreises	2,36	2,60	Aufgaben der Vertriebsmitarbeiter	2,19	2,42
Zahlungsbedingungen für den Handel	2,70	2,64	Distributionskanäle	2,41	2,50
Methode zur Bestimmung des Abgabepreises an den Handel	k.A.	2,71	Vertriebsmanagement	2,40	2,62
Zahlungsbedingungen für Endverbraucher	k.A.	2,77	geografische Konzentration von Distributionsstätten	2,94	2,73
Abgabepreis an den Handel	k.A.	2,78	regionale Vertriebsorganisation	2,91	2,74
Preisnachlässe für den Handel	k.A.	2,80	Verhandlungsmacht des Handels	3,07	2,97
Preisnachlässe für Endverbraucher	k.A.	2,87			
Endverbraucherpreis	k.A.	2,87			

* Mittelwerte des Ausmaßes an Standardisierung: 1 = identisch, 5 = hochgradig unterschiedlich.

Quelle: in Anlehnung an Richter 2012, S. 145, 148, 152, 156.

Ganz wesentlich hängen diese Überlegungen zur Standardisierung bzw. Differenzierung mit dem multidimensionalen Umfeld zusammen, in dem die international tätigen Unternehmen agieren. Beispielsweise sind je nach Entwicklung des institutionellen Umfelds die international einheitlich bearbeitbaren Segmente größer bzw. kleiner, was entsprechend den Grad der Standardisierungs- bzw. Differenzierungspotenziale beeinflusst (Griffith 2010; siehe Abbildung 2.4).[1]

Im Vordergrund der Betrachtungen der Ausgestaltung des internationalen Marketing-Mix stehen im Folgenden die Basisoptionen der Unternehmen. Als grundsätzliche Merkmale der Unternehmensstrategie bilden sie einen wesentlichen Ansatz- bzw. Ausgangspunkt für die Umsetzung im internationalen Marketing-Mix.

---

[1] Vgl. hierzu auch Abschnitt C.I. des Zweiten Kapitels.

II. Ausgestaltung des internationalen Marketing-Mix bei Stammland-Orientierung

1. Bedeutung der Stammland-Orientierung für den internationalen Marketing-Mix

Die Stammland-Orientierung beinhaltet eine Übertragung des im Heimatmarkt eingesetzten Marketing-Mix-Konzeptes auf die Auslandsmärkte. Im Sinne eines **Lead-Country-Ansatzes** erfolgt die Übernahme der Marktbearbeitungskonzeption, die im Stammland (Lead Country) eingesetzt wird, auf allen Auslandsmärkten. Die Stammland-Orientierung ist dadurch gekennzeichnet, dass im Grundsatz keine Anpassung an die internationalen Märkte erfolgt. Ausnahmen von dieser grundsätzlichen Vorgehensweise erfolgen i.d.R. nur dann, wenn exogene Einflussfaktoren dies erzwingen und es somit z.B. aus rechtlichen Gründen oder auf Grund unterschiedlicher technischer Standards erforderlich ist, Adaptionen vorzunehmen. Das der Stammland-Orientierung implizite **ethnozentrische Vorgehen**, das durch die Übertragung der nationalen Konzepte auf die Auslandsmärkte gekennzeichnet ist, beinhaltet entweder die Annahme, dass die nationalen Konzepte des Heimatmarktes in unveränderter Form auf den internationalen Märkten eine positive Wirkungen entfalten, oder aber es erfolgt keine weitere Anpassung oder keine Adaption von Marketingmaßnahmen, weil das Auslandsgeschäft nicht von ausreichender Bedeutung ist, als dass eine Lokalisierung von Maßnahmen sinnvoll wäre, bzw. ihm wird keine entsprechende Bedeutung beigemessen.

Die Stammland-orientierte Vorgehensweise ist deshalb im Grundsatz nur dann geeignet, wenn die Charakteristika der ausländischen Märkte hinsichtlich der jeweils relevanten Kriterien (z.B. Konsumentenanforderungen, Distributionsstrukturen, Verwendungsmöglichkeiten für Produkte o.Ä.) zumindest grundsätzlich mit denen des Heimatmarktes übereinstimmen. Falls dies nicht der Fall ist, ist die Stammlandorientierte Vorgehensweise im Rahmen der Marktbearbeitung kritisch einzuschätzen (de Mooij 2011, S. 17).

Country-of-Origin-Effekte

Auf der anderen Seite sprechen aber auch – selbst bei heterogenen Rahmenbedingungen – Argumente für Stammland-orientierte Vorgehensweisen. So sind zum einen die Vorteile heranzuziehen, die sich aus international standardisierten Marketing-Mix-Systemen ergeben.[1] Gerade bei der Stammland-Orientierung können z.B. Country-of-Origin-Effekte positiv wirken, denn häufig bilden Country-of-Origin-Überlegungen eine Grundlage der Strategie Stammland-orientiert agierender Unternehmen.[2]

Erste Untersuchungen, ob das Herkunftsland (**Country-of-Origin**) einen Einfluss auf die Produktbeurteilung bzw. die Kaufentscheidungen von Konsumenten hat, gehen auf Schooler (1965; 1971) oder Reierson (1966; 1967) zurück. Seitdem hat sich eine Vielzahl von Autoren mit dieser Fragestellung auseinandergesetzt.[3] Insgesamt zeigt sich dabei, dass ein Country-of-Origin-Effekt, also ein Einfluss der Herkunft auf die Beurteilung der Produkte und damit auf Präferenzen bzw. Kaufabsichten, zu beobachten ist. Derartige **„Made-in-Effekte"** resultieren aus (zumeist emotionalen) Affinitäten oder Vorbehalten gegenüber der (vermuteten) Herkunft eines Produktes (Hausruckinger

---

[1] Vgl. hierzu Abschnitt B.I. dieses Kapitels.
[2] Vgl. zu Country-of-Origin-Effekten auch Abschnitt C. des Zweiten Kapitels.
[3] Vgl. zu einer Übersicht Balabanis/Diamantopoulos 2008.

1993, S. 95). Positive oder negative Einstellungen in Bezug auf die Herkunft werden dabei unabhängig von der tatsächlichen („objektiven") Qualität der Produkte auf die Produkte übertragen (Möller u.a. 2013; Kipnis u.a. 2012; Koschate-Fischer/Diamantopoulus/Oldenkotte 2012; Basil/Etuk/Ebitu 2013; Verlegh/Steenkamp/Meulenberg 2005; Johansson/Nebenzahl 1987, S. 77; Chao/Würer/Werani 2005; Weiss-Richard/Kühn 2004). Ein solcher Effekt setzt natürlich die Bekanntheit der Produktherkunft bei dem Abnehmer voraus (Häubl 1995, S. 31). Die Wirkung des Herkunftslandes wird somit darüber erklärt, dass entweder ein Halo-Effekt oder der sog. Summary-Effekt auftritt (Meffert/Burmann/Becker 2010, S. 87, siehe Abbildung 5.38):

- Wird gerade bei geringem Kenntnisstand über das Produkt bzw. die Marke das Image des Herkunftslandes auf die Eigenschaften des Produktes bzw. der Marke übertragen, im Sinne einer generalisierenden Einstellung gegenüber dem Produkt bzw. der Marke, wirkt der **Halo-Effekt**.

- **Summary-Effekte** treten hingegen auf, wenn bereits Erfahrungen mit dem Produkt bzw. der Marke vorliegen und diese auf das Herkunftsland zurückprojiziert werden. Diese so gebildete Einstellung gegenüber dem Herkunftsland beeinflusst dann wiederum den Entscheidungsprozess mit Blick auf die Produkt- bzw. Markenwahl.

Abbildung 5.38: Halo-Effekt und Summary-Effekt

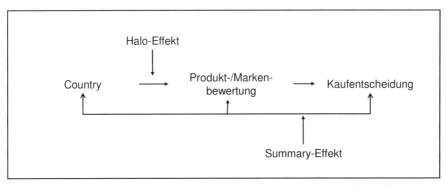

Quelle: in Anlehnung an Geigenmüller 2003, S. 58 und Meffert/Burmann/Becker 2010, S. 87.

Die Bedeutung des Country-of-Origin-Effekts im Internationalen Marketing ist in Abbildung 5.39 dargestellt. Eine wichtige Determinante der Country-of-Origin-Effekte besteht in der Beziehung zwischen dem Image der Produktkategorie und dem des Herkunftslandes. Besteht eine hohe Übereinstimmung dieser beiden Imagedimensionen, so wirkt sich dies positiv auf die Produktbeurteilung aus. Eine derartige positive Übereinstimmung ist gegeben, wenn die wahrgenommenen Stärken eines Landes wichtig für die Produkteigenschaften der betrachteten Produkte sind (Bereich I). Umgekehrt hat es negative Auswirkungen, wenn wichtige Produkteigenschaften vom Konsumenten nicht als Stärke eines Landes wahrgenommen werden (Bereich II). Die Bereiche III und IV in Abbildung 5.39 sind dadurch gekennzeichnet, dass die jeweiligen Landesimagedimensionen zwar nicht ausschlaggebend für die betreffenden Produkteigenschaften sind, jedoch zu Diskrepanzen (positiver oder negativer Art) zwischen der Produkt- und der Länderbeurteilung führen können (Roth/Romes 1992; de Mooij 2011, S. 126f.). Für die Ausgestaltung des internationalen Marketing-Mix bedeuten Country-of-Origin-Effekte, dass bei der Übertragung des auf dem Heimatmarkt eingesetzten Marketing-Mix-

Instrumentariums auf die Auslandsmärkte der Bezug zum Herkunftsland entweder herausgestellt werden sollte (Fall I bzw. Fall III in Abbildung 5.39) oder dass dieser möglichst nicht herangezogen werden sollte (so in Fall II bzw. Fall IV), um negative Übertragungseffekte zu vermeiden.

Abbildung 5.39: Zusammenhang Produkt- und Herkunftslandsimage

		Länderimage	
		positiv	negativ
Produkt-eigen-schaften	wichtig	I positive Übereinstimmung	II negative Übereinstimmung
	unwichtig	III positive Diskrepanz	IV negative Diskrepanz

Quelle: in Anlehnung an Roth/Romes 1992, S. 483.

Country-of-Origin-Effekte können auch negative Wirkungen entfalten, so z.B. bei einem ausgeprägten **Verbraucherpatriotismus** („Ethnozentrismus" der Verbraucher) auf den Auslandsmärkten.[1] Im Sinne einer „Buy local"-Orientierung, bei der eine Präferenz für nationale bzw. lokale Produkte besteht, können diese dazu führen, dass sich Country-of-Origin-Effekte bezüglich ausländischer Akteure auf den jeweiligen Märkten negativ auswirken (Kipnis u.a. 2012; Brannen 2004; Tscheulin/Davoine 2002; Granzin/Painter 2001).

Was ist alles noch „Made in Germany"?

Für viele Menschen steht der Ausdruck „Made in Germany" für besondere Qualität und Zuverlässigkeit. Doch welche Produkte sind überhaupt noch wirklich „Made in Germany?"

Pläne, dass die EU die Vorschriften für das „Made in Germany"-Siegel deutlich verschärfen möchte, sind vom Tisch. Geplant war es, dass Produkte künftig nur dann noch den Hinweis „Made in Germany" tragen sollten, wenn mindestens 45 Prozent des Wertanteils aus Deutschland stammen. Diese Pläne wurden nun endgültig zurückgestellt. Weiterhin gilt nun laut EU-Regeln das Land als Herkunftsland, in dem „die letzte wesentliche, wirtschaftlich gerechtfertigte Be- und Verarbeitung" vorgenommen wurde". Deshalb können aktuell Produkte auch dann mit dem Label „Made in Germany" gekennzeichnet werden, wenn sie zu mehr als 90 Prozent im Ausland gefertigt, aber zuletzt in Deutschland bearbeitet wurden. Viele Produkte oder ihre Bauteile von deutschen Firmen werden weltweit eingekauft oder gebaut. Einige Beispiele, wie Firmen es mit deutscher Produktion halten, sind im Folgenden dargestellt.

Bosch-Hausgeräte werden weltweit in 41 Fabriken (davon sieben in Deutschland erzeugt). „Je nach Typ ist ein Kühlschrank, Herd oder Geschirrspüler in Spanien oder Deutschland oder anderswo produziert worden. Der Kunde kann gar nicht erkennen, wo ein Gerät erzeugt wurde", sagt Bosch-Großgeräte-Sprecherin Astrid Zasko. Für „Made in Germany" wird deshalb nur allgemein, aber nicht mit einzelnen Geräten geworben.

Alle anspruchsvollen, innovativen Produkte von Siemens, etwa in der Medizintechnik, werden ausschließlich in Deutschland produziert, sagt ein Siemenssprecher. Bauteile wie Speicherchips kommen allerdings aus Asien. Der Anteil der deutschen Wertschöpfung ist unbekannt. Osram, Tochterfirma von Siemens, stellt LEDs und Halogenlampen komplett in Deutschland her. Preiswertere Energiesparlampen werden aus deutschen Bauteilen in China gefertigt. Hochwertige Lampen stammen komplett aus Augsburg und Regensburg. Die klassischen Glühbirnen kommen aus Frankreich.

---

[1] Vgl. zu Fallbeispielen zu negativen Country-of-Origin-Effekten auf Grund von „Anti-Amerika"-Einstellungen oder „Anti-Taiwan"-Einstellungen (in China) z.B. Amine/Chao/Arnold 2005.

Ende 2010 nahm Stiftung Warentest verschiedene Spielzeuge unter die Lupe. Das Ergebnis zeigte auch gefährliche Stoffe in einem von Steiffs Teddybären. Der Konzern holte deshalb die Produktion Stück für Stück aus China zurück. Seitdem setzt das Kuscheltierunternehmen wieder voll auf „Made in Germany".

Porsches Geländewagen Cayenne ist nur teilweise deutsch. Das Blech wird im slowakischen Bratislava gebogen und lackiert, die Sitze kommen aus Amerika und das Getriebe läuft in Japan vom Band. Dennoch: Das Label „Made in Germany" bleibt Porsche erhalten, da die Endmontage in Deutschland stattfindet.

Auch Audi holt sich Hilfe von außen: Die Audi Hungaria Motor Kft. entwickelt und produziert im ungarischen Györ Motoren für die Audi AG und weitere Gesellschaften des Volkswagen-Konzerns. Zusätzlich werden dort der Audi TT als Coupé und Roadster sowie das Audi A3 Cabriolet und der Audi RS 3 im Verbund mit dem Werk Ingolstadt gebaut.

Miele ist 2007 dazu übergegangen, einen Teil seiner Wäschetrockner im tschechischen Werk Unicov zu produzieren. Ab 2013 sollen sie schließlich nur noch dort vom Band gehen, gab Miele Ende 2010 bekannt. Im Stammwerk Gütersloh werden dann nur noch Waschmaschinen gefertigt. Das „Made in Germany"-funktioniert also nicht mehr bedingungslos, weshalb der Konzern dazu übergegangen ist, seine Geräte mit „Made by Miele" zu labeln. Miele verweist darauf, dass 90% der Wertschöpfung in Deutschland erfolgen. In vier Werken in Österreich, China, Tschechien und Rumänien werde nach denselben strengen Qualitätsmaßstäben produziert. Miele-Sprecher Dr. Eduard Sailer: „Entscheidend ist nicht, wo ein Zulieferer Teile produziert, sondern ob die Qualität gesichert wird."

Trotz der Hervorhebung der Marke durch die Kennzeichnung „Made by" ist allein diese Bezeichnung nicht immer aussagekräftig genug. Die Aussagefähigkeit von „Made by" ist im hohen Maße von der Branche abhängig. Volkswagen verwendet z.B. die Bezeichnung „Made by Volkswagen" bzw. „Engineered by Volkswagen". Auf diese Weise sollen die gleichen Werte, die auch die Bezeichnung „Made in Germany" verkörpert hat, auf alle Produkte der Volkswagen AG unabhängig vom weltweiten Produktionsstandort übertragen werden. Auch „Made by Mercedes" wurde bereits vor Jahren propagiert. Dabei wurde die Marke in den Vordergrund gestellt, sodass der Produktionsstandort selbst seine Bedeutung verliert. Im Automobilbereich reicht jedoch dennoch die Kennzeichnung „Made by" alleine nicht aus, um sich zu profilieren. Während zwar das „Made by" von hoher Bedeutung ist, insbesondere auf Grund des hohen Anteils internationaler Wertschöpfung, ist die Herkunft der Marke immer noch von wesentlicher Relevanz für die Wahrnehmung durch die Konsumenten. Für andere Branchen ist die Bezeichnung „Made by" hingegen der einzige relevante Faktor. Hervorzuheben ist diese Bedeutung z.B. in der Textilbranche. Zum Beispiel produzieren Unternehmen wie Adidas oder Nike praktisch nicht mehr in den Herkunftsländern der Marken, sondern der Großteil der Produkte stammt aus Ostasien. Wenngleich diese Herkunft den Konsumenten im Grundsatz bewusst ist, wird dies akzeptiert, denn es steht klar die Marke, also das „Made by", im Vordergrund.

Quelle: www.tz-online.de, 17. Januar 2012; Brandmeyer/Wittig/Haller 2003.

2. Internationale Markenpolitik bei Stammland-Orientierung

Bei der Stammland-orientierten Markenpolitik wird eine länderübergreifende Vereinheitlichung der Markenpolitik realisiert, deren Ausgangspunkt der Markenauftritt (Markenname, Markenzeichen) im Heimatland bildet, der auf die Auslandsmärkte übertragen wird. Zu beachten sind dabei zum einen Aspekte wie z.B. Unterschiede in den Sprachen oder in Schriften, die ggf. auch bei einer stammlandgeprägten Vorgehensweise kleinere Anpassungen erforderlich machen. Bedeutsam ist zudem die rechtliche Schützbarkeit der Marken auf den Auslandsmärkten. Dies kann sich gerade bei der Stammland-orientierten Vorgehensweise problematisch auswirken, wenn dadurch Differenzierungen erforderlich werden, die im Grundsatz vermieden werden sollen.

Auch bei der Markenpositionierung wird bei der Stammland-orientierten Vorgehensweise eine auf Einheitlichkeit ausgerichtete Strategie verfolgt. Die Zielsetzung liegt darin, auf den Auslandsmärkten uniforme Positionierungen zu realisieren, also eine einheitliche Stellung auf den jeweiligen Märkten im Vergleich zum jeweiligen Wettbewerb zu erreichen, die der Positionierung auf dem Heimatmarkt entspricht.

3. Internationale Produktpolitik bei Stammland-Orientierung

Bei der Stammland-Orientierung erfolgt eine weitestgehend unmodifizierte Ausweitung der nationalen Produkte aus dem Heimatmarkt auf andere Märkte. Diese unveränderte Übernahme beruht auf der Grundeinstellung, dass grundsätzlich keine Anpassung an die Auslandsmärkte gewünscht ist. Bolz (1992, S. 47) bezeichnet diese Vorgehensweise deshalb auch als „**ethnozentrische Standardisierung**" der Produktpolitik.

Bei der Stammland-Orientierung wird im Wesentlichen eine vollständige Standardisierung des Produktes vorgenommen. Die Standardisierung wird im Grundsatz nicht nur bezogen auf den Produktkern, sondern auf alle Produktbestandteile angestrebt, also auch auf Verpackung, Markierung oder produktbezogene Dienstleistungen.

Eine derartige vollständig uniforme Vorgehensweise ist jedoch nicht immer realisierbar. Bezogen auf ausländische Märkte ergeben sich häufig Herausforderungen, die aus lokal unterschiedlichen Rahmenbedingungen resultieren. Veränderungen können z.B. erforderlich sein, wenn Sprachunterschiede bestehen, unterschiedliche Rechtsvorschriften oder unterschiedliche technologische Standards in den verschiedenen Ländern herrschen. Dies kann die Notwendigkeit implizieren, die Produkte z.B. hinsichtlich bestimmter technischer Funktionalitäten anzupassen. Ein typisches Beispiel für solche Unterschiede sind die unterschiedlichen Stromspannungen (110 Volt bzw. 220 Volt) in unterschiedlichen Ländern. Die Standardisierung der Produktpolitik bezieht sich dann zumeist auf den Produktkern, wobei im Rahmen Stammland-orientierter Vorgehensweisen lediglich leichte Produktadaptionen denkbar sind. Solche Produktmodifikationen können bei der Produktion bereits berücksichtigt werden, indem die Produkte zwar mit Fokus auf den Heimatmarkt, aber dennoch grundsätzlich für einen Einsatz in unterschiedlichen Ländern konzipiert werden (**Built-in-Flexibility**; siehe Abbildung 5.12). Dabei können z.B. technische Unterschiede oder Sprachunterschiede durch mehrsprachige Verpackungsbeschriftungen (z.B. in der Nahrungsmittelbranche bzw. Konsumgüterindustrie) von vornherein berücksichtigt werden (Kotler u.a. 2008, S. 537f.).

Sind die heimatmarktbezogenen Produktkonzeptionen nicht ohne größere Änderungen auf internationale Märkte übertragbar, so kann dies dazu führen, dass ein Markteintritt in solche Länder nicht erfolgt, denn die Stammland-Orientierung ist mit der Realisierung von Kostendegressionseffekten verbunden. Diese sind in besonderem Maße bei der internationalen Produktpolitik von hoher Relevanz. So können durch Economies of Scale und Scope im Rahmen der Produktion Effizienzsteigerungen realisiert werden. Häufig korrespondiert diese Vorgehensweise auch mit einer exportorientierten Marketingstrategie, denn diese Strategieoption ermöglicht eine Erschließung ausländischer Märkte mit einem vergleichsweise geringen Investitionsaufwand.[1] Dabei können gleichzeitig Vorteile aus einer verbesserten Kapazitätsauslastung der Produktion realisiert werden und es werden – auf Grund der weitestgehend unmodifizierten Übertragung der nationalen Produkte auf die Auslandsmärkte – Rüst- oder Umstellungskosten bzw. -zeiten vermieden (Berndt/Fantapié Altobelli/Sander 1997, S. 68f.).

---

[1] Vgl. hierzu Abschnitt B.II.1. des Vierten Kapitels.

Wenngleich dies nicht die ursprüngliche Intention eines Stammland-orientierten Marketing ist, kann es durch die Übertragung der inländischen Produktkonzeption auf Auslandsmärkte zudem ermöglicht werden, den **Produktlebenszyklus** zu verlängern, v.a. dann, wenn sich das Produkt auf dem Heimatmarkt bereits in späten Phasen (Sättigungs- oder Degenerationsphase) des Lebenszyklus befindet. Eine derartige Verlängerung der Produktlebenszyklen wurde z.B. im Bereich der Automobilproduktion durch das Angebot der auf dem Heimatmarkt abgelösten Modelle auf neuen Märkten (z.B. Südamerika, Asien) erreicht.

4. Internationale Preis- und Konditionenpolitik bei Stammland-Orientierung

Die Preispolitik ist von allen Marketing-Mix-Instrumentalbereichen derjenige, der in besonders starkem Maße lokalen Einflüssen ausgesetzt ist. Während sich eine Preisdifferenzierung an der Individualität der Ländermärkte orientiert und versucht, dieser durch eine länderspezifische Anpassung der Preise unter Ausnutzung unterschiedlicher Zahlungsbereitschaften gerecht zu werden, erfolgt bei einer Stammland-orientierten Vorgehensweise die internationale Standardisierung der Preise.

Diese kann zum einen dadurch gekennzeichnet sein, dass unabhängig von den Ländern, in denen die Produkte letztlich verkauft werden, „ab Fabrik" ein einheitlicher Nettopreis festgelegt wird, zu dem weitere Kosten hinzu addiert werden, so insbesondere Transportkosten, Versicherungen, Zölle, länderspezifische Steuern und Abgaben oder lokale Serviceleistungen u.Ä. (Doole/Lowe 2012, S. 362ff.). Diese Vorgehensweise der „kostenorientierten Preisfindung" entspricht einer **dualen Preisstrategie**, bei der ausgehend von dem einheitlichen Nettopreis eine Differenzierung zwischen dem Preis auf dem Heimatmarkt und demjenigen auf den Auslandsmärkten erfolgt, die sich auf Grund der Kostenunterschiede, unterschiedlicher Margen des Stammhauses oder unterschiedlicher Distributionsstrukturen ergibt.[1] Als Folge der Fokussierung auf die Nettopreise in der Preisfestlegung kann die Problematik auftreten, dass sich auf den Auslandsmärkten wesentlich höhere Preise für die Endabnehmer ergeben können, als dies auf dem Heimatmarkt der Fall ist. Diese Erscheinung wird auch als **„Price Escalation"** bezeichnet (Kotabe/Helsen 2011, S. 402; siehe Abbildung 5.40).

Die Hauptfrage, die sich diesbezüglich stellt, ist, inwieweit auf den Auslandsmärkten derart „inflationierte" Preise durchsetzbar sind oder – falls dies nicht der Fall ist – inwieweit die Unternehmen ggf. bereit sind (oder sein müssen) auf Marge zu verzichten oder Systeme der Mischkalkulation zwischen mehreren Ländermärkten einzusetzen.[2]

Preisstandardisierung kann sich auch auf die (End-)Verkaufspreise auf den jeweiligen Ländermärkten beziehen. Dies führt dazu, dass auf allen Märkten gleiche Preise, also die Preise des Heimatmarktes, realisiert werden. Derart homogenisierte Preise können dazu führen, dass z.B. Kosten des Exports oder Kosten einer Produktion vor Ort nicht abgedeckt werden können und im Grenzfall dazu führen, dass bestimmte Auslandsgeschäfte unprofitabel werden. Sie bedeuten zudem auch, dass u.U. auf die Ausnutzung der unterschiedlichen Zahlungsbereitschaften verzichtet wird. Diese Form der Preisfestsetzung bietet sich deshalb v.a. dann an, wenn eine sehr hohe Integration von Ländermärkten vorliegt und – physische wie virtuelle – Arbitrageaktivitäten bereits bei geringen Preisunterschieden in hohem Maße einsetzen (Backhaus/Voeth 2010a, S. 184).

---

[1] Die duale Preisstrategie bezieht sich insbesondere auf den Export als Betätigungsform auf ausländischen Märkten.
[2] Vgl. hierzu Abschnitt A.III.2.b) dieses Kapitels.

Abbildung 5.40: Preiseskalation auf internationalen Exportmärkten

Ursprungsland		Land A		Land B	
Kosten ab Werk	100,00	Kosten ab Werk	100,00	Kosten ab Werk	100,00
Marge Stammhaus	100,00	Marge Stammhaus	60,00	Marge Stammhaus	60,00
Fracht	1,00	Fracht und Versicherung	10,00	Fracht und Versicherung	15,00
		Einkaufspreis Tochterfirma C.I.F.	170,00	Einkaufspreis Vertreter C.I.F. Vertretermarge	175,00
		Marge Tochterfirma (25% des Verkaufspreises)	96,00	(40% des Verkaufspreises)	116,66
Großhandelseinkaufspreis	201,00	Großhandelseinkaufspreis	226,66	Großhandelseinkaufspreis	291,66
Großhändlermarge (20% des Verkaufspreises)	50,25	Großhändlermarge (20% des Verkaufspreises)	56,66	Großhändlermarge (20% des Verkaufspreises)	72,91
Händlerpreis vor Steuer	251,25	Händlerpreis vor Steuer	283,32	Händlerpreis vor Steuer	364,57
Händlermarge (30% des Verkaufspreises)	107,67	Händlermarge (30% des Verkaufspreises)	121,42	Händlermarge (30% des Verkaufspreises)	156,24
Händlerverkaufspreis vor Steuer	358,92	Händlerverkaufspreis vor Steuer	404,74	Händlerverkaufspreis vor Steuer	520,81
MwSt (19%)	68,19	MwSt (19%)	89,04	MwSt (19%)	130,20
Händlerpreis inkl. Steuer	427,11	Händlerpreis inkl. Steuer	493,78	Händlerpreis inkl. Steuer	651,01
Index	**100**		**115**		**152**

Quelle: in Anlehnung an Doole/Lowe 2012, S. 365.

Die internationale Preispolitik wird jedoch durch eine Fülle von Bestimmungsfaktoren beeinflusst, die oftmals dazu führen, dass eine derartige Standardisierung nicht möglich ist, so z.B. Kaufkraftunterschiede, Währungsunterschiede, Inflationsraten oder der jeweilige Rechtsrahmen bzw. staatliche Einflussnahmen auf den Ländermärkten. Auf Grund der Problematik der **Preiseskalation** auf der einen Seite, aber auch der Problematik der vollständig harmonisierten Endpreise auf der anderen Seite, ist die Stammland-orientierte Preispolitik meist dadurch geprägt, dass sie weder auf einen grundsätzlich einheitlichen Nettopreis noch auf vollständig einheitliche Endverkaufspreise ausgerichtet ist.

Die Orientierung erfolgt hingegen oftmals an der Preispositionierung bzw. dem Preisniveau auf dem Heimatmarkt. Im Vordergrund steht dann nicht der absolute Preis, der auf den jeweiligen Märkten erhoben wird, sondern der relative Preis, so im Vergleich zu den Wettbewerbern bzw. innerhalb des Leistungsprogramms bzw. Sortiments eines Unternehmens. Bestehen nachfragerbezogene Rückkopplungen zwischen Ländermärkten, liegt ein Vorteil dieser Vorgehensweise darin, dass eine international einheitliche Preisimageposition realisiert wird – hier ausgerichtet am Heimatmarkt –, die zur Vermeidung von Verunsicherungen bzw. Verärgerungen der Absatzmittler oder der Konsumenten bzw. Endabnehmer der Produkte beiträgt. Zudem werden graue Märkte und die damit verbundenen Probleme von Reimporten bzw. Parallelimporten weitestgehend vermieden, die sich bei differenzierten Preisen durch Ausnutzung von Preisarbitrage ergeben können.

Im Kontext der Preis- und Konditionenpolitik stellt zudem die Ausgestaltung der **Konditionen** einen wichtigen Teilbereich dar. Auch hier impliziert die Stammland-Orientierung eine standardisierte Vorgehensweise, bei welcher der Heimatmarkt die Grundlage für die internationale Ausgestaltung der Konditionen darstellt. Problematisch kann dabei sein, dass im internationalen Kontext die Usancen der Konditionengewährung (z.B. Liefer- und Zahlungsbedingungen, Rabatt- oder Kreditgewährung) voneinander abweichen, sodass eine einheitliche Vorgehensweise mit Schwierigkeiten in der Durchsetzbarkeit verbunden sein kann.

5. Internationale Kommunikationspolitik bei Stammland-Orientierung

Den Ausgangspunkt der Stammland-orientierten internationalen Kommunikationspolitik bildet die auf dem Heimatmarkt realisierte Kommunikationsstrategie. Sie ist dadurch gekennzeichnet, dass im Grundsatz die gleichen Kommunikationsbotschaften und Medien im Rahmen der Kommunikation auf allen Märkten eingesetzt werden (Pepels 2001, S. 761f.). Diese Vorgehensweise setzt voraus, dass die Kommunikationsbotschaft „internationalisierbar" ist, also auch auf internationalen Märkten nicht nur verständlich, sondern auch mit positiven Assoziationen verbunden ist. Zudem müssen die entsprechenden Medien auf den jeweiligen Auslandsmärkten verfügbar sein und über eine entsprechende Reichweite verfügen.

Wenngleich im Grundsatz eine einheitliche Kommunikationspolitik auf allen Märkten auf der Basis der Heimatmarktkonzeption angestrebt wird, bedeutet dies nicht unbedingt eine vollständige Vereinheitlichung der kommunikationspolitischen Maßnahmen, denn gerade in der Kommunikationspolitik werden die eingesetzten Sprach- und Textelemente insbesondere auf Grund der bestehenden nationalen Sprachunterschiede nur in Ausnahmefällen standardisiert. Dennoch existieren z.T. bewusste Ausnahmen. So werden beispielsweise in einigen Kommunikationskampagnen bewusst Elemente der Stammlandsprache integriert, um das Country-of-Origin deutlich zu machen bzw. den Bezug zum Stammland herzustellen.

Claims in Stammlandsprache in der Automobilbranche

Die Verwendung von Marken-Claims in der Heimatlandsprache stellt in der Automobilbranche eine gängige Form der Ausgestaltung der Markenkommunikation dar (siehe Abbildung 5.41). Auf diese Weise ist es möglich, Standardisierungsvorteile der internationalen Kommunikation zu erreichen, gleichzeitig aber einen speziellen Effekt des Besonderen herauszustellen. Im Vordergrund steht die Signalisierung der Markenherkunft.

Nicht nur deutsche Marken, wie VW oder Audi, sondern auch französische oder amerikanische Automobilmarken nutzen diese Vorgehensweise, um das Country-of-Origin ihrer Produkte herauszustellen.

Abbildung 5.41: Stammland-orientierte Markenclaims in der Automobilbranche

Automobilmarke	Internationaler Markenclaim
Volkswagen	„VW - Das Auto"
Audi	„Vorsprung durch Technik"
Renault	„Créative Technologie"
Seat	„Auto Emocíon"
Ford	„Feel the Difference"

Eine derartig standardisierte Kommunikationsstrategie ist durch Kostenvorteile gekennzeichnet, so z.B. die Möglichkeit der Vermeidung von Mehrfachaufwendungen in der internationalen Kommunikationspolitik. Bei der Konzeption der Kommunikationsstrategie entsteht darum nur ein einmaliger Kostenanfall für Konzeptionierungs-, Produktions- und Wirkungskontrollleistungen oder auch für die Auswahl und Einschaltung von Agenturen oder die Werbemittelproduktion. Bei einer Stammland-orientierten Vorgehensweise tritt zumeist die Heimatmarktagentur als **Lead-Agentur** auf bzw. übernimmt die kommunikationspolitischen Aktivitäten für alle bearbeiteten Ländermärkte.

Ein wesentlicher Vorteil der standardisierten Vorgehensweise besteht zudem darin, dass international ein einheitliches Image aufgebaut wird, das durch die weltweite Konsistenz der internationalen Kommunikationspolitik unterstützt wird. Auf diese Weise treten keine negativen Verwischungseffekte auf und es können Synergien genutzt werden, die durch ein **Overlapping** internationaler Medien auftreten können. Diesen Vorteilen können jedoch Wirkungsnachteile der eingesetzten kommunikationspolitischen Maßnahmen entgegenstehen. Sie resultieren daraus, dass die Heimatmarkt-orientierte Vorgehensweise in besonderem Maße durch eine mangelnde Beachtung kultur- bzw. länderspezifischer Besonderheiten gekennzeichnet ist, denn zumeist erfolgt lediglich die Multiplikation mit (höchstens) einer Übersetzung der auf dem Heimatmarkt realisierten kommunikationspolitischen Aktivitäten.

6. Internationale Distributionspolitik bei Stammland-Orientierung

Bei der stammlandgeprägten internationalen Distributionspolitik erfolgt eine einheitliche Wahl und Ausgestaltung der **Absatzkanäle**, indem die auf dem Heimatmarkt praktizierte Distributionsstrategie auf die Auslandsmärkte übertragen wird. Den Ausgangspunkt der Festlegung der Distributionsstrategie bildet also die im Heimatland realisierte Konzeption. Die Umsetzbarkeit einer derartigen Distributionsstruktur ist stark von der Verfügbarkeit der Absatzmittler bzw. der unterschiedlichen Absatzmittlertypen vor Ort abhängig. Zudem ist sie von den Beschaffungs- bzw. Einkaufsgewohnheiten der Abnehmer abhängig. Aus diesem Grund ist ein einheitlich ausgestaltetes internationales Distributionssystem oftmals nur schwer durchsetzbar.

Die Stammland-orientierte Distributionspolitik geht häufig mit dem Aufbau eines eigenen Distributionssystems einher, also mit der Etablierung „direkterer" Absatzwege auf den Auslandsmärkten. Hierbei spielt – je nach Grad der Einflussnahme auf dem Heimatmarkt[1] – neben eigenen Distributionsorganen (z.B. Außendienst, Vertriebsniederlassungen), die gerade bei der Stammland-Orientierung besonders relevant sind („**Stammland-orientierter Direktvertrieb**"), auch der Aufbau vertraglicher Vertriebssysteme eine besondere Rolle.

Die Übertragung der Heimatmarktkonzeption ist mit dem Vorteil verbunden, dass Erfahrungs- bzw. Lerneffekte genutzt werden können. Des Weiteren ergeben sich Koordinationsvorteile durch die Möglichkeit, ein standardisiertes (und zentralisiertes) Distributionssystem aufzubauen, denn eng mit der standardisierten Ausgestaltung der Absatzkanalsysteme verknüpft ist die Gestaltung der internationalen Marketinglogistik. Gegen eine derartige Strategie spricht allerdings, wenn hierdurch ausgewählte Absatzmittler eine dominierende Machtstellung gegenüber dem internationalisierten (Hersteller-)Unternehmen erlangen. Diese könnten z.B. versucht sein, ihre gestiegene Bedeutung für den Hersteller auszunutzen und von diesem höhere Margen zu verlangen. Denkbar ist es genauso, dass Absatzmittler gezielt versuchen, ihre Marktstellung in einem Markt, z.B. dem Heimatmarkt, ausnutzen, um die Absatzkanalentscheidung des Herstellers in anderen Ländermärkten zu beeinflussen (Backhaus/Voeth 2010a, S. 194ff.).

Vor diesem Hintergrund hat das international tätige Unternehmen zu prüfen, welche Chancen (z.B. Marktstellung in anvisierten Märkten, Erfahrungstransfer beim Absatzkanalmanagement) und Risiken (z.B. Abhängigkeit von Absatzmittlern) oder Kosten mit dem Aufbau eines Stammland-orientierten Absatzkanalsystems auf den Auslandsmärkten verbunden sind. Auf dieser Basis ist dann eine Entscheidung darüber zu treffen, ob auf den einzelnen Märkten die gleichen distributionspolitischen Alternativen einzusetzen sind und/oder ggf. mit den gleichen Absatzmittlern zusammengearbeitet

---

[1] Vgl. hierzu Abschnitt E.I.1. des Vierten Kapitels.

werden soll. Eine standardisierte Vorgehensweise unter Einsatz der gleichen Absatzmittler in unterschiedlichen Ländermärkten kann den Zugang zu neuen Märkten vereinfachen und beschleunigen, aber auch verhindern. Zudem wird dadurch die Koordination der internationalen Aktivitäten erleichtert.

III. Ausgestaltung des internationalen Marketing-Mix bei globaler Orientierung

1. Bedeutung der globalen Orientierung für den internationalen Marketing-Mix

Die globale Orientierung wird in enger Verbindung mit der Sichtweise der „**Globalisierungsthese**" diskutiert.[1] Ebenso wie die Stammland-orientierte Strategie ist sie durch eine weit gehende Standardisierung der Marketing-Mix-Instrumente gekennzeichnet, also durch weit gehend identische Produktlinien, Global Brands, weit gehend einheitliche Werbe- und Verkaufsförderungsmaßnahmen oder standardisierte Distributionsstrukturen und einen hohen Grad an internationaler Integration. Der Grund dieser Standardisierung liegt aber nicht in der unmodifizierten Übertragung der Heimatmarktkonzeption, sondern die Standardisierung erfolgt von vornherein im Hinblick auf den Weltmarkt (Townsend/Yeniyurt/Talay 2009).

Wenngleich diese Ausrichtung häufig auf der Annahme einer Konvergenz des Kundenverhaltens basiert, ist es auch denkbar, dass eine solche Strategie aus Effizienzgründen verfolgt wird. Dann zielt die Strategieausrichtung v.a. darauf ab, Größendegressionseffekte (z.B. in Produktion und F&E) zu realisieren und die Weltmarktausrichtung dient der Zielsetzung, eine möglichst große Zielgruppe anzusprechen, die – in quantitativer Hinsicht – größere Potenziale bietet als die Ausrichtung auf einzelne Ländermärkte (Zou/Cavusgil 2002). Im Rahmen dieser **globalen Marktausrichtung** werden die Ländermärkte aus Sicht des Anbieters als ein einheitlicher Markt betrachtet, der mit standardisierten Produkten – ohne Berücksichtigung nationaler Bedürfnisse – bedient wird. Diese Strategie kann mit der Suche nach Kosten- und damit Preisvorteilen auf der Grundlage großer Absatzmengen einhergehen. Allerdings können im Rahmen der globalen Strategie auch Aspekte eines international einheitlichen Images und einheitlicher Qualität (oder Prestige, z.B. im Luxusmarkenbereich) angestrebt werden. Unternehmen, die diese Strategieausrichtung vertreten, forcieren gerade aus diesen Gründen Interdependenzen zwischen den Märkten und den Marketingaktivitäten.

Ähnlich wie bei der Stammland-orientierten Vorgehensweise können im Rahmen dieser standardisierten Ausrichtung Country-of-Origin-Aspekte relevant sein. Bedeutender sind bei der globalen Orientierung jedoch **„Made-by"-Effekte**, denn sie geht meist mit einer wesentlich stärkeren weltweiten Dislozierung der Wertschöpfungsaktivitäten einher als dies bei Stammland-orientierten Ausrichtungen der Fall ist (Zentes/Swoboda/Morschett 2004, S. 228ff.).[2] Die Verlagerung von Wertschöpfungsaktivitäten auf Auslandsmärkte kann dazu führen, dass das nationale Herkunftsimage der Produkte „verwischt" wird, weil das Erzeugungsland der Produkte nicht mehr notwendigerweise mit der Markenherkunft übereinstimmt (Schweiger/Häubl 1996, S. 98). Für ein international tätiges Unternehmen stellt sich dann die Frage, inwiefern man bei einer globalen Ausrichtung als „Made-in" gelten kann oder möchte. Bei starker **Cross-Border-Wertschöpfung** besteht deshalb die Tendenz, das Firmenimage vom Länderimage zu lösen und die Produkte nicht mehr mit „Made in", sondern mit „Made by" zu versehen

---
[1] Vgl. hierzu Abschnitt C.II. des Zweiten Kapitels.
[2] Vgl. hierzu auch Abschnitt C.II.2. des Zweiten Kapitels.

(Pries 1999, S. 12; Zentes/Swoboda/Morschett 2004, S. 240; Czinkota/Ronkainen 2013, S. 192ff.). Eine solche Made-by-Ausrichtung setzt eine starke globale Marke voraus. Sie ist dennoch aber meist mit einem bestimmten Image des Herkunftslandes verknüpft.

2. Internationale Markenpolitik bei globaler Orientierung

Die globale Orientierung ist mit dem Einsatz globaler Marken (**Global Brands**) verbunden, also mit weltweit gleichen Marken, die ein ähnliches Image und eine ähnliche Positionierung haben und denen dieselben strategischen Prinzipien zu Grunde liegen (Kotabe/Helsen 2011, S. 362). Insgesamt ist der Trend zu beobachten, dass international agierende Unternehmen die Marken standardisieren (Esch 2012, S. 204).

Die globale Markenstrategie hat unterschiedliche Vorteile. So ist sie zunächst auf Grund der Standardisierung mit Größendegressionen verbunden. Ein weiterer Vorteil liegt darin, dass beim Einsatz globaler Marken v.a. anbieter- und nachfragerbezogene Interdependenzen bzw. Rückkopplungen zwischen den Ländermärkten ausgenutzt werden können, wenngleich diese zumeist auch mit einer gesteigerten Wettbewerbsintensität einhergehen. Im Vordergrund stehen Aspekte wie die **Markenbekanntheit**. Eine globale Marke kann auf Grund ihrer weiteren Verbreitung eine breitere Bekanntheit erreichen, als dies bei lokalen Marken der Fall wäre, denn sie ist für wesentlich mehr Zielgruppen „sichtbar" (Kotabe/Helsen 2011, S. 362f.). Zudem können nachfragerbezogene Rückkopplungen auftreten, wenn z.B. Konsumenten in unterschiedliche Länder reisen und dabei den bekannten Marken auch im Ausland „begegnen" (Schwarz-Musch 2005; Davies/Fitchett 2004). Diese Effekte können aktiv von den global agierenden Unternehmen gefördert werden, denn mit der internationalen bzw. weltweiten Präsenz sind Prestigeeffekte verbunden. So trägt z.B. der Fakt, dass ein Unternehmen mit der betrachteten Marke bzw. generell global agiert, zum Image der Marke bei (Aaker 2002). Die Relevanz der globalen Präsenz zeigen Markenwertbetrachtungen, denn die wertvollsten Marken sind globale Marken (siehe Tabelle 5.4).

Trotz derartig global orientierter Markenstrategien bestehen i.d.R. Unterschiede hinsichtlich der Bedeutung der einzelnen Marken auf den alternativen Ländermärkten. Gründe hierfür können z.B. sein (Kotabe/Helsen 2011, S. 365f.):

- **Geschichte**: Viele globale Marken sind auf den unterschiedlichen Ländermärkten unterschiedlich lange präsent. Je länger eine Marke auf einem Ländermarkt agiert, umso bekannter ist sie i.d.R. und umso stärker verhaftet sind ihre Positionierung und ihre Bedeutung auf den einzelnen Märkten.
- **Wettbewerbsumfeld**: Je nach Wettbewerbsintensität differiert die Bedeutung globaler Marken auf den unterschiedlichen Ländermärkten.
- **Country-of-Origin-Effekte und Empfänglichkeit für globale Marken**: Die Ländermärkte unterscheiden sich häufig hinsichtlich der „Offenheit" für internationale Marken. Hier spielen Country-of-Origin-Effekte und die Herkunft der globalen Marken eine besondere Rolle. Zudem unterscheiden sich die Ländermärkte z.T. hinsichtlich der grundsätzlichen Bedeutung von Marken vs. „No-Names".
- **Bedeutung der Produktkategorie**: Von Bedeutung für die Relevanz globaler Marken ist zudem die Wichtigkeit der Produktkategorie, auf die sich die Marke bezieht, in den jeweiligen Ländern.

Tabelle 5.4: Top 20 Global Brands 2012

Rang	Marke	Markenwert (in Mio. US $)	Herkunftsland
1	Coca-Cola	77,839	USA
2	Apple	76,568	USA
3	IBM	75,532	USA
4	Google	69,726	USA
5	Microsoft	57,853	USA
6	General Electric	43,682	USA
7	McDonald's	40,062	USA
8	Intel	39,385	USA
9	Samsung	32,893	Korea
10	Toyota	30,280	Japan
11	Mercedes-Benz	30,097	Deutschland
12	BMW	29,052	Deutschland
13	Disney	27,438	USA
14	Cisco	27,197	USA
15	Hewlett Packard	26,087	USA
16	Gillette	24,898	USA
17	Louis Vuitton	23,577	Frankreich
18	Oracle	22,126	USA
19	Nokia	21,009	Finnland
20	Amazon	18,625	USA

Quelle: www.interbrand.com, Abrufdatum: 30. Mai 2013.

Globale Marken sind dadurch gekennzeichnet, dass sie in jedem Land denselben Namen tragen und dass dasselbe Markenzeichen eingesetzt wird. Die besondere Herausforderung an die Markenpolitik besteht deshalb darin, dass im globalen Kontext die bereits angesprochenen Sprachunterschiede, Zeichenunterschiede, Interpretationsunterschiede bzw. Assoziationsunterschiede u.Ä. nicht bestehen. Von besonderer Bedeutung im Rahmen globaler Markenstrategien ist die internationale rechtliche Schützbarkeit der Marken, denn Marken und Patente, die in einem Land geschützt sind, sind dies nicht notwendigerweise in anderen Ländern auch. Verletzungen des Marken- bzw. Urheberrechts stellen ein besonders großes Problem im Rahmen globaler Markenstrategien dar.[1] Fälschungen, **Produktpiraterie** bzw. Reproduktionen von Produkten, nachgeahmte Produkte mit ähnlich klingenden Markennamen, die sich nur unwesentlich von dem Original unterscheiden, oder illegale Kopien (z.B. Musik, Filme, Software) führen zu hohen Verlusten für global agierende Markenartikel-Unternehmen. Besonders hiervon betroffen sind z.B. die Textilbranche oder Bereiche wie Computer-Software, die Film- oder die Musikbranche (siehe Tabelle 5.5). Insbesondere **Produktfälschungen** stehen oftmals im Zusammenhang mit Produktionsverlagerungen auf ausländische Standorte, die zu Kontrollverlusten führen können.

---

[1] Zu Fragestellungen des internationalen Markenschutzes vgl. auch Cervino/Cubillo 2004 und Sattler/Völckner 2007, S. 26ff.

Tabelle 5.5: Wertentwicklung der durch den deutschen Zoll sichergestellten Waren in Kategorien (in Mio. EUR)

	2010	2011	2012
Accessoires	28,4	26,1	58,2
Kleidung	18,3	11,4	12,9
Schuhe	16,1	6,2	1,1
Sonstiges	8,2	12,8	12,9
Computerausrüstung	8,0	6,7	4,8
Spielzeug	6,8	8,5	3,7
Mobiltelefone	4,2	5,4	5,2
Tabakwaren	2,3	0,1	0,01
Körperpflegeprodukte	2,2	1,3	22,7
Medikamente	0,9	3,1	4,8
CDs, DVDs, Kassetten	0,4	1,0	1,0
Gesamt	95,8	82,63	127,36

Quelle: www.zoll.de, Abrufdatum: 25. Mai 2013.

Eng im Zusammenhang mit der Produktgestaltung und der Markenpolitik steht die **Positionierung** globaler Produkte bzw. Marken. Bei der standardisierten Vorgehensweise wird eine uniforme Positionierung auf den internationalen Märkten angestrebt. Als Problematik sind hier wiederum Assoziations- bzw. Relevanzunterschiede, die auf Kultur- bzw. Länderunterschieden basieren, zu beachten. Zunächst gilt auch im Rahmen globaler Positionierungsstrategien, dass die Bedeutung unterschiedlicher Merkmalsräume international differieren kann. Aber auch bei identischen Merkmalsräumen der Positionierung auf den unterschiedlichen Märkten kann sich durch die subjektive Wahrnehmung und Einschätzung in diesen Merkmalsräumen eine fundamental unterschiedliche Positionierung ergeben, denn bestimmte Produkteigenschaften werden im jeweiligen situativen Kontext anders wahrgenommen, selbst wenn objektiv gleiche Kriterien gegeben sind.

In diesem Kontext ist auch die wahrgenommene Globalität („perceived brand globalness") bzw. die wahrgenommene Lokalität („perceived brand localness") von Marken von Bedeutung. Anders als die strategische Dimension der globalen Ausgestaltung von Marken, die dazu führen kann, dass Marken objektiv global ausgerichtet und umgesetzt werden, setzt die Wahrnehmungsebene der Globalität bei den Nachfragern an. Unter wahrgenommener Globalität von Marken versteht man dabei die Frage, inwieweit Marken von den Nachfragern als Global Player mit globaler Reichweite empfunden werden (Swoboda/Pennemann/Taube 2012).

3. Internationale Produktpolitik bei globaler Orientierung

Die globale Orientierung geht mit einer weit gehenden Standardisierung der Produkte einher. Sie werden auf eine internationale Zielgruppe ausgerichtet, ohne dass länderspezifische Anpassungen vorgesehen werden. Dies impliziert z.B., dass die Produkte auf einen einheitlichen Einsatzbereich bzw. einheitliche Verwendungsbereiche zugeschnitten werden. Adaptionen werden lediglich hinsichtlich technischer oder rechtlicher Anforderungen in den jeweiligen Ländern vorgenommen. Auch in diesem Zusammenhang kann somit eine **Built-in-Flexibility** bei der Produktkonzeption realisiert werden.[1]

---

[1] Vgl. hierzu Abschnitt B.II.2. dieses Kapitels.

Globale Produkte werden von der Konzeption an auf die Bedürfnisse des globalen Marktes entwickelt – entweder im Hinblick auf eine internationale Zielgruppe oder im Hinblick auf die internationale Einsetzbarkeit. Dabei kann eine Berücksichtigung länderübergreifender Gemeinsamkeiten bei der Produktkonzeption erfolgen (**Common Denominator Approach**).[1] Eine spezifische Form der vollständigen Produktstandardisierung im Rahmen globaler Orientierungen stellt der sog. **Premium Prototype Approach** dar (Walters/Toyne 1989, S. 39). Dieser setzt an der Überlegung an, dass v.a. höher positionierte Produkte international stärker standardisierbar sind, weil gerade die „reicheren" Konsumentensegmente international besonders starke Konvergenztendenzen aufweisen.[2] Beim Premium Prototype Approach werden die Produkte auf ein solches internationales Hochpreissegment zugeschnitten und in standardisierter Form weltweit abgesetzt (Bolz 1992, S. 47f.). Als besonders geeignet für globale Strategien werden Produkte genannt, die tendenziell „kulturungebunden" sind, so insbesondere Luxus- oder Investitions- bzw. High Tech-Güter.

Syrian Barbie

Fulla can accessorize with hundreds of head scarves, but don't expect any bikinis or boyfriends.

Back in February of 2007, at the very same toy fair in New York City where Barbie was launched nearly 50 years earlier, America's favorite doll found herself faced with some serious, younger competition. Her name was Fulla, Syria's answer to Barbie, and this was her American debut. Fulla is exactly the same height as Barbie and has a very comparable build. But the similarities end there. The creators of Fulla – Damascus' NewBoy Design – were looking to create a doll that reflected Islamic values. To many in the Middle East, Barbie is not just a doll; she is an ambassador of decadent Western culture. This is where Fulla comes in.

At the same time that Fulla was conquering new territories, Barbie was losing some. Barbie was banned in Iran in 2002 and then in Saudi Arabia a year later. Authorities in Egypt, Jordan and Qatar also had problems with Barbie – ones they do not have with Fulla. She is a remedy for a market that desired a doll, but for internal, political reasons need that doll to represent Islam's core values. Sales were also helped by the fact that Fulla cost about half as much as Barbie – 16 USD rather than 35 USD – in countries where the average monthly salary ranged from 100 USD to 200 USD.

Still, it's crucial to keep Fulla's success in context. Among Barbie imitations, she does the very best in terms of sales figures. However, Barbie remains the world's most popular-selling doll. Mattel sold nearly 100 million Barbie dolls in 2008 alone. Fulla is a rising star and quite the competition, but Barbie remains the queen of sales in toy land.

Quelle: www.forbes.com, 03. Mai 2009.

---

4. Internationale Preis- und Konditionenpolitik bei globaler Orientierung

Die globale Strategie ist auch durch eine standardisierte Vorgehensweise im Rahmen der Preispolitik gekennzeichnet. Wie bei der Stammland-orientierten Preisstrategie wird hier ein einheitliches Preisniveau auf den unterschiedlichen Auslandsmärkten angestrebt. Im Gegensatz zur ethnozentrisch orientierten Vorgehensweise erfolgt dabei die Preisfestlegung jedoch nicht in Form der Übertragung des Preisniveaus eines bestimmten Landes auf die weiteren Auslandsmärkte, sondern es wird ein Preisniveau

---

[1] Vgl. hierzu z.B. Bolz 1992, S. 48.
[2] Vgl. hierzu auch Abschnitt C.II.2.e) des Ersten Kapitels sowie Levitt 1983b und Keegan/Schlegelmilch 2001, S. 573f.

festgelegt, das auf die Durchsetzung auf allen Auslandsmärkten hin ausgerichtet wird. Ebenso wird die Konditionengewährung im internationalen Geschäft standardisiert.

Die Durchsetzung einheitlicher Preise wird allgemein als schwierig eingeschätzt bzw. die Diskussion wird als „rein theoretische Diskussion" bezeichnet, da eine Vielzahl von Faktoren auf die internationale Preispolitik einwirkt, die letztlich dazu führen, dass vollständig standardisierte Endpreise schwer realisierbar sind.[1] Im Vordergrund der Diskussion um die Standardisierung der Preise stehen deshalb Ansätze der Preiskoordination, bei denen vornehmlich Fragen der Abstimmung und Harmonisierung von Preisen relevant sind. In Abbildung 5.42 sind beispielhaft unterschiedliche Einflussfaktoren dargestellt, die auf die Preisstandardisierungsentscheidungen einwirken.

Die Standardisierung von Preisen bezieht sich bei der globalen Orientierung deshalb meist auf das Preisniveau bzw. die Preispositionierung. Ob ein einheitliches Preisniveau durchsetzbar ist, hängt dabei wesentlich davon ab, ob die Zielgruppen in den unterschiedlichen Ländern ähnliche Charakteristika hinsichtlich ihrer Zahlungsfähigkeit und **Zahlungsbereitschaft** aufweisen. Die globale Orientierung basiert häufig darauf, dass die Annahme einer Konvergenz der Ländermärkte besteht. Dies bedeutet, dass Ähnlichkeiten bezüglich der die Preisdurchsetzung bestimmenden Faktoren bestehen. Zudem soll im Rahmen globaler Strategien i.d.R. eine länderübergreifende Zielgruppe erreicht werden, die durch ähnliche Merkmale gekennzeichnet ist. Werden international einheitliche Preisniveaus gewählt, kann dies jedoch auch dazu führen, dass länderübergreifende Zielgruppen gerade nicht erreicht werden, sondern dass unterschiedliche Gruppen in den jeweiligen Zielländern angesprochen werden. Dies kann z.B. der Fall sein, wenn die Preisbereitschaft oder (trotz Preisniveau-Harmonisierung) die Preispositionierung in den Ländern sehr unterschiedlich ist.

Abbildung 5.42: Einflussfaktoren auf Preisstandardisierungsentscheidungen

Einflussfaktoren	Nicht integrierte Märkte	Integrierte Märkte
Imageprobleme bei Preisdifferenzierung	verhältnismäßig unproblematisch auf Grund geringer Informationstransparenz	problematisch auf Grund Informationsaustausch
Kaufkraftniveau der Zielländer	z.T. unterschiedlich	Annäherung
Käuferpräferenzen	z.T. unterschiedlich	Annäherung
Arbitrageneigung	eher gering	tendenziell hoch
Kostensituation	i.d.R. unterschiedlich	tendenziell ähnlich
Vorhandensein von Reimporteuren	eher vereinzelt	eher vorhanden
Inflations- und Wechselkursrisiken	z.T. erheblich	i.d.R. gering, jedoch bei Währungsunion (wie z.B. im EURO-Raum) nicht vorhanden

Quelle: in Anlehnung an Backhaus/Büschken/Voeth 2003, S. 385.

Bei der globalen Orientierung nimmt die Preisstandardisierung v.a. deshalb eine zentrale Rolle ein, weil sie auch mit der Standardisierung z.B. der Produktpolitik, der Marken- und Kommunikationspolitik einhergeht. Gerade bei globalen Segmenten, die oftmals die Zielgruppen der globalen Strategien sind, herrscht eine vergleichsweise hohe internationale Transparenz. Bei einer derartigen globalen Ausrichtung könnten Preisdif-

---

[1] Im Grundsatz sind standardisierte Grundpreise denkbar. Die Endpreise variieren i.d.R. jedoch stark, z.B. auf Grund differenzierter Konditionen. Vgl. zu einem Überblick Backhaus/Voeth 2010a, S. 303, sowie Czinkota/Ronkainen 2013, S. 461f. oder Diller 2008, S. 300ff.

ferenzierungen zu Problemen z.B. i.S. von Imageschäden, Verunsicherungen oder Verärgerungen der Abnehmer führen und die Gefahr, dass graue Märkte bzw. Reimporte auftreten, ist gerade für globale Marken besonders hoch (Bradley 2005, S. 203).

Unter **grauen Märkten** versteht man den legalen Absatz von Waren unter Umgehung privatrechtlicher Vereinbarungen, anerkannter Handelsbräuche oder steuerrechtlicher Vorschriften. Sie entstehen dadurch, dass Händler oder Konsumenten regionale Preisdifferenzen ausnutzen, also durch **Arbitrage** (Diller 2008, S. 301). Einzelne Marktteilnehmer versuchen sich hierdurch Vorteile zu verschaffen. Zu grauen Märkten zählen z.B. (Simon/Wiese 1992, S. 251; Diller 2008, S. 301; Maskus/Chen 2002):

- **Parallelimporte**: Hierbei handelt es sich um nicht autorisierte Exporte aus dem Ursprungsland. Sie treten auf, wenn im Ursprungsland ein niedrigerer Preis verlangt wird als im Exportland.
- **Reimporte**: Bei Reimporten handelt es sich um die nicht autorisierte Rückführung von Produkten in das Ursprungsland. Sie sind dann lohnenswert, wenn die Preise im Exportland niedriger sind als im Ursprungsland.
- **Laterale graue Märkte**: Bei dieser Form grauer Märkte treten nicht autorisierte Warenströme zwischen Exportländern auf, die entsprechend hohe Preisunterschiede aufweisen. Laterale graue Märkte sind am schwierigsten aufzudecken.

Graue Märkte sind zwar vom Hersteller nicht autorisiert und naturgemäß unerwünscht, sie sind dennoch legal. Ein **schwarzer Markt** ist hingegen ein illegaler Markt.

Die Funktionsweise grauer Märkte kann anhand von Abbildung 5.43 erläutert werden. Dabei wird unterstellt, dass außer Transportkosten keine weiteren Kosten entstehen. Arbitrageeffekte sind nicht möglich oder nicht lohnend, wenn rechtliche Barrieren vorhanden sind (z.B. Importquoten, Importzölle); sie sind zudem dann nicht lohnend, wenn die Transaktionskosten der Arbitrage zu hoch sind. Des Weiteren ist die Ausnutzung von Arbitrage wettbewerbsrechtlich geregelt, wobei z.B. in der EU grundsätzlich eine Preisliberalität angestrebt wird (Bradley 2005, S. 203).[1]

Keine Standardisierung der Preise im Automobilbereich: Europäische Preispolitik der Automobilhersteller als Auslöser für graue Märkte

Fast alle Automobilhersteller betreiben innerhalb der EU eine differenzierte Preispolitik bei einem hohen Standardisierungsgrad der eigenen Fahrzeugmodelle. Diese Politik ist sinnvoll, da in Europa für Autos unterschiedliche Zahlungsbereitschaften bestehen. Letztere sind auf unterschiedliche Einkommensverhältnisse und unterschiedliche Gewichtungen der Nutzenelemente (Transport, Spaß, Prestige) eines Pkws zurückzuführen, stehen aber auch im Zusammenhang mit unterschiedlichen Steuersystemen bzw. -sätzen in den EU-Ländern. Preissenkungen in relativen Niedrigpreismärkten können dort erhebliche Marktanteils- und damit Ergebniszuwächse erzeugen, zugleich aber auch zu gewinnschmälernden Rückwirkungen auf (relativen) Hochpreismärkten führen. Ein Überblick über Preisdifferenzen innerhalb der EU ist in Tabelle 5.6 dargestellt.

---

[1] Vgl. zum Einfluss von Arbitrage auf die internationale Preispolitik auch Maskus/Chen 2002 oder Anderson/Ginsburgh 1999.

Tabelle 5.6: Autopreise in Europa

Modell	Deutschland	Dänemark	Polen	Österreich	Frankreich
Toyota Yaris	12.531	10.365	10.057	11.936	15.529
VW Golf	14.139	11.623	11.557	14.202	12.942
Opel Astra	19.790	15.408	16.300	16.824	17.387
Ford Focus	15.714	13.604	15.160	16.321	15.468
Renault Mégane	17.941	15.255	15.293	18.675	19.974
Peugeot 308	16.025	13.363	13.998	16.630	17.266
VW Passat	20.525	14.465	17.328	20.333	19.246
Honda Accord	22.647	17.186	21.220	23.186	22.993
Audi A4	27.756	21.657	27.659	29.906	25.719
BMW 320d	28.824	27.401	28.509	28.686	28.336
Mercedes E220	35.400	31.033	33.541	35.329	34.692
Volvo XC 90	39.109	33.274	41.862	37.773	37.397

Alle Preise in EUR ohne Steuern vom 01. Januar 2011 gemäß der Herstellerempfehlung für die Standardausstattung

Quelle: Europäische Kommission 2011.

Abbildung 5.43: Graue Märkte

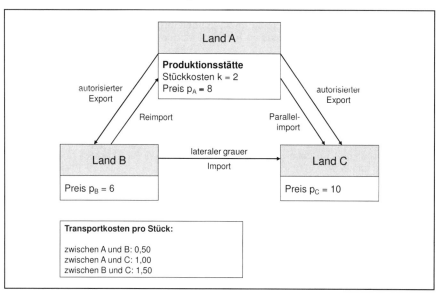

Quelle: Simon/Wiese 1992, S. 250.

5. Internationale Kommunikationspolitik bei globaler Orientierung

Global orientierte Kommunikationsstrategien beinhalten die weltweite Vereinheitlichung der Kommunikationsbotschaften und -instrumente. Sie sind i.d.R. auf eine globale Zielgruppe ausgerichtet, ohne dass eine räumliche Fixierung besteht. Kommunikative Botschaft und kommunikativer Auftritt werden auf länderübergreifende, räumlich nicht fixierte Zielgruppen ausgerichtet und weltweit einheitlich umgesetzt (Kotabe/Helsen 2011, S. 457; Keegan/Green 2013, S. 315ff.). Im Rahmen global orientierter Kommunikationsstrategien erfolgt der Einsatz eines weit gehend standardisierten Mix an Kommunikationsinstrumenten.

Die Standardisierung der Kommunikationspolitik ist mit Vorteilen verbunden, die sich insbesondere auf Größendegressionseffekte in allen Bereichen von der Konzeption bis zum Roll-out der internationalen Kommunikationsstrategie beziehen. Häufig erfolgt die Realisierung globaler Kommunikationsstrategien unter Einschaltung global agierender Agenturen, die neben der Konzeption der weltweiten Kommunikationsstrategie die globale Umsetzung koordinieren. Hierbei handelt es sich vornehmlich um selbstständige Agenturen, die über eine hohe Kompetenz bezüglich der weltweiten Werbemärkte verfügen. Der Einsatz von Inhouse-Agenturen erfolgt im Rahmen globaler Strategien seltener.

Bei globalen Marketingstrategien ist der Aufbau eines länderübergreifenden Images anhand eines konsistenten internationalen Auftretens im Rahmen der Kommunikationspolitik eines der wesentlichen Ziele. Eine standardisierte Vorgehensweise wird jedoch gerade für kommunikative Maßnahmen kritisch beurteilt, da sich bezüglich dieser Maßnahmen im internationalen Kontext die Länder- und Kulturunterschiede besonders stark zeigen, denn auch bei global orientierten Vorgehensweisen ist zu beachten, dass z.B. kulturelle Unterschiede, Sprachunterschiede oder Unterschiede in den rechtlichen Rahmenbedingungen (wie z.B. Werbeverbote, Beschränkung des Einsatzes von Verkaufsförderungsinstrumenten u.Ä.) bestehen, die als Herausforderung die Ausgestaltung der Kommunikationspolitik beeinflussen (Hollensen 2011, S. 592ff.; Terpstra/Sarathy/Russow 2006, S. 345f.).

Die Konzeption der Kommunikationsstrategie erfolgt deshalb bereits im Hinblick auf eine globale Einsetzbarkeit. Dies führt z.B. dazu, dass häufig versucht wird, auf sprachliche Elemente zu verzichten, so z.B. bei der Konzeption von Werbespots, um internationale Einsatzmöglichkeiten zu sichern.[1] Werden sprachliche Elemente benötigt, besteht ein häufig eingesetzter Weg im Einsatz der englischen Sprache („one world, one brand, one claim", Müller/Gelbrich 2004, S. 623), die als grundsätzlich in vielen Ländern einsetzbar angesehen wird (**Common-Denominator-Strategie**).[2]

Eine weitere Problematik resultiert aus der unterschiedlichen Ausstattung alternativer Länder mit Kommunikationsträgern. Zudem zeigen sich weltweit auch Unterschiede in der Mediennutzung. Wenngleich bei einer Ausrichtung auf globale, länderübergreifende Zielgruppen oftmals länderübergreifend konvergente Segmente im Vordergrund stehen, die durch Ähnlichkeiten in ihren Merkmalen und ihrem Verhalten gekennzeichnet sind, sind für die globale Kommunikationspolitik solche Unterschiede im Medienverhalten und in der Medienverfügbarkeit von besonderer Relevanz (Czinkota/Ronkainen 2013, S. 429ff.). Auch hier kommen häufig Common-Denominator-Strategien zum

---

[1] Zur Problematik eines solchen Vorgehens vgl. z.B. Schwarz-Musch 2005, S. 135.
[2] Dies gilt in besonderem Maße für den Geschäftskundenbereich, wird aber auch im Rahmen der Kommunikation mit Konsumenten praktiziert.

Einsatz, bei denen z.B. lediglich auf international einsetzbare Medien fokussiert wird, die in allen Ländern über die benötigte Reichweite sowie Zielgruppenrelevanz verfügen. Von Bedeutung im Rahmen global orientierter Kommunikationsstrategien sind dabei neben landesspezifischen auch länderübergreifende Medien, die insbesondere auf Grund der Verbesserung bzw. Intensivierung der grenzüberschreitenden Kommunikation zunehmend an Relevanz gewinnen. Ein Beispiel hierfür stellt die weltweit zunehmende und vergleichsweise breite Verfügbarkeit ausländischer bzw. internationaler Fernsehprogramme auf Grund der Verbreitung von Satelliten- bzw. Kabelfernsehen bei den Haushalten dar. Ebenso relevant ist auch die zunehmende Verbreitung internationaler Webseiten, Fan-Seiten in Social Networks, Filme, TV-Serien, Zeitungen und Zeitschriften. Gerade solche Medien bieten für global orientierte Unternehmen bzw. Marken ein hohes Potenzial, ein globales Image aufzubauen.

Eine besondere Herausforderung im Rahmen globaler Kommunikationsstrategien stellt die Öffentlichkeitsarbeit dar. Hierbei handelt es sich – ähnlich wie bei der Verkaufsförderung auch – um einen Teilbereich der internationalen Kommunikationspolitik, der tendenziell „lokal geprägt" ist. Gerade im Rahmen der internationalen Public Relations sind jedoch neben lokalen Zielgruppen auch länderübergreifende bzw. **globale Interessengruppen** von zunehmender Relevanz. In steigendem Maße treten z.B. Organisationen auf, die Kritik an global agierenden Unternehmen äußern (z.B. Attac).[1] Solche Bewegungen erfordern eine globale Ausrichtung der Public Relations.

6. Internationale Distributionspolitik bei globaler Orientierung

Auch hinsichtlich der internationalen Distributionspolitik ist die globale Orientierung mit einer weit gehenden Standardisierung verbunden. Herausforderungen einer solchen Vereinheitlichung der Distributionspolitik entstehen v.a. in der Verfügbarkeit von Absatzkanälen bzw. Absatzmittlern auf den jeweiligen Ländermärkten, was den Eigenaufbau bzw. die Neuetablierung von Distributionsnetzen erforderlich machen kann.

Die Ausgestaltung der Distributionspolitik stellt einen wesentlichen Einflussfaktor für die Durchsetzbarkeit von globalen Strategien im Rahmen der weiteren Aktionsfelder des internationalen Marketing-Mix dar. Insbesondere die vertikale Absatzkanalstruktur beeinflusst die Möglichkeit zur Realisierung standardisierter Maßnahmen und eines weltweit einheitlichen Auftritts bzw. Images. Auf Grund dieser Überlegungen bestehen auch im Rahmen der globalen Orientierung häufig Bestrebungen, ein eigenes Distributionssystem aufzubauen. Dabei sind Strategien der Controlled bzw. Secured Distribution unter Einsatz eigener oder vertraglicher bzw. kooperativer Absatzkanäle von Relevanz.[2]

Zentrale standardisierte internationale Distribution am Beispiel EvoBus

Als Beispiel für ein zentral gesteuertes und standardisiertes Distributionssystem kann die EvoBus GmbH genannt werden, die seit ihrer Gründung im Jahre 1995 für den kompletten europäischen Vertrieb der beiden zum Daimler-Konzern gehörenden Omnibusmarken Setra und Mercedes-Benz zuständig ist. Das Unternehmen ist mittlerweile in 20 europäischen Ländermärkten mit eigenen Vertriebstochtergesellschaften aktiv, die alle aus der Stuttgarter Zentrale heraus gesteuert werden und über alle Märkte hinweg die Distribution der Bus-Marken übernehmen. Es handelt sich hierbei quasi um eine standardisierte Systemdistribution, wobei die jeweils gewählte Form der 100 %-igen Tochtergesellschaft be-

---

[1] Zur Problematik von „Anti-Globalisierungs-Bewegungen" im Kontext des Internationalen Marketing vgl. ausführlich Witkowski 2005; Belk 2005.
[2] Vgl. hierzu Abschnitt E.I. des Vierten Kapitels sowie Abschnitt E.II.2. dieses Kapitels.

> züglich der europäischen Vertriebsgesellschaften integrale Voraussetzung für die Durchsetzung dieses zentral gesteuerten und standardisierten systemischem Ansatzes ist. Als wesentlichen Vorteil garantiert diese Distributionsstruktur dem Unternehmen den direkten Kontakt zu seinen internationalen Kunden sowie die komplette Kontrolle über die Distribution von der Produktion bis zum Endkunden.
>
> *Quelle: www.evobus.de, Abrufdatum: 23. März 2013.*

Wie im Rahmen der Diskussion Stammland-orientierter Distributionsstrategien bereits dargestellt, sind die Ausgestaltungsmöglichkeiten der vertikalen Absatzkanalstruktur stark durch die Strukturen in den einzelnen Ländern geprägt (z.B. die Verfügbarkeit bzw. Bedeutung unterschiedlicher Betriebstypen des Einzelhandels). Standardisierungen auf dieser Ebene dienen dazu, ein global einheitliches Image durchzusetzen. In diesem Kontext spielt die einheitliche Reputation bzw. das einheitliche Image der Absatzkanäle eine besondere Rolle (Zentes/Neidhart/Scheer 2006).

Eng verknüpft mit Fragen der Absatzkanalwahl und -ausgestaltung ist die Realisierung des Systems der Marketinglogistik. Bei der globalen Orientierung erfolgt zumeist auch eine standardisierte Ausgestaltung des **Logistiksystems**. Die vereinheitlichte Durchführung der Logistik ist mit Vorteilen wie Kosteneinsparungen (z.B. auf Grund von Lernkurveneffekten, Economies of Scale u.Ä.) verbunden. Im Kontext logistischer Systeme ist jedoch die Berücksichtigung länderspezifischer Rahmenbedingungen nicht umgehbar, so z.B. Anzahl und Dichte bzw. geografische Verteilung der Abnehmer bzw. der Lieferanten oder unterschiedliche topografische oder infrastrukturelle Bedingungen (Zentes/Swoboda/Morschett 2004, S. 492ff.).

IV. Ausgestaltung des internationalen Marketing-Mix bei multinationaler Orientierung

1. Bedeutung der multinationalen Orientierung für den internationalen Marketing-Mix

Wesentliches Kennzeichen der multinationalen Orientierung ist ein maximales Ausmaß der Anpassung des Marketing-Mix an lokale Anforderungen. Dies beinhaltet die länderspezifische bzw. regionale Differenzierung der Marketinginstrumente. Während die Stammland- und die globale Orientierung von der Annahme ausgehen, dass eine standardisierte Marktbearbeitung Erfolg versprechend ist, stehen bei der multinationalen Orientierung länderspezifische Unterschiede im Vordergrund. Derartige Divergenzen z.B. in Kultur, Gesetzeslage, Wettbewerbs- oder Medienstruktur, die einer Standardisierung im Wege stehen, werden durch die multinationale Marktbearbeitung berücksichtigt (Hill/Shao 1994, S. 32).

Im Gegensatz zu den Standardisierungsansätzen der Stammland-geprägten oder globalen Orientierung sind derartig differenzierte Ansätze der Marktbearbeitung mit vergleichsweise hohen Kosten verbunden, so z.B. bei Marktforschung, Produktentwicklung und -produktion oder Kommunikation. Promotoren der differenzierten Form der Marktbearbeitung führen jedoch in diesem Zusammenhang an, dass eine Standardisierungsstrategie i.d.R. zu weit geringeren Kostenvorteilen führt als dies häufig angenommen wird (z.B. bereits Douglas/Craig 1986), bzw. dass im Rahmen von **Mass-Customization-Ansätzen** länderspezifische Anpassungen trotzdem kostengünstig realisiert werden können. Der Hauptkritikpunkt an Standardisierungsansätzen besteht jedoch darin, dass damit „vor Ort" keine langfristige Unique Selling Proposition aufgebaut werden kann (Wind 1986). Als Vorteile der multinationalen Vorgehensweise bei der Marktbearbeitung werden deshalb Aspekte angeführt wie (Müller/Gelbrich 2004, S. 470):

- Die differenzierte Marktbearbeitung geht mit einem besseren Verständnis für die lokalen Märkte einher. Dies führt zur Verbesserung der Fähigkeit, auf lokale Marktanforderungen (z.B. Veränderungen des Verbraucherverhaltens oder der Wettbewerbsbedingungen) zu reagieren (Craig/Douglas 1996; Douglas/Craig 2011).
- Die Differenzierung ermöglicht Marktanteils- und Umsatzgewinne auf den Auslandsmärkten, da diese durch individuelle Ansätze intensiver bearbeitet werden können (Cavusgil/Zou/Naidu 1993).
- Die Abnehmer vor Ort können stärker gebunden werden, da die Berücksichtigung landesspezifischer Anforderungen zu einem „lokalen Image" der Produkte führen kann (Brannen 2004).

Während bei standardisierten Strategien häufig Country-of-Origin-Aspekte betrachtet werden, kann der multinationale Ansatz in diesem Zusammenhang darauf abzielen, die lokale Adaption in den Vordergrund zu stellen. Dadurch kann z.B. auch Erscheinungen wie dem **Verbraucherpatriotismus** („consumer patriotism" bzw. „consumer ethnocentrism") begegnet werden (Tscheulin/Davoine 2002; Kipnis u.a. 2012). Die Lokalisierungsanforderungen an Produkte bzw. Marken sind dabei international unterschiedlich.

2. Internationale Markenpolitik bei multinationaler Orientierung

Betrachtet man die **Markenpolitik**, so ist die multinationale Orientierung damit verbunden, dass auch bezüglich der Gestaltung der Markenzeichen und der Markennamen eine differenzierte Vorgehensweise gewählt wird. Die multinationale Strategie entspricht in diesem Kontext einer **„Lokalmarkenstrategie"** bzw. einer **„Regionalmarkenstrategie"**, bei der Markenzeichen und/oder Markennamen in den unterschiedlichen Ländern bzw. Regionen unterschiedlich gestaltet werden (Schuiling/Kapferer 2004). Eine differenzierte Markenpolitik ist zudem v.a. in den folgenden Situationen sinnvoll (Berndt/Fantapié Altobelli/Sander 1997, S. 134):[1]

- hohe Gefahr von Reimporten
- Aufbau internationaler bzw. globaler Marken zu ressourcenintensiv oder risikobehaftet
- markenrechtliche Aspekte (z.B. Marken nicht schützbar oder bereits an andere Unternehmen vergeben)
- Gefahr der Markenpiraterie
- ausgeprägte landesspezifische Anpassung der Produkteigenschaften
- ausgeprägte kulturelle und sprachliche Unterschiede.

Die stärksten Differenzierungserfordernisse bei der internationalen Produktpolitik bestehen bezüglich der Servicekomponenten, also der Kundendienstpolitik. Diesen **Serviceleistungen** kommt insbesondere im Investitionsgütermarketing eine wichtige Rolle zu. Während im Bereich der Nach-Kauf-Dienstleistungen häufig ein gleichgerichtetes Bedürfnis der Abnehmer nach Kundendienst, Ersatzteilversorgung, Schulungen u.Ä. besteht (Backhaus/Voeth 2010a, S. 339ff.), sind v.a. bezüglich der beim Kauf erbrachten Serviceleistungen in stärkerem Maße Differenzierungen erforderlich, so z.B. in

---

[1] Zu den Vorteilen der Lokalisierung bzw. Regionalisierung der Markenpolitik vgl. auch Schuiling/Kapferer 2004, S. 100ff.

Form von Produktbeschreibungen, die in mehreren Sprachen zu verfassen sind, oder in Form kulturangepasster Beratungsangebote o.Ä.

3. Internationale Produktpolitik bei multinationaler Orientierung

Bei der Produktpolitik multinational orientierter Unternehmen steht die Adaption der Produkte bzw. Leistungen an die Gegebenheiten bzw. Anforderungen der lokalen Märkte im Vordergrund. Die unterschiedlichen Rahmenbedingungen können dazu führen, dass länderspezifische Produktmodifikationen oder vollständige Anpassungen i.S. von Neukonzeptionen erforderlich sind. Neben landes- bzw. regionenspezifischen Bedingungen, die z.B. die Gebrauchstauglichkeit der Produkte beeinflussen, sind auch Verwendungsgewohnheiten, ökonomische Faktoren, rechtliche oder technologische Besonderheiten bzw. Unterschiede, unterschiedliche Phasen in den Produktlebenszyklen (Stremersch/Tellis 2004) u.Ä. relevant.

Die länderspezifische Adaption beginnt bei der grundsätzlichen Konzeption des Leistungsprogramms für die Auslandsmärkte. Während im Rahmen standardisierter Strategien die Multiplikation eines einheitlichen Konzeptes auf den jeweiligen Märkten erfolgt, wird das Leistungsprogramm bei der multinationalen Vorgehensweise länderspezifisch abgestimmt. Dies kann bedeuten, dass die Breite bzw. Tiefe des jeweils angebotenen Leistungsprogramms regional variiert oder ein grundsätzlich unterschiedliches Leistungsprogramm auf den alternativen Märkten eingesetzt wird.

Volkswagen, die kaum jemand kennt

Die Modellpalette von VW? Kennt doch jeder! Wirklich? Und was ist mit dem VW Suran, dem VW Gol oder dem VW Magotan?

Wer in China ein Taxi bestellt, nimmt nicht selten in einem echten Oldtimer Platz. Der VW Santana 3000 ist bei den Droschkenfahrern im Reich der Mitte überaus beliebt – biblisches Alter hin oder her. Und was heißt hier eigentlich Oldtimer? Der Santana und der auf modern getrimmte Santana 3.000 werden in China nach wie vor als Neuwagen verkauft, parallel zu moderneren Wolfsburger Kraftfahrzeugen. Die Zeiten, in denen VW im Ausland ausschließlich abgelegte PS-Mode auftragen ließ, sind glücklicherweise vorbei. Uralt und brandneu friedlich nebeneinander. Probleme haben damit nur diejenigen, die versuchen, im globalen VW-Modellgefüge den Überblick zu behalten.

Abbildung 5.44: Beispiele des internationalen Produktportfolios von Volkswagen

Welcher deutsche VW-Kunde weiß schon, dass er einen fabrikneuen T2 bekommt, wenn er in Brasilien einen Kombi ordert. Oder dass der VW Gol kein Ergebnis mangelhafter Grammatik, sondern ein in Südamerika extrem beliebter Kleinwagen ist – etwas größer als ein hiesiger Polo und kleiner als ein aktueller Golf. Darauf fahren inzwischen sogar Chinesen ab. Richtig neidisch können die Fans des kleinen VW Fox auf ihre Kollegen in Brasilien, Argentinien oder Mexiko sein. Unterm Zuckerhut gibt es inzwischen nicht nur die nächste Fox-Generation, sondern auch den schicken Crossfox und einen praktischen Kleinstvan, der je nach Markt Space Fox, Suran oder SportWagon heißt.

Quelle: www.autobild.de, 04. Dezember 2009; Fotos: Volkswagen AG.

Bei der multinationalen Produktpolitik existieren unterschiedliche Handlungsalternativen, die darin bestehen, dass entweder eine regionen- bzw. länderspezifische Adaption der Produktkonzeption vorgenommen wird oder für die einzelnen Märkte spezifische Produkte entwickelt werden (Berndt/Fantapié Altobelli/Sander 2010, S. 225). Die **Produktdifferenzierung** muss nicht notwendigerweise länderbezogen sein, sondern kann z.B. auf den folgenden Ebenen erfolgen (Berndt/Fantapié Altobelli/Sander 1997, S. 72):

- ländersegmentspezifische Produktvarianten
- länderspezifische Produktvarianten in jedem einzelnen Zielland
- begrenzte Anzahl von Produktvarianten für in sich relativ homogene Ländergruppen
- mehrere Produktvarianten für länderübergreifende Zielgruppen mit über Landesgrenzen hinweg ähnlichen Bedürfnissen.

Die Modifikation bzw. Veränderung der Produkte kann sich auf die unterschiedlichen Bestandteile der Produkte beziehen, so auf den Produktkern, die Verpackung, die Markierung bzw. die produktbezogenen Dienstleistungen. Adaptiert werden können dabei sowohl die funktionalen Eigenschaften der Produkte als auch ästhetische oder symbolische Eigenschaften (Meffert/Burmann/Becker 2010, S. 200ff.). Entsprechend dieser Produktbestandteile lassen sich unterschiedliche Stufen der Produktdifferenzierung unterscheiden (siehe Abbildung 5.45).

Eine Differenzierung des **Produktkerns** bedeutet, dass international unterschiedliche Produktmerkmale, -funktionen oder Qualitätsmerkmale umgesetzt werden. Je nach Grad der Modifikation können die Produkte international ähnlich oder vollständig unterschiedlich sein. Im Hinblick auf unterschiedliche Güterarten kann allgemein davon ausgegangen werden, dass Konsumgüter (insbesondere Lebensmittel) im Vergleich zu Industriegütern tendenziell einen höheren Grad an Differenzierung aufweisen (de Mooij 2011, S. 161f.). Noch stärker ist häufig der Differenzierungsgrad beim Angebot von Dienstleistungen (Jain 2000).

Abbildung 5.45: Differenzierungsgrad der Produktbestandteile

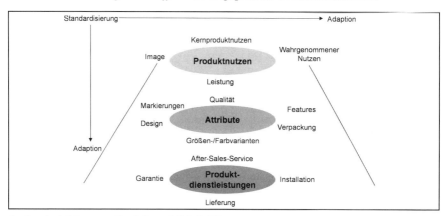

Quelle: in Anlehnung an Doole/Lowe 2012, S. 253.

Differenzierungsentscheidungen hinsichtlich der **Verpackung** werden v.a. auf Grund von technischen Bedingungen (z.b. auf Grund klimatischer Bedingungen) sowie rechtlichen und gesellschaftlichen Rahmenbedingungen (z.B. Angaben von Inhaltsstoffen oder ökologische Überlegungen), die zwischen den Ländern variieren können, vorgenommen. Zudem dienen sie der Berücksichtigung kultureller, historischer oder sprachlicher Unterschiede, denen z.b. anhand der Variation von Farben, Formen, Symbolik, Beschriftungen u.Ä. nicht nur der Produkte selbst, sondern auch der Verpackung begegnet werden kann (Homburg 2012, S. 1088).

4. Internationale Preis- und Konditionenpolitik bei multinationaler Orientierung

Bei einer multinationalen Orientierung wird die Preisfestlegung an der Individualität der Ländermärkte orientiert, um dieser durch eine länderspezifische Anpassung der Preise unter Ausnutzung unterschiedlicher Zahlungsbereitschaften gerecht zu werden. Den Hintergrund dieser Vorgehensweise bildet die Überlegung, dass bei multinationaler Orientierung die Preispolitik auf Grund der Vielzahl der sie beeinflussenden lokalen Faktoren in starkem Maße lokal anzupassen ist und nicht länderübergreifend standardisiert ausgestaltet werden sollte.

Die Preisfestlegung im Rahmen multinationaler Strategien kann sowohl konkurrenz-, kosten- oder nachfrageorientiert erfolgen. Je nach Kosten-, Wettbewerbs- oder Absatzmarktkonstellation auf den alternativen Ländermärkten ergeben sich dann Unterschiede in den Preisen, wenn die Ländermärkte diesbezüglich Unterschiede aufweisen. Diese führen dann zu einer (räumlich bzw. zielgruppenspezifisch) differenzierten Preisgestaltung. Eine multinationale Preisstrategie kann aber auch mit weit gehend ähnlichen Preiskonstellationen auf den bearbeiteten Märkten verbunden sein, wenn diese bezüglich der preisrelevanten Charakteristika ähnlich strukturiert sind. Als relevante Faktoren, die zu unterschiedlichen Preisen führen bzw. diese ermöglichen können, sind dabei zunächst gesamtwirtschaftliche und gesellschaftliche Einflussfaktoren zu beachten, z.B.:

- **Wirtschaftliche Entwicklung und Kaufkraft eines Ländermarktes**: Zum Beispiel im Hinblick auf die Erreichung einer kritischen Masse kann es erforderlich sein, dass Märkte auch mit niedrigeren Preisen bedient werden müssen, was zu internationalen Preisdifferenzen führen kann.
- **Politische Risiken und Währungsrisiken**: Diese Risiken sind ggf. kosten- und preiswirksam abzusichern.
- **Inflationsrate**: Diese kann unterschiedliche Preise erforderlich machen, vor allem bei stark inflationären Ländern.
- **Rechtsrahmen**: Der Rechtsrahmen betrifft z.B. die Wahl der Preise (z.B. staatlich fixierte Höchstpreise oder Preisintervalle (Höchst-, Niedrigst-, Festpreise für bestimmte Produkte)) oder die Möglichkeit der vertikalen Preisbindung.
- **Einflussnahme des Staates**: Internationale Preisunterschiede können z.B. auf Grund von Steuerpolitik, Zöllen, Abgaben oder Verbraucher- oder Erzeugerschutzbestimmungen erforderlich sein.

Bei der multinationalen Preispolitik sind zudem kulturelle Einflüsse bzw. der kulturelle Hintergrund der Käufer zu berücksichtigen z.B. (Müller/Gelbrich 2004, S. 856ff.):

- **Rolle, die eine Gesellschaft dem Preis bzw. Geld zuschreibt**: Die Einstellungen dem Thema „Geld" gegenüber variieren im interkulturellen Kontext. In manchen Ländern ist das Thema „Geld" tabuisiert, während in anderen Ländern Geld und

Reichtum stolz herausgestellt werden. Zudem unterscheiden sich die Kulturen hinsichtlich der Bedeutung der Preishöhe (z.B. Sparsamkeit i.S. von „Schnäppchenjägertum" vs. demonstrativer Konsum i.S. von „Ich kann mir hohe Preise leisten").
- **Funktion des Preises als Schlüsselreiz**: Der Preis kann als Indikator für die Qualität der Produkte bzw. Marken fungieren. Inwiefern dieser Zusammenhang gilt, ist im interkulturellen Vergleich unterschiedlich.
- **Preiswahrnehmung und -beurteilung**: Das Preisbewusstsein variiert interkulturell. Zudem wird auch die Höhe von Preisen unterschiedlich wahrgenommen.
- **Preisbereitschaft**: In unterschiedlichen Kulturen repräsentieren unterschiedliche Produkte andere, spezifische Werte. Entsprechend variiert auch die Preisbereitschaft bezüglich der betrachteten Produkte. Auch die Wertvorstellungen variieren im internationalen Kontext, was ebenfalls die Preisbereitschaft beeinflusst.

Eine große Problematik, die bei internationaler Preisdifferenzierung auftreten kann, besteht – wie bereits erwähnt – in der **Arbitrage**. Diese ist jedoch bei multinationalen Preisstrategien nur dann relevant, wenn die zu Grunde liegenden Produkte – zumindest zu einem gewissen Grad – standardisiert bzw. vergleichbar sind. Begünstigt werden multinationale Orientierungen im Rahmen der Preisfestlegung, wenn die Interdependenzen zwischen den Ländermärkten nur gering sind, also wenn eine hohe Fragmentierung der Märkte besteht. Insbesondere dann, wenn überwiegend lokaler Wettbewerb vorherrscht oder wenn die Produktpolitik durch eine weit gehende Adaption an länderspezifische Gegebenheiten gekennzeichnet ist, ist die multinationale Preispolitik realisierbar (Berndt/Fantapié Altobelli/Sander 1997, S. 170).

Neben der Festlegung der Preise wird bei der multinationalen Orientierung auch die Gestaltung der Konditionen in lokal adaptierter Form vorgenommen. Durch eine differenzierte, lokale Abstimmung der Konditionen wird die Markttransparenz bzw. die Vergleichbarkeit der Angebote verringert. Differenzierungen in der **Konditionengestaltung** erfolgen v.a. um – neben der Berücksichtigung gesetzlicher Rahmenbedingungen oder Usancen – auch die lokalen Präferenzen oder Erfordernisse hinsichtlich der Liefer- und Zahlungsbedingungen umzusetzen. So unterscheiden sich länderspezifisch z.B. die Anforderungen an Lieferzeiten, Liefertermine bzw. Lieferrhythmen und damit auch die erforderlichen Liefermengen. Diese Konditionen haben eine direkte Verbindung zu Fragen der Distributionspolitik. Hinsichtlich der Zahlungsbedingungen bestehen – neben den bereits dargestellten Interessenlagen von Anbieter und Nachfrager – Unterschiede, die sich auf die Akzeptanz von bzw. die Präferenz für Ratenzahlungen, Rabatte, Skonti usw. beziehen. Noch stärker als die Preisgestaltung ist dabei die Konditionengestaltung durch individuelle Vereinbarungen gekennzeichnet.

Bezieht man Preise und Konditionen in die Gestaltung der Preispolitik mit ein, so können grundsätzlich drei Formen der **Preisdifferenzierung** unterschieden werden (Pigou 1962, S. 279; Diller 2008, S. 228f.):

- **Preisdifferenzierung ersten Grades**: Für jeden Kunden werden individuelle Preise festgelegt. Das Ziel besteht darin, jeweils die maximale Preisbereitschaft auszunutzen. Wenngleich diese Vorgehensweise im Konsumgüterbereich nur schwerlich – abgesehen von „Feilschen" oder Versteigerungen (wie z.B. bei eBay) – realisierbar ist, zählen individuelle Preisverhandlungen im Investitionsgüterbereich, die im Rahmen der internationalen Preispolitik üblich sind, zu dieser Form der Preisdifferenzierung.
- **Preisdifferenzierung zweiten Grades**: Unterschiedliche Kundensegmente kaufen die Leistungen zu unterschiedlichen Preisen, obwohl es ihnen grundsätzlich frei

steht, zu welchem Preis sie das Produkt erwerben. Dabei unterscheidet man die leistungsbezogene Preisdifferenzierung, bei der verschiedene Produktvarianten oder Leistungspakete zu unterschiedlichen Preisen angeboten werden, die mengenmäßige Preisdifferenzierung, bei der die Preisdifferenzierung z.B. auf der Basis von Rabatten oder Bonussystemen erfolgt, sowie die Preisbündelung, bei der für ein Bündel von Produkten oder Leistungen ein anderer Preis als die Summe der Einzelpreise verlangt wird.

- **Preisdifferenzierung dritten Grades**: Für unterschiedliche Kundengruppen werden durch den Anbieter unterschiedliche Preise festgelegt. Als Formen unterscheidet man dabei die personelle, die räumliche und die zeitliche Preisdifferenzierung.

Im Rahmen der multinational orientierten Preisgestaltung können grundsätzlich alle Formen der Preisdifferenzierung zur Anwendung kommen und bei der lokalen Abstimmung der Preispolitik eingesetzt werden. Im Vordergrund stehen dennoch Preisdifferenzierungen dritten Grades, bei denen räumliche Aspekte der Preisabstimmung betont werden.

Eine besondere Problematik im internationalen Kontext stellt das **Dumping** dar. Hierunter versteht man eine Form der geografischen Preisdifferenzierung, bei welcher der Preis für ein bestimmtes, standardisiertes Gut im Ausland (wesentlich) niedriger ist als im Inland bzw. der Preis unterhalb der Gesamtkosten liegt. Selbst wenn eine derartige Preisdifferenzierung „gerechtfertigt" sein kann (z.B. auf Grund unterschiedlicher Markt- und Wettbewerbsbedingungen), steht dies internationalen Richtlinien entgegen, z.B. der WTO.

Übereinkommen über Antidumping im Rahmen der WTO

Das seit 01.01.1995 geltende "Übereinkommen zur Durchführung des Art. VI des Allgemeinen Zoll- und Handelsabkommens 1994" ist bereits die zweite Überarbeitung des ersten Antidumping-Kodex von 1967. Schon bei Verabschiedung des GATT im Jahre 1947 wurde neben den allgemeinen Freihandelsprinzipien mit Art. VI die Notwendigkeit gesehen, einheitliche Regeln für die Abwehr gegen erhebliche Wettbewerbsverfälschungen durch Dumping bzw. Subventionen durch Antidumping - bzw. Ausgleichszölle zu schaffen. Die Vorschriften des WTO-Antidumping-Übereinkommens verfolgen das Ziel, durch strikte Verfahrensvorschriften und eine Vielzahl von Definitionen den Missbrauch dieses Instruments zu protektionistischen Schutzzwecken einzuschränken. Die wichtigsten rechtlichen Voraussetzungen sind Dumping, d.h. die Einführung unter dem "Normalwert" der Ware auf dem Heimatmarkt des Ausführers, eine bedeutende Schädigung der Hersteller gleicher Produkte auf dem Markt des Einführers und ein Ursachenzusammenhang zwischen Dumping und Schädigung. Nicht zuletzt um einen Missbrauch schon durch die Verfahrenseinleitung einzuschränken, wurden strikte Höchstfristen für Antidumpingverfahren erlassen (z.B. Abschluss nach 18 Monaten) sowie die Notwendigkeit, verhängte Antidumping-Zölle nach spätestens fünf Jahren zu überprüfen.

> Der WTO-Antidumpingkodex gibt der Industrie eines Importstaates die Möglichkeit, sich gegen erhebliche Wettbewerbsverfälschungen aufgrund von Dumping zu wehren. Die in der Regel hohen Antidumping-Zölle sind ein gravierender Eingriff in die internationalen Handelsbeziehungen und können deutsche Export- und Importinteressen beeinträchtigen. Deutschland achtet deshalb gemeinsam mit der EU-Kommission und anderen EU-Mitgliedstaaten streng darauf, dass die rechtlichen Voraussetzungen für Antidumpingmaßnahmen strikt beachtet werden und das Antidumpinginstrument nicht zu protektionistischen Schutzzwecken missbraucht wird. Die exportorientierte deutsche Industrie ist zunehmend von Maßnahmen durch Drittstaaten betroffen. Im Rahmen einer neuen WTO-Runde besteht deshalb großes Interesse, die internationale Disziplin bei Antidumping-Maßnahmen durch Verbesserung des WTO-Kodex zu stärken. Auf der 4. WTO-Ministerkonferenz in Doha 2001 wurden nach intensiven Diskussionen Verhandlungen zur Stärkung der WTO-Regeln über Antidumping beschlossen.
>
> *Quelle: www.bmwi.de, Abrufdatum: 31. Mai 2013.*

Man unterscheidet unterschiedliche Formen des **Dumping** nach den jeweiligen Zielen, so z.B. ein möglichst schneller Eintritt in Auslandsmärkte („penetration dumping"), die Verdrängung bestehenden Wettbewerbs („predatory dumping"), die Abschreckung potenzieller Konkurrenten („defensive dumping") oder den Ausgleich zyklischer Nachfrageschwankungen („cyclical dumping"). Dumping kann jedoch auch unbewusst („unintentional dumping") aus marktorientierten Formen der Preisbildung resultieren (Czinkota/Ronkainen 2013, S. 482f.; Diller 2008, S. 304; Kostecki 1991, S. 7f.).

5. Internationale Kommunikationspolitik bei multinationaler Orientierung

Die multinationale Orientierung impliziert, dass die internationale Kommunikationspolitik an die lokalen Gegebenheiten angepasst wird. Die Differenzierung kann z.B. auf Regionen- bzw. Länderebene vorgenommen werden. Auch bei der Kommunikationspolitik besteht ein hoher Einfluss lokaler Gegebenheiten, dem im Rahmen multinationaler Vorgehensweisen entsprochen werden soll. Dies ist damit verbunden, dass sowohl lokale Adaptionen der Kommunikationsbotschaft als auch der Kommunikationsmedien vorgenommen werden können.

Die Ausgestaltung der Produkt- bzw. Markenpolitik bildet eine wesentliche Grundlage der Entscheidungen, die im Rahmen der Kommunikationspolitik zu treffen sind. Im Rahmen multinational orientierter Kommunikationspolitik werden die kommunikationspolitischen Ziele häufig länderspezifisch definiert oder an übergeordneten Produktlebenszyklusphasen orientiert ausgerichtet (Papavassiliou/Stathakopoulos 1997).

Bezüglich der Kommunikationsbotschaft, die vermittelt wird, besteht die Problematik interkultureller Unterschiede in der Kommunikationswirkung. Hier können kulturelle Einflüsse und Verhaltensmuster dazu führen, dass zwischen den Ländern bzw. den Zielgruppen in den jeweiligen Ländern unterschiedliche Effekte erzielt werden. Dabei spielen sprachliche Einflüsse ebenso eine Rolle wie Aspekte des regulativen Umfelds. So machen Sprachunterschiede häufig den Einsatz einheitlicher sprachlicher Elemente nicht möglich – selbst Übersetzungen sind hier oftmals nicht geeignet, um dieselbe Botschaft zum Ausdruck zu bringen. Auch der internationale Rechtsrahmen, Gesetze und Verordnungen variieren, so z.B. im Hinblick auf die vergleichende Werbung, Superlativwerbung, produktspezifische Werbeverbote, aber auch bezogen auf freiwillige Selbstbeschränkungsmaßnahmen wie produktspezifische bzw. zielgruppenspezifische Werbebeschränkungen (z.B. bei Tabakwaren, Alkoholika oder Arzneimitteln).

In der Literatur stehen die folgenden Fragen – als besonders kritische Bereiche der Wirkung der Kommunikationsbotschaften – im Vordergrund der Betrachtungen (Müller/Gelbrich 2004, S. 651ff.):

- **Thematisierung von Werten**: Die Hauptfragestellung bezieht sich darauf, welche Werte in welchen Ländern bzw. Kulturen in der Kommunikation zum Einsatz kommen sollen. Die Relevanz dieser Fragestellung ergibt sich daraus, dass sie unterschiedlich wahrgenommen werden und wirken. Diese Werte können sich auf das Produkt beziehen, können aber auch auf den Produktverwender bezogen sein (z.B. Individualismus, Hedonismus, Jugendlichkeit, Status, Modernität usw.). Die Werbung wird dabei oft als „Spiegelbild der Gesellschaft" bezeichnet, denn häufig werden Werte eingesetzt, die mit denjenigen der jeweiligen Gesellschaft übereinstimmen.
- **Darstellung von Geschlechterrollen**: Eine kritische Rolle spielt die Frage, in welcher Form Geschlechterrollen im Rahmen der Kommunikation Gegenstand der Kampagnen sind. Das jeweilige Rollenverständnis ist im Rahmen der Kampagnen zu berücksichtigen.
- **Informationsgehalt**: Im internationalen bzw. interkulturellen Kontext stellt sich die Frage, ob eher informative oder eher emotionale Botschaften eingesetzt werden sollen (siehe Abbildung 5.46). Im Grundsatz wird davon ausgegangen, dass Informationen leichter standardisierbar sind als Emotionen, denn objektive, eher rationale Botschaften sind vergleichsweise weniger anfällig für kulturbedingte Interpretationen. Dennoch sind auch informative Botschaften nicht „kulturfrei". Zudem wirken auch unterschiedliche rechtliche Vorgaben darauf ein, welche Art von Informationen in Kommunikationsbotschaften integriert werden darf (z.B. Bestimmungen über vergleichende Werbung).
- **Einsatz von Symbolen**: Bilder bzw. Symbole (als „tiefergründige" Bilder) gelten allgemein als wichtige Gestaltungsmittel im Rahmen der Kommunikation. Zudem können anhand von Symbolen ggf. Sprachbarrieren umgangen werden. Symbole sind jedoch stark kulturell geprägt.

Abbildung 5.46: Werbestile im internationalen Vergleich

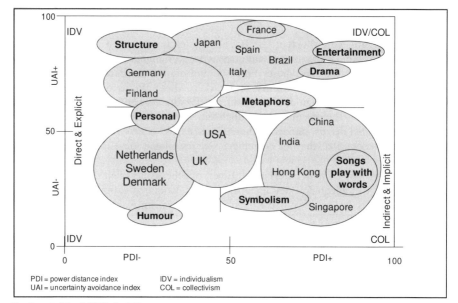

Quelle: de Mooij 2010, S. 172.

Neben der Gestaltung der Botschaft sind auch die einzusetzenden Medien auf die lokalen Gegebenheiten abzustimmen. Unter anderem ist dabei zu beachten, dass die Wirkungen der alternativen Kommunikationsinstrumente unterschiedlich sein können.[1] In Abbildung 5.47 sind beispielhafte Bereiche dargestellt, hinsichtlich derer sich kulturell bedingte Unterschiede in der Kommunikationswirkung ergeben können.

Auch die Reichweite der jeweiligen Medien variiert im internationalen Kontext und die Glaubwürdigkeit der eingesetzten Kommunikationsmittel kann instrumentspezifisch unterschiedlich sein. Im Rahmen der Kommunikationsstrategie stellt deshalb die Budgetierung einen relevanten Teilbereich dar, der insbesondere bei multinational orientierten Vorgehensweisen von hoher Komplexität ist.[2]

Bei der multinationalen Orientierung stehen in jedem der Schritte die lokalen Bedingungen und die Anpassung der Kommunikationsinstrumente an diese Determinanten im Vordergrund der Betrachtungen. Die lokale Umsetzung wird deshalb häufig in Zusammenarbeit mit lokalen Agenturen durchgeführt. Die Berücksichtigung der Länder- bzw. Kulturunterschiede führt dazu, dass daraus ein unterschiedlicher Media-Mix – je nach Land – resultiert sowie dass in den unterschiedlichen Ländern der Einsatz von Kommunikationsbotschaften mit unterschiedlichen Inhalten bzw. Schwerpunkten notwendig sein kann (de Mooij 2011, S. 271ff.).

---

[1] Vgl. z.B. zur unterschiedlichen Wirkung von vergleichender Werbung Shao/Bao/Gray 2004.
[2] Zu alternativen Entscheidungsmethoden bzw. –systemen im Rahmen der Budgetallokation sowie der Medienselektion vgl. ausführlich z.B. Lancaster/Katz 1995; Bruhn 2013a; Sander 2011, S. 571ff.; Hollensen 2011, S. 708ff. sowie zu spezifischen Selektionsmodellen z.B. Coulter/Sarkis 2005; Dyer/Forman/Mustafa 1992 oder Leong/Huang/Stanners 1998 (im Kontext neuer Medien).

Abbildung 5.47: Kulturabhängigkeit der Wirkung einzelner Kommunikationsinstrumente

Instrument	Einfluss der Kultur auf ...	Konsequenz für den Kommunikator
Werbung	• Einstellung zur Werbung • Dekodierung der Werbebotschaft	• Anpassung der Werbeziele • Anpassung der Symbole und Zeichen
Sponsoring	• Akzeptanz von privatem, gemeinnützigem Engagement • Verbindlichkeit von Verträgen • kultureller „Fit" zwischen Sponsor-Geber und -Nehmer	• Entscheidung, ob Sponsoring überhaupt sinnvoll ist • juristische vs. soziale Bindung • Analyse des kulturellen Hintergrunds der Akteure
Öffentlichkeitsarbeit	• Beeinflussbarkeit der öffentlichen Meinung • Rolle von Medien (in der Berichterstattung über Unternehmen)	• gezielte Auswahl kulturadäquater Beeinflussungsstrategien • gezielte Auswahl bestimmter Medien
Verkaufsförderung	• Wirkung von Anreizsystemen	• Einsatz spezieller Anreize

Quelle: Müller/Gelbrich 2004, S. 640.

Ein derartig differenziertes Vorgehen kann dazu führen, dass die Kosten der Marktbearbeitung wesentlich höher ausfallen als bei der standardisierten Vorgehensweise. Zudem ist das Potenzial zur Ausschöpfung von Größendegressionseffekten bei der differenzierten Vorgehensweise nur sehr begrenzt. Sie wird dennoch befürwortet, wenn dadurch positive Wirkungseffekte wie z.B. Imagevorteile auf den jeweiligen lokalen Märkten ermöglicht werden. Jedoch beinhaltet die länderspezifische Anpassung auch die Gefahr, dass ein „diffuses" internationales Erscheinungsbild des Unternehmens entsteht.

6. Internationale Distributionspolitik bei multinationaler Orientierung

Wenngleich die Distributionspolitik im Grundsatz – unabhängig von der grundsätzlichen Orientierung der Unternehmen – stark auf die lokalen Gegebenheiten abzustimmen ist, ist die multinationale Orientierung mit einem deutlich stärkeren Ausmaß an „Customizing" der länderspezifischen Distributionsstrategie verbunden. Die Abstimmung auf die Gegebenheiten der jeweiligen Märkte kann im Extremfall dazu führen, dass – z.B. im Investitionsgüterbereich – die Distributionsstrategie auf die Kunden individuell zugeschnitten wird.

Im Rahmen der Distributionspolitik sind Entscheidungen über die **vertikale** und die **horizontale Absatzkanalstruktur** zu treffen, d.h., ob und wie viele Absatzstufen bzw. wie viele Akteure auf jeder dieser Stufen eingeschaltet werden sollen. Während bei Stammland- oder globaler Orientierung z.T. die Tendenz auftreten kann, „direktere" Absatzwege zu wählen, um die Durchsetzung der Marketingstrategie vor Ort garantieren zu können, besteht im Rahmen der multinationalen Orientierung die Notwendigkeit des direkten Durchgriffs auf die Aktivitäten etwaiger Intermediäre in den jeweiligen Ländern nicht in gleichem Maße, da zwar die bestmögliche lokale Adaption der Marketingstrategie angestrebt wird, diese aber z.B. durch den Einsatz lokaler Absatzmittler gefördert werden kann. Dadurch können zudem ein „lokales" Image aufgebaut sowie der Zugang zu den Märkten erleichtert werden, wenn auf vorhandene Distributionsstrukturen zurückgegriffen werden kann.

Die vertikale und die horizontale Absatzkanalstruktur werden durch eine Vielzahl von Faktoren beeinflusst, die im Rahmen der multinationalen Orientierung berücksichtigt werden müssen. Beispielsweise spielen produktbezogene Faktoren eine Rolle, wie z.B. die Erklärungsbedürftigkeit, Bedarfshäufigkeit oder Lager- und Transportfähigkeit der Produkte. Im Vordergrund stehen weiterhin Aspekte des Absatzmarktes und der Distributionskanäle. Beispielsweise spielen Kaufgewohnheiten im Hinblick auf Kauffrequenzen oder Kauforte, aber auch die Aufgeschlossenheit gegenüber neuen Vertriebsmethoden, wie z.B. dem Internet-Vertrieb, ebenso eine Rolle wie das generelle Marktvolumen, die geografische Verteilung der Abnehmer sowie die Art und Anzahl verfügbarer Absatzmittler oder die Vertriebskosten auf den internationalen Märkten. Restriktiv bei der Ausgestaltung der Absatzkanalstruktur können regulative und normative Faktoren wirken, so insbesondere grundsätzliche Wertvorstellungen bzw. die öffentliche Meinung im Hinblick auf Vertriebsformen und -systeme sowie Vertriebsbindungen oder Vertriebsvorbehalte für bestimmte Intermediäre.

Neben der Absatzkanalstruktur wird auch die Marketinglogistik ganz wesentlich durch die dargestellten Faktoren beeinflusst. Die multinationale Orientierung ist dadurch gekennzeichnet, dass Transport- und Lagerstrukturen an die lokalen Bedingungen (z.B. Infrastrukturunterschiede, längere Transportwege, klimatische Unterschiede u.Ä.) angepasst werden, was mit dem Einsatz unterschiedlicher Transportmittel oder einer dezentralen Lagerstruktur verbunden sein kann, um diesen lokalen Anforderungen gerecht zu werden.

V. Ausgestaltung des internationalen Marketing-Mix bei glokaler Orientierung

1. Bedeutung der glokalen Orientierung für den internationalen Marketing-Mix

Während die Stammland-Orientierung und die globale Orientierung eine weitestgehende Standardisierung beinhalten und die multinationale Orientierung auf der anderen Seite ein hohes Maß an Differenzierung bedeutet, stellt die glokale Orientierung eine Mischform dieser Extremformen dar. **Glokalisierung** der Marktbearbeitung bedeutet, dass „so viel Standardisierung wie möglich, so viel Differenzierung wie nötig" erfolgt (Müller/Kornmeier 1995, S. 340). Diese Vorgehensweise wird auch als „Middle-of-the-Road-Lösung" bezeichnet (Theodosiou/Katsikeas 2001).

Dieser Mittelweg zwischen den beiden Extrempositionen basiert auf der Überlegung, dass ein möglichst hoher Anteil der Standardisierungspotenziale weltweit genutzt werden soll, um möglichst viele Effizienzvorteile zu realisieren, wie z.B. Kosteneffekte durch Größenvorteile, Lerneffekte oder Spezialisierungseffekte. Jedoch führt eine vollständige Standardisierung zur Vernachlässigung lokaler Präferenzen, sodass basierend auf standardisierten Elementen bei der glokalen Orientierung eine Anpassung der Marktbearbeitung erfolgt, um durch die lokale Adaption von Teilbereichen des Marketinginstrumentariums den lokalen Präferenzen entsprechen zu können, denn: „Nur ein Ideologe würde darauf bestehen, dass ein globales Produkt nicht lokalen Präferenzen angepasst werden kann" (Keegan/Schlegelmilch/Stöttinger 2002, S. 414).

Bei der Glokalisierung der Marktbearbeitung werden v.a. die übergeordneten strategischen Elemente in weit gehend standardisierter Form realisiert, so z.B. die Positionierung, während eher taktisch orientierte Elemente an die lokalen Bedingungen angepasst werden (Czinkota/Ronkainen 2013, S. 383f.). Oftmals erfolgt lediglich eine Standardisierung eines Teilbereichs der Marketinginstrumente, z.B. der Produkteigenschaften, der Markennamen, der Preise oder Konditionen, während andere Bereiche lokal adaptiert werden (Berndt/Fantapié Altobelli/Sander 2010, S. 185). Der Standardisierungsgrad der einzelnen Marketing-Mix-Instrumente im Rahmen der glokalen Strategie variiert entsprechend (siehe Abbildung 5.48).

Weitere Formen von Mischstrategien können auch durch segmentspezifische Standardisierung realisiert werden, bei der z.B. mehrere Länder zu Ländergruppen zusammengefasst werden, die in sich möglichst homogen sind. Diese Vorgehensweise entspricht dann der **regiozentrischen Orientierung** nach Perlmutter.

Abbildung 5.48: Standardisierungsgrad von Marketinginstrumenten bzw. -subinstrumenten im Rahmen der glokalen Orientierung

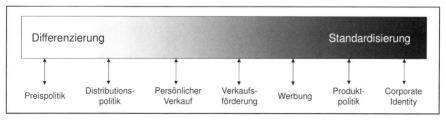

Der glokale Ansatz der Marktbearbeitung wird auch als Strategie der „**differenzierten Standardisierung**" bezeichnet (Müller/Gelbrich 2004, S. 480). Dabei ist es in jeder Entscheidungssituation erforderlich, entsprechend der jeweiligen Rahmenbedingungen das „richtige" Maß an Standardisierung bzw. lokaler Anpassung zu bestimmen. Für jedes Element des Marketing-Mix sind diesbezüglich die Entscheidungen zu treffen, welche Elemente standardisiert werden können bzw. welche Bereiche differenziert werden müssen.

2. Internationale Markenpolitik bei glokaler Orientierung

Die glokale Orientierung ist dadurch gekennzeichnet, dass – wie bereits erwähnt – insbesondere die strategischen Elemente des Marketing-Mix weit gehend standardisiert werden. Von wesentlicher Bedeutung sind dabei Fragen der markenpolitischen Standardisierung bzw. Differenzierung. Eine markenpolitische Standardisierung stellt häufig die Basis einer glokalen Marketingstrategie dar, indem ausgehend von einer länderübergreifenden Vereinheitlichung der Marken oder der Markenpositionierung länderspezifische Anpassungen vorgenommen werden. Die Vereinheitlichung auf der übergeordneten Ebene öffnet das Potenzial für die Differenzierung von darunter liegenden Elementen. Von wesentlicher Bedeutung ist dabei die Markenstrategie als Ausgangsposition. Insbesondere **Markenfamilien-** oder **Dachmarkenstrategien** ermöglichen ein besonderes Potenzial an länderspezifischen Anpassungen, indem die Familien- bzw. Dachmarken weltweit standardisiert werden, die darunter anzusiedelnden Marken jedoch länderspezifisch ausgerichtet werden können, ohne dass das übergeordnete, standardisierte Markenkonzept erheblich beeinflusst wird (Terpstra/Sarathy/ Russow 2006, S. 262f.; Bolz 1992, S. 49f.).

„The Heartbrand" von Unilever

Die Eis-Marke von Unilever wird in über 40 Ländermärkten weltweit angeboten. Bei leichten Variationen des Produktsortiments im Eiscreme-Segment entsprechend der jeweiligen lokalen Präferenzen, arbeitet das Unternehmen Unilever gleichzeitig mit einer glokalen Markenstrategie. Es wird international das gleiche, einheitliche Logo – ein signalrotes und leuchtendweißes Herz – eingesetzt. Der Markenname wird international jedoch differenziert, so heißt die Marke zum Beispiel in Spanien „Frigo", in Italien „Algida" oder in den

Niederlanden „Ola" bzw. „Langnese" in Deutschland (siehe Abbildung 5.49). Diese Unterschiede haben historische, rechtliche oder sprachliche Gründe. Nur in wenigen Ausnahmefällen wird aus derartigen Gründen noch mit einem anderen Logo gearbeitet, so z.B. auf dem russischen Markt.

Abbildung 5.49: Logos und Markennamen der „Heartbrand" von Unilever

Quelle: www.unilever.com; www.unilever.de, Abrufdatum: 20. Mai 2013.

Als gemischte Markenstrategien sind prinzipiell zwei Alternativen denkbar. **Modulare Markenstrategien** können v.a. bei vergleichsweise geringen Länderunterschieden eingesetzt werden. In diesem Fall wird ein Basiskonzept für die Markenpolitik um länderspezifische Elemente ergänzt. **Gebündelte Markenstrategien** können bei stärkeren Länderunterschieden eingesetzt werden, in denen sich aber homogene Länder-Cluster bilden lassen, die jeweils mit standardisierten Markenkonzepten bearbeitet werden (Becker 2004, S. 665f.).

„Branding-Tree" von Nestlé

Ein Beispiel für eine glokale Markenstrategie ist die Vorgehensweise von Nestlé. Nestlé führt mehrere globale Marken bzw. Markenfamilien und darunter regionale und lokale Marken (siehe Abbildung 5.50).

Abbildung 5.50: Nestlé Branding-Tree

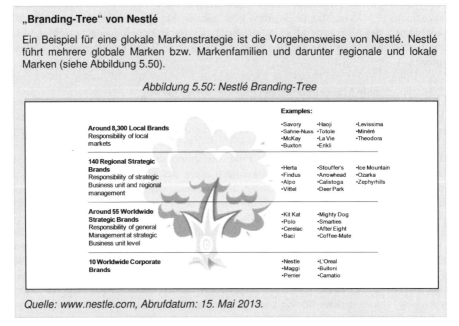

Quelle: www.nestle.com, Abrufdatum: 15. Mai 2013.

Die internationale Produktgestaltung und die internationale Markenpolitik hängen eng zusammen. Kombiniert man beide Dimensionen, dann lassen sich vier Formen der internationalen Produktpolitik unterscheiden:

- **Standardisierte Produkte und standardisierter Markenname**, d.h. eine vollständige Standardisierung (z.B. Apple, IBM oder Black & Decker)

- **Differenzierte Produkte und differenzierte Marken**, die eine hohe länderspezifische Anpassung aufweisen (z.B. MTV)
- **Standardisierte Produkte und differenzierte Markennamen**, die z.B. historisch so gewachsen sind und/oder nicht in allen Ländern gleich kommuniziert werden können (z.B. Diet Coke und Coke Light, Axe und Lynx von Unilever)
- **Differenzierte Produkte, aber standardisierte Marken**, die einen einheitlichen Marktauftritt ermöglichen, bei einer Anpassung der Produkte an die Kundenbedürfnisse (z.B. wird beim Herbal Essences Shampoo von Procter & Gamble länderspezifisch die Stärke des Duftes variiert).

Die letztgenannten Formen der internationalen Produktpolitik repräsentieren i.e.S. glokale Vorgehensweisen der Produktpolitik. Während bei global standardisierten Marken im Rahmen der globalen oder Stammland-orientierten Grundausrichtung sowohl Markenname und Markenzeichen weltweit einheitlich und bei multinationalen Ansätzen Markenname und -zeichen international differenziert ausgestaltet werden, beinhaltet die glokale Vorgehensweise die Realisierung von Mischformen (siehe Abbildung 5.51).

Dabei können entweder die Markennamen standardisiert werden, während die Markenzeichen länderspezifisch differenziert werden, oder es werden umgekehrt einheitliche Markenzeichen genutzt, während die Markennamen länderspezifisch angepasst werden (siehe Abbildung 5.52).

Abbildung 5.51: Markierungsstrategien im Internationalen Marketing

Markenzeichen \ Markenname	Standardisierung	Differenzierung
Standardisierung	• globale Standardisierung (z.B. Marlboro, West)	• länderspezifische Ausgestaltung des Markennamens bei identischer Markenzeichengestaltung (z.B. Unilevers „Heartbrand" (Langnese), Findus (Schweiz, Italien) ist in Deutschland als IGLO bekannt)
Differenzierung	• länderübergreifend identischer Markenname bei länderspezifischer Ausgestaltung des Markenzeichens	• länderspezifische Ausgestaltung des Markenzeichens und des Markennamens (z.B. General Motors, z.B. Opel, Vauxhall, oder British Petroleum mit Aral und BP)

Quelle: in Anlehnung an Berndt/Fantapié Altobelli/Sander 1997, S. 133.

Abbildung 5.52: Markierungsstrategien im Internationalen Marketing

Quelle: Fotos von Unilever, Dr. Oetker, Valve.

Glokale Strategien sind dadurch gekennzeichnet, dass i.d.R. auch Mischformen der Positionierung realisiert werden, also die Mischung standardisierter und differenzierter Elemente erfolgt. Sie können z.B. anhand **modularer Positionierungsstrategien** realisiert werden. Diese setzen auf einer international standardisierten Basispositionierung auf, die in den einzelnen Ländern um spezifische Positionierungs-Bausteine ergänzt wird (Waltermann 1989, S. 78ff.). Eine andere Form von **Mischstrategien** der Positionierung stellt die konzeptionelle Bündelung dar. Dabei werden mehrere bezüglich der Nachfrage- und Wettbewerbsbedingungen möglichst homogene Länder zu Gruppen zusammengefasst, die eine gruppenspezifische Positionierung ermöglichen (Bolz 1992, S. 53f.).

Neben der Ausgestaltung der physischen Produkte und der Markierung sind auch die Verpackung sowie die Zusatzleistungen wie z.B. After-Sales-Service oder Garantien von wesentlicher Bedeutung. Insbesondere die Verpackungsgestaltung wird bei glokalen Vorgehensweisen an lokale Bedingungen angepasst, indem – i.d.R. ausgehend von einem weltweit einheitlichen Grundkonzept – z.B. sprachliche, farbliche oder symbolische Anpassungen vorgenommen oder inhaltliche bzw. beschreibende Ergänzungen realisiert werden, die z.B. auch auf Grund normativer Einflussfaktoren Erfolg versprechender erscheinen oder auf der Basis regulativer Einflüsse, wie bspw. unterschiedlicher rechtlicher Gesetzesvorgaben, notwendig sein können.

Hinsichtlich der Kundendienstleistungen wird im Rahmen der glokalen Vorgehensweisen häufig ein modulares Konzept gewählt, bei dem bestimmte Serviceleistungen als grundsätzliche Dienstleistungsmodule vorgesehen und länderspezifisch entsprechend der jeweiligen Anforderungen bzw. Gesetzeslage eingesetzt werden.

3. Internationale Produktpolitik bei glokaler Orientierung

Bei der Produktpolitik im Rahmen der glokalen Orientierung wird versucht, ein möglichst hohes Maß an Standardisierung der Produkte zu realisieren, wobei jedoch lokale Anpassungen an die Bedingungen vor Ort erfolgen. Diese Mischung aus Standardisierung und Differenzierung kann anhand unterschiedlicher Vorgehensweisen erreicht werden. Es können z.B. länderspezifische Produktvarianten eines standardisierten Grundkonzeptes realisiert werden oder es werden, ausgehend von standardisierten Kernprodukten, länderspezifische Komponenten hinzugefügt bzw. ausgetauscht.

Standardisierung und Lokalisierung des Produktangebots bei McDonalds

McDonalds bietet als Unternehmen der Systemgastronomie ein international weit gehend standardisiertes Sortiment an. Produkte wie der Big Mac werden weltweit angeboten. Jedoch wird auch bei McDonalds auf lokale Besonderheiten in den Geschmacks- und Produktpräferenzen oder kulinarische Traditionen eingegangen. Beispielsweise werden besondere Produktvarianten auf einzelnen Ländermärkten angeboten, die als regional angepasste Menüs nur dort verfügbar sind. Beispielsweise wird auf dem indischen Markt ein verstärkter Anteil vegetarischer Produkte angeboten, während auf dem israelischen Markt koschere Produkte in den Filialen vorherrschen und die Produkte in den arabischen Ländern Halal-zertifiziert sind. Auch länderspezifische Produkte wie der „Greek Mac" (Griechenland), der „Croque McDo" (Frankreich und Belgien), der „McKroket" (Niederlande) oder glutenfreie Varianten (z.B. der „El Maco") auf den skandinavischen Märkten wie Schweden oder Norwegen werden angeboten.

Abbildung 5.53: Länderspezifische Produkte von McDonalds

Quelle: McDonalds 2013, diverse Landesgesellschaften, Abrufdatum: 15. Mai 2013.

Ein Ansatz der glokalen Vorgehensweise besteht darin, die Produkte von vornherein für einen länderübergreifenden Einsatz zu konzipieren (ähnlich des Common-Denominator-Prinzips), indem länderübergreifende Gemeinsamkeiten berücksichtigt werden. Auf dieser Basis erfolgt dann eine länderspezifische Anpassung bzw. Modifikation der Produkte. Diese kann zum einen auf der Basis eines modularen Ansatzes realisiert werden (**Modular Design**, siehe Abbildung 5.12). Dabei werden globale oder regionale Kernprodukte konzipiert – als standardisiertes Produkt-Grundkonzept. Diese Kernprodukte werden durch länder- oder regionenspezifische (Zusatz-)Module ergänzt. Die Module sind austauschbar und dienen der Anpassung an länderspezifische Besonderheiten. Der Vorteil dieser **modularen Produktkonzeption** besteht darin, dass die jeweiligen Produktkomponenten (Kernprodukt bzw. Zusatzmodule) in vergleichsweise großen Mengen produziert werden können, sodass z.B. auch Größendegressionseffekte realisiert werden können. Die einzelnen Module werden dann in unterschiedlicher Form zusammengesetzt, was wiederum die Berücksichtigung länderspezifischer Besonderheiten ermöglicht (Meffert/Burmann/Becker 2010, S. 207f.).

Eine andere Form der Glokalisierung kann anhand der bereits erwähnten **Built-in-Flexibility** erreicht werden, indem die Produktkonzeption so ausgelegt wird, dass das Produkt auf unterschiedliche Einsatzmöglichkeiten ausgerichtet wird. Es wird in weitgehend standardisierter Form produziert, kann aber auf der Basis von vornherein integrierter Komponenten an unterschiedliche Länderbedingungen angepasst werden (Backhaus/Voeth 2010a, S. 123; Kreutzer 1990, S. 281). Im Gegensatz zu globalen oder Stammland-orientierten Ansätzen, bei denen ebenfalls eine Built-in-Flexibility realisiert werden kann, erfolgt die Konzeption bei glokalen Ansätzen i.d.R. mit Fokus auf unterschiedliche Ländergruppen, sodass zumeist mehrere Varianten realisiert werden bzw. es erfolgt zusätzlich eine Kombination mit modularen Produktkonzeptionen.

4. Internationale Preis- und Konditionenpolitik bei glokaler Orientierung

Bei der glokalen Orientierung erfolgt eine Kombination standardisierter und differenzierter Elemente der Preis- und Konditionenpolitik. Auf diese Weise sollen einerseits Arbitrage und negative Imageeffekte der Preisdifferenzierung verhindert werden, auf der anderen Seite sollen dabei aber die spezifischen Preisdeterminanten der jeweiligen Länder Berücksichtigung finden.

Glokale Preisstrategien beinhalten i.d.R. die Festlegung eines bestimmten **Preiskorridors**, innerhalb dessen der Preis international variieren kann. Dabei werden ein Grundpreis bzw. **Referenzpreis** sowie ein Preiskorridor bestimmt, der determiniert, in welchem Ausmaß die Preise voneinander abweichen dürfen. Es handelt sich also um einen Mittelweg zwischen standardisierten Basispreisen und differenzierten Landespreisen. Anhand dieses Preiskorridors soll die Preisbereitschaft der Nachfrager in den unterschiedlichen Ländern möglichst weit ausgenutzt werden, es soll jedoch auch verhindert werden, dass durch Arbitrage die Preise auf das Niveau der Länder mit dem niedrigsten Preis absinken. Der Korridor muss deshalb so bemessen werden, dass Arbitrage gerade unterbunden wird, die Preisdifferenzen also gerade geringer sind als die Arbitragekosten (Simon/Wiese 1992, S. 476ff.; Diller 2008, S. 303). Formen zur Realisierung von Preiskorridorstrategien stellen z.B. das Gegenstromverfahren und das Lead-Country-Konzept dar (Backhaus/Voeth 2010a, S. 181ff.):

- **Gegenstromverfahren**: Bei dieser Vorgehensweise werden zunächst auf der Basis der länderspezifischen Rahmenbedingungen bzw. Konstellationen die optimalen Preise für die Auslandsmärkte bestimmt. Diese werden dann im Rahmen einer zentralen Koordination in Abhängigkeit vom Interdependenzgrad der Ländermärkte ggf. modifiziert (Sander 1997, S. 287).
- **Lead-Country-Konzept**: Hierbei wird ein Lead Country bestimmt, auf dessen Basis (z.B. hinsichtlich Umsatz, Gewinn oder Marktanteil) der optimale Preis bestimmt wird. Dieser wird als Referenzpreis für die internationale Preisfindung genutzt (siehe Abbildung 5.54). Als Lead Country wird sinnvollerweise ein Markt gewählt, der für das Unternehmen von besonderer Wichtigkeit ist. Für die „nonlead countries" werden die Preise in Abhängigkeit des Referenzpreises im Rahmen eines Preiskorridors so festgelegt, dass keine Arbitragegefahr von ihnen ausgehen kann (Bolz 1992, S. 151ff.).

Abbildung 5.54: Preiskorridor beim Lead-Country-Konzept

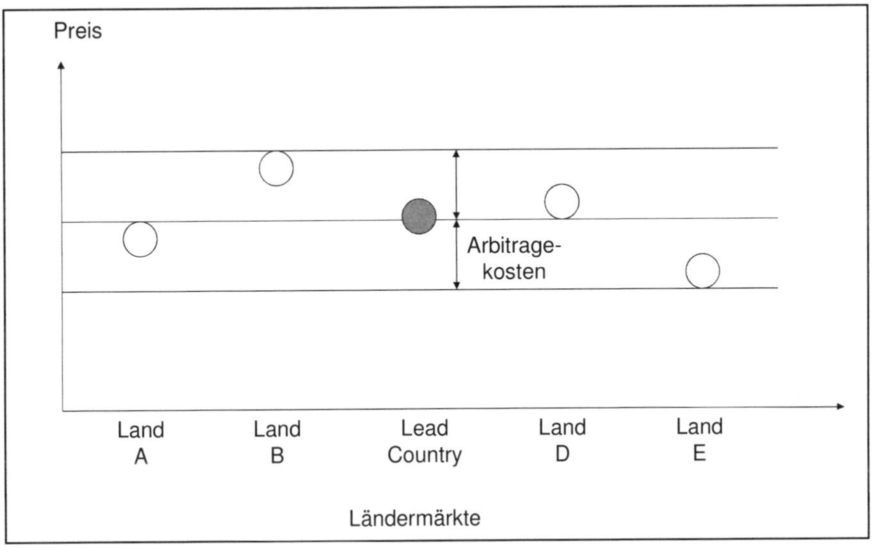

[Diagramm: Preis (y-Achse) über Ländermärkte (x-Achse) mit Ländern A, B, Lead Country, D, E; Arbitragekosten als Preiskorridor dargestellt]

Quelle: Backhaus/Voeth 2010a, S. 182.

Ähnlich wie bei der Preisgestaltung können derartige Korridorstrategien auch bei der internationalen **Konditionengestaltung** eingesetzt werden. Dabei werden Referenzbedingungen für die Liefer- und Zahlungsbedingungen, die Rabattpolitik, die Kreditgewährung u.Ä. festgelegt, die dann im Rahmen der länderspezifischen Ausgestaltung innerhalb vorgegebener Bandbreiten variieren können, um lokalen Anforderungen gerecht zu werden. Zudem werden die Konditionen oftmals modular ausgestaltet. Hierzu werden unterschiedliche Module der internationalen Preis- und Konditionenpolitik festgelegt, die länder- oder kundenspezifisch kombiniert werden können.

5. Internationale Kommunikationspolitik bei glokaler Orientierung

Die Kommunikationspolitik bei glokaler Orientierung basiert zumeist auf der Anwendung von Basiskonzeptionen in der Kommunikation, die zunächst als Grundkonzeption standardisiert aufgebaut werden, aber länder- oder regionen- bzw. kulturspezifische Differenzierungen einzelner Elemente oder Bestandteile vorsehen. Als Elemente stehen dabei die kommunikative Botschaft, die Kommunikationsinstrumente bzw. die Medien, über die diese Botschaft in den jeweiligen Ländern verbreitet werden soll, sowie die kreative Umsetzung der Kommunikationsstrategie im Vordergrund.

Im Rahmen glokaler Strategien erfolgt i.d.R. eine Eingrenzung der Freiheitsgrade, indem **Dachkampagnen** definiert werden, innerhalb derer bestimmte länderspezifische Adaptionen vorgenommen werden können (Kreutzer 1990, S. 336). Dachkampagnenstrategien sind dadurch gekennzeichnet, dass ein Zentralthema bzw. zentrale Kommunikationselemente festgelegt werden, die in den unterschiedlichen Ländern mit verschiedenen anderen Elementen kombiniert bzw. anhand unterschiedlicher Kommunikationsinstrumente realisiert werden können. Ein zentrales Grundschema wird länderspezifisch so ausgestaltet, dass lokale Anforderungen berücksichtigt werden können. Bei der Dachkampagne werden zumeist die Formulierung der kommunikativen Botschaft (z.B. anhand der Verwendung bestimmter Schlüsselbilder, Slogans o.Ä.), die Bestimmung der Zielgruppe und die Budgetierungskonzepte weit gehend vereinheitlicht, während die Mediaselektion länderspezifisch, z.B. entsprechend der Struktur, Bedeutung oder Glaubwürdigkeit der Medien, vorgenommen wird.

Abbildung 5.55: Bedeutung der Instrumente im Rahmen internationaler Kommunikationsstrategien

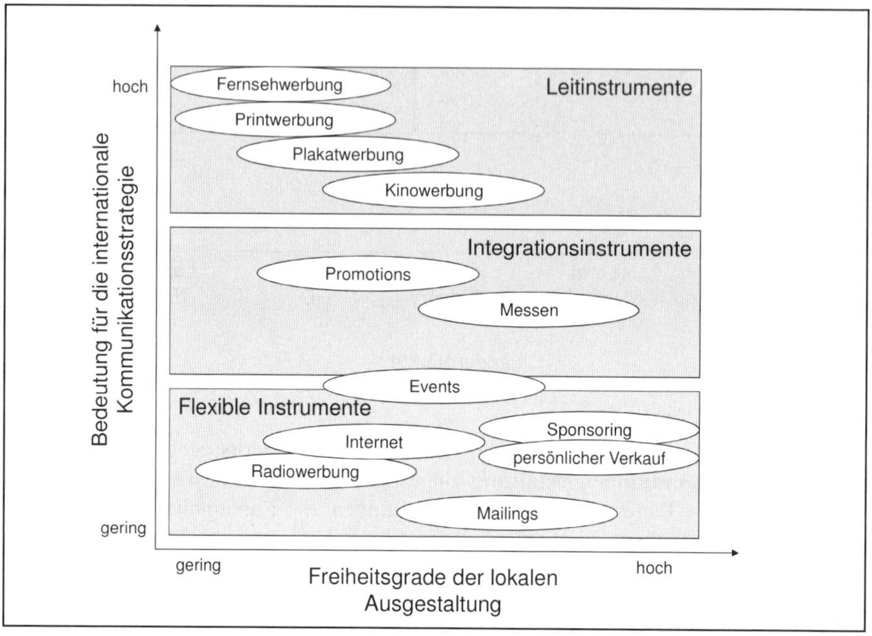

Quelle: in Anlehnung an Esch 2011, S. 342.

Standardisiert werden können somit einerseits die Basisaussage, also die Unique Advertising Proposition bzw. andererseits die kommunikative Botschaft, die in den unterschiedlichen Ländern dann länderspezifisch bzw. kulturell adaptiert umgesetzt wird.

Eine weitere Form der glokalen Vorgehensweise liegt in der Standardisierung einzelner Bereiche des internationalen Kommunikations-Mix. So können bestimmte **Leitinstrumente** definiert werden, bezüglich derer ein international einheitliches Konzept bzw. eine international standardisierte Kampagne erarbeitet wird, die durch weitere, landesspezifisch ausgestaltete Instrumente ergänzt werden kann. Das Leitinstrument im Rahmen der Kommunikationspolitik stellt dabei traditionellerweise die Werbung (insbesondere Fernseh-, Print-, Kino- oder Plakatwerbung) dar (siehe Abbildung 5.55). Diese Instrumente werden hinsichtlich der Botschaftsgestaltung und der kreativen Umsetzung standardisiert und können in länderspezifischer Form durch weitere Instrumente ergänzt werden, die flexibel in lokal angepasster Form eingesetzt werden können.

6. Internationale Distributionspolitik bei glokaler Orientierung

Die internationale Distributionsstrategie fokussiert bei der glokalen Orientierung auf ein weit gehend einheitliches Distributionskonzept, das länderspezifisch an die jeweiligen Anforderungen angepasst wird. Ähnlich wie bei der globalen Orientierung besteht dennoch die Bestrebung, international trotz der notwendigen Anpassungen ein weit gehend einheitliches Unternehmensimage zu repräsentieren.

Im Vordergrund steht die Ausgestaltung der vertikalen und der horizontalen Struktur der Absatzkanalsysteme. Hierbei ist die glokale Ausrichtung zunächst damit verbunden, dass das größtmögliche Ausmaß an Synergienutzung angestrebt wird, indem in den unterschiedlichen Ländern ähnliche Distributionsstrukturen umgesetzt werden, wobei auch länderübergreifend agierende Partner auf der Ebene der Absatzmittler, -helfer bzw. Distributeure eingesetzt werden können.

Bei der glokalen Orientierung liegt eine wesentliche Zielsetzung darin, dass trotz einer Anpassung der Marketinginstrumente sowie der Distributionsstrukturen an die Anforderungen vor Ort ein im Grundsatz weltweit einheitliches Unternehmensimage vermittelt werden soll. Die Ausgestaltung der Distributionsstrukturen dient deshalb – ähnlich wie im Rahmen der globalen Orientierung – auch der Sicherung des „Durchgriffs" auf die Märkte. Im Rahmen der glokalen Orientierung besteht ebenfalls die Tendenz, „direktere" Formen der Distribution zu wählen. Dabei sind neben der Möglichkeit des Einsatzes direkter Vertriebsformen (**Secured Distribution**) auch Systeme der **Controlled Distribution** von Bedeutung. Bezüglich der Positionierung der Vertriebswege sowie der Frage einer Exklusivität, Selektivität bzw. ubiquitärer Ausrichtung des Vertriebssystems wird international eine weit gehend einheitliche Ausgestaltung der Systeme in den alternativen Ländern angestrebt, um bei dieser glokalen Ausrichtungsform länderübergreifend ähnlich strukturiert zu sein, was wiederum wichtig für die Imagebildung ist.

Die Systeme der Marketinglogistik sind häufig noch stärker länderspezifisch zu adaptieren, als dies bezüglich der Absatzkanalstruktur der Fall ist. Insbesondere hinsichtlich der Transport- und Lagerstruktur wird dennoch versucht, ein weit gehend einheitliches Grundsystem zu realisieren, das dann in der konkreten Realisierung entsprechend der Länderspezifika adaptiert wird. In diesem Zusammenhang sind wiederum Modulkonzeptionen oder Systeme der länderübergreifenden Bündelung denkbar, bei denen bestimmte Systembausteine länderspezifisch eingesetzt werden können bzw. eine Bündelung von Ländern zu Ländergruppen unter Einsatz gemeinsamer Logistiksysteme vorgenommen wird. Ähnlich wie bei der globalen Ausrichtung können somit **länderübergreifende Logistiklösungen** angestrebt werden, bei denen länderspezifische Systeme durch länderübergreifende Konzepte wie z.B. Läger auf zentraler bzw. überregionaler Ebene abgelöst werden. Dadurch können insgesamt die Logistikkosten optimiert werden (Zentes/Swoboda/Morschett 2004, S. 493).

D. Dynamische Aspekte

I. Anpassung der Instrumentalgestaltung bei Beibehaltung der Basisoption

1. Auslöser von Anpassungen

Die Festlegung des internationalen Marketing-Mix und seiner Ausgestaltung stellt keinen einmaligen Vorgang dar, sondern sie ist permanenten Anpassungen unterworfen. Notwendige Anpassungen können gradueller Natur sein oder fundamentale Veränderungen beinhalten. Auslöser solcher Anpassungen können Veränderungen der Ziele und Strategien, der Basisoptionen oder der kategorialen Entscheidungsfelder des Marktengagements oder der Betätigungsformen sein.[1] Neben diesen eher unternehmensstrategisch orientierten Aspekten können zudem auch Veränderungen des Umfelds als auslösende Faktoren wirken. Im Folgenden stehen deshalb Anpassungen im Vordergrund, die sich einerseits im Rahmen eines „ongoing process" permanenter Unternehmensentwicklung ergeben oder die auf Grund von Veränderungen der Kontextfaktoren, also der Rahmenbedingungen des Internationalen Marketing wie z.b. Veränderungen der Nachfragebedingungen, Konkurrenzänderungen, technologische Neuerungen o.Ä., oder Rückkopplungen zwischen den Ländermärkten notwendig werden. Solche Erscheinungen können dazu führen, dass die implementierte Instrumentalgestaltung den neuen Bedingungen nicht mehr gerecht wird und deshalb verändert werden muss.

In diesem Zusammenhang werden in der Institutionentheorie[2] v.a. Prozesse der institutionellen Konvergenz diskutiert. Dabei lässt sich beobachten, dass die institutionellen Rahmenbedingungen nicht statisch sind, sondern fortwährenden Veränderungsprozessen unterliegen. Diese finden sowohl auf der Makroebene (z.B. überregionale Institutionen) als auch auf der Mikroebene (z.B. Unternehmen, Konsumenten) statt. Häufig werden integrative Tendenzen konstatiert, die sich aus zunehmender internationaler Interaktion ergeben, z.b. als Resultat länderübergreifender Integrationsabkommen, aber auch länderübergreifender Geschäftsbeziehungen.[3] Durch steigende internationale Interaktion und Vernetzung erfolgt z.B. ein größerer Austausch von Ideen, Informationen und Aktivitäten, was einen Einfluss sowohl auf die normativen, die regulativen als auch die kulturell-kognitiven Elemente der Institutionen hat (Griffith 2010). Ob und wie stark sich eine Veränderung der institutionellen Rahmenbedingungen ergibt, hängt also wesentlich von dem Vernetzungsgrad sowohl der Ländermärkte als auch der Unternehmen ab. Mit Blick auf die internationale Konvergenz von institutionellen Elementen wird beispielsweise davon ausgegangen, dass politisch-rechtliche Veränderungen häufiger und zumeist schneller erfolgen (z.B. Veränderungen von Zertifizierungs- und Zulassungsstandards für Produkte) als Veränderungen der sozio-kulturellen Aspekte (z.B. Bedürfnisse und Präferenzen der Nachfrager) (siehe Abbildung 5.56).

Dabei sind zum einen Veränderungen relevant, die vorübergehender Natur sind, also kurzfristige Variationen der Marktbearbeitung erfordern. Derartige Anpassungen können z.B. in Form einer kurzfristigen bzw. nur temporären Änderung oder Ergänzung des eingesetzten Marketing-Mix-Instrumentariums realisiert werden. Anderseits können die Änderungen auf der Marktseite auch langfristiger Natur sein, sodass eine entsprechend langfristige Veränderung der Instrumente erforderlich ist.

---

[1] Vgl. hierzu auch die Ausführungen in Abschnitt D.I. des Vierten Kapitels.
[2] Vgl. hierzu auch die Ausführungen im Ersten Kapitel.
[3] Vgl. hierzu die Diskussion zur Globalisierung im Ersten Kapitel.

Abbildung 5.56: Dynamik institutioneller Elemente

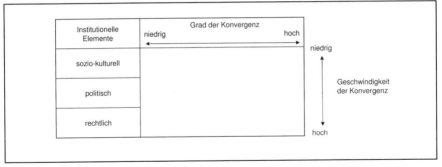

Quelle: in Anlehnung an Griffith 2010, S. 63.

Bei der Betrachtung des Marketing-Mix sind neben solchen „externen" Veränderungen oder Veränderungen, die sich aus Änderungen in der grundsätzlichen Unternehmensstrategie bzw. bezüglich der grundsätzlichen Unternehmensziele ergeben, auch produktlebenszyklusbezogene Faktoren relevant (siehe Abbildung 5.57). Der Instrumenteneinsatz ist an die jeweilige Phase anzupassen. Zu beachten ist dabei, dass die Phasen des Produktlebenszyklus länderspezifisch unterschiedlich sein können und dass Rückkopplungen zwischen den Ländermärkten bestehen.

Abbildung 5.57: Marketing-Mix im Kontext der Produktlebenszyklen auf den Ländermärkten

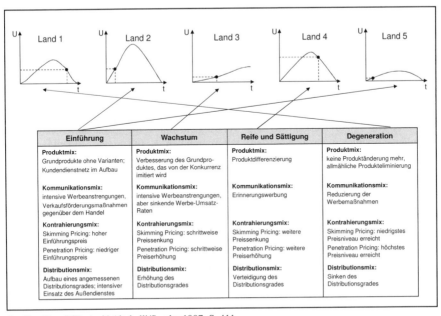

Quelle: Berndt/Fantapié Altobelli/Sander 1997, S. 411.

2. Anpassungen der internationalen Produktpolitik

Bei der internationalen Produktpolitik können sich Anpassungserfordernisse zum einen hinsichtlich der Leistungsprogrammgestaltung und weiterhin bezüglich der Produktgestaltung selbst ergeben. Bezogen auf die unterschiedlichen Bereiche sind grundsätzlich neben der Produktinnovation die Produktvariation, die Produktdifferenzierung, die Diversifikation sowie die Eliminierung von Produkten auf den unterschiedlichen Ländermärkten mögliche Entscheidungsalternativen.

Produktvariation

Unter Produktvariation versteht man die Modifikation von Eigenschaften vorhandener Produkte. Produktvariationen können sowohl auf einem einzelnen Ländermarkt vorgenommen werden als auch länderübergreifend. Dabei werden die eigentlichen Basisfunktionen des Produktes nicht verändert, sondern die Modifikationen beziehen sich v.a. auf ästhetische Merkmale (z.B. Form oder Farbe), auf physikalisch-funktionale Merkmale (z.B. Material oder Qualität) oder auf symbolische Merkmale (z.B. Markenname oder -image) sowie zusätzliche Dienstleistungen. Beispiele für Produktvariationen sind neue Geschmacksrichtungen im Lebensmittelbereich oder Face-lifts im Automobilbereich. Hinsichtlich der internationalen Produktvariation werden zwei Arten unterschieden (Meffert/Burmann/Kirchgeorg 2012, S. 446ff.):

- Die **Produktpflege** bezieht sich lediglich auf kleinere Änderungen der Produkte. Sie dient neben der Anpassung an Umfeldänderungen (z.B. Änderungen der Geschmackspräferenzen im Lebensmittelbereich oder veränderte rechtliche Rahmenbedingungen im internationalen Kontext) der Sicherung der Aktualität der Produkte im Zeitablauf, kann aber auch z.B. erfolgen, um leichte Produktmängel abzustellen oder die Produktionsprozesse zu optimieren.
- Die **Produktmodifikation** geht über leichte Änderungen hinaus und wird deshalb auch als **Produktrelaunch** bezeichnet. Sie ist mit umfassenden Veränderungen der Produkteigenschaften verbunden. Modifikationen erfolgen, um vergleichsweise weit gehenden Veränderungen der internen und externen Rahmenbedingungen zu entsprechen. Oftmals sollen sie dazu führen, dass der Lebenszyklus von Produkten verlängert wird; sie dienen somit auch der Sicherung der Aktualität von Produkten.

Das Ziel von Produktvariationen liegt vorwiegend darin, die Produkte an veränderte Rahmenbedingungen anzupassen. Im internationalen Kontext sind zudem – neben grundsätzlichen Anpassungen an länderspezifische Unterschiede, die bei Erstentscheidungen über die Produktgestaltung zu treffen sind – Variationen als Reaktion auf Länderrückkopplungen von Bedeutung.

Produktdifferenzierung

Unter Produktdifferenzierung versteht man allgemein die Ergänzung der in den Märkten bereits eingeführten Produkte um weitere Produktvarianten. Bei der Produktdifferenzierung i.e.S. werden **Merkmalsmodifikationen** vorgenommen, die über die Modifikation im Rahmen von Produktvariationen hinausgehen und segmentspezifische Merkmale betreffen. Die Differenzierung kann sich auf funktionale Produkteigenschaften oder auf die Produktaufmachung beziehen. Eine derartige Produktdifferenzierung kann z.B. anhand von Modulkonzeptionen vorgenommen werden. Ziel ist es, die spezifischen Bedürfnisse unterschiedlicher Kundengruppen gezielter ansprechen zu können oder neue Kundengruppen als Zielgruppen hinzuzugewinnen. Im internationalen Kontext kann eine solche Differenzierung sowohl innerhalb eines Ländermarktes vorgenommen werden, indem z.B. unterschiedliche Modellvarianten im Automobilbereich angeboten werden (z.B. Limousine, Kombi und Cabriolet), sie kann aber auch vorgenommen werden, indem unterschiedliche Produktvarianten für alternative Ländermärkte realisiert werden.

Eine andere Form der Produktdifferenzierung ist die **Produktvarietät** (Produktdifferenzierung i.w.S.). Sie ist nicht segmentgerichtet, sondern der Gesamtmarkt wird mit mehreren Produktvarianten bearbeitet, sodass ein Wettbewerb zwischen den Produkten aufgebaut wird (Meffert/Burmann/Kirchgeorg 2012, S. 449).

Produktveränderungen werden v.a. dann erforderlich, wenn Marktveränderungen, so z.B. i.S. neuer Kundenbedürfnisse, auftreten. Sie können aber auch durch neue Entwicklungen im Bereich der Technologien forciert werden. Beispiele für Produktvarianten, die hierdurch beeinflusst werden, sind z.B. die unterschiedlichen Ausstattungsvarianten im PKW-Bereich. Solche Anpassungserfordernisse werden häufig auch durch Rückkopplungseffekte zwischen den Ländermärkten ausgelöst (z.B. durch nachfragerbezogene Rückkopplungen).

Differenzierungen können zudem anhand eines Zusatzangebots an (Kunden-)Dienstleistungen erfolgen. Dadurch können z.B. Änderungen der rechtlichen Bedingungen (z.B. Garantieleistungen) oder der Kunden- bzw. Umfeldanforderungen berücksichtigt werden (Backhaus/Voeth 2010a, S. 339f.).

Diversifikation des Leistungsprogramms

Diversifikationsstrategien sind dadurch gekennzeichnet, dass das Unternehmen neue Produkte in das Produktprogramm aufnimmt. Wichtig sind dabei v.a. die **horizontale Diversifikation**, bei der Produkte der gleichen Marktstufe aufgenommen werden, sowie die **laterale Diversifikation**, bei der vollständig neue Produkt-Markt-Felder erschlossen werden, die in keinem Zusammenhang zum bisherigen Aktivitätsspektrum der Unternehmen stehen. Die Diversifikation stellt damit einen Spezialfall der Produktinnovation dar. Dies kann wiederum auf den jeweiligen Ländermärkten erfolgen. Weiterhin kann aber auch die internationale Markterschließung oder Erweiterung des Aktivitätenfeldes anhand von Diversifikationsstrategien angestrebt werden.

Diversifikationsentscheidungen dienen v.a. der Risikostreuung und der Wachstumssicherung von Unternehmen. Sie werden zudem auch dann eingesetzt, wenn sich auf Grund von Umfeldveränderungen Verschiebungen der Konkurrenz-, Beschaffungs- oder der Nachfragebedingungen ergeben, die entweder zu Sättigungserscheinungen oder Rückgängen bei bereits bestehenden Produkten führen, oder wenn sich dadurch neue Bedarfs- bzw. Aktivitätsfelder für die Unternehmen auftun.

Produkteliminierung

Die internationale Produkteliminierung beinhaltet die Herausnahme einzelner Produkte, von Produktvarianten oder von einer oder mehreren Produktlinien aus dem Leistungsprogramm der Unternehmen. Die Eliminierung kann dabei auf einzelne, mehrere oder alle Ländermärkte bezogen sein. Da die Lebenszyklen der Produkte i.d.R. in den unterschiedlichen Ländern voneinander abweichen, werden Eliminierungsentscheidungen häufig landesbezogen getroffen.

Eine Eliminierung wird v.a. dann vorgenommen, wenn das jeweilige Produkt auf den Ländermärkten nicht mehr rentabel ist (Mirabel/DeYoung 2005). Eliminierungen können aber auch – neben Rentabilitätsüberlegungen – dann vorgenommen werden, wenn eine Aktualisierung des Leistungsprogramms durch das Unternehmen erfolgt und „alte" Produkte bzw. Produktvarianten durch neue Produkte, die z.b. an neue technische Entwicklungen oder neue Nachfrageranforderungen angepasst sind, ersetzt werden. Ebenso können Änderungen der Gesetzgebung (z.b. Produkthaftungsgesetze, Local-Content-Vorschriften o.ä.) zu Eliminierungsentscheidungen führen.

In Abbildung 5.58 ist eine Übersicht über unterschiedliche Gründe für Eliminierungsentscheidungen in der internationalen Produktpolitik dargestellt.[1] Bei den internationalen Eliminierungsentscheidungen ist zu beachten, dass zwischen den unterschiedlichen Bestandteilen des Leistungsprogramms sowie zwischen den Ländermärkten Interdependenzen bestehen. Zum Beispiel im Fall komplementärer Absatzbeziehungen zwischen mehreren Produkten kann die Eliminierung eines Produktes zu Absatzrückgängen der anderen Produkte führen. Zudem ist es möglich, dass Eliminierungen auch mit Imageproblemen verbunden sind. Diese können als Resultat nachfragerbezogener Rückkopplungen zwischen den Ländermärkten auftreten, indem z.b. der Rückzug aus einem Markt Absatzrückgänge auf weiteren Märkten nach sich zieht, weil die Nachfrager durch den Rückzug aus einem Land verunsichert werden, so z.b. hinsichtlich der weiteren „Zukunft" des Produktes auf dem eigenen Markt (z.b. bezüglich Serviceleistungen, Aktualisierungen, Updates o.Ä.). Auch ist zu beachten, dass trotz ggf. negativer Ergebnisse eine Präsenz auf bestimmten wichtigen Märkten aus Imagegründen erforderlich ist und damit eine Eliminierung negative Konsequenzen hätte.

Abbildung 5.58: Einflussfaktoren auf Produkteliminierungsentscheidungen

Quantitative Kriterien	Qualitative Kriterien
• sinkender Umsatz/Deckungsbeitrag/Marktanteil • sinkende Rentabilität • sinkender Kapitalumschlag • geringer Umsatzanteil • ungünstige Umsatz-Kosten-Relation • hohe Ressourcenbeanspruchung	• Störungen im Produktionsablauf • Einführung von Konkurrenzprodukten • negativer Einfluss auf das Unternehmensimage • Änderungen der Bedarfsstruktur • Änderung gesetzlicher Vorschriften • technologische Veralterung

Quelle: in Anlehnung an Berndt/Fantapié Altobelli/Sander 1997, S. 113f.; Meffert/Bolz 1998, S. 174.

3. Anpassungen der internationalen Markenpolitik

Bei Anpassungsentscheidungen im Rahmen der internationalen Markenpolitik kann zum einen die Ausweitung bestehender Marken auf neue Produkte oder neue Produktlinien erfolgen oder es können andererseits neue Marken für bestehende Produkte oder Produktlinien entwickelt werden. Zudem können Marken auch geografisch ausgeweitet werden, indem z.b. lokale Marken zu regionalen Marken oder globalen Marken weiter entwickelt werden.

Die Linienausweitung (**Line Extension**), bei der bestehende Marken auf neue Produkte oder neue Produktvarianten übertragen werden, stellt zumeist eine Form der Produktvariation bzw. -diversifikation dar. Hingegen handelt es sich bei dem Markentransfer (**Brand Extension**) um eine weiter gehende Markenübertragung, indem eine etablierte Marke auf Produkte einer anderen (evtl. einer neuen) Produktgruppe übertragen wird. In diesem Zusammenhang spricht man auch von **Markenevolution** (Becker 2004, S. 655). Das Ziel beider Strategien liegt darin, die Goodwill-Übertragung auf neue Pro-

---

[1] Zu Kriterienkatalogen zur Produkteliminierung vgl. zudem z.b. Homburg/Daum 1997 oder Terpstra/Sarathy/Russow 2006.

duktvarianten bzw. Produktgruppen auszunutzen. Insbesondere sollen dadurch neue Zielgruppen angesprochen oder die Nutzung durch die bestehenden Kunden verstärkt werden. Zudem wird die Erleichterung des Eintritts in neue Produktbereiche anhand der etablierten Marke angestrebt. Die Gefahr dieser Strategien liegt v.a. darin, dass eine zu starke **Markendehnung** dazu führen kann, dass die Glaubwürdigkeit der Marke gefährdet wird. Insbesondere kann es bei der Line Extension zu Kannibalisierungseffekten kommen.[1]

Änderungen der internationalen Markenpolitik können auch in Form der **Markenrestrukturierung** ablaufen. Dabei erfolgt z.b. ausgehend von übergeordneten Markensystemen (z.B. Dach- oder Familienmarken) eine Umgruppierung zu einem ggf. mehrstufigen System von Familien- oder Produktgruppenmarken. Dies kann z.B. dann erforderlich werden, wenn ein Unternehmen stark diversifiziert und sich immer stärker von seinem ursprünglichen Stammgeschäft entfernt hat (Becker 2004, S. 655f.).

Diversifikationsentscheidungen im Rahmen der internationalen Produktpolitik können auch mit einer **Vergrößerung des Markenportfolios** verbunden sein. Dabei werden für neue Produkte bzw. Produktbereiche neue Marken eingeführt (Schmidt/Vest 2010, S. 135f.; Baumgarth 2008, S. 168f.):

- **Markeninnovationen i.e.S.**: vollständige Neuentwicklung aller Markenelemente (z.B. Name, Logo, Slogan, Verpackung)
- **Markeninnovationen mit Absender**: Neuentwicklung aller Markenelemente unter Integration einer bestehenden Marke als „Empfehlungsmarke"
- **Markeninnovation mittels geografischer Neueinführung**: Einführung einer Marke auf einem Ländermarkt, die bereits in einem oder mehreren anderen Ländern existiert[2]
- **Markenrevitalisierung**: Wiedereinführung einer Marke, die für längere Zeit nicht mehr existent war.

Weiterhin können Eliminierungsentscheidungen von Marken getroffen werden. Die **Markeneliminierung** ist mit einer Verringerung der Anzahl der Marken verbunden; sie kann im Zusammenhang mit Produkteliminierungen realisiert werden. Erfolgt eine Markeneliminierung, ohne dass Produkte bzw. Leistungen aus dem Markt genommen werden, so erfolgt dies im Zusammenhang mit einem **Markenwechsel**. Dabei wird eine zu eliminierende Marke in eine weiter bestehende Marke überführt (Keller 2013, S. 501).

Marken-Portfolio-Management bei Unilever – „Path to Growth"-Strategie

Unilever ist als einer der weltweit größten Anbieter von Markenartikeln der Bereiche Ernährung, Körperpflege, Parfum, Kosmetik sowie Wasch- und Reinigungsmittel in rund 150 Ländern vertreten. Das Unternehmen verfügt über starke Marken wie u.a. Langnese, Dove, Rexona, Coral oder Knorr. Im Jahre 2000 hat Unilever auf Grund des starken glo-

---

[1] Vgl. hierzu ausführlich z.B. Aaker 1992; Wölfer 2004; Sattler 2004; Supphellen/Eismann/Hem 2004; Völckner 2005 oder Zatloukal 2002; Esch 2012, S. 493f.; Kotler/Keller 2012, S. 287.

[2] Als eine besondere Form der Werbung ist in diesem Zusammenhang Awareness Advertising erwähnenswert. Es handelt sich um Werbung für Produkte und/oder Dienstleistungen in einem Land, die dort zum Zeitpunkt der Werbung noch nicht oder nur in begrenztem Umfang zur Verfügung stehen (vgl. hierzu bereits Kreutzer/Segler 1989, Sp. 184). Diese Art der Werbung bietet sich vor allem dann an, wenn Produkte in einem Land eine Innovation darstellen oder der Markt eines Landes erschlossen werden soll (frühes Stadium des Produktlebenszyklus). Gleichwohl entsteht beim internationalen Awareness Advertising das Problem, dass die Konkurrenten auf den Auslandsmärkten „vorgewarnt" werden.

balen Wettbewerbs damit begonnen, weltweit das Markenportfolio auf wenige, dafür stärkere Marken zu konzentrieren und die Anzahl der Marken spürbar zu verringern. Die sog. „Path to Growth"-Strategie war auf fünf Jahre angelegt und verfolgte das Ziel, die Entwicklung von einer diversifizierten fragmentierten Gruppe von Unternehmen zu einem Unternehmen mit regionalen Wettbewerbskräften zu beschleunigen. Der Konzern erfuhr gleichzeitig zu der Konzentration auf wenige wachstumsträchtige Geschäftszweige eine umfassende Neuorganisation. Das Marken-Portfolio wurde von 1.600 im Jahre 1999 auf 400 Marken im Jahre 2004 reduziert.

Auf der Ebene der konkreten Markenführung bzw. des Portfolio-Managements war die Einteilung der Marken in Cluster eine wichtige Entscheidungsgrundlage für Unilever. Unilever unterschied grundsätzlich in Core Brands, die das Herz des Geschäftes bildeten und auf die der Großteil der Ressourcenkapazitäten fokussiert wurde, und Non-Core Brands, die entweder verkauft, mit einem geringen Mittelaufwand weitergeführt, unter einer anderen (globalen) Marke zusammengefasst oder abgebaut wurden. Außerdem wurde der geografischen Komponente Rechnung getragen, indem zwischen globalen, regionalen und lokalen Marken differenziert wurde. Grundregel der Einstufung in ein bestimmtes Cluster und damit letztlich ausschlaggebend für eine mögliche Verkaufsentscheidung waren die beiden klar definierten Benchmarks, Nummer 1 bzw. 2 in den Kernmärkten zu sein und ein über dem Marktwachstum liegendes Ergebnis von mindestens 5% bei entsprechend hoher Profitabilität zu erzielen. Basis des Portfolio-Managements war es weiterhin, Klarheit über die Bedeutung, Einzigartigkeit, das spezifische und das geografische Potenzial der Marken für die Zukunft zu gewinnen. Anhand dieser Kriterien wurden grundlegende Entscheidungen über den Fortbestand der Marken getroffen. 2005 trennte sich Unilever z.B. vom Bäckereigeschäft durch den Verkauf von MeisterMarken. Gleichzeitig kaufte Unilever den weltweit operierenden Mitbewerber Bestfoods, dessen bedeutende Marken (in Deutschland z.B. Knorr, Pfanni, Mazola und Mondamin) den Bereich der Nahrungsmittel verstärkten, in dem Unilever wachsen wollte. Dennoch versuchte Unilever darauf zu achten, sehr starke, historisch gewachsene, lokal verwurzelte Marken (z.B. Lätta oder Du darfst), die lokal z.T. noch stärker sind als bereits global eingestufte Marken, ebenso in ihr Portfolio zu integrieren wie starke globale Marken. Dennoch wird durch die fortschreitende Globalisierung insbesondere die Bedeutung der globalen Marken steigen, da prinzipiell von einem effektiveren Mitteleinsatz ausgegangen werden kann.

Obwohl die meisten Ziele der „Path to Growth"-Strategie erreicht wurden, stagnierte im Jahre 2004 das Wachstum. Unilever verfolgt seither das Ziel, mit den Marken noch mehr dazu beizutragen, die Lebensqualität zu steigern. Diese neue sog. „Vitality Strategie" wurde im Jahre 2005 zur neuen Mission von Unilever. In ihrem Sinne bezweckt Unilever, die Marken auf die Verbraucherbedürfnisse zu fokussieren, die aus den Themen der heutigen Zeit entstehen: Das Altern der Bevölkerung in den Industrieländern, die Urbanisierung in den Entwicklungsländern, wechselnde Essgewohnheiten und Lebensstile.

Ende 2009 wurde von Unilever das Ziel ausgegeben, die Geschäftsgröße zu verdoppeln und zeitgleich den Einfluss auf die Umwelt zu verringern. Die vorher gesteckten Ziele der Markenkonsolidierung werden dabei weiterhin verfolgt. Durch den An- und Verkauf verschiedenster Marken im In- und Ausland hat sich das Portfolio zwar leicht verändert, aber über die 14 Kategorien verteilt finden sich weiterhin ca. 400 Marken.

Quelle: Smith 2009; Sachs 2002; www.unilever.de, Abrufdatum: 13. Januar 2013.

Anpassungen der internationalen Markenpolitik bei Beibehaltung des Branding oder bei Brand- oder Line Extensions können von Um- und Neupositionierungsentscheidungen begleitet sein. Um- und Neupositionierungen sind insbesondere dann erforderlich, wenn die bisherige Markenposition nicht mehr den Idealvorstellungen der Nachfrager entspricht. Dies kann z.B. auf Grund von Änderungen der Markt- und Wettbewerbsbedingungen (z.B. Änderung der Konsumentenpräferenzen, Auftreten neuer Konkurrenten, länderbezogene Rückkopplungen bei differenzierter Positionierung) auftreten.

Als Strategiealternativen der **Umpositionierung** stehen die Anpassungs- und die Beeinflussungsstrategie zur Verfügung. Bei der Anpassungsstrategie ist es das Ziel, die

Marke so zu gestalten, dass sie sich an die Bedürfnisse und Wünsche der Nachfrager annähert, während die Beeinflussungsstrategie darauf abzielt, eine Veränderung der Bedürfnisse zu erreichen, sodass diese sich der Stellung der Marke annähern. Eine weitere Strategieoption stellt die „Anbaustrategie" dar, bei der die Positionierungsräume um weitere Elemente erweitert werden sollen (Esch 2012, S. 169ff.). Die **Anpassungsstrategie** kann im internationalen Kontext bei heterogenen Nachfragebedingungen und -wünschen eine Verstärkung der Differenzierung zwischen den Märkten herbeiführen, während Beeinflussungsstrategien tendenziell eine Anpassung unterschiedlicher Märkte anstreben. Die **Anbaustrategie** kann eine Glokalisierung der Marken beinhalten, wenn ausgehend von einem standardisierten Grundkonzept der Marken eine Ergänzung um länderspezifische Positionierungselemente erfolgt.

Neupositionierungen von Marken werden dann erforderlich, wenn die Idealposition der Nachfrager so weit von der Ist-Positionierung der Marken entfernt ist, dass deren Erreichung durch Umpositionierungen nicht möglich ist. Im Rahmen der Neupositionierung werden vollständig neue Positionierungsräume erschlossen (Esch 2012, S. 172). Sie kann z.B. erforderlich werden, wenn aus unterschiedlichen Ländermarktpositionierungen Imageverwischungen oder negative Imageeffekte resultieren und ein gemeinsamer, neuer Positionierungsraum geschaffen werden soll.

4. Anpassungen der internationalen Preispolitik

Anpassungen der Preispolitik werden sehr häufig realisiert. Zu unterscheiden sind kurzfristige Preisänderungen in Form von Preisaktionen (Sonderangebote) und langfristige Preisänderungen, die dauerhafte Anpassungen der Preise in Form von Preiserhöhungen bzw. -absenkungen beinhalten. Solche Änderungen sind notwendig, wenn sich Veränderungen der internen Rahmenbedingungen (v.a. Kostensteigerungen oder -senkungen, z.B. auf Grund veränderter Produktions- oder Logistikbedingungen, Änderungen der Beschaffungssituation, Deregulierung der Märkte) bzw. externen Rahmenbedingungen (z.B. Markt- bzw. Wettbewerbsänderungen, Veränderungen der Steuer-, Zoll- oder Einfuhrbestimmungen o.Ä) ergeben (Diller 2008, S. 357ff.).

Preisvariationen sind mit unterschiedlichen Effekten verbunden. Diese gelten nicht nur bezogen auf die jeweils nationale Perspektive der Ländermärkte, sondern können auch – insbesondere durch Rückkopplungen zwischen den Ländermärkten – länderübergreifend wirken. Die wichtigsten Effekte sind in Abbildung 5.59 dargestellt.

Abbildung 5.59: Effekte von Preisvariationen im Internationalen Marketing

Preisniveau-Effekt	Preiserhöhungen führen zu einer Einschränkung der Kaufmengen bzw. Abwanderung der Kunden, während Preissenkungen zu einer Ausdehnung der Käufe bzw. Neukundengewinnung führen. Je nach Differenzierungsgrad der Preise sowie Integrationsgrad der Ländermärkte können durch Preisänderungen Arbitrage-Ströme zwischen den Märkten ausgelöst werden.
Referenzpreis-Effekt	Der Referenzpreis-Effekt tritt auf, weil die Kunden den neuen Preis am alten Preis messen. Dieser kann dabei auch länderübergreifend wirken. Zudem können auch im internationalen Vergleich Referenzpreis-Effekte zwischen den Ländermärkten auftreten. Preissenkungen führen zum Eindruck einer günstigen Kaufgelegenheit („Schnäppchen-Effekt"), während Preiserhöhungen zu einem (temporären) Preiswiderstand („Besitzstands-Effekt") führen können.
Kannibalisierungs-Effekt	Preissenkungen können zu Absatzeinbußen an anderer Stelle des Unternehmens führen, z.B. durch vorgezogene Käufe, die den späteren Absatz beeinträchtigen (Carry-over-Effekt), oder durch negative Spill-over-Effekte auf andere Produkte im Sortiment des Unternehmens. Preiserhöhungen können zu Absatzverlusten durch Abwanderungen zu niedrigpreisigeren Artikeln des eigenen

	Leistungsprogramms führen bzw. zur vollständigen Abwanderung der Kunden. Die Wirkungen können jeweils auch länderübergreifend erfolgen, indem z.B. Arbitrage angestoßen wird.
Preiserwartungs-Effekt	Preiserwartungen für die Zukunft können positive oder negative Carry-over-Effekte auslösen. Erwartete Preissenkungen können z.B. Verschiebungen von Käufen auf spätere Zeitpunkte bewirken, während erwartete Preiserhöhungen mit „Hamsterkäufen" verbunden sein können. Werden Preisaktionen erwartet, so kann das Beschaffungsverhalten gezielt darauf ausgerichtet werden, dass jeweils mit der Beschaffung gewartet wird, bis die nächste Aktion erfolgt. Der Aktionspreis avanciert dann zum „Referenzpreis". Auch bezüglich dieser Effekte können jeweils länderübergreifende Reaktionen erfolgen.
Wettbewerbs-Effekt	Durch Preisvariationen wird – zumindest kurzfristig – das Preisgefüge im Markt beeinflusst. Dadurch wird auch die Wettbewerbsposition der Konkurrenten sowohl im Inland als auch im Ausland beeinflusst, wodurch Wettbewerbsreaktionen ausgelöst werden können.

Quelle: in Anlehnung an Diller 2008, S. 359ff.

Während dauerhafte Preisänderungen i.d.R. Reaktionen auf langfristige Verschiebungen der Rahmenbedingungen darstellen bzw. in Antizipation solcher Veränderungen erfolgen, werden kurzfristige Preisänderungen aus innengerichteten, handelsbezogenen oder endkundenbezogenen Zielsetzungen heraus vorgenommen (Diller 2008, S. 387f.):

- **Innengerichtete Ziele**: z.B. Überbrückung von Liquiditätsengpässen, Abbau von Lagerbeständen, Veralterung/Verderb von Ware
- **Handelsgerichtete Ziele**: z.B. gezielte Anreize für ausgewählte Abnehmer, Platzierungs-, Bewerbungs-, Empfehlungsziele, Erhöhung des Distributionsgrades/der Markenpräsenz
- **Endkundengerichtete Ziele**: z.B. Forcierung von Preisänderungs-Effekten, Absatzausweitung, Erhöhung der Verbrauchsrate, Markenbindung.

Die **Sonderangebotspolitik** beinhaltet den aktiven und forcierten Einsatz von Preisaktionen. Dabei werden ausgehend von einem (höheren) Normalpreisniveau im Rahmen von systematischen und regelmäßigen Preispromotionen Preisabschläge auf bestimmte Produkte gewährt. Je nach kulturellem Kontext kann die Wirkung solcher Aktionen international unterschiedlich ausfallen. So können z.B. Probleme wie negative Carry-over- oder Preiserwartungseffekte, Imagebeeinträchtigungen oder Senkungen der Preisbereitschaft auftreten – auch im länderübergreifenden Zusammenhang, so auf Grund von nachfragerbezogenen Rückkopplungen (Hoch/Drèze/Purk 1994; Bell/Lattin 1998). Auch hinsichtlich kurzfristiger Preisaktionen sind Arbitrage-Problematiken, die v.a. bei stark integrierten Ländern auch kurzfristig auftreten können, zu beachten.

Bei den langfristigen Preisanpassungsentscheidungen ist zunächst zwischen operativen Preisänderungsentscheidungen, bei denen lediglich eine Anpassung der nominalen Preise erfolgt (z.B. an Geldwertveränderung), während der relative Preis gleich bleibt, und strategischen Preisänderungen, die eine grundsätzliche preisliche Neupositionierung, z.B. als Reaktion auf eine Veränderung des Umfelds (z.B. der Nachfrage, der Konkurrenzbedingungen, der Kostensituation usw.), beinhalten, zu unterscheiden. Zudem sind Entscheidungen hinsichtlich der Preisabfolge innerhalb der Ländermärkte zu treffen. Als preisstrategische Alternativen stehen hier v.a. die Skimming- und die Penetrationspreis-Strategie im Vordergrund (siehe Abbildung 5.60).

Bei der **Skimming-Strategie** erfolgt der Markteintritt mit vergleichsweise hohen Preisen, die im Zeitablauf sukzessive abgesenkt werden. Auf diese Weise kann die Preisbereitschaft innovationsfreudiger Kunden abgeschöpft werden. Umgekehrt erfolgt bei der **Penetrationspreis-Strategie** ein Markteintritt mit einem vergleichsweise niedrigen

Preis, der im Zeitablauf sukzessive angehoben wird. Dadurch sollen möglichst schnell Marktanteile gewonnen werden. Die jeweiligen Vorteile der beiden Strategiealternativen sind in Abbildung 5.61 zusammengefasst. Werden auf verschiedenen Ländermärkten unterschiedliche Preisstrategien verfolgt, so können gerade bei hohen nachfragebezogenen Rückkopplungen Imageschäden, Irritationen und ein Vertrauensverlust bei den Nachfragern auftreten.

Abbildung 5.60: Skimming- und Penetrationspreis-Strategie

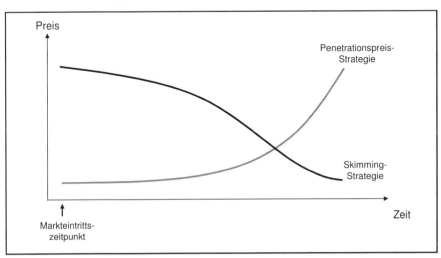

Abbildung 5.61: Vorteile von Skimming- und Penetrationspreis-Strategie

Positive Voraussetzungen für Skimming-Strategie	Positive Voraussetzungen für Penetrationspreis-Strategie
• große Anzahl preisunempfindlicher Kunden • Möglichkeit der Erschließung neuer Kundengruppen durch Preissenkungen (hohe Preisveränderungswirkung) • vergleichsweise kurzer Produktlebenszyklus • beschränkte Produktions- und Vertriebskapazitäten • vermutlich schwer durchsetzbare Preissteigerungen • hohe Unsicherheit bezüglich der zukünftigen Markt- und Umsatzentwicklungen • Bestrebung, kurzfristig hohe Gewinne zu realisieren	• niedrige Markteintrittsschranken • bedeutende Economies of Scale und/oder Erfahrungskurveneffekte • kein Preis-Qualitäts-Zusammenhang • Bestrebung zu eher langfristigem Engagement in einem Markt • hohe Carry-over-Wirkung bei Preissenkungen • Streben nach Systemführerschaft auf neuem Produktmarkt • Bestehen von „Critical-Size-Effects"

Quelle: in Anlehnung an Sander 1997, S. 87.

5. Anpassungen der internationalen Kommunikationspolitik

Neben umfeldinduzierten Anpassungserfordernissen sind Änderungen der Kommunikationsstrategie als flankierende Maßnahmen oder i.S. einer Um- oder Neugestaltung der Kommunikationsinstrumente erforderlich, wenn Veränderungen der anderen Marketing-Mix-Elemente, wie insbesondere der internationalen Produkt- und Markenpolitik (z.B. Produktvariationen, Produktneueinführungen, Markenneu- oder umpositionierungen) sowie der internationalen Preispolitik (z.B. kurz- und langfristige Preisvariationen), erfolgen. Die internationale Kommunikationspolitik hat dann häufig die Aufgabe, notwendige Veränderungen in den anderen Bereichen des Marketing-Mix (z.B. der Produktpolitik) „auszugleichen" bzw. diese zu begleiten und den Nachfragern zu vermitteln (Supphellen/Eismann/Hem 2004).

Die internationale Kommunikationspolitik hängt zudem mit der jeweiligen Phase im **Produktlebenszyklus** zusammen. Insbesondere in der Einführungsphase neuer Produkte erfolgt ein intensiver Einsatz kommunikationspolitischer Instrumente, der in der Wachstumsphase zumeist etwas abflacht und in der Reife- bzw. Sättigungsphase wieder intensiviert wird, i.S. einer „**Erinnerungswerbung**", um den Absatz noch einmal zu forcieren (Meffert/Burmann/Kirchgeorg 2012, S. 434ff.). Auch die Instrumente, die in den jeweiligen Phasen eingesetzt werden, können dabei variieren. So werden z.B. in frühen Phasen des Lebenszyklus häufig in ausgeprägter Form Promotions eingesetzt. Ebenso kann dies in der Reife- oder Sättigungsphase erfolgen, um den Abverkauf zu erhöhen. Bei der internationalen Kommunikationspolitik ist zu beachten, dass die Lebenszyklusphasen zwischen den Ländermärkten variieren können und deshalb der Instrumenteneinsatz jeweils länderspezifisch abzustimmen ist.

Aber auch der internationale Kommunikations-Mix ist „Alterungsprozessen" unterworfen. Dabei ergibt sich eine Veralterung der Kommunikationsinstrumente selbst (siehe Abbildung 5.62). Auch diese sind einem Lebenszyklus unterworfen. Dies beeinflusst die Einsatzmöglichkeiten der Instrumente im Zeitablauf. So können bestimmte Instrumente, die lange Zeit im Vordergrund der internationalen Kommunikationspolitik standen, nicht mehr „zeitgemäß" sein und müssen dann durch neue Formen der internationalen Kommunikation ersetzt werden.

Besondere Anforderungen an die internationale Kommunikationspolitik stellen Neuerungen der Informations- und Kommunikationstechnologien dar. Die Dynamik in diesem Bereich forciert nicht nur Innovationen der kommunikationspolitischen Instrumente (z.B. Online Communities, soziale Netzwerke, Twitter, Newsfeeds oder weitere neue Formen der Online-Kommunikation mit den Kunden, Formen des „viralen" Marketing u.Ä.), sondern führt auch zu einer zunehmenden Vernetzung nicht nur der Unternehmen mit ihren Lieferanten und Kunden, sondern auch der Ländermärkte. Die Technologiedynamik erfordert eine erhöhte Flexibilität in der internationalen Kommunikationspolitik, weil die Geschwindigkeit, mit der die Kommunikation abläuft, stark zunimmt. Dadurch erfolgt nicht nur eine schnellere Verbreitung von Informationen zwischen den Marktteilnehmern und den Ländermärkten, sondern auch Ländermarktinterdependenzen nehmen im Zeitablauf zu.

Zusätzlich unterliegen die eingesetzten Botschaften oder Kampagnen „Veralterungs- bzw. Abnutzungserscheinungen". In diesem Zusammenhang stehen **Wear-out-Effekte** im Vordergrund: Mit steigendem Kontakt mit unveränderten Kommunikationsmitteln und -botschaften können Ermüdungserscheinungen bei den Nachfragern auftreten, die sogar in **Reaktanzreaktionen** resultieren können (Schweiger/Schrattenecker 2013, S. 299). Anpassungen der internationalen Kommunikationspolitik sind von Zeit zu Zeit notwendig, um derartigen Reaktionen entgegenzuwirken und um die Aktualität aufrechtzuerhalten. Zudem können Anpassungen in der internationalen Kommunikationspolitik zu einem innovativen Image der Unternehmen beitragen und damit auch eine internationale Verlängerung von Lebenszyklen ermöglichen.

Wenngleich Anpassungen an Veränderungen des Umfelds oder unternehmensinterne Veränderungen erforderlich und notwendig sind, gilt für die internationale Kommunikationspolitik, dass sie noch stärker als die anderen Instrumente des internationalen Marketing-Mix auf **Konsistenz** ausgerichtet sein sollte, um negative Imageeffekte (z.B. „Verfremdung" des Unternehmens durch kommunikationspolitische Brüche) zu verhindern und um ein einheitliches Unternehmensimage über die Ländergrenzen hinweg garantieren zu können. Der Umgang mit neuen „Themen" bzw. Botschaften ist deshalb sehr sensibel zu handhaben – insbesondere im interkulturellen Kontext.

Abbildung 5.62: Lebenszyklusphasen der Kommunikationsinstrumente

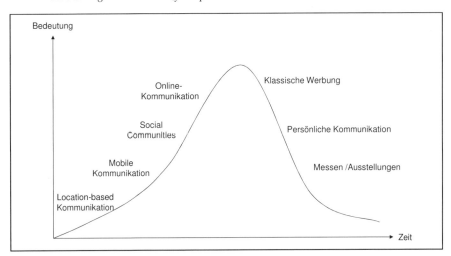

6. Anpassungen der internationalen Distributionspolitik

Änderungen in der Verfügbarkeit von Absatzmittlern erfordern Anpassungen der Distributionskanäle. Sie können dazu führen, dass Umorientierungen im Distributionssystem erforderlich werden, wie z.B. ein Austausch von Partnern auf der Absatzseite oder der Übergang zu neuen Formen der Distribution, z.B. ein Übergang zu direkten Vertriebssystemen. Im Zusammenhang mit der Absatzkanalgestaltung spielt aber auch die Markt- und Vertriebskompetenz der international tätigen Unternehmen eine besondere Rolle. So können z.B. Lerneffekte und Erfahrungsgewinne dazu führen, dass ein stärkeres distributionsseitiges Eigenengagement der Unternehmen in den einzelnen Märkten erfolgt.[1]

Ausgehend von dem erstmaligen Eintritt in einen Ländermarkt ist die Gestaltung der **Absatzkanalsysteme** auch auf die jeweilige Phase der Produkte im Produktlebenszyklus abzustimmen. Während in der Einführungsphase der Produkte auf den jeweiligen Märkten zunächst die Distributionssysteme aufgebaut werden müssen (z.B. Suche und Auswahl von Distributionspartnern bzw. Absatzmittlern und Aufbau des Logistiksystems), erfolgt in der Wachstumsphase eine Intensivierung der Distribution z.B. durch einen Ausbau des Distributionsnetzes (z.B. Standorte, Filialen, Partner). Je weiter fortgeschritten die Phasen im Lebenszyklus sind, umso wichtiger wird auch die Flexibilisierung der Logistiksysteme.

---

[1] Vgl. hierzu Abschnitt D.II. des Vierten Kapitels.

Auch durch ein Engagement auf neuen Märkten können Anpassungen der bestehenden Distributionssysteme ausgelöst werden. Werden z.B. in neuen Märkten Beziehungen zu länderübergreifend agierenden bzw. international tätigen Kunden aufgebaut, so kann dies Auswirkungen auf die Struktur der Absatzkanäle auf den bisherigen Ländermärkten haben, indem z.B. auch auf den bisherigen Märkten diese neuen Partner eingesetzt werden (müssen) und auf Grund dessen z.B. bisherige Absatzmittler ausgetauscht oder Multi-Channel-Systeme aufgebaut werden. Der Beziehungsaufbau mit länderübergreifend tätigen Absatzmittlern kann ebenso Auswirkungen auf die Systeme der Distributionslogistik haben, indem die Lager- und Belieferungsstrukturen an die neuen Strukturen angepasst werden. Dadurch können z.B. bisher direkte Belieferungen bestimmter Ländermärkte durch die Belieferung länderübergreifender Zentralläger der Kunden bzw. Absatzmittler abgelöst werden.

Veränderungen im Bereich der **internationalen Marketinglogistik** erfolgen häufig auch initiiert durch Veränderungen der Produktions- und Lagerstruktur (z.B. auf Grund von Optimierungsmaßnahmen im Bereich der Produktion oder der Logistik oder infolge der Veränderungen der internationalen Konfiguration der Wertschöpfungskette) oder auf Grund von Kooperationssystemen mit vor- oder nachgelagerten Partnern der Wertschöpfungskette (z.B. im Rahmen des Aufbaus von Supply-Chain-Optimierungsansätzen wie CRP-Systemen).

Von großer Bedeutung sind auch Veränderungen in der Gesetzgebung (z.B. Transportverbote, Transport- oder Lagerzeitbegrenzungen) oder der Zoll-, Steuer- und Gebührengestaltung, wie z.B. Mautsysteme, Rücknahmepflichten von Produkt- oder Verpackungsbestandteilen. Diese wirken sich vornehmlich auf die Struktur der logistischen Systeme aus.

II. Switch der Basisoption und Umgestaltung des Marketing-Mix

1. Basisoptions-Switch und Umgestaltungspfade

Während Anpassungen des Marketing-Mix-Instrumentariums auf Grund von Änderungen im Umfeld oder Änderungen der Zielsetzungen und Strategien des Unternehmens bereits auf Grund „kleinerer" Anlässe erfolgen, wird ein Switch der Basisoptionen durch grundlegende Veränderungen ausgelöst. Dieser ist mit einer fundamentalen Umgestaltung der Marketing-Mix-Elemente verbunden, da die Eignung bzw. Ausgestaltungsform der Marketinginstrumente, insbesondere hinsichtlich der Frage der Standardisierung bzw. Differenzierung, aber auch der Frage der Durchgriffs- und Kontrollerfordernisse auf die jeweiligen Auslandsmärkte, hiervon wesentlich beeinflusst wird. Änderungen der Basisoptionen führen dazu, dass tief greifende Veränderungen der Marktbearbeitungsaktivitäten erforderlich werden, die zum einen langfristiger, aber insbesondere auch fundamentaler Art sind. Änderungen der Basisoptionen können entsprechend der im Zweiten Kapitel dargestellten Entwicklungspfade ablaufen. Hinsichtlich der Umgestaltung des internationalen Marketing-Mix resultieren daraus Konsequenzen für die Standardisierung bzw. die Differenzierung der Instrumente des internationalen Marketing-Mix (siehe Abbildung 5.63).

Ausgehend von einer differenzierten Marketing-Mix-Ausrichtung im Rahmen multinationaler Orientierungen bzw. von teilweise differenzierten Konzepten im Rahmen glokaler Orientierungen zu weiter gehender Standardisierung auf Grund eines Options-Switches in Richtung einer Stammland-Orientierung – der eher seltenere Fall – oder einer globalen Orientierung beinhalten **Umgestaltungsprozesse** die zunehmende Standardisierung der eingesetzten Instrumente bzw. der Ausgestaltung der Elemente des internationalen Marketing-Mix. Derartige Standardisierungen werden insbesondere im Rahmen der „Globalisierungsdiskussion" als notwendig sowie dem aktuellen Trend entsprechend propagiert (Douglas/Craig 2011).[1]

Ausgehend von Orientierungen wie der globalen und der Stammland-Orientierung zu einer glokalen Orientierung (als Mischform) bzw. zu einer multinationalen Orientierung, wird ein standardisiertes Konzept der internationalen Marktbearbeitung zunehmend international differenziert. Diese Entwicklungsrichtung knüpft an die Diskussion um die zunehmende „Fragmentierung" der Märkte an.

Abbildung 5.63: Umgestaltung des internationalen Marketing-Mix an Änderungen der Basisoptionen

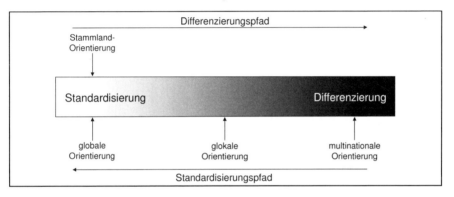

2. Umgestaltung der internationalen Produktpolitik

Der übliche Standardisierungspfad als Reaktion auf einen Options-Switch setzt am Produktkern an. Weitere Standardisierungsschritte beziehen sich dann auf die Verpackungspolitik. Im letzten Schritt erfolgt dann eine Standardisierung der Kundendienstleistungen. Dabei ist zu beachten, dass Standardisierungen nur in dem Maße möglich sind, wie es die jeweiligen Ländermärkte entsprechend der jeweiligen Kontextfaktoren zulassen. Differenzierungsschritte setzen an den „außen" liegenden Bereichen der Produkte an. Je weiter „entfernt" die Bestandteile vom Produktkern sind, umso schneller und einfacher sind Differenzierungen auf den internationalen Märkten realisierbar. Änderungen des Produktkerns erfordern wesentlich längere Entwicklungs- und Testzeiten als dies im Bereich der peripheren Produktbestandteile erforderlich ist und sie sind zumeist mit Umstellungen der Produktionssysteme und -strukturen (z.B. neue Produktionsverfahren, Umstellungen der Maschinen, evtl. geografische Streuung der Produktionskapazitäten) verbunden.

Eine Differenzierung führt zu einer länder-, zielgruppen- oder regionenspezifischen „Zersplitterung" des Leistungsprogramms und ist deshalb mit Produktinnovation, -modifikation, -variation oder -diversifikation verbunden. Standardisierungsschritte beruhen hingegen entweder auf der Übernahme bestehender Produkte des Heimatmarktes für den Weltmarkt (bei Switch zur Stammland-Orientierung) oder sie resultieren aus der Innovation, Modifikation oder Variation der Produkte (z.B. als Synthese existierender Ländermarktvariationen) im Hinblick auf den Weltmarkt (globale Orientierung). Des-

---

[1] Vgl. hierzu Abschnitt C.III.2. des Zweiten Kapitels.

halb ist die Standardisierung i.d.R. mit der Eliminierung länderspezifischer Produkte bzw. Produktvarianten verbunden (siehe Abbildung 5.64).

Abbildung 5.64: Umgestaltungsformen der internationalen Produktpolitik

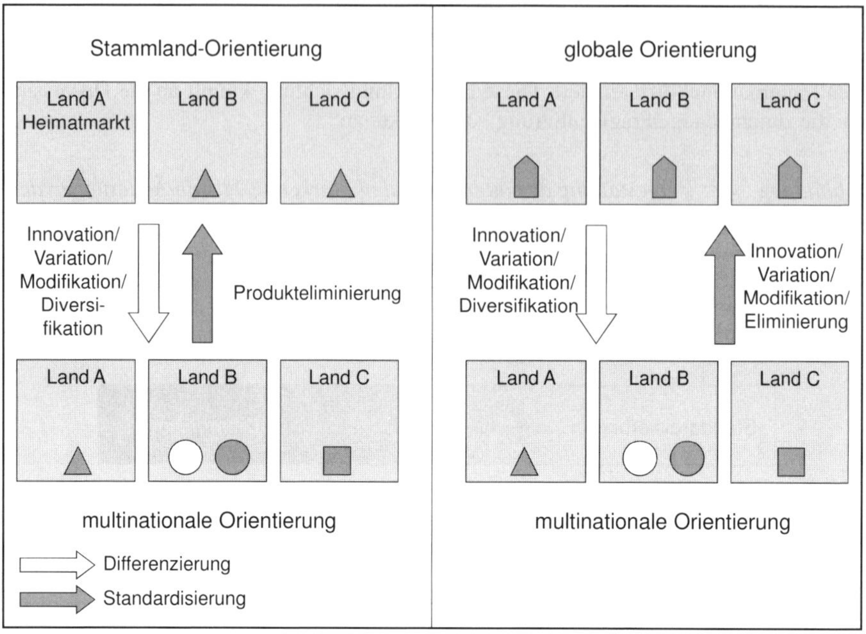

3. Umgestaltung der internationalen Markenpolitik

Umgestaltungen im Rahmen der internationalen Markenpolitik können in Form von Brand- oder Line Extensions sowie Markeninnovationen vorgenommen werden. Dabei ist ein Übergang von multinationalen oder glokalen Konzepten zu einer Stammland-Orientierung – ein denkbarer, empirisch jedoch kaum relevanter Fall – entweder mit einer Übernahme der Stammlandmarke verbunden oder es erfolgt – z.B. ausgehend von einer glokalen Markenkonzeption – die Variation der Markenpolitik in Richtung einer für das Stammland optimalen Konzeption und deren Übertragung auf alle Auslandsmärkte. Die Standardisierungen sind mit einer Eliminierung der bisher bestehenden Auslandsmarken verknüpft. Ein Übergang zu einer globalen Orientierung kann anhand der Weiterführung einer bestehenden Marke realisiert werden, indem diese auf die übrigen Märkte übertragen wird. Es kann aber auch eine neue Marke aufgebaut werden, die spezifisch auf den globalen Einsatz zugeschnitten (z.B. hinsichtlich sprachlicher oder symbolischer Elemente) und dann weltweit standardisiert eingesetzt wird.[1]

Umgekehrt beinhaltet der Übergang zu multinationalen (bzw. ggf. glokalen) Orientierungen ausgehend von einer Stammlandkonzeption oder einer globalen Markenkonzeption die Adaption der Markenpolitik an die Ländermärkte bzw. Segmente, in denen die Unternehmen tätig sind. Dabei können neben Markeninnovationen auch Ausweitungen von Marken auf bereits bestehende (i.S. einer Substitution der Marken) oder neue Produktlinien vorgenommen werden.

---

[1] Vgl. zur Ausrichtung internationaler Markenportfolios auch Douglas/Craig/Nijssen 2001.

Eine Änderung in der Markenpolitik kann entweder schrittweise oder schlagartig durchgeführt werden (Voeth/Wagemann 2004, S. 1082ff.):

- Bei der internationalen **Markenübernahme** werden die nationalen Marken ausgehend von einer bestehenden Marke schrittweise in eine standardisierte internationale bzw. Weltmarke überführt, die bereits auf einem der Ländermärkte oder bereits länderübergreifend existiert. Der schrittweise Übergang soll verhindern, dass Irritationen bei den Nachfragern auftreten und er soll ermöglichen, dass positive Imageelemente der „alten" Marke auf die neue übertragen werden.
- Die internationale **Markeneroberung** beinhaltet ebenfalls die Überführung einer bestehenden Marke auf neue Märkte. Der abrupte Übergang ist mit einer sofortigen Ersetzung der bisherigen Marken verbunden.
- Bei der internationalen **Markengeburt** erfolgt die Neukonzeption einer Marke, die länderübergreifend standardisiert eingesetzt wird. Hier erfolgt eine schrittweise Einführung der Marke auf den internationalen Märkten.
- Der internationale **Markenneubeginn** beinhaltet eine Markeninnovation, die schlagartig auf allen Ländermärkten in Ersetzung der bisherigen Marken eingeführt wird.

Umfirmierung im Tankstellenbereich

Nach der Fusion von TOTALFINA mit Elf Aquitaine zur TotalFinaElf (seit 2003 firmiert das Unternehmen unter der Marke Total) wurde eine Umfirmierung der Fina- und Elf-Stationen auf die Marke Total vorgenommen. Im gleichen Zug erfolgte eine Neugestaltung des Logos. Die Farben gelb, rot, hell- und dunkelblau spiegeln die fusionierten Unternehmen TOTAL, FINA und ELF wider, gelb steht für die Energie, die das Geschäft des Unternehmens in vielfältiger Weise bestimmt.

Quelle: www.total.com, Abrufdatum: 30. Mai 2013.

Hinsichtlich der Positionierung erfordern Adaptionen an einen Options-Switch entsprechende Um- oder Neupositionierungen der auf diese Weise überführten bzw. neu eingeführten Marken.

4. Umgestaltung der internationalen Preispolitik

Der Schritt von einer multinationalen oder glokalen Orientierung hin zu einer globalen Unternehmensausrichtung[1] führt zu Standardisierungsschritten im Rahmen der internationalen Preispolitik. Umgekehrt bedeutet der Übergang von einer Stammland- oder einer globalen Orientierung zu glokalen oder multinationalen Orientierungen, dass die Preis- und die Konditionenpolitik an die Ländermarktanforderungen angepasst werden. Ausgehend von standardisierten Preisen globaler oder stammlandgeprägter Preisstrategien ermöglicht eine zunehmende Preisdifferenzierung die bessere Ausschöpfung nationaler bzw. lokaler Preisbereitschaften. Jedoch sind in diesem Zusammenhang die bereits diskutierten Probleme **grauer Märkte** zu beachten. Gerade wenn vorher standardisierte Preise gegeben waren, ist die Variation von Preisen häufig schwer durchsetzbar, denn je transparenter bzw. integrierter die Märkte sind, umso höher wird die Gefahr von Arbitrage zwischen den Märkten. Einfacher, wenngleich ebenfalls schwer durchzusetzen, ist die internationale Differenzierung der Konditionen, wie z.B. Rabatte, Kreditgewährung oder Zahlungsbedingungen. Differenzierungen im Rahmen der inter-

---

[1] Denkbar wäre auch der Übergang zu einer Stammland-orientierten Ausrichtung; dieser ist jedoch, wie bereits erwähnt, empirisch kaum relevant.

nationalen Preis- und Konditionenpolitik setzen – i.S. eines Differenzierungspfades – deshalb oft zuerst an der Konditionengestaltung an.

Die umgekehrte Entwicklungsrichtung beinhaltet Standardisierungsschritte, die infolge der Umorientierung von multinationalen zu globalen oder Stammland-orientierten Ausrichtungen der Unternehmen erfolgen sollen. Diese stellen auch ein Mittel dar, um Arbitrage-Prozessen zwischen Ländermärkten mit unterschiedlichen Preisniveaus entgegenzuwirken.

Ausgehend von differenzierten Preisniveaus kann ein Übergang zu (weit gehend) standardisierten Preisen grundsätzlich im Rahmen von zwei Szenarien erfolgen (siehe Abbildung 5.65). Im **Szenario A** wird davon ausgegangen, dass der Preis im Zeitablauf auf das Niveau des niedrigsten Preises zuzüglich der Transaktionskosten sinkt. Insbesondere bei preistransparenten B2B-Märkten wird dort eingekauft, wo der Preis am günstigsten ist. Insofern ergibt sich auf Grund von sich einstellender **Arbitrage** zwischen den Ländermärkten auf längere Sicht eine Absenkung der Preise auf das niedrigste Niveau, bis keine Arbitragemöglichkeiten mehr gegeben sind. Im **Szenario B** wird bewusst versucht, einer derartigen Arbitrage entgegenzusteuern. Die Preise werden in den Hochpreisländern auf ein niedrigeres Niveau gesenkt, während die Preise in Niedrigpreisländern angehoben werden. Die Preise zwischen den Ländern gleichen sich an, die Preisdifferenzen werden geringer. Je standardisierter die Produkte sind, umso schneller vollziehen sich derartige Umgestaltungsprozesse (und umgekehrt) und es findet eine Annäherung in einem **Preiskorridor** statt. Dieser Korridor bestimmt sich durch die Transaktionskosten.

Abbildung 5.65: Szenarien der Preisentwicklung bei Preisunterschieden

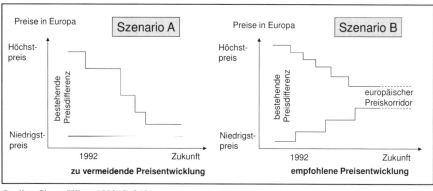

Quelle: Simon/Wiese 1992, S. 248.

Allerdings erfordern besonders die erhöhten Preise eine neue Positionierung der Produkte. Da dies Kosten verursacht, können bei den Unternehmen, die eine derartige Preisentwicklung anstreben, drei Vorgehensweisen unterschieden werden:

- Die Erhöhung der Preise hat auf Grund des reduzierten Volumens bewusste **Deckungsbeitragsverluste** zur Folge. Da diese Verluste aber immer noch niedriger sein würden als die Verluste, die anfallen würden, wenn alle Länderpreise auf dem Niveau des Niedrigpreislandes wären, werden solche Deckungsbeitragsverluste in Kauf genommen.

- Eine „sanftere" Möglichkeit ist die **Umpositionierung** der Produkte. Dies ist jedoch mit hohen Kosten verbunden.
- Die radikalste Maßnahme zum Entgegenwirken stellt der **Marktaustritt** aus den Niedrigpreisländern dar, weil das gesamte Preisgefüge auf den internationalen Märkten durch diese Länder gestört wird. Faktisch erfolgt hier eine Herausnahme eines oder mehrerer Produkte aus dem Angebot.

5. Umgestaltung der internationalen Kommunikationspolitik

Die Umgestaltung der internationalen Kommunikationspolitik beinhaltet abhängig vom Options-Switch, durch den sie angestoßen wird, entweder einen Standardisierungs- oder einen Differenzierungsprozess (siehe Abbildung 5.66). Bei der Umgestaltung der internationalen Kommunikationspolitik im Rahmen von Standardisierungs- bzw. Differenzierungsprozessen infolge eines Basisoptions-Switches ist nicht nur die Kommunika-tion selbst „umzustellen". Darüber hinaus ist die Umorientierung, die sich in den Marktaktivitäten der Unternehmen (z.B. stärkere Lokalisierung bzw. stärkere Globalisierung) widerspiegelt, jeweils den Nachfragern zu kommunizieren, damit sie in positiven Reaktionen resultieren und keine Irritationen mit Blick auf die Veränderung der Marktaktivitäten der Unternehmen auftreten.

Ausgehend von einem vorher „globalen" Image ist bei Differenzierungsschritten zu beachten, dass durch die Lokalisierung keine Imageschäden entstehen dürfen. Dies gilt auch bei der Umstellung von differenzierten kommunikationspolitischen Systemen auf standardisierte Vorgehensweisen. Die daraus resultierende Einschränkung lokaler Adaptionen sollte nicht als „Vernachlässigung" lokaler Positionen interpretiert werden, sondern mit einem positiven Imagetransfer in Richtung eines globalen Images oder eines bestimmten Country-of-Origin-Images verbunden werden. Gerade bei der Kommunikationspolitik ist deshalb – ähnlich wie im Zusammenhang mit Markenwechseln dargestellt – häufig eine schrittweise Umstellung bzw. Umgestaltung der Kommunikationsinstrumente, -botschaften bzw. -kampagnen sinnvoller, um die positiven Assoziationen, die mit den Produkten, Marken bzw. dem Unternehmen selbst verbunden werden, in den neuen Auftritt zu transportieren. Schlagartige Umstellungen könnten kontraproduktiv wirken.

Der **Standardisierungspfad** der Kommunikationspolitik (siehe Abbildung 5.66) setzt i.d.R. zunächst an den übergeordneten Kommunikationszielen und den Kommunikationsstrategien an. In diesem Zusammenhang ist das Grundkonzept der internationalen Corporate Identity als „Dach" der internationalen Kommunikationspolitik zu beachten. Zunächst erfolgt die Standardisierung der Kommunikationskonzepte, oft auch ergänzt durch den Einsatz internationaler Agenturen (Taylor 2005). Die Ausgestaltung der Kommunikationsinstrumente selbst steht meist am Ende des Standardisierungspfades (Backhaus/Voeth 2010a, S. 308ff.).

Umgekehrt setzt ein **Differenzierungspfad** bei einem Übergang in Richtung einer multinationalen Orientierung zunächst an der Lokalisierung der Kommunikationsinstrumente an, bevor die darüber liegenden Elemente der Kommunikationspolitik differenziert werden. Durch ein schrittweises Durchlaufen der jeweiligen Transformationspfade kann die Umgestaltung der Kommunikationspolitik zumeist ohne Irritationen oder Verunsicherungen auf der Seite der Nachfrager ablaufen.

Abbildung 5.66: Standardisierungs- und Differenzierungspfad der internationalen Kommunikationspolitik

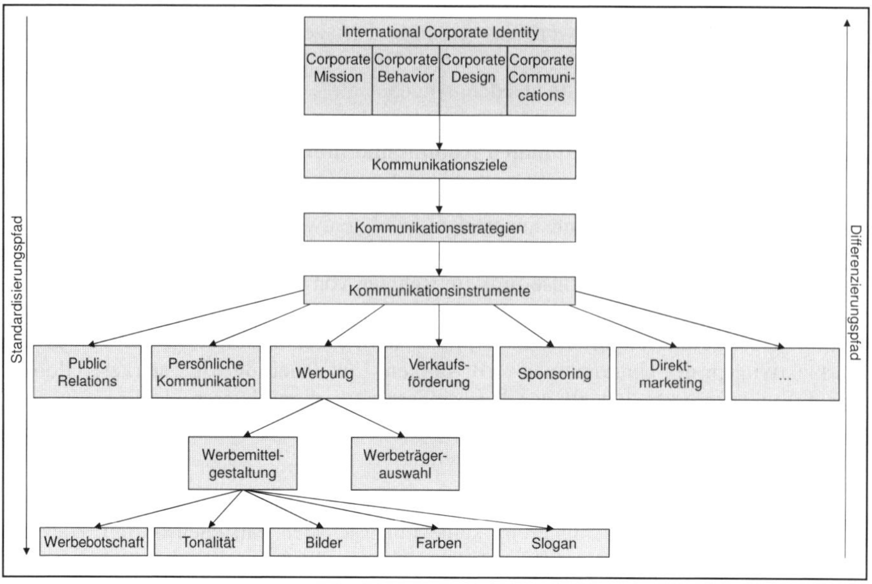

Quelle: in Anlehnung an Backhaus/Voeth 2010a, S. 308.

6. Umgestaltung der internationalen Distributionspolitik

Eine Umgestaltung der internationalen Distributionspolitik infolge eines Options-Switches beinhaltet wiederum – je nach Änderungsrichtung – entweder einen Standardisierungs- oder einen Differenzierungsprozess (siehe Abbildung 5.67). Standardisierungsprozesse setzen zunächst im Bereich der Absatzkanalgestaltung an, indem die Art und die Anzahl der eingeschalteten Absatzmittler angepasst werden. Die Standardisierung ist häufig damit verbunden, dass ein stärkerer Durchgriff auf die Märkte angestrebt wird. Dies kann zu einer Restrukturierung der Absatzsysteme in dem Sinne führen, dass zunehmend vertragliche Vertriebssysteme eingesetzt werden bzw. ein Übergang zu direkten Vertriebssystemen gewählt wird, denn die größtmögliche Standardisierung kann im Rahmen des direkten Vertriebs bzw. des Vertriebs mit eigenen Filialen realisiert werden. Standardisierungen können dabei auch beinhalten, dass für die internationalen Aktivitäten länderübergreifend tätige Absatzkanalpartner gewählt werden, die als Absatzorgane auf mehreren Ländermärkten eingesetzt werden (z.B. international tätige Handelsunternehmen).

Von der Gestaltung der Absatzsysteme ist die Ausgestaltung der Marketinglogistik wesentlich abhängig. Standardisierungen sind in diesem Bereich auf Grund der Heterogenität der distributionslogistischen Einflussfaktoren jedoch schwieriger durchzusetzen.

Abbildung 5.67: Standardisierungs- und Differenzierungspfad der internationalen Distributionspolitik

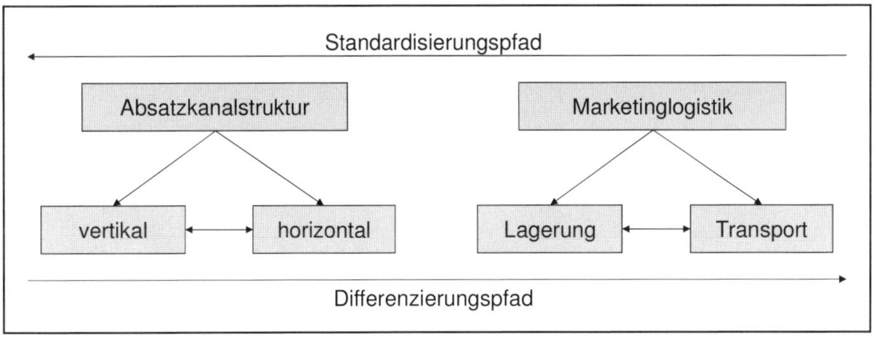

```
                    Standardisierungspfad
    ←─────────────────────────────────────────────────────
    ┌──────────────────────┐        ┌──────────────────────┐
    │ Absatzkanalstruktur  │        │   Marketinglogistik  │
    └──────────────────────┘        └──────────────────────┘
         ↙        ↘                       ↙        ↘
    ┌─────────┐  ┌──────────┐       ┌──────────┐  ┌──────────┐
    │ vertikal│↔ │horizontal│       │ Lagerung │↔ │ Transport│
    └─────────┘  └──────────┘       └──────────┘  └──────────┘
                    Differenzierungspfad
    ─────────────────────────────────────────────────────→
```

E. Interdependenzen der Entscheidungsfelder

I. Marktengagement und Marktbearbeitung

Die Beziehung zwischen dem Marktengagement und der Marktbearbeitung ist dadurch gekennzeichnet, dass – wie im Zweiten Kapitel herausgestellt – die Entscheidungsfixierung in einem der beiden Felder jeweils Auswirkungen auf die Handlungsmöglichkeiten in dem jeweils anderen Entscheidungsbereich hat. Die Wahl der Ländermärkte, auf denen die Unternehmen tätig sind, bestimmt in wesentlichem Maße die Möglichkeiten zur Standardisierung bzw. Differenzierung der Marktbearbeitung. Zudem sind je nach Auswahl der Ländermärkte die Verbindungen bzw. die Transparenz zwischen den jeweiligen Märkten bedeutend, denn sie beeinflussen das Auftreten und das Ausmaß von Rückkopplungen zwischen den Märkten, die im Rahmen der Marktbearbeitungsstrategien zu berücksichtigen sind (Zentes/Schramm-Klein/Morschett 2005).

Die Wechselwirkungen zwischen den beiden Entscheidungsfeldern sind dabei im Kontext der Basisoptionen der Unternehmen zu sehen (siehe Abbildung 5.68). Bei einer multinationalen oder glokalen Unternehmens- bzw. Marketingausrichtung, bei der die Bereitschaft und Fähigkeit besteht, die Marktbearbeitungsstrategien an die Länderbedingungen anzupassen, erfolgt die Selektion von Ländermärkten auf der Basis der Attraktivität der Märkte. Dabei sind die Kosten der Marktbearbeitung – i.S. der Anpassungsnotwendigkeit (länderspezifische Adaption) des Marketing-Mix – zu berücksichtigen. Den Ausgangspunkt bildet in diesem Zusammenhang das Entscheidungsfeld des Marktengagements, bei dem eine bestimmte Ländermarktselektion erfolgt, an welche die Marktbearbeitung angepasst werden muss. Besteht hingegen eine stammlandgeprägte oder globale Ausrichtung, so setzt die Länderauswahl daran an, Ländermärkte mit ähnlichen Konstellationen hinsichtlich der Märkte bzw. Zielgruppen zu identifizieren. Auf diesen Märkten erfolgt dann eine standardisierte Marktbearbeitung (Swoboda/Schwarz 2004, S. 274).

Im Rahmen dieser Entscheidungssituationen setzt die Entscheidung zunächst – ausgehend von der Basisorientierung des Unternehmens – bei der Festlegung der Marktbearbeitung an. Auf die gewählte Struktur ist das Marktengagement abzustimmen, wobei Rückkopplungen zwischen den Ländermärkten zu berücksichtigen sind.

Abbildung 5.68: Zusammenhang zwischen Marktengagement und Marktbearbeitung

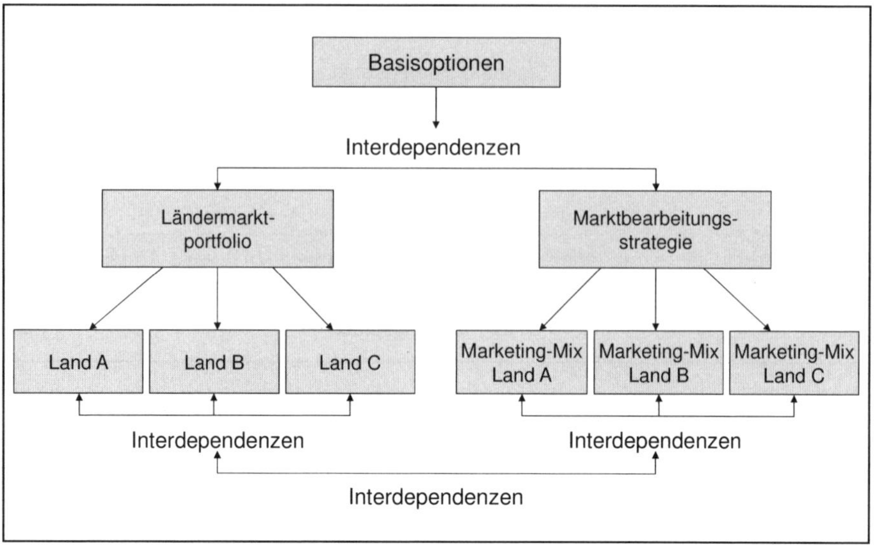

```
                        ┌──────────────┐
                        │ Basisoptionen│
                        └──────────────┘
                        Interdependenzen
          ┌──────────────┐        ┌──────────────────┐
          │ Ländermarkt- │        │ Marktbearbeitungs-│
          │  portfolio   │        │    strategie     │
          └──────────────┘        └──────────────────┘
     ┌──────┬──────┬──────┐   ┌──────────┬──────────┬──────────┐
     │Land A│Land B│Land C│   │Marketing-│Marketing-│Marketing-│
     │      │      │      │   │Mix Land A│Mix Land B│Mix Land C│
     └──────┴──────┴──────┘   └──────────┴──────────┴──────────┘
       Interdependenzen              Interdependenzen
                        Interdependenzen
```

Entscheidungen hinsichtlich des Marktengagements, so die Entscheidung über einen Eintritt in neue Märkte oder über einen Austritt aus bisherigen Märkten, können auch Anpassungen der Marktbearbeitung nach sich ziehen. Werden z.B. Ländermärkte zu dem bestehenden Portfolio hinzugefügt, die über eine deutlich unterschiedliche Konstellation der Entscheidungsparameter verfügen und von den bisher bearbeiteten Märkten hinsichtlich wesentlicher Einflussfaktoren abweichen, so kann dies bedeuten, dass die bisherige Marktbearbeitungsstrategie auf diesen neuen Märkten nicht wirksam wäre und daher Anpassungen der Gesamtkonzeption erfordert. Dies hat wiederum Auswirkungen auf die Marktbearbeitung auf allen anderen Ländermärkten, da ein neues Gesamtoptimum hinsichtlich des internationalen Marketing-Mix erforderlich ist.

Die Entscheidungsabfolge kann auch bei der Marktbearbeitung ansetzen. Im Rahmen Stammland-orientierter bzw. globaler Ausrichtungen wird sie in weitestgehend standardisierter Form umgesetzt. Ausgehend von einem bestehenden Marketing-Mix-Konzept, das weltweit standardisiert eingesetzt wird, bestehen Einschränkungen hinsichtlich der Märkte, auf denen die jeweilige Marktbearbeitungskonstellation erfolgreich eingesetzt werden kann. Während bei einer multinationalen Orientierung die Ländermarktselektion v.a. durch die Kosten der Marktbearbeitung im Vergleich zu den Umsatz- bzw. Absatzpotenzialen betrachtet wird, ist bei standardisierten Marktbearbeitungskonzepten die Marktauswahl auf solche Länder eingeschränkt, die ein entsprechendes Potenzial für das standardisierte Marktbearbeitungskonzept aufweisen (Swoboda/Schwarz 2004, S. 274). Das Ziel liegt dann darin, ein Ländermarktportfolio aufzubauen, auf dem ein bestimmtes, vorgegebenes Marktbearbeitungskonzept – möglichst ohne Modifikation – einsetzbar ist. Die Vorgabe eines solchen Marketing-Mix kann dann auch dazu führen, dass ein Austritt aus Ländermärkten erfolgt, in denen das Unternehmen bisher tätig war, auf denen aber der Einsatz dieses standardisierten Marktbearbeitungskonzeptes nicht profitabel oder das Marktpotenzial zu gering wäre (z.B. weil die Zielgruppe zu klein ist).

II. Betätigungsformen und Marktbearbeitung

Auch zwischen den Betätigungsformen und den Marktbearbeitungsstrategien besteht ein enger Zusammenhang. Ähnlich wie bei der Beziehung zwischen Marktengagement und Marktbearbeitung können auch hinsichtlich der Interdependenzen zwischen den Betätigungsformen und der Marktbearbeitung die Einflussrichtungen unterschiedlich sein, d.h., das bestimmende Element kann entweder die Marktbearbeitungsform oder die Betätigungsform sein. Bildet z.B. die Fixierung einer bestimmten Betätigungsform den Ausgangspunkt, so beinhaltet dies bereits die Festlegung einer Vielzahl von Parametern der Marktbearbeitung. Der Ausgangspunkt der Internationalisierung kann jedoch umgekehrt auch darin liegen, dass eine bestimmte Form oder Konzeption der Marktbearbeitung angestrebt wird. In einem solchen Fall ist es notwendig, die geeignete Betätigungsform zu wählen, welche die Umsetzung bzw. Durchsetzung der Marktbearbeitungskonzeption ermöglicht (Zentes/Schramm-Klein/Morschett 2005).

Die Art der Betätigung auf den jeweiligen Märkten hängt eng mit dem Standardisierungs- bzw. Differenzierungsgrad der Marktbearbeitung zusammen. Unterschiedliche Betätigungsformen sind zumeist mit einer bestimmten Ausgestaltung des Marketing-Mix verbunden. Grundsätzlich kann jede Betätigungsform für standardisierte bzw. differenzierte Formen der Marktbearbeitung eingesetzt werden. Tendenziell korrespondieren jedoch die folgenden Formen:

- **Standardisierte Marktbearbeitung**: Standardisierte Marktbearbeitung wird tendenziell bei Betätigungsformen gewählt, die einen stärkeren Durchgriff auf den Auslandsmärkten „vor Ort" erfordern. Insbesondere direkter Export, Franchising-Systeme oder die Neugründung von Tochtergesellschaften bieten höhere Standardisierungspotenziale, da der Multiplikation der eigenen Konzeption weniger starke Widerstände entgegentreten (Zentes/Morschett 2002, S. 171ff.).
- **Differenzierte Marktbearbeitung**: Eine differenzierte Marktbearbeitung eignet sich v.a. bei Betätigungsformen, bei denen eine hohe Marktkompetenz vor Ort erreicht wird. Bei Fusionen, Akquisitionen, Beteiligungen und Joint Ventures ist es tendenziell schwieriger, Programm- und Prozessstandardisierungen durchzuführen, da hier zunächst Potenzialharmonisierungen erforderlich sind, die häufig einige Zeit in Anspruch nehmen können (Zentes 1995, Sp. 1038). Jedoch ist anhand dieser Betätigungsformen häufig ein Zugang zu lokalen Kenntnissen bzw. Kompetenzen möglich, der wiederum erforderlich ist, um die notwendige Lokalisierung realisieren zu können.
- **Mischformen der Marktbearbeitung**: Mischformen der Marktbearbeitung korrespondieren häufig mit kontraktuellen oder integrativen Vertriebssystemen, da sie auf Grund des „think global, act local"-Gedankens ein gewisses Ausmaß an Durchgriffsmöglichkeiten auf den Märkten erfordern.

Den stärksten Einfluss hat die Festlegung der Betätigungsform auf die internationale Distributionspolitik, denn die Wahl der Betätigungsform beinhaltet unmittelbare distributionspolitische Konsequenzen, weil dabei großteils bereits die Wahl der Absatzorgane, die bei der Marktbearbeitung eingesetzt werden, vorgenommen wird. Insbesondere bei vertraglichen Vertriebssystemen (z.B. Franchising) bzw. direktem Vertrieb (z.B. Niederlassungen bzw. Filialen, Online-Vertrieb) wird ein Großteil der Distributionsentscheidungen vorweggenommen bzw. determiniert.[1]

---

[1] Vgl. hierzu die Ausführungen des Vierten Kapitels.

F. Sektorale Besonderheiten

I. Industriegüterhersteller

1. Vorüberlegungen

Die Besonderheiten der internationalen Marktbearbeitung im Industrie- bzw. Investitionsgütersektor ergeben sich daraus, dass die Nachfrager dieser Leistungen Organisationen sind. Organisationale Kaufprozesse sind in den meisten Fällen **multipersonale Kaufprozesse**. Der Industriegütersektor ist dabei in vielen Bereichen durch eine besonders ausgeprägte Internationalität gekennzeichnet, denn gerade in diesem Bereich besteht eine hohe und weiter zunehmende Bedeutung der international orientierten strategischen Beschaffung i.S. eines **Global Sourcing** der Unternehmen.

Im internationalen Industriegütermarketing ist das Spektrum der Geschäftstypen sehr heterogen.[1] Die häufig unterstellte These, dass eine Standardisierung im internationalen Industriegütermarketing über ein besonders hohes Potenzial verfüge, weil die wenigen potenziellen Kunden in diesen Bereichen vergleichsweise ähnliche Bedürfnisse hätten,[2] findet deshalb nur teilweise eine Berechtigung, so z.B. für das Produktgeschäft mit Komponenten, die später in andere Produkte integriert werden (z.B. Mikroprozessoren). Im Gegenteil gilt sogar gerade für das internationale **Projektgeschäft**, das **Anlagengeschäft** oder das internationale **Zulieferergeschäft**, dass die angebotenen Leistungen in einem hohen Maße individualisiert werden.

2. Spezifika der Marktbearbeitung der Industriegüterhersteller

Produktbegleitende Dienstleistungen

Eine besonders hohe Bedeutung im internationalen Industriegütermarketing haben produktbegleitende Dienstleistungen. Insbesondere in Bereichen des Produktgeschäftes, in denen sich allgemeine Standards herausgebildet haben, bieten Dienstleistungen oft die einzige Möglichkeit der Profilierung gegenüber der Konkurrenz. Die hohe Bedeutung produktbegleitender Dienstleistungen ist in Abbildung 5.69 dargestellt.[3]

Sie tragen zu einer Profilierung der Unternehmen im internationalen Wettbewerb bei. Dabei gilt, dass bezüglich der Dienstleistungen eine vergleichsweise starke Anpassung an lokale oder sogar individuelle Anforderungen der Nachfrager auf den unterschiedlichen Ländermärkten erforderlich ist (Morschett/Schramm-Klein/Swoboda 2008).

---

[1] Vgl. hierzu Abschnitt E.I.1. des Dritten Kapitels.
[2] Vgl. zur Diskussion dieser Fragestellung z.B. Backhaus/Voeth 2010a, S. 597f.; Meffert/Bolz 1998, S. 183; Keegan/Schlegelmilch/Stöttinger 2002, S. 410ff. oder Müller/Gelbrich 2004, S. 555ff.
[3] Vgl. zur Relevanz produktbegleitender Dienstleistungen im Internationalen Marketing auch Bork/Sell 2002 und Morschett/Schramm-Klein/Swoboda 2008 .

Abbildung 5.69: Bedeutung produktbegleitender Dienstleistungen im Investitionsgütersektor (aus Anbietersicht)

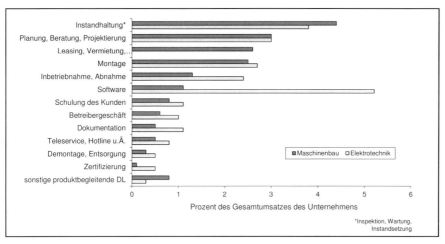

Quelle: Morschett 2004, S. 436, auf der Basis von Stille 2003.

Distributionspolitik

Die für das internationale Industriegütermarketing relevanten **Distributionskanäle** sind in Abbildung 5.70 dargestellt.

Abbildung 5.70: Distributionskanäle im Industriegütersektor

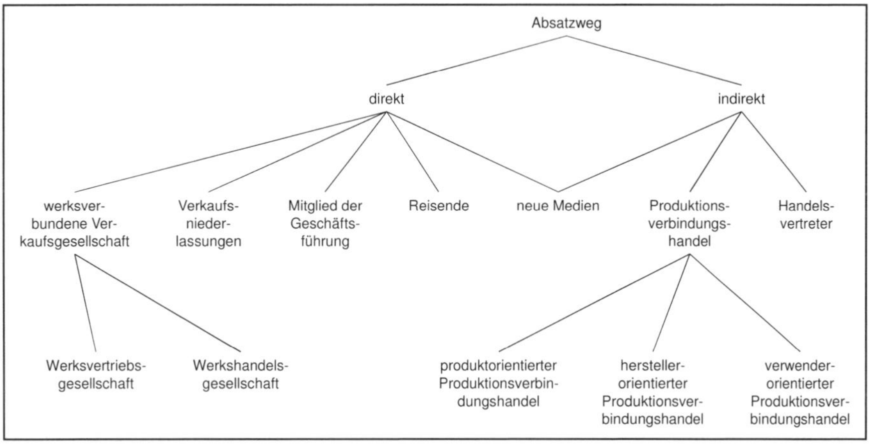

Quelle: in Anlehnung an Backhaus/Voeth 2010b, S. 280.

Eine besondere Bedeutung hat der **Direktvertrieb**. Neben Verkaufsgesellschaften, -niederlassungen oder -filialen ist – insbesondere im Kontakt mit internationalen Großabnehmern auf Grund des hohen Volumens bzw. Wertes der Aufträge im Investitionsgüterbereich – der Verkauf durch Mitglieder der Geschäftsleitung von hoher Bedeutung. Gerade im internationalen Projektgeschäft spielen diese direkten Kontakte zwischen Anbietern und Nachfragern eine große Rolle, bei Großprojekten wie bspw. im Infrastrukturbereich oft auch unter Einbezug lokaler Regierungsinstanzen.

> **Internationales Projektgeschäft von Siemens in Brasilien**
>
> Der Elektrokonzern Siemens hat zu den bevorstehenden Sport-Ereignissen in Brasilien Aufträge im Wert von mehr als einer Milliarde Euro eingesammelt.
>
> Neben dem Confederations Cup und der Fußball-Weltmeisterschaft im Jahr 2014 ist Brasilien auch Austragungsort der Olympischen Spiele 2016. Zu den Aufträgen gehört den Angaben zufolge beispielsweise die Sicherheits- und Gebäudetechnik für das Nationalstadion Mané Garrincha in der Hauptstadt Brasilia, aber auch der Bau eines Gas- und Dampfturbinen-Kraftwerks in Manaus. Zudem liefert Siemens Technologien für intelligente Stromnetze an den brasilianischen Netzbetreiber ONS. Weitere Aufträge erhielt das Unternehmen unter anderem für Software für die Wasserversorgung in der Metropolregion Sao Paulo sowie für Mittel- und Niederspannungstechnik zur Stromversorgung des größten brasilianischen Flughafens Guarulhos International Airport.
>
> *Quelle: www.focus.de, 20. Juni 2013.*

Aber auch der Einsatz neuer Medien ist relevant, z.B. über unternehmensspezifische **Online-Shops** oder internationale elektronische **Marktplätze** („B2B-Marktplätze") (Hertel/Zentes/Schramm-Klein 2011, S. 89ff.). Vor allem im (internationalen) Produktgeschäft kommt zudem dem Produktionsverbindungshandel eine bedeutende Rolle im Rahmen der Distribution zu.

Messen und Ausstellungen

Internationale oder landesspezifische Messen und Ausstellungen spielen im Industriegüterbereich eine besondere Rolle, da sie die Möglichkeit bieten, Kontakte zu lokalen Partnern zu knüpfen und Präsentations-, Informations- und Beratungsfunktionen gegenüber potenziellen Kunden übernommen werden können. Eine besondere Form von Messen stellen **Hausmessen** dar, die von den ausstellenden Unternehmen – meist auch in diesen Unternehmen – durchgeführt werden. Potenzielle bzw. aktuelle Kunden können hierzu selektiv eingeladen werden, jedoch sprechen häufig die z.T. erheblichen geografischen Distanzen zwischen dem ausstellenden Unternehmen und den Besuchern gegen diese Form der Präsentation und Information im internationalen Industriegütermarketing.

Preispolitische Besonderheiten

Leistungen im internationalen Industriegütergeschäft laufen oftmals – z.B. im Anlagengeschäft – über mehrere Jahre. Gerade im internationalen Zusammenhang ist die Gefahr von Preisschwankungen, so z.B. durch Wechselkursveränderungen, Inflation, Lohn- oder Rohstoffkostenentwicklungen u.Ä., besonders hoch. Um derartige Risiken zu berücksichtigen, können – v.a. im internationalen Projektgeschäft – **Preissicherungsinstrumente** eingesetzt werden wie z.B. (Plinke/Claßen 2013, S. 127ff.; Backhaus/Voeth 2010b, S. 371ff.; Samiee/Anckar 1998):

- **Festpreiseinschluss**: Etwaige Preisveränderungen in der Zukunft werden durch einen pauschal fixierten Kalkulationsaufschlag zu berücksichtigen versucht.
- **Preisvorbehalt**: Nachgewiesene Kostensteigerungen werden dem Kunden weiterbelastet.
- **Offene Abrechnung**: Der Kunde trägt das gesamte Kostensteigerungsrisiko. In der Regel wird eine „Deckelung" des Gesamtbetrags vereinbart. Die offene Abrechnung

wird selten für Gesamtprojekte, sondern eher für Teilbereiche eingesetzt, deren Kosten während der Verhandlungsphase noch nicht absehbar sind.
- **Preisgleitklauseln**: Bei der Preisgleitklausel wird die Festlegung des endgültigen Preises von der Entwicklung bestimmter Kostenfaktoren wie z.B. Löhnen oder Materialkosten abhängig gemacht. Gebräuchlich ist die Preisformel der UNECE (United Nations Economic Commission for Europe).

Finanzierung und Leasing

Die Finanzierung stellt ein besonders wichtiges Instrument des internationalen Investitionsgütermarketing dar. Sie kann als eine spezifische Form der Dienstleistungen interpretiert werden. Besondere Bedeutung kommt ihr im internationalen Projekt- und Anlagengeschäft zu. Durch das Angebot mittel- und langfristiger Finanzierungen können sich Anbieter im internationalen Geschäft besonders profilieren. Zum Teil gilt das Angebot von Finanzierungsmöglichkeiten bereits als „Muss-Leistung" und stellt eine Voraussetzung dar, um z.B. an Ausschreibungen überhaupt aussichtsreich teilnehmen zu können. Die Profilierung erfolgt deshalb vornehmlich über die Konditionen der Finanzierung. Ebenfalls bedeutend ist in diesem Kontext das **Cross-Border-Leasing**.[1]

Auch **Kompensationsgeschäfte** sind im Bereich der internationalen Investitionsgüterbeziehungen von Bedeutung. Hierbei erfolgt die Zahlung nicht durch eine rein monetäre Gegenleistung, sondern Waren oder Dienstleistungen werden ganz oder teilweise gegen Waren oder Dienstleistungen ausgetauscht (Backhaus/Voeth 2010b, S. 394ff.; Jalloh 1990, S. 19f.).[2]

3. Fallstudie: Globale Marktbearbeitungsstrategie von Airbus[3]

a) Kurzvorstellung des Unternehmens

Im Jahre 1970 schlossen sich der französische Flugzeughersteller Aerospatiale und die Deutsche Airbus, eine Gruppe führender deutscher Flugzeugproduzenten, zu dem Konsortium Airbus Industrie als Groupe d'Intérêt Economique (GIE = wirtschaftliche Interessengemeinschaft) zusammen mit dem Ziel, gemeinsam den A300, das erste zweimotorige Großraumflugzeug, zu bauen. Damit sollte nicht nur eine Marktlücke, die von dem Konsortium identifiziert worden war, geschlossen, sondern auch die amerikanische **Dominanz** auf dem Flugzeugmarkt angegriffen werden. Nur ein Jahr später schloss sich das spanische Unternehmen CASA der GIE an und im Jahre 1979 folgte mit British Aerospace der vierte und letzte Konsortialpartner. Jeder der vier Partner, die als Airbus France, Airbus Deutschland, Airbus España und Airbus UK bekannt wurden, operierte weiterhin als eigenständiges Unternehmen auf nationaler Ebene und fertigte eigenverantwortlich Teile für das gemeinsame Projekt, dessen letzter Produktionsschritt in Toulouse durchgeführt wurde. Nach über 30 Jahren höchst erfolgreicher Kooperation wurde Airbus im Jahre 2001 in ein vollständig integriertes Unternehmen umgewandelt. Die neue Gesamtunternehmung Airbus S.A.S., die unter französischem Recht firmiert, ist eine 100%-Tochtergesellschaft der European Aeronautic Defence and Space Company (EADS). Das bis 2006 beteiligte Unternehmen BAE Systems, Nachfolger von British Aerospace, verkaufte seine Anteile in Höhe von 20% an EADS.

---

[1] Vgl. hierzu die Ausführungen in Abschnitt F.I.1. des Vierten Kapitels.
[2] Zu einem Überblick über die Formen des Kompensationshandels vgl. Abschnitt B.II.3. des Vierten Kapitels und die dort angegebene Literatur.
[3] Die Fallstudie basiert auf Unternehmensinformationen, so www.airbus.com und www.boeing.com.

Der global tätige Konzern mit etwa 55.000 Mitarbeitern umfasst große Tochtergesellschaften in den USA, China und Japan, Ersatzteilzentren in Hamburg, Frankfurt, Washington, Peking, Dubai und Singapur, Schulungszentren in Toulouse, Miami, Hamburg Bangalore und Sevilla sowie 160 Außendienstbüros in aller Welt. Airbus stützt sich zudem auf eine Vielzahl industrieller Partnerschaften und ein Netz von rund 1.500 Zulieferern in 30 Ländern. 15 Standorte in Frankreich, Deutschland, Spanien und Großbritannien fertigen jeweils vollständige Flugzeugsektionen, die anschließend zur Endmontage nach Toulouse, Hamburg oder Tianjin transportiert werden. Seit seinem **Markteintritt** hat Airbus bisher mehr als 12.000 Flugzeuge verkauft und über 7.500 ausgeliefert. Mit einem Jahresumsatz von leicht über 33 Mrd. EUR im Jahre 2011 kann Airbus heute dauerhaft etwa die Hälfte aller Neuaufträge für Verkehrsflugzeuge für sich verbuchen.

Um die eigenen Kompetenzen und Wettbewerbsvorteile optimal auszunutzen, hat Airbus im Jahre 2004 grundlegende Restrukturierungsmaßnahmen durchgeführt und die globalen Aktivitäten in Form von sog. **Centers of Excellence** (CoEs) organisiert, von denen jedes über einen eigenen Verantwortungsbereich und eigene Entscheidungsprozesse verfügt. Diese erfuhren im Jahre 2007 eine Reorganisation, um ihre Transnationalität zu gewährleisten. Insgesamt gliedert sich Airbus in die Geschäftsfelder „operations", „programmes" und „core functions". Dem Bereich „operations" sind hierbei vier CoEs (fuselage and cabin, wing and pylon, aft fuselage and empennage, aerostructures) zugeordnet, deren Kernkompetenz jeweils ein zentrales Element aus dem Bereich der Produktion umfasst. Der Bereich „programmes" trägt die Verantwortung für die globale Koordination aller Design- und Produktionsaktivitäten des Konzerns und beinhaltet zu diesem Zweck den CoE „cabin and customisation", der eng mit den jeweiligen Produktionsbereichen zusammenarbeitet sowie alle übergeordneten Managementprozesse beinhaltet. Alle CoEs werden letztlich von dem dritten Bereich, „core functions", unterstützt, der Aktivitäten wie das Human Resource Management, die Beschaffung, die Qualitätskontrolle und den Kundendienst bündelt. Die CoEs sind dabei transnational aufgebaut und fördern ein weltweites Netzwerk. So zählen die Design-Ingenieure in Wichita, USA, zwar geografisch zu Airbus Nordamerika, sind jedoch funktional dem CoE „Flügel" zugeordnet.

Im Jahre 2006 wurde gemeinsam mit der Europäischen Kommission eines der größten Forschungsprojekte gestartet. Das sog. **Clean-Sky-Programm** bezweckt die Reduktion des Einflusses des Luftverkehrs auf die Umwelt und die Reduktion der Lautstärke, der Emissionen und des Verbrauchs für die nächste Generation von Flugzeugen.

b) Wettbewerbsumfeld

Bis Airbus 1970 den Markt für zivile Flugzeuge betrat, war das 1916 gegründete amerikanische Unternehmen Boeing unangefochtener Marktführer. Neben den europäischen und amerikanischen Herstellern gab und gibt es keine marktrelevanten Flugzeughersteller. Im Jahre 2010 lag der Marktanteil von Airbus bei 52%. Jedoch wird dieser Marktanteil mit Blick auf aktuelle Daten in Zukunft nur schwer zu halten sein. So konnte der Konkurrent Boeing im Jahre 2012 (ohne Dezember) etwa doppelt so viele Bestellungen verbuchen wie Airbus. Die Entwicklung der Auftragseingänge im letzten Jahrzehnt zeigt den harten Wettbewerb zwischen den Konkurrenten (siehe Abbildung 5.71).

Abbildung 5.71: Anzahl der Flugzeug-Bestellungen bei Airbus und Boeing seit 1990 (Stand: Juni 2013)

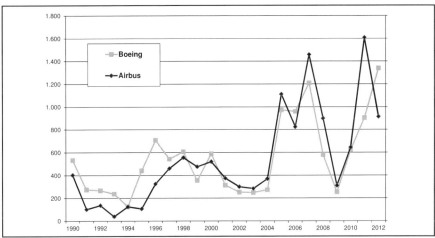

Das Ziel, die amerikanische Dominanz im Flugzeugsektor zu brechen, wurde somit erreicht, diese Stellung muss jedoch ständig in einem harten Konkurrenzkampf mit der Boeing Company verteidigt werden. Nach einem Abkommen von 1992 durften die Airbus-Eigner Frankreich, Großbritannien, Spanien und Deutschland Kredite gewähren, die ein Drittel der Entwicklungskosten für eine Maschine abdecken. Die Entwicklung des neuen **Ultralangstreckenflugzeuges** A380, das 2007 in Betrieb genommen wurde, förderten die Eignerstaaten z.B. mit rund 2 Mrd. EUR in Form von verzinsten Krediten, die Airbus bereits vollständig zurückgezahlt hat. Im Gegenzug durfte die amerikanische Regierung Boeings Jumboflotte durch Zuschüsse zu Boeings Militärflugzeugen und mit Steuernachlässen quersubventionieren. Dieses Abkommen wurde jedoch im Jahre 2004 von der amerikanischen Regierung gekündigt und die USA und die EU befinden sich seit dieser Zeit in einem Schlichtungsverfahren, um eine neue Regelung zu finden. Obwohl ein vorläufiges Urteil seitens der WTO in dem Subventionsstreit zwischen Airbus und Boeing vorliegt, wird sich das Verfahren bis zu einer endgültigen Klärung weiter hinziehen. Ein Urteil vom 31. März 2011 der WTO bestätigte unerlaubte Subventionen seitens der US-Regierung für Boeing, wodurch insbesondere die Entwicklung des 787, auch Dreamliner genannt, möglich gewesen sein soll.

c) Airbus-Families

Die Airbus-Produktpalette besteht aus vier übergeordneten Sektoren: Passagierflugzeuge, Airbus Corporate Jets (ACJ), Transportflugzeuge und Militärflugzeuge.

Die ausgewiesene Kompetenz im Bereich der Zivilluftfahrt wird mit dem 2009 gegründeten Sektor **Airbus Military** erweitert. Stellvertretend hierfür kann das A400M-Programm angesehen werden, einen Militärtransporter, der im spanischen Sevilla gebaut wird und 2009 seinen Erstflug absolvierte. Auf Grund der unterschiedlichen Rahmenbedingungen bei der Marktbearbeitung im Militärsektor sollen die folgenden Betrachtungen jedoch auf die zivile Luftfahrt fokussiert werden.

Die **zivilen Flugzeuge**, deren Kapazitäten von 107 bis zu 555 Sitzen pro Flugzeug reichen, umfassen die A320-Familie von Standardrumpfflugzeugen (A318, A319, A320, A321), die A300/A310-Familie von Großraumflugzeugen, die A330/A340-Familie von

Langstreckenflugzeugen, die künftig um den A350 erweitert wird, sowie die A380-Familie für Ultralangstreckenflüge mit höchster Passagierzahl (siehe Abbildung 5.72). Außerdem zählen kleinere Jets für Businessflüge mit kleinerer Passagieranzahl sowie Transportflugzeuge wie der Beluga zum Portfolio von Airbus.

Abbildung 5.72: Airbus-Families

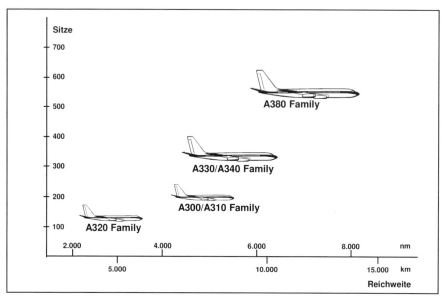

Zusätzlich zu dem Familien-System entwickelte Airbus das sog. **Kommunalitätskonzept**, demgemäß die verschiedenen Flugzeugtypen ein größtmögliches Maß an technischen und betrieblichen Gemeinsamkeiten, z.B. in Bezug auf Zellen, Bordsysteme, Cockpits und Flugeigenschaften, aufweisen. Dank der digitalen Fly-by-Wire-Technik, die Ende der 1980er Jahre bei Zivilflugzeugen eingeführt wurde, kommandiert der Pilot durch Eingabe eines Steuerungskommandos nicht mehr die Stellung der Steuerflächen, sondern direkt eine Flugbahnänderung. Der Steuerungscomputer des Airbus sorgt dann dafür, dass die Steuerflächen in die richtige Position gebracht werden, um die Flugbahnänderung umzusetzen. Auf Grundlage dieser Technologie konnte ein hoher Grad an Standardisierung der insgesamt 12 Flugzeugtypen von Airbus erreicht werden, der eine Minimierung des Schulungsaufwandes für Piloten und Techniker erlaubt.

Das einzigartige **Kommunalitätsprinzip** von Airbus bietet insbesondere drei wesentliche Vorteile: gleiche Typenberechtigung, Cross Crew Qualification und Mixed Fleet Flying. „Gleiche Typenberechtigung" bedeutet hierbei, dass ein Pilot mit der Berechtigung für einen der Flugzeugtypen ohne Zusatztraining Flugzeuge anderer Größe und anderen Gewichts fliegen darf, welche die gleiche Typenzulassung erhalten haben. Beim Wechsel auf einen anderen Airbus Fly-by-Wire-Flugzeugtyp genügt dem Piloten im Rahmen der Cross Crew Qualification eine kurze Differenzschulung, d.h., es ist kein umfassendes Transition-Training mehr erforderlich. Aufbauend auf der operationellen Kommunalität von Airbus-Flugzeugen realisieren immer mehr Fluggesellschaften das Konzept des Mixed Fleet Flying. Dabei können Piloten gleichzeitig über die aktuelle Berechtigung für mehr als ein Fly-by-Wire-Flugzeug verfügen und so z.B. regelmäßig zwischen Kurz- und Mittelstreckenflügen mit der A320-Familie und Langstreckenflügen mit der A340 wechseln. Darüber hinaus führt das Kommunalitätskonzept zu beträchtlichen Einsparungen durch rationalisierte Wartungsverfahren und reduzierte Ersatzteilhaltung, da z.B. innerhalb der Standardrumpffamilie nicht weniger als 95% der Teile identisch sind.

d) Produktbegleitende Services

Die hohen Investitionen, die mit dem Erwerb eines Flugzeuges verbunden sind, sowie die erwartete Lebensdauer von 25 bis 30 Jahren bedingen die Notwendigkeit von umfassenden, langfristigen Serviceleistungen, die im Gegensatz zu dem Produkt sehr individuell auf die Anforderungen der Fluggesellschaften zugeschnitten sind. Airbus folgt dabei der Mission: „We identify customer requirements for support and services and ensure that we address them in a comprehensive and customised way." Mit dem Ziel, den Kunden optimalen Service zu bieten, koordinieren sog. **Customer Support Directors** jeweils die spezifischen Services, die während der Kauf- sowie der gesamten Betriebsphase eines Flugzeuges benötigt werden (siehe Abbildung 5.73). Der Fokus des Service liegt dabei auf der maximalen Kundenzufriedenheit ab dem Zeitpunkt der Bestellung eines Flugzeuges und kann zusammenfassend als „Airbus Customer Services' prime role is to help its customers operate their Airbus fleet safely, profitably and satisfy their passengers" beschrieben werden.

Abbildung 5.73: Struktur des Customer Services von Airbus

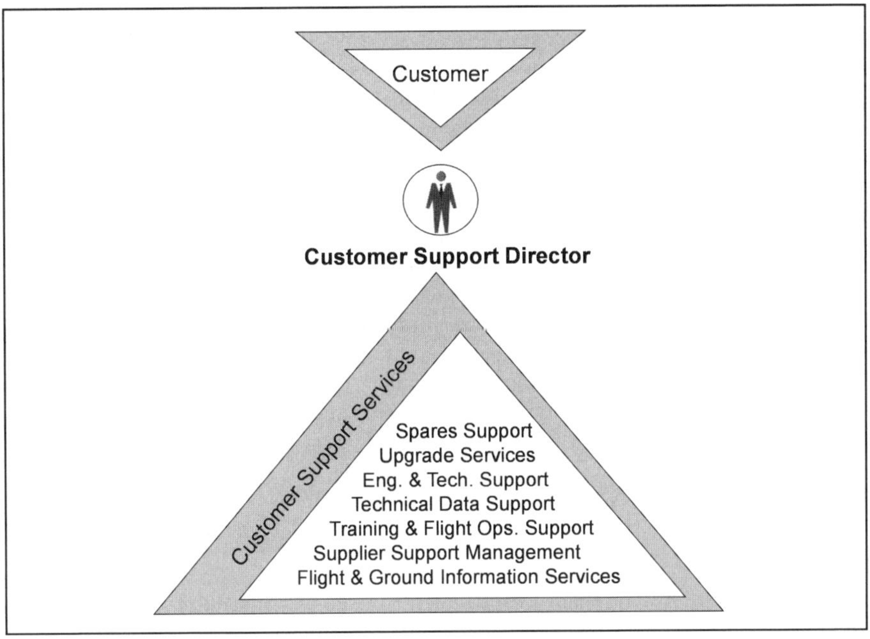

Customer

Customer Support Director

Customer Support Services

Spares Support
Upgrade Services
Eng. & Tech. Support
Technical Data Support
Training & Flight Ops. Support
Supplier Support Management
Flight & Ground Information Services

Da die globale Standardisierung der Produkte jedoch nur durch individuellen Support realisiert werden kann, werden die Beziehungen zu den Airlines durch lokale Ansprechpartner gepflegt. 300 **Resident Customer Support Manager** in 160 Niederlassungen weltweit garantieren eine optimale Koordination der produktbegleitenden Services mit den einzelnen Kunden. Diese lokalen Vertreter bieten auch technische Unterstützung vor Ort an und können bei kleineren Problemen innerhalb eines bestimmten

Services Abhilfe schaffen. Sie sind oftmals an den lokalen Flughäfen stationiert, um nah an den Fluggesellschaften und Service-Einrichtungen zu sein. Insgesamt stehen den Kunden dabei über 3.000 Mitarbeiter 24 Stunden am Tag, 7 Tage die Woche zur Verfügung.

Airbus arbeitet kontinuierlich an Innovationen im Kundendienstbereich, die Fluggesellschaften weltweit zur Verfügung gestellt werden können, um Wartungsabläufe zu rationalisieren und Kosten zu senken. Diese Systeme werden standardisiert entwickelt und sind damit global anwendbar, werden jedoch mithilfe der lokalen Vertreter an die Bedürfnisse der einzelnen Kunden angepasst. So konnte z.B. mit AIRMAN (AIRcraft Maintenance Analysis) ein Überwachungs- und Managementsystem mit einzigartigen Funktionen entwickelt werden, das eine Vereinfachung und optimierte Abwicklung außerplanmäßiger Wartungsmaßnahmen in der Flotte eines Betreibers ermöglicht. Dabei leitet ein an Bord des Flugzeuges installiertes Wartungssystem aktuelle Statusinformationen während des Flugs oder am Boden an das AIRMAN-System am Boden weiter. Die Auswertung dieser Informationen sowie der Logbucheinträge und Berichte über Wartungsmaßnahmen erfolgt in Echtzeit, wodurch mehr Zeit für Entscheidungen über Wartungsmaßnahmen und entsprechende Vorbereitungen zur Verfügung steht und wartungsbedingte Verspätungen verringert werden.

e) Preisentscheidungen

Airbus sowie auch der Konkurrent Boeing legen höchste Zurückhaltung an den Tag, was die Veröffentlichung ihrer Preise anbetrifft. So veröffentlicht Airbus nur Durchschnittspreise für einzelne Flugzeugtypen für das Jahr 2012, jedoch mit dem Hinweis, dass die Preise durch Gewicht, Motorenausstattung und andere Kundenwünsche stark variieren können. Da es sich bei Flugzeugen gleich welchen Typs um Investitionen in mehrstelliger Millionenhöhe handelt, ziehen sich die Verhandlungen über Kaufpreise oft über mehrere Jahre hin und es müssen diverse Finanzierungs- oder ggf. Leasingoptionen angeboten werden. Auch wenn Airbus im Grundsatz Barverkäufe bzw. die unabhängige Finanzierung der Käufe durch die Kunden bevorzugt, kann einer Beteiligung an der Finanzierung von Verkäufen zugestimmt werden, um den Absatz der Produkte zu fördern. Fluggesellschaften erwerben zudem i.d.R. mehrere Flugzeuge eines oder auch verschiedener Typen gleichzeitig, sodass üblicherweise **Paketpreise** verhandelt werden. Die Kaufpreise und -konditionen werden dabei ebenso wenig wie das Produkt selbst gemäß nationaler Gegebenheiten adaptiert. Vielmehr gilt für alle Airlines dieselbe Ausgangsbasis für die Verhandlungen, die stark durch die jeweiligen Angebote des Konkurrenten bestimmt wird. Neben dem Preis sind auch die Kaufvertragsbedingungen von großer Bedeutung. So führen die hohen Produktionsaufwendungen und die lange Produktionsdauer von etwa sieben bis acht Jahren für Flugzeuge dazu, dass die Rücktrittsmöglichkeiten vom Vertrag stark eingeschränkt und mit massiven Strafzahlungen verbunden werden. So stehen bei Airbus in den nächsten Jahren noch mindestens 4.500 Auslieferungen an Kunden an (Stand: 2012).

Die Frage, welche Konditionen Airbus seinen Kunden bieten kann, hängt darüber hinaus unmittelbar vom Ausmaß der staatlichen Subventionen ab, die das Unternehmen erst konkurrenzfähig machten.

f) Globale Kommunikation und Distribution bei Airbus

Sowohl für die Kommunikations- als auch für die Distributionspolitik von Airbus ist es von zentraler Bedeutung, dass der Vertrieb von Flugzeugen sich nur an eine sehr kleine, ausgewählte Gruppe von Entscheidungsträgern, vornehmlich bei den Fluggesellschaften, wendet. Etwa 340 Betreiber arbeiten bereits mit Airbus-Maschinen und auch wenn das Unternehmen ständig bestrebt ist, diese Gruppe auszudehnen, wird die Zielgruppe doch, wie bei Industriegütern generell der Fall, dauerhaft auf wenige Adressaten beschränkt bleiben. Es gibt somit auch weltweit kaum eine Alternative zum **direkten Vertrieb** der Produkte. Neben Niederlassungen in den vier Eignerstaaten ist Airbus daher auch in den USA, Japan, China und dem mittleren Osten vertreten. Ziel dieser Vertretungen ist es, intensive Beziehungen zu bestehenden und potenziellen Kunden in den jeweiligen Regionen aufzubauen und somit den Absatz von Airbus-Flugzeugen langfristig zu sichern. Durch die regionalen Niederlassungen kann auch die Kommunikation über Produktinnovationen und verbesserte Services mit den Airlines optimiert werden. Hauptverantwortlicher ist gegenwärtig jedoch der Airbus Vertriebsleiter John Leahy, der insgesamt für 9 von 10 verkauften Flugzeugen verantwortlich ist. Sein einfaches Prinzip dabei lautet: „Sie müssen den Kunden verstehen. Was will er? Wie können wir ihn unterstützen?"

Selbst wenn die direkten Kunden von Airbus eine überschaubare Gruppe darstellen, die über direkte Kontakte betreut wird, so wendet sich Airbus in seiner Kommunikationspolitik nichtsdestotrotz auch an die breite Öffentlichkeit. Globale Print- und TV-Kampagnen sollen das **Markenimage** von Airbus bei den Kunden der Fluggesellschaften stärken, um auf diese Weise auch die Kaufentscheidungen Letzterer zu beeinflussen. In den letzten Jahren gewannen insbesondere die Thematiken Umweltschutz und Nachhaltigkeit immer stärkere Bedeutung für diese Kampagnen. Dies zeigt unter anderem die Kampagne „greener, cleaner, quieter, smarter".

g) Fazit

Als Unternehmen, das seit seiner Gründung Mitarbeiter aus verschiedenen Ländern durch die Arbeit an einem gemeinsamen Produkt für den Weltmarkt vernetzt, führt Airbus eine **globale Marktbearbeitung** bei weit gehender Standardisierung der Produkte, der Preise, der Kommunikations- sowie der Distributionspolitik durch. Während auf eine nationale Anpassung der Marktbearbeitung nahezu vollständig verzichtet wird, werden dagegen in größtmöglichem Umfang kundenspezifische Modifikationen bei gleichzeitiger kosteneffizienter Produktstandardisierung umgesetzt. Insbesondere produktbegleitende Services wie Wartung werden individuell auf die jeweilige Fluggesellschaft, die mit Airbus-Maschinen arbeitet, zugeschnitten, damit auch noch lange nach dem Kauf ein optimaler Betrieb garantiert werden kann. Den lokalen Vertretern kommt hierbei höchste Bedeutung zu, denn sie arbeiten vor Ort mit den Kunden zusammen und pflegen das Verhältnis, das für eine **langfristige Geschäftsbeziehung** unverzichtbar ist.

II. Konsumgüterhersteller

1. Vorüberlegungen

Die in den bisherigen Ausführungen zu Grunde gelegte Systematisierung des internationalen Marketing-Mix in die „4 P" („Product", „Price", „Promotion" und „Place") ist stark auf das Marketing im Konsumgüterbereich ausgerichtet. Die Problematik der Konsumgüterhersteller besteht allerdings darin, dass sie i.d.R. keinen direkten Kontakt zu ihren eigentlichen Zielgruppen – den Konsumenten – auf den jeweiligen Märkten haben, sondern dass sie zumeist über Handelsunternehmen als zwischengeschaltete Absatzmittler agieren.

Die Spezifika des Internationalen Marketing von Konsumgüterherstellern manifestieren sich insbesondere in distributionspolitischen Konsequenzen. Dabei steht die Beziehung zu den Absatzmittlern im Vordergrund, aber auch Fragen der Sicherung des Einflusses auf den Marktauftritt sowie die Marktpräsenz und damit im Zusammenhang stehende Fragen der Kontrolle des Distributionskanales sind von besonderer Bedeutung. Die Hersteller versuchen jedoch neben diesen auf ihre direkten Kunden ausgerichteten Maßnahmen auch Elemente einzusetzen, die auf der Ebene der indirekten Kunden ansetzen. Obwohl der lokal agierende Handel – auf Grund der Markt- und Konsumentennähe – eine Reihe von Vorteilen gegenüber den Herstellern hat, versuchen diese immer stärker, im Rahmen eines **Beziehungsmanagements** den direkten Dialog mit den Konsumenten aufzunehmen. Ein Beispiel hierfür sind eigene Kundenclubs von Konsumgüterherstellern. Im Gegensatz zu derartigen Systemen des Handels sind diese zumeist von Beginn an international ausgerichtet. Beispiele für den Einsatz derartiger international ausgerichteter **Kundenbindungsprogramme** sind die Clubs von Herstellern, so der Sony Club „Sonus" oder IKEA Family. Die Verfügbarkeit bzw. Verbreitung interaktiver Medien vereinfacht diese Formen der Beziehung mit den Konsumenten zusätzlich.

2. Handelsgerichtete Maßnahmen und Vertikalisierung der internationalen Konsumgüterindustrie

Das Konzept des **vertikalen Marketing** wird in der Literatur unter unterschiedlichen Gesichtspunkten diskutiert.[1] Unter vertikalem Marketing wird im Folgenden eine Strategie verstanden, bei der die Konsumgüterhersteller anhand eines mit den Handelsunternehmen koordinierten Vorgehens versuchen, die Konsumenten zu beeinflussen (Zentes/Swoboda/Morschett 2013).[2]

Vor dem Hintergrund der Bedeutungszunahme des Handels beinhaltet das Herstellermarketing in der Konsumgüterbranche zunehmend eine Kombination konsumenten- und handelsgerichteter absatzpolitischer Aktivitäten. Die konsumentengerichteten Maßnahmen umfassen den Einsatz absatzpolitischer Instrumente im Rahmen der Produkt-, Kommunikations-, Distributions- und bedingt auch in der Preispolitik. Handelsgerichtete Marketingaktivitäten betreffen die institutionenbezogene Koordination der Marketingaktivitäten, um über und mit dem Handel den Absatz der Produkte bei den Konsumenten sicherzustellen bzw. zu forcieren. In der Konsumgüterindustrie dominiert somit i.d.R. eine **mehrstufige Marktbearbeitung**. Dabei erfolgt die Distribution der Produkte z.B. über Einkaufszentralen, den Großhandel, den Einzelhandel oder in kombinierter Form.[3]

Im Rahmen des **internationalen vertikalen Marketing** steht v.a. die Gestaltung der Machtpositionen zwischen den Konsumgüterunternehmen und den nationalen oder international bzw. länderübergreifend tätigen Handelsunternehmen im Vordergrund. Von

---

[1] Vgl. zu unterschiedlichen Begriffsabgrenzungen z.B. Thies 1976; Kümpers 1976; Kunkel 1977; Tietz/Mathieu 1979; Belz 1989; Diller 1989; Engelhardt 1990; Zentes 1992a; Irrgang 1993; Olbrich 1995; Plinke 1997.
[2] Vgl. hierzu auch Abschnitt E.II. des Dritten Kapitels und Abschnitt F.II. des Vierten Kapitels.
[3] In diesem Kontext sind zudem Strategien des Global Account Managements von Bedeutung. Vgl. hierzu auch Abschnitt B.III.2 des Sechsten Kapitels sowie Swoboda/Schlüter/Olejnik 2011; Swoboda u.a. 2012.

ausschlaggebender Bedeutung für die Beziehung zwischen Hersteller- und Handelsunternehmen ist die jeweilige Wettbewerbsposition (Zentes/Swoboda 2005, S. 1066). Im Vordergrund steht bei dieser Betrachtung die **vertikale Wettbewerbsposition**, die sich auf die Stellung gegenüber Handelsunternehmen bezieht. Wichtige Einflussfaktoren hierauf stellen z.B. die Stärke der Herstellermarken auf den jeweiligen Märkten, der Grad der Umsatzbedeutung der einzelnen Handelsunternehmen für die Hersteller oder die Ausweichmöglichkeiten des Handels auf alternative Produkte und die Kontraktsituation dar (Tietz/Mathieu 1979). Hinsichtlich der **Machtposition** besteht häufig eine Machtdominanz beim Handel. Gefördert wird die Machtdominanz der Handelsunternehmen durch die Informationsverteilung im Absatzkanal. Die Informationsvorsprünge, welche die Handelsunternehmen realisieren, da sie im direkten Kontakt zu den Konsumenten auf den jeweiligen Märkten stehen, werden zusätzlich durch die Etablierung von elektronischen PoS-Systemen, Kundenkarten u.Ä. verstärkt, die es dem Handel ermöglichen, detaillierte ländermarktbezogene Informationen über die Kunden zu sammeln.

Die Hersteller können auf diese Verschiebungen der Machtpositionen in unterschiedlicher Weise reagieren. Auf Grund der **Gatekeeper-Position** des Handels auf den lokalen Absatzmärkten sind handelsgerichtete Marketingmaßnahmen von hoher Bedeutung. Die primären Ziele solcher Marketingkonzeptionen sind die Stärkung der Position des Konsumgüterherstellers beim Handel als direktem Abnehmer sowie die Stärkung der eigenen Marken der Konsumgüterhersteller bei den Konsumenten. Dabei verfolgt der Hersteller das Ziel einer „**Preferred-Supplier**"-Position. Ist das betreffende Handelsunternehmen länderübergreifend tätig, so kann dadurch auch der Markteintritt in weitere Märkte forciert werden (i.S. einer Follow-the-Customer-Strategie). Eine wichtige handelsorientierte Marketingmaßnahme ist in diesem Kontext die spezifische Ausrichtung der internationalen Produktpolitik auf die Handelskunden (z.B. spezifische Produktlinien bzw. -varianten). Eine weitere Form ist die **Exklusivmarkenstrategie**, bei der ein Hersteller eine Marke oder ein Produkt bzw. eine Produktvariante in einem bestimmten Land oder einer bestimmten Region exklusiv einem bestimmten Handelsunternehmen zur Verfügung stellt. Weitere Maßnahmen des handelsgerichteten Marketing sind die Herausstellung der Produktkompetenz sowie des Images durch den Markenartikelhersteller, die Gewährung finanzieller Anreize wie Rabatte oder Finanzhilfen, Verkaufsförderungsaktivitäten am PoS, Serviceleistungen oder die Vermittlung von Marketinginformationen (Zentes/Swoboda/Foscht 2012, S. 269ff.).

In der Distributionspolitik der Hersteller sind zunehmend **Vertikalisierungstendenzen** zu beobachten, die sich darin äußern, dass Vertriebsaktivitäten zunehmend stärker kontrolliert bzw. koordiniert werden. Vertikale Vertriebskooperationen aus Herstellersicht können von losen Formen der Zusammenarbeit bis hin zu straffen Systemen reichen. Diese straffen Formen werden auch als **Kontraktvertrieb** bezeichnet (Tietz/Mathieu 1979; Laurent 1996, S. 84). Dabei erfolgt i.S. einer Controlled Distribution eine Sicherung der Absatzwege durch die Hersteller.[1] Konzepte der **Controlled Distribution**[2] tragen wesentlich zur Stärkung der Marke des Herstellers bei, da die Hersteller ihre Distributions- und Marketingstrategie im vertikalen System besser durchsetzen können. Gerade im internationalen Kontext ist dies von wesentlicher Bedeutung. Insbesondere in herstellergebundenen Outlets kann das Sortiment eines Herstellers wesentlich strate-

---

[1] Vgl. hierzu auch Abschnitt B.III. des Vierten Kapitels.
[2] Vgl. hierzu z.B. Zentes 2012b, S. 90f.; Zentes/Schramm-Klein 2012, S. 816; Zentes/Swoboda/Foscht 2012, S. 620f.; Zentes/Neidhart 2006; Zentes/Neidhart/Scheer 2006; Zentes/Swoboda/Morschett 2004, S. 615ff.; Zentes/Schramm-Klein 2004a oder Zentes 1989.

giekonformer und umfassender präsentiert werden als im unabhängigen Einzelhandel. Die Vorteile der internationalen Controlled Distribution lassen sich zusammenfassen als (Zentes/Morschett/Schramm-Klein 2004, S. 291ff.):

- Sicherung des Markenimages, Stärkung der Marke
- hohe Vertrauenswirkung
- Qualitätssicherung am PoS (z.B. Servicequalität, Beratungsqualität)
- Verkürzung der „time to market"
- Unabhängigkeit von Vertriebspartnern (z.B. dem Handel)
- Sicherung der Zielgruppenkongruenz von Produkt und Einkaufsstätte
- effizientere physische Warenflüsse.

Noch weiter gehend ist die Durchgriffsmöglichkeit der Hersteller im Rahmen von Systemen des **Direktvertriebs** (Secured Distribution), bei denen es sich um integrative Distributionsformen handelt.[1]

Microsoft plant eigene Läden in Europa

Microsoft erwägt, auch in Europa Flaggschiffläden zu eröffnen. Nach Informationen der Financial Times hat der amerikanische Technologiekonzern mit Immobilienbesitzern in Großbritannien über Pläne zur Eröffnung solcher Geschäfte im kommenden Jahr gesprochen. Einer in die Gespräche eingeweihten Person zufolge ließ Microsoft verlauten, das Unternehmen sei zuversichtlich, 2013 die ersten Läden eröffnen zu können. Die endgültige Entscheidung hänge jedoch davon ab, wie sich Microsofts Läden in den USA entwickeln. Ein Microsoft-Sprecher wollte sich nicht äußern.

Das Unternehmen würde damit der Strategie folgen, die Apple erfolgreich umgesetzt hat. Der IT-Konzern nutzt die Apple Stores nicht zum Verkauf von Geräten, sondern auch zur Darstellung der eigenen Marke. Der Unterschied besteht jedoch darin, dass Microsoft auch Geräte anderer Hersteller verkauft, beispielsweise Smartphones von Nokia und HTC, die mit dem Betriebssystem Windows laufen, sowie PC und andere Hardware.

Microsoft produziert inzwischen auch zunehmend selbst Geräte, auf denen die firmeneigene Software installiert ist. So läuft der jüngst von Microsoft eingeführte Tablet-PC Surface mit dem Betriebssystem Windows 8. Große Mobilfunkbetreiber spekulieren, dass Microsoft auch bald ein eigenes Smartphone herstellen wird. Und inzwischen ist bekannt, dass der Technologiekonzern die neue Xbox One nicht mehr nur als Spielekonsole wie das Vorgängersystem Xbox 360, sondern auch als Settop-Box für Fernsehgeräte positionieren möchte. Xbox One wird im Weihnachtsgeschäft 2013 zu einem Preis von 499 USD bzw. 499 EUR erhältlich sein.

Ende dieses Jahres wird Microsoft eine interne Prüfung durchführen, wie gut sich die unternehmenseigenen Läden in den USA entwickelt haben und welche Formate am besten funktionieren. Das Unternehmen hat sowohl stationäre Geschäfte als auch vorübergehende Verkaufseinrichtungen, die nur zu Zeiten wie dem Weihnachtsgeschäft Geräte verkaufen. Außerhalb der USA hat Microsoft bereits in Kanada und Puerto Rico Läden eröffnet.

Die Microsoft-Läden in den USA bieten auch kostenlose Kurse und Einweisung in Microsofts Software an, wie diese auf den unterschiedlichen Geräten ausgeführt wird. Diese Kurse sollen dazu dienen, Kunden, die eher an die Apple- und die Android -Plattform gewöhnt sind, mit der Windows-Benutzeroberfläche vertraut zu machen.

Microsoft will ein digitales "Ökosystem" schaffen, das dem Apples oder dem Googles Android ähnelt. Microsoft hat neben seinem Tablet-PC auch eine große Anzahl Handys, die Windows nutzen. Vor allem Nokia unterhält eine besondere Partnerschaft mit Microsoft. Der finnische Handykonzern hat ein Exklusivabkommen, Smartphones herzustellen,

---

[1] Vgl. hierzu Zentes/Neidhart 2006; Zentes/Swoboda/Morschett 2005b sowie Zentes/Neidhart/Scheer 2006.

> die mit Microsoft-Software laufen. Außerdem gibt es Zubehör wie kabellose Ladegeräte, die mit der neuesten Palette Nokia-Handys verkauft werden.
>
> Quelle: Financial Times Deutschland, 26. November 2012; www.microsoft.com, Abrufdatum: 17. Juli 2013.

3. Fallstudie: Stammland-Orientierung als Ausgangspunkt der Marktbearbeitungsstrategie der Miele & Cie. KG[1]

a) Das Unternehmen

Die Miele & Cie. KG ist ein deutscher Hersteller von Elektrogeräten für die Küche, Wäsche- und Bodenpflege sowie für den Einsatz in Gewerbebetrieben, medizinischen Einrichtungen oder Laboren (Geschäftsbereich „Miele Professional"). Im Jahre 1899 gründeten Carl Miele und Reinhard Zinkann das Unternehmen, das noch heute im **Familienbesitz** ist und von zwei Gründer-Urenkeln sowie drei familienunabhängigen Geschäftsführern vom Firmensitz Gütersloh aus geführt wird. Die weltweit ca. 16.800 Miele-Mitarbeiter erwirtschafteten im Geschäftsjahr 2011/12 einen Umsatz von 3,04 Mrd. EUR. Getreu dem seit Gründerzeiten geltenden Firmenmotto „Immer besser" hat Miele in den letzten 100 Jahren wichtige Innovationen im Hausgerätebereich hervorgebracht. Die Produktpalette für den Haushalt umfasst insbesondere Waschmaschinen, Wäschetrockner, Bügelmaschinen, Geschirrspüler, Kochfelder, Herde/Backöfen, Dunstabzugshauben, Dampfgarer, Kaffeevollautomaten, Kühl- und Gefriergeräte, Weintemperierschränke, Mikrowellengeräte, Staubsauger sowie elektronische Vernetzungs- und Fernwartungssysteme („Miele@Home"). Im Geschäftsbereich „Miele Professional" hat das Unternehmen Wäschereitechnik, gewerbliches Geschirrspülen sowie Desinfektions- und Sterilisationsautomaten im Portfolio.

Miele betreibt neun seiner 13 Werke in Deutschland sowie je eines in Österreich, Tschechien, Rumänien und China. In Bürmoos bei Salzburg fertigt Miele zum Beispiel Desinfektionsgeräte und Sterilisatoren. In Unicov nordwestlich von Prag produziert Miele Wäschetrockner für den Haushalt, Toplader-Waschmaschinen und Geschirrspüler-Einstiegsmodelle. Im chinesischen Werk Dongguan, das aus einem früheren Joint Vernture mit Melitta hervorgegangen ist, werden rund 500.000 Staubsauger produziert. In Brasov/Rumänien sind es Elektronikkomponenten, für deren Fertigung die Kapazitäten im Gütersloher Elektronikwerk nicht ausreichen. Etwa 90% der produktiven Wertschöpfung werden weiterhin in den deutschen Werken erzielt. Die Fertigungstiefe beträgt über alle Gerätegruppen hinweg etwa 50%. Insbesondere qualitätsrelevante und differenzierende Komponenten wie die Elektroantriebe oder die Bedienelektroniken stellt Miele konsequent selbst her.

b) Das Wettbewerbsumfeld

Der Markt für Hersteller von Elektro-Hausgeräten ist durch eine zunehmende **Wettbewerbsintensität** geprägt, die maßgeblich aus dem Vordringen asiatischer Hersteller wie Samsung und LG resultiert. Für zusätzlichen Preisdruck von unten sorgen Billigmarken wie Haier aus China. So verringern sich die Konsumentenpreise für Hausgeräte in Deutschland stetig (siehe Abbildung 5.74).

---

[1] Die Fallstudie basiert auf Unternehmensinformationen der Miele & Cie. KG, so www.miele.de.

Abbildung 5.74: Verbraucherpreisindex für Haushaltsgeräte in Deutschland von 2000 bis 2012 (Index 2005=100)

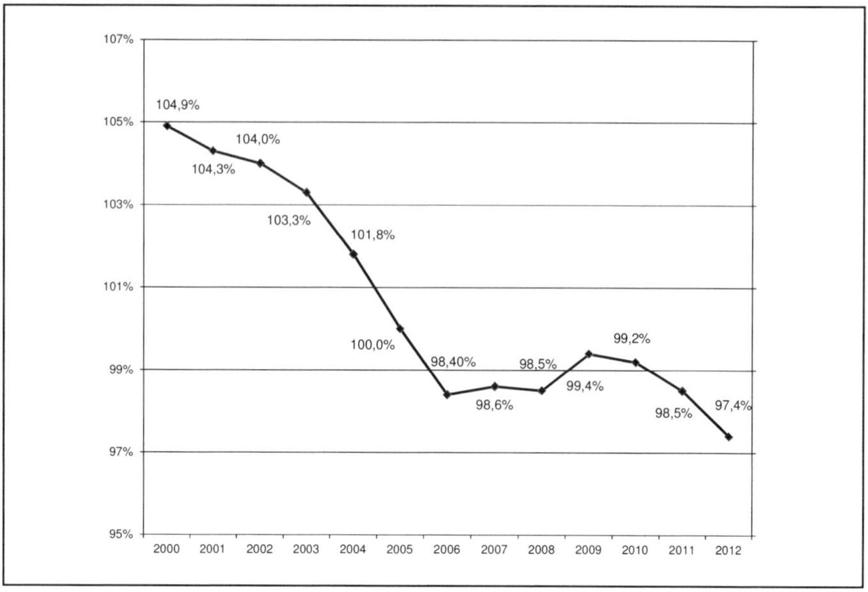

Quelle: Statistisches Bundesamt 2012.

Die europäischen Wettbewerber reagierten auf den anhaltenden Preiswettbewerb unter anderem mit Personalfreisetzung bis hin zur Verlagerung der Produktion in Niedriglohnländer bei gleichzeitiger Schließung heimischer Standorte. Bei Miele diente die Auslandsfertigung demgegenüber ausschließlich dem Aufbau zusätzlicher Kapazitäten.

c) Die Internationalisierung der Miele & Cie. KG

Erwirtschaftete Miele im Jahre 1995 noch weniger als 50% des Gesamtumsatzes im Ausland, so stieg der Anteil des Auslandsumsatzes im Laufe der Folgejahre kontinuierlich und liegt derzeit (für das Geschäftsjahr 2011) bei ca. 70% (siehe Abbildung 5.75).

Der Großteil der Auslandsumsätze wird innerhalb von Europa getätigt. Die als „Übersee" bezeichnete Region enthält vor allem Umsätze aus asiatischen, australischen und nordamerikanischen Absatzmärkten, wohingegen sich Miele in Südamerika und Afrika aktuell im Wesentlichen auf die Vertriebsgesellschaft Chile bzw. Südafrika beschränkt.

Abbildung 5.75: Umsatzverteilung auf In- und Auslandsmärkte von 1995 bis 2011

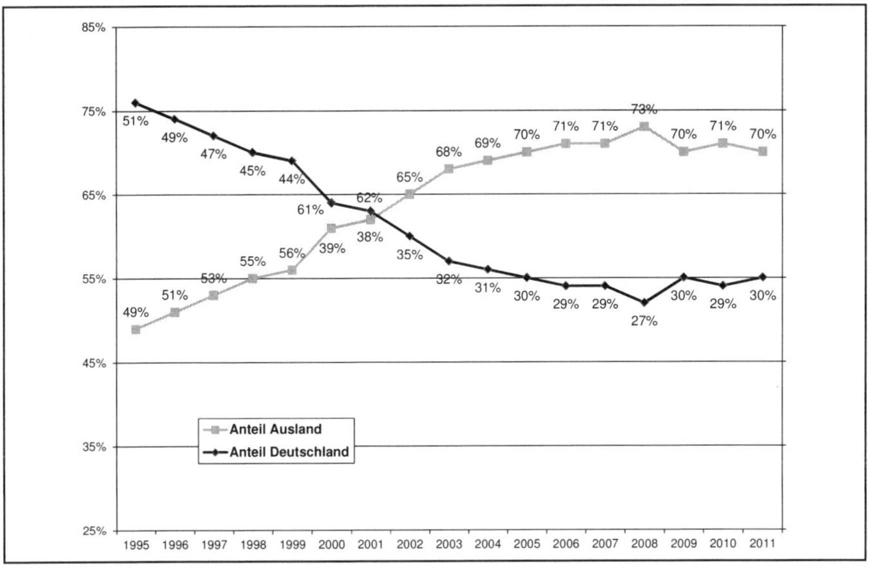

Standardisierte Marktbearbeitung eines Qualitätsführers

Miele stellt ausschließlich qualitativ hochwertige Produkte her, die höchsten Qualitätsstandards gerecht werden und sich durch eine besondere Langlebigkeit auszeichnen. Sämtliche Produkte des Unternehmens sind sowohl in qualitativer als auch in preislicher Hinsicht in den **Premium-Segmenten** der jeweiligen Produktgruppen positioniert. Im Sinne Porters kann daher von einer unternehmensweiten Strategie der **Qualitätsführerschaft** gesprochen werden, die im Unternehmensmotto „Immer besser" zum Ausdruck kommt und vom Management des Familienunternehmens konsequent verfolgt wird. Der weit gefasste Qualitätsbegriff umfasst neben der sprichwörtlichen Zuverlässigkeit und Langlebigkeit der Miele-Geräte auch Merkmale wie Leistung/ Ergebnisqualität, Bedienkomfort, Design und Energieeffizienz sowie Service. Auf dem Prinzip der Qualitätsführerschaft aufbauend, hat Miele eine Marke geschaffen, die den i.d.R. durch mangelnde Produktkenntnis zu charakterisierenden Hausgerätekunden als Hilfestellung dienen soll, in einem durch Angebotskomplexität gekennzeichneten Markt eine Kaufentscheidung vorzunehmen, die den Kernanforderungen, insbesondere der lang anhaltenden Funktionsfähigkeit des Gerätes, gerecht wird. Durch jahrzehntelange Kontinuität in der Markenführung hat sich Miele als **transgenerationale Marke** etabliert, mit der sich Konsumenten identifizieren können. Die Marke Miele, die weltweit für ausgereifte Technik deutscher Herkunft, hohe Qualität, lange Haltbarkeitsdauer und exzeptionelles Markenprestige steht, erlaubt es dem Unternehmen, eine weit gehend **standardisierte Marktbearbeitung** in sämtlichen Ländermärkten vorzunehmen.

Der Marktauftritt der Firma Miele in den ausländischen Märkten ist im Grundsatz durch eine **ethnozentrische Strategie** geprägt, bei der die im Heimatmarkt erfolgreich angewandten und bewährten Konzepte auf die Auslandsmärkte übertragen werden. Trotz seiner grundsätzlichen Stammland-Orientierung passt sich das Unternehmen hinsichtlich der Marktbearbeitung jedoch dahingehend an lokale Erfordernisse an, dass z.B. in den ausländischen Vertriebsgesellschaften vorrangig Mitarbeiter der Nationalität des Gastlandes beschäftigt werden, dies schließt insbesondere auch die jeweiligen Geschäftsführer ein.

Die Voraussetzung für eine erfolgreiche standardisierte Marktbearbeitung besteht in einer übergreifenden Klammer, welche die Gesamtausrichtung des Unternehmens bestimmt. Im Fall von Miele dient die konsequente **Markenführung** als eine solche Klammer, welche die Komponenten des Marketing-Mix, so Produkt-, Distributions-, Preis- und Kommunikationspolitik, umfasst.

Produktpolitik

Die Produkte im weltweiten Hausgerätesektor basieren im Grundsatz auf identischen Bau- und Funktionsprinzipien und die Abmessungen der Geräte sind standardisiert, sodass es diesbezüglich nur wenig regionalen bzw. lokalen Anpassungsbedarf gibt. Bezüglich der technischen Erfordernisse kommt es jedoch hinsichtlich der in unterschiedlichen Ländern differierenden Netzspannung zu Anpassungen. So muss beim Bau der Hausgeräte beachtet werden, dass die in Europa vorherrschende Netzspannung von 220 Volt zwar auf asiatische Länder wie China (inklusive Hongkong) und Singapur, nicht aber auf Japan übertragbar ist. Die in Japan verwendete Netzspannung von 200 Volt wird darüber hinaus in verschiedenen Regionen des Landes mit einer Netzfrequenz von entweder 50 oder aber 60 Hertz betrieben. Eine weitere geringfügige **Produktdifferenzierung** (allerdings in einer anderen Produktgruppe) erfolgt im asiatischen Raum bezüglich der Aufteilung bzw. Größe der Gaskochfelder, die an die asiatischen Kochgewohnheiten mit dem Wok angepasst werden, wobei diese asiatische Variante der Gaskochfelder mittlerweile auch in Europa sehr gefragt ist.

Im Hinblick auf Zuverlässigkeit, Langlebigkeit, Leistungs-/Ergebnisqualität, Komfort, Design und Servicequalität beziehen sich die Erwartungen der Premium-Segment-Kunden jedoch länderübergreifend auf nahezu gleichartige Dimensionen. Diesen Erwartungen kann Miele besser gerecht werden als andere Hersteller, da Miele durch den direkten Erfahrungsaustausch von gewerblichen und Haushalts-Anwendungen über einen qualitätstreibenden Faktor verfügt. Zu diesen Qualitätsdimensionen gehören u.a. Langlebigkeit (20 Jahre), Zuverlässigkeit (keine überflüssigen Reparaturen) und die hohe Funktionsgüte (z.B. beste Wasch- und Spülergebnisse).

Miele versieht sämtliche Produkte mit einem weltweit einheitlichen, homogenen Design, das hochwertige und reduzierte Eleganz mit hoher Gebrauchstauglichkeit kombiniert. Auf modische Gestaltungselemente wird konsequent verzichtet, da diese i.d.R. durch Kurzlebigkeit gekennzeichnet sind. Die Homogenität des Miele-Designs ist einerseits dadurch gekennzeichnet, dass unterschiedliche Arten von Miele-Geräten ebenso miteinander kombiniert werden können (sog. **horizontale Designhomogenität**) wie aktuelle und vorherige Miele-Produktserien (sog. **vertikale Designhomogenität**). Das typische Miele-Design ist länderübergreifend durch eine hohe Funktionalität gekennzeichnet und passt sich lediglich bei den Beschriftungen, die in der jeweiligen Landessprache angebracht werden, an länderspezifische Bedürfnisse an.

Ein weiteres Merkmal der standardisierten Miele-Produktpolitik ist der After-Sales-Service. Sämtliche Miele-Vertriebsgesellschaften und alle autorisierten Importeure bieten professionellen Kundendienst, sei es durch eigene Mitarbeiter oder durch umfassend geschulte Fachhändler. Bei der Markterschließung folgt Miele dem Prinzip „No service, no sales". Die hohe Bedeutung, die dem **After-Sales-Service** beigemessen wird, ist auch bei der Auswahl der Importeure ersichtlich, da diese niemals autorisiert werden, ohne dass sie den zugehörigen Service anbieten. Zur Standardausrüstung eines jeden Kundendienst-Mitarbeiters gehört – neben den herkömmlichen Reparaturwerkzeugen – ein Laptop, der technische Informationen, Reparaturanleitungen, Schaltpläne und Produktdokumentationen enthält und darüber hinaus das Ersatzteilemanagement steuert.

Distributionspolitik

Miele vertreibt seine Produkte in derzeit 47 Ländern über eigene **Vertriebsgesellschaften** und in weiteren 50 Ländern über autorisierte **Importeure**, wobei die erstgenannte Betätigungsform in fast allen europäischen Ländern und weiteren wichtigen Märkten wie USA, Kanada, Südafrika, Australien, Japan, Hongkong, China oder Singapur gewählt wurde. Der Markteintritt in Auslandsmärkte erfolgte i.d.R. zunächst über Importeure; die Gründung von Vertriebsgesellschaften hat sich bei den genannten Ländern in einer zweiten Stufe vollzogen. Hierbei löste die Vertriebsgesellschaft die Importeure nicht notwendigerweise auf einen Schlag vollständig ab, stattdessen ist eine Koexistenz beider Betätigungsformen möglich. Typisch für Miele ist, dass man anstrebt, die geschäftliche Zusammenarbeit mit den bisherigen Importeuren in einer für beide Seiten geeigneten Weise an die neuen Vorzeichen anzupassen und fortzuführen. Ein Novum in der Firmengeschichte war die Entstehung der Vertriebsgesellschaft in Südkorea: Dort wurde der Importeur vollständig von Miele übernommen und in eine konzerneigene Vertriebsgesellschaft überführt. Jüngste Stationen der weltweiten Vertriebs- und Servicepräsenz von Miele sind die Vertriebsgesellschaft Indien, deren operatives Geschäft im Herbst 2009 aufgenommen wurde sowie die Gesellschaften in Rumänien und Malaysia.

Der Vertrieb der Miele-Produkte erfolgt in den nationalen sowie den internationalen Märkten grundsätzlich durch all diejenigen Be- und Vertriebsformen des Handels, die durch erkennbare **Fachhandelsstrukturen** geprägt sind. Hierzu zählen der Elektrofachhandel, die Technik-Fachmärkte und die Warenhäuser ebenso wie der Küchenfach-, Möbelfach-, Sanitärfach- und Versandhandel. Um eine qualitativ hochwertige Vermarktung zu gewährleisten, vertreibt Miele seine Geräte in Deutschland ausschließlich über mehr als 10.000 autorisierte Fachhandelspartner, die bei Sortiment, Präsentation und Beratung anspruchsvolle Kriterien erfüllen. Wegen der wachsenden Bedeutung des Vertriebskanals Internet sind neuerdings auch reine Online-Versandhändler prinzipiell autorisierungsfähig, müssen dafür aber nicht minder hohe Standards nachweisen, etwa mit Blick auf Präsentation, Verfügbarkeit, Bestellkomfort oder Call-Center-Support. Dieses Prinzip wird sukzessive auch in anderen europäischen Märkten verfolgt.

In Ländern, deren Handelsstrukturen vor allem durch Preis- statt durch Qualitätswettbewerb gekennzeichnet sind, setzt Miele zusätzlich oder stattdessen auf ein Agentursystem. Hier verkaufen die betreffenden Vertriebspartner gegen Provision im Namen und auf Rechnung von Miele. Damit bleibt die Festlegung von Sortimenten, Preisen und PoS-Ausstattung (einschließlich deren Finanzierung) in den Händen von Miele. Dies gilt beispielsweise für Australien, Kanada, Russland oder die Türkei.

Vor allem außerhalb Europas, etwa in asiatischen Boomstaaten wie China, Hongkong oder Singapur, ist für Miele darüber hinaus das sog. **Projektgeschäft** von wesentlicher Bedeutung. Gemeint ist die Komplettausstattung exklusiver Wohnkomplexe mit mehreren hundert oder sogar mehreren tausend hochwertigen Kücheneinbaugeräten und teilweise auch Waschmaschinen und Trocknern. Mit ihrer Entscheidung für Miele verheißen die Projektentwickler ihrer wohlhabenden Klientel Uniqueness, Wertbeständigkeit und Markenprestige und werten so ihre Angebote zusätzlich auf. Vor allem in neuen Märkten leistet das Projektgeschäft einen wichtigen Beitrag dazu, die Marke Miele in der Zielgruppe bekannt zu machen.

Preispolitik

Produkte der Marke Miele werden auf der ganzen Welt zu deutlich höheren Preisen als konkurrierende Produkte angeboten, wobei in der Produktgruppe der Waschmaschinen die Preisdifferenz im Vergleich zu den sog. A-Herstellern (Electrolux, Whirlpool, BSH-Group) bis zu 100% betragen kann. Bei den Staubsaugern sind es ca. 30%.

Diese preisliche Positionierung im „high-end"-Segment und die damit verbundenen relativ hohen Erlöse sind erforderlich, um das umfassende Leistungsspektrum, das mit Miele-Produkten verbunden ist, aufrecht zu erhalten. Zu diesem Leistungsspektrum zählen z.B. die Verwendung besonders langlebiger Bauteile, das dichte Vertriebsnetz sowie der After-Sales-Service. Zudem werden jedes Jahr mindestens 5% vom Umsatz in Forschung und Entwicklung investiert.

Kommunikationspolitik

Ein Element der standardisierten Miele-Kommunikationspolitik besteht darin, dass weltweit vorwiegend das klassische Kommunikationsmedium Print eingesetzt wird, um das bekannte **Miele-Markenbild** zu stärken. Die Miele-Werbung ist dadurch charakterisiert, dass sie dem Konsumenten in einem bestätigenden Stil immer wieder das besonders vorteilhafte Leistungsprogramm der Miele-Produkte nahe bringt. Im Rahmen der Umsetzung dieser bewusst auf die Marke und das Produkt fokussierten Werbestrategie werden i.d.R. Lifestyle-Fotos von Miele-Produkten in ansprechenden Wohnumfeldern eingesetzt. Mittels der Headline soll der Verbrauchernutzen des jeweiligen Produkts klar und verständlich kommuniziert werden. Der Copy-Text dient der weiteren Erläuterung des Miele-Alleinstellungsmerkmals. Auf allen Miele-Kommunikationsmaterialien wird das rote Logo nebst Logo-Balken eingesetzt.

Um eine entsprechende Markenpräsentation zu gewährleisten, wurde das Konzept der **Miele Galleries** entwickelt. Hierbei werden Miele-Produkte weltweit in außergewöhnlichem und hochwertigem Ambiente ausgestellt. Die großzügigen Ausstellflächen sind dabei in Themenwelten untergliedert, in denen der Besucher/Kunde die Produkte erleben und ausprobieren kann. Des Weiteren werden die Miele-eigenen Ausstellungen für Events wie Kochvorführungen genutzt. Die Galleries folgen zwar global alle der gleichen Design-Philosophie, berücksichtigen aber ebenso lokale Eigenschaften. Zuletzt wurden u.a. in Dubai, Kuala Lumpur sowie in Wien Miele Galleries eröffnet.

Der von Miele geprägte Stil wird – sieht man von regelmäßigen Aktualisierungen z.B. der Fotostilistik ab – seit Jahrzehnten kontinuierlich international eingesetzt. Er setzt auf das zentrale Miele-Markenversprechen „Immer besser" auf, das für absolute Kundenzufriedenheit sowie für bessere Ergebnisse dank der Miele-Produkte steht, und vermittelt Werte wie technische Perfektion, Präzision und Verlässlichkeit. Da sich diese Eigenschaften gut mit den dem Herkunftsland Deutschland oftmals zugeordneten, gleich lautenden Eigenschaften ergänzen, profitiert das Unternehmen von einem positiven **Country-of-Origin-Effekt**, was durch den zunehmenden internationalen Einsatz des Claims „Immer besser" im Zusammenhang mit dem Miele-Logo unterstützt werden soll, so beim Internetauftritt der japanischen Vertriebsgesellschaft, wo dieser die Firmenphilosophie charakterisierende Schriftzug „Immer besser" ebenfalls in deutscher Sprache belassen wurde.

d) Fazit

Zusammenfassend betrachtet kann die Miele & Cie. KG als ein Unternehmen, das eine länderübergreifend weit gehend standardisierte Marktbearbeitung betreibt, charakterisiert werden. Dies gilt für die grundlegenden Elemente der Produkt-, Distributions-, Preis- und Kommunikationspolitik. Wo es aufgrund regionaler Erfordernisse geboten ist, stellt Miele sich darauf ein. Dies gilt etwa mit Blick auf kulturelle Besonderheiten, spezifische Kundenbedürfnisse, technische oder rechtliche Anforderungen oder in der Nutzung bzw. Kombination unterschiedlicher Distributionskanäle.

III. Groß- und Einzelhandel

1. Vorüberlegungen

Die Marktbearbeitung des Handels ist dadurch gekennzeichnet, dass sie sehr stark lokal geprägt ist (Hofstede/Wedel/Steenkamp 2002). Dies spiegelt sich auch in der Internationalisierung von Handelsunternehmen wider. Diese sind zwar bereits seit langem im Rahmen der Beschaffung international bzw. global tätig, jedoch sind internationale absatzorientierte Aktivitäten erst verstärkt seit Anfang der 1980er Jahre zu beobachten (Alexander/Myers 2000; Zentes 1993b). Dabei sind die Strategien unterschiedlich. Während einige Unternehmen ihre Betriebstypen- und Sortimentspolitik fast unverändert auf andere Länder übertragen, zeichnen sich andere durch eine relativ starke Anpassung an die jeweiligen länderspezifischen Verhältnisse aus.

Im Gegensatz zum Konsumgütermarketing, in dem mit den „4 P" eine weit gehend anerkannte Systematisierung der Marketing-Mix-Instrumente existiert, gibt es eine derartig anerkannte Systematisierung für das Marketinginstrumentarium von Handelsunternehmen bisher nicht. Es existiert hingegen eine Vielzahl unterschiedlicher Systematiken. Als wichtige Elemente des **Handelsmarketing-Mix** können die folgenden Bereiche angesehen werden (Zentes/Swoboda/Foscht 2012, S. 378):

- **Sortimentspolitik**: z.B. Sortimentsbreite und -tiefe, Qualität, Markenstruktur
- **Preis- und Konditionenpolitik**: z.B. Preisniveau, Preisstruktur, Rabatte
- **Kommunikationspolitik**: z.B. Werbung, Verkaufsförderung, Öffentlichkeitsarbeit
- **Kundenbindungspolitik** (Customer Relationship Management): z.B. Kundenkarten, Kundenclubs, Bonusprogramme
- **Verkaufsraumgestaltung (In-Store Marketing)**: z.B. Ladenlayout, Atmosphäre
- **Servicepolitik**: z.B. Beratungs-, Informationsangebot, Garantien, Conveniencedimensionen wie Liefer-/Abholservice, Öffnungszeiten, One-Stop-Shopping-Möglichkeiten, Erreichbarkeit
- **Standortpolitik**: räumliche Geschäftslage/Orte der physischen Präsenz (z.B. Internet-Sites).

2. Formen der internationalen Marktbearbeitung von Handelsunternehmen

Von besonderer Bedeutung im Rahmen der Marketingentscheidungen von Handelsunternehmen sind die Betriebs- und Vertriebstypenpolitik sowie die Sortimentspolitik. Anhand der Wahl der Betriebs- und Vertriebstypen („Formate") bestimmt ein Handelsunternehmen in wesentlichem Ausmaß seine Struktur, sein Leistungsspektrum und seinen Marktauftritt (Schramm-Klein 2003, S. 12). Die Frage der Standardisierung bzw. Differenzierung der **Betriebstypenkonzeption** stellt deshalb die marketingstrategische

Grundsatzentscheidung im Rahmen des internationalen Handelsmarketing-Mix dar.[1] Die Ländermärkte unterscheiden sich dabei hinsichtlich der jeweiligen Phase der Betriebstypenlebenszyklen. Für unterschiedliche Warengruppen können zudem länderspezifische Betriebstypenaffinitäten bestehen (Ferring 2001).

Ebenfalls besonders prägend für die Handelsunternehmen ist die **Sortimentspolitik**. Dabei ist zwischen den strategischen Elementen der Sortimentspolitik und der konkreten Gestaltung des Sortiments auf den Ländermärkten, also der Artikel innerhalb der vorgegebenen Strategie, zu unterscheiden.

Der Grad der Standardisierung von Betriebstypen- und Sortimentskonzepten variiert im internationalen Kontext. Standardisierung und Differenzierung von Betriebstyp und Sortiment müssen dabei nicht in einheitlicher Richtung erfolgen. Es finden sich bspw. Konzepte, bei denen Betriebstypen standardisiert auf die Gastlandsmärkte übertragen werden, jedoch die Sortimentsstruktur differenziert wird, um lokalen Anforderungen zu entsprechen (siehe Abbildung 5.76).[2]

Betrachtet man diese Instrumente als Basis der strategischen Ausrichtung des Handelsmarketing-Mix, so lassen sich die Basisoptionen international agierender Handelsunternehmen entsprechend der Darstellung in Abbildung 5.76 zuordnen. Tendenziell lässt sich dabei feststellen, dass globale Strategien eher mit Handelsunternehmen aus dem Non-Food-Bereich korrespondieren, während multinationale Strategien häufiger im Food-Bereich zu finden sind (Swoboda/Elsner/Morschett 2012).

Abbildung 5.76: Standardisierung vs. Differenzierung von Betriebstypenkonzept und Sortiment

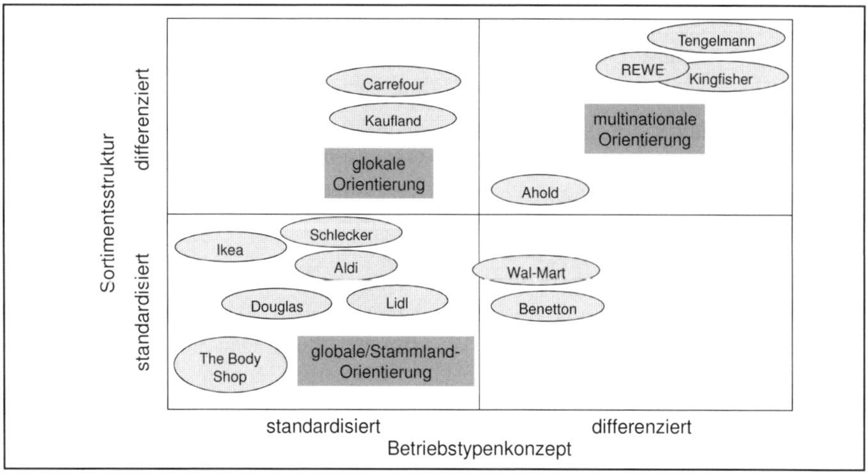

Quelle: in Anlehnung an Zentes/Swoboda/Foscht 2012, S. 236; Zentes/Morschett 2002, S. 171.

---

[1] Vgl. hierzu Abschnitt F.III. des Vierten Kapitels.
[2] Vgl. zu einer Analyse der Erfolgswirkung von Standardisierung und Differenzierung von Betriebstypenkonzepten und Sortimentsstruktur Swoboda/Elsner 2013.

Globale und Stammland-orientierte Vorgehensweise

Globale und Stammland-orientierte Strategien sind auf die standardisierte Ansprache der Märkte ausgerichtet. Unter der Annahme weit gehend homogener Märkte bzw. Segmente findet eine identische Multiplikation eines Konzeptes im Ausland statt, wobei – wie vorne herausgestellt – die Konzeption bei der globalen Orientierung von vornherein auf die Weltmärkte ausgerichtet ist, während die Stammland-Orientierung die Multiplikation des Heimatmarkt-Konzeptes beinhaltet. Entsprechend der bereits diskutierten Vorteile einer derart standardisierten Strategie (z.B. Größendegression, werbliche Spill-over-Effekte, Imageeffekte u.Ä.) ermöglicht sie den Handelsunternehmen, über eine umfassende Integration der Wertschöpfungskette weltweit Economies of Scale und Synergieeffekte auszunutzen. Die Größenvorteile der Standardisierung sind im Handel nicht in der gleichen Form gegeben wie in der Industrie, zeigen sich aber gleichwohl in einigen Bereichen, so z.B. in Einkaufsgrößenvorteilen, Synergieeffekten bei der Entwicklung und Produktion von einheitlichen Eigenmarken für unterschiedliche Märkte und länderübergreifenden Verkaufsförderungsmaßnahmen.

Auf Grund der deutlichen Betonung kostenorientierter Vorteile scheint sich eine derartige, auf Standardisierung ausgerichtete Strategie in besonderem Maße für preisorientierte Unternehmen bzw. Betriebstypen zu eignen wie z.B. Discounter im Near-Food-Bereich oder Fachmärkte im Non-Food-Bereich. Andererseits besteht z.B. im Bereich von hochwertigen oder Luxussegmenten auf der Produktebene eine hohe Bedeutung globaler Marken, was Standardisierungen im Bereich der Betriebstypenpolitik bzw. der weiteren Elemente des Handelsmarketing-Mix nach sich ziehen kann.

Multinationale Vorgehensweise

Bei der multinationalen Vorgehensweise erfolgen eine Optimierung der nationalen Teilstrategien unter Anpassung an länderspezifische Bedürfnisse der Verbraucher und eine Berücksichtigung von Unterschieden in den Kommunikations-, Preis- und Distributionsgegebenheiten bzw. bei gesetzlichen Bestimmungen. Zudem erscheint ein differenziertes Vorgehen sinnvoll, wenn die Handelsunternehmen im Rahmen von Akquisitionsstrategien lokale Unternehmen erwerben, die sich auf den entsprechenden Auslandsmärkten bereits durchgesetzt haben und gut positioniert sind (Zentes/Morschett 2002, S. 177).

Insbesondere differenzierte Sortimente führen zu einer stärkeren Kundennähe und auch der Service, hinsichtlich dessen häufig ein hoher Anpassungsbedarf gegeben ist, kann an die lokalen Bedürfnisse angepasst werden. Im Handel sind es deshalb vornehmlich die qualitäts- und serviceorientierten Formate, bei denen diese Vorgehensweise verfolgt wird, so z.B. Fachgeschäfte im Non-Food-Sektor. Die multinationale Vorgehensweise kann auch die Dimension der **Retail Brand** als Marke auf den lokalen Märkten beeinflussen, indem z.B. nationale bzw. regionale Bezeichnungen der Geschäfte genutzt werden, die den Nachfragern vor Ort die nationale Anpassung verdeutlichen bzw. ihnen den Charakter eines nationalen oder regionalen Unternehmens vermitteln. Eine differenzierte Marketingpolitik mit einer standardisierten Retail Brand zu verbinden, würde eine Verwässerung der Marke nach sich ziehen, wenn die Konsumenten in unterschiedlichen Märkten mit der gleichen Marke, aber unterschiedlichen Markeninhalten konfrontiert werden.

Glokale Vorgehensweise

Eine Vielzahl von Handelsunternehmen verfolgt Mischstrategien, bei denen versucht wird, einen optimalen Ausgleich zwischen den Kostenvorteilen einer Standardisierung und den Wirkungsvorteilen einer Anpassung des Marketingkonzeptes an die individuellen Ländergegebenheiten zu erreichen. Derartige Mischstrategien sind häufig das Ergebnis historischer Gründe bzw. resultieren aus der Übernahme starker Retail Brands auf den Auslandsmärkten. Sie können aber auch aus Anpassungserfordernissen einzelner Elemente an die lokalen Marktbedingungen resultieren. Dies ist z.B häufig im Food-Bereich der Fall.

3. Spezifika der Marktbearbeitung von Handelsunternehmen

Sortimentspolitik

Die Sortimentsgestaltung umfasst alle Entscheidungen, die bei der Gestaltung des Waren- und Dienstleistungsangebots zu treffen sind. Hierzu zählen z.B. (Tietz 1993, S. 328):

- die geführten Warenkategorien
- die angestrebte Sortimentsbreite und -tiefe
- die geführten Qualitätsniveaus
- die angestrebte Preispositionierung.

Auf Grund der vergleichsweise großen internationalen Unterschiede bezüglich gesetzlicher, verbraucherverhaltensbezogener oder konkurrenzbezogener Unterschiede besteht häufig die Notwendigkeit, für die einzelnen Ländermärkte individuell zugeschnittene Sortimente zusammenzustellen oder ein länderübergreifendes Basissortiment um landesspezifische Komponenten zu ergänzen. Die Notwendigkeit der Lokalisierung ist v.a. dann besonders hoch, wenn die Verbraucherwünsche sehr länderspezifisch ausgeprägt sind (z.B. im Lebensmittelhandel) und gleichzeitig einem schnellen Wandel unterliegen, oder wenn die Unternehmen auf den Auslandsmärkten mit starken lokalen Wettbewerbern konkurrieren. Bei der länderspezifischen Anpassung ist v.a. die Aufnahme neuer oder landestypischer Artikel bzw. Artikelgruppen erforderlich.

Zu den Sortimentsentscheidungen zählt auch die Entscheidung über die Integration von Handelsmarken bzw. Eigenmarken. Hierbei handelt es sich um Waren- bzw. Firmenkennzeichen, mit denen Handelsunternehmen ihre Ware versehen (Bruhn 2013b). Zu den Erscheinungsformen zählen insbesondere (Zentes/Swoboda/Foscht 2012, S. 447ff.; Hilt 2009, S. 27ff.):

- **Gattungsmarken** (No Names, namenlose Produkte, Weiße Ware, Generika): einfachere Produktgestaltung und sehr niedriger Preis bei gleichzeitiger Sicherung einer Mindestproduktqualität (oft Preiseinstiegslage)
- **Klassische Handelsmarken**: Produkte, die sich bei ähnlicher Qualität wie Herstellermarken durch einen Preisvorteil auszeichnen, aber nur bei einem bestimmten Handelsunternehmen verfügbar sind
- **Handels-Premiummarken**: hohe Qualität und entsprechend höhere Preise, Produkte mit Zusatznutzen, die zur Kundenbindung an das Handelsunternehmen beitragen sollen.

Im internationalen Kontext bestehen im Wesentlichen drei Optionen der Handelsmarkenpolitik. Zum einen kann eine **Dachmarkenstrategie** verfolgt werden, bei der mehrere nationale Handelsmarken unter einer gemeinsamen internationalen Dachmarke koordiniert werden (glokale Vorgehensweise). Als zweite Option können eigene Handelsmarken in einheitlicher Form (z.b. European Brands im EU-Raum) länderübergreifend eingesetzt werden, z.b. als transnationale Eigenmarkenkonzeptionen (globale Vorgehensweise) oder anhand der Übertragung der Eigenmarken eines Lead Country, wie z.b. des Heimatmarktes (Stammland-orientierte Strategie). Eine weitere Option besteht in der Entwicklung jeweils nationaler Eigenmarken für die jeweiligen lokalen Märkte (multinationale Vorgehensweise).

Standortpolitik

Die Standortpolitik von Handelsunternehmen, also die Festlegung der räumlichen Struktur der Handelsbetriebe, ist naturgemäß ein sehr „lokal" geprägtes Marketinginstrument, da die jeweilige lokale Lage der Standorte innerhalb eines Auslandsmarktes zu bestimmen ist. Als grundlegende Entscheidungen werden in der internationalen Standortstrategie jedoch strategische Basisentscheidungen hinsichtlich der relevanten Standortfaktoren festgelegt, die auf den jeweiligen Ländermärkten zur Anwendung kommen sollen (Falk/Wolf 1992, S. 126):

- **Absatzorientierung**: abnehmerorientiert hinsichtlich Bedarf und Kaufkraft sowie Konkurrenzorientierung
- **Verkehrsorientierung**: räumliche Zugänglichkeit aus beschaffungs- und absatzpolitischer Perspektive
- **Faktororientierung**: bezogen auf verfügbare Flächen.

Die divergierenden Nachfragebedingungen, Bedarfsstrukturen, Kaufkraftverhältnisse, Siedlungsstrukturen, die Unterschiede in der Konkurrenzstruktur und -dichte, gesetzliche Regulierungen (z.B. Baunutzungsverordnung in Deutschland) oder Infrastrukturunterschiede (z.B. verkehrsmäßige Erschließung, Verfügbarkeit und Nutzungsformen des öffentlichen und privaten Verkehrs) beeinflussen die jeweils optimalen Standortstrukturen und führen dazu, dass die jeweiligen Entscheidungen zwar hinsichtlich der grundsätzlichen Relevanz unterschiedlicher Standortkriterien als Leitlinien standardisiert werden können, aber dennoch stark lokal geprägt sind.

Im Internet-Handel verliert die geografische Entfernung zwischen Kunde und Handelsunternehmen bezogen auf die Erreichbarkeit des Handelsunternehmens nahe liegender Weise an Relevanz. Der Standort bzw. die „Lage" sind dennoch auch im Internet von Relevanz. So ist der „Standort" dort zwar nicht gleichbedeutend mit dem Ort der physischen Präsenz, bezieht sich aber auf die Anzahl und Auffindbarkeit der Wege, über die Kunden die Seite erreichen können (so z.B. Direkteingabe der URL, Bannerwerbung oder Werbung auf Portalseiten).

Warenpräsentation und Ladengestaltung

Das **In-Store-Marketing** ist von wesentlicher Bedeutung für die Profilierung von Handelsunternehmen. Die Ladengestaltung prägt das Image und das Erscheinungsbild der Handelsunternehmen besonders stark (Tietz 1993, S. 465), da ein Großteil der Entscheidungen erst im Laden selbst getroffen wird. Dabei unterscheidet man primär erlebnisorientierte (emotionale Verkaufsraumgestaltung) und versorgungsorientierte Konzepte (funktionsorientierte Verkaufsraumgestaltung). Entscheidungen, die in diesem Zusammenhang zu treffen sind, beziehen sich auf das Ladenlayout, die qualitative und quantitative Raumzuteilung (Space Utilization) sowie die atmosphärische Verkaufsraumgestaltung (z.B. visuelle Kommunikation, Musik, Gerüche, Temperatur) und die Gestaltung des Ladenumfelds (Zentes/Swoboda/Foscht 2012, S. 528ff.).

Im internationalen Zusammenhang sind v.a. unterschiedliche Nachfragerbedürfnisse zu beachten, um die Gestaltungselemente optimal auszurichten. Insbesondere können Gerüche, Musik oder visuelle Kommunikationselemente unterschiedlich wahrgenommen werden bzw. wirken (z.B. Farbwirkungen, Formen usw.) und die Laufwegegestaltung kann unterschiedlichen Anforderungen entsprechend international variierender Kauf- und Bedarfsgewohnheiten unterliegen.

Servicepolitik

Das Serviceniveau im Handel bzw. die Frage, welche Serviceleistungen Kann-, Soll- oder Muss-Leistungen darstellen, ist abhängig von dem gewählten Betriebs- bzw. Vertriebstyp. Insgesamt kommt der Servicepolitik v.a. in qualitätsorientierten Betriebstypen eine besondere Bedeutung zu (z.B. Fachgeschäfte), während in preisorientierten Konzepten die Serviceleistungen reduziert sind (z.B. Discounter, Fachmärkte). Die Übertragbarkeit von Servicekonzepten des Handels auf Auslandsmärkte hängt stark von den landesspezifischen Serviceerwartungen der ausländischen Kunden ab, so insbesondere hinsichtlich Soll-, Kann- und Muss-Dienstleistungen. Im internationalen Handelsmarketing sind deshalb als Optionen denkbar (Ferring 2001, S. 108ff.):

- Variation des Serviceprogramms (Umfang des Serviceangebots)
- Variation des Serviceniveaus (Art und Qualität der Serviceleistungen)
- Variation des Serviceentgelts
- Variation der Serviceintensität.

Customer Relationship Management

Im Bereich der Instrumente der Marktbearbeitung des Handels spielen spezifische **Kundenbindungsinstrumente** eine zunehmende Rolle. Den Anstoß zur Entwicklung dieser vergleichsweise neuen Marketinginstrumente im Handelsmarketing-Mix bildet insbesondere der Paradigmenwechsel weg vom Transaktions- hin zum **Beziehungsmarketing** (Berry 1983; 1995; Grönroos 1997; Endacott 2004; Bruhn 2012; Bruhn 2013b, S.11; Homburg 2012, S. 310f.).

Im internationalen Handelsmarketing gewinnen Customer-Relationship-Management-Ansätze zur zielgruppengerechten Gestaltung des Marketing zunehmend an Bedeutung. Als Instrumente im internationalen Handelsmarketing-Mix stehen dabei v.a. Kundenkarten- oder Kundenclub-Systeme, Coupon-Systeme, Mailings oder Bundlingsysteme im Vordergrund. Neben der Nutzung traditioneller Wege der Kundenansprache ist auf Grund technologischer Entwicklungen der Einsatz einer Vielzahl neuer Kommunikationsmedien möglich. Auf Grund der bereits sehr hohen Etablierung steht dabei meist das Internet als zentraler Bestandteil neuer Formen der Kundenansprache im Vordergrund. Auf diese Weise sind innovative Formen der Kundenansprache und der Unterstützung von Distributionsprozessen möglich. Über das Internet kann z.B. eine individualisierte Kundenansprache erfolgen (z.B. im Rahmen von Direct-Mailing-Systemen bzw. individualisierten Web-Seiten, sozialen Netzwerken oder Online-Communities im Rahmen der Online-Kommunikation oder Online-Distribution).

4. Fallstudie: Internationale Marktbearbeitungsstrategie von Auchan[1]

a) Geschichte, Entwicklung und Bedeutung des Unternehmens

Neben der Aktivität im Einzelhandel ist die im Privatbesitz befindliche Unternehmensgruppe Auchan auch im Immobiliengeschäft sowie im Bankwesen tätig. Der Grundstein der Unternehmensgruppe Auchan wurde 1961 in Roubaix (Frankreich) gelegt. Dort eröffnete Gérard Mulliez den ersten Supermarkt im Stadtteil „Hauts Champs", aus dem sich auch der spätere Name der Gruppe ableiten lässt. Haupteigentümer der Auchan Group ist bis heute die Familie Mulliez, die 87,8% der Aktien hält.

Seit der Eröffnung des ersten Auchan Hypermarktes, die sechs Jahre später in Roncq (Frankreich) stattfand, begann für das Unternehmen eine Phase des stetigen Wachstums. 1969 wurde zudem das erste europäische Einkaufszentrum in Lille eröffnet, welches 30 verschiedene Läden unter seinem Dach vereinte.

Anfang der 1980er Jahre begann Auchan auch international an Einfluss zu gewinnen. Mit der Eröffnung der ersten Alcampo-Märkte in Spanien wurde nicht nur eine neue Marke in die Gruppe eingeführt, sondern auch das **Hypermarkt-Konzept** in Spanien etabliert. Diese Strategie wurde auch 1989 in Italien fortgesetzt, als man dort die ersten Märkte eröffnete.

Im Laufe der letzten Jahrzehnte wurden unterhalb der Auchan Group weitere zahlreiche Marken etabliert und so weitere Märkte erschlossen. Seit Oktober 2012 ist die Gruppe in Frankreich, Spanien, Italien, Portugal, Luxemburg, Polen, Ungarn, Russland, Rumänien, Ukraine, China und Taiwan aktiv und beschäftigt weltweit 269.000 Menschen. Innerhalb dieser Märkte ist die Auchan Group für 654 Hypermärkte, 767 Supermärkte und 330 Einkaufszentren verantwortlich und generierte 2012 einen Netto-Umsatz von 46,9 Mrd. Euro.

Zudem sind in der Gruppe auch die Bank „Banque Accord", die 7,1 Mio. Kunden weltweit betreut, und das Immobilienunternehmen Immochan zu finden. 2004 wurde die Gruppe daher offiziell in die vier Bereiche Hypermärkte, Supermärkte, Banque Accord und Immochan unterteilt und neu strukturiert. Bereits seit Beginn des neuen Jahrtausends versucht die Auchan Group zudem neue Verkaufskanäle, insbesondere das Internet, verstärkt zu nutzen und auf diese Weise neue Kunden zu erreichen. Im Laufe der letzten Jahre wurde daher der Bereich E-Commerce als fünftes Standbein zur Gruppe hinzugefügt.

b) Markenstruktur des Unternehmens

Die zahlreichen Markteintrittsstrategien machen sich auch bei Betrachtung der Markenvielfalt bemerkbar, da die Auchan Group in vielen Fällen neue, auf einzelne Märkte beschränkte Markennamen etabliert hat. Wie in Abbildung 5.77 zu erkennen, ist besonders im Bereich „Handel" eine enorme Vielfalt an Marken entstanden. Zwar ist der Name „Auchan" fast in jedem Land vertreten, wird aber in vielen Fällen durch weitere, länderspezifische Marken ergänzt. Einzig die Immobiliensparte der Auchan Group wird bis auf eine Ausnahme unter der Marke „Immochan" geführt.

Neben den dargestellten Marken und Branchen hat die Auchan Group zudem einige Unternehmenszweige in Frankreich aufgebaut, die bislang nicht internationalisiert wur-

---

[1] Die Fallstudie basiert im Wesentlichen auf Bell 2001, Datamonitor 2008, Tordjman 1988 und Unternehmensinformationen, so www.groupe-auchan.com.

den. Hierzu zählt neben dem Einrichtungshaus „Alinea“, das mittlerweile 25-mal in Frankreich zu finden ist, auch die Marke „Little Extra“. Diese wurde 2005 aufgebaut und fokussiert sich auf den Verkauf von Haushaltsgegenständen im Niedrigpreissektor.

Abbildung 5.77: Markenportfolio von Auchan

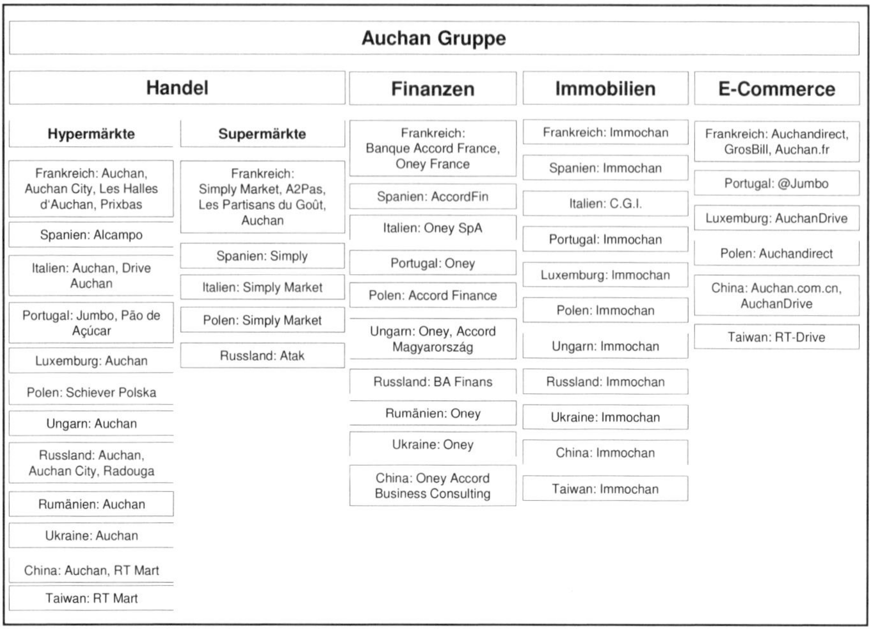

Auchan Gruppe
Handel
Finanzen
Immobilien
E-Commerce
Hypermärkte
Supermärkte
Frankreich: Auchan, Auchan City, Les Halles d'Auchan, Prixbas
Spanien: Alcampo
Italien: Auchan, Drive Auchan
Portugal: Jumbo, Pão de Açúcar
Luxemburg: Auchan
Polen: Schiever Polska
Ungarn: Auchan
Russland: Auchan, Auchan City, Radouga
Rumänien: Auchan
Ukraine: Auchan
China: Auchan, RT Mart
Taiwan: RT Mart
Frankreich: Simply Market, A2Pas, Les Partisans du Goût, Auchan
Spanien: Simply
Italien: Simply Market
Polen: Simply Market
Russland: Atak
Frankreich: Banque Accord France, Oney France
Spanien: AccordFin
Italien: Oney SpA
Portugal: Oney
Polen: Accord Finance
Ungarn: Oney, Accord Magyarország
Russland: BA Finans
Rumänien: Oney
Ukraine: Oney
China: Oney Accord Business Consulting
Frankreich: Immochan
Spanien: Immochan
Italien: C.G.I.
Portugal: Immochan
Luxemburg: Immochan
Polen: Immochan
Ungarn: Immochan
Russland: Immochan
Ukraine: Immochan
China: Immochan
Taiwan: Immochan
Frankreich: Auchandirect, GrosBill, Auchan.fr
Portugal: @Jumbo
Luxemburg: AuchanDrive
Polen: Auchandirect
China: Auchan.com.cn, AuchanDrive
Taiwan: RT-Drive

c) Auchans internationale Marktbearbeitung

Die Auchan Group ist wie eingangs aufgezeigt, ein weltweit operierendes Unternehmen und stetig darum bemüht, neue Märkte zu erschließen. Ein Überblick über die zentralen Schritte ist in Abbildung 5.78 dargestellt. Trotz der bisherigen Bemühungen sind die Haupteinnahmequellen der Gruppe immer noch in Frankreich (45%) und anderen europäischen Märkten zu finden (26%). Im Jahr 2011 sind lediglich 29% des Gewinns außerhalb von Europa erwirtschaftet worden.

Abbildung 5.78: Internationalisierungspfad von Auchan

Erster Supermarkt
Erster Hypermarkt
Gründung von Immochan
Marktöffnungen in Spanien
Gründung von Banque Accord
Märkte in Polen u. Luxemburg
Märkte in China
Märkte in Russland
Märkte in der Ukraine
eCommerce wird als 5. Standbein etabliert
Erweiterung nach Ungarn, Indien, Tunesien / Aufkauf der osteuropäischen REAL Märkte
1961
1967
1976
1981
1987
1996
1999
2002
2008
2010
2012

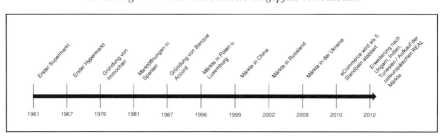

Stärkstes Standbein der Gruppe sind dabei nach wie vor die Hypermärkte, aus denen rd. 80% des Gewinns erwirtschaftet werden. Die Einkünfte aus den Diversifikationsgeschäften (Immobilien, Bankwesen usw.) machen nur knapp 4% des Gesamtgewinns aus. Einzig die Gewinne aus Supermärkten können mit 16% noch einen signifikanten Anteil ausmachen.

Problematisch wird eine derartige Fokussierung auf Hypermärkte bei der Markteinführung des Konzeptes in Ländern, in denen die Konsumenten andere **Präferenzen** aufweisen. Oftmals stellt sich daher die Frage, inwieweit die Einführung von Hypermärkten als sinnvoll zu erachten ist, ein Umstand, der sicherlich den potenziellen Erfolg der Auchan Group schmälert.

Mit dem Ziel, ihre Präsenz auf den Märkten in Polen, Rumänien, Russland und Ukraine zu stärken, übernahm die Auchan Group Ende 2012 die Märkte von „real" für 1,1 Mrd. EUR. Die Metro Group zog sich aus diesen Märkten zurück. Dies unterstreicht die Absichten der Auchan Group und zeigt auch, wie unterschiedlich die Markteroberungsstrategie aussehen kann. Als finanziell gesundes Unternehmen kann Auchan durch den Aufkauf der real-Kette nicht nur einen Konkurrenten aus dem Markt verdrängen, sondern zeitgleich auch die eigene Position ausbauen.

Generell lässt sich feststellen, dass Auchan den Markteintritt selten nach gleichen Schemen verfolgt, sondern sehr variabel vorgeht – was sich unter anderem auch in der Vielzahl von Markennamen widerspiegelt.

Die ersten Schritte zur internationalen Markterschließung erfolgten meist durch den Aufbau von eigenen Märkten, wie beispielsweise 1980 in Spanien. Nachdem die ersten Schritte erfolgreich waren und mit steigendem Erfolg auch größere finanzielle Mittel verfügbar waren, wurde die Strategie zunehmend aggressiver. Zu Beginn der 1990er Jahre wurden daher die Unternehmen „Docks de France" und „Pao de Acuar" akquiriert, die bereits in Spanien, Portugal und Frankreich aktiv waren, um die Markterschließung voranzutreiben.

Unter anderem angetrieben von dem Erfolg in Europa und um den **Restriktionen** der Gesetzgeber zu entkommen, begann die Gruppe um die Jahrtausendwende mit der Erschließung von asiatischen Märkten. Ein Trend, dem neben Auchan auch andere namhafte europäische Unternehmen folgten. In China und Taiwan wurden schnell neue Hypermärkte in Zusammenarbeit mit RT Mart aufgebaut, die auch das Management vor Ort übernahm.

Ein weiteres Beispiel für die differenzierte Marktbearbeitung zeigt sich bei der Erschließung des Nordafrikanischen Marktes im Jahre 2001. Um auch dort möglichst schnell eine wichtige Position einnehmen zu können, ging Auchan eine **Partnerschaft** mit der Industrie- und Finanzgruppe ONA ein. Zusammen wurden diverse Hyper- und Supermärkte aufgebaut, die wiederum partnerschaftlich geführt werden.

Um weiterhin einen internationalen Ausbau des Unternehmens zu unterstützen, formte die Auchan Group in Kooperation mit der französischen Casino Group eine Serviceagentur, genannt „International Retail Trade Services". Ziel dieser Agentur ist die Unterstützung von französischen Unternehmen bei der Suche nach Zulieferern im Ausland.

d) USA und Russland

Trotz dieser wandlungsfähigen strategischen Ausrichtung sind auch einige Misserfolge zu verzeichnen. Einer der größten Fehlschläge der Auchan Group war der Versuch, Hypermärkte in den USA zu etablieren. Bereits Mitte der 1980er Jahre versuchten mehrere französische Handelsunternehmen, unter anderem auch Auchan, sich auf diesem starken Markt zu positionieren. Nach einigen Jahren wurden 2003 allerdings die letzten Märkte geschlossen.

Prinzipiell ist der amerikanische Markt ein sehr vielversprechender Markt, der einige Vorteile für das Konzept der Hypermärkte mit sich bringt. Starke Marktkennzahlen, eine weniger restriktive Gesetzgebung und ein großes Angebot an möglichen Standorten sind Punkte, die den amerikanischen Markt von dem europäischen Markt abgrenzen. Auchan öffnete zu Beginn Hypermärkte in Chicago und Houston. Die Hauptakteure auf dem US-Markt sind in diesem Kontext Wal-Mart und K-Mart. Beide Unternehmen hatten zu diesem Zeitpunkt bereits eine wichtige Stellung auf dem amerikanischen Markt und bauten vermehrt auf das Konzept des Supercenters.

Die Idee eines Hypermarktes ist generell mit dem eines Supercenter zu vergleichen, beide zielen darauf ab, Food- und Non-Food-Produkte unter einem Dach zu vereinen. Der Unterschied ist jedoch, dass die Hypermärkte als Erweiterung eines Food-Marktes zu sehen sind und ein Supercenter eher eine um Lebensmittel erweiterte Variante eines Non-Food-Marktes ist (Cliquet/Perrigot 2005).

Beim Aufbau der Hypermärkte setzte Auchan auf ein Sortiment, das jeweils in gleichen Teilen aus Food- und Non-Food-Produkten bestand. Im Vorfeld der Eröffnung hatte man eine Imagekampagne laufen lassen, die Auchan mit dem Slogan „Pay the least, get the most" positionierte. Im Gegensatz zu Wal-Mart hatte man bei der Kampagne allerdings auf gezielte Produktwerbung verzichtet.

Trotz dieser Bemühungen gelang es Auchan nicht, langfristig auf dem Markt Fuß zu fassen. Die Konkurrenz durch am Markt etablierte Marken war zu stark und die notwendigen finanziellen Mittel, um eine größere Marktdurchdringung zu erreichen, wurden nicht investiert. Experten sahen die Gründe für den Fehlschlag vor allem in der starken Konkurrenz auf dem Markt (vor allem durch Wal-Mart) und der Tatsache, dass die Amerikaner das Konzept der Hypermärkte nicht akzeptierten (Roberts 2004). Ein vergleichbarer Rückschlag musste auch auf dem benachbarten mexikanischen Markt hingenommen werden. Nur wenige Monate nach der Eröffnung wurden 2003 ebenfalls die fünf Geschäfte verkauft und der Markt aufgegeben. In einem offiziellen Statement erklärte Auchan, dass es nicht möglich gewesen sei, eine kritische Masse an Kunden zu gewinnen, um eine stärkere Position bei der Verhandlung mit Lieferanten aufzubauen.

Im Gegensatz zu diesen Fehlschlägen steht die Internationalisierung in Russland, die sehr viel erfolgreicher verlief. Nach dem Markteintritt im Jahre 2002 konnte Auchan schnell Super- und Hypermärkte beim russischen Konsumenten etablieren. Besonders die Discount-Angebote der Märkte waren ein entscheidender Faktor, um die russischen Kunden überzeugen zu können.

Zwar wurde hier sogar auf eine größere Werbekampagne verzichtet und das Sortiment auch erst im zweiten Schritt an lokale Märkte angepasst, aber die nahezu konkurrenzfreie Marktsituation ermöglichte Auchan einen sehr guten Start, auf den schnell aufgebaut wurde. Um weitere Marktanteile zu gewinnen, wurden 2008 unter „Auchan City" eine Reihe von kleineren Geschäften eröffnet, die ihr Sortiment auf die lokalen **Convenience-Shops** zugeschnitten hatten. Darauf aufbauend entstand 2009 eine auf mittelgroße Städte abzielende Discount-Kette.

Grundstein des Erfolges ist hier die Masse an Verkäufen, was durch ein breites Sortiment zu geringen Preisen erreicht wird. Eine niedrige Gewinnspanne und hohe Absatzzahlen führten so zu Preisen, die 10% bis 20% unterhalb der Konkurrenz liegen. Die Produkte erfüllen dabei immer noch sehr hohe qualitative Standards, was zu hoher

Kundenzufriedenheit führt. Besonders in Ballungszentren wie Moskau konnte Auchan durch den raschen Aufbau von mehreren Märkten einen enormen Bekanntheitsgrad erlangen (Millward Brown/WPP 2012).

Der erfolgreiche Markteintritt in Russland kann zusammenfassend auf eine gelungene Positionierung zwischen bereits etablierten lokalen Handelsunternehmen zurückgeführt werden. So sind die russischen Einzelhandelsketten Kopeyka und Pyaterochka zwar ebenso wie Auchan im unteren Preissegment positioniert, was aber im Gegensatz zu Auchan mit einer niedrigen Produktqualität einhergeht. Sedmoy Kontinent stellt die Premiumvariante des Einzelhandels in Russland dar und kann aufgrund der sehr hohen Preise nicht die Masse an Konsumenten erreichen. Aufgrund der Positionierung von Metro als Großhandelsunternehmen, wo nur mit einer im Vorfeld beantragten Kundenkarte eingekauft werden kann, stellt auch diese Kette für die Hypermärkte von Auchan keinen relevanten Konkurrenten dar.

Diese Beispiele zeigen, dass das Auchan-Konzept nicht auf jedem Markt gleichermaßen erfolgreich ist und v.a. sehr stark von externen, landesspezifischen Faktoren abhängig ist. Besonders erfolgreich scheint man insbesondere in solchen Märkten sein zu können, die keine hohe Markteintrittsbarriere haben und auf denen ein finanziell gut aufgestelltes Unternehmen wie Auchan schnell eine gute Verhandlungsposition einnehmen kann.

e) Fazit

Fraglich ist, wie sich der Markt generell entwickeln wird. Weltweit sind kleinere Formate, z.B. Biomärkte oder Convenience-Shops, im Aufwind, ein Trend, der Auchan und seinen Hypermärkten durchaus Probleme bereiten kann. Auchan hat jedoch auch bereits begonnen, neue Konzepte zu schaffen, um auch in Zukunft erfolgreich zu sein. So wurde 2004 bereits mit einem Konzept namens „Chrono Drive" gearbeitet, das es Kunden erlaubt, ihren Warenkorb bereits online zusammenzustellen und dann nur noch in der Filiale abzuholen. Zudem wurden in Lille auch Discountläden eröffnet, die eine andere Preisstruktur aufweisen als die bisherigen Auchan-Märkte.

Generell wird versucht, durch die Anpassung an Kundenwünsche die eigene Marktmacht aufrecht zu erhalten, was auch durch die Einführung der „Waaoh"-Kundenkarten unterstrichen wurde. Durch diese Karte kann der Kunde mit speziellen Angeboten weiter an den Markt gebunden werden.

Mit dem „Institut Auchan" wurde zudem eine Institution geschaffen, welche die gesellschaftlichen Entwicklungen untersucht und es der Unternehmensleitung auf diese Weise ermöglicht, Rückschlüsse für den Konzern zu ziehen. Aktuelle Trends und Bedürfnisse verschiedener Gruppen sollen auf diese Weise effektiv befriedigt werden, indem sie rechtzeitig erkannt und in strategische Konzepte umgesetzt werden.

Die weitere internationale Entwicklung ist mit kürzlich getätigten Investments in asiatische Schwellenländer ebenfalls vorgegeben. Es ist davon auszugehen, dass Auchan auch weiterhin auf verschiedenen Wegen versuchen wird, weitere Märkte aufzubauen. Eine Ausweitung des Unternehmens auf gesättigtere Märkte wie beispielsweise Deutschland oder Österreich ist jedoch eher nicht zu erwarten.

IV. Dienstleistungsunternehmen

1. Vorüberlegungen

Die spezifischen Merkmale von Dienstleistungen gegenüber physischen Produkten sind die **Heterogenität**, die **Immaterialität** (und damit auch die Nicht-Lagerfähigkeit) und die **Integration des externen Faktors** in den Dienstleistungserstellungsprozess (Zeithaml/Parasuraman/Berry 1985).[1] Diese Merkmale führen dazu, dass v.a. vertrauensbildende Maßnahmen im internationalen Dienstleistungsmarketing von hoher Bedeutung sind, so insbesondere im Rahmen der internationalen Kommunikationspolitik (Gerpott/Jakobin 2005; Nicoulaud 1988; Meffert/Bruhn 2012, S. 56f.), denn die Leistung ist durch die Kunden schwer zu beurteilen, weil die Dienstleistung sich erst im Prozess der Dienstleistungserbringung entwickelt bzw. darin besteht. Ein wichtiges Instrument stellen in diesem Zusammenhang deshalb z.B. Garantien dar. Im Rahmen der Leistungsbeurteilung spielen dabei auch **Country-of-Origin-Effekte** eine besondere Rolle, indem die Herkunft des Dienstleistungsunternehmens zur Qualitätsbeurteilung herangezogen wird (Stafford 2005).

Bei der internationalen Marktbearbeitung von Dienstleistungsunternehmen stellt sich wiederum die Frage nach der Standardisierung bzw. den Differenzierungserfordernissen der Leistungen auf den jeweiligen Märkten. Vorteile und Nachteile standardisierter Strategien im internationalen Dienstleistungsmarketing sind in Abbildung 5.79 einander gegenübergestellt.[2]

Abbildung 5.79: Vor- und Nachteile der internationalen Standardisierung von Dienstleistungen

Vorteile	Nachteile
• Realisierung eines einheitlichen, harmonischen Marktauftritts • Kostensenkungs- und Synergiepotenziale (z.B. Volumen-, Spezialisierungs- und Lerneffekte) • Effizienzsteigerung von Planung und Kontrolle • Erleichterung des Transfers von Personal und Know-how zwischen den Ländermärkten • Ausstrahlungseffekte des Unternehmensimages	• mangelnde Berücksichtigung länderspezifischer Nachfragerbedürfnisse • unzureichende Zielgruppenansprache • mangelnde Flexibilität bei Entscheidungszentralisierung • Hemmung innovativer Prozesse

Quelle: in Anlehnung an Meffert/Bruhn 2012, S. 459f.

Die Standardisierbarkeit von Dienstleistungen hängt stark von ihren Ausprägungen hinsichtlich der Interaktionsintensität, der Intangibilität der Leistung und der kulturellen Spezifität der Leistung, also dem Ausmaß, zu dem die Dienstleistungserstellung und -vermarktung kultur- bzw. länderbezogenes Know-how erfordert, ab (siehe Abbildung 5.80) (Backhaus/Voeth 2010a, S. 146ff.; Kanso/Kitchen 2004; Clark/Rajaratnam 1999; Samiee 1999; Nicoulaud 1988).[3]

---

[1] Vgl. hierzu die Ausführungen in Abschnitt E.IV. des Dritten Kapitels.
[2] Vgl. hierzu auch Gerpott/Jakobin 2005.
[3] Vgl. hierzu Abschnitt E.IV.1. des Dritten Kapitels, so die Abbildungen 3.62 und 3.63.

Abbildung 5.80: Zusammenhang zwischen Dienstleistungsmerkmalen und Internationalisierung

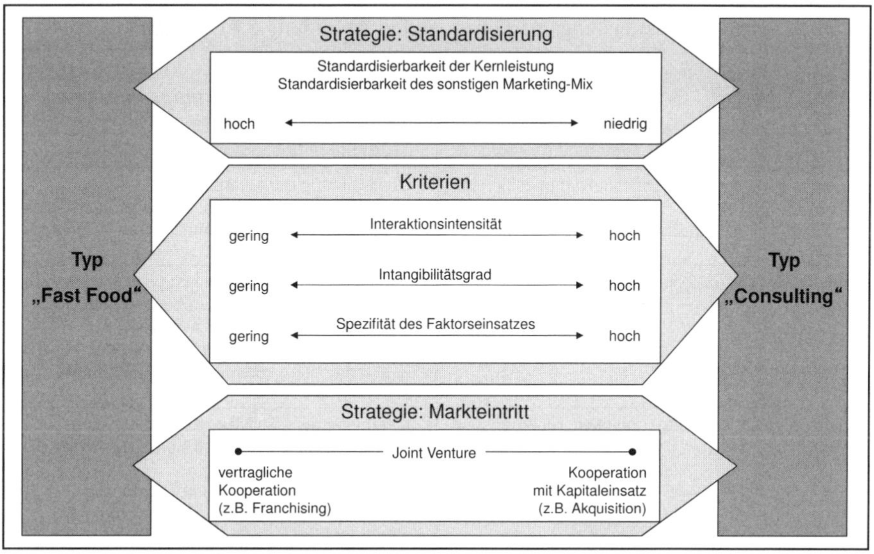

```
                    Strategie: Standardisierung
                    Standardisierbarkeit der Kernleistung
                    Standardisierbarkeit des sonstigen Marketing-Mix
              hoch  ◄─────────────────────────►  niedrig

                              Kriterien
                    gering ◄── Interaktionsintensität ──► hoch
  Typ                                                              Typ
  „Fast Food"       gering ◄── Intangibilitätsgrad ──► hoch        „Consulting"
                    gering ◄── Spezifität des Faktorseinsatzes ──► hoch

                    Strategie: Markteintritt
                        ●────── Joint Venture ──────●
              vertragliche                          Kooperation
              Kooperation                           mit Kapitaleinsatz
              (z.B. Franchising)                    (z.B. Akquisition)
```

Quelle: Meffert/Bruhn 2003, S. 720.

2. Spezifika der Marktbearbeitung von Dienstleistungsunternehmen

Im Dienstleistungsmarketing wird auf Grund der Spezifika der Dienstleistungserbringung das traditionelle Konzept des (durch die Konsumgüterindustrie geprägten) Marketing-Mix erweitert und es werden – die „4 P" ergänzend – drei zusätzliche Instrumente des Dienstleistungsmarketing-Mix unterschieden, so die Personalpolitik („People"/ „Personnel"), die Prozesspolitik („Process") und die Ausstattungspolitik („Physical Evidence"), sodass sich die „7 P" ergeben (Haller 2012, S. 93f.; Booms/Bitner 1981; Magrath 1986; Morschett 2002, S. 99f.):

- **People/Personnel (Personalpolitik)**: Das Personal stellt auf Grund der Interaktion zwischen Mitarbeitern und Kunden im Produktionsprozess einen elementaren Bestandteil des Marketing-Mix dar.
- **Process (Prozesspolitik)**: Die Dienstleistungen werden stärker durch ihren Erstellungsprozess als durch den Output geprägt. Während dieser Leistungserstellungsprozess für die Kunden einer Sachleistung i.d.R. eher unbedeutend ist, ist er für Kunden von Dienstleistungen oft entscheidend für die Qualitätsbeurteilung.
- **Physical Evidence (Ausstattungspolitik)**: Auf Grund des immateriellen Charakters von Dienstleistungen sind potenzielle Kunden nicht in der Lage, eine Dienstleistung zu beurteilen, bevor sie in Anspruch genommen wird. Eine wichtige Maßnahme des Diensleistungsmarketing ist es deshalb, sichtbare Ausprägungen der Leistung zu schaffen, z.B. durch die Gestaltung der Geschäftsräume.

Personalpolitik

Zur Personalpolitik zählen v.a. die Personalauswahl und -entwicklung. Diese Aufgaben stehen in engem Verhältnis zur Absatzmarktbearbeitung, da das Personal bei der Dienstleistungserstellung häufig in direkter Interaktion mit den Kunden steht. Faktoren wie die Kompetenz und Freundlichkeit stehen dabei im Vordergrund, weil sie Anreize und Hinweise hinsichtlich der angebotenen Leistung, die materiell nicht greifbar ist, liefern (Berry/Parasuraman 1992, S. 42). Die Besonderheiten der Personalpolitik im Hinblick auf das Dienstleistungsmarketing sind in Abbildung 5.81 zusammengefasst.

Abbildung 5.81: Besonderheiten der Personalpolitik in Dienstleistungsunternehmen

Besonderheiten der Dienstleistungen	Implikationen für die Personalpolitik
• Leistungsfähigkeit des Dienstleistungsanbieters	• Qualifizierung der Mitarbeiter • Einstellung von Mitarbeitern mit entsprechender Qualifikation zur Dokumentation des Leistungspotenzials
• Integration des externen Faktors	• Schaffung einer Mitarbeiter-Kunden-Partnerschaft • Information der Mitarbeiter über mögliche Probleme im Leistungserstellungsprozess • externe und interne Kundenorientierung • Zusammenhang von Mitarbeiter- und Kundenzufriedenheit
• Immaterialität (Nichtlagerfähigkeit, Nichttransportfähigkeit)	• Mitarbeiter als Qualitätsindikator • Maßnahmen zur „Standardisierung" des Personals • personenbezogenes Unternehmensimage • Unterstützung der kurzfristigen Nachfragesteuerung

Quelle: in Anlehnung an Meffert/Bruhn 2012, S. 369.

Im internationalen Dienstleistungsmarketing stellt sich im Rahmen der Personalauswahl die Frage, welche Nationalität die Mitarbeiter vorzugsweise haben sollten. Dabei ist grundsätzlich der Einsatz von Mitarbeitern aus dem Stammland, aus dem jeweiligen Gastland oder aus Drittländern denkbar. Ein besonderes Problem stellen dabei kulturelle Distanzen zwischen den Mitarbeitern und den Kunden dar. Die Vor- und Nachteile des Einsatzes der unterschiedlichen Nationalitäten sind in Abbildung 5.82 zusammengefasst.

Abbildung 5.82: Vor- und Nachteile des Einsatzes unterschiedlicher Nationalitäten des Service-Personals

Einsatz von „Expatriates" aus dem Stammland	Einsatz von „Locals"	Einsatz von „Third-Country-Nationals"
Vorteile		
• i.d.R. hohe Kompetenz bei komplexen, anspruchsvollen Aufgaben • positive Country-of-Origin-Effekte möglich • gute Kenntnis des Unternehmens und der Unternehmenspolitik	• beste lokale Marktkenntnis • kultureller „Fit" zwischen Personal und Kunde • im Regelfall kostengünstiger als Expatriates • Erfüllung von Local-Content-Bedingungen	• positive Imageeffekte i.S. eines „globalen" Unternehmens möglich • evtl. höhere Kompetenz, wenn Zuordnung der Mitarbeiter nicht nach Nationalität, sondern nach Qualifikation
Nachteile		
• häufig sehr kostenintensiv • u.U. rechtlich oder politisch bedingte Restriktionen hinsichtlich der Einsatzmöglichkeiten von Ausländern im Inland möglich • i.d.R. geringere lokale Marktkenntnis	• u.U. Steuerungsproblematik, sodass Entscheidungen evtl. nicht immer i.S. der Unternehmenspolitik sind • evtl. (zumindest in der Anfangsphase) geringere Kenntnisse über die Serviceaufgaben	• ggf. Verwirrung bei den Kunden über tatsächliche Herkunft bzw. Stammsitz des Unternehmens • u.U. kulturelle Distanz zwischen Personal und Kunden möglich • u.U. rechtlich oder politisch bedingte Restriktionen hinsichtlich

• u.U. geringe kulturelle Affinität zwischen Personal und Kunde • evtl. geringe Bereitschaft der Inländer, in das Ausland umzuziehen	der Einsatzmöglichkeiten von Ausländern im Inland möglich • evtl. geringe Bereitschaft des Drittlands-Personal, in das Ausland umzuziehen

Quelle: in Anlehnung an Berndt/Fantapié Altobelli/Sander 1997, S. 391.

Prozesspolitik und Ausstattungspolitik

Das Prozessmanagement bezieht sich auf die mit der Dienstleistungserstellung zusammenhängenden Aktionen bzw. Aktivitäten (Dienstleistung als „ablaufender Prozess"). Der Kunde wird dabei in den **Ablauf der Leistungserstellung** eingebunden. Die Transparentlegung der Kundenprozesse ist deshalb besonders wichtig. Im internationalen Kontext unterscheiden sich die Kunden danach, welche Anforderungen sie an derartige Leistungserstellungsprozesse erheben (z.B. Bereitschaft zur Integration bzw. Interaktion, Akzeptanz von Serviceproblemen usw.). Die Prozessqualität ist dabei von besonderer Bedeutung, insbesondere die Ablaufqualität und die Fehlerfreiheit im Dienstleistungsprozess.

Im Dienstleistungsbereich spielt dabei häufig der Faktor **Zeit** eine herausragende Rolle (z.B. Wartezeiten, Zeitdauer der Leistungen u.Ä.). Auch diesbezüglich bestehen kulturell bedingte Unterschiede, die im internationalen Dienstleistungsmarketing zu beachten sind.

Auf Grund der **Intangibilität** der Leistung ist die Gestaltung des Umfelds der Dienstleistungen, also insbesondere der physischen Umwelt und der Einrichtung von Gebäuden, Geschäftsräumen u.Ä., von hoher Bedeutung. Das Ziel ist es, über die Gestaltung der sichtbaren Elemente der Dienstleistungsinfrastruktur ein positives Bild von der Leistungsfähigkeit des Dienstleistungsanbieters zu vermitteln (Homburg 2012, S. 977).

Wesentlich ist dabei das **Kapazitätsmanagement** der Dienstleistungsanbieter. Es bezieht sich auf Bereitstellung von Personal und Ressourcen (so z.B. die Anzahl der Mitarbeiter in einem Call-Center). Hierbei steht das Vorhalten einer ausreichend hohen Anzahl von Mitarbeitern zur Garantie der Leistungserfüllung mit einem optimalen Qualitätslevel unter Beachtung von Kosteneffekten im Vordergrund. Je nach Dienstleistungsart und Integrationsgrad der Kunden in den Leistungsprozess ist es dabei evtl. möglich, bestimmte Kapazitäten länderübergreifend zu nutzen (z.B. unter Einsatz neuer Informations- und Kommunikationsmedien).

Die **Ausstattungspolitik** bezieht sich zudem darauf, dass ein Umfeld geschaffen werden soll, in dem der Kunde sich schnell zurecht findet bzw. sich relativ einfach einen Überblick über die Dienstleistungsangebote verschaffen kann. Dabei ist auch die Atmosphäre (ähnlich wie die Ladengestaltung im Handel) von Bedeutung, denn sie muss konsistent mit der jeweiligen Dienstleistung und den spezifischen Länderanforderungen sein (Homburg 2012, S. 979).

Mittels eines Imagetransfers über die Ausstattung des Unternehmens (z.B. hohes Qualitätsniveau von Gebäuden, Dienstleistungsumfeld, Geschäftsausstattung, Anzahl der Mitarbeiter usw.) wird versucht, die Dienstleistungen für die Kunden „tangibler" zu machen, indem sie als Indikator für die Qualität der angebotenen Dienstleistungen fungiert. Ein ideales Image soll vertrauensbildend auf die Kunden wirken. In diesem Zusammenhang kommt der Kommunikation über die **Dienstleistungsmarke** eine besondere Bedeutung zu. Diese kann über unterschiedliche Kontaktträger „materialisiert", also „physisch" transportiert werden (siehe Abbildung 5.83).

Abbildung 5.83: Beispiele zur physischen Markierung von Dienstleistungen

Verfügungsbereich	Kontaktträger	
	Kontaktobjekte („Dinge")	Kontaktsubjekte (Menschen)
Extern	• Schild am Kleidungsstück nach einer Textilreinigung • Hänger am Autospiegel nach einer Reparatur	• Stempelaufdruck beim Besuch einer Discothek • textile Merchandising-Artikel (z.B. T-Shirts, Mützen, Schals)
Intern	• Markierung von Gebäuden, Flugzeugen, Zügen, Mietwagen usw. • architektonische Gestaltung von Gebäuden (z.B. Chrysler Building)	• einheitliche Personalbekleidung mit einer Markierung • Namensschilder mit Firmenemblem für die Mitarbeiter

Quelle: in Anlehnung an Meffert/Bruhn 2012, S. 270.

3. Fallstudie: Internationale Marktbearbeitung im Touristikbereich: Das Beispiel TUI[1]

a) Kurzvorstellung der TUI AG als integrierter Touristikkonzern

In den letzten Jahren hat sich die TUI AG, die aus der ehemaligen Preussag AG hervorgegangen ist, stark gewandelt. Mitte der 1990er Jahre traf das Management der Preussag AG die weit reichende Entscheidung, in den Wachstumsmarkt „Dienstleistung" mit dem Kerngeschäft „Touristik" einzusteigen. So wurde 1997 mit der Hapag-Lloyd AG ein starker Partner mit eigener Reisebürokette, Fluglinie und weltweiter Logistikdienstleistung erworben. Mit der Akquisition der FIRST Reisebürokette und der Beteiligung an Magic Life wurde die touristische Wertschöpfungskette abgerundet: Ein integrierter Touristikkonzern entstand. Ein entscheidender Schritt auf dem europäischen Markt war dabei die vollständige Übernahme der britischen Thomson Travel Group mit ihren starken Marken und Beteiligungen im skandinavischen Raum. Im gleichen Jahr beteiligte sich die TUI AG auch am französischen Reisekonzern Nouvelles Frontières. Durch weitere Beteiligungen und Unternehmensgründungen z.B. in Belgien, der Schweiz und in Osteuropa ist der Konzern in allen wichtigen Märkten Europas vertreten und hat sich zum führenden Touristikkonzern der Welt entwickelt. Darüber hinaus hat sich der Konzern in den letzten Jahren von seinen industriellen Beteiligungen konsequent getrennt und das **Geschäftsportfolio** klar strukturiert. Restaktivitäten wie z.B. der Stahlhandel in den USA wurden verkauft. Zudem erfolgte 2009 die Abspaltung der Logistiksparte, die unter dem Dach der Hapag Lloyd AG gebündelt war und sich bisher auf die Containerschifffahrt konzentrierte.

Im Gegenzug wurde das Touristikangebot weiter ausgebaut und mit TUI Cruises um Kreuzfahrten erweitert. Damit ist der Wandel zu einem reinen Touristikkonzern abgeschlossen, infolgedessen die TUI AG im Geschäftsjahr 2011/12 mit einem Umsatz von über 18,3 Mrd. EUR im Touristikbereich mit deutlichem Vorsprung Marktführer in Europa ist. Dabei haben die europäischen Veranstalter der TUI AG über 80% der europäischen Urlauber bedient. Trotz der weltweiten Wirtschaftskrise und verhaltener Konjunkturaussichten sowie einem gestiegenen Ölpreis, verbuchte der Reiseveranstalter auch im Jahre 2012 wachsende Urlauberzahlen und bediente somit erneut über 30 Mio. Kunden.

---

[1] Die Fallstudie basiert auf Unternehmensinformationen, so www.tui.de.

Abbildung 5.84: Vom Industriekonglomerat zum globalen Touristikkonzern

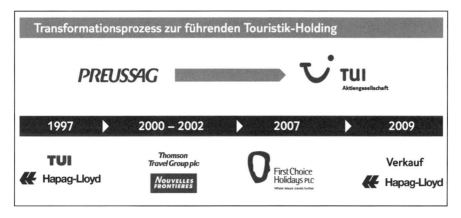

Abbildung 5.85: Geschäftsbereiche des TUI Konzerns

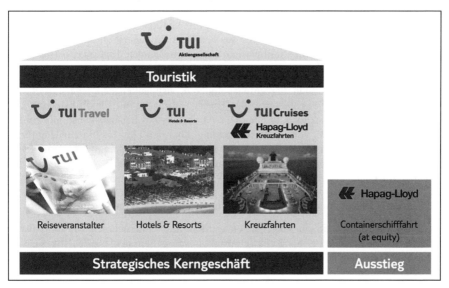

Zur TUI AG zählen mittlerweile ca. 3.600 Reisebüros, über 140 Flugzeuge in sechs Airlines, 37 Zielgebietsagenturen und 248 Hotels mit rd. 157.000 Betten in 180 Ländern. Darüber hinaus kümmern sich weltweit rd. 12.000 Geschäftsreiseprofis in rund 80 Ländern um ihre Business-Kunden. Die TUI AG bietet ihren Kunden „Urlaub aus einer Hand" – von der Reisebuchung, über den Flug bis hin zur Unterbringung in konzerneigenen Hotels und der Betreuung der Gäste durch eigene Reiseleiter. Durch diese Strategie der **vertikalen Integration** wird die gesamte Wertschöpfungskette im Quellmarkt (Absatzmarkt) und in der Destination (Urlaubsgebiet) abgedeckt und dem Kunden eine durchgängige Qualität geboten.

Abbildung 5.86: Vertikale Integration der TUI AG

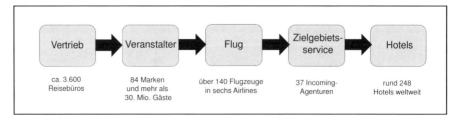

b) Die Tourismusbranche im Wandel

Die bis zum 11. September 2001 stark wachsenden Tourismusmärkte unterliegen einem starken Wandel. Betrug das Marktvolumen (gemessen in Reiseausgaben) in den wichtigsten Quellmärkten Westeuropas im Jahre 2000 noch 153 Mrd. EUR, so liegt es nach dem Einbruch im Jahre 2001 mittlerweile wieder bei ca. 154 Mrd. EUR. Diese „kurzfristige Erholung" der Tourismusbranche wurde durch eine steigende Nachfrage nach kurzfristigen, flexiblen, preiswerten und immer abwechslungsreicheren Angeboten, der steigenden Vielfalt der Produkte sowie den immer stärker werdenden Angeboten der Low-Cost-Anbieter (z.B. Ryanair oder Air-Berlin) bedingt. Diese Low-Cost-Anbieter haben die Tourismusbranche durch eine aus Kundensicht äußerst attraktive Preisstruktur „revolutioniert". So werden mittlerweile auch – im Rahmen der Low-Cost-Anbieter der „zweiten Generation" – klassische Urlaubsziele angeboten.

Auf die sich immer individueller entwickelnden Konsumentenansprüche hinsichtlich des Urlaubs reagieren die Anbieter in der Tourismusbranche mit **Flexibilisierung** und **Modularisierung** ihres Angebots. Die TUI AG beherrscht beispielsweise alle Stufen der Wertschöpfungskette, von der Reisebuchung, über den Flug bis hin zur Unterbringung in konzerneigenen Hotels sowie einer kompetenten Reiseleitung vor Ort. Neben standardisierten Pauschalreiseangeboten können auch individuelle Angebote für den jeweiligen Kunden angeboten werden.

c) Generelle Herausforderungen im internationalen Reisedienstleistungssektor

In vielen Fällen kann davon ausgegangen werden, dass Unternehmen, die touristische Dienstleistungen anbieten, als Reiseveranstalter wahrgenommen werden, da sie verschiedene Bestandteile der Reise als Bündel anbieten. Ein wesentlicher Nutzen entsteht für die Kunden hierbei aus der Kombination verschiedener Potenzialfaktoren zur Befriedigung ihrer Wünsche und Bedürfnisse.

Drei Faktoren müssen hierbei besonders berücksichtigt werden: Einerseits erfolgt ein Teil der Potenzialfaktoren (z. B. die Buchung) noch im Heimatland, wohingegen die eigentliche Reise am Zielort beendet ist. Als dritter Faktor ist die kaum mögliche Standardisierung zu beachten, da die Kunden individuelle Wünsche haben, welche die jeweilige Ausprägung der Faktoren beeinflussen. Betrachtet man dies nun im Internationalisierungsprozess der TUI AG, so wird deutlich, dass die einzelnen Faktoren besonders im internationalen Rahmen kaum standardisiert werden können, da nicht nur der Faktor der **kundenindividuellen Wünsche** präsent ist, sondern zusätzliche Faktoren (z.B. kulturelle Einschränkungen), die bedingt durch die verschiedenen Ländermärkte vorhanden sind, hohen Einfluss nehmen. Das zeigt, dass beispielsweise Thomson, die britische Tochter der TUI AG, das Produktportfolio in Abhängigkeit der britischen Kultur gestaltet und damit anders als beispielsweise TUI Deutschland.

Bereits in der Wertschöpfungskette (siehe Abbildung 5.87) der TUI AG wird deutlich, dass innerhalb der Dienstleistung und dem Produkt der „Reise" verschiedene Akteure wirken, die nicht direkt der TUI AG zugerechnet werden können, so z.B. die Hotels am Reisezielort oder eigenständige Reisebüros. Dies stellt im internationalen Kontext eine außerordentliche Herausforderung dar, da dritte Personen und/oder Unternehmen einen starken Einfluss auf die Leitungsausprägung und -qualität nehmen, die in der Wahrnehmung des Kunden allerdings im Rahmen des Leistungspaketes von TUI erfolgt. Eine dauerhafte Kontrolle sämtlicher Akteure stellt sich als schwierig heraus, wenngleich dies unabdingbar für die Kontrolle der Qualität ist.

Das Angebot einer Reisedienstleitung und die darin involvierten Akteure lassen sich in fünf Phasen unterteilen (siehe Abbildung 5.87).

Abbildung 5.87: Phasen, Funktionen und Akteure im Kaufprozess des Reisenden

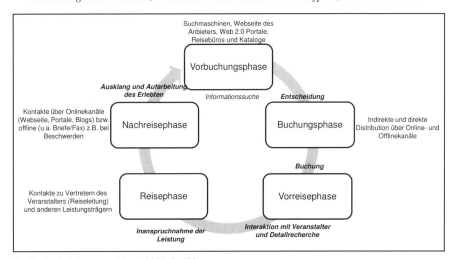

Quelle: in Anlehnung an Egger 2007, S. 439.

Es wird deutlich, dass in sämtlichen Phasen vor der Reise als auch in der Phase der eigentlichen Reise auch Leistungsträger Einfluss nehmen können, die nicht direkt der TUI AG zurechenbar sind. So kann beispielsweise in der Vorbuchungsphase ein (unabhängiges) Reisebüro einen hohen Einfluss darauf nehmen, wie das Leistungsangebot von TUI dargestellt wird. Weiter gehend werden verschiedene Online-Portale als Informationsmöglichkeit genutzt, ebenso wie die dort vorhandenen Ratings anderer Personen, die ebenfalls als Kunde die Leistung von TUI in Anspruch genommen haben. Hierbei handelt es sich um einen Aspekt von zunehmender Relevanz, da die Konsumenten verstärkt hierauf zurückgreifen, um Unsicherheiten und ihr Kaufrisiko zu reduzieren.

In der Reisephase erfolgt dann die tatsächliche Inanspruchnahme der Leistung, die sich u.a. aus dem Reiseort, dem Hotel und Vertretern der Reisegesellschaft zusammensetzt. Bei Letzteren kann in direkte Vertretung (z.B. Reiseleitung vor Ort) und indirekte Vertretung (z.B. Personal in der Unterkunft) der TUI AG unterschieden werden. Die direkte Reisevertretung der TUI AG hat sowohl für den Veranstalter als auch den Kunden einen hohen Stellenwert, da sie meist der einzige Repräsentant vor Ort ist, der mit den Kunden in Kontakt treten kann, die damit besonders zur Imagebildung der TUI AG beim Kunden beiträgt. Betrachtet man nun diese Gegebenheit im Prozess der Internationalisierung, so wird deutlich, welche **Koordinationsaufwendungen** durch die TUI AG hierfür erforderlich sind. Betrachtet man alle Ländermärkte, wird deutlich, dass für die jeweilige ausländische Niederlassung spezifische Personen eingesetzt werden müssen, um den kulturell geprägten Bedürfnissen und Wünschen der jeweiligen Kunden zu entsprechen, d.h., die Personalplanung muss entsprechend der Ländermärkte erfolgen.

d) Die Personalpolitik der TUI AG

Die vertikale Integration der TUI AG über die gesamte Wertschöpfungskette innerhalb der Tourismusbranche stellt vielfältige Anforderungen im Rahmen der Personalpolitik. So tritt der Kunde über alle Wertschöpfungsstufen hinweg (direkt) mit dem Personal in Kontakt. Im Rahmen des Vertriebs entsteht der erste Kontakt mit dem Personal über die Reisebüros der TUI bzw. die Mitarbeiter der jeweiligen Veranstalter, welche die Kunden möglichst optimal hinsichtlich ihrer Wünsche beraten sollen. In den TUI-eigenen Flugzeugen, den verschiedenen Incoming-Agenturen im Zielgebiet sowie in den Hotels hat der Kunde direkten Kontakt mit den Mitarbeitern, sodass die TUI AG sich verstärkt über den Faktor Personal über alle Wertschöpfungsstufen hinweg positionieren muss.

Abbildung 5.88: Der „World of TUI Market Circle"

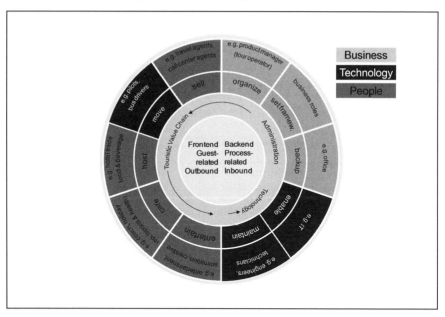

Hinter der touristischen Wertschöpfungskette der TUI AG verbirgt sich – wie bereits angedeutet – „Urlaub aus einer Hand". Die TUI AG als integrierter Touristikkonzern bietet dabei vielfältige Arbeitsmärkte, Tätigkeitsfelder und Berufsbilder (z.B. Animation, Controlling, Finanzen, Fluggesellschaften, Geschäftsreise, Hotels, Informationstechnologie, Kommunikation, Reisebüro, Revision, TUI Headquarter, Veranstalter, Zielgebietsagenturen, Zielgebietsmanagement), die im **„Market Circle"** der TUI AG vereint werden (siehe Abbildung 5.88). Diese unterschiedlichen Arbeitswelten erfordern von den weltweit ca. 73.800 Mitarbeitern – davon ca. 11.300 in Deutschland – eine hohe Flexibilität und Mobilität, um der zunehmenden Internationalisierung des Unternehmens gerecht zu werden.

Die internationale Personalpolitik der TUI AG ist durch eine fortlaufende Dynamik geprägt. Das „Leben des Konzerngedankens", den die TUI AG im Rahmen der Neupositionierung der ehemaligen Preussag AG postuliert hat, erfordert Mitarbeiter, die nicht auf der Stelle treten, sondern sich mit dem flexiblen und dynamischen Unternehmen international verändern wollen.

Personalauswahl

Bereits im Rahmen der **internationalen Personalauswahl** wird darauf geachtet, dass Bewerber bereit und in der Lage sind, in unterschiedlichen Bereichen/Ländern des „Market Circle" mitzuwirken. Mitarbeiter müssen laut Firmencredo dazu bereit sein, sich zu verändern – rund um den Globus und zu jeder Zeit. Aus diesen Anforderungen heraus ergibt sich, dass im Rahmen von konkreten Projekten bzw. Aufgaben sowohl der Einsatz von Expatriates, von Locals als auch Third-Country-Nationals praktiziert wird. Für die TUI AG ist es weniger entscheidend, welche Nationalität ein Mitarbeiter im Rahmen der Aufgabenbewältigung hat, als vielmehr die Tatsache, dass die eingesetzten Mitarbeiter im Team bestmöglich ihre jeweiligen Stärken einbringen.

Die Kenntnis zweier Fremdsprachen neben Deutsch und Auslandserfahrung durch Studium oder Praktika sind eine Grundvoraussetzung. Die Personalentwicklung will eine **„X-Culture"** hervorbringen. Dabei wird ein hoher Ausländeranteil z.B. in den Traineeprogrammen angestrebt, damit diese nicht nur international ausgerichtet, sondern auch international besetzt sind. Die TUI AG ist offen für Menschen verschiedener Herkünfte, Erfahrungen und Überzeugungen und realisiert Internationalität unter den Aspekten Sprachkompetenz, Auslandserfahrung sowie Integration ausländischer Mitarbeiter bzw. von Mitarbeitern ausländischer Herkunft.

So werden z. B. beim „Emergency Care Team" der TUI AG, das konzernweit mit Mitarbeitern aus den verschiedenen Branchen arbeitet, um Urlaubern in Notlagen helfend zur Seite zu stehen, versucht, Expatriates, Locals und Third-Country-Nationals zu integrieren. Somit können lokale Gegebenheiten und Besonderheiten des Urlaubslandes, gleichzeitig aber auch die unternehmensweiten Vorgaben/Erfahrungen im Rahmen des „Emergency Care Teams" berücksichtigt werden, um auf diese Weise den Urlaubern in der jeweiligen Notlage bestmöglich zu helfen.

Personalentwicklung

Die Qualität des Produktes „Urlaub" hängt von den jeweiligen Menschen ab, die sich vor Ort dafür engagieren („Mitarbeiter als Qualitätsindikator"). Dafür werden aus Sicht der TUI AG leistungsbereite Mitarbeiter benötigt, die „ohne Grenzen im Kopf" Herausforderungen rund um den Globus als Chance sehen, sich zu profilieren und zu entfalten. Deshalb ist es besonders wichtig, dass alle die gleiche Unternehmenssprache sprechen und ein international erkennbares „Gesicht" haben. Das im Logo visualisierte Lächeln ist dafür ein Erkennungszeichen. Das Ziel der „World of TUI" sind Zufriedenheit und Vertrauen – sowohl auf der Mitarbeiterebene als auch auf der Kundenseite, um somit eine **Mitarbeiter-Kunden-Partnerschaft** zu etablieren. Dazu möchte die TUI AG eine Arbeitsatmosphäre „zum Wohlfühlen" fördern. „Denn nur, wer selbst zufrieden und ausgeglichen lebt, kann Emotionen auch beim Kunden wecken", heißt es in der Selbstdarstellung.

Die erfolgreiche Mitarbeitermotivation lässt z.B. sich dadurch zeigen, dass der zur TUI AG gehörende Robinson Club im Jahre 2009 als einziges deutsches Unternehmen mit dem „Gallup-Great Workplace Award" ausgezeichnet wurde. Diese Auszeichnung wird nur an Unternehmen verliehen, welche die außergewöhnliche Fähigkeit besitzen, eine besonders förderliche Arbeitsplatzkultur zu schaffen.

Auf Grund der sich dynamisch entwickelnden Kundenbedürfnisse erwartet die TUI AG von jedem Mitarbeiter ein ständiges Arbeiten an der fachlichen, sozialen und sprachlichen Kompetenz sowie seinen persönlichen Eigenschaften. Weiterbildung, Nachwuchs- und Führungskräfteentwicklung sind deshalb elementare Aufgaben des internationalen Personalmanagements bei der TUI AG, die hierin einen elementaren Wettbewerbsvorteil sieht. Die konzerneigene Gesellschaft für Training, Personaldienstleistungen und Organisationsentwicklung (GTPO) bietet zahlreiche standardisierte Weiterbildungsangebote. Zudem sind über 10.000 Teilnehmer beim **E-Learning-Programm** „Genius" der TUI AG angemeldet. Junior- und Senior-Management-Nachwuchsprogramme wie das einjährige „TUI Corporate Program for Senior Management (TCS)" und ein Talentpool sorgen für die Identifikation von Talenten und deren Förderung zur vorausschauenden Besetzung von internationalen Führungspositionen.

e) Perspektiven und Herausforderungen der internationalen Personalpolitik

Die horizontale und vertikale Ausdehnung der eigenen Wertschöpfungskette führt zu einer weiteren Internationalisierung der TUI AG. Der Einstieg in den russischen Markt ist bereits initiiert. Asien, speziell China, ist ein weiterer Meilenstein im Rahmen der Internationalisierung des Konzerns. Dabei ist der weitere Aufbau einer einheitlichen Marke „World of TUI" für das Unternehmen ein grundlegender Schritt im Rahmen der Marktbearbeitung. Zukünftig soll die Marke mit weiteren Werten aufgeladen werden, um noch stärker auf jeder Stufe der touristischen Wertschöpfungskette in den Köpfen der Kunden verankert zu sein und somit die Marke für innovative Geschäftsmodelle tragfähig zu machen. So sollen umfangreiche Sponsoring-Maßnahmen, z.B. im Fußball bei Hannover 96 in Deutschland, sowie der angelaufene Verkauf von Merchandising- und Lizenzprodukten die Marke anfassbar und die Präsenz über den vergleichsweise kurzen Urlaubszeitraum hinaus auch während des restlichen Jahres erlebbar machen. Durch die gesteigerte Wahrnehmung der „World of TUI" bei den Konsumenten sollen in einem weiteren Schritt neue Geschäftsfelder abseits des klassischen Urlaubs erschlossen werden.

Je internationaler das Unternehmen wird, desto internationaler wird auch die Mitarbeiterstruktur, was sich in steigenden Mitarbeiterzahlen im Ausland verdeutlicht. Somit wird die internationale Personalpolitik des Unternehmens eine weiter steigende Bedeutung erhalten. Dabei sind Motivation, Flexibilität und Zufriedenheit der Mitarbeiter auch weiterhin die Kernelemente, an denen sich die Personalpolitik des Unternehmens orientieren wird. Für die **Mitarbeiterzufriedenheit** ist das im Logo visualisierte Lächeln – wie bereits erwähnt – ein Erkennungszeichen, denn Lächeln wird weltweit in jeder Sprache und Kultur verstanden (siehe Abbildung 5.89).

Abbildung 5.89: Das „internationale Lächeln" der „World of TUI"

f) Kommunikationspolitische Herausforderungen im internationalen Umfeld

Eine weitere offensichtliche und relevante Herausforderung im Internationalen Marketing ist die ländermarktabhängige und jeweils im Rahmen der kulturellen Anforderungen angepasste Kommunikation der Dienstleistung. Unterschiedliche Marktbedingungen und heterogene Zielgruppen (sowohl auf dem jeweiligen spezifischen Markt als auch ländermarktübergreifend) erschweren eine konkrete, einheitliche Umsetzung der Werbemaßnahmen. Deutlich wird dies bei der TUI AG im Rahmen der im Jahre 2012 gestalteten Werbekampagnen.

In Deutschland wurde eine Neuausrichtung angestrebt, welche die TUI AG nicht als regulären Reiseveranstalter darstellt, sondern als kundenindividuellen Urlaubsdesigner. Ausschlaggebend sind hierfür differenzierte Kundenbedürfnisse und -einstellungen in Bezug auf Urlaub und Reisen. Es verdeutlicht ebenfalls erneut die Fokussierung der TUI AG auf die Kundenzufriedenheit und deren langfristige Befriedigung durch die optimale Ausrichtung der Dienstleistung (siehe Abbildung 5.90).

Abbildung 5.90: Die TUI AG als „Designer" von kundenindividuellem Urlaub

Dagegen wird in dem Pendant der Thomson-Werbekampagne in Großbritannien eine Fokussierung auf die Familie und die gemeinsame Zeit während eines Urlaubsaufenthaltes vorgenommen. Es wird deutlich, dass innerhalb der Kommunikation stärker der Urlaub an sich emotionalisiert wird, wohingegen der Fokus auf dem deutschen Markt bei den kundenindividuellen Wünschen liegt.

Dennoch strebt die TUI AG langfristig ein ländermarktübergreifendes Marketing mit der Maxime **„think global, act local"** an, da eine marktübergreifende Konsistenz als wünschenswert gilt. Dabei ist es die Zielsetzung, länderübergreifende Synergien zu identifizieren und zu fördern. Ein mögliches Zielszenario ist eine länderübergreifende, strategisch ausgerichtete Marketing- und Kommunikationsplanung, die auf die spezifischen Anforderungen adaptierbar ist, so z.B. auf kulturelle Wünsche oder Beschränkungen.

Solange allerdings die internen Vorrausetzungen für eine zielführende Zusammenarbeit nicht oder nur suboptimal geschaffen sind, wird der Status quo einer quellmarktspezifischen Bearbeitung und somit der Kommunikation der jeweiligen Einheit fortgesetzt. Die internen Voraussetzungen äußern sich beispielsweise darin, dass die strategischen Unternehmensziele als auch im Speziellen die Marketingziele sehr unterschiedlich innerhalb der Quellmärkte betrachtet und formuliert wurden. Dabei sind die Treiber für die aktuell noch vorhandenen Unterschiede vor allem Abstimmungsprozesse und Partikularinteressen. Bestrebungen, eine übergeordnete Strategie für alle betreffenden Quellmärkte zu etablieren und somit das langfristige Zielszenario zu erreichen, liegen nach Aussage der TUI AG vor.

g) Fazit

Abschließend lässt sich die TUI AG als Beispiel für die Wandlung eines Industriekonzerns zu einem international aktiven und erfolgreichen Dienstleistungsunternehmen charakterisieren. In dem hart umkämpften und dynamischen Reisemarkt kann sich die TUI AG vor allem durch die Vertikalisierung ihres Angebots sowie durch die auf ihre Leistungen abgestimmte Personalpolitik behaupten.

Dass Mitarbeiter- und Kundenzufriedenheit an erster Stelle stehen, wird weltweit, für jede Sprache und Kultur verständlich, durch das einheitliche TUI-Logo verdeutlicht. Dennoch zeigt sich auch, dass TUI weiter gehend bemüht ist, die Vereinheitlichung der Unternehmens- als auch Marketingziele zu fördern, auszubauen und als langfristiges Ziel zu betrachten.

Sechstes Kapitel

Implementierung, Koordination und Führung

A. Gegenstand

> *Die Marketingimplementierung ist ein Prozess, durch den Marketingstrategien und -programme in aktionsfähige Aufgaben mittels geeigneter Organisationsstrukturen, -prozesse und -kultur umgewandelt werden und durch den sichergestellt wird, dass die verfolgten Ziele (möglichst schnell) erreicht werden.*

Die Marketingimplementierung kann der sog. Realisationsplanung des Strategischen Marketing zugeordnet werden, wenngleich sie über die Entwicklung von Strategien und Programmen hinausgeht. Bei dieser Sichtweise werden darunter

- die **Organisations- und Personalplanung** (d.h. die stimmige Zuordnung von Kompetenzen),
- die **Budgetierung** (d.h. die Festlegung der Finanz- und Sachmittel für die Marketingteilbereiche) sowie
- die **Terminierung** (d.h. der zeitliche Rahmen, innerhalb dessen sich die im strategischen Bereich festgelegten Maßnahmen vollziehen sollen)

betrachtet.[1] Alternativ kann zwischen **Umsetzungsaufgaben** (d.h. Spezifizierung der Vorhaben mit Organisationsstrukturen und -systemen) und **Durchsetzungsaufgaben** (d.h. Schaffung einer entsprechenden Unternehmenskultur, ggf. einer Akzeptanz beim Personal mit Aspekten wie Verstehen der Ziele und Inhalte, Können/Fähigkeiten und Wollen/Motivation) unterschieden werden. Abbildung 6.1 verdeutlicht den Zusammenhang zwischen Marketingstrategien und Implementierung.

Abbildung 6.1: Zusammenhang von Marketingstrategie und Implementierung

Marketingstrategie Implementierung	schlecht	gut
gut	Misserfolg	Erfolg
schlecht	„verhinderte Gefahr"	„verspielte Chance"

Quelle: Meffert 1994, S. 362.

Das Spannungsfeld zwischen der Entwicklung (Konzeption) und Implementierung von Marketingstrategien und -programmen wird auch in der Praxis deutlich, in der oftmals gerade die Implementierung problematisch ist.[2] Ferner wurde im Kontext des Timings im Dritten Kapitel angedeutet, dass neben der Entwicklung von Marketingstrategien und -programmen auch deren schnelle Umsetzung und Anpassung (i.S. eines **dynamischen Prozessmanagements** bzw. einer **Implementierungskompetenz**) zunehmend

---

[1] Alternative Betrachtungen sind in der Literatur verbreitet, wobei hier die Implementierung und Kontrolle getrennt und die Budgetierung an die Marketinginstrumente gekoppelt werden.
[2] Vgl. hierzu Mintzberg 1994 sowie Abschnitt A.I. des Zweiten Kapitels.

ein Erfolgsfaktor ist, gerade in international tätigen Unternehmen, die mit **Niederlassungen** in verschiedenen Ländermärkten und Kulturkreisen tätig sind.[1] Damit ist aber auch der Übergang von Implementierung und Koordination einerseits bzw. Führung der Marketingaktivitäten sowie der Gesamtunternehmensaktivitäten andererseits angesprochen. Dies kann z.B. mit der These von Chandler (1962) „**structure follows strategy**" verdeutlicht werden, d.h. der Notwendigkeit, in Abhängigkeit von unterschiedlichen Strategien, Anpassungen der unternehmensinternen Strukturen vorzunehmen. Sie ist bekanntlich zu erweitern um die Anforderungen der „**strategy follows structure**"-**These** sowie um die sog. **Fit-These**, d.h. die Abstimmung von Strategien, Strukturen und Umfeldkontext (Zentes/Swoboda/Morschett 2004, S. 283, S. 749). Damit wird die Erfolgsrelevanz von Organisationsstrukturen und -prozessen betont. Für den Gegenstand dieses Kapitels bedeutet dies zweierlei.

Einerseits erscheint der Blick auf ausgewählte Aspekte der internationalen strukturellen, technokratischen und personellen Koordination zwingend, i.S. der Art und Weise, wie Aktivitäten (in verschiedenen Ländern) untereinander abgestimmt werden, um Wettbewerbsvorteile zu erzielen (Macharzina/Wolf 2012, S. 957; Porter 1989, S. 27). Andererseits ist die Gestaltung des Marketing nicht losgelöst von der Gestaltung anderer **Wertschöpfungsfunktionen** und damit auch von einer Gesamtperspektive der Führung international tätiger Unternehmen. Angesprochen sind damit die schnittstellenübergreifende Integration unternehmerischer Wertkettenfunktionen und die schnellen Reaktionen als Erfolgsfaktoren. Dies gilt dann nicht nur für einzelne Marketingaktivitäten.

European Marketer Award für Vizepräsident von Inditex/Zara

José Maria Castellano Rios, Vizepräsident des spanischen Bekleidungsherstellers Inditex, wurde beim World Marketing Congress 2005 mit dem „Distinguished European Marketer Award" ausgezeichnet. Die Academy of Marketing Science ehrte ihn damit für seine Verdienste um exzellentes Marketing in der Unternehmenspraxis. Der Preisträger sei der „personifizierte Grund für den Erfolg", hieß es in der Laudatio. Inditex, einer der größten Textilhersteller der Welt mit der Flagship-Handels-Unit Zara als Erfolgsbasis, erzielte im Jahre 2012 einen Umsatz von rd. 14 Mrd. EUR. Der Umsatz stieg seit dem Jahr 2000 um durchschnittlich 17% p.a.. Es sei eindrucksvoll, dass Zara vom Aufspüren eines Trends bis zum Verkauf des fertigen Produktes lediglich fünf Wochen benötige. Ein wesentlicher Erfolgsfaktor ist die auf Flexibilität abzielende vertikale Integration von Unternehmensfunktionen wie Design, Just-in-time-Produktion, Marketing, Verkauf usw.

Quelle: Absatzwirtschaft, 1. September 2005, S. 160; www.inditex.com, Abrufdatum: 01. Januar 2013.

Im Rahmen dieses Kapitels ist es nicht möglich, diese breite Managementperspektive umfassend zu behandeln, zumal dies die Betrachtung der Grundorientierungen voraussetzen würde – was hier nur fallweise erfolgen soll – und z.B. alleine der Begriff Koordination vielschichtig abgegrenzt wird. Die Notwendigkeit der Koordination besteht auf Grund des Dilemmas arbeitsteiliger Systeme:[2]

---

[1] Letztendlich entspricht dies einer (dynamischen) Managementperspektive, welche die Tiefe und Schnelligkeit des Veränderungsprozesses, so den Wandel von Strukturen, Prozessen und Kultur im Unternehmen umfasst (vgl. dazu Stalk/Hout 1990; Swoboda 2002a, S. 87ff.; Zentes/Swoboda/Morschett 2004, S. 994ff. und die dort angegebene Literatur).

[2] Vgl. dazu Frese/Graumann/Theuvsen 2012, S. 123. Hier wird die strategische Option der Koordination unabhängig von der Option der Transaktionsform gesehen; sie stellt sich für jede der Betätigungsformen (vgl. im Einzelnen Zentes/Swoboda/Morschett 2004, S. 271).

> *Macharzina/Wolf (2012, S. 473) sprechen von einer zielorientierten „Abstimmung arbeitsteilig vollzogener Teilaufgaben", Staehle (1999, S. 555) betrachtet* **Koordination** *als eine zentrale Managementfunktion und subsumiert darunter die „Abstimmung und Harmonisierung der Organisationsmitglieder sowie die Ausrichtung arbeitsteilig gebildeter Stellen" im Hinblick auf die Ziele und Zwecke der Organisation.*

Der Koordinationsbedarf kann dann als besonders groß angesehen werden, wenn

- die Differenzierung des Systems in Elemente weit fortgeschritten ist (z.B. starke Arbeitsteilung),
- eine hohe Komplexität und Intensität der Beziehungen zwischen den Elementen besteht (Grad der gegenseitigen Abhängigkeit),
- große räumliche, zeitliche, sachliche, menschliche Distanzen vorliegen,
- die zu lösenden Probleme umfangreich, variabel oder unstrukturiert sind,
- das dysfunktionale Verhalten von Elementen die Zielerreichung des Systems nachhaltig gefährdet.

Im Kontext des Internationalen Marketing ist der Koordinationsbedarf, auch der Marketingaktivitäten (i.S. von niedrig/gering bis hoch/stark), davon abhängig, inwiefern ähnliche Aktivitäten aufeinander abgestimmt werden sollen.[1] Letzteres ist z.B. bei einer globalen Orientierung bzw. einem weltweit standardisierten Angebotskonzept der Fall. Darüber hinaus ist – wie begründet – die Koordination nicht nur auf die Ebene der Marketingaktivitäten und Prozesse zu beziehen, sondern wertschöpfungsaktivitätenübergreifend. Dieses wird nachfolgend fallweise berücksichtigt, z.B. im Kontext sog. koordinationsbedarfsdeckender Instrumente, insbesondere struktureller, prozessualer und personenorientierter Instrumente (Macharzina/Wolf 2012, S. 478f.).

Im Hinblick auf das Internationale Marketing sollen nachfolgend drei Ebenen der Implementierung, der Koordination und auch der über das Marketing hinausgehenden Führung in den Vordergrund gestellt werden, nämlich

- die **Organisationsstruktur** (insbesondere die formale Organisationsgestaltung, die Zentralisation und informelle, sekundärorganisatorische Maßnahmen),
- die **Organisationsprozesse und -systeme** (die Ziele, Strategien und Planungen sowie insbesondere Informations- und Kontrollsysteme) sowie
- die **Unternehmenskultur** und das **Human Resource Management** (insbesondere die Führungskultur, die Werthaltungen der Unternehmensführung, der Kulturtransfer als Grundlage des Personalmanagements und auch die Frage, inwiefern Unternehmen marktorientiert handeln).

Diese Unterteilung weist u.a. den Vorteil auf, dass sie in der internationalen Managementforschung verbreitet, zur holistischen Charakterisierung von Unternehmen dienlich ist und auch aus dynamischer Perspektive auf ungleichen Internationalisierungsstufen in Unternehmen Anwendung findet.[2]

---

[1] Vgl. zu den grundlegenden Aspekten, u.a. anbieter-, nachfragerspezifische Rückkopplungen und Abschnitt B.II.1.b) des Dritten Kapitels.
[2] Swoboda/Olejnik (2013a) betrachten die Werthaltungen, Strategien, Prozesse und Strukturen von international tätigen Familienunternehmen. Swoboda (2002b) analysiert über das Marketing hinaus die Entwicklung von Organisationsstrukturen, Strategien/Prozessen und der Kultur in fünf Stadien der dynamischen Unternehmensentwicklung: von einer ersten internationalen bis zu multinationaler Tätigkeit. Vgl. zur Koordination internationaler Handelsunternehmen Swoboda/Anderer 2008.

B. Organisationsstruktur

I. Überblick

Um die Aufgaben des Internationalen Marketing erfüllen zu können, bedarf es eines Ordnungsrahmens. Dessen Gestaltung ist Gegenstand der Organisation, und zwar der Organisation des Marketing wie der des gesamten internationalen Unternehmens, welche die Basis für das Zusammenwirken von Personen, Sachmitteln und Informationen im Beziehungsgefüge zwischen Unternehmen und Umfeld bildet.

> *Die internationale Organisation umfasst in ihrer instrumentellen Auslegung und Interpretation „die bewusste und proaktive Gestaltung von Lösungen, die sowohl aufbau- und ablauforganisatorische Aspekte berücksichtigen, um effiziente Organisationsstrukturen im international tätigen Unternehmen zu schaffen" (Kreikebaum/Gilbert/ Reinhardt 2002, S. 3).*

Bezug nehmend auf die Grundorientierung von internationalen Unternehmen betrachtet Perlmutter (1969) zwei unternehmensstrukturelle Dimensionen, nämlich die **Organisationskomplexität** und die **Zentralisation**. Im Internationalen Marketing sind darüber hinaus zudem die folgenden, selten gemeinsam betrachteten Aspekte der Organisationsgestaltung interessant:

- Grundlegend ist die Frage nach der Bedeutung des Marketing in Unternehmen, oft eingeengt auf die Frage nach der hierarchischen Einbindung des Marketing in die Gesamtorganisation. In diesem Kontext werden auch die grundsätzlichen Ziele und die Basistypen der internationalen Organisationsstrukturierung in Abschnitt II. dieses Kapitels kursorisch behandelt, da hieraus mittelbare Implikationen für die Strukturierung des Marketing resultieren.
- Unmittelbar marketingspezifisch sind Fragen nach der formalen Struktur der internationalen Marketingorganisation bzw. -abteilung und nach dem Grad der **Zentralisation** bzw. **Dezentralisierung** der Entscheidungskompetenzen in der internationalen Marketingorganisation. Daneben sind eher übergreifende sekundärorganisatorische, informelle Maßnahmen bzw. strukturelle Koordinationsmechanismen relevant. Diese Aspekte werden in den Abschnitten III. bis V. dieses Kapitels aufgegriffen.

II. Einbindung des Marketing in die Gesamtorganisation und strukturelle Organisation der international tätigen Unternehmung

Versteht man Marketing – der führungsorientierten Definition folgend[1] – als Denkhaltung des gesamten Unternehmens, dann sollte das Marketing innerhalb der Unternehmenshierarchie organisatorisch ausreichend hoch angesiedelt sein, um die Dominanz der das ganze Unternehmen umfassenden Denkhaltung zu dokumentieren, Maßnahmen besser durchsetzen zu können und eine entsprechende marktorientierte Koordination und Kommunikation der unterschiedlichen Wertschöpfungsfunktionen im Unternehmen zu erleichtern bzw. Ressortegoismen zu vermeiden.

Indessen gibt es Unternehmen, die z.B. keine Marketingabteilung haben, aber durchaus Absatzmärkte aktiv bearbeiten oder marketingorientiert handeln. Zu denken ist hier v.a. an kleine Industrieunternehmen, die Exportabteilungen, Außendienstmitarbeiter usw.

---

[1] Vgl. hierzu Abschnitt A.II. des Zweiten Kapitels.

einsetzen, oder an **Dienstleistungsunternehmen**, bei denen per se Kunden in den Leistungsprozess involviert sind. Insofern ist eine Marketingabteilung nicht notwendigerweise alleiniger Ausdruck einer starken Marketingorientierung. Vielmehr kann die konkrete Einbindung des Marketing in der Organisationsstruktur zumindest gemäß der folgenden Stufen dargestellt werden (Kotler/Keller/Bliemel 2007, S. 1142ff.; Swoboda 2002a):

- Marketing als eine Aufgabe der Verkaufsleitung
- Marketing als eine Hauptfunktion im Verkauf
- Marketing als eine Hauptabteilung neben dem Verkauf
- Marketing als Vorstandsressort
- Marketing als integrierte Funktion in Unternehmen.

Im Internationalen Marketing sind diese Strukturen länderspezifisch und -übergreifend zu beachten. Nicht zuletzt können gesamtorganisatorische Maßnahmen Ausdruck einer Marktorientierung sein, weshalb auch nachfolgend die Ziele und Basisstrukturen der Gesamtorganisationsgestaltung betrachtet werden.

BASF bündelt Marketing und F&E in neuer Geschäftseinheit

Mit der Übernahme des amerikanischen Unternehmens Becker Underwood vergrößert der Chemiekonzern BASF sein Portfolio im Bereich Pflanzenschutz. Laut BASF soll die starke Position von Becker Underwood in Nordamerika weiter ausgebaut und zugleich eine globale Expansion angetrieben werden. Der Großteil des amerikanischen Pflanzenschutzproduzenten soll dabei in den BASF-Unternehmensbereich Crop Protection integriert werden. Im Zuge der Akquisition wird der Unternehmensbereich eine neue Geschäftseinheit schaffen. In dieser global ausgerichteten Geschäftseinheit, die den Namen Functional Crop Care trägt, werden zukünftig das Marketing sowie die F&E von Saatgutbehandlung, biologischen Pflanzenschutz und Wasser- und Nähstoffmanagement integriert.

Quelle: FAZ, 21. September 2012, S. 18.

Grundlegende Ziele der internationalen Organisationsgestaltung

Als grundlegende Ziele der organisatorischen Gestaltung nennt Perlitz (2004, S. 614) die langfristige Sicherung bzw. Stärkung der Wettbewerbsfähigkeit; ganz ähnlich nennen Macharzina/Wolf (2012, S. 904ff.) die Schaffung von Rahmenstrukturen, die der Internationalisierungssituation (z.B. Internationalisierungsdynamik, Kulturkreise) von Unternehmen entsprechen. Die Ziele sind für die Marketingorganisation nicht anders. Dies gilt auch für die generellen Herausforderungen an moderne Organisationsstrukturen, die als Herausforderung an eine Multiperspektivität zu verbinden sind (Scholz 1998, S. 211ff.):

- die effiziente und effektive Gestaltung der Organisation auf Märkten sowie der spezifischen Umfeld-Strategie-Konstellationen (**marktorientierte Organisation**)
- die zunehmende Notwendigkeit einer (informations-)**transparenten, lernenden Organisation**, um auf die Dynamik der Umfeld- und Unternehmensänderungen reagieren zu können
- die Gewährleistung kurzer Entscheidungswege, d.h. möglichst **flacher, prozessorientierter Hierarchien**.

Vergleichbar lauten die aus dem Strategischen Marketing resultierenden Forderungen an eine Organisation: **höhere Flexibilität** (um auf kürzere Lebenszyklen und Marktstagnationen schneller zu reagieren, so mittels flacher Hierarchien, Entscheidungsbeteiligung weniger Personen), **höhere Kreativität** (Nutzung der Kompetenzen der Mitarbeiter, betriebliches Vorschlagswesen) und **interne Vernetzung** (so informatorische Verbindung, Netzwerkorganisationen).[1] Die Kernzielgrößen der organisatorischen Gestaltung sind:

- Die Sicherung der **externen Effektivität** betrifft die Wettbewerbsfähigkeit auf Märkten und die Ausschöpfung von Marktpotenzialen. Sie ist mit der Frage verbunden, ob ein Zwang besteht, Anpassungen vornehmen zu müssen, da etwa mit standardisierten Strategien, möglicherweise auf Grund der Unterschiedlichkeit des Kundenverhaltens, ein Marktausschöpfen schwer möglich ist. Die Konsequenz der Anpassung an diese Gegebenheiten führt dazu, dass strukturelle Konzepte gewählt werden müssen, die solches sicherstellen. Alternativ besteht die Möglichkeit, den Tochtergesellschaften oder Auslandseinheiten ein hohes Maß an Autonomie zu geben, damit diese marktnah in eigener Kompetenz handeln. Man kann aber auch Märkte, die in Bezug auf das Marktverhalten unterschiedlich sind, aus dem Headquarter heraus bearbeiten, wenngleich hierzu ein enormer Informationsfluss nötig ist und Fragen nach der Überlastung der Zentrale und nach der Schwerfälligkeit von Prozessen zu beantworten sind. Mit diesen Optionen soll angedeutet werden, dass trotz der Grundorientierungen eine bestimmte Strategie nicht nur mit einer bestimmten effektiven Struktur korrespondiert. Die Frage der zweckmäßigen Organisationsform ist ein Entscheidungsprozess mit der Wahl aus einem Alternativenspektrum.
- Bei der Sicherung der **internen Effizienz** geht es darum, organisatorische Gestaltungsformen zu finden, welche die bestmögliche Nutzung der Unternehmenspotenziale sowie gesamtstrategiekonforme Einzelentscheidungen ermöglichen. Bei der globalen (multinationalen) Orientierung würde dies ideal-typisch z.B. die Ausnutzung (Verzicht auf die Ausnutzung) von Skalenvorteilen ohne jegliche Marktanpassung bedeuten, sowie eine zentrale (dezentrale) Bestimmung der Aktivitäten. Bei einer glokalen Option, die dadurch charakterisiert ist, dass eine Mischung zwischen zentralisierten und eher dezentral getroffenen Entscheidungen praktiziert wird, sollen z.B. Skalenvorteile ausgenutzt und gleichzeitig, soweit möglich, auch Anpassungen vorgenommen werden. Erstens handelt es sich somit um die Schaffung eines eher netzwerkartigen Verbunds mit einer Zentrale und im Netz angeordneten Tochtergesellschaften, die eher gleichberechtigte Einheiten bilden. Zweitens geht es um organisatorische Strukturen mit geringen Abstimmungskosten, d.h. nicht nur darum, Tochtergesellschaften vor Ort Kompetenzen zu übertragen, sondern auch darum, Effizienz beim Ressourceneinsatz zu sichern, z.B. Managerkapazität nicht primär für interne, sondern für externe (Markt-)Kommunikation zu nutzen. Ein dritter Aspekt ist die Frage, eine organisatorische Gestaltung zu wählen, die auch die Förderung der Motivation ermöglicht sowie die unternehmerische Kreativität der Mitarbeiter vor Ort zu nutzen vermag.

Vergleich der Basistypen der internationalen Organisationsgestaltung

Charakteristische Organisationsformen in Form von **Organisationsstruktur-Basistypen** werden in der Literatur vielfach diskutiert. Sie betrachten die Strukturierung der Unternehmen auf oberster Unternehmensebene und dies v.a. im Stammhaus (z.B. Muttergesellschaft), nicht auf der Ebene der einzelnen Einheiten (z.B. Geschäftsbereiche, regionale Headquarter). Folgt man dem am häufigsten verwendeten Kriterium der

---

[1] Die Zielgrößen der organisatorischen Gestaltung sind auch im Marketing von den Zielen der Internationalisierungsstrategien zu unterscheiden.

organisatorischen Stellung des Auslandsgeschäftes im Vergleich zum Inlandsgeschäft, dann spiegeln die folgenden Organisationstypen grob die Entwicklungsstadien der sich internationalisierenden Unternehmen im strukturellen Sinne wider:[1]

- Solange das Auslandsengagement eine geringe Bedeutung hat, führt es zu keiner nennenswerten Veränderung in der Organisationsstruktur. Derartige **unspezifische Strukturen** werden als „unstructured systems" oder „direct reporting structures" bezeichnet, denn hier ist die Unternehmensleitung direkt für das Auslandsgeschäft verantwortlich oder ein „Verantwortlicher" in einer Auslandsgesellschaft berichtet direkt. Ankerpunkte finden sich hierbei sowohl im Verwaltungs- und Finanzbereich als auch in Stabstellen zur Koordination des Auslandsgeschäftes, im Absatzbereich usw.
- Bei den **differenzierten Strukturen** liegt eine explizite Trennung von nationalen und internationalen Aktivitäten vor, d.h., das internationale Geschäft wird in einer wie auch immer gearteten, selbstständigen Einheit zusammengefasst. Ein Beispiel hierfür ist die **Exportabteilung**, welche i.d.R. die Vertriebsrepräsentanzen im Ausland steuert und horizontal z.B. neben den für das Inland stehenden Funktionen wie Vertrieb, Produktion usw. steht. Ein anderes Beispiel bildet die **Internationale Division** (bei funktionaler, regionaler oder produktspezifischer Organisationsstruktur), die Vertriebsrepräsentanzen, -gesellschaften usw. steuert.
- Bei den **integrierten Strukturen** wird die dichotome Trennung zwischen Auslands- und Inlandsgeschäft überwunden. Es werden Einheiten oder Segmente gebildet, deren Leiter sowohl für die inländischen als auch für die ausländischen Einheiten bzw. Prozesse zuständig sind, d.h., hier erfolgt eine Eingliederung aller Aktivitäten bzw. Prozesse unter einer einheitlichen oder integrierten Leitung. Zum Beispiel ist die **integrierte Funktionalstruktur** dadurch geprägt, dass Funktionsstrukturen im Stammhaus unmittelbar mit den Funktionsstrukturen im Ausland korrespondieren. Alternativ sind **integrierte Produktstrukturen** (Produktdivision, Sparten) oder **integrierte Regionalstrukturen** (Gebietsdivision) mit Ländern als Gliederungskriterien denkbar.
- Eine Sonderrolle kommt den **Holding-Strukturen** zu, die eine integrierte Struktur, aber in Form von Dachgesellschaften, bilden.[2] Verbreitet sind die Managementholding (so die „Operative" als Ausdruck einer zentralisierten Strategie) und die Finanzholding (so als Ausdruck einer multinationalen Orientierung und oft mit Profit-Center-Konzepten verbunden).

---

[1] Vgl. im Einzelnen Zentes/Swoboda/Morschett 2004, S. 751ff. und die dort angegebene Literatur. Ausgeklammert bleiben weitere Organisationsformen, insbesondere die Projektorganisation, welche die Form einer Stabsprojekt-, Matrix- oder reinen Projektorganisation haben kann (vgl. auch Macharzina/Wolf 2012, S. 504f.).

[2] Perlitz (2004, S. 625ff.) zählt Holding-Konzepte neben Netzwerken und virtuellen Organisationen zu den neueren Formen, die aber nicht Organisationsstrukturen i.e.S. bilden. Kutschker/Schmid (2011, S. 593ff.) behandeln hier die juristische Organisationsform des Konzerns.

> **Exportabteilung als differenzierte Struktur bei der Bitburger Brauerei**
>
> Die Geschäftsführung der Bitburger Brauerei teilen sich drei Geschäftsführer, die jeweils für ein bestimmtes Ressort zuständig sind (siehe Abbildung 6.2).
>
>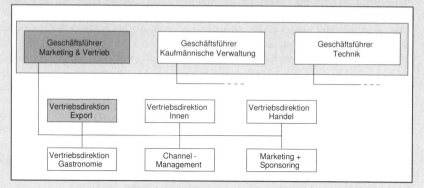
>
> Abbildung 6.2: Organisationsstruktur der Bitburger Brauerei
>
> Der Export ist dem Ressort Marketing und Vertrieb zugeordnet. Insgesamt sechs Bereichsleiter arbeiten in diesem Ressort, wobei „Export" ein eigener Bereich ist und nicht vom inländischen Vertrieb mitbearbeitet wird. Die Exportabteilung selbst gliedert sich wiederum in mehrere Unterabteilungen, die jeweils mit der Betreuung bestimmter Exportregionen (z.B. Nordamerika, Südeuropa) betraut sind. Angesiedelt sind die Mitarbeiter in Bitburg und operieren von dort aus in über 60 Ländern.
>
> *Quelle: Schmid/Daniel 2007, S. 102ff.*

In Abgrenzung zu den eindimensionalen Strukturtypen stehen die mehrdimensionalen Strukturen und die Hybridstrukturen:

- **Mehrdimensionale Strukturen** sind durch eine höhere Komplexität gekennzeichnet, da das Unternehmen gleichzeitig mehrere Dimensionen als Strukturierungsgrundlage heranzieht. Zum Beispiel sind im Fall einer **Matrixorganisation** Unternehmen hierarchisch gleichrangig nach zwei Kriterien gegliedert, während bei der seltenen **Tensororganisation** Unternehmen hierarchisch gleichrangig nach drei (oder mehr) Dimensionen auf der ersten Unternehmensebene gegliedert sind.
- Mit dem Entwurf von **Hybridstrukturen** („zwitterartigen Strukturen") wird die Sichtweise aufgegeben, auf Grund derer ein Unternehmen nach nur einem Strukturierungsmodell streng „durchorganisiert" sein müsste. Ferner wird die grundsätzliche Forderung nach der Einrichtung von Mischformen von der Idee getragen, dass einzelne Teile – v.a. die von diversifizierten Unternehmen – in unterschiedlichen Umwelten agieren und dass es nicht zweckmäßig ist, die Aktivitäten der Teilbereiche von der Hierarchiespitze aus nach einem durchgängigen Prinzip zu gestalten. Nach Macharzina/Wolf (2012, S. 495) zeichnen sich diese Strukturen dadurch aus, dass
    - die Aufgabenabgrenzung zwischen Unternehmenszentrale und Subeinheit unkonventionell gelöst ist, d.h., Leistungen müssen nicht unbedingt durch die Zentrale vorgenommen werden,
    - leistungsfähige Koordinationsmechanismen, wie Einrichtung internationaler Komitees, persönliche Treffen usw., vorgesehen werden und

- Initiative und Verantwortungsbewusstsein im Management durch Stärkung und Pflege der Unternehmenskultur gefördert werden.

Entwicklung der Basistypen im Internationalisierungsprozess

Neben der Darstellung der einzelnen Basistypen ist deren Entwicklung im Zuge der Internationalisierung beachtenswert. In diesem Zusammenhang soll hier auf die Basisuntersuchung von Stopford/Wells (1972; ergänzend Egelhoff 1988) hingewiesen werden, die rund 200 US-Unternehmen beobachteten und zu der in Abbildung 6.3 dargestellten Entwicklung der Organisationsstrukturen in Abhängigkeit von internationalen Entwicklungsstadien von Unternehmen kamen.

Abbildung 6.3: Struktur-Stadien-Modell von Stopford/Wells und Egelhoff

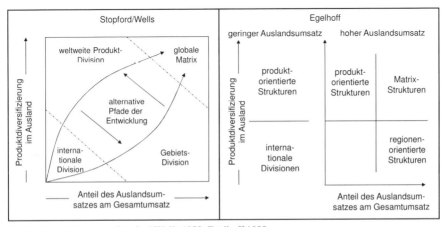

Quelle: in Anlehnung an Stopford/Wells 1972; Egelhoff 1988.

Es handelt sich um eine der Studien, die sich der **Fit-These** widmen, d.h. der **effizienzorientierten Abstimmung** von Strategien und Strukturen (und des Umfeldkontexts), und zwar in einer dynamischen Sicht. Allerdings werden hierbei nur drei Variablen gegenübergestellt, während die ausgeklammerten Planungs-, Informations- und Kontrollsysteme oder die Nutzung von Stäben die Beziehungen zwischen Strategie und Struktur beeinflussen. Selbst bei Beachtung der Zusammenhänge nur zwischen Strategie(-elementen) und Organisationsstruktur sind die empirisch gesicherten Befunde im Marketing gering.[1] Neben der Herkunft der Unternehmen wirkt die Branchenzugehörigkeit auf die Gestaltungsentscheidungen (Berndt/Fantapié Altobelli/Sander 2010, S. 458ff.):

- **Integrierte Funktionalstrukturen** sind selten anzutreffen, z.B. in der Mineralölindustrie oder in gering diversifizierten Automobilunternehmen.
- **Integrierte Produktstrukturen** sind hingegen relativ häufig anzutreffen, so bei Unternehmen der Elektro- bzw. Elektronikbranche sowie dem Chemiebereich, sofern nicht mehrdimensionale Organisationsstrukturen vorliegen.

---

[1] Vgl. bei exportorientierten Unternehmen Macharzina/Engelhard 1991 sowie Chung/Wang/Huang 2012, bei Großkonzernen Wolf 2000 und bei gering diversifizierten Unternehmen und unter Beachtung der o.g. Systeme sowie der Kultur Swoboda 2002a. Im Hinblick auf das Marketing wäre neben der Effizienz auch die Effektivität beachtenswert.

- **Integrierte Regionalstrukturen** sind – zumindest bei deutschen Unternehmen – z.B. in den Sektoren Nahrungsmittel, Getränke und Kosmetika zu finden.
- **Mehrdimensionale Organisationsmodelle** sind – zumindest bei deutschen Unternehmen – v.a. in Großunternehmen der Elektrotechnik und Chemie verwirklicht, wobei der Produktdimension eine besondere Bedeutung zukommt.

III. Interne Gestaltung des Internationalen Marketing

1. Grundlegende Strukturen

Neben der organisatorischen Strukturierung der Auslandsaktivitäten eines international tätigen Unternehmens sind im Internationalen Marketing v.a. Überlegungen hinsichtlich des organisatorischen Aufbaus des Marketing bzw. der Marketingabteilung oder des Marketingbereichs relevant. Wird dabei auf die spezifischen Marketingorganisationstypen fokussiert, dann kann die Organisationsgliederung des Marketing auch im internationalen Bereich nach den bekannten eindimensionalen Erscheinungsformen erfolgen, u.a. funktional, objektorientiert (produktspezifisch, geografisch, kundenorientiert) sowie in Kombination als mehrdimensionale Struktur (Matrix- und Tensororganisation).

Funktionsorientierte Organisationsstruktur der Marketingabteilung

Die funktionsorientierte Marketingabteilung bildet eine klassische Marketingstruktur, wobei die Marketingtätigkeitsfelder (wie Marktforschung, Vertrieb, Service usw.) die Kriterien für die Stellenbildung innerhalb der Marketingabteilung sind. In Abbildung 6.4 sind zwei Ausprägungen einer funktionsorientiert strukturierten Marketingabteilung abgebildet, mit der Unterscheidung

- der **differenzierten Struktur**, mit expliziter Trennung von nationalen und internationalen Aktivitäten, und
- der **integrierten Struktur**, mit Zusammenfassung der Marketingaufgaben im Auslands- und Inlandsgeschäft.

Berndt/Fantapié Altobelli/Sander (2010, S. 470f.) sehen die Vorteile funktionsorientierter Marketingabteilungen in der strukturimmanenten Zentralisierungstendenz und damit einem relativ geringen Koordinationsbedarf (insbesondere bei integrierter Struktur). Erschwert wird die Koordinationsaufgabe aber im Fall eines heterogenen Leistungsangebots, das unterschiedliche Anforderungen an die Marketingtätigkeiten stellt, und bei dynamischen Märkten. Nachteilig wirken i.d.R. die relativ geringe Markt- bzw. Zielgruppenausrichtung, die Konzentration auf bestimmte Aufgaben bzw. Funktionen und dadurch die gehemmte Innovationsneigung. Des Weiteren ist eine relativ starke Belastung mit dem eher operativen Tagesgeschäft zu konstatieren.

Objektorientierte Organisationsstrukturen der Marketingabteilung

Als objektorientierte Marketingabteilungen sind solche zu bezeichnen, die Gliederungen nach produktspezifischen Kriterien (z.B. klassisches **Produktmanagement** mit Bündelung aller produktpolitischen Aktivitäten), regionalen Kriterien (z.B. „**Country** bzw. **Area Marketing**" mit hoher Relevanz in multinational orientierten Unternehmen) oder kundenorientierten Kriterien (z.B. Kundengruppen- bzw. **Key Account Management**) aufweisen.

Abbildung 6.4: Funktionsorientierte Marketingabteilung

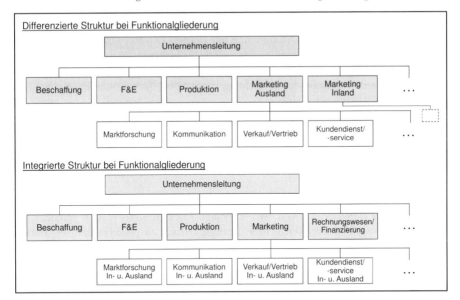

Produktorientierte Organisationsstruktur

Unter einer produktorientierten Struktur der Marketingabteilung wird eine Struktur verstanden, die durch ein klassisches **Produktmanagement** auf der dritten Ebene nach einzelnen Produkten bzw. Produktgruppen – abgewandelt nach einzelnen Marken (**Brand Manager**) oder mehreren Marken bzw. Artikeln in einer Warengruppe (**Category Manager**) – charakterisiert ist. Bezug nehmend auf Abbildung 6.4 würden Produktmanager (1-4) an die Stelle der vier abgebildeten Marketingfunktionen treten. Diese würden dann z.B. für eine Produktgruppe im Extremfall sämtliche Marketingaktivitäten verantworten, so Marktforschung, Vertrieb, Services. In einer derartigen Linienstruktur bildet die Produktgruppe das primäre Strukturierungskriterium der Marketingorganisation; im Extremfall sind sämtliche Marketingfunktionen dem jeweiligen Produktmanager zugeordnet.[1]

Grundsätzlich kommt dem Produktmanager die Verantwortung für die Entwicklung und Durchsetzung der Marketingstrategien hinsichtlich der von ihm betreuten Absatzobjekte zu, d.h. von der Konzeption des Produktes bis hin zu dessen Elimination aus dem Angebot. Bei integrierten Strukturen ist dies im In- und Ausland der Fall. Diese produktorientierte Konzentration kann als Vorteil gesehen werden. Letzteres gilt auch im Hinblick auf die Aufgaben des Produktmanagers, wie (Homburg 2012, S. 1128)

---

[1] Zu erwähnen ist ferner der Fall des Produktmanagements in Form einer modifizierten Linienorganisation, wobei z.B. eine vertikal-hierarchische Funktionalorganisation durch verstärke Berücksichtigung horizontaler produktspezifischer Koordinierungserfordernisse in Form der Einsetzung von Produktmanagern erweitert wird. Es handelt sich um einen Mischtyp. Denkbar ist in dem Zusammenhang auch die Einbindung von Produktmanagern als Stäbe in einer Funktionalorganisation. Auch dies stellt einen Hybridtyp dar. Ferner könnte eine produktorientierte Basisorganisationsstruktur durch eine Spartenorganisation bzw. Produktdivision charakterisiert werden, wobei aber auf der zweiten Hierarchieebene Produkte bzw. Produktgruppen vorhanden sind (vgl. dazu Berndt/Fantapié Altobelli/Sander 2010, S. 465ff.). Empirische Befunde zu diesen Marketinglösungen im internationalen Bereich stellen eine zukünftige Herausforderung dar.

- Analyse (z.B. Initiieren der Marktforschung, Analyse der Produkt- und Markenpositionierung, der Kundenzufriedenheit und des Wettbewerbsumfeldes usw.),
- Planung (z.B. strategische Produktplanung, jährliche Absatzplanung, Marketingplanung in der Produktpolitik, Abstimmung mit anderen Bereichen usw.),
- Umsetzung (z.B. Durchführung der geplanten Maßnahmen, Aktivitäten im Rahmen der Markteinführung neuer Produkte usw.),
- Kontrolle (z.B. Kontrolle der Erreichung potenzialbezogener, markterfolgsbezogener und wirtschaftlicher Ziele).

Allerdings wandeln sich die Vorteile u.a. dann in Nachteile um, wenn im Internationalen Marketing mehrere heterogene Märkte mit dem gleichen Produkt zu bearbeiten sind. Hier wäre u.U. die klassische Rolle des Produktmanagers überfordert, insbesondere bei integrierten Strukturen.

Regionalorientierte Organisationsstruktur

Auf Grund der Heterogenität von internationalen Märkten bietet es sich geradezu an, die Marketingaktivitäten regionen- bzw. länderspezifisch zu gestalten und die Marketingabteilung entsprechend nach einzelnen Ländern oder Ländergruppen zu gliedern (Berndt/Fantapié Altobelli/Sander 2010, S. 474f.). Insofern wären hier die funktionalen Aspekte in Abbildung 6.5 durch länder- bzw. regionenspezifische Bezeichnungen zu ersetzen. In der Regel werden dann die Länder bzw. Ländergruppen durch „Country Manager" oder „Area Manager" bearbeitet. In diesem Fall würden die Regional- oder Landesmanager im Extremfall sämtliche Marketingaktivitäten in diesem Bereich verantworten, so Marktforschung, Vertrieb und Services.

Cisco appoints new Country Manager for Mexico

Cisco is pleased to announce the appointment of Rogelio Velasco as the new country manager for Cisco Mexico. Velasco will lead all Cisco operations in Mexico, one of the key globalization priorities for Cisco. "I am very confident Rogelio will execute our strategy of utilizing technology and its benefits to promote digital inclusion drive economic growth and enhance the competitiveness and productivity of Mexico, and he will bring our operation in Mexico to the next level," said Jaime Vallés, Cisco Vice President, Latin America.

Quelle: www.cisco.de, Pressemitteilung, 03. August 2009.

Vorteilhaft ist eine Gebietsorientierung einerseits für solche Unternehmen, die über ein großes Absatzgebiet verfügen, das regional oder länderspezifisch heterogene Marktbedingungen aufweist. Andererseits bietet diese Strukturierung sich dann an, wenn einzelne Ländergruppen weit gehend homogene Marktbedingungen aufweisen (z.B. südliches Südamerika, Nahost usw.) und daher eine Zusammenfassung der Marktbearbeitung ermöglichen. Eine hohe Marktnähe, bis hin zu Nähe zu den diversen Interessensgruppen (Stakeholdern) in einzelnen Ländern, wirkt hier ebenso positiv. Nachteilig für diese Struktur sind ein heterogenes Leistungsprogramm, bei dem dann die Produktorientierung in Frage gestellt wird, oder heterogene Kundengruppen in einzelnen Märkten.

Berndt/Fantapié Altobelli/Sander (2010, S. 475) verweisen ferner auf eine **Hybrid- bzw. Mischstrategie**, in der nur der Vertrieb bzw. Verkauf länderspezifisch organisiert wird und andere Marketingfunktionen (wie Marktforschung, Kommunikation usw.) als Zentralabteilung bei einer Zentralgesellschaft – im Extremfall der Muttergesellschaft im Stammland – verbleiben (siehe Abbildung 6.5). Hierdurch lassen sich Kosten-Nutzen-Abwägungen unterschiedlicher Marktbearbeitungsaktivitäten zentral durchführen und eine Entscheidung im Hinblick auf die Vorteilhaftigkeit für das Gesamtunternehmen – und nicht nur im Hinblick auf die einzelnen Länder bzw. Ländergruppen – kann abgeleitet werden. Zu verweisen ist ferner auf die Verbindung zu einer **integrierten Regionalstruktur** (Gebietsdivision) mit Ländern als Gliederungskriterien auf der Gesamtunternehmensebene.

Abbildung 6.5: Regionale Verkaufs- bzw. Vertriebsorganisation

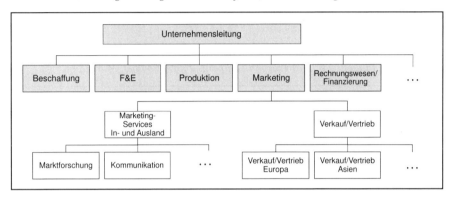

Kundenorientierte Organisationsstruktur

Der Leitgedanke der Kundenorientierung – der idealtypisch das gesamte Unternehmen umfassen sollte – findet seine explizite Entsprechung in Kundenorganisationsstrukturen bzw. funktionsübergreifenden Einheiten, die eine Orientierung des Unternehmens bzw. Marketing an den Kundenerfordernissen stützen. Dabei sind unterschiedliche Formen einer kundenorientierten Organisationsstruktur denkbar, wie das Beispiel Nestlé im folgenden Abschnitt zeigt. Dazu gehören v.a. Organisationsstrukturen, die den Anforderungen von Großkunden so weit wie möglich entsprechen sollen, so i.d.R. durch einen Ansprechpartner im anbietenden Unternehmen, der sich um sämtliche Kundenbelange „aus einer Hand" kümmert. Besonders für marktmächtige, dominante und international tätige Handelsunternehmen wird von vielen Herstellern der Markenartikelindustrie ein **Key Account Management** eingerichtet. Bei Investitionsgüterherstellern oder z.T. bei Dienstleistungsunternehmen steht in diesem Kontext hingegen eher die Erarbeitung individueller Problemlösungen für den Kunden im Vordergrund.[1]

Hervorzuheben ist an dieser Stelle die Form des sog. Kundengruppen- bzw. Markt-Managements.[2] Dieses findet dann Anwendung, wenn mehrere **Kunden** zu Kundengruppen bzw. Marktsegmenten zusammengefasst werden und daher Markt-Manager i.d.R. der Marketingabteilung als Linieninstanz oder Stabstelle zugeordnet werden. Ein derartiges Markt-Management ist – wie die regionalorientierte Organisationsstruktur – Ausdruck einer stärkeren Kundenorientierung, zugleich aber eher als Hybridtyp zu kennzeichnen. Sind z.B. Produktgruppen – wie oftmals – nicht überschneidungsfrei einem bestimmten Kundensegment oder Ländermarkt zuzuordnen, sind derartige (erweiterte) Liniensysteme nicht mehr sinnvoll. Vielmehr wird hier zu mehrdimensionalen bzw. Mehrliniensystemen übergegangen.

---

[1] Vgl. in diesem Kontext auch die Follow-the-Customer-Strategie in Abschnitt B.I.1.d) des Dritten Kapitels.
[2] Vgl. dazu Berndt/Fantapié Altobelli/Sander 2010, S. 485.

Mehrdimensionale Organisationsstrukturen der Marketingabteilung

Wie bereits angedeutet, ist die Matrixorganisation durch eine gleichberechtigte Strukturierung nach zwei Kriterien auf einer Ebene charakterisiert und die Tensororganisation durch Strukturierung nach mehr als zwei Merkmalen. Grundsätzlich finden sich diese mehrdimensionalen Formen häufiger auf der Ebene der Marketingabteilung als auf der Ebene des international tätigen Gesamtunternehmens.

Die Matrixorganisation der internationalen Marketingabteilung kann nach Funktionen und Produkten, nach Funktionen und Kunden oder nach Funktionen und Regionen erfolgen (siehe Abbildung 6.6).

Abbildung 6.6: Matrixorganisation im Internationalen Marketing

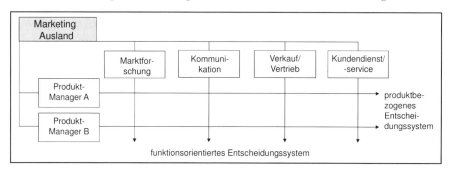

Das Matrix- oder Tensorprinzip wird wegen seiner organisatorischen Mehrdimensionalität und der damit verbundenen Koordinationsprobleme auch als „Prinzip des institutionalisierten Konfliktes" bezeichnet. Vorteilhaft ist hierbei die Bearbeitung eines Marketingproblems aus unterschiedlichen Perspektiven (produkt-, regionalorientiert usw.), während die Schwerfälligkeit als Nachteil hervorgehoben wird. Zu verweisen ist an dieser Stelle auf die international bedeutende Matrix-**Projektorganisation** oder die in der Praxis zu findende Ergänzung der Matrix um Zentralabteilungen oder Stabstellen.[1]

2. Key-Account-Strukturen

Die Key-Account-Struktur kommt für international tätige Unternehmen in Frage, die über wenige, zentrale Kunden verfügen, wenngleich diese Struktur auf einer ersten Ebene unterhalb der Unternehmensleitung kaum existiert. Insofern bildet sie eher eine Form der Marketingorganisation (Homburg/Workman/Jensen 2002).

Oft wird das **Account Management** auf die „**Key Accounts**" beschränkt, d.h. auf Großkunden, mit denen ein Unternehmen einen beträchtlichen Teil seines Umsatzes erzielt. Hierbei werden alle Beziehungen zum Kunden organisatorisch zusammengefasst, um dem Gewicht der Großkunden zu begegnen. Ein zentrales Anliegen des Key Account Managements (KAM) liegt daher in der Identifikation, Selektion und spezifischen Bearbeitung von Schlüsselkunden, womit neben einer verstärkten Kundenbindung und Integration u.a. auch eine Steigerung der Wertschöpfung für den Kunden durch gefestigte Geschäftsbeziehungen verbunden ist (Gosselin/Bauwen 2006, S. 378f). Aus einer konzeptionellen Perspektive heraus bildet das KAM die Brücke zwischen der Marketingorganisation und dem **Customer Relationship Marketing** (Homburg/

---

[1] Vgl. dazu Kutschker/Schmid 2011, S. 526f. und die dort angegebene Literatur.

Workman/Jensen 2002, S. 56). In der Literatur wird das internationale KAM meistens mit GAM für Global Account Management abgekürzt. Hier werden die Bezeichnungen internationales KAM und Global-KAM synonym verwendet.

> *"GAM is defined as the organizational form and process in a multinational supplying company by which the worldwide activities serving a given multinational customer are coordinated centrally by one person or team within the supplying company"* (Shi u.a. 2010).

Strategische Ziele eines KAM sind im Allgemeinen die Kundenbindung, die Erschließung gemeinsamer Erfolgspotenziale wie Informations-, Synergie-, Innovations- und Kostensenkungspotenziale sowie ein kundenspezifisch adäquater Standardisierungsgrad des Marketing-Mix (Swoboda u.a. 2012; Swoboda/Schlüter/Olejnik 2011). Dabei sind die Strategien oftmals komplexer als im nationalen Kontext (Shi u.a. 2010). Auf internationaler Ebene sind über die Grundprinzipien hinaus spezifische Kernfragen und Herausforderungen gegeben:

- Welche Strategien sind gegenüber Global Accounts einzuschlagen und wie sind diese Strategien global zu kommunizieren?
- Welche Kunden sollen eher global, welche eher lokal bearbeitet werden?
- Welche Aufgaben/Services sind eher global (durch das KAM), welche eher lokal vorzuhalten?
- Welche Kompetenz- und Verantwortungsverteilung zwischen Ländergesellschaften, Sparten und Global-KAM ist sinnvoll?
- Wie müssen Anreizkonzepte verändert werden, damit Global-Account-Programme gegen Länder- und Spartenegoismen durchzusetzen sind?
- Wie sind Trainingsprogramme und Karrierepfade für KAM anzulegen?

Antriebskräfte der zunehmenden Bedeutung von KAM-Strukturen sind insbesondere die steigende strategische Bedeutung weltweiter und regionaler Kernkunden, die wenige wichtige Kernlieferanten bevorzugen, die zunehmende Internationalisierung des Wettbewerbs, der Distributionskanäle sowie die bedarfsgerechte Bedienung von sog. Lead Countries (Kernmärkte) und die Möglichkeit, globale Economies of Scale abzuschöpfen (Yip/Madsen 1996, S. 26f.). Wie im Rahmen der kundenorientierten Organisationsstruktur angedeutet, bilden die zunehmende Konzentration von Handelsunternehmen im Konsumgüterbereich und die zunehmende Notwendigkeit zur Erarbeitung individueller Problemlösungen für den Kunden im Investitionsgüter- oder Dienstleistungsbereich weitere Antriebskräfte. Die fünf wichtigsten Antriebskräfte der steigenden Relevanz des KAM werden von Gosselin/Bauwen (2006, S. 377) folgendermaßen zusammengefasst:

1. die zunehmend internationalen Charakteristika der Erlösstruktur in Industriemärkten
2. die Globalisierung und die damit verbundene Notwendigkeit, die Kunden vor dem Wettbewerb zu schützen
3. die Marktreife der meisten Industriemärkte, die zu einer Reduzierung der Anzahl der Lieferanten in den globalen Märkten führt (so etwa durch Fusionen, Akquisitionen, strategische Allianzen)
4. die Dominanz und Verhandlungsmacht von Kunden durch die verstärkte Zentralisierung des Einkaufs wichtiger Kunden in globalen Märkten
5. die technologische Weiterentwicklung, die zu Mass Customization und zur Beschleunigung des Wettbewerbs führt.

Unterschiedliche kundenorientierte Organisationsstrukturen bei Nestlé

Die Nestlé Gruppe wies Ende 2010 unterschiedliche, gewachsene Organisationsstrukturen im Hinblick auf ihre unmittelbaren Kunden auf, so eine divisionale Organisation in Großbritannien sowie eine Matrixstruktur in den USA (siehe folgende Abbildungen).

Abbildung 6.7: Kundenorientierte Organisationsstruktur Nestlé Großbritannien

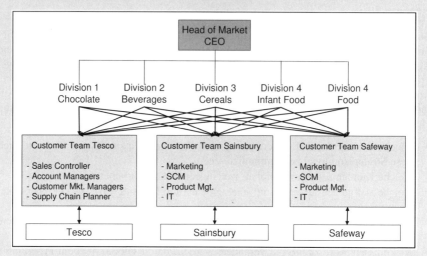

Abbildung 6.8: Kundenorientierte Organisationsstruktur Nestlé USA

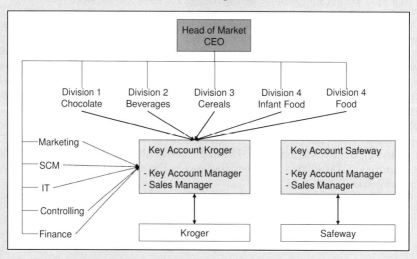

Quelle: Angaben des Unternehmens.

Xerox Corporation – Pionier eines Global Key Account Managements

Xerox ist ein Technologie- und Dienstleistungsunternehmen im Bereich des Dokumenten-Managements mit einem Jahresumsatz von rund 22,6 Mrd. USD im Jahr 2011. Bereits im Jahre 1990 entwickelte das Unternehmen zwölf globale Key Accounts zur Betreuung der wichtigsten Kunden weltweit; im Jahre 2000 waren es mehr als 100 globale Accounts. 2001 nahm Xerox den Aufbau eines neuen globalen Account Managements vor, welches als Ergebnis der zunehmenden Globalisierung und insbesondere der veränderten Kundenanforderungen zu bewerten ist.

Die Xerox-Organisation setzt sich aus der North America Solution Group, European Solution Group, Fuji-Xerox (Asien) und DMO („direct markets and rest of the world") zusammen. In Europa steht ein General Manager „of global account operations" an der Spitze. Vier Kategorien von Account Managern arbeiten innerhalb eines Accounts: der Global Account General Manager (verantwortlich für „tier 1 accounts", der Global Account Manager (verantwortlich für „tier 2 accounts"), der National Account Manager (verantwortlich für „top national accounts") und der Global Business Manager (verantwortlich für Accounts, die nicht in jedem Land groß genug sind, um vom Global Account Manager betreut zu werden). Bspw. sieht Xerox Siemens als einen „tier 1 cutomer". Der Global Account General Manager ist in der Nähe des Firmensitzes des Kunden stationiert und berichtet dem General Account Manager und dem German General Manager – in anderen Ländern arbeitet der Global Account General Manager mit einem virtuellen Team zusammen. Auf Grund der globalen strategischen Ausrichtung von Siemens wurde Xerox als Zulieferer ausgewählt, da dieser den Anforderungen, lokale Operationen mit globalem Management zu verknüpfen, gewachsen ist.

Quelle: www.xerox.com, Abrufdatum: 31. Januar 2013; Yip/Bink 2007, S. 225ff.

Die strategischen Herausforderungen bezüglich der **Implementierung eines internationalen KAM** liegen insbesondere in der Überwindung historisch gewachsener lokaler Organisationsstrukturen, da die Umsetzung eine intensive länder- und spartenübergreifende Zusammenarbeit erfordert und die Beschaffungsstrukturen der Schlüsselkunden zugleich mit dem Marketing verzahnt werden müssen. Global-KAM erfordert spezifische Kernkompetenzen, was mit dem Aufbau spezifischer organisationaler, teamorientierter und personaler Strukturen verbunden ist (Wilson/Weilbaker 2004, S. 15). Gefordert sind Organisationskonzepte, die das Spannungsfeld zwischen mehr oder minder autonomen Ländergesellschaften, Produktsparten und Global-KAM auflösen. Yip/Madsen (1996, S. 27ff.) identifizieren vier zentrale Organisations- und Managementfaktoren, deren (Neu-)Gestaltung in Unternehmen für die Entwicklung und Implementierung des Global-KAM eine maßgebliche Rolle spielen:

- **Änderung der Organisationsstruktur** durch Implementierung eines Global-KAM mit Weisungsbefugnis gegenüber den nationalen Account Managern: Der Grad der Weisungsbefugnis kann von einer direkten Kontrolle über ein Vetorecht bis hin zu Beratung und reinen Koordinationsaufgaben reichen.
- **Global-KAM als Management-Prozess** mit direktem Einfluss auf andere Managemententscheidungen: Relevante Aspekte sind hierbei u.a. zentrale Informationsplattform, länderübergreifende Koordination, Beteiligung am Planungsprozess, zielgenaue Budgetierung, potenzielle Verbesserung der länderübergreifenden Performance-Messung.
- **Global denkendes Personal**: Die globale Denkweise bildet einen möglichen Wettbewerbsvorteil und ermöglicht die Verteilung der Aktivitäten des Global-KAM auf interaktive Teams.
- **Globale Unternehmenskultur**: Global-KAM trägt zur Entwicklung einer internationalen Unternehmenskultur bei.

Abbildung 6.9: Einflussfaktoren des Global-KAM Erfolgs

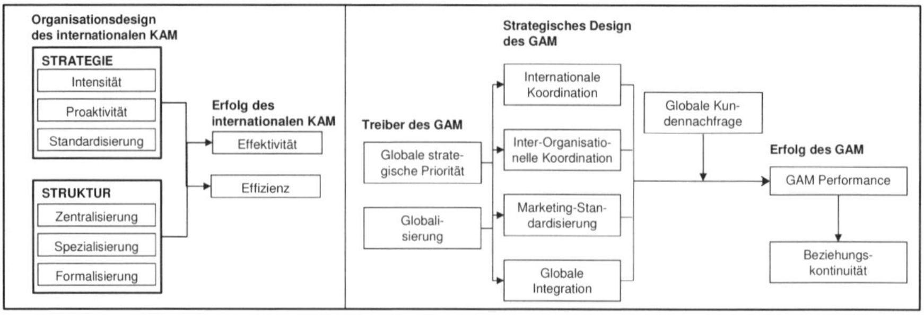

Organisationsdesign des internationalen KAM			Strategisches Design des GAM		
STRATEGIE Intensität / Proaktivität / Standardisierung	→	Erfolg des internationalen KAM: Effektivität / Effizienz	Treiber des GAM: Globale strategische Priorität / Globalisierung	Internationale Koordination / Inter-Organisationelle Koordination / Marketing-Standardisierung / Globale Integration	Globale Kundennachfrage → Erfolg des GAM: GAM Performance / Beziehungskontinuität
STRUKTUR Zentralisierung / Spezialisierung / Formalisierung					

Quelle: Swoboda/Schlüter/Olejnik 2011, S. 280; Shi u.a. 2010, S. 625.

Schließlich hat das Organisationsdesign des Global-KAM Auswirkungen auf dessen Erfolg (siehe Abbildung 6.9). Swoboda/Schlüter/Olejnik (2011) zeigen, dass strukturelle Designelemente (Zentralisierung, Spezialisierung, Formalisierung) die Effizienz des Global-KAM deutlich stärker bestimmen als strategische Designelemente (Intensität, Proaktivität, Standardisierung). Besonders dominant trägt die Zentralisierung, d.h. die Koordination der kundenbezogenen Aktivitäten im Headquarter, zum internationalen Erfolg der Kernkundenbeziehung bei. Es wird empfohlen, das Global-KAM tendenziell eher in wenigen überregionalen Headquartern zu konzentrieren (vgl. Homburg/Workman/Jensen 2002, S. 52f.), da hier eine Zentralisation der Entscheidungskompetenzen sinnvoll ist. In einer differenzierten Betrachtung kann weiterhin zwischen der Zentralisierung strategischer (Kundenstrategie, Informationsverarbeitung, Preisfestsetzung) und taktischer (Category Management, Marketing, Logistik) Global-KAM-Aktivitäten unterschieden werden. Als Reaktion auf die Zentralisierung des Einkaufs im Handel zentralisieren Hersteller sowohl strategische Global-KAM-Aktivitäten als auch verstärkt taktische Aktivitäten (Swoboda u.a. 2012). Während die Zentralisierung strategischer Global-KAM-Aktivitäten die Effektivität und die Effizienz der KAM-Beziehung beeinflusst, hat die Zentralisierung der taktischen Aktivitäten keine merklichen Auswirkungen auf den Beziehungserfolg (Swoboda u.a. 2012). Demgegenüber zeigen Shi u.a. (2010), dass neben der internen Strategie und Struktur auch die Standardisierung des Marketing und die Integration (also i.w.S. die Grundorientierung des internationalen Unternehmens) den Erfolg des GAM determinieren.

> **Global-KAM bleibt bei UniCredit weiter zentralisiert**
>
> Das italienische Bankhaus UniCredit stellt sich neu auf. Der Verwaltungsrat des größten Bankinstitutes Italiens stimmt den internen Umstrukturierungsplänen zu, wie die Muttergesellschaft der HypoVereinsbank und Bank Austria verkündeten. Ziel der Reorganisation ist es, die Kompetenzen der Tochtergesellschaften in den Auslandsmärkten zu vergrößern. Hiermit sollen die internen Aktivitäten der UniCredit sowie die Kundenakquise optimiert werden. „Unsere Kunden haben sich beschwert, dass wir zu langsam und zu komplex sind", sagte Vorstandschef Federico Ghizzoni. Von der Umstrukturierung ausgeschlossen, bleibt jedoch das internationale Geschäft mit großen Unternehmenskunden (Global Key Accounts) und die Sparte Investmentbankig. Das Global-KAM bleibt somit weiter im Stammland Italien zentralisiert.
>
> *Quelle: Handelsblatt, 11. Juli 2012, S. 30.*

IV. Zentralisierung versus Dezentralisierung

Eng mit der organisatorischen Strukturierung eines international tätigen Unternehmens ist die Frage der Zentralisierung bzw. Dezentralisierung von Entscheidungskompetenzen verbunden.

> *Unter internationaler Zentralisierung kann allgemein das Ausmaß verstanden werden, mit dem Entscheidungskompetenzen auf eine oder wenige internationale Stellen konzentriert werden, wobei i.d.R. das Autonomieniveau von Tochtergesellschaften, regionalen Einheiten usw. betrachtet wird.*

Die Verteilung der Entscheidungskompetenz zwischen mehreren Gesellschaften/Einheiten in Unternehmen führt zu unterschiedlichen Graden der Zentralisierung und Dezentralisierung. Eine Organisation ist dabei umso stärker zentralisiert, je geringer die Zahl der am Entscheidungsprozess beteiligten Stellen und je eingeengter der Entscheidungsbereich der beteiligten Stellen ist. Diese Frage, die sich in besonderem Maße in international tätigen Unternehmen stellt, tangiert direkt die internationalen Wettbewerbsstrategien. Eine hohe Zentralisation der Entscheidungskompetenz führt i.d.R. zur hohen Koordination im internationalen Unternehmensverbund, während die umgekehrte Aussage nicht zwangsläufig anzunehmen ist, denn eine hohe Koordination kann auch dezentral durchgeführt werden, so im **Netzwerkmodell**.[1]

Es können sowohl für die Zentralisation als auch für die Dezentralisierung Vorteile angeführt werden:

- **Zentrale Entscheidungen** bewirken oftmals eine bessere Allokation der Ressourcen, höhere Kompatibilität der Geschäftsbereichsziele und eine bessere Kooperation zwischen den Tochtergesellschaften untereinander und mit der Muttergesellschaft. Ungewollte Doppelarbeit bei Tochtergesellschaften kann vermieden werden und Zielkonflikte zwischen Muttergesellschaft und Tochtergesellschaften können einfacher gelöst werden. Es ergeben sich jedoch auch Gefahren aus der Zentralisierung. Durch den sog. „**Kamineffekt**" werden operative Tagesfragen bis zur Unternehmenszentrale gesogen, sodass diese überlastet werden kann. Andererseits bewirkt Operationsferne möglicherweise eine mangelnde Anpassungsfähigkeit an die besonderen Bedingungen von Märkten sowie den Verlust an Flexibilität und Innovationsfähigkeit.
- Durch die **Dezentralisierung** der Entscheidungsbefugnisse kann eine an den lokalen Verhältnissen orientierte Unternehmensstrategie in den verschiedenen Ländern entwickelt werden. So sind eine gezielte Produktstrategie, eine bessere lokale Allokation der Ressourcen und eine bessere Identifizierung der Marktchancen in dem betreffenden Land erreichbar. Zudem wird die Unternehmensspitze von operativer Überforderung befreit und kann sich auf die strategische Planung konzentrieren, während in den Tochtergesellschaften eine (stärkere) unternehmerische Motivation erreicht werden kann.[2]

Thyssen-Krupp stellt sich der Umstrukturierung

Das Traditionsunternehmen Thyssen-Krupp unterzieht sich einer radikalen Neuordnung und reagiert damit auf die wirtschaftliche Schieflage des Konzerns. Ziel der Reorganisation ist die Auflösung der dualen Konzernstruktur mit den Säulen Stahl und Technologies

---

[1] Vgl. dazu Zentes/Swoboda/Morschett 2004, S. 195ff.
[2] Vgl. im Überblick Perlitz 2004, S. 502f.

> sowie die Zentralisierung der Führung im Essener Hauptsitz. Mit der Aufhebung der Zwei-Säulen-Struktur sollen die verschiedenen Geschäftsbereiche (Stahl Europa, Stahl Amerika, Anlagenbau, Aufzugssystem, Werften, Komponenten und Werkstoffhandel) direkt der Holding unterstellt werden. Durch den Umbau sollen starke operative Landesgesellschaften etabliert werden, die die bisherigen Ländervertretungen mit ihren repräsentativen Funktionen ablösen sollen.
>
> Infolgedessen sollen in einem ersten Schritt Landesgesellschaften in den USA, Türkei, Indien und Japan aufgebaut werden. Damit wird dem bisherigen parallelen Auftreten der einzelnen Konzerntöchter ein Ende gesetzt. „Wir versprechen uns davon einen besseren Zugang zu den Kunden", so ein Konzernsprecher. Ein weiterer Vorteil der Zentralisierung ist das gemeinsame Auftreten als großer Konzern, was vor allem in den USA und in Schwellenländern eine bedeutende Rolle spielt. „Dadurch erhalten wir in den Märkten mehr Gewicht und sprechen mit einer Stimme. Wenn jeder Bereich mit seinen paar Millionen Euro an Umsatz alleine am Markt auftritt, ist das kein Zeichen von Stärke", so eine Führungskraft von Thyssen-Krupp. Die Umstrukturierung soll im laufenden Geschäftsjahr 2011/12 umgesetzt werden.
>
> *Quelle: Handelsblatt, 01. März 2012, S. 1.*

Obwohl also grundsätzlich von einem Kontinuum mit den Endpunkten einer völligen Dezentralisation und einer absoluten Zentralisierung ausgegangen werden kann, dominieren in der Praxis eher graduelle und einzelfallbezogene Entscheidungen. Im Internationalen Marketing betreffen diese Entscheidungen vorwiegend die Gestaltung und Veränderung des Marketing-Mix. So sind einzelne Faktoren hervorzuheben, welche die Entscheidungszentralisierung bzw. -dezentralisierung beeinflussen (siehe Abbildung 6.10). Anderer (1997, S. 148ff. und Swoboda/Anderer 2008) nennt als wichtige Determinanten die Umweltstabilität und die Informationsverarbeitungskapazität der Muttergesellschaft, den Einsatz von Informations- und Kommunikationstechnologien, die Wettbewerbsstrategie sowie die nationale Zugehörigkeit der Muttergesellschaft.[1] Weitere Unterschiede im Grad der Marketingzentralisierung resultieren durch die Branchenzugehörigkeit.[2]

Abbildung 6.10: Kriterien der Entscheidungszentralisierung im Internationalen Marketing

Determinanten der Zentralisierung	Determinanten der Dezentralisierung
• internationale bzw. globale Marke • standardisierte Produkte • Synergien bezüglich Beschaffungs-, Verpackungs- und Produktionskosten • Ausland bildet primär Zusatzgeschäft • Gefahr von unerwünschten Parallel- bzw. Reimporten • länderübergreifend ähnliche Märkte • Standardisierung als internationale Strategie • erwartet hoher Koordinationsaufwand bei Dezentralisierung preispolitischer Entscheidungen	• lokale Marke • lokal angepasste Produkte ggf. mit besonderer regionaler Bedeutung • lokale Produktion, ggf. wegen hoher Importzölle • strategische Bedeutung des Auslandsmarktes • hohe Dynamik und Konkurrenz im Auslandsmarkt • keine hinreichenden Auslandsmarktkenntnisse der Muttergesellschaft • Differenzierung als internationale Strategie • große geografische Entfernung zu ausländischen Zielmärkten

Quelle: in Anlehnung an Berndt/Fantapié Altobelli/Sander 2010, S. 490.

---

[1] Zum Beispiel kann gezeigt werden, dass der Zentralisationsgrad bei US-Unternehmen am höchsten und bei japanischen Unternehmen am geringsten ist, während deutsche Unternehmen dazwischen liegen. Andere Untersuchungen zeigen im Rahmen der Exportforschung übereinstimmend einen zunehmenden Grad der Dezentralisation in Abhängigkeit von der (zunehmenden) Exportquote von Unternehmen (vgl. dazu Macharzina/Engelhard 1991, S. 37).

[2] Bspw. finden Gates/Egelhoff (1986) heraus, dass Unternehmen der Automobilbranche ihr Marketing stärker zentralisieren als Unternehmen der Chemie oder Konsumgüterbranche.

Im Internationalen Marketing kann die Frage der Zentralisierung oder Dezentralisierung grundsätzlich im engen Zusammenhang mit der strategischen **Grundorientierung eines Unternehmens** i.S. des Zweiten Kapitels gesehen werden. Während Stammland-orientierte Unternehmen tendenziell eine zentrale Entscheidungsgewalt im Heimatland und global orientierte Unternehmen in einem Land oder einer Region haben, weisen multinational orientierte Unternehmen weit gehend dezentralisierte Strukturen auf. Bei glokal orientierten Unternehmen wird versucht, eine Kompromisslösung zwischen den beiden Extremen zu finden: Bestimmte Aspekte werden dezentral entschieden, gleichzeitig werden aber durch eine zentrale Steuerung Interdependenzen zwischen den einzelnen Tochtergesellschaften beachtet.

Untersuchungen bezüglich einzelner **Wertschöpfungsfunktionen** zeigen, dass tendenziell im Marketing und Vertrieb ein relativ hohes Dezentralisierungspotenzial besteht, d.h., es ist eine gewisse Entscheidungsautonomie notwendig, um lokalen Markterfordernissen vor Ort gerecht werden zu können.[1]

Im Hinblick auf einzelne **Instrumente der Marktbearbeitung** zeigt z.B. Bolz (1992, S. 198ff.) tendenziell die stärkste Zentralisierung im Rahmen produktpolitischer Entscheidungen, gefolgt von distributionspolitischen Entscheidungen. Relativ gering sind demgegenüber die Durchschnittswerte bezüglich der Zentralisation bei der Preis- und Kommunikationspolitik, wenngleich dies sicherlich nur branchen- und unternehmensspezifisch abschließend festzustellen ist. Hier wäre also zu fragen, in welchen Zusammenhängen die grundsätzliche Orientierung des Unternehmens, die intendierte Form der Marktbearbeitung bzw. einzelne Marketinginstrumente und die Zentralisierung versus Dezentralisierung stehen. Entsprechende empirische Befunde sind uneinheitlich.[2]

V. Sekundärorganisation und strukturelle Koordinationsmechanismen

Auch zur Überwindung des Zentralisierungs-Dezentralisierungs-Konflikts sowie als Erweiterung der formalen Organisationsstrukturen werden spezifische organisatorische Regelungen realisiert, die als sekundärorganisatorische, da formal in der Organisationsstruktur nicht erkennbare Maßnahmen (Swoboda 2002a, S. 269ff.), bzw. als strukturelle Koordination(sinstrumente) bezeichnet werden (Zentes/Swoboda/Morschett 2004, S. 274; Berndt/Fantapié Altobelli/Sander 2010, S. 493). Für das Internationale Marketing sind in diesem Zusammenhang folgende Instrumente herauszustellen:

- internationale Workshops, Arbeitskreise und Erfahrungsaustauschgruppen
- globale Koordinationsgruppen
- Lead-Country-Konzepte
- Kompetenzzentren
- Profit-Center-Konzepte und Netzwerkkonzepte.

---

[1] Vergleichbare Dezentralisierungsniveaus werden für die Beschaffung genannt, während Finanzierung und F&E zu den am stärksten zentralisierten Wertschöpfungsfunktionen gehören; Personal und Produktion liegen dazwischen.
[2] In anderen Wertschöpfungsfunktionen treten z.T. erhebliche Streuungen im Hinblick auf die Entscheidungsautonomie auf. Zum Beispiel wurde beim Personal eine geringe Zentralisation im Hinblick auf den Abschluss von Tarifverträgen ermittelt, während der Zentralisierungsgrad bei der Entscheidung für die Besetzung von Führungspositionen der ersten Ebene hoch ist.

Internationale Workshops, Arbeitskreise und Erfahrungsaustauschgruppen

Workshops mit internationaler Zusammensetzung, **länderübergreifende Arbeitskreise**, internationale **Erfahrungsaustauschgruppen** bis hin zu **Projektteams** mit internationaler Zusammensetzung (Swoboda 2002a, S. 268f.) oder einfachen regelmäßigen Konferenzen (Berndt/Fantapié Altobelli/Sander 2010, S. 493f.) stellen einen ersten Schritt zur sekundärorganisatorischen Koordination der Aktivitäten im In- und Ausland dar. Die entsprechenden Treffen zwischen lokalen Produkt- bzw. Markenmanagern, Marktforschern, Regionalmanagern und auch F&E-Mitarbeitern, Controllern usw. mit den entsprechenden Managern aus dem Stammland oder anderen Auslandsgesellschaften haben die Bewältigung konkreter Aufgaben der unmittelbaren Verantwortungsträger der betroffenen Bereiche zum Gegenstand. Neben einem persönlichen Kennenlernen und dem Abbau eventueller Vorurteile haben diese Instrumente eine partizipative bzw. auf Wissensaustausch ausgerichtete Funktion. So können Marktbearbeitungserfolge, erfolgreiche Strategien oder allgemein Erfahrungen einer Auslandsgesellschaft auf ihre Übertragbarkeit auf andere Auslandsgesellschaften in vergleichbaren Situationen überprüft werden.

Vodafone setzt mit globalem Kompetenzzentrum für IPTV, Video und Home-Entertainment auf Deutschland

Vodafone Deutschland wird das Kompetenzzentrum der Vodafone-Gruppe für den Aufbau der weltweiten IPTV, Video und Home-Entertainment-Aktivitäten. Ebenso sollen intelligente Lösungen für Lebenswelten der Zukunft entwickelt werden, z.B. in Häusern und Wohnungen. Damit entsteht in Deutschland neben dem Test- und Innovationscenter in Düsseldorf eine weitere strategische Konzerneinheit für den Gesamtkonzern. Deutschland ist als größte Gesellschaft innerhalb des weltweiten Vodafone-Konzerns zunächst Pilotland. Aus Deutschland heraus werden die Produkte und Dienstleistungen für IPTV und das „vernetzte Zuhause" dann für die Vodafone-Gruppe weltweit entwickelt und vermarktet. In der Innovations-Unit in Eschborn werden hoch spezialisierte Experten aus mehreren Nationen arbeiten.

Quelle: www.vodafonde.de, Pressemitteilung, 01. April 2011.

Zentrale Vorteile dieser grundlegenden Aktivitäten können im Abbau des sog. „**not-invented-here"-Syndroms** gesehen werden, wie auch in den kurzen, unkomplizierten Kommunikationswegen mit der Möglichkeit eines intensiveren, die Mitarbeiter motivierenden Informationsaustausches, ohne komplexe Organisationsstrukturen aufzubauen. Allerdings stehen die jeweiligen Entscheidungsträger im Mittelpunkt der Kommunikation, sodass die Informationsweitergabe ähnlich kritisch zu hinterfragen ist wie auch die Gefahr, dass regelmäßige Workshops oder Arbeitsgruppen zur unproduktiven, ressourcenbindenden Routine werden.

Globale Koordinationsgruppen

Globale Koordinationsgruppen zeichnen sich dadurch aus, dass aktivitätenspezifisch eine horizontale Abstimmung zwischen geografisch dislozierten Einheiten erfolgt, wobei im Extremfall Mitarbeiter sämtlicher Landesgesellschaften und Mitarbeiter der Muttergesellschaft zusammentreffen.

Hinsichtlich der Koordinationsintensität ist diese Option eher als „niedrig/gering" einzustufen, da hier i.d.R. keine Weisungsbefugnis einer beteiligten Entscheidungseinheit vorliegt, sondern durch **Konsensbildung** eine weitestgehende Abstimmung zwischen den Beteiligten erreicht werden muss, um ein gesamtstrategiekonformes Verhalten zu erzielen. Globale Koordinationsgruppen können auch als ein Instrument des Wissenstransfers bzw. des **Wissensmanagements** betrachtet werden, da sie ausdrücklich auf die Einbeziehung des Know-hows der dezentralen Einheiten bzw. des lokalen/regionalen Managements ausgerichtet sind und entsprechend auch motivationale Effekte haben können. Zugleich erarbeiten globale Koordinationsgruppen im Extremfall von der Landes- und Muttergesellschaft getragene Entscheidungen. Der Partizipationsgrad der ausländischen Einheiten ist dann nicht nur aus diesen Gründen hoch, sondern auch deshalb, weil neben der Planungsaufgabe die Koordinationsgruppe auch für die Umsetzung der erarbeiteten Konzepte sowie die damit zusammenhängende Koordination verantwortlich ist.

Im Internationalen Marketing sind „strategic planning groups", „research groups", „creative communication groups" usw. verbreitet. Den Ersteren kann z.B. die Aufgabe zur Ableitung der strategischen Stossrichtungen, der Ausgangsziele usw. obliegen, die als Vorgaben für die folgenden Analysen und Konkretisierungen dienen. Hinsichtlich des Vertriebs werden sie z.B. eingerichtet zur Harmonisierung von Preisen/Konditionen und Leistungsprogrammen gegenüber weltweit operierenden Kunden (**Global Key Accounts**), die von unterschiedlichen Landesgesellschaften betreut werden.

Das Erfordernis einer Abstimmung kann sich dabei in den meisten der o.g. formal strukturellen Organisationsformen ergeben. Koordinationsgruppen helfen z.B. eine Stammhaus-dominante Position abzubauen; ganz ähnlich wären deren Konsequenzen denkbar bei einer globalen Orientierung. In zentralistisch strukturierten Organisationsformen sind Koordinationsgruppen von Bedeutung, so bei einer (idealtypisch) integrierten Funktionalstruktur, bei der eine eindeutige (aktivitätenspezifische) Weisungsbefugnis einer übergeordneten Organisationseinheit gegeben ist. Sie können in derartigen Organisationsformen auch eine wettbewerbsstrategische Aufgabe haben, können die Berücksichtigung nationaler Gegebenheiten fördern oder gar forcieren, um z.B. eine multinationale Strategie umzusetzen (externe Effektivität). In integrierten Produktstrukturen, bei denen eine weit gehende Autonomie der **Sparten** vorliegen kann, tragen die globalen Koordinationsgruppen zur Sicherung der gesamtunternehmensbezogenen („internen") Effizienz bei, so z.B. durch Absprachen über die Sparten hinweg. Bei einer multinationalen Orientierung eröffnen sie die Option, gewisse Synergien trotz Differenzierung zu nutzen und/oder das internationale Wissen der Organisation länderübergreifend zu bündeln und ggf. zu steuern.

Lead-Country-Konzepte

Beim Lead-Country-Konzept wird einer organisatorischen Einheit, z.B. einer Landesgesellschaft – ggf. auch dem Stammhaus –, die Position des Koordinators i.S. eines **„primus inter pares"** übertragen. Dieser lokale Akteur übernimmt die strategische Gesamtverantwortung für ein bestimmtes Teilgebiet (z.B. Südostasien) oder gar eine bestimmte Aufgabe auf dem Weltmarkt (Perlitz 2004, S. 634f.). Die von dieser Einheit erarbeiteten Konzepte sind Grundlage der operativen Ausübung der Marketingaktivitäten für die Gesellschaften in allen anderen Ländern. Insofern wird hier eine Sekundärorganisation mit tendenziell hoher Abstimmung angestrebt.

Dem Lead-Country-Konzept liegt die Erkenntnis zu Grunde, dass Unternehmensteile ihre besonderen Kompetenzen in das Unternehmen einbringen bzw. die Koordination nicht notwendigerweise durch die Zentrale erfolgen muss, um die Ausrichtung auf gesamthafte Unternehmensziele sicherzustellen. Eine Landesgesellschaft übernimmt dann die strategische Führung i.S. eines strategischen Mandats.[1] Das Lead Country ist bezüglich der Aktivität(en), für die es das strategische Mandat übernimmt, einerseits durch hohe Kompetenzen und die Verfügbarkeit von Ressourcen, andererseits durch eine strategische Bedeutung, z.B. bezüglich des Absatzmarktes, gekennzeichnet (siehe Abbildung 6.11).

Kennzeichnend für Lead Countries im Marketing ist z.B., dass sich die jeweilige Unternehmenseinheit nur auf einzelne Produkte bzw. Marken oder eine bzw. mehrere (homogene) Produktgruppen und damit nur auf einen eng umgrenzten Teil des angebotenen Gesamtprogramms bezieht (Berndt/Fantapié Altobelli/Sander 2010, S. 496f.). Unter dieser Leitung wird für die jeweils zugeordneten Länder ein Orientierungsrahmen für die Marketingaktivitäten vorgegeben. Eine hiervon abweichende länderspezifische Ausgestaltung der Marketingkonzepte erfolgt nur im Extremfall, so bei gravierenden Barrieren wie sich stark unterscheidendem Kaufverhalten, Rechtsvorschriften usw.[2] Die Lead-Country-Funktion kann – neben Produkten bzw. Produktgruppen – auch auf Kunden, Kommunikationsmaßnahmen usw. übertragen werden. Wie empirische Studien zeigen, werden meist (Tochter-)Gesellschaften in Industrieländern, aber auch in „emerging markets" mit diesen Funktionen bedacht (Schmid/Bäurle/Kutschker 1999).

Abbildung 6.11: Strategische Mandate für Unternehmenseinheiten

Strategische Bedeutung des Landes		
hoch	„Schwarzes Loch"	strategische Führung
gering	strategische Umsetzung (ausführende Rolle)	strategische Unterstützung (mitwirkende Rolle)
	gering Stärke der lokalen Ressourcen und Kompetenzen hoch	

Quelle: Bartlett/Ghoshal 1987b, S. 55, zit. nach Welge/Holtbrügge 2010, S. 150.

Die Vorteile des Lead-Country-Konzeptes liegen zum einen in der Koordination durch Partizipation und dementsprechend auch Motivation durch Partizipation. Weiterhin lassen sich durch die Auswahl derjenigen organisatorischen Elemente, welche die höchste Kompetenz in einem Bereich besitzen (z.B. Tochtergesellschaften) Synergieeffekte für das ganze System auf Grund dieser Kompetenzverstärkung nutzen. Durch Eingebun-

---

[1] Die Rolle der strategischen Führung eines Lead Country kann sich über das Marketing hinaus auf jede Wertschöpfungsaktivität beziehen. Im Sinne des Konzeptes differenzierter strategischer Mandate übernehmen Unternehmenseinheiten im Rahmen eines globalen Wertschöpfungsnetzwerkes auf sie abgestimmte Aufgaben (Welge/Holtbrügge 2010, S. 149).

[2] Wenngleich das Lead Country eine wichtige koordinierende, harmonisierende Funktion bei der Entwicklung einer abgestimmten Konzeption innehat, kann es zweckmäßig sein, nationale Freiheitsgrade für die Landesgesellschaften zuzulassen. Insofern ist es nicht zwangsläufig Ausdruck des strategischen Strebens nach Standardisierung, sondern sehr wohl geeignet, auch eine Anpassung an lokale Gegebenheiten i.S. der Wettbewerbsstrategie zu erzielen.

denheit des Lead Country nicht nur in die produktbezogene Strategie, sondern auch in das operative Tagesgeschäft, besteht zudem nicht die Gefahr einer mangelnden Problemorientierung. Ein dritter Kernvorteil dieser Konzeption ist die Entlastung der Zentrale auf Grund der Bündelung der Entscheidungskompetenzen in dezentralisierten Einheiten. Probleme wirft das Konzept aber insofern auf, als dass die Verantwortungsbereiche bei seiner Einführung entsprechend restrukturiert werden müssen; so ist ein etwaiger Autonomieverlust der Länder- bzw. Produktmanager zu verzeichnen.

Kompetenzzentren

Kompetenzzentren sind dadurch gekennzeichnet, dass funktionale, produktbezogene, kundenbezogene oder regionenorientierte Kompetenzen gepoolt werden. Beispielhaft können Zentralbereiche erwähnt werden, z.B. für Marktforschung, Recht, Marketingcontrolling, die nach einem sog. Stabsmodell, dem Richtlinienmodell oder dem Kernbereichsmodell institutionalisiert werden (Kutschker/Schmid 2011, S. 623ff.). Aus einer anderen Sichtweise heraus, der hier gefolgt wird, werden Kompetenzzentren als eine Weiterentwicklung des Lead-Country-Modells betrachtet; teilweise werden sie aber auch mit diesem gleichgesetzt. Die Kompetenzzentren (**„center of excellence"**) koordinieren die Kernkompetenzen des Unternehmens, der Partner- und Beteiligungsunternehmen, der Lieferanten und sonstiger „Dritter". Sie entsprechen aus netzwerktheoretischer Sicht dem Modell der **Netzwerkunternehmung** als einem interorganisatorischen Ansatz.

Die Kompetenzzentren koordinieren einzelne Marketingaktivitäten oder einzelne Kernkompetenzen bereichsübergreifend, z.B. in einer Spartenorganisation oder in einer (formalen) Gliederung nach **Strategischen Geschäftseinheiten** (SGE), und auch unternehmensübergreifend. Ihr strategisch-operativer Handlungsbereich muss dabei nicht mit dem (rechts-)formalen Rahmen übereinstimmen. So können Beteiligungsunternehmen an das Stammhaus oder an eine Finanzholding angebunden sein und eine Landesgesellschaft rechtsformaler Partner einer kontraktuellen Allianz sein, dennoch kann das Kompetenzzentrum die Rolle der strategischen Führung ausüben (Hinterhuber 2004, S. 95). Ein Kompetenzzentrum kann auch formal ausgegliedert sein und als eine Unternehmenseinheit mit eigener Rechtspersönlichkeit agieren, an die Partner und Beteiligungsgesellschaften direkt angebunden sind.

C. Organisationsprozesse und -systeme

I. Überblick

Es herrscht in der Literatur Konsens darüber, dass Organisationsprozesse nicht nur eine zunehmende Erfolgsrelevanz haben, sondern sich auch im Rahmen der internationalen Unternehmensentwicklung dynamisch ändern. Empirisch belegt ist, dass die internationale Entwicklung von Unternehmen über die Zeit stärker mit Änderungen in den (Geschäfts-/Entscheidungs-)Prozessen, Strategien bzw. Systemen als etwa in der Organisationsstruktur oder -kultur verbunden ist (Swoboda 2002a). Klassische systemorientierte Betrachtungen gehen u.a. von **Ziel-, Strategien-, Planungs-, Informations- und Kontrollsystemen** aus.

Prozesse können unterschiedlich abgegrenzt werden. Funktionale Ansätze lenken den Blick auf die Inhalte von Prozessen:

- Im Marketing wird nur vereinzelt eine Verbindung zu Geschäftsprozessen hergestellt, wie z.B. pauschal „product development management processes", „customer relationship management processes" und „supply chain management processes".[1]
- Im Wertschöpfungsmanagement hingegen ist die Betrachtung einzelner Wertschöpfungsfunktionen von Unternehmen und deren Verbindung verbreiteter, z.B. wird bei Zentes/Swoboda/Morschett (2004) nach „Marktbearbeitungs-Prozess" (i.e.S. F&E sowie Marketing) und „Supply-Chain-Prozess" (i.e.S. Produktion, Logistik, Beschaffung) differenziert.

Dem können schließlich erneut integrations- bzw. koordinationsorientierte Ansätze gegenübergestellt werden, die ausgehend von Strategien sog. **technokratische Koordinierungsinstrumente** (wie Regeln, Programme, Pläne, Budgets usw.), **Planungssysteme** (z.B. Formalisierung, Detaillierungsgrad der Planung, Planungsträger) und/oder **Verantwortlichkeiten** (z.B. bei Investitions-, Kredit- und Gewinnverwendungsentscheidungen) betrachten (vgl. dazu Macharzina/Wolf 2012, S. 957).[2] Beim Konzept von Perlmutter werden als prozessuale Aspekte die Auswertung/Kontrolle, der Kommunikations-/Informationsfluss sowie die Anreizsysteme/Sanktionen angeführt.

Im Hinblick auf das Internationale Marketing wäre es opportun, an dieser Stelle nur das Controlling zu betrachten, zumal es die Verschmelzung von Planungsprozess, Kontrolle und Versorgung der betrieblichen Funktionen mit einschlägigen Informationen umfasst.[3] Obwohl in diesem Kontext auch planungs-, kontroll- und informationsbezogene Probleme in international tätigen Unternehmen abgegrenzt werden (siehe Abbildung 6.12), gehen die folgenden Betrachtungen in die einzelnen Aufgaben hinein, was eher eine strategische Marketingmanagement-, denn eine Controllingaufgabe ist.

Daher werden nachfolgend die Planungs-, Kontroll- und Informationssysteme getrennt behandelt. Da zugleich die Schnittstellen zu anderen Wertschöpfungsfunktionen in internationalen Unternehmen angesprochen werden sollen, wird der Versuch eines alternativen Zugangs unternommen. Konkret handelt es sich um folgende Prozesse bzw. Systeme:[4]

- die grundlegenden **Ziele und Strategien** der Internationalisierung von Unternehmen sowie in diesem Zusammenhang v.a. die **Schnittstellen** zu anderen Wertschöpfungsfunktionen
- die wesentlichsten Komponenten eines **Planungssystems** (i.S. planerischer Abstimmungsprozesse, so der Intensität, Formalisierung, Periodizität, Standardisierung, Zentralisation der Planung)
- die prinzipiellen unternehmensinternen und -externen **Informations- und Kommunikationsprozesse** (i.S. von Informationsmanagement bzw. -system)
- das **Marketing-Controlling** und in diesem Kontext Ansätze der Erfolgsmessung, die auf Grund ihrer Bedeutung eingehender betrachtet werden.

---

[1] Vgl. dazu Srivastava/Shervani/Fahey 1999.
[2] Technokratische Instrumente stellen personenungebundene Regelungen zur Steuerung von Abhängigkeitsbeziehungen zwischen organisatorischen Einheiten und deren Unternehmenszielausrichtung dar; sie verselbstständigen sich zu eigenen Institutionen, wobei der Mensch als Träger dieser Institutionen austauschbar wird (vgl. auch Abschnitt C.I. dieses Kapitels).
[3] Vgl. dazu Abschnitt C.V. dieses Kapitels.
[4] Vgl. zu dieser Systematik im Kontext der grundlegenden Internationalisierung und der internationalen Entwicklung von Unternehmen Swoboda (2002b, S. 307ff.).

Abbildung 6.12: Planungs- und kontroll- sowie informationsbezogene Probleme in international tätigen Unternehmen

Planungs- und kontrollsystembezogene Probleme	Informationsbezogene Probleme
• strategische Kontrolle unterentwickelt • strategische Planung wird vom Topmanagement vernachlässigt • keine Differenzierung zwischen kurzfristiger und langfristiger Planung • kaum Diskussion der Handlungsalternativen • unrealistische Vorstellungen als Planungsgrundlage • strategische Planung auf die Zentrale beschränkt • Anwendung ungeeigneter Kontrollmaßstäbe für Tochtergesellschaften • Übertragung inländischer Planungs- und Kontrollsysteme auf ausländische Töchter • Inkonsistenz zwischen Planungsvorgaben und Kontrollmaßstäben • mangelnde Integration und Abstimmung zwischen operativer und strategischer Planung • Überlastung der Tochtergesellschaften mit Planungsanforderungen • fehlendes Planungs-Know-how in Tochtergesellschaften • Koordinationsprobleme der Planungs- und Kontrollaktivitäten	• es fehlen „richtige" bzw. wichtige Informationen, wohingegen zu viele „falsche" bzw. unwichtige Informationen vorliegen • Beschaffung objektiver Daten in wenig entwickelten Ländern schwierig • Datenunsicherheit • Umweltanalyse wird nur unsystematisch durchgeführt • fehlende Vorgehensweisen zur Strukturierung und Analyse von Informationen • unvollständige oder nur komplementäre Nutzung externer Informationen • geringer Einsatz von Prognosetechniken • unternehmensstrategische Inhalte werden im Unternehmen nur unzureichend kommuniziert • geringe Beachtung von schriftlichen Berichten • mangelnde Rechtzeitigkeit der Berichte • vergangenheits- und kennzahlenorientierte Perspektive der Berichte

Quelle: in Anlehnung an Chae/Hill 1996, S. 885 und Berndt/Fantapié Altobelli/Sander 2010, S. 417.

II. Ziele, Strategien und Schnittstellen

Konzeptionell werden die Zusammenhänge zwischen Gesamtunternehmenszielen und Marketingzielen bzw. Strategien in nahezu jedem Lehrbuch zum Marketing behandelt. In der Praxis sind nach wie vor Ziele, Strategien, Planungs- und Kontrollsysteme in vielen Unternehmen nach Funktionsbereichen gegliedert, wobei für die wichtigsten Funktionsbereiche eigenständige Sichtweisen vorherrschen (z.B. Absatz, Beschaffung, Produktion). Demgegenüber sind mehrstufige Ziel-, Planungs- und Kontrollsysteme dadurch gekennzeichnet, dass sie in mehrere Planungsbereiche (Teilpläne) gegliedert sind, die gemeinsam abgestimmt werden, was heute zumindest bei international tätigen Unternehmen oft vorkommt. Dabei können als grundsätzliche Formen der Gliederung eine **horizontale Differenzierung** (Teilpläne stehen gleichrangig nebeneinander) und eine **vertikale Differenzierung** (Über- und Unterordnungsverhältnis (Dominanzverhältnis)) unterschieden werden. Die Zerlegung des Unternehmens in Ziel-, Strategie- bzw. Planungsbereiche (also die Aufsplittung) kann ferner nach verschiedenen Prinzipien durchgeführt werden, so nach Funktionsbereichen, Produktgruppen oder Tochtergesellschaften.

Besteht eine Über- und Unterordnung (vertikale Differenzierung), so dominieren im Marketing bzw. im Gesamtunternehmen oftmals der Absatzplan oder der Produktionsplan und damit verbunden auch die entsprechenden Ziele und Strategien. Komplexer wird es dann, wenn Produktgruppen oder Tochtergesellschaften in die Betrachtung einbezogen werden.[1]

Um für diese Problematik zu sensibilisieren, sind zwei Aspekte hinsichtlich der Ziele und Strategien international tätiger Unternehmen hervorzuheben:

- der Wandel der Ziele und Strategien im Verlauf der dynamischen Entwicklung des internationalen Marktengagements sowie die Schnittstellen von Mutter- und Tochtergesellschaften
- die Schnittstellen zwischen dem Internationalen Marketing und anderen Wertschöpfungsfunktionen.

Die empirischen Befunde zum ersten Punkt sind tendenziell eindeutig. Hier kann einerseits gezeigt werden, dass die Anzahl und Variabilität von Zielgrößen und Strategien mit wachsender Internationalisierung steigt.[2] Wie zu erwarten, erfolgt der Wandel von weit gehend (nur) absatzorientierten Zielen und Strategien zu Beginn der Auslandsaktivitäten (z.B. im Falle von Exporten) oder später von kostenorientierten Zielen (im Falle eines Beginns der produktionsorientierten Engagements im Ausland) in Richtung vielschichtiger internationaler Ziele und Strategien. Hier könnte auch eine zunehmende Konvergenz von generellen Unternehmenszielen und internationalen bzw. auslandsmarktorientierten Zielen angenommen werden, zumindest, wenn die Unternehmen nicht diversifiziert sind.[3] Bezüglich der Variabilität von Strategiesystemen ist Analoges festzustellen, nicht aber bezüglich der Konvergenz.

Dies impliziert zugleich eine hohe Relevanz der Grundorientierungen für das Verhältnis zwischen Mutter- und Tochtergesellschaften bei der Definition bzw. Festlegung der internationalen Marketingziele und Strategien. Bei einer weit gehenden Stammland-Orientierung wäre z.B. eher mit starken, zentralistischen Vorgaben (strategisch wie operativ) durch das Heimatland bzw. die Muttergesellschaft zu rechnen. Ähnliche Beziehungen sind bei einer globalen Orientierung zu erwarten, tendenziell jedoch auf der Basis globaler oder regional einheitlicher Vorgaben. Bei einer multinationalen Orientierung ist hingegen von der individuellen und dezentralen Bestimmung der Ziele und Strategien vor Ort – ggf. eingebettet in finanzwirtschaftliche Vorgaben und die Steuerung durch die Mutter – auszugehen. Bei einer glokalen Orientierung sind stärkere Wechselwirkungen bei der Ziel- und Strategieabstimmung zwischen Mutter- und Tochtergesellschaften anzunehmen.

Grundlegende Schnittstellen des Internationalen Marketing

Selten aufgeworfen wird im Internationalen Marketing die Frage nach einer Ziel- und Strategieharmonisierung in Bezug auf die Schnittstellen von Marketing und anderen Wertschöpfungsfunktionen. Gemeint sind damit v.a. die auf die Gesamtunternehmens-

---

[1] Dies soll hier nicht beachtet werden, obwohl in diversifizierten Mehrproduktunternehmen mehrstufige Planungs- und Kontrollsysteme oft nach Produktgruppen (mit der Empfehlung, Teilpläne auf Grund ihrer tendenziell gleichrangigen Bedeutung horizontal zu differenzieren) oder Tochtergesellschaften (Unternehmensgesamtplan und möglichst Teilpläne für gleichrangig aufgestellte Tochtergesellschaften) strukturiert sind.

[2] In der Literatur liegen umfassendere Systematiken vor (vgl. dazu z.B. Al-Laham 1997 und zu den Zielen Swoboda 2002a).

[3] Bezüglich der Dynamik liegt eine Qualitäts-/Innovationsorientierung deutscher Unternehmen in den ersten Phasen der Internationalisierung vor. Darüber hinaus zeigt Swoboda (2002b) einen signifikanten Einfluss des Wandels der Internationalisierung auf die Variabilität von zwei Strategieebenen: Wettbewerbs- und Marktbearbeitungsstrategien.

ziele und -strategien idealtypisch ausgerichteten Strategien in einzelnen Wertschöpfungsbereichen von Unternehmen.

Losgelöst von der Internationalisierung wird eine der zentralen Begründungen für eine unzureichende Harmonisierung in der Marketingimplementierung in Unternehmen in den latenten Konflikten zwischen Marketing und anderen Wertschöpfungsfunktionen bzw. Abteilungen gesehen. „Störungen" bezüglich einer Implementierung von gesamtunternehmensrelevanten Marketingzielen und -strategien können aus **Ressortegoismen** bzw. den unterschiedlichen Zielen und Sichtweisen resultieren (siehe hierzu exemplarisch Abbildung 6.13).

Abbildung 6.13: Organisationsbedingte Konflikte zwischen Marketing und anderen Wertschöpfungsfunktionen bzw. Abteilungen

Abteilung ...	legt Wert auf	Marketingabteilung legt Wert auf
Forschung & Entwicklung	Grundlagenforschung, intrinsische Qualität, funktionswirksame Produktausstattungen	angewandte Forschung, wahrgenommene Qualität, verkaufswirksame Produktausstattungen
Konstruktion (Engineering)	lange Vorlaufzeiten zur Konstruktionserstellung, wenige Modelle, standardisierte Komponenten für alle	viele Modellausführungen, Sonderfertigung für Kunden
Beschaffung	begrenzte Produktlinie, standardisierte Teile, Preis der beschafften Ware, Einkauf in optimaler Losgröße, Einkauf nach einem Turnus	breite Produktlinie, differenzierte Teile, Qualität der beschafften Ware, Vermeidung von Verkaufsengpässen, sofortiger Einkauf bei Kundenbedarf
Produktion	lange Vorlaufzeit zur Produktionsumstellung, lange Produktionsläufe durch wenige Produktversionen, Konstanz der Produkte, Produktionsaufträge in standardisierter Form, problemlose Herstellungsverfahren, routinemäßige Qualitätskontrolle	kurze Vorlaufzeit/Produktionsläufe durch viele Produktversionen, zahlreiche Produktveränderungen, Produktionsaufträge nach Kundenwunsch, ansprechendes Erscheinungsbild der Produkte, strikte Qualitätskontrolle
Dienstausführung (Operations)	bequem für das Personal, alltägliche Umgangsformen, ausreichende Dienste	Bequemlichkeit für die Kunden, freundliche Umgangsformen, bemerkenswerte Dienste
Finanzen	rationale, nachvollziehbare Ausgabenbegründung, verbindliche Budgetvorgaben, immer kostendeckende Preise	Ausgabenbegründung manchmal auf intuitiver Basis, flexible Budgets, den Umständen anpassbar, Preise je nach Marktentwicklung
Rechnungswesen	vorgegebene Auftragsabrechnungen mit wenigen Optionen	Sondervereinbarungen und Individualisierung für die Kunden mit vielen Optionen
Kreditwesen	vollständige Offenlegung der Kreditwürdigkeit der Kunden, niedriges Kreditrisiko, harte Kreditbedingungen, Strenge beim Inkasso von Außenständen	minimal notwendige Kreditwürdigkeitsprüfung, mittleres Kreditrisiko, generöse Kreditbedingungen, Konzilianz beim Inkasso von Außenständen

Quelle: Kotler/Keller/Bliemel 2007, S. 1160.

Losgelöst von der notwendigen Ausrichtung auf die Gesamtunternehmensziele bietet sich hierbei im internationalen Bereich – und damit auch im Marketing – eine wertschöpfungsfunktionsübergreifende Betrachtung an:

- Folgt man der Systematik von Zentes/Swoboda/Morschett (2004, S. 532ff.), dann wäre zunächst der Blick auf den **Marktbearbeitungs-Prozess** zu richten, also auf die Schnittstellen zwischen dem Internationalem Marketing und der marktorientierten F&E. Letztere setzt idealtypisch an den Kunden- und Marktbedürfnissen an und endet mit einer Phase der Marktprobung, was ein schwaches Indiz für die Marktorientierung bildet.

- Komplexer erscheint die Schnittstelle von Marketing und dem **Supply-Chain-Prozess**, denn Wertschöpfungsfunktionen wie Logistik, Produktion und Beschaffung unterliegen anderen Denkhaltungen und kostenorientierten Zielen und sind in der Praxis oft nicht marktorientiert ausgerichtet. Im Fall marktorientierter Unternehmen dürfte diese Schnittstellenproblematik geringer ausgeprägt sein.[1]

Daimler AG verlegt Teile der F&E in Schwellenländer, integriert mit dem Marketing

Der deutsche Automobilhersteller Daimler AG will in Zukunft seine Entwicklungsentscheidungen stärker in Schwellenländer verlagern. „Wir wissen, dass wir unsere Kapazitäten in Zukunft verstärkt im Ausland ausbauen müssen, wenn wir wie geplant wachsen wollen", so der Daimler-Entwicklungsvorstand Thomas Weber. Geplant ist der Ausbau von Entwicklungszentren in China sowie in Indien. Damit reagiert das Traditionsunternehmen auf die steigende Bedeutung der Schwellenländer für die deutsche Autoindustrie und verlagert neben der Produktion auch Teile der F&E in diese Regionen.

Bisher sind die zentralen Funktionen der F&E bei deutschen Autoherstellern im Heimatland konzentriert. Jedoch werden in Zukunft flankierende F&E Aufgaben in die boomenden Schwellenländer übertragen. „Länder wie China, aber auch Russland und Indien fordern von den Autoherstellern nicht nur höhere Wertschöpfungsanteile in der Produktion im eigenen Land, sondern auch bei der Entwicklung. Die Grundlagenforschung würden die deutschen Hersteller im Kern zwar in Deutschland behalten. Aber die zunehmend wichtigeren Adaptionen für die einzelnen Märkte werden künftig in den Schwellenländern selbst entwickelt, weil dort die Entwickler die spezifischen Anforderungen des Marktes besser kennen", so der Branchenexperte Stefan Bratzel, Leiter des Center of Automotive Bergisch Gladbach.

China gilt als einer der bedeutendsten Absatzmärkte für deutsche Automobilhersteller und Daimler hofft dort, bis zum Jahre 2015, den Anschluss an BMW und Audi zu finden. Auf das landesspezifische Nachfrageverhalten der chinesischen Kundschaft will Daimler mit regionalen Typen, Modellen und Marken antworten und somit seine Wachstumsziele in dieser Region verwirklichen. Die Adaption der Produktpalette „bezieht sich vor allem auf marktspezifische Varianten: So bieten wir nur in China bereits eine verlängerte E-Klasse an, weil gerade dort die Fahrzeuge auch Chauffeurlimousinen sind und die Kunden den längeren Fußraum schätzen", so der Entwicklungsvorstand von Daimler.

Quelle: Handelsblatt, 09.Juli 2012, S. 20.

III. Allgemeines Planungssystem

Die Relevanz der Planung als vorausschauendes und steuerndes Führungsinstrument ist im nationalen Bereich wie im Internationalen Marketing evident und unstrittig. Allgemein besteht die koordinierende Wirkung der Planung in einer formalen und informativen Verkettung entweder einzelner Strategien und Instrumente in einem Funktionsbereich, so dem Internationalen Marketing, oder verschiedener Unternehmensbereiche mit dem Ziel, gesamtunternehmensbezogene Wirkungszusammenhänge zu berücksichtigen.[2] Die zentralen Probleme eines allgemeinen Planungssystems in international tätigen Unternehmen können nach strukturellen bzw. prozessualen Aspekten systematisiert werden (vgl. dazu Macharzina/Wolf 2012, S. 409ff.):

- Was wird geplant, wie intensiv bzw. detailliert wird geplant und von wem werden unterschiedliche Pläne entwickelt, d.h., was sind die Planungsinhalte und wer sind die Planungsträger?

---

[1] Vgl. hierzu Abschnitt D. dieses Kapitels und auch Swoboda/Weiber 2013.
[2] Vgl. dazu Chae/Hill 1996, S. 881.

- Wie wird die Planung gestaltet, und zwar bezogen auf ihre Formalisierung, Standardisierung und Periodizität?

Dies spannt eine breite Palette von Fragestellungen auf, denen im Rahmen von (internationalen) Planungssystemuntersuchungen aus unterschiedlichsten Perspektiven nachgegangen werden soll. Aus der Fülle vorgeschlagener Systematiken zur Analyse der Planungskomponenten wird nachfolgend auf die genannten strukturellen und prozessualen Aspekte der internationalen Marketingplanung rekurriert, die nicht bereits im Rahmen der Marketingstrategien oder -instrumente relevant waren. Dieser Fokus erscheint sinnvoll, weil die Beschreibungen der allgemeinen, also über das Marketing hinausgehenden, Planungssysteme in internationalen Unternehmen in empirischen Studien stark einzelfallbezogen ausfallen und i.d.R. nur einzelne Planungsmerkmale zum Gegenstand haben.[1] Zum Beispiel zeigt die Analyse von Macharzina/Engelhard (1991) ein zunehmendes Vertrauen exportierender Unternehmen in die strategische Planung. Dokumentiert sind eine Internationalisierungsgradabhängigkeit der Formalisierung und Intensität der Planungsaktivitäten. Welge (1980, S. 247f.) und Welge/Al-Laham (2008) stellen Ähnliches für die Zentralisierung der Planung fest. Insgesamt sind die Befunde aber relativ fragmentiert.

Koordinationswirkung der Planungsinhalte

Mit der Strukturdimension soll, wie angedeutet, nicht nur die Frage nach dem „Wer", sondern auch der inhaltliche Aspekt mit der Frage nach dem „Was" und „Wie intensiv" der Planung gefasst werden. Insofern sind hier Fragen der **Planungsinhalte**, der **Intensität bzw. des Detaillierungsgrads** der Planung und der **Planungsträger**, einschließlich der **Zentralisation** der Planung, relevant.

Betrachtet man Pläne als Koordinationsinstrumente, dann gelten diese für eine bestimmte Periode, in Abgrenzung zu Programmen, die auf Dauer ausgerichtet sind.[2] Entsprechende Planungen wurden in den einzelnen Problembereichen des Internationalen Marketing in den vorhergehenden Kapiteln zumindest implizit behandelt. Der hier explizit hervorzuhebende koordinative Charakter der Planung wird dann deutlich, wenn man den allgemeinen Planungsinhalt differenziert. Primär nach dem Zeitaspekt differenziert Homburg (2012, S. 1171) zwischen zwei Alternativen: der strategischen Marketing- und Vertriebsplanung, welche die grundlegenden Ziele und die Grundsätze der Marktbearbeitung (i.S. von Marketingstrategien) festlegt, und der operativen Marketing- und Vertriebsplanung, welche die strategischen Festlegungen konkretisiert. Beide Alternativen beziehen sich auf die Planung von Zielen, Aktivitäten und Budgets. Wahlweise, wenngleich immer noch vereinfacht, lassen sich drei Inhalte der Planung unterscheiden (Welge/Holtbrügge 2010, S. 242f.):

- Die **Zielplanung** ist auf die Ermittlung und Festlegung erwünschter Sollzustände ausgerichtet. Sie besitzt einen normativen bzw. imperativen Charakter und soll die

---

[1] Dem Planungssystem werden hier die Aspekte der formalen Struktur und der Prozesse der Planung zugeordnet, die nicht dem Ziel-, Strategie- oder Informationssystem als Bestandteil traditioneller Planungsbetrachtungen angehören. Ein expliziter Fokus auf Veränderungen der sog. Tiefenstruktur der Planung unterbleibt (vgl. dazu Swoboda/Olejnik 2013b und die dort zitierte Literatur).

[2] Gemeint sind Problemstellungen, die sich wiederholen und daher eine Routinisierung i.S. einer Standardisierung der Problemlösung bzw. der Arbeits- oder Entscheidungsprozesse ermöglichen. Dies findet u.a. Niederschlag in Regeln (Verfahrensrichtlinien), Programmen (Ketten von Regeln, i.S. von Handlungsanweisungen für bestimmte Situationen), Plänen und Budgets als Koordinationsinstrumente. Erstere nehmen Abstimmungsprobleme vorweg, indem sie Handlungsanweisungen beschreiben und unabhängig von der konkreten Situation, der Person oder des Umstands festlegen (vgl. dazu Kutschker/Schmid 2011, S. 1018ff.).

Orientierung der Entscheidungen der Funktionsbereiche bzw. Tochtergesellschaften an der Effizienz und Effektivität der Gesamtunternehmung sicherstellen. Die Verwirklichung der koordinierenden Zielplanung erfolgt z.B. über ein **Kennzahlensystem**, das die Ziele der einzelnen Unternehmenseinheiten (z.B. der Tochtergesellschaften) aus den Zielen des Gesamtunternehmens ableitet.[1]

- Die **Maßnahmenplanung** umfasst u.a. die Festlegung der grundlegenden unternehmungspolitischen Strategien sowie der detaillierten Maßnahmen, wie sie für die einzelnen Marketingbereiche behandelt wurden und die in den Tochtergesellschaften durchgeführt werden. Die koordinierende Wirkung resultiert hier aus der Vorgabe von Methoden zur Selektion, Evaluierung und Implementierung der marketingpolitischen Aktivitäten.

- Im Rahmen der **Ressourcenplanung** erfolgt u.a. die Ermittlung, Entwicklung und Bereitstellung der zur Umsetzung der geplanten Maßnahmen erforderlichen finanziellen, sachlichen und personellen Ressourcen. In der Ressourcenplanung kommt der Aufstellung von **Budgets** eine besondere Bedeutung zu, die den einzelnen Unternehmenseinheiten Ressourcen zuweisen und damit Einfluss auf deren Verhalten ausüben, da sie Entscheidungsspielräume limitieren oder auch erweitern. Da Budgets häufig vorab erstellt werden, kommt ihnen v.a. im Rahmen der **Vorauskoordination** große Bedeutung zu. Je stärker die Budgets einzelner Teileinheiten der international tätigen Unternehmung aufeinander abgestimmt sind, umso stärker führt die Ausrichtung an Budgets und darauf aufbauend die Einhaltung von Budgets zu einem koordinierten Verhalten der Teileinheiten.

Intensität und Zentralisation der Planung

Die Frage nach der Intensität der Planung kann pauschal mit dem Vorhandensein diverser strategischer und/oder operativer Marketingplanungen verbunden werden. Dies spielt im Internationalen Marketing auf der Ebene der Muttergesellschaft wie der Tochtergesellschaften (man denke an die kulturellen Unterschiede bezüglich einer eingehenden Marketingplanungs-Tradition) eine Rolle. Zudem kann hier von der einfachen Unterscheidung zwischen **strategischer und operativer Marketingplanung** ausgegangen werden. Bekanntlich enthält die strategische Planung auch qualitative Komponenten und ist von der operativen Planung durch ihren Charakter abzugrenzen, der den Rahmen für die konkreten operativen Maßnahmen umreißt. Zumindest aus einer dynamisch-prozessualen Entwicklungsperspektive von Unternehmen in internationalen Märkten heraus kann festgehalten werden, dass bei Unternehmen in den ersten Phasen der Internationalisierung eine Trennung von internationaler strategischer und operativer Planung kaum erfolgt.[2]

Bei diesen stark internationalisierten Unternehmen ist der Grad der **Zentralisation der Planung** zu hinterfragen. Hier wird oft pauschal der Blick auf die strategische Planung in einer Zentrale beschränkt, was in der Praxis aber oft mit einer kurzfristigen Perspektive der Planungsträger im Ausland und dem fehlendem Planungs-Know-how vor Ort verbunden ist (wobei die o.g. kulturellen Planungswiderstände zur Heterogenität beitragen können). Indessen ist eine unmodifizierte Übertragung von Planungs- und Kontrollsystemen von der Muttergesellschaft auf die jeweiligen Tochtergesellschaften oft recht ineffektiv. Indessen besteht ein zentrales Element eines Planungssystems in der

---

[1] Vgl. hierzu Abschnitte C.II. und C.V dieses Kapitels.
[2] Dies gilt hier wie auch an anderen erwähnten Stellen jenseits der dynamisch-prozessualen Betrachtung für gering internationalisierte Unternehmen generell. Deren Planungsintensität ist im Vergleich zu bereits stärker international tätigen Unternehmen i.d.R. gering.

Zuordnung der Planungsaktivitäten zu einzelnen Planungsträgern. Hinsichtlich der Planungsträger lassen sich im Hinblick auf die Mutter-Tochter-Beziehung analog zu den Ausgestaltungsmöglichkeiten der Organisationsstruktur die Kombinationsmöglichkeiten der Planung direkt von der Geschäftsführung oder den Linieninstanzen (wie z.B. Regionalmanagern) unterscheiden.

Im Hinblick auf die Grundorientierungen ist die Stammland-Orientierung i.d.R. durch eine intensive und zentral von der Muttergesellschaft gesteuerte Planung gekennzeichnet, während bei einer multinationalen Orientierung tendenziell eher dezentrale Planungssysteme vorliegen. Die globale Orientierung ist ähnlich wie die Stammland-Orientierung eher durch zentralistische Systeme und eine relativ intensive Abstimmung geprägt, wobei derartig zentralisierte Systeme hinsichtlich der Intensität der Planung zumeist – ebenso wie die glokale Orientierung – durch eine netzwerkartige Struktur gekennzeichnet sind.

Ausgewählte Prozessdimensionen

Neben den Fragen zu Planungsinhalten, -intensität und -trägern sind gerade in internationalen Märkten prozessuale Aspekte der Planung relevant. Damit sind hier die Fragen nach dem „Wie" zu verbinden. Darunter ist z.B. das Ausmaß an **Formalisierung und Standardisierung** angesprochen, d.h. das Ausmaß der schriftlichen Fixierung und die periodische Anwendung (z.B. bei jedem Markteintritt) von Verfahren und Inhalten. Entgegen der rationalen Annahme einer stringenten Anwendung von Planungsabfolgen ist die Praxis eher durch ein abgestuftes Maß an Formalisierung oder Standardisierung gekennzeichnet. Hier kann eine wachsende Bedeutung beider Aspekte im Zuge der fortschreitenden Internationalisierung empirisch belegt werden, wenngleich das Ausmaß nicht sukzessive oder linear steigt. Ähnlich zu bewerten ist die Frage der **Periodizität**, d.h. des **Planungszeitraums**, auf den die internationale Auslandstätigkeit bezogen wird.

- Relevant sind zudem Aspekte der Prozessdimension der Planung, die mit den Planungsträgern verbunden ist, so insbesondere der **Verlauf der Planung**. Es handelt sich hierbei um eine zentrale Frage nach der Integration der Planungen im Headquarter und in einzelnen Tochter- bzw. Landesgesellschaften. Festzulegen ist ferner, welche Stellen in der Unternehmens- bzw. Marketinghierarchie in welchem Umfang und in welcher Reihenfolge bzw. zu welchem Zeitpunkt am Planungsprozess beteiligt werden (Macharzina/Wolf 2012, S. 957ff.; Kreutzer 1990, S. 91ff.).
- Bei der **retrograden Planung** geht der Planungsprozess von der jeweils hierarchisch höchsten Stelle aus. Diese trifft Grundsatzentscheidungen, die von den hierarchisch nachgeordneten Stellen schrittweise konkretisiert werden. Hierbei stellt jeder von einer Führungskraft erstellte (Teil-)Plan eine verpflichtende Vorgabe für die untergeordneten Ebenen dar. Ein wesentlicher Vorzug der retrograden Planung ist die relativ einfach zu erzielende Konsistenz des Gesamtplans. Der **Top-down-Planungsansatz**, der z.B. auf vom Stammhaus entwickelten und zentralisierten Vorgaben basiert, ist mit der Gefahr von Motivationsproblemen sowie der Nichtberücksichtigung lokaler Gegebenheiten verbunden. Ferner können unerwünschte und erklärungsbedürftige Planelemente modifiziert, ignoriert oder unterlaufen werden. Auf diese Weise werden die Implementierung gefährdet und Ressourcen verschwendet.
- Bei der **progressiven Planung** treffen die unteren Hierarchieebenen Entscheidungen für ihren Bereich, ohne dass sie die übergeordneten Problemfelder und Lösungsansätze kennen (müssen). Die Aufgabe der jeweils höhergestellten Führungsebenen

besteht darin, diese Teilpläne zusammenzufassen und zu koordinieren. Ein solcher **Bottom-up-Ansatz**, der eine Dominanz der Planungsaktivitäten durch die Ländernniederlassungen mit sich bringt, betont die Marktspezifika, während übergreifende Unternehmensziele sowie Aspekte des länderübergreifenden Wettbewerbs vernachlässigt werden. Interdependenzen zwischen Teilplänen sowie zwischen Tochtergesellschaften selbst und die damit verbundenen Synergie- und Rationalisierungspotenziale bleiben weit gehend unberücksichtigt bzw. unausgeschöpft; eine mangelnde Konzeptualisierung des Gesamtplans kann die Folge sein. Dagegen ist mit einer hohen Ziel- und Planidentifikation zu rechnen.

- Bei der Planung im **Gegenstromverfahren** wird so vorgegangen, dass hierarchisch obere Stellen, möglicherweise unter Einbeziehung von Planerwartungen der unteren Ebenen, vorläufige Oberziele bzw. Rahmenpläne setzen, die zunächst heruntergebrochen werden. Anschließend wird jedoch ein progressiv angelegter Rücklauf vorgenommen, bei dem von unten herauf die Pläne schrittweise geändert, ergänzt und dann aggregiert werden (siehe Abbildung 6.14). Dieser integrierte „**Top-down-Bottom-up**"-Prozess kann sich wiederholen. Dadurch können die Ideen und damit das Know-how-Potenzial einzelner Niederlassungen bzw. Märkte für das Gesamtunternehmen genutzt werden. Die Top-down-Perspektive sichert ein koordiniertes Auftreten auf dem Weltmarkt, die Berücksichtigung von Interdependenzen zwischen den Tochtergesellschaften sowie durch vertikale Abstimmungsprozesse, dass der Über- und Unterordnung der Planungsebenen sowie insbesondere den übergeordneten Zielsetzungen und Stoßrichtungen durch alle Unternehmensein-heiten Rechnung getragen wird. Dies ist mit einem positiven Motivationseffekt verbunden. Die Schwierigkeiten liegen aber v.a. im hohen Aufwand des Verfahrens, in Problemen der empfundenen Scheinbeteiligung und Frustrationseffekten bei Führungskräften unterer Ebenen, wenn ihre Planerwartungen stark verändert werden.

Abbildung 6.14: Planungsprozess nach dem Gegenstromkonzept

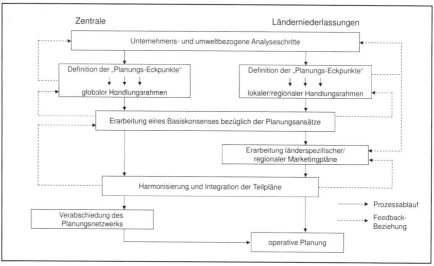

Quelle: Kreutzer 1990, S. 94.

Das Gegenstromverfahren kann jedoch zumindest partiell die Dualität zwischen Zentralisierung und Dezentralisierung im Planungsprozess überwinden.

Im Hinblick auf die Grundorientierungen ist der größte Grad an Formalisierung und Standardisierung bei der Stammland-Orientierung und der globalen Orientierung zu erwarten, denn in diesen Fällen sind sowohl die Standardisierungsnotwendigkeit als auch das Ausmaß an retrograder Planung stark ausgeprägt. Eine umgekehrte Konstellation besteht tendenziell bei der multinationalen Orientierung, ggf. unter Einsatz des Gegenstromverfahrens. Die glokale Orientierung erfordert eine Kombination der Planungsvarianten.

IV. Informations- und Kommunikationssysteme

Das Internationale Marketing kann nur dann (effizient) funktionieren, wenn eine kontinuierliche Implementierung von Informations- und Kommunikationssystemen erfolgt. Gemeint sind hierbei nicht primär die integralen Bestandteile des Marketing, d.h. die externen Informations- und Kommunikationsmaßnahmen, sondern umfassender das **Informationsmanagement**.

In enger (Controlling-)Auslegung wären hier verschiedene Analyseinstrumente zur Informationsversorgung sowie die kontinuierliche, kritische Reflexion der Planungen und Umsetzungen gemeint. Dies ist jedoch nur ein Teil des Informationsmanagements. Hierzu zählen zugleich das Berichtssystem und die Marktforschungsprozesse.[1] Über die Notwendigkeit von Marktforschung und Kontrolle besteht kein Dissens, da Planung ohne vorherige Information sinnlos, Kontrolle ohne Planung nicht möglich ist. Das Informationsmanagement ist aber übergeordnet zu sehen, da es sowohl die internationale Informationsinfrastruktur als auch die internationalen Kommunikationsoptionen zwischen den Unternehmenseinheiten umfasst:

> *Informationsmanagement ist eine Managementaufgabe, deren Ziel es ist, den Produktionsfaktor Information, verstanden als Wissen zur Vorbereitung unternehmerischen Handelns, zu beschaffen, zu verarbeiten, zu übertragen und in einer geeigneten Informationsstruktur bereitzustellen (Krcmar 2005, S. 1ff.). Das internationale Informationsmanagement umfasst die Aufgabe der Planung, Lenkung und Nutzung der betrieblichen Informationsinfrastruktur, die aus der grenzüberschreitenden Tätigkeit des Unternehmens herrührt (Schönert 1998, S. 276).*

Mit ausgewählten Funktionen und Ebenen sowie Strukturen von Informationssystemen sollen zwei für das Gesamtunternehmen und abgestuft auch für das Internationale Marketing und seine Schnittstellen zu anderen Wertschöpfungsfunktionen relevante Aspekte kurz angesprochen werden.

Ebenen und Strukturen von Informationssystemen

Ein effektives Informationsmanagement erhöht die Fähigkeit von Unternehmen, Informationen zu sammeln, zu verarbeiten und auszutauschen, sowohl innerhalb als auch außerhalb der Unternehmen. Das ist aus einer Perspektive des Internationalen Marketing und seiner Schnittstellen von Bedeutung, u.a. weil das Informationsmanagement die potenzielle Leitungsspanne eines Unternehmens i.S. der internationalen Koordination wesentlich vereinfacht (Blaine/Bowen 2000, S. 34). Auf Grund der technologischen Entwicklungen der letzten Jahre wird der Begriff Informationsmanagement – wie auch

---

[1] Mit Blick auf die ersten Phasen der Internationalität werden die Fragen der Kommunikation und der IuK-Systeme meistens ausgeklammert. Vgl. bezüglich des Computereinsatzes in Klein- und Mittelunternehmen Bridge/Peel 1999, S. 82ff. sowie zur Nutzung von IuK Masten/Hartmann/Safari 1995, S. 26ff.

zunächst hier – vielfach in Verbindung mit computergestützten Informationssystemen benutzt. Ziel ist dabei der effektive (zielgerichtete) Einsatz von Informationen in Unternehmen. Die damit verbundenen Aufgaben können in unterschiedliche – jedoch miteinander gekoppelte – Ebenen kategorisiert werden (siehe Abbildung 6.15):

Abbildung 6.15: Drei-Ebenen-Modell des Informationsmanagements

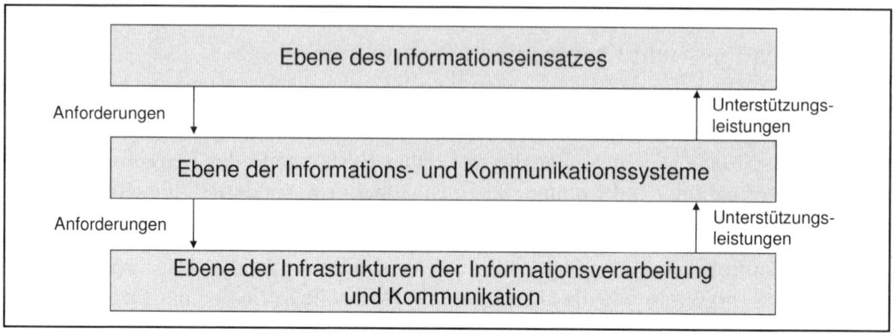

```
┌─────────────────────────────────────────────────────────────────┐
│            Ebene des Informationseinsatzes                      │
│   Anforderungen ↓                        ↑ Unterstützungs-      │
│                                            leistungen           │
│        Ebene der Informations- und Kommunikationssysteme        │
│   Anforderungen ↓                        ↑ Unterstützungs-      │
│                                            leistungen           │
│    Ebene der Infrastrukturen der Informationsverarbeitung       │
│                        und Kommunikation                        │
└─────────────────────────────────────────────────────────────────┘
```

Quelle: Picot/Reichwald/Wigand 2003, S. 144.

- **Ebene des Informationseinsatzes**: Auf dieser Ebene werden der Informationsbedarf und seine Deckung für alle in einer Unternehmung auftretenden (internen und externen) Verwendungszwecke geplant, organisiert und kontrolliert.
- **Ebene der Informations- und Kommunikationssysteme** (auch Informationssysteme i.e.S.): Diese Ebene betrifft unmittelbar die inhaltliche Umsetzung und Ausgestaltung der Informationsflüsse. Hierzu gehören z.B. Standardsysteme des Rechnungswesens, Systeme der Marketing- und Produktionsplanung und -steuerung und unternehmensspezifische Kundeninformationssysteme.
- **Ebene der Informations- und Kommunikationsinfrastruktur**: Das Management der Informationsinfrastrukturen befasst sich mit der Bereitstellung und dem Betrieb technischer Ressourcen wie Rechnersystemen und technischen Netzwerken.

Strukturell können eher mengen- und eher wertorientierte Informationssysteme unterschieden werden. Abbildung 6.16 zeigt unterschiedliche inhaltliche Ebenen von Informationssystemen (Scheer 1998, S. 4ff.):

- Auf der untersten Ebene der Pyramide sind mengenorientierte operative Systeme angesiedelt, die eng mit der Leistungserstellung verbunden sind. Typische Funktionsbereiche hierfür sind Produktion, Beschaffung oder Vertrieb.
- Begleitet werden die mengenorientierten Prozesse von wertorientierten Abrechnungssystemen, in denen die betriebswirtschaftlichen Konsequenzen bestimmter Mengenflüsse deutlich werden. Zugleich zeigt sich eine enge Verknüpfung zur untersten Stufe, da beide die gleichen Prozesse abbilden.
- In weiteren Verdichtungsstufen werden zunächst Informationen für Berichts- und Kontrollsysteme bereitgestellt und dann Analysen erstellt, die neben den verdichteten Daten der unteren Ebenen auch Daten externer Quellen, z.B. von Marktforschungsinstituten, einbeziehen.
- Auf der höchsten Verdichtungsstufe finden sich Planungs- und Entscheidungssysteme, die das Management insbesondere bei langfristigen, strategisch wichtigen

Entscheidungen unterstützen sollen. Diese werden auch als **Executive Information Systems** bezeichnet.[1]

Abbildung 6.16: Integrierte Informationssysteme

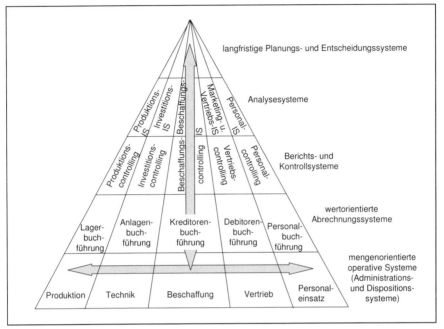

Quelle: Scheer 1998, S. 5.

„Integrierte" Informationssysteme umfassen die beiden in der Informationspyramide dargestellten Integrationsrichtungen. Durchgängige Informationsströme auf der Ebene der operativen Systeme folgen z.B. dem Materialfluss in einem Industriebetrieb, quer zu den unterschiedlichen Funktionsbereichen. Der senkrechte Pfeil verdeutlicht die Integration entlang der unterschiedlichen Verdichtungsstufen.

Crocs Inc. setzt auf SAP Anwendung

Das Unternehmen Crocs Inc. führt die SAP Anwendung Apparel and Footwear ein, welche das bisherige ERP-System ablösen wird. Mithilfe dieser Anwendung ist Crocs in der Lage, seine globale Wertschöpfungskette, von der Beschaffung der Rohstoffe bis zur Auslieferung des Endprodukts, durchgängig zu unterstützen. Crocs vertreibt über 300 verschiedene Schuhlinien in mehr als 90 Ländern und strebt stetiges Wachstum an. Für die weitere erfolgreiche Internationalisierung war das Unternehmen auf der Suche nach einem System, welches die Standardisierung von Prozessen gewährleistet und multiple Währungen bzw. Sprachen sowie länderspezifische Geschäftsanforderungen unterstützt. Mit der SAP Anwendung Apparel and Footwear lassen sich die enormen Informationsmengen, die durch die zunehmende Variation im Design und die wachsenden Kundenbedürfnisse aus der globalen Geschäftstätigkeit entstehen, bewältigen und steuern.

Quelle: www.sap.de, Pressemitteilung, 14. Januar 2013.

---

[1] Systeme zur Unterstützung von Entscheidungen auf den oberen Führungsebenen, die auch als Managementinformationssysteme bezeichnet werden, werden hier ausgeklammert.

Strategische Informationsversorgungsfunktion als Beispiel

Die Informationsversorgungsfunktion – die dem strategischen Controlling zugeschrieben wird – besteht grundsätzlich darin, Informationsbedürfnisse des Managements zu erkennen und diese zu befriedigen. Hierbei gilt es, die Informationen im richtigen Maß zum richtigen Zeitpunkt und im richtigen Verdichtungsgrad bei den richtigen Personen vorzulegen. Die Sicherung der (u.U. weltweiten) Informationsversorgung bedingt einen Informationsfluss in unterschiedlichen Richtungen. Wie angedeutet, fallen u.a. Informationen dezentral an, werden dann aber zur Entscheidungsfindung bezüglich der Unternehmensstrategie zur Muttergesellschaft transferiert, dort als Entscheidungsgrundlage verarbeitet sowie an die einzelnen Einheiten zurückvermittelt (Berens/Dörges/Hoffjan 2000, S. 28). Detailliertere Phasen dieser Informationsversorgungsaufgabe sind:

- die Ermittlung des Informationsbedarfs
- die Informationsbeschaffung, -aufbereitung und -speicherung
- die Informationsabgabe bzw. -übermittlung (Horváth 2011, S. 301f.).

In einem ersten Schritt erfolgt also die Ermittlung des Informationsbedarfs, so durch Dokumentenanalyse oder Befragung der Entscheidungsträger (Küpper 2008, S. 187). Dabei sind für das Internationale Marketing insbesondere **strategische Informationen** von hoher Bedeutung, bei deren Bestimmung eine Reihe von Kriterien berücksichtigt werden muss:

- Die strategische Relevanz von Informationen kann sich durch Umfeldveränderungen schnell ändern. Das bedeutet, dass die Beobachtungsbereiche ex ante nicht zu stark eingeschränkt werden dürfen.
- Strategische Informationen sind i.d.R. hochaggregiert und umfassend. Sie betreffen u.U. das Unternehmen und seine internationalen Märkte in der Gesamtheit.
- Strategische Informationen sind meist eher qualitativ als quantitativ und oft wenig präzise. Unter Umständen ist es sogar schwierig, sie überhaupt verbal zu erfassen.
- Das Unsicherheitsproblem ist bei strategischen Informationen besonders gravierend.
- Strategische Informationen müssen sehr frühzeitige Signale liefern.

Zur **Informationsbeschaffung** können einerseits im Unternehmen vorhandene und nachgefragte Informationen zusammengeführt werden. Zum anderen werden Informationsbedürfnisse dadurch befriedigt, dass Informationen generiert werden. Hier steht z.B. die Gewinnung von erfolgszielbezogenen, bedarfsgerechten Daten aus dem Bereich des internen Rechnungswesens im Vordergrund. Das Rechnungswesen ist zugleich die Basis der Controllingfunktionen im Unternehmen; es kann als das älteste, am stärksten ausgebaute und differenzierteste Subsystem der Informationsversorgung gesehen werden. Horváth (2011, S. 361ff.) sieht im Rechnungswesen eine historische

Entwicklungsbasis der Controllingfunktion und sieht es weiterhin als ein wichtiges Subsystem.[1]

Die Aufgabe der Informationsgewinnung wird ergänzt durch die **Interpretationsfunktion**, d.h. die Aufgabe, den Informationsempfängern Inhalt und Aussagefähigkeit der Ergebnisse, z.B. im Fall von Sondereinflüssen, zu erläutern. Im internationalen Kontext stellt insbesondere die Beschaffung von externen Daten in unterentwickelten Ländern ein Informationsversorgungsproblem dar. Diese Länder verfügen oft nicht über statistische Ämter oder Wirtschaftsdienste, die Untersuchungen über Umwelt- und Marktdaten durchführen (insbesondere hinsichtlich Prognosedaten), oder die bereitgestellten Daten sind nur wenig zuverlässig. Gerade für solche Ländermärkte ist die Informationslücke oft aufwändig durch interne Informationsquellen zu schließen, insbesondere durch die systematische Sammlung von Informationen der Mitarbeiter der ausländischen Tochtergesellschaften (Holtbrügge/Puck 2008, S. 176). In diesem Fall hat das für die Strategieentwicklung zuständige Management in der Zentrale das Problem zu lösen, aus den vorhandenen Einzeldaten eine situationsgerechte Beurteilung der Chancen und Risiken abzuleiten.

Zur Steuerung der Informationsströme gehört der Informationsaustausch zwischen verschiedenen Teilen des Unternehmens (**Informationsverteilung**), aber auch z.B. die Entwicklung und das Betreiben eines betrieblichen Berichtswesens.

Im Hinblick auf die Grundorientierungen sind deutliche Unterschiede hinsichtlich der grundsätzlichen Bedeutung der Kommunikations- und Informationsflüsse sowie der entsprechenden Systeme zu erwarten. Bei einer Stammland-Orientierung, die grundsätzlich durch eine hohe Anzahl an Weisungen, Aufträgen und Ratschlägen gekennzeichnet ist, sind v.a. vertikale Informationssysteme bedeutend, während bei einer globalen Orientierung eher strategische Vorgaben und integrierte Informationssysteme dominieren. In beiden Fällen obliegt die strategische Informationsfunktion der Muttergesellschaft bzw. dem Headquarter. Bei einer multinationalen Orientierung ist hingegen von einer relativ geringen (grenzübergreifenden) Bedeutung von Kommunikations- und Informationsflüssen bzw. -systemen, v.a. zu anderen Tochtergesellschaften und eher auf Basis von aggregierten Steuerungsdaten (z.B. Umsätze, ROIs usw.) zur Muttergesellschaft, auszugehen. Bei glokaler Orientierung sind grundsätzlich alle Kommunikations- und Informationsflüsse – in netzwerkartiger Struktur – denkbar, was ein komplexes Informationsmanagement erfordert.

Relevanz von Informations- und Planungsprozessen für internationale Unternehmen

Die Bedeutung von Informations- und Planungsprozessen für internationale Unternehmen ist tief verankert in der Literatur, wird aber auch stets hinterfragt. Die Gewinnung von Informationen über Auslandsmärkte, Kundenbedürfnisse und Wettbewerbsstrukturen trägt dazu bei, Wissen in den Unternehmen aufzubauen. Dieses Wissen können

---

[1] Küting/Heiden (2002, S. 295f.) weisen in diesem Kontext darauf hin, dass auch die Internationalisierung der Rechnungslegung einen Einfluss bildet. So würden sich z.B. für deutsche Unternehmen im Rahmen der Umstellung einer HGB-Rechnungslegung auf US-GAAP oder IAS/IFRS Ansatzpunkte zur Vereinheitlichung der internen und externen Berichterstattung bieten. Dieser Aspekt, der unter der Bezeichnung „Konvergenz des Rechnungswesens" diskutiert wird, könnte zum Vorteil eines durchgehend einheitlichen und in sich geschlossenen Berichtswesen führen, in dem die Trennung externer und interner Systeme aufgehoben wird. Insbesondere in international tätigen Unternehmen kann ein solches Vorgehen dazu beitragen, die Komplexität der internationalen (Informations-)Schnittstellen zu reduzieren, da die durch die internationale Tätigkeit hervorgerufene Komplexität der Unternehmenstätigkeit so einheitlicher aufbereitet werden kann und besser vergleichbar ist.

Entscheidungsträger nutzen, um fundierte Entscheidungen zu treffen und Hemmnisse und Unsicherheiten bezüglich der Auslandstätigkeit abzubauen. Ebenso können Planungsprozesse dazu beitragen, zukünftige Aktivitäten zielgerichtet zu steuern und vorausschauend zu gestalten. Informations- und Planungsprozesse versuchen die Komplexität des Auslandsgeschäfts zu reduzieren, sind aber auch kostspielig und ressourcenintensiv. Besonders kleine Unternehmen tendieren dazu, an diesen Prozessen zu sparen (Cadogan u.a. 2006). Daher ist der direkte Erfolgsbeitrag von Informations- und Planungsprozessen nicht unumstritten (Julien/Ramangalahy 2003; Schwenk/Shrader 1993).[1] In diesem Zusammenhang finden Swoboda/Olejnik (2013b) heraus, dass der Erfolgseinfluss von Informations- und Planungsprozessen vollständig von der „International Entrepreneurial Orientation" mediiert wird, d.h., die Prozesse haben keinen direkten Einfluss auf den internationalen Erfolg, sondern nur einen indirekten. Dabei wird diese internationale unternehmerische Einstellung über die verhaltensrelevanten Dimensionen Innovatitität, Risikoneigung und Proaktivität abgebildet (Knight/Cavusgil 2004). Außerdem zeigen die Autoren, dass die Durchführung der Prozesse von der „International Entrepreneurial Orientation" abhängig ist und somit ein reziproker, d.h. zweigerichteter, Zusammenhang besteht (siehe Abbildung 6.17)

Abbildung 6.17: Reziproker Zusammenhang zwischen Informations- und Planungsprozessen und der „International Entrepreneurial Orientation"

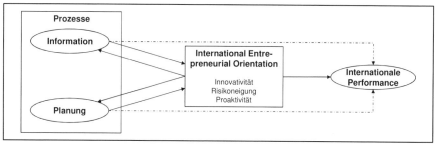

Quelle: Swoboda/Olejnik 2013b, S. 8.

V. Marketing-Controlling-System

1. Besonderheiten des internationalen Controlling

Das Aufgabenfeld des Controlling im Allgemeinen und des Marketing-Controlling im Besonderen wird in der Literatur unterschiedlich gesehen. Im Folgenden soll betont werden, dass das Controlling eine spezifische **Führungsunterstützungsfunktion** der ergebniszielorientierten Koordination innerhalb des Führungssystems der Unterneh-

---

[1] Während einige Studien die Erfolgswirksamkeit und Relevanz von Informations- und/oder Planungsprozessen bestätigen konnten (z.B. Yeoh 2000, Yip/Biscarri/Monti 2000), sind andere Studien zu konträren Ergebnissen gekommen (z.B. Crick/Spence 2005, Frishammar/Andersson 2009).

mung einnimmt.[1] Die Koordinationsaufgabe des Controlling kommt in den folgenden Definitionen zum Ausdruck (siehe auch Abbildung 6.18):[2]

Controlling ist ein Subsystem des Leitungssystems, das die Unternehmensführung in der Erfüllung ihrer Aufgaben durch zielorientierte Informationsversorgung sowie durch ergebniszielorientierte Koordination von Planungs-, Kontroll- und Informationssystemen unterstützt (Zimmermann 2001, S. 14; Horváth 2011, S. 109). Dem Controlling obliegt die Aufgabe der entscheidungsrelevanten Informationsversorgung der Unternehmensleitung, Koordination der Planungs- und Steuerungseinheiten des Unternehmens und die Sicherung der Rationalität der Unternehmensführung (Baum/Coenenberg/Günther 2007, S. 4).

Im Rahmen des Marketingplanungsprozesses wird das **Marketing-Controlling** meistens der letzten (Kontroll-)Phase zugeordnet und mit zwei Aufgaben verbunden, und zwar einerseits, um zu überprüfen, ob die gesetzten strategischen und taktisch-operativen Zielvorgaben in den einzelnen Ländermärkten erfüllt worden sind, und andererseits, um das Marketingplanungssystem selbst zu kontrollieren. Entsprechend wird zwischen einer (eher operativen, instrumentalbezogenen) **Marketingkontrolle** und einem (eher strategischen) **Marketing-Audit** unterschieden. Beide basieren auf einem allgemeinen Verständnis der Marketingkontrolle.

Allgemein beschreibt Marketingkontrolle eine Abfolge von Soll-Ist-Vergleichen, die alle in einem Unternehmen getroffenen (und unterlassenen) strategischen und operativen Maßnahmen permanent begleiten. Die umfassende, systematische und regelmäßige Revision von Zielen, Strategien, Maßnahmenplänen und Prämissen sowie von Planung, Kontrolle und Organisation wird als Marketing-Audit bezeichnet (vgl. Berndt/Fantapié Altobelli/Sander 2010, S. 415f.)

Abbildung 6.18: Das Controlling-System des Unternehmens

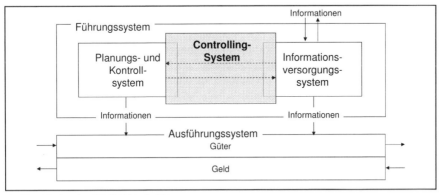

Quelle: Macharzina/Wolf 2012, S. 444.

---

[1] Teilweise finden sich in Publikationen zum Internationalen Marketing an dieser Stelle pauschale Betrachtungen der „returns on international marketing investment" oder einiger Erfolgsmaße, so „sales, financial, cash flow analysis" (Bradley 2005, S. 376ff.).

[2] Die heutige Rolle des Controlling und seine Aufgabenschwerpunkte entsprechen in der Praxis, trotz einer in der Literatur deutlichen Ausweitung der dem Controlling zugeschriebenen Tätigkeitsfelder, weit gehend diesem ursprünglichen Zweck und Selbstverständnis.

Auch aus einer über das Marketing hinausgehenden Managementperspektive ist zwischen einem strategischen und einem operativen Controlling zu unterscheiden. Das Erstgenannte fokussiert auf die **strategischen Planungs- und Kontrollsysteme**, und zwar als Grundlage zur Verbesserung der Koordinations-, Adaptions- und Reaktionsfähigkeit der Führung generell und der Marketingführung im Besonderen (Horváth 2011, S. 223f.). Für das **operative Controlling** sind hingegen die Probleme der operativen Planung und Kontrolle und somit Entwicklungen, die sich bereits in Aufwand und Ertrag manifestieren, maßgeblich. Letzteres wird nachfolgend pauschal auf den Marketing-Mix, also die Marketinginstrumente begrenzt, bei dem – neben Wirtschaftlichkeitswirkungen – auch (Kaufverhaltens-)Wirkungen, so die psychografischen Kaufverhaltenseffekte, die noch nicht ertragsrelevant sind, Bedeutung haben (Vorsteuerungsgrößen der wirtschaftlichen Effekte).

Anforderung an das internationale Controlling

Die Besonderheiten des internationalen Controlling und somit auch des internationalen Marketing-Controlling sind vielfältig. Eine wesentliche Rolle spielen hierbei auch die Grundorientierungen des Unternehmens. Besonderheiten resultieren v.a. aus den unterschiedlichen Umfeldbedingungen, in denen z.B. die **Tochtergesellschaften** agieren und die (z.B. länder- oder kulturspezifisch) unterschiedliche Festlegungen erfordern, zugleich aber – so bei der Stammland- oder der globalen Orientierung – kompatibel mit der Muttergesellschaft bzw. zentralen Vorgaben sein müssen. Die internationale Unternehmenstätigkeit führt zu erhöhten quantitativen und qualitativen Anforderungen an das Controlling (Küting/Heiden 2002, S. 290). Konkret sind folgende Anforderungen zu berücksichtigen:[1]

- Zur Beachtung internationaler Interdependenzen ist bei international tätigen Unternehmen eine höhere Zahl von **Planungsvariablen** zu berücksichtigen. Die einzubeziehenden Einflussfaktoren weisen zudem einen höheren Grad an Differenziertheit auf (z.B. soziokulturelle, politische Faktoren, Marktheterogenität usw.).
- Als Störfaktoren des internationalen Controlling werden **Wechselkursschwankungen** sowie unterschiedliche (und volatile) **Zins- und Inflationsraten** angesehen, die das Controlling erschweren (z.B. Währungsumrechnungen, Inflationsraten usw.).
- Die **unternehmensinternen Rahmenbedingungen**, so die Rollen und Strategien der Tochtergesellschaften, unterscheiden sich z.B. nach verschiedenen Entwicklungsstadien der Tochtergesellschaften (wie Gründungs-, Akquisitions-, Integrations-, Betriebs-, Veräußerungsphase) oder nach Tätigkeitsbereichen und Verantwortlichkeiten (wie Produktions- und Vertriebsgesellschaften), variierenden Größen usw.
- Divergenzen der (internationalen) internen und externen **Rechnungslegungspraktiken** führen für das internationale Controlling ebenso zu einer erhöhten Komplexität (z.B. unterschiedliche Steuerbelastung, Regelungen zur Dividenden- und Kapitaltransferierbarkeit usw.).
- Durch die Verteilung der Unternehmenstätigkeit auf verschiedene Länder entsteht oft ein höheres **Risiko** (z.B. Länderrisiken, Kapitalkosten), so im Rahmen der Investitionsrechnung oder der Shareholder-Value-Ansätze.
- Für unternehmensinterne, länderübergreifende, **leistungswirtschaftliche Verflechtungen** müssen Transferpreise ermittelt werden (so für die Steuerungsfunktion durch

---

[1] Vgl. dazu Zentes/Swoboda/Morschett 2004, S. 803ff. und die dort angegebene Literatur.

entsprechende Kosten- und Leistungstransparenz oder die Minimierung der steuerlichen Belastung durch Gewinnverlagerung).
- Auch im Controlling muss die **kulturelle Distanz** beachtet werden (z.B. Probleme und Missverständnisse im Controllingprozess auf Grund unternehmens- und landeskultureller sowie sprachlicher Unterschiede).
- Die **Informationsbeschaffung** ist im internationalen Umfeld i.d.R. schwieriger und teurer; zudem sind die Daten meist mit einer höheren Unsicherheit behaftet. Gleiches gilt für die Vergleichbarkeit von Daten.
- Weitere Herausforderungen resultieren aus den **Interdependenzen** der i.d.R. mehrstufigen Planung auch im Internationalen Marketing. Hier ist das Zusammen-wirken von Zentral-, Divisions- und Tochtergesellschafts-Controlling zu gewähr-leisten.

Nicht alle diese Anforderungen sind gleichermaßen oder gleichgewichtig relevant für die **Marketingkontrolle** und das **Marketing-Audit**, aber sie repräsentieren die Herausforderungen internationaler Unternehmen, die auf unterschiedlichen Organisationsebenen verschiedene Controllingaufgaben wahrnehmen.

Ebenen und Aufgaben des internationalen Controlling

Das internationale Controlling muss unterschiedliche Aufgabenstellungen und Perspektiven internationaler Unternehmen berücksichtigen. Diese bedingen i.d.R. eine deutliche Unterscheidung der **Controllingaufgaben** auf der Ebene der Gesamtunternehmensleitung, der Divisions- oder Auslandstochtergesellschaftsleitungen und letztendlich auch des Marketing (Küting/Heiden 2002, S. 292):

- Auf der Gesamtunternehmensebene müssen neben der Steuerung des Unternehmens als Ganzes die zunächst unabhängigen Geschäftsfelder miteinander in Verbindung gebracht werden. Nach Lube (1997, S. 39) bestehen mit dem **Portfoliomanagement** und dem **Ressourcenmanagement** zwei wesentliche Aufgabenfelder, die vom Controlling durch die entsprechenden (eher strategisch ausgerichteten) Instrumente und Informationen unterstützt werden.[1] Auf der Ebene eines zentralen Controlling werden dabei Methoden der Systementwicklung (z.B. Systemanalyse, Nutzen-Kosten-Analyse, Organisationspläne u.Ä.) und Methoden zur Generierung bzw. Aufbereitung strategisch relevanter Informationen eingesetzt.
- Auf der Ebene der einzelnen **Geschäftsfelder** kommt dagegen dem Controlling v.a. die Aufgabe zu, das Management bei der Strategieimplementierung zu unterstützen. Das Controlling bildet hier also die Schnittstelle zwischen der Unternehmens- und der Geschäftsfeldstrategie und muss die Konsistenz der unterschiedlichen Entscheidungen sicherstellen. Auf dieser Ebene werden v.a. Instrumente zur Erfassung und Aufbereitung operativer Daten und Informationen eingesetzt.

Freilich ist diese generelle, da für jedes Unternehmen relevante, Unterscheidung noch wenig aussagekräftig im Hinblick auf die Ebenen und Aufgaben des Marketing-Controlling-Systems. Sie umreißt jedoch die Komplexität der Controllingaufgaben einerseits und die Komplexität der internationalen Unternehmen andererseits. Letztere bewerten diese Ebenen in unterschiedlichen Ländern, bei unterschiedlichen Markteintritts- oder Marktbearbeitungsstrategien und bei unterschiedlichen Grundorientierungen

---

[1] Portfoliomanagement umfasst i.S. der langfristig effektiven Struktur des Unternehmens z.B. Geschäftsfelder und Regionen, die Definition von Unternehmenseinheiten sowie deren strategische Aufgaben. Ressourcenmanagement umfasst den langfristig produktiven Ressourceneinsatz durch Allokation der Ressourcen auf die Organisationseinheiten (z.B. Ländergesellschaften) und eine bereichsübergreifende Nutzung vorhandener Ressourcen.

differenziert. I.w.S. auf der Unterscheidung der strategischen Grundorientierungen basierend, skizziert Abbildung 6.19 einige Führungstypen international tätiger Unternehmen und die entsprechenden allgemeinen, d.h. über das Marketing hinausgehenden, Controllingaufgaben. Je nach **Führungsstruktur** des international tätigen Unternehmens variiert der Controllingfokus. So ist in einem straff von der Muttergesellschaft geführten, z.B. globalen Unternehmen die Unternehmensleitung wesentlich detaillierter und auch mit operativeren Daten zu versorgen als in einer eher dezentral geführten, z.B. multinationalen Struktur (so einer Finanzholding), da aus Sicht der Holding lediglich die Portfoliooptimierung im Zentrum steht.

Abbildung 6.19: Führungsmerkmale international tätiger Unternehmen und Controllinganforderungen

	Stammhaus-unternehmen	Management-Holding	Finanz-Holding	Netzwerk-unternehmen
Struktur	• Dominanz der Zentrale • operative Tätigkeit der Zentrale • starke Interdependenzen	• zentrale und dezentrale Strukturelemente • Zentrale auf strategische Führung beschränkt • mäßige Interdependenzen	• Dominanz der Tochtergesellschaften • Zentrale auf finanzielle Führung und Beteiligungsverwaltung beschränkt • kaum Interdependenzen	• hybride Strukturen • Zentrale vorwiegend mit Koordinationsfunktion • starke Interdependenzen
Spezifische Führungsprobleme der Zentrale	• Informationsüberlastung • Bürokratisierung • eingeschränkte Flexibilität	• Informationsunterversorgung • mangelnde Transparenz • schwache Know-how-Basis	• Informationsunterversorgung • Beurteilungsmöglichkeiten • Know-how-Basis	• Steuerungskomplexität • Koordinationsaufwand • Anzahl Schnittstellen • Erfolgszuweisung
Vermuteter Controllingfokus	• Erfüllung strategischer Zielvorgaben • Ausschöpfen der Integrationsvorteile • Kernkompetenzen	• Internationalisierungsstrategie • Portfolioziele • Horizontalprojekte • Kompetenzaufbau	• finanzielle Entwicklung • Portfolioziele • Risikostruktur	• Erfüllung strategischer Rollen • Stakeholdererwartungen • Leistungsverflechtungen • Wissenstransfer • Innovationskraft

Quelle: in Anlehnung an Lube 1997, S. 24.

Für das Marketingcontrolling gelten entsprechende Ebenenüberlegungen analog. Ein Beispiel für unterschiedliche Ebenen der Kontrolle präsentieren bspw. Kotler u.a. (2009). Die Autoren unterscheiden vier Controllingtypen und ordnen diese unterschiedlichen Verantwortungsbereichen zu (siehe Abbildung 6.20).

Diese oder ähnliche Systematiken bieten Einblicke in die Ebenen und Aufgaben eines Marketing-Controlling-Systems. Allerdings werden darin operative und strategische Controllingaufgaben auf einer Gesamtunternehmensebene und einer Marketingebene nicht eindeutig abgegrenzt. Letzteres wird in den folgenden Abschnitten versucht.

Abbildung 6.20: Typen und Verantwortungen der Marketingkontrolle

Controllingtypen	Verantwortung	Ziele	Instrumente
Jährliche Plankontrolle	Topmanagement Mittelmanagement	Analyse inwiefern die geplanten Ergebnisse erreicht wurden	• Umsatzanalyse • Marktanteilsanalyse • Ausgaben-Einnahmen-Verhältnis • Finanzanalyse • marktbasierte Score-Card-Analyse
Profitabilitätskontrolle	Marketingcontroller	Analyse inwiefern die Unternehmung Geld verdient	Profitabilität nach • Produkten • Regionen • Kunden • Segmenten • Distributionskanälen • Auftragsgrößen
Effizienzkontrolle	Linienmanagement	Analyse und Verbesserung der Effizienz und Wirkung der Marketinginvestitionen	Effizienz der • Absatzorgane • Werbung • Verkaufsförderung • Distribution
Strategische Kontrolle	Topmanagement Marketing-Auditor	Analyse inwiefern die Unternehmung die besten Optionen im Hinblick auf Märkte, Produkte und Distributionskanäle wählt	• Marketingeffektivität-Ratings • Marketing-Audit • Marketingexzellenzberichte • Corporate- und Social-Responsibility-Berichte

Quelle: in Anlehnung an Kotler u.a. 2009, S. 801.

2. Strategisches und operatives Marketing-Controlling

Das Verständnis des strategischen und operativen Controlling ist zunächst allgemein für ein Gesamtunternehmen zu betrachten, über das Marketing hinausgehend. In dieser Sichtweise bedeutet strategisches Controlling – wie bereits erwähnt – die Wahrnehmung der Controllingaufgaben zur Unterstützung der strategischen Führung des Unternehmens. Weil das Kernziel der strategischen Marketingplanung in der nachhaltigen Sicherung der Unternehmensexistenz besteht, liegt der Fokus der Unterstützung im strategischen Bereich bei **Erfolgspotenzialen**, die sich als (nicht immer quantifizierbare) **Chancen und Risiken** beschreiben lassen, wobei das strategische Controlling im Vergleich zum operativen Controlling andere Themenstellungen und Instrumente in den Vordergrund stellt. Abbildung 6.21 fasst entsprechende Charakteristika des operativen und strategischen Controlling für ein Gesamtunternehmen zusammen.

Abbildung 6.21: Charakteristika des operativen und strategischen Controlling

	Operatives Controlling	Strategisches Controlling
Orientierung	Unternehmung: Wirtschaftlichkeit betrieblicher Prozesse	Umwelt und Unternehmung: Adaption
Zielgrößen	Gewinn, Rentabilität, Liquidität	Existenzsicherung, Erfolgspotenziale
Planungsstufe	operative Planung, Budgetierung	strategische Planung
Dimensionen	Aufwand/Ertrag, Kosten/Leistungen	Chancen/Risiken, Stärken/Schwächen
Zeitbezug	Gegenwart und nahe Zukunft	nahe und ferne Zukunft
Rahmenbedingungen	stabiles Umfeld	Komplexität, Dynamik und Diskontinuität

Sicherheit der Information	weit gehend sichere Informationen	Unsicherheit
Art der Aufgaben	Routineaufgaben	innovative Aufgaben
Fokus	„Doing the things right"	„Doing the right things"

Quelle: in Anlehnung an Baum/Coenenberg/Günther 2007, S. 9; Horváth 2011, S. 224.

Auf dieser Sichtweise aufbauend, aber auch durchaus hiervon abweichend, stellt sich das Verständnis des operativen und strategischen Controlling im Internationalen Marketing dar, wie die folgenden Ausführungen verdeutlichen.

Aufgaben des internationalen strategischen Marketing-Controlling

Wird das strategische Controlling mit dem verbreiteten Begriff des **Marketing-Audit** gleichgesetzt, dann wird explizit die systematische Reflexion der gesamten Planungsprozesse an sich in den Vordergrund gestellt, d.h., hier wird die Planung und Kontrolle selbstkritisch geprüft (Controlling auf einer Meta-Ebene). Als Varianten des Marketing-Audit sind hier hervorzuheben:[1]

- **Prämissen- bzw. Ziele-Audit** (u.a. Hinterfragen der Annahmen des strategischen Planungsprozesses)
- **Organisations- und Strategien-Audit** (Identifikation von Schwachstellen in der Aufbau- und Ablauforganisation, in der Marketingplanung sowie in den Informationsbeschaffungs- und -verarbeitungsprozessen)

Beim **Prämissen- und Ziele-Audit** sollen hier zunächst die Überprüfung der Formalziele (z.B. Gewinn, Konsistenz von Unternehmen und Umfeld) und der Sachziele (i.S. der art- und mengenmäßigen Zusammensetzung des Leistungsangebots, spezifiziert nach räumlichen und zeitlichen Gesichtspunkten) unterschieden werden. Derartige Formal- und Sachziele, die sich im Unternehmensleitbild niederschlagen, bedingen, dass das Unternehmensleitbild i.S. der langfristigen Unternehmenssicherung auf deren Zweckmäßigkeit hin überprüft wird. Insofern ist die Überprüfung der bisherigen nationalen und internationalen Betätigungsfelder hinsichtlich ihrer künftigen Tragfähigkeit vorzunehmen. Denkbare Instrumente hierbei sind das o.g. **Portfoliomanagement** oder auch weitere strategische Instrumente, wie u.a. Früherkennungssysteme. Des Weiteren stehen die **Prämissen der Marketingplanung** im Fokus. Es handelt sich hierbei um Planungsgrundlagen, d.h. Annahmen bezüglich der aktuellen Situation und der zukünftigen Entwicklung, deren Relevanz und Angemessenheit zu überprüfen sind. Berndt/Fantapié Altobelli/Sander (2010, S. 420f.) nennen hier die Bestandsdaten (z.B. Annahmen bezüglich des Marktpotenzials, des Konkurrenzverhaltens u.Ä.), Reaktionsdaten (z.B. Annahmen bezüglich der grundlegenden Reaktionshypothesen, so der Preis-Absatz- oder Werbewirkungsfunktionen u.Ä.) oder generell strategische Erfolgsfaktoren. I.w.S. kann hierbei auch die Kontrolle des Marketingzielsystems hinzugerechnet werden.

Zum **Organisations- und Strategien-Audit** ist zunächst die Kontrolle der Marketing-Informationssysteme (Informationsbeschaffung und -verarbeitung) zu zählen. Eine Gegenüberstellung des Informationsbedarfs, der anfallenden Kosten und der innerbetrieblichen Kommunikationsbeziehungen ist hinsichtlich der Zweckmäßigkeit zu bewerten. Die Marketingorganisation und deren Beziehung zu den anderen internen

---

[1] Alternative Unterteilungen sind verbreitet, so bei Keegan/Schlegelmilch/Stöttinger (2002, S. 610), welche die Bestandteile des Marketing-Audit wie folgt unterscheiden: Audit von Marketingumwelt, -strategie, -organisation, -prozessen, -produktaktivitäten und -funktionen.

Wertschöpfungsfunktionen und externen Funktionsschnittstellen bilden hier ebenso einen Fokus. Dabei sind die Effizienz und Effektivität nach Kriterien wie Koordinationsaufwand, Intensität, Innovationsfähigkeit, Zielgruppenausrichtung, Belastung der Marketingleitung oder auch Möglichkeiten der Personalentwicklung bzw. Motivation zu beurteilen. Ferner ist zu überprüfen, ob die realisierte Organisationsstruktur den geplanten formalen und informalen Strukturen entspricht, so bezüglich der Instanzenwege, der Entscheidungsbefugnisse usw. Schließlich bildet die **Kontrolle der Strategien** einen der Schwerpunkte im Marketing. Hierzu gehören zunächst die Kontrolle der Übereinstimmung der gewählten in- und ausländischen Märkte, Produkte und Technologien mit dem Unternehmensleitbild, oder auch die Prüfung der Übereinstimmung der (länder- bzw. produktspezifischen) Marketingstrategien untereinander und mit anderen Wertschöpfungsstrategien. Das Verfolgen sich widersprechender strategischer Konzepte verhindert das Entstehen eines konsistenten Unternehmensimages und wirkt der Glaubwürdigkeit des Unternehmens entgegen. Plakativer erscheint die Betrachtung der in den Kapiteln 2 bis 5 dieses Buches behandelten strategischen Entscheidungen im Internationalen Marketing. Berndt/Fantapié Altobelli/Sander (2010, S. 424f.) behandeln diese in Verbindung mit bestimmten Controllinginstrumenten, wie in Abbildung 6.22 dargestellt.

Abbildung 6.22: Matrix zur Identifikation von Planungs- und Kontrollinstrumenten für die Bewertung strategischer Entscheidungen im Internationalen Marketing

Planungs- und Kontrollinstrumente Strategische Entscheidungsfelder im Internationalen Marketing	Länderportfolios	Portfolio-Matrizen (z.B. BCG)	Chancen-Risiken-Analyse	Stärken-Schwächen-Analyse	Imageanalyse	PLZ-Analyse	Scoring-Modelle	Kennzahlen und -systeme	Break-even-Analyse
Grundorientierung des Unternehmens		X	X	X				X	
Wahl der internationalen Märkte	X	X	X			X	X		
Austritt aus Auslandsmärkten	X	X	X			X		X	
Wahl der Markteintrittsstrategie					X		X	X	X
Standardisierungsgrad der Marktbearbeitung				X	X	X	X		X
Wettbewerbsstrategisches Verhalten		X	X		X	X			

Quelle: in Anlehnung an Berndt/Fantapié Altobelli/Sander 2010, S. 425.

Pauschal können den strategischen Entscheidungen wie Marktselektion, Markteintrittsstrategien bzw. Betätigungsformen oder Marktbearbeitungsstrategien verschiedene Analyseinstrumente, i.S.v. Planungs- und Kontrollinstrumente, zugeordnet werden.[1]

---

[1] Vgl. dazu auch Zentes/Swoboda/Morschett 2004, S. 818ff.

Aufgaben des internationalen operativen Marketing-Controlling

Der Bereich des operativen **Marketing-Controlling** ist geprägt durch die Durchführung von Soll-Ist-Analysen, d.h. die Gegenüberstellung der geplanten und der tatsächlich realisierten Größen, sowie durch den Abgleich der Instrumentalbereiche mit den strategischen Zielen, um in Abweichungsanalysen die Ursachen festzustellen und letztlich Gegensteuerungsmaßnahmen zu treffen. Marketingkontrolle ist also auf bestimmte Aktivitäten (z.b. Wirkungskontrolle bezüglich der Werbung) bzw. auf bestimmte Objekte (z.B. Länder) ausgerichtet. Es handelt sich hierbei um eine Überprüfung der länderspezifischen Zusammensetzung des Marketing-Mix, die Aufteilung des Marketingbudgets oder die Kontrolle, inwiefern beschlossene Planungen in den Instrumentalbereichen (z.B. der **Produktpolitik**, der Werbung oder Verkaufsförderung usw.) durchgeführt wurden und mit den obersten Unternehmenszielen, den übergeordneten Marketingstrategien, anderen Instrumenten usw. korrespondieren.

Relativ einsichtig ist die Funktionsweise einer Ergebniskontrolle, wenn in einer länderspezifischen Perspektive beurteilt wird, inwiefern die angestrebte Zielgröße mit einem gewünschten Ergebnis erreicht wurde. Abbildung 6.23 zeigt die in diesem Zusammenhang relevanten Ziel- und Kontrollgrößen.

Abbildung 6.23: Messung des Erfolges der Marketinginstrumente

Produkt	Distribution
• Umsatz in Marktsegmenten • Neuprodukteinführungen pro Jahr • Umsatz im Vergleich zum Umsatzpotenzial • Umsatzwachstum • Marktanteil • Produktdefekte, Garantiefälle • Anteil am Gesamtgewinn • Return on Investment • Produktportfolios in einzelnen Ländern/Regionen • Produktdehnungsanteile	• Umsatz, Ausgaben und sonstige Beiträge nach Vertriebskanälen • Anteil von Läden, die das Produkt anbieten • Umsatz im Vergleich zum Umsatzpotenzial nach Distributionskanälen und Absatzmittlern • Anteil der Einmallieferungen • Ausgaben-Umsatz-Anteil nach Vertriebskanälen • Erfolg unterschiedlicher Bestellrhythmen nach Distributionskanälen usw. • Logistikkosten nach Distributionskanälen usw.
Preis	**Kommunikation**
• Reaktion zu Preisänderungen von Wettbewerbern • Preiselastizitäten • Preis in Relation zu Wettbewerbspreisen • Preisänderungen in Relation zum Umsatz • Angebotsstrategie für neue Kontrakte • Deckungsbeiträge im Vergleich zu Marketingausgaben • Deckungsbeiträge in Relation zum Vertriebskanalerfolg	• Werbeeffektivität nach einzelnen Medien (z.B. Wahrnehmungsniveaus) • Relation zwischen real angestrebter und realisierter Zielgruppe • Tausenderpreis • Kosten pro Kontakt • Anzahl von Anrufen, Informationsanfragen nach Mediengruppen • Umsatz pro Kundenkontakt • neue und verlorene Kunden pro Zeitperiode

Quelle: in Anlehnung an Hollensen 2012, S. 487.

Die meisten ökonomischen bzw. wirtschaftlichen Zielgrößen (wie Umsatz, Umsatzwachstum usw.) können – gerade im operativen Marketing-Controlling – um nichtökonomische Vorsteuerungsgrößen (wie Bekanntheit, Image, Kundenakquisition oder -bindung) ergänzt werden, die vor allem dann relevant sind, wenn die Wirkung des Marketinginstrumentariums im Vordergrund steht, da nicht-ökonomische Ziel- und Kontrollgrößen das Potenzial vor dem Eintreten wirtschaftlicher Effekte anzuzeigen in der Lage sind. Homburg (2012) unterscheidet – als dritte Kategorie – markterfolgsbezogene Kennzahlen (wie Anzahl der Gesamtkunden, Neukunden usw.). Eine besondere Herausforderung besteht dabei, für die nicht-ökonomischen Zielgrößen länderübergreifend einheitliche Bewertungsmaßstäbe zu finden, wie dies v.a. im Fünften Kapitel behandelt wurde.

3. Ausgewählte Kennzahlen

Bereits die Frage der Festlegung adäquater Beurteilungsmaße im Hinblick auf die Beurteilung des Auslandsmanagements erscheint komplex.[1] Noch komplexer wäre es, wenn – über die direktinvestitionsbezogenen Controllingaktivitäten – das unterschiedliche Umfeld, die Kunden, die Wettbewerber, die Kooperationspartner usw. aus einer Marketingperspektive, d.h. unter Berücksichtigung ökonomischer wie ggf. vorökonomischer Erfolgsgrößen, beleuchtet werden würden.

Einer exemplarischen Betrachtung empirischer Studien zur Steuerung von Tochtergesellschaften folgend, nutzen internationale Unternehmen primär Größen des internen und externen Rechnungswesens, wobei in den Unternehmen meist mehrere Erfolgsgrößen parallel eingesetzt werden. Finanzielle Erfolgsgrößen dominieren, während nicht-finanzwirtschaftliche Kriterien lediglich ergänzend herangezogen werden.[2] Auch im Marketing-Controlling dominieren wirtschaftliche **Performance Measurements**. Tabelle 6.1 visualisiert die Ergebnisse einer bekannten Studie zum Thema „**Marketing Metrics**" am Beispiel britischer Unternehmen (Ambler 2000, S. 8, 163; Reinecke 2004, S. 136). Die beiden erstgenannten Kennzahlen – Gewinn/Profitabilität und Umsatz/Absatz – werden von fast allen Unternehmen erhoben, erreichen vielmals die Geschäftsführung und werden als Spitzenkennzahl angesehen. Demgegenüber werden nicht-ökonomische Kennzahlen (Vorsteuerungsgrößen) unterschiedlich oft erhoben, aber auch unterschiedlich stark genutzt. Die Beispiele der Bekanntheit oder der wahrgenommenen Qualität zeigen etwa, dass beide oft erhoben werden (78% bzw. 64%), aber selten der Geschäftsführung vorgelegt werden (28% bzw. 32%). Dies ist anders bei den Kennzahlen Kundenzufriedenheit und Loyalität/Bindung sowie nochmals anders bei der Kennzahl Shareholder Value.

Tabelle 6.1: In britischen Unternehmen erhobene Marketingkennzahlen – in Prozent

Rang	Kennzahl	Kennzahl wird erhoben	Kennzahl erreicht Geschäftsführung	Kennzahl wird als Spitzenkennzahl angesehen
1	Gewinn, Profitabilität	91,5	73,0	80,5
2	Umsatz/Absatz	91,0	65,0	71,0
3	Deckungsbeitrag/Bruttomarge	81,0	58,0	20,0
4	Bekanntheit	78,0	28,0	28,0
5	Marktanteil (Volumen oder Wert)	78,0	33,5	36,5
6	Anzahl Neuprodukte	73,0	24,0	25,3
7	Relativpreise	70,0	34,5	37,5
8	Anzahl Kundenbeschwerden	69,0	30,0	45,0
9	Kundenzufriedenheit	68,0	36,0	46,5

---

[1] Von einer Maßgröße zur Erfolgsbeurteilung ist zu verlangen, dass sie eindeutig und operational ist, sich kompatibel zum Unternehmensoberziel verhält, den Zielerreichungsgrad widerspiegelt und nur die verursachungsgerecht zurechenbaren Erfolgskomponenten erfasst (vgl. dazu Reinecke 2004, S. 47ff. und Welge/Holtbrügge 2010, S. 393ff.).

[2] Studien ergaben, dass „profit", „budget compared to actual profit" sowie der ROI für die Beurteilung von Tochtergesellschaften aus der Sicht der Muttergesellschaft zentral sind (Duangploy/Gray 1991). Vgl. dazu auch das bekannte Balanced-Scorecard-Konzept.

10	Distributionsgrad/Verfügbarkeit	66,0	11,5	18,0
11	Gesamtzahl an Kunden	65,5	37,4	40,0
12	Wahrgenommene Qualität/Wertschätzung	64,0	32,0	35,5
13	Marketingausgaben	64,5	71,3	62,8
14	Loyalität/Bindung	64,0	50,7	67,0
15	Relative wahrgenommene Qualität	62,5	52,8	61,6
16	Anzahl neuer Kunden	57,0	48,2	57,0
17	Marken-/Produktwissen	55,0	41,8	44,5
18	Image/Identität	54,5	43,0	56,0
19	Shareholder Value	52,5	83,3	79,0
20	Wahrgenommene Differenzierung	50,0	46,0	49,0

Quelle: in Anlehnung an Ambler 2000, S. 8, 163; Reinecke 2004, S. 136.

Für das Marketing-Controlling bedarf es **Vergleichsgrößen**. Im Controlling, so auch im internationalen Controlling, dominieren die Planzahlen (Budgetansätze) sowie die Ist-Werte vergangener Perioden als Vergleichsgrößen. Der geforderte Erfolg konkretisiert sich dann in der Erfüllung der Budgetvorgabe oder in der angestrebten Veränderung gegenüber dem Vorjahreswert. Darüber hinaus können die erhobenen Erfolgsgrößen mit entsprechenden Ist-Werten anderer Tochtergesellschaften im In- und Ausland, mit den Ist-Werten einheimischer Konkurrenzunternehmen im Gastland oder lokaler Tochtergesellschaften anderer internationaler Unternehmen i.S. eines **Benchmarking** verglichen werden. Die aus Vergleichen dieser Art abgeleiteten Urteile bedürfen aber der Interpretation, da die Vergleichsobjekte spezifischen, d.h. andersartigen, Einflüssen unterworfen sind. Das Urteil über den Erfolg einer Auslandsgesellschaft leitet sich somit nicht automatisch aus der Differenz zwischen Soll- und Ist-Größen ab, sondern es muss eine detaillierte Abweichungs- bzw. Ursachenanalyse durchgeführt werden, da gerade die Ergebnisse ausländischer Tochtergesellschaften oft von nicht vorhersehbaren unternehmensexternen Faktoren beeinflusst werden.

- Neben Währungsverschiebungen resultieren verzerrende Einflüsse ggf. aus der Entwicklung der Konjunktur, aus staatlichen Eingriffen, aus Veränderungen des Wettbewerbsumfeldes, des Käuferverhaltens u.Ä.
- Eine besondere Schwierigkeit der Erfolgsbeurteilung von Auslandsgesellschaften resultiert aus der vielfältigen Kosten- und Leistungsinterdependenz im Gesamtunternehmen. Jede Organisationseinheit kann vom Zusammenhang mit der Muttergesellschaft und anderen Tochtergesellschaften profitieren, aber auch mit Nachteilen belastet werden.

Einfluss von Währungsveränderungen – Beiersdorf

Die Beiersdorf AG ist ein börsennotierter weltweit tätiger Konsumgüterkonzern mit Firmensitz in Hamburg. Zum Konzern gehören zwei Bereiche: Der Unternehmensbereich Consumer konzentriert sich mit Marken wie Nivea und Labello und umfassender Verbraucherorientierung auf den internationalen Markt der Hautpflege und bildet den Schwerpunkt des Konzerns, dessen Innovationskraft in erster Linie aus dem unternehmenseigenen Hautforschungszentrum in Hamburg, einem der größten und modernsten seiner Art, hervorgeht. Der ebenfalls weltweit agierende Unternehmensbereich tesa erweitert die Unternehmensaktivitäten um selbstklebende Produkt- und Systemlösungen für Industrie, Gewerbe und Konsumenten.

Tabelle 6.2: Entwicklung der Umsätze der Beiersdorf AG

	2011	2012
Umsatz	5.633 Mio. EUR	6.040 Mio. EUR
Umsatzentwicklung zum Vorjahr in % (organisch)	2,1%	4,7%
Umsatzentwicklung zum Vorjahr in % (wechselkursbereinigt)	1,8%	4,5%
Umsatzentwicklung zum Vorjahr in % (nominal)	1,1%	7,2%

Die Geschäftsentwicklung der Beiersdorf AG ist positiv, doch war sie deutlich durch Wechselkursveränderungen beeinflusst. Insgesamt erreichte der Konzern 2012 einen Umsatz von 6.040 Mio. EUR, was einer nominalen Steigerung von 7,2% zum Vorjahr entspricht (siehe Tabelle 6.2). Wechselkursbereinigt ergibt dies eine Umsatzentwicklung von 4,5%. Die Währungsumrechnungen hatten dabei entsprechend einen Einfluss von -2,7% auf das Ergebnis. Das organische Wachstum belief sich auf 4,7%.

Quelle: www.beiersdorf.de, Abrufdatum: 12. Februar 2013.

Zweitens ist – gerade bei international vernetzten Marketingstrategien – oftmals das finanzielle Ergebnis nicht das zentrale Erfolgskriterium. So können z.B. bei einer Rollendifferenzierung der einzelnen Gesellschaften (z.B. bei strategischen Rollen einzelner produzierender Tochtergesellschaften) eher qualitative und nach der Rolle differenzierte Beurteilungskriterien abgeleitet und angewendet werden (Welge/Holtbrügge 2010, S. 412f.). Dies kann insbesondere bei einer glokalen Grundorientierung relevant sein. Demgegenüber ist das Controlling bei einer Stammland- oder globalen Orientierung auf Grund einheitlich vorgegebener Standards, Vergleichsgrößen usw. von vergleichsweise geringer Komplexität. Allerdings sind v.a. bei der globalen Orientierung, bedingt durch ein globales Standardisierungsstreben und die universell zu verbreitenden Standards, Controllingbedarf und Controllingtiefe stark ausgeprägt. Bei einer multinationalen Orientierung dominieren umgekehrt zunächst eher lokale Kontrollstandards, während relativ pauschale Audits durchgeführt bzw. eher strategische Reporting-Größen in Richtung der Muttergesellschaft genutzt werden (so Profit-, Umsatz- oder Kostenwerte).

Drittens können im Marketing die Ziele und die Zielerreichung nach Effizienz- und Effektivitätsgesichtspunkten bewertet werden, weswegen Abbildung 6.24 entsprechende unterschiedliche Marketingkennzahlen jeweils differenziert nach drei Kategorien im Überblick zusammenfasst.

Derartige Performance Measures erweitern die bereichsbezogene Zielplanung und -kontrolle (Horváth 2011, S. 554ff.) und unterstützen eine hierarchisch strukturierbare, leistungsebenengerechte Zielformulierung sowie Strategieoperationalisierung. In Bezug auf das **Beurteilungsobjekt** kann bspw. die Auslandsgesellschaft als juristische Einheit oder als Verantwortungsbereich bestimmter Führungskräfte interpretiert werden. Diese Unterscheidung ist wichtig für die Erfolgsdefinition, nämlich die Auswahl und Gestaltung der zuzurechnenden Kosten- und Leistungskomponenten. Bezüglich der **Beurteilungsperspektive** kann der Erfolg einer Auslandsgesellschaft am lokal erwirtschafteten Cash Flow (Projektperspektive) oder an dem zur Muttergesellschaft transferierten Cash Flow (Investorperspektive) gemessen werden. Zwischen beiden Größen können erhebliche Unterschiede bestehen. Diese sind auf die Behinderung des Transfers von Dividenden, Zinsen, Lizenz- und Know-how-Gebühren durch die Gastlandregierung, Wechselkurseinflüsse usw. zurückzuführen. Hat man die juristische Einheit (oder die

Produktsparte) als Beurteilungsobjekt im Visier, so steht die Sicht des Investors im Vordergrund. Damit wird der Erfolg am transferierten Cash Flow gemessen. Geht es um die Beurteilung der Managementleistung, so bietet sich die Projektperspektive an.

Abbildung 6.24: Beispiele zu Marketing- und Vertriebskennzahlen

	Effektivität	Effizienz
Potenzialbezogene Kennzahlen	• Kundenzufriedenheit • Image des Anbieters • Lieferantenzuverlässigkeit	• Anzahl erzielter Kontakte/Kosten der Werbeaktion • Kundenzufriedenheit mit der Verkaufsunterstützung/Kosten der Verkaufsunterstützung
Markterfolgsbezogene Kennzahlen	• Anzahl der Gesamtkunden • Marktanteil eines Produktes • im Markt erzielbares Preisniveau	• Anzahl der Kundenbesuche pro Auftrag • Anzahl der Angebote pro Auftrag (Trefferquote) • Anzahl gewonnener Neukunden/Kosten der Aktivitäten der Kommunikation
Wirtschaftliche Kennzahlen	• Umsatz bezogen auf Produkte/Produktgruppen • Umsatz bezogen auf Kunden/Kundengruppe • Umsatz aufgrund von Aktivitäten der Direktkommunikation	• Gewinn • Umsatzrendite • Kundenprofitabilität • Umsatz aufgrund der Messeteilnahme/Kosten der Messeteilnahme

Quelle: in Anlehnung an Homburg 2012, S. 1197.

Im Zusammenhang mit der Beurteilungsperspektive steht die Wahl der **Beurteilungswährung**. Es dürfte unmittelbar einsichtig sein, dass bei einer projektbezogenen Sicht der Cash Flow bzw. das Finanzergebnis in der Gastlandwährung zu messen ist. Demgegenüber legt die Investorperspektive eine Betrachtung in der Stammlandwährung nahe. Die dafür nötige Umrechnung bringt entsprechende Schwierigkeiten mit sich. Verändert sich der Wechselkurs zwischen den beiden Beurteilungszeitpunkten, so hat dies Auswirkungen auf die in der Stammlandwährung ausgedrückten Positionen. Jedoch ist es möglich, den Teil des Erfolges, der auf Wechselkursänderungen zurückzuführen ist, zu eliminieren oder zumindest zu separieren. Ist die juristische Einheit zu beurteilen, gehen in die Festlegung des Soll-Wertes bereits die erwarteten Wechselkursveränderungen ein und geben damit dem lokalen Management einen Anreiz, die prognostizierte Entwicklung in seinen Entscheidungen zu berücksichtigen. Die Umrechnung des Ist-Wertes wird in der Investorperspektive hingegen mit dem Kurs vorgenommen, der bei einer tatsächlichen Umwechslung zur Anwendung kommen würde. Soll dagegen die Leistung des lokalen Managements beurteilt werden, ist eine Konstellation vorzuziehen, bei der für Ist- und Soll-Werte der (interne) Prognosekurs angesetzt wird, da in diesem Fall die Entscheidungsträger nicht für Folgen von Wechselkursveränderungen zur Rechenschaft gezogen werden (können).

D. Unternehmenskultur und Human Resource Management

I. Überblick

Kulturelle Aspekte gewinnen seit Jahren in internationalen Unternehmen an Bedeutung. Damit sind aber nicht nur die im Internationalen Marketing per se relevanten länderspezifischen Kulturdifferenzen gemeint.[1] Vielmehr stehen hier des Weiteren die Effekte

---
[1] Vgl. hierzu insbesondere das Erste Kapitel.

der nationalen Zugehörigkeit der Muttergesellschaft, die (nationale) Herkunft von Entscheidern oder allgemeine Fragen der **Unternehmenskultur** und der **Humanressourcen** im Vordergrund.

In Lehrbüchern zum Internationalen Marketing wird oft nur auf das Human Resource Management (HRM) rekurriert, i.S. einer die Implementierung und generell das Marketing bzw. alle Wertschöpfungsfunktionen unterstützenden bzw. flankierenden Funktion. Entsprechend werden Kernaufgaben des HRM, wie die Personalbedarfsplanung, -auswahl, -führung und -entwicklung mit Blick auf das Internationale Marketing betrachtet. Entsprechende, relevante personenorientierte Koordinationsmechanismen sind z.B. die Delegiertenentsendung, der Führungskräftetransfer, der Besuchsverkehr oder die Sozialisation.

Nachfolgend soll der Zusammenhang von Unternehmenskultur und HRM zumindest grundlegend berücksichtigt werden, da dieser im Internationalen Marketing auf mehreren Ebenen bedeutend ist. Über die internationale Perspektive hinaus ist die Marktorientierung eines Unternehmens – interpretiert als unternehmenskulturelle Frage – beachtenswert. Entsprechend werden nachfolgend zwei Aspekte betrachtet, nämlich

- die Grundsatzherausforderungen der inhaltlichen Gestaltung der Unternehmenskultur, insbesondere in diesem Kontext auch die Marktorientierung von Unternehmen, und
- Fragen des HRM, insbesondere der Führungskultur, des Kulturtransfers bzw. des Transfers von Führungskräften.

II. Internationale Unternehmenskultur und Marktorientierung als Grundsatzherausforderungen

Bereits früh wurde die Unternehmenskultur als wichtige Einflussvariable des Unternehmenserfolgs betrachtet – nicht zuletzt in Verbindung mit dem Erfolg japanischer Unternehmen auf den Weltmärkten, der stark mit einem ausgeprägten „commitment" der Unternehmensangehörigen verbunden wurde. Konsens herrscht darüber, dass alle Unternehmen über eine Kultur verfügen, die häufig unbewusst und unterschiedlich ausgeprägt sein kann:[1]

> *„Unternehmenskultur ist das implizite Bewusstsein eines Unternehmens, das sich aus dem Verhalten der Organisationsmitglieder ergibt und das umgekehrt die formalen sowie die informalen Verhaltensweisen der Individuen steuert" (Scholz 1987, S. 88). Doppler/Lauterburg (2008, S. 69) definieren die Unternehmenskultur einfacher, nämlich als die Summe der Überzeugungen, welche die Mitarbeiter im Laufe der Unternehmensgeschichte entwickelt haben, um mit den Problemen der internen Integration (Zusammenhalt im Unternehmen) sowie der externen Anpassung (Behauptung am Markt) fertig zu werden.*

Mit der Unternehmenskultur verbunden ist die im Marketing bekannte Corporate Identity bzw. das Corporate Branding, i.S. einer spezifischen, einheitlichen Selbstdarstellung eines Unternehmens nach innen wie nach außen (vgl. dazu Birkigt/Stadler/Funck 2002, S. 18 und mit einem praktischen Beispiel Swoboda/Meierer/Hälsig 2008),

---

[1] Vgl. zu „organizational culture" z.B. grundlegend Smircich (1983) und Deshpande/Webster (1989) sowie im Kontext der Internationalität Leung u.a. (2005, S. 363ff.). Pauschal kann die Unternehmenskultur auch als – nach innen und nach außen – gelebte Unternehmensphilosophie charakterisiert werden, die bestimmt, wie Unternehmen handeln und dadurch eine erfolgsrelevante Größe darstellt (Barney 1986).

weshalb Hinterhuber u.a. (2000, S. 1363) beide im sog. **"Leadership-Rad"** als Grundlage eines nachhaltigen Unternehmenswerts betrachten.

An dieser Stelle sollen nicht die vieldiskutierte Rolle der Kultur als Hintergrundphänomen oder deren Elemente (wie Werte, Grundannahmen, Normen und Einstellungen usw.) behandelt werden.[1] Vielmehr sind aus der Perspektive des Internationalen Marketing zunächst die **Unternehmenskultur** und ihre Wechselwirkungen zur **Landeskultur** zu beachten, bevor die Marktorientierung aus kultureller Perspektive zu thematisieren sein wird.

Unternehmenskulturelle Aspekte und Wechselwirkungen mit der Landeskultur

Die Landeskultur ist insofern als übergeordneter Bestimmungsfaktor zu sehen, als dass in ihr alle Unternehmenskulturen, aber auch gesellschaftliche Besonderheiten im jeweiligen Land eingebettet sind und daher eine gewisse Kongruenz zwischen der Landeskultur und der Unternehmenskultur gegeben sein muss.[2] Zum Beispiel sind die Grundorientierungen des Unternehmens für die Frage relevant, ob das Marketingmanagement jeweils kulturell angepasst oder interkulturell einheitlich durchgeführt und wie die geografische Identifikation der Marketingaktivitäten ausgestaltet wird. Letztere ist z.B. bei der Stammland-Orientierung stark durch die Nationalität der Muttergesellschaft geprägt, während bei einer multinationalen Orientierung die Nationalität des Gastlandes dominiert. Bei einer globalen Orientierung ist die Einschätzung der geografischen Identifikation weniger eindeutig, da es sich eher um weit gehend „weltweite" Unternehmen handelt, dabei aber die nationale Identität gewahrt werden kann. Eine glokale Grundorientierung impliziert schließlich die Identifikation als weltweites (regionales) Unternehmen mit ausdrücklicher Wahrung regionaler und ggf. lokaler Interessen.

Kulturunterschiede sind eng mit dem Human Resource Management verbunden. Diesbezügliche Sichtweisen sind jedoch uneinheitlich, was folgende Mainstreams unterstreichen:

- Eine Gruppe von Arbeiten betrachtet die unternehmenskulturellen Fragen im Rahmen **personenorientierter Koordinationsformen** (u.a. mit den Instrumenten des Führungskräftetransfers, des Besuchsverkehrs) (Wolf 1994, S. 115ff.; Macharzina/Oesterle 2002, S. 713f.).
- Demgegenüber stehen Arbeiten, welche die **Unternehmenskultur als Oberbegriff** auffassen und etwa auf einer Instrumentalebene die wechselseitigen Kulturtransfers zwischen In- und Ausland betrachten und/oder zur Unterscheidung kultureller Phänotypen bzw. Führungsphilosophien führen (Scholz 1987).
- Eine dritte Gruppe von Arbeiten betrachtet die **Kulturorientierung als determinierendes** und mitunter sehr nahe mit den Managementmerkmalen verbundenes Konstrukt (vgl. dazu Holzmüller/Kasper 1991, S. 48ff.).

Bilfinger mit neuer Corporate-Branding-Strategie
Das Dienstleistungsunternehmen Bilfinger setzt auf eine neue Corporate-Branding-Strategie und will damit weiter den Wandel vom Baukonzern zum Dienstleister für Indust-

---

[1] Vgl. zum allgemeinen Kulturbegriff Kroeber/Kluckhohn (1952, S. 181), zu den Elementen Scholz/Hofbauer (1990, S. 19) oder zum Kulturebenenmodell Scholz (2000a, S. 790).

[2] Vgl. zur Einbindung des Unternehmens in die „kulturelle Umgebung" das Schichtenmodell der Umweltdifferenzierung im Ersten Kapitel. Vgl. zu den bekanntesten kulturellen Dimensionen Hofstede 1993 und 2011, Hofstede/Hofstede/Minkov 2010 und Minkov 2012; Vgl. zur Globe Studie House u.a. 2004.

rieanlagen, Kraftwerke und Gebäude vorantreiben. Der neue CEO Roland Koch setzt damit den initiierten Wandel des Vorgängers Herbert Bodner fort.

Die erste Maßnahme bestand aus der Verkürzung des Namens der Unternehmung und so wurde aus Bilfinger Berger nur noch Bilfinger. Die Namensverkürzung sei „ein kleiner Schritt für die Mutter, aber ein großer Schritt für die Töchter", sagte Koch mit Blick auf die vielen zugekauften Firmen, die weiter eigenständig agieren. Die zweite Maßnahme der Corporate-Branding-Strategie betrifft die Tochtergesellschaften selbst. In Zukunft werden diese unter dem Namen Bilfinger auftreten und somit ihre Gruppenzugehörigkeit demonstrieren. Allein in den USA setzt Billfinger 600 Millionen Euro um, ohne dass für Außenstehende sowie Firmenangehörige eine Zugehörigkeit zu Bilfinger erkennbar ist.

Ziel des Rebranding ist zum einen eine Reputationssteigerung der Unternehmensmarke außerhalb von Europa. Zum anderen gilt es, eine einheitliche Unternehmenskultur weltweit zu etablieren und somit das Zugehörigkeitsgefühl der Tochterunternehmen und deren Mitarbeiter zu stärken.

Quelle: Frankfurter Allgemeine Zeitung, 22. März 2012, S. 14; www.bilfinger.com, Abrufdatum: 31. Januar 2013.

Die Festlegung für eine der Sichtweisen soll hier unterbleiben. Vielmehr zeigt z.B. Swoboda (2002b) anhand der Betrachtung der inhaltlichen, kulturellen Dimensionen (unternehmenskulturelle Phänotypen und Transfer von Führungskräften) sowie der prozessualen Dimension (Kulturtransfer), dass die Unternehmenskultur bei gering internationalisierten Unternehmen wenig durch das Ausland geprägt ist und dies sich mit einer fortschreitenden Internationalisierung (sehr langsam) wandelt. Anders ausgedrückt könnte auch formuliert werden: Das entsprechende Commitment zu Auslandsmärkten und das internationale organisationale Lernen erfolgen nur langsam.

Die inhaltliche Dimension als auch die Effekte eines Kulturtransfers lassen sich dabei insofern in einen Zusammenhang bringen, als dass beim traditionellen Konzept Perlmutters die (Vorteils-)Bedingungen ethnozentrischer, polyzentrischer oder geozentrischer Besetzungsstrategien, wie auch daraus abgeleitet die (Vorteils-)Bedingungen z.B. von Mono-, Poly- und Mischkulturstrategien, und die jeweils variierenden Einflüsse der Tochter- und Muttergesellschaft (vgl. dazu Scholz 1993, S. 171f.) zu betrachten sind. Hinsichtlich der Intensität des Kulturtransfers geht ferner der kulturelle Einfluss des Auslandes ein, der z.B. aus Geschäftsbeziehungen zu Partnerunternehmen erwächst, selbst im Falle einer rein exportorientierten Auslandstätigkeit.

In der Systematik dieses Buches sind die unternehmenskulturellen Vorgaben durch die Grundorientierung bestimmt. Allerdings wird dadurch nur die Art, allenfalls die „Herkunft" der Marketingkultur erfasst. Andere, eingehend zu betrachtende Aspekte sind z.B.:

- Neben der Art ist auch die Stärke der Unternehmenskultur zu beachten. Dabei lässt sich die Stärke einer Unternehmenskultur z.B. am Vorhandensein von spezifischen Symbolen oder Geschichten, die in einer Unternehmung existieren, messen. Die Art kann auch bei verschiedenen Kriterien z.B. zu stabilen, reaktiven, antizipativen, kreativen Unternehmenskulturen führen (Scholz 1987, S. 91ff.; 2000b, S. 235; Ansoff 1979, S. 120).
- Weitere Kulturtypen werden z.B. anhand des Risikos der Unternehmung/Abteilung und der Geschwindigkeit des Feedbacks auf ihre Aktionen oder der Reaktionen auf das Umfeld abgegrenzt, so bei Deal/Kennedy (1982, S. 107ff.) die „Tough guy/macho"-Kultur, „Work hard/play hard"-Kultur, „Bet-your-company"-Kultur und „Process"-Kultur.

- Schließlich kann nach Mintzberg (1994, S. 54ff.) zwischen den zentripetalen und zentrifugalen Kulturkräften unterschieden werden. Mintzberg betrachtet fünf Basiskräfte einer effektiven Organisation (Führung, Effizienz, Professionalität, Konzentration und Innovation) und zwei katalytische (Kultur-)Kräfte (Kooperation und Wettbewerb), die dafür sorgen, dass die fünf Basiskräfte die Oberhand gewinnen. Während Kooperation als **zentripetale Kraft** den Vorteil bringt, Gegensätze vereinigen zu können, birgt sie eine Gefahr der Erstarrung, die Veränderungen nur innerhalb der eigenen Systemgrenzen zulässt. Da die Grenzen nicht verändert werden, besteht die Gefahr einer Art „Implosion", die zur Isolation und zum „Tod" der Organisation führen kann. Demgegenüber umfasst Wettbewerb **zentrifugale Kräfte**, die durch die Verfolgung unterschiedlicher, individueller Interessen der Mitarbeiter konfliktfördernd wirken und letztlich die Gefahr einer „Explosion", aber auch den Vorteil eines revolutionären Wandels bergen können. Notwendig ist ein Ausgleich von zentripetalen und zentrifugalen Kräften. Zentripetale Kräfte sind dabei Führungsmaßnahmen, wie z.B. die Bindung an das Unternehmen durch gemeinsame Aktivitäten, Gruppenentscheidungen, Kommunikation über Abteilungsgrenzen hinweg usw., während zentrifugale Kräfte z.B. die Veränderungsbereitschaft, so unkonventionelle Ideen, betreffen.

Marktorientierung als besondere Herausforderung

Wie angedeutet, bildet die Marktorientierung eine Kernherausforderung. Sie kann grundsätzlich auf einer kulturellen Ebene angesiedelt und zunächst losgelöst von der Internationalität betrachtet werden. Allerdings gewinnt sie gerade bei international tätigen Unternehmen an Komplexität und bedarf dann einer kulturellen Verankerung.

Primär bei Industriegüterproduzenten zeigen empirische Untersuchungen, dass eine beachtliche Lücke zwischen der empfundenen und der tatsächlichen Marktorientierung existiert. Bereits Backhaus/Schlüter (1994, S. 21) zeigen dies anhand eines Indexwertes, dem der Einsatz unterschiedlicher Marketinginstrumente zu Grunde liegt. Hiernach empfinden sich 50% der befragten Unternehmen als marktorientiert, während nur weniger als 1% der befragten Unternehmen tatsächlich „marktorientierte Indexwerte" aufweist. Abbildung 6.25 visualisiert ausgewählte Indikatoren der Marktorientierung, geordnet nach vier Faktoren.

Abbildung 6.25: Indikatoren der Marktorientierung

Indikatoren im Bereich Unternehmens- philosophie und -kultur	Indikatoren im Bereich Strategisches Management
• Postulierung der Marktorientierung in Unternehmensleitsätzen oder vergleichbaren Dokumenten • Verankerung der Marktorientierung im kulturellen Netz des Unternehmens, z.B. in – Anekdoten oder Legenden, die im Unternehmen kursieren – symbolischen Handlungen von Vorgesetzten – Werthaltung und persönlicher Zielsetzung der Mitarbeiter – Einstellungs- und Beförderungskriterien	• Verankerung der Marktorientierung im Zielsystem der Unternehmung, insbesondere – in Marketingplänen, Strategiepapieren usw. – im Denken der Top-Führungskräfte • Implementierung von Strategien der Marktorientierung, z.B. – Zielgruppenbildung – Flexibilität in Produktion und Logistik

Indikatoren im Bereich Operatives Management	Indikatoren im Bereich Organisation

• Effizienz des Marketinginformationsmanagements, insbesondere
  – Beschaffung von Marketinginformationen
  – Weitergabe von Marketinginformationen
  – Verwendung von Marketinginformationen
• marktorientierter Einsatz des Marketing-Mix, z.B. im Rahmen der
  – Bestimmung von Preisen und Konditionen
  – Differenzierung von Produkten
  – Gestaltung von Serviceleistungen
  – Festlegung von Lieferstandards
	• Marketingorientierung der Aufbauorganisation, insbesondere
	  – Rang des Marketing in der Aufbauorganisation
	  – Existenz spezieller Organisationseinheiten wie Produkt und Key Account Management sowie Marktforschungsabteilung
	• Zuständigkeit der Marketingabteilung in kundenrelevanten Fragen, insbesondere bei
	  – strategischer Planung
	  – Produktentwicklung/Sortimentsgestaltung
	  – Preis- und Konditionsfestsetzung
	  – Werbung und Verkaufsförderung

Quelle: in Anlehnung an Backhaus/Schlüter 1994, S. 21ff.

Begründungen für eine mangelnde Marketingimplementierung liegen z.B. in Konflikten zwischen dem Marketing und anderen Wertschöpfungsfunktionen, die bereits in Abschnitt C.II. dieses Kapitels angedeutet worden sind. Die Verankerung in der Unternehmenskultur ist dabei ein zentraler Aspekt. Indessen werden ausführliche Ansätze der internen Marketingimplementierung vorgestellt. Hilker (1993, S. 57) differenziert die Ansätze einerseits nach Partialansätzen und Totalansätzen sowie andererseits die Partialansätze inhaltlich nach einzelnen Betrachtungsebenen, so

- die strukturorientierte Betrachtung, welche die Bedeutung des Marketing anhand von Managementsystemen, Organisationsstruktur, Kontrollsystem, Informationssystem usw. analysiert, und
- die verhaltensorientierte Betrachtung, die u.a. Ebenen umfasst, wie
  - strategiebezogen (d.h. Unternehmens-Umfeld-Beziehung),
  - unternehmenskulturbezogen (d.h. das Gesamtunternehmensverhalten),
  - funktionseinheitenbezogen (d.h. Inter- und Intra-Gruppenverhalten), mitarbeiterbezogen (d.h. Individualverhalten).

Totalansätze wurden u.a. von Slater/Narver (1995, S.67), Oelsnitz (1999, S. 138) und Kirca/Jayachandran/Bearden (2005, S. 26) vorgelegt.[1] Betrachtet werden dabei u.a.

- **People** (Mitarbeiter als Zielobjekt und Einflussfaktor der internen Marketingimplementierung), **Performance** (Kombination unterschiedlicher Implementierungsmaßnahmen unter Erfolgsaspekten oder Betrachtung der Konsequenzen in Bezug auf Kunden, Innovation und Mitarbeiter), **Partnership** (Bildung von Netzwerken auch zu Share- und Stakeholdern) und **Principles** (moralische/ethische Werte, auf denen die gesamte Marketingarbeit beruht), **Culture** (Entrepreneurship und Marktorientierung), **Climate** (Struktur, Führung, strategische Planung) und **Environment** sowie
- **Content** (Dimensionen, Implikationen und Indikatoren der Marktorientierung), **Process** (Visioning, Leading, Promoting und Fitting als Basistätigkeiten der Marketingimplementierung) und **Context** (Unternehmenskultur, Unternehmensidentität, weitere Kontextfaktoren (u.a. Unternehmensgröße, -alter, -technologie)).

---

[1] In aktuelleren Studien wird hingegen oftmals der Fokus auf spezielle Aspekte bzw. Partialansätze gelegt; vgl. z.B. Baker/Sinkula 2009 oder Vorhies/Morgan 2003.

III. Führungskultur, Kulturtransfer und Bedeutung der Humanressourcen

1. Grundlagen, Methoden und Systeme des HRM

Das HRM (bzw. Personalmanagement) ist eine unterstützende bzw. flankierende Aktivität für alle unternehmerischen Wertschöpfungsaktivitäten und für das gesamte Wertschöpfungssystem (Porter 2010, S. 74). Insofern ist es auch für das Marketing, insbesondere für das internationale, als kritischer Erfolgsfaktor zu sehen. Personalwirtschaftliche Aktivitäten haben erheblichen Einfluss auf den Kenntnisstand und die Motivation der Mitarbeiter, auf die Personalkosten und -fähigkeiten und damit in hohem Maße auf den Wettbewerbsvorteil eines Unternehmens.

Indessen unterschätzen Unternehmen die Komplexität des internationalen HRM, da z.B. bestimmte Managementtechniken und Führungsstile, die sich auf nationaler Ebene als erfolgreich erwiesen haben, in der fremden Umgebung zu Fehlschlägen und Minderleistung der Angestellten führen können (Festing u.a. 2011, S. 18). Das heißt, schlechtes HRM im internationalen Kontext ist oft eine Ursache für Misserfolg, insbesondere auch im Internationalen Marketing.[1]

> *Konkret umfasst das HRM „diejenigen Funktionen einer Organisation, die das Ziel haben, Humanressourcen bereitzustellen und zielorientiert einzusetzen" (Festing u.a. 2011, S. 13).*

Die Relevanz des HRM für das Internationale Marketing kann aus unterschiedlichen Perspektiven betrachtet werden. In Sinne einer Implementierungsentscheidung wären rechtzeitig und in ausreichender Menge personelle Ressourcen in der benötigten Qualifikation bereitzustellen, um die avisierten Marketingziele zu erreichen. Dies korrespondiert mit der Ebene der allgemeinen Aufgaben des Personalmanagements wie Personalbedarfsplanung, -auswahl, -entwicklung, -führung oder Gestaltung der Anreizsysteme.[2] Eine besondere Bedeutung kommt im internationalen Kontext der Personalführung und der Führungskultur zu. Im Sinne personenorientierter Koordinationsinstrumente sind nachfolgend spezielle Aspekte hervorzuheben wie Besuchsverkehr, Führungskräftetransfer und Sozialisation, aber auch Delegiertenentsendung oder Verantwortlichkeiten für Personalentscheidungen.

Betrachtet man die Grundorientierungen von Unternehmen, dann finden sich bei dem Grundkonzept von Perlmutter zwei kulturelle Aspekte, nämlich die geografische Identifikation und die fortlaufenden Personalmanagementaufgaben (Personalrekrutierung, -ausstattung, -entwicklung) sowie als prozessualer Aspekt auch die Anreizsysteme und Sanktionen. Welge/Holtbrügge (2010, S. 348) formulieren idealtypische Gestaltungsalternativen des internationalen Personalmanagements in Abhängigkeit von kulturellen Basistypen international tätiger Unternehmen, die auch auf die unterschiedenen Grundorientierungen übertragen werden können (siehe Abbildung 6.26). Da diese von genereller Relevanz für das Internationale Marketing sind, werden nachfolgend lediglich ausgewählte Gestaltungsalternativen aufgegriffen.

---

[1] Zwar unterscheiden sich die Aufgaben des internationalen nicht prinzipiell von denen eines nationalen HRM. Aus den im Ersten Kapitel dieses Buches skizzierten Rahmenbedingungen resultieren aber eine Reihe internationaler Besonderheiten, so bezüglich des Ausmaßes an Aktivitäten und externen Einflüssen, Normen und Gesetzen, Gewichtung der Aktivitäten, Risiko usw. (vgl. Festing 1999, S. 17ff.; Dowling 1999, S. 30ff.).

[2] Vgl. hierzu und zu den hier ausgeklammerten Anreizsystemen Festing u.a. 2011, S. 13; Festing 1999, S. 15f.

Abbildung 6.26: Idealtypische Gestaltungsalternativen des Personalmanagements in international tätigen Unternehmen

Grund-orientierung	Stammland-Orientierung	Globale Orientierung	Multinationale Orientierung	Glokale Orientierung
Unternehmungskultur	ethnozentrisch	geozentrisch	polyzentrisch	synergetisch
Nationalität der Führungskräfte	Inländer	Inländer und im Inland ausgebildete Gastlandangehörige	Gastlandangehörige und wenige Inländer	ohne Bedeutung („beyond passport")
Entsendungsziele	Know-how-Transfer, Kompensation fehlender Gastland-Führungskräfte	weltweite Koordination	Kontrolle, Schutz vor ungewollter Know-how-Diffusion	weltweite Koordination, Integration, Personal- und Organisationsentwicklung
Anforderungsmerkmale	technische und kaufmännische Kenntnisse, ausreichende Englischkenntnisse	Offenheit für fremde Kulturen, Durchsetzungsvermögen, sehr gute Englischkenntnisse	kulturelle Sensibilität für das Gastland und Kenntnis der Gastlandsprache	interkulturelle Flexibilität, umfangreiche Auslandserfahrung, Kenntnis mehrerer Sprachen
Anforderungen an die Mobilität	ohne große Bedeutung	Bereitschaft zu häufigen Auslandsreisen	Bereitschaft zu längeren Auslandsaufenthalten	Bereitschaft zu längeren Auslandsaufenthalten und häufigen Ortswechseln
Führungskräfte-Typ	Funktionsspezialist	„one world"-Manager	Gastlandspezialist	transnationaler Grenzgänger
Vorbereitung	keine	kurz und landesübergreifend	kurz und landesspezifisch	kontinuierlich und landesübergreifend
Entgeltgestaltung	stammhausorientiert	unternehmenseinheitliche Regelung	gastlandorientiert	gesamtunternehmungsorientiert (hybrid)
Re-Integration	teilweise schwierig	weniger schwierig	sehr schwierig	„professionally easy"

Quelle: in Anlehnung an Welge/Holtbrügge 2010, S. 384.

Ausgewählte Gestaltungsalternativen des Personalmanagements

Das grundsätzliche Ziel, rechtzeitig und in ausreichender Quantität Personal in benötigter Qualifikation bereitzustellen, ist mit den allgemeinen Aufgaben des Personalmanagements im Internationalen Marketing zu verbinden.[1]

Die **Personalbedarfsplanung** umfasst die Festlegung der Personalbedarfe in qualitativer, quantitativer und zeitlicher Hinsicht. Bei der qualitativen Bedarfsermittlung ist die Anforderungsstruktur an einen Stelleninhaber von besonderer Bedeutung, so insbesondere fachliche Kenntnisse, aber auch kulturelle oder marktliche Kenntnisse. Die quantitative Bedarfsermittlung leitet sich („programmgebunden") aus der Geschäftstätigkeit ab, kann prognostisch erfolgen oder (bei konstanten Verläufen) auf Bedarfsberechnungen basieren.

Die **Personalauswahl** beschäftigt sich damit, die (in der vorliegenden Betrachtung für die internationale Tätigkeit) am besten geeigneten Mitarbeiter zu identifizieren. Grundlegend kann dabei zwischen der unternehmensinternen und -externen Personalbeschaffung unterschieden werden. Des Weiteren werden in der Literatur neben methodischen Auswahlkriterien und -verfahren v.a. **Stellenbesetzungsstrategien** bei Führungskräften

---

[1] Vgl. im Folgenden und ausführlicher Zentes/Swoboda/Morschett 2004, S. 857 sowie die dort angegebene Literatur. Vgl. auch Bernd/Fantapié Altobelli/Sander 2010, S. 525ff.

behandelt.[1] Entsprechend der Grundorientierung von Unternehmen können vier Besetzungsstrategien von Führungskräftepositionen abgegrenzt werden:

- Besetzung von Führungspositionen mit Mitarbeitern der Muttergesellschaft (bei einer Stammland-Orientierung des Unternehmens)
- Besetzung von ausländischen Führungspositionen mit Mitarbeitern aus dem jeweiligen Gastland (multinationale Orientierung)
- Inländer und im Inland (bzw. in einer Region) ausgebildete Gastlandangehörige werden für die weltweiten (regionalen) Schlüsselpositionen ausgewählt (globale Orientierung).
- Die besten Mitarbeiter auf der Welt (in einer Region) werden für weltweite (regionale) Schlüsselpositionen ausgewählt, d.h., Nationalität und Herkunft spielen bei der Besetzung keine Rolle (glokale Orientierung).

Eine an den Grundorientierungen ausgerichtete **Personalentwicklung** hat primär das Ziel der Vermittlung der für einen erfolgreichen internationalen Einsatz notwendigen Kompetenz, d.h. die Vorbereitung von Mitarbeitern auf ihre Tätigkeiten an bestimmten (internationalen) Stellen des Unternehmens (Scholz 2000a, S. 531ff.). Hierbei sind die an den Entwicklungszielen und Entwicklungsobjekten ansetzenden Abläufe der Personalentwicklung i.d.R. nicht gesondert hinsichtlich des Internationalen Marketing ausgeprägt. Insofern sollen nur kurze Erläuterungen der in Abbildung 6.27 dargestellten Schritte behandelt werden. Den o.g. Besetzungsstrategien kann eine gewisse Leitlinienfunktion zugesprochen werden.

Eine Besonderheit bezüglich der Personalentwicklungsziele im Internationalen Marketing liegt in ihrer Ableitung aus den Strategien des Unternehmens (derivative Entwicklungsziele). Zugleich können sie auch aus Belegschaftsanalysen bzw. festgestellten Personaldefiziten resultieren (originäre Entwicklungsziele).

Entwicklungsobjekte können grundsätzlich alle Mitarbeiter des Unternehmens, sowohl Stammhaus- als auch Auslandsmitarbeiter sein, wenngleich hier die o.g. Grundorientierungen zu berücksichtigen sind. Die Profile bzw. daraus abgeleitet die Fertigkeitslücken werden auch im internationalen Bereich v.a. an fachlichen bzw. tätigkeitsbezogenen Faktoren festgemacht, wenngleich persönliche Faktoren, insbesondere die Beziehungsfähigkeit und kulturelle Faktoren, eine relativ hohe Bedeutung haben. Hinsichtlich der Personalentwicklungsmaßnahmen sind mit einer länderübergreifenden bzw. Auslandsentsendungsperspektive die bekannten Methoden, so u.a. „into the job" (z.B. Traineeprogramme), „on the job" (z.B. Job Rotation), „parallel to the job" (z.B. Karriereplanung),[2] „off the job" (z.B. Corporate Universities), verbunden.

---

[1] Bezüglich der Auswahlkriterien bei einer Auslandsentsendung werden bei deutschen Unternehmen vorrangig Kriterien der fachlichen Eignung (Qualifikation, Berufserfahrung), gefolgt von der persönlichen Eignung (Persönlichkeit, Belastbarkeit), der kulturellen Eignung (Sprache, Kulturkenntnisse, Kommunikationsfähigkeit usw.) und der familiären Eignung (stabile Familienverhältnisse) betrachtet.

[2] Im Kontext der internationalen Karriereplanung ist darauf zu verweisen, dass die Karrieremuster in Abhängigkeit vom Herkunftsland der Muttergesellschaft tendenziell variieren, so zwischen dem romanischen bzw. englischen Modell und dem deutschen bzw. japanischen Modell. Im letzteren Fall erfolgen keine bzw. kaum Quereinstiege, sondern die Karriere wird eher im Unternehmen selbst gemacht.

Abbildung 6.27: Ablauf der Personalentwicklung

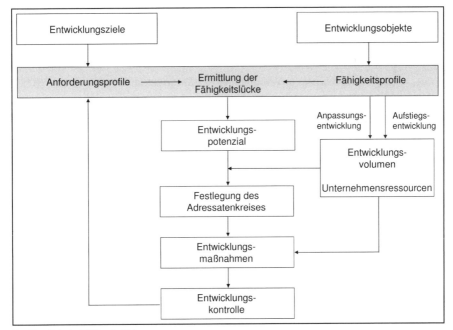

Quelle: Scholz 2000a, S. 506.

Personalentwicklung bei Henkel CEE

Die Regionalzentrale Henkel Central Eastern Europe (Henkel CEE) mit Sitz in Wien steuert die Geschäfte des Konzerns in 16 osteuropäischen Ländern. An den Standort angeschlossen ist die Henkel CEE Academy, die die Personalentwicklung der Mitarbeiter aus diesen Ländern koordiniert. Zu ihren Aufgaben gehört die Weiterentwicklung fachlichen Wissens und die Qualifizierung der Mitarbeiter u.a. in den Bereichen Marketing & Sales, Key Account Management und Führungsverhalten. Die Trainings werden dabei durch internationale Seminare in englischer Sprache sowie durch lokale Einheiten in der jeweiligen Landessprache vermittelt. Das strategische Ziel der Henkel CEE Academy ist die Sicherstellung des nachhaltigen Wachstums und Erfolgs der Unternehmung sowie jedes einzelnen Mitarbeiters durch die Förderung von „Shared Knowledge, Shared Culture, Shared Future".

Quelle: www.henkel.at, Abrufdatum: 31. Januar 2013.

Einer gesonderten Hervorhebung bedürfen die Maßnahmen, die unmittelbar auf das Ausland bezogen sind. Um im internationalen Kontext, so bei einer Auslandstätigkeit, aber auch beim Führen ausländischer Mitarbeiter aus dem Stammland heraus, effektiv arbeiten zu können, muss der Mitarbeiter bzw. die Führungskraft die Kultur der ausländischen Märkte verstehen. Ein grundlegendes Ziel besteht daher darin, die interkulturelle Kompetenz international tätiger Mitarbeiter zu entwickeln und zu fördern. **Interkulturelle Kompetenz** umschreibt hierbei die Fähigkeit, sich an eine fremde Kultur anzupassen und in ihr effektiv zu handeln. Dabei stehen die persönlichkeitsbezogenen Kompetenzen, Anpassungsfähigkeit und Kommunikationsfähigkeit im Vordergrund (Festing u.a. 2011, S. 255ff.). Bereits Gudykunst/Hammer (1983, S. 126ff.) behandeln **interkulturelle Trainingsmaßnahmen**, wobei sie zwei Dimensionen unterscheiden, nämlich eine kulturübergreifende und kulturspezifische einerseits und eine intellektuelle (didaktische) und erfahrungsbezogene Dimension andererseits.[1] Grundsätzliche Methoden sind in Abbildung 6.28 in diese Systematik eingegliedert. Dabei zielen diese Methoden jeweils auf unterschiedliche Vermittlungsinhalte und die Verwendung unterschiedlicher Vermittlungsformen ab. In der praktischen Umsetzung bieten sich v.a. Kombinationen aus verschiedenen Ansätzen an.

Abbildung 6.28: Methoden der Kulturvermittlung

	Generelle Kulturvermittlung	**Spezifische Kulturvermittlung**
Experimentelle (erfahrungsbezogene) Kulturvermittlung	• traditionelles HR-Training • interkultureller Workshop • generelle Kultursimulation • Contrast American Simulation • Selbsterfahrungstechniken • Albatros-Übung	• bikulturelles Relations-Training • bikultureller Workshop • Verhaltensmusteransatz
Didaktische Kulturvermittlung	• traditionelle akademische Kurse • kulturelle Selbsterfahrung über Video	• Landeskunde und Sprachtraining • Kultur-Assimilator

Quelle: Scholz 2000a, S. 534.

2. Ausgewählte Aspekte von Führungskultur und Kulturtransferstrategien

Eine gesonderte Rolle, insbesondere im Hinblick auf das interkulturelle Umfeld, kommt der **Personalführung** zu. Durch Personalführung i.S. einer zielorientierten Verhaltensbeeinflussung sollen Mitarbeiter bewegt werden, Ziele des Unternehmens zu verfolgen. Vor diesem Hintergrund liegen in der Motivation der Mitarbeiter und in der zielorientierten Koordination des arbeitsteiligen Handelns grundlegende Aufgaben der Führung. Diese können auf strukturellem Wege wahrgenommen werden, d.h. mittels der in der Organisation verankerten Instrumente. Führung bedient sich dann Instrumenten wie z.B. Anreizsystemen, Leistungsbeurteilung oder Personalentwicklung.

Es treten aber Situationen ein, in denen strukturelle Führung zu kurz greift und eine interaktionale Form, d.h. mittels der eher die zwischenmenschlichen Interaktionen betreffenden Instrumente, unverzichtbar ist. Führungsstil und Führungsverhalten sowie das Mitarbeitergespräch prägen im Wesentlichen die interaktionale Führung.

Der **Führungsstil** stellt ein relativ stabiles, situationsspezifisch in einer schmalen Bandbreite variierendes Verhaltensmuster eines Vorgesetzten dar, das durch seine persönliche Grundeinstellung (z.B. Unternehmenskultur) geprägt ist (Wunderer 2011, S. 204). Bekannte Führungsstile nach dem Kriterium „Entscheidungsspielraum" können auf einem Kontinuum zwischen „autoritär" (maximaler Entscheidungsspielraum des Vorgesetzten) und „partizipativ" bzw. sogar „demokratisch" (maximaler Entscheidungsspielraum der Gruppe) angeordnet werden. Zwischenstufen können als patriarchalischer, beratender oder kooperativer Führungsstil bezeichnet werden.

Von besonderem Interesse ist dabei der Führungsstil innerhalb eines international tätigen Unternehmens bzw. im Internationalen Marketing. So hängt die Effektivität des Führungsstils nach verschiedenen empirischen Untersuchungen in hohem Maße von den kulturell geprägten **Partizipationserwartungen** der unterstellten Mitarbeiter ab (Welge/Holtbrügge 2010, S. 314). Je geringer die subjektiv empfundene Diskrepanz zwischen den Partizipationserwartungen der untergeordneten Mitarbeiter und dem Füh-

---

[1] Vgl. hierzu auch Oechsler 2002, S. 873ff.

rungsstil der vorgesetzten Führungskräfte ist, desto höher sind i.d.R. Motivation, Leistung und Zufriedenheit der Mitarbeiter (Thomas/Stumpf 2003, S. 83). Für die Leitung ausländischer Tochtergesellschaften impliziert dies den Einsatz eines solchen Führungsstils (bzw. Führungskräfte mit einem solchen Führungsstil auszuwählen), der eine hohe Übereinstimmung mit den Führungsstilerwartungen im jeweiligen Gastland aufweist bzw. durch ein systematisches interkulturelles Training darauf vorbereitet.

In Abbildung 6.29 ist für unterschiedliche Länder dargestellt, welcher Führungsstil von den lokalen Mitarbeitern präferiert wird, wobei ein enger Zusammenhang mit der Landeskultur i.S. der Hofstede'schen Kulturdimensionen festgestellt werden kann.

Abbildung 6.29: Führungsstilpräferenzen in unterschiedlichen Kulturen

	Länder	Führungsstilmerkmale
Partizipativer Führungsstil	USA Niederlande, Flamen, Schweden Großbritannien	▪ Führung durch gemeinsame Entscheidungsvorbereitung ▪ Entscheidungs- und Führungsinstanzen durch formelle Normen am Machtmissbrauch weit gehend gehindert ▪ geringe Sicherheitsbedürfnisse bei den Unterstellten
↑↓	Belgien, Frankreich Dänemark, Norwegen, Australien, Japan Spanien, Deutschland, Italien	▪ Führung überwiegend am Rat und der Meinung der Mitarbeiter interessiert/orientiert ▪ mittlerer Delegationsgrad ▪ Unterstellte erwarten keinen hohen Grad an Entscheidungsautonomie
Autoritärer Führungsstil	Griechenland, Türkei, südamerikanische Länder Malaysia, Indonesien, Thailand u.a. arabische Länder Indien, Pakistan	▪ sehr geringer Delegationsgrad, zentralistische Entscheidungen ▪ Statussymbole und Privilegien für Führungskräfte sichtbar und legitim ▪ Autorität wird nicht hinterfragt, sondern akzeptiert ▪ kaum Informationen zwischen den Ebenen

Quelle: Keller 1987, S. 1287f., zit. nach Welge/Holtbrügge 2010, S. 316.

Insgesamt zeigen Untersuchungen, dass Erwartungen an Vorgesetzte interkulturell variieren und Führungsverhalten daher nicht problemlos von einem Kulturkreis auf einen anderen übertragen werden kann. Inwieweit Führungskräfte jedoch in der Lage sind, ihr individuelles kulturgeprägtes Führungsverhalten an (kulturgeprägten) Erwartungen der Geführten auszurichten, ist fraglich. Vorgesetzte aus westlichen Ländern mit geringer Machtdistanz sind vielfach geprägt durch eine gute Ausbildung, eine vergleichsweise liberale Erziehung, hohe Partizipation und leistungsabhängige Karrierewege. Ihnen fällt es schwer, ein partizipatives Verhalten zu Gunsten eines autoritären Führungsverhaltens aufzugeben, das durch die Rolle eines strengen, autokratischen Entscheiders und den Verzicht auf Rücksprache mit Mitarbeitern geprägt ist.

Damit zeigt sich, dass Personalführung im internationalen Kontext an Grenzen stößt, die aus strategischen, strukturellen und kulturellen Besonderheiten internationaler Führungssituationen resultieren. Da ihr jedoch eine zentrale Bedeutung für die Motivation der Mitarbeiter und die Koordination arbeitsteiligen Handelns zukommt, gilt es für Führungskräfte, sich dieser Grenzen bewusst zu sein und zugleich zu versuchen, diese in der täglichen Arbeit und im Rahmen des individuellen Führungsverhaltens (zumindest teilweise) zu überwinden.

Grundlegende Kulturtransferstrategien im Personalmanagement

Eng mit der Frage des landeskulturellen Einflusses auf die Personalführung verbunden ist die Frage des **unternehmenskulturellen Einflusses,** der hier separat diskutiert werden soll.[1] Befasst man sich nur mit der Möglichkeit des **Kulturtransfers,** so lassen sich drei Kulturstrategien entwickeln, die mit den Perlmutter'schen Grundorientierungen korrespondieren (Welge/Holtbrügge 2010, S. 44ff.):

1. Bei der **monokulturellen Strategie** wird die Unternehmenskultur des Stammlandes auf die Auslandsniederlassung übertragen. Man sieht also die eigene Unternehmenskultur gegenüber der ausländischen als überlegen an und sorgt dafür, dass in den ausländischen Niederlassungen eine zur Muttergesellschaft identische Unternehmenskultur entsteht (so eher bei einer Stammland-Orientierung, teilweise auch bei einer globalen Orientierung des Unternehmens denkbar).
2. Bei der **multikulturellen Strategie** entwickeln die Tochtergesellschaften ihre eigene Unternehmenskultur und stimmen diese auf ihre eigene Landeskultur ab (so eher bei einer multinationalen Orientierung des Unternehmens). Das Ergebnis ist dann eine Situation, bei der die Tochtergesellschaften vollkommen andere Unternehmenskulturen aufweisen können als die Muttergesellschaft. In der Regel geht man aber davon aus, dass zumindest einige Kernbestandteile der Stammlandkultur auch in den Tochtergesellschaften vorhanden sind. Entscheidend bei der multikulturellen Strategie ist, dass eine friedliche „Koexistenz" unterschiedlicher Unternehmenskulturen nicht nur geduldet, sondern gewünscht wird.
3. Bei der **Mischkulturstrategie** wird zwischen den Tochtergesellschaften und der Muttergesellschaft eine Kulturvermischung angestrebt, woraus als Ergebnis eine einheitliche Unternehmenskultur entsteht (so eher bei einer glokalen Orientierung, teilweise auch bei einer globalen Orientierung des Unternehmens denkbar). Anders als bei der reinen Monokultur, die auf einen Kulturexport der Muttergesellschaft zu den Töchtern hinausläuft, findet hier eine Kultursynthese statt. Da zentrale Merkmale der jeweiligen Landeskulturen über die einzelnen Unternehmenskulturen in die Synthesekultur eingehen, dürfte die entstehende Kultur zumindest ansatzweise auch zu den Landeskulturen passen.

Die Kulturstrategien haben direkte Auswirkung auf das Personalmanagement. So zielt z.B. die Monokulturstrategie bewusst auf einen Kulturtransfer von der Muttergesellschaft auf die Tochtergesellschaften ab. Dies kann eine räumliche Konzentration aller Entwicklungsmaßnahmen in der Muttergesellschaft, die Einführung unternehmensweiter Führungsleitsätze oder die Festlegung eines Job-Rotation-Prinzips sein, bei dem alle Bewegungen immer über die Muttergesellschaft laufen. Abbildung 6.30 fasst exemplarisch einige Auswirkungen der Kulturstrategien am Beispiel von Personalentwicklung, -führung und -marketing zusammen.

---

[1] Die folgenden Ausführungen basieren auf Scholz 2000a, S. 98ff.

Abbildung 6.30: Auswirkungen der Kulturstrategie auf das internationale Personalmanagement

	Monokulturstrategie	**Multikulturstrategie**	**Mischkulturstrategie**
Grundorientierung	**Stammland** (teilweise global)	**multinational**	**glokal** (teilweise global)
Personalentwicklung	Auswahl geeigneter Entwicklungsmaßnahmen für die Entsandten festlegen; Job Rotation nur zwischen Mutter und Tochter	landesspezifische Überprüfung der Eignung von Entwicklungsmaßnahmen; homogenes Qualifikationsniveau der Beschäftigten weltweit; wenig Job Rotation	systematische Job Rotation zur Integration der Mitarbeiter quer über alle Unternehmen (also auch zwischen den Töchtern)
Personalführung	Motivation der Entsandten (z.B. durch Re-Integrationsplanung) sichern	durch Information der Mitarbeiter integrierend wirken (z.B. durch eine weltweite Firmenzeitschrift)	landesspezifische Bedürfnisstrukturen der Mitarbeiter nicht vernachlässigen
Personalmarketing	Anforderungen an den "linking-pin" festlegen, um gezielte Akquisitionsmaßnahmen gestalten zu können	Qualitätsstandard der ausländischen Berufsausbildung feststellen und dann primär lokal arbeiten	kulturbedingte Wahrnehmungsverzerrungen der Darstellung des Unternehmens berücksichtigen

Quelle: in Anlehnung an Scholz 2000a, S. 100.

Einflüsse der Kulturstrategien können im Hinblick auf das Marketing auf einzelne Maßnahmen übertragen werden, z.B. die **Auslandsentsendung**. Da z.B. bei der **Monokulturstrategie** die Anpassung an die Kultur der Muttergesellschaft im Vordergrund steht, bietet sich die Vergabe internationaler Projekte an Führungsnachwuchskräfte des Marketing oder Langzeitprogramme für Marketingführungskräfte, die in Auslandstöchtern für längere Zeit Verantwortung übernehmen, an. Bei der **Multikulturstrategie** können z.B. kürzere Auslandsaufenthalte i.d.R. im Marketing genutzt werden, wie mehrwöchige Hospitanzprogramme für Sachbearbeiter zur Ausweitung der Kenntnisse, des Fremdsprachenniveaus usw. und Auslands-Traineeprogramme für Hochschulabsolventen, die neu im Unternehmen sind. Bei einer **Mischkulturstrategie** sind hingegen Gastlandaufenthalte, im Extremfall auch in anderen Unternehmensbereichen, oder Konzepte wie Job Rotation, in deren Rahmen Führungsnachwuchskräfte des Marketing über mehrere Jahre Funktionen in ausländischen Töchtern übernehmen, sinnvoll.

Bezüglich aller drei Kulturstrategien müssen die entsprechenden Vor- und Nachteile gegeneinander abgewogen und die Anpassung an die gewählte Internationalisierungsstrategie vorgenommen werden. So erlauben z.B. monokulturelle Systeme ein hohes Maß an Standardisierung und erwecken die Hoffnung auf große Synergiewirkungen innerhalb des Unternehmens. Auf der anderen Seite können sich multikulturelle Systeme besser an die jeweiligen Marktsituationen anpassen. Ähnliches gilt in analoger Form für die **Mitarbeitermotivation**: Eine monokulturelle Strategie schafft ein hohes Motivationspotenzial dadurch, dass Mitglieder selbst geografisch weit entfernter Tochtergesellschaften sich mit der Muttergesellschaft identifizieren können. Im multikulturellen Umfeld erhalten die Unternehmensmitglieder dagegen ihre Motivation primär durch die Erhaltung ihrer Eigenständigkeit und Anpassung an landesspezifische Eigenheiten. Eine Mischkulturstrategie schließlich erlaubt es, die Vorteile unterschiedlichster Landes- und/oder Unternehmenskulturen zusammenzuführen.

Auslandsentsendung der Robert Bosch GmbH

Die Robert Bosch GmbH gehört zu den weltweit führenden Technologieanbietern und entsendet bereits seit über 100 Jahren Mitarbeiter in ihre ausländischen Standorte. Das multinationale Unternehmen unterstützt seine Mitarbeiter hierbei durch vielseitige Angebote und Hilfestellungen. Bei der Vorbereitung auf den Auslandsaufenthalt werden Inforeisen, Sprachkurse, interkul-

> turelle Trainings sowie Seminare angeboten, um die Mitarbeiter bestmöglich auf den Aufenthalt vorzubereiten. Während des Aufenthalts werden den Mitarbeitern Führungskräfte zur Seite gestellt, die für die schnelle Integration verantwortlich sind. Nach Ende des Auslandsaufenthaltes unterstützt die Robert Bosch GmbH die Mitarbeiter bei der Planung, Organisation und Abwicklung der Rückkehr und sorgt für eine schnelle Reintegration in den heimischen Standort.
>
> Quelle: www.your.bosch-career.com, Abrufdatum: 31. Januar 2013.

3. Ausgewählte personelle Koordinationsmechanismen

Personenorientierte Koordinationsinstrumente werden in Typologisierungsansätzen zusammen mit den technokratischen Koordinationsinstrumenten auch als **prozessuale Instrumente** bzw. Mechanismen bezeichnet und von den strukturellen Formen der Koordination abgegrenzt. Sie werden auch als **kulturelle Koordinationsinstrumente** bezeichnet. Damit wird einer im anglo-amerikanischen Sprachraum üblichen Differenzierung in „**bureaucratic control**" und „**cultural control**" (Ouchi 1981) gefolgt (Welge/Holtbrügge 2010, S. 309ff.). An dieser Stelle sollen ausgewählte Formen der personellen Koordination behandelt werden.

Besuchsverkehr

Dem **Besuchsverkehr** als einer Form des „face-to-face"-Kontakts dürfte auch im Zeitalter der elektronischen Medien, die u.a. Chats und Videokonferenzen ermöglichen, weiterhin große Bedeutung zukommen, da diese Art von Kontakt bzw. Kommunikation für bestimmte Anlässe und für bestimmte Entscheidungen mit einem komplexen und sensiblen Problemlösungsbedarf erforderlich bzw. unabdingbar ist. Der Besuchsverkehr findet sowohl in Form von Besuchen von Vertretern der Muttergesellschaft bei den einzelnen Tochter- oder Landesgesellschaften als auch in Form von Besuchen von Vertretern der Tochter- oder Landesgesellschaften bei der Muttergesellschaft statt.[1]

Diese Arten des Besuchsverkehrs sind typisch für Unternehmen mit Stammland-Orientierung oder multinationaler Ausrichtung. In netzwerkartigen Strukturen, mit denen eine glokale Ausrichtung erreicht werden soll, kann auch dem Besuchsverkehr von Vertretern der einzelnen organisatorischen Einheiten untereinander eine wichtige koordinative Bedeutung zukommen, da hierdurch eine **kognitive Assimilation** der Mitarbeiter und Führungskräfte gefördert wird.

Auslandsentsendung bzw. Führungskräftetransfer

Diesem Aspekt dient in noch stärkerem Maße der Transfer von Führungskräften, der im Gegensatz zum Besuchsverkehr einen längeren Auslandsaufenthalt beinhaltet. Die Entsendung von **Expatriates** und die Wiedereingliederung von **Repatriates** sichern den Fluss von Wissen, fördern organisationales Planen, erleichtern die Kommunikation, stellen gemeinsame Werte und Normen sicher.

Kutschker/Schmid (2011, S. 1050) weisen darauf hin, dass internationale Führungskräftetransfers nicht nur aus der Perspektive der Koordination bzw. des Personaleinsatzmanagements von Relevanz sind. Führungskräftetransfers spielen auch für die Weiterentwicklung der Organisation und/oder die Entwicklung sowie Motivation der Mitarbeiter eine große Rolle. Entsprechend umfassend wird die Auslandsentsendung in der Literatur diskutiert (vgl. Zentes/Swoboda/Morschett 2004, S. 877ff.).

---

[1] Vgl. hierzu die Querverbindung zu sekundärorganisatorischen Koordinationsmaßnahmen in Abschnitt B.V. dieses Kapitels.

China beliebt bei deutschen Managern

China ist für deutsche Führungskräfte der attraktivste Standort innerhalb der BRIC-Staaten für einen Auslandseinsatz. Zu diesem Ergebnis kommt eine Umfrage bei 1.000 deutschen Managern, die von der Beratungsagentur EAC durchgeführt wurde. 44% der Befragten könnten sich einen Aufenthalt in China als Expatriat vorstellen. Brasilien liegt mit 37% auf Platz 2, gefolgt von Russland (33%) und Indien (19%) als attraktive Orte für die Auslandsentsendungen von deutschen Führungskräften.

Quelle: Handelsblatt 25. Mai 2012, S. 29.

Sozialisation als unternehmenskulturelles Koordinationsinstrument

Maßnahmen wie Besuchsverkehr und Führungskräftetransfer ebenso wie Maßnahmen der Personalentwicklung zielen durch psychische Beeinflussung auf eine kognitive Assimilation der Mitarbeiter ab. **Sozialisation** wird damit zu einem personenorientierten Koordinationsinstrument: „Das Ziel der Sozialisation besteht darin, weltweit einheitliche Werte und Einstellungen und damit ähnliche Entscheidungsstrukturen zu schaffen" (Welge/Holtbrügge 2010, S. 246).

Der Vorteil dieses Instruments, das die **Unternehmenskultur** in den Vordergrund rückt, liegt in der impliziten Koordinationsfunktion. Welge/Holtbrügge weisen zu Recht auf den Nachteil einer kulturellen Koordination hin, die in der damit verbundenen Gefahr der mentalen Vereinheitlichung der Mitarbeiter liegt, „durch die deren Sensibilität für maßgebliche Veränderungen der Umweltbedingungen sinkt" (Welge/Holtbrügge 2010, S. 247).

Kutschker/Schmid (2011, S. 1051) relativieren die Bedeutung der kulturellen Koordination dahingehend, dass kulturelle Koordination bei Stammland-orientierten und global orientierten Unternehmen partiell einsetzbar ist, bei multinational orientierten Unternehmungen jedoch – auf Grund des Charakters der Unternehmung – nicht denkbar und nicht gewünscht ist.

E. Zusammenhang zwischen Strategien und Integration

I. SGMG-Führungskonzept im Überblick

Auch wenn die behandelten Aspekte im Hinblick auf die Grundorientierungen von Unternehmen bisher nicht empirisch abgesichert sind und daher in diesem Kapitel nicht jeweils separat eingehend behandelt werden konnten, kann abschließend eine Hervorhebung ausgewählter Führungsbesonderheiten im Hinblick auf die Grundorientierungen erfolgen. Hierbei steht eine kontrastierend-heuristische Gegenüberstellung der Besonderheiten bzw. Unterschiede zwischen der Stammland-, multinationalen, globalen und glokalen Grundorientierung im Vordergrund. Ein derartiges SGMG-Führungskonzept (in Anlehnung an Perlmutter) ist in Abbildung 6.31 zusammengefasst, wobei eine pragmatische Auswahl der betrachteten Aspekte vorgenommen wurde.

Abbildung 6.31: Ausgewählte Besonderheiten des SGMG-Konzeptes

Aspekte der Unternehmen	Stammland-Orientierung	Globale Orientierung
Organisationsstruktur		
Organisationskomplexität	komplex im Heimatland, relativ einfach bei den Tochtergesellschaften	zunehmende Komplexität und weltweit (regional) eine Abhängigkeit von der Mutter (Headquarter)
Zentralisation: Treffen von Entscheidungen	stark auf die Muttergesellschaft konzentriert	Interdependenz, aber weltweite (regionale) Vorgaben durch Muttergesellschaft (Headquarter)
Sekundärorganisation, strukturelle Koordination	ausgeprägte Koordination in der Richtung Muttergesellschaft zu Tochtergesellschaften	weltweit/regional strukturelle Koordinationsmechanismen
Organisationsprozesse und -systeme		
Ziele, Strategien, Planungssystem	stark (hierarchisch) von der Muttergesellschaft ausgehend	i.d.R. strategisch und operativ, weltweit (regional) einheitliche Standards
Kommunikations-/Informationsfluss und -systeme	viele Aufträge, Weisungen und Ratschläge an die Tochtergesellschaften; vertikale Systeme	strategische Vorgaben, i.d.R. ausgehend von der Muttergesellschaft (Headquarter) und auf Basis integrierter Informationssysteme
Kontrolle und Controlling	Standards des Heimatlandes werden übertragen	dominant universale (regionale) Standards
Unternehmenskultur und Human Resource Management		
Geografische Identifikation	Nationalität der Muttergesellschaft	weltweites (regionales) Unternehmen
Personalauswahl und -entwicklung	Inlandsmitarbeiter der Muttergesellschaft werden für weltweite Schlüsselpositionen ausgebildet	Inländer und im Inland (in einer Region) ausgebildete Gastlandangehörige besetzen Schlüsselpositionen
Kulturstrategie und -transfer	monokulturelle Strategie der Muttergesellschaft	universell monokulturelle Strategie mit Mischelementen
Anreizsystem und Sanktionen	hoch bei der Muttergesellschaft, gering in den Tochtergesellschaften	Belohnung internationaler und lokaler Führungskräfte für das Erreichen von Zielvorgaben
Aspekte der Unternehmen	Multinationale Orientierung	Glokale Orientierung
Organisationsstruktur		
Organisationskomplexität	unterschiedlich und voneinander unabhängig	unterschiedlich und sehr komplex, i.d.R. voneinander sehr abhängig
Zentralisation: Treffen von Entscheidungen	gering von Seiten der Muttergesellschaft	Mischung von zentral durch Muttergesellschaft bzw. regionale Headquarters und/oder dezentral durch Tochtergesellschaften; netzwerkartig
Sekundärorganisation, strukturelle Koordination	kaum ausgeprägte Koordination, sowohl von Mutter zu Tochter wie unter den Tochtergesellschaften	komplex, unter Zuhilfenahme eines breiten Spektrums von strukturellen Koordinationskonzepten

	Organisationsprozesse und -systeme	
Ziele, Strategien, Planungssystem	individuell vor Ort, im Extremfall strategisch wie operativ	Mix aus individuellen Lösungen vor Ort, bei ggf. strengen Rahmenvorgaben durch die Muttergesellschaft
Kommunikations-/Informationsfluss und -systeme	international gering (mit der Muttergesellschaft und den anderen Tochtergesellschaften)	alle Wege denkbar (netzwerkartig Muttergesellschaft, Headquarter und Tochtergesellschaften); integrierte Informationssysteme
Kontrolle und Controlling	lokale Bestimmungen	fallweise Kombination von Standards und vielfältigen Aktivitäten
	Unternehmenskultur und Human Resource Management	
Geografische Identifikation	Nationalität des Gastlandes	weltweites (regionales) Unternehmen, mit regionalen, ggf. lokalen Interessen
Personalauswahl und -entwicklung	Gastlandmitarbeiter werden für Schlüsselpositionen im eigenen Land ausgebildet, wenig Mitarbeiter der Muttergesellschaft	die besten Mitarbeiter werden für weltweite Schlüsselpositionen ausgebildet („beyond passport")
Kulturstrategie und -transfer	multikulturelle Strategie der Tochtergesellschaften	Mischkulturstrategie in den Unternehmensteilen
Anreizsystem und Sanktionen	sehr unterschiedlich, Tochtergesellschaften erhalten Belohnungen unterschiedlicher Höhe	sehr unterschiedliche Systeme denkbar

Die in Abbildung 6.31 thematisierten Aspekte sind als Tendenzaussagen bzw. als idealtypisch zu verstehen und fassen die wesentlichen Aspekte der Koordination und Führung zusammen, die im Rahmen dieses Kapitels diskutiert wurden. So wurde z.B. bei den strukturellen Optionen angedeutet, dass eine bestimmte Strategie bzw. Grundorientierung nicht generell mit einer spezifischen Ausprägung der Struktur korrespondieren muss. Vielmehr bildet die Frage der zweckmäßigen Organisationsform einen Entscheidungsprozess, der mit der Auswahl aus einem Spektrum unterschiedlicher Alternativen verbunden ist. Ebenso sind z.B. die strukturellen Koordinationsinstrumente gerade dazu geeignet, um selbst bei multinationaler Orientierung, die – wie dargestellt – tendenziell durch den geringsten Koordinationsbedarf gekennzeichnet ist, den internationalen Austausch dennoch zu fördern.[1]

II. Strategischer Fit und Erfolg

Die bisherigen Betrachtungen deuten die wichtigen Zusammenhänge zwischen Strategie und Implementierung/Koordination bzw. Umwelt nur an und vernachlässigen den Erfolg der Unternehmen. Dabei ist es gerade im Internationalen Marketing nahe liegend, dass der Erfolg eines Unternehmens in einem Land nicht nur von der absoluten Gestaltung des Marketing in diesem Land abhängt, sondern von der relativen Anpassung des Marketing an die Besonderheiten in diesem Land. Analoges gilt bei einer länderübergreifenden Betrachtung. Schmid/Kotulla (2011) präsentieren eine derartige Fit-Sicht, im Gegensatz bspw. zur kontextfreien Sicht bei Swoboda/Elsner (2013). Darüber hinaus ist es nicht nur die Gestaltung der Marketingstrategie (z.B. die globale Strategie (Xu/Cavusgil/White 2006) oder die Produktstrategie (Schmid/Kotulla 2011)), die den Erfolg bedingt, sondern deren Abstimmung mit internen Strukturen und Prozessen, wie bspw. Swoboda/Elsner (2013) für den Erfolg internationaler Handelsunternehmen verdeutlichen. Auch hier wird ein Fit, allerdings ein unternehmensinterner Fit, angesprochen.

---

[1] Vgl. dazu Swoboda/Olejnik 2013a.

> **Strategischer Fit bei den Girl Scouts in den USA**
>
> Wenn ein Unternehmen die Supply-Chain-Fähigkeiten anhand der Unternehmensstrategie ausrichtet, versprechen die Betriebsergebnisse eine überlegene Performance und eine starke Marktposition. Dies wird am Beispiel der Girl Scouts in den USA deutlich. Bekannt ist die Organisation durch die neun bis 14-jährigen Pfadfindermädchen, die Kekse in ihrer Nachbarschaft verkaufen. Das Unternehmen hat die Produktlinie von 28 auf elf Sorten Kekse verkleinert, was Einfachheit verschaffte und den jungen freiwilligen Pfadfinderinnen ermöglichte, die Wirksamkeit der Supply-Chain-Strategie zu steigern. Auf diese Art und Weise können sich die jungen Mädchen, die nur einmal im Jahr für einen begrenzten Zeitraum die Kekse anbieten, auf ihre Verkaufsstrategie konzentrieren und müssen sich nicht um die richtige Verteilung der vielen Sorten unter den Mädchen, das Inventar und die Versorgung der Kunden mit den richtigen Kekssorten kümmern. Da die Girl Scouts primär durch die lokale Gemeinschaft gefördert werden, störte die Verschmälerung des Sortiments die Kunden nicht im Geringsten.
>
> Durch simple Vereinfachung der Supply Chain konnten die Girl Scouts ihre Strategie und Mission besser unterstützen und damit bessere Ergebnisse erzielen. Dieser Anspruch gilt auch für große und komplexe Unternehmen wie Procter & Gamble, Coca-Cola, Amazon und Walmart: Derartige Lösungen sollten an die Unternehmensstrategie angepasst sein, um die Effektivität zu steigern. Dennoch, die Anpassung der operativen Fähigkeiten an die strategischen Ziele ist nicht selbstverständlich und muss durch das Management aktiv gesteuert werden.
>
> *Quelle: www.strategy-business.com, Abrufdatum: 27. März 2013.*

Beide Sichtweisen werden vom sogenannten Fit-Ansatz betrachtet, der postuliert, dass Unternehmen dann erfolgreich sind, wenn eine Übereinstimmung zwischen Kontext, wie z.B. zwischen Landeskultur und Struktur, und internen Gestaltungsdimensionen, wie z.B. zwischen Strategie und Struktur, vorliegt. Der Ansatz basiert vornehmlich auf der Kontingenztheorie, findet aber auch in der Konfigurationstheorie Anwendung. Während der Kontingenzansatz eine extern-deterministische Sicht einnimmt und unternehmerisches Handeln stets vor einem externen Kontext betrachtet (Chung/Wang/Huang 2012; Hult u.a. 2007), konzentriert sich der Konfigurationsansatz auf die multidimensionale Konstellation interner Größen, bis hin zur Entwicklung sog. Gestalten (z.B. Kabadayi/Eyuboglu/Thomas 2007, Lim/Acito/Rusetski 2006).[1] In der Literatur wird der strategische Fit oft mit Begriffen wie „matching", „coalignment", „contingency", „congruence" verbunden und hat eine zentrale Bedeutung in der Organisationsforschung (Short/Payne/Ketchen 2008) und in der strategischen Managementforschung (Miles u.a. 1978; Xu/Cavusgil/White 2006; Murray/Kotabe/Westjohn 2009). Nachfolgend wird nicht auf die Zusammenhänge von Strategien und Kontext eingegangen (da dies Gegenstand der Kapitel 3 bis 5 war) und auch nicht umfassend auf den Zusammenhang zwischen den Wirkungen der Kongruenz zwischen Strategien und Organisationsstrukturen, -prozessen und -kultur auf den Erfolg, da dies alle behandelten Strategieimplementierungsdimensionen abbilden würde. Auch in der Literatur erfolgt dies selten (vgl. Hult u.a. 2007 mit der Kongruenzbetrachtung von Strategien, Strukturen, Planungsprozessen und Leadership). Im Marketing sind interne Kongruenzbetrachtungen zwischen Strategien, Strukturen und Prozessen vordringlich (vgl. Vorhies/Morgan 2003; Cavusgil/Yeniyurt/Townsend 2004; Olson/Slater/Hult 2005; Xu/Cavusgil/White 2006; Schmid/Kotulla 2011). Diese Sichtweise ist in Abbildung 6.32 visualisiert, wobei darin angedeutet wird, dass eine erfolgreiche Umsetzung einer internationalen Strategie von ihrer Abstimmung mit den Organisationsstrukturen und -prozessen abhängt. Denkbar wäre auch eine Ergänzung des jeweiligen Kontexts, also bspw. des Landesumfeldes.

---

[1] Konfigurationen basieren oft auf Clusteranalysen oder deskriptiven Darstellungen i.S. der Systematik in Abschnitt E.I. dieses Kapitels (Drazin/Van de Ven 1985; Short/Payne/Ketchen 2008).

Abbildung 6.32: Rahmen zur Analyse der Wirkung des strategischen Fits zwischen Strategie, Struktur und Prozessen auf den Unternehmenserfolg

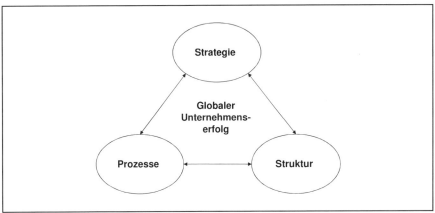

Quelle: In Anlehnung an Xu/Cavusgil/White 2006, S. 6.

Die (empirische) Betrachtung von Kongruenzen zwischen derartigen Dimensionen kann auf verschiedenen Fit-Perspektiven fußen (vgl. Drazin/Van de Ven 1985 und Venkatraman 1989 mit einer Beschreibung der Anwendungslogik und -methodik). Als Auswahlbasis sind stets Probleme eines Unternehmens oder eines Forschungsprojekts zwingend, wenngleich früher auch eine multiperspektivische, datengetriebene Fit-Betrachtung vorgenommen wurde (z.B. Xu/Cavusgil/White 2006). Nachfolgend erfolgt der Blick auf sechs Fit-Perspektiven kursorisch, indem jeweils die Logik, die Berechnung und ein Anwendungsbeispiel in Bezug auf Strategien und Strukturen im Marketing angesprochen werden.

Die ersten drei Fit-Perspektiven sind darauf spezialisiert, den Fit zwischen zwei (allenfalls wenigen) Größen zu bestimmen.

Fit als Moderation

Nach Venkatraman (1989) geht die Moderatorenanalyse davon aus, dass der Einfluss eines Prädiktors (z.B. Struktur) auf eine abhängige Variable (z.B. Erfolg) von einer weiteren Variablen, dem sog. Moderator (z.B. Strategie), abhängig ist. Der Fit zwischen der Struktur und der Strategie stellt damit die elementare Bestimmungsgröße des Erfolges dar. Der Moderator kann dabei Strategietypen umfassen (z.B. standardisierte vs. adaptierte Marke) oder er kann die Stärke der Ausprägung einer Strategie umfassen (z.B. Standardisierungsstärke) und kann somit die Richtung (i.S. von positiv oder negativ) des Einflusses zwischen Struktur und Erfolg beeinflussen. So kann z.B. die Frage beantwortet werden, ob der Erfolgseinfluss von Struktur stärker wird mit zunehmender Standardisierung.

Der Nachweis eines Moderatoreneffekts erfolgt relativ einfach. Zunächst müssen die Ausprägungen der Strukturdimensionen mit denen der Strategie multipliziert werden. Korreliert das Produkt nun mit dem Erfolg, so kann von einem moderierenden Einfluss gesprochen werden (z.B. beeinflusst die Ausprägung der Strategie die Beziehung zwischen Struktur und Erfolg).

Als Beispiel kann ein Unternehmen dienen, das im Ausland eine zentrale Organisationsstruktur wählt und wissen möchte, inwiefern diese den Erfolg beeinflusst. Dabei kann es sein, dass der Zusammenhang schwach ist, aber durch die Wahl einer bestimmten Strategie (z.B. globale Produktstrategie) verstärkt wird. Bei einer multinationalen Produktstrategie kann demgegenüber der Zusammenhang abgeschwächt werden. Analog könnte der Zusammenhang zwischen der gewählten Produktstrategie und dem Erfolg moderiert durch den Grad der Zentralisierung oder den lokalen Kontext in einem Land betrachtet werden.[1]

Fit als Mediation

Der vielgenutzte Mediationsansatz entspricht eher einem intervenierenden Mechanismus (Venkatraman 1989). Demnach interveniert der Mediator (z.B. Strategie) den Einfluss zwischen dem Prädiktor (z.B. Organisationsstruktur) und der abhängigen Variable (z.B. Erfolg). Die Mediationsanalyse versucht den indirekten Einfluss einer Größe wie der Strategie auf den Zusammenhang zwischen einer unabhängigen Größe wie der Struktur und einer abhängigen Größe wie Erfolg nachzuweisen; so bspw. den indirekten Einfluss der Organisationsstruktur auf den Erfolg über die Strategie.

Die Untersuchung eines Mediatoreffekts erfolgt in der Regel im Rahmen einer **Pfadanalyse**. Dabei wird zunächst der direkte Einfluss untersucht, wobei gleichzeitig der indirekte Einfluss (über den Mediator) betrachtet wird, der wiederum eine Wirkung auf den Erfolg ausübt. Bei signifikanten Korrelationen aller Zusammenhänge besteht somit gleichzeitig ein direkter und indirekter Einfluss der Struktur auf den Erfolg. Dies bezeichnen Xu/Cavusgil/White (2006) als partielle Mediation, d.h., die Struktur wirkt sowohl direkt auf den Erfolg als auch indirekt über die Strategie. Vollständige Mediation liegt dann vor, wenn der direkte Effekt zwischen Struktur und Erfolg nicht signifikant ist, aber der indirekte Zusammenhang zwischen Struktur und Erfolg über die Strategie signifikant ist.

Als klassisches Beispiel dient hier das Structure-Conduct-Performance-Paradigma, das im Zweiten Kapitel dieses Buches betrachtet wurde. Es kann angenommen werden, dass das Wettbewerbsverhalten eines Unternehmens direkt den Unternehmenserfolg beeinflusst. Dieser Zusammenhang wiederum könnte in Abhängigkeit von verschiedenen Ausprägungen der jeweiligen Marktstruktur interveniert sein. Wenn demnach eine partielle Mediation nachgewiesen werden kann, dann ist der Unternehmenserfolg sowohl direkt als auch indirekt vom Wettbewerbsverhalten beeinflusst. Bei einer vollständigen Mediation kann gefolgert werden, dass das Wettbewerbsverhalten nur indirekt, in Zusammenhang mit der Marktstruktur in einem Land, den Unternehmenserfolg beeinflusst.

Fit als Matching

Fit als Matching ist nach Venkatraman (1989) definiert als die Übereinstimmung zweier verwandter Variablen. Der Unterschied zur Moderatoren- und Mediationsanalyse besteht darin, dass bei dieser Sicht kein Bezug zu einer bestimmten Variablen hergestellt wird. Es besteht ferner keine direkte Verbindung zwischen den Variablen (z.B. Struktur

---

[1] Vgl. zu den Limitationen der einzelnen Ansätze Venkatraman 1989. Bei der Moderation ist es etwa die fehlende Möglichkeit, zwischen der Existenz und der Wirkung eines Fits zu unterscheiden und diese Betrachtung ist nicht angebracht, wenn man nur am Fit und nicht an dessen Wirkung interessiert ist. Die schwache theoretische Begründung für die gleichzeitige Verwendung multipler Moderatoren wird empirisch von Jauch/Osborn/Glueck (1980) bestätigt, welche die Wirkung des Umwelt-Strategie-Fits auf den finanziellen Erfolg untersuchten und in 72 Interaktionsmöglichkeiten keinen signifikanten Zusammenhang zeigten.

und Strategie) zum Erfolg. Vielmehr besagt die Kernhypothese dieses Ansatzes, dass Erfolg nur dann resultiert, wenn beide Variablen übereinstimmen, z.B. Strategie und Struktur passen zusammen und ergeben einen Fit, indem sie bestimmte vorher festgelegte Ausprägungen annehmen.

Die Berechnung des Fits kann auf drei Arten in Abhängigkeit der zu Grunde liegenden Theorie und der zu untersuchenden Implikationen durchgeführt werden.[1]

Ein Beispiel für das Matching ist Chandlers (1962) klassische These, dass die Diversifikationsstrategie eine multidivisionale Struktur erfordert. Auch könnte im Hinblick auf die in Anlehnung an das IR-Framework im Zweiten Kapitel dieses Buches betrachteten Grundorientierungen postuliert werden, dass ein globales Unternehmen nur dann erfolgreich ist, wenn es stark integriert und nicht zugleich adaptiert. Integration und Adaption alleine würden den Erfolg nur unzureichend erklären.

In den folgenden drei Fit-Perspektiven wird i.d.R. der Fit einer größeren Menge an Variablen analysiert, sodass eine komplexere Sicht des Internationalen Marketing eingenommen wird.

Fit als Kovariation

Dieser Fit-Ansatz lässt sich mit der von Mintzberg (1978) vorgestellten **Megastrategie** illustrieren. Bspw. kann die Internationalisierungsstrategie einer Geschäftseinheit von den Strategien anderer funktionaler Einheiten, wie bspw. der Strategie für Forschung & Entwicklung usw., beeinflusst werden, oder alternativ von der Umsetzung in den Strukturen, Prozessen und der Kultur. Entsprechend der Kernhypothese müssen diese Elemente konsistent zueinander sein, damit sich das Unternehmen mit der effektiven Megastrategie am Markt profilieren kann. Letztere ist nicht direkt beobachtbar, sondern bildet eine übergeordnete Perspektive. Dies hat den Vorteil, dass die übergeordnete Megastrategie nur durch vorgelagerte Entscheidungen (also die Ausprägungen der Strategie oder der Struktur usw.) definiert wird, sodass anschließend die Wirkung auf den Erfolg untersucht werden kann.

Durch die Zusammenführung mehrerer untergeordneter Variablen zu einer übergeordneten Megastrategie ähnelt diese Perspektive sehr dem Fit als Gestalten-Ansatz, der später erläutert wird. Das Bezeichnende der Kovariation ist, dass die Megastrategie per Gruppierung ermittelt wird und zwar zweistufig: erstens werden bspw. Ausprägungen von Strategie und Struktur bestimmt („First-Order"-Faktoren) woraufhin zweitens diese Ausprägungen erneut zu einem „Second-Order"-Faktor verdichtet werden.

Achieving Strategic Success

Achieving alignment involves managing an organisation as a system in which every decision influences – and is influenced by – every other decision, and then making choices that will reinforce the firm's strategy and values.

Quelle: www.bain.com, Abrufdatum: 27. März 2013.

Fit als Profilabweichungsmethode

Ein Fit entsprechend der Profilabweichungsmethode liegt dann vor, je höher die Übereinstimmung mit einem extern vorgegebenen Profil ist. Somit besagt die Kernhypothese der Profilabweichung, dass je höher (geringer) die Abweichung eines multidimensi-

---

[1] Zu den Berechnungsarten vgl. Venkatraman 1989, S. 430ff.

onalen Profils von einem vorher definierten **Idealprofil** ist, desto geringer (höher) ist der Erfolg eines Unternehmens. Die Besonderheit ist darin zu sehen, dass die Festlegung eines Idealprofils sowie die Berechnung der Distanzen zu diesem Profil erfolgt und dieser Distanzwert dann mit dem Erfolg in Verbindung gesetzt wird.

Das Idealprofil bildet eine Benchmark und es umfasst diejenigen Ausprägungen/Profildimensionen, die auf Grund von sachlogischen Überlegungen oder empirischen Ergebnissen zusammengestellt werden. Um das Idealprofil ermitteln zu können, werden die Mittelwerte dieser Dimensionen i.d.R. für 10% der erfolgreichsten Referenzeinheiten (z.B. Konkurrenten oder Tochtergesellschaften) betrachtet. Die Aussagekraft der Methode wird bestätigt, wenn durch die Abweichungen zum Idealprofil eine signifikant bessere Vorhersage zu treffen ist als durch die Abweichungen zu einer rein zufälligen Vergleichsgruppe.

Wenn ein Unternehmen also wissen möchte, inwiefern Abweichungen von der Zielplanung oder alternativ von einem externen Benchmark tatsächlich den Erfolg bestimmen, dann liefert die Profilabweichungsperspektive wichtige Hinweise.

Fit als Gestalten

Der Fit als Gestalten-Ansatz ist ähnlich zu dem der Profilabweichungsmethode, da auch hier multiple Dimensionen benutzt werden. Der Unterschied besteht jedoch darin, dass nicht angenommen wird, dass ein Fit direkt mit dem Erfolg zusammenhängt. Stattdessen liegt dem Konzept die Kernhypothese zu Grunde, dass ein Muster mit intern konsistenten Eigenschaftsausprägungen effektive Konfigurationen darstellt. Auf Grund dessen können Gestalten identifiziert werden, wenn ein hoher Zusammenhang unterschiedlicher Eigenschaften innerhalb einer Gruppe von Unternehmen oder alternativ Tochtergesellschaften vorliegt. Demnach beschreibt Miller (1981; 1996) Gestalten auch als Eigenschaftscluster, also Gruppen von Eigenschaften. Dadurch ist es möglich, dass nicht nur eine bestimmte, sondern auch mehrere Gestalten erfolgreich sein können.

Zur Berechnung der Gestalten müssen die deskriptive und präskriptive Validität berücksichtigt werden. Erstere erfordert, dass Gestalten anhand ihrer theoretischen Position interpretiert werden können. Zur Beurteilung ist es wichtig, formale Kriterien heranzuziehen wie bspw. statistische Gütemaße der Clusterstabilität und die sachlogische Interpretation der Gestalten anhand der zu Grunde liegenden Erklärungsansätze. Zweitere ist wichtig für den Nachweis gemäß dem Äquifinalitätsprinzip, welches besagt, dass verschiedene Konfigurationen gleich erfolgreich sein können. Bspw. konnte Child (1975; Child/Yan 2003) nachweisen, dass erfolgreiche Unternehmen intern über konsistente strukturelle Konfigurationen verfügen. Ein weiteres Beispiel wird bei Swoboda/Olejnik (2013a) in Form der multidimensionalen Betrachtung der Strategie, Strukturen und Kultur international tätiger Familienunternehmen betrachtet. Vier Unternehmenskonfigurationen werden empirisch abgeleitet, die distinkte Eigenschaftscluster bilden. Die transnationalen Entrepreneure sind bspw. besonders erfolgreich und kennzeichnen sich durch hohe Risikoorientierung, internationale und personenbezogene Orientierung, Dezentralisierung, Spezialisierung und eine qualitätsorientierte Wettbewerbsstrategie.

Zusammenfassend kann konstatiert werden, dass Unternehmen verschiedene Fit-Betrachtungen mit unterschiedlichen Möglichkeiten der Konzeptualisierung nutzen können. Nach Van de Ven/Drazin (1985) sollten möglichst viele Ansätze parallel aufgegriffen werden, damit eine vergleichende Bewertung der Ergebnisse ermöglicht wird. In Ergänzung dazu fordert Venkatraman (1989), dass die Wahl immer begründet sein muss. Analog – dies führt allerdings weiter – wäre der in diesem Buch stets argumentativ hergestellte Zusammenhang zwischen der Grundorientierung und dem Marktengagement, zwischen der Grundorientierung und den Betätigungsformen usw. zu betrachten. Dies wären bis dato kaum empirisch untersuchte Zusammenhänge.

Literaturverzeichnis

Aaker, D. (1992): Management des Markenwerts, Frankfurt a.M.
Aaker, D. (2002): Building strong brands, London.
Aaker, D.; Joachimsthaler, E. (2000): Brand Leadership, New York.
Abell, D. (1978): Strategic Windows, in: Journal of Marketing, 43. Jg., Nr. 3, S. 21-26.
Acedo, F.J.; Jones, M.V. (2007): Speed of Internationalization and Entrepreneurial Cognition: Insights and a Comparison between International New Ventures, Exporters and Domestic Firms, in: Journal of World Business, 42. Jg., Nr. 3, S. 236-252.
Adams, J.; Mendelsohn, M. (1986): Recent developments in franchising, in: Journal of Business Law, S. 206-219.
Aharoni, Y. (1966): The Foreign Investment Decision Process, Boston.
Ahlert, D. (1996): Distributionspolitik, 3. Aufl., Stuttgart u.a.
Ahmed, S.A.; d'Astous, A. (2008): Antecedents, moderators and dimensions of country-of-origin evaluations, in: International Marketing Review, 25. Jg., Nr. 1, S. 75-106.
Ailawadi, K.; Keller, K.L. (2004): Understanding retail branding: Conceptional insights and research priorities, in: Journal of Retailing, 80. Jg., Nr. 4, S. 331-342.
Albach, H. (1981): Betriebswirtschaftslehre als Wissenschaft vom Management, in: Zeitschrift für Betriebswirtschaft, 50. Jg., Nr. 1 (Ergänzungsheft), S. 13-24.
Albaum, G.; Duerr, E. (2011): International Marketing and Export Management, 7. Aufl., Harlow u.a.
Aldrich, H. (1976): Resource Dependence and Interorganizational Relations, in: Administration and Society, 7. Jg., Nr. 4, S. 419-454.
Alexander, N.; Myers, H. (2000): The retail internationalization process, in: International Marketing Review, 17. Jg., Nr. 4/5, S. 334-353.
Alexander, N.; Quinn, B.; Cairns, P. (2005): International retail divestment activity, in: International Journal of Retail & Distribution Management, 33. Jg., Nr. 1, S. 5-24.
Al-Laham, A. (1997): Strategieprozesse in deutschen Unternehmungen: Verlauf, Struktur und Effizienz, Wiesbaden.
Altmann, J. (2001): Außenwirtschaft für Unternehmen, 2. Aufl., Stuttgart.
Ambler, T. (2000): Marketing and the Bottom-Line – The New Metrics of Corporate Wealth, London.
Ambler, T.; Styles, C. (2000): The future of relational research in international marketing: Constructs and conduits, in: International Marketing Review, 17. Jg., Nr. 6, S. 492-508.
Ambos, T.; Ambos, B. (2009): The Impact of Distance on Knowledge Transfer Effectiveness in Multinational Corporations, in: Journal of International Management, 15. Jg., Nr. 1, S. 1-14.
Amine, L.; Chao, M.; Arnold, M. (2005): Exploring the Practical Effects of Country of Origin, Animosity, and Price-Quality Issues: Two Case Studies of Taiwan and Acer in China, in: Journal of International Marketing, 13. Jg., Nr. 2, S. 114-150.
Amir, R.; Lambson, V.E. (2003): Entry, exit, and imperfect competition in the long run, in: Journal of Economic Theory, 10. Jg., Nr. 1, S. 191-203.

Anand, G.; Ward, P. (2004): Fit, Flexibility and Performance in Manufacturing: Coping with Dynamic Environments, in: Production and Operations Management, 13. Jg., Nr. 4, S. 369-385.

Anderer, M. (1997): Internationalisierung im Einzelhandel, Frankfurt a. M.

Andersen, O. (1993): On the Internationalization Process of Firms: A Critical Analysis, in: Journal of International Business Studies, 24. Jg., Nr. 2, S. 209-231.

Andersen, O.; Buvik, A. (2002): Firms' Internationalization and Alternative Approaches to the International Customer/Market Selection, in: International Business Review, 11. Jg., Nr. 3, S. 347-363.

Anderson, S.; Engers, M. (1994): Strategic Investment and Timing of Entry, in: International Economic Review, 35. Jg., Nr. 4, S. 833-853.

Anderson, S.; Ginsburgh, V. (1999): International Pricing with Costly Consumer Arbitrage, in: Review of International Economics, 7. Jg., Nr. 1, S. 126-139.

Andersson, S.; Wictor, I. (2003): Innovative Internationalisation in New Firms: Born Globals – The Swedish Case, in: Journal of International Entrepreneurship, 1. Jg., Nr. 3, S. 249-274.

Ansoff, I. (1966): Management Strategie, Landsberg a.L.

Ansoff, I. (1979): Strategic Management, London.

Arnold, U. (1990): Global Sourcing: Ein Konzept zur Neuorientierung des Supply Management von Unternehmen, in: Welge, M. (Hrsg.): Globales Management, Stuttgart, S. 49-71.

Arvanitis, S.; Hollenstein, H. (2006): Determinants of Swiss Firms' R&D Activities at Foreign Locations: An Empirical Analysis Based on Firm Level Data, in: KOF-Arbeitspapiere/Working Papers, o. Jg., Nr. 127.

Asiedu, E. (2006): Foreign Direct Investment in Africa: The Role of Natural Resources, Market Size, Government Policy, Institutions and Political Instability, in: The World Economy, 29. Jg., Nr. 1, S. 63-77.

A.T. Kearney (2012): Global Retail Expansion: Keeps On Moving: The 2012 A.T. Kearney Global Retail Development Index, Chicago.

Aulakh, P.; Kotabe, M. (1993): An Assessment of Theoretical and Methodological Developments in International Marketing: 1980-1990, in: Journal of International Marketing, 1. Jg., Nr. 2, S. 5-28.

Ayal, I.; Zif, J. (1978): Competitive Market Choice Strategies in Multinational Marketing, in: Columbia Journal of World Business, 13. Jg., Nr. 3, S. 72-81.

Ayal, I.; Zif, J. (1979): Market Expansion Strategies in Multinational Marketing, in: Journal of Marketing, 43. Jg., Nr. 1, S. 84-94.

Ayling, D. (1987): Franchising has its dark side, in: Accountancy, Band 99, S. 113-117.

Backhaus, K. (Hrsg.) (2000): Deutschsprachige Marketingforschung – Bestandsaufnahme und Perspektiven, Stuttgart.

Backhaus, K.; Schlüter, S. (1994): Die Marktorientierung deutscher Investitionsgüterhersteller – Eine empirische Analyse, Projektbericht Nr. 94-1 des Betriebswirtschaftlichen Instituts für Anlagen- und Systemtechnologien, Münster.

Backhaus, K.; Voeth, M. (2010a): Internationales Marketing, 6. Aufl., Stuttgart.

Backhaus, K.; Voeth, M. (2010b): Industriegütermarketing, 9. Aufl., München.

Backhaus, K.; Büschken, J.; Voeth, M. (2003): Internationales Marketing, 5. Aufl., Stuttgart.

Backhaus, K.; Steiner, M.; Lügger, K. (2011): To invest, or not to invest, in brands? Drivers of brand relevance in B2B markets, in: Industrial Marketing Management, 40. Jg., Nr. 7, S. 1082-1092.

Bain, J. (1959): Industrial Organization, New York.

Baker, W. E.; Sinkula, J. M. (2009): The Complementary Effects of Market Orientation and Entrepreneurial Orientation on Profitability in Small Businesses, in: Journal of Small Business Management, 47. Jg., Nr. 4, S. 443-464.

Balabanis, G.; Diamantopoulos, A. (2008): Brand Origin Identification by Consumers: A Classification Perspective, in: Journal of International Marketing, 16. Jg., Nr. 1, S. 39-71.

Baldauf, A.; Cravens, K.S.; Diamantopoulos, A.; Zeugner-Roth, K.P. (2009): The Impact of Product-Country Image and Marketing Efforts in Retailer-Perceived Brand Equity: An Empirical Analysis, in: Journal of Retailing, 85. Jg., Nr. 4, S. 437-452.

Bamberger, I.; Evers, M. (1993): Internationalisierungsverhalten von Klein- und Mittelunternehmen – Empirische Ergebnisse, Arbeitspapier Nr. 1 des Fachgebiets für Organisation und Planung der Universität GH Essen, Essen.

Barkema, H.; Vermeulen, F. (1997): What Differences in the Cultural Backgrounds of Partners are Detrimental for International Joint Ventures?, in: Journal of International Business Studies, 28. Jg., S. 845-864.

Barney, J.B. (1986): Organizational Culture: Can It Be a Source of Sustained Competitive Advantage?, in: The Academy of Management Review, 11. Jg., Nr. 3, S. 656-665.

Bartlett, C.; Ghoshal, S. (1986a): Building and Managing the Transnational: The New Organizational Challenge, in: Porter, M. (Hrsg.): Competition in Global Industries, Boston, S. 367-401.

Bartlett, C.; Ghoshal, S. (1986b): Tap Your Subsidiaries for Global Reach, in: Harvard Business Review, 64. Jg., Nr. 4, S. 87-94.

Bartlett, C.; Ghoshal, S. (1987a): Managing Across Borders: New Strategic Requirements, in: Sloan Management Review, 28. Jg., Nr. 4, S. 7-17.

Bartlett, C.; Ghoshal, S. (1987b): Arbeitsteilung bei der Globalisierung, in: Harvard Manager, 5. Jg., Nr. 2, S. 49-59.

Bartlett, C.; Ghoshal, S. (2002): Managing Across Borders – The Transnational Solution, 2. Aufl., Boston, MA.

Bartling, H. (1980): Leitbilder der Wettbewerbspolitik, München.

Bartsch, A. (2005): Lieferantenwert, Wiesbaden.

Basil, G.; Etuk, E.J.; Ebitu, E.T. (2013): The Marketing Mix Element as Determinants of Consumer's Choice of Made-In-Nigeria Shoes in Cross River State, in: European Journal of Business and Management, 5. Jg., Nr. 6, S. 141-147.

Baum, H.-G.; Coenenberg, A.; Günther, T. (2007): Strategisches Controlling, 4. Aufl., Stuttgart.

Baumgarth, C. (2008): Markenpolitik: Markenwirkungen – Markenführung – Markencontrolling, 3. Aufl., Wiesbaden.

Beamish, P. (1985): The Characteristics of Joint Ventures in Developed and Developing Countries, in: Columbia Journal of World Business, 20. Jg., Nr. 3, S. 13-19.

Beamish, P.; Banks, J. (1987): Equity Joint Ventures and the Theory of the Multinational Enterprise, in: Journal of International Business Studies, 18. Jg., Nr. 2, S. 1-15.

Beamish, P.; Berdrow, I. (2003): Learning from IJVs: The Unintended Outcome, in: Long Range Planning, 36. Jg., Nr. 3, S. 285-303.

Beamish, P.; Inkpen, A. (1995): Keeping International Joint Ventures Stable and Profitable, in: Long Range Planning, 28. Jg., Nr. 3, S. 26-36.

Becker, J. (2001): Besonderheiten der Kalkulation von Außenhandelsaufträgen, in: Zeitschrift für Betriebswirtschaft, 61. Jg., Nr. 11, S. 1243-1265.

Becker, J. (2004): Typen von Markenstrategien, in: Bruhn, M. (Hrsg.): Handbuch Markenführung: Kompendium zum erfolgreichen Markenmanagement, 2. Aufl., Wiesbaden, S. 637-675.

Beckerman, W. (1956): Distance and the Pattern of Intra-European Trade, in: Review of Economics and Statistics, 38. Jg., Nr. 1, S. 31-40.

Beers, C. v.; Sadowski, B. (2003): On the Relationship Between Acquisitions, Divestitures and Innovations – An Explorative Study, in: Journal of Industry, Competition and Trade, 3. Jg., Nr. 1/2, S. 131-143.

Belderbos, R.; Zou, J. (2009): Real Options and Foreign Affiliate Divestments: A Portfolio Perspective, in: Journal of International Business Studies, 40. Jg., Nr. 4, S. 600-620.

Belew, D. (2000): Markteintrittstrategien multinationaler Unternehmen unter besonderer Berücksichtigung von Direktinvestitions- und Countertrade-Strategien in Entwicklungsländern, Leipzig.

Belk, R. (1996): Hyperreality and globalization: culture in the age of Ronald McDonald, in: Journal of International Consumer Marketing, 8. Jg., Nr. 3/4, S. 23-37.

Belk, R. (2005): What's Wrong with Globalization and What's to Be Done About It?, in: Shultz, C.; Ratz, D.; Speece, M. (Hrsg.): Globalization, Transformation, and Quality of Life: The Proceedings of the 8th International Conference on Marketing and Development, Rijeka, S. 661-670.

Bell, D.; Lattin, J. (1998): Shopping behavior and consumer preference for store price formats: why "large basket" shoppers prefer EDLP, in: Marketing Letters, 17. Jg., Nr. 1, S. 66-88.

Bell, J.; McNaughton, R.; Young, S. (2001): 'Born-again Global' Firms. An Extension to the 'Born Global' Phenomenon, in: Journal of International Management, 7. Jg., Nr. 3, S. 173-189.

Bell, J.; McNaughton, R.; Young, S.; Crick, D. (2003): Towards an Integrative Model of Small Firm Internationalisation, in: Journal of International Entrepreneurship, 1. Jg., Nr. 4, S. 339-362.

Bell, R. (2001): Uniquely Auchan, in: The European Retail Digest, o. Jg., Nr. 30, S. 27-31.

Belz, C. (1989): Abhängigkeit der Hersteller vom Handel und Tendenzen zur Rivalität im vertikalen Marketing, in: Markenartikel, 51. Jg., Nr. 4, S. 175-176.

Belz, C.; Mühlmeyer, J. (2001): Key-Supplier- und Key-Account-Management – Konfrontation oder Kooperation zwischen Anbieter und Nachfrager?, in: Belz, C.; Mühlmeyer, J. (Hrsg.): Key Supplier Management, St. Gallen u.a., S. 20-37.

Benito, G. (2005): Divestment and international business strategy, in: Journal of Economic Geography, 5. Jg., Nr. 2, S. 235-251.

Benito, G.; Welch, L. (1997): De-Internationalization, in: Management International Review, 37. Jg., Nr. 2, S. 7-25.

Benito, G.; Petersen, B.; Welch, L. (2009): Towards more realistic conceptualizations of foreign operation modes, in: Journal of International Business Studies, 40. Jg., Nr. 9, S. 1455-1470.

Benkenstein, M.; Stephan, A. (2004): Direkter vs. indirekter Export: Eine vergleichende Analyse, in: Zentes, J.; Morschett, D.; Schramm-Klein, H. (Hrsg.): Außenhandel – Marketingstrategien und Managementkonzepte, Wiesbaden, S. 353-367.

Berekoven, L. (1978): Zum Verständnis und Selbstverständnis des Markenwesens, in: Andreae, C.-A. (Hrsg.): Markenartikel heute, Wiesbaden, S. 35-48.

Berekoven, L. (1985): Internationales Marketing, 2. Aufl., Berlin.

Berens, W.; Dörges, C.; Hoffjan, A. (2000): Fundierung eines Verständnisses des Controlling multinationaler Unternehmen, in: Berens, W.; Born, A.; Hoffjan, A. (Hrsg.): Controlling international tätiger Unternehmen, Stuttgart, S. 13-41.
BERI (2012): Business Risk Reports, o.O.
BERI (2013): Forelend User Guide, o.O.
Berndt, R. (2005): Marketingstrategie und Marketingpolitik, 4. Aufl., Berlin u.a.
Berndt, R.; Sander, M. (2002): Betriebswirtschaftliche, rechtliche und politische Probleme der Internationalisierung durch Lizenzierung, in: Macharzina, K.; Oesterle, M.-J. (Hrsg.): Handbuch Internationales Management, 2. Aufl., Wiesbaden, S. 601-624.
Berndt, R.; Fantapié Altobelli, C.; Sander, M. (1997): Internationale Marketing-Politik, Berlin u.a.
Berndt, R.; Fantapié Altobelli, C.; Sander, M. (2010): Internationales Marketing-Management, 4. Aufl., Berlin u.a.
Berning, S. C.; Holtbrügge, D. (2012): Chinese outward foreign direct investment – a challenge for traditional internationalization theories?, in: Journal für Betriebswirtschaft, 62. Jg., Nr. 3-4, S. 169-224.
Berry, L. (1983): Relationship Marketing, in: American Marketing Association (Hrsg.): Emerging Perspectives on Services Marketing, Chicago, S. 25-28.
Berry, L. (1995): Relationship Marketing of Services – Growing Interest, Emerging Perspectives, in: Journal of the Academy of Marketing Science, 23. Jg., Nr. 4, S. 236-245.
Berry, L.; Parasuraman, A. (1992): Service-Marketing: Wettbewerbsvorsprung durch erstklassige Qualität, Frankfurt a.M.
Berry, L.; Parasuraman, A. (1993): Building a New Academic Field – The Case of Services Marketing, in: Journal of Retailing, 69. Jg., Nr. 1, S. 13-60.
Bilkey, W. (1978): An Attempted Integration of the Literature on the Export Behavior of Firms, in: Journal of International Business Studies, 9. Jg., Nr. 1, S. 33-46.
Bilkey, W.; Tesar, G. (1977): The Export Behavior of Smaller-Sized Wisconsin Manufacturing Firms, in: Journal of International Business Studies, 8. Jg., Nr. 1, S. 93-98.
Birkigt, K.; Stadler, M. (2000): Corporate Identity – Grundlagen, in: Birkigt, K.; Stadler, M.; Funck, H. (Hrsg.): Corporate Identity: Grundlagen, Funktionen, Fallbeispiele, 10. Aufl., Landsberg a.L., S. 11-61.
Birkigt, K.; Stadler, M; Funck, H. (2002): Corporate Identity – Grundlagen, in: Birkigt, K.; Stadler, M.; Funck, H. (Hrsg.): Corporate Identity: Grundlagen, Funktionen, Fallbeispiele, 11. Aufl., München, S. 13-23.
Blaine, M.; Bowen, J. (2000): The Role of Information Technology in International Business Research, in: Roche, E.; Blaine, J. (Hrsg.): Information Technology in Multinational Enterprises, Cheltenham/UK, S. 21-56.
Blocker, C.P.; Flint, D.J.; Myers, M.B.; Slater, S.F. (2011): Proactive Customer Orientation and Its Role for Creating Customer Value in Global Markets, in: Journal of the Academy of Marketing Science, 39. Jg., Nr. 2, S. 216-233.
Blörkmann, I.; Eklund, M. (2001): The Sequence of Operational Modes Used by Finnish Investors in Germany, in: Journal of International Marketing, 4. Jg., Nr. 1, S. 33-35.
Bock, T.; Uncles, M. (2002): A taxonomy of differences between consumers for market segmentation, in: International Journal of Research in Marketing, 19. Jg., Nr. 3, S. 215-224.

Boddewyn, J. (1983): Foreign and Domestic Divestment and Investment Decisions: Like or Unlike?, in: Journal of International Business Studies, 14. Jg., Nr. 3, S. 23-35.
Bogardus, E. (1924/1925): Measuring Social Distances, in: Journal of Applied Sociology, 9. Jg., Nr. 4, S. 299-308.
Bogaschewsky, R. (2004): Analyse und Auswahl ausländischer Beschaffungsmärkte: Konzepte und Methoden, in: Zentes, J.; Morschett, D.; Schramm-Klein, H. (Hrsg.): Außenhandel – Marketingstrategien und Managementkonzepte, Wiesbaden, S. 679-698.
Boluminski, J.; Karlein, S.; Nätscher, C. (2009): Medien des Web 2.0 – Chance oder Risiko im Kundendialog?, in: Marketing Review St. Gallen, 26. Jg., Nr. 1, S. 23-28.
Bolz, J. (1992): Wettbewerbsorientierte Standardisierung des internationalen Marketing, Darmstadt.
Booms, B.; Bitner, M. (1981): Marketing Strategies and Organization Structure for Service Firms, in: Donnelly, J.; George, W. (Hrsg.): Marketing of Services, Chicago, S. 51-67.
Borde, S.; Madura, J.; Akhigbe, A. (1998): Valuation Effects of Foreign Divestitures, in: Managerial and Decision Economics, 19. Jg., Nr. 2, S. 71-79.
Borden, N. (1964): The concept of the marketing mix, in: Journal of Advertising Research, 4. Jg., Nr. 2, S. 2-7.
Bork, F.; Sell, R. (2002): Entwicklung globaler Marketingkonzepte mit produktbegleitenden Dienstleistungen, in: Lay, G.; Jung Erceg, P. (Hrsg.): Produktbegleitende Dienstleistungen – Konzepte und Beispiele erfolgreicher Strategieentwicklung, Berlin u.a., S. 87-94.
Boutellier, R.; Wagner, S. (2001): Strategische Partnerschaften mit Lieferanten, in: Belz, C.; Mühlmeyer, J. (Hrsg.): Key Supplier Management, St. Gallen u.a., S. 38-60.
Boutellier, R.; Gassmann, O.; Zedtwitz, M. v. (2008): Managing Global Innovation, Berlin u.a.
Bowersox, D.; Closs, D. (1996): Logistical Management, 3. Aufl., New York.
Bowersox, D.; Morash, E. (1989): The Integration of Marketing Flows in Channels of Distribution, in: European Journal of Marketing, 23. Jg., Nr. 2, S. 58-67.
Bradley, F. (2005): International Marketing Strategy, 5. Aufl., London u.a.
Brandenburg, M. (1986): Free yourself from servitude, in: Accountancy, Vol. 98, S. 11-18.
Brandmeyer, K.; Wittig, D.; Haller, F. (2003): Geopolitische Spannungen – Müssen die Marken in Zukunft ihre Herkunft verleugnen?, in: Absatzwirtschaft, 46. Jg., Nr. 5, S. 14-19.
Brangule-Vlagsma, K.; Pieters, R.; Wedel, M. (2002): The dynamics of value segmentation: Modeling framework and empirical illustration, in: International Journal of Research in Marketing, 19. Jg., Nr. 3, S. 267-285.
Brannen, M. (2004): When Mickey Loses Face: Recontextualization, Semantic Fit, and the Semiotic of Foreignness, in: Academy of Management Review, 29. Jg., Nr. 4, S. 593-616.
Bräutigam, S. (2004): Management von Markenarchitekturen: ein verhaltenswissenschaftliches Modell zur Analyse und Gestaltung von Markenportfolios, Gießen.
Bredow, J.; Seiffert, B. (2000): INCOTERMS 2000: Kommentar, Bonn.
Brewer, P. (2001): International Market Selection: Developing a Model from Australian Case Studies, in: International Business Review, 10. Jg., Nr. 2, S. 155-174.

Bridge, J.; Peel, M. (1999): A Study of Computer Usage and Strategic Planning in the SME Sector, in: International Small Business Journal, 17. Jg., Nr. 4, S. 82-87.
Brouthers, K.D. (2013): Institutional, cultural and transaction cost influences on entry mode choice and performance, in: Journal of International Business Studies, 44. Jg., Nr. 1, S. 1-13.
Bruhn, M. (2004): Begriffsabgrenzungen und Erscheinungsformen von Marken, in: Bruhn, M. (Hrsg.): Handbuch Markenführung: Kompendium zum erfolgreichen Markenmanagement, 2. Aufl., Wiesbaden, S. 3-49.
Bruhn, M. (2005): Internationalisierung von Dienstleistung, in: Bruhn, M.; Stauss, B. (Hrsg.): Internationalisierung von Dienstleistungen, Wiesbaden, S. 3-42.
Bruhn, M. (2009): Kommunikationspolitik, 5. Aufl., München.
Bruhn, M. (2011): Unternehmens- und Marketingkommunikation – Handbuch für ein integriertes Kommunikationsmanagement, 2. Aufl., München.
Bruhn, M. (2012): Marketing, 11. Aufl., Wiesbaden.
Bruhn, M. (2013a): Kommunikationspolitik, 7. Aufl., München.
Bruhn, M. (2013b): Relationship Marketing, 3. Aufl., Wiesbaden.
Bryman, A. (1997): Animating the Pioneer versus Late Entrants Debate: An Historical Case Study, in: Journal of Management Studies, 34. Jg., Nr. 3, S. 415-438.
Buckley, P.; Casson, M. (1976): The Future of the Multinational Enterprise, London u.a.
Buckley, P.; Casson, M. (1998): Analyzing Foreign Market Entry Strategies: Extending the Internationalization Approach, in: Journal of International Business Studies, 29. Jg., Nr. 3, S. 539-562.
Buckley, P.; Pass, C.; Prescott, K. (1991): Foreign Market Servicing Strategies and Competitiveness, in: Journal of General Management, 17. Jg., Nr. 2, S. 34-47.
Bühner, R. (1995): Strategie und Organisation: Analyse und Planung der Unternehmensdiversifikation mit Fallbeispielen, 2. Aufl., Wiesbaden.
Bundesministerium für Wirtschaft und Technologie (2013): Bestehende Local Content Regelungen, Berlin.
Burmann, C. (2002): Strategische Flexibilität und Strategiewechsel als Determinanten des Unternehmenswertes, Wiesbaden.
Burmann, C.; Meffert, H.; Koers, M. (2005): Stellenwert und Gegenstand des Markenmanagements, in: Meffert, H.; Burmann, C.; Koers, M. (Hrsg.): Markenmanagement – Identitätsorientierte Markenführung und praktische Umsetzung, 2. Aufl., Wiesbaden, S. 3-17.
Burr, W. (2005): Motive und Voraussetzungen bei Lizenzkooperationen, in: Zentes, J.; Swoboda, B.; Morschett, D. (Hrsg.): Kooperationen, Allianzen und Netzwerke, 2. Aufl., Wiesbaden, S. 557-576.
Burt, S.; Mavrommatis, A. (2006): The international transfer of store brand image, in: International Review of Retail, Distribution & Consumer Research, 16. Jg., Nr. 4, S. 395-413.
Burt, S.; Dawson, J.; Sparks, L. (2003): Failure in International Retailing – Research Propositions, in: International Review of Retail Distribution and Consumer Research, 13. Jg., Nr. 4, S. 355-373.
Büter, C. (2010): Internationale Unternehmensführung: Entscheidungsorientierte Einführung, München.

Cadogan, J.W.; Cui, C.C.; Morgan, R.E.; Story, V.M. (2006): Factors Facilitating and Impeding the Development of Export Market-oriented Behavior: A Study of Hong Kong Manufacturing Exporters, in: Industrial Marketing Management, 35. Jg., Nr. 5, S. 634-647.

Cairns, P.; Doherty, A.M.; Alexander, N.; Quinn, B. (2008): Understanding the International Retail Divestment Process, in: Journal of Strategic Marketing, 16. Jg., Nr. 2, S. 111-128.

Cairns, P.; Quinn, B.; Alexander, N.; Doherty, A.M. (2010): The Role of Leadership in International Retail Divestment, in: European Business Review, 22. Jg., Nr. 1, S. 25-42.

Calof, J.; Beamish, P. (1995): Adapting to Foreign Markets: Explaining Internationalization, in: International Business Review, 4. Jg., Nr. 2, S. 115-131.

Cannon, H.; Yaprak, A. (2002): Will the Real-World Citizen Please Stand Up! The Many Faces of Cosmopolitan Consumer Behavior, in: Journal of International Marketing, 10. Jg., Nr. 4, S. 30-52.

Cannon, J.; Homburg, C. (2001): Buyers-Supplier Relationships and Customer Firm Costs, in: Journal of Marketing, 65. Jg., Nr. 1, S. 29-43.

Casson, M. (1990): Multinationals and intermediate product trade, in: Casson, M. (Hrsg.): Multinational corporations, Brookfields, VT, S. 144-171.

Cateora, P.; Graham, J. (2009): International Marketing, 13. Aufl., New York.

Cavusgil, S.T. (1980): On the Internationalization Process of the Firm, in: European Research, 8. Jg., Nr. 6, S. 273-281.

Cavusgil, S.T.; Zou, S. (1994): Marketing strategy-performance relationship: An investigation into the empirical link in export market ventures, in: Journal of Marketing, 58. Jg., Nr. 1, S. 1-21.

Cavusgil, S.T.; Bilkey, W.; Tesar, G. (1979): A Note on the Export Behavior of Firms: Exporter Profiles, in: Journal of International Business Studies, 10. Jg., Nr. 1, S. 91-97.

Cavusgil, S.T.; Deligonul, S.; Yaprak, A. (2005): International Marketing as a Field of Study: A Critical Assessment of Earlier Development and a Look Forward, in: Journal of International Marketing, 13. Jg., Nr. 4, S. 1-27.

Cavusgil, S.T.; Knight, G.; Riesenberger, J.R. (2011): International Business – The New Realities, 2. Aufl., Upper Saddle River.

Cavusgil, S.T.; Yeniyurt, S.; Townsend, J.D. (2004): The Framework of a Global Company: A Conceptualization and Preliminary Validation, in: Industrial Marketing Management, 33. Jg., Nr. 8, S. 711-716.

Cavusgil, S.T.; Zou, S.; Naidu, G. (1993): Product and Promotional Adaptation in Export Ventures, in: Journal of International Business Studies, 24. Jg., Nr. 3, S. 479-506.

Cayla, J.; Arnould, E.J. (2008): A Cultural Approach to Branding in the Global Marketplace, in: Journal of International Marketing, 16. Jg., Nr. 4, S. 86-112.

Cervino, J.; Cubillo, J. (2004): A Resource-Based Perspective on Global Branding: An Analysis of Trademark Registration Data, in: International Journal of Management, 21. Jg., Nr. 4, S. 451-463.

Chae, M.-S.; Hill, J.S. (1996): The Hazards of Strategic Planning for Global Markets, in: Long Range Planning, 29. Jg., Nr. 6, S. 880-891.

Chandler, A. (1962): Strategy and Structure, Cambridge u.a.

Chandrasekaran, D.; Tellis, G.J. (2008): Global Takeoff of New Products: Culture, Wealth, or Vanishing Differences?, in: Marketing Science, 27. Jg., Nr. 5, S. 844-860.

Chang, S.-J.; Rosenzweig, P. (2001): The Choice of Entry Mode in Sequential Foreign Direct Investment, in: Strategic Management Journal, 22. Jg., Nr. 8, S. 747-776.

Chao, P.; Wührer, G.; Werani, T. (2005): Celebrity and foreign brand names as moderators of country-of-origin effects, in: International Journal of Advertising, 24. Jg., Nr. 2, S. 173-192.

Chathoth, P.; Olsen, M. (2003): Strategic alliances: a hospitality industry perspective, in: International Journal of Hospitality Management, 22. Jg., Nr. 4, S. 419-434.

Chen, C.; Messner, J. (2011): Permanent versus Mobile Entry Decisions in International Construction Markets: Influence of Home Country- and Firm-Related Factors, in: Journal of Management in Engineering, 27. Jg., Nr. 1, S. 2-12.

Cheon, H.J.; Cho, C.-H.; Sutherland, J. (2007): A meta-analysis of studies on the determinants of standardization and localization of international marketing and advertising strategies, in: Journal of International Consumer Marketing, 19. Jg., Nr. 4, S. 109-147.

Chernatony, L.d.; McDonald, M. (2003): Creating Powerful Brands in Consumer Service and Industrial Markets, 3. Aufl., Oxford.

Chetty, S.; Campbell-Hunt, C. (2004): A Strategic Approach to Internationalization: A Traditional Versus a "Born-Global" Approach, in: Journal of International Marketing, 12. Jg., Nr. 1, S. 57-81.

Child, J. (1975): Managerial and Organization Factors Associated with Company Performance – Part II, A Contingency Analysis, in: Journal of Management Studies, 12. Jg., Nr. 1, S. 12-27.

Child, J.; Yan, Y. (2003): Predicting the Performance of International Joint Ventures: An Investigation in China, in: Journal of Management Studies, 40. Jg., Nr. 2, S. 283-320.

Chuang, S.-C.; Yen, H.J.R. (2007): The impact of a product's country-of-origin on compromise and attraction effects, in: Marketing Letters, 18. Jg., Nr. 4, S. 279-291.

Chung, H.F.L.; Wang, C.L.; Huang, P.-H. (2012): A Contingency Approach to International Marketing Strategy and Decision-Making Structure Among Exporting Firms, in: International Marketing Review, 29. Jg., Nr. 1, S. 54-87.

Clark, T.; Rajaratnam, D. (1999): International Service: Perspectives at Century's End, in: Journal of Services Marketing, 13. Jg., Nr. 4/5, S. 298-310.

Cleveland, M.; Papadopoulos, N.; Laroche, M. (2011): Identity, Demographics, and Consumer Behaviors: International Market Segmentation across Product Categories, in: International Marketing Review, 28. Jg., Nr. 3, S. 244-266.

Cliquet, G.; Perrigot, R. (2005): French Hypermarket History and Future with Issues for American Supercenters, Proceedings of the 12th Conference on Historical Analysis and Research in Marketing (CHARM), Long Beach.

Colla, E. (2003): International expansion and strategies of discount grocery retailers: the winning models, in: International Journal of Retail & Distribution Management, 31. Jg., Nr. 1, S. 55-66.

Collis, D. (1991): A Resource-Based Analysis of Global Competition: The Case of the Bearings Industry, in: Strategic Management Journal, 12. Jg., Nr. 1, S. 49-68.

Colton, D.A.; Roth, M.S.; Bearden, W.O. (2010): Drivers of International E-Tail Performance: The Complexities of Orientations and Resources, in: Journal of International Marketing, 18. Jg., Nr. 1, S. 1-22.

Contractor, F. (1981): The role of licensing in international strategy, in: Columbia Journal of World Business, 16. Jg., Nr. 4, S. 73-79.

Contractor, F.; Lorange, P. (1988): Why Should Firms Cooperate?, in: Contractor, F.; Lorange, P. (Hrsg.): Cooperative Strategies in International Business: Joint ventures and technology partnerships between firms, New York, S. 3-30.

Conway, T.; Swift, J. (2000): International relationship marketing: The importance of psychic distance, in: European Journal of Marketing, 34. Jg., Nr. 11/12, S. 1391-1413.

Corsten, H. (1985): Die Produktion von Dienstleistungen: Grundzüge einer Produktionswirtschaftslehre des tertiären Sektors, Berlin.

Corsten, H. (2002): Herausforderungen an das Supply Chain Management im internationalen Unternehmensverbund, in: Macharzina, K.; Oesterle, M.-J. (Hrsg.): Handbuch Internationales Management, 2. Aufl., Wiesbaden, S. 943-968.

Corsten, H.; Corsten, H.; Gössinger, R. (2008): Projektmanagement. Eine Einführung. 2. Aufl., Oldenbourg u.a.

Coulter, K.; Sarkis, J. (2005): Development of a media selection model using the analytic network process, in: International Journal of Advertising, 24. Jg., Nr. 2, S. 193-215.

Craig, C.; Douglas, S. (1996): Developing Studies for Global Markets, in: Columbia Journal of World Business, 31. Jg., Nr. 1, S. 70-81.

Craig, C.; Douglas, S. (2001): Conducting International Marketing Research in the Twenty-First Century, in: International Marketing Review, 18. Jg., Nr. 1, S. 80-90.

Craig, C.; Green, W.; Douglas, S. (2005): Culture Matters: Consumer Acceptance of U.S. Films in Foreign Markets, in: Journal of International Marketing, 13. Jg., Nr. 4, S. 80-103.

Criado, A.R.; Criado, J.R. (2007): International Marketing Research: Opportunities and Challenges in the 21st Century, in: Advances in International Marketing, o. Jg., Nr. 17, S. 1-13.

Crick, D. (2007): UK SME's motives for internationalizing: Differences between firms employing particular overseas market servicing strategies, in: Journal of International Entrepreneurship, 5. Jg., Nr. 1-2, S. 11-23.

Crick, D.; Jones, M. (2000): Small High-technology Firms and International High-technology Markets, in: Journal of International Marketing, 8. Jg., Nr. 2, S. 63-85.

Crick, D.; Spence, M. (2005): The Internationalisation of 'High Performing' UK High-Tech SMEs: A Study of Planned and Unplanned Strategies, in: International Business Review, 14. Jg., Nr. 2, S. 167-185.

Culliton, J. W. (1948): The Management of Marketing Costs, Harvard University, Boston/Massachusetts.

Cyert, R.; March, J. (1995): Eine verhaltenswissenschaftliche Theorie der Unternehmung, 2. Aufl., Stuttgart.

Czinkota, M. (2000): The Policy Gap in International Marketing, in: Journal of International Marketing, 8. Jg., Nr. 1, S. 99-111.

Czinkota, M.; Ronkainen, I. (2003): An International Marketing Manifesto, in: Journal of International Marketing, 11. Jg., Nr. 1, S. 13-27.

Czinkota, M.; Ronkainen, I. (2007): International Marketing, 8. Aufl., Fort Worth.

Czinkota, M.; Ronkainen, I. (2013): International Marketing, 10. Aufl., Mason.

Datta, Y. (1996): Market segmentation: An integrated framework, in: Long Range Planning, 29. Jg., Nr. 6, S. 797-811.

Davies, A.; Fitchett, J. (2004): 'Crossing Culture': A multi-method enquiry into consumer behaviour and the experience of cultural transition, in: Journal of Consumer Behaviour, 3. Jg., Nr. 4, S. 315-330.

Deal, T.; Kennedy, A. (1982): Corporate Cultures: The Rites and Rituals of Corporate Life, Reading u.a.

Deligonul, S. (2003): Reflections on Czinkota and Ronkainen's International Marketing Manifesto: A Perspective from North America, in: Journal of International Marketing, 11. Jg., Nr. 1, S. 40-46.

Deloitte (2012): Switching Channels – Global Powers of Retailing 2012, London.

de Mooij, M.d. (2010): Global Marketing and Advertising. Understanding Cultural Paradoxes, 3. Aufl., Thousand Oaks u.a.

de Mooij, M.d. (2011): Consumer Behavior and Culture – Consequences for Global Marketing and Advertising, 2. Aufl., Los Angeles u.a.

Deshpande, R.; Webster, F.E. Jr. (1989): Organizational Culture and Marketing: Defining the Research Agenda, in: Journal of Marketing, 53. Jg., Nr. 1, S. 3-15.

Dichtl, E.; Köglmayr, H.; Müller, S. (1990): International Orientation as a Precondition for Export Success, in: Journal of International Business Studies, 21. Jg., Nr. 1, S. 23-40.

DIHK (2012): Going International: Erfahrungen und Perspektiven der deutschen Wirtschaft im Auslandsgeschäft, Studie des DIHK, Deutscher Industrie- und Handelskammertag, Berlin.

Diller, H. (1989): Key-Account-Management als vertikales Marketingkonzept, in: Marketing – Zeitschrift für Forschung und Praxis, 11. Jg., Nr. 4, S. 213-223.

Diller, H. (2000): Preispolitik, 3. Aufl., Stuttgart u.a.

Diller, H. (2008): Preispolitik, 4. Aufl., Stuttgart u.a.

DiMaggio, P.J.; Powell, W.W. (1983): The iron cage revisited: Institutional isomorphism and collective rationality in organizational fields, in: American Sociological Review, 48. Jg., Nr. 2, S. 147-160.

Doi, N. (1999): The Determinants of Firm Exit in Japanese Manufacturing Industries, in: Small Business Economics, 13. Jg., Nr. 4, S. 331-337.

Dolles, H.; Hilpert, H. (2002): Sôgô Shôsha im Zeitalter der Restrukturierung der japanischen Wirtschaft, in: Zentes, J.; Swoboda, B.; Morschett, D. (Hrsg.): B2B-Handel: Perspektiven des Groß- und Außenhandels, Frankfurt a.M, S. 177-194.

Dominguez, L.V.; Zinn, C. (1994): International supplier characteristics associated with successful long-term buyer/seller relationships, in: Journal of Business Logistics, 15. Jg., Nr. 2, S. 63-87.

Donnan, H. (1994): Border approaches, anthropological perspectives on frontiers, Lanham u.a.

Doole, I.; Lowe, R. (2008): International Marketing Strategy, 5. Aufl., London.

Doole, I.; Lowe, R. (2012): International Marketing Strategy, 6. Aufl., London.

Doppler, K.; Lauterburg, C. (2008): Change Management: Den Unternehmenswandel gestalten, 12. Aufl., Frankfurt a.M.

Dorfman, R.; Steiner, P. (1954): Optimal Advertising and Optimal Quality, in: American Economic Review, 44. Jg., Nr. 5, S. 826-836.

Douglas, S. (2001): Exploring New Worlds: The Challenge of Global Marketing, in: Journal of Marketing, 64. Jg., Nr. 1, S. 103-107.

Douglas, S.; Craig, S. (1986): Global Marketing Myopia, in: Journal of Marketing Management, 2. Jg., Nr. 2, S. 155-169.

Douglas, S.; Craig, S. (1989): Evolution of Global Marketing Strategy, in: Columbia Journal of World Business, 24. Jg., Nr. 3, S. 47-59.

Douglas, S.; Craig, S. (2005): International Marketing Research, 3. Aufl., New Jersey.

Douglas, S.; Craig, S. (2011): Convergence and Divergence: Developing a Semiglobal Marketing Strategy, in: Journal of International Marketing, 19. Jg., Nr. 1, S. 82-101.

Douglas, S.; Wind, Y. (1987): The myth of globalization, in: Columbia Journal of World Business, 21. Jg., Nr. 4, S. 19-29.

Douglas, S.; Craig, S.; Keegan, W.J. (1982): Approaches for assessing international marketing opportunities for small and medium-sized companies, in: Columbia Journal of World Business, 17. Jg. Nr. 3, S. 26-32.

Douglas, S.; Craig, S.; Nijssen, E. (2001): Integrating Brand Strategies Across Markets: Building International Brand Architecture, in: Journal of International Marketing, 9. Jg., Nr. 2, S. 97-114.

Dowling, P. (1999): Completing the Puzzle: Issues in the Development of the Field of International Human Resource Management, in: Marketing International Review, 39. Jg., Special Issue, Nr. 3, S. 27-43.

Dranikoff, L.; Koller, T.; Schneider, A. (2002): Divestiture – Strategy's missing link, in: Harvard Business Review, 80. Jg., Nr. 5, S. 74-83.

Drazin, R.; Van de Ven, A.H. (1985): Alternative Forms of Fit in Contingency Theory, in: Administration Science Quarterly, 30. Jg., Nr. 4, S. 514-559.

Drumm, H. (1989): Transferpreise, Stuttgart.

Duangploy, D.; Gray, D. (1991): An Empirical Analysis of Current U.S. Practice in Evaluating and Controlling Overseas Operations, in: Accounting and Business Research, 21. Jg., Nr. 84, S. 299-309.

Dülfer, E. (1996): Möglichkeiten und Grenzen westlicher Organisationskulturkonzepte im Hinblick auf Osteuropa, in: Lang, R. (Hrsg.): Wandel von Unternehmenskulturen in Ostdeutschland und Osteuropa, München u.a., S. 23-41.

Dülfer, E.; Jöstingmeier, B. (2008): Internationales Management in unterschiedlichen Kulturbereichen, 7. Aufl., München u.a.

Dunne, T.; Klimek, S.; Roberts, M. (2005): Exit from Regional Manufacturing Markets – The Role of Entrant Experience, in: International Journal of Industrial Organization, 23. Jg., Nr. 5/6, S. 399-421.

Duxburry, D. (2012): Sunk costs and sunk benefits: A re-examination of re-investment decisions, in: The British Accounting Review, 44. Jg., Nr. 3, S. 144-156.

Dyer, R.; Forman, E.; Mustafa, M. (1992): Decision support for media selection using the analytic hierarchy process, in: Journal of Advertising, 21. Jg., Nr. 1, S. 59-72.

Eckhardt, G.; Houston, M. (2002): Cultural Paradoxes Reflected in Brand Meaning: McDonald's in Shanghai, China, in: Journal of International Marketing, 10. Jg., Nr. 2, S. 68-82.

Egelhoff, W.G. (1988): Strategy and Structure in Multinational Corporations: A Revision of the Stopford and Wells Model, in: Strategic Management Journal, 9. Jg., Nr. 1, S. 1-14.

Egger, R. (2007): Cyberglobetrotter – Touristen im Informationszeitalter, in: Egger, R.; Herdin, T. (Hrsg.): Tourismus – Herausforderung – Zukunft, Berlin, S. 433-452.

Eisend, M. (2004): Is it Still Worth to be Credible?: A Meta-Analysis of Temporal Patternsof Source Credibility Effects in Marketing, in: Advances in Consumer Research, 31. Jg., Nr. 1, S. 352-357.

Eli, M. (1988): Japans Wirtschaft im Griff der Konglomerate, Frankfurt a.M.

Ellison, R. (1976): Management Contracts, Earning Profits from Fee Income in Place of Earnings on Equity, in: Multinational Business, 1. Jg., Nr. 1, S. 19-28.

Emmanuel, C. (1999): International Transfer Pricing and Countervailing Fiscal Rules, in: Engelhard, J.; Oechsler, W. (Hrsg.): Internationales Management, Wiesbaden, S. 415-433.

Endacott, R. (2004): Consumers and CRM: A National and Global Perspective, in: Journal of Consumer Marketing, 21. Jg., Nr. 3, S. 183-189.

Engelen, A.; Brettel, M.; Wiest, G. (2012): Cross-Functional Integration and New Product Performance – The Impact of National and Corporate Culture, in: Journal of International Management, 18. Jg., Nr. 1, S. 52-65.

Engelhardt, T.-M. (1990): Partnerschafts-Systeme mit dem Fachhandel als Konzept des vertikalen Marketing, St. Gallen.

Engelhardt, W.; Günter, B. (1981): Investitionsgütermarketing, Stuttgart.

Engelhardt, W.H.; Kleinaltenkamp, M.; Reckenfelderbäumer, M. (1993): Leistungsbündel als Absatzobjekte – Ein Ansatz zur Überwindung der Dichotomie von Sach- und Dienstleistungen, in: Zeitschrift für betriebswirtschaftliche Forschung, 5. Jg., Nr. 45, S. 395-426.

Erickson, G.; Johansson, J.; Chao, P. (1984): Image variables in multiattribut product evaluations: Country-of-origin-effects, in: Journal of Consumer Research, 11. Jg., Nr. 2, S. 694-700.

Esch, F.-R. (2011): Wirkung integrierter Kommunikation – Ein verhaltenswissenschaftlicher Ansatz für die Werbung, 5. Aufl., Wiesbaden.

Esch, F.-R. (2012): Strategie und Technik der Markenführung, 7. Aufl., München.

Esch, F.-R.; Bräutigam, S. (2005): Analyse und Gestaltung komplexer Markenarchitekturen, in: Esch, F.-R. (Hrsg.): Moderne Markenführung, 4. Aufl., Wiesbaden, S. 838-861.

Esch, F.-R.; Langner, T. (2004): Integriertes Branding, in: Bruhn, M. (Hrsg.): Handbuch Markenführung: Kompendium zum erfolgreichen Markenmanagement, 2. Aufl., Wiesbaden, S. 1131-1156.

Esch, F.-R.; Bräutigam, S.; Möll, T.; Nentwich, E. (2004): Gestaltung komplexer Markenarchitekturen, in: Bruhn, M. (Hrsg.): Handbuch Markenführung: Kompendium zum erfolgreichen Markenmanagement, 2. Aufl., Band 1, Wiesbaden, S. 747-769.

Esperanca, J.; Gulamhussen, M. (2001): (Re)Testing the ‚follow the customer' hypothesis in multinational bank expansion, in: Journal of Multinational Financial Management, 11. Jg., Nr. 3, S. 281-293.

Etgar, M.; Rachman-Moore, D. (2007): Determinant Factors of Failures of International Retailers in Foreign Markets, in: International Review of Retail, Distribution & Consumer Research, 17. Jg., Nr. 1, S. 79-100.

Europäische Kommission (2003): Internationalisierung von KMU, in: Beobachtungsnetz der europäischen KMU, Nr. 4, Luxemburg.

Europäische Kommission (2007): Observatory of European SMEs: Analytical Report, in: Flash Eurobarometer – The Gallup Organization, Nr. 196, Brüssel.

Europäische Kommission (2011): Autopreise in der europäischen Union, Brüssel.

Eurostat (2012): Statistik kurzgefasst, http://epp.eurostat.ec.europa.eu/portal/page/portal/eurostat/home/, 19. Februar 2013.

Falk, B.; Wolf, J. (1992): Handelsbetriebslehre, 11. Aufl., Landsberg a.L.

Fam, K.; Merrilees, B. (1988): Cultural values and personal selling, in: International Marketing Review, 15. Jg., Nr. 4, S. 246-256.

Fantapié Altobelli, C. (2004): Kompensationshandel als Sonderform des Außenhandels, in: Zentes, J.; Morschett, D.; Schramm-Klein, H. (Hrsg.): Außenhandel – Marketingstrategien und Managementkonzepte, Wiesbaden, S. 83-100.

Feldman, D.; Thompson, H. (1993): Entry shock, culture shock: Socializing the new breed of global managers, in: Human Resource Management, 31. Jg., Nr. 4, S. 345-362.

Ferring, N. (2001): Marktbearbeitungsstrategien international tätiger Handelsunternehmen, Wiesbaden.
Festing, M. (1999): Strategisches Internationales Personalmanagement: Eine transaktionskostentheoretisch fundierte Analyse, 2. Aufl., München u.a.
Festing, M.; Dowling, P.J.; Weber, W.; Engle, A.D. (2011): Internationales Personalmanagement, 3. Aufl., Wiesbaden.
Fieten, R.; Friedrich, W.; Lageman, B. (1997): Globalisierung der Märkte – Herausforderungen und Optionen für kleine und mittlere Unternehmen, insbesondere für Zulieferer, Stuttgart.
Fisch, J.-H. (2006): Internationale Realoptionen – Aufbau von Auslandsgesellschaften bei Unsicherheit und Irreversibilität, Wiesbaden.
Ford, D. (1984): Buyer/seller relationships in international industrial markets, in: Industrial Marketing Management, 13. Jg., Nr. 2, S. 101-113.
Ford, D.; Rosson, P. (1990): The Relationships between Export Manufacturers and their Overseas Distributors, in: Ford, D. (Hrsg.): Understanding Business Markets, London u.a., S. 191-203.
Foscht, T.; Podmenik, H. (2005): Management-Verträge als Kooperationsform im Dienstleistungsbereich, in: Zentes, J.; Swoboda, B.; Morschett, D. (Hrsg.): Kooperationen, Allianzen und Netzwerke, 2. Aufl., Wiesbaden, S. 577-596.
Foscht, T.; Swoboda, B. (2011): Käuferverhalten – Grundlagen, Perspektiven, Anwendungen, 4. Aufl., Wiesbaden.
Foscht T.; Swoboda, B.; Morschett, D. (2006): Electronic commerce-based internationalisation of small, niche-oriented retailing companies – The case of Blue Tomato and the Snowboard Industry, in: International Journal of Retailing & Distribution Management, 34. Jg., Nr. 7, S. 556-572.
Foscht, T.; Maloles III, C.; Swoboda, B.; Morschett, D.; Sinha, I. (2008): The impact of culture on brand perceptions: a six nation study, in: Journal of Product and Brand Management, 17. Jg., Nr. 3, S. 131-142.
Foss, N. (2005): Strategy, economic organization, and the knowledge economy: The coordination of firms and resources, Oxford.
Fraedrich, J.; Bateman, C. (1996): Transfer Pricing by Multinational Marketers, in: Business Horizons, 39. Jg., Nr. 1, S. 17-22.
Francis, J. (1991): When in Rome? The effect of cultural adaptation on international business negotiations, in: Journal of International Business Studies, 22. Jg., Nr. 3, S. 403-428.
Frazier, G.L..; Gill, J.; Kale, S. (1989): Dealer Dependence Levels and Reciprocal Actions in a Channel of Distribution in a Developing Country, in: Journal of Marketing, 53. Jg., Nr. 1, S. 50-69.
Frazier, G.L.; Spekman, R.E.; O'Neal, C. (1988): Just-in-time exchange relationships in industrial markets, in: Journal of Marketing, 52. Jg., Nr. 4, S. 52-67.
Frazier, G.L..; Maltz, E.; Anita, K.D.; Rindfleisch, A. (2009): Distributor Sharing of Strategic Information with Suppliers, in: Journal of Marketing, 73. Jg., Nr. 4, S. 31-43.
Freeman, S.; Hutchings, K.; Chetty, S. (2012): Born-Globals and Culturally Proximate Markets, in: Management International Review, 52. Jg., Nr. 3, S. 1-36.
Freimüller, P.; Schober, K. (2001): Public Relations, in: Diller, H. (Hrsg.): Vahlens Großes Marketing-Lexikon, 2. Aufl., München, S. 1443-1444.
Frese, E.; Graumann, M.; Theuvsen, L. (2012): Grundlagen der Organisation, 10. Aufl., Wiesbaden.
Fricke, R.; Treinies, G. (1985): Einführung in die Metaanalyse, Bern.

Frishammar, J.; Andersson, S. (2009): The Overestimated Role of Strategic Orientations for International Performance in Smaller Firms, in: Journal of International Entrepreneurship, 7. Jg., Nr. 1, S. 57-77.

Gabriel, P. (1967): The International Transfer of Corporate Skills, Cambridge/Mass.
Gabrielsson, M.; Kirpalani, M.; Luostarinen, R. (2002): Multiple Channel Strategies in the European Personal Computer Industry, in: Journal of International Marketing, 10. Jg., Nr. 3, S. 73-95.
Galbreath, J. (2005): Which resources matter the most to firm success? An exploratory study of resource-based theory, in: Technovation, 25. Jg., Nr. 9, S. 979-987.
Garcia, E.; Yang, K.C.C. (2006): Consumer Responses to Sexual Appeals in Cross-Cultural Advertisements, in: Journal of International Consumer Marketing, 19. Jg., Nr. 2, S. 29-52.
Gaston-Breton, C.; Martín, O.M. (2011): International Market Selection and Segmentation: A Two-Stage Model, in: International Marketing Review, 28. Jg., Nr. 3, S. 267-290.
Gates, S.; Egelhoff, W.G. (1986): Centralization in Headquarters-Subsidiary Relationships, in: Journal of International Business Studies, 17. Jg., Nr. 2, S. 71-92.
Gedenk, K. (2001): Verkaufsförderung, in: Diller, H. (Hrsg.): Vahlens Großes Marketing-Lexikon, 2. Aufl., München, S. 1756-1758.
Gedenk, K. (2002): Verkaufsförderung, München.
Geigenmüller, A. (2003): Regionale Markenführung und Konsumentenverhalten: Konsequenzen für die Markenführung, Wiesbaden.
Geringer, J.; Hebert, L. (1991): Measuring Performance of International Joint Ventures, in: Journal of International Business Studies, 22. Jg., Nr. 2, S. 249-263.
Gerlach, L.; Brussig, M. (2004): Wenn der Kunde ins Ausland geht – Option einer Globalisierungsstrategie für Zulieferer, in: Behr, M.v. (Hrsg.): Internationalisierung kleiner und mittlerer Unternehmen, Frankfurt a.M. u.a., S. 99-138.
Gerpott, T.; Jakobin, N. (2005): International Marketing Standardization and Financial Performance of Mobile Network Operators – An Empirical Analysis, in: Schmalenbach Business Review, 57. Jg., Nr. 3, S. 198-228.
GfK (2007): Zwischen Abenteurern und Realisten, in: GfK insite, o. Jg., Nr. 4, S. 28-31.
GfK (2012): Press Release: Two thirds of nations experience reputation decline in 2012, www.gfk.com/news-and-events/press-room/press-releases/pages/two-thirds-of-nations-experience-reputation-decline-in-2012-nation-brands-index.aspx, 23. Oktober 2012.
Ghadar, F.; Adler, N.J. (1989): Management Culture and the Accelerated Product Life Cycle, in: Human Ressource Planning, 12. Jg., Nr. 1, S. 37-42.
Giersch, J. (2008): Corporate Brand Management international tätiger Unternehmen, Wiesbaden.
Glaum, M.; Hutzschenreuter, T. (2010): Mergers & Acquisitions: Management des externen Unternehmenswachstums, Stuttgart.
Glaister, K.; Buckley, P. (1999): Performance Relationships in UK International Alliances, in: Management International Review, 39. Jg., Nr. 2, S. 123-147.
Golder, P.; Tellis, G. (1993): Pioneer Advantages, in: Journal of Marketing Research, 30. Jg., Nr. 2, S. 158-170.
Goldman, A. (2001): The transfer of retail formats into developing economies: The example of China, in: Journal of Retailing, 77. Jg., Nr. 2, S. 221-242.

Gommes-Casseres, B. (1987): Joint Venture Instability: Is It a Problem?, in: Columbia Journal of World Business, 22. Jg., Nr. 3, S. 97-101.

Gosselin, D.P.; Bauwen, G.A. (2006): Strategic Account Management: Customer Value Creation Through Customer Alignment, in: Journal of Business & Industrial Marketing, 21. Jg., Nr. 6, S. 376-385.

Gotta, M. (2004): Branding – Prozess der Markenfindung, in: Bruhn, M. (Hrsg.): Handbuch Markenführung: Kompendium zum erfolgreichen Markenmanagement, 2. Aufl., Wiesbaden, S. 1157-1175.

Granzin, K.; Painter, J. (2001): Motivational Influences on "Buy Domestic" Purchasing: Marketing Management Implications from a Study of Two Nations, in: Journal of International Marketing, 9. Jg., Nr. 2, S. 73-96.

Green, D.; Baclay, D.; Ryans, A. (1995): Entry Strategy and Long-Term Performance, in: Journal of Marketing, 59. Jg., Nr. 1, S. 1-16.

Gregory, G.; Karavdic, M.; Zou, S. (2007): The Effects of E-Commerce Drivers on Export Marketing Strategy, in: Management Decision, 32. Jg., Nr. 2, S. 4-20.

Griffin, R. (2003): Subsidiary divestment – The case of CDMI Ireland 1970-2002, in: Irish Journal of Management, 24. Jg., Nr. 1, S. 215-228.

Griffith, D.A. (2010): Understanding multi-level institutional convergence effects on international market segments and global marketing strategy, in: Journal of World Business, 45. Jg., Nr. 1, S. 59-67.

Grönroos, C. (1997): From marketing mix to relationship marketing – Towards a paradigm shift in marketing, in: Management Decision, 35. Jg., Nr. 4, S. 322-339.

Gröppel-Klein, A. (2004): Internationale Kundensegmentierung, in: Zentes, J.; Morschett, D.; Schramm-Klein, H. (Hrsg.): Außenhandel – Marketingstrategien und Managementkonzepte, Wiesbaden, S. 309-328.

Grube, S. (2011): Public Relations, Heidelberg u.a.

Grubel, G. (1977): A Theory of Multinational Banking, in: Banca Nazionale del Lavoro Quaterly Review, o. Jg., Nr. 123, S. 349-363.

Grunert, K.; Hildebrandt, L. (2004): Success factors, competitive advantage and competence development, in: Journal of Business Research, 57. Jg., Nr. 4, S. 459-461.

Gudykunst, W., Hammer, M. (1983): Basic Training Design: Approaches to Intercultural Training, in: Landis, D.; Brislin, R. (Hrsg.): Handbook of Intercultural Training, New York u.a., S. 118-154.

Gundlach, G.T.; Wilkie, W.L. (2009): The American Marketing Association's New Definition of Marketing: Perspective and Commentary on the 2007 Revision, in: Journal of Public Policy & Marketing, 28. Jg., Nr. 2, S. 259-264.

Günther, B. (1995): Vertriebstypen im industriellen Absatz, in: Tietz, B.; Köhler, R.; Zentes, J. (Hrsg.): Handwörterbuch des Marketing, 2. Aufl., Stuttgart, Sp. 2634-2642.

Gupta, P.; Balasubramanian, S.; Klassen, M. (2000): Viewers' evaluations of product placements in movies, public policy issues and managerial implications, in: Journal of Current Issues and Research in Advertising, 22. Jg., Nr. 2, S. 41-52.

Gussmann, K. (2005): Boss auf Stöckelschuhen, in: Bestseller – Das Magazin von HORIZONT, 25. Jg., Nr. 3, S. 48-50.

Gutberlet, K.-L.; Knobloch, M. (2002): Strategien, Methoden und Techniken der internationalen Marktauswahl, in: Macharzina, K.; Oesterle, M.-J. (Hrsg.): Handbuch Internationales Management, 2. Aufl., Wiesbaden, S. 315-332.

Guzmán, F.; Paswan, A.K. (2009): Cultural Brands from Emerging Markets: Brand Image Across Host and Home Countries, in: Journal of International Marketing, 17. Jg., Nr. 3, S. 71-86.

Hadjikhani, A. (1997): A Note on Criticisms against the Internationalization Process Model, in: Management International Review, 37. Jg., Special Issue 2, S. 43-66.

Hagemann, H. (2000): Die Diagnose und Handhabung interkultureller Konfliktpotentiale und Konflikte in deutschen Tochtergesellschaften und Joint Ventures in Rumänien, http://elib.unibamberg.de/volltexte/2000/5.html, 15. Februar 2001.

Hakanson, J.; Ambos, B. (2010): The Antecedents of Psychic Distance, in: Journal of International Management, 16. Jg., Nr. 3, S. 195-320.

Hake, B. (2004): Bewertung des Risikos von Auslandsmärkten: Das BERI-Konzept, in: Zentes, J.; Morschett, D.; Schramm-Klein, H. (Hrsg.): Außenhandel – Marketingstrategien und Managementkonzepte, Wiesbaden, S. 599-613.

Hall, R. (1992): The Strategic Analysis of Intangible Resources, in: Strategic Management Journal, 13. Jg., Nr. 2, S. 135-144.

Hall, R. (1993): A Framework Linking Intangible Resources and Capabilities to Sustainable Competitive Advantage, in: Strategic Management Journal, 14. Jg., Nr. 8, S. 607-619.

Haller, S. (2012): Dienstleistungsmanagement, 5. Aufl., Heidelberg.

Hamel, G.; Prahalad, C. (1997): Wettlauf um die Zukunft, 2. Aufl., Frankfurt a.M.

Hamel, G.; Prahalad, C. (2000): Competing for the Future, 4. Aufl., Boston.

Hamill, J. (1997): The Internet and international marketing, in: International Marketing Review, 15. Jg., Nr. 4, S. 300-323.

Hamzaoui, L.; Merunka, D. (2006): The impact of country of design and country of manufacture on consumer perceptions of bi-national products' quality: an empirical model based on the concept of fit, in: Journal of Consumer Marketing, 23. Jg., Nr. 3, S. 145-155.

Hankinson, G.; Cowking, P. (1993): Branding in Action: Cases and Strategies for Profital Brand Management, London.

Hansen, K. (1996): The Dual Motives of Participants at International Trade Shows, in: International Marketing Review, 13. Jg., Nr. 2, S. 39-53.

Harker, D. (1998): Achieving Acceptable Advertising. An Analysis of Advertising Regulation in Five Countries, in: International Marketing Review, 15. Jg., Nr. 2, S. 101-118.

Harvey, M.; Novicevic, M.; Hench, T.; Myers, M. (2003): Global account management – A supply-side managerial view, in: Industrial Marketing Management, 32. Jg., Nr. 7, S. 563-571.

Harzing, A.-W. (2000): An Empirical Analysis and Extension of the Bartlett and Ghoshal Typology of Multinational Companies, in: Journal of International Business Studies, 31. Jg., Nr. 1, S. 101-120.

Hassan, S.; Katsanis, L. (1991): Identification of Global Consumer Segments – A Behavioral Framework, in: Journal of International Consumer Marketing, 3. Jg., Nr. 2, S. 11-28.

Häubl, G. (1995): Standortentscheidungen und Konsumentenverhalten: Der Einfluss des Produktionsstandortes auf die Beurteilung eines neuen Automobils, Wien.

Hausruckinger, G. (1993): Herkunftsbezeichnungen als präferenzdeterminierende Faktoren: Eine internationale Studie bei langlebigen Gebrauchsgütern, Frankfurt a.M.

Havenstein, M. (2004): Ingredient Branding: Die Wirkung der Markierung von Produktbestandteilen bei konsumtiven Gebrauchsgütern, Wiesbaden.

Haverila, M.J. (2013): Marketing variables when launching high-technology products into international markets: an empirical study of Finnish technology firms, in: The Journal of High Technology Management Research, 24. Jg., Nr. 1, S. 1-9.

Hayes, M.; Jenster, P.; Aaby, N.-E. (1996): Business Marketing – A Global Perspective, Chicago u.a.

Heide, J. (1994): Interorganizational Governance in Marketing Channels, in: Journal of Marketing, 58. Jg., Nr. 1, S. 71-85.

Hellauer, J. (1910): System der Welthandelslehre: Ein Lehr- und Handbuch des internationalen Handels, Bd 1, Allgemeine Welthandelslehre, Berlin u.a.

Helm, R. (1997): Internationale Markteintrittstrategien, Lohmar.

Helm, R. (2004): Exporte als Basisform des Außenhandels: Erschließung ausländischer Absatzmärkte, in: Zentes, J.; Morschett, D.; Schramm-Klein, H. (Hrsg.): Außenhandel – Marketingstrategien und Managementkonzepte, Wiesbaden, S. 45-58.

Helsen, K.; Jedidi, K.; DeSarbo, W. (1993): A New Approach to Country Segmentation Utilizing Multinational Diffusion Patterns, in: Journal of Marketing, 57. Jg., Nr. 4, S. 60-71.

Hermanns, A.; Wissmeier, U. (2001): Internationalisierung von Dienstleistungen, in: Bruhn, M.; Meffert, H. (Hrsg.): Handbuch Dienstleistungsmanagement, 2. Aufl., Wiesbaden, S. 525-545.

Hertel, J.; Zentes, J.; Schramm-Klein, H. (2011): Supply-Chain-Management und Warenwirtschaftssysteme im Handel, 2. Aufl., Berlin u.a.

Hildebrand, L.; Weiss, C. (1997): Internationale Markteintrittsstrategien und der Transfer von Marketing-Know-how, in: Zeitschrift für betriebswirtschaftliche Forschung, 49. Jg., Nr. 1, S. 3-25.

Hilker, J. (1993): Marketing-Implementierung, Wiesbaden.

Hill, C. (2009): International Business – Competing in the Global Marketplace, 7. Aufl., New York.

Hill, J.; Shao, A. (1994): Agency Participants in Multicountry Advertising, in: Journal of International Marketing, 2. Jg., Nr. 2, S. 29-48.

Hilt, C. (2009): Handelsmarken-Portfolio. Verhaltenswissenschaftliche Analyse der Wirkung eines Handelsmarken-Portfolios am Beispiel eines Lebensmitteleinzelhandelsunternehmens, Hamburg.

Hinterhuber, H.H. (2004): Strategische Unternehmensführung, Band 2, 7. Aufl., Berlin u.a.

Hinterhuber, H.H.; Friedrich, S.; Matzler, K.; Pechlaner H. (2000): Die strategische Führung der diversifizierten Unternehmung, in: Zeitschrift für Betriebswirtschaft, 79. Jg., Nr. 12, S. 1351-1370.

Hirn, W. (2002): HUGO BOSS – Das tapfere Schneiderlein, in: Manager Magazin, 32. Jg., Nr. 6, S. 100-106.

Hirsch, S.; Ley, B. (1973): Foreign Marketing Strategies, in: Management International Review, 13. Jg., Nr. 6, S. 81-90.

Hoch, S.; Drèze, X.; Purk, M. (1994): EDLP, Hi-Lo, and Margin Arithmetic, in: Journal of Marketing, 58. Jg., Nr. 4, S. 16-27.

Hoek, J.; Sparks, R. (2000): Tobacco promotion restrictions – An international regulatory impasse?, in: International Marketing Review, 17. Jg., Nr. 3, S. 216-230.

Hoffman, J.J. (1997): A Two Stage Model for the Introduction of Products into International Markets, in: Journal of Global Marketing, 11. Jg., Nr. 1, S. 65-86.

Hofstede, F.T.; Wedel, M.; Steenkamp, J.-B. (2002): Identifying Spatial Segments in International Markets, in: Marketing Science, 21. Jg., Nr. 2, S. 160-177.

Hofstede, G. (1980): Culture's Consequences – International Differences in Work-Related Values, Beverly Hills, CA.

Hofstede, G. (1993): Interkulturelle Zusammenarbeit: Kulturen – Organisationen – Management, Wiesbaden.

Hofstede, G. (2011): Lokales Denken, globales Handeln: Kulturen, Zusammenarbeit und Management, 5. Aufl., München.
Hofstede, G.; Hofstede, G.J.; Minkov, M. (2010): Cultures and Organizations: Software of the Mind, 3. Aufl., New York.
Hollensen, S. (2011): Global Marketing: A Decision-Oriented Approach, 5. Aufl., Harlow u.a.
Hollensen, S. (2012): Essentials of Global Marketing, 2. Aufl., Harlow u.a.
Hollenstein, H. (2005): Determinants of International Activities: Are SMEs Different?, in: Small Business Economies, 24. Jg., Nr. 5, S. 431-450.
Holtbrügge, D.; Baron, A. (2011): Markteintrittsstrategien in Emerging Markets – Eine institutionentheoretische Studie in den BRIC-Staaten, in: Puck, J.F.; Leitl, C. (Hrsg.): Außenhandel im Wandel, Berlin u.a., S. 109-130.
Holtbrügge, D.; Enßlinger, B. (2004): Exportstrategien von Born Global Firms, in: Zentes, J.; Morschett, D.; Schramm-Klein, H. (Hrsg.): Außenhandel – Marketingstrategien und Managementkonzepte, Wiesbaden, S. 369-388.
Holtbrügge, D.; Puck, J.F. (2008): Geschäftserfolg in China: Strategien für den größten Markt der Welt, Berlin.
Holzmüller, H.; Kasper, H. (1991): On a Theory of Export Performance: Personal and Organizational Determinants of Export Trade Activities Observed in Small and Medium-sized Firms, in: Management International Review, 31. Jg., Special Issue, S. 45-70.
Homburg, C. (2012): Marketingmanagement: Strategie, Instrumente, Umsetzung, Unternehmensführung, 4. Aufl., Wiesbaden.
Homburg, C.; Daum, D. (1997): Marktorientiertes Kostenmanagement: Kosteneffizienz und Kundennähe verbinden, Frankfurt a.M.
Homburg, C.; Fürst, A.; Kuehnl, C. (2012): Ensuring international competitiveness: a configurative approach to foreign marketing subsidiaries, in: Journal of the Academy of Marketing Science, 40. Jg., Nr. 2, S. 290-312.
Homburg, C.; Workman, J.; Jensen, O. (2002): A Configural Perspective on Key Account Management, in: Journal of Marketing, 66. Jg., Nr. 2, S. 38-60.
Hommel, U.; Ludwig, A. (2000): Die Bewertung von Markteintrittsstrategien mit dem Realoptionsansatz, in: Zentes, J.; Swoboda, B. (Hrsg.): Fallstudien zum Internationalen Management, Wiesbaden, S. 535-543.
Horváth, P. (2011): Controlling, 12. Aufl., München.
House, R.; Hanges, P.; Javidan, M.; Dorfman, P.; Gupta, V. (2004): Culture, Leadership, and Organization – The GLOBE Study of 62 Societies, Thousand Oaks u.a.
Huang, Y.; Sternquist, B. (2007): Retailer's foreign market entry decisions: An institutional perspective, in: International Business Review, 16. Jg., Nr. 5, S. 613-629.
Hünerberg, R. (1994): Internationales Marketing, Landsberg a.L.
Hulbert J.; Brandt, W. (1980): Managing the multinational subsidiary, New York.
Hult, G.T.M.; Cavusgil, S.T.; Deligonul, S.; Kiyak, T.; Lagerström, K. (2007): What Drives Performance in Globally Focused Marketing Organizations? A Three-Country Study, in: Journal of International Marketing, 15. Jg, Nr. 2, S. 58-85.
Hungenberg, H. (1999): Bildung und Entwicklung von strategischen Allianzen – Theoretische Erklärungen, illustriert am Beispiel der Telekommunikationsbranche, in: Engelhard, J.; Sinz, E. (Hrsg.): Kooperationen im Wettbewerb, Wiesbaden, S. 3-20.
Hutzschenreuter, T.; Kleindienst, I.; Lange, S. (2013): Added psychic distance stimuli and firm performance: Performance effects of added cultural, governance, geographic, and economic distance in MNEs' international expansion, in: Journal of International Management (in Druck).

Huyghebaert, N.; Gucht, L.v.d. (2004): Incumbent Strategic Behavior in Financial Markets and the Exit of Entrepreneurial Start-ups, in: Strategic Management Journal, 25. Jg., Nr. 7, S. 669-688.

Ihde, G. (2001): Transport, Verkehr, Logistik, 3. Aufl., München.
IHK Bochum (2010): Internationalisierungsstrategien des Mittelstands. Eine Untersuchung der IHK Bochum, www.landesspracheninstitut-bochum.de/fileadmin/Lsi/PDFs_und_Grafiken/Broschuere_IHK.pdf, 30. Januar 2013.
Irrgang, W. (1993) (Hrsg.): Vertikales Marketing im Wandel, München.
Isidor, R.; Schwens, C.; Kabst, R. (2012): Die Messung von Joint-Venture-Erfolg, in: Zentes, J. (Hrsg.): Markteintrittsstrategien – Dynamik und Komplexität, Wiesbaden, S. 193-205.
Ivens, B.S.; Pardo, C.; Salle, R., Cova, B. (2009): Relationship Keyness: The Underlying Concept of Different Forms of Key Relationship Management, in: Industrial Marketing Management, 38. Jg., Nr. 5, S. 513-519.

Jackson, P.; Meilahi, K.; Sparks, L. (2004): Shutting up shop – Understanding the international exit process in retailing, in: The Service Industries Journal, 25. Jg., Nr. 3, S. 355-371.
Jacob, H. (1971): Preispolitik, 2. Aufl., Wiesbaden.
Jahrmann, F.-U. (2010): Außenhandel, 13. Aufl., Herne.
Jain, B.A.; Kini, O.; Shenoy, J. (2011): Vertical Divestitures Through Equity Carve-Outs and Spin-Offs: A Product Markets Perspective, in: Journal of Financial Economics, o. Jg., Nr. 100, S. 594-615.
Jain, S. (2000): International Marketing, 6. Aufl., Cincinnati.
Jalloh, S. (1990): Countertrade – Kompensations- und Offsetgeschäfte erfolgreich abwickeln, Landsberg a.L.
Jauch, L.R., Osborn, R.N., Glueck, W.F. (1980): Short-term Financial Success in Large Business Organizations: The Environment-Strategy Connection, in: Strategic Management Journal, 1. Jg., Nr.1, S. 49-63.
Javernick-Will, A.; Scott, W.R. (2010): Who Needs to Know What? Institutional Knowledge and Global Projects, in: Journal of Construction Engineering & Management, 136. Jg., Nr. 5, S. 546-557.
Jo, M.-S.; Sarigollu, E. (2007): Cross-Cultural Differences of Price-Perceived Quality Relationships, in: Journal of International Consumer Marketing, 19. Jg., Nr. 4, S. 59-74.
Johanson, J.; Vahlne, J.-E. (1977): The Internationalization Process of the Firm – A Model of Knowledge Development and Increasing Foreign Market Commitments, in: Journal of International Business Studies, 8. Jg., Nr. 1, S. 23-32.
Johanson, J.; Vahlne, J.-E. (1990): The Mechanism of Internationalisation, in: International Marketing Review, 7. Jg., Nr. 4, S. 11-24.
Johanson, J.; Vahlne, J.-E. (1992a): Management of the Internationalization, Arbeitspapier des Institute of International Business at the Stockholm School of Economics, RP 92/2, Stockholm.
Johanson, J.; Vahlne, J.-E. (1992b): Management of Foreign Market Entry, in: Scandinavian International Business Review, 1. Jg., Nr. 3, S. 9-27.
Johanson, J.; Vahlne, J.-E. (2003): Business Relationship Learning and Commitment in the Internationalization Process, in: Journal of International Entrepreneurship, 1. Jg., Nr. 1, S. 83-101.

Johanson, J.; Vahlne, J.-E. (2006): Commitment and Opportunity Development in the Internationalization Process: A Note on the Uppsala Internationalization Process Model, in: Management International Review, 46. Jg., Nr. 2, S. 165-178.

Johanson, J.; Vahlne, J.-E. (2009): The Uppsala Internationalization Process Model Revisited: From Liability of Foreignness to Liability of Outsidership, in: Journal of International Business Studies, 40. Jg., Nr. 9, S. 1411-1431.

Johanson, J.; Vahlne, J.-E. (2013): The Uppsala Model on Evolution of the Multinational Business Enterprise: From Internationalization to Coordination of Networks, in: International Marketing Review, 30. Jg., Nr. 3, S. 189-210.

Johanson, J.; Wiedersheim-Paul, F. (1975): The Internationalization of the Firm – Four Swedish Cases, in: Journal of Management Studies, 12. Jg., Nr. 3, S. 305-322.

Johansson, J. (2009): Global Marketing, Foreign Entry, Local Marketing and Global Management, 5. Aufl., Chicago.

Johansson, J.; Nebenzahl, I. (1987): Country-of-Origin, Social Norms and Behavioural Intentions, in: Advances in International Marketing, o. Jg., Nr. 2, S. 65-79.

Johnson, B. (1991): Risk and Culture Research, in: Journal of Cross-Cultural Psychology, 22. Jg., Nr. 1, S. 141-149.

Jones, M.V.; Coviello, N.; Tang, Y.K. (2011): International Entrepreneurship Research (1989-2009): A Domain Ontology and Thematic Analysis, in Journal of Business Venturing, 26. Jg., Nr. 6, S. 632-659.

Julien, P.-A.; Ramangalahy, C. (2003): Competitive Strategy and Performance of Exporting SMEs: An Empirical Investigation of the Impact of Their Export Information Search and Competencies, in: Entrepreneurship: Theory and Practice, 27. Jg., Nr. 3, S. 227-246.

Kabadayi, S.; Eyuboglu, N.; Thomas, G.P. (2007): The Performance Implications of Designing Multiple Channels to Fit with Strategy and Environment, in: Journal of Marketing, 71. Jg., Nr. 4, S. 195-211.

Kabst, R. (2000): Steuerung und Kontrolle Internationaler Joint Venture: Eine transaktionskostentheoretisch fundierte empirische Analyse, München u.a.

Kadiyali, V.; Chintagunta, P.; Vilcassim, N. (2000): Manufacturer-retailer channel interactions and implications for channel power: An empirical investigation of pricing in a local market, in: Marketing Science, 19. Jg., Nr. 2, S. 127-148.

Kale, S. (1995): Grouping Euroconsumers: A culture-based clustering approach, in: Journal of International Marketing, 3. Jg., Nr. 4, S. 35-48.

Kale, S.; McIntyre, R.P. (1991): Distribution Channel Relationships in Diverse Cultures, in: Industrial Marketing Management, 8. Jg., Nr. 3, S. 30-45.

Kalish, S.; Mahajan, V.; Muller, E. (1995): Waterfall and Sprinkler New-Product Strategies in Competitive Global Markets, in: International Journal of Research in Marketing, 12. Jg., Nr. 2, S. 105-119.

Kanso, A.; Kitchen, P. (2004): Marketing consumer services internationally – Localisation and standardisation revisited, in: Marketing Intelligence & Planning, 22. Jg., Nr. 2, S. 201-215.

Kanter, R.; Corn, R. (1994): Do cultural differences make a business difference? Contextual factors affecting cross-cultural relationship success, in: Journal of Management Development, 13. Jg., Nr. 2, S. 5-23.

Karrh, J. (1998): Brand placement: a review, in: Journal of Current Issues and Research in Advertising, 20. Jg., Nr. 2, S. 31-49.

Katsikeas, C. (2003): Reflections on Czinkota and Ronkainen's International Marketing Manifesto: A Perspective from Europe, in: Journal of International Marketing, 11. Jg., Nr. 1, S. 28-34.

Katsikeas, C.; Samiee, S.; Theodosiou, M. (2006): Strategy fit and performance consequences of international marketing standardization, in: Strategic Management Journal, 27. Jg., Nr. 9, S. 867-890.

Keegan, W. (2002): Global Marketing Management, 7. Aufl., New Jersey.

Keegan, W. (2004): Strategic marketing planning: A twenty-first century perspective, in: International Marketing Review, 21. Jg., Nr. 1, S. 13-16.

Keegan, W.; Green, M. (2013): Global Marketing, 7. Aufl., Englewood Cliffs.

Keegan, W.; Schlegelmilch, B. (2001): Global Marketing Management: A European Perspective, Harlow u.a.

Keegan, W.; Schlegelmilch, B.; Stöttinger, B. (2002): Globales Marketing-Management – Eine europäische Perspektive, München u.a.

Keh, H.; Park, S. (2005): An expanded perspective on power in distribution channels: Strategies and implications, in: International Review of Retail, Distribution & Consumer Research, 8. Jg., Nr. 1, S. 101-115.

Keillor, B.; Hult, G. (1999): A five-country study of national identity: Implications for international marketing research and practice, in: International Marketing Review, 16. Jg., Nr. 1, S. 65-82.

Keller, E.v. (1982): Management in fremden Kulturen: Ziele, Ergebnisse und methodische Probleme der kulturvergleichenden Managementforschung, Bern.

Keller, E.v. (1987): Kulturabhängigkeit der Führung, in: Kieser, A.; Reber, G.; Wunderer, R. (Hrsg.): Handwörterbuch der Führung, Stuttgart, Sp. 1285-1294.

Keller, K.L. (2013): Strategic Brand Management, 4. Aufl., Harlow.

Kerin, R.; Varadarajan, P.; Peterson, R. (1992): First-Mover Advantages: A Synthesis, Conceptual Framework and Research Propositions, in: Journal of Marketing, 56. Jg., Nr. 4, S. 33-52.

Keup, M.M.; Gassmann, O. (2009): The Past and the Future of International Entrepreneurship: A Review and Suggestions for Developing the Field, in: Journal of Management, 35. Jg., Nr. 3, S. 600-633.

Kiesel, M. (2004): Internationales Projektmanagement, Troisdorf.

Kinkel, S.; Maloca, S. (2008): Produktionsverlagerungen rückläufig, in: Fraunhofer ISI PI-Mitteilung, Nr. 45, Karlsruhe.

Kipnis, E.; Kubacki, K.; Broderick, A.; Siemieniako, D.; Pisarenko, N. (2012): They don't want us to become them: brand local integration and consumer ethnocentrism, in: Journal of Marketing Management, 28. Jg., Nr. 7/8, S. 836-864.

Kirca, A.H.; Jayachandran, S.; Bearden, W.O. (2005): Market Orientation: A Meta-Analytic Review and Assessment of Its Antecedents and Impact on Performance, in: Journal of Marketing, 69. Jg., Nr. 2, S.24-41.

Kleinaltenkamp, M. (2001): Begriffsabgrenzungen und Erscheinungsformen von Dienstleistungen, in: Bruhn, M.; Meffert, H. (Hrsg.): Handbuch Dienstleistungsmanagement, Wiesbaden, S. 27-50.

Kliatchko, J. (2002): Understanding Integrated Marketing Communications, Pasing City.

Kliatchko, J. (2005): Towards a new Definition of Integrated Marketing Communications (IMC), in: International Journal of Advertising, 24. Jg., Nr. 1, S. 7-34.

Knaese, B. (1996): Kernkompetenzen im strategischen Management von Banken: Der "Resource-based-view" in Kreditinstituten, Wiesbaden.

Knight, G.; Cavusgil, S.T. (1996): The Born Global Firm: A Challenge to Traditional Internationalization Theory, in: Advances in International Marketing, 8. Jg., Nr. 1, S. 11-26.
Knight, G.; Cavusgil, S.T. (2004): Innovation, Organizational Capabilities, and the Born-global Firm, in: Journal of International Business Studies, 35. Jg., Nr. 2, S. 124-141.
Knight, G.; Cavusgil, S.T. (2005): A Taxonomy of Born-global Firms, in: Management International Review, 45. Jg., Special Issue 2005/3, S. 15-35.
Knight, G.; Madsen, T.; Servais, P. (2004): An Inquiry into Born-global Firms in Europe and the USA, in: International Marketing Review, 21. Jg., Nr. 6, S. 645-665.
Knyphausen-Aufseß, D.z.; Schreyögg, G. (1997): Auf dem Weg zu einem ressourcenorientierten Paradigma: Resource Dependence-Theorie der Organisation und Resource-based View des strategischen Managements, in: Ortmann, G. (Hrsg.): Theorien der Organisation, Opladen, S. 452-486.
Ko, E.; Taylor, C.R.; Sung, H.; Lee, J.; Wagner, U.; Navarro, D.M.-C.; Wang, F. (2012): Global marketing segmentation usefulness in the sportswear industry, in: Journal of Business Research, 65. Jg., Nr. 11, S. 1565-1575.
Koch, A. (2001): Selecting Overseas Markets and Entry Modes: Two Decision Processes or One?, in: Marketing Intelligence & Planning, 19. Jg., Nr. 1, S. 65-75.
Kogut, B. (1993): Foreign Direct Investment as a Sequential Process, in: Buckley, P.; Ghauri, P. (Hrsg.): The Internationalisation of the Firm, London, S. 217-229.
Köhler, R. (2004): Entwicklungstendenzen des Markenwesens aus Sicht der Wissenschaft, in: Bruhn, M. (Hrsg.): Handbuch Markenführung: Kompendium zum erfolgreichen Markenmanagement, 2. Aufl., Wiesbaden, S. 2765-2798.
Koppelmann, U. (2004): Beschaffungsmarketing, 4. Aufl., Berlin u.a.
Koschate-Fischer, N.; Diamantopoulos, A.; Oldenkotte, K. (2012): Are Consumers Really Willing to Pay More for a Favorable Country Image? A Study of Country-of-Origin Effects on Willingness to Pay, in: Journal of International Marketing, 20. Jg., Nr. 1, S. 19-41.
Kostecki, M. (1991): Marketing Strategies between Dumping and Anti-Dumping Action, in: European Journal of Marketing, 25. Jg., Nr. 12, S. 7-19.
Kotabe, M.; Helsen, K. (2011): Global Marketing Management, 5. Aufl., Hoboken.
Kotler, P. (2003): Marketing Management, 11. Aufl., Upper Saddle River.
Kotler, P.; Keller, K.L. (2012): Marketing Management, 14. Aufl., Harlow.
Kotler, P.; Keller, K.L.; Bliemel, F. (2007): Marketing-Management: Strategien für wertschaffendes Handeln, 12. Aufl., München u.a.
Kotler, P.; Armstrong, G.; Saunders, J.; Wong, V. (2008): Principles of Marketing, 5. Aufl., Harlow.
Kotler, P.; Keller, K.L.; Brady, M.; Goodman, M., Hansen, T. (2009): Marketing Management, Harlow.
Kotulla, T. (2012): Strategien der internationalen Produktstandardisierung und -differenzierung, Wiesbaden.
Kraft, P.; Dowling, M.; Helm, R. (2012): International orientation, marketing mix, and the performance of international German "mittelstand" companies, in: International Journal of Business and Globalisation, 8. Jg., Nr. 3, S. 293-315.
Krcmar, H. (2005): Informationsmanagement, 4. Aufl., Berlin.
Kreikebaum, H.; Gilbert, D.; Reinhardt, G. (2002): Organisationsmanagement internationaler Unternehmen: Grundlagen und moderne Netzwerkstrukturen, 2. Aufl., Wiesbaden.

Kreke, J. (1998): Europäisierung einer Fachgeschäftskooperation, in: Zentes, J.; Swoboda, B. (Hrsg.): Globales Handelsmanagement, Frankfurt a.M., S. 179-199.

Kreutzer, R. (1990): Global Marketing – Konzeption eines länderübergreifenden Marketing, Wiesbaden.

Kreutzer, R.; Segler, K. (1989): Awareness Advertising, in: Macharzina, K.; Welge, M.-K. (Hrsg.): Handwörterbuch Export und internationale Unternehmung, Stuttgart, S. 184-190.

Kroeber, A.; Kluckhohn, C. (1952): Culture: A Critical Review of Concepts and Definitions, Cambridge, MA.

Kroeber-Riel, W.; Weinberg, P.; Gröppel-Klein, A. (2009): Konsumentenverhalten, 9. Aufl., München.

Krüger, W.; Homp, C. (1997): Kernkompetenzmanagement – Steigerung von Flexibilität und Schlagkraft im Wettbewerb, Wiesbaden.

Kuivalainen, O.; Saarenketo, S.; Puumalainen, K. (2012): Start-up Patterns of Internationalization: A Framework and Its Application in the Context of Knowledge-intensive SMEs, in: European Management Journal, 30. Jg., Nr. 4, S. 372-385.

Kuivalainen, O.; Sundquist, S.; Servais, P. (2007): Firms' Degree of Born-Globalness, International Entrepreneurial Orientation and Export Performance, in: Journal of World Business, 42. Jg., Nr. 3, S. 253-267.

Kulhavy, E. (1981): Internationales Marketing, Linz.

Kulhavy, E. (1993): Internationales Marketing, 5. Aufl., Linz.

Kumar, B. (1988): Interkulturelle Managementforschung – Ein Überblick über Ansätze und Probleme, in: Wirtschaftswissenschaftliches Studium, 17. Jg., Nr. 8, S. 389-394.

Kumar, M. (2005): The Value from Acquiring and Divesting a Joint Venture – A Real Options Approach, in: Strategic Management Journal, 26. Jg., Nr. 4, S. 321-331.

Kumar, V.; Stam, A.; Joachimsthaler, E. (1994): An Interactive Multicriteria Approach to Identifying Potential Foreign Markets, in: Journal of International Marketing, 2. Jg., Nr. 1, S. 29-52.

Kumar, V.; Fan, J.; Gulati, R.; Venkat, P. (2009): Marketing Mix Recommendations to Manage Value Growth at P&G Asia-Pacific, in: Marketing Science, 28. Jg., Nr. 4, S. 645-655.

Kümpers, U.A. (1976): Marketingführerschaft - Eine verhaltenswissenschaftliche Analyse des vertikalen Marketing, Münster.

Kunkel, R. (1977): Vertikales Marketing im Herstellerbereich, München.

Küpper, H.-U. (2008): Controlling: Konzeption, Aufgaben und Instrumente, 5. Aufl., Stuttgart.

Küting, K.; Heiden, M. (2002): Controlling in internationalen Unternehmen, in: Küpper, H.-U.; Wagenhofer, A. (Hrsg.): Handwörterbuch Unternehmensrechnung und Controlling, Stuttgart, S. 288-298.

Kutschker, M. (1992): Die Wahl der Eigentumsstrategie der Auslandsniederlassung in kleineren und mittleren Unternehmen, in: Kumar, B.; Haussmann, H. (Hrsg.): Handbuch der internationalen Unternehmenstätigkeit, München, S. 497-530.

Kutschker, M. (1996): Evolution, Episoden und Epochen: Die Führung von Internationalisierungsprozessen, in: Engelhard, J. (Hrsg.): Strategische Führung internationaler Unternehmen, Wiesbaden, S. 1-31.

Kutschker, M.; Bäurle, I. (1997): Three + One: Multidimensional Strategy of Internationalization, in: Management International Review, 37. Jg., Nr. 2, S. 103-125.

Kutschker, M.; Schmid, S. (2011): Internationales Management, 7. Aufl., München u.a.

La Ferle, C.; Kuber, G.; Edwards, S.M. (2013): Factors impacting responses to cause-related marketing in India and the United States: Novelty, altruistic motives, and company origin, in: Journal of Business Research, 66. Jg., Nr. 3, S. 364-373.

LaBahn, D.; Harich, K. (1997): Sensitivity to national business culture: Effects on US-Mexican channel relationship performance, in: Journal of International Marketing, 5. Jg., Nr. 4, S. 29-51.

Lakhal, S.; H'Mida, S.; Venkatadri, U. (2005): A market-driven transfer price for distributed products using mathematical programming, in: European Journal of Operational Research, 162. Jg., Nr. 3, S. 690-699.

Lam, D. (2007): Cultural Influence on Proneness to Brand Loyalty, in: Journal of International Consumer Marketing, 19. Jg., Nr. 3, S. 7-21.

Lam, L.; White, L. (1999): An Adaptive Choice Model of the Internationalization Process, in: The International Journal of Organizational Analysis, 7. Jg., Nr. 2, S. 105-134.

Lambkin, M. (1988): Order of Entry and Performance in New Markets, in: Strategic Management Journal, 9. Jg., Nr. 2, S. 127-140.

Lancaster, K.; Katz, H. (1995): Strategic Media Planning, 2. Aufl., Lincolnwood, IL.

Langner, T. (2003): Integriertes Branding – Baupläne zur Gestaltung erfolgreicher Marken, Wiesbaden.

Laroche, M.; Kirpalani, V.; Pens, F.; Zhou, L. (2001): A Model of Advertising Standardization in Multinational Corporations, in: Journal of International Business Studies, 32. Jg., Nr. 2, S. 249-266.

Laurent, M. (1996): Vertikale Kooperationen zwischen Industrie und Handel, Frankfurt a.M.

Lay, T.-J. (2003): The determinants of and interaction between entry and exit in Taiwan's manufacturing, in: Small Business Economics, 20. Jg., Nr. 4, S. 319-334.

Lederle, S. (2008): Die Ökonomisierung des Anderen, Wiesbaden.

Lee, J.-W.; Tai, S. W. (2009): Determinants of product quality perceptions and their application to marketing standardisation. The case of the automobile in Kazakhstan, in: International Journal of Emerging Markets, 4. Jg., Nr. 2, S. 119-136.

Leong, E.; Huang, X.; Stanners, P.-J. (1998): Comparing the effectiveness of the web site with traditional media, in: Journal of Advertising Research, 38. Jg., Nr. 5, S. 44-54.

Leonidou, L.; Katsikeas, C. (1996): The Export Development Process: An Integrative Review of Empirical Models, in: Journal of International Business Studies, 27. Jg., Nr. 3, S. 517-551.

Leonidou, L; Katsikeas, C.; Coudounaris, D. (2010): Five decades of business research into exporting: A bibliographic analysis, in: Journal of International Management, 16. Jg., Nr. 1, S. 78-91.

Leung, K.; Bhagat, R.S.; Buchan, N.R.; Erez, M.; Gibson, C.B. (2005): Culture and International Business: Recent Advances and Their Implications for Future Research, in: Journal of International Business Studies, 36. Jg., Nr. 4, S. 357-378.

Levitt, T. (1983a): After the sale is over, in: Harvard Business Review, 61. Jg., Nr. 5, S. 87-93.

Levitt, T. (1983b): The Globalization of Markets, in: Harvard Business Review, 61. Jg., Nr. 2, S. 92-102.

Levy, D. (1995): International Sourcing and Supply Chain Stability, in: Journal of International Business Studies, 26. Jg., Nr. 2, S. 343-360.

Li, F.; Shooshtari, N. (2003): Brand Naming in China: Sociolinguistic Implications, in: The Multinational Business Review, 11. Jg., Nr. 3, S. 3-21.

Li, J.; Lam, K.; Qian, G. (2001): Does Culture Affect Behavior and Performance of Firms? The Case of Joint Ventures in China, in: Journal of International Business Studies, 32. Jg., Nr. 1, S. 115-131.

Li, L.; Li, D.; Dalgic, T. (2004): Internationalization Process of Small and Medium-sized Enterprises: Toward a Hybrid Model of Experiential Learning and Planning, in: Management International Review, 44. Jg., Nr. 1, S. 93-116.

Lichtenstein, D.; Netemeyer, R.; Burton, S. (1995): Assessing the Domain Specificity of Deal Proneness: A Field Study, in: Journal of Consumer Research, 22. Jg., Nr. 3, S. 314-326.

Lieberman, M.; Montgomery, D. (1988): First-mover Advantages, in: Strategic Management Journal, 9. Jg., Nr. 1, S. 41-58.

Lilien, G.; Yoon, E. (1990): The Timing of Competitive Market Entry, in: Management Science, 38. Jg., Nr. 5, S. 568-585.

Lim, L.K.S.; Acito, F.; Rusetski, A. (2006): Development of Archetypes of International Marketing Strategy, in: Journal of International Business Studies, 37. Jg., Nr. 4, S. 499-524.

Lingenfelder, M. (1998): Internationalisierungsstrategien von Handelsunternehmen, in: Zentes, J.; Swoboda, B. (Hrsg.): Globales Handelsmanagement, Frankfurt a.M., S. 145-178.

Linxweiler, R. (2004a): Ganzheitliche Gestaltung der Markenelemente, in: Bruhn, M. (Hrsg.): Handbuch Markenführung: Kompendium zum erfolgreichen Markenmanagement, 2. Aufl., Wiesbaden, S. 1269-1292.

Linxweiler, R. (2004b): Marken-Design. Marken entwickeln, Markenstrategien erfolgreich umsetzen, 2. Aufl., Wiesbaden.

Liu, H.; McGoldrick, P. (1996): International Retail Sourcing: Trend, Nature, and Process, in: Journal of International Marketing, 4. Jg., Nr. 4, S. 9-33.

Lovas, B.; Ghoshal, S. (2000): Strategy as guided evolution, in: Strategic Management Journal, 21. Jg., Nr. 9, S. 875-896.

Lowe, B.; Barnes, B.R.; Rugimbana, R. (2012): Discounting in International Markets and the Face Value Effect: A Double-Edged Sword?, in: Psychology & Marketing, 29. Jg., Nr. 3, S. 144-156.

Lube, M.-M. (1997): Strategisches Controlling in international tätigen Konzernen, Wiesbaden.

Luo, Y. (1998): Timing of Investment and International Expansion Performance in China, in: Journal of International Business Studies, 29. Jg., Nr. 2, S. 391-408.

Luo, Y. (1999): Entry and Cooperative Strategies in International Business Expansion, Westport.

Luo, Y.; Park, S. (2004): Multiparty Cooperation and Performance in International Equity Joint Ventures, in: Journal of International Business Studies, 35. Jg., Nr. 2, S. 142-160.

Luo, Y.; Peng, M. (1998): First Mover Advantages in Investing in Transnational Economies, in: Thunderbird International Business Review, 40. Jg., Nr. 2, S. 141-163.

Luostarinen, R.; Welch, L. (1990): International Business Operations, Helsinki.

Lutz, R. (1997): Internationale Lizenzverträge: Eine theoretische Analyse der Determinanten kontraktorientierter internationaler Leistungsverwertung, Frankfurt a.M.

Macharzina, K. (2003): Neue Theorien der Multinationalen Unternehmung, in: Holtbrügge, D. (Hrsg.): Management Multinationaler Unternehmen, Heidelberg, S. 25-38.

Macharzina, K.; Engelhard, J. (1984): Internationalisierung der Unternehmenstätigkeit, Arbeitspapier Nr. 16 des Instituts für Betriebswirtschaftslehre an der Universität Hohenheim, Stuttgart.
Macharzina, K.; Engelhard, J. (1991): Paradigm Shift in International Business Research: From Partist and Eclectic Approaches to the GAINS Paradigm, in: Management International Review, 31. Jg., Nr. 4, Special Issue, S. 23-43.
Macharzina, K.; Oesterle, M.-J. (1995): Organisation des internationalen Marketing-Managements, in: Hermanns, A.; Wissmeier, U. (Hrsg.): Internationales Marketing-Management, München, S. 309-338.
Macharzina, K.; Oesterle, M.-J. (2002): Bestimmungsgrößen und Mechanismen der Koordination von Auslandsgesellschaften, in: Macharzina, K.; Oesterle, M.-J. (Hrsg.): Handbuch Internationales Management: Grundlagen – Instrumente – Perspektiven, 2. Aufl., Wiesbaden, S. 705-736.
Macharzina, K.; Wolf, J. (2012): Unternehmensführung, 8. Aufl., Wiesbaden.
Madsen, T.; Servais, P. (1997): The Internationalization of Born Globals: An Evolutionary Process?, in: International Business Review, 6. Jg., Nr. 6, S. 561-583.
Mady, T. (2011): Does It Pay to Be the First? A Cross-National Comparison of Mature and Emerging Market Consumer Attitudes toward Pioneer and Follower Brands, in: Journal of International Consumer Marketing, 23. Jg., Nr. 3/4, S. 276-296.
Maekelburger, B.; Schwens, C.; Kabst, R. (2012): Asset Specifity and Foreign Market Entry Mode Choice of Small and Medium-Sized Enterprises: The Moderating Influence of Knowledge Safeguards and Institutional Safeguards, in: Journal of International Business Studies, 43. Jg., Nr. 5, S. 458-476.
Magrath, A. (1986): When Marketing Services' 4 Ps are not enough, in: Business Horizons, 29. Jg., Nr. 3, S. 44-50.
Mahefa, A. (1998): Internationales Marketing-Management, in: Schoppe, S. (Hrsg.): Kompendium der Internationalen Betriebswirtschaftslehre, 4. Aufl., München u.a., S. 503-563.
Malhotra, N.; Agarwal, J.; Baalbaki, I. (1998): Heterogeneity of Regional Trading Blocs and Global Marketing Strategies, in: International Marketing Review, 15. Jg., Nr. 6, S. 476-506.
Manrai, L.; Manrai, A. (1996): Current issues in cross-cultural and crossnational consumer research, in: Journal of International Consumer Marketing, 8. Jg., Nr. 3/4, S. 9-22.
Martinek, M. (1992): Moderne Vertragstypen - Band II: Franchising-, Know-how-, Management- und Consulting-Verträge, München.
Mascarenhas, B. (1992): Order of Entry and Performance in International Markets, in: Strategic Management Journal, 13. Jg., Nr. 7, S. 499-510.
Maskus, K.; Chen, Y. (2002): Parallel Imports in a Model of Vertical Distribution: Theory, Evidence, and Policy, in: Pacific Economic Review, 7. Jg., Nr. 2, S. 319-334.
Masten, J.; Hartmann, G.; Safari, A. (1995): Small Business Strategic Planning and Technology Transfer: The Use of Publicly Supported Technology Assistance Agencies, in: Journal of Small Business Management, 33. Jg., Nr. 3, S. 26-37.
Mata, J.; Portugal, P. (2000): Closure and divestiture by foreign entrants – The impact of entry and post-entry strategies, in: Strategic Management Journal, 21. Jg., Nr. 5, S. 549-562.
Matthyssens, P.; Pauwels, P. (2000): Uncovering international market-exit processes – A comparative case study, in: Psychology & Marketing, 17. Jg., Nr. 8, S. 697-719.

Mauritz, H. (1996): Interkulturelle Geschäftsbeziehungen – Eine interkulturelle Perspektive für das Marketing, Wiesbaden.
McCarthy, E. (1960): Basic Marketing, Homewood, IL.
McCracken, G. (1988): Culture and consumption: New approaches on the symbolism of consumer goods and activities, Bloomington.
McDougall, P.; Oviatt, B. (2000): International Entrepreneurship: The Intersection of Two Research Paths, in: Academy of Management Journal, 43. Jg., Nr. 5, S. 902-906.
McKinsey (1993): Emerging Exporters, Australia's High Value-Added Manufacturing Exporters, Melbourne, Australian Manufacturing Council.
McNamara, M.; Pruitt, S.; Van Ness, R.; Charoenwong, C. (1997): Property-liability insurance company market pullout announcements and shareholder wealth, in: Journal of Risk and Insurance, 64. Jg., Nr. 3, S. 441-463.
Meffert, H. (1994): Marketing-Management: Analyse – Strategie – Implementierung, Wiesbaden.
Meffert, H. (2000): Marketing, 9. Aufl., Wiesbaden.
Meffert, H.; Althans, J. (1982): Internationales Marketing, Stuttgart u.a.
Meffert, H.; Bolz, J. (1998): Internationales Marketing-Management, 3. Aufl., Stuttgart u.a.
Meffert, H.; Bruhn, M. (2003): Dienstleistungsmarketing, 4. Aufl., Wiesbaden.
Meffert, H.; Bruhn, M. (2012): Dienstleistungsmarketing, 7. Aufl., Wiesbaden.
Meffert, H; Burmann, C., Becker ,C. (2010): Internationales Marketing-Management – Ein markenorientierter Ansatz, 4. Aufl., Stuttgart.
Meffert, H.; Burmann, C.; Kirchgeorg, M. (2012): Marketing, 11. Aufl., Wiesbaden.
Meissner, H. (1981): Außenhandels-Marketing, Stuttgart.
Meissner, H. (1987): Strategisches Internationales Marketing, München u.a.
Meissner, H. (1995): Strategisches Internationales Marketing, 2. Aufl., München u.a.
Melachroinos, K.; Spence, N. (1999): Regional Economic Performance and Sunk Costs, in: Regional Studies, 33. Jg., Nr. 9, S. 843-855.
Melewar, T.; Saunders, J. (2000): Global corporate visual identity systems: Using an extended marketing mix, in: European Journal of Marketing, 34. Jg., Nr. 5/6, S. 538-550.
Melnyk, V.; Klein, K.; Völckner, F. (2012): The Double-Edged Sword of Foreign Brand Names for Companies from Emerging Countries, in: Journal of Marketing, 76. Jg., Nr. 6, S. 21-37.
Merz, M.; He, Y.; Alden, D.L. (2008): A categorization approach to analyzing the global consumer culture debate, in: International Marketing Review, 25. Jg., Nr. 2, S. 166-182.
Messinger, P.; Narasimhan, C. (1995): Has power shifted in the grocery channel?, in: Marketing Science, 14. Jg., Nr. 2, S. 189-223.
Meyer, M. (1987): Die Beurteilung von Länderrisiken der internationalen Unternehmung, Berlin u.a.
Meyer-Borchert, S.; Welpe, I. M. (2009): Motive und Hindernisse bei der Internationalisierung von KMU, in: Zeitschrift für Betriebswirtschaftslehre, Special Issue 1, S. 27-61.
Mikhailitchenko, A.; Javalgi, R.G.; Mikhailitchenko, G.; Laroche, M. (2009): Cross-cultural advertising communication: Visual imagery, brand familiarity, and brand recall, in: Journal of Business Research, 62. Jg., Nr. 10, S. 931-938.

Mildenberger, U. (2002): Wissensmanagement versus (Kern-) Kompetenzmanagement – Versuch einer Abgrenzung, in: Bellmann, K.; Freiling, J.; Hammann, P.; Mildenberger, U. (Hrsg.): Aktionsfelder des Kompetenz-Managements, Wiesbaden, S. 293-307.

Miles, R.E.; Snow, C.C.; Meyer, A.D.; Coleman, H.J. (1978): Organizational Strategy, in: The Academy of Management Review, 3. Jg., Nr. 3, S. 546-562.

Miller, D. (1981): Toward a New Contingency Perspective: The Search for Organizational Gestalts, in: Journal of Management Studies, 18. Jg., Nr. 1, S. 1-26.

Miller, D. (1996): Configurations Revisited, in: Strategic Management Journal, 17. Jg., Nr. 7, S. 505-512.

Millington, A.; Bayliss, B. (1990): The Process of Internationalisation: UK Companies in the EC, in: Management International Review, 30. Jg., Nr. 2, S. 151-161.

Millward Brown/WPP (2012): Breaking the rules: Building the Auchan Brand in Russia, www.millwardbrown.com/Insights/CaseStudies/, 20. Februar 2013.

Minifie, J.; West, V. (1998): A Small Business International Market Selection Model, in: International Journal of Production Economics, 56.-57. Jg., Nr. 1-3, S. 451-462.

Minkov, M. (2012): Cross-Cultural Analysis: The Science and Art of Comparing the World's Modern Societies and Their Cultures, Los Angeles.

Mintzberg, H. (1978): Strategy Formation in an Adhocracy, in: Administrative Science Quarterly, 24. Jg., Nr. 9, S. 160-197.

Mintzberg, H. (1994): The Rise and Fall of Strategic Planning, New York u.a.

Mirabel, N.; DeYoung, R. (2005): Downsizing as a Strategic Intervention, in: The Journal of American Academy of Business, Cambridge, 6. Jg., Nr. 1, S. 39-45.

Mitchell, W.; Shaver, J.; Yeung, B. (1993): Performance following changes of International Presence in Domestic and Transition Industries, in: Journal of International Business Studies, 24. Jg., Nr. 4, S. 647-669.

Moen, O.; Servais, P. (2002): Born Global or Gradual Global?, in: Journal of International Marketing, 10. Jg., Nr. 3, S. 49-72.

Möller, M.; Harvey, M.; Griffith, D.; Richey, G. (2013): The impact of country-of-origin on the acceptance of foreign subsidiaries in host countries: An examination of the "liability-of-foreignness", in: International Business Review, 22. Jg., Nr. 1, S. 89-99.

Morschett, D. (2002): Retail Branding und Integriertes Handelsmarketing: Eine verhaltenswissenschaftliche und wettbewerbsstrategische Analyse, Wiesbaden.

Morschett, D. (2004): Servicepolitik im Export: Die Perspektive der Industriegüterhersteller, in: Zentes, J.; Morschett, D.; Schramm-Klein, H. (Hrsg.): Außenhandel – Marketingstrategien und Managementkonzepte, Wiesbaden, S. 431-454.

Morschett, D. (2007): Institutionalisierung und Koordination von Auslandseinheiten – Analyse von Industrie- und Dienstleistungsunternehmen, Wiesbaden.

Morschett, D.; Schramm-Klein, H.; Swoboda, B. (2008): Entry Modes for Manufacturers' International After-Sales Service – Analysis of Transaction-specific, Firm-specific and Country-specific Determinants, in: Management International Review, 48. Jg., Nr. 5, S. 525-549.

Morschett, D.; Schramm-Klein, H.; Swoboda, B. (2010): Decades of research on market entry modes: What do we really know about external antecedents of entry mode choice?, in: Journal of International Management, 16. Jg., Nr. 1, S. 60-77.

Morschett, D.; Schramm-Klein, H.; Zentes, J. (2010): Strategic International Management, 2. Aufl., Wiesbaden.

Morschett, D.; Swoboda, B.; Schramm-Klein, H. (2008): Einflussfaktoren auf die Wahl einer Markteintrittsstrategie – Eine meta-analytische Untersuchung der Entscheidung zwischen Tochtergesellschaft und Kooperation, in: Zeitschrift für Betriebswirtschaft, 78. Jg., Nr. 5, S. 508-551.

Mühlbacher, H.; Leihs, H.; Dahringer, L. (2006): International Marketing – A Global Perspective, 3. Aufl., London u.a.

Müller, S. (1991): Die Psyche des Managers als Determinante des Exporterfolges, Stuttgart.

Müller, W. (1997): Interkulturelle Werbung, Heidelberg.

Müller-Hagedorn, L. (1993): Handelsmarketing, 2. Aufl., Stuttgart u.a.

Müller, S.; Gelbrich, K. (2004): Interkulturelles Marketing, München.

Müller, S.; Kornmeier, M. (1995): Internationales Konsumgütermarketing, in: Hermanns, A.; Wissmeier, U. (Hrsg.): Internationales Marketing-Management, München, S. 339-387.

Müller, S.; Kornmeier, M. (2000): Mentale Eintrittsbarrieren: Subjektive Einflüsse auf Art und Weise der präferierten Markteintrittsstrategie, in: Oelsnitz, D.v.d. (Hrsg.): Markteintritts-Management, Stuttgart, S. 13-42.

Müller, H.-J.; Nagel, J. (2004): Außenhandelsunternehmen: Erscheinungsformen und Einschaltung, in: Zentes, J.; Morschett, D.; Schramm-Klein, H. (Hrsg.): Außenhandel – Marketingstrategien und Managementkonzepte, Wiesbaden, S. 101-111.

Munksgaard, K.B.; Clarke, A.H.; Storvang, P.; Erichsen, P.G. (2012): Product development with multiple partners: Strategies and conflicts in networks, in: Industrial Marketing Management, 41. Jg., Nr. 3, S. 438-447.

Murray, J.Y.; Ju, M.; Gao, G. (2012): Foreign Market Entry Timing Revisited: Trade-Off Between Market Share Performance and Firm Survival, in: Journal of International Marketing, 20. Jg., Nr. 3, S. 50-64.

Murray, J.Y.; Kotabe, M.; Westjohn, S.A. (2009): Global Sourcing Strategy and Performance of Knowledge-Intensive Business Services: A Two-Stage Strategic Fit Model, in: Journal of International Marketing, 17. Jg., Nr. 4, S. 90-105.

Müschen, J. (1998): Markterschließungsstrategien in Mittel- und Osteuropa, Bergheim.

Myers, H.; Alexander, N. (1996): European food retailers' evaluation of global markets, in: International Journal of Retail & Distribution Management, 24. Jg., Nr. 6, S. 34-43.

Myers, H.; Alexander, N. (1997): Food retailing opportunities in Eastern Europe, in: European Business Review, 97. Jg., Nr. 3, S. 124-133.

Nargundkar, S.; Karakaya, F.; Stahl, M. (1996): Barriers to market exit, in: Journal of Managerial Issues, 8. Jg., Nr. 2, S. 239-258.

Nehrt, C. (1996): Timing and Intensity Effects of Environmental Investments, in: Strategic Management Journal, 17. Jg., Nr. 7, S. 535-547.

Neidhart, M. (2007): Wahl von Markenartikeln und Channel-Brands bei vertikalen Distributionskonzepten – Eine integrative, verhaltenswissenschaftliche Untersuchung am Beispiel von Konsumgüterindustrie und –handel, Hamburg.

Nicklisch, H. (Hrsg.) (1926): Handwörterbuch der Betriebswirtschaftslehre, Stuttgart.

Nicoulaud, B. (1988): Problems and Strategies in the International Marketing of Services, in: European Journal of Marketing, 23. Jg., Nr. 6, S. 55-66.

Nieschlag, R.; Dichtl, E.; Hörschgen, H. (2002): Marketing, 19. Aufl., Berlin.

Nippa, M.; Rosenberger, B. (2007): Stand und Perspektiven des internationalen Innovationsmanagements, in: Engel, K.; Nippa, M. (Hrsg.): Innovationsmanagement, 2. Aufl., Heidelberg, S. 165-191.

Nordström, K. (1991): The Internationalization Process of the Firm – Searching for New Patterns and Explanations, Stockholm.

Noriega, J.; Blair, E. (2008): Advertising to Bilinguals: Does the Language of Advertising Influence the Nature of Thoughts?, in: Journal of Marketing, 72. Jg., Nr. 5, S. 69-83.

Nysveen, H.; Breivik, E. (2005): The influence of media on advertising effectiveness – A comparison of internet, posters and radio, in: International Journal of Market Research, 47. Jg., Nr. 4, S. 383-405.

o.V. (1985): AMA Board Approves New Definitions of Marketing, in: Marketing News, 19. Jg., Nr. 5, S. 1.

o.V. (2005): Hugo Boss erwartet kräftiges Wachstum, in: Frankfurter Allgemeine Zeitung, 30. März 2005, S. 18.

Oberparleiter, K. (1913): Die Durchführung von Exportgeschäften, Wien.

Oechsler, W. (2002): Verfahren zur Auswahl, Vorbereitung und Entsendung von Stammhausdelegierten, in: Macharzina, K.; Oesterle, M.-J. (Hrsg.): Handbuch internationales Management, 2. Aufl., Wiesbaden, S. 865-880.

Oelsnitz, D.v.d (1999): Marktorientierter Unternehmenswandel – Managementtheoretische Perspektiven der Marketingimplementierung, Wiesbaden.

Oelsnitz, D.v.d. (2005): Kooperation: Entwicklung und Verknüpfung von Kernkompetenzen, in: Zentes, J.; Swoboda, B.; Morschett, D. (Hrsg.): Kooperationen, Allianzen und Netzwerke, 2. Aufl., Wiesbaden, S. 183-210.

Oesterle, M.-J. (1995): Probleme und Methoden der Joint-Venture-Erfolgsbewertung, in: Zeitschrift für Betriebswirtschaft, 65. Jg., Nr. 9, S. 987-1004.

Ohmae, K. (1985): Markt der Triade: Die neue Form weltweiten Wettbewerbs, Wiesbaden.

Ohmae, K. (1989): Managing in a Borderless World, in: Harvard Business Review, 67. Jg., Nr. 3, S. 152-161.

Okazakia, S.; Taylor, C.R.; Doh, J.P. (2007): Market convergence and advertising standardization in the European Union, in: Journal of World Business, 42. Jg., Nr. 4, S. 384-400.

Okechuku, C.; Onyemah, V. (1999): Nigerian Consumer Attitudes toward Foreign and Domestic Products, in: Journal of International Business Studies, 30. Jg., Nr. 3, S. 611-622.

Okoroafo, S. (1997): Strategic and performance issues associated with mode of entry substitution patterns, in: International Marketing Review, 14. Jg., Nr. 1, S. 20-38.

Olbrich, R. (1995): Vertikales Marketing, in: Tietz, B.; Köhler, R.; Zentes, J. (Hrsg.): Handwörterbuch des Marketing, 2. Aufl., Stuttgart, Sp. 2612-2623.

Olejnik, E.; Swoboda, B. (2012): SMEs' Internationalisation Patterns: Descriptives, Dynamics and Determinants, in: International Marketing Review, 29. Jg., Nr. 5, S. 466-495.

Olson, E.M.; Slater, S.F.; Hult, G.T.M. (2005): The Performance Implications of Fit Among Business Strategy, Marketing Organization Structure, and Strategic Behavior, in: Journal of Marketing, 69. Jg., Nr. 3, S. 49-65.

Onkvist, S.; Shaw, J. (1983): An Examination of the International Product Life Cycle and Its Application within Marketing, in: Columbia Journal of World Business, 18. Jg., Nr. 3, S. 73-79.

Orth, U.R.; Koenig, H.F.; Firbasova, Z. (2007): Cross-national differences in consumer response to the framing of advertising messages: An exploratory comparison from Central Europe, in: European Journal of Marketing, 41. Jg., Nr. 3/4, S. 327-348.

Ouchi, W.G. (1981): Theory Z: How American Business Can Meet the Japanese Challenge, Reading, MA. u.a.

Oviatt, B.; McDougall, P. (1994): Toward a Theory of International New Ventures, in: Journal of International Business Studies, 25. Jg., Nr. 1, S. 45-64.

Oviatt, B.; McDougall, P. (2005): The Internationalization of Entrepreneurship, in: Journal of International Business Studies, 36. Jg., Nr. 1, S. 2-8.

Özsomer, A.; Prussia, G. (2000): Competitive Perspectives in International Marketing Strategy: Contingency and Process Models, in: International Journal of Marketing, 8. Jg., Nr. 1, S. 27-50.

Özsomer, A.; Simonin, B. (2004): Marketing program standardization: A cross-country exploration, in: International Journal of Research in Marketing, 21. Jg., Nr. 4, S. 397-419.

Palmer, A. (1997): Defining relationship marketing: An international perspective, in: Management Decision, 35. Jg., Nr. 4, S. 319-321.

Pan, Y.; Li, S.; Tse, D. (1999): The Hierarchical Model of Market Entry Modes, in: Journal of International Business Studies, 30. Jg., Nr. 1, S. 81-104.

Pan, Y.; Tse, D. (2000): The Hierarchical Model of Market Entry Modes, in: Journal of International Business Studies, 31. Jg., Nr. 4, S. 535-554.

Papadopoulos, N.; Denis, J.-E. (1988): Inventory, Taxonomy and Assessment of Methods for International Market Selection, in: International Marketing Review, 5. Jg., Nr. 3, S. 38-51.

Papadopoulos, N.; Chen, H.; Thomas, D. (2002): Toward a Tradeoff Model for International Market Selection, in: International Business Review, 11. Jg., Nr. 2, S. 165-192.

Papavassiliou, N.; Stathakopoulus, V. (1997): Standardization versus adaptation of international advertising strategies: Towards a framework, in: European Journal of Marketing, 31. Jg., Nr. 7, S. 504-527.

Pardo, C.; Missirilian, O.; Portier, P.; Salle, R. (2011): Barriers to the "Key Supplierization" of the Firm, in: Industrial Marketing Management, 40. Jg., Nr. 6, S. 853-861.

Park, S.; Keh, H. (2003): Modelling hybrid distribution channels: A gametheoretic analysis, in: Journal of Retailing and Consumer Services, 10. Jg., Nr. 3, S. 155-167.

Parry, M.; Bass, F. (1990): When to Lead or Follow? It Depends, in: Marketing Letters, 1. Jg., Nr. 11, S. 187-198.

Pausenberger, E. (1992): Konzerninterner Leistungsaustausch und Transferpreispolitik in internationalen Unternehmungen, in: Kumar, B.; Haussmann, H. (Hrsg.): Handbuch der internationalen Unternehmenstätigkeit, München, S. 769-786.

Pauwels, K.; Erguncu, S.; Yildirim, G. (2013): Winning hearts, minds and sales: How marketing communication enters the purchase process in emerging and mature markets, in: International Journal of Research in Marketing, 30. Jg., Nr. 1, S. 57-68.

Pauwels, P.; Matthyssens, P. (2004): Strategic Flexibility in Export Expansion – Growing through Withdrawal, in: International Marketing Review, 21. Jg., Nr. 4/5, S. 496-510.

Pedersen, T.; Petersen, B.; Benito, G. (2002): Change of Foreign Operation Method: Impetus and Switching Costs, in: International Business Review, 11. Jg., Nr. 3, S. 325-345.

Peemöller, V. (2005): Genossenschaften als „historische" und moderne Form der Kooperation, in: Zentes, J.; Swoboda, B.; Morschett, D. (Hrsg.): Kooperationen, Allianzen und Netzwerke, 2. Aufl., Wiesbaden, S. 405-427.

Pehrsson, A. (2009): Barriers to Entry and Market Strategy: A Literature Review and a Proposed Model, in: European Business Review, 21. Jg., Nr. 1, S. 64-77.
Peisert (2004): Die Wahl der internationalen Standorte durch europäische Handelsunternehmen – Internationalisierungspfade, Strategiemuster, empirische Befunde und Handlungsempfehlungen, Berichte aus dem Lehrstuhl für BWL, insbesondere Marketing der FU Hagen, Nr. 10, Hagen.
Peng, M.; Ilinitch, A. (1998): Export Intermediary Firms: A Note on Export Development Research, in: Journal of International Business Studies, 29. Jg., Nr. 3, S. 609-620.
Penrose, E. (1959): The Theory of the Growth of the Firm, Oxford.
Penrose, E. (1995): The Theory of the Growth of the Firm, 3. Aufl., Oxford.
Pepels, W. (2001): Kommunikations-Management, 4. Aufl., Stuttgart.
Perlitz, M. (2004): Internationales Management, 5. Aufl., Stuttgart.
Perlitz, M.; Seger, F. (2003): Internationalisierung durch Kooperation, in: Zentes, J.; Swoboda, B.; Morschett, D. (Hrsg.): Kooperationen, Allianzen und Netzwerke, Wiesbaden, S. 515-542.
Perlmutter, H. (1969): The Tortuous Evolution of the Multinational Corporation, in: Columbia Journal of World Business, 4. Jg., Nr. 1, S. 9-18.
Persson, N. (2010): An exploratory investigation of the elements of B2B brand image and its relationship to price premium, in: Industrial Marketing Management, 38. Jg., Nr. 8, S. 1269-1277.
Pfeffer, J. (1972): Merger as a Response to Organizational Interdependence, in: Administrative Science Quarterly, 17. Jg., Nr. 3, S. 382-394.
Pfeffer, J.; Nowak, P. (1976): Joint Ventures and Interorganizational Interdependence, in: Administrative Science Quarterly, 21. Jg., Nr. 3, S. 398-418.
Pfeffer, J.; Salancik, G. (1978): The External Control of Organizations – A Resource Dependence Perspective, New York u.a.
Pfohl, H.-C. (2010): Logistiksysteme, 8. Aufl., Berlin u.a.
Picot, A.; Reichwald, R.; Wigand, R. (2003): Die grenzenlose Unternehmung, 5. Aufl., Wiesbaden.
Piercy, N. (1981): Company Internationalization: Active and Reactive Exporting, in: European Journal of Marketing, 15. Jg., Nr. 3, S. 16-40.
Piercy, N. (1982): Export Strategy: Markets and Competition, London u.a.
Pigou, A. (1962): The economies of welfare, London.
Piontek, J. (1993): Internationales Beschaffungsmarketing, Stuttgart.
Piontek, J. (1994): Internationale Logistik, Stuttgart u.a.
Plinke, W. (1997): Grundlagen des Geschäftsbeziehungsmanagements, in: Kleinaltenkamp, M.; Plinke, W. (Hrsg.): Geschäftsbeziehungsmanagement, Berlin, S. 3-61.
Plinke, W.; Claßen, M. (2013): Erlösgestaltung im Projektgeschäft, in: Kleinaltenkamp, M.; Plinke, W.; Geiger, I. (Hrsg.): Auftrags- und Projektmanagement, 2. Aufl., Wiesbaden, S. 91-136.
Pohl, M.; Siekmann, B. (2000): HOCHTIEF und seine Geschichte – Von den Brüdern Helfmann bis ins 21. Jahrhundert, München.
Porter, M. (1980): Competitive Strategy, New York.
Porter, M. (1989): Wettbewerb auf globalen Märkten: Ein Rahmenkonzept, in: Porter, M. (Hrsg.): Globaler Wettbewerb: Strategien der neuen Internationalisierung, Wiesbaden, S. 17-68.
Porter, M. (1990): Competitive Advantage of Nations, New York.
Porter, M. (2000): Wettbewerbsvorteile: Spitzenleistungen erreichen und behaupten, 6. Aufl., Frankfurt a.M. u.a.

Porter, M. (2008): Wettbewerbsstrategie: Methoden zur Analyse von Branchen und Konkurrenten, 11. Aufl., Frankfurt a.M. u.a.

Porter, M. (2010): Wettbewerbsvorteile: Spitzenleistungen erreichen und behaupten, 7. Aufl., Frankfurt a.M. u.a.

Poungias, E. (2000): Kundensegmentierung als Wettbewerbsstrategie von Flughäfen, in: Marketing- und Management-Transfer, Nr. 18, S. 13-17.

Prahalad, C.; Doz, Y. (1987): The Multinational Mission: Balancing Local Demands and Global Vision, New York.

Prahalad, C.; Hamel, G. (1990): The Core Competence of the Corporation, in: Harvard Business Review, 68. Jg., Nr. 3, S. 79-91.

Pressey, A.; Selassie, H. (2003): Are cultural differences overrated? Examining the influence of national culture on international buyer-seller relationships, in: Journal of Consumer Behaviour, 2. Jg., Nr. 4, S. 354-368.

Pries, L. (1999): Auf dem Weg zu global operierenden Konzernen? BMW, Daimler-Benz und Volkswagen: Die drei großen der deutschen Automobilindustrie, München.

Pues, C. (1994): Markterschließungsstrategien bundesdeutscher Unternehmen in Osteuropa, Wien.

PwC; H.I.MA. (2010): Genug für alle da? – Wie gehen Händler und Konsumgüterhersteller mit Versorgungsrisiken um?, Frankfurt a.M.

Quelch, J.; Klein, L. (1996): The internet and international marketing, in: Sloan Management Review, 37. Jg., Nr. 3, S. 60-75.

Raffée, H. (1974): Grundprobleme der Betriebswirtschaftslehre, Göttingen.

Rahman, S. (2003): Modelling of International Market Selection Process: A Qualitative Study of Successful Australian International Businesses, in: Qualitative Market Research, 6. Jg., Nr. 2, S. 119-132.

Randoy, T.; Dibrell, C. (2002): How and Why Norwegian MNCs Commit Resources Abroad: Beyond Choice of Entry Mode, in: Management International Review, 42. Jg., Nr. 2, S. 119-140.

Rasche, C. (1994): Wettbewerbsvorteile durch Kernkompetenzen: Ein ressourcenorientierter Ansatz, Wiesbaden.

Reierson, C. (1966): Are Foreign Products Seen as Traditional Stereotypes?, in: Journal of Retailing, 42. Jg., Nr. 3, S. 33-40.

Reierson, C. (1967): Attitude Changes toward Foreign Products, in: Journal of Marketing Research, 4. Jg., Nr. 4, S. 383-386.

Reinecke, S. (2004): Marketing Performance Management: Empirisches Fundament und Konzeption für ein integriertes Marketingkennzahlensystem, Wiesbaden.

Ren, H.; Gray, B.; Kim, K. (2009): Performance of International Joint Ventures: What Factors Really Make a Difference and How?, in: Journal of Management, 35. Jg., Nr. 3, S. 805-832.

Renard, J.; Motley, K. (2003): The agency challenge: How Woolley, Woodley, and other cases rearranged the hotel-management landscape, in: The Cornell Hotel and Restaurant Administration Quarterly, 44. Jg., Nr. 3, S. 58-76.

Rennie, M. (1993): Global Competitiveness. Born Global, in: McKinsey Quarterly, o. Jg., Nr. 4, S. 45-52.

Rialp, A.; Rialp, J.; Urbano, D.; Yanci, V. (2005): The Born-Global Phenomenon: A Comparative Case Study Research, in: Journal of International Entrepreneurship, 3. Jg., Nr. 2, S. 133-171.

Richter, T. (2002): Marketing Mix Standardisation in International Marketing, Frankfurt a.M.
Richter, T. (2012): International marketing mix management: Theoretical framework, contingency factors, and empirical findings from world-markets, Berlin.
Riefler, P. (2012): Why consumers do (not) like global brands: The role of globalization attitude, GCO and global brand origin, in: International Journal of Research in Marketing, 29. Jg., Nr. 1, S. 25-34.
Roberts, B.M.; Thompson, S. (2003): Entry and Exit in a Transition Economy: The Case of Poland, in: Review of Industrial Organization, 22. Jg., Nr. 3, S. 225-243.
Roberts, G. (2004): Auchan's Internationalisation: Waaoh, wow or woe?, in: The European Retail Digest, o. Jg., Nr. 44, S. 39.
Roberts, P.; Dowling, G. (2002): Corporate Reputation and Sustained Superior Financial Performance, in: Strategic Management Journal, 2. Jg., Nr. 23, S. 1077-1093.
Robinson, W. (1988): Sources of Market Pioneer Advantages in Industrial Goods Industries, in: Journal of Marketing Research, 25. Jg., Nr. 2, S. 87-94.
Robinson, W.; Fornell, C. (1985): Sources of Market Pioneer Advantages in Consumer Goods Industries, in: Journal of Marketing Research, 22. Jg., Nr. 3, S. 305-317.
Roine, H.; Sainio, L.M.; Saarenketo, S. (2012): Export channel pricing management for integrated solutions, in: Journal of Business Market Management, 5. Jg., Nr. 3, S. 195-214.
Root, F. (1998): Entry Strategies for International Markets, 2. Aufl., San Francisco.
Rosecky, R.; Smith, L.; Ying, Z. (2003): An Empirical Comparison of Consumer Package Labels of Chinese and World Brand Products sold in China, in: Journal of Global Marketing, 16. Jg., Nr. 4, S. 7-33.
Rosson, P. (1987): The Overseas Distribution Method, in: Rosson, P.; Reid, S. (Hrsg.): Managing Export Entry and Expansion, New York, S. 269-315.
Roth, M.; Romes, J. (1992): Matching Product Category and Country Image Perception, in: Journal of International Business Studies, 23. Jg., Nr. 3, S. 477-497.
Rudolph, T. (2008): Lands' End's entry into Germany, in: Zentes, J.; Swoboda, B.; Morschett, D. (Hrsg.): Fallstudien zum Internationalen Management, 3. Aufl., Wiesbaden, S. 401-411.
Ruef, M.; Scott, R. (1998): A multidimensional model of organizational legitimacy: Hospital survival in changing institutional environments, in: Administrative Science Quartely, 43. Jg., Nr. 4, S. 877-904.
Rugmann, A.; D'Cruz, J. (2000): Multinationals as flagship firms – Regional business networks, Oxford 2000.
Russell, C. (1998): Toward a framework of product placement: theoretical propositions, in: Advances in Consumer Research, 25. Jg., Nr. 1, S. 357-362.
Ryans, J.; Griffith, D.; White, D. (2003): Standardization/adaptation of international marketing strategy, in: International Marketing Review, 15. Jg., Nr. 3, S. 162-170.

Sachs, A. (2002): Portfolio-Management bei Unilever, in: Marketing Journal, 21. Jg., Nr. 2, S. 8-17.
Sachse, U. (2012): Internationalisation and Mode Switching: Performance, Strategy and Timing, Wiesbaden.
Sälzer, B. (2002): Internationale Markenführung am Beispiel HUGO BOSS, in: THEXIS – Fachzeitschrift für Marketing, 19. Jg., Nr. 4, S. 36-38.
Sälzer, B. (2004): Markenführung im Bekleidungsmarkt, in: Bruhn, M. (Hrsg.): Handbuch Markenführung – Kompendium zum erfolgreichen Markenmanagement: Strategien, Instrumente, Erfahrungen, Band 3, 2. Aufl., Wiesbaden, S. 2039-2055.

Sakarya, S.; Eckman, M.; Hyllegard, K.H. (2007): Market Selection for International Expansion: Assessing Opportunities in Emerging Markets, in: International Marketing Review, 24. Jg., Nr. 2, S. 208-238.
Samiee, S. (1999): The Internationalization of Services: Trends, Obstacles and Issues, in: Journal of Service Marketing, 13. Jg., Nr. 4/5, S. 319-328.
Samiee, S.; Anckar, P. (1998): Currency Choice in Industrial Pricing: A Cross-National Evaluation, in: Journal of Marketing, 62. Jg., Nr. 3, S. 112-127.
Samli, A. (1977): An Approach for Estimating Market Potential in East Europe, in: Journal of International Business Studies, 8. Jg., Nr. 2, S. 49-53.
Samli, A.; Jacobs, L. (1993): International Pricing Decisions: A Diagnostic Approach, in: Journal of Marketing Theory and Practice, 1. Jg., Nr. 4, S. 29-41.
Sander, M. (1997): Internationales Preismanagement – Eine Analyse preispolititscher Handlungsalternativen im internationalen Marketing unter besonderer Berücksichtigung der Preisfindung bei Marktinterdependenzen, Heidelberg.
Sander, M. (2011): Marketing-Management, 2. Aufl., Stuttgart.
Santucci, M. (1997): Executive insights: Globalization of the Auto Parts Industry, in: Journal of International Marketing, 5. Jg., Nr. 3, S. 85-89.
Sattler, H. (2004): Markentransferstrategien, in: Bruhn, M. (Hrsg.): Handbuch Markenführung: Kompendium zum erfolgreichen Markenmanagement, 2. Aufl., Wiesbaden, S. 817-830.
Sattler, H.; Völckner, F. (2007): Markenpolitik, 2. Auflage, Stuttgart u.a.
Schanz, K.-U. (1995): Export, Lizenvergabe oder Direktinvestition?: Eine theoretische Analyse unternehmerischer Internationalisierungsstrategien vor dem Hintergrund der neuen WTO-Welthandelsordnung, Chur.
Scheer, A.-W. (1998): Wirtschaftsinformatik: Referenzmodelle für industrielle Geschäftsprozesse, Studienausgabe, 2. Aufl., Berlin u.a.
Scherm, E.; Süß, S. (2001): Internationales Management: Eine funktionale Analyse, München.
Schlegelmilch, B.; Sinkovics, R. (1998): Marketing in the information age: Can we plan for an unpredictable future?, in: International Marketing Review, 15. Jg., Nr. 3, S. 162-170.
Schmid, S.; Daniel, A. (2007): Bitburger – Internationalisierung als Randaktivität, in: Schmid, S. (Hrsg.): Strategien der Internationalisierung, 2. Aufl., München, S. 101-110.
Schmid, S.; Kotulla, T. (2011): 50 Years of Research on International Standardization and Adaptation – From a Systematic Literature Analysis to a Theoretical Framework, in: International Business Review, 20. Jg., Nr. 5, S. 491-507.
Schmid, S.; Bäurle, I.; Kutschker, M. (1999): Ausländische Tochtergesellschaften als Kompetenzzentren: Ergebnisse einer empirischen Untersuchung, in: Kutschker, M. (Hrsg.): Management verteilter Kompetenzen in multinationalen Unternehmen, Wiesbaden, S. 99-126.
Schmidt, D.; Vest, P. (2010): Die Energie der Marke, Wiesbaden.
Schnaars, S. (1986): When Entering Growth Markets: Are Pioneers Better Than Poachers?, in: Business Horizons, 29. Jg., Nr. 2, S. 27-36.
Schneider, D. (1985): Marktselektion im internationalen Marketing für Investitionsgüter, in: Der Betriebswirt, 26. Jg., Nr. 1, S. 10-16.
Schneider, F. (1991): Corporate-Identity-orientierte Unternehmenspolitik, Heidelberg.
Scholz, C. (1987): Strategisches Management: Ein integrativer Ansatz, Berlin, New York.

Scholz, C. (1993): Deutsch-Britische Zusammenarbeit: Organisation und Erfolg von Auslandsniederlassungen, München u.a.
Scholz, C. (1998): Organisation in globalisierenden Unternehmen, in: Scholz, C.; Zentes, J. (Hrsg.): Strategisches Euro-Management, Band 2, Stuttgart, S. 211-229.
Scholz, C. (2000a): Personalmanagement, 5. Aufl., München.
Scholz, C. (2000b): Strategische Organisation, 2. Aufl., Landsberg a.L.
Scholz, C.; Hofbauer, W. (1990): Organisationskultur: Die 4 Erfolgsprinzipien, Wiesbaden.
Scholz, C.; Zentes, J. (2005): Strategielandkarte Deutschland – Von passivem Selbstmitleid zu offensiver Selbsterneuerung, Saarbrücken.
Schönert, O. (1998): Integrationspotentiale von Informations- und Kommunikationstechnologien für internationale Unternehmungen, in: Kutschker, M. (Hrsg.): Integration in der internationalen Unternehmung, Wiesbaden, S. 271-295.
Schooler, R. (1965): Product Bias in the Central American Common Market, in: Journal of Marketing Research, 2. Jg., Nr. 4, S. 394-397.
Schooler, R. (1971): Bias Phenomena Attendant to the Marketing of Foreign Goods in the U.S., in: Journal of International Business Studies, 2. Jg., Nr. 2, S. 71-80.
Schoppe, G. (1998): Kompendium der internationalen Betriebswirtschaftslehre, 4. Aufl., München.
Schotthöfer, P. (2001): Rechtliche Aspekte des "Customer Relationship Management", in: Link, J. (Hrsg.): Customer Relationship Management, Berlin u.a., S. 275-303.
Schramm-Klein, H. (2003): Multi-Channel-Retailing: Verhaltenswissenschaftliche Analyse der Wirkung von Mehrkanalsystemen im Handel, Wiesbaden.
Schramm-Klein, H. (2004): Internationales Supplier-Relationship-Management – Perspektiven in der internationalen Beschaffung, in: Zentes, J.; Morschett, D.; Schramm-Klein, H. (Hrsg.): Außenhandel – Marketingstrategien und Managementkonzepte, Wiesbaden, S. 765-791.
Schramm-Klein, H. (2012): Internationale Markteintrittsstrategien – Eine State-of-the-Art-Betrachtung, in: Zentes, J. (Hrsg.): Markteintrittsstrategien – Dynamik und Komplexität, Wiesbaden, S. 23-50.
Schramm-Klein, H.; Morschett, D.; Swoboda, B.(2007): Internet vs. Brick-and-Mortar Stores – Analysing the Influence of Shopping Motives on Retail Channel Choice Among Internet Users, in: Journal of Consumer Behaviour, 6, Jg., Nr. 1, S. 19-36.
Schuh, A.; Trefzger, D. (1991): Internationale Marktwahl – Ein Vergleich von Länderselektionsmodellen in Wissenschaft und Praxis, in: Journal für Betriebswirtschaft, 41. Jg., Nr. 2/3, S. 111-129.
Schuiling, I.; Kapferer, J.-N. (2004): Real Differences between Local and International Brands: Strategic Implications for International Marketers, in: Journal of International Marketing, 12. Jg., Nr. 4, S. 97-112.
Schultz, D.; Kitchen, P. (2000): Communicating Globally: An Integrated Marketing Approach, Chicago, IL.
Schwarz-Musch, A. (2005): Von der Standardisierung zur Integration der internationalen Kommunikationspolitik, in: Marketing – Zeitschrift für Forschung und Praxis, 27. Jg., Nr. 2, S. 135-145.
Schweiger, G.; Häubl, G. (1996): Kausale Wirkungszusammenhänge zwischen Herkunftsland und Marke bei der Beurteilung eines neuen Pkw, in: Bauer, H.; Dichtl, E.; Hermanns, A. (Hrsg.): Automobilmarktforschung: Nutzenorientierung von Pkw-Herstellern, München, S. 93-118.
Schweiger, G.; Schrattenecker, G. (2013): Werbung, 8. Aufl., Stuttgart.

Schwenk, C.B.; Shrader, C.B. (1993): Effects of Formal Strategic Planning on Financial Performance in Small Firms: A Meta-Analysis, in: Entrepreneurship: Theory & Practice, 17. Jg., Nr. 3, S. 53-64.

Scott, W. (2008): Institutions and Organizations: Ideas and Interests, 3. Aufl., Los Angeles.

Selznick, P. (1957): Leadership in Administration, New York u.a.

Seringhaus, F.; Rosson, P. (1998): Management and performance of international trade fair exhibitors: government stands vs. independent stands, in: International Marketing Review, 15. Jg., Nr. 5, S. 398-413.

Seringhaus, F.; Rosson, P. (2001): Firm Experience and International Trade Fairs, in: Journal of Marketing Management, 17. Jg., Nr. 7/8, S. 877-901.

Seringhaus, F.; Rosson, P. (2004): An Analysis Model for Performance Measurement of International Trade Fair Exhibitors, in: Problems & Perspectives in Management, 4. Jg., Nr. 1, S. 152-165.

Serra, F.; Pointon, J.; Abdou, H. (2012): Factors influencing the propensity to export: A study of UK and Portuguese textile firms, in: International Business Review, 21. Jg., Nr. 2, S. 210-224.

Shaanan, J. (1994): Sunk costs and resource mobility. An empirical study, in: Revue of Industrial Organisation, 9. Jg., o. Nr., S. 717-730.

Shao, A.; Bao, Y.; Gray, E. (2004): Comparative Advertising Effectiveness: A Cross-Cultural Study, in: Journal of Current Issues and Research in Advertising, 26. Jg., Nr. 2, S. 67-80.

Sharma, D.; Blomstermo, A. (2003): The Internationalization Process of Born Globals: A Network View, in: International Business Review, 12. Jg., Nr. 6, S. 739-753.

Sharma, P.; Manikutty, S. (2005): Strategic Divestments in Family Firms: Role of Family Structure and Community Culture, in: Entrepreneurship: Theory & Practice, 29. Jg., S. 293-311.

Shi, L.H.; White, J.C.; Zou, S.; Cavusgil, S.T. (2010): Global Account Management Strategies: Drivers and Outcomes, in: Journal of International Business Studies, 41. Jg., Nr. 6, S. 620-638.

Shoham, A.; Rose, G.; Albaum, G. (1995): Export Motives, Psychological Distance, and the EPRG Framework, in: Journal of Global Marketing, 8. Jg., Nr. 3/4, S. 9-37.

Shoham, A.; Makovec Brencic, M.; Virant, V.; Ruvio, A. (2008): International Standardization of Channel Management and Its Behavioral and Performance Outcomes, in: Journal of International Marketing, 16. Jg., Nr. 2, S. 120-151.

Short, J.C.; Payne, G.T.; Ketchen, D.J. (2008): Research on Organizational Configurations: Past Accomplishments and Future Challenges, in: Journal of Management, 34. Jg., Nr. 6, S. 1053-1079.

Siemens AG (2011): Innovation Management at Siemens Building Technologies Division, www.roland-berger.ch/media/pdf/Roland_Berger_Strategic-Planner-Circle_20110526.pdf, 29. April 2013.

Simoes, C.; Dibb, S.; Fisk, R. (2005): Managing Corporate Identity: An Internal Perspective, in: Journal of the Academy of Marketing Science, 33. Jg., Nr. 2, S. 153-168.

Simon, H. (1989): Markteintrittsbarrieren, in: Macharzina, K.; Welge, M.-K. (Hrsg.): Handwörterbuch Export und internationale Unternehmung, Stuttgart, Sp. 1441-1453.

Simon, H.; Faßnacht, M. (2009): Preismanagement: Strategie, Analyse, Umsetzung, 3. Aufl., Wiesbaden.

Simon, H.; Homburg, C. (1995): Marktbarrieren, in: Tietz, B.; Köhler, R.; Zentes, J. (Hrsg.): Handwörterbuch des Marketing, 2. Aufl., Stuttgart, Sp. 1744-1756.
Simon, H.; Wiese, C. (1992): Europäisches Preismanagement, in: Marketing – Zeitschrift für Forschung und Praxis, 14. Jg., Nr. 4, S. 246-256.
Skaupy, W. (1995): Franchising, 2. Aufl., München.
Skjoett-Larsen, T.; Schary, P.;Mikkola, J.H.; Kotzab, H. (2007): Managing the Global Supply Chain, 3. Aufl., Copenhagen.
Slater, S.F.; Narver, J.C. (1995): Market Orientation and the Learning Organization, in: Journal of Marketing, 59. Jg., Nr. 3, S. 63-74.
Smircich, L. (1983): Concepts of Culture and Organizational Analysis, in: Administrative Science Quarterly, 28. Jg., Nr. 3, S. 339-358.
Smith, W.S. (2009): Vitality in Business: Executing a New Strategy at Unilever, in: Journal of Business Strategy, 30. Jg., Nr. 4, S. 31-41.
Social Watch (2012): Social Watch Report 2012, Montevideo.
Solberg, C.A.; Stöttinger, B.; Yaprak, A. (2006): A Taxonomy of the Pricing Practices of Exporting Firms: Evidence from Austria, Norway, and the United States, in: Journal of International Marketing, 14. Jg., Nr. 1, S. 23-48.
Sonndorfer, P. (1910): Die Technik des Welthandels, 4. Aufl., Band 1, Wien u.a.
Srivastava, R.; Shervani, T.; Fahey, L. (1999): Marketing, Business Processes and Shareholder Value: An Organizationally Embedded View of Marketing Activities and the Discipline of Marketing, in: Journal of Marketing, 63. Jg., Special Issue, S. 168-179.
Staehle, W. (1999): Management, 8. Aufl., München.
Stafford, M. (2005): International Services Advertising, in: Journal of Advertising, 34. Jg., Nr. 1, S. 65-86.
Stahr, G. (1980): Marktselektion im Auslandsgeschäft, in: Zeitschrift für betriebswirtschaftliche Forschung, 32. Jg., Nr. 3, S. 276-290.
Stalk, G.; Hout, M. (1990): Competing Against Time – How Time-based Competition is Reshaping Global Markets, New York u.a.
Steenkamp, J.-B.E.M.; de Jong, M.G. (2010): A Global Investigation into the Constellation of Consumer Attitudes Toward Global and Local Products, in: Journal of Marketing, 74. Jg., Nr. 6, S. 18-60.
Steenkamp, J.-B.E.M.; Hofstede, F.T. (2002): International market segmentation: issues and perspectives, in: International Journal of Research in Marketing, 19. Jg., o. Nr., S. 185-213.
Stille, F. (2003): Produktbegleitende Dienstleistungen gewinnen weiter an Bedeutung, in: DIW-Wochenbericht, Nr. 21, S. 336-342.
Stopford, J.M.; Wells, L.T. (1972): Managing the Multinational Enterprise – Organization of the Firm and Ownership of the Subsidiaries, New York.
Stremersch, S.; Tellis, G. (2004): Understanding and managing international growth of new products, in: International Journal of Research in Marketing, 21. Jg., Nr. 4, S. 421-438.
Strizhakova, Y.; Coulter, R.A.; Price, L.L. (2011): Branding in a global marketplace: The mediating effects of quality and self-identity brand signals, in: International Journal of Research in Marketing, 28. Jg., Nr. 4, S. 342-351.
Strizhakova, Y.; Coulter, R.A.; Price, L.L. (2012): The young adult cohort in emerging markets: Assessing their global cultural identity in a global marketplace, in: International Journal of Research in Marketing, 29. Jg., Nr. 1, S. 43-54.
Sudarsanam, S. (2010): Creating Value from Mergers and Acquisitions: The Challenges, 2. Aufl., Harlow.

Sui, S.; Yu, Z.; Baum, M. (2012): Prevalence and Longitudinal Trends of Early Internationalisation Patterns Among Canadian SMEs, in: International Marketing Review, 29. Jg., Nr. 5, S. 519-535.

Sullivan, D.; Bauerschmidt, A. (1990): Incremental Internationalization: A Test of Johanson and Vahlne's Thesis, in: Management International Review, 30. Jg., Nr. 1, S. 48-64.

Supphellen, M.; Eismann, O.; Hem, L. (2004): Can advertisements for brand extensions revitalise flagship products? An experiment, in: International Journal of Advertising, 23. Jg., Nr. 2, S. 173-196.

Sutton, J. (1991): Sunk Costs and Market Structure: Price Competition, Advertising and the Evolution of Concentration, Cambridge.

Swamidass, P. (1993): Import Sourcing Dynamics: An integrative Perspective, in: Journal of International Business Studies, 24. Jg., Nr. 4, S. 671-691.

Swoboda, B. (1996): Interaktive Medien am Point of Sale, Wiesbaden.

Swoboda, B. (2000): Bedeutung internationaler strategischer Allianzen im Mittelstand – Eine dynamische Perspektive, in: Meyer, J.-A. (Hrsg.): Jahrbuch der KMU-Forschung, München, S. 107-129.

Swoboda, B. (2002a): Dynamische Prozesse der Internationalisierung – Managementtheoretische und empirische Perspektiven des unternehmerischen Wandels, Wiesbaden.

Swoboda, B. (2002b): Internationalisierung als strategische Option des Großhandels, in: Zentes, J.; Swoboda, B.; Morschett, D. (Hrsg.): B2BHandel – Perspektiven des Groß- und Außenhandels, Frankfurt a.M., S. 147-175.

Swoboda, B. (2002c): The Relevance of Timing and Time in International Business – Analysis of Different Perspectives and Results, in: Scholz, C.; Zentes, J. (Hrsg.): Strategic Management – A European Approach, Wiesbaden, S. 85-113.

Swoboda, B.; Anderer, M. (2008): Coordinating the International Retailing Firm – Exploratory Models and Evaluations of Structural, Systemic and Cultural Options, in: Journal of Retailing and Consumer Services, 15. Jg., Nr. 2 (Special Issue), S. 104-117.

Swoboda, B.; Elsner, S. (2011): Erfolg und Produktivität unterschiedlicher Internationalisierungsstrategien von Handelsunternehmen, in: Bruhn, M.; Hadwich, K. (Hrsg.): Dienstleistungsproduktivität: Innovationsentwicklung, Internationalität, Mitarbeiterperspektive, Band 2, Wiesbaden.

Swoboda, B.; Elsner, S. (2012): Bedeutung institutionalisierter Markteintrittsstrategien bei internationalen Handelsunternehmen, in: Zentes, J. (Hrsg.): Markteintrittsstrategien – Dynamik und Komplexität, Wiesbaden, S. 95-121.

Swoboda, B.; Elsner, S. (2013): Transferring the Retail Format Successfully into Foreign Countries, in: Journal of International Marketing (in Druck).

Swoboda, B.; Foscht, T. (2005a): Internationalisierung von Handelsunternehmen – Markteintritt und Marktbearbeitung als Multiplikation bestehender oder Aufbau neuer Netzwerke, in: Ahlert, D.; Olbrich, R.; Schröder, H. (Hrsg.): Jahrbuch Vertriebs- und Handelsmanagement 2005, Frankfurt a.M., S. 319-345.

Swoboda, B.; Foscht, T. (2005b): Internationalisierungsprozesse von Dienstleistungsunternehmen, in: Stauss, B.; Bruhn, M. (Hrsg.): Forum Dienstleistungsmanagement 2005, Wiesbaden, S. 43-71.

Swoboda, B.; Meyer, S. (1999): MittelstandsBarometer 1999: Internationalisierung in KMU, Institut für Handel & Internationales Marketing an der Universität des Saarlandes und Deutsche Gesellschaft für Mittelstandsberatung, Saarbrücken, Stuttgart.

Swoboda, B.; Morschett, D. (2002a): Unternehmensentwicklung in internationalen Märkten am Beispiel der KBE GmbH – Fallstudie, in: Wirtschaftswissenschaftliches Studium, 31. Jg., Nr. 7, S. 417-420.
Swoboda, B.; Morschett, D. (2002b): Unternehmensentwicklung in internationalen Märkten am Beispiel der KBE GmbH – Lösungsskizze, in: Wirtschaftswissenschaftliches Studium, 31. Jg., Nr. 8, S. 481-484.
Swoboda, B.; Olejnik, E. (2013a): A Taxonomy of Small- and Medium-sizes International Family Firms, in: Journal of International Entrepreneurship, http://dx.doi.org/10.1007/s10843-012-0101-x, online seit 04. Januar 2013.
Swoboda, B.; Olejnik, E. (2013b): Linking Processes and Dynamic Capabilities of International SME: The Mediating Role of International Entrepreneurial Orientation, in: Journal of Small Business Management (in Druck).
Swoboda, B.; Schwarz, S. (2004): Internationale Marktauswahl: Konzepte und Methoden, in: Zentes, J.; Morschett, D.; Schramm-Klein, H. (Hrsg.): Außenhandel – Marketingstrategien und Managementkonzepte, Wiesbaden, S. 255-280.
Swoboda, B.; Schwarz, S. (2006): Dynamic of the Internationalisation of Retailing in Europe – From a National to a European Perspective, in: Scholz, C.; Zentes, J. (Hrsg.): Strategic Management – New Rules for Old Europe, Wiesbaden, S. 159-200.
Swoboda, B.; Weiber, R. (2013): Grundlagen betrieblicher Leistungsprozesse, München.
Swoboda, B.; Elsner, S.; Morschett, D. (2012): Preferences and Performance of International Strategies in Retail Sectors: An Empirical Study, in: Long Range Planning, 45. Jg. (published electronically June 13, DOI: 10.1016/j.lrp.2012.05.002).
Swoboda, B.; Foscht, T.; Hälsig, F. (2005): Forms of and Reasons for Strategy Changes as Adoptions to Foreign Markets – Empirical Evidences from European Companies, in: DeMoranville, C. (Hrsg.): Marketing in an Inter-connected World: Opportunities and Challenges, Proceedings of the 12th World Marketing Congress of the Academy of Marketing Science (AMS), Münster.
Swoboda, B.; Foscht, T.; Pennemann, K. (2009): HandelsMonitor 2009: Internationalisierung des Handels – Erfolgreiches „Going" und „Being International", Frankfurt a.M.
Swoboda, B.; Giersch, J.; Primosch, E. (2007): Internationales Corporate Brand Management: Das Beispiel Henkel, Frankfurt a.M. u.a.
Swoboda, B.; Jager, M.; Dabija, C. (2009): Erfolgreiche Internationalisierungsstufen von KMU, in: Marketing Review St. Gallen, 26. Jg., Nr. 3, S. 10-15.
Swoboda, B.; Meierer, M.; Hälsig, F. (2008): Aufbau einer multinationalen Corporate Identity als Bestandteil der Unternehmenspersönlichkeit – Das Beispiel der Henkel-Gruppe, in: Zentes, J.; Swoboda, B. (Hrsg.): Fallstudien zum Internationalen Management, 3. Aufl., Wiesbaden, S. 723-740.
Swoboda, B.; Olejnik, E.; Morschett, D. (2011): Changes in Foreign Operation Modes: Stimuli for Increases versus Reductions, in: International Business Review, 20. Jg., Nr. 5, S. 578-590.
Swoboda, B.; Pennemann, K.; Taube, M. (2012): The Effects of Perceived Brand Globalness and Perceived Brand Localness in China: Empirical Evidence on Western, Asian, and Domestic Retailers, in: Journal of International Marketing, 20. Jg., Nr. 4, S. 72-95.
Swoboda, B.; Schlüter, A.; Olejnik, E. (2011): Erfolgsrelevanz von KAM Strategien und Strukturen gegenüber internationalen Handelskunden, in: Marketing – Zeitschrift für Forschung und Praxis, 33. Jg., Nr. 4, S. 278-292.

Swoboda, B.; Schwarz, S.; Hälsig, F. (2007): Towards a Conceptual Model of Country Market Selection: Selection Processes of Retailer and C&C Wholesaler, in: The International Review of Retail, Distribution & Consumer Research, 17. Jg., Nr. 3, S. 253-282.

Swoboda, B.; Zentes, J.; Elsner, S. (2009): Internationalisation of Retail Firms: State of the Art after 20 Years of Research, in: Marketing – Journal of Research and Marketing, 5. Jg., Nr. 2, S. 105-126.

Swoboda, B.; Foscht, T., Maloles III, C.; Schramm-Klein, H. (2009): Exploring how garment firms choose international sourcing and sales country-markets, in: Journal of Fashion Marketing and Management, 13. Jg., Nr. 3, S. 406-430.

Swoboda, B.; Foscht, T., Meierer, M., Morschett, D. (2011): International SME Alliances: The Impact of Alliance Building and Configurational Fit on Success, in: Long Range Planning, 44. Jg., Nr. 4, S. 271-288.

Swoboda, B.; Foscht, T.; Schwarz, S. (2005): Enormously Dynamic and Differing Strategies in Retailing Internationalisation: A Case Study on the Largest Food Retailing Companies, in: The European Retail Digest, o. Jg., Nr. 46, S. 55-63.

Swoboda, B.; Hälsig, F.; Morschett, D.; Schramm-Klein, H. (2007): An intersector analysis of the relevance of service in building a strong retail brand, in: Managing Service Quality Journal, 17. Jg., Nr. 4, S. 428-448.

Swoboda, B.; Schlüter, A.; Olejnik, E.; Morschett, D. (2012): Does Centralising Global Account Management Activities in Response to International Retailers Pay Off?, in: Management International Review, 52. Jg., Nr. 5, S. 1-30.

Sydow, J. (1996): Strategische Netzwerke, 2. Aufl., Wiesbaden.

Sydow, J.; Windeler, A.; With, C. (2003): Markteintritt als Netzwerkeintritt? – Internationalisierung von Unternehmen aus relationaler Perspektive, in: Die Unternehmung, 57. Jg., Nr. 3, S. 237-261.

Szymanski, D.; Bharadwaj, S.; Varadarajan, R. (1993): Standardization versus Adaptation of International Marketing Strategy: An Empirical Investigation, in: Journal of Marketing, 57. Jg., Nr. 4, S. 1-17.

Szymanski, D.; Troy, L.; Bharadwaj, S. (1995): Order of Entry and Business Performance: An Empirical Synthesis and Reexamination, in: Journal of Marketing, 59. Jg., Nr. 4, S. 17-33.

Takeishi, A. (2001): Bridging Inter- and Intra-Firm Boundaries – Management of Supplier Involvement in Automobile Product Development, in: Strategic Management Journal, 22. Jg., Nr. 5, S. 403-433.

Tan, K.; Kannan, V.; Handfield, R. (1998): Supply Chain Management: Supplier Performance and Firm Performance, in: International Journal of Purchasing and Materials Management, 34. Jg., Nr. 3, S. 2-9.

Tang, L.; Atkinson, B.; Zou, R.B. (2012): An Entropy-Based SWOT Evaluation Process of Critical Success Factors for International Market Entry: A Case Study of a Medium-Sized Consulting Company, in: Construction Management & Economies, 30. Jg., Nr. 10, S. 821-834.

Taylor, C. (2005): Moving International Advertising Research Forward – A New Research Agenda, in: Journal of Advertising, 34. Jg., Nr. 1, S. 7-16.

Taylor, C.; Raymond, M. (2000): An Analysis of Product Category Restrictions in Advertising in Four Major Asian Markets, in: International Marketing Review, 17. Jg., Nr. 3, S. 287-304.

Teece, D. (2000): Managing Intellectual Capital: Organizational, Strategic and Policy Dimensions, Oxford.

Tellis, G.J.; Prabhu, J.C.; Chandy, R.K. (2009): Radical Innvation Across Nations: The Preeminence of Corporate Culture, in: Journal of Marketing, 73. Jg., Nr. 1, S. 3-23.

Tenn, S.; Yun, J.M. (2011): The Success of Divestures in Merger Enforcement: Evidence from the J&J-Pfizer Transaction, in: International Journal of Industrial Organization, 29. Jg., Nr. 2, S. 273-282.

Terpstra, V.; Foley, J.; Sarathy, R. (2012): International Marketing, 10. Aufl., Orlando.

Terpstra, V.; Sarathy, R.; Russow, L. (2006): International Marketing, 9. Aufl., Garfield Heights.

Theodosiou, M.; Katsikeas, C. (2001): Factors influencing the degree of international pricing strategy of multinational corporations, in: Journal of International Marketing, 9. Jg., Nr. 3, S. 1-18.

Theodosiou, M.; Leonidou, L. (2003): Standardization versus adaptation of international marketing strategy: An integrative assessment of the empirical research, in: International Business Review, 12. Jg., Nr. 2, S. 141-171.

Thiele, M. (1997): Kernkompetenzorientierte Unternehmensstrukturen, Wiesbaden.

Thies, G. (1976): Vertikales Marketing, Berlin; New York.

Thomas, A. (2003): Psychologische Wirksamkeit von Kulturstandards im interkulturellen Handeln, in: Thomas, A. (Hrsg.): Psychologie interkulturellen Handelns, 2. Aufl., Göttingen, S. 107-135.

Thomas, E.G. (2008): Internet Marketing in the International Arena: A Cross-Cultural Comparison, in: Journal of International Business Strategy, 8. Jg., Nr. 3, S. 84-98.

Thomas, A.; Stumpf, S. (2003): Aspekte interkulturellen Führungsverhaltens, in: Bergemann, N.; Sourisseaux, A. (Hrsg.): Interkulturelles Management, 3. Aufl., Berlin u.a., S. 69-107.

Thorne LeClair, D. (2000): Marketing planning and the policy environment in the European Union, in: International Marketing Review, 17. Jg., Nr. 3, S. 193-215.

Tietz, B. (1990): Euro-Marketing: Unternehmensstrategien für den Binnenmarkt, 2. Aufl., Landsberg a.L.

Tietz, B. (1991): Handbuch Franchising, 2. Aufl., Landsberg a.L.

Tietz, B. (1993): Der Handelsbetrieb, 2. Aufl., München.

Tietz, B.; Mathieu, G. (1979): Das Kontraktmarketing als Kooperationsmodell, Köln.

Tiwsakul, R.; Hackley, C.; Szmigin, I. (2005): Explicit, non-integrated product placement in British television programmes, in: International Journal of Advertising, 24. Jg., Nr. 1, S. 95-111.

Töpfer, A.; Duchmann, C. (2011): Der Einfluss der Landeskultur auf die Qualitätsorientierung der Mitarbeiter und Wettbewerbsvorteile in der internationalen Produktpolitik – Empirische Basis und kulturpsychologische Fundierung, in: Mann, A. (Hrsg.): Herausforderungen der internationalen marktorientierten Unternehmensführung, Wiesbaden, S. 43-75.

Tordjman, A. (1988): The French hypermarket: Could it be developed in the States?, in: International Journal of Retail & Distribution Management, 16. Jg., Nr. 4, S. 14-16.

Torres, A.; Tribó, J.A. (2011): Customer satisfaction and brand equity, in: Journal of Business Research, 64. Jg., Nr. 10, S. 1089-1096.

Townsend, J.; Yeniyurt, S.; Deligonul, Z.; Cavusgil, S.T. (2004): Exploring the Marketing Program Antecedents of Performance in a Global Company, in: Journal of International Marketing, 14. Jg., Nr. 4, S. 1-24.

Townsend, J.; Yeniyurt, S.; Talay, M. (2009): Getting to global: An evolutionary perspective of brand expansion in international markets, in: Journal of International Business Studies, 40. Jg., Nr. 4, S. 539-558.

Tscheulin, K.; Davoine, E. (2002): Vertrauen in Herkunftsbezeichnung und Verbraucherpatriotismus: eine explorative Deutschland-Frankreich vergleichende Studie, in: Würtenberger, T.; Tscheulin, D.; Usunier, J.; Jeannerod, D.; Davoine, E. (Hrsg.): Wahrnehmungs- und Betätigungsformen des Vertrauens im deutsch-französischen Vergleich, Berlin, S. 283-294.

Tschoegl, A. (1987): International Retail Banking as a Strategy: An Assessment, in: Journal of International Business Studies, 19. Jg., Nr. 3, S. 67-88.

Tse, D.; Lee, K.; Vertinsky, I.; Wehrung, D. (1988): Does culture matter? A cross-cultural study of executives' choice, decisiveness, and risk adjustment in international marketing, in: Journal of Marketing, 52. Jg., Nr. 4, S. 81-95.

Tuppura, A.; Saarenketo, S.; Puumalainen, K.; Jantunen, A.; Kyläheiko, K. (2008): Linking knowledge, entry timing and internationalization strategy, in: International Business Review, 17. Jg., Nr. 4, S. 473-487.

Urban, L.; Carter, T.; Gaskin, S.; Mucha, Z. (1986): Market Share Rewards to Pioneering Brands: An Empirical Analysis and Strategic Implications, in: Management Science, 32. Jg., Nr. 6, S. 645-659.

Vahlne, J.-E.; Nordström, K. (1992): Is the Globe Shrinking? Psychic Distance and the Establishment of Swedish Sales Subsidiaries During the Last 100 Years, Conference Paper, International Trade and Finance Associations Annual Conference, Laredo.

Vahlne, J.-E.; Nordström, K.; Torbacke, S. (1993): Foreign Multinationals in Central and Eastern Europe – Entry and Subsequent Development, Research Paper 93/04, Institute of International Business at the Stockholm School of Economics, Stockholm.

Van de Ven, A.H.; Drazin, R. (1985): The Concept of Fit in Contingency Theory, in: Research in Organizational Behaviour, 7. Jg., Nr. 3, S. 333-367.

Van Ittersum, K.; Wong, N. (2010): The Lexus or the olive tree? Trading off between global convergence and local divergence, in: International Journal of Research in Marketing, 27. Jg., Nr. 2, S. 107-118.

Venkatraman, N. (1989): The Concept of Fit in Strategy Research: Toward Verbal and Statistical Correspondence, in: Academy of Management Review, 14. Jg., Nr. 3, S. 423-444.

Verlegh, P.; Steenkamp, J.-B.; Meulenberg, M. (2005): Country-of-origin effects in consumer processing of advertising claims, in: International Journal of Research in Marketing, 2. Jg., Nr. 2, S. 127-139.

Vernon, R. (1966): International Investment and International Trade in the Product Life Cycle, in: Quarterly Journal of Economics, 80. Jg., Nr. 2, S. 190-207.

Vernon, R. (1979): The Product Cycle Hypothesis in a new International Environment, in: Oxford Bulletin of Economics & Statistics, 41. Jg., Nr. 4, S. 255-267.

Vernon, R. (1986): Can U.S. manufacturing come back?, in: Harvard Business Review, 64. Jg., Nr. 4, S. 98-106.

Vida, I. (2000): An empirical inquiry into international expansion of US retailers, in: International Marketing Review, 17. Jg., Nr. 4/5, S. 454-475.

Voeth, M.; Rabe, C. (2005): Internationale Joint Ventures – Grundsatzentscheidung, Ausgestaltung und Erfolgsfaktoren, in: Zentes, J.; Swoboda, B.; Morschett, D. (Hrsg.): Kooperationen, Allianzen und Netzwerke, 2. Aufl., Wiesbaden, S. 647-672.

Voeth, M.; Wagemann, D. (2004): Internationale Markenführung, in: Bruhn, M. (Hrsg.): Handbuch Markenführung: Kompendium zum erfolgreichen Markenmanagement, 2. Aufl., Wiesbaden, S. 1070-1089.

Völckner, F. (2005): Erfolgsfaktoren des Markentransfers: Eine kausalanalytische Betrachtung, in: Zeitschrift für Betriebswirtschaft, 74. Jg., Nr. 11, S. 1137-1162.

Vorhies, D.W.; Morgan, N.A. (2003): A Configuration Theory Assessment of Marketing Organization Fit with Business Strategy and Its Relationship with Marketing Performance, in: Journal of Marketing, 67. Jg., Nr. 1, S. 100-115.

Waltermann, B. (1989): Internationale Markenpolitik und Produktpositionierung, Wien.

Walters, P. (2003): Reflections on Czinkota and Ronkainen's International Marketing Manifesto: A Perspective from Asia, in: Journal of International Marketing, 11. Jg., Nr. 1, S. 35-39.

Walters, P.; Toyne, B. (1989): A Discussion of the Standardization in International Markets: Strategic Options and Facilitating Policies, in: Columbia Journal of World Business, 24. Jg., Nr. 4, S. 37-44.

Waterschoot, W.v.; Bulte, C.v.d. (1992): The 4P Classification of the Marketing Mix Revisited, in: Journal of Marketing, 56. Jg., Nr. 4, S. 83-93.

Weder, R. (1989): Joint Venture, Grüsch.

Weerawardena, J.; Sullivan Mort, G.; Liesch, P.W.; Knight, G. (2007): Conceptualizing Accelerated Internationalization in the Born Global Firm: A Dynamic Capabilities Perspective, in: Journal of World Business, 42. Jg., Nr. 3, S. 294-306.

Weinhold, H. (1965): Betriebswirtschaftliche Probleme des Exports, Bern.

Weiss-Richard, M.; Kühn, R. (2004): Country-of-Origin-Effekte: Bedeutung und Implikationen für das Internationale Marketing, in: Zentes, J.; Morschett, D.; Schramm-Klein, H. (Hrsg.): Außenhandel – Marketingstrategien und Managementkonzepte, Wiesbaden, S. 407-429.

Welch, L.; Pacifico, A. (1990): Management Contracts: A Role in Internationalisation?, in: International Marketing Review, 7. Jg., Nr. 4, S. 64-74.

Welge, M. (1980): Management in deutschen multinationalen Unternehmungen: Ergebnisse einer empirischen Untersuchung, Stuttgart.

Welge, M. (2005): Informale Mechanismen der Koordination in internationalen strategischen Netzwerken, in: Zentes, J.; Swoboda, B.; Morschett, D. (Hrsg.): Kooperationen, Allianzen und Netzwerke, 2. Aufl., Wiesbaden, S. 987-1006.

Welge, M.; Al-Laham, A. (2008): Strategisches Management, 5. Aufl., Wiesbaden.

Welge, M.; Al-Laham, A. (2012): Strategisches Management, 6. Aufl., Wiesbaden.

Welge, M.; Holtbrügge, D. (2010): Internationales Management, 5. Aufl., Stuttgart.

Wensley, R. (1982): PIMS and BCG: New horizons or false dawn?, in: Strategic Management Journal, 3. Jg., Nr. 2, S. 147-158.

Westhead, P.; Wright, M.; Ucbasaran, D.; Martin, F. (2001): International Market Selection Strategies of Manufacturing and Services Firms, in: Entrepreneurship & Regional Development, 13. Jg., Nr. 1, S. 17-46.

Westney, E. (1988): Domestic and Foreign Learning Curves in Managing International Cooperative Strategies, in: Contractor, F.; Lorange, P. (Hrsg.): Cooperative Strategies in International Business, Lexington, S. 339-346.

Whitelock, J.; Chung, D. (1989): Cross-cultural advertising – An empirical study, in: International Journal of Advertising, 8. Jg., Nr. 3, S. 291-310.

Wilson, K.; Weilbaker, D. (2004): Global Account Management: A Literature Based Conceptual Model, in: American Journal of Business, 19. Jg., Nr. 1, S. 13-21.

Wind, Y. (1986): The Myth of Globalization, in: Journal of Consumer Marketing, 3. Jg., Nr. 2, S. 23-26.
Wind, Y.; Douglas, S.; Perlmutter, H. (1973): Guidelines for Developing International Marketing Strategies, in: Journal of Marketing, 37. Jg., Nr. 2, S. 14-23.
Wissmeier, U. (1992): Strategien im internationalen Marketing, Wiesbaden.
Witkowski, T. (2005): Antiglobal Challenges to Marketing in Developing Countries: Exploring the Ideological Divide, in: Journal of Public Policy & Marketing, 24. Jg., Nr. 1, S. 7-23.
Wittig, A.; Zentes, J. (2002): Gestaltungsfeld Organisation, in: Baumgarten, H.; Stabenau, H.; Weber J. (Hrsg.): Management integrierter logistischer Netzwerke, Bern u.a., S. 337-462.
Wolf, J. (1994): Internationales Personalmanagement, Wiesbaden.
Wolf, J. (2000): Strategie und Struktur 1955-1995 – Ein Kapitel der Geschichte deutscher nationaler und internationaler Unternehmen, Wiesbaden.
Wolf, J. (2012): Organisation, Management und Unternehmensführung, 5. Aufl., Wiesbaden.
Wölfer, U. (2004): Produktlinienerweiterung (Line Extension), in: Bruhn, M. (Hrsg.): Handbuch Markenführung: Kompendium zum erfolgreichen Markenmanagement, 2. Aufl., Wiesbaden, S. 799-816.
Wood, V.; Robertson, K. (2000): Evaluating international markets: The importance of information by industry, by country of destination, and by type or export transaction, in: International Marketing Review, 17. Jg., Nr. 1, S. 34-55.
Wrona, T.; Schell, H. (2005): Globalisierungsbetroffenheit von Unternehmen und die Potenziale der Kooperation, in: Zentes, J.; Swoboda, B.; Morschett, D. (Hrsg.): Kooperationen, Allianzen und Netzwerke, 2. Aufl., Wiesbaden, S. 323-347.
Wunderer, R. (2011): Führung und Zusammenarbeit. Eine unternehmerische Führungslehre, 9. Aufl., Neuwied-Kriftel u.a.
Wu, C.-W. (2011): Global marketing strategy modeling of high tech products, in: Journal of Business Research, 64. Jg., Nr. 11, S. 1229-1233.
Wu, F.; Sinkovics, R.R.; Cavusgil, S.T.; Roath, A.S. (2007): Overcoming export manufacturers' dilemma in international expansion, in: Journal of International Business Studies, 38. Jg., Nr. 2, S. 283-302.

Xu, S.; Cavusgil, S.T.; White, C.J. (2006): The Impact of Strategic Fit Among Strategy, Structure and Processes on Multinational Corporation Performance, in: Journal of International Marketing, 14. Jg., Nr. 2, S. 1-31.

Yamawaki, H. (2004): Who Survives in Japan? An Empirical Analysis of European and U.S. Multinational Firms in Japanese Manufacturing Industries, in: Journal of Industry, Competition and Trade, 4. Jg., Nr. 2, S. 135-153.
Yang, Z.; Su, C.; Fam, K.-S. (2012): Dealing with Institutional Distances in International Marketing Channels: Governance Strategies that Engender Legitimacy and Efficiency, in: Journal of Marketing, 76. Jg., Nr. 3, S. 41-55.
Yeoh, P.-L. (2000): Information Acquisition Activities: A Study of Global Start-Up Exporting Companies, in: Journal of International Marketing, 8. Jg., Nr. 3, S. 36-60.
Yeu, C.S.; Leong, K.C.; Tong, L.C.; Hang, S.; Yang, Y.; Bashawir, A.; Subhan, M. (2012): A Comparative Study on International Marketing Mix in China and India: The Case of McDonald's, in: Procedia – Social and Behavioral Sciences, 65. Jg., Nr. 12, S. 1054-1059.

Yi, J.; Wang, C. (2012): The Decision to Export: Firm Heterogeneity, Sunk Costs, and Spatial Concentration, in: International Business Review, 54. Jg., Nr. 5, S. 766-781.
Yin, S.; Ray, S.; Gurnani, H.; Animesh, A. (2010): Durable Products with Multiple Used Goods Markets: Product Upgrade and Retail Pricing Implications, in: Marketing Science, 29. Jg., Nr. 3, S. 540-560.
Yip, G.S.; Bink, A.J.M (2007): Managing Global Customers, New York.
Yip, G.S., Hult, G. (2012): Total Global Strategy, 3. Aufl., New Jersey.
Yip, G.S.; Madsen, T. (1996): Global account mangement: the new frontier in relationship Marketing, in: International Marketing Review, 13. Jg., Nr. 3, S. 24-42.
Yip, G.S.; Biscarri, J.G.; Monti, J.A. (2000): The Role of the Internationalization Process in the Performance of Newly Internationalizing Firms, in: Journal of International Marketing, 8. Jg., Nr. 3, S. 10-35.
Yoo, B.; Lee, S.-H. (2012): Asymmetrical effects of past experiences with genuine fashion luxury brands and their counterfeits on purchase intention of each, in: Journal of Business Research, 65. Jg., Nr. 10, S. 1507-1515.
Yoon, S.-J.; Kim, J.-I. (2005): Consumer-based identification of factors affecting the choice of media: Is the internet more effective than traditional media?, in: Journal of Advertising Research, 41. Jg., Nr. 6, S. 53-60.

Zaheer, A.; McEvily, B.; Perrone, V. (1998): The Strategic Value of Buyer-Supplier Relationships, in: International Journal of Purchasing and Materials Management, 34. Jg., Nr. 3, S. 20-26.
Zatloukal, G. (2002): Erfolgsfaktoren von Markentransfers, Wiesbaden.
Zeithaml, V.; Parasuraman, S.; Berry, L. (1985): Problems and Strategies in Services Marketing, in: Journal of Marketing, 49. Jg., Nr. 2, S. 33-46.
Zentes, J. (1989): Trade-Marketing, in: Marketing – Zeitschrift für Forschung und Praxis, 11. Jg., Nr. 4, S. 224-229.
Zentes, J. (1992a): Kooperative Wettbewerbsstrategien im internationalen Konsumgütermarketing, in: Zentes, J. (Hrsg.): Strategische Partnerschaften im Handel, Stuttgart, S. 3-31.
Zentes, J. (1992b): Ost-West Joint Ventures als strategische Allianzen, in: Zentes, J. (Hrsg.): Ost-West Joint Ventures, Stuttgart, S. 3-23.
Zentes, J. (1993a): Eintritts- und Bearbeitungsstrategien für osteuropäische Konsumgütermärkte, in: Tietz, B.; Zentes, J. (Hrsg.): Ost-Marketing, Düsseldorf u.a., S. 63-101.
Zentes, J. (1993b): Europäisierungsstrategien des Lebensmittelhandels, in: Wirtschaftswissenschaftliches Studium, 22. Jg., Nr. 11, S. 564-568.
Zentes, J. (1995): Internationales Marketing, in: Tietz, B.; Köhler, R.; Zentes, J. (Hrsg.): Handwörterbuch des Marketing, 2. Aufl., Stuttgart, S. 1031-1056.
Zentes, J. (1998): Internationalisierung der deutschen Discounter und der französischen Hypermarchés, in: Zentes, J.; Swoboda, B. (Hrsg.): Globales Handelsmanagement, Frankfurt a.M., S. 201-231.
Zentes, J. (2002): Preisgrenzen, in: Küpper, H.-U.; Wagenhöfer, A. (Hrsg.): Handwörterbuch Unternehmensrechnung und Controlling, Stuttgart, S. 1488-1497.
Zentes, J. (2005): Marketing, in: (Hrsg.): Vahlens Kompendium der Betriebswirtschaftslehre, 5. Aufl., München, S. 309-384.
Zentes, J. (Hrsg.) (2012a): Markteintrittsstrategien – Dynamik und Komplexität, Wiesbaden.
Zentes, J. (2012b): Vertikale Integration, in: Zentes, J.; Swoboda, B.; Morschett, D.; Schramm-Klein, H. (Hrsg.): Handbuch Handel, 2. Aufl., Wiesbaden, S. 89-103.

Zentes, J.; Ferring, N. (1995): Internationales Handelsmarketing, in: Hermanns, A.; Wissmeier, U. (Hrsg.): Internationales Marketing-Management, München, S. 410-436.

Zentes, J.; Morschett, D. (2002): Retail Branding – Concept, Effects and Its Influence on the Internationalisation Process of Retail Companies in Europe, in: Scholz, C.; Zentes, J. (Hrsg.): Strategic Management – A European Approach, Wiesbaden, S. 161-184.

Zentes, J.; Neidhart, M. (2004): Standardisierungsansätze zur Reduktion der Transaktionskosten im Außenhandel: Ein Überblick, in: Zentes, J.; Morschett, D.; Schramm-Klein, H. (Hrsg.): Außenhandel – Marketingstrategien und Managementkonzepte, Wiesbaden, S. 837-859.

Zentes, J.; Neidhart, M. (2006): Secured und Controlled Distribution – Die Industrie als Einzelhändler, in: Zentes, J. (Hrsg.): Handbuch Handel, Wiesbaden, S. 275-297.

Zentes, J.; Schramm-Klein, H. (2004a): Bedeutung der Markenführung im vertikalen Marketing, in: Bruhn, M. (Hrsg.): Handbuch Markenführung: Kompendium zum erfolgreichen Markenmanagement, Wiesbaden, S. 1679-1705.

Zentes, J.; Schramm-Klein, H. (2004b): CRM im Kontext internationaler Unternehmenstätigkeit, in: Hippner, H.; Wilde, K. (Hrsg.): Management von CRM-Projekten, Wiesbaden, S. 275-308.

Zentes, J.; Schramm-Klein, H. (2005): Determinanten der Kooperation – Exogene und endogene Einflussfaktoren, in: Zentes, J.; Swoboda, B.; Morschett, D. (Hrsg.): Kooperationen, Allianzen und Netzwerke, 2. Aufl., Wiesbaden, S. 279-300.

Zentes, J.; Schramm-Klein, H. (2012): Suppy Chain Management und Warenwirtschaftssysteme, in: Zentes, J.; Swoboda, B.; Morschett, D.; Schramm-Klein, H. (Hrsg.): Handbuch Handel, 2. Aufl., Wiesbaden, S. 815-832.

Zentes, J.; Swoboda, B. (1997): Grundbegriffe des Internationalen Managements, Stuttgart.

Zentes, J.; Swoboda, B. (1999): Motive und Erfolgsgrößen internationaler Kooperationen mittelständischer Unternehmen – Überprüfung kontingenztheoretischer Hypothesen, in: Die Betriebswirtschaft, 59. Jg., Nr. 1, S. 44-60.

Zentes, J.; Swoboda, B. (2001a): Grundbegriffe des Marketing: Marktorientiertes globales Management-Wissen, 5. Aufl., Stuttgart.

Zentes, J.; Swoboda, B. (2001b): Vertiefung und Reduktion des Engagements in Auslandsmärkten — Ausprägungen und Gründe der Penetration und De-Investition, in: Grabner-Kräuter, S.; Wührer, G. (Hrsg.): Trends im internationalen Management: Strategien, Instrumente und Methoden, Linz, S. 233-258.

Zentes, J.; Swoboda, B. (2005): Hersteller-Handels-Beziehungen aus markenpolitischer Sicht, in: Esch, F.-R. (Hrsg.): Moderne Markenführung, 4. Aufl., Wiesbaden, S. 1063-1086.

Zentes, J.; Morschett, D.; Neidhart, M. (2003): Vertikale Vertriebskooperationssysteme – Perspektiven und Strategien, in: IBB; H.I.MA. (Hrsg.): Die Zukunft der Kooperationen, Frankfurt a.M., S. 189-267.

Zentes, J.; Morschett, D.; Schramm-Klein, H. (2004): Internationale Controlled Distribution – Internationalisierung des Vertriebs von Herstellern durch vertikale Kooperationssysteme mit dem Handel, in: Ahlert, D.; Olbrich, R.; Schröder, H. (Hrsg.): Internationalisierung von Vertrieb und Handel, Frankfurt a.M., S. 281-302.

Zentes, J.; Morschett, D.; Schramm-Klein, H. (2010): Strategic International Management, 2. Aufl., Wiesbaden.

Zentes, J.; Morschett, D.; Schramm-Klein, H. (2011): Strategic Retail Management, 2. Aufl., Wiesbaden.

Zentes, J.; Neidhart, M.; Scheer, L. (2006): HandelsMonitor Spezial – Vertikalisierung – Die Industrie als Händler, Frankfurt a.M.

Zentes, J.; Scheer, L.; Lehnert, M. (2007): Internationalisierungspotenziale für Verbundgruppen, Frankfurt a.M.

Zentes, J.; Schramm-Klein, H.; Morschett, D. (2004): Außenhandel und internationales Marketing, in: Zentes, J.; Morschett, D.; Schramm-Klein, H. (Hrsg.): Außenhandel – Marketingstrategien und Managementkonzepte, Wiesbaden, S. 3-25.

Zentes, J.; Schramm-Klein, H.; Morschett, D. (2005): Neue Ansätze im Internationalen Marketing, in: Haas, A.; Ivens, B. (Hrsg.): Innovatives Marketing: Entscheidungsfelder – Management – Instrumente, Wiesbaden, S. 543-566.

Zentes, J.; Schramm-Klein, H.; Neidhart, M. (2005): HandelsMonitor 2005/06: Expansion – Konsolidierung – Rückzug: Trends, Perspektiven und Optionen im Handel, Frankfurt a.M.

Zentes, J.; Swoboda, B.; Foscht, T. (2012): Handelsmanagement, 3. Aufl., München.

Zentes, J.; Swoboda, B.; Morschett, D. (2004): Internationales Wertschöpfungsmanagement, München.

Zentes, J.; Swoboda, B.; Morschett, D. (2005a): Kooperationen, Allianzen und Netzwerke – Entwicklung der Forschung und Kurzabriss, in: Zentes, J.; Swoboda, B.; Morschett, D. (Hrsg.): Kooperationen, Allianzen und Netzwerke, 2. Aufl., Wiesbaden, S. 3-32.

Zentes, J.; Swoboda, B.; Morschett, D. (2005b): Markt, Kooperationen, Integration: Asymmetrische Entwicklungen in der Gestaltung der Wertschöpfungsprozesse am Beispiel der Konsumgüterindustrie, in: Zentes, J.; Swoboda, B.; Morschett, D. (Hrsg.): Kooperationen, Allianzen und Netzwerke, 2. Aufl., Wiesbaden, S. 675-700.

Zentes, J.; Swoboda, B.; Morschett, D. (2013): Kundenbindung im vertikalen Marketing, in: Bruhn, M.; Homburg, C. (Hrsg.): Handbuch Kundenbindungsmanagement, 8. Aufl., Wiesbaden (in Druck).

Zerdick, A., Picot, A.; Schrape, K.; Artope, A.; Goldhammer, K.; Heger, D.K.; Lange, U.T.; Vierkant, E.; Lopez-Escobar, E.; Silverstone, R. (2001): Die Internet-Ökonomie: Strategien für die digitale Wirtschaft, 3. Aufl., Berlin u.a.

ZEW (2011): Internationalisierung deutscher IKT-Unternehmen. Studie im Auftrag des Bundesministeriums für Wirtschaft und Technologie, http://ftp.zew.de/pub/zew-docs/gutachten/IKT_Internationalisierung2011.pdf, 11. März 2013.

Zimmermann, C. (2001): Controlling in international tätigen mittelständischen Unternehmen, Wiesbaden.

Zou, S.; Cavusgil, S.T. (2002): The GMS: A Broad Conceptualization of Global Marketing Strategy and Its Effect on Firm Performance, in: Journal of Marketing, 66. Jg., Nr. 4, S. 40-56.

Stichwortverzeichnis

Above-the-Line-Maßnahmen 388
Absatz
 -kanäle 374, 406ff., 426, 436, 469
 -kanalstruktur 447, 457
  horizontale 446
  vertikale 436, 446
 -kanalsysteme 427, 469
 -märkte 30
 -mittler 189, 234, 406, 408
 -organe 408, 475, 478
  unternehmenseigene 408
  unternehmensfremde 408
 -orientierung 5, 502
 -potenzial 24, 30, 147, 477
 -wege 406ff., 426, 446, 490
Abschlussagent 237
Abstinenzmarkt 144
Abwehrstrategie 265
Across-the-border-trade 343f.
Adaption 49, 301
Akquisition 39, 98, 104, 203, 220, 256ff., 310ff., 333ff., 478, 500
 internationale 265
Akquisitionsstrategie 333
Analytische Verfahren 416
Anbietergemeinschaften 178
Anlagengeschäft 92, 178ff., 318, 479ff.
Annahmerisiko 152
Anpassung, Auslöser der 291
Ansätze
 deskriptive 133
 normative 135
Arbeitskreise 543f.
Arbitrage 57, 122, 332, 376ff., 432f., 442, 453, 464f., 473
Area-Marketing 532
Arrangements, kontraktuelle 229, 325, 408
Audit
 Marketing- 563f., 568
 Organisations- und Strategien- 568
 Prämissen- und Ziele- 568
Auslands
 -agent 235, 237

 -entsendung 587f.
 -niederlassung 187f., 292, 400, 586
 -projekte 90, 92, 114, 170
 -projektgesellschaft 318
Außenhandels
 Grundform des 229
 -unternehmen 71, 199, 228ff., 312
 -vertreter 237
Ausstattungslizenz 243
Ausstellungen 401f., 481
Austrittsbarrieren 111, 168ff.
Auswahlprozess 163
 sequenzieller 283

Basisoption 42, 48ff., 62f., 69ff., 162, 225, 291f., 309ff., 333, 356ff., 469ff.
 Switch der 469ff.
 von Handelsunternehmen 499
Behavioristische Ansätze 89, 103, 166, 293
Being International 42, 71
Below-the-Line-Aktivitäten 388
Benchmarking 572
BERI-Index 157ff.
Beschaffungs
 -märkte 1, 32f., 142, 149, 334, 380
 -marktanalyse 33
 -marktwahl 33
Bestandsmanagement 411
Besuchsverkehr 574ff.

Betätigungsform 8, 36f., 42ff., 65ff., 88ff., 104ff., 167, 179ff., 200ff., 214f., 225ff., 423, 478, 496
 Umgestaltung der 292
 Wahl der 273
Betätigungsformen
 direktinvestive 152, 256, 302, 317
 hybride 79
 von Handelsunternehmen 332

Betreiber
 -konsortium 318
 -modelle 318f.

Betriebstypen 68, 199ff., 333, 498ff.
 -konzeption 499
Beurteilungsverfahren 160
Beziehungs
 -management 488
 -marketing 3, 503
  internationales 179
Black Hole 273
BOOT-Flughafen-Konzession 324
Born Global Firms 1, 55, 121, 180, 297f., 317, 334
BOT-Modell 318f.
Bottom-up
 -Ansatz 555
 -selection 87
Branchen
 -struktur 29
 -wettbewerb 30
  Triebkräfte des 29
Brand Extension 461
Branding 184, 189f., 360, 364ff., 422, 439, 452, 463, 513
Brand Manager 533
Brückenkopf 90, 116, 175
 -land 116, 123, 171, 202
  strategischer 186
Budgetierung 445, 523, 539, 567
Built-in-Flexibility 422, 430, 452
bureaucratic control 588
Business
 Case 210
 Units 40

Cash & Carry 87, 203
Category-Manager 533
Center of Excellence 273, 547
Chaebol 235
Channel Branding 327
Checkliste 283
Commitment 97, 110, 126ff., 168ff., 291ff., 575
 Auslands- 89
 Markt- 107
Common Denominator Approach 430, 435
Consumer Promotions 401
Contributor 272
Controlled Distribution 312, 325, 410, 457, 490
Controlling 259, 519, 547, 556ff., 590f.
Coplin-O'Leary System 156
Corporate
 Behavior 388
 Brand 266
 Branding 575
 Communications 387, 400
 Design 387
 Identity 333, 474, 575
 Identity-Politik 387
 Image 65
 Mission 387
 Reputation 37
 Universities 583
Country-Marketing 532
Country-of-Origin 419
 -Effekt 26, 63, 144, 411, 418ff., 428f., 437, 474, 497, 509ff.
Cross-Border
 -Leasing 319, 482
 -Wertschöpfung 39, 229, 428
Cross-Country
 -Kundensegmentierung 129
 -Segmentierung 84
Cross-Cultural-Groups 52, 129
cultural control 588
Culture
 -Bound-These 57
 -Free-These 57f.
Customer-Relationship-Management 190, 498, 503, 539

Dachkampagne 454
Dachmarkenstrategie 353, 449, 501
Dealing-at-arm's-length 381
de-internationalisation 105ff., 126
Dekomposition 54
deliberate strategies 41, 70
Deregulierung 4, 22, 464
 sektorale 22
Desinvestition 104
Desk Research 208f.
Dezentralisierung 526, 541ff., 556
Dienstleistungen 31, 102, 168, 177f., 188, 204, 212ff., 229ff., 343f., 366ff., 400ff., 509ff.
 des Handels 235
 interaktive 215
Dienstleistungs
 -handel 345

-marke 512
-unternehmen 212ff., 310, 509ff., 527, 535, 539
  Betätigungsformen der 344
  Marktbearbeitung der 510
  Marktengagement von 214
Differenzierung 4, 14, 27, 40, 44ff., 62ff., 105, 170ff., 226f., 312, 332, 354ff., 437ff., 525, 542ff., 579, 588
  horizontale 549
  vertikale 549
  Vorteile der 358
  Ziele der 357
Differenzierungs
  -pfad 473ff.
Diffusionsforschung 294
Directly Operated Stores 328f.
Direktinvestition 202, 293
Direktinvestives Engagement 5, 23, 73, 112, 181, 226ff., 314ff.
Direktmarketing 202
Direktvertrieb 410, 480, 491
  internationaler 411
  Stammland-orientierter 426
Distanz 412f.
  -faktor 89
  geografische 33, 65, 138, 179, 481
  geografisch-kulturelle 114, 134, 147
  kulturelle 25, 65, 276, 412, 511, 564
  Markt- 147
  psychische 134, 296
  psychisch-kulturelle 89
  psychologisch-kulturelle 149, 166
Distributions
  -kanäle 27, 74, 149, 313, 408ff., 468, 480, 498, 538
  -politik 49, 104, 189, 309ff., 325, 406ff., 436, 443, 475ff.,
  -struktur 124, 418, 426f., 446, 457
  -system 98, 170ff., 354, 409ff.
Divergenztendenzen 53
Diversifikation 118, 291, 459ff.
  horizontale 461
  laterale 461
divestiture 105
divestment 105ff.
Division, internationale 529
Domestic-establishment-trade 343ff.

Dumping 443f.

early mover 48
E-Commerce 28, 202, 327, 332, 502
Economy-Positionierung 375
Einkaufstourismus 332
Einzelhandel 49, 66, 169ff., 189, 199ff., 325, 332, 408, 413, 436, 489ff.
  Fach- 328
  stationärer 200
Einzelmarkenstrategie 363
emergent strategies 41, 63
Entscheidung
  Erst- 66, 70ff.
  Folge- 42, 66, 71ff.
  kategoriale 42
Entscheidungsfolge 70
Entwicklungsstufen 4
Erfahrungs
  -kurveneffekte 50
Erfolgsfaktoren
  von Equity Joint Ventures 267ff.
  exportierender Unternehmen 240ff.
  des Franchisings 252ff.
  der Lizenzierung 245ff.
  von Tochtergesellschaften 269ff.
Erfolgspositionen, strategische 39
Erinnerungswerbung 466
establishment chain 296
Ethnozentrisches Vorgehen 418
Euromoney-Index 158
Events 401
Executive Information System 558
Exklusivmarkenstrategie 490
Expansion 32, 68, 83ff., 113ff., 180ff., 202ff., 249,
Expansions
  -motive 200
  -schritte 169
Expatriates 588
Export 5f., 10, 23, 36, 42f., 67, 105ff., 160ff., 226ff., 378ff., 407, 423, 478, 530
  -abteilung 529
  -büro 232
  direkter 67ff., 230ff.
  -gemeinschaften 231f.
  -handel 234
  indirekter 48, 71ff., 229ff., 262

-marketing 6, 10

Feasibility-Studien 120, 141, 205ff.
Feinselektion 114, 160f.
Festpreiseinschluss 481
Filialisierung 68
Filialisierungsstrategie 333
Filialnetz 333
Filterverfahren 114, 160f.
first mover advantages 48
Fit 591ff.
  -Ansatz 54
  -Dimensionen 97, 259
  -These 524, 531
Flagship
  -Ansatz 92
Folgerstrategie 369
Follow-the-Customer 94ff., 175ff.
  Eintritt 90, 185
  Hypothese 94
  Strategie 84, 94ff., 1686ff., 216, 490
Forecast of Country Risk for International Lenders 158, 160
Foreign-earnings-trade 344f.
Franchising 247f.
  direktes Auslands- 248
  indirektes Auslands- 248, 334
  internationales 247, 250
Funktionalstruktur, integrierte 529ff.
Funktionsbereichsziele 43
Fusion 256, 264ff., 472

Gatekeeper-Position 490
Gattungsmarken 501
Gebrauchs
  -güter 188
  -lizenzen 243
Gegenstromverfahren 453, 555
Gelegenheitsmarkt 144
general contractor 235
General
  -handelshaus 231, 235
  -unternehmer 318
  -unternehmerschaft 318
Gesamtnachfragepotenzial 137
Geschäfts
  -beziehung 37f., 178, 186, 353, 410, 488, 536
  -feld 124, 205, 236, 565
  -feldstrategie 39, 41f., 49, 77, 565

  -portfolio 513
Global
  Brands 427ff.
  Key Accounts 536, 545
  Sourcing 32, 479
Globale
  Distribution 487
  Kommunikation 487
  Marken 429, 432, 449, 463
Globalisierung 1f., 4, 29, 31, 55, 357, 463, 474
Globalisierungs
  -debatte 52
  -tendenzen 31
  -these 27, 30f., 52, 427
  -treibende Kräfte 52
  -vorteile 49f., 175ff.
Going East 191
Going International 39, 42, 70
Goodwill 363, 400, 461
Graue Märkte 57, 424, 433f.
  laterale 433
Grobauswahl 163, 165
Großhandel 199, 204f., 310, 332, 489, 498
  Selbstbedienungs- 204
  stationärer 200
Grundorientierung 49ff.
  strategische 81
Gruppenauswahl 160
Gruppierungsverfahren 114

Handel 30, 32, 49, 89, 108, 124, 155, 189ff., 332, 383ff., 488ff.
Handels-
  -barrieren 123
  -hemmnisse 20
  -kompensationen 237
  -marke 501
  -marketing 199
  -marketing-Mix 498
  -mittler 234ff.
Hausmessen 481
Herstellungslizenz 243
Heterogenität 509
  -kulturelle 58
Hierarchien 527
Hoffnungsmarkt 144
Holding-Strukturen 529
Homogenität

-kulturelle 58
Human Resource Management 574
Humanressourcen 574, 580, 589
Hybrid
 -strategie 534
 -strukturen 250, 530

Ifo Economic Survey International 156
Imagetransfer 64, 244
Implementer 272
Implementierungskompetenz 523
Importnachfragepotenzial 136
Imprinting 281
INCOTERMS 382
Industriegüter 177
 -hersteller 177ff., 310f., 318, 479
  Betätigungsformen der 318
  Marktbearbeitung der 479
  Marktengagement der 179
Industriemessen 186
Inflationsrate 23, 97, 144, 206, 372, 378, 424, 442, 564
Informations
 -beschaffung 90, 560, 564
 -infrastruktur 558
 -management 556
 -prozesse 548
 -quellen 134, 163f., 186, 561
 -quellen, interne 167
 -systeme 556
  und Kommunikationssysteme 413
Inlandstransaktionen 231
Innovations
 -management, internationales 367
 -zyklen 28
Inside-Outside-Perspektive 13, 141, 292
Institutional Investor-Index 158
Institutioneller Isomorphismus 281
Institutionenökonomische Perspektive 228
Institutionentheorie 274
Intangibilität 212, 509, 512
Integrale Perspektive 114
Integration 49, 228
Integrations-Strategie, sukzessive 258
Interaktionseffekte 132, 415f.
Interdependenzen 42
Interkulturelle

Kompetenz 584
Internalisierung 39, 146, 234, 493
International Country Risk-Guide 160
International New Ventures 297
Internationale
 Arealstrategie 179
 Ausschreibungen 318
 Erfahrung 277
 Projekte 92f.
Internationalisierung 6, 39, 478, 498
 Formen der 225
 inkrementelle 296
 Theorien der 8
Internationalisierungs
 -grad 166, 226
 -prozess 531
 -strategie 204
 -ziele 43ff.
  absatzorientierte 44
  produktionsorientierte 44
  offensive 44
  ressourcenorientierte 44
Internet-Plattform 317
Investitions
 -förderungsverträge 316
 -klima 157
 -schutzverträge 316
 -zusagen 315
Isoleistungslinie 213

Joint Venture 73, 210, 228, 248
 Equity 256ff., 313ff., 333
 internationales 257
Just-in-time-Belieferung 94

Kapazitätsmanagement 512
Kapital
 -anlagebesicherung 316
 -transfer 226ff.
 -wertmethode 284
Kaufkraft 372, 441, 502
Kaufverbund 319
Kaufverhaltensbesonderheiten, kulturelle 192
Kennzahlensystem 554
Kern
 -kompetenzen 14
 -markt 143
Key-Account
 -Management 32, 96f., 532ff., 579

-Strukturen 536
Key Accounts 536f.
Key-Supplier-Management 96
Kognitive Assimilation 588f.
KO-Kriterien 149ff., 186, 205ff.
Kommunalitätskonzept 485
Kommunikation 25, 28, 32, 191, 310, 386
 integrierte 387
 mobile 27f.
 persönliche 398
Kommunikations
 -infrastruktur 558
 -politik 48f., 310, 354, 386ff., 425ff., 474ff., 543
 -politik, internationale 386ff., 435, 444, 454, 466, 474, 497
 -mix 388
 -prozess 386, 548
 -strategien 435f., 456, 474
 -ziele 386, 474
Kompensations
 -geschäft 199, 230, 237ff., 482
 -handel 237
Kompetenzzentren 546
Konditionen 425
 -politik 48, 312, 354, 372ff., 417, 425, 443, 453f., 472f., 498
 internationale 372, 381, 423, 431, 441, 453
Konglomerate 235
Konsolidierungsziele 47
Konsortial
 -führer 235
 -struktur 318
Konstitutivbedingungen 259
Konsumentenkredite 384
Konsum
 -gewohnheiten 373
 -güter 52, 102, 176, 188, 443, 488
 -güterhersteller 49, 133, 188ff., 309, 325f., 488ff.
 Betätigungsformen der 325
 Marktengagement der 190
Kontrakt
 -kooperation 242, 256
 -vertrieb 490
Konvergenz 26f., 30, 52, 427, 431, 549, 560
 -these 31, 52, 58, 358

Konzentration 32
Kooperation 11, 30, 32, 36, 38, 73, 96f., 216, 257ff., 289, 314ff., 410f., 482, 541, 578
 Equity- 242, 256
 Export- 231f.
 Kontrakt- 237
 Unternehmens- 231, 257
Kooperationsstrategie 333
Koordinations 311, 525
 -instrumente, kulturelle 588
 -gruppen, globale 544
Kosten
 -führerschaft 40
 -struktur 372
 -vorteile 147
Kreativität 528
Kredit
 -politik, internationale 384
 -risiko 152
Kultur 7, 11, 24f., 57ff., 85ff., 117ff., 143ff., 292, 364, 404, 430, 442ff., 524f., 574ff.
 -imperialismus 58
 -orientierung 576
 -transferstrategie 585
Kunden 2ff., 28ff., 40ff., 82ff., 310ff., 354ff., 527ff.
 direkte 189
 indirekte 189
 -Lieferanten-Beziehung 94
 mittelbare 190
 -nähe 221
 -orientierung 5
 -präferenzen 102
 -segmente 129, 173f., 185, 443
 unmittelbare 190
Kundenbindung 104f., 190, 385, 501, 536f.
Kundenbindungs
 -instrumente 503
 -programme 489
Kursrisiko 152

Ladengestaltung 502
Lagerstruktur 413
Länder
 -bewertung 87, 90, 135, 139, 170
 Informationen zur 187
 -fokus 80

-marktbetrachtung 149
-marktsegmentierung 87, 129, 205
-marktselektion 191, 205
　aktive 186
　klassische 90
-marktselektionsmodelle 86f., 139
-portfolio 86, 90, 114f., 160, 167, 207, 477
-ranking 113, 206
　vorläufiges 207
-risiko 129, 155ff., 291
-risikoanalyse 156f.
-risikenbeurteilungskonzepte 156
-risikoprognosen 158
-spezifische Perspektive 83
-übergreifende Perspektive 83
Lasswell-Formel 386
late mover 48
Lead-Country-Konzept 418, 453f., 543ff.
Leadership-Rad 575
Lean Management 94
Leasing 320, 482
　direktes 320
　indirektes 320
　-Verträge 320
Lebenszyklus 10, 14, 97, 99, 122, 423, 459, 467ff.
Leistungsbündel 343
Leistungsprogramm 369
　-gestaltung 367, 369, 459
　　internationale 369
Lerneffekte 42
Liberalisierung 22
Lieferantenbeziehungen 33
Lieferbedingungen, internationale 381
Lieferungsrisiko 152
Lifestyle-Ansätze 130
Line Extension 461
Lizenz 71, 183, 242ff., 292, 573
　-arten 242f.
　-beschränkung 243
　-gegenstand 242
　-vertrag 243
Lizenzierung 242ff.
Local-Content
　-Politik 258
　-Regelungen 20
　-Vorschriften 97, 186, 257, 318, 461

Logistiksystem 406, 411f., 436, 457, 469
Logo 365
Lokalisierung, globale 61
Lokalisierungsvorteile 49
Lokalmarkenstrategie 438

Macht
　-gewinn 32
　-position 489
Made-by-Effekte 427
Made-in-Effekte 26, 418
Makrosegmentierende Verfahren 136
Managementkontrolle 259
Management-Vertragssystem 253ff.
Marke 36, 359
　globale 428f., 433, 449, 463
　transgenerationale 494
Marken
　-architektur 360ff.
　-bekanntheit 428
　-dehnung 462
　-eliminierung 462
　-eroberung 472
　-evolution 461
　-familienstrategie 363, 449
　-führung 494
　-innovationen 462, 471
　-lizenz 243f.
　-politik 189, 360f., 428ff., 449, 471
　-politik, internationale 363, 449f., 461f.
　-positionierung 361f.
　-revitalisierung 462
　-stärke 360
　-strategie, gebündelte 449
　-strategie, modulare 449
Marketing 3
　Begriff des 2
　Business-to-Business- 189
　Business-to-Consumer- 189
　-Controlling 548, 562ff.
　Definitionsansätze des Internationalen 6
　Determinanten des Internationalen 15ff.
　Dienstleistungs- 212, 214
　Entscheidungsfelder des Internationalen 8, 15
　Ethno- 58

ethnozentrisches 63
Euro- 51
globales 51
-implementierung 523
In-Store- 502
Intelligence 28
Internationales 1ff.
internationales vertikales 489
-kontrolle 563f., 569
-konzeption im Heimatmarkt 309
komplex-globales 60
-logistik 427, 436, 447, 457, 476
-logistik, internationale 469
multiples nationales 2, 57
Merkmale des Internationalen 7
-planung, Prämissen der 568
-strategie 5
transnationales 60
vertikales 43, 189
-ziele 43, 48f., 291, 404, 548ff., 581
Marketing-Mix 353
  Ausgestaltung des 416ff., 437, 447
  internationaler 353, 359, 427
  Optimierung des 415
  Umgestaltung des 469
Markierung 364, 366, 421, 451, 513
Markt 227
  -ansprache, differenzierte 83
  -attraktivität 90, 144, 146
  -austritt 46, 65ff., 81f., 88, 104ff., 168f., 192, 216, 317
    Begründung des 108
  -austrittsbarrieren 315
  -austrittskosten 314
    direkte 315
  -barrieren 117f., 143ff., 276
  -bearbeitung 41f., 65ff., 179, 476
    des Handels 201, 501
    differenzierte 5, 478
    Freiheitsgrade der 229
    globale 488
    Instrumente der 543
    internationale 498, 505, 513
    mehrstufige 489
    Mischformen der 478
    standardisierte 167, 478, 494
  -bearbeitungs
    -prozeß 547, 551
    -strategie 31, 75, 88, 191, 476ff.

-dynamik 27
-eintritt 65ff., 81ff., 168, 173, 175
-eintrittsbarrieren 48, 102, 105, 125, 129, 149, 157, 232, 360, 411
  ökonomische 149
  protektionistische 149
  verhaltensbedingte 149
-eintrittskosten 123, 314
-eintrittsrisiko 123
-eintrittsstrategie 125, 278
-engagement 8f., 42, 65ff., 81ff., 225, 291ff., 458, 476f., 549
  des Handels 201
  Entscheidungsmodelle des 82
  Entscheidungsoptionen des 82
  Interdependenzen von 166
  internationales 216
  länderübergreifendes 204
-erschließung 5, 84, 88, 105, 112, 146, 173, 257, 460
  simultane 182
-expansion 66f., 83, 113ff., 175ff.
-gruppierende Konzepte 136, 160,
-Know-how 102
-nähe 147
-orientierung 4, 199, 527, 551, 575ff.
  Dominanz der 174
-penetration 66, 71, 189, 191
-plätze, elektronische 481
-präsenz 316, 489
-reduktion 66, 110, 169, 174, 176
  länderübergreifende 126
-retraktion 66
-risiko 151
-schätzende Konzepte 136f., 161
-segmentierung 81, 128, 169ff.
  integrale 191
  internationale 58, 133
  intranationale 58
-selektion 128ff., 169ff., 214f.
  des Handels 201
  Determinanten der 201
  initiale 83
  integrale 191
  internationale 133, 203
  unsystematische 83
-selektions
  -kriterien 143
  -optionen 83

-prozess 204
-verfahren 143
-wahl 37, 63, 76f., 84f., 120, 133ff., 176, 180, 203
 Kriterien der 181
-ziele 43ff., 292
Mass-Customization-Ansätze 437
Master-Franchise-Nehmer 248
Matrixorganisation 530
Mehrkanalsystem 409
Mehrmarkenstrategie 327, 363
Mergers & Acquisitions 264
Messen 134, 292, 388, 402ff., 481
 internationale 401
Meta-Analyse 287f.
Mikrosegmentierende Verfahren 136
Mikroumfeld 372
Milieu-Studien 130
Misch
 -kalkulation 376
 -kulturstrategie 586
 -strategie 452, 534
Misfit-Analyse 283
Mitarbeiter
 -motivation 587
 -zufriedenheit 519
mode
 changes 291
 learning 282
 switches 291
Modular Design 453
Monomarken-Vertriebsformate 328
muddling through 41
Multi Channel
 -Distribution 408
 Retailer 334
 -Strategien 409
Multiorganisationalität 177
Multipersonale Kaufprozesse 479
Multipersonalität 177
Multiple
 -Faktoren-Indizes 137
 -Kriterien-Methode 136

Nachfragemacht 132
Netzwerk 4, 114, 180f., 220f., 259, 558
 internationales 103
 -unternehmung 547
 -verbund 313

Wertschöpfungs- 94
Neugründungen 262
Neupositionierung 463ff.
Neuprodukteinführung 120, 124, 368
Niederlassungen 54, 94ff., 126, 135, 184ff., 233, 250, 524, 555
Nischenanbieter 182, 202f.
not-invented-here-Syndrom 544

Öffentlichkeitsarbeit 400
Ongoing-Prozess 72
Online
 -Shop 481
 -Store 328
Operation Risk Index 158f.
Organisation
 internationale 526
 lernende 527
 marktorientierte 527
 transparente 527
Organisationales Lernen 259, 274
Organisations
 -gestaltung, Basistypen der internationalen 528f.
 -komplexität 526
 -modelle, mehrdimensionale 532
 -planung 523
 -prozesse 547
 -struktur 35, 526
  funktionsorientierte 532
  kundenorientierte 535
  regionalorientierte 534
Orientierung,
 geozentrische 54
 globale 48, 51ff., 170, 311, 357, 427ff., 436f., 471, 554, 582
 glokale 48, 60ff., 91, 175, 313f., 333, 357, 447ff., 470ff., 550ff., 582
 multinationale 42, 48, 57ff., 173, 312, 357, 437ff., 582, 590
 polyzentrische 57
 regiozentrische 54, 448
 Stammland- 34, 42, 48, 62ff., 167ff., 309ff., 333, 357, 418ff., 470f., 492, 495, 500, 549ff., 576ff.
 transnationale 175
Outlet 200ff., 250, 310, 332ff., 490
Outpacing-Strategie 40
Outside-Inside-Perspektive 12, 140

Paketpreise 487
Parallelimporte 57, 433
Parentalpartner 312
Patente 37
Penetrationspreis-Strategie 465f.
Performance 110, 580
Personal
 -auswahl 518, 581
 -bedarfsplanung 581
 -entwicklung 518
 -führung 584
 -planung 523
 -politik 510f.
 -politik, internationale 519
persönliche Anreizsysteme 402
Pionier 101
 -status 317
 -strategie 369
Pipeline 205
Planung, retrograde 555
Planungs
 -inhalte 552f.
 -system 135, 548, 552f.
 -träger 552ff.
Pluralität, kulturelle 58
Political Systems Stability Index 157
Portfolio 14, 85, 114ff., 139ff., 175ff., 462, 477
 -Betrachtung 127
 -management 565, 568
Positionierung 91f., 104, 161, 209, 362ff., 375f., 428ff., 463ff.
 Points-of-Difference- 362
 Points-of-Parity- 362
Positionierungsstrategie 430, 451
Potenzialinkongruenz 257
Preferred-Supplier-Position 490
Preis
 -arbitrage 57, 78
 -bereitschaft 442
 -beurteilung 442
 -differenzierung 442f.
 -eskalation 424
 -findung 375ff.
  konkurrenzorientierte 379
  kostenorientierte 378
  nachfrageorientierte 378
 -führerschaft 40
 -gefüge 375ff.

 -gleitklauseln 482
 -korridor 453f., 473
 -lage 375, 377
 -linienpolitik 376
 -politik 122, 326, 373ff., 423ff., 431ff., 469ff.
 -politik, internationale 373f., 423, 431, 441, 464, 472, 497
 -positionierung 375
 -risiko 152
 -sicherungsinstrumente 481
 -strategie, duale 423
 -strategie, internationale 375
 -variation 464f.
 -vorbehalt 481
 -wahrnehmung 442
Premium
 Prototype Approach 431
 -Preis-Positionierung 376
 -Segment 494
Price Escalation 423
Private Public Partnership 320
Product-Placement, internationales 404
Produkt
 -differenzierung 149, 440, 459f., 495
 -eliminierung 460ff.
 -fälschungen 429
 -fokus 82
 -geschäft 178f.
 -gestaltung 369
 -kern 370, 422, 440
 -komplexität 102
 -konzeption, modulare 453
 -lebenszyklus 47, 122, 423, 467
  internationaler 368
 -management 532f.
 -marke 37
 -Markt
  -Aktivitäten 113f.
  -Bereiche 105, 116, 127
  -Betrachtung 114
 -modifikation 459
 -neueinführung 121, 466
 -pflege 459
 -piraterie 429
 -politik 48, 169, 309ff., 325, 416ff., 570
 -politik, internationale 366f., 422,

430, 439f., 452, 459, 470, 495
 -relaunch 459
 -struktur, integrierte 529, 531, 545
 -variation 459
 -varietät 460
Produktions
 -kapazität 36
 -verbindungshandel 177
Profilmethode 164
Profit Opportunity Recommendation 159
Projekt
 -management, internationales 318
 -geschäft 479, 496
 -organisation 536
Prozess
 -management, dynamisches 523
 -politik 510, 512
Public-Private-Partnership-Projekte 320
Public Relations, internationale 400
Pull-Strategie 326
Punktbewertungsmodell 283
pure player 334

Qualitätsführer 494
 -schaft 40, 494

Rabattpolitik 385f., 454
Rating 164
Reaktanzreaktionen 467
Recommended Lender Action 160
Rechnungslegungspraktiken 564
Reduktion der Unsicherheit 320
Reduktionsüberlegungen 171
Reengineering 94
Referenz
 -land 116
 -markt 123
 -preis 453
 -projekte 92f.
Regional
 -fokus 204
 -markenstrategie 438
 -struktur, integrierte 529, 532, 535
Regionale Identität 211
Reimporte 57, 424, 433, 439, 542
Re-Nationalisierung 126
Repatriates 588
Repatriation Factor 159

Reputation 14, 37, 266, 437
Resources-Conduct-Performance-Hypothese 13
Response-Modelle 416
Ressourcen 10ff., 35ff., 40, 61ff., 87ff., 101ff., 120ff., 257ff., 380, 512, 541, 545, 553ff.
 -allokation 107, 115, 167
 -ausstattung 1, 23, 35f., 104, 373
 -einsatz 226
 intangible 36
 -management 565
 -planung 573
 tangible 35
result of restructuring 107f.
Retail-Geschäft 329
Risiken 413, 564
 Außenhandels- 150
 Investitions- 157
 Konvertierungs- 156
 kulturelle 151
 Länder- 149, 155
 Moratoriums- 156
 ökonomische 151
 politische 149ff., 372, 442
 Transfer- 156
 verhaltensbedingte 151
 Währungs- 372, 442
 Zahlungsverbots- 155
Risiko 226
 -aversion 89, 149
 -neigung 276
 -streuung 114, 125, 460
Rollentypologie 272
Roper Consumer Styles, GfK 52f., 130
Rückkopplung 12, 59, 68ff., 82, 111ff., 291, 376, 425ff., 525
 anbieterbezogene 78, 117
 institutionelle 79
 konkurrenzbezogene 78, 118
 nachfragerbezogene 78, 117, 465
Rückkopplungseffekte 2, 42, 49, 57, 80, 419ff., 465

Sampson-Snape-Box 214, 344
Schichtenmodell der Umweltdifferenzierung 18
Schrumpfung 46f., 66, 104
Schrumpfungsziele 46

Schwarze Märkte 433
Scoring-Modell 138, 164, 206, 283
Screening 140
second
  mover 48
  tier-supplier 95
Secured Distribution 326, 331, 409, 456
Segmentierung 84, 132
  integrale 52, 128, 132
  internationale 128
  intranationale 85
  länderübergreifende 84
  regionale 205
Sekundärorganisation 543
Sequenz 75
Service
  -leistungen 438
  -politik, internationale 503
Services, produktbegleitende 486
Services Sectoral Classification List 212
SGMG-Führungskonzept 589
Skimming-Strategie 465
Social-Media-Marketing 5
Sogo Shosha 235f.
Sonderangebotspolitik 465
Sortiments
  -politik 68, 201, 498ff.
  -politik, internationale 499ff.
  -struktur 499
Spezialversender 202
Spinnennetz-Strategie 258
Sponsoring, internationales 404
Sprinkler-Strategie 48, 120, 317, 368
Stabilitätsbedingungen 259
Standardisierung 11, 27, 51f., 172ff., 311, 354ff., 416ff., 469ff., 498ff., 542ff., 587
  differenzierte 449
  ethnozentrische 422
  internationale 486
  Vorteile der 357
  Ziele der 357
Standardisierungs
  -pfad 470, 474
  -potenziale 311, 447, 478
Standort
  -politik, internationale 498, 502
  -risiko 152

  -wahl 413
Start-up 183
Stellenbesetzungsstrategie 581
Strahlen-Strategie 126
Strategic Leader 272f.
Strategie
  -bildungsprozess 41
  funktionale 40
  monokulturelle 586
  multikulturelle 586
  selektive 120, 318
  -wandel 110
Strategische Geschäftseinheit 39f., 416
Strategischer Korridor 175
strategy follows structure 524
Structure-Conduct-Performance-Paradigma 12
structure follows strategy 524
Struktur
  differenzierte 529
  integrierte 529
  mehrdimensionale 530
  unspezifische 529
Strukturelle Koordinationsmechanismen 543
Stufenmodelle der
  Exportforschung 293
Suchstrategie 88
sunk costs 112
Supercenter 507
Supply-Chain-Prozess 548, 552
System
  -bindungseffekt 320
  -führerschaft 408
  -geschäft 178ff., 318, 320

Tauschhandel 230
Technokratische Koordinierungs-
  dimensionen 548
Technologiesprünge 104
Tertiärer Sektor 212
Third-country-trade 344f.
Three-Es-Modell 72
Timing 48, 96, 192
  des Marktengagements 314
  länderspezifisches 168, 171
  länderübergreifendes 169, 171, 192
  -Entscheidung 82, 99, 173

länderspezifische 99, 176
länderübergreifende 118, 176
-Strategie 99
 länderspezifische 101
 länderübergreifende 174
 sukzessive 113
Tochtergesellschaft 23, 42, 49, 57, 60, 99, 124ff., 173ff., 226ff., 380, 478ff., 528, 541ff.
Top-down-Bottom-up-Prozess 556
Top-down-Planungsansatz 555
top-down-selection 87
Trade
 Marketing 189
 Promotions 402
Trainingsmaßnahme, interkulturelle 583
Transaktions
 -beziehungen 408
 -formen
  integrative 409
  marktliche 228, 409
 -formen-Band 228, 410
 -kosten 11, 79, 228f., 433, 473
Transfer 63f.
Transference 63
Transferpreise 380f.
Transithandel 229f.
Transport 413f.
 -mittel 413
 -prozesse 414
 -risiko 152
 -systeme, multimodale 414
Triade 51, 120f., 132
 -Konzept 53
 -Unternehmen 53
trial and error 41
Trichteransatz 205

Übernahmestrategie 265
Umgestaltungs
 -pfade 469
 -prozesse 469, 473
Umpositionierung 361, 463, 474
Universal
 -handelshaus 235
 -versender 202
unrealized strategies 41
Unternehmen
 multinationale 172ff., 313

transnationale 60f.
Unternehmens
 -führungsstil 278
 -größe 276
 -grundsätze 204
 -kultur 34, 574ff., 589
  globale 539
 -marke 37
 -philosophie 34
 -strategie 39
 -verfassung 40
 -ziele 3, 34, 43, 139ff., 295, 386, 391, 459, 545, 556
  marktorientierte 5
  nicht-ökonomische 44
  ökonomische 44
Uppsala-Modell 12, 295f., 304

Verantwortlichkeiten 548
Verbraucherpatriotismus 420
Verbrauchsgüter 188
Verbundeffekte 376
Verhaltensmuster 444
Verhandlungsmacht 132
Verkaufs
 -förderung, internationale 402
 -organe 233, 406, 408
 -orientierung, Phase der 4
Vermittlungsagent 237
Vernetzung 28
Verpackung 370ff., 441
Versandhandel 202, 326, 332, 334, 384, 496
Verticals 55
Vertikalisierung 326, 410, 489f.
Vertrieb 4, 209, 243, 248, 265, 315ff., 406ff., 436, 478, 487, 496, 529ff., 543, 558
 indirekter 325
Vertriebs
 -formen, virtuelle 318
 -gesellschaft 104
 -lizenz 243
 -strategien, kooperative 410
 -systeme 408
 -typen 202

Wachstum
 externes 265
 internes 263

organisches 221, 263
Wachstumsziele 46
Währungsrisiko 379
Wandelforschung 300
Waren
 -präsentation 502
 -zeichenlizenz 243
Wasserfall-Strategie 119, 219, 317, 368
Wear-out-Effekte 467
Wechsel
 -kosten 301
 -kursschwankungen 564
Weltmarkt
 -orientierung 63
 -pioniere 53
Werbe
 -botschaft 391
 -formen 497
 -mittel 393f.
 -mittelauswahl 393
 -träger 394ff.
 -trägerwahl 393
Werbung 391ff.
 internationale 391
 klassische 395
Werte 133, 254, 259, 387ff.
 -wandel 30
Wertschöpfung
 Konfiguration der 225
Wertschöpfungs
 -architektur 39
 -funktionen 3, 114, 127, 313, 524ff., 543, 548ff.
 -schwerpunkt, ausländischer 226
 -schwerpunkt, inländischer 226
Wertvorstellungen 58
 arbeitsbezogene 58
Wettbewerberverhalten 190
Wettbewerbs
 -intensität 123, 154, 275
 -position 153
  vertikale 490
 -stärke 277f.
 -strategien 40
 -umfeld 110, 492
 -vorteil 100
within-mode
 -adjustments 291
 -changes 291

Wirtschaftlichkeitsanalyse 284
Workshops, internationale 543f.
World Political Risk Forecast 157

X-Culture 518

Zahlungs
 -bedingungen, internationale 381ff.
 -bereitschaft 432
 -formen 383
Zapping-Aktivitäten 405
Zentralisation 32, 525f., 540ff., 553f.
Zerstäuber-Strategie 126
Zielgruppen 3, 52ff., 130ff., 363, 369, 387, 393, 396ff., 428ff., 460
 transnationale 54
Ziel
 -planung 553f.
 -pluralität 260
Zuliefergeschäft 178ff., 479
Zwischenhändler 230